图书在版编目（CIP）数据

日本通商产业政策史：通商和贸易政策：1980—
2000 / 日本通商产业政策史编纂委员会编；（日）阿部
武司编著；安钊译 . -- 北京：中信出版社，2021.4
　　ISBN 978-7-5217-1883-6

Ⅰ . ①日… 　Ⅱ . ①日… ②阿… ③安… 　Ⅲ . ①产业政
策—经济史—研究—日本—1980—2000　Ⅳ . ① F131.30

中国版本图书馆 CIP 数据核字（2020）第 082224 号

Tsusho Sangyo Seisakushi 1980-2000 vol. 2 written and edited by Takeshi Abe
Copyright © 2013 by Research Institute of Economy, Trade and Industry, IAA
All rights reserved.
Original Japanese edition published by Keizai Sangyo Chosakai
Simplified Chinese translation copyright © 2021 by CITIC Press Corporation
本书仅限中国大陆地区发行销售

日本通商产业政策史（1980—2000）：通商和贸易政策

编　　　者：日本通商产业政策史编纂委员会
编　著　者：［日］阿部武司
译　　　者：安　钊
图书策划：中信出版·比较
责任编辑：马媛媛
装帧设计：本玉狠文化　syyane酸.com
策划编辑：吴素萍
营销编辑：孟凡玲
出版发行：中信出版集团股份有限公司
　　　　　（北京市朝阳区惠新东街甲 4 号富盛大厦 2 座　邮编　100029）
承 印 者：北京楠萍印刷有限公司

开　　本：787mm×1092mm　1/16　　印　　张：45　　字　　数：830 千字
版　　次：2021 年 4 月第 1 版　　　　印　　次：2021 年 4 月第 1 次印刷
京权图字：01-2021-1066
书　　号：ISBN 978-7-5217-1883-6
定　　价：188.00 元

中文版序言

日本是实施产业政策较为典型的国家，有成功经验，也有失败教训。在不同时期，日本制定了不同的产业政策，明确各个时期经济发展的主攻方向，有效地推动了经济的复兴、发展和高速增长。长期以来，日本产业政策备受世界各国关注，也为我国产业结构调整和经济转型政策提供了参考和借鉴。

1995 年，由原国家计委和国务院发展研究中心牵头出版的《日本通商产业政策史（1945—1979）》曾在我国经济学界产生了较大影响。在 20 世纪最后的 20 年间，日本社会经济环境至少发生了四次重大变化，分别是：国内宏观经济变化、世界经济国际化（全球化）、重视市场和财政重建以及保护环境的国际舆论升温。这些变化给日本通商产业政策带来了非常巨大且具有实际意义的变革。为准确、客观地记录这一时期通商产业政策的问题以及解决方法和后续结果，2013 年，日本经济产业省下属的经济产业研究所编纂了《日本通商产业政策史（1980—2000）》，该丛书共 12 卷，包括总论、通商和贸易政策，产业政策，物流政策，投资、环境与安全生产政策，基础产业政策，机械电子产业政策，消费品产业政策，产业技术政策，能源资源政策，知识产权政策，中小企业政策等内容。该丛书重点回顾了 1980—2000 年日本经济的发展及产业政策转型过程，分析了政策主要内容及对产业的影响，并对政策实施效果进行了科学评价。

当前，我国面临的形势与 20 世纪 80 年代后的日本存在诸多相似之处。作为《日本通商产业政策史（1945—1979）》的姊妹篇，《日本通商产业政策史（1980—2000）》有助于中国各界全面了解这一时期日本各项产业政策的具体实施，对于探讨中国产业政策的转型具有重要的借鉴意义。

中国发展研究基金会是国务院发展研究中心发起设立并领导的、在民政部注册的全国性公募型基金会，宗旨是支持政策研究、促进科学决策、服务中国发展。在工业和信息化部的委托和指导下，我们专门组织力量开展了《日本通商产业政策史（1980—2000）》丛书的翻译工作。我们希望，该丛书能为中国各界了解日本通商产业政策提供有价值的内容。该项工作的完成，离不开全体项目组成员的辛勤投入及众多专家和单位的大力支持。工业和信息化部的樊烨同志做了大量协调指导工作，东京海上日动中国基金对本项目慷慨捐赠，中信出版集团《比较》编辑室的吴素萍、孟凡玲和马媛媛为本书的顺利出版提供了大力支持。值此付梓之际，我谨代表中国发展研究基金会，对项目组全体成员以及为项目顺利完成提供支持和帮助的单位和个人表示诚挚的感谢。

中国发展研究基金会秘书长　方晋

寄语

致《日本通商产业政策史（1980—2000）》的出版

在此谨向以 20 世纪末期（1980—2000 年）为研究对象的《日本通商产业政策史（1980—2000）》的出版表示祝贺。

《日本通商产业政策史（1980—2000）》根据经济产业省对经济产业研究所制定的第二次中期目标编纂而成。该书研究的时期恰逢全球化迅猛发展之际，企业和个人也被席卷其中，环境日新月异。与此同时，企业和个人的经济活动呈现多元发展趋势，对通商产业政策的期待也发生了变化。具体来说，从原来支持特殊种类的结构调整政策，转变为促进企业进一步转型以及完善经营方式以更好地应对国际经济结构变化的政策。而且，随着产业国际竞争力的提高，国家也越发重视通过放松规制和改善商业惯例完善自由竞争环境。

该政策史研究的时期恰逢此政策转型期，并且在这种经济、产业形势的背景下，通过记录客观事实，以分析和评论的方式论述了政策的制定、实施以及落实情况。翔实的史实以及客观的评价应该可以促进经济产业政策的研究，同时有助于解决当今经济社会堆积如山的课题。

编纂委员会的各位成员殚精竭虑，历时长达五年，终获至宝——《日本通商产业政策史（1980—2000）》。借此机会，向各位表达衷心的敬意。经济产业省也将尽可能利用本书的成果，实现新的成长战略，竭尽全力实现日本经济复苏。

2011 年 3 月

经济产业大臣　海江田万里

序

本系列丛书旨在回顾并评价 20 世纪末日本的产业政策，并将其作为考察 21 世纪初经济社会和产业政策的重要参考之一。

在 20 世纪最后 20 年间，与产业政策相关的社会经济环境至少发生过四次重大变化，分别是：国内宏观经济变化、世界经济国际化（全球化）、重视市场和财政重建，以及保护地球环境的国际舆论升温。

20 世纪 90 年代日本产业政策出现转机就是这些变化导致的结果之一。当时的宏观环境剧变是其中一个原因。彼时，日本刚刚克服石油危机，本以为可以保持持续的稳定增长。但时隔不久，伴随《广场协议》的签署，日元快速升值、经济泡沫开始破裂。为了应对日元升值，通产省采取了很多措施，却导致政府财政进一步恶化：财政逆差扩大；国债发行规模迅速扩大，超过了 GDP 的增长幅度。政府不得不紧缩财政支出。为了落实产业政策，政府还出台了补贴和税收优惠措施，但其自由度也受到限制。此外，在经济高速增长的过程中，金融资产虽然不断增加，但支援民间的公共财政（财政投资资金、利息补贴等）的有效性日益下降，从而导致产业政策的效果低下。

其间，政府决策机制也出现了一些变化的征兆。比如，"桥本行革"期间，由首相官邸独揽大权并做出政治决断的情况增加。经济高速增长结束后，政府的主要任务发生调整，对有限的预算进行合理分配。所以首相官邸的功能也就必须要做出调整。从这个意义上讲，在世纪之交，中央政府机构改革成为"新时代"到来的标志。"桥本行革"明确的原则中有三条规定：强化内阁职权；大幅缩减省厅编制（由 22 个减少为 12 个）；开展工作不再以领导为中心（取消上下级关系），而是以任务为中心。通商产业省也借此更名为经济产业省（2001 年），为了更加实至名归，也将重心转移到宏观经济政策和产业政策等领域。此外，政府为了确保信息传递和决策更加迅速，还实施了一系列措施，比如引入扁平化管理机制、废除总务科、用政策调整官会议取代法令审查委员会等。

围绕产业政策，20 世纪 90 年代出现的趋势更加明显。下面举例说明。

1. 20 世纪 80 年代以前，一般都是由"相关行业主管机构"针对比较繁荣的行业制定相关政策，以便灵活发挥业界团体的职能。随着信息化和节能技术的发展，越来越多的行业不再适用单一的产业政策，比如环境等领域。政府在新时代的职能转变为发明和培育先进技术以及研发创新性生产技术。同时，一直以来的干预市场型产业政策也逐渐被尊重市场规律、促进市场发展的政策取代，其典型就是高举制度改革（强调市场功能）的大旗，纠正内外价值观、改善高成本结构等。1999 年修改《中小企业基本法》，废除原来法律（1963 年制定）的核心法条"改善不足"（第 3 条第 5 款）的概念，这些举措都给中小企业政策等产业政策带来了根本性的变革。

2. 为了防止外部因素内部化导致市场失灵，或是支持市场化经营承担民间部门根本无力承担的风险等，政府开始探索新的政策，采取不同以往的政策干预市场、强调保护和改善广义上的环境以及积极的能源政策，比如积极支持大型基础设施的研究和开发。这时还开始强调知识产权政策的重要性。这些举措均是经济全球化浪潮下的必然结果。

3. 为了防止产业空洞化，把具有优势的制造业留在国内，很多新的政策应运而生，比如开发新技术、促进研究人员交流、简化专利申请程序以及增加审查官职能、改善企业创办条件等措施（减少法人税）。特别是 1995 年制定的《科学技术基本法》，其中规定鼓励将研究开发成果合理实用化；1998 年为了促进大学、国立研究所等机构的研究成果向民间转移，颁布了《大学等技术转移促进法》；1999 年还制定了《产业活力再生特别措施法》，其条款中包括鼓励把国家委托课题研究成果相关的专利转为民用。

4. 除了上述变化之外，流通业"近代化"和强调保护消费者权益的行为也华丽登场，日本政府非常果断地引入了一些新的观点。1998 年出台《大规模零售商店立地法》（《大店立地法》）就是很明显的例子。同年颁布的新法，删除了 1973 年旧法关于调整大规模零售商店零售活动的法律中的"调整"，由此可以窥见通产省逐渐放弃了调整职能。

5. 受经济环境影响，政策模式发生变化。比如，现在明显倾向于制定法律条令，而不是把行政干预作为产业政策规则；没有法律根据的行政程序和行政手段变得难以实施。此外，事前管制也调整为事后管制（不在问题发生前制定规则，而是在明确问题后再进行规范）。

6. 更加明显的是，与通产政策有关的课题不再局限于政府各个部门内部，而是根据课题的具体要求跨部门合作解决。这不仅是因为政策模式和其背后的政策思想不断动态调整，还因为当时负责制定政策的官员也开始灵活处理这种长期的趋势（"全球化"是其中的环节之一）。比较早期的案例是通产省举办"缩短劳动时间问题恳谈会"（1990年6月），之后又举办"产业劳动问题恳谈会"（1991年5月），提出促进女性、老人雇用比例的建议。之后，还陆续出现很多类似案例，比如提出了地价税（1991年）、减少法人税等建议，制定与人类基因解析研究相关的伦理原则（2001年），颁布低污染汽车开发计划（2001年）等。

7. 从20世纪70年代后期到90年代前半期，日美两国双边贸易摩擦频发。一直奉行自由贸易主义、强调多边经常收支平衡重要性的日本政府不得不与外国政府（尤其是美国）展开双边谈判，并且经常实施自愿出口限制措施，国内产业苦不堪言。因此政府在决策方面面临巨大压力。

但是，另一方面，日本顺利在太平洋地区搭建了区域经济合作的平台（APEC），并且完善了针对发展中国家提供的政府开发援助（ODA）制度，给日本的经济政策带来前所未有的生机。

另外，在20世纪末（1995年），GATT体制转变为WTO，日本在这个过程中扮演了重要角色。实际上，WTO成立对日本贸易政策来说是一个巨大的转折点，不仅促使国际社会逐渐接受以世界共通的规则作为制定贸易政策和谈判的原则，还促使通产省的立场由自由贸易向积极谈判转变。

总而言之，20世纪末的最后20年对日本社会造成深远影响。同时，也为通商政策带来了非常巨大且具有实际意义的变革。本丛书希望明确通商政策在世纪之交的变化和对这25年的政策课题的认识，以及政策手段的选择甚至对其结果带来了何种影响。通过准确、客观地记录这一时期通商政策的问题以及解决方法和后续结果，为当今社会甚至子孙后代做出一些有意义的事情。

就通商政策来说，要解决的问题层出不穷，而且分秒必争，要求跨部门组织很多专家和机构展开谈判和交涉，很多综合性材料无暇记录。因此，要追踪政策的决策过程，除了参考文献资料和相关统计外，还必须通过了解当时的决策者以及相关人员的回忆、调查相关机构的记录。这种工作必须及时处理。虽然是历史，但是因为刚过去不久，还来得及。所以政策史才敢于以这段时期作为对象。

实际上，在执笔时，就没有采用第一期（由隅谷委员会提出）《日本通商产业政策史》的时间来编纂各卷内容。之后，明确以1973—2000年通产省的组织构成作为标准，相关人员在此基础上完成编写。上述时期的变化必须易于按照政策主题进行分析。此外，还必须兼顾风格统一，以便在编写时保持相应的联系。

经济社会的变化是连续的。此外，政策在 20 年左右也有连续性，所以本丛书在编写时并没有完全拘泥在 1980—2000 年，而是根据需求涉及其他时期。在讲述政策历史时，把保持文章连续性作为前提非常重要。

在编写本丛书时，除了主编外还委托了三名副主编（武田晴人教授、中田哲雄教授、松岛茂教授）共同作为监修。而且，还成立了编纂委员会，全部作者都参与其中，促进了编纂计划的顺利实施。如上所述，因为纸质材料和录音带（或类似材料）并不丰富，所以还开展了约 200 次访谈调查，比如访谈原通产省官员在内的政策负责人。

本丛书编写历时 5 年，得到了各方的帮助，尤其是政策史编纂小组的工作人员非常辛苦。他们积极联系本部门或是其他外部机构寻求帮助、查找文献资料、开展问卷调查、成立并运营研究会甚至出差等，做出了巨大的贡献。

以及川耕造理事长为首的经济产业研究所工作人员以及经济产业省相关人员多次参加编纂委员会会议和中期报告会，并提出了很多宝贵意见。在草稿完成后，经济产业省相关部门也根据分工举办了复查会议，百忙之中还及时提出了很多宝贵意见。身处第一线的专家提出了很多精彩的意见。如果没有各位的帮助，本丛书难以完成。在此，向各位致以衷心的感谢。

最后，本丛书 12 卷的出版都由经济产业调查会负责，时间和费用都比较紧张，所以作为编写人员必须向从事出版和印刷的各位工作人员致以敬意。

如上述谢词所言，本政策史各卷均在经济产业研究所的指导下实施。所以本丛书属于经济产业研究所编纂的作品。

本丛书的目的和意图是否实现需要由读者判断。同时，也希望得到众多读者的斧正。

2011 年 3 月

通商产业政策史编纂委员长　尾高煌之助

通商产业政策史编纂委员会

委员长

尾高煌之助　一桥大学名誉教授/法政大学名誉教授

委　员

阿部武司　　大阪大学研究生院经济学研究科教授

石原武政　　关西学院大学商学部教授/大阪市立大学名誉教授

冈崎哲二　　东京大学研究生院经济学研究科教授

橘川武郎　　一桥大学研究生院商学研究科教授

沢井实　　　大阪大学研究生院经济学研究科教授

武田晴人＊　东京大学研究生院经济学研究科教授

中田哲雄＊　同志社大学研究生院商业研究科教授

中山信弘　　明治大学特任教授/东京大学名誉教授

长谷川信　　青山学院大学副校长/经营学部教授

松岛茂＊　　东京理科大学研究生院综合科学技术经营研究科教授

山崎志郎　　首都大学东京都市教养学部经营学系教授

经济产业省相关代表

　　为了实施编纂工作，独立行政法人机构经济产业研究所任命尾高煌之助为主编以及三名副主编（带＊号者），并作为编写负责人。

　　通商产业政策史编纂委员会隶属于独立行政法人机构经济产业研究所，由主编担任委员长，成员包括副主编等各卷的编写负责人以及经济产业省的相关代表。

关于第 2 卷的编纂

本卷主要论述 1980—2000 年（根据需要也涉及其前后一段时间）通商产业省（以下简称通产省）的通商政策局以及贸易局策划并实施的通商、贸易政策。随着全球化迅猛发展，这段时期通产省负责对外经济政策，其作用日益增加，变得非常重要，而且该部门面临着错综复杂的问题，需要调整以出口振兴为中心的政策为重视多种形式的国际合作确保国家利益的政策；此外，还经常出现其他难以解决的问题。

简单介绍一下本卷的概要。序章先介绍了世界和日本的经济形势以及日本的国际收支动向，之后概述了 20 世纪最后 25 年最大的焦点——日欧美之间贸易摩擦问题的历程以及日本通商贸易政策的基调。第一部主要论述美欧贸易摩擦问题的发展以及日本对此实施的政策。具体来说，第 1 章讨论了贸易摩擦问题的严重性及对策；第 2 章论述了解决问题的根本性对策，比如进口扩大、市场开放、规制缓和等与出口相关的政策；第 3 章第 1 节论述了与前一章密切相关的维持出口秩序政策，第 2 节和第 3 节中进一步说明了 20 世纪末重要性增加的安全保障贸易管理以及贸易保险。

第二部主要明确了世界通商、贸易体制的变化以及日本的对策。首先，第 1 章和第 2 章介绍了始于 1986 年的 GATT（关税与贸易总协定）乌拉圭回合谈判的历程以及 WTO（世界贸易组织）作为谈判结果于 1995 年应运而生的历程，其中还具体介绍了与日本有关的争端解决的过程。此外，因为日本当时经常受到制裁，并且苦于通过双边谈判解决与美国的贸易摩擦问题，所以开始重视以 GATT（之后是 WTO）为中心的多边贸易体制，并且尊重其规则中的"规则导向型"贸易政策。第 3 章主要介绍日本实施的与出口救济法有关的对策。在出口迅速增长的背景下，外国经常实施反倾销措施等进口救济措施，日本在进入 21 世纪后终于转变立场，开始实施保障措施。第 4 章主要介绍 20 世纪临近结束之时，随着 1992 年北美自由贸易协定和 1993 年欧洲一体化的发展，欧美各国的地区主义发展迅速。在通产省的主导下，1989 年标榜"开放地区主义"的 APEC（亚洲太平洋经济合作组织）顺利成立。之后，世界形势发生重大变化，日本不仅开始重视以 WTO 为中心的多边贸易体制，而且在 20 世纪末迫于世界形势的变化，改变了以往反对签署自由贸易协定（两个或两个以上的国家签署"自由贸易区"）的立场，转而开始支持签署。第 5 章主要介绍通过政府开发援助支援发展中国家的情况以及通产省为了追求国家经济利益推动该政策的历程。此外，还介绍了 20 世纪 80 年代后半期到 1997 年亚洲货币危机期间，通产省的工业化政策以及对近年东盟地区整体发展做出的巨大贡献。

通过以上简单的介绍可以了解到在本卷涉及的时期内，日本的通商、贸易政策面临很多分歧。单一的人或团体都难以把握全貌。所以，与本丛书其他卷相比，本卷大部分内容都得到了很多编写人员的帮助。比较仔细的读者会发现有时候相同的事情会多次出现，这其实是从不同的角度，比如从经济史学或是法学分别论述。

不可否认，无法通过本书完全概括 20 世纪末日本的通商、贸易政策，但笔者认为本书论述了其中大部分重要史实。希望本书能在记录通产省活动的同时，为学术研究做出应有的贡献。此外，也希望能够帮助读者冷静对待目前重要的政治课题——是否参加跨太平洋伙伴关系协定。

2012 年 11 月

第 2 卷编写负责人　阿部武司

各章负责人（2012 年 6 月）

序章				阿部武司	大阪大学研究生院经济学研究科教授
				武田晴人	东京大学研究生院经济学研究科教授
第一部	第 1 章			阿部武司	同前
	第 2 章	第 1 节		阿部武司	同前
		第 2 节		武田晴人	同前
				石井晋	学习院大学经济学部教授
	第 3 章	第 1 节		武田晴人	同前
		第 2 节		阿部武司	同前
		第 3 节		阿部武司	同前
第二部	第 1 章	第 1 节	1	久野新	杏林大学综合政策学部专任讲师
			2	西垣淳子	经济产业研究所高级研究员
			3	西垣淳子	同前

	第2节	1	关沢洋一	经济产业研究所高级研究员
		2	小林献一	Apple Japan 政务部部长
		3	东条吉纯	立教大学法学部教授
		4	久野新	同前
		5	小林献一	同前
		6	西垣淳子	同前
		7	国松麻季	中央大学研究生院战略经营研究科特任准教授
	第3节		川濑刚志	上智大学法学部教授
	第4节		川岛富士雄	名古屋大学研究生院国际开发研究科教授
第2章	第1节	1（1）	小林献一	同前
		1（2）	小林献一	同前
		1（3）	小林献一	同前
			关沢洋一	同前
		2	国松麻季	同前
		3	国松麻季	同前
		4	川岛富士雄	同前
	第2节	1	川岛富士雄	同前
		2（1）—（2）	川岛富士雄	同前
		2（3）—（6）	川濑刚志	同前
		2（7）	小林献一	同前
		3	川岛富士雄	同前
第3章	第1节		东条吉纯	同前
	第2节		川濑刚志	同前
	第3节		川濑刚志	同前
第4章			关沢洋一	同前
第5章			前田充浩	产业技术大学院大学教授

凡　例

1. 用字用语以使用常用汉字、现代假名为原则，但学术用语、专门用语及惯用语不拘此例。

2. 原则上使用西历纪年，但根据需要使用日本历纪年。

3. 人名敬称都已省略，包括机构外人员以及在世人员。

4. 外国人名、国名、地名及国际机构等使用惯用称谓。另外，人名的敬称参照 3。

5. 引用文原则如下：

（1）用字用语等依照原文、字体采用新字体。

（2）引用文中有明显错误的地方，以引用者的责任进行订正，漏字处使用 ［ ］补全。

（3）引用文中的注释用 （ ）标记，表示为引用者注释。

（4）省略以……或（中略）表示。

（5）参考文中的换行用/表示。

6. 引用文献、参考文献的注释采用一般方式。

7. 数字使用阿拉伯数字，同时使用万亿、亿、万等单位。

8. 度量衡原则上以米为基本单位。

9. 关于法令、条约、公文资料采用以下原则：

（1）法令的标识原则上在标题名称后加注（ ），需要记述公布年月日、标号、施行年月日等。

（2）条约的标识原则上按照（1）实行。按需标记生效的年月日。

（3）公文资料等的标识按照原则，需标记标题，根据需要注释年月日、编制部门、决定和通知的类别和关于发信文件的编号、发信人员及接收人员。

（4）外国法令等原则上是翻译后按照本国文件的方式标记。

目　录

序　章　日本对外经济关系与通商贸易政策的基调

第一部　经济大国的责任和贸易政策

第 1 章　与欧美国家的贸易摩擦谈判

序　章
日本对外经济关系与通商贸易政策的基调
——欧美地区保护主义盛行及日本的应对

第1节　前　言

随着第一次石油危机的爆发，日本经济高速发展时期（1955—1973 年）落下帷幕，日本经济的增长方式逐渐向平稳型过渡。但是，不久之后国际经济形势风云突变：20世纪 70 年代末，第二次石油危机爆发；1985 年 9 月，日美签署《广场协议》导致日元大幅升值；1987 年左右，日本泡沫经济危机初现端倪；20 世纪 90 年代初，随着经济泡沫破裂，日本经济陷入长期低迷。日本经济在短时间内的剧变让世人瞠目结舌。从20 世纪 80 年代开始，日本实施政府机构改革。2001 年 1 月，通商产业省（简称通产省）被改组为经济产业省（简称经产省）。编写本书的主要目的是介绍这 20 年间日本对外贸易政策的历史变迁。①

除了序章之外，正文由两部组成。

第一部的主要内容是：在 20 世纪末错综复杂的国际环境下，日本在贸易方面遇到的问题以及实施的应对措施。比如：日本与美国、欧洲等发达国家之间频繁发生贸易摩擦问题，日本为此专门实施了进口促进政策（包括扩大进口政策、市场开放以及放宽规则等政策）和维持出口秩序政策；苏联等社会主义国家相继解体或剧变后，大规模杀伤性武器等危险品流入国际市场，日本采取安全保障贸易管理来防范危险；为了防止被发展中国家债务累积问题带来的高风险所影响，日本实施了贸易保险。上述问题都会在第一部有所涉及。

---

① 为了保证本章论述没有遗漏，在撰写时参考了通商产业省编写的《通商产业省年报》，以及通商产业省《通商白皮书》。

第二部的主要内容是：介绍世界贸易出现的新趋势，日本政府开展了很多对外经济合作活动，主要包括 GATT② 乌拉圭回合谈判以及 WTO③、APEC④、FTA（Free Trade Agreement，自由贸易协定）、EPA（Economic Partnership Agreement，经济合作协定），以及 ODA（Official Development Assistance，政府开发援助）。

为了让读者更好地理解正文，本章介绍的主要内容是：①陈列基本的历史事实；②介绍日本国际收支动向；③特别介绍以美国和欧洲为主的外国实施保护主义措施的情况。与此同时，还特别以时代变迁为中心，结合通商产业省的决策过程，概括归纳了日本在相应时期对通商贸易政策的基本考虑。

此外，还需要说明的是：在本书涉及的年代中，通商产业省内有两个部门与通商贸易直接有关，其中之一是贸易局，其处在日本与外国贸易的第一线，负责解决与进出口直接相关的问题。该局还下设汇率金融科，专门负责处理汇率问题；另外一个部门是通商政策局，主要负责对外谈判与交涉。

书中介绍了日本与外国政府谈判的很多案例，涉及半导体、汽车等重要议题。这种谈判一般由通商产业审议官带领通商产业省通商政策局及其他部门负责。但是，有时外务省等其他政府部门也参与其中，所以原则上本书提到的谈判当事方是指整个日本政府。在需要明确时，才会特别注明是通商产业省。

第 2 节　石油危机爆发后的世界和日本（1973—1984 年）

1. 世界经济停滞以及日本经济发展

20 世纪 60 年代，日本经济保持高速增长；以联邦德国为首的西欧国家，以及世界经济地位相对下滑的美国经济都保持良好势头。但是 1971 年 8 月，美国总统尼克松上台后，颁布并实施了新的经济政策，宣布美元不再与黄金"挂钩"，停止用美元兑换黄金，并且开始征收 10% 的进口附加税。其他资本主义国家也放弃了固定汇率，不再将本国货币与"强美元"挂钩。

---

② General Agreement of Tariffs & Trade（关税与贸易总协定）的简称，1948 年成立，日本于 1955 年加入。

③ World Trade Organization（世界贸易组织）的简称，前身是 GATT，1995 年 1 月成立。

④ Asia-Pacific Economic Cooperation（亚洲太平洋经济合作组织）的简称，1989 年成立。

以国际货币基金组织（International Monetary Fund，简称IMF）为标志的布雷顿森林体系瓦解。1949年以后，日本始终坚持1美元兑换360日元的固定汇率，后来无法继续维持，只能任由日元升值。虽然从1971年12月到1973年2月，曾经恢复为1美元兑换308日元的固定汇率制⑤，但也未能挽救布雷顿森林体系。日本最后还是选择了浮动汇率制，并持续至今。日元汇率变化情况可以参考表1。

接着，1973年10月第四次中东战争爆发。以此为契机，波斯湾六个产油国联合组成石油输出国组织OPEC（Organization of Petroleum Exporting Countries），该组织在欧美巨大石油资本的控制下，操纵原油价格暴涨约4倍，使依赖石油的国家的经济发展遭受重创。这就是所谓的第一次石油危机。危机之后，日本和欧美国家的经济繁荣局面宣告结束。20世纪70年代末，OPEC再次提高原油价格，石油危机再次爆发。另外，巴列维政权下的伊朗作为产油大国，在美国支持下积极进行现代化改革，但该政权在伊斯兰革命中被推翻，导致原油价格进一步攀升。

在经济高速增长时期，日本用进口石油取代国产煤炭作为主要能源。受第一次石油危机的重大打击，高耗能的石油化学以及金属冶炼等行业陷入萧条，一蹶不振。在此之后，日本很多企业开始实施"减量经营"，控制人员、物品、资金等经营成本，获得了成功。整个日本社会，无论是政府还是民间，都开始奉行节能政策，努力摆脱对石油等资源的过度依赖。

通过观察表2以及表3可以直观地了解到：从1974年开始的10年时间，欧美国家的经济形势出现问题，经济增长持续低迷，失业率逐年上升。相反，虽然日本的失业率也有所提高，但是一直保持在2%左右；第二次石油危机爆发后的几年内，日本仍然可以维持3%以上的增长率。20世纪80年代初，日本的国民生产总值（GNP）约占世界国民生产总值的10%。无论是日本政府还是民间团体，都对日本经济充满了自信，"一成国家"的说法频繁见诸日本媒体。

20世纪70年代后半期，国际上发生了众多引人瞩目的变化。首先，第二次世界大战之后，长期在资本主义世界拥有军事、政治、经济霸权地位的美国经济陷入衰退，而且每况愈下。在美国之前称霸世界的英国在遭遇第一次石油危机后，其经济也陷入泥潭。

---

⑤　也被称为Smithsonian System（《史密森协定》）。

表 1 汇率变化

年度	汇率（日元/美元）	年度	汇率（日元/美元）
1973 年	271. 70	1987 年	144. 61
1974 年	292. 08	1988 年	128. 13
1975 年	296. 78	1989 年	137. 98
1976 年	296. 55	1990 年	144. 81
1977 年	268. 51	1991 年	134. 51
1978 年	210. 44	1992 年	126. 67
1979 年	219. 14	1993 年	111. 18
1980 年	226. 69	1994 年	102. 22
1981 年	220. 55	1995 年	94. 05
1982 年	249. 06	1996 年	108. 77
1983 年	237. 48	1997 年	121. 02
1984 年	237. 53	1998 年	130. 89
1985 年	238. 53	1999 年	113. 85
1986 年	168. 52	2000 年	107. 74

注：1979 年之前根据东京市场银行间即期和年平均数值、日经 NEEDS（FREXDA）数值；1980 年以后根据
Inter Bank Spot（ST'FXERM07：17 时/月中平均）的年平均数值，再按照日本银行"按时间统计数据"
计算得出。

资料来源：三和良一，《概述日本经济史·近现代（第 3 版）》，东京大学出版社，2012 年，第 208 页。

　　大部分发达国家经济出现滞胀[⑥]，民间企业发展受阻，陷入衰退，但是优厚的福利
政策导致政府部门不断膨胀。英美两国都饱受其害。1979 年英国撒切尔政权、1981 年
美国里根政权应运而生。它们秉承新自由主义经济思想[⑦]，试图通过精简政府部门、控
制货币供应量以及减低税费等方式恢复民间企业的经济活力。重视市场原理的思潮开
始在政策层面付诸实践，并陆续取得丰硕的成果。尤其是 10 年后，也就是 20 世纪 90
年代前后，苏联等社会主义国家相继解体或剧变，英美这种发展模式引起世界各国的
争相效仿。

[⑥] Stagflation，由 stagnation（停滞）和 inflation（通胀）组合而来，意思是物价飞涨、经济衰退。
[⑦] 对英美两国金融政策造成很大影响，其代表人物是米尔顿·弗里德曼（Milton Friedman）。

表2　发达国家 GDP（GNP）增长率

（单位：与上一年相比变化%）

年 国别	1974	1975	1976	1977	1978	1979	1980	1981	1982	1983	1984	1985	1986	1987	1988	1989	1990	1991	1992	1993	1994	1995	1996	1997	1998	1999	2000
日本	-1.4	2.7	4.8	5.3	5.2	5.3	4.3	3.7	3.1	3.2	5.1	4.9	2.5	4.5	6.5	5.3	5.3	3.1	0.9	0.4	1.0	1.6	3.5	1.8	-1.1	0.8	1.5
美国	-0.5	-1.3	4.9	4.7	5.3	2.5	-0.2	1.9	-2.5	3.6	6.8	3.4	2.8	3.4	4.2	3.5	1.8	-0.5	3.1	2.7	4.0	2.7	3.6	4.4	4.3	4.1	4.1
加拿大	4.4	2.6	6.2	3.6	4.6	3.9	1.5	3.7	-3.2	3.2	6.3	4.6	3.2	4.2	4.9	2.6	0.2	-2.1	0.9	2.4	4.7	2.8	1.6	4.3	3.9	5.1	4.4
英国	-1.9	-0.9	2.8	2.3	3.7	2.7	-2.3	-1.2	1.8	3.7	2.2	3.5	3.2	4.2	5.2	2.2	0.8	-1.4	0.2	2.5	4.7	2.9	2.6	3.4	3.0	2.1	2.9
德国	0.2	-1.4	5.6	2.7	3.3	4.0	1.5	0.0	-1.0	1.9	3.3	1.9	2.3	1.5	3.7	3.6	5.7	5.0	2.2	-1.1	2.3	1.7	0.8	1.4	2.0	1.8	3.0
法国	3.1	-0.3	4.2	3.2	3.4	3.2	1.6	1.2	2.5	0.7	1.3	1.9	2.3	2.5	4.3	4.3	2.6	1.0	1.3	-0.9	1.8	1.9	1.1	1.9	3.5	3.0	3.4
意大利	4.1	-3.6	5.9	1.9	2.7	4.9	3.9	0.2	0.3	1.1	3.0	2.6	2.5	3.0	3.9	2.9	2.0	1.4	0.8	-0.9	2.2	2.9	1.1	2.0	1.8	1.6	2.9
荷兰	7.6	-0.5	4.9	2.6	2.6	2.0	1.1	-0.7	-1.4	1.4	3.1	2.6	2.0	1.4	2.6	4.7	4.1	2.3	2.0	0.8	3.2	2.3	3.0	3.8	4.3	3.7	3.5
欧盟（欧共体）合计	2.0	-1.2	4.7	2.6	3.1	3.4	1.4	0.2	0.7	1.5	2.5	2.4	2.8	2.8	4.2	3.6	3.1	1.8	1.2	-0.3	2.8	2.4	1.7	2.6	2.9	2.6	3.3
澳大利亚	1.9	1.5	3.4	0.9	3.4	3.4	2.1	3.4	0.1	0.5	7.1	5.4	2.1	4.8	4.5	4.5	1.3	-0.6	2.4	3.9	4.7	4.1	3.5	4.1	5.4	4.5	3.4

注：　如果严谨来说，1986年以前与1987年以后的数据并不连贯。

资料来源：财务省（原大藏省）编，《财政统计金融月报》每年发行一期的国际经济特辑。原始资料来自 OECD，Economic Outlook。

表3　发达国家的失业率

（单位：%）

年 国别	1978	1979	1980	1981	1982	1983	1984	1985	1986	1987	1988	1989	1990	1991	1992	1993	1994	1995	1996	1997	1998	1999	2000
日本	2.2	2.1	2.0	2.2	2.3	2.7	2.7	2.6	2.8	2.9	2.5	2.3	2.1	2.1	2.2	2.5	2.9	3.1	3.4	3.4	4.1	4.7	4.7
美国	6.1	5.8	7.2	7.6	9.7	9.6	7.5	7.2	7.0	6.2	5.5	5.3	5.6	6.8	7.5	6.9	6.1	5.6	5.4	4.9	4.5	4.2	4.0
加拿大	8.3	7.4	7.5	7.6	11.0	11.8	11.2	10.5	9.5	8.8	7.8	7.5	8.1	10.3	11.2	11.4	10.3	9.4	9.6	9.1	8.3	7.6	6.8
英国	4.9	4.5	6.1	9.1	10.4	11.2	11.4	11.6	11.8	10.4	8.2	6.2	5.9	8.2	10.2	10.3	9.4	8.5	7.9	6.5	5.9	6.0	5.5
德国	3.7	3.3	2.5	3.4	5.0	6.6	7.1	7.2	6.4	6.2	6.2	5.6	6.2	5.4	6.4	7.6	8.1	7.9	8.5	9.4	8.9	8.2	7.5
法国	5.4	6.0	6.3	7.5	8.2	8.4	9.8	10.2	10.4	10.5	10.0	9.4	8.9	9.4	10.4	11.7	12.1	11.4	12.1	12.2	11.6	10.9	9.5
意大利	6.8	7.2	7.7	8.5	9.2	10.0	10.1	10.2	11.2	12.1	12.2	12.1	9.1	8.6	8.8	10.2	11.2	11.7	11.7	11.8	11.9	11.5	10.7
荷兰	5.5	5.6	4.1	6.3	8.8	11.2	11.2	10.0	9.2	8.7	8.3	7.4	6.0	5.4	5.4	6.6	7.6	7.1	6.6	5.5	4.2	3.2	2.6
欧盟（欧共体）合计	5.5	5.6	6.2	7.8	9.1	10.1	10.8	11.0	10.9	10.6	10.0	9.0	7.8	8.0	9.1	10.6	10.9	10.5	10.6	10.4	9.7	9.0	8.1
澳大利亚	6.3	6.2	6.0	5.7	7.1	9.9	8.9	8.2	8.0	8.0	7.1	6.1	6.8	9.2	10.4	10.6	9.4	8.2	8.1	8.2	7.0	6.9	6.3

注：1. 德国在1990年以前是指联邦德国，1991年以后是指整个德国。

2. 1979年和1980年以后以及1989年以前和1990年以后有些数据并不连贯。

资料来源：财务省编，《财政统计金融月报》每年发行一期的国际经济特辑。原始资料来自OECD，Economic Outlook。

第二个变化是 NIEs⑧（新兴工业经济体）。20 世纪 70 年代末期，中国等东亚各国的经济迅速发展。虽然亚洲各国经济都有所发展，但是 60 年代以后只有日本跻身发达国家之列，可以与欧美国家平起平坐，所以日本战后经济的高速增长被称为亚洲奇迹，日本经济的发展模式受到欧美学者和媒体的广泛关注。但是即将进入 21 世纪时，世人发现日本无法继续维持这个奇迹。

最后一个变化是苏联解体。苏维埃社会主义共和国联盟（苏联）坚持军事扩张路线，于 1979 年对阿富汗采取军事行动，1989 年撤退，接近十年的战事无疑消耗了大量国力，成为导致苏联解体的原因之一。

2. 国际收支变化

通过表 4（1）可以了解日本经济遭受两次石油危机的影响。在 1973—1975 年以及 1979—1980 年，尤其是第二次石油危机爆发时，日本的经常收支出现大幅逆差，并且在之后的 1976—1978 年以及 1981—1985 年逆差规模迅速增加。

从同一张表中还可以了解到：日本贸易收支的变化曲线和经常收支的变化曲线类似，但是没有出现过一次逆差。其间，除了 1978 年以外，出口额持续增加。进口收支的增长趋势也较为类似，但是金额不如出口收支，所以贸易收支始终保持顺差。正是这种顺差导致日本与欧美之间出现严重的贸易摩擦问题，这会在第一部第 1 章中详细介绍。从表 5 可以了解到，与日本 1974—1984 年的经常收支顺差相比，美国在 1983—1984 年的贸易逆差规模巨大，非常明显。虽然欧洲的金额少于美国，但是除了德国与日本保持较为相同的贸易顺差以外，其他大部分欧洲国家都是贸易逆差。

从表 4（1）可以看到非贸易收支的金额变化巨大，一直保持巨额贸易逆差。1986年以后，表 4（2）的服务收支和所得收支合计虽然不直接等同于表 4（1）的非贸易收支，但是基本沿袭了这些数据。让我们观察一下 1986 年以后的数据。根据表 4（2），日本的服务收支一直保持逆差，所得收支（日本从国外得到的利息、分红、报酬等，与向外国支付的差额）则一直保持顺差。20 世纪末，服务贸易在世界上的重要性增加，但是不可否认的是，日本的服务贸易水平较低，表 4（1）中出现巨额逆差的非贸易收支就属于服务收支，这充分说明 1985 年以前日本服务水平低下的问题。

---

⑧　新兴工业经济体（Newly Industrializing Economies）的简称。20 世纪 70 年代，OECD 把当时快速发展的国家和地区称为 NICs，比如亚洲的韩国、中国台湾、中国香港、新加坡，中南美洲的墨西哥和巴西，欧洲的希腊、西班牙、葡萄牙、南斯拉夫等。之后仅保留亚洲四个国家和地区。因为考虑到中国台湾和中国香港属于地区，所以 1980 年开始用 NIEs 取代 NICs。

转移收支虽然一直逆差，但是增长趋势非常明显。这是因为日本成为经济大国后，政府开发援助等海外合作援助的金额大幅增长。

长期资本收支的增减浮动变化剧烈，基本一直保持逆差。这与资金向海外流动的规则不无关系。这个时期，企业向海外直接投资规模显著提高，从长期资本收支变化中可以略知一二，但表6中把该问题坐实。

接下来，让我们看一下日本从1970年到1985年的贸易情况。首先从关于出口对象国的表7中可以得知，1970年亚洲地区占比为31%，北美洲地区占比为37%，两者的比例较高。前者是指亚洲新兴工业经济区中被称为"亚洲四小龙"的韩国、中国台湾、中国香港、新加坡，除此之外，中国大陆也已经成为不可忽视的一股力量。后者，即北美洲地区的主要国家还是美国。就今后的变化而言，1980年亚洲地区占比高达38%，1980年美国占比为20%左右，比5年前（1975年）下降约10%。但是日本对美出口在此后迅速增加。1985年亚洲地区占比下降，但美国占比增加至37%。如上所述，日本向亚洲地区和美国的出口存在较大差异，但是欧洲地区占比由1970年的17%缓慢增长为1980年的19%，而1985年时降低至16%。

表8涉及日本主要的出口商品。工业原料在1970年占38%，1985年降低至21%。以机械设备类为代表的资本产品的比重由1970年的31%增长为1985年的47%。耐久消费品从1970年的21%增长至1985年的30%。从耐久消费品的内部构成要素看，汽车比重显著提高，从1970年的5%增长至1985年的14%，家用电器设备（家电制品）金额本身虽然有所提高，但是比例呈下降趋势，由1970年的6%下降至1985年的4%。第一部第1章对此有所涉及。以彩色电视机为主的家电制品比汽车更早成为日本与欧美发生贸易摩擦的对象。20世纪70年代，日本家电制造商的出口受限，更多厂商选择直接在欧美当地生产，这个趋势在表格和数据中也有体现。

表9是同一时期日本的进口情况。与出口相同的是，1970年日本最重要的交易地区是亚洲地区（29%）和北美洲地区（37%）。北美洲地区以美国为中心（占比约30%），出口木材和鱼类的加拿大（占比5%）也不能忽视。就亚洲地区而言，韩国、中国台湾、中国大陆都很重要。除此之外，提供原油等能源的印度尼西亚、文莱等国家也占据重要地位。同年欧洲占比约为14%，低于出口占比17%。之后亚洲地区占比显著提高，1980年高达57%。但是受原油价格下降影响，1985年下降了6%，绝对金额减少。另一方面，1979年以后的10年间，美国占比从12%增加到20%，欧洲从6%增加至10%。这些情况都与第一部第1章中的贸易摩擦问题，以及第2章和第3章中日本政府的通商贸易政策息息相关。

表 4　国际收支变化

(1) 1973—1985 年

（单位：亿日元）

分类	1973 年	1974 年	1975 年	1976 年	1977 年	1978 年	1979 年	1980 年	1981 年	1982 年	1983 年	1984 年	1985 年
1. 经常项目收支	-329	-13 293	-2 005	10 777	28 431	34 845	-19 695	-25 772	11 470	17 746	49 603	83 503	115 176
(1) 贸易收支	10 028	4 606	14 929	29 178	45 687	51 698	3 607	3 458	44 957	45 552	74 903	105 488	131 415
出口	98 287	159 270	162 489	195 538	212 003	200 035	222 790	285 797	330 222	342 463	345 579	399 995	412 319
进口	88 259	154 664	147 560	166 380	166 316	148 337	219 183	282 339	285 265	296 911	270 676	294 507	280 904
(2) 非贸易收支	-9 513	-17 067	-15 880	-17 391	16 204	-15 449	-20 842	-25 728	-29 924	-24 371	-21 628	-18 431	-12 287
收入	23 035	35 201	40 046	42 850	43 608	41 014	56 244	71 269	87 921	102 322	89 282	100 199	108 436
支出	32 548	52 268	55 926	60 241	59 812	56 463	77 086	96 997	117 845	126 693	110 910	118 630	120 723
(3) 转移收支	-844	-832	-1 054	-1 010	-1 052	-1 404	-2 460	-3 502	-3 563	-3 435	-3 672	-3 554	-3 952
收入	405	551	584	675	701	619	800	871	969	1 163	1 140	1 340	1 019
支出	1 249	1 383	1 638	1 685	1 753	2 023	3 260	4 373	4 532	4 598	4 812	4 894	4 971
2. 长期资本收支	-26 556	-11 303	-888	-2 837	-8 410	-24 660	(-28 314) / -27 637	(-4 807) / 4 759	(-21 862) / -14 770	-36 640	-42 184	-118 696	-152 327
资产（本国资产）	-23 038	-11 909	-10 094	-13 474	-13 870	-30 847	-35 496	-24 319	-50 578	-67 901	-77 084	-135 670	-192 736
负债（外国资本）	-3 518	606	9 206	10 637	5 460	6 187	(7 182) / 7 859	(29 127) / 29 078	(28 716) / 35 806	31 261	34 900	16 974	40 409
3. 短期资本收支	6 515	5 155	-3 329	313	-1 830	3 042	(6 069) / 5 391	(6 594) / 6 644	(4 547) / -2 546	-3 809	29	-100 097	-1 902
4. 净误差与遗漏	-6 817	-142	-1 765	350	1 675	620	5 206	-7 197	926	11 333	4 909	9 383	9 836
5. 综合收支	-27 187	-19 583	-7 987	8 603	19 866	13 847	-36 735	-21 566	-4 919	11 370	12 357	-35 907	-29 217

注：1　用美元标示的国际收支按当月根据银行间即期即期汇率的月中平均值进行换算。

　　2　当前交易从 1982 年 1 月开始包括短期资本收支。

　　3　括号中表示截至 1981 年的长期资本收支，短期资本收支包括当前交易。

　　4　短期资本收支剔除了属于金融账户的数值。

资料来源：财务省编，《财政统计金融月报》每年 6 月刊发的国际收支特辑。

9

（2）1985—2000 年

（单位：亿日元）

年份	经常收支	贸易服务收支	贸易收支	出口	进口	服务收支	所得收支	经常性转移收支	资本收支	投资收支	直接投资	证券投资	金融衍生品	其他投资	其他资本收支	外汇储备变化	净误差与遗漏
1985	119 698	106 736	129 517	415 719	286 202	-22 781	16 036	-3 077	-130 134	-129 115	-13 910	-100 047	n. a.	-15 157	-1 024	602	9 836
1986	142 437	129 607	151 249	345 997	194 747	-21 640	15 675	-2 842	-122 503	-121 644	-23 863	-171 729	n. a.	73 952	-857	-24 834	4 897
1987	121 862	102 931	132 319	325 233	192 915	-29 389	23 483	-4 553	-61 511	-60 379	-27 368	-154 645	n. a.	121 637	-1 133	-55 492	-4 857
1988	101 461	79 349	118 144	334 258	216 113	-38 800	26 436	-4 323	-83 420	-82 122	-46 032	-98 164	n. a.	62 074	-1 297	-21 255	3 214
1989	87 113	59 695	110 412	373 977	263 567	-50 713	31 773	-4 354	-74 651	-72 776	-65 271	-25 790	n. a.	18 287	-1 873	18 487	-30 950
1990	64 736	38 628	100 529	406 879	306 350	-61 899	32 874	-6 768	-48 679	-47 149	-70 903	11 900	n. a.	11 857	-1 532	13 703	-29 761
1991	91 757	72 919	129 231	414 651	285 423	-56 311	34 990	-16 150	-92 662	-91 045	-40 887	60 212	n. a.	-110 371	-1 614	11 391	-10 487
1992	142 349	102 054	157 764	420 816	263 055	-55 709	45 125	-4 833	-129 165	-127 525	-18 426	-33 401	n. a.	-75 697	-1 641	-753	-12 432
1993	146 690	107 013	154 816	391 640	236 823	-47 803	45 329	-5 651	-117 035	-115 387	-15 234	-77 620	n. a.	-22 533	-1 650	-29 973	318
1994	133 425	98 345	147 322	393 485	246 166	-48 976	41 307	-6 225	-89 924	-88 004	-17 611	-23 657	n. a.	-46 738	-1 920	-25 854	-17 648
1995	103 862	69 545	123 445	402 596	279 153	-53 898	41 573	-7 253	-62 754	-60 609	-21 249	-30 772	n. a.	-8 585	-2 144	-54 235	13 127
1996	71 532	23 174	90 966	435 659	344 693	-67 792	58 133	-9 775	-33 425	-29 888	-25 236	-37 082	-8 011	40 442	-3 537	-39 424	1 317
1997	117 339	57 680	123 103	495 190	372 087	-65 423	70 371	-10 713	-151 323	-146 445	-27 548	41 402	-7 166	-153 133	-4 879	-7 660	41 645
1998	155 278	95 299	159 844	488 665	328 820	-64 546	71 442	-11 463	-170 821	-151 508	-27 437	-57 989	1 035	-67 118	-19 313	9 986	5 588
1999	130 522	78 650	140 155	457 948	317 793	-61 505	65 741	-13 869	-62 744	-43 655	-11 393	-30 022	-3 305	1 064	-19 088	-87 963	20 184
2000	128 755	74 298	125 634	495 257	369 622	-51 336	65 052	-10 596	-94 233	-84 287	-25 039	-38 470	-5 090	-15 688	-9 947	-52 609	18 088
1990/1985	0.54	0.36	0.78	0.98	1.07	2.72	2.05	2.20	0.37	0.37	5.10	-0.12	n. a.	-0.78	1.50	22.76	-3.03
1995/1990	1.60	1.80	1.23	0.99	0.91	0.87	1.26	1.07	1.29	1.29	0.30	-2.59	n. a.	-0.72	1.40	-3.96	-0.44
2000/1995	1.24	1.07	1.02	1.23	1.32	0.95	1.56	1.46	1.50	1.39	1.18	1.25	n. a.	1.83	4.64	0.97	1.38
2000/1985	1.08	0.70	0.97	1.19	1.29	2.25	4.06	3.44	0.72	0.65	1.80	0.38	n. a.	1.04	9.71	-87.39	1.84

注：资本收支以及外汇储备增减用资本流出（资产增加或者负债减少）表示。

资料来源：财务省编，《财政统计金融月报》每年 6 月刊发的国际收支特辑。

表5　发达国家的经常收支

（单位：10亿美元）

	1974	1975	1976	1977	1978	1979	1980	1981	1982	1983	1984	1985	1986	1987
日本	-4.7	-0.7	3.7	10.9	16.5	-8.8	-10.8	4.8	6.9	20.8	35.0	49.2	85.4	84.1
美国	2.0	18.1	4.2	-14.5	-15.4	-1.0	1.1	6.9	-5.9	-40.1	-99.0	-122.3	-147.2	-160.7
加拿大	-1.3	-4.6	-4.2	-4.1	-4.3	-4.2	-1.0	-5.1	2.3	2.5	2.1	-1.5	-11.2	-13.5
英国	-7.5	-3.3	-1.7	-0.3	2.2	-1.0	6.6	13.6	8.1	5.7	2.4	3.5	-3.5	-12.7
德国	10.6	4.3	3.7	4.0	8.9	-5.4	-13.8	-3.6	5.1	5.3	9.8	16.4	40.2	45.8
法国	-3.9	2.7	-3.4	-0.4	7.0	5.2	-4.2	-4.7	-12.2	-4.8	-1.2	-0.3	2.4	-4.5
意大利	-8.0	-0.6	-2.8	2.5	6.2	5.9	-9.8	-8.9	-5.7	1.7	-2.3	-3.6	2.2	-2.5
荷兰	2.3	2.1	2.7	0.6	-1.6	-2.3	-2.9	2.7	4.2	3.9	4.9	5.1	4.3	4.2
澳大利亚	-2.8	-1.0	-2.0	-3.1	-4.5	-2.6	-4.1	-8.5	-8.5	-6.0	-8.8	-9.0	-9.8	-8.0
OECD 总计	-24.8	5.7	-15.5	-21.1	12.4	-27.4	-68.0	-24.2	-24.2	-17.9	-56.5	-62.4	-34.2	-56.5

	1988	1989	1990	1991	1992	1993	1994	1995	1996	1997	1998	1999	2000
日本	79.2	63.3	44.2	68.3	112.6	131.9	130.3	111.2	65.8	94.3	121.0	107.0	116.7
美国	-121.2	-99.5	-79.0	3.7	-48.5	-82.5	-118.2	-109.9	-120.9	-139.8	-217.5	-324.4	-444.7
加拿大	-14.9	-21.8	-19.8	-22.4	-21.1	-21.7	-13.0	-4.4	3.4	-8.2	-8.3	1.2	18.1
英国	-35.4	-43.1	-39.1	-19.0	-22.9	-17.9	-10.3	-14.3	-13.5	-2.9	-8.0	-31.0	-27.8
德国	52.7	57.1	48.6	-18.4	-14.5	-9.7	-24.3	-20.7	-7.9	-3.1	-6.7	-20.1	-18.8
法国	-4.6	-4.6	-9.8	-5.7	4.8	9.6	7.4	11.0	20.8	37.8	39.3	35.6	20.6
意大利	-6.8	-11.6	-16.7	-24.0	-29.6	7.6	12.8	24.9	39.4	33.4	22.7	8.3	-4.6
荷兰	7.1	9.4	8.1	7.5	6.8	13.2	17.3	25.8	21.4	25.1	13.3	15.1	13.6
澳大利亚	-11.6	-17.9	-15.9	-11.0	-11.1	-9.7	-17.1	-19.3	-15.8	-12.4	-18.1	-23.0	-15.3
OECD 总计	-44.7	-82.6	-109.6	-56.0	-60.2	11.2	-21.8	36.8	0.8	41.6	-17.4	-209.4	-335.9

注：1.1985 年以前和 1986 年以后的数据并不连贯。
2. 德国在 1990 年以前是指联邦德国，1991 年以后是指整个德国。

资料来源：财务省编，《财政统计金融月报》每年刊发一期的国际经济特辑。原始资料来自 OECD, Economic Outlook。

日本通商产业政策史（1980—2000）：通商和贸易政策

表6 日本对外直接投资

(1) 金额

（单位：100 万美元）

国家	1970 年	1980 年	1990 年	2000 年	1980/1970	1990/1980	2000/1990	2000/1970
美国	94	1 484	26 128	12 349	15.8	17.6	0.5	131.4
欧盟 15 国	329	546	13 353	23 984	1.7	24.4	1.8	72.9
法国	9	83	1 257	331	9.2	15.1	0.3	36.8
德国	4	110	1 242	320	27.4	11.3	0.3	79.9
荷兰	1	41	2 744	2 764	41.4	66.2	1.0	2764.3
英国	290	186	6 806	19 176	0.6	36.5	2.8	66.1
东亚（NIEs、东盟 4 国、中国）	165	1 176	6 946	5 787	7.1	5.9	0.8	35.1
合计	904	4 693	56 911	49 034	5.2	12.1	0.9	54.2

(2) 合计金额比例

（单位：%）

国家	1970 年	1980 年	1990 年	2000 年
美国	10.4	31.6	45.9	25.2
欧盟 15 国	36.4	11.6	23.5	48.9
法国	1.0	1.8	2.2	0.7
德国	0.4	2.3	2.2	0.7
荷兰	0.1	0.9	4.8	5.6
英国	32.1	4.0	12.0	39.1
东亚（NIEs、东盟 4 国、中国）	18.3	25.1	12.2	11.8
合计	100.0	100.0	100.0	100.0

注：2000 年的原始数据是以日元为单位公布的，先根据日银期中即时平均汇率换算成美元。原始资料来自贸易振兴会。

资料来源：日本贸易振兴会。原始资料来自大藏省，《对外及对内直接投资状况》，财务综合政策研究所；《财政金融统计月报》，日本银行公布的外国汇率。

表7　日本向主要国家和地区出口的总额

（单位：10亿日元）

日本的出口总额	1970 年		1975 年		1980 年		1985 年		1990 年		1995 年		2000 年	
	6 954	100.0%	16 546	100.0%	29 382	100.0%	41 956	100.0%	41 457	100.0%	41 531	100.0%	51 654	100.0%
亚洲	2 172	31.2%	6 080	36.7%	11 192	38.1%	13 658	32.6%	14 143	34.1%	18 911	45.5%	22 319	43.2%
中国台湾	252	3.6%	541	3.3%	1 169	4.0%	1 205	2.9%	2 234	5.4%	2 710	6.5%	3 874	7.5%
韩国	295	4.2%	667	4.0%	1 225	4.2%	1 694	4.0%	2 518	6.1%	2 928	7.1%	3 309	6.4%
中国大陆	205	2.9%	670	4.1%	1 141	3.9%	2 991	7.1%	884	2.1%	2 062	5.0%	3 274	6.3%
中国香港	252	3.6%	409	2.5%	1 077	3.7%	1 565	3.7%	1 888	4.6%	2 600	6.3%	2 930	5.7%
新加坡	152	2.2%	452	2.7%	885	3.0%	925	2.2%	1 547	3.7%	2 158	5.2%	2 244	4.3%
马来西亚	60	0.9%	168	1.0%	465	1.6%	523	1.2%	793	1.9%	1 573	3.8%	1 497	2.9%
泰国	162	2.3%	285	1.7%	435	1.5%	488	1.2%	1 315	3.2%	1 850	4.5%	1 469	2.8%
菲律宾	163	2.3%	305	1.8%	382	1.3%	224	0.5%	363	0.9%	667	1.6%	1 106	2.1%
北美洲	2 554	36.7%	4 362	26.4%	8 610	29.3%	18 152	43.3%	15 065	36.3%	13 107	31.6%	17 809	34.5%
美国	2 138	30.7%	3 309	20.0%	7 118	24.2%	15 583	37.1%	13 057	31.5%	11 333	27.3%	15 356	29.7%
南美洲	215	3.1%	703	4.2%	1 067	3.6%	530	1.3%	448	1.1%	616	1.5%	619	1.2%
欧洲	1 211	17.4%	3 071	18.6%	5 704	19.4%	6 829	16.3%	9 683	23.4%	7 214	17.4%	9 254	17.9%
德国	198	2.8%	493	3.0%	1 301	4.4%	1 646	3.9%	2 566	6.2%	1 908	4.6%	2 155	4.2%
英国	173	2.5%	437	2.6%	858	2.9%	1 132	2.7%	1 563	3.8%	1 323	3.2%	1 598	3.1%
荷兰	100	1.4%	216	1.3%	466	1.6%	491	1.2%	890	2.1%	932	2.2%	1 357	2.6%
法国	46	0.7%	207	1.3%	457	1.6%	496	1.2%	886	2.1%	570	1.4%	804	1.6%
意大利	69	1.0%	99	0.6%	217	0.7%	265	0.6%	492	1.2%	383	0.9%	624	1.2%
非洲	512	7.4%	1 649	10.0%	1 804	6.1%	1 117	2.7%	822	2.0%	704	1.7%	544	1.1%
大洋洲	289	4.2%	681	4.1%	1 006	3.4%	1 670	4.0%	1 296	3.1%	979	2.4%	1 110	2.1%
澳大利亚	212	3.0%	516	3.1%	762	2.6%	1 282	3.1%	998	2.4%	759	1.8%	924	1.8%

注：1. 原则上，国家名称都是日本产品出口国。

　　2. 中国大陆之前的数据不包括台湾地区和香港地区。

　　3. 1990 年之前只有联邦德国的数据。

　　4. 1970 年和 1975 年的资料使用美元为单位，1970 年时 1 美元 = 360 日元，1975 年时 1 美元 = 296.78 日元（见表 1）。

资料来源：日本关税协会，《外国贸易概况》。

表8　日本主要出口产品

（1）出口额

（单位：100万日元）

年度	总额	食品及其他直接消费品	工业用原料	原材料	矿物燃料	化学工业产品	金属	纤维制品	资本	一般机械	电气设备	运输设备	非耐用消费品	纤维产品	耐用消费品	家用产品	家用电器设备	乘用车	两轮车辆	玩具、乐器类
1970	6 954 367	232 663	2 660 265	117 530	17 123	438 531	1 113 003	584 769	2 160 362	722 174	417 300	807 782	306 513	209 635	1 482 862	108 745	428 673	325 206	164 711	315 565
1975	16 546 317	225 922	6 291 510	244 988	65 451	1 149 310	3 180 410	826 178	6 414 030	1 997 026	1 091 094	2 866 857	204 127	139 101	3 107 945	130 493	715 993	1 193 905	412 828	395 213
1980	29 382 472	364 241	8 396 236	308 104	114 430	1 534 440	3 950 898	1 090 175	11 769 497	4 090 859	2 897 216	3 620 898	312 235	174 974	8 045 888	260 223	1 290 086	3 647 809	815 204	1 363 173
1985	41 955 659	317 217	8 596 740	296 708	128 313	1 823 157	3 603 479	1 122 712	19 505 847	7 039 535	5 314 905	5 356 714	447 932	221 637	12 555 222	262 870	1 738 411	6 046 684	697 801	3 009 020
1990	41 456 940	227 756	7 315 944	261 131	191 693	2 261 805	2 161 174	810 697	22 376 011	9 180 928	7 027 921	4 237 108	353 615	109 978	10 421 825	162 713	772 486	5 969 322	518 696	2 296 331
1995	41 530 895	166 792	7 648 265	278 982	252 473	2 779 713	2 045 184	638 866	25 591 707	10 030 778	9 190 664	4 272 350	326 907	75 554	6 843 427	81 427	446 422	3 907 435	544 118	1 325 497
2000	51 654 198	211 576	8 962 587	340 288	187 361	3 713 655	2 161 968	720 269	31 105 188	11 119 536	12 518 665	4 340 561	387 144	83 617	9 012 429	67 778	243 365	6 123 022	717 753	1 278 286

（2）占比

（单位：%）

年度	总额	食品及其他直接消费品	工业用原料	原材料	矿物燃料	化学工业产品	金属	纤维制品	资本	一般机械	电气设备	运输设备	非耐用消费品	纤维产品	耐用消费品	家用产品	家用电器设备	乘用车	两轮车辆	玩具、乐器类
1970	100.00	3.3	38.3	1.7	0.2	6.3	16.0	8.4	31.1	10.4	6.0	11.6	4.4	3.0	21.3	1.6	6.2	4.7	2.4	4.5
1975	100.00	1.4	38.0	1.5	0.4	6.9	19.2	5.0	38.8	12.1	6.6	17.3	1.2	0.8	18.8	0.8	4.3	7.2	2.5	2.4
1980	100.00	1.2	28.6	1.0	0.4	5.2	13.4	3.7	40.1	13.9	9.9	12.3	1.1	0.6	27.4	0.9	4.4	12.4	2.8	4.6
1985	100.00	0.8	20.5	0.7	0.3	4.3	8.6	2.7	46.5	16.8	12.7	12.8	1.1	0.5	29.9	0.6	4.1	14.4	1.7	7.2
1990	100.00	0.5	17.6	0.6	0.5	5.5	5.2	2.0	54.0	22.1	17.0	10.2	0.9	0.3	25.1	0.4	1.9	14.4	1.3	5.5
1995	100.00	0.4	18.4	0.7	0.6	6.7	4.9	1.5	61.6	24.2	22.1	10.3	0.8	0.2	16.5	0.2	1.1	9.4	1.3	3.2
2000	100.00	0.4	17.4	0.7	0.4	7.2	4.2	1.4	60.2	21.5	24.2	8.4	0.7	0.2	17.4	0.1	0.5	11.9	1.4	2.5

注：1. 1987年对进出口统计表做出了全面的修改，有些产品1987年以前与1988年以后并不一致。

2. 1970年和1975年的资料使用美元为单位，1970年时1美元=360日元，1975年时1美元=296.78日元（见表1）。

资料来源：日本关税协会，《外国贸易概况》。

表9　日本从主要国家和地区进口的金额

（单位：10亿日元）

	1970年		1975年		1980年		1985年		1990年		1995年		2000年	
日本的进口总额	6 797	100.0%	17 173	100.0%	31 995	100.0%	31 085	100.0%	33 855	100.0%	31 549	100.0%	40 938	100.0%
亚洲	1 999	29.4%	8 412	49.0%	18 282	57.1%	15 907	51.2%	14 157	41.8%	14 551	46.1%	22 392	54.7%
中国台湾	91	1.3%	454	2.6%	978	3.1%	1 552	5.0%	1 730	5.1%	3 381	10.7%	5 941	14.5%
韩国	90	1.3%	241	1.4%	681	2.1%	977	3.1%	1 690	5.0%	1 622	5.1%	2 205	5.4%
中国大陆	82	1.2%	388	2.3%	522	1.6%	811	2.6%	1 232	3.6%	1 347	4.3%	1 930	4.7%
中国香港	229	3.4%	1 018	5.9%	3 004	9.4%	2 431	7.8%	1 821	5.4%	1 335	4.2%	1 766	4.3%
新加坡	n. a.	n. a.	526	3.1%	1 850	5.8%	2 129	6.8%	1 287	3.8%	958	3.0%	1 600	3.9%
马来西亚	151	2.2%	205	1.2%	792	2.5%	1 035	3.3%	780	2.3%	992	3.1%	1 563	3.8%
泰国	157	2.3%	1 821	10.6%	4 428	13.8%	2 489	8.0%	1 480	4.4%	913	2.9%	1 531	3.7%
菲律宾	68	1.0%	215	1.3%	257	0.8%	246	0.8%	599	1.8%	950	3.0%	1 142	2.8%
北美洲	2 479	36.5%	4 431	25.8%	6 969	21.8%	7 950	25.6%	9 233	27.3%	8 344	26.4%	9 094	22.2%
美国	2 001	29.4%	3 445	20.1%	5 558	17.4%	6 213	20.0%	7 586	22.4%	7 076	22.4%	7 779	19.0%
南美洲	334	4.9%	742	4.3%	1 074	3.4%	1 147	3.7%	1 220	3.6%	1 012	3.2%	938	2.3%
欧洲	351	5.2%	505	2.9%	956	3.0%	910	2.9%	1 016	3.0%	869	2.8%	817	2.0%
德国	920	13.5%	1 715	10.0%	2 429	7.6%	3 030	9.7%	6 744	19.9%	5 608	17.8%	6 172	15.1%
英国	142	2.1%	241	1.4%	440	1.4%	432	1.4%	757	2.2%	670	2.1%	709	1.7%
荷兰	222	3.3%	338	2.0%	570	1.8%	700	2.3%	1 662	4.9%	1 244	3.9%	1 372	3.4%
法国	67	1.0%	149	0.9%	294	0.9%	317	1.0%	1 099	3.2%	627	2.0%	691	1.7%
意大利	48	0.7%	108	0.6%	214	0.7%	252	0.8%	727	2.1%	597	1.9%	573	1.4%

（续表）

	1970 年		1975 年		1980 年		1985 年		1990 年		1995 年		2000 年	
非洲	396	5.8%	688	4.0%	1 014	3.2%	847	2.7%	567	1.7%	442	1.4%	535	1.3%
大洋洲	652	9.6%	1 421	8.3%	1 920	6.0%	2 100	6.8%	2 139	6.3%	1 736	5.5%	1 929	4.7%
澳大利亚	543	8.0%	1 233	7.2%	1 585	5.0%	1 785	5.7%	1 787	5.3%	1 367	4.3%	1 596	3.9%

注：1. 原则上，国家名称都是日本产品出口国。

2. 中国大陆的数据不包括台湾地区和香港地区。

3. 1990 年之前只有联邦德国的数据。

4. n. a. 表示无数据。

5. 1970 年和 1975 年的资料使用美元为单位，1970 年时 1 美元＝360 日元，1975 年时 1 美元＝296.78 日元（见表 1）。

资料来源：日本关税协会，《外国贸易概况》。

最后可以从表 10 得知，1970—1985 年工业原料是日本主要的进口产品，始终占据约 70% 的比重。具体到其中的产品，无疑是矿物燃料，主要涉及非常重要的原油。1970 年占比为 21%，受石油危机影响，1980 年上升至 50%，1985 年下降至 45%。就其他产品而言，因为日本的粮食自给率较低，所以与此相关的"食物和其他直接消费品"（1970 年 16%、1985 年 13%）占比也较为突出。当时的日本，除了石油和粮食之外，并没有从海外积极进口其他产品。当然，这也是导致贸易摩擦问题频发的原因之一。

3. 欧美批判日本出口激增

1960 年，日本政府公布"贸易及外汇自由化计划大纲"，贸易自由化程度不断加深，被限制进口的剩余产品数量不断减少，20 世纪 70 年代末，被限制进口的产品名单已经基本取消（1962 年 4 月有 466 种，1972 年 4 月有 33 种，1980 年 5 月只剩 27 种）。1973 年，第一次石油危机爆发，"培养贸易振兴意识"[⑨] 仍然是日本政府面临的重要课题，但此时日本的主要出口商品已经由战前的纤维转变为重化学工业产品，而且就具体重化学工业产品的种类而言，也已经由劳动密集型的钢铁、造船转变为附加值更高的家电、汽车等产品。在日本经济高速增长时期，日本与欧美的贸易摩擦问题始于纤维产品，现在扩展到其他更多的产品和领域。所以，传统的振兴出口政策在 20 世纪 70 年代已经难以为继。

另一方面，对于促进进口而言，日本在 20 世纪 60 年代就认识到必须在某种程度上与发展中国家开展经济合作，70 年代后半期这种认识开始逐步得到落实。70 年代前半期与美国的纤维谈判以及第一次石油危机的爆发，使日本政府深刻意识到必须确保初级产品的稳定供应，并逐渐意识到促进进口的必要性。70 年代后半期，特别是 1977—1978 年（参考表 1），日元快速升值的同时，日本对欧美各国展开了如同"倾盆大雨"式的出口，这导致日本与欧美之间的贸易摩擦问题愈演愈烈。日本政府迫于国际压力，实施了多种促进进口的措施。第一部第 2 章中对此会重点介绍。

经历了两次石油危机的"洗礼"，从经济高速增长时期就被扶持和培养多年的日本制造业更加强韧，竞争力进一步提高，这使日本与欧美之间的贸易摩擦问题更加严重。第二次世界大战后，日本的最大出口对象国长年都是美国，因此，日美之间发生了多

---

⑨　《通商产业省年报》，昭和 48 年版，第 35 页。

表10　日本主要进口产品

（1）进口额

（单位：100万日元）

年度	总额	食品及其他直接消费品	工业用原料	原材料	矿物燃料	化学工业产品	金属	纤维制品	资本	一般机械	电气设备	运输设备	非耐用消费品	纤维产品	耐用消费品	家用产品	家用电器设备	乘用车	两轮车辆	玩具、乐器类
1970	6 797 220	1 096 687	4 647 084	2 180 300	1 405 969	337 371	439 516	70 125	790 444	454 479	159 774	127 378	85 742	43 088	126 536	9 132	4 756	19 481	n.a.	49 294
1975	17 172 607	2 934 167	12 369 189	3 004 749	7 609 717	596 820	437 155	196 915	1 140 506	610 845	267 991	161 068	294 381	191 993	329 303	19 843	26 659	60 432	n.a.	78 478
1980	31 995 325	3 679 407	24 681 706	4 934 947	15 932 434	1 386 953	1 226 718	309 905	2 067 148	860 623	576 528	422 630	609 576	413 745	547 073	34 400	32 250	104 749	n.a.	123 890
1985	31 084 935	4 074 484	21 749 242	3 812 020	13 386 356	1 910 097	1 328 467	388 447	2 772 814	1 133 399	870 499	515 745	794 520	544 962	710 750	50 765	30 097	128 973	n.a.	172 672
1990	33 855 208	4 669 657	18 386 820	3 756 830	8 083 187	2 259 687	2 087 617	508 008	4 750 399	2 030 891	1 648 694	746 112	2 046 165	1 344 687	2 936 887	98 916	181 305	893 825	n.a.	295 483
1995	31 548 754	4 747 224	13 710 486	2 780 355	5 022 873	2 226 126	1 566 730	456 989	6 481 963	2 609 398	2 873 863	516 292	2 787 642	1 853 385	2 943 367	112 563	381 534	937 986	66 584	372 187
2000	40 938 423	4 877 532	17 110 186	2 346 604	8 316 638	2 727 688	1 569 553	426 041	11 353 915	4 521 479	5 261 842	655 787	3 330 416	2 213 006	3 339 574	122 503	515 038	749 137	100 123	456 685

（2）占比

（单位：%）

年度	总额	食品及其他直接消费品	工业用原料	原材料	矿物燃料	化学工业产品	金属	纤维制品	资本	一般机械	电气设备	运输设备	非耐用消费品	纤维产品	耐用消费品	家用产品	家用电器设备	乘用车	两轮车辆	玩具、乐器类
1970	100.0	16.1	68.4	32.1	20.7	5.0	6.5	1.0	11.6	6.7	2.4	1.9	1.3	0.6	1.9	0.1	0.1	0.3	n.a.	0.7
1975	100.0	17.1	72.0	72.0	44.3	3.5	2.5	1.1	6.6	3.6	1.6	0.9	1.7	1.1	1.9	0.1	0.2	0.4	n.a.	0.5
1980	100.0	11.5	77.1	77.1	49.8	4.3	3.8	1.0	6.5	2.7	1.8	1.3	1.9	1.3	1.7	0.1	0.1	0.3	n.a.	0.4
1985	100.0	13.1	70.0	70.0	43.1	6.1	4.3	1.2	8.9	3.6	2.8	1.7	2.6	1.8	2.3	0.2	0.1	0.4	n.a.	0.6
1990	100.0	13.8	54.3	54.3	23.9	6.7	6.2	1.5	14.0	6.0	4.9	2.2	6.0	4.0	8.7	0.3	0.5	2.6	n.a.	0.9
1995	100.0	15.0	43.5	43.5	15.9	7.1	5.0	1.4	20.5	8.3	9.1	1.6	8.8	5.9	9.3	0.4	1.2	3.0	0.2	1.2
2000	100.0	11.9	41.8	41.8	20.3	6.7	3.8	1.0	27.7	11.0	12.9	1.6	8.1	5.4	8.2	0.3	1.3	1.8	0.2	1.1

注：1. 1987年对进出口统计表做了全面的修改，有些产品1987年以前与1988年以后并不一致。

2. n.a.表示无数据。

3. 1970年和1975年的资料使用美元为单位，1970年时1美元＝360日元，1975年时1美元＝296.78日元（见表1）。

资料来源：日本关税协会，《外国贸易概况》。

次贸易摩擦问题：从 20 世纪 70 年代初的纤维谈判（1970—1972 年）开始，70 年代后期第一次石油危机结束后逐渐扩展到钢铁、彩色电视机、汽车等领域。80 年代开始，由于机床和半导体等产品具有较高的附加值，海外需求急剧增加，所以日本的对美出口依然居高不下。围绕贸易问题，日美之间的紧张程度进一步加剧。

20 世纪 70 年代后半期，日本对欧洲的贸易顺差非常明显，所以欧共体（European Community）指责与批评日本贸易政策的声音不绝于耳。80 年代前半期，日本对欧洲的出口继续扩大，尤其是汽车、轴承、电子产品、钢铁、机床、录像机、数码音频光盘等产品。这无疑激化了日本与欧洲各国的矛盾，引发了更多的贸易摩擦问题。

欧美各国批评日本的贸易问题，对日本产品提起反倾销诉讼并且提高进口关税，采取了一系列措施试图保护本国产业优先发展，这都属于典型的贸易保护主义。

日本政府针对这些变化，围绕不同的贸易摩擦问题，与相应的国家展开贸易谈判，努力寻求合适的解决方案。与此同时，从 20 世纪 70 年代前半期开始，日本政府不仅实施了"确保适度出口"等维持出口秩序的政策，还致力于探索能够兼顾促进进口和开放市场的扩大出口政策。当然，直到 80 年代才得以实施扩大出口政策，这也导致贸易摩擦问题进一步加剧。

1967 年《外汇及外贸管理法》（1949 年 12 月 1 日，法律第 228 号，日本外汇法）修订后，首次执行汇率自由化政策，每年都会实施类似的投资自由化政策，1973 年第五次自由化之后，原则上已经完全实现了自由化。1980 年修改后的《外汇法》（1979年 12 月 18 日，法律第 65 号）实施，把许可制改为登记制。从理论上讲，外国企业对日投资变得更加方便简单。但实际上，外国资本对日本的直接投资还是很少。[⑩] 与此同时，日本的海外直接投资活动却开展得如火如荼。如之前的表 6 所示，日本企业当时积极推动直接在欧美国家生产的政策。比如 20 世纪 70 年代后半期，日本企业在美国当地直接建厂，开始生产家电产品；80 年代，日本企业在美国当地直接建厂，开始生产汽车。70 年代以来，日本民间企业大多通过这种对外直接投资的方式规避贸易摩擦问题。

4. 通商贸易政策的基调

20 世纪 70 年代后半期，先是美元危机动摇了国际货币体系，紧接着石油危机爆

---

⑩　经济产业省贸易振兴科国际企业组，《日本的促进对日投资政策》，2001 年。

发，以此为契机，能源安全保障问题受到世人的广泛关注，也顺理成章地成为日本通商产业省的重要政策课题。从这个角度看，对日本政府而言，与通商贸易相关的政策并非最高优先级别。但实际上，一直到 20 世纪 80 年代前半期，通商产业省始终把前文提到的"确保适度出口"和"扩大进口"这些与贸易相关的政策作为重要的政策课题。1974 年的《通商产业省年报》概括了这个时期"贸易政策的基调"，其论述如下："伴随日本国力增强、经济实力大幅提高，为了尽量避免各种国际经济摩擦，日本应该采取措施促进进出口以及市场多元化，使综合性进出口、市场政策经济合作、海外投资有机结合起来。特别是在经济合作领域，在开发援助委员会（Development Assistance Committee，简称 DAC）成员中，日本对发展中国家以及国际机构的投资金额仅次于美国，位居世界第二位。发展中国家对日本也抱有很大期待，但彼此间合作的内容还不够全面，所以有必要通过放宽援助条件等方法，尽快做出实质性的调整和补充。"⑪ 基于这种认知，日本针对发达国家和发展中国家分别调整了对外贸易方式。对发达国家的贸易方式调整为：用针对多个市场实施有序的扩大出口政策取代"倾盆大雨"式的扩大出口政策；与此同时，日本也开始研究如何才能扩大向发达国家的进口。另一方面，因为日本深刻意识到确保初级产品安全稳定供应的重要性，所以把积极构建并强化与发展中国家的相互依存关系调整为对发展中国家的主要贸易方式。这个时期，很多国家遭受了石油危机的打击，饱尝苦果，很多资源大国的国内资源保护主义势力有所抬头。但是因为日本的国际收支能力良好，并且愿意积极与他国开展经济合作，所以很多发展中国家还是对日本抱有很高的期待。基于这种认识，日本也充分意识到必须发挥其经济大国的责任。实际上也是如此。20 世纪 70 年代，增田实作为通商产业审议官曾访问东盟各国，充分感受到这些国家对日本的强烈期待，希望日本能够协助经济开发。因此日本首相不得不在当地临时举行政府首脑会谈。这给人留下了深刻印象。⑫

通商产业省沿袭了这种政策方针并对日本的贸易政策进行了总结和归纳，1977 年在伦敦峰会等世界级会议上提出要坚持自由贸易体制；采取积极措施，以期在东京回合谈判上获得成功。第二部会详细论述此次谈判取得的成果。1979 年 4 月在东京回合

---

⑪ 《通商产业省年报》，昭和 49 年，第 2—4 页。

⑫ 采访记录：《原通商产业审议官增田实》（采访时间：2005 年 9 月 5 日），《通商产业政策史编纂资料集（2）》。以下内容都引用自该资料，只在此做标注，此后不再赘述。

谈判中完成草签后，日本开始研究如何才能"降低关税，减轻和撤销非关税贸易壁垒，以便顺利落实谈判成果"。当时日本通商产业省一方面需要处理和落实多国间框架问题，另一方面作为众矢之的，还要处理两国间具体的贸易摩擦问题，这也是当时的一大特点。1977 年春天，日本开始就出口彩色电视机问题与美国进行谈判。根据日本首相福田赳夫和内阁官房长官园田直的决定，通商产业省审议官增田实作为日本政府代表与美国特别贸易代表（Special Trade Representative，简称 STR）施特劳斯进行谈判。这是通商产业省首次代表日本政府处理贸易摩擦问题，之后，汽车、半导体等贸易谈判问题都按照此惯例执行。⑬

20 世纪 70 年代末期，受第二次石油危机影响，推动能源外交成为通商贸易政策的又一大支柱。但是顺利发展贸易关系、坚持自由贸易体系、推进经济合作这三项重要政策作为基本支柱没有发生变化。贸易政策涵盖了更广的范围：与产油国开展合作、与东盟各国交流以及处理与欧美国家间的贸易摩擦问题。这个阶段的贸易涉及很多方面。另外值得一提的是，这一时期日美关系还算融洽，因为正值美国总统卡特执政，他坚持以自由贸易主义为导向。进入 80 年代后，日美因为贸易摩擦导致双方矛盾激化，日本不得不投入大量人力、物力解决贸易摩擦问题，苦不堪言。

对于 20 世纪 70 年代的日本来说，毫无疑问最重要的还是与欧美国家的贸易谈判问题。基于这点考虑，第二次石油危机之后，日本积极推动与世界多个发达国家建立协商机制，比如成功地将美国、加拿大、欧共体聚集一堂，召开了四极贸易部长会议，还利用 GATT 等国际平台，尝试通过多国间谈判解决问题。这一时期的日本并不想通过双边谈判解决问题，而是把精力集中到构建各种多边国际机制以期解决问题。⑭

进入 20 世纪 80 年代以后，日本和欧美发达国家经济复苏的步调并不一致，所以在贸易方面的对立更加尖锐，发展中国家则因为债务累积问题，经济面临困境。对于前者来说，担心甚至恐慌的论调甚嚣尘上，"1982 年美国的中期选举，可能会使越来越多的美国人支持通过'当地采购'法案等贸易保护主义措施"。因此 1982 年的《通商产业省年报》明确了日本通商贸易政策的基调，其具体内容如下：

---

⑬　同前，根据《原通商产业审议官增田实》。
⑭　采访记录：《原通商产业审议官小松国男》（采访时间：2005 年 11 月 9 日）。

贸易保护主义措施在短期内可以保护国内生产企业的利益，但是从长期看，这无疑会损害当事国的国家利益。其他国家会采取报复政策，并引发连锁反应，威胁世界经济的健康稳定发展。1930 年世界经济危机时，就曾因保护主义盛行以及区域经济化导致世界贸易急剧萎缩。历史事实已经证明了这一点，而且现如今世界经济的相互依存关系已经远远超过 20 世纪 30 年代，如果再秉承贸易保护主义会对各国经济造成不可估量的损失。

把目光转向日本经济，内需不足也不是一种健康的经济状态。既然日本把贸易立国作为基本国策，身为曾经占据世界经济一成体量的国家，更需要认识到自身在国际社会上的地位，并发挥应有的作用。为了让世界经济有序健康发展，日本必须积极参与并且发挥领导作用，通过与其他国家合作来维持并强化自由贸易体系。⑮

立足于上述基本认识，《通商产业省年报》还归纳了四点政策课题，分别是：①切实落实市场开放政策；②实现以内需为中心的可持续性经济发展；③积极做出贡献促进世界经济恢复活力；④大力推动全方位的经济合作。把"扩大内需"作为通商贸易政策的课题之一看似非常奇怪荒谬⑯，但说明日本已经充分认识到，想要缓和国际社会对日本的批评与指责，并且通过国际合作帮助世界经济走出低谷，仅仅依靠日本在贸易层面非常肤浅的政策是远远不够的。通过改革国内市场结构，推动并落实扩大进口的政策，才是解决通商贸易问题的良策。为了尽可能通过贸易谈判顺利解决严重的经济摩擦问题，日本政府必须切实落实贸易层面的具体措施，向负责谈判的日本政府人员阐明必要性，让他们做出正确的决策。顺便提一句，从那时开始，之前在日本官方文件中经常出现的"贸易立国"这种给日本定位的词语渐渐消失，"受自由贸易恩惠的国家"的说法取而代之，曝光率大增。"因为坚持自由贸易体制，才实现了日本的国家利益"这种说法也被全面推广。

另一方面，为了推动技术交流和投资交流，日本在构建国际机制的同时，也在积极与民间资本合作。通过这种经济合作，以便能在各个地区推动"在各个领域按照重点开发农村农业、解决能源问题、振兴中小企业、开发产品并且扩大出口以及'培养

---

⑮ 《通商产业省年报》，昭和 57 年版，第 5 页。

⑯ 截至 1983 年，《通商产业省年报》中的"通商政策基调"并不包含产业政策，但从 1984 年开始，"通商产业政策基调"把两者概括于一体。对外政策和国内政策的界限变得模糊，当然也反映了当时负责制定通商和贸易政策的官员不得不考虑通过国内手段解决经济摩擦问题的事实。

人才'"这种综合政策的落实。

东京回合谈判结束后，国际社会开始质疑国际贸易体系下的多边谈判调整，大家都在怀疑 GATT 机构是否有效，是否还值得信赖。而且因为美国强烈要求应该包含服务贸易和贸易相关的投资方面等领域，所以日美都在谋求今后新的讨论机制。所以在 1982 年 11 月的第 8 届 GATT 部长会议上制订了新的作业计划，研究如何应对服务贸易及其他课题；此外，如何解决连续发生的贸易保护主义问题，在 GATT 框架下坚持自由贸易体制是否还具有可能性等问题，都成为与多国间谈判相关的贸易政策的重要课题。与 20 世纪 70 年代后半期相比，通商产业政策中的这些议题，比其中的通商贸易政策还要重要。

第 3 节　日元升值趋势确立以及日本的富裕化
（1985—1990 年）

1. 国际形势变化以及日本经济改观

世界各国的经济地位好不容易才确定下来，受石油危机的冲击，在 20 世纪 80 年代后半期又发生重大变革。虽然英国和美国分别在首相撒切尔夫人和总统里根的领导下取得一个又一个成果，但是为了与苏联对抗，美苏之间大搞军备竞赛，使美国经济重建任务更为艰巨。1985 年以后，日美签署《广场协议》，美元汇率大幅下降。80 年代后半期，欧洲的经济增长率提高（见表 2）、失业率下降（见表 3），欧洲大部分国家都取得了比较显著的经济成果，开始从 80 年代前半期严重的经济衰退中复苏，90 年代欧洲国家在政治、经济领域发生一些综合性变化，东亚地区区域一体化趋势加强，比如NIEs 和中国大陆，从 70 年代后半期经济开始发展，并且相继取得较好的成果。

与这些国家和地区经济发展形成对比的是，20 世纪 70 年代末中东地区爆发了伊斯兰革命。1980—1988 年，伊朗、伊拉克两国陷入长期战争。阿富汗战争同样延续了很长时间，并且发展成世界上最不安定的因素之一。再就是 80 年代前半期，受节能政策的广泛推广以及世界经济陷入长期衰退等综合原因影响，80 年代后半期石油及初级产品的价格大幅下滑，发展中国家的债务累积危机愈演愈烈。

瞬息万变的世界形势对日本经济也造成了重大影响，特别是 1985 年 9 月，美国在纽约召开五个发达国家财务部长、中央银行行长会议（G5），在会议上，以签署《广场协议》为契机，试图纠正美元升值的问题，从而导致日元快速升值，对日本国内外产业造成了严重影响。日本贸易顺差额从 1986 年的 15.1 万亿日元的峰值急剧萎缩为 1990 年的 10 万亿日元［见表 4（2）］。虽然 20 世纪 80 年代后半期《广场协议》签署后，日元快速升值，但是日本企业仍然保持强劲的出口竞争力，所以 20 世纪 90 年代前半期日本同美国和欧洲的贸易摩擦问题还在持续。

《广场协议》签署约 1 年后，以出口产业为中心的日本苦于日元汇率居高不下，经济增长率开始逐年下降：1984 年为 5.1%，1985 年为 4.9%，1986 年最低为 2.5%（见表 2）。失业率的数据稍有滞后，1984 年是 2.7%，1985 年是 2.6%，1987 年上升至 2.9%（见表 3）。1987—1990 年，普通产品的价格没有受到日元升值的过多影响，还能维持稳定，但是不动产和有价证券的价格持续高涨，这就是所谓的日本泡沫经济期。1989 年日本 GNP 占世界总值的 15%，日本名副其实地成为与美国比肩的经济大国。

2. 国际收支动向

我们通过之前的几个表格能够了解 20 世纪 80 年代后半期以后日本的国际收支变化情况。但是需要注意的是表 4（2）和表 4（1）的格式发生了重大变化，这是因为 1996 年 1 月，在时隔 30 年之后再次进行了大幅修改。

首先看一下经常收支情况，取消了以前使用的"非贸易收支"说法。如前文所述，其中包括服务收支和所得收支，而且服务收支和贸易收支共同组成了贸易和服务收支。这也反映出一个事实：随着信息技术化和经济全球化的发展，服务贸易变成了无法忽视的领域。

1985—1995 年，服务贸易占世界整体的出口份额逐年增长，增长幅度高达 3 倍，超过了商品贸易 2.5 倍的增长幅度。1995 年其规模约占商品贸易的 1/4。本书第二部中有所涉及，在 GATT 乌拉圭回合谈判中首次把服务贸易谈判以"服务贸易总协定"（General Agreement on Trade in Services，简称 GATS）的形式明确下来。日本的统计中也新增了服务贸易项目，包括独立于非贸易收支中的项目，比如运输和旅游，还包括以前概括为"其他"项目，现在细分为通信、建设、金融、保险、情报信息、专利使用费、其他盈利业务、文化、演出等项目。[17]

---

[17] 石井一生，《日本贸易 55 年》，日本贸易振兴会出版，2000 年，第 260—261 页。在服务贸易中，虽然通商产业省将 20 世纪的相关专利使用费收支记为持续赤字，但是 2003 年转为顺差并持续。山口英果，《关于特许权等使用费用收支盈余》，《日本银行排行榜系列》04－S－5，2004 年；三和良一，《概述日本经济史·近现代（第 3 版）》，东京大学出版社，2012 年，第 248 页。

在新的国际收支表中，资本收支的格式也发生了调整。以前的长期和短期被替换，投资收支和其他被分类。前者被分为直接投资、证券投资和其他投资三项。1996年还增加了金融衍生品。资本收支栏中格式的变化充分反映了日元升值已成定局、对外投资激增的经济现状。

根据表4（2）所示，如前文所述，20世纪80年代日本的贸易收支额峰值出现在1986年，1990年的数值仅为1986年的2/3。原因除了出口停滞之外，还因为政府在这段时间推出的鼓励进口的政策，导致进口额大幅增长；另外，日元升值的影响也非常严重。在别的领域，比如服务业，收支逆差也在增大，这是因为在泡沫经济时代越来越多的日本人选择到海外旅游。所得收支的增加、经常转移收支的逆差幅度扩大说明当时的经济形势良好。综上所述，经常收支在1986年至1990年降低至55%。

即便如此，如表5所示，20世纪80年代后半期，美国的经常收支逆差达到有史以来最大；欧洲除了德国以外，大部分国家也都面临着逆差的问题，所以虽然日本的经常收支幅度在逐渐缩小，但是从国家角度看仍然维持在较高水平。

再看表4（2），20世纪80年代后半期，资本收支的绝大多数数值都为负数。日本接受了来自海外的巨额投资，所以经常收支扩大、逆差幅度缩小也就成了理所当然的事情。详细研究资本收支的具体内容，并与直接投资一贯逆差的现状对比，可以发现证券投资在经历1986年的峰值后急剧减少。据分析，这种现象是由于国内有价证券投资受泡沫经济驱动愈加活跃造成的。

接下来介绍出口的相关情况。首先如表7所示，美国作为最大的出口国，出口占比从1985年的37%减少至1990年的32%。其原因如第二部第1章所示，是日本政府遭到美国强烈批评后做出巨大让步所致。另一方面，欧洲各国也和美国一样，一直在批评日本，但是同期它们的贸易出口额占比由16%提高至23%。而作为与北美洲同样重要的出口区域——亚洲，其出口占比也由1985年的33%提高至1990年的34%。

通过表8的出口项目可以发现，工业用原材料比例降低（1985年21%，1990年18%），主要是因为由机械品类构成的资本产品比例上升（1985年47%，1990年18%），这些趋势从前就有，并一直持续到20世纪80年代后半期。而随着耐用消费商品比例的提高，以及家电比例的降低和汽车出口的增长停滞，这一比例由1985年的30%跌落至1990年的25%。

最后分析进口的动向，如表9所示，由于产油国比例降低，亚洲作为最大的进口区域，日本从亚洲的进口额占比由1985年的51%降低至1990年的42%。另一方面，因为贸易摩擦问题，美国强烈批评了日本，因此日本从美国的进口增加，由 1985 年的 20% 增加到 1990 年的 22%，欧洲的比例则由 1985 年的 10% 上涨至 1990 年的 20%，增长幅度更为明显。如表 10 所示，20 世纪 80 年代，由于矿物燃料（主要为原油）进口急剧减少，比例由 1985 年的 70% 大幅降低至 1990 年的 54%，因此日本进口额锐减。同时，"粮食及其他直接消费物资"的比例维持在 13% 左右，但值得注意的是，资本产品比例由 1985 年的 9% 增加至 1990 年的 14%。这反映出全球化发展导致从国外购入机械及相应的零部件增加的事实。而一直以来占比甚微的纤维制品等非耐用消费品（1985 年 3%，1990 年 6%）及乘用车等耐用消费品（1985 年 2%，1990 年 9%）也有显著增加。针对日元升值和贸易摩擦，政府制定了鼓励进口政策，而且受泡沫经济影响，日本的富裕阶层扩大，大幅改变了长期缺乏变化的进口商品结构。

3. 为应对与欧美的贸易摩擦激化实施的新措施

20 世纪 80 年代后半期，日美两国以汽车和半导体为主的贸易摩擦问题越来越严重。值得注意的是，当时美国已经不再针对日本的单一产业，而是从日本整体经济结构出发与日本进行谈判。首先，1985 年 9 月《广场协议》签署之前，即 1985 年 1 月，日美签署了《市场导向型个别领域谈判协议》（Market-Oriented Sector-Selective，简称 MOSS 协议），同意从电信、医药及医疗器械、电子工业、林产品等领域开始调整。之后陆续追加了新的领域：第二年即 1986 年，增加了汽车及零配件，1987 年增加了公共机构使用的超级计算机。

1989 年 7 月，在日美贸易收支严重失衡的大背景下，为了改善两国结构性贸易问题，美国开始同日本就《日美结构问题协议》（Structural Impediments Initiative，简称 SII）进行谈判。谈判一直持续到第二年即 1990 年。美国苦于两国间贸易收支失衡，认为仅仅依靠之前的调整汇率或调整宏观经济政策的手段无法解决本质问题，必须让日本深刻认识到日本的社会和经济结构才是导致日美两国贸易和国际收支无法改变的根本原因。以此为目的，美国向日本提出签署该协议的要求。美国方面针对日本经济提出了一系列问题，比如存款与投资模式、土地利用与流转、排他的交易习惯、企业间的锁链关系以及价格制度。日本方面也针对美国经济提出一系列问题，比如存款与投资模式、企业的投资活动与生产力、企业行为、政府规定、研究开发、振兴出口、劳动力的教育及培训。日美双方互相指出彼此的问题，试图通过对等的交谈各抒己见，寻求合适的解决方案。

20 世纪 80 年代前半期，欧洲经济陷入严重衰退，但是与日本的贸易摩擦问题仍然非常严重，对日本的批评意见不绝于耳。1987 年日本方面和欧共体方面共同出资成立了日欧产业协力中心，试图通过实际行动向世界展示与欧共体方面合作的诚意。

在经济高速增长阶段，日本非常重视培养本国制造业的竞争力，所以很多产品的出口持续增长。进入 20 世纪 80 年代后，为了避免与欧美频繁发生贸易摩擦争端，日本开始调整贸易政策，采取措施抑制出口、促进进口，并且寄希望于建立新的国际贸易秩序解决贸易摩擦问题。

《广场协议》签署前，受美元升值（导致日元贬值）影响，日本出口增加，与欧美国家的贸易摩擦问题更加严重。1985 年 7 月，日本政府制定了"改善市场准入行动计划纲要"三年计划，准备从六个方面改革，分别是：关税、限制进口、标准认证进口程序、政府采购、金融及资本市场，以及促进服务贸易及进口。日本希望以"国内外无差别"为原则，采取综合性措施改善市场准入情况，回应海外对日本以往调整政策幅度过小的不满。第二年，即 1986 年 4 月，为了解决经常项目收支失衡问题并提高国民的生活水平，日本政府公布了《前川报告》。第一部第 2 章第 1 节对此会做重点介绍。在这一时期，为了扩大进口，日本政府采取了很多积极措施：以日本贸易振兴会和产品进口促进协会作为抓手，通过举办"扩大进口展销月"活动和进口品展览会等多种方式增加进口；还通过补充预算，要求各个政府部门对购买外国产品执行紧急进口政策。以上措施虽然暂时发挥了增加进口的作用，但是直到 20 世纪 90 年代，真正能够扩大进口的政策才得以落实。

通过对比表 11 中 1984 年以后外国对日本的直接投资的相关数据和表 5 日本对外直接投资相关数据，可以发现如下现象。日元快速升值，使日本扩大了对亚洲各国的直接投资规模。开始是以组装加工业为中心，后来中小企业也开始走出国门，这些举措大幅促进了亚洲地区内部的贸易发展，其中 NIEs、中国大陆以及东盟（ASEAN）[18] 经济发展迅速。但是外国资本对日本的直接投资同 20 世纪 70 年代一样，依然毫无起色，尽管中曾根康弘内阁于 1986 年制定了活用民间企业能力促进整顿特定设备相关的临时措施法（1986 年 5 月 30 日，法律第 77 号）。

---

[18]　Association of South-East Asian Nations（东南亚国家联盟）的简称。1967 年成立，当时的加盟国有泰国、马来西亚、新加坡、印度尼西亚、菲律宾。1984 年文莱加入，1995 年越南加入，1997 年缅甸和老挝加入，1999 年柬埔寨加入。

20 世纪 90 年代末，很多区域性合作机构开始致力于亚洲和太平洋地区经济的持续发展。1989 年，日本就参加了 APEC 第一次部长会议，深入参与了 APEC 的筹备和成立。当时日本苦于与美国的贸易摩擦争端以及保护主义势力抬头，但是通过政府开发援助以及对东盟国家的直接投资还是取得了令人瞩目的经济成就。日本开始期待亚洲各国给予支持。同时，国际社会也逐渐认识到如果仅仅依靠美国，自己无法成为世界经济发展的引擎，所以受美加自由贸易协定（1989 年生效）的刺激，澳大利亚不再甘心只做配角，站到台前全力推动成立 APEC。[19]

4. 通商贸易政策的基调

1985 年，通商产业省公布了新的政策："实施所谓'国际国家日本'的对外经济政策"，这一政策迅速成为主要政策支柱之一。[20]"要充分认识到日本在国际经济中的地位。为支持并适应日本的中长期发展，日本要继续为世界各国经济发展做出贡献，并构建新的国际经济关系。"日本政府以此为宗旨制定了具体的政策，包括：①维持并加强自由贸易体制，②增加进口（这两点从以前就已经开始执行），此外还新增了其他政策，比如③加强并补充产业合作促进政策，④推动综合性经济合作并解决债务累积问题，⑤积极推动贸易金融顺利发展。

表 11　对日本的直接投资 　　　　　　　　　　　　　　　　　　（单位：100 万美元）

洲（国）名	1984 年	1990 年	1995 年	2000 年
北美洲	215	806	1 851	9 751
（美国）	214	664	1 837	9 141
中南美洲		99	146	1 520
亚洲		129	257	378
中近东		2	0	3
欧洲	141	1 361	1 321	6 234
（荷兰）	26	734	555	468

[19]　采访记录：《原通商产业审议官村冈茂生》（采访时间：2006 年 1 月 26 日）以及《原通商产业审议官丰田正和》（采访时间：2008 年 1 月 10 日）。

[20]　以上内容出自《昭和 60 年通商政策的重点"构建技术开发基础"等七条支柱》，《通产省公报》，1984 年 8 月 29 日。

（续表）

洲（国）名	1984 年	1990 年	1995 年	2000 年
非洲		7	10	3
大洋洲		23	6	62
（日本）	51	350	241	10 326
合计	493	2 778	3 833	28 276
亚洲 NIEs		124	231	372
东盟 4 国		2	3	1
欧盟国		1 201	1 200	4 267
金砖国家		9	14	5

注：1. （　）内的数据是外资企业的投资。

2. "0" 是指不够单位金额，空格是数据不明。

3. 1995 年之后以日元为基础的数据都采用日银期中即时平均汇率换算成美元。

资料来源：日本贸易振兴会。原始资料来自大藏省，《对外及对内直接投资状况》，财务综合政策研究所；《财政统计金融月报》，日本银行公开的外国汇率。

其中，就"③加强并补充产业合作促进政策"而言，需要收集必要的信息，并且顺利把信息传递出去，是"产业合作"主题下的主要着眼点。之所以提出"推动综合性经济合作并解决债务累积问题"，是因为之前的政策并不重视债务累积问题，所以现在希望"发掘能够促进债务国经济独立和发展的项目，积极努力地实施经济合作，并且提供更加灵活、有弹性的出口信贷政策，同时提供灵活的出口保险政策。通过以上对策措施确保稳定的运营基础，完善事务处理体制"。

第二年，1986 年，日本政府把"为了新世纪的国际化"作为通商贸易政策中最为优先的课题。此时，虽然"国际国家"的口号被"世界贸易中的日本"的口号取代，但是这两个口号都说明当时日本已经认识到作为经济大国承担国际责任，并积极做出贡献的重要性，这已经成为最基本的认识。"第二次世界大战之后，日本经济迅速增长，在国际经济社会上的地位显著提高，但与此同时我们也应该清醒地认识到，我们与国际社会的关系还仅仅停留在肤浅的表面，没有深入透彻地了解。在贸易保护主义盛行的局面下，支撑战后世界经济发展的自由贸易体制面临前所未有的危机和压力。如果发生不测，很有可能会从根部彻底瓦解与日本生存息息相关的世界经济发展基础。现在日本拥有了比较强大的经济实力，所以必须进一步发挥符合本国经济实力和影响力的作用。"因此，为了实现"新世纪"的国际化，日本政府总结了当时的核心课题，概括为以下四点。

　　1. 从国际视角出发，明确日本在世界上所处的位置，并且明确与其他国家经济发展变化相匹配的产业结构政策和经济政策。

　　2. 为了促进世界经济的平衡、解决贸易摩擦问题，需要：扩大内需，使日本摆脱依赖外需的经济体制；扩大国内投资机会，努力改善资本大量向海外流失的状况；同时从根本上完善进口促进政策。

　　3. 为了对世界经济做出积极贡献，与外国在众多领域开展合作，比如通过开展共同研究与开发以及高科技研究促进人才交流和培养、产业合作，进一步完善与发展中国家合作的政策。

　　4. 为了深化国际交流，丰富和充实对外报道等活动。[21]

　　20 世纪 80 年代前半期，上述政策陆续出台。为了解决贸易问题，日本没有调整国内政策，继续围绕政府支持做文章，主要采取放宽规则和提供信息等具体政策，促进出口扩大和市场开放。换句话说，日本政府仅仅是以扩大内需为诉求完善了相关条款。

　　值得一提的是，1986 年作为"为世界经济做出积极贡献"新政策的环节之一，日本政府提出了"推动太平洋构想"政策，并为此制定了很多政策。比如"为了使太平洋地区的合作获得真正成果，要以本地区的发展中国家为中心，推动各国在信息领域开展合作，共同研究和开发情报信息。与此同时，完善日本国内的推动机制，召开太平洋能源会议，邀请区域内国家参加，在煤炭、电力等不同领域开展合作。此外，还要促进区域内各个国家新兴产业的发展，调研如何更好地实施产业落地以及改善当地投资环境的政策。同时，开发国际产业相关表，分析太平洋地区各个国家的产业相互依存情况"。虽然日本当时的目的并不是从经济上对亚洲地区进行整合，只是在本地区构建诸如 APEC 等新型开放合作关系，但是东盟等国家对日本的举措仍然带有很强的戒备心，所以通商产业省为了构建与这些国家的合作关系，不得不在私下做了很多的努

---

[21]　《昭和 61 年通商政策的重点"以新世纪的国际化为目标"等六条支柱》，《通产省公报》，1985 年 8 月 31 日。

力和谈判。②

　　无论是1986年出台的新政策，还是早在之前一年，即1985年，准备开展GATT谈判阶段，都已经在强调并倡议尽快实施"新型多边贸易谈判（新一轮回合谈判）"。日本不仅针对多国间调整和谈判问题提出深化区域内合作和相互依存关系等措施，同时为了让美国重新重视GATT体制，做出了很多积极努力：1985年举行会议，针对是否召开GATT特别大会进行投票，日本通产大臣说服了亚洲其他国家投出赞成票。也正因为如此，日美两国开始讨论维持日美协调关系的具体措施。

　　围绕着新的回合谈判，知识产权和服务贸易成为谈判的焦点。学界专家和业界代表组成研究会③，开始分析并探讨新的国际规则等相关问题，以期尽快达成一致，积极倡导并落实新型国际间谈判体制，为新型开放的贸易秩序做出贡献。两个国家（地区）之间的对立和矛盾是非常严重的，在研究具体对策的同时，通商产业省也寄希望于通过多边谈判解决问题。之所以跟美国步调保持一致，是为了缓和日美间的紧张关系。日本外交政策的基本立场是重视日美关系，考虑到这一点，通商产业省的贸易政策也明确了方向。

　　所以，进入20世纪80年代后半期，日本政府一方面寄希望于制定宏观的解决方案，比如通过努力扩大内需彻底缓和与外国的经济摩擦，另一方面不断推动并落实扩大进口政策、制定市场开放措施（放宽规则）增加对日投资，此外围绕个别贸易问题进行谈判。通商产业省希望在维持自由贸易原则的基础上，发挥更加积极的作用，建立新的国际秩序。这逐渐成为日本的主要政策课题。

第4节　全球化发展及日本经济（1990—2000年）

1. 全球化发展和日本经济"失去的十年"

　　1989年10月柏林墙被推翻，东西德统一。1990年11月，美国总统布什和苏联主席戈尔巴乔夫在马耳他岛举行会谈，双方宣告冷战结束。之后东欧社会主义国家相继

---

② 通商产业审议官（时任）村冈茂生回忆当时的场景表示：就APEC的设想而言，日本存在很大顾忌，要防止其他国家认为是"大东亚共荣圈"的死灰复燃。出自采访记录《原通商产业审议官村冈茂生》。
③ 《昭和62年通商政策的重点"立足国际视野推进产业结构政策"等六条支柱》，《通产省公报》，1986年9月1日，第4页。

发生剧变，开始民主化进程。1991 年苏联解体。持续 70 多年的苏联社会主义发展模式的终结对世界经济造成了巨大影响。

此外，1990 年伊拉克萨达姆军事政权入侵科威特，引发了 1991 年的海湾战争。虽然以英美为首拥有现代武器装备的联合国军队迅速取得压倒性胜利，但是中东区域的政治局势持续动荡。

此时，信息技术革命㉔已经开始，庞大的信息数据迅速席卷全球，无论是产业形态、工作方式和工作内容，甚至包括生活方式，都发生了前所未有的变化。

20 世纪 90 年代，APEC 已经成立，除此之外，其他区域经济合作也在世界范围内迅速展开。首先是 1992 年美国、加拿大、墨西哥之间签署了北美自由贸易协定（North America Free Trade Agreement，简称 NAFTA），主要针对农业、服务业等领域的贸易及投资自由化，工业产品并不包含在该协定中。该协定从 1989 年签署的美加自由贸易协定的基础上发展而来。

20 世纪 80 年代后半期，为了消除区域内存在的多种非关税壁垒，在《区域市场白皮书》和《单一欧洲协定》的基础上，由西欧国家组成的欧共体终于在 1993 年 1 月完成了经济市场一体化。同年 11 月，随着《马斯特里赫特条约》（又称《欧洲联盟条约》）的签署，欧盟（European Union，简称 EU）诞生。从经济层面而言，欧盟的主要任务是废除关税及数量限制，统一区域内贸易、农业、渔业、运输相关的各种政策，确保自由竞争，取消区域内的歧视政策。1998 年欧洲中央银行（European Central Bank，简称 ECB）开始运营；第二年 1999 年，欧元成为统一货币，开始在银行间贸易中流通；2002 年，欧元在大部分成员国之间流通。欧共体成立阶段有 12 个成员国，1995 年又有 3 个国家加入。21 世纪初，大多数东欧国家加入欧盟，之后继续扩大，吸纳新的成员国。

1995 年，WTO 取代了 GATT。在 GATT 机制下，通过肯尼迪回合（1964—1967 年）和东京回合（1973—1979 年）等多轮多边谈判，成功降低了很多产品的关税，为扩大世界贸易做出了积极贡献。但是随着国家间经济交流的多元化发展，之前的规则已经无法再处理金融和保险等服务贸易以及贸易相关的投资、国际知识产权转让等问题，而且类似的领域在不断增加，所以日本迫切希望制定新的规则。乌拉圭回合谈判从 1986 年开始，一直持续到 1993 年末各方才达成一致。1994 年 4 月在摩洛哥马拉喀什召

㉔ Information Technology（信息技术）的简称，但是直到 21 世纪这种说法才在日本确定下来。

开部长级会议，签署了包括成立 WTO 在内的最终协议。GATT 一开始只是临时性的国际协议，WTO 则是为了解决日益复杂的贸易问题专门成立的国际机构，它被赋予以下任务：①确立国际规则，不仅包括商品的贸易规则，还包括服务贸易及知识产权等更广泛的领域；②促进包括特殊对待的农业领域在内的自由化；③明确使用保障措施等贸易规则；④大幅加强争端处理手续。

苏联社会主义经济模式的崩溃、信息技术革命以及更广泛的区域合作，一系列前所未有的变化交织在一起，加速了全球化进程。无论接受与否，全球所有国家都被卷入世界竞争当中。对日本来说，借助这股浪潮也非易事。20 世纪 90 年代初期，日本泡沫经济破裂并且一直持续至 21 世纪初。如前文表 2 所示，1990 年日本的经济增长率是 5.3%，1991 年锐减 3%，维持在 1% 左右，经济陷入低迷。1995 年是 1.6%，1996 年 3.5%，虽然经济有复苏的迹象，但是受 1997—1998 年亚洲金融危机影响，经济再次衰退。1998 年为负增长，日本上一次出现负增长还是四个半世纪之前。就美国经济而言，1991 年为负增长，整个 90 年代初期都非常低迷，但是从 1993 年开始到 20 世纪末，在总统克林顿的领导下，经济增长率一致持续在 4% 左右，美国经济进入长期健康发展状态。[25] 欧洲各国的经济虽然不像美国一样良好，但是也好于日本，经济逐年增长。本书没有着重介绍亚洲国家的发展情况。虽然亚洲各国受到 1997 年货币危机的冲击，但经济复苏迅速，尤其是中国，取得了超越欧美的令人惊异的经济发展成果。19 世纪末以来的 100 多年间，除了 20 世纪 40 年代的二战中和二战后，日本始终保持经济增长。在 20 世纪末开始经历"失去的十年"[26]，在发达国家也尚属首次。

2. 国际收支动向

如前表 4（2）所示，20 世纪 90 年代的经常收支底部为 1990 年，持续增长至 1993 年。之后 1996 年又称为低谷，1998 年升至高值，每隔几年反复变化。这个趋势基本与贸易收支保持一致。也可参照表 1，1991—1995 年及 1999—2000 年的日元升值和 1996—1998 年的日元贬值，1997—1998 年日本国内的信用不安及亚洲货币危机、政府鼓励进口政策等都影响到贸易收支的动向。整体全部逆差的服务贸易的绝对值，每年达到经常项目顺差的 1/3 至 1/2，变化非常大。虽然所得收支的顺差及经常转移收支的

---

[25]　参考：室山义正，《美国再生——论其品牌战略》，有斐阁出版，2002 年。

[26]　21 世纪最初 10 年，日本也未能从经济衰退的局面走出来，所以也有"失去的二十年"的说法。

逆差存在不稳定倾向，但前者除了 1994—1995 年和 1999—2000 年，后者除了 1992 年和 2000 年之外，都可以认为保持了增长态势。

如由美元标示的表 5 所示，20 世纪 90 年代，日本的经常项目顺差幅度与上述呈现同样的反复增减趋势，但绝对额在 1992 年达到了 1 000 亿美元的水平，之后的 1996—1997 年也一反常态地保持了这种水平。这种逆差与外国相反。美国除了 1991 年为顺差外，其余年份逆差幅度持续扩大；到 2000 年，其赤字额达到了令人吃惊的 4 447 亿美元。其间，欧洲在 1993 年实现了市场整合，德国在 80 年代出现了与日本规模相当的顺差，但是东西德统一后沦为与英国相同的逆差国，这一现象受到瞩目。与此同时，从 20 世纪 80 年代到 1990 年初期持续逆差的法国和意大利却在此时变成了顺差，其原因也值得深入探寻。

回到表 4（2），在规定了投资收支的情况下，资本收支的逆差幅度一致，增长至 1992 年后随之缩小，1996 年为低谷，1998 年达到峰值，1999 年又跌入低谷，如此增减反复。这和 20 世纪 80 年代后半期的趋势相同。直接投资及证券投资等变动引起了综合影响，两类投资的数额变化非常频繁且剧烈，比较难以把握其中的趋势。另外，从 1996 年起，虽然金额不大，但开始统计金融衍生产品的数据。

20 世纪 90 年代日本的主要出口国家和地区如表 7 所示。亚洲的比例是 1990 年 34%、1995 年 46%、2000 年 43%，同表中，20 世纪 80 年代未做记录，但到了 20 世纪 90 年代后半期，基本维持在 40% 的水平。按照经济体来看，中国大陆以及"亚洲四小龙"的优势越来越明显。美国的比例比较稳定，维持在 1990 年 32%、1995 年 27%、2000 年 30% 这样的水平，而且与日本的贸易摩擦逐渐平息。对日本来说美国仍旧是重要的出口国之一。欧洲的比例为 1990 年 23%、1995 年 17%、2000 年 18%。

日本的主要出口产品如表 8 所示。承袭了以往的趋势，资本产品比例呈现增长趋势，1990 年 54%、1995 年 62%、2000 年 60%。1990 年机械类产品占了日本出口额的一半以上。另外，耐用消费产品的比例为 1995 年 17%、2000 年 17%，呈减少的趋势，扭转了之前增加的趋势，其主要原因是乘用车增幅减少甚至停滞（1990 年 14%、1995 年 9%、2000 年 12%）。关于该点可参考第一部第 1 章的对美汽车谈判相关内容。

20 世纪 90 年代日本的主要进口国家和地区如表 9 所示，亚洲的比例急剧增加，1990 年 42%、1995 年 45%、2000 年 55%。在出口方面可以明显看出日本与亚洲各国家和地区的联系愈加紧密。相比亚洲产油国的比例未有增长，中国大陆、韩国、中国台湾的占比不断扩大。1990 年中国大陆地区的占比与韩国的占比还基本持平，都为

5%，但中国大陆地区 1995 年增加至 11%、2000 年增加至 15%，增速明显。另一方面，美国不断要求日本开放市场、增加进口，其贸易额虽然维持在空前的水平，但其比例从 20 世纪 90 年代后半期开始回落（1990 年 22%、1995 年 22%、2C00 年 19%）。与美国相同，欧洲的比例也由 1999 年的 20%、1995 年的 18% 下降到 2000 年的 15%。

这一时期日本主要的进口产品如表 10 所示，以矿物燃料为主的工业用原料自 20 世纪 80 年代以来比例持续走低（1990 年 54%、1995 年 44%、2000 年 42%），降至 1980 年的一半，1980 年时占总进口额近 80%。"粮食及其他直接消费产品"的比例变化如下：1990 年 14%、1995 年 15%、2000 年 12%；以纤维制品为中心的非耐用消费品比例保持稳定：1990 年 6%、1995 年 9%、2000 年 8%，20 世纪 90 年代后半期略有下滑是因为乘用车比例从 1995 年的 3% 降到 2000 年的 1.8%。这反映出经济不景气导致国民消费意愿降低。最后需要注意的是资本产品的比例由 1990 年的 14%、1995 年的 21%，发展到 2000 年的 28%，比例显著提高。这得益于全球化的迅速发展，如第一部第 1 章的对美贸易摩擦（尤其是汽车和半导体）中所述，该比例反映出机械零部件产品进口激增的事实。

3. 贸易摩擦问题沉寂与规则导向型贸易政策

20 世纪 90 年代前半期，围绕日美贸易摩擦问题，谈判还在持续，但都汇总到日美综合经济协议谈判中。具体可以参考第一部第 1 章。1993 年 7 月日本首相宫泽喜一和美国总统克林顿举行会谈，决定从当年开始，在汽车及汽车零配件、政府采购、振兴美国出口及强化竞争力、平板玻璃、知识产权、放宽规则及竞争政策、半导体、电脑、超级计算机、纸张、保险等领域按照协议实施。美国方面并不重视过程，只关注结果，这种贸易政策被称为"结果导向型"，正是因为美国采用这种贸易政策，所以其非常固执地要求日本方面设定所谓的"客观标准"（实际就是量化指标）。1986 年签署的旧半导体协定就是如此，日本实际上被迫接受了美国提出的量化指标要求。由于这一前车之鉴，日本拒绝继续执行量化指标。此时日本政府并非只通过双边（bilateral，双方向或是两国之间，本书今后都按照通商产业省的内部说法"双边"表示）方式解决问题，还试图通过多边场合解决问题。比如在乌拉圭回合谈判中，日本即使作为被控方，仍然表现出很强硬的态度，明确要求加强反倾销以及保障措施的启动条件的相关规定。在 90 年代前半期，美国依然对日本保持高压态势，终于在 1995 年 6 月迫使日本签署汽车及零配件相关协议，1995 年 WTO 发展壮大之后，通过照片胶卷、印刷纸张等的谈判，美国贸易谈判的特征也越来越明显：谈判方式倾向于双边甚至单边（unilateral，单方面的，从 1974 年美国《贸易法》第 301 条可以了解到美国甚至单方面威胁与其开展谈判的国家）。WTO 则重视多边（multilateral，多个国家之间，后统称"多边"）的贸易规则，日本处于不利的境地。其他大多数国家都借助全球化浪潮享受经济发展的红利，但是日本经济长期低迷，在世界上的存在感日渐薄弱。中国的重要性提高，逐渐成为美国贸易谈判的主要对象。[27] 日美贸易摩擦逐渐成为历史。

20 世纪 90 年代前半期，欧洲还在与日本就贸易摩擦问题纠缠不休。[28] 1993 年，欧洲共同体完成了区域经济一体化，转变为欧盟。之后和美国的情况类似，由于日本经济长期低迷，日欧间贸易摩擦问题才逐渐沉寂，而且日欧合作逐渐深化。20 世纪 80 年代后半期，日本与欧盟的经济合作开始萌芽，并相继取得实质性成果。1994 年欧盟废除了对日差别进口数量限制，日本与欧盟围绕改革规则展开对话、日本与欧盟开始签署互相承认协议，欧洲委员会和通商产业省在欧盟部长理事会上提出"日本与欧盟之间有关促进贸易措施的共同报告"，欧洲委员会和通商产业省还同意实施日本与欧盟贸易促进项目。

贸易摩擦问题逐渐沉寂，除了前文提到的几个原因之外，日本政府推动进口促进政策也可以算是原因之一。20 世纪 80 年代，日本政府因为与欧美各国爆发贸易摩擦问题受到严厉的指责和批判，所以致力于探索能够真正促进进口的政策，直到 20 世纪 90 年代才取得实质进展，具体内容可以参考第一部第 2 章。例如，1990 年日本政府提出了综合扩大进口政策三年计划，其中包括：①实施产品进口促进税制；②废除 1 004 种工业产品的关税；③为了扩大进口大幅增加政策性资金；④"1 亿美元的民间进口促进项目"［增加国家预算，主要是通过日本贸易振兴会向海外派遣长期或者短期的专家，以及在各个都道府县（译者注：同中国的省市县乡）建立经济国际化中心，开展运营］。即便在世界范围内，这都属于比较创新的政策，20 世纪 90 年代开始陆续实施。此外，更值得一提的是，日本政府以"与促进进口及更好发展对内投资事业相关的临时措施法"（1992 年 3 月 31 日，法律第 22 号，《促进进口和对日投资法》）为基础，在全国的国际机场、港口及其周边地区成立进口促进区（Foreign Access Zone，简称

---

[27] 关于美国与中国的关系，请参考：藤木刚康，《美国的贸易政策和中国加入 WTO——对华政策何去何从》，《历史与经济》，第 210 期，2011 年。

[28] 1991 年 1 月，为了改善日韩贸易不平衡问题，虽然以首相宫泽喜一和韩国总统卢泰愚会谈为契机于 6 月提出了具体的落实计划（action plan），但当时日本和韩国之间的贸易摩擦问题日渐严重。

FAZ），把与进口相关的设施、事业、活动都集中在一起，充分利用日本贸易振兴会和产品进口促进协会促进并落实扩大进口政策，一直持续到 21 世纪初。

20 世纪 90 年代，日元的升值预期明确，日本政府为了促进外国向日本直接投资，出台了非常重要的措施。1990 年提出"关于直接投资政策开放性声明"，这一声明取得了很大成果。比如：①1992 年 1 月实施《外汇修正法》（1991 年 4 月 26 日，法律第 40 号），简化了对日投资手续；②1992 年 7 月实施《促进进口和对日投资法》，针对对日投资相关方实施优惠税收制度，并且提供债务担保等措施；③1992 年日本开发银行等扩大了低息贷款规模，日本贸易振兴会开始加强提供信息功能；④1993 年 6 月对日投资支援服务公司（Foreign Investment in Japan Development Corporation，简称 FIND）成立。此外，为了改善日美关系以及调整日本的经济结构，日本政府也主动制定了很多政策。1994 年 3 月，细川护熙内阁通过了"对外经济政策纲要"的内阁决定，7 月村山富市内阁通过了"关于设置投资会议"的内阁决定。功夫不负有心人，这一系列政策终见成效。从前文提到的表 11 可以了解到，20 世纪 90 年代，特别是 1995 年之后，以美国和欧洲为主的对日直接投资资本规模大幅增加。

围绕着贸易摩擦谈判，美国坚持通过双边或者单边谈判的方式处理问题，但是 20 世纪 90 年代初期，日本通商产业省认识到根据 GATT 或者 WTO 的规则通过多边方式处理问题的重要性，并且将其作为与美国开展贸易摩擦问题谈判时的重要武器。此举也受到世界其他国家的普遍关注。

1955 年，日本就加入了 GATT。自此以后，日本的贸易政策一直秉承 GATT 的规则，并且按照 GATT 的要求进行调整。从这个角度讲，战后的日本从很早就选择了多边路线。1957 年日本开始执行与纤维有关的出口自我限制，自此美国就一直非常强势地通过双边方式要求日本个别产业实施出口自我限制措施。尤其是 1986 年日美签署《日美半导体协定》以来，这种趋势愈演愈烈，美国固执地要求日本增加进口份额，并且要求日本设置量化指标。为了实现这种企图，美国对日本始终保持高压攻势，甚至不惜通过 1974 年《贸易法》第 301 条对日本实施制裁。克林顿在执政期间进一步加强了这种"结果导向型"贸易政策。[29]

1991 年 4 月，通商产业省在日本政府的行政改革审议会（简称行革审）上，针对"世界中的日本会议"提出了题为《关于通商产业省的对外政策》的报告，概括了日

---

[29]　详细情况请参考第一部第 1 章。

本对外政策的基本立场，一是"对外贡献与对内改革"，二是"尊重并灵活使用国际规则和原则"。在会议结束后的记者招待会上，稻盛和夫会长表示，"通商产业省提出的政策，比如把政策和制度相统一、纠正国内问题存在的偏差、尊重并灵活使用国际规则和原则等，具有划时代的意义。'解释之前的国内情况，放弃特事特办，坚持普遍适用的理念，根据原理、原则予以应对'这些说法对于通商产业省来说也是前所未有的"。通过这个场合，通商产业省首次正式提出了尊重国际规则处理贸易政策的理念。如前文所言，美国当时的做法甚至超越了双边谈判框架变成了单方强制要求，所以这份报告中也充满了对抗美国的论调。

此外，1991 年 6 月，以通商产业省公平贸易推进室为主，召开了非官方研讨会，提出了《不公平贸易政策报告》[30]，在国内外引起巨大反响。这份报告不仅明确了规则导向型贸易政策的重要性，同时，按照 GATT 或者以此为标准的国际规范等国际通用规则讨论各国政策，希望保证"不公平贸易"的严肃性，防止被随意滥用，伤害其他国家的经济利益。[31]

通商产业省明确政策立场后，先是于 1995 年在汽车及零配件谈判中拒绝按照美国要求制定量化指标，并且反对美国使用《贸易法》第 301 条，主张按照 WTO 规则解决争端，最终致使美方做出妥协；接着，把持续长达 10 年的《日美半导体协定》谈判画上了圆满的句号。1996 年美国方面主张签署新的协定，其中包括量化指标，但日本坚持认为这并非两国间的贸易问题，建议通过多边机制予以解决。最后，1996 年美国在 WTO 框架下对日本的胶卷和相纸提出诉讼，但是 WTO 基本认可了日本的主张。WTO 制定的新规则明令禁止之前在日美之间频繁出现的贸易自我限制政策，而且 WTO 的专家委员会成为处理和解决争端的重要手段。这些无疑都促使日本进一步明确重视国际规则的态度。

在与美国的抗衡中，通商产业省坚持的多边贸易政策获得胜利，世界出现新的趋势。各国之间迅速开展诸如北美自由贸易区、欧盟等区域性合作。当然，各国也在积极推动双边协议，如自由贸易协定和经济合作协定。但是，信奉多边的日本政府，尤其是通商产业省作为日本政府的中流砥柱，于 1988 年左右批评了签署自由贸易协定和

---

[30] 《不公平贸易政策报告》，1991 年 6 月，国际贸易投资所公平贸易中心。

[31] 畠山襄，《通商谈判——与国家利益相关的脚本》，日本经济新闻社出版，1996 年，第 287—289 页。《不公平贸易政策报告》从 1992 年开始由产业结构审议会出具，经通商产业省通商政策局编制为《不公平贸易报告》后公开发行。

经济合作协定的趋势。㉜通商产业省担心这会导致 WTO 的活动停滞。直到 20 世纪末，通商产业省才又逐渐认识到这种双边和区域关系的重要性，以及逐渐成为世界贸易政策的趋势。2002 年日本与新加坡签署经济合作协定。从此以后日本的贸易政策才开始转换成多元化路线：既尊重很久以前就非常重视的 WTO 等多边贸易机制，又积极参加自由贸易协定和经济合作协定这种双边谈判，也不放过 APEC 和东盟 + 3 这样的区域合作机会。

4. 通商贸易政策的基调

20 世纪 90 年代，WTO 的成立成为既成事实。为了加强自由贸易体制，日本通商产业省的通商贸易政策也发生了调整，更加重视多边谈判和多国间协调关系。如前文所述，通商产业省还致力于通过这种多边谈判确认贸易"规则"，并且尝试利用此规则解决问题。

就具体的贸易课题来说，通过这种"规则导向型"的政策立场，通商产业省明确了可以采取的措施，没有对民间企业的活动做出太多限制。从这个角度讲，通商产业省非常期待能够按照市场经济规律进行自发调整。此时美国等国家经常诟病日本整个国家如同一个庞大的"日本公司"，并且批评其经济体制非常奇怪、日本市场非常封闭，希望日本政府能够通过这种方式采取介入措施改善经济贸易摩擦情况。对于美国的态度，日本进行了反驳：贸易壁垒导致国际社会认为日本市场开放程度较低，但是从 20 世纪 80 年代开始，日本已经实施了市场开放措施，大幅改善了非关税壁垒。在此背景下，主要还是依靠市场自身竞争，日本政府能够采取的措施比较有限。通商产业省的这种基本立场与美国存在很多矛盾，所以在日美谈判的场合经常会提到"在政府职责范围内（within government reach）能够采取的措施"这个说法，它甚至还出现在 1993 年 7 月日美首脑会谈上提出的《与构建日美新型伙伴关系相关的共同声明》中。㉝

20 世纪 90 年代的特点是，因经济贸易摩擦产生的尖锐对立逐渐沉寂，同时新的政策课题层出不穷。在此基础上，以 1992 年的重点政策为例对其基本内容进行简要介绍。除了推动 GATT 乌拉圭回合谈判、国际性产业合作、加大对发展中国家的援助等政策外，还出现了新的政策课题。第一，"东西方冷战终结后，为了在全球实现自由主义

㉜　采访记录：《原通商产业审议官荒井寿光》（采访时间，2007 年 1 月 25 日）。
㉝　采访记录：《原通商产业审议官畠山襄》（采访时间，2005 年 12 月 15 日）。

经济，需要进行政治及经济改革。如何才能普及自由和民主等普遍价值以及如何才能推动世界经济一体化，都需要日本认真研究提出具体的措施"。第二，"以海湾战争为契机，必须在国际范围内控制一般性武器的转移并防止大规模杀伤性武器的扩散。之前在伦敦首脑峰会上已经达成共识，并且已经通过宣言的方式予以明确。根据错综复杂的情况，日本必须积极构建新的安全保障机制"。㉞ 对于第一点，日本为东欧各国经济改革提供了很多支持。与此同时，当时巴黎统筹委员会在国际贸易上拥有话语权，日本积极推动废除巴黎统筹委员会等机构对出口的限制。放宽与出口相关的规定后，需要成立新的机构解决后续问题；还要建立国际性管理机制，解决武器贸易等与安全保障息息相关的问题。除此之外，与《华盛顿条约》有关的野生动植物进口管理、与《蒙特利尔议定书》有关的保护臭氧层等规定，以及其他与地球环境有关的问题，都作为新的政策课题登上历史舞台。这些问题需要多国共同协商才能找到解决方案，所以针对这些问题，通商产业省非常期待通过国际性协议形成新的规则，并且积极投身到这项事业中。

此外，也存在其他方面的问题。根据国际规则，必须在国内也采取相关措施。但是日本经济长期衰落，所以通商产业省担负重任——如何才能避免现在制定的措施严重阻碍日本自身的经济发展。本系列丛书第 5 卷《立地、环境与安保政策》对此进行了详细论述。通商产业省把解决地球环境问题作为主要目标，把促进经济发展、保证能源稳定供应和防止地球变暖三者有机结合，以期实现共同发展。比如 1998 年提出的重点政策是："签署 OECD 等多边投资协定、通过 WTO 推动关税及服务贸易等领域的自由化、重新确立国际贸易和投资规则，并就这几个问题广泛征集产业界的意见，以日本的立场提出积极的解决方案。"㉟ 又比如 1999 年"国际经济规则与国际标准对产业的国际竞争造成的影响远远大于之前，所以日本要与各个国家保持适当的合作，并且同产业界开展战略性合作，为日本和世界经济发展做出贡献，制定新的规则"。㊱ 其中都提到了"产业界的意见""同产业界开展战略合作"等词语，说明通商产业省在 20 世纪 90 年代后半期的政策悄然发生变化。

㉞《为了"克服全球难题"和"构建创造性宽松社会"——平成 5 年通商产业政策的重点》，《通产省公报》，1992 年 9 月 2 日，第 7 页。

㉟《强力推进经济结构改革——平成 10 年通商产业政策的重点》，《通产省公报》，1997 年 8 月 29 日，第 11 页。

㊱《通过增强产业活力实现经济重建——平成 11 年通商产业政策的重点》，《通产省公报》，1998 年 9 月 4 日，第 15 页。

其实，一直以来日本致力于解决因对外经济贸易摩擦导致的对立，现在又增加了其他一些课题。针对如何通过通商贸易政策保护日本经济的活力问题而言，特别是1997年亚洲货币危机发生后，日本深刻认识到国际经济秩序的不稳定性。针对这种不稳定因素，通商产业省制定了2000年度的重点政策，提出要实施"战略性对外贸易政策"，表明对这种政策课题的认识更加深刻。㊲ 所谓的"战略性对外贸易政策"包括以下三个要点。第一，"通过促进日本经济再生，继续发挥引导国际经济发展的作用；同时与国际机构合作，帮助陷入经济危机的国家经济复苏"。第二，"如果国际体系规则过于脆弱，那各国通过政治努力持续改革经济结构的做法将难以为继，所以要努力构建以开放的规则为基础的国际经济体系"。第三，"日本协助亚洲地区出口国家和地区改革经济结构，促进亚洲各国参与WTO新的回合谈判，并通过WTO新的回合谈判完善国际经济体系，促进亚洲地区出口国家和地区的结构改革，将两者有机结合"。

这就是所谓的"规则导向型"贸易政策，日本始终秉承其基本观点。如前文所述，此时日本也开始重视改善两国间或地区内的相互关系，自由贸易协定等双边方式也进入通商产业省的视线，开始作为贸易政策实施。第二部第2章会详细介绍。日本一直苦苦追求以APEC为基础构建开放的地区主义，但是随着亚洲货币危机爆发，自由化进程丧失了推动力。各国之间签署自由贸易协定的动作快速展开。相反，围绕WTO开展自由化、制定规则的举动越来越不受重视。日本也开始着手签署自由贸易协定，以新加坡的提案为契机，两国签署了自由贸易协定。此外，"为了完善并加强国际经济体系"，日本继续开展多国间的谈判，"切实推动并加强以亚洲为主的国家和地区开展地区性合作和一体化"㊳，这项工作也逐渐受到重视。

2000年日本贸易政策的重点课题是实现"重振21世纪经济发展的基础"。日本的通商贸易政策继续以"规则导向型"政策为基本出发点，结合其他具体可行的解决方案，面向新时代积极做出调整。

㊲ 《重振21世纪经济发展的基础——平成12年通商产业政策的重点》，《通产省公报》，1999年9月7日，第14页。

㊳ 同上，第15页。

第一部

经济大国的责任和贸易政策

第1章 与欧美国家的贸易摩擦谈判

第1节 日美贸易摩擦[①]

1. 美国批判日本的声浪日渐高涨

从 20 世纪 70 年代后半期开始，日本生产力水平不断提高，出口结构不断升级完善，再加上美国高利息、高汇率等政策背景，日美贸易收支失衡问题迅速膨胀。根据表 1.1.1 所示，从美国各年度的进出口总额中不难发现这种趋势。日本对美贸易顺差在 1978 年一举攀升至 100 亿美元。不久之后，1987 年继续增加至 600 亿美元。之后虽略有减少，比如 1990 年缩减至 400 亿美元，但是进入 20 世纪 90 年代后半期，继续保持增长，2000 年首次超过 800 亿美元大关。虽然 20 世纪 90 年代后半期的金额较高，但是导致美国进口激增、贸易逆差迅速扩大的国家不仅包括日本，还有欧盟以及对美出口规模和增幅远超日本的中国，欧盟和中国当时都保持了比较快的经济发展水平。通过这种简单的对比，可以明显发现在 20 世纪 80 年代对美出口方面，日本一家独大。

现在再来了解一下日本对美贸易情况。根据表 1.1.2 所示，首先了解一下日本对美贸易顺差情况。因为涉及日元汇率的变动，所以从美国方面看，增长的趋势并不明显。但是如果从绝对值看，就会发现涨幅惊人，从 1979 年的 1.3 万亿日元增长至 1985 年的 9 万亿日元左右。虽然之后每年金额都发生大幅变动，但是到 2000 年为止，基本每年都保持在 3 万亿日元到 8 万亿日元之间。接下来了解一下美国在日本出口总额中的占比情况：20 世纪 70 年代末不到 26%，从 1980 年的 24% 增长至 1983 年的 29%，并一举升至 1984 年的 35%。1986 年时达到 38% 的峰值。整个 80 年代都持续在 30% 以上，90 年代维持在 30% 左右。接下来再了解一下美国在日本进口总额中的占比情况。

[①] 为了防止本章的论述出现遗漏，在编写时参考了通商产业省编著的《通商白皮书》（总论）各年版。

表1.1.1 美国的贸易

（单位：100万美元）

年份	对日本			对欧共体			对中国			合计			总统
	出口A	进口B	A－B	出口C	进口D	C－D	出口E	进口F	E－F	出口G	进口H	G－H	
1975年	9 565	11 268	−1 703	22 862	10 610	12 252	304	157	147	107 652	96 140	11 512	福特
1976年	10 145	15 504	−5 359	25 409	17 844	7 565	n. a.	n. a.	n. a.	114 992	120 678	−5 686	福特
1977年	10 522	18 623	−8 101	26 476	22 087	4 389	n. a.	n. a.	n. a.	120 163	146 817	−26 654	卡特
1978年	12 885	24 458	−11 573	32 051	29 009	3 042	n. a.	n. a.	n. a.	143 660	172 026	−28 366	卡特
1979年	17 581	28 169	−10 588	42 592	35 528	7 064	1 725	654	1 071	181 816	218 858	−37 042	卡特
1980年	20 790	32 961	−12 171	53 679	37 884	15 795	3 756	1 161	2 595	220 705	252 804	−32 099	卡特
1981年	21 823	39 904	−18 081	52 363	43 653	8 710	3 603	2 062	1 541	233 739	273 352	−39 613	里根
1982年	20 966	39 932	−18 966	47 932	44 466	3 466	2 912	2 502	410	212 275	254 885	−42 610	里根
1983年	21 883	43 740	−21 857	44 311	45 879	−1 568	2 173	2 477	−304	200 538	269 878	−69 340	里根
1984年	23 575	60 371	−36 796	46 976	60 267	−13 291	3 004	3 381	−377	217 888	341 177	−123 289	里根
1985年	22 631	72 380	−49 749	48 994	71 618	−22 624	3 856	4 224	−368	213 146	361 626	−148 480	里根
1986年	26 882	85 457	−58 575	53 154	79 520	−26 366	3 106	5 241	−2 135	227 159	382 295	−155 136	里根
1987年	28 249	88 074	−59 825	60 575	84 876	−24 301	3 497	6 911	−3 414	254 122	424 442	−170 320	里根
1988年	37 725	89 519	−51 794	75 755	84 939	−9 184	n. a.	n. a.	n. a.	322 426	440 952	−118 526	里根
1989年	44 494	93 553	−49 059	86 425	85 292	1 133	n. a.	n. a.	n. a.	363 812	473 211	−109 399	老布什
1990年	48 585	89 655	−41 070	98 086	91 953	6 133	n. a.	n. a.	n. a.	394 045	495 042	−100 997	老布什
1996年	67 607	115 187	−47 580	127 710	142 947	−15 237	11 993	51 513	−39 520	625 075	795 289	−170 214	克林顿
1997年	65 548	121 663	−56 115	140 773	157 528	−16 755	12 862	62 558	−49 696	689 182	869 704	−180 522	克林顿
1998年	57 831	121 845	−64 014	149 034	176 380	−27 346	14 241	71 169	−56 928	682 138	911 896	−229 758	克林顿
1999年	57 466	130 864	−73 398	151 814	195 227	−43 413	13 111	81 788	−68 677	695 797	1 024 618	−328 821	克林顿
2000年	64 924	146 479	−81 555	165 065	220 019	−54 954	16 185	100 018	−83 833	781 918	1 218 022	−436 104	克林顿

注：1. 出口为FAS，进口为CIF。

2. 1996年以后的欧共体是指欧盟15个国家的合计值。

3. n. a. 指没有数据。

4. 美国总统的任期，严格来讲是从上任当年的1月20日开始计算4年时间。

资料来源：1975—1979年日本贸易振兴会《海外市场白皮书 世界贸易篇》，1980—1983年间《海外市场白皮书 贸易篇》，日本贸易振兴会出版，1984年以后同《JETRO白皮书 贸易篇》，出版机构同。从最后的资料中没有找到1991—1995年的资料。出版机构同，都是当年的版本。是并不对判断趋势造成太大影响。

20 世纪 80 年代前期为17% ～18%，1983 年增加至 19%。1985 年签署《广场协议》后，基本都保持在 20% 以上，1998 年达到 23.9% 的峰值，还不到24%。对美贸易收支表中 A－B项经常是负值，尤其是 1984—1989 年还扩大至两位数。由此可见，20 世纪 80 年代美国指责日本对美出口过多实属理所当然。

表 1.1.2　美国在日本贸易中的地位

年份	对美贸易顺差 （单位：100 万日元）	出口总额中的 美国占比 A	进口总额中的 美国占比 B	A－B
1977 年	1 934 824	24.4%	17.5%	6.9%
1978 年	2 150 306	25.6%	18.6%	7.0%
1979 年	1 315 897	25.6%	18.4%	7.2%
1980 年	1 559 956	24.2%	17.4%	6.9%
1981 年	2 966 483	25.5%	17.6%	7.8%
1982 年	3 024 634	26.2%	18.3%	7.8%
1983 年	4 323 246	29.2%	19.5%	9.6%
1984 年	7 857 636	35.3%	19.7%	15.6%
1985 年	9 369 335	37.1%	20.0%	17.2%
1986 年	8 645 809	38.4%	22.8%	15.6%
1987 年	7 566 095	36.5%	21.1%	15.4%
1988 年	6 099 125	33.8%	22.4%	11.4%
1989 年	6 183 550	33.9%	22.9%	11.0%
1990 年	5 470 694	31.5%	22.4%	9.1%
1991 年	5 133 282	29.1%	22.5%	6.6%
1992 年	5 498 902	28.2%	22.4%	5.8%
1993 年	5 572 546	29.2%	23.0%	6.2%
1994 年	5 611 396	29.7%	22.9%	6.9%
1995 年	4 256 548	27.3%	22.4%	4.9%
1996 年	3 546 143	27.2%	22.7%	4.5%
1997 年	5 019 659	27.8%	22.3%	5.5%
1998 年	6 691 887	30.5%	23.9%	6.6%
1999 年	6 965 805	30.7%	21.7%	9.1%
2000 年	7 577 006	29.7%	19.0%	10.7%

资料来源：日本关税协会，《外国贸易概况》。

　　1989 年，日美贸易摩擦问题非常严重。从表 1.1.3 中可以了解到美国向日本出口的主要产品，比较多的是锅炉和电气设备，木材、谷物、肉、鱼等农产品也很突出。从表 1.1.4 可以了解到相同年份美国从日本进口的主要产品。除了汽车（排在首位）以外，和美国的出口产品种类相似，锅炉和电气设备等机械类产品占压倒性多数，之后是玩具与体育用品、钢铁及其制品、橡胶及其制品等。

表 1.1.3　美国主要的对日出口产品（1989 年）　　　　　　　　　　（单位：1 000 美元）

HS 号码	品种	金额
84	机械设备（含锅炉）及其零配件	5 474 898
85	电器、录音机、唱片机、收音机及其零配件	2 969 004
44	木材及其制品、木炭	2 816 887
10	谷物	2 402 823
90	光学设备、测量和检查用设备、医疗设备及其零配件	2 139 442
88	航空器、宇宙飞船及其零配件	2 011 911
2	肉、食用肉屑	1 603 332
76	铝及铝制品	1 562 072
3	鱼、贝类、软体动物	1 520 812
27	矿物燃料及其蒸馏物	1 510 618
29	有机化学品	1 454 075
24	香烟及其替代品	1 170 705
28	无机化学品、贵金属等合成物	1 148 434
12	种子、工业、医疗和饲料用植物	1 046 385
47	木材纸浆、废纸	1 000 603

　　资料来源：日本贸易振兴会《1990 年 JETRO 白皮书　贸易篇　世界和日本贸易》，日本贸易振兴会出版，1990 年，第 75 页，原资料来自美国商务部贸易统计磁盘。

　　从 1977 年秋天开始[2]，尽管日元不断升值，但是美国从日本进口的数量仍然迅速增加。在此背景下，美国国内以国会为中心，批判日本的声浪日渐高涨。一部分参议院议员鼓吹要对日本征收差别进口罚金。此外，1979 年 1 月《琼斯报告》[3] 公布，这也引起日本方面的广泛关注。该报告对日本提出了批评，表示现在很多国家经济发展

---

[2]　安乐隆二，《今后的日美贸易关系及日本市场》，《通产月刊》，第 12 卷 4 号，1979 年，第 80 页。

[3]　作为落实 1978 年 1 月《牛场与施特劳斯共同声明》的环节之一，同年 4 月在美国众议院收入委员会贸易小委员会下设日美经济关系专门调查组并出具报告，由琼斯议员担任组长。具体请参考：内山俊树，《时流　国际关系　直面日美经济关系——琼斯报告》，《通产月刊》，1979 年 4 月刊，第 104 页；以及日本贸易会 50 年历史编纂委员会编，《日本贸易会 50 年史》，日本贸易会出版，1998 年，第 44 页和第 60 页。

乏力，在此背景下，日本不应该获得如此夸张的贸易顺差；要求日本采取积极措施开放其国内市场，并且改善贸易收支情况。

表 1.1.4　美国主要的对日进口产品（1989 年）　　　　　　　　　　　　（单位：1 000 美元）

HS 号码	品种	金额
87	铁路用、轨道用以外的车辆及其零配件	29 222 368
84	机械设备（含锅炉）及其零配件	21 713 473
85	电器、录音机、唱片机、收音机及其零配件	20 321 843
90	光学设备、测量和检查用设备、医疗设备及其零配件	5 336 548
95	玩具、运动用品等及其零配件	2 057 566
72	钢铁	1 945 042
73	钢铁制品	1 406 347
40	橡胶及其制品	1 161 465
29	有机化学产品	1 076 118
39	塑料及其制品	891 205
37	照片和电影用材料	870 451
98	特别分类规定品种	583 207
82	基本金属制工具和刀具及其制品	506 724
99	临时立法产品、基于贸易协定临时变更产品等	470 601
69	陶瓷制品	415 537

资料来源：日本贸易振兴会《1990 年 JETRO 白皮书　贸易篇　世界和日本贸易》，日本贸易振兴会出版，1990 年，第 76 页，原资料来自美国商务部贸易统计磁盘。

为了落实 1979 年在瑞士日内瓦草签的 GATT 多边贸易谈判（Multilateral Trade Negotiation，简称 MTN）等相关协议，美国决定根据国际协议修改其此前制定的与贸易有关的法令。1979 年 7 月 26 日美国颁布《贸易协定法》，针对反倾销法和反补贴关税法的要件制定了详细规定。④ 此外，美国还进行了行政机构改革，把特别贸易代表办公会（Special Trade Representative，简称 STR，1962 年设置）改为美国贸易代表办公室（Office of the United States Trade Representative，简称 USTR），负责处理和调整双边、多边贸易以及直接投资，并且承担制定产业政策的任务。与此同时，由商务部取代财政部，

---

④　松下满雄，《美国贸易法和法律保护主义》，《通产月刊》，第 25 卷 9 号，1992 年。

负责实施《贸易协定法》。⑤ 1980 年美国商务部要求调查日本不当倾销情况，涉及的主要产品包括锅炉用钢管、电灶、工业用电动发电机、电动便携打字机。1980 年 4 月 9 日，防止倾销赋税科下令调查丙烯纤维纺织品。在反补贴关税方面，美国以根据日元升值对策法制定了具体措施为由，开始对铁链、工业用拉链、真空管、体重计、可锻铸铁制管件展开调查。

1978 年 5 月，日本首相和美国总统在日美首脑会谈上倡议成立日美经济关系顾问团体（Wise Men Group）：从民间募集知名人士组成团队，负责研究日本和美国之间如何维持健康的经贸合作关系。1979 年 11 月 16 日，日本牛场信彦和美国日美协会会长罗伯特·英格索尔（Robert Ingersoll）共同出任主席，日美双方各委任四位代表，该团体正式成立。其肩负着通过就中长期日美经济关系、日美合作维持自由贸易体系方面交换意见，并在 1980 年 12 月向日本首相和美国总统提交报告的艰巨任务。

1979 年 5 月，日美首脑会谈公布了副标题为"面向 20 世纪 80 年代的卓有成效的伙伴关系"的共同声明。共同声明对日美经贸关系提出要求：美国要控制通货膨胀、抑制石油进口并促进出口，努力缩小经常收支逆差；同时，日本要以扩大内需为主导，维持经济增长，针对外国产品进一步放开日本市场。第二年 6 月，日本政府代表牛场信彦与特别贸易代表办公室大使罗伯特·施特劳斯（Robert S. Strauss）举行会谈，双方就日本电报电话公司的设备采购问题、香烟问题、确保标准一致问题、奖励煤炭进口等问题展开了讨论。

为了采取措施帮助美国促进出口，同时促进日本进口，1978 年 3 月，日本向美国派出进口促进代表团，同年 10 月美国向日本派出出口开发代表团。第二年，即 1979 年 9 月，美国商务部部长克雷布斯和日本通商产业大臣江崎真澄举行会谈。为了切实促进美国出口，日本决定把巡航展览船"新樱丸"号借给美国，并于同年 10 月到 12 月在日本全国开始巡航活动销售美国产品。这被称为"漂浮的美国百货商场"（Boatique America），在日本 13 个港口停泊，通过展示、销售美国产品增加了日本消费者对美国产品的认识。同时，也使美国消费品制造商加深了对日本市场的认识和了解。这次活动是为了提高出口意识而特意策划的，最终也取得了比较丰硕的成果，在 50 天的时间内

---

⑤ 关于美国贸易代表办公室可以参考：Glen Fukushima 著，渡边敏译，《日本经济摩擦的政治学》一书，由朝日新闻社于 1992 年出版。作者 Glen Fukushima 于 1984—1990 年在美国贸易代表办公室工作，负责美国与日本和中国的贸易谈判。

吸引了 48 万名消费者⑥，销售总额接近 10 亿日元，远远超出预期。

　　20 世纪 70 年代解决日美经贸问题的一般方式如下：日本出口激增，美国就实施进口限制，日本方面再对出口进行限制。进入 80 年代以后依然沿用这个办法。从 1979 年开始，日本汽车大量涌入美国；1980—1981 年，这种趋势变得更加严重。美国国内的保护主义倾向也更加严重，美国国会提出了限制从日本进口汽车的法案。1981 年 5 月，通商产业大臣田中六助以努力重建美国汽车产业为前提，提出了对美自愿出口限制措施，以期一次性解决这个问题。但是从当年下半年开始，美国对日贸易失衡问题再次成为焦点。在美国国会举行的听证会上，要求改善日本市场对美国产品的准入规则的呼声高涨；而且美国还准备根据互相原则，实施对抗措施：日本市场没有放开的领域，美国市场也相应关闭。7 月通产大臣田中发表扩大产品进口宣言，12 月经济对策阁僚会议决定降低关税。该政策早在 2 年前进行多边贸易谈判时就已经达成一致，但至此才付诸实施。

　　1982 年 5 月，日本公布了市场开放政策。该政策虽然得到了美国政府的高度评价，但是同年美国的对日贸易逆差为 190 亿美元，美国国内原本得到安抚的保护主义势力卷土重来。⑦ 在贸易失衡加剧的背景下，美国方面一旦表示担心和关切，日本方面就采取限制出口或者扩大进口的措施。类似的情况反复发生，虽然双方能够达成一致，但结果没有任何变化，贸易失衡不但没有从本质上得到解决，而且还在逐步扩大。于是以美国国会为主开始散播"日本奇怪论"，认为日本是"奇怪的国家""不公平的贸易对象国"的论调甚嚣尘上，并蔓延至整个国际社会。⑧ 美国不仅批评日本某单一产品的贸易问题，还抨击了日本的产业政策，比如把高科技产业作为攻击的目标。整个国家社会中批判日本不公平的声浪日益高涨。1983 年 2 月，通产大臣山中贞则和美国贸易代表办公室代表比尔·布洛克举行会谈，同意召开日美间产业政策定期会议（对话）。⑨ 此外，基于

---

⑥　《通商产业省年报》，昭和 54 年版，第 57 页。

⑦　比如，1982 年 5 月，赫戴勒工业集团公司（Houdaille Industries）针对日本产机床在美国市场的份额迅速增长的情况，认为日本政府对机床采取的措施不当，所以根据 1971 年收入法提起诉讼，要求实施救济措施。美国参议院做出决议同意该诉求。以上内容请参考本系列丛书第 7 卷《机械设备信息产业政策》。

⑧　1983 年，美国国会提出了很多与产业政策有关的法案。比如：为了对抗日本的目标政策，众议院收入委员会国际贸易小委员会委员长吉本斯提出了《贸易救济改革法案》，可以针对日本的某种产品征收反补贴关税；该法案还涉及很多关于 GATT 的问题。此外国会还提出了其他的法案：把美国的国有资产使用率作为硬性规定的《本国成分法案》、把商务部和美国贸易代表办公室整合在一起并成立美国版 MITI 的《贸易部成立法案》、加强美国企业国际竞争力的《产业竞争力法案》等。

⑨　《通过制定产业政策，以日美定期协议、半导体等议题，化解双方误会促进经济充满活力》，《日本经济新闻》，1983 年 2 月 22 日日报，第 3 版。

美国对日本的强烈抨击，OECD 也决定调查成员国高科技产业领域的产业政策。可能也是出于这个原因，之后很多 OECD 成员国也参与进来，围绕半导体为主的贸易问题抨击日本的政策。针对这种局面，通产大臣山中发表讲话，题为"关于日本产业政策的基本考虑"，表示"日本的产业政策完全遵守国际规则"，反驳了欧美对日本产业政策的抨击和指责。⑩

从 1983 年 5 月到 1984 年 9 月，日美产业政策对话⑪召开，议题主要涉及日美两国政府的产业政策。美国方面表示："日本企业，尤其是某些特定产业，其对美出口竞争力是由日本政府通过专门的扶持政策（即目标政策）培养出来的，这对美国非常不公平。"但日本方面表示："促进尖端技术开发只是日本产业政策的其中一部分。目前也有很多产业缺乏经济合理性，我们也在采取积极措施进行产业调整。"双方你来我往，各执一词。同时，为了促进日美双方更好地开展合作，共同推动尖端技术发展，还成立了日美高科技工作组。⑫ 通过类似的会议和工作组磋商，日美双方就产业政策广泛交换意见，化解了彼此的误会。日本政府期待通过这种冷静的讨论，减少美国国会对日本政府产业政策的指责，并阻止美国采取具有保护主义色彩的对抗措施。通过多次政策研讨，日本政府认识到必须让国际社会接受并认可本国的政策。⑬

与此同时，从 1982 年 1 月到 1985 年 3 月，日本还实施了多达 6 次的市场开放政策。但是由于美国持续坚持高利息及高汇率政策，日本贸易顺差继续扩大，贸易摩擦问题没能解决，仍然持续发酵。

就当时的美国而言，1984 年 6 月，黑田真就任通商政策局局长，他表示，"1984 年 11 月，里根第二次当选美国总统后，美国国会针对美日贸易失衡问题对日本政府的指责愈加激烈。在此背景下，日本不得不面对保护主义性立法的压力。为了避免发生这种情况，作为政府部门必须要考虑今后应该如何应对"。⑭

---

⑩ 《产业政策 通产大臣驳斥美欧 始终遵守国际规则》，《读卖新闻》，1983 年 4 月 19 日日报，第 1 版。
⑪ 日本方面由通产省产业政策局局长小长启一带队，美国方面由美国贸易代表办公室副代表迈克尔·史密斯带队。
⑫ 日本方面由机械信息产业局副局长负责，美国方面由美国贸易代表办公室代表候选人詹姆斯·墨菲（James Murphy）和商务部特别顾问、联合主席普雷斯托维茨（Clyde Prestowitz）负责。1982 年 7 月第一次会议在夏威夷召开，同年 10 月，围绕尖端技术的开发、贸易、投资等议题，日美加强交流，以化解贸易问题上存在的误解和回避摩擦作为原则，会议结束后提出共同提案。
⑬ 细川恒，《大竞争时代的通商战略》，日本广播出版协会，1999 年，第 124—129 页。
⑭ 黑田真，《对美摩擦与市场开放》，世界和平研究所编，《中曾根内阁史——理念与政策》，丸之内出版，1995 年，第 586 页。

1985 年 9 月，日美等五个发达国家举行财政部部长及央行行长会议（G5），会上为了解决美元升值问题提出了《广场协议》。10 月 25 日日美两国首脑对此表示支持。为了达到预期效果，日美等国家要统一采取行动，共同为之努力。但是紧接着第二天，里根（Ronald W. Reagan）政权就推出了"新贸易政策"，表示今后会根据需要使用 1974 年《贸易法》第 301 条，该条款之前从未使用过。根据该条款的规定，如果美国认为日本等其他国家在对美贸易中存在不公平或者不合理的贸易惯例，将对该国采取极为严厉的制裁措施。这标志着美国从此转变为攻击态势。如下文所述，这种变化非常重要。

2. 市场导向型个别领域谈判协议

需要提前说明的是，市场导向型个别领域谈判（Market-Oriented Sector-Selective，简称 MOSS）协议产生于日美产业政策对话。1983—1984 年，通商产业省和美国政府举行会谈，美国政府非常重视，包括美国贸易代表办公室在内，商务部、国务院、财政部、司法部、国防部等部门都派出代表参加，投入大量人力物力。在会议上，"美国政府表示了对日本产业政策的担忧，希望日本方面能够对此有所应对"。但是日本方面也向美国提出了同样的质疑。双方争论经常陷入胶着局面。日本方面负责人细川恒表示，"我们已经在会上对日本的产业政策进行了充分的说明和解释，日本的产业政策不存在不当之处。此外我们还制定了目标，就是要阻止对方团队乘胜追击，赢得美国国内的支持，以美国的产业政策对话为切入点击退美国的进攻"。但与此同时，也应该认识到"美国通过国防预算进行研究开发，所以美国企业在高科技领域比其他国家的企业获得更有利的成果，这是不可避免的事实。也就是说，即使不扣上产业政策的帽子，或者没有产业政策管理部门，只要实施了能够使企业获得实惠的措施，就等同于产业政策发挥的效果"。但是，这次对话"没有达成任何具体的协议，在不知不觉中就结束了"。细川还表示，在此背景下，美国方面为了"从没有成果的政策争论中找到今后的解决方法"，提出了 MOSS 协议。[15]

所谓 MOSS，是指优先调查国家个别领域谈判。1985 年 1 月 2 日，日本首相中曾根康弘同美国总统里根举行日美首脑会谈，就该协议的谈判方式达成一致，为了保证美国关切的个别产品能够顺利进入日本市场，日本政府会逐一采取放松政府规制、降低关税等措施。MOSS 协议这个名称也是在美国政府部门的争论中确定的。对于以后日本的问题，美国政府部门之间也存在分歧。美国贸易代表办公室和商务部建议对进口设

---

[15]　本段落的表述及引用请参考：同前，细川，第 124—128 页。

置具体量化指标。财政部则表示这违反了自由贸易原则，不建议设置类似的量化指标，主要应该通过放松行政规制等手段予以解决。国务院比较支持财政部的意见。下文中要介绍的"重视手续"型谈判正是美国国务院的提案。为了明确不是设置进口量化目标，所以使用市场导向（Market-Oriented）这个词语加以限制。⑯

MOSS 最开始主要是分析相关产品的市场现状、讨论并研究阻碍进入市场的原因及对策，只涉及以下四个领域：电信（远程通信。电信终端设备以及电信服务市场、无线通信设备及其服务市场）、药品及医疗器械、电子工业、林产品（林业、木材制品、纸制品）。其中电子工业和林产品（木材制品和纸制品）与日本通产省有关。围绕电子工业领域，日本方面派出了由通商产业审议官、通商政策局长、机械情报产业局次长、外务省经济局长、大藏省关税局审议官、邮政省大臣官方审议官组成的豪华阵容。美国方面派出美国贸易代表办公室副代表、国务院和财政部部长助理、商务部长官特别顾问出席会议。此外，还下设科长级专家会议以及民间企业参加的工作会议。林产品领域也大致如此。由通产审议官作为日方主席参加会议。纸业科长参加专家会议。此外还成立了工作会议，基本每个领域都举行了多轮会议。1986 年 1 月 8 日，在全体大会上，各领域的主席汇报了工作进展情况。同年 10 月，日本外务大臣安倍晋太郎和美国国务卿乔治·普拉特·舒尔茨（George Pratt Shultz）举行会谈，回顾了日美两国开展 MOSS 的经过，同时达成了非常重要的协议。经过概括提炼，该协议的要点如下。⑰

日本外务大臣与美国国务卿达成一致，同意把 MOSS 的讨论结果作为双方取得的重要进展。根据 MOSS 谈判，日本市场准入情况发生了很多积极的调整。这对美国企业和其他国家的企业来说，无疑创造了新的市场机会。所以日美希望继续在 MOSS 框架下进行讨论，以取得进一步的成果。

日本外务大臣与美国国务卿呼吁大家关注过去一年内 MOSS 取得的重要成果，并且期待两国民间机构尽可能地利用市场准入改善。两国外长再次确认要通过 MOSS 之类的讨论，完善日本市场准入情况，促进美国和其他国家顺利向日本出口产品，增加日本进口相关产品的数量。如果日本在 MOSS 谈判中涉及的领域顺利扩

---

⑯ 同前，Fukushima，第 188—189 页。

⑰ 《与 MOSS 讨论相关的日美共同报告、与个别领域讨论相关的日美共同报告》，1986 年 1 月 10 日。通过互联网查询数据库《世界与日本》（http：//www. ioc. u‑tokyo. ac. jp/~worldgjpn/front. shtml）中的《日美关系资料库 1945—1997》，全文由东京大学东洋文化研究所田中明彦研究室编辑整理。

大进口规模，那将是日美两国努力成果的重要试金石。

日本外务大臣与美国国务卿还达成一致，表示除了由日本外务审议官和负责美国经济的副国务卿担任主席的 MOSS 全体大会之外，根据需要继续召开其他会议，全面调整、跟进、通览新的 MOSS 领域工作。此外，各领域的工作组也要适时召开会议，其主要任务是：及时回顾达成一致事项的情况，并对达成一致的新规则和手续提出经验和意见，凭借促销措施和实际效果，处理与其相关的所有领域的案件。还有一个重要的任务是继续跟进并了解商业贸易惯例的作用和影响。

接下来，"附件"中记载了前文所述四个领域中的"主要成果"，其中"Ⅲ电子工业"与通产省相关，所以以此为例进行说明，具体如下。

（1）已实施事项

① 通过、成立以及实施半导体芯片保护法；

② 明确修改及实施保护电脑和软件的著作权法；

③ 废除机械设备升级和在国外修理后再次进口等相关的外国汇率要求（置换反补贴相关手续）；

④ 日本方面同意撤销电脑零配件、本体以及周边产品的关税，美国方面同意撤销电脑零配件的关税；

⑤ 电子工业产品的关税下降 20%；

⑥ 撤销美国关心的通信设备关税；

⑦ 增加把日本政府 R&D[18] 的成果转化为国有专利的渠道（含美国大企业和通产省的一致意见）；

⑧ 允许美国企业投资并参与西格玛项目（Sigma project）的研发，该项目是日本政府为了生产软件制订的长期研究开发计划。

（2）今后实施事项

① 落实与日美撤销关税有关的协议：日本落实撤销电脑零配件、本体以及周边产品关税，美国落实撤销向电脑零配件征收关税；

② 采取措施改善专利申请手续；

---

[18]　Research and Development，研究开发。

③ 继续讨论日本半导体制造装置协会（Semiconductor Equipment Association of Japan，简称 SEAJ）今后的活动；

④ 讨论并掌握新的《高科技开发促进法》的后续实施情况，以防因限制贸易引发其他问题。

（3）继续讨论事项

① 半导体。当初，MOSS 针对电子工业进行磋商后，开始研究半导体问题。但是，现在美国政府根据 1974 年《贸易法》第 301 条对日本报道提出起诉，双方还在继续对话；

② 进一步讨论商业惯例对流通机构贸易的影响；

③ 通信卫星以外的卫星采购问题。

此外，日本降低林产品领域中的一部分木材制品（单面板、复合板、刨花板等）和所有纸制品的关税。围绕非关税贸易壁垒问题，日美双方广泛交换意见，试图理解彼此关心的问题。在木材制品方面，日美双方继续讨论，主要涉及美国产木材制品的认证手续、影响纸制品交易的商业行为以及资金筹集习惯等问题。

1986 年 5 月，在日美首脑会谈中又增加了新的 MOSS 领域：运输设备。具体来说，这关系到汽车零配件问题，该问题将在下文的"特别协议"章节展开论述。

同年末，因为日本市场对超级计算机的准入，尤其是政府相关部门的采购方面存在很大问题，美国国内对日不满情绪再度高涨。日本表示会尽快采取对策予以处理，日美双方同意在电子工业 MOSS 谈判时一并讨论该问题。在 MOSS 谈判时，日本强调针对公共部门的超级计算机市场已经非常开放。1987 年 4 月中旬以后，日美之间签署了一系列协议。7 月中旬，日本方面调整了公共部门采购超级计算机的相关手续，并制作指导手册保证过程更加统一、透明。8 月 1 日开始实施，大体上解决了手续方面存在的问题。1988—1989 年，日本又对实际的采购情况做了研究和探讨。美国方面，结合采购手续方面存在的问题，认为日本国立大学可以通过很大折扣采购超级计算机，从而对美国企业向日本销售超级计算机造成严重影响。后来，这一点还跟超级 301 条款扯上关系，所以再掀波澜。

3. 美国 1974 年《贸易法》第 301 条和超级 301 条款

从 1985 年的下半年开始，因为贸易逆差居高不下，美国的贸易保护主义又开始蠢蠢欲动，开始推动贸易方面立法。1987 年美国国会通过了《综合贸易与竞争力法案》，但一直没有付诸实践，实际如同废弃的法案。1988 年 6 月中旬，删掉有关关闭工厂的条款以及与阿拉斯加石油有关的条款之后再次被提出的新贸易法案，7 月在众议院获得通过，8 月在参议院获得通过，8 月 23 日由里根总统签署后正式生效。

在介绍《1988 年综合贸易与竞争力法案》（the Omnibus Trade and Competitiveness Act of 1988，简称《综合贸易法》）之前，需要先了解一下 1974 年《贸易法》第 301 条。所谓的第 301 条，是指当美国认为其他国家的贸易惯例非常不公平或者不合理时，可以同其他国家进行严正交涉。如果交涉和谈判没有取得预计效果可以要求政府实施报复性措施。这种方法与 GATT 的原则相悖，存在很多问题，所以在第 301 条生效后很长时间内，美国都没有使用这把"传家的尚方宝剑"。但是，因为贸易逆差问题越来越严重，1985 年贸易逆差已经达到 1 000 亿美元，所以 1985 年以后，美国国会要求使用这项条款的呼声越来越高。与此同时，里根政府为了改善"强美元"签署了《广场协议》。第二天，即 1985 年 9 月 23 日出台了"新贸易政策"，贸易重点从限制进口逐渐转移到扩大出口。1985 年 1 月开始，里根政府还推出了 MOSS 协议。美国传统的限制日本进口的贸易政策，逐渐转变为向日本扩大出口的政策。虽然美国以前也曾提出这种战略，但是现在这种趋势变得更加明显。

"新贸易政策"提出要合理利用《贸易法》第 301 条，坚决抵制其他国家的不公平贸易。但是美国国会内部也有人对此表示不满。为了安抚共和党一派等势力，美国政府也对该条款做了调整，使其更加符合自由贸易理念。之后美国政府开始转向单边主义（unilateralism，即不遵守 GATT 的机制和程序，通过美国自己的判断，决定对象国政府的贸易行为是否合理。如果谈判不顺利的话，美国可以单方面采取报复性措施），开始把第 301 条作为对抗其他国家的有力武器。美国方面关于贸易政策的变化，给其他国家施加了很大压力。从 1986 年开始，日本政府实施了包括量化指标在内的第一次自愿扩大进口政策，外国半导体在日本国内市场的份额已经扩大至 20%，这都是迫于美国的压力。[19]

受这种变化的影响，1988 年《综合贸易法》针对反倾销制定了很多新的规定以"防止转口"倾销，《关税法》第 337 条中针对侵害美国专利等知识产权的外国产品进口实施了更加严格的限制。此外，还修改了 1974 年《贸易法》第 301 条，把管理权由

---

[19]《美国综合贸易法案概要》，《通产省公报》，1988 年 8 月 27 日，第 3—5 页。薮中三十二，《对美贸易谈判——摩擦的真相》，Saimaru 出版会，1991 年，第 96—97 页。中户祐夫，《日美贸易摩擦的政治经济学》，Minerva 书房，2003 年，第 10—11 页。

总统下放至美国贸易代表办公室，规定美国贸易代表办公室有权自动对国外政府的贸易惯例展开调查；制定了超级 301 条款，允许对知识产权保护不够充分的国家实施更严厉的报复。通过这一系列的调整和变化，其他国家都受到保护主义的严重影响。[20]

修改《贸易法》第 301 条（包括相关规定）后，美国贸易代表办公室可以凭借自己的职权或根据利益相关方的起诉，对外国政府开展调查，决定是否违反贸易协定，其政策和措施是否存在"不当""不合理""歧视"。修改该法案具有两方面的意义，一方面是承认了第 301 条的存在，另一方面是开始实施"制裁措施"。该法案的判断依据标准难以明确。而且，由于美国贸易代表办公室既是运动员，又是裁判员，其中立性和公平性也有待商榷。此外，新法案的基本理念其实是 GATT 禁止的"单方面的措施"，与 GATT 倡导的多边贸易体制的理念相悖。

美国制定超级 301 条款后，又赋予美国贸易代表办公室新的权利与义务：（1）调查外国不公平的贸易惯例，向国会提交年度报告；（2）在规定的 2 年时间内（1989 年与 1990 年），根据年度报告中贸易惯例的严重程度决定优先实施报复措施的对象国；（3）以撤销该国的贸易壁垒为目的开展谈判；（4）1 年后如果谈判仍然无法取得进展，就可以采取报复性措施。美国政府在具体时间内选择"优先调查国家"（即不公平国家），并有权使用第 301 条的相关规定予以报复，这无疑说明美国的单边主义倾向加强。1985 年 9 月新贸易政策实施后，美国对日贸易逆差没有减少，美国方面非常着急。这种情绪直接反映到超级 301 条款上。超级 301 条款更加富有针对性，目标直指日本。1988 年在审议《综合贸易法》的过程中，还提出"盖帕（Geppa）条款"。该条款规定美国政府有权利和义务与对美贸易保持巨额顺差的国家进行谈判，如果谈判无法取得进展，那么每年要强制减少该国 10% 的顺差额。由于该条款内容过于激进，所以未能被美国国会采纳。参议院财政委员长本特森（Lloyd Millard Bentsen. Jr.）和丹福思（John C. Danforth）议员的提案取而代之并获得通过，这就是超级 301 条款。在最初的方案中，直接表明该法的适用对象是"日本及其他有恶意贸易惯例的国家"，后在提交审议时才去掉日本，改为前文提到的"优先国家"，所以可以肯定的是，日本是该条款

---

[20]　同前，松下。1988 年《综合贸易法》中规定了"埃克森·弗罗里奥条款"。如果外国人收购或兼并美国企业，美国总统可以以国家安全保障为由对其进行限制。与此相关的是，美国众议院议员科比于 1989 年 1 月提出新的法案，要求外国企业在对美投资时需要在美国国会上登记并汇报相关信息，在一定条件下公开以上信息。科比法案歧视外资企业，要求其公开大量信息，这不仅违背了国际投资自由化的潮流，而且阻碍了对美投资，严重影响了美国经济甚至世界经济的健康发展。

的直接对象。但是，也有说法表示超级 301 条款也不是美国政府想要看到的结果，而是美国国会的强烈要求，里根政权未能成功阻止。[21]

1989 年 1 月，乔治·布什就任美国总统。在新政权下，5 月 25 日美国贸易代表办公室代表卡拉·希尔斯（Carla A. Hills）根据超级 301 条款，把印度、巴西以及日本指定为"优先调查国家"。美国选择了三个日本商业贸易惯例作为优先谈判对象，分别是政府采购超级计算机、政府采购人造卫星以及限制与林产品有关的技术进口。实际上，当时很难判断这三个问题是否属于"不公平"贸易。有种说法认为："当时的美国国会对于美国对日贸易的巨额逆差非常着急，但是对于美国政府而言，日本在政治方面和军事方面又是它不可或缺的伙伴。所以为了在满足国会要求的同时，也照顾日本的利益，美国政府选择了对日本来说比较容易解决的三个问题。"[22] 对于日本运输等制度性问题，无法"一刀切"地判断为不公平贸易，所以没有将其作为超级 301 条款的对象。但是这个问题又非常重要，所以只能在超级 301 条款的框架外与日本单独进行谈判。这个决定导致日美双方签署了《日美结构性障碍协议》。

美国公布超级 301 条款之后，日本政府迅速对美国的举措表示非常遗憾，并且明确了应对方针：断然拒绝一切以制裁日本政府为前提的谈判。在此基础上，日本政府还发表讲话，表示在超级 301 条款框架外，日美之间可以随时进行对话，日本一直以来秉承的立场没有发生变化。

根据第 301 条，1990 年 4 月 27 日，美国总统可以再次指定"优先调查国家"，但布什总统表示放弃指定新的优先国家以及优先领域。发生这种变化可能有两个原因：一个是因为布什总统把年底成功举办乌拉圭回合谈判作为最优先课题；第二个原因是 1989 年根据超级 301 条款指定的三个项目在当时完全得到解决，美国政府对于日本方面的应对非常满意，给予高度评价。

然而，超级 301 条款的两年期限结束后，克林顿总统在参加竞选活动时表示支持重新使用该条款。之后，日美经济框架对话全面破裂，在国会的压力下，1994 年 3 月

---

[21]　同前，Fukushima，第 197—198 页。

[22]　同前，Fukushima，第 200 页。曾担任通商产业审议官的畠山襄表示，"如果从善意出发进行解释的话，当时布什政权对于实施超级 301 条款持非常消极的态度，但是又迫于国会的压力，不得不落实。因为布什政权在当天又提出新的方案，希望在超级 301 条款的框架外通过日本结构问题协议解决问题"。畠山襄，《通商谈判——与国家利益相关的脚本》，日本经济新闻社出版，1996 年，第 32 页。而且，美国在处理包括日本在内的三个"优先国家"时，其实并没有落实超级 301 条款的措施。栗原毅，《关于克林顿总统签发行政命令恢复超级 301 条款的问题》，《贸易与关税》，第 42 卷 5 期，1994 年 5 月，第 19 页和第 24 页。

克林顿签署总统行政命令，重新恢复了超级 301 条款（期限两年）[23]，将汽车及其零配件以及纸制品作为优先领域进行谈判。当时美国正在与日本就日美经济框架对话进行磋商，所以超级 301 条款的恢复对美国来说无疑非常有利。克林顿总统在 1999 年 4 月又一次恢复了超级 301 条款（期限两年）。[24]

4. 与超级 301 条款有关的三次谈判

先了解一下 1989 年 5 月根据超级 301 条款指定的三个优先调查领域的谈判情况。根据《综合贸易法》的规定，美国贸易代表办公室要求与日本就这三个领域展开谈判，如果一年以内无法得到令美国满意的谈判结果，美国有权对日本实施报复性措施。但是日本政府始终坚持不在超级 301 条款的框架下与美国展开谈判。美国政府表示理解日本的立场，于 1989 年 9 月在夏威夷召开的日美贸易委员会上，再次提到这三个领域的问题，以及电信和律师等其他与贸易有关的问题。之后，该委员会负责跟进并且协商处理。[25] 就结果而言，前文已经提到，三个领域的问题全部得到妥善解决。具体如下：

（1）超级计算机

超级计算机是指计算速度超过家用计算机 10 倍以上的高性能超大计算机。20 世纪 80 年代前半期，美国企业，特别是克雷计算机公司（Cray Computer Corporation）[26] 一统天下，在世界市场占有绝对份额，主要销售对象是美国的国防部和自然科学等研究机构。1980 年世界超级计算机市场完全由美国企业支配，但是 80 年代后半期，日本的家用计算机厂商进入超级计算机市场，并且拥有很强的竞争力。以 80 年代末的美国市场为例，克雷公司和其他美国厂商的市场份额已经下降到 64%，富士通、日立制造所、日本电气三家公司的市场份额攀升至 36%。[27] 此时，超级计算机的功能已经开始多样化。举一个最简单的例子，当时日本的汽车制造厂商会使用超级计算机测试新研发车辆的设计以及功能，基本上所有的企业都拥有一台超级计算机。

1989 年日美之间关于整个尖端科技产业的贸易摩擦问题非常严重。在此背景下，

---

[23] 同前，栗原，第 17—25 页。

[24] 《美国政府正式恢复超级 301 条款》，《朝日新闻》，1999 年 4 月 2 日晚报新闻。

[25] 同前，畠山，根据第 30—31 页的内容：在会议中，美国在发言中提到了"基于超级 301 条款"。日本则强硬表态：如果不取消这句发言就取消会议。美国对此也直接做出回应。

[26] 克雷计算机公司于 1972 年成立，1976 年研发出世界首台超级计算机克雷 1 号（同前，Fukushima，第 241 页）。

[27] 同上，Fukushima，第 242 页。

美国把日本生产的超级计算机作为重点。80 年代前后，日美之间半导体集成电路、计算机、通信设备、飞机及引擎等高科技产品的进出口都在持续扩大，尽管当时并没有直接导致贸易失衡以及市场准入问题扩大，但是美国担心今后这些领域有可能发生贸易摩擦。比如 1981 年，美国贸易代表办公室代表布洛克就在美国国会上表示：在高科技领域不存在关税等传统障碍，所以日本产业政策本身才是问题的关键。

在此背景下，1982 年 1 月，日、美、欧三极会议在美国比斯坎湾举行。日本通产大臣安倍晋太郎在会上建议通过成立论坛的方式解决日美两国之间在高科技产业方面存在的问题。同年 5 月，在巴黎，加拿大也加入该会谈。安倍晋太郎在此次四极会议上表示：我们认识到高科技产业的发展会促进世界经济再次恢复活力，进而提高人类的生活质量，所以有必要制定高科技三原则（高科技产业促进世界经济恢复活力、高科技产业贸易自由化、针对高科技研发开展国际合作）。在其呼吁下，论坛如期成立；美国原则上也同意高科技三原则，于 4 月正式成立了日美尖端技术产业工作组（Japan-US high-tech work group），7 月举行第一次会议。此后，包括非正式会议在内又举行了两次会议，10 月在第三次会议上，日美两国在实质上达成一致[28]，针对半导体、超级计算机、光纤相关的贸易问题以及政府推动研究开发等问题制定了政策建议书。次年，即 1983 年 2 月正式公开该建议书。[29]

---

[28]　若曾根和之，《日美高科技工作组的意义和评价》，《通产月刊》，第 15 卷 10 号，1983 年。《日美尖端技术工作组会议提案（暂译）》，《通产省公报》，1983 年 2 月 22 日，第 6—8 页。

[29]　同上，《日美尖端技术工作组会议提案（暂译）》第 6—8 页。其目录如下：
序言
Ⅰ 原则
　　A 目标及手段
　　B 贸易、投资及技术的自由交流
Ⅱ 实施
　　A 市场准入及振兴贸易（1. 共同收集信息；2. 关于贸易问题的解决）
　　B 信息交换、技术转移及国际合作（1. 研究开发信息渠道；2. 专利、技术的信息交换窗口；3. 数据交换；4. 项目的进程；5. 针对研究开发开展国际合作；6. 技术的进程；7. 投资；8. 促进共同研究开发）
Ⅲ 其他（1. 市场动向以及贸易相关的报告；2. 民间部门参与）
Ⅳ 长期工作计划
Ⅴ 选择
（附件）长期工作计划
　　A 作业领域
　　B 研究团体及研究机构
　　C 关于尖端技术的产业合作
　　D 其他

但是从 20 世纪 80 年代后半期到 1990 年，美国国内警惕日本在高科技领域抬头的声音再度高涨。一是因为在美国保持传统优势的领域，日本的存在感日渐增加。二是民用高科技和军事高科技之间容易互相转化，日本商业领域对高科技的重视程度逐渐提高。在此背景下引发了很多新问题，比如引进新型支援战斗机（Fighter Supporter/Experimental）问题、统一高品质电视（High Definition Television）标准问题。1988 年 6 月，在伦敦首脑峰会上日美签署了《科学技术合作协议》（US-Japan Science & Technology Agreement）。美国提出了一些新的要求：比如在研究开发体制上要求两国保持相同的程序、加强与知识产权有关的超级 301 条款以及《关税法》第 337 条。这些举动都反映出美国方面强烈的危机意识。

超级计算机领域是美国引以为傲的高科技产业的代表之一，但日本企业竟然势如破竹一般在该领域摧城拔寨，这引发了美国极大的不安。美国批评日本政府对超级计算机继续采取新兴产业保护政策，以及现在日本政府部门只采购国产超级计算机。最重要的是，美国指责日本大企业打压了克雷计算机公司这样富有企业家精神、勇于创新的企业。所以美国开始重视日本的超级计算机问题。

其实早在 1987 年，美国就曾同日本就超级计算机问题进行过谈判。当时美国认为日本政府、相关机构和国立大学对国产超级计算机实施了优惠政策；这些日本企业为了排挤打压美国企业也不惜大幅降价。超级计算机是美国引以为傲的产业，世界份额高达 90%，但是在日本其份额还不到 15%，美国认为这是由于日本政府对本国超级计算机产业实施了保护政策，日本国立大学等机构采购超级计算机时执行的 70% 以上的折扣对美国企业来说非常不公平。针对美国的批评和指责，日本方面进行了反驳：本国公共部门的采购是公平的竞争结果；同时向美国出示了符合美国要求的采购文件，满足了美国对透明公开的要求，此事才得以解决。但是 1987 年 8 月，日本国立大学等公共机构采购了 4 台超级计算机，全是日本制造。尽管日本出示了非常详细的采购文件，但是美国还是非常不满，以采购手续无效为由，于 1989 年 5 月根据超级 301 条款，把超级计算机列为优先处理的问题。

从 1989 年 11 月到 1990 年 3 月，日美两国就该问题举行了四次会谈。第二次会谈中，双方争议的焦点之一是大幅降价问题。最终日美两国针对公共部门采购超级计算机的问题达成一致：应该从预算编制阶段就提供补贴，所以 1990 年日本在预算编制阶段就调整了价格，使其更加贴近市场的合理价格。最终该问题得到妥善改善。

另一个争论焦点是采购手续问题。日本国立大学和日本的一些企业关系紧密，所以在招标订货时日本企业显然比美国企业更加有优势。为了化解美国的担忧，日本方面制作了新的标书，原则上用性能标准取代了设计标准。此外，还制定了其他非常具体的规定，比如不能直接由企业人员携带标书参加招标手续；为了确保采购过程公平，还设置了投诉处理机构。通过日美专家在实务层面冷静地处理，该谈判得以顺利结束。

于是，"超级计算机引进手续"（1987 年 8 月制定）修改后，新的手续从 1990 年 5 月开始正式实施。㉚ 截至 1998 年 8 月，共举行 8 次年度磋商。1993 年 12 月以后，日美围绕日美经济框架对话进行磋商，就日本方面政策落实情况以及美国采购手续等问题广泛交换了意见。1994 年 4 月，美国根据《贸易法》第 306 条，决定对日本方面对上述引进手续的落实情况展开特别调查。该调查一直持续到 1998 年。1996 年 7 月，针对美国国家大气研究中心（National Center for Atmospheric Research）采购日本电气（NEC）生产的超级计算机一事，克雷计算机公司表示在反倾销调查开始前，美国政府内部措施存在不透明的问题，所以向美国商务部以及国际贸易委员会（International Trade Commission，简称 ITC㉛）提出反倾销诉讼。对此，日本在 1997 年 11 月举行的第 7 次年度磋商中对实际情况做了明确说明和解释，并保证今后不会再发生类似不透明的事情。㉜

（2）人造卫星

美国把人造卫星作为超级 301 条款的适用对象时，日本方面相关人士都表示错愕，随即向美国表示了强烈反对。日本政府相关人员表示对人造卫星的研究开发是主权国家理所当然的权利。而且负责研究开发的并非提供帮助的美国国家航空航天局（National Aeronautics & Space Administration，简称 NASA），加之美国贸易代表办公室对宇宙领域毫无经验，所以把人造卫星作为贸易问题让人非常不解。当时日本的民间机构已经从美国购买了 5 颗人造卫星，还同美国企业合作开发日本国家空间开发署（Na-

---

㉚　行动计划实行推进委员会，《关于修改超级计算机的引进手续问题》，1990 年 4 月 19 日（《政府采购方面，日本政策与业绩——发展为向世界开放的政府采购》，2001 年版本，http：//www. kantei. go. jp/jp/kanbou/13tyoutatu/index. html）。

㉛　关于国际贸易委员会请参考：《解析 ITC 及其调查》，《通产月刊》，第 13 卷 6 号，1980 年，第 56 页。

㉜　本段援引自《通商白皮书》。同一份资料也记录了购买家用计算机的过程。1990 年 10 月日美贸易委员会上，根据美国方面的要求，成立日美计算机专家会议。到 1991 年 1 月，已经举行了 6 次会议，1992 年 1 月结束。根据会议上达成的结果，同年 1 月 20 日，日本政府公布了"日本公共部门采购计算机产品及服务的相关措施"，并从 4 月 1 日起实施。日本政府把这项措施的通过，写入"全球伙伴关系行动计划"。此举也符合 GATT 政府采购协定以及 1985 年行动计划制定的"扩大外国产品的采购"的基本方针，进一步提高了采购过程的透明度，截至 1997 年 10 月，共举行 6 次会议，负责跟进该问题。

tional Space Development Agency of Japan）的卫星。所以毫无疑问，在日美磋商中日本政府对美国把人造卫星作为超级 301 条款的适用对象表示强烈反对。

美国方面承认日本政府研究开发人造卫星是主权国家理所当然的权利，但是政府不应该以商业目的研发技术成熟的通信卫星。虽然美方的这种说法在很大程度上缓和了日方的担心，但与此同时，美方也提出了非常困难的问题：如何区分"研究开发用卫星"和用于商业的"实用卫星"。之后，日本派出日本国家空间开发署的工作人员、美国派出了 NASA 的工作人员，参与非常专业的技术讨论。最后双方达成一致：美国国内以商业为目的的通信卫星可以不用 NASA 开发；NASA 在开发通信卫星时，将卫星寿命由标准的 10 年缩减至 3 年左右，专门用于调查研究；美国明确把用于通信、广播、气象等领域的卫星作为"实用卫星"。

经过反复讨论，该问题得到了解决。具体解决方法如下：首先，明确"研究开发用卫星"的定义，日美双方同意把这种卫星特殊对待，可以由政府独立开发。除此之外，"实用卫星"要通过公开的、国内外无差别的国际招标方式在两国间公平采购。受此影响，磁气圈尾部探测卫星（GEOTAIL）、天文观测卫星（ASTRO）、第 16 号科学卫星（MUSE）、宇宙基地实验模块（JEM）等作为"研究开发用卫星"，还是按照日本国家空间开发署既定方针进行开发。其他日本通信卫星，如与 CS4 计划相关的日本电报电话公司（NTT）使用的部分卫星不再算是政府研究开发用卫星，日本电报电话公司需要按照内外无差别的手续进行国际公开招标采购。

人造卫星问题于 1990 年得到解决。在与美国谈判时，日本方面考虑得非常充分，以免影响本国的宇宙开发政策，并且强调日美两国要采用同样的采购方式。美国方面对此也表示认可。于是，6 月 15 日，《日美卫星采购协议》作为正式协议公布于众。[33] 对于日美两国而言，围绕人造卫星的谈判非常有意义，因为这是在日美两国谈判中首次实现双方互相承担义务和责任，为今后解决贸易问题提供了很好的借鉴。

（3）林产品

美国认为本国的林产品具有很强的国际竞争力，所以从很早开始就希望能扩大出口，进一步占领日本市场。在之前的 MOSS 章节中，没能详细说明，林产品（林业、木制品以及纸制品）作为四个领域之一，美国对此提出了很多要求。比如，降低木制

---

[33] 原文请参考，http：//stage. tksc. jaxa. jp/spacelaw/kokusai_ utyu/kokusai_ index. htm。

品和纸制品关税、放宽与木制品有关的建筑物的建筑标准。㉞ 在美国国内木材行业的要求下，林产品成为超级 301 条款的优先对象，虽然同 MOSS 谈判时要求相同，但是现在变得更为严格。美国方面希望日本先大幅降低进口关税。但是日本现行关税低于美国，而且是在 GATT 框架下制定的关税标准，所以不属于第 301 条的适用对象。日本主张通过当时正在举行的 GATT 乌拉圭回合谈判对该问题进行谈判，美国对此也表示同意。其次是建筑标准问题。美国认为日本的建筑标准太过苛刻，导致美国木材无法向日本出口，日本的建筑标准已经成为日美贸易中的障碍。对此，日本方面并未屈服，提出了反对意见：日本的建筑标准并不影响从美国进口木材，而且日本国土面积狭小，建筑物空间较近，在建造时必须要考虑防灾等不可或缺的理由，所以才制定了如此复杂的标准。美国方面认真听取了日本方面的说明，反复强调并非要求日本在磋商谈判过程中降低安全标准，最终日美两国达成了一致，日本方面同意把木质三层住宅列在防火区域外。1990 年 4 月，林产品问题也得到了解决。

5.《日美结构问题协议》

1985 年 MOSS 协议正式启动。美国企业认为日本的贸易习惯导致外国企业难以进入日本市场，这属于日本经济的结构性问题。所以，1986 年 4 月，日本外务大臣安倍晋太郎和美国国务卿舒尔茨同意就影响日美对外经济平衡的结构性问题举行日美结构对话。之后日美首脑会谈上再次明确，于是，当年 7 月筹备会议召开㉟，讨论日美结构对话的具体框架。在此背景下，日美双方达成共识㊱：调整宏观经济政策具有局限性，无法从根本上解决对外贸易失衡的问题；为了从根本上解决问题，必须调整经济结构、改变微观经济主体所处的体制。日美两国在 1986 年 10 月、1987 年 3 月和 10 月以及1988 年 4 月和 10 月多次举行会议。㊲

1989 年 5 月 25 日，美国总统布什根据超级 301 条款宣布将日本等国家列为"优先调查国家"，与此同时他又建议在超级 301 条款框架外与日本就《日美结构问题协议》

㉞　同前，《与 MOSS 讨论相关的日美共同报告、与个别领域讨论相关的日美共同报告》。

㉟　日本方面出席本次会议的人员：外务审议官手岛、通商产业审议官黑田、财务官行天、经济企划厅审议官赤羽、农林水产省经济局长真木等；美方出席人员：副国务卿沃利斯、农业部副部长阿姆斯塔克、美国经济顾问委员会（CEA）委员穆萨、财政部副部长代理康奈尔。

㊱　经济结构调整研究会，《前川报告》明确提出了日本对此的认识。

㊲　《通商产业省年报》，昭和 61 年和昭和 62 年，第 99 页。

（Structural Impediments Initiative，简称 SII）[38] 进行磋商。同年 7 月，八国首脑峰会在巴黎举行，日美两国首脑（首相宇野宗佑、总统布什，7 月 14 日）借机举行会议，同意就日美结构问题进行磋商。上述日美结构对话，并不等同于《日美结构问题协议》，而是为了更好地签署该协议做出的前期准备。

"经济结构问题是导致贸易和国际收支难以调整的主要障碍，日美两国应该互相指出彼此存在的结构性问题，并考虑采取何种具体措施才能改善。从这个意义上讲，《日美结构问题协议》是对日美在宏观经济合作上的一种补充。"[39] 美国之所以提出这个方案，是因为长期苦于对日本经常收支失衡，但是通过之前的调整汇率手段以及协调宏观经济政策的手段无法解决。美国方面认识到日本经济和社会结构问题才是导致日美两国贸易和国际收支难以调整的根本原因。只有让日本认识到这一点，才有可能解决贸易失衡问题。另一方面，日本也认识到问题的实质[40]：随着美国贸易逆差的膨胀，巨额贸易逆差肯定会导致美国提出更多要求，美国政府对此已经有比较充分的认识。[41] 所以，日本方面表示不能单纯通过日本的努力解决美国的贸易逆差问题，而是应该双方共同讨论，调整本国的经济结构，共同解决问题。日本方面委派外务省、大藏省、通产省的事务次官与美国国务院、财政部、美国贸易代表办公室副部长作为共同主席，负责该协议谈判，其他相关的政府部门也派同级别官员参加。[42] 1989 年 9 月在东京召开第一次会议，针对日本经济结构，美国提出了 6 条意见（储蓄与投资方式、土地使用、运输、排他的交易惯例、系列体系、价格体系）；针对美国经济结构，日本提出了 7 条意见（储蓄与投资模式、企业投资行为和生产力、企业行为、政府限制、研究开发、振兴出口、劳动力的教育及培训）。双方对此进行了讨论并达成一致。之后，大约每两

---

[38] 当时相关文件中的表述是《日美结构性障碍倡议》，更能直接概括问题实质。请参考《宇野首相与布什总统关于经济问题的共同声明》，日美结构问题研究会编，《日美结构问题协议最终报告》，财经详报社，1990 年出版，第 183 页。之后，由日方负责谈判的人员，根据日语的习惯，改为《日美结构问题协议》或是《日美结构协议》。前述，Fukushima，第 206 页以及敷中，第 152 页。

[39] 《内阁总理大臣关于日本方面对日美结构协议最终报告的举措的讲话》（平成 2 年 6 月 28 日），同前，日美结构问题研究会编，第 203 页。

[40] 黑田真，《改善日美关系的新提案》，《通产月刊》，第 21 卷 3 号，1988 年，第 49 页。

[41] 1985 年 4 月，美国国务卿舒尔茨在普林斯顿大学演讲时表示："很多人认为美国的贸易逆差，特别是对日贸易逆差，是因为日本等国的进口壁垒所致。对此我表示非常担心。日本的确存在很多限制，但是不能说对日逆差的扩大是因为日本进口壁垒的变化所致。跟 10 年前相比，日本现在的制度要开放得多。"同前，请参考：黑田真，《对美摩擦与市场开放》，《中曾根内阁史——理念与政策》，第 582 页。

[42] 江崎祯英，《通商政策局的政策概要》，《通产省公报》，1989 年 12 月 8 日，第 8 页。

个月就要在美国华盛顿特区和东京轮流举行一次会议，1990 年 4 月，在华盛顿召开第四次会议，提出了中期报告[43]；同年 6 月在东京召开第五次会议，提出了最终报告，汇总了日美双方的意见。

下面将以日本方面的措施为主，介绍该最终报告的概要。[44] 原则上以下内容的主体是日本政府[45]，简单介绍下通产省采取的主要措施。

储蓄与投资模式[46]

日美两国再次确认优先采取切实措施缩小经常收入顺差，双方应该积极努力实现。

21 世纪将进入老龄化社会，这个问题受到关注，双方认识到社会资本的重要性，并采取切实措施予以推动。

制定新的《公共投资基本计划》（1990 年 6 月 28 日内阁批准），综合介绍了 1991—2000 年度的公共投资计划以及今后公共投资的基本方向。其中大幅增加公共投资总额，预计为 430 万亿日元。[47] 1981—1990 年度的实际公共投资总额估计仅为 263 万亿日元。根据该计划，预计将"生活环境与文化功能"相关领域（上下水道、公园、绿地、废弃物处理设施、住宅、区域内道路、地铁、福利设施、文教设施）的投资比例从过去 10 年的不到 50％ 提到至 60％。[48]

---

[43] 《5 月优化大店法措施——日美结构协议中期报告》，《通产省公报》，1990 年 4 月 11 日，第 1—10 页。

[44] 通商产业调查会编，《日美新时代的剧本（日英双语）日美结构问题协议最终报告》，通商产业调查会，1990 年。以下的内容也来自本书，主要参考第 2—5 页。

[45] 主要参考时任外务省北美第二科长薮中三十二（后官至外务省事务次官）的说明（前述，薮中，第 148—205 页）。以下【】内的内容是美国方面对《日美结构问题协议》相关问题采取措施的目的，都是由薮中总结。顺便提一句，虽然看似合理的要求，但是美国大部分意见对当时的日本政府来说都难以接受。当时担任内阁官房副长官的石原信雄表示："一开始，日本方面是以外务省负责经济问题的外务审议官为中心，大藏省财务官和通产省通产审议官共同负责；美国方面由美国贸易代表办公室、财政部、商务部参与。但是后来美国的要求基本涉及日本所有的政府部门，所以改由日本首相官邸统筹规划、整理归纳"。御厨贵、渡边昭夫，《来自首相官邸的决断——内阁官房副长官石原信雄的 2600 天》，中公文库出版，2002 年，参考第 69—70 页。

[46] 【以国际视角看，目前的模式比较落后。而且近年来为了充实在 GNP 中比例下降的社会资本，增加公共投资，改变储蓄多于投资的原有状况，进而寄希望于改善经常收支失衡情况。】

[47] 对于日本政府来说，决定这个金额是《日美结构问题协议》中最大的争论焦点。真渊腾，《为什么大藏省被逼到绝路——政府官僚关系的变革》，中公新书出版，1997 年，第 122 页。同上，御厨贵、渡边昭夫，参考第 68—74 页。1994 年 10 月进行过修改，以后 10 年间公共投资总额改为 650 万亿日元。

[48] 《日美结构问题协议》中提到的这一点，对大藏省来说是非常苛刻的要求，跟要求通产省废除《大店法》一样过分，这种情况也为之后的谈判做了铺垫。所以在《综合经济协议》中，美国政府又强硬提出日本要设置量化指标，遭到了日本外务省、大藏省、通产省的联合抵制。谷口征纪，《日本的对美贸易谈判》，东京大学出版社出版，1997 年，参考第 198 页。从同书第 42—43 页可以了解到，当时日本首相也认可了事务层面谈判人员提出的 10 年间 430 万亿日元的金额。

1991 年 3 月末规定期限结束后，又更新了八个领域（住宅、下水道、都市公园等、废弃物处理设施、特殊交通安全设施、港湾、机场、海岸）的长期整顿计划。在积极且具体的目标下（比如将现在下水道普及率由四成提高至七成左右），制定了很多远超现有规模的计划。对于今后其他主要领域的计划，同样进行了充实与完善。

在开展公共投资时，要充分有效利用国债以及财政资金。此外，民间的资金、技术和经验也非常重要，为此应该适当放松规制，给予适当激励，充分加以利用。

在建筑市场相关制度方面，继续维持内外无歧视原则。

日本政府还应该缩短劳动时间，并且增加消费者信用贷款的灵活性以促进民间消费。

土地使用（形成合适的地价）[49]

①进一步完善制度，为广泛区域提供住宅和住宅用地制定方针；②制定新的制度，促进低利用率和未利用的土地；③充实和完善城市计划等制度，促进市、街道区域内的农田转为住宅用地。为此，日本政府实施了"对城市计划法以及建筑标准法的部分内容进行修改的法律"（1990 年 6 月 29 日，法律第 61 号）和"对在大城市促进住宅用地相关特别措施法的部分内容进行修改的法律"（1990 年 6 月 29 日）。

1990 年 4 月，日本政府在税制调查会下设小委员会，以便能够更加公平、中立、简单地对土地税制重新进行全面综合考虑。

1990 年年底，完成了对国有低使用率及未使用土地的特别指定工作。截至 1992 年 3 月末，制定了有效利用土地的目标。此外还准备充分利用公有土地和大城市内的国有铁道清算事业团的土地。

为了促进住宅和住宅用地的供应，需要切实推进基础设施建设。很多住宅建设都提高了规模，制订了五年发展计划。与此同时还要对积极并且灵活征用土地的行为予以奖励。

国会迅速通过相关法案，重新审视《借地法》（1921 年 4 月 8 日，法律第 49 号）和《借家法》（1921 年 4 月 8 日，法律第 50 号）。

重新确定并划分土地用途，促进土地有效利用以及市区街道内农田按计划转为住宅用地。

---

[49] 【在世界范围看，畸高的地价是造成储蓄过剩和社会资本不足的原因之一。增加土地供给或者提高土地使用的效率是解决地价问题最紧迫的课题。】

调整遗产税以及固定资产税保证公平、恰当。

运输⑩

为了完善与进口有关的基础设施，日本已经针对机场和港湾开始实施五年建设计划（1986—1990 年）。在机场建设方面，新东京（成田）国际机场二期工程、东京国际机场海上建设工程，还有关西国际机场第一期工程都已经开始施工。1991 年以后，继续执行第六次完善机场设施五年计划。在道路建设方面，1988 年开始实施五年计划。

为了能够在 24 小时以内完成进口手续，日本一方面修改了与预算有关的规则，另一方面，根据日美专家会议上的报告着手研究相关措施。

关于放松规制的情况如下：1990 年 5 月开始优化"关于调整大型零售商店零售业务活动的法律"（1973 年，法律第 109 号，《大店法》）的相关细则。同时争取在下次通常国会上修改该法，并且决定在两年后重审。关于公平竞争磋商的情况如下：尽快重新审定与外国贸易和投资相关的章节，或是采取相应的缓和措施。其他方面的情况如下：1989 年 9 月修改销售酒类产品的许可证等规章制度，简化了申请许可证的手续；此外还积极推进放宽《药事法》（1960 年 8 月 10 日，法律第 145 号）的相关规定。关于商业惯例的情况如下：1990 年 6 月公平交易委员会收到了讨论委员会的提案，其中涉及与运输和商业惯例等有关的竞争政策。为了避免发生影响运输交易领域公平竞争的事情，决定在 1991 年 3 月底之前根据"禁止垄断以及确保公平交易相关的法律"（1947 年 4 月 14 日，法律第 54 号），制定更加明确的使用指导手册。通产省也根据 1990 年 6 月审议会的答辩修改了商品交易惯例改善方针，并且告知相关产业。

为了进一步扩大进口，日本政府还实施了很多积极措施，比如制定了产品进口促进税则、补充并增加扩大进口预算（具体包括建设信息网络、向欧美派遣商品发掘专家），并且提高了低息贷款的额度。后来，还开始实施扩大进口一揽子政策，撤销 1 000 多种产品的关税。此外，还采取了其他很多措施，比如扩充市场开放问题投诉处理推进总部；在贸易会议下设进口协议会（暂定）；重审标准、认证

---

⑩ 【运输方面存在的结构性问题，不仅影响了外国产品进入日本市场，对日本消费者来说也非常不利。与外国相比，日本的基础设施建设，比如机场，已经远远落后于外国，进口商品的通关时间也比美国长。此外，《大店法》对于外国产品主要的销售渠道——大型超市在日本开店有非常严格的限制，尤其是销售含酒精类产品时更加苛刻。放宽这些限制，改善目前的问题，不仅利于外国产品进入日本市场，对日本消费者来说也是一件好事。】

以及检查手续。

最终报告中明确指出机场和港湾是急需完善的与进口有关的基础设施。基于该考虑，通产省在各个机场、港湾周边设置自由贸易区，根据"关于活用民间力量促进特定设施整顿的临时措施法"（1980 年 5 月 30 日，法律第 77 号，《民活法》），合理发展第三产业。此外，为了促进进口，颁布"有关促进出口以及更好地发展对内投资事业的临时措施法"（1992 年 3 月 31 日，法律第 22 号，《促进进口和对日投资法》），并于1992 年 7 月正式实施。

通产省也修改了《大店法》。1990 年 5 月继续优化相关条款，1992 年 1 月颁布《大店改正法》（1991 年 5 月 24 日，法律第 80 号）以及"调整零售业务在大型零售商店设置进口商品专卖作为特例的相关法律"。其主要内容包括：①缩短开店时间；②明确开店手续；③防止地方公共团体私设行规；④对在大型零售商店开设一定规模以下的进口商品专卖店实行登记制。后来，美国根据 1974 年《贸易法》第 301 条，于 1995 年开始调查《大店法》。受此结果影响，并且在经历了 WTO 谈判之后，于 1998 年 6 月被废除。2000 年 6 月为了保证周边区域的生活环境，新的大型零售商店选址法（1998 年 6 月 3 日，法律第 91 号，《大店选址法》）开始实施。

关于扩大进口方面的情况如下：扩大进口预算，从 1991 年的 72 亿日元提高至1992 年的 101 亿日元，并且从 1990 年开始实施产品进口促进税则。1990 年 8 月，贸易会议决定成立官民进口协议会，该会议从 1991 年 4 月开始，每年在通产省举行两次。美国、欧洲、韩国、澳大利亚等外国相关人士也参加了进口协议会，并且就进口相关的规定、改善制度、扩大进口支援方案、完善进口相关的基础设施、促进对日投资、运输问题、系列体系等问题广泛交换了意见，并向贸易会议汇报了相关成果。

排他的交易惯例[51]

关于加强《禁止垄断法》及其使用的情况如下：日本政府准备在下一次通常国会上提出《禁止垄断法》修正案，提高了对卡特尔组织征收的罚金。为了进一步讨论具体内容，在内阁官房长官下设专家恳谈会。法务省、检察机关以及公平交易委员会三家机构决定成立联络协议会，以便更好地利用法律规定的权利。1990 年 6 月，公平交

---

[51] 【日本的企业间交易具有排他倾向，包括外国企业在内的企业很难参与进来，而且政府的行政指导反而助长了这一倾向。解决此问题需要加强《禁止垄断法》。】

易委员会公布了新方针，鼓励积极举报违反《禁止垄断法》的行为，并且要求灵活利用损害赔偿请求制度。公平交易委员会和法务省还就改善诉讼费用的问题继续讨论，探讨是否还存在修改空间。为了抑制私下串通问题，日本政府延长了指定的停止时期并且扩大对象区域。《刑法》（1907 年 4 月 24 日，法律第 45 号）也提高了私下串通罪的罚金上限。此外，还采取了其他措施，诸如灵活使用官方决定、确保透明性等。1990 年 6 月实现了人员扩编并且增加了机构配置。关于政府管理的情况如下：1988 年，按照第二次临时行政改革推进审议会的报告，内阁通过了推动放松规制纲要。在此纲要的基础上分阶段放松规制，努力扩大《禁止垄断法》的覆盖范围、确保政府干预的透明性，并且通过审议会等场合认真听取外国人的意见。

就民间企业的采购手续而言，对尽可能保证透明性并且内外无歧视的企业进行奖励。

尽最大努力，把专利的审查时间从 5 年缩短为平均 24 个月。为了保证顺利实施，继续大幅增加专利厅的人员编制。

通产大臣于 1990 年 7 月签发了正式文件，奖励尽可能保证采购手续透明而且内外无差别的民间企业。为了保证采购活动采取开放、透明、无差别的原则，1991 年和 1992 年还曾专门就此展开调查。调查结果如下：1992 年的调查结果（329 家主要企业参与）表明有 81.8% 的企业成立了专门负责海外采购的部门（1991 年调查时只有 65.4%），说明该文件发挥了应有的效果，在大多数领域都取得了实质进展。关于专利审查时间的情况如下：为了改善审查过程迟缓的情况，日本政府推出很多综合性措施，成功把专利的审查时间从 1988 年的 37 个月缩短为 1991 年的 30 个月。负责审查处理的相关人员逐渐增加，1991 年和 1992 年各增加 66 人。此外，还实施了很多其他措施，比如推动无纸化办公、通过审查调查官制度灵活利用民间力量支援专利审查等。[52]

系列体系[53]

公平交易委员会对系列体系也做了适当调整：①当根据持股来确定某交易领域是否存在事实上的竞争限制时，公平交易委员会针对持股限制、股权转让等制定了恰当

---

[52] 《日美结构问题协议跟踪第 2 次年度报告》，1992 年 7 月。

[53] 【日本的金融行业同行业内、制造业上下游形成了系列体系，不仅对新进企业构成障碍，还限制了外国的对日投资。】

的措施，并且在 1991 年 3 月底之前，为了阻止交易惯例的持续性及排他性，充分发挥《禁止垄断法》，制作了使用手册并予以公布；②针对综合商社以及系列集团展开调查活动，持续近两年时间。同时还针对持股对行业间交易产生的影响开展了实况调查。

关于促进对日直接投资的内容如下：①在最终报告公布后立即公布相关声明，实施开放的直接投资政策（含国民待遇）；②修改现行《外汇及外贸管理法》（1949 年 12 月 1 日，法律第 228 号，《日本外汇法》），简化对日直接投资手续和技术引进手续，并准备提交下一次国会。此外，还积极探讨是否可以把对日直接投资和技术引进的事前审批制改为事后登记制，涉及领域不包括 OECD 资本自由化协议第 3 条涉及国家安全保障领域及该协议中要求保留的相关领域；③从根本上充实对日投资促进贷款制度，该制度由日本开发银行（现日本政策投资银行）等机构负责，只针对外国企业。日本贸易振兴会以及日本开发银行的海外分支机构继续为促进对日投资提供信息并举办论坛。此外，还修改了《证券交易法》（1948 年 4 月 13 日，法律第 25 条），重新调整了公开收购制度（Take-Over Bid，简称 TOB）。该修改案于 1990 年 6 月在国会获得通过。

关于内幕交易制度的调整如下：①通过证券交易法修正案（1990 年 6 月 22 日，法律第 43 号），引入举牌公示制度，当拥有大量股票时（5% 规则）要予以公示；②从 1991 年 4 月开始，根据美国财务会计准则要求，对系列体系内幕交易及其他关联交易进行公示；③根据《商法》（1899 年 3 月 9 日，法律第 48 号），今后召开法制审议会讨论内部交易制度。

外汇法修正案涉及对日直接投资以及技术引进，1991 年 4 月在国会审议并通过（1991 年 4 月 26 日，法律第 40 号），1992 年 1 月 1 日起实施。除了与国家安全保障相关的领域以及 OECD 资本移动自由化协议第 2 条中规定需要保留的四个领域之外，外国投资者可以根据自身判断进行直接投资，只需事后提交报告说明即可。如前文所述，通产省于 1992 年公布并实施"有关促进出口以及更好发展对内投资事业的临时措施法"（《促进进口和对日投资法》）。该法规定：对于满足特殊要求的外资企业，可以在税收方面享受优惠政策，比如延长结转留存损失的时间，并且可以获得产权基础完善基金提供的债务担保。该法还规定：政府可以出资支持对日直接投资人员。1993 年 6 月成立"对日投资支持服务公司"，当有新企业进入日本市场或是已经进入日本市场的企业试图扩大规模时，该公司可以提供咨询以及市场调查等综合性支持服务。

价值体系（改善国内外价格差）[54]

1990 年 1 月，从重视消费者的角度出发，日本政府与执政党国内外价格差对策推进总部决定采取 52 条措施。1990 年 7 月，该机构梳理了相关措施的落实情况，并对外公布了结果。

政府相关部门继续努力掌握国内外价格差的实际情况，为消费者和相关行业提供更加准确的信息。

经过第二次行政改革审议会的讨论，日本政府根据内阁决议，开始放宽相关限制。为了解决结构性问题，还采取了很多积极措施，比如放宽在运输方面的限制、严格遵守《禁止垄断法》、充实社会资本，以及相关土地政策。

在跟进本协议时，提供了价格调查结果，供参会人员讨论。而且双方就协议达成一致后，日本政府和美国政府将共同实施价格调查活动。

为了解决国内外价格差的问题，日美两国正式共同实施价格调查活动。日本通产省、美国商务部负责整体的汇总工作。日本公布了 42 类 120 种消费品的价格，都是销售现场的实际销售价格，并且都经过日美双方现场确认。1989 年 11 月和 1991 年 5 月，日本政府公布了调查结果，通过掌握国内外价格差的实际情况，分析了产生的原因，并有针对性地实施了很多政策，比如放宽对运输环节的限制、严格遵守《禁止垄断法》、完善竞争环境等。

截至 1989 年 5 月，美国都没有重视日本的提案，始终坚持认为本国的经济结构不存在任何问题。之后，日本一直反复强调日美经济结构协议应该双方共同做出努力，美国才接受了日本的要求，提出了美国方面的解决措施。[55] 布什总统针对最终报告发表声明，表示："解决结构障碍问题需要日美双方共同努力。日本目前在尝试解决结构问题，与此同时，美国同样有这个必要。"[56] 当时日本方面的负责人之一——原通商产业审议官铃木直道表示，"结构问题协议的特点是除了之前的谈判对象（美国贸易代表办公室、商务部）以外，美国财政部和经济顾问委员会等负责重振美国经济的相关部门也都参与其中"，而且"最重要的是双方一致认为结构调整政策是宏观经济政策的补

---

[54]　【日本产品价格的变化可以非常直观、生硬地反映出外国汇率的变化。日本低价进口产品后，提高国内售价，导致消费者购买欲望不足。与此同时，相同的日本产品，在国外购买比在日本购买还便宜。这就导致国内外价格差问题。】

[55]　同前，数中，第 149—151 页。

[56]　同前，《日本结构问题协议最终报告》，第 212 页。

充，具有非常重要的意义"。[57] 日美之间互相指出问题的做法得到延续，在以后的日美经济框架对话谈判中也沿用了这种方式。

以下是最终报告中记载的美国方面的措施要点。

储蓄与投资模式

美国政府努力减少财政逆差、维持社会保障基金保持顺差、努力增加国家收入，另外还要鼓励民间的储蓄和投资。

企业投资行为和生产力——加强美国的竞争力

倡议改善反托拉斯法、改善产品责任以及海外直接投资。

企业行为

呼吁企业经营者从长远角度看待投资的重要性。

政府限制

阐述放宽贸易相关限制的重要性，如废除出口限制、撤销能源贸易壁垒、进口自由化。

研究开发

阐述联邦政府支持研发以及民间研发的重要性，以及采用国际公制的重要意义。

振兴出口

联邦政府整合贸易促进活动，保证其顺利实施；商务部实施对日出口项目。

劳动力的教育及培训

为了培养劳动力，制定国家教育目标，促进外语、科学以及数学教育，开展职业培训，改革失业保险制度等。

公布《日美结构问题协议最终报告》时，日美同意定期举行后续跟进会议，第一年举行 3 次，从第二年开始每两年分别召开 2 次。1991 年 5 月提交第一次年度报告，1992 年 7 月底提交第二次年度报告。从 1991 年 6 月到 1993 年 6 月期间担任通商产业审议官的畠山襄表示，"通过《日美结构问题协议》，包括之后举行的两次后续跟进会议，使日本结构问题改革获得划时代的成果"，比如：通过制订公共投资基本计划改善了储蓄和投资平衡、大幅修改了《大店法》、缩短了专利的审查时间、修改了《禁止垄断法》等。[58]

对当时的美国政府来说，里根政府已经认识到要用扩大对日出口政策取代限制日

---

[57] 采访记录《原通商产业审议官铃木直道》（采访时间：1996 年 1 月 11 日），《通商产业政策史编纂资料集（2）》，以后涉及该资料，只注明《原通商产业审议官铃木直道》和采访来源。

[58] 同前，畠山，第 34—35 页。

本进口政策，并且通过《日美结构问题协议》向日本提出系统性要求。但后来在日方的强烈要求下，该协议逐渐成了日美双方双向的协议，美国方面负责宏观经济政策的政府部门参与其中，开始讨论日美双方的结构问题。这一点变化非常重要。这使美国充分认识到宏观经济结构等问题是造成日美经常收支失衡的根本原因。如果在以前，美国肯定会把贸易逆差归咎于其他国家市场不开放等原因。美国不再以强迫其他国家开放市场为目的开展贸易谈判这件事本身就属于跨时代的成果。[59]

从该协议的本质看，布什政府认为日本特殊的社会经济结构妨碍了美国对日出口这一结论是正确的，但是该认识程度比较肤浅，仅仅要求日本根据协议自愿改善手续方面的问题。然而，当比尔·克林顿领导的民主党时隔 12 年再次取代共和党执政后，不仅继承了布什政府的判断，并且更加深入。1986 年以后，美国与日本就半导体问题进行谈判，迫使日本设立了具体的量化指标，并将此作为自愿扩大进口（Voluntary Import Expansion，简称 VIE）政策的成功案例，开始倡导"结果导向型"贸易政策，要求日本政府同意外国产品在日本市场占有一定份额。日美经济框架对话由此展开。

6. 日美经济框架对话[60]

（1）背景

战后世界局势长期处于冷战状态，当时日美关系的重点是对抗社会主义阵营、维持日美安全保障体系以及维持稳定的双边政治关系。直到经济高速增长进入尾声，日本还没有对美国构成威胁，双方的经贸关系非常融洽。而且从重要程度来讲，日美经济问题也并非当时的重点。但是随着冷战戏剧般地结束，美国经济持续低迷，特别是1993 年 1 月，克林顿总统上台后，美国在对日关系上最紧迫的课题成为如何在保持与日本在安全保障上的合作并且维持良好的政治双边关系，并在此前提下促进美国经济复苏。因此，日美两国的关系从以前的协调转为对立。在冷战时期，东西方关系紧张，所以美国基本都会对日本采取比较宽容的态度。随着国际形势风云突变，1989 年美苏首脑会谈确认冷战结束，1991 年苏联解体，所以美国无法继续对日本保持宽容的态度。而且美国在经济方面的国际地位相对下降，更容易与日本产生贸易摩擦。

克林顿总统上台，其本人沿袭了美国原有的政策路线，以追求自由贸易为理想。但

---

⑤⑨　同前，通商产业调查会编，《日美结构问题协议最终报告》中，前言部分。

⑥⓪　同前，中户，主要参考第 59—92 页。

他身边聚拢了一批强烈希望打开外国市场的官员，比如美国贸易代表办公室代表迈克尔·坎特（Michael Kantor）、副代表巴尔舍夫斯基（Charlene Barshefsky）、总统经济顾问委员会（Council of Economic Advisers，简称 CEA）的劳拉·泰森（Laura D'Andrea Tyson）等。他们大多数人对日本持批判态度。如下文所述，克林顿政府开始谴责日本，并对日本实施"结果导向型"贸易政策，这得到了以坎特、巴尔舍夫斯基、泰森三巨头为核心的汽车产业界的强烈支持。与此同时，美国国会也在准备恢复已经过期失效的超级 301 条款。

1993 年 2 月 10 日，克林顿政权成立之际，美国贸易政策与谈判顾问委员会（Advisory Committee for Trade Policy and Negotiations，简称 ACTPN）向美国贸易代表办公室代表坎特提交了一份名为《日美贸易政策实情概要与政策建议》的报告，克林顿总统通读之后深受启发。为了解决"客观标准"这一本质问题，美国政府通过个别谈判方式，与日本就日美经济框架展开对话。

（2）过程

从 1993 年 3 月初开始，美国就已经着手研究对日综合性贸易政策，以便为 4 月召开的日美首脑会谈做准备。在此过程中，克林顿总统本人的态度也发生了变化，放弃了里根及布什时代的"手续导向型"（process oriented approach）贸易政策，转而强烈支持"结果导向型"贸易政策。4 月，在首次日美首脑会谈上，克林顿总统明确向日方提出了该政策，宫泽喜一首相认为这属于贸易管理政策，所以明确表示反对。

美国政府再次彻底研究了对日政策。同年 5 月，美国总统助理卡特把结果汇总并整理为"Japan Paper"，并于 6 月 7 日把日美综合经济协商［也称为日美经济框架（framework）对话或者 FW 协商，以下简称综合协商］方案提交给驻美大使栗山尚一。"Japan Paper"包括宏观经济以及五个方面的具体问题。首先是宏观经济，其内容包括以下两点：①降低日本经常收支顺差与国内生产总值（GDP）的比例，在今后 3 年内由 3% 左右减少至 1% ~2% 以内；②3 年以内，把进口工业产品与 GDP 的比例增加 1/3。其次是个别领域谈判，主要包括：①政府采购；②金融、保险市场等政府限制；③汽车及零配件产业；④日美间的经济整合（投资、《禁止垄断法》、专利制度）；⑤现存的协定和规定。针对个别领域的谈判，制定了"多种标准"监督改善市场准入的进展程度。

1993 年 6 月 11 日，在华盛顿美国国务院举行第一次副部长级筹备会议，形成了综合协商的框架。美国希望能够尽快落实"Japan Paper"，但以通产省为代表的日本政府则表示彻底反对，具体如下：①不管是宏观层面还是微观层面，日本都反对设定具体的量化指标；②综合协商不应该属于单边措施的对象；③协商内容应该限定在"政府权限范围之内"；④协商内容坚持双方原则；⑤协商的成果要维持最惠国待遇，同样适用于第三国；⑥只把汽车及其零配件按产业区分讨论的做法缺乏整体性。

1993 年 6 月 27 日，在东京举行第二次会议，美国的提案是：从宏观经济出发，要求日本减少经常收支顺差，并指出日本在过去 20 年间经常收支顺差与 GDP 的平均比例为 1.5% ~ 2.0%。但是日本方面对于提案中提到的数值表示强烈反对。[61] 日本方面从微观经济层面出发，以涉及管理贸易政策为由，反对以任何形式设置量化的指数和标准。同时，日本认为协商范畴应该限制在政府职责和范围内，并且应该将这一条写入提案。此外，日本还要求协商中提到的领域不再适用《贸易法》第 301 条，美国对此表示拒绝。

1993 年 7 月 3 日，宫泽喜一首相通过栗山大使向克林顿总统提交了亲笔信（"宫泽亲笔信"），希望美国在当月举行东京峰会（7—9 日）之前与日本达成一致，这打破了双方胶着的局面。亲笔信中还包括日方提出的妥协方案：拒绝在宏观层面设置指标，但是在微观层面上，在确认今后不会对日本经济造成太多阻碍的前提下，可以使用多条定性、定量的"客观数额标准"（illustrated criteria）。宫泽的亲笔信也软化了美国方面的态度。于是，在 7 月 6 日日美首脑会谈上双方确认尽快就此问题达成一致。美国方面要求制定减少经常收支顺差的目标来解决宏观经济问题，针对这一点，双方未能实现突破；但是在微观经济层面，日本政府无视了通产省的反对意见，同意设置量化指标。在事务层面的推进过程中，宫泽首相一直在试探美国对设置量化指标让步的可能性。另一方面，美国政府其实也做出了妥协，先是搁置了制定宏观量化指标的要求，只要求日本政府提出减少收支顺差的具体方案。双方互相做出了妥协。9 日深夜，美国总统及其幕僚表示与日本达成一致：日本提出的"在实质意义上减少"经常收支顺差等同于美国要求的经常收支顺差与 GDP 的比例控制在 2% 以下。克林顿总统将其作为最终方案，其理由是：①协商中对宏观经济问题做出规定，明确了日本减少经常收支顺差的方式和路线；②协商中对微观经济问题做出规定，今后通过个别领域谈判扩大美国产品在日本市场的份额；③如

---

[61]　1994 年 1 月，通产大臣顾问机构——产业结构审议会下设的乌拉圭回合会议不公平贸易政策及措施调查小委员会批评了设置目标数值的贸易政策。《强烈担心对自由贸易体制造成恶劣影响——对设定数值目标型贸易政策的观点》，《通产省公报》，1994 年 1 月 25 日，第 1—8 页。经济团体联合会和"反对管理贸易政策学者组织"，甚至欧盟都表示了相同的看法。《反对设置量化目标 经团联提出意见书》，《日本经济新闻》，1994 年 1 月 11 日日报，第 5 版。《反对为扩大进口设置量化目标 学者联盟提出意见书》，《日经产业新闻》，1994 年 1 月 28 日，第 2 版。《反对设置量化指标 对欧盟、日美提出意见书》，《朝日新闻》，1994 年 1 月 13 日日报，第 11 版。

果协商中达成的问题落实情况不尽如人意，美国有权使用《贸易法》第301条。

于是，7月10日上午10点，宫泽首相和克林顿总统共同举行记者招待会，发表"日美间关于新的伙伴关系框架的共同声明"。之后，以促进日美间贸易和投资为目的的综合协商快速展开，并在以下方面达成一致：①在宏观经济领域方面：日本为了大幅减少经常收入顺差，要采取必要的财政、金融政策；美国方面也要想办法大幅减少财政逆差；②个别领域方面，确定把政府采购、放松规制、汽车及零配件作为协商对象；③在环境、技术方面开展合作。协议中明确规定，本框架基于"结果导向型"贸易政策，符合美国的意图，通过两国政府就个别领域提供定量、定性相关的信息，在各个领域采取措施并且引入"客观标准"（objective criteria）监督政策落实情况。同年9月，召开了30多场工作会议，围绕整体、个别领域的问题以及国际性合作等问题展开协商。

（3）概要

综合协商对话属于副部长级会议，日本方面由外务审议官、通商审议官、财务官三人担任共同主席，美国方面由国务院副国务卿担任主席。经过反复讨论，最终整体内容由三个支柱构成（参考图1.1.1和表1.1.5）。第一个支柱是宏观经济。虽然没有作为协商对话的事项，但是在1993年7月10日召开的会议上，美国要求在共同声明中明确对该领域制定具体的目标。在最终的共同声明中，日本方面表示要采取措施，中期内对经常收支顺差做出"有实质意义的减少"，具体的政策是通过内需促进经济发展，进一步推动市场开放。美国方面也提出了中期措施，比如在一定程度上减少财政逆差、鼓励国内储蓄、加强国际竞争力等。

第二个支柱是围绕个别领域的协商，一般被称为个别领域对话，属于谈判的重点，主要包括以下五个方面：政府采购、放松规制及竞争力、其他主要领域（汽车及零配件）、经济协调、现有协定。其中，其他主要领域（汽车及零配件）和现有协定两部分内容由通产审议官负责，经济的协调和政府采购由外务审议官负责，放松规制及竞争力由财务官负责。

接下来分别介绍这五个领域。首先是政府采购。日美之间曾经就计算机、超级计算机和人造卫星三个领域的采购问题进行协商并且达成共识，现在又增加了医疗技术和电信两个新的领域。所以在协商时的主要任务是确认原有三个领域的落实情况，并且探讨新增的两个领域。美国在这两个领域上都具有很强的国际竞争力，所以主张通过改善日本的体制，进一步加强自身的竞争力。在谈判过程中，由于GATT框架下的政府采购协议也需要修改，所以日美两国同意提前进行协商。这两个领域被认定为优先谈判领域，准备在1994年2月召开的日美首脑会谈之前达成一致。

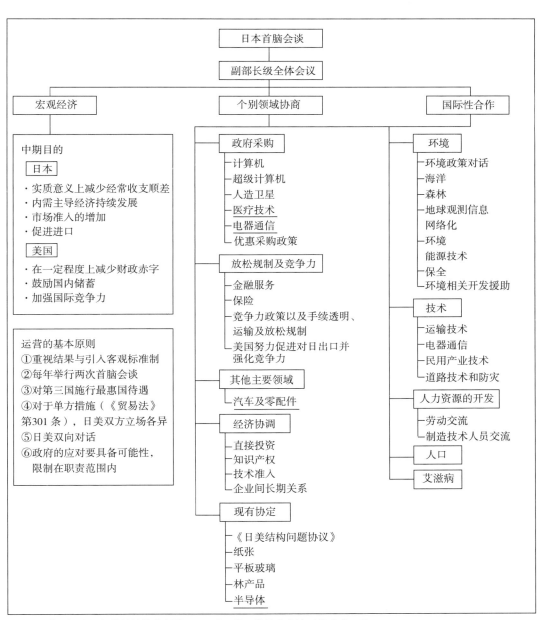

注：带下划线的领域是最优先领域，1994年2月日美首脑会谈对此达成一致。
资料来源：中户祐夫，《日美贸易摩擦的政治经济学》，Minerva书房，2003年，第80页。

图 1.1.1　日美综合经济协商全貌

表 1.1.5　日美经济框架对话的体制

一揽子	分领域	按部门结构问题协议		
		美方主席	日方主席	通产省负责科室
其他重要领域	汽车及其零配件	商务部代理副部长（商务部副部长）、商务部科长	通产审议官／通产省汽车科长	汽车科
经济协调	对内投资	副国务卿	外务审议官（通产省通商交涉审议官）	产政局总务科
	企业关系	副国务卿助理代理	通产省通商交涉审议官	国际企业科
	知识产权	副国务卿助理代理	通产省通商交涉审议官	产业组织政策室
		商务部助理部长	通产省专利厅总务部长	专利厅国际部
	技术升级	副国务卿助理代理	外务省北美第二科长	工技院技术调查科、国际研究合作科
协议等的遵守	日美结构性障碍协议	USTR 副代表	通产审议官	美洲科
		USTR、国务院、财政部、商务部	外务省、大藏省、通产省	产业结构科、美洲科
	纸张 WG	USTR 科长	通产省纸业印刷业科长	纸业印刷科
	玻璃 WG	USTR 审议官	通产省陶瓷建材科长	陶瓷建材科
	林产品 WG	USTR 助理代理	外务省北美第二科长	农水产科
	（贸易相关法制）		外务省北美第二科长	美洲科
政府采购	电器通信	USTR 副代表	外务审议官（通产省情报局副局长）	机构情报局总务科、通政局总务科
		USTR 助理代理	外务省北美第二科长	电子政策科
	医疗设备	商务部副部长科长助理代理	外务省北美第二科长	电子机器科
	计算机	USTR 科长	外务省北美第二科长	电子机器科
	超级计算机	USTR 科长	外务省北美第二科长	电子机器科
	人工卫星	USTR	外务省北美第二科长	宇宙产业科
	（购买美国产品条款）		外务省北美第二科长	美洲科

（续表）

分类	分领域	美方主席	日方主席	通产省负责科室
规制改革与竞争		财务部副部长	财务部部长（通产省产政局审议官）	产业局总务科
	金融服务	财务部部长助理代理	大藏省国际金融局副局长	产业资金科
	保险	USTR 助理代表	大藏省国际金融局局长	产业资金科
	竞争力政策、手续透明、流通环节	USTR 助理代表代理、司法部副部长助理代理	外务省北美第二科长	产业组织政策室
	出口振兴与竞争力	商务部副部长助理代理	通产省进口科长 北美通商调整官	贸易局进口科、美洲科
积极的合作关系				
整体概括		副国务卿	外务审议官 通产审议官 财务官	通政局总务科
环境 WG	环境政策对话（论坛）	副国务卿助理	外务省经济局审议官	环境政策科
		副国务卿助理	外务省经济局审议官	环境政策科
	海洋	副国务卿助理代理	外务省北美第二科长	海洋开发室
	森林	副国务卿助理代理	外务、农水	纸业科
	地球观测信息网	NOAA 副局长	科技厅振兴局审议官	宇宙产业科
	环境与能源技术	副国务卿助理代理	通产省环立局审议官	环境政策科
	自然资源保护	DOI 科长	外务、环境	农水产科
	环境相关的开发援助	AID 科长	外务	环境合作科

（续表）

分类	分领域	积极的合作关系		通产省负责科室
		美方主席	日方主席	
技术 WG		副国务卿助理代理（SA: 商务部副部长）	外务省经济局审议官（SA: 工技院长）	国际研究合作科
	运输技术	DOT 科长	运输省	汽车科
	电器通信	NTIA 副局长助理	邮政省	电子政策科
	民用产业技术	商务部副部长代理 特殊助理是高级助理	通产省工技院审议官	国际研究合作科
	建设技术	DOS 或是 DOT	建设省	国际研究合作科
人力资源 WG			通产省工技院审议官	
	劳动交流	DOL	劳动省	企业行动科
	制造技术交流	商务部副部长代理	通产省工技院审议官	通政总务科
人口		副国务卿助理代理	外务省	经济合作科
艾滋病		AID 科长	外务省	（国际研究合作科）

注：WG = working group

USTR（Office of the United States Trade Representative，美国贸易代表办公室）

NOAA（National Oceanic and Atmospheric Administration，美国国家海洋和大气管理局）

DOI（United States Department of the Interior，美国内政部）

AID（U. S. Agency for International Development，美国国际开发署）

SA（Special Assistant 或 Senior Assistant，特殊助理或高级助理）

DOT（Department of Transportataion，运输部）

NTIA（National Telecommunications and Information Administration，国家电信与信息管理局）

DOS（Department of State，国务院）

DOL（Department of Labor，劳工部）

资料来源：通商产业省通商政策局美洲科，《日美结构问题协议相关资料》，1994 年 3 月，《通商产业政策史编纂资料集（2）》。

第二，放松规制及竞争力由四个部门组成，分别是金融服务、保险、竞争力政策及运输，以及美国方面的措施：努力促进对日出口及强化竞争力。在保险方面，当时日本正在进行改革，这是时隔半个世纪的大规模制度调整；美国方面希望日本对外国企业开放金融市场，非常期待日本改善传统的商业惯例，所以保险成为优先谈判的领域之一。

第三，其他主要领域是指汽车及零配件。其实汽车及零配件问题早就成为影响日美关系的重大政治问题。美国政府 600 亿美元对日贸易逆差中，仅这一个领域就占了近 300 亿美元，美国反复强调单一领域占对日贸易逆差的一半。日本方面认为一个国家的贸易收支只关系到储蓄和投资是否平衡，而且虽然美国对日贸易出现逆差，但是日本也用贸易盈余购买了大量的美国国债，所以对日贸易逆差规模再大也不应该针对汽车及零配件这一个产业，这本身就是没有意义的事情。但是美国方面坚信解决汽车及零配件相关问题，就能解决两国贸易整体失衡的问题，因此美国把汽车及零配件也列为优先谈判领域。

第四，经济协调由直接投资、知识产权、技术准入、企业间长期关系构成。这些问题大都是中长期才能解决的问题，其中，前三条由通产省负责。

第五，现有协定以《日美结构问题协议》为主，还涉及纸张、平板玻璃、林产品、外国律师、半导体等领域。主要内容是针对日美间已经达成一致的领域，监督落实情况。半导体被指定为优先谈判领域。

第三个支柱是国际性合作。主要包括五个方面，分别是环境、技术、人力资源开发、人口、艾滋病，下设 15 个工作组（如图 1.1.1 所示），根据日美两国共同的认识，制定统一的行动计划。围绕这一部分内容的谈判被称为相同议程会议，进展非常顺利。优先领域谈判原定于 1994 年 2 月日美首脑会谈举行前得到解决。但是各个领域谈判进展和结果不一：比如涉及国际性合作问题，日美双方就能按时达成一致；但是涉及汽车及零配件问题，因为美国迫使日本接受"客观标准"，导致双方谈判决裂，未能达成一致。

接下来将详细介绍综合协商的具体内容以及具体分歧。①克林顿政权基于"客观标准"制定的"结果导向型"贸易政策符合美国的一贯主张。在就经济协议达成一致时没有明确定义"客观标准"，而是在个别领域谈判环节再解决"客观标准"问题。但是日本政府的态度非常坚决，始终拒绝接受"客观标准"，谈判屡次受挫。②为了响应美国政府的要求，日美每年举行两次日美首脑会谈，日方同意在会议上就日美贸易和经济问题进行协商。美国政府则希望利用首脑会谈的平台对日本首相施加政治压力，迫使日本就此与美国达成一致，接受"结果导向型"贸易政策。③日美两国政府达成一致的成果也适用于其他国家。美国以外的其他国家也可以享受最惠国原则公平地进入日本市场。④日美两国对于美国1974年《贸易法》第301条的处理也各持己见。这在综合协商的附属文件中有所体现。如果谈判涉及领域预留了使用第301条的条件或时间，日本方面保留从中退出的权利。对此，美国方面则明确表示要保留使用国内所有《贸易法》的权利。⑤不能只由美国对日本提出单方面要求，日美双方要做出共同努力。这点沿袭了《日美结构问题协议》的方针。但是美国方面开展综合协商的目的是彻底让日本单方面采取措施。通产省回复了美国提出的很多问题，涉及购买美国商品法、采购超级计算机、产品责任法（Product Liability，简称PL）、在区域外使用反托拉斯法、在非优惠领域实行原产地原则、转移价格税制等众多问题。但与此同时，始终坚持立场，指出了谈判中存在的问题，并且坚持认为这些问题在原则上不属于谈判对象，并且⑥谈判的范围最好限制在政府责任范围以内。第5条原则和第6条原则一样，反映了日本方面的本质诉求，引起美国的强烈反对。

以上是综合协商的概况。之后会详细介绍具体的个别领域的协商情况。日美之间其他个别贸易摩擦问题与汽车及零配件贸易摩擦不同，所以也不能借鉴由通产省负责的汽车及零配件谈判。㉒ 1994年2月日美举行首脑会谈（细川护熙首相与克林顿总统），针对"客观标准"进行特别谈判，但并未达成一致，导致综合协商谈判中断。日本方面之所以反对制定量化指标是因为：①日本方面正在以放松规制为支柱进行规制

㉒ 电信和医疗技术这两个领域，作为日美综合经济协商中优先谈判领域之一，日美两国成立了工作组对此进行讨论。虽然日美在采购手续上基本达成一致，但是围绕"客观标准"——制定今后的量化指标问题上，日美之间存在很大争议。1994年2月，日美首脑会谈上包括手续方面在内都未能达成一致。1994年3月底，日本政府针对这两个领域提出建议，比如引入意见征集程序、事前公示所有合同、综合评价招标方式等，这些政策都属于内外无差别、公开度和透明度较高的自愿措施，于第二年正式实施。同年7月底，在政府采购条款的基础上展开调查，并在规定好的1994年9月底对此达成一致。其中规定，日本在这两个领域，除了要采用诸如引入意见征集程序、事前公示所有合同、综合评价招标方式等，以及内外无差别、公开度和透明度较高的自愿措施之外，还要把导入使用方针作为补充进行明确。根据该协议，每年在两国政府的邀请下，使用"客观标准"等措施监督这些措施的落实情况以及问题进展。电信领域到1998年2月底为3次，医疗技术领域到同年6月底为3次，之后再举行年度协议会。保险领域和上述两个领域一样，也是优先谈判领域之一，虽然日本方面表示强烈反对，但还是基本上全部接受了美国的要求。关于以上三个领域的谈判经过，可以参考前面提过的中户的著作。

改革和行政改革，政府束缚民间企业活动的做法违背了政府现行方针。②1993 年 12 月乌拉圭回合谈判就强化自由贸易原则达成一致。如果日本选择管理贸易的话，会受到其他国家的指责。③如果日本认可了量化指标，欧洲也很难拒绝同样的要求，美国还会向其他亚洲国家提出同样的要求，日本政府担心管理贸易政策恐在全球普及。除此之外，其他反对量化指标的行动㊿也是导致日本反对量化指标的原因之一。1993 年 9 月以美国为主，日美两国包括诺贝尔经济学奖获得者在内的 40 名著名经济学家向日美两国元首提交了一封公开信。信中明确表示拒绝管理贸易政策，反对制定减少经常收支顺差的目标，支持通过 GATT 框架解决贸易问题，建议在乌拉圭回合谈判下实现真正的市场开放。《华盛顿邮报》《纽约时报》等美国主要媒体也刊发社论，对日本的建议表示支持。㊽ 1994 年 4 月，羽田孜内阁成立，一个月之后日美两国重新开始综合协商谈判。

　　经济协调议题由通产省负责，成立了投资及企业间关系工作组，以取消日美两国的投资壁垒为目的，展开谈判。1995 年提交协议文件。之后举行会议持续跟踪进展，1994 年提交后续跟进报告，整合了日美两国的意见。同年 5 月，对日投资会议（会长：首相）在 5 月召开的日美首脑会谈上汇报了该报告。

　　1995 年 WTO 的成立标志着重视国际性规则成为世界潮流。虽然包括汽车及零配件协商在内的综合协商仍然存在，但是美国主张的以"量化指标"为中心的谈判没有再出现。美国方面负责汽车及零配件谈判的商务部部长杰弗里·戈登（Jeffrey E. Garten）在演讲中表示："在这两年的时间内，美国同日本进行经济谈判时国际公关工作非常失败。日本从美国借助综合协商探讨'可预测结果'的必要性开始就不断指责美国实施管理贸易政策。控制日本经济体系长达百年的日本竟然指责美国实施'管理贸易'，这无疑是 20 世纪末最大的讽刺！从汉城（今韩国首尔）到悉尼、从伦敦到法兰克福，甚至美国国内都有很多人开始质疑美国的做法。所以从公共关系的角度考虑，我们做得还远远不够，没能力挽狂澜。"㊺

㊿　日美经济学家 40 人，山田久翻译与解析，《提交细川首相与克林顿总统的公开信——日美应努力避免管理贸易，而是通过 GATT 设计国际规则》，《经济学人》，1993 年 11 月 2 日，第 18—23 页。

㊽　1994 年 1 月 30 日《华盛顿邮报》社论，同年 2 月 3 日《纽约时报》社论，其他还有《金融时报》1994 年 1 月 14 日社论，加拿大《环球邮报》1994 年 2 月 1 日社论。其中经常能够看到"美国政府提出了错误的政策方针，日本正在努力避免因设定量化指标导致政府过多介入的情况发生，美国却装作没看见"类似的论调。

㊺　引用商务部部长戈登在哥伦比亚商学院的演讲"U. S-Japan Relations：Accomplishments. Next Steps. Future Considerations"（1994 年 12 月 2 日）。

7. 个别领域协商

（1）纤维制品及平板玻璃

20 世纪 70 年代末，日美就纤维制品和彩色电视机签署了贸易协定。在纤维制品谈判方面，日本的经验非常丰富。从战前 20 世纪 30 年代开始，日本就已经与英国为主的国家开展纤维贸易，并且出现贸易摩擦问题。在 1954 年，日本经济高速增长时期之前还曾发生"1 美元衬衫事件"，所以日本从 1957 年开始就针对棉纺织品实施了为期五年的对美自愿出口限制。之后，在美国总统选举期间，为了拉拢选民的选票，保护国内纤维产区的利益，继续限制进口纤维制品。肯尼迪总统于 1961 年签署了关于棉纺织品国际贸易的短期协议（Short-Term Arrangement，简称 STA）作为临时措施；第二年又签署了关于棉纺织品国际贸易的长期协议（Long-Term Arrangement，简称 LTA），有效期为 1962—1967 年。[66] 尼克松总统于 1974 年签署《多种纤维协定》（Multi Fiber Agreement，简称 MFA），把棉纺织品扩大到所有纤维制品；当时承诺到 1978 年结束，但是实际上大大超出了这个时间，一直延长到 2004 年才宣布结束。1969 年之前，主要问题还集中在棉纺织品领域，但之后美国开始对棉纺织品之外的毛纺织品以及化纤制品实施进口限制。这引起日本纤维行业的强烈反对，但当时佐藤荣作政权的主要目标是促使美国归还冲绳，所以做出了很大的牺牲，经历了很复杂的过程之后还是接受了美国在贸易方面提出的无理要求。1972 年 1 月，日美签署关于向美出口毛和人造纺织品的限制协定——《日美纤维协定》。之后日美两国纤维问题暂时沉寂，中国香港逐渐取代日本成为美国第一大纤维进口地。1976 年美国以自由化为目的对《日美纤维协定》略加修改。次年，即 1977 年，尽管日元逐渐升值，但是日本产纤维对美出口数量再次增加。从当年开始，为了强化协议的效果，美国决定增加别的协议。1979 年 1 月在东京举行日美纤维谈判会议，签署了 1979—1981 年为期三年的协议。[67]

---

[66] 以上参考通商产业省·通商产业政策史编纂委员会编，《通商产业政策史第 9 卷 第Ⅲ期 高度成长期（2）》，通商产业调查会出版，1989 年，第 4 章第 1 节。

[67] 生驹和夫，《漫长艰险的道路——日美纤维谈判》，《通产月刊》，第 14 卷 2 号，1981 年。之后关于日美间纤维相关谈判的内容根据《通商白皮书》进行了补充。1984 年 5—6 月，日本接受美国政府对日美纤维谈判的请求，针对 7 种产品进行了协商：就包括女士套装在内的 4 种产品的进口框架达成一致，继续就合成纤维等 2 种产品进行谈判，拒绝就化纤女士衬衫进行谈判。之后又对工作手套和化纤男士外套进行协商谈判。1985 年 1 月，最终决定对上述追加项目实施进口限制，并拒绝和美国就合成纤维类制品及化纤女士毛衣进行谈判。请参考本系列丛书第 8 卷《生活产业政策》第 1 章。

关于彩色电视机[68]的情况如下：1977 年 5 月，日美签署了今后 3 年日本对美自愿出口限制数量框架协议〔其内容包括：1 年内 175 万台，包括完成品和装配有阴极显像管等配件的机壳等备件在内。该协议也被称为《维持市场秩序协定》（Orderly Marketing Agreement，简称 OMA）。美国方面表示该协议的基础是 1947 年的《贸易法》〕，并且决定从当年 7 月开始付诸实施。同时，还决定在美国当地直接生产附加价值比例在 50% 以上的产品。[69]

1977 年 3 月，在日美首脑会谈上，日美双方决定开展谈判解决彩色电视机的问题。这标志着日美关于彩色电视机的谈判正式开始。美国方面的代表是特别贸易代表罗伯特·施特劳斯，日本方面的代表是由日本首相官邸指定的通产省通商产业审议官增田实。在此之前所有的重量级对外谈判都是由日本外务省负责，这次是首次由通商产业审议官代表的通产省负责。[70] 开创先河以后，汽车及零配件谈判、半导体谈判等都交由通产省负责。通产省承担了艰巨的任务，同时也做出了一些成绩。

日本产彩色电视机从 1960 年开始作为商品销售，比欧美国家滞后 7 年左右。当时非常依赖美国产显像管，1965 年的生产数量还不到 10 万台。但是到 1970 年，彩色电视机的产量就已经高达 600 万台，其中 100 多万台用于出口，其中九成出口美国，所以关于日本产彩色电视机的诉讼接连不断。先是 1968 年美国电子工业协会（Electronic Industries Association）认为此举违反了反倾销规则，于是针对日本 11 家品牌向财政部提出反倾销起诉。之后又陆续出现很多诉讼，比如，关于补贴关税起诉（1970 年 4 月开始，1980 年 4 月和解）、关于《禁止垄断法》起诉（1970 年 12 月，NUE 公司起诉 7 家日本企业组成卡特尔，提高了国内销售价格，获得超额利润，并要求美国政府实施反倾销制裁。这里提到的卡特尔是指根据通产省的行政指导意见，1963 年与电视机有关的出口卡特尔，该机构会负责决定出口的最低价格，并且据此实施自愿出口限制。1974 年 9 月，美国的最大制造商 Zenith 公司也提出类似的起诉。1981 年 3 月，经简易

---

[68] 围绕彩色电视机的论述请参考：通商产业省·通商产业政策史编纂委员会编，《通商产业政策史 第 12 卷 第Ⅳ 期 多元化时代（1）》，通商产业调查会出版，1994 年，第 3 章第 3 节（2），以及平本厚，《日本电视制造业——竞争优势的形成》，Minerva 书房，1994 年出版，第 149—153 页。

[69] 安保哲夫编，《日本企业在美国当地生产》，东洋经济新报社，1988 年出版，第 128—129 页。

[70] 采访记录《原通商产业审议官增田实》（采访日期：2005 年 9 月 5 日）。增田实透露了当时的经过。内阁官房长官园田直在日美首脑会谈的记者招待会上，表示日方谈判负责人选是"和福田首相谈论后确定的"。之后日本首相福田赳夫让外务审议官吉野文六和通商产业审议官增田两个人共同负责，增田审议官表示"让我来负责谈判吧"。审议官吉野也表示"如果是增田的话，我没有意见"。

程序，一审判决被告全面胜诉）、1930 年《关税法》第 337 条起诉（1976 年 1 月，Silvania 公司针对 4 家日本企业的不公平竞争向国际贸易委员会提起诉讼，1977 年 8 月和解）、免责条款起诉（1976 年 11 月。1976 年 8 月，美国彩色电视机产业保护委员会成立。同年 9 月向国际贸易委员会申请使用 1974 年《贸易法》第 201 条免责条款，胜诉后双方签署了《维持市场秩序协定》）。关于日本产彩色电视机的诉讼愈演愈烈，GATT 东京回合谈判以及日美专家会议也都非常重视这个问题，大都认定为多重干扰（multiple harassment）或是法律保护主义（legal protectionism）。20 世纪 70 年代，尤其是后半期，随着日本制造商在美国当地直接大规模投资建厂，日美之间围绕彩色电视机的贸易摩擦问题逐渐沉寂。[71] 之后美国彩色电视机产业保护委员会提出申请延长《维持市场秩序协定》的有效期，但是因为日本制造商在美国当地扩大生产规模，而且当时美国正在大幅减少从日本进口商品的限制，所以没有延长，还是按照当时的协议，于 1980 年 6 月正式撤销了《维持市场秩序协定》中规定的限制。[72]

20 世纪 70 年代，美国作为 GATT 的主导国之一，原本应该降低关税，促进世界贸易自由化，但其却主张保护本国产业，针对最大的产品出口国——日本，采取了很多措施，迫使通产省说服日本企业接受自愿出口限制。从这个过程中能够了解美国的政治运作模式：以美国总统为首的政治家为了在选举时获取更多选票，不得不接受某个特定地区有势力的产业提出的要求。之后美国又相继研究出多种"经济理论"，并且利用这些理论强烈谴责日本产品进入美国市场的行为。从政治本质上来说，前后没有任何变化。

（2）钢铁[73]

1955 年，日本经济进入高速增长时期。当时日本粗钢产量还不到美国产量的 10%，但之后该产业发展迅速，不仅能够满足日本国内机械设备产业的需要，而且从 20 世纪 60 年代开始出口数量激增，主要出口对象是美国。美国钢铁的进口比例（钢铁进口量/国内预计消费量）从 1966 年的 10% 激增至 1968 年的 17%，1968 年美国 40%

[71] 田中达雄，《法律保障体系的背景——针对对美、对欧出口彩色电视机的分析》，《通产月刊》，1981 年 5 月。

[72] 同前，安保篇，第 130 页。

[73] 稻山嘉宽，《昭和钢铁史的秘密》，东洋经济新报社，1986 年出版，第 160—181 页；佐野忠克，《从对立开始协调的历史——日美钢铁问题》，《通产月刊》，第 14 卷 2 号，1981 年；今井康夫，《钢铁业的国际动向》，《通产月刊》第 15 卷 3 号，1982 年；OECD 编，经团联 OECD 顾问委员会译，《保护主义的功与罪——费用与利益》，1986 年，第 61—63 页；同前《通商产业政策史》，第 12 卷，第 3 章第 1 节以及本系列丛书第 6 卷《基础产业政策》，第 2 章第 6 节。

的进口钢铁来自日本。这直接导致从 20 世纪 60 年代末开始美国钢铁相关行业的保护主义抬头。为了解决这个问题，日本钢铁行业从 1969 年 1 月开始，连续 3 年与欧共体的 6 个国家一起，在美国国务院的调解下实施自愿出口限制政策。1972 年 1 月日本钢铁行业表示将对美自愿出口限制措施延长至 1974 年底，欧共体 6 国以及英国也开始实施自愿出口限制措施。但是第二次对美出口自愿限制政策实施不久，1972 年 1 月，美国的消费者团体就提起诉讼，把美国国务院和日本钢铁行业告上法庭，表示自愿出口限制政策违反了本国《禁止垄断法》中的《谢尔曼法案》。虽然原告败诉，但是导致自愿出口限制政策还没来得及更新内容就宣告结束。

第一次石油危机之后，日、美、欧的钢铁产业全都陷入低谷。20 世纪 70 年代后半期，美国钢铁产业设备老化，缺乏竞争力，严重依赖从日本和欧共体等国进口钢铁。美国钢铁行业对于钢铁进口规模激增非常苦恼。在此背景下，日本于 1976 年 6 月决定对特殊钢材实施自愿出口限制政策，12 月日美政府举行非正式钢铁协商会议，但是未能找到解决方案。于是美国钢铁行业开始反复批评并刁难日本和欧共体等国的钢铁行业。

1977 年 3 月，吉尔摩钢铁公司（Gilmore Steel）针对日本产厚钢板提起反倾销诉讼；5 月，美国钢铁协会会长斯比亚表示，"进口钢材在美国市场上以低于成本价销售"，要求政府和国会对此采取对策，同时，发表《国际钢铁贸易经济学》（Marshall Report）；9 月，美国钢铁公司（U. S. Steel）针对日本提起更多反倾销诉讼；10 月，国家钢铁公司（National Steel）针对欧共体产薄钢板提起反倾销诉讼。

1977 年 9 月，全美 24 个钢铁生产城市的市长组成"钢铁城市联盟"，参众两院 121 名议员组成超党派的"钢铁议员联盟"。除此之外，当月底，美国卡特政府还新成立了钢铁问题特别委员会（所罗门委员会）。

1977 年底，美国政府认可并公布了由财政部副部长所罗门编写的《所罗门报告》。美国政府把这份报告作为美国《反倾销法》的使用手册，并据此于 1978 年 1 月制定了涉及 17 种钢铁产品的价格触发机制（Trigger Price Mechanism，简称 TPM）。根据世界最低价格——日本的钢铁生产成本，结合汇率变化，制定了各个产品品种的标准价格。美国商务部每季度进行监督，低于该指导价格进口的钢材就属于非法进口，不用提起反倾销诉讼就可以触发惩罚机制，并直接进入反倾销调查。这种制度在两年间给美国钢铁行业带来轩然大波。

但是，伴随着第二次石油危机爆发，生产成本提高，远远超过了价格触发机制，以此为契机，美国钢铁行业面临危机的论调再次甚嚣尘上。1979 年 12 月，美国钢铁公司被迫关闭大批工厂、解雇大量工人。1980 年 3 月，该公司对欧共体 7 国提出反倾销诉讼。美国政府认为既然已经使用了法律手段应对倾销问题，如果继续使用价格触发机制是对钢铁行业的双重保护，所以暂时中止了价格触发机制。因为担心此举会对国际钢铁贸易整体带来影响，所以 9 月 30 日总统詹姆斯·卡特（James E. Carter）又颁布了新的钢铁政策，其中就包括恢复价格触发机制。美国钢铁公司撤销了反倾销诉讼。因为 10 月原材料价格大幅提高，所以价格触发机制在实施时调整了标准，提高了 12%。

针对价格触发机制重新出台的问题，1981 年 2 月以后，欧共体方面相继提出事前认可申请，作为例外措施。同年 4 月左右，因为进口钢铁规模扩大，而且价格远低于触发价格，所以对价格触发机制的认可度逐渐降低。次年，即 1982 年 1 月，美国钢铁行业每况愈下，开工率只有 38%。在此背景下，美国政府提出 109 件与严重倾销及补贴关税（政府为出口产品提供补助）有关的诉讼。[74] 这使价格触发机制被废除成为既成事实。经过美国和欧共体之间的激烈交锋，于 10 月最终达成协议，欧共体对美采取自愿出口限制政策措施。12 月美国开始根据《贸易法》第 301 条开始起诉日本。

1983 年 5 月，国际贸易委员会调查了进口 5 种特殊钢材对美国钢铁行业造成的损失，并且建议美国总统限制进口这些产品。7 月美国政府听取了这些意见，决定实施救济措施，通过提高关税和数量限制等方法对待 5 种进口特殊钢材。针对美国的这些举措，日本政府和在美国威廉斯堡出席峰会的国家达成一致，批评美国"贸易保护主义回潮"。1983 年 8 月以后，根据 GATT 第 19 条开始实施双边协商，10 月日美两国达成一致，美国开始对 3 种产品（不锈钢、铜线、合金钢）实施进口数量限制，并且两国都保留在 GATT 框架下的权利和义务。[75] 进口数量限制原定 1987 年 7 月结束，但是 7 月美国总统表示要延长至 1989 年 9 月。1987 年 9 月日美修改特殊钢材协议，10 月 20 日日本内阁通过决议，其中规定了日本向美国出口特殊钢材的数量。[76]

1983 年 12 月，美国第二大钢铁企业——伯利恒钢铁公司以及全美钢铁工人联合

[74] 1982 年 6 月 30 日美国钢铁行业提出 84 件与反倾销及反补贴关税相关的诉讼（《通产省公报》，1993 年 2 月 2 日，第 4—5 页，7 月 1 日，第 9 页；8 月 16 日，第 5—6 页）。
[75] 《关于日美特殊钢铁贸易相关的文件交换》，《通产省公报》，1983 年 10 月 26 日，第 7 页。
[76] 《关于日美特殊钢铁贸易相关的文件交换》，《通产省公报》，1987 年 10 月 28 日，第 7 页。

会，根据《贸易法》第 201 条（免责条款⑦）要求限制进口激增的钢铁。第二年 7 月 24 日，国际贸易委员会公布了针对此诉讼做出的调查结果，其中包括对厚钢板、薄钢板、钢带等 5 种产品进口数量的分配情况以及提高关税等内容；并且根据该结果建议里根总统采取进口救济措施。同年 9 月 18 日，美国总统里根拒绝了这个建议，但是决定对通过不公平贸易惯例增加出口的国家分别展开谈判交涉，争取把美国钢铁进口份额控制在总量的 18.5% 左右。⑦ 此决定针对的国家除了日本和欧共体各国以外，还有韩国等 "新兴钢铁制造国"，因为当时韩国的钢铁产品也开始大规模向美国出口。从 1977 年到 1983 年，在美国钢铁进口总量中，日本的份额从 41% 下降至 25%，但 "新兴钢铁制造国" 的份额从 24% 上升至 51%。为了解决这个问题，美国政府于 1984 年通过《贸易关税法案》（U. S. Trade and Tariff Act of 1984），⑦ 该法赋予美国政府与外国政府针对钢铁自愿出口限制政策等相关问题正式谈判的权利。美国与包括日本和欧共体各国在内的 29 个国家依次签署自愿出口限制政策。⑧ 作为其中一部分，1984 年 10 月以后，日美之间举行了四次钢铁问题协商，并最终于 1985 年 3 月就以下内容达成一致：有效期从 1984 年 10 月 1 日开始为期 5 年，其间可以进行两次调整；日本占美国表观消费量的 5.8%；把全部钢材分为六大种类，七个子项目；对于结构钢特殊对待，限额 10 万吨。

日美对实施限制的时间和种类等问题都做了非常详细的讨论。在此基础上，1985 年 5 月，签署了《日美钢铁协定》（《日本政府和美国政府关于某些钢铁的协议》），开始限制日本钢材出口。

原定本协定于 1989 年 9 月终止，但在即将结束之际，7 月 25 日，布什总统进一步明确了政策方针，表示要改变世界钢铁贸易不公平的状况，并且形成国际共识，要求各国延长自愿出口限制政策，并且实施钢铁贸易自由化项目。⑧ 日美之间再次展开谈判。1990 年 2 月，针对《钢铁国际共识》⑧ 签署两国间协议，其中规定：①自愿出口

---

⑦　美国以外称为保障措施。

⑦　《美国总统关于进口钢铁的决定——美国的进口钢铁对策概要》，《通产省公报》，1984 年 9 月 22 日，参考第 1—2 页。

⑦　同前（注 4），松下。

⑧　奈仓文二，《钢铁巨头间竞争与变化》，下谷政弘、铃木恒夫编，《讲座・日本经济史 5 迈向 "经济大国" 的轨迹 1955—1985》，Minerva 书房，2010 年出版，第 269 页。

⑧　《关于美国总统布什对钢铁贸易做出的决策》，《通产省公报》，1989 年 7 月 29 日，参考第 4—5 页。

⑧　《日美钢铁协议概要》，《通产省公报》，1989 年 10 月 25 日，第 5—6 页。

限制政策延长两年半时间。②自愿出口限制政策结束后要为钢铁贸易营造更加自由的环境。同年10月以后以美国为中心，分别与包括日本在内的10个主要钢铁生产国就钢铁国际共识签署双边协议，并合并为多边协议。作为乌拉圭回合谈判的其中一个环节，为了签署多边协议，美国开始与多个国家展开谈判。

按照约定，自愿出口限制政策于1992年3月结束，长达25年的日美钢铁自愿出口限制落下帷幕。1992年6月美国钢铁行业提出了很多反倾销诉讼，导致多边协商谈判进展并不顺利。

1997年底，受美国旺盛的钢铁需求以及本国钢铁供应能力不足的影响，日本和其他国家对美钢铁出口规模再次激增，美国钢铁行业实施了很多政策，比如针对进口钢铁产品提起反倾销诉讼，或者提起保障措施诉讼。日本政府对于美国的举措再次表示了担忧。

1999年夏，美国政府发表了"钢铁行动计划"，要求与日本政府签署双边协议《日美钢铁对话》。同年秋天，第一次对话在巴黎举行，针对日美钢铁市场、日本对美出口动向、美国滥用反倾销手段等日美双方关心的话题广泛交换了意见。

1999年6月，美国决定对日本出口的热轧钢板征收反倾销税。同年11月，日本向WTO提起上诉。⑧ 2000年1月双边协议签署后，2—3月成立了专家组，第二年2月公布了专家组最终报告。与此同时，2000年2月，美国总统决定针对钢铁盘条、焊接线管实施贸易保护措施。有关厚钢板以及冷轧钢板的最终决定也陆续出台，决定征收厚钢板的反倾销税（1月19日），决定不对冷轧钢板征收反倾销税（3月3日）。

2000年10月，《持续倾销与补贴补偿法》（Continued Dumping and Subsidy Offset Act of 2000，通称《伯德法》《伯德修正案》）正式生效。以日本和欧盟为首的九个国家和地区，认为该法违反了WTO规则，并且于2001年2月开始同美展开谈判。与此同时，20世纪末美国经济陷入衰退，国内钢铁行业每况愈下，1998年以来大型企业纷纷申请破产保护。在此背景下，使用《贸易法》第201条等综合措施对钢铁行业进行救济的呼声再度高涨。

---

⑧ 《关于美国的钢铁反倾销措施（热轧钢板）日本向WTO提出磋商请求》，《通产省公报》，1999年11月26日，第4页。

（3）汽车及零配件[84]

【自愿出口限制措施实施之前】

20 世纪初期，以福特、通用、克莱斯勒三家大型企业（被称为汽车行业三巨头）为代表的美国汽车产业一直处于世界汽车行业的领先位置。特别是 5.0 排量以上的大型乘用车在美国本土市场上占有绝对优势。20 世纪 70 年代，石油危机爆发，特别是受 1979 年第二次石油危机影响，上述情况发生了戏剧性变化。消费者的需求进一步升级，更加倾向于节能的小排量汽车。原来的大排量汽车占汽车销量的 63%、小排量汽车仅占 37%。但是 1979 年以后情况开始逆转：大排量汽车的比重下降至 44%、小排量汽车上升至 56%。美国汽车制造行业生产小排量汽车的产能非常有限，所以进口日本产小排量汽车的数量激增。1979 年美国进口汽车数量比去年增加 16.4%，其中日本汽车增加了 30.5%。与此同时，美国国产汽车销量下降，减少了 10.5%。汽车行业三巨头苦不堪言，业绩下滑，特别是克莱斯勒公司出现了严重的经营问题。

随着 1979 年美国进口日本汽车的数量急剧增加，美国的汽车行业、工人联合会和国会纷纷开始谴责和批评日本。先是美国驻日工商会议所前会长福特在 10 月表示：对日本汽车进口数量激增的现象表示担忧，日本厂商应该大规模投资美国。紧接着，全美汽车工人联合会（United Automobile Workers，简称 UAW）会长道格拉斯·弗雷泽（Douglas Fraser）于 11 月在全美工人联合会地区领导人会议上呼吁美国政府对此采取强硬态度，并且表示希望日产汽车和丰田汽车在美开设工厂。从此以后，弗雷泽会长就一直指责日本。第二年，1980 年 1 月访问日本，与以大平正芳为首的政府首脑以及汽车行业的相关领导举行会谈，希望日本能够维持有序的出口，而且日本汽车厂商要在美国开设工厂，这在日本汽车行业掀起了一股所谓的"弗雷泽旋风"。回国后，他继续积极开展游说工作。3 月，美国国会决定讨论日美汽车问题。[85]

1980 年日本超过美国成为世界最大的汽车生产国。美国总统卡特明确表示目前美国国内汽车行业的保护主义势力正在抬头，虽然反对对日本汽车采取进口限制或者要求日本实施自愿出口限制，但是希望日本方面能够采取替代措施，比如日本汽车厂商要增加对美投资，并且要努力扩大美国产汽车及零配件的进口规模。同年 3 月，日本

---

[84] 本章节大部分内容取自《通商白皮书》各年版本。《通商产业政策史》第 12 卷，第 3 章第 2 节，坂本吉弘，《纪念 GATT 50 周年 谋求以规则为导向的贸易政策 3》，《通产月刊》，第 31 卷 8 号，1998 年，第 64—66 页。

[85] 以上内容节选自：中村俊夫，《从大型车到小型车的趋势中观察日美汽车贸易问题》，《通产月刊》，第 14 卷 2 号，1981 年，第 28—29 页。

外务大臣大来佐武郎访美，并同以美国贸易代表办公室代表艾斯丘（Reubin Askew）为首的美国政府领导举行会谈。会谈中，美国政府再次表示希望通过政府间谈判的方式解决汽车问题。从此以后，该问题正式交由两国政府间谈判解决。

1980年4月，日美局长级会议——第二次汽车专家会议举行。美国方面要求日本政府撤销汽车零配件的关税、降低大排量汽车税、改善车辆检查手续。对此日本政府表示要由日本民间企业自行判断是否要对美投资，目前本田公司准备在美国建设乘用车制造厂，日产公司准备在美国建设小型卡车制造厂，丰田也已经针对赴美投资展开调查。此外，日方还与美方达成一致，日本派代表团专门考察投资美国零配件行业。[86] 关于撤销零配件关税的情况如下：当时日本政府已经撤销了整车的关税，但为了牵制美国国会，防止其对日本汽车实施进口限制，日本政府决定把撤销零配件关税问题作为与美国讨价还价的筹码。1979年入秋后，美国提高了卡车头（从小型卡车整车上拆除装卸平台）的进口关税（之后将详细叙述），这对日本相关产业产生了积极影响，所以日本政府对此表示接受。关于降低大排量汽车零配件关税的情况如下：因为这涉及贸易管制，所以不能作为日本国内制度出台。而且日本当时正在进行财政改革，实施该措施会导致税收减少，所以日本方面拒绝了这个要求。关于车辆检查手续的情况如下：日本积极配合简化手续。此外，日美双方约定要互派零配件采购团，作为正常的扩大进口政策。5月美国贸易代表办公室代表艾斯丘访日时，日本方面就汽车问题主动实施了很多措施，之后日美双方将其汇总成日美汽车一揽子协议予以公布，美国对日本的做法非常满意，高度评价了这些措施。[87]

但是，日美汽车一揽子协议公布后，美国汽车产业再次陷入衰退，越来越多的工人被解雇。1980年6月，全美汽车工人联合会表示日本向美国出口乘用车严重影响了美国汽车产业，根据1974年《贸易法》第201条（免责条款）向国际贸易委员会提起诉讼。7月卡特总统在启程参加大平正芳首相葬礼的途中，在美国汽车产业中心——底特律会见

---

[86] 1980年9月汽车零配件进口促进代表团访问美国，9—10月汽车零配件投资代表团访问美国，都是政府与民间企业和人士共同组成。《派遣访美汽车零配件考察团》，《通产省公报》，1980年9月5日，第12—13页。1980年4月丰田汽车和日产汽车向通产省表示，考虑到诸多因素，比如美国汽车制造工人的工资问题、美国汽车行业三大巨头的小型车增产问题、美国汽车行业的劳资关系问题等，日本企业难以进入美国市场。当时日本的汽车制造商对在美国当地建厂生产的态度非常消极，而且也反对实施自愿出口限制政策（同前，安保篇，第87页）。

[87] 以上两段内容节选自：横山太藏，《对美出口汽车的一系列问题》，《通产月刊》，第13卷6号，1980年，第52—53页。同前，中村，第30页。

了汽车行业以及工人联合会的领导，发表了汽车综合对策，其概要如下：①放宽尾气排放限制等政府规定，②针对新型节能汽车，引入投资设备促进税制，③政府对汽车经销商提供信用担保，④针对因关闭汽车制造厂导致经济衰退的地区给予经济援助。[88] 同年8月福特公司向国际贸易委员会起诉。但是11月国际贸易委员会做出判决，认为从日本进口汽车并不是造成美国汽车产业大幅衰落的根本原因，所以驳回了起诉，因此美国国会内部决定针对限制进口车进行立法。卡车头属于除了乘用车以外占出口车最大比重的零配件。针对该零配件，美国于8月21日调整了政策，重新对关税进行分类，单方面把税率从4%提高至25%。[89] 对此日本根据GATT第22条要求，与美国进行磋商。

美国议会内部针对进口汽车问题的保护主义活动此起彼伏。在此背景下，1981年1月组阁的里根政权在4月提出新的政策：要以放松规制为重点，重振美国汽车产业。当时美国每五个工人中就有一个直接或间接从事汽车相关产业，汽车产业分别占钢铁和橡胶等原材料消费总量的20%~25%和60%，更夸张的是，1980年包括相关产业在内的汽车产业拥有50万失业人员。美国政府制定的新政策中包括以下措施，比如撤销或者延期实施以尾气和安全标准为主的34项限制性规定，用5年时间减轻美国汽车行业14亿美元的债务负担。其目的是为了重新盘活美国汽车行业。[90] 为了对此进行说明，美国特地向日本派出了代表团，日本方面也委派自由民主党议员代表团访问美国说明日本国内汽车行业的情况。通过这种方式，日美双方广泛交换了意见。1981年5月1日，通产大臣田中六助表示在重振美国汽车产业的前提下，采取临时特别措施捍卫自由贸易主义，从当年4月到第二年3月，日本将向美国出口的乘用车数量限制在168万台[91]以内；根据《外汇及外贸管理法》（1949年12月1日，法律第228号），今后三年内继续采取自愿出口限制政策。该政策公布之后，里根总统在日美首脑会谈上对铃木善幸首相表示感谢。日本方面鉴于美国国内乘用车销量不振以及美国企业经营状况较差的现状，在1982年继续采取了同样168万台的自愿出口限制措施。另一方面，从这时起，日本的汽车制造商开始计划在美国当地投资建厂。1981年底，各个汽车公司陆

---

[88]　同前，横山，第53页。

[89]　同上，第52页。

[90]　同前，中村，第28—32页。

[91]　1981年2月以后，美国议会出台《丹弗斯·本特森法案》（参议院），规定一年只能进口160万辆日本汽车。类似法案相继提出：《布罗德黑德·特拉克斯勒法案》（众议院）也是相同的数量，《布罗德黑德·希利斯法案》限制为120—132万辆。《赛巴林格法案》是170万辆。5月先开始审议《丹弗斯·本特森法案》。

续开始在美国本土生产。20 世纪 80 年代末，日本在美国建设了 7 家工厂，汽车年产能力为 180 万辆（如果算上日本企业在加拿大的工厂，总数为 210 万辆），此外，再加上自愿出口限制的 230 万辆，日本共向美国销售了 400 万辆汽车。[32]

根据日本政府的公约，自愿出口限制有效期为三年，从 1981 年开始到 1983 年结束。但是 1984 年以后该措施被延长。1984 年，日本乘用车对美出口激增，为了防止对美国汽车产业造成干扰，日方根据自己的判断决定实施过渡措施，把可出口汽车数量上限提高至 185 万辆。之后 1985—1991 年同样基于日方自己的判断，把可出口汽车数量进一步提高至 230 万辆。

【零配件采购问题的始末】

1986 年，日美政府开始在日美政府间展开 MOSS 协商（市场导向型个别领域）谈判，讨论汽车零配件问题。美国政府的关注重点是取消关税等制度障碍，促进美国汽车零配件进入日本市场。针对这个问题，日美之间根据汽车制造厂商和汽车零配件供应商的实际关系，在 1986 年一年进行了三次协商谈判。1987 年 2 月 16 日，中期报告公布[33]，其中规定：搜集日本汽车制造厂商和美国汽车零配件供应商之间的交易数据、向美国零配件供应商提供日本汽车制造厂商的联系方式、召开展销会扩大销量。之后又举行了三次协商谈判，谈判最终于当年 8 月结束。最终报告中规定：①日本汽车工业协会（Japan Automobile Manufacturers Association，简称 JAMA）要定期向美国公示采购美国零配件的数据。②向美国零配件供应商提供日本汽车制造厂商的联系方式（具体做法是，日本政府向美国零配件供应商提供清单，其中包括日本汽车制造厂商以及驻美采购部门的联络方式）。③努力采取措施扩大交易（1987 年成立美国汽车零配件工业协会日本事务所，向日本政府以及汽车行业的美国从业者提供信息服务）。④日本汽车制造商努力进口美国零配件，扩大当地采购数量。⑤研究重点案例。⑥梳理汽车制造商和零配件供应商之间的关系。⑦落实验车制度（验车时，不区别对待外国零配件）。⑧建议进行后续跟踪。之后，为了协商某些重点案例，专家会议被保留下来，断断续续一直跟踪到 1991 年。[34]

---

[32]　同前，安保篇，第 89 页。

[33]　以上内容请参考：《关于日美共同完成汽车现状调查的最终报告》，《通产省公报》，1994 年 2 月 23 日，第 4—9 页。

[34]　《第四次运输设备 MOSS 协议》，《通产省公报》，1987 年 3 月 7 日，第 4—5 页。《关于日美两国运输设备 MOSS 协议最终报告》，《通产省公报》，1987 年 8 月 21 日，第 1—3 页。

20 世纪 90 年代前半期，美国汽车产业状况没有得到改善，日美汽车行业贸易失衡问题还在持续，美国国内保护主义又开始蠢蠢欲动。为了落实 MOSS 协议的成果，增加采购美国产汽车零配件数量，日本通过后续跟踪、协商谈判做出很多努力，比如向美国汽车提供进入日本市场的机会、开展日本汽车"参与设计"（Design-in）活动、增加驻美研发设施、协助当地零配件制造商提高品质和技术、召开 JAMA-MEMA⑤ 协商会议等。具体请参考表 1.1.6。1992 年 1 月，布什总统访问日本，日美双方就"全球伙伴关系行动计划"达成一致。日本汽车制造商公布自愿采购计划（Voluntary Plan，简称 VP，又称 Action Plan），决定在 1994 年采购金额为 190 亿美元的美国产零配件，并且表示准备在日本国内销售美国汽车。但是美国方面认为该自愿采购计划没有写入日本的公约，所以必须根据《贸易法》第 301 条实施贸易制裁才能迫使日本真正予以落实。不管怎么说，在日本政府和民间企业的共同努力下，还是取得了一定的成果：日本汽车制造厂商采购美国产汽车零配件的金额从 1986 年的 25 亿美元大幅提高至 1993 年的 155 亿美元。1992—1993 年继续执行 165 万辆的自愿出口限制措施⑥，但日美首脑会谈破裂后不久，该措施在 1994 年 3 月被正式撤销。

表 1.1.6　日美经济框架对话中汽车及零配件谈判过程

年	月	日	事项
1992	1		美国总统老布什访日之际，日本汽车制造商针对美国产汽车零配件实施自愿采购计划（1994 年 190 亿日元）。
1993	7	10	美国总统克林顿和日本首相宫泽根据《日美间关于新的伙伴关系框架的共同声明》决定开始实施日美综合经济协议（下称综合协议）。
		21	作为综合协议的优先领域谈判的环节之一，召开汽车及零配件领域第一次副部长级会议。
	9		日本汽车工业协会通过华盛顿事务所表示日本对于进口汽车没有指标和关税，批判美国要求目标数值的做法。对此，美国议会马上提出反对，两国的公关拉锯战一致持续到 1995 年 6 月谈判达成一致才结束。
	10	20—21	在东京召开第二次副部长级会议。日美两国基于 7 月达成的框架，提出了各自主张的"客观标准"。美国想要引入量化指标，但是日本方面明确表示拒绝，双方矛盾明显。

⑤　MEMA 是 Motor and Equipment Manufacturers Association 的简称，美国汽车零配件工业协会。

⑥　1993 年 1 月 6 日，经济峰会在阿肯色州小石城举行，以汽车产业三巨头为主的美国汽车行业代表向马上当选的克林顿请愿，表示要限制日本汽车的进口。之后不久日本就表示把自愿出口限制措施延长至 1994 年 3 月。

（续表）

年	月	日	事项
1993	11	8—12	在华盛顿举行第三次副部长级会议，以"客观标准"问题为中心，讨论了关于政府采购（医疗器械与电信）和保险等问题。没有就汽车及零配件展开谈判，但是9日上议院财政委员会就日美贸易谈判问题召开听证会，讨论了汽车及零配件的问题，日美之间差异扩大。
	12	1	日本汽车工业协会发表与美国方面主张不同的官方意见。
		3	针对美方要求12月谈判之前，日本汽车制造商就要制定1995年以后的自愿采购计划，政府要对汽车产业进行行政干预等问题，通商产业省干部强烈批评"政府不应该介入民间经济，不应理会设置目标数值的要求"。
		下旬	召开关于汽车及零配件非正式会议。截至1994年2月日美首脑会谈之前，双方以在各个领域达成一致为目的。但是就"客观标准"的定义问题，两国的意见大相径庭。
1994	1	12—13	美国商务部副部长戈登与通产省审议官冈松就修改自愿采购计划进行讨论，没有任何进展。
		21—22	副部长级会议以及工作会议。
		24—26	副部长级全体会议及工作会议。协商谈判的方向性已经丢失。此时，日本汽车零配件工业协会（JAPIA）对日本驻美国的180家汽车零配件制造商开展游说工作，批评美国地方议员要求美国对信纸、电话机设置目标数值的做法。
	2	3	美国上议院政府活动委员会就汽车及零配件问题召开听证会。
		4	本田公司社长传本表示每年都制定本公司的自愿采购计划金额比较困难。
		8	7日开始在华盛顿召开副部长级会议，因为美方通告中止。
		11	日美首脑（细川与克林顿）会谈，细川首相拒绝设置目标数值，谈判破裂。
		12	日本汽车工业协会会长久米，评价了昨天日方的态度，之后，在标准和认证方面日本政府为了让美国的汽车制造商更容易获得日本的"车型认可"（运输省的一种制度，根据车型判断是否满足日本的安全标准。某车型一旦获得该资质，就意味着同样的车型可以在日本免检销售），讨论运输省在美国设置负责人以及支持民间召开的汽车展销会。这些内容都决定写入3月中旬的"对外经济改革概要"中。
		23	日本汽车工业协会会长久米，召开记者招待会表示各汽车制造厂商正在积极准备讨论自愿采购计划数值。

（续表）

年	月	日	事项
1994	3	24	日本汽车工业协会表示日本汽车制造商正在积极地在当地建厂，为了与外国汽车及零配件协调发表了行动计划。一直持续到3月底，日本五大汽车制造商逐个公布了1995—1997年最终年度的自愿采购计划数量，美国方面表示这没有到达他们期待的标准，而且对日本政府没有提供保证或担保感到不满。
	4	15	美国贸易代表办公室代表坎特（Michael Kantor）和日本外相羽田在摩洛哥举行会谈，提出了重新开始综合协议谈判的条件。
		19—24	日美副部长级非正式会议上表示24日召开日美准备会议，综合协商重新开始。
	6	2	在华盛顿工作会议上综合协商正式重新开始，美国还是要求引入"客观标准"，但日本认为应该根据过去的实际情况进行预测，拒绝引入可能与今后目标挂钩的标准。
		10	美国商务部副部长戈登和通产审议官冈松在东京举行副部长级会议。围绕客观标准问题，两国都提出新的方案，但是最终没能谈拢。
	7	8—10	在意大利那不勒斯召开峰会。
		14	在东京召开副部长级谈判，美国要求在客观标准中增加将自愿采购计划和国内零售商外国汽车销售计划，日本方面表示反对，谈判难以取得进展。
	8	10	美国议会上下议院88名超党派议员向总统克林顿提出意见书，表示如果到9月底未能就综合协商中的汽车及零配件领域达成一致的话将使用《贸易法》第301条。建议美国对日本提出警告。
	9	12—14	在东京召开课长级谈判，按照美方的要求增加了一个议题：增加维修零配件的销量。
		19	日本汽车工业协会向美国贸易代表办公室代表坎特提交书信，并且在美国发布新闻稿，批评美国的汽车及零配件相关政策。
		21—25	在华盛顿举行的工作会议上，美国方面把争论焦点转移到放宽标准和认证制度上来，但不确定运输省是否还能负责。
		27—28	日本通产大臣桥本为推动综合协商访美。虽然就通过谈判放宽维修用零配件相关限制问题达成一致，但是28日美国贸易代表办公室代表坎特要求日本汽车制造商增加自愿采购计划，在今后四年达到450亿美元，这激怒了日本。
		30	通产大臣桥本再次访美，一直到第二天都在进行部长级谈判，美国要求日本废除验车制度，日本拒不让步，谈判破裂。
	10	1	美国贸易代表办公室代表坎特表示美国《贸易法》第301条适用于维修用零配件，以制裁日本为前提开始进入实际操作阶段。但后又搁置方案，反对该条适用对象中包括日本。

（续表）

年	月	日	事项
1994	10	20	首相村山、通产大臣桥本、外务大臣河野，当面表示不回应重新开始日美汽车及零配件谈判。
		25	美国贸易代表办公室代表坎特和美国商务部部长布朗向通产大臣桥本提交书信，表示美方要求日本汽车制造商提高自愿采购计划数量，而且这不包含在综合协商框架内。
	11	10	在印度尼西亚雅加达召开 APEC 部长会议，通产大臣桥本分别同美国贸易代表办公室代表坎特以及商务部部长布朗举行会谈，大致同意桥本大臣提出的综合协商重新开始的条件。
	12	27	通产审议官冈松和商务部副部长戈登在英国伦敦召开会议，决定 1995 年 1 月底重新开始就汽车及零配件开始谈判。
1995	1	1	WTO 成立。
		5	美国贸易代表办公室代表坎特和美国商务部部长布朗在记者招待会中表示："重新开展协商和《贸易法》第 301 条"是完全不同的问题，表示要根据该条款，继续调查和谈判。
		12	美国贸易代表办公室代表坎特、返回美国的驻日大使蒙代尔，在底特律会见汽车行业三巨头及全美汽车工人联合会的领导，商讨对日战略。
		25—27	在华盛顿重新开始综合协商中的汽车及零配件谈判。美国方面表示日本汽车制造商必须提高自愿采购计划，否则谈判无法继续。这种态度导致谈判受到很大阻碍。
	2	8	商务部副部长戈登针对自愿采购计划问题表示要与日本的汽车制造商直接对话，日本政府则表示该计划是"政府职权范围以外的事情"，拒绝与制造商进行对话。
	3	1	美国贸易代表办公室副代表巴尔舍夫斯基对汽车及零配件谈判难以取得进展表示不满。
		2	美国议会上下议院 95 名超党派议员要求美国政府根据《贸易法》第 301 条，将制裁期间定为 9 月底到 3 月底。当天国家经济会议部长会谈基本上也是相同意见。
		6—8	日本汽车零配件工业协会和美国汽车零配件工业协会在印第安纳州召开会议，为了增加美国零配件的采购。
		16	美国贸易代表办公室代表坎特与驻美大使栗山会谈，要求尽快重新开展谈判。

（续表）

年	月	日	事项
		23	日本汽车工业协会通过华盛顿事务所的邓肯所长表示不接受提高自愿收购计划。
		27—28	日美汽车及零配件领域的副部长级会议在东京召开。美国方面除了之前要求的提高自愿收购计划之外，还要求放宽车检制度；日本政府和汽车制造商要保证零售商的独立性，积极主动销售外国车辆。日本方面对此表示强烈反对。
	3—4		在东京，驻日大使蒙代尔以外的美国大使直接同日本汽车制造商谈判。
	4	12—14	汽车及零配件谈判的专家会议。
		12	美国政府针对汽车及零配件召开国家经济会议。
		13	美国总统发言人麦卡利表示如果无法就汽车及零配件谈判取得进展，将公布对日制裁名单，和价值数十亿美元的制裁关税。
		17—18	虽然是副部长级会议，但是针对日本汽车制造商的自愿收购计划问题，始终不能达成一致。
		19	通产审议官坂本在华盛顿召开记者招待会，表示如果美国公布对日制裁名单，日本将向 WTO 起诉。坂本直接来到日内瓦，与 WTO 相关人士进行事前交流。
		20	日本汽车工业协会批评美国方面。
1995	5	1—5	以四极贸易部长会议为契机，在加拿大温哥华以及威斯勒召开日美汽车及零配件谈判。1 日召开专家会议，2 日召开副部长级会议，讨论①自愿收购计划修改、推进美欧进展问题；②放宽维修用零配件的限制；③完善经销商网络，取得进展。3—5 号美国贸易代表办公室代表坎特和通产大臣桥本举行了两次部长级会议，最后以谈判破裂收场。
		6	在国家经济会议上，以对维修用零配件市场的制裁关税以及向 WTO 起诉的内容决定对日制裁。
		7	在美国部长会议上最终决定对日进行制裁。
		9	在美国上议院会议强烈支持总统做出的对日制裁的决定。
		10	美国贸易代表办公室代表坎特，表示日本汽车及零配件市场通过限制性条款阻碍外国产品进入日本市场，所以在 45 天以内向 WTO 提起诉讼。而且之前已经根据《贸易法》第 301 条对日本维修用零配件市场进行了调查，所以表示将在数日内公布制裁名单。
		11	日本汽车工业协会在美国《华盛顿邮报》上刊登新闻稿，谴责美国单方面行为不当。
		16	美国贸易代表办公室代表坎特，公布第一次对日制裁名单。对日本 5 家汽车厂商生产的 13 种豪华车征收 100% 的关税（总额高达 59 亿美元）。美国议会的议员组成超党派联盟对政府表示支持，另一方面，日本政府向 WTO 起诉美国采取单方面措施。日本汽车工业协会表示支持日本政府。

（续表）

年	月	日	事项
1995		19	因对日制裁给进口车经销商造成恶劣影响，美国进口车经销商协会（AIADA）专务理事赫伊津哈在华盛顿提起诉讼。
		21—23	美国进口车经销商协会年度总会在华盛顿召开，全国850名从业者为了让议员撤销制裁公开了请愿计划。
		23	在OECD，日美两国开始拉拢其他国家的支持。
	6	5—7	日本汽车工业协会和美国汽车零配件工业协会在旧金山召开个别问题研讨会。
		8	美国举行由美国贸易代表办公室主办的对日制裁听证会，支持对日制裁的声音占绝大多数。最终决定6月28日实施制裁，但是从5月20日就开始征税。
		11	美国进口车经销商协会会长伯格引见日本汽车工业协会会长岩崎和驻日大使蒙代尔。之后日本汽车制造厂商开始同美国大使馆直接谈判，各大企业更加倾向于美国政府。
		12	基于WTO的争端处理手续，日美两国间协商会议在WTO总部日内瓦举行。
		15	日美首脑（村山与克林顿）会谈在加拿大哈利法克斯举行。无进展。
		16	通产审议官坂本和机械信息产业局长渡边与美国贸易代表办公室顾问夏皮罗在哈利法克斯郊外举行秘密会谈，夏皮罗泄露了情报，表示日本汽车制造商可以主动公示北美当地工厂的当地采购率以替代金额目标。
		20	包括诺贝尔经济学奖获得者在内的110人向克林顿总统提交书信，表示在解决日美汽车争端时要灵活使用WTO规则。
		22—25	日美两国在日内瓦召开副部长级会议，讨论GATT 22条协议以及汽车问题。争论的焦点是日本汽车制造商制定的自愿收购计划，决定推迟到部长级会议再公布。
		26	美国贸易代表办公室代表坎特和通产大臣桥本在美国贸易代表办公室日内瓦支部召开部长级会议。
		28	会议达成一致，美国方面表示避免发动制裁，日本方面表示从WTO撤回诉讼。最终达成不是协议的协议。
	8	23	驻美大使栗山在华盛顿代表坎特以及商务部部长布朗之间签署最终协议并互相交换文件。

资料来源：中户祐夫，《日美贸易摩擦的政治经济学》，Minerva书房出版，2003年，第133—162页。通商产业省通商产业局美洲科编，《日美汽车谈判轨迹——构建新型日美关系》，通商产业调查会出版，1997年。日本经济新闻社编，《记录 日美汽车协议——"没有胜利的战役"实况》，日本经济新闻社出版，1995年。

【日美综合经济协商（日美经济框架对话）中的汽车及零配件问题】

1993 年 7 月，日美开始综合经济协商，根据美国方面的强烈要求，把汽车及零配件作为三个优先处理领域之一。[57] 原本是将其作为 MOSS 协议的一个延伸[58]，但是后来发生了变化，日本方面提议企业之间推进产业合作，而美国方面坚持要求制定具体的量化指标。1994 年 2 月 11 日，日美首脑会谈（细川与克林顿）召开，虽然双方期待在会上达成共识，但最后并未如愿。经历了 3 个月的中断后，5 月 24 日日美两国同意再次展开综合协商谈判。日本政府的建议如下：截至 9 月底，汽车制造商采购零配件计划属于民间企业的自愿措施，不包括在框架谈判内；要求民间企业提高采购规模并公布新的计划，而且制定"客观标准"（实际上是量化指标）不属于政府的责任，也不属于综合协商谈判的对象。日美双方对此反复讨论。与此同时，美国方面也要求日本制造商能够增加自愿采购计划数量；为了促进销售外国产汽车零配件，放宽《道路运输车辆法》（1951 年 6 月 1 日，法律第 185 号）中对拆卸和整饬所需厂房的限制。日本政府表示自愿采购计划属于日本民间企业自身的问题，不属于协商内容。但是 1994 年 10 月，美国政府单方面表示要根据当年 3 月恢复的《贸易法》第 301 条对维修使用的零配件限制情况展开调查。

对此，日本方面表示无法在 301 条款框架下与美国谈判，所以暂停了协商谈判过程。1994 年 11 月，日本通产大臣桥本龙太郎和美国贸易代表办公室代表坎特在印度尼西亚雅加达举行会谈。桥本大臣针对重新开始谈判，提出了如下条件：①在综合协商谈判框架下处理采购零配件的时机、外国汽车经销商、维修市场等三个领域的问题，拒绝在 301 条款框架下谈判；②量化指标以及政府职责范围以外的事情不属于协商对象。1995 年 1 月，日美两国重新开始协商谈判。

但是，美国方面提出了很多苛刻的要求，比如要求日本制造商修改并提高自愿购买外国汽车零配件的计划；很多原来不属于协商谈判的问题也重新回到谈判桌；坚持要求经销商承诺今后销售外国汽车的具体数量。所以 1995 年 5 月上旬举行的部长级协商谈判未能达成共识。

同年 5 月 10 日，美国根据《贸易法》第 301 条调查日本的汽车维修零配件市场规制的结果公布，认为日本限制美国产零配件进入日本市场。16 日，美国采取报复措施，

---

[57]　其他两个领域是政府采购（电信、医疗设备）和保险。

[58]　同前，谷口，第 162 页。

对进口日本产豪华车征收 100% 的关税。对此，日本政府认为美国应该根据 WTO 和 GATT 第 22 条处理问题。同年 1 月，WTO 成立，在此背景下，日本通产省内部也展开讨论，最终认为应该为 WTO 规则形成以及使用做出积极贡献，积极灵活利用 WTO 的争端解决机制，以违反 WTO 规则为由反对单方面措施。6 月中旬和下旬分别举行了两次日美双边协商会议，澳大利亚等第三国也出席会议，美国方面未就日本的意见给予明确反馈。

在此期间，如表 1.1.6 所示，以丰田为首的日本大型汽车制造商开始接触美国政府，公布该公司的自愿采购计划数值，而且开始根据北美自由贸易协定（North American Free Trade Agreement，简称 NAFTA）的标准[99]采购当地零配件。受此影响，美国方面大致推算出日本制造商购买外国产汽车零配件的规模，其态度也迅速软化。

1995 年 6 月下旬，日美高级别会议以及部长级协商谈判在瑞士日内瓦举行，美国决定了征税的期限。当月 28 日，桥本大臣和坎特代表发表共同声明，表示：①遵守以 WTO 协定为主的国际贸易规则；②取消目标数值等量化指标，捍卫自由贸易和自由经济的原则；③再次确认本协议中的措施适用于所有贸易对象国，在 5 年内日美将采取共同措施，扩大外国产汽车在日本市场的份额，并增加日本购买外国产汽车零配件的数量，放宽与检查维修相关的规定。以上内容包括在日美综合经济协商框架下达成的协议，也包括在综合协商框架之外的三个共同声明。在关于日本汽车制造商计划的共同声明和关于经销商的共同声明中，都评价了美国方面预估数值及预期，明确表示日本政府跟目标数值等量化指标毫无关系。[100]"桥本大臣表示日本政府与这些预测无关。原因很简单，这些预测已经超出了日本政府的职责范围。桥本大臣还表示这些数据只是美国贸易代表办公室（美国政府）单方面的要求。"同年 8 月日美两国互换书信，明确了协议内容。[101]

---

[99] 1993 年，美国、加拿大、墨西哥签署北美自由贸易协定。北美企业的当地成分占比从 1994 年 1 月开始的 50% 上升为 1998 年 1 月开始的 56%，之后是 2002 年 1 月开始的 62.5%。满足这个条件的企业在本区域内免除关税（日本经济新闻社编，《记录 日美汽车协议——"没有胜利的战役"实况》，日本经济新闻社出版，1995 年，第 104 页）。

[100] 通商产业省通商产业局美洲科编，《日美汽车谈判轨迹——构建新型日美关系》，通商产业调查会出版，1997 年，第 171—182 页。

[101] 关于通产省和运输省的意见，请参考：《日美汽车零配件协议的结果概要》，《通产省公报》，1995 年 8 月 30 日，第 5—11 页。御厨贵、渡边昭夫，《来自首相官邸的决断——内阁官房副长官石原信雄的 2600 天》，中公文库出版，2002 年，第 184 页。内阁官房副长官石原信雄回顾："这个过程主要由通产省主导，通产大臣桥本和坂本吉弘共同努力，作为首相官邸我们对此表示支持。"

1996 年 9 月、1997 年 10 月以及 1998 年 10 月，为监督 1995 年日美汽车措施法的落实情况，在美国的旧金山召开了三次年度会议。欧盟和澳大利亚作为观察员参加会议。美国方面高度评价了日本方面对决议内容的落实情况。1999 年 12 月，日本方面鉴于 1995 年措施已经失效而且全球趋势发生变化，要求日美之间重建对话平台。美国方面则要求延长 1 年时间，继续补充 1995 年措施法。日美两国的主张如同两条平行线，没有任何交集，2000 年底，1995 年日美汽车措施法到期。

1995 年，日美达成一致后，日本市场上进口车的销售数量显著提高。但是随着 1997 年日本经济低迷，国内的汽车销量下降，美国汽车行业三巨头的汽车销量下降更加突出，但欧洲车的销量反而有所增加，美国对此非常不满。为了防止外国产汽车零配件对日出口减少，美国再次要求放松与维修零配件市场相关的规制。

（4）半导体[102]

1981 年，当日本开始在汽车行业实施对美自愿出口限制措施时，关于半导体的摩擦显露并逐渐升温，成为日美之间新的问题。如前文所述，在汽车及零配件谈判时，美国方面之所以一直坚持日本方面制定目标数值等具体的量化指标，是因为在 1986 年签署的《日美半导体协定》（旧）时，为了满足美国的要求，协定中存在类似的内容。日本方面始终反对量化指标。以该半导体协定和汽车零配件自愿购买计划为例，有的协议中已经明文规定不能保证市场份额，有的已经明确企业的自主行为与政府管理无关，美国方面还是提出制定"量化指标"的要求，强迫日本政府承诺要实现的目标，这对于日本来说非常难受。

20 世纪 70 年代中期开始，在电报电话公司电信研究所以及通商产业省[103]（工业技术院电子技术综合研究所）的帮助下，日本电子工学研究人员全身心地投入到超大型集成回路（超 LSI[104]）的开发中，在当时的半导体领域这项技术是最为先进的。1978 年《特殊机械信息产业振兴临时措施法》（1978 年 7 月 1 日，法律第 84 号）颁布实施，

---

[102]　同前，中户（第 5 章）。同前，Fukushima（第 219—240 页）。同前，《通商产业政策史》第 12 卷，第 3 章第 3 节。濑见洋，《日美半导体战争》，日刊工业新闻社，1979 年出版。Daniel Okimoto、菅野卓雄、F. B. Weinstein 编，土屋政治雄译，《日美半导体争端》，中央公论社，1985 年出版。大矢根聪，《日美韩半导体摩擦——贸易谈判的政治经济学》，有信堂高文社，2002 年出版。金容度，《日本 IC 产业发展史——共同开发的 dynamism（力度）》，东京大学出版会出版，2006 年。

[103]　1976 年开始实施通产省的超大型集成回路项目，具体内容请参考：通商产业省、通商产业政策史编纂委员会编，《通商产业政策史》第 14 卷，通商产业调查会，1993 年出版，第 7 章第 2 节。

[104]　LSI 是 Ultra-Large Scale Integration 的简称。

进一步促进了该技术的研发进程。之后，20 世纪 70 年代末期，日本电气、日立制作所、富士通、东芝、三菱电机等综合电气设备、通信设备及电脑设备制造商在半导体内存产品领域推陈出新，研发出以高度集成动态随机存取存储器（dynamic random access memory）为主的多种产品。受此影响，世界市场发生重大变化，日本同美国的贸易摩擦愈发严重。当时，包括硅谷在内的加利福尼亚州是世界计算机产业的中心，日本企业已经开始在当地投资建厂。[105] 关于半导体的关税问题如下：1981 年 5 月，日本首相铃木善幸访美，美国方面提出日美双方提前降低关税，日本方面表示赞成。当年 9 月日美两国同意共同降低关税 4.2%。受此影响，半导体贸易变得更加活跃，在日美两国的领导下，世界市场也逐步开发。

1982 年 4 月，在新成立的日美尖端技术产业工作会议下设半导体小委员会。[106] 当时，日美两国间的半导体贸易迅速增长，特别是日本向美国出口半导体产品的增长趋势更加明显。对此，1983 年 2 月，美国半导体工业协会（Semiconductor Industry Association，简称 SIA，1977 年成立）发表报告，题为《政府的目标政策影响半导体国际竞争力——日本产业战略的历史以及美国付出的代价》，对日本展开批判。但与此同时，两国间的投资交流活动却更加活跃，比如飞兆半导体公司决定在长崎设厂（预定 1983 年 8 月动工）、三菱电机决定在美国北卡罗来纳州设厂（预定 1984 年 4 月动工）。此外，东芝对 Zaikuro 公司精细加工 64K 动态随机存取存储器提供技术支持，Zaikuro 公司则帮助东芝开发微型处理器。类似日美企业间的技术交流活动也在有序实施。以上都是成立小委员会的背景。

经过四次会议讨论，1982 年 11 月，半导体小委员会提出建议，并得到日美两国政府确认[107]，其概要如下：

① 贸易（撤销关税；从 7 月开始共同搜集数据，促进相互贸易）；

② 投资（排除阻碍投资的有关因素、继续针对进入日本市场的外资企业提供投资促进政策）；

③ 促进技术交流；

---

[105] 同前，安保篇，第 158—160 页。

[106] 1982 年 2 月的提案，一开始就把半导体作为讨论对象。原定 1983 年 2 月 1 日实施，后决定提前近 10 个月实施。

[107] 《关于日美高科技工作组第 4 次半导体小委员会会议》，《通产省公报》，1983 年 10 月 22 日，第 5 页。同前，《日美尖端技术工作组会议提案（半导体）》，第 5—7 页。

④ 其他（确保行业团体的渠道，立刻实施，1984 年后每年回顾两次以上）。

1985 年 6 月，美国半导体工业协会表示：受日本政策影响，日本半导体市场结构处于封闭状态，而且还以远期价格（forward pricing，这种价格策略是指，针对预计今后要贬值的产品，以低于成本价格销售）进行不当倾销[108]，所以决定根据 1974 年《贸易法》第 301 条提起诉讼。美国贸易代表办公室受理后，于 7 月展开调查。8 月后，日美半导体协商再次启动。第二年，即 1986 年 5 月，通产大臣渡边美智雄和美国贸易代表办公室代表克莱顿·尤特（Clayton K. Yeutter）举行会议，决定了大致的应对措施。7 月 31 日，双方在实质上达成一致[109]，表示要扩大外国半导体在日本市场上的份额，并采取监督措施防止不当倾销。9 月 2 日，尤特代表和日本驻美大使松永信雄作为两国代表签署了《日美半导体协定》（旧）。正文[110]的主要内容如下：（1）两国政府认识到对半导体相关产品的制造商和用户来说，非常有必要扩大外国半导体企业在日本市场的准入；（2）日本政府要成立新的机构，负责帮助外国半导体销售并且进行质量评估[111]，在用户和外国制造商之间构建诸如 Design-in（从设计、开发阶段就参与其中）等长期关系，接下来几条涉及倾销；（3）监控对美出口的日本产半导体价格及成本、采取适当措施防止价格打折出口；（4）美国政府在调查倾销时，日本企业要提供（3）中的数据；（5）为了防止第三国倾销，也要监控第三国半导体的价格和成本。

除了以上条款外，这个协定中最为重要的内容是："5 年内美国的半导体产品在日本市场份额要超过 20%。日本政府同意这种期待可以实现，并且对此表示欢迎。"这是美国单方面的要求，而且被载入非公开的附件中，被日美双方签署认可。[112] 所以，美国方面认为日本政府承认了目标数值等量化指标。之后，这个漏洞引发了相当严重的问题。

该协定签署后，在后续跟进谈判会议中，美国表示担心日本企业针对第三国市场进行倾销活动。对此日本政府向美国政府强调：日方一直按照协定办事，甚至实施了一些超出协定规定义务的措施，这都是根据市场变化情况决定的。但是 1987 年

---

[108] 坂本吉弘，《纪念 GATT 50 周年 谋求以规则为导向的贸易政策 2》，《通产月刊》，第 31 卷 7 号，1998 年，第 77—78 页。

[109] 《半导体谈判·结果——日美协议的概要》，《通产省公报》，1986 年 8 月 7 日，第 1—3 页。

[110] 全文可以在东京大学东洋文化研究所田中明彦研究会制作的数据库中查询，该内容在互联网上是公开的，具体请参考：《世界与日本》"日本政治·国际关系数据库"。

[111] 第二年 1987 年 3 月成立，美国方面表示时间太晚拒绝执行（同前，Fukushima，第 230 页）。

[112] 同前，日本经济新闻社编，第 185 页。同前，Fukushima，第 225 页。

3月，美国表示外国半导体进入日本市场的情况并不理想，而且日本企业还在继续对第三国市场进行不当倾销。所以美国认为日本没有遵守半导体协定。为了弥补美国的损失，美国决定对日本产计算机、彩色电视机和电动工具征收100%的惩罚性关税（相当于3亿美元），4月17日该措施正式实施。这是战后日本首次受到经济制裁。为了尽快让美国撤回该制裁，日本政府一方面积极同美国展开协商，另一方面也表示美方此举属于对日歧视性措施，而且提高关税超过了优惠税率的做法违反了GATT的相关规定，所以直接根据GATT第23条第1款申请进行双边协商谈判。之后谈判取得进展，表示美国方面要在6月和11月分阶段撤销惩罚性措施，并且撤销针对日本向第三国倾销的全部措施。但是美方还是保留了与外国产品进入日本市场有关的部分措施：1991年外国半导体在日本市场的销售额达到1.64亿美元，比1989年日美签署协定时增加近一倍。对此日方表示目前市场准入问题已经得到充分改善，所以强烈要求撤销相应的惩罚措施。[13] 根据通产省消费者调查统计数据显示，从1986年第四季度到1991年第一季度，外国半导体在日本市场所占份额由11.1%增长至19.3%。根据世界半导体交易统计数据显示，该数字从8.7%增长至13.1%，切实得到提高。根据主要用户——62家企业数据显示，Design-in产品由1986年的540件迅速增加至1991年的3 500件。[14] 尽管如此，也未能实现外国半导体占日本市场20%的"目标"，1991年6月日美签署新的半导体协定，8月开始生效，同时美国开始撤销对日本实施的惩罚性关税措施。[15] 新协定有效期5年，其两大支柱与旧协定相似，没有发生根本变化。其一是扩大外国半导体在日本市场的份额，其二是防止日本半导体向海外倾销。但是与旧协定相比，新协定进一步明确了日美双方政府和业界应该努力的内容，在防止倾销方面，也出现了一些新的变化：（1）以前只根据市场份额就可以做出判断，现在还结合了日美双方的努力以及民间的反应；（2）原来是由日本政府实施严格监控，现在改由日本企业自身搜集和管理向美国出口的特殊半导体产品的价格和成本等数据，美国政府对倾销展开调查时，日本企业要及时提供；（3）日本政府不再监控对第三国倾销的情况，调查时日美两国企业要根据GATT的相关规则迅速采取行动；（4）与日本倾销半导体产品相关的美国业界"期待"到1992年底外国半导体占日本市场的份额

---

[13] 欧共体向GATT起诉《日美半导体协定》的情况请参考本章下一节内容。

[14] 《日美半导体协定下外国半导体市场准入扩大问题》，《通产省公报》，1992年8月19日，第3页。

[15] 《通商产业省年报》，平成2—3年，第72页。

能够超过 20%。日本政府对此表示了解。⑩ 日美两国政府同意针对市场份额不适用最高值和最低值这种描述方式。不包括最高值，也不包括最低值。

"量化指标"是日美综合经济协商的争论焦点之一，之前也被载入《日美半导体协定》（旧）非公开附件中。就此事而言，美国单方面认为两国已经在事实上明确了"量化指标"，日本政府在签署新协定时会进一步对此做出保证，并且多次暗示如果日本不予以落实，将通过《贸易法》第 301 条对其实施制裁。另一方面，日本则认为应做出明文规定，不保证美国产业界期待的市场份额。日本只是为了让美国接受，做出承诺实现目标的姿态。后来日本认为这种做法过于暧昧，后做出反省并加以调整。1995 年 6 月，在日美汽车谈判共同声明中，美国方面提出了具体数值的要求，日本方面明确表示反对。但是，迫于美国民主党克林顿政权大力推进"结果导向型"贸易政策的压力，最终日本按照该路线与美国签署了新的《日美半导体协定》。虽然后来日本方面实施了自愿扩大进口政策（Voluntary Import Expansion），但是美国对此的态度没有轻易发生变化。新协定中规定，日美两国每季度召开一次统计专家会议，根据两国统一的统计系统计算出外国半导体在日本市场的占比，由此评价和验证进展情况。此外，还决定每年召开三次定期会议⑩以便更好地解决问题。

新协定签署后，外国半导体进入日本市场的状况得到明显改善。外国半导体在日本市场的占比从 1991 年第三季度的 16.5% 上升到 1995 年第四季度的约 30%；作为新产品国际共同开发指标，1994 年国际间 Design-in 的数量比 1986 年增长近 7.5 倍。⑩ 新协定促成了许多国际长期合作。

1995 年 9 月，日本电子设备工业协会会长大贺典雄建议停止该协定。⑩ 第二年，1996 年 2 月通产省和美国贸易代表办公室进行协商。2—4 月日美行业代表会议举行，美国方面希望签署新的半导体协定，或是希望增加市场监督等"政府行为"相关条款，日本方面对此表示拒绝，日本官方和民间都希望能尽快停止该协议。1996 年 4 月 17 日，日美举行首脑会谈，日本首相桥本龙太郎表示：通过协定要发挥的作用已经实现，

---

⑩　本段落英文原文如下："The Government of Japan recognizes that the U. S. semiconductor industry expects that the foreignmarket share will grow to more than 20 percent of the Japanese market by the end of 1992 and considers that this can be realized。"

⑩　本段落请参考：吹訳正宪，《从摩擦到合作——日美半导体新协定》，《通产月刊》，第 24 卷 8 号，1991 年。

⑩　同前，《日美半导体协定下外国半导体市场准入扩大问题》，《通产省公报》，第 3 页。《通商产业省对公布外国品牌半导体市场份额的观点》，《通产省公报》，1996 年 4 月 3 日，第 7 页。

⑩　大贺典雄，《纪念日美半导体协定的结束》，《通产月刊》，第 22 卷 11 号，1996 年。

今后期待两国业界人士通过对话取得进展。美国总统克林顿则表示希望两国政府在 7 月底之前就监督问题达成一致。日美双方几乎每个问题都没有达成一致。5 月底，日本电子设备工业协会向美国半导体工业协会提交建议书，题为《关于今后半导体产业合作》，其中倡议成立世界半导体会议（World Semiconductor Council）。6 月 21 日，日本政府建议美国政府召开"全球半导体政府论坛"（Global Governmental Forum）。⑳ 月底在法国举行里昂峰会，欧盟等国反对日美双边谈判，所以选择支持日本政府提出的多国间举行的半导体会议。

此后 1 个月内，美国依然对签署新协定抱有希望。以通产大臣塚原俊平为首的通产省断然拒绝了美国方面提出的关于量化指标和"政府参与"的无理要求，而且继续建议用多国间的多边主义制度取代《日美半导体协定》等两国双边主义谈判。谈判最终阶段在加拿大温哥华举行，欧盟委员会贸易问题负责人卡尔（Peter Carl）表示，如果日美之间达成了排他的两国协议，他就向 WTO 提起诉讼。㉑ 此举发挥了很大作用，1996 年 7 月底，新半导体协定结束，日本官方和民间开始致力于共同构建更加符合时代特点的多国间合作框架。通产大臣塚原和美国贸易代表办公室代理代表巴尔舍夫斯基代表两国政府，针对半导体问题发表了日美共同声明。其纲要如下：1999 年 7 月底，两国以 WTO 框架下制定的新规则为前提，①政府对半导体行业提供支持，②同意成立半导体工业协会，以推动产业合作，③呼吁各国成立全球半导体政府论坛，以便更好地讨论半导体产业和贸易相关的世界性共同课题，最好在第二年 1997 年 1 月 1 日以前召开此会议，④根据 GATT 的规定努力防止倾销行为。在此背景下，全球半导体政府论坛应运而生。1996 年 12 月，日本、美国、欧洲委员会和韩国参加第一届主要国家和地区政府论坛；1998 年 1 月，中国台湾参与第二次论坛；1999 年 3 月，举行第三次论坛。民间方面也做出了努力，成立了以国家为对象的半导体工业协会，以便讨论撤销关税等问题。1997 年 4 月召开第一次会议，日本、美国、欧洲、韩国参加；1998 年 4 月召开第二次会议。㉒

1996 年，《日美半导体协定》作为贸易管理性质的双边协定，在持续近 10 年后终

---

⑳ 《特辑 展望半导体时代》（座谈会），《通产月刊》，1996 年 11 月。

㉑ 关于《日美半导体协定》的终止，主要内容请参考前文：中户，第 5 章。

㉒ 本段落内容节选自：同前，《日美半导体协定概要》，参考第 14—15 页。1996 年底 WTO 部长级会议在新加坡举行，会上就签署技术信息协定（原则上要求在 2000 年底除了部分产品之外，废除其他与信息相关的机器及零配件的关税）达成一致。这成为半导体工业协会成立的前提条件。

于画上了休止符；贸易风格发生转变，开始重视市场原理，按照 1995 年成立的 WTO 框架规则开展多国间协调。据半导体行业制造厂商的人士回顾称："日美双方的态度截然相反，日本方面认识到必须要废除恶性规则（作者注：《日美半导体协定》），美国方面则认为《日美半导体协定》非常成功。"美国方面表示"非常担心协定终止后（作者注：外国半导体）的市场份额会减少"，所以希望能延长协定并修改协定的相关内容。⑬

（5）胶卷和相纸⑭

1995 年 5 月，美国柯达公司认为日本政府默许日本富士胶片公司在家用胶卷以及相纸等领域采取反竞争性商业行为，导致富士胶片公司在日本市场占比高达 70%，而柯达占比不到 10%，这种现象非常不公平、不合理。1974 年，根据美国《贸易法》第 301 条（含其他相关措施，下同）向美国贸易代表办公室提出诉讼。7 月美国贸易代表办公室根据 301 条款针对该公司的起诉展开调查。⑮ 与此同时，美国政府要求针对此事与日本政府进行谈判。日本政府始终贯彻其原则，拒绝在 301 条款框架下进行双边谈判；而且表示柯达公司的起诉涉及日本的《禁止垄断法》，所以不应该通过双边谈判，建议采取更加妥当、可行的方式，比如柯达公司直接向公平交易委员会申诉。美国方面对日本的态度非常不满，表示必须举行政府双边谈判，尤其是美国贸易代表办公室和通产省之间必须要展开谈判沟通。

日本建议美国，在 OECD "贸易与竞争"委员会上比较日美欧的胶卷市场。日本之所以提出该建议是基于以下认识。第一，富士胶卷在日本市场占比为七成左右，美国柯达胶卷在美国市场占比也为七成，两国市场如同镜子一般非常相似。第二，柯达公司认为日本的胶卷市场存在"单一品牌流通"问题（一级经销商只采购一种品牌的商业惯例），实际上这个问题在欧美市场也是稀疏平常的事情。第三，柯达在美国市场上也存在商业惯例行为，美国司法部根据近年的诉讼过程也表示怀疑该公司存在反竞争行为。日本的建议得到了一些国家的支持，但是最重要的美国迟迟不肯松口，该建

⑬　《特辑 展望半导体时代》（座谈会），《通产月刊》，第 29 卷 11 号，1996 年，第 9—10 页。

⑭　此处节选自《通商白皮书》各年版；其他还有铃木将文，《日美胶卷争端》，《通产月刊》，第 31 卷 5 号，1998 年，第 68—73 页。

⑮　"外国政府默认（tolerate）有组织的反竞争活动（systematic anti competitive activities）时"，可以认为该政府存在"不合理"的行为。美国《贸易法》第 301 条新增的这条规定，在处理胶卷问题时首次被提及。坂本吉弘，《纪念 GATT50 周年 谋求以规则为导向的贸易政策 5》，《通产月刊》，第 31 卷 10 号，1998 年，第 72 页。

议最终未能实现。

柯达公司（简称柯达）向美国贸易代表办公室提起诉讼后，富士胶片公司（简称富士）也单独同柯达进行过沟通，比如从 1995 年底到 1996 年 3 月，柯达认为①富士垄断并控制了特约经销商，形成了流通瓶颈，影响了柯达产品进入日本市场；②在富士的指挥下，零售店之间达成了价格协定，与柯达产品展开价格竞争，从而影响柯达的销量。对此，富士做出了反驳：①表示经销商并没有封杀柯达产品，不存在"流通瓶颈"这种行为；②日本胶卷的价格水平和美国相似，而且日本国内的竞争非常激烈，不存在所谓的价格协定。[126]

与此同时，日本公平交易委员会在每年都会实施例行的经济实况调查。1996 年开始，调查胶卷、相纸有关企业的贸易现状。1997 年 7 月，按照 WTO 专家组的手续公布了调查结果，其具体内容如下：①销售其他品牌（含柯达）的零售店的比例比较高，而且很多店不受约束，想卖什么就能卖什么，这样的零售店比例也很高；②同其他商品相比，照片胶卷这种产品更容易培养用户忠诚度，所以很多消费者认准了富士品牌；③富士的销售行为中没有发现违反《禁止垄断法》的情况。[127]

1996 年 6 月 13 日，美国贸易代表办公室公布了根据 301 条款展开调查的结果，裁定日本政府的行为"不合理"，要求日本在 WTO 框架下谈判。谈判主要内容涉及以下三点：①美国政府认为日本政府限制了胶卷和相纸的流通，阻碍了外国产品进入日本市场，所以美方要求基于 GATT 第 23 条第 1 款展开谈判；②美国政府认为日本的大规模零售店法（《大店法》）在商品流通服务环节与 WTO 的服务贸易总协定（General Agreement on Trade in Services，GATS）相悖，所以要根据 GATS 第 23 条第 1 款展开谈判；③美国政府认为日本的胶卷、相纸市场存在限制竞争的商业惯例，严重影响了该类产品的贸易，应该根据 1960 年 GATT 的相关决定针对这种限制贸易的商业惯例展开谈判。日方则认为，这些问题都涉及《禁止垄断法》，美国应该按照刚刚成立不久的 WTO 规则尝试解决问题。[128]

1996 年 7 月，根据 WTO 的规则，日美两国在瑞士日内瓦针对上述第一个问题举行

---

[126] 富士胶片公司，"向美国贸易代表办公室提交对富士胶卷'价格协定'的反对信"（1996 年 3 月 29 日，http：//www.fujiflim.co.jp/news_r/nrj074.html）。

[127] 富士胶片公司，"对公平交易委员会报告的意见"（1997 年 7 月 23 日，http：//www.fujifilm.co.jp/news_r/nrj234.html）。

[128] 《通商产业大臣塚原关于日本相机胶卷及相纸市场问题的讲话》，《通产省公报》，1996 年 6 月 19 日，第 5 页。

当事国协商谈判，但未能达成解决方案。10 月 WTO 成立专家组。1997 年日美双方两次提出意见书，两次召开专家组会议，才完成了实体审理。⑫ 12 月专家组向争端当事国配发了中期报告，1998 年 1 月向争端当事国配发了最终报告。对于上述第二个问题，因为不仅涉及胶卷等特定产品，还关系到普通的流通服务，与《大店法》相关，所以在 1996 年的 7 月 10 日和 11 月 7—8 日在 WTO 总部举行双边协商谈判。对于上述第三个问题，就是胶卷、相纸市场上存在的商业惯例问题，美国政府开始想借助 1960 年 GATT 的决定，但是 1996 年 10 月 3 日日本方面申请把美国市场也列为协商谈判对象。日美两国向专家组提交的文件数量非常夸张，光正文部分就有数百页，加上附件的话多达两万页。

接下来介绍美国和日本对以上谈判及专家组程序的意见以及专家组的判决要点。首先介绍下美国方面。美国不再把柯达起诉"日本政府默许反竞争商业惯例"违反《贸易法》第 301 条作为中心观点，而是把重点聚焦在 20 世纪 60 年代末以后日本通产省实施的"对抗自由化措施"上；美国认为其中三个要点限制了日本的相机胶卷、相纸的流通渠道。这三个要点分别是：（1）流通对抗政策。从 20 世纪 60 年代末到 70 年代，通产省通过折扣鼓励、合同标准化等行政手段（1970 年制定交易公平化指南，1975 年提出流通体系化指南），促使国内制造厂商与一级经销商在上下游领域进一步整合（"系列体系"），限制了外国产胶卷和相纸的流通渠道。（2）《大店法》及相关法案。美国认为日本针对大型零售店制定了严格限制，降低了零售店销售外国产胶卷和相纸的可能性。（3）促进销售对抗措施。美国方面认为日本的《不当赠品及不当表示防止法》（1962 年 5 月 15 日，法律第 134 号）相关规定阻碍了外国胶卷和相纸的销售。综上所述，美国方面表示日本政府在表面上一直假装促进贸易和资本的自由化，但实际上故意实施了这些负面措施。无论是"对抗自由化措施"的个别条款，还是整体都对美国在 GATT 框架下的利益（在降低关税谈判上的期待利益）造成侵害或导致无效，致使美国提出所谓的非违规申诉。此外，上述（1）"流通对抗政策"违反了 GATT 第 3 条与国民待遇有关的条款，（2）和（3）的部分措施违反了 GATT 第 10 条与贸易规则公示义务有关的条款。

---

⑫　1998 年 2 月 3 日，美国政府在败诉后随即发表声明，表示要监督日本政府是否履行了在 WTO 上做出的"承诺"，并且每半年报告一次"为了改善日本胶卷市场准入情况的落实情况"。1998 年 8 月 19 日，第一次报告公布，其中表示日本仍然存在很多不合理的商业惯例。

对于美国的主张，日本表示彻底反对，其观点如下："流通对抗政策"中提到的政策是为了促进流通行业的近代化和高效化。政策目的非常正当，绝不是为了封闭市场。另外，美国方面认为"单一品牌流通"是重大问题，但是从20世纪60年代末所谓"自由化对抗措施"实施之前就存在，所以美国的主张前后矛盾。再者，日本市场并不排斥外国胶卷和相纸，而且实际上日本政府一直在努力确保外国产品与国产产品享受同样的市场准入条件。就柯达胶卷而言，该公司的子公司——日本柯达，在日本同样具有富士一级经销商资质。但富士的某家一级经销商以前曾经想申请做柯达的一级经销商却被拒绝。美国所谓的"日本政府采取的措施"大部分是之前的措施，或者只是审议会的报告，并不满足美国提出非违规申诉的条件，也不构成违反GATT第3条或第10条的条件。对于WTO来说，美国的主张属于特例，容易导致非违规申诉的适用范围扩大，而且把问题归结于"流通对抗政策"以及"单一品牌流通"不过是对民间商业惯例的攻击。WTO争端解决机制的对象是政府政策，所以这些问题明显超出了WTO的框架范围。

WTO的专家组报告对日美两国的主张予以回复。最终结论是彻底否定了美国方面的诉求，基本认可了日本方面的主张。其具体内容如下：专家组对"流通对抗政策"的看法同日本基本一致，美方觉得有问题的措施无论在内容还是具体操作上其实都保证了国内外无差别原则；《大店法》并不限于特殊商品，也是符合国内外无差别原则的一项规定，而且现在的规则比过去还要宽松；在"促进销售对抗措施"中与《赠品表示法》有关的条文也保证了国内外无差别，没有通过价格和广告对竞争做出限制。所以专家组认定其中任何一条都没有侵犯美国方面的利益，不会影响外国胶卷和相纸与日本产品之间的竞争关系。专家组也不认可美国将上述几条措施整合成"自由化对抗措施"，认为这种对美国利益造成损害的做法因为各种措施叠加后并没有产生附加效果，跟单个措施无异。

针对该专家组报告，美国国内有种论调表示，"专家组侧重技术层面，无法解决真正的问题"，但是美国政府没有提出上诉。这份专家组报告也于1998年4月在WTO全部成员参加的争端解决机构（Dispute Settlement Body）上被正式采纳。

（6）其他

【金属棒球杆】

棒球和垒球等使用的金属材质球棒，因材料的耐冲击性和握柄结构问题，经常发生事故。为了确保安全，1975年，日本政府根据《消费生活用品安全法》（1973年6

月 6 日，法律第 31 号）将其指定为特殊产品。根据检查制度要求，特殊产品必须要确认产品的安全性，并且张贴安全产品标示后才能在市面上销售。日本垒球棒球联盟（Japan Softball Baseball Association）也制定了相关的标准，并且规定棒球联盟的正式比赛只能使用符合该标准的合格产品，日本国内 6 家制造厂商获得认证。1980 年左右，美国开始关注金属制球棒对日出口问题，希望在日本垒球棒球联盟的正式比赛中也能使用美国产球棒，并就此问题与日本垒球棒球联盟展开协商，与相关人员进行谈判，但是未能成功。1981 年秋天开始，这个问题成为日美两国之间的政治问题。

1982 年，日美两国就此展开了多次协商。《消费生活用品安全法》规定了两种制度检测特殊产品是否符合安全标准。一种检查制度是抽样检查，另外一种方法是不适用外国制造商的工厂登记、款式认证制度。对于后一种方法，美国意见颇多，具体如下：第一，执行第一种检查制度时，基于进口商的申请还要在通关后开箱检查，必须打开产品包装并且张贴产品安全标示，这给外国产品在时间、手续、成本方面带来很大负担，而国内产品基本使用工厂登记、款式认证制度，这对外国产品来说非常不公平。第二，外国制造商不适用工厂登记、款式认证制度，而且外国企业不能直接申请抽样检查，这都违背了内外无差别原则，与 GATT《贸易技术障碍相关协定》（标准协定）相悖。对美国人来说，金属球棒不但不属于特别危险的商品，反而还是一种与其特别亲密的商品。在美国政府高官、参众两院议员和记者的广泛关注下，金属球棒问题已经成为日本市场封闭的一种象征，其认证制度也作为非关税壁垒饱受美国人诟病。1982 年 8 月，根据美国的起诉，开始按照 GATT 标准协定实施争端解决手续。再加上其他场合也多次进行调整，终于达成了解决方案，但是美国方面希望相关业界能够给出签署最终协议的具体时间，所以 1982 年中期没能完成形式上的手续。

另一方面，1982 年，日本通产省也重新调整了《消费生活用品安全法》中规定的特殊产品清单，决定把金属制球棒从清单中剔除。该决定于 1983 年 1 月 6 日开始实施。与此同时，日本垒球棒球联盟也修改了自己的认证标准，根据《消费生活用品安全法》的规定，由产品安全协会负责张贴安全产品标示，并对国内外产品一视同仁。就安全产品标示制度而言，产品安全协会调整了工作方法，针对外国企业和日本企业提供完全相同的待遇。从 1983 年 1 月 31 日开始，还没等实施前文提到的解决方案，饱受诟病的非关税壁垒问题就得以解决。[130]

---

[130]　藤泽修，《金属球棒问题》，《通产月刊》，第 15 卷 12 号，1983 年，第 42—45 页。

【摩托车（700cc 以上）】

1982 年 9 月，针对日本产摩托车，哈雷戴维森公司根据 1974 年《贸易法》第 201 条向国际贸易委员会提起诉讼。国际贸易委员会于 1983 年 1 月确认情况属实，于同年 2 月建议美国总统实施救济措施。1983 年 4 月，美国政府接受了国际贸易委员会的建议，决定实施为期五年的进口救济措施，主要是提高关税，比如对排气量在 700cc 以上的日本产摩托车征收最高 45% 的惩罚性关税。同年 7 月，日美两国根据 GATT 第 19 条开始磋商，但是未能获得进展。日本通产省在日美贸易委员会等谈判场合表示美国采取的措施不当且违法，同时以相关措施实施后，700cc 以上的日本产摩托车库存情况减半为由，要求美国重新决策。但是美国没有理会，继续实施相关措施。

【铝制品】

一直以来，美国政府和铝制品行业就要求日本降低铝锭及其制品的进口关税。1985 年后半期，美国方面表示要根据 1974 年《贸易法》第 301 条起诉日本。1985 年 12 月，两国之间就降低关税问题达成一致。之后，又相继举行了两次专家会议，并且在 1986 年 8 月举行高级别谈判。10 月底日本决定从 1988 年 1 月开始降低关税。此外，为了维持开放、自由、无差别、公平的贸易环境，双方同意成立日美铝制品贸易特设委员会。[131]

【电信】[132]

20 世纪 70 年代后半期开始，美国逐渐放宽对电信领域的限制。1984 年巨型企业美国电话电报公司（American Telephone & Telegraph Company. AT&T）被分拆，之后才逐渐形成广阔且自由的电信市场。包括日本在内的外国通信设备制造商积极进军美国市场。但是美国认为不公平，因为电信市场与电脑、电子工学并列为最尖端领域，这些向美国市场进军的外国电信市场仍然保持高度垄断。

美国首先把矛头对准了日本。其实早在 1978 年，美国就曾要求参与电报电话公司的器材采购。其间的经过错综复杂，最终在 1980 年 12 月美国贸易代表办公室代表鲁

---

[131] 《日美铝协议的结果》，《通产省公报》，1986 年 11 月 7 日，第 2—3 页。1981 年美国商务部根据 1979 年《贸易协定法》开始调查日本倾销情况，主要涉及两种产品：电子炉灶以及工业用电动马达。1981 年 6 月决定对锅炉用钢管采取惩罚措施。4 月 9 日对聚乙丙树脂纺织线发出反倾销税征收指令，5 月 9 日对便携式打印机发出反倾销税征收指令。新法要求重新审查工业用拉链的反补贴关税。

[132] 关于电信问题，请参考：《通商白皮书》。此外还可以参考：谷口，《日本的对美贸易谈判》，第 2 部第 1 章。《关于延长日美政府采购问题（日本电报电话公司采购问题）的措施》，《通产省公报》，1983 年 12 月 28 日，第 15 页。以及之前的敷中，参考第 107—108 页。特别是谷口对政治过程进行了详细的考察。

宾·艾斯丘和日本政府代表大来佐武郎举行会面并互相交换了达成一致的文件。电报电话公司的部分采购产品受 GATT 政府采购法保护，剩下的部分要从国产商品和外国商品中进行无差别采购。三年后该协议被重新修改，并且一直延长至 1985 年，电报电话公司通过民营化改革成为日本电报电话公司后还在继续遵守。美国在 1985 年 MOSS 协议框架下已经把电信领域视为应该放松规制的领域。

　　器材采购问题解决之后，日本电报电话公司及其前身——电报电话公司的采购在世界范围内都比较公开。MOSS 协议签署后也出现很多变化：20 世纪 80 年代中期，日本电器市场逐步开放。[13] 比如，以前电话作为终端设备，受《电信事业法》（1984 年 12 月 25 日，法律第 86 号）限制，但是 1987 年修订该法后，取消了相关限制，家庭和单位可以自由购买各种功能和形状的电话，同时，消费者也能自由选择电话公司。但是，就在美国根据超级 301 条款，把日本指定为"优先调查国家"的一个月前，也就是 1989 年 4 月 28 日，美国贸易代表办公室认为日本方面对摩托罗拉公司车载电话的频率分配不当，要对违反了 MOSS 协议的日本实施制裁。其根据是从超级 301 条款中衍生出的 1988 年《综合贸易法》第 1377 条（电信条款：在电信领域，由美国贸易代表办公室判断其他国家与美国签署过电信相关协定的落实情况，如果没有遵守的话，美国可以在一个月内采取反制措施）。

　　1985 年当 MOSS 磋商时，车载电话问题就已经出现。日本于 1979 年引入日本电报电话模式车载电话，当时已经很普及。在谈判过程中，美国要求日本再引入摩托罗拉模式，该模式在世界其他国家也有尝试。日本被迫做出妥协，除了日本全国已经开展业务的日本电报电话公司之外，又认可了两家公司：日本移动通信在东京和名古屋地区采用日本电报电话公司模式推广，第二电信电话（DDI）在其他地区采用摩托罗拉模式推广。起初，摩托罗拉公司对地区划分并无异议，但是在业务开展过程中发现车载电话业务集中在东京地区，这种地区划分非常不公平，所以在华盛顿特区对美国政客进行游说。结果，美国议员之间形成了这样一种认识：作为积极拓展国际市场的优秀高科技公司，摩托罗拉公司受到日本政府的限制。如前文所述，美国政府宣布日本的做法违反了 MOSS 协议。

　　1989 年 5 月 3 日，美国政府公布了对日制裁备选清单，其中包括 58 种产品（包括 4 种服务）。当月 24 日举行听证会，决定要在 7 月 10 日前采取相关措施。6 月 28 日，

---

[13]　同上，薮中，第 109 页。

日美之间达成一致，日本移动通信公司出让 10 兆赫频率，其中分阶段给予摩托罗拉公司模式共计 5 兆赫的频率。之后，日本的车载电话很受欢迎，手掌大小的摩托罗拉产品销售火爆。[134] 紧接着，根据 1988 年《综合贸易法》第 1377 条，美国向日本提出了进一步要求，允许消费者自由选择网络信道终端设备（Network Channel Terminating Equipment），并希望进一步放松国际增值网络规制（Value Added Network）。而且，1990 年 3 月，为了规避美国根据 1988 年《综合贸易法》实施的制裁，日美举行协商谈判，双方达成一致：原则上同意消费者可以自由选择，讨论放松国际增值网络规制，并争取在 7 月底之前出台相关措施。之后又经历了多次谈判，于同年 7 月 31 日，日美之间就该问题最终解决方案达成一致：扩大国际增值网络规制服务商提供的服务范围，基本覆盖所有附加价值通信服务。

【机床】[135]

从 20 世纪 70 年代中期开始，日本制机床对美出口规模激增，引起了美国政府的关注。为了防止美国提起反倾销诉讼，1978 年 3 月，日本机械出口协会出台了相关决议，开始实施"关于向美国和加拿大出口横轴数控车床、横轴和竖轴加工中心以及相关的数控设备和配件等产品的批准制度"，希望以此暂且控制事态，稳定美方情绪。该措施原定为期 1 年，后被多次延长，直到 1987 年 1 月日本开始实施自愿出口限制措施才宣告结束，前后持续近 8 年时间。

关于机床日美之间也发生了多起贸易摩擦事件。最早是 1981 年 5 月，美国赫戴勒工业集团公司（Houdaille Industries）通过美国贸易代表办公室向美国总统提出起诉，要求根据 1971 年美国《收入法》（Internal Revenue Code of 1971）第 103 条，不再把日本产加工中心和数控冲床作为投资税额抵扣对象。1982 年 3 月美国机床制造商协会（National Machine Tool Builders Association）根据 1962 年美国《贸易扩大法》（Trade Expansion Act of 1962）第 232 条（国防条款）向商务部提起诉讼，要求实施进口配额制：外国制造的金属切割机以及金属成型机的份额不能超过国内消费总额的 17.5%，个别主要机型要控制在 20% 以下。赫戴勒工业集团公司之所以提出这种要求是因为日本制机床在美国市场所占份额急剧扩大；而且并非由自由公平的竞争导致，而是因为

---

[134] 关于车载电话问题请参考：《通商白皮书》，薮中，参考第 110—121 页。

[135] 关于机床工业的论述请参考：《通商白皮书》。日高千景、金容度，《与机床相关的日美贸易摩擦》，平成 16 年经济产业政策研究报告书，经济产业省"委托方：三菱综合研究所"，2005 年出版，参考《通商产业政策史编纂资料集（2）》。

日本政府通过补贴使企业形成卡特尔造成的；日本产品份额的扩大会对美国的国防安全带来隐患。受此影响，美国参议院同意采取决议，不再把日本产加工中心和数控冲床作为投资税额相抵对象。日本通产省则表示日本产品之所以在美国市场份额扩大，是因为其品质高、工期短、售后服务良好。日本的机床产业本身就属于激烈的竞争体制，美国所谓的卡特尔完全是无稽之谈。通产省还认为美国的上述措施违反了 GATT 第 1 条和第 3 条，美国政府不应该实施该措施。1982 年 12 月，通产省公布了方针，表示从 1983 年开始加强向美、欧、加拿大的自愿出口限制规制。1983 年 3 月，根据《进出口贸易法》（1952 年 8 月 5 日，法律第 299 号）开始实施最低出口价格规制。因此，1983 年 4 月美国总统驳回了美国赫戴勒工业集团公司提出的起诉。

与此同时，美国政府和国会对日本产业政策的关注程度日益提高，特别是非常担心日本政府为了保证机床等日本高科技产业在国际竞争中处于优势而采取"目标导向政策"，所以相继举行会议讨论此事。1982 年 7 月举行日美高科技工作会议（工作组）；1983 年 5 月举行产业政策对话。[134]

1986 年 5 月，为了激发美国机床产业的活力，里根总统发表声明，其中包括了很多国内政策以及要求日本、西德、瑞士、中国台湾四个国家和地区实施自愿出口限制政策。此时，根据《贸易法》第 232 条，只能延期执行。从 1986 年 8 月开始，日美之间针对美国机床产业增加活力的问题举行了六次协商。11 月 20 日，根据美国政府的邀请，日本向美国提供帮助，协助落实政策，激发美国机床产业的动力。日本同意从 1987 年 1 月开始最长 5 年时间内，日本针对向美国出口机床（加工中心、数控车床等 6 个品种）问题实施自愿限制措施。1986 年 12 月，日美两国将其概括归纳为《日本政府与美国政府间关于机床的交换公文》并共同签署。[135]

当时预计 1990 年 5 月在自愿出口限制政策执行第 3 年时会调整该政策，但是一直实施到 1991 年底也没有对现行内容做出任何调整。1991 年末，随着自由化逐步深入，美国政府要求延长 2 年时间，日本方面也表示同意。新协定比以前的协定规定的周期更多，对象也涉及 4 种，不像旧协定适用于全部产品种类。按照日美两国政府要求，数控铣床对美出口数据需要监控。其他 3 种（数控车床、生产中心、数控冲床以及剪

---

[134]　产业政策对话由通商产业省产业政策局长担任日方代表，高科技工作组由机械信息产业局副局长负责。美国方面由美国贸易代表办公室代表史密斯负责产业政策对话，由美国贸易代表办公室副代表墨菲和商务部特别顾问雷斯托维茨共同担任高科技工作组的主席。

[135]　《关于日本出口美国机床发行相关证书》，《通产省公报》，1992 年 1 月 8 日，第 11 页。

毛机）出口需要日本政府认可。限制性框架已经在逐渐放松。[133] 新协定规定于 1993 年末到期并宣布结束。

【非晶质金属】

1990 年 3 月 5 日，美国联信公司根据《贸易法》第 301 条提出起诉，认为日本政府和企业联合控制日本市场，排斥其他国家生产的非晶质合金材质的变压器产品。日美两国政府表示为了解决该问题将在 150 天内举行对话磋商，因此美国方面于 3 月 18 日撤销了美国联信公司的起诉。

【纸】

如前文所述，纸张作为林产品的一种，属于 MOSS 协议的对象。但是之后美国方面为了进一步掌握外国企业进入日本纸市场的情况，于 1991 年 1 月举行了日美两国政府间专家级会议。第二年，即 1992 年 1 月，布什总统访日时提出 "全球伙伴关系行动计划"，其中也要求日本进一步扩大进口外国纸制品的规模，提高市场份额。4 月 5 日，为了实现这一目标，日美两国决定实施 "日美关于纸张的相关措施"，为期 5 年。日本方面需要采取的措施包括：加强日本流通业的相关企业与外国制造商的合作；敦促日本流通企业和用户企业扩大进口规模；针对日本流通企业颁布政府采购指南；制作关于遵守《禁止垄断法》的手册；对日本市场展开现状调查。美国方面需要采取的措施包括：指导美国制造商更好地开展日本市场业务，帮助其更好地理解日本的商业环境，帮助美国制造商与日本流通企业加强合作。当年 9 月以后，日美两国每年举行两次回顾会议，在会上日本方面会公布年度调查结果，其内容主要包括鼓励流通企业、印刷企业、加工企业、用户企业进口外国纸张情况，用户企业购买纸张的方式以及进口外国纸张的规模及原因。美国方面也会提出报告，其内容主要包括通过案例分析介绍进入日本市场的方法以及如何促使美国企业更好地理解日本商业环境。在规定时间内，一共举行了 8 次回顾会议，按照预期，该协议于 1997 年 4 月终止。

这些措施切实改善了日本纸市场的准入情况，导致外国纸张的进口规模迅速扩大，但是美国政府并不满意，先后两次于 1994 年 10 月以及 1995 年 9 月，决定根据 1994 年 3 月重新生效的超级 301 条款，把日本纸张市场作为制定优先调查的商业惯例之一。

---

[133] 《关于机床自愿出口限制》，《通产省公报》，1992 年 5 月 13 日，第 3 页。

【平板玻璃】

1991 年 12 月，美国政府在日美贸易委员会上表示日本的平板玻璃市场比较封闭。如前文所述，1992 年 1 月 "全球伙伴关系行动计划" 公布，其中明确规定了日美两国政府的措施，具体如下：①促进外国企业的销售；②鼓励日本企业扩大购买平板玻璃的规模；③对在 1992 年 2 月之前遵守《禁止垄断法》的国内平板玻璃制造商予以奖励；④日美政府召开会议就上述措施交换意见；⑤公平交易委员会在 1992 年 3 月之前调查平板玻璃市场；⑥建设省召开说明会议，向外国企业解释《建筑标准法》（1950 年 5 月 24 日，法律第 201 号）。

受此影响，日本政府实施了以下措施：①向外国与平板玻璃有关的企业进行介绍；②1992 年 4 月，在要求扩大进口会议上，由通产大臣提出扩大平板玻璃进口规模的要求；③国内三家平板玻璃制造商要制定遵守《禁止垄断法》的项目；④公平交易委员会调查平板玻璃市场；⑤由建设省召开说明会议，向外国企业解释《建筑标准法》等相关问题。

在此背景下，公平交易委员会提交了 "与平板玻璃流通有关的企业间交易现状调查"，其中指出并不存在违反《禁止垄断法》的情况，但是对平板玻璃的流通和交易惯例提出了一些问题。日本政府接受了这些意见，要求国内生产平板玻璃的三家制造商严格遵守《禁止垄断法》，重新评估现行的折扣制度。对此，这三家制造商通过自己的判断，决定严格遵守《禁止垄断法》，废除折扣制度及事后减价制度。

1993 年 7 月，在日美经济框架对话过程中，平板玻璃也属于既定对话框架内容之一。1994 年 12 月 12 日，日美政府达成一致：日本政府采取措施扩大进口并且推广使用隔热防爆玻璃，美国政府要求日本帮助美国企业更好地理解日本的经济环境。1995 年 1 月 25 日，日美政府都收到对方确认该内容的文件，于是通产大臣桥本和美国贸易代表办公室代表坎特就 "日美平板玻璃措施" 达成一致。原则上要求最惠国待遇、双方负责以及在政府职责范围内处理。1995 年 9 月以后，双方同意原则上每年召开一次后续跟进工作会议，汇报落实情况。截至 1998 年 5 月已经召开了 5 次会议。

1994 年，美国平板玻璃制品还不到日本国内需求总量的 1.7%，但是之后增长迅速，1995 年为 3.4%，1996 年为 4.0%，1997 年上半年为 5.2%。[139] 但是从很久之前开始，美国的某些企业就对进入日本市场的这种方式表示不满，甚至上升为政治问题也

---

[139]　《关于日美玻璃特设检查会议》，《通产省公报》，1997 年 10 月 31 日，第 5 页。

已经持续了很长时间。1999 年底，上述措施面临失效，美国方面又提议要求签署新的协议。日本政府则表示其平板玻璃市场属于充满竞争的自由市场，美方提出的问题早已超出政府应该管理的范围，所以签署新的协议没有必要而且并不合适。随后上述措施失效。

8. 小结

如上所述，日本与美国贸易摩擦谈判非常复杂，而且涉及各个方面，在总结时希望对重要部分做一些补充，才能总结出重要观点。第一次石油危机爆发后，作为美国基础产业的制造业遭到严重打击，再加上受到日本"倾盆大雨"般出口的影响，美国制造业陷入衰退，贸易摩擦上升为影响两国关系的严重问题。如前文所述，日美之间的贸易摩擦始于 20 世纪 50 年代中期到 20 世纪 70 年代初期的纤维争端。石油危机后贸易摩擦扩展到彩色电视机、钢铁、汽车等诸多领域。越来越多的摩擦和争端出现在重工业领域，这种趋势非常明显。这种现象并不只发生在美国，但是由于美国有很多工业区，在某一个地区聚集了某一产业，所以随着该产业衰退，该地区经济发展也受到严重影响，在该地区的企业和居民肯定会产生很多抱怨和不满，他们纷纷向国会议员甚至总统请愿要求制裁日本。为了争取他们的选票，国会议员和总统无法忽视他们的强烈期待，所以从纤维摩擦开始，美国政府就已经开始以政治为由采取强硬态度对待日本的产业问题。

针对与日本的贸易摩擦问题，美国的应对措施在不断调整。20 世纪 70 年代中期开始的 10 年左右，美国主要通过反倾销调查限制产品进口；给日本政府施加政治压力迫使其相关行业实施自愿出口限制措施；让日本企业到美国当地投资建厂生产。其中的自愿出口限制措施的弊端是：日美两国的制造商互相合计就能制造出一定数量的产品，这无疑相当于国际同业联盟，只会导致美国消费者购买到价格更高的产品，在当地投资建厂倒是可以创造就业机会，刺激当地疲软的经济。

1985 年 1 月，里根政府开始同日本就 MOSS 协议进行磋商。同年 9 月《广场协议》签署后，里根政府提出了"新贸易政策"。这对美国来说，是非常大胆的一次尝试：一直以来美国都是采取抑制日本产品进口的被动方法，现在调整为积极扩大对日出口的主动方法。根据 MOSS 协议，美国选择了其比较关心的五个领域：电子工学、电信（通信领域）、林产品、医药和医疗器械以及汽车零配件，要求日本放松规制并降低关税。后来又通过双边协商谈判迫使日本采取措施排除外国产品进入日本市场的壁垒。

美国之前从来没有使用过 1974 年《贸易法》第 301 条，在"新贸易政策"下也开始根据情况灵活使用，谴责以日本为首的外国存在一些对美国非常不公平、不合理的贸易惯例，要求对该国实施严厉制裁。从这个时期开始，美国逐渐转向比较明显的攻击态势。归根结底，美国的贸易政策是为了防止贸易逆差，以前的方法是阻止产品从日本流入。现在却发生了截然不同的变化，开始把重点转移到提高对日本出口、排除日本限制外国产品进入的制度性障碍；换句话说就是要打开封闭的日本市场。造成这种变化的原因之一是"双逆差"（财政收支逆差和经常收支逆差）出现并且增幅迅速扩大，美国经济陷入危机。另外一个原因是，1988—1990 年随着东欧剧变、苏联解体，冷战逐渐结束。在冷战时期，基于《日美安全保障条约》，日美两国保持非常紧密的军事合作，日本自由民主党政权也都坚持亲美路线，所以 80 年代以前日美关系非常稳定。但是苏联等社会主义国家解体后，美国国会认为日本的重要性降低，没有必要与日本维持如此紧密的军事、政治合作关系。与此同时，虽然是泡沫经济，但是日本经济实力迅速发展，在全球的存在感与日俱增，逐渐对美国构成了威胁。这种威胁不仅体现在对日贸易逆差问题上，还体现在日本收购了纽约很多摩天大厦，比如洛克菲勒中心、蒂芙尼大厦、美孚大厦、艾克松大厦、ABC 大厦等。尤其是 80 年代后半期日本企业开始投资美国企业，比如收购哥伦比亚影片公司等，导致美国对日感情急剧恶化。里根政权结束后不久，1989 年布什上台伊始就开始同日本就日美结构问题进行磋商。在此背景下，美国表示 MOSS 协议中部分被指出的问题就是日本经济结构问题，并且做了进一步概括：比如高地价、流通方面的结构障碍、排他的交易惯例、封闭的系列体制、内外价格差等问题。日本方面必须对这些问题保持足够的认识。

无论是 1980—1988 年的里根政权，还是 1989—1992 年的布什政权，都信奉市场主义。接替布什上台的克林顿政权作为民主党政权，沿袭了里根政权时期创立的方针政策，积极排除日本结构性障碍以扩大美国出口；与此同时，还赋予里根政权时期制定的 1974 年《贸易法》第 301 条活力，作为"要挟"其他国家的武器。当然克林顿政权并不局限于此，他提出了根据"客观标准"（实际上就是量化指标）判断结果的"结果导向型"贸易谈判方式，取代了之前重视谈判过程并最终在时间上妥协的贸易谈判方式。1993 年 7 月，克林顿政权决定同日本展开日美经济框架对话，在汽车及零配件谈判时明确提出"客观标准"的要求，并强迫日方接受。

综上所述，从 20 世纪 70 年代中期到 20 世纪 90 年代中期，大约 20 年时间，日本对美出口规模迅速扩大。美国方面一开始要求日本的个别产业实施自愿出口限制措施，但是 20 世纪 80 年代开始，里根政权做出重大政策调整，更加重视向日本出口的相关政策。美国方面认为导致美国出口乏力的根本原因是封闭的日本市场，从不怀疑是美国产品缺乏竞争力。所以美国要求日本撤销限制外国产品进口的结构性因素。20 世纪 90 年代前半期，克林顿政权引入"客观标准"，进一步发展了这种方针政策。

但是，日本也不是唯美国马首是瞻。在"结果导向型"谈判诞生前，日本和美国的谈判方式是：日本在谈判时针对美国提出的要求说"不"，之后美国方燃起熊熊斗志，两者通过反复谈判沟通寻找共识。[⑭] 到最后，日本接受了美国提出的大多数要求。但是在日美经济框架对话时，日本方面坚持了本国的立场，表示如果在《贸易法》第 301 条框架下谈判就坚决不予回应。对于引入"客观标准"的问题，日本政府也表示强烈反对，甚至不惜付出谈判决裂的代价。1986 年以及 1991 年签署了两次的《日美半导体协定》被迫引入了"客观标准"，使日本政府非常苦恼，痛定思痛后，在日美经济框架对话时，美国要求在汽车及零配件问题上也引入"客观标准"，这遭到日方的强烈反对。但是汽车及零配件谈判的最终结果实际上发挥了很大作用，日本公布并修改日本制造商自愿购买外国产品的计划，并且提高购买上限。美国方面认为日本在实际上实现了"客观标准"，所以保全了美国的面子。从这个意义上讲，日美经济框架对话还是沿袭了以往"含糊其辞"的解决方式。

克林顿政权下展开贸易谈判的方式包括：单边主义措施（行使《贸易法》第 301 条）和双边主义措施（两国间谈判磋商）。这与美国在世界上推行的多边主义措施（多国通过 GATT 乌拉圭回合进行谈判）存在明显矛盾。1995 年 1 月，GATT 改组为 WTO，沉重打击了美国的单边主义措施和双边主义措施。实际上，日美于 1995 年针对相机胶卷和相纸展开谈判时，日本方面已经在 WTO 框架下获得全面胜利。从那个时期开始，日美贸易摩擦逐渐陷入沉寂。

第 2 节　日欧贸易摩擦谈判

1. 第一次石油危机后，贸易摩擦问题再次升温

1970 年左右，欧共体各国同日本之间的贸易摩擦问题开始凸显，并且一直持续

---

⑭　同前，数中。

到 20 世纪 90 年代前半期。[141] 日本与美国的贸易摩擦始于纤维制品，在这一点上日本与欧洲的贸易摩擦也比较类似。20 世纪 60 年代，日本和欧洲开始针对棉制品贸易进行谈判，1969 年双方互相妥协，最终达成一致。众所周知，战前，即 20 世纪 30 年代前半期，日本大量对外出口棉纺织品、人造绢制品以及杂货，尤其是以印度为主的英联邦国家以及当时荷兰殖民地——现在的印度尼西亚，这致使日本与英国和荷兰之间发生了严重的贸易摩擦。[142] 特别是自 18 世纪后半期产业革命发生后一个世纪以来，英国都是棉布出口国，自然不甘心被日本夺去了位置，所以从战后就一直非常警惕日本棉纺工业的复苏，而且一直不支持日本加入。[143] 正因为上述问题，所以 1955 年日本加入 GATT 后，欧洲没有给予日本最惠国待遇。在 20 世纪 60 年代初期，欧洲经济共同体（European Economic Community）与日本签署双边贸易协定，对大部分日本商品实施进口数量限制措施（对日差别数量限制）。尽管贸易数量限制违反了 GATT 第 11 条，差别对待违反了 GATT 第 13 条，但是该协定仍然存在了相当长时间。直到 1994 年 3 月，欧洲修改了欧盟共通贸易规则，废除了旧欧共体理事会规则，数量限制的法律基础消失，这些对日本实施的不公平措施才终止。[144] 在战前就被英国视为威胁的日本纤维制品，在战后初期引发与欧洲的贸易摩擦自然也是理所当然。

紧接着，1971 年欧洲和美国一样，对于日本产钢铁进口激增问题非常苦恼。第二年，即 1972 年 1 月，针对当时的情况，日本 6 家拥有高炉的大型企业决定根据《进出口贸易法》（1952 年 8 月 5 日，法律第 299 号）对欧洲（欧共体 6 国以及英国）实施钢铁自愿出口限制措施。[145] 该自愿出口限制措施截至 1975 年底，之后经过多次修改，一直持续到 20 世纪 90 年代。从 20 世纪 70 年代初期开始，对欧自愿出口限制措施的范围不断扩大，不仅针对钢铁，还扩展到磁带录音机和电视机等其他领域。1971 年 8 月，受尼克松冲击影响，日元开始升值。在此之前，即

---

[141]　本节内容请参考：通商产业省，《通商白皮书》（总论）。

[142]　请参考：池田美智子，《对日经济封锁》，日本经济新闻社，1992 年出版。石井修，《世界恐慌与日本的"经济外交"（1930—1936）》，劲草书房，1995 年出版。

[143]　赤根谷达雄，《日本加入 GATT 的问题——从"Regime 理论"分析实例研究》，东京大学出版会，1992 年出版。

[144]　大平和之，《日本与欧盟贸易·经济关系》。植田隆子编，《21 世纪的欧洲和亚洲》，劲草书房，2002 年出版，第 141—142 页。

[145]　佐野忠克，《从对立开始协调的历史——日美钢铁问题》，《通产月刊》，第 14 卷 2 号，1981 年，第 13 页。

6月左右，日本政府已经决定将有序出口（Orderly Marketing）写入综合经济政策。同年10月，经济团体联合会（经团联）派出代表团（团长：植村甲午郎会长）访问欧共体，借机把日方准备实施自愿限制措施的想法传达给欧共体经济界有关领导人。[146]

在日本的努力下，日本与欧洲贸易摩擦问题暂时平静。但是1976年第一次石油危机爆发后，日欧贸易摩擦问题再次升温。欧洲认为日本对钢铁、汽车、船舶、轴承等特殊产品进行了"倾盘大雨"式的出口，该问题性质非常严重。根据表1.1.7可以了解到日本对欧共体贸易收支顺差迅速扩大。为了平息事态，同年10月，经团联再次派代表团访问欧洲，由土光敏夫会长亲自带队。欧洲方面严厉批评了日本商品涌入欧洲市场的趋势，而且指责日本的非关税壁垒（关于工业产品进口的技术壁垒[147]，具体比如汽车的款式认证、尾气规定、药品和化学用品的审查等）严重影响了欧洲产品进入日本市场，希望日本方面及时做出调整和改善。从表1.1.7可以了解到，日本对欧共体出口总额达到从欧共体进口总额的2倍，日本对欧共体贸易顺差金额突破30亿美元的上限[148]，这些因素都导致日欧贸易摩擦问题日益严重。

表1.1.7　日本对欧盟（欧共体）贸易收支变化　　　　　　　　　　（单位：100万美元、%）

年度	出口额 A	进口额 B	贸易收支 A－B	与上一年相比增长率
1970	1 303	1 117	186	n. a.
1971	1 635	1 138	497	167. 2
1972	2 203	1 395	808	62. 6
1973	4 400	3 177	1 223	51. 4
1974	5 968	3 982	1 986	62. 4
1975	5 675	3 371	2 304	16. 0

---

[146] 同前，大平，第109—110页。

[147] 这些技术性壁垒在当时正在谈判中的GATT东京回合上也成为问题。石井晋，《进口促进政策1975—1995》，《通常产业政策史研究》，1997年《通商产业政策史编纂资料集（2）》。以下如果引用该文章，简称为石井晋（1997）。

[148] 岩城成幸，《日本与欧盟关系的进展与课题——以经济和贸易领域为中心》，《Reference》（国立国会图书馆），第682期，2007年11月，第14页。

（续表）

年度	出口额 A	进口额 B	贸易收支 A－B	与上一年相比增长率
1976	7 234	3 623	3 611	56. 7
1977	8 736	4 195	4 541	25. 8
1978	11 105	6 072	5 033	10. 8
1979	12 685	7 581	5 104	1. 4
1980	16 650	7 842	8 808	72. 6
1981	18 894	8 552	10 342	17. 4
1982	17 064	7 560	9 504	－ 8. 1
1983	18 523	8 120	10 403	9. 5
1984	19 405	9 334	10 071	－ 3. 2
1985	20 016	8 893	11 123	10. 4
1986	30 675	13 989	16 686	50. 0
1987	37 693	17 670	20 023	20. 0
1988	46 873	24 071	22 802	13. 9
1989	47 908	28 146	19 762	－ 13. 3
1990	53 518	35 028	18 490	－ 6. 4
1991	59 158	31 792	27 366	48. 0
1992	62 474	31 280	31 194	14. 0
1993	56 412	30 149	26 263	－ 15. 8
1994	57 480	35 479	22 001	－ 16. 2
1995	70 291	48 812	21 479	－ 2. 4
1996	63 166	49 521	13 645	－ 36. 5
1997	65 820	45 199	20 621	51. 1
1998	71 152	38 895	32 257	56. 4
1999	74 281	42 634	31 647	－ 1. 9

注：1. n. a. 是指没有数据。

　　2. 欧盟（欧共体）的范围是，1972 年之前为 6 个国家，1973—1980 年为 9 个国家，1981—1985 年为 10 个国家，1986—1994 年为 12 个国家，1995 年以后为 15 个国家。

资料来源：石井一生，《日本贸易 55 年》，日本贸易振兴会，2000 年，第 302—305 页。

经团联代表团回国后，向日本政府汇报了相关情况，并且共同商讨对策。1976 年 11 月，欧共体委员会[149]和日本外务省举行政府级别会议。当月，日本政府针对欧共体方面指出的问题做出回应：①控制汽车船运的数量；②日欧开始通过对话讨论欧共体要求抑制船舶订单的问题；③扩大脱脂奶粉等农产品的进口规模。欧共体方面对此表示肯定。同年秋天，日本政府还实施其他措施，比如简化检查手续，同意在动物实验和药品检查这两方面使用出口国数据，避免双重检查；在汽车尾气排放规则方面，延长了进口汽车为期 3 年的适用期；在款式制定方面，允许在当地定量检查。通过以上措施，为欧洲企业向日出口产品提供了很大便利。

第二年，即 1977 年，在日本贸易会和经团联的协助下，通产省向法国派遣了六个代表团，主要任务是促进一般设备、化学产品、消费品等领域的产品进口。代表团与法国财政界领导举行会晤，广泛交换了意见，并且安排去企业和工厂参观学习，调查可以从法国采购的产品并且制成清单。[150] 关于造船问题的情况如下：2 月，OECD 造船工作会议举行，会上日本提出提高 5% 的船价的妥协方案，使谈判气氛变得非常融洽，问题迎刃而解。同年，针对向英国出口汽车问题，日本和英国汽车产业界多次交换信息。日本其他产业，比如钢铁产业和电子工学产业都努力采取措施，抑制对英出口，避免扰乱英国市场。[151]

即便日本已经做出如此努力，还是未能阻止欧共体对日本实施制裁措施。1977 年 2 月，欧共体委员会决定对日本出口的滚珠轴承征收 10%～20% 的反倾销税，最长 3 个月时间。1979 年欧共体内部文件被曝光，其中充满了对日本人的揶揄和挖苦，讽刺日本人是"住在兔子窝里的工作狂"。[152]

2. 20 世纪 80 年代贸易摩擦问题加剧

（1）欧洲悲观主义时代背景下的对日批判

20 世纪 80 年代前半期，主要是受第二次石油危机的影响，欧洲的各个产业都陷入

---

[149] 其总部设在比利时首都布鲁塞尔。由 20 世纪 90 年代初 12 个参加国政府选出 17 名部长级官员组成，任期 4 年，主要工作包括：为落实欧共体政策提出意见；监督是否遵守并且合法使用与欧共体相关的法律；使用并且管理欧共体相关的条款；在国际机关派驻欧共体代表等（肥塚雅博，《巴塞尔和日欧贸易关系》，1991 年 6 月 9 日，《通商产业政策史编纂资料集（2）》）。1970 年将对外贸易谈判权限交给欧共体委员会，所以日本与欧共体之间开始就综合贸易协定进行谈判。

[150] 该代表团是 1976 年 1 月法国总统雷蒙·巴尔（Raymond Barre）访日时与通产大臣河本敏夫会面时要求成立的。

[151] 以上关于 1976—1977 年的论述请参考：同前，石井晋，1997，第 6—7 页。第 2 章第 1 节会详细介绍产品进口促进协会（MIPRO），该组织成立于 1978 年 2 月，就是在受欧共体批评的背景下成立的。

[152] 同前，岩城，第 14 页。

衰退，投资也越来越乏力，失业问题愈加严重，所以这段时期也被称为欧洲悲观主义时期（Euro-pessimism）。从表 1.1.7 可以了解到 1980 年以后欧洲对日本的进出口总额、贸易收支总额以及与上年的变化。20 世纪 80 年代前半期有两年是负增长，欧共体对日贸易收支逆差总额高达 100 亿美元，大幅超过 20 世纪 70 年代制定的 30 亿美元的上限；一直到 1987 年，日本的贸易收支顺差超过了从欧共体进口的总额。[153] 所以 20 世纪 70 年代后半期开始，日本与欧洲贸易摩擦问题加剧。

　　1980 年日本对欧共体贸易收支顺差总额比 1979 年增加近七成，欧共体委员会要求日本对汽车实施出口限制措施。一直以来，意大利和法国都违反 GATT 的规则限制汽车进口数量，联邦德国和荷比卢经济同盟则同意日本汽车自由进口。但是现在后面提到的几个欧洲国家也改变了主意，要求日本限制汽车出口。此外，在欧洲各国经济低迷以及日本与欧共体贸易收支严重失衡的宏观背景下，欧洲各国认为日本制造的普通机械和电气设备过多会严重影响本国的基础产业。所以 1980 年 7 月欧共体委员会发表题为“欧共体的对日贸易政策——再次探讨”的声明。欧洲各国撤销了各国制定的对日差别限制政策，取而代之的是要求日本在 2—4 年内对给欧共体各国产业造成严重影响的产品实施自愿出口限制措施。欧洲国家认为此举既可以加强本国该产业的国际竞争力，又可以强迫日本开放封闭市场。面对批判和谴责，10 月日本与欧共体举行贸易谈判，共同探讨解决欧洲对日贸易逆差的方法。[154] 11 月 17 日，日本外相伊东正义发表讲话，明确了日本政府的主张。其内容概要如下：

　　　日本政府正在努力与欧共体加强合作，尽可能按照 OECD 新贸易宣言的原则构建彼此的贸易关系，维持和改善开放的多边世界贸易体系，避免采取保护主义措施。另一方面，日本政府认识到目前经济形势面临诸多困难，在此背景下对日贸易失衡以及在某些领域日本出口激增，这都导致欧共体内部出现威胁到自由贸易原则的行为。但是将欧共体目前面临的经济问题的根本原因归结为日本出口增加的这种说法缺乏根据。对于日本和欧共体之间的贸易失衡问题，最根本的解决方法是欧共体增加对日出口，因此欧共体的企业家必须要更加努力。但是鉴于目前的世界经济

---

[153]　同前。

[154]　通商产业调查会、通商产业政治史研究所编，《通商产业政策史年表（1980—1996 年）》，1997 年出版，第 9 页。

局势，日本政府也会做出相应努力，采取一切措施营造更加和谐的对外经济环境，但不会把减少日本经常收支逆差作为特定目标，而且也不会改变以内需为中心的中长期发展模式。对于民间企业来说，政府打算通过鼓励的措施避免出现在某个地区就某个产品进行"倾盆大雨"般地出口。日本政府高度赞赏欧共体委员会希望推动日本与欧共体间的经济关系更加开放的态度，也准备与该委员会一起研究探讨具体的解决方案。今后与欧共体的合作关系将不仅局限在贸易层面，还将扩展到产业合作、南北问题等贸易以外的其他领域。[153]

对此，同年 11 月，欧共体外长理事会针对欧洲与日本的经济关系发表了声明，其中强调针对从日本进口数量剧增的产品要采取有效措施控制进口；同时还要求日本政府能采取具体措施切实保证扩大欧共体产品向日本出口的规模。[154]

1981 年 2 月，欧共体外长理事会向欧共体委员会提交特殊日本产品清单（敏感产品清单，包括乘用车[155]、彩色电视机接收装置以及显像管、数控机床）。之后不久就开始针对这些产品实施事后进口监管制度。同年第一季度公布结果，之后逐渐成为定期汇报机制。后来这种监管制度一直得以持续并不断加强。

1981 年 6 月，日本首相铃木善幸访问欧洲，同意针对上述特殊产品实施彻底的自愿出口限制政策，同时同意把欧共体委员会作为对欧谈判的窗口部门，取消以前同各国举行的个别问题谈判。[158] 同年 10 月，日本政府派出经济代表团（团长：经团联会长稻山嘉宽）访问欧洲，欧洲方面强烈要求日本开放市场并且扩大欧洲产品进口规模。[159] 12 月，欧共体外长理事会要求日本进一步开放市场（降低关税，改善检查标准，简化进口手续，扩大及撤销进口框架，改善金融、服务、投资领域的准入条件），并且扩大欧共体产品进口国规模，同时还决定抑制日本制造的敏感产品的进口规模。[160]

---

[153] 鹿岛和平研究所编，《日本外交主要文书·年表（3）1971—1980》，原书房，1985 年出版，第 1179—1180 页。外务省信息文化局，《外务省公文集·昭和 56 年》，1980 年，第 177—178 页。

[154] 《通商产业省年报》，昭和 55 年，第 527 页。

[155] 1981 年 6 月，通产大臣田中六助和欧共体委员会领导就同年日本向欧共体户口汽车保持"稳定水平"达成一致（同前，通商产业调查会、通商产业政策史编，第 13 页）。

[158] 同前，大平，第 111 页。

[159] 关收，《访欧经济团体随行记》，《通产月刊》，第 14 卷 10 号，1982 年，第 36—40 页。

[160] 第二年，即 1982 年 11 月，欧共体要求增加其他条款，比如降低约 20 个产品的关税，扩大政府采购品（飞机、武器等）以及香烟的进口、简化汽车款式认定手续等进口检查程序、要求公平交易委员会迅速调查流通机构（《关于欧共体对日提出的新名单》，《通产省公报》，1982 年 12 月 3 日报，第 3 页）。

　　1981 年，日本通产省和英国的贸易与工业部（Department of Trade and Industry）就共同推进产业合作事宜达成一致。英国保守党撒切尔（Margaret H. Thatcher）政权愿意同日本开展产业合作，特别欢迎日本的汽车制造企业在英国当地投资建厂。但是英国的这些举措未必能够得到其他欧共体国家的赞同，这点从意大利的举动上就能略知一二，比如意大利把日本企业在英国生产的汽车当成直接从日本进口的汽车（参考表 1.1.8 中的 1982 年 4 月）。从表 1.1.8 中还可以了解到：从 1981 年开始，在相当长的时间内，欧洲各国经常对日本个别产品采取限制进口措施。从该表还能了解到法国、意大利对于日本的出口攻势表示强烈反对。从表 1.1.9 可以了解到，1981 年底这两个国家限制从日本进口的产品多于其他国家。法国的剩余限制进口产品的数量跟挪威一样高居榜首。从表中多少能够了解到当时法国已经开始实施贸易保护主义。

表 1.1.8　欧共体各国对日进口限制

年	月	法国	意大利	其他国家
1981	1	禁止向欧共体区域内国家出口日本产木制玩具、彩色电视机套件、收音机（基本持续到年底）【批准】	禁止向欧共体区域内国家出口日本产吉普车（持续到年底）【批准】	
	2			希腊提高了部分进口汽车关税。奥地利对日本产录像机实施数量限制措施（截至 1985 年 12 月）
	3		1980 年 10 月至 1981 年 9 月公布日本进口比例。禁止日本产卡车及调音器向欧共体区域内国家出口（基本持续到年底）【批准】	
	5		重新实施进口担保金制度	
	7		禁止日本产压电晶体原件向欧共体区域内国家出口（持续到年底）【批准】	

（续表）

年	月	法国	意大利	其他国家
1982	1	公布 1982 年度日本进口比例（削减了电视机的比例）。	欧共体委员会批准禁止日本产汽车通过第三国进口方式出口意大利（截至 6 月）	
	3	加强了对日进口限制措施（小型自动挡摩托车、机床。针对前者，制定了提前提交申请制度）		奥地利继续对日本产录像机实施数量限制
	3		公布日本进口比例（1981 年 10 月至 1982 年 9 月）	
	4		意大利汽车行业游说意大利政府要求日本进口框架扩大至日英技术合作车	
	10	录像机进口通关手续只能由普瓦捷海关处理。公布贸易收支改善措施		
1983	1	和英国一起针对特定区域（包括日本）的家用陶器的进口执行了许可制度【批准】		英国和法国一起针对特定区域（包括日本）的家用陶器的进口执行了许可制度【批准】
	3	针对机床、扩音器、彩色电视机显像管、叉车及其零配件、录音机及其附件等六种产品实施事先申请制度		
	4	针对录像机实施事先申请制度		
1984	1	公布 1984 年度日本进口比例		
	4	欧共体委员会批准对日本产石英手表实施保障措施		
	10		在东京召开的第二届日意经济关系事务级协商会上，意方提出撤销或缓和对日差别性进口限制措施	
1985	1	公布 1985 年度日本进口比例		
	2	禁止日本产收音机和石英手表迂回进口		

注：【批准】是指得到了欧共体委员会的批准。

资料来源：通商产业省，编，《通商白皮书》（总论）各年版；《意大利·缓和对日差别进口限制》，《通产省公报》，1984 年 10 月 26 日，第 1—2 页。

表 1.1.9　各国剩余进口限制产品数量

国名	农产品	工业产品	合计	对日进口限制产品数量
日本	22（55）	5（35）	27（90）	n. a.
美国	1（1）	6（4）	7（5）	0
西德	3（19）	1（20）	4（39）	3
英国	1（19）	2（6）	3（25）	0
法国	19（39）	27（35）	46（74）	22
意大利	3（12）	5（8）	8（20）	35
加拿大	4（3）	1（1）	5（4）	0
荷比卢经济同盟	2（10）	3（4）	5（14）	9
挪威	48（54）	1（1）	49（55）	3
瑞典	5（2）	1（n. a.）	6（2）	2
丹麦	5（62）	0（2）	5（64）	2
合计	113（276）	52（116）	165（392）	76

注：1. 表内是 1982 年 12 月的数值，（ ）内的数据是 20 世纪 70 年代末的数据。

　　2. 表内是 n. a. 是指没有数据。

资料来源：通商产业省通商政策局通商企划调查室，《图解我国市场开放性》，《通产省公报》，1982 年 6 月 28 日，第 38 页。原始资料请参考 GATT 相关资料。

　　1982 年 2 月，欧共体委员会发表了对日经济关系报告，表示将针对市场开放问题向 GATT 起诉日本。3 月举行欧共体外长理事会，要求根据 GATT 第 23 条（无效或是侵害）展开磋商，尽快采取措施以促进日本进口。①成立高级别讨论小组，讨论包括日本出口战略在内的贸易政策以及与欧共体产业结构调整有关的问题。②探索日本和欧共体在科学技术方面合作的可能性。③采纳日本与欧共体关系报告中与贸易政策以及日本宏观经济政策有关的内容。4 月，欧共体根据 GATT 第 23 条正式起诉日本，5 月开始协商。12 月欧共体委员会决定调整基本方针，把第 23 条第 2 款作为理论基础。第二年，1983 年 4 月，向 GATT 理事会提出更换申诉依据，但是理事会未做出裁决，把问题搁置。欧共体在 5 月、7 月、10 月要求根据 GATT 第 23 条第 1 款规定进行磋商，但是未能达成一致。

　　1982 年 12 月和 1983 年 3 月，欧共体委员会两次延长了对日监控制度的实施期限，同时，将"敏感产品清单名单"增加至 10 个产品，追加了录像机、轻型商用车、摩托车还有叉车、音响设备、石英手表。该制度有效期屡次被延长，直到 1985 年欧洲还在实施监控。除了欧共体委员会制定的措施外，法国在 1981 年也引入了进口监控制度，

贸易摩擦问题。欧共体预计今后高科技产品市场会迅速扩大，所以针对一些有可能大量进口的产品重新制定了规则，以确保区域内相关产业有时间实现技术升级。日本方面则根据 GATT 的基本理念向 GATT 提起诉讼。

（2）普瓦捷〔Poitiers〕之争

1982 年 10 月，法国政府决定实施"有关改善贸易收支的经济措施"，其中规定必须用法语填写通关文件等；同时命令位于内陆的普瓦捷关税事务所统一管理录像机产品的通关手续，这给外国产品进入法国增加了很多麻烦。普瓦捷在法国历史上享有盛名：732 年[163]法兰克王国的墨洛温王朝在宫相查理·马特（Charles Martel）的带领下在此地击退了阿拉伯撒拉逊军队。法国采取的这些措施有很大嫌疑违反了 GATT 规则，特别是录像机的通关限制更是明显违反了 GATT 规则。所以除了日本，就连其他欧共体国家也开始指责法国的行为。日本于 12 月根据 GATT 第 23 条第 1 款（一般来说，禁止对其他 GATT 成员实施进口数量限制政策）向欧共体委员会提出申诉。通过表 1.1.12 可以了解到当时日法贸易的一个缩影。对于法国来说，日本是精密仪器的重要提供国，但是就日本来说，法国并非这些商品的主要出口国。录像机就是最好的例子。1982 年日本产录像机的主要出口对象是美国（总出口量 10 652 台，美国占 23.5%）、英国（21.6%）、联邦德国（13.8%）、法国（7.1%）、澳大利亚（3.9%）、新加坡（3.6%）；在这 6 个国家中，法国的比重并不高。就法国而言，录像机基本全部依赖进口，其中九成是日本产品，而且每年增长幅度非常惊人。在当时法国从日本进口的总额中，录像机的比重约占 1/7。[164]法国主要向日本出口飞机、无机化学品以及红酒、手提包、香水、女装等所谓的奢侈品。就日本而言，在对法贸易上[165]一直保持着贸易顺差。[166]

表 1.1.12　法国从日本进口的重要商品

种类	从法国看该产品对日进口额/总进口额（%）	从日本看该产品对法出口额/总出口额（%）
相机镜头	84.4	6.2
录像机	82.0	7.2

[163]　巧合是，在欧共体贸易统计中日本的代码正是 732。

[164]　本段内容请参考：横堀宪一，《普瓦捷的教训——法国经济观察报告（1）》，《通产省公报》，1984 年 2 月 20 日，第 12—13 页。

[165]　横堀宪一，《法国对日出口为何不火——法国经济观察报告（2）》，《通产省公报》，1984 年 3 月 15 日。

[166]　1983 年 3 月 19 日开始实施。

（续表）

种类	从法国看该产品对日进口额/总进口额（%）	从日本看该产品对法出口额/总出口额（%）
摩托车	77.3	6.6
35mm 照相机	77.1	5.0
电唱机	69.4	6.6
8mm 摄影机	68.9	30.2
双筒望远镜	63.3	6.1
录音机	61.0	5.1
钛铜合金	54.5	14.4
手表	51.1	3.9
电子琴	51.1	6.5
台式机	50.4	3.9

注：日本方面的数据是 1983 年上半年的通关统计数据，法国方面的数据是 1982 年大藏省统计数据。录像机都是 1982 年的数据。

资料来源：横堀惠一，《普瓦捷的教训——法国经济观测报告（1）》，《通产省公报》，1984 年 2 月 20 日，第 12 页。

针对法国对日本实施的严厉措施，日本通产省积极予以应对，1983 年 2 月，通产省表示在未来 3 年内对出口欧共体的录像机实施类似"天气预报"的做法，具体如下：①日本根据进出口贸易法明确最低出口价格；[167] ②保证 1983 年欧洲制造商生产及销量最低为 120 万台；③同年日本出口欧共体数量（包含机箱套件）低于 455 万台。[168] 这些措施无疑就是日本方面制定的自愿出口限制措施。紧接着，3 月，日本机械出口协会组织出口卡特尔，引入最低价格机制（check price）。[169] 4 月，法国撤销普瓦捷通关限制规定，但是又引入了进口数量事前申报制度，实际上对录像机的进口限制政策一直持续到 1986 年。

1984 年 4 月，欧共体委员会向日本提交综合要求名单修改版。该名单中除了扩大内需、促进产品进口等一般性政策目标外，还包括很多详细的改善措施，主要涉及：①政府采购；②关税、税制、进口补贴；③标准认证制度；④投资金融、服务；⑤流

---

[167] 《关于对欧共体出口特殊品种的相关应对》，《通产省公报》，1983 年 2 月 18 日报，第 6 页。这时日本政府除了录像机之外，还对事后进口监管制度中的其他敏感产品提供 3 年的出口预计情况。

[168] 《VTR 面向欧共体的出口卡特尔今天开始》，《日本经济新闻》，1983 年 3 月 18 日日报，第 10 版。

[169] 对于录像机来说，欧共体方面要求提高优惠税率，并向 GATT 对日本提出申请。欧共体方面作为补偿，降低了针对半导体等 4 种产品的优惠税率（《通商白皮书》，昭和 61 年版，第 1 章第 6 节）。

通体系。9 月，欧共体外长理事会要求采取新的限制政策应对不公平贸易。针对这些趋势，通产省于 12 月公布了 1982 年向欧共体出口录像机等特殊产品的出口预计情况。

（3）"日本问题"的展开

【"日本问题"的展开】

1980 年，欧共体已经开始使用"日本问题"（Japan Problem）这个词，批评日本经常贸易顺差以及日本封闭的市场。[70] 20 世纪 80 年代中期开始，日本问题愈演愈烈。从 1985 年 2 月底到 3 月初，日本与欧共体贸易扩大会议召开，双方就调整流通结构、改善标准与认证制度、改革政府采购、简化进口手续、处理非法产品等问题展开了讨论。这些议题大都涉及流通结构以及结构性框架等非关税壁垒，类似日本与美国副部长级协商谈判。同年 6 月 19 日，欧共体外长理事会发表对日宣言，其概要如下：

> 为了进一步促进日本开放市场，本理事会最近同日本政府进行了多次协商，但是非常担心不能取得任何实质进展。日本受益于多边贸易体制，经济发展非常迅速，但是至今为止并没有做出与其经济实力相匹配的贡献。今后预计其贸易顺差和经常收支顺差会继续增加，这会导致其他国家保护主义抬头。从日本政府最近制定的多种贸易政策看，特别是 1985 年 4 月 9 日公布的行动计划，欧共体希望其能尽快落实，并且发挥具体效果。日本制定了三年行动计划，通过公约的形式明确表示要持续扩大并显著增加产品及加工农产品的进口规模，我们相信日本会践行自己的承诺。此外，日本金融市场自由化及日元国际化问题也非常重要。本理事会准备以其作为基础，于 1985 年秋天与日本举行磋商，要求委员会针对重新定位欧共体和日本关系提出适当建议，并做好相关准备。[71]

之后欧共体首脑会议举行并发表声明，表示支持该宣言。日本迫于来自美国和欧共体方面的压力，于 1985 年 7 月公布了《改善市场准入行动计划纲要》。7 月日本首相访欧时，表示要在 11 月举行日本与欧共体的部长级会议。该会议如期举行。日本方面表示要继续努力扩大产品进口规模，并且针对提前实施行动计划的进展、9 月签署《广

---

[70] 小岛彻，《欧共体对日不满一触即发——汽车进口剧增触动神经》，《经济学人》，1980 年 11 月 4 号刊，第 16 页。1980 年 11 月 24 日欧共体外长理事会的主要议题就是"日本问题"。

[71] 外务省，《外交蓝皮书》，第 30 号，1986 年，第 465 页。

场协议》后的汇率变化情况以及开放金融市场时间表等问题做了详细说明。第二年，即 1986 年，为了实现有序出口，日本决定监控乘用车、录像机等向欧共体出口的特殊产品。欧共体方面提高了录像机的优惠关税，所以日本向 GATT 申诉要求与欧共体方面展开关税谈判。作为补偿，欧共体表示降低半导体等 4 种产品的优惠关税，日方表示同意。1985 年 11 月—12 月，日本和欧共体各国政府还开展了产业合作磋商谈判，日本方面建议在东京成立日本与欧共体产业协力中心。[172]

1986 年 2 月，欧共体委员会向部长理事会提交关于日本的报告书，其中包括以下内容：①加强与日本的对话与合作；②以修复日本与欧共体间经济关系为目标，继续敦促日本进一步开放市场；③欧共体应该采取措施，努力提高在日本市场的存在感。3 月欧共体外长理事会上出台综合对日政策，希望通过以下四点改善与日本的贸易失衡问题：①明确公示工业产品的进口数量及目标；②进一步扩大内需；③促进金融资本市场的自由化；④改善经济结构。7 月该理事会再次确认了上述综合对日政策，同时要求日本和欧共体立足于目前的问题采取适当措施。此外，该理事会对目前日本把出口市场转向欧洲的趋势表示担忧。

1986 年 10 月，欧共体认为日本违反了 GATT 的国民待遇原则，对威士忌等其他蒸馏酒征收的关税高于烧酒，所以要求在 GATT 框架下展开磋商。最终 GATT 专家组以及上诉委员会做出判决，认为日本的规定违反了 GATT 规则，要求日本分阶段提高烧酒的关税，同时降低威士忌等其他蒸馏酒的关税，保证两者税率相同。[173]

【《日美半导体协定》的余波】

1986 年 6 月，《日美半导体协定》（旧）签署，决定从 9 月开始日本要监控向第三国出口的情况。但是欧共体仍然认为日本肆无忌惮地提高向欧共体等第三国出口半导体的价格，而且赋予美国企业特权，只允许美国产半导体进入日本市场，所以 1987 年 2 月，欧共体根据 GATT 第 23 条第 2 款的规定，要求设立专家组，GATT 理事会表示同意，并于当年 4 月 15 日设立专家组。[174] 第二年，即 1988 年 5 月，虽然该理事会表示：为了促进以美国为首的外国企业更好地进入日本市场，日本方面采取的措施并不违反 GATT 规则，但是最终采纳了专家组提出的报告。[175] 报告的主旨是：日本向第三国出口

---

[172] 《日·欧共体产业协力中心设立》，《通产省公报》，1987 年 6 月 6 日报，第 1—2 页。
[173] 津久井茂充，《GATT 全貌〈评论 GATT〉》，日本关税协会出版，1993 年，第 231—233 页。
[174] 同前，第 293 页。
[175] 《关于采纳半导体相关的 GATT 专家组报告》，《通产省公报》，1988 年 5 月 12 日，第 7—8 页。

半导体时实行监控等一系列措施，与日本限制出口体制一脉相承，违反了 GATT 第 11 条第 1 款。⑯ 针对该报告书中提及的问题，1989 年 3 月，日本向 GATT 理事会表示将从 6 月开始实施相关措施。⑰ 日本提出的主要措施包括：出口前不收集向第三国出口商品的价格信息，出口后再收集；撤销通产省设备信息产业局长主办的重新讨论半导体需求委员会；由通产省独立完成需求预估表。

1986 年 12 月以后，欧共体委员会开始调查日本企业倾销可抹除可编程只读存储器（Erasable Programmable Read only Memory）问题，第二年 2 月改为调查动态随机存储器（Dynamic Random Access Memory，简称：DRAM）问题。1990 年 1 月与 1991 年 3 月这些被调查的日本企业和欧共体委员会分别就以上两种存储器的最低交易价格（undertaking）达成一致。

【加强反倾销规制】

1987 年 6 月，欧共体采纳了反倾销规制修订案。以前只针对成品征收反倾销税，有些国家会采用一些迂回措施逃避征税，比如先把零配件出口到欧共体，然后在欧共体区域内通过简单组装变成成品。这些产品被戏称为"螺丝刀组装产品"（screwdriver assembly）。反倾销规制修改后弥补了这一漏洞：只要满足几个条件就要被征收反倾销税，比如针对进口零配件比例在 60% 以上的产品，零配件也会被作为征税对象。所以即便是日本在欧共体当地开设的工厂，如果从日本进口的零配件超过 60%，就要被征收反倾销税。

根据新的规制，欧共体分别在 1987 年 9 月对电子便携打印机和电子秤，10 月对挖掘机（油压型），1988 年 2 月对复印机的进口零配件展开调查，并决定对日本 5 家在当地生产电子便携打印机和电子秤的公司征收反倾销税。

针对新规制的出台以及对日本企业征收反倾销税的问题，日本政府提出以下观点：①进口零配件和在当地生产的产品不应适用 GATT 框架下的反倾销调查；不考虑有无倾销和损失就决定征收反倾销税，违反 GATT 第 6 条（防止倾销税以及反补贴关税）以及 1979 年《反倾销法》（关于实施 GATT 第 6 条的协定）；②新规制实质上是为了让企业尽量在当地直接采购，对外国企业来说，这无疑是歧视性待遇，而且涵盖了很多与倾销无关的内容，违反了 GATT 第 3 条（关于国内缴税及规制的国民待遇）；③妨碍了

---

⑯　该条规定缔约国不能对出口和进口新增或维持限制或者禁止规则。

⑰　《关于针对半导体 GATT 专家组报告日本的整合措施》，《通产省公报》，1989 年 3 月 10 日，第 3 页。

日本企业在欧共体区域内开展投资活动。^⑰

1988 年 9 月，欧共体接受了日方的要求，根据 GATT 第 23 条第 1 款及《反倾销法》第 15 条（协商、调停以及争端解决）第 2 款，决定举行磋商谈判，但是双方未能达成一致。10 月，日本政府要求 GATT 理事会根据 GATT 第 23 条第 2 款设立专家组，GATT 理事会表示同意。这也是日本自 1955 年加入 GATT 以来首次执行争端处理手续。这种采用国际认可的规则，而不是通过单方面措施阻止贸易保护主义的做法受到世界关注。专家组于 1990 年 3 月做出裁决，根据零配件反倾销规制，欧共体采取的措施违反了 GATT 的规定^⑲；同时，该委员会还提交了一份报告，其中包括其他成员针对 GATT 对欧共体这些措施实施整改提出的建议。5 月 GATT 理事会采纳了专家组的意见。GATT 在处理争端上的有效性得到进一步确认，而且对滥用反倾销措施等贸易保护主义也起到了一定的抑制作用。^⑱

1988 年 9 月，日本在 GATT 乌拉圭回合框架下召开第一次日本与欧共体对日差别数量限制非正式协商会议。之后又于 1989 年 2 月以及 12 月多次召开该会议。联邦德国、冰岛、丹麦以及荷比卢经济同盟宣布废除数量限制，法国、意大利、希腊、西班牙和葡萄牙也把受限产品总数削减至 60 种左右。^⑱

（4）努力互相协调

在贸易摩擦问题日渐严重的同时，日本政府与欧共体也在不停探索互相协调的策略。当时比较重要的是在政治层面上通过议员之间的交流互相做出妥协和退让^⑱，现在我们重点介绍的是与通产省有关的措施和行为。

①日英产业合作定期协商会议

该会议由日本通产省和英国贸易与工业部主导，其目的是促进所谓的产业合作，双方深入企业层面讨论投资交流、技术交流、共同研发、在第三国市场开展合作等议

---

⑰　以上两个段落请参考：《要求与欧共体开始执行两国间协议 政府对于零配件倾销问题的应对方针》，《通产省公报》，1988 年 8 月 5 日，第 4 页。

⑲　《关于欧共体零配件倾销规则的 GATT 专家委员会》，《通产省公报》，1989 年 5 月 19 日，第 5—6 页。《关于针对欧共体的零配件反倾销规则在 GATT 申诉并胜诉》，《通产省公报》，1990 年 4 月 11 日，第 12—13 页。

⑱　《关于 GATT 理事会采取欧共体专家委员会关于防止零配件倾销规则的报告》，《通产省公报》，1990 年 5 月 25 日，第 4—5 页。详细请参考：本卷第二部第 1 章第 3 节"欧洲经济共同体・零配件反倾销案以后——对日反倾销案件和向'攻击性法律主义'转型"。

⑱　同前，大平，第 112 页，第 115—116 页。

⑱　同前，岩城，第 21—25 页。

题。1981 年开始，每年举办一届。1988 年 3 月在伦敦举办第八届会议[183]，英国贸易与工业部决定在 1988 年举办对日出口促进活动"日本商机"（Opportunity Japan Campaign）。[184]

②日欧论坛

1982 年 11 月，日本通产省和欧共体委员会在东京举办第一届论坛，主题是"日本与欧共体经济关系与世界经济——探索更加和谐的道路"。欧共体方面提出贸易失衡以及日本市场封闭问题。对此，日本表示导致贸易失衡的主要原因是欧共体在市场开拓方面不够努力，而且欧共体有必要更加详细地说明关于市场封闭的具体问题。[185] 此后该论坛轮流在日本和欧共体国家间举办，每年一次。1987 年 12 月在东京召开了第 6 届论坛，主题是"开展产业战略竞争与合作以迎接新阶段并实现世界经济知识集约化"。[186]

③通产省与欧共体委员会的产业合作定期协商会议

1983 年 1 月，第二次日本与欧共体论坛召开，通产大臣山中贞则和欧共体委员会副委员长艾蒂安·达维南（Étienne Davignon）同意定期召开协商会议。[187] 1984 年 12 月，在布鲁塞尔召开第二次定期协商会议。[188]

④日本与欧共体产业协力中心

1986 年，日本与欧共体部长级会议召开，会上同意在东京设立产业协力中心。该中心于 1987 年 5 月正式成立，成立之初主要面向欧共体企业经营者和技术人员提供培训以及咨询服务。[189]

3. 20 世纪 90 年代贸易摩擦问题逐渐沉寂

欧共体成立之初只有 6 个成员国（德国、法国、意大利以及荷比卢经济同盟三国）。1973 年英国、冰岛、丹麦加入欧共体，之后一直保持 9 个成员国。直到 1981 年

---

[183] 《第 3 回日英产业合作定期协商会议概要》，《通产省公报》，1982 年 11 月 27 日，第 3—4 页。《英国贸易与工业部长扬勋爵和通商产业大臣田村的会谈纪要》，《通产省公报》，1988 年 3 月 18 日，第 6—7 页。

[184] 同上，《英国贸易与工业部长扬勋爵和通商产业大臣田村的会谈纪要》，第 6 页。

[185] 《谋求日·欧共体之间更好的协调》，《通产月刊》，14 卷 10 号，1982 年，第 26—27 页。栗原昭平，《日·欧共体论坛杂感》，《通产月刊》，1982 年 1 月，第 34—35 页。

[186] 金子实，《日欧关系迎来新局面——第 6 届日欧论坛闭幕》，《通产月刊》，第 21 卷 3 号，1988 年，第 76—79 页。

[187] 《关于通产省和欧共体委员会产业合作定期协商》，《通产省公报》，1983 年 2 月 19 日，第 15 页。

[188] 《关于若杉通商审议官访问欧洲》，《通产省公报》，1984 年 12 月 25 日，第 11—12 页。

[189] 《日·欧共体产业协力中心设立》，《通产省公报》，1987 年 6 月 6 日，第 1—2 页。

希腊加入，1986 年西班牙和葡萄牙加入。20 世纪 80 年代中期开始，随着冷战结束、东欧剧变，为了重建欧洲的国际地位，欧共体以《区域内市场白皮书》和《单一欧洲文件》为基础，大刀阔斧地进行改革，撤销了很多非关税壁垒。终于在 1993 年 1 月实现了区域经济一体化。紧接着，随着《马斯特里赫特条约》（Maastricht Treaty，又称《欧洲联盟条约》，1992 年 2 月签署）的生效，同年 11 月欧共体正式改组为欧盟。从经济层面看，欧洲各国加盟欧盟的目标是撤销关税以及数量限制，共享贸易、农业、渔业、运输相关的政策，确保自由竞争，改善区域内的发展差距。1995 年奥地利、芬兰、瑞典也加入，欧盟成员国增至 15 个。土耳其和塞浦路斯从 1990 年以前就开始申请加入，1994 年以后东欧很多国家也陆续提出加盟申请。1998 年根据《马斯特里赫特条约》规定，欧洲中央银行（European Central Bank）开始运营。第二年，欧元作为共通货币在银行间交易中流通。2002 年除了英国和丹麦、瑞典三个国家之外，欧元的纸币和硬币正式在其他 12 个国家间流通，并取代了本国货币。欧盟迅速成长为规模与北美类似的经济圈。进入 21 世纪后，随着东欧和中欧国家的陆续加入，欧盟经济圈继续扩大。

在日本首相海部俊树访问法国之前，即 1990 年 1 月，法国欧洲问题担当大臣埃迪特・克勒松（Èdith Cresson）接受法国某经济报纸的采访，并发表了主旨为"日本的目标是称霸世界，日本是我们的敌人"的讲话，引起国际社会一片哗然[19]，同时也说明保护主义仍然根植在欧共体内部。20 世纪 90 年代前半期，虽然比较明显的贸易争端减少，但是如表 1.1.6 所示，1992 年日本对欧共体贸易收支顺差达到规模空前的 310 亿美元，日本和欧洲之间的贸易摩擦问题并没有结束。虽然贸易摩擦问题还在继续，但是 20 世纪 80 年代以后，日本和欧共体双方开始努力靠拢，讨论产业方面合作的可能性。尤其是日本泡沫经济破裂后，日本经济陷入长期衰退，这都使贸易摩擦问题从 20 世纪 90 年代开始逐渐沉寂。

成功解决日本出口汽车问题，就是最好的案例，标志着日欧双方开始从对立走向协调。1990 年 3 月，欧共体委员会副委员长弗兰斯・安德里森（Frans Andriessen）和通产大臣武藤嘉文举行会谈。欧共体方面希望日方能在完全自由化过渡期内（1999 年之前）提供协助，尽量避免日本产汽车出口扰乱于 1993 年 1 月完成一体化的欧共体区域内市场。1991 年 7 月，欧共体委员会与日本通产省就此问题达成一致，具体内容如

---

⑲　同前，岩城，第 16 页。

下：（1）欧共体方面，法国、意大利、西班牙、葡萄牙放宽日本汽车进口数量限制（包括登记限制），最晚于1992年底全部撤销；（2）欧共体委员会对日本在欧共体区域内的汽车制造厂以及生产出的汽车流通问题不制定任何限制；（3）截至1992年底在欧共体区域内统一汽车的车型认证标准；（4）最晚于1992年底欧共体委员会停止使用《罗马条约》第115条（转口限制）。

对此，日本通产省发表声明，具体内容如下：（1）从1993年1月1日开始，日本通产省对日本向整个欧洲市场以及特定国家市场（法国、意大利、西班牙、葡萄牙及英国）出口汽车（乘用车、越野车、轻型商用车以及5吨以下的轻型卡车）的动向实施监控，该措施直到1999年底才完全取消；（2）通产省预计1999年整个欧洲市场（包括原来的民主德国）总计需要1 510万辆汽车，其中日本出口123万辆；（3）针对（1）中提到的特定国家市场，预估汽车需求数量及日本出口数量，并且分国别监控出口情况；（4）到1999年，每年都要根据需求变化等市场动向估计出口数量；（5）通产省决定与欧共体委员会每年举行两次会议，概括欧共体汽车市场趋势以及从日本进口汽车的情况；（6）日本方面适当向GATT通报相关情况。[90]在过去一年半的时间里，通过多轮非正式对话，日本和欧共体之间的汽车问题终于得到圆满解决。1991年7月，副委员长安德里森和通产大臣中尾荣一举行电话会议，确认了上述内容。[92]按照约定，日本与欧共体汽车监控协议从1993年开始实施，一直持续到1999年底。[93]日本和欧洲虽然从20世纪80年代就开始合作，但是进入90年代后，这个趋势变得更加明显。1991年7月，发布《日本与欧共体及其成员关系的联合声明》（又称《日本与欧共体共同宣言》，Joint Declaration on Relations Between the European Community and its Member States and Japan in the Hague）。该宣言由日方提议：日本和欧盟都属于多元的民主主义体制，以市场原理为基础相互依存相互发展的价值观比较接近。在此前提下，应该通过对话的方式，解决世界级难题，共同为经济发展做出贡献。1992年5月，欧共体委员会向部长理事会提交了题为《一贯的全球方式：回顾对日关系》（A Consistent and Global Approach：A Review of the Community's Relations with Japan）的报告。接下来，6月，欧共体理事会以该报告为基础起草了《对日政策结论报告》。欧共体在报告中高度

---

[90] 《关于日·欧共体汽车问题》，《通产省公报》，1991年8月13日，第5—7页。同前，大平，第120—121页。

[92] 《日欧关系迎来新局面》，《通产月刊》，第24卷10号，1991年，第86页。同上，大平，第144—145页。

[93] 1992年4月，日本与欧共体达成一致，同年日本向欧共体出口汽车比去年减少6%（同前，通商产业调查会，通商产业政策史研究所编，第143页）。

评价与日本的合作，以及在政治、环境、科学技术等广泛领域加强合作的行为。同时也改变了之前单方面的批评方式，尽量避免把贸易收支逆差问题归结为日本封闭的市场，而是把重点转移到努力扩大对日出口问题上来。但是，也对日本贸易收支顺差继续扩大这一趋势表示了担忧，建议日本与欧共体举行会谈以分析和解决贸易失衡问题。日本方面对欧共体理事会结论报告做出了积极响应，特意发表了"日本政府对欧共体政策的基本考虑"，其中提道：欧共体正确评价日本市场并且准备努力开拓日本市场的想法非常重要，日欧双方有必要保持紧密的联系。[194] 1993 年，欧盟正式成立后，日本与欧盟之间的合作更加密切。1994 年欧洲取消了对日差别数量限制政策，日欧规制改革对话[195]和《日欧相互承认协议》（Mutual Recognition Agreement）[196] 相继实施。1995 年3 月，欧盟部长理事会采纳了新的对日政策"欧洲与日本：下一步"（Europe and Japan：The Next Steps），表示要以"政治层面的对话和合作"为基础构建双方关系。[197] 在经济方面颇为引人关注的是：1994 年 11 月，欧盟部长理事会向欧洲委员会以及日本通产省提交了《日本与欧盟关于促进贸易措施的共同报告》。

　　报告中总结了之前日本与欧盟以及其前身欧共体之间实施的促进贸易发展的措施，其概要如下：首先，日本方面制定了进口促进政策（这将在第 2 章第 1 节详细论述），从欧洲进口产品给日本带来了不少好处。比如（1）从欧洲进口产品的金额占日本进出口银行（口行）每年产品进口基金总额的 50%，日本开发银行完善促进进口基础基金成立以来总额的 50%；（2）1993 年从欧洲进口产品的减税总额约 75 亿日元，相当于20%；（3）有利于日本贸易振兴机构（Japan External Trade Organization）［派遣长期和短期专家、促进对日出口邀请项目（Export to Japan Study Program，1990 年开始）、商务支援中心（1993 年成立）］和促进产品进口协会（Manufactured Imports Promotion Organization）开展工作；（4）有利于筹建进口促进区（Foreign Access Zone）。此外还提出了以下措施，以促进欧洲向日本出口产品：（1）开展欧盟商务人士赴日培训项目（Executive Training Programme），1979 年以后，每年选派 40～50 位欧洲企业员工，赴日

---

[194]　《外交蓝皮书》，第 36 号，1992 年版。同前，岩城，第 18—19 页。

[195]　关于这个问题前文也有提及。

[196]　开展该对话的契机是：日本政府（外务省及相关部委）和欧盟（欧洲委员会及加盟国政府）为了研究日本放松规制推进计划召开的。每年在东京和布鲁塞尔举行高级别会议（局长级），双方针对放松规制问题互相提出方案，为了改善商业环境对双方的限制性规则进行讨论，针对规制问题开展合作（外务省官方网站 http：//www. mofa. go. jp/mofaj/area/eu/index_ c. html）。

[197]　同前，岩城，第 19 页。

本接受日本企业的培训，让其掌握在日本开展业务的技能；（2）实施"通往日本"（Gateway to Japan）项目（之后会详细论述）；（3）完善其他个别项目（一般市场调查、召开研讨会等）。最后还提到了开展促进日本与欧盟贸易项目（之后会详细论述）。[198]

1994年11月日本与欧盟部长级会议上不仅提出了这份报告，而且日本通产省和欧洲委员会还针对日本与欧盟之间的产业合作提出了以下促进措施：（1）日本与欧盟产业政策及产业合作对话（之后会详细论述）（在家电零配件、企业设备、电脑、汽车零配件等现有领域开展产业合作；针对今后有望发展的市场放松规制等问题广泛交换意见；成立信息政策工作组）；（2）日本贸易振兴机构开展产业合作相关项目（派遣并接受代表团促进行业交流；派遣产业合作方面的专家，并且召开研讨会；1993年开始开展制造技术人员交流项目[199]）；（3）1993年由政府和民间企业共同出资，成立对日投资支援服务公司（Foreign Investment in Japan Development Corporation），向外资企业提供服务；[200]（4）成立日欧产业协力中心（之后会详细论述）。此外还决定举行日欧产业界人士圆桌会议（之后会详细论述）。[201]

针对上述新提出的措施，下文将具体论述。

①日欧产业协力中心

1993年欧盟成立后，日本与欧共体产业协力中心更名为日欧产业协力中心，1996年6月成立布鲁塞尔办事处。[202]其运营资金由日欧双方共同承担，并且由日欧各派秘书共同参与运营。之前欧洲从来没有跟某个特定国家共同运营类似项目，可以说史无前例。20世纪80年代，该中心的主要作用是提供信息咨询服务并开展培训。90年代以后，在延续这些业务的基础上，还增加了新的业务，比如原来以欧洲商务人士为对象开展业务培训，但是从1996年起实施伏尔甘项目（Vulcanus）：日欧双方互派理工科学生，交流时间为期1年，包括4个月的语言学习以及8个月的企业实习（internship）。该项目受到好评。此外，该中心还有很多其他职能，比如兼任日欧产业界人士圆桌会

[198] 《关于〈日·欧盟之间贸易促进措施〉相关问题的共同报告（概要）》，《通产省公报》，1994年11月30日，第3—4页。

[199] 日本贸易振兴会40年历史编纂委员会编，《JETRO：40年的进程》，2000年，第511—512页。

[200] 参考经济产业省网页 http：//www. meti. go. jp/data/ecyot02j. html。

[201] 《关于〈日·欧盟产业合作促进措施〉相关问题的共同报告（概要）》，《通产省公报》，1994年12月6日，第4—5页。

[202] 《第4次日·欧盟产业政策·产业合作对话》，《通产省公报》，1996年6月13日，第11页。

议的秘书处，或是为产业合作提供基础支持。㉓

②日欧产业政策及产业合作对话

1993 年日本通产省和欧洲委员会决定定期召开国际会议，其主要目的是：促进日欧产业合作；调整产业政策，特别是放松规制；为双方更好地开展合作做出贡献。1996 年 5 月在东京举行第 4 次对话㉔，并预计 1997 年春天在布鲁塞尔举行第 5 次对话。㉕

③日本与欧盟贸易促进项目

1994 年 6 月，日本通产省和欧洲委员会同意实施该项目。欧盟当年正在举行"通往日本"活动，积极促进对日出口。同年 3 月 29 日，日本通产省把"1994 年度扩大进口行动计划"写入《对外经济改革纲要》，并且以此为基础着手促进进口情况。日欧双方迅速达成一致，由日本贸易振兴会予以协助。（1）欧洲委员会决定采取多种方式，努力发掘可以向日本出口的产品，比如至少连续 3 年举行"通往日本"活动、由欧盟各国召开特殊产业会、向日本派遣贸易代表团；（2）派遣"通往日本"的项目经理、欧洲（特别是中小企业）的经营者以及欧盟方面的改革负责人赴日，参加由日本贸易振兴会举行的"促进对日出口邀请项目"（Export to Japan Study Program）；（3）以"通往日本"活动相关产品为中心，日本向欧洲派遣专家以及讲师在欧洲开展培训；（4）通产省以及日本贸易振兴会积极为欧盟企业提供咨询服务；（5）为了实施该项目，通产省和欧洲委员会还决定成立贸易促进合作委员会。1994 年 9 月起，每年至少召开两次会议，轮流在东京和布鲁塞尔举行。㉖

④日本与欧盟产业界人士圆桌会议以及日本与欧盟商业圆桌会议

1995 年 2 月，日本与欧盟产业界人士圆桌会议（EU-Japan Industrialists Round Table）作为跨行业产业界人士会议举行。原则上每年一次，轮流在日本和欧洲举行。㉗ 1999 年，该会议和日本与欧盟商务论坛合并成日本与欧盟商业圆桌会议（EU-Japan Business Round Table），该会议也是每年举行一次，日本和欧盟的企业领导代表汇聚一

㉓　岛田丰彦，《从日欧产业协力中心的活动看日本与欧盟的关系》，《通产月刊》，第 33 卷 9 号，2000 年，第 40—41 页。

㉔　同时也公布日欧产业协力中心于 1996 年 6 月成立布鲁塞尔事务所。

㉕　本段内容同前，脚注 202，《第 4 次日本与欧盟产业政策及产业合作对话》，第 11 页。

㉖　《日・欧共体贸易促进项目》，《通产省公报》，1994 年 6 月 15 日，第 11—13 页。

㉗　《关于第三届日本与欧盟产业界人士圆桌会议》，《通产省公报》，1996 年 10 月 30 日，第 6—7 页。同前，岩城，第 21 页。

堂，针对贸易和投资等相关问题展开讨论、交换意见并向政府建言献策。[208]

除此之外，1988年4月到1991年3月，为了实现对日出口总额翻番的目标，英国政府还实施了"日本商机活动"（Opportunity Japan Campaign），并最终取得成功，将出口总额由年初的15亿英镑提高至近27亿英镑。1991年4月，英国贸易与工业部长又提出"日本优先活动"（Priority Japan Campaign）项目，主要内容包括以下三点：促进对日出口，提高至50亿英镑；促进对日投资；促进日本向英国进行技术转移。[209]

WTO成立后，1995年到2000年左右，日本和欧盟的贸易关系如下（提炼自1997年和2000年两年的《通商白皮书》）。

【1997年版《通商白皮书》】

1. 日本与欧盟之间的贸易关系：定期召开以下会议，对临时发生的事项交换意见。

（1）日本与欧盟定期首脑磋商会议（1996年9月召开第5届磋商会议）；

（2）日本与欧盟部长级会议（1996年4月召开第7届会议）；

（3）日本与欧盟高级别会议（1995年11月召开第35届会议）；

（4）日本与欧盟贸易统计专家会议（1996年8月召开第17届会议）。

2. 欧洲委员会从1994年开始实施对日出口促进活动"通往日本"，为期3年。从1997年开始实施"通往日本Ⅱ"（Gateway to Japan Ⅱ），为期4年，并且扩大了产品范围。日本贸易振兴会对该项目提供协助。

根据日本与欧盟贸易促进项目，日欧之间决定召开贸易促进合作委员会（1994年10月召开第1次委员会），回顾双方的合作情况。

3. 围绕产业政策和合作，召开政府间协商会议。从1993年起，欧洲委员会和日本通产省共举行4次日欧产业政策及产业合作对话。

4. 日本在欧洲委员会的强烈要求下与欧盟进行合作，决定从1993年开始到1999年对日本向欧盟出口的汽车采取监控措施，并且每年召开会议协商监控级别。

【2000年版《通商白皮书》】

1. 日本与欧盟之间的贸易关系：定期召开以下会议，对临时发生的事项交换意见。

（1）日本与欧盟定期首脑磋商会议（2000年7月召开第9届磋商会议）；

---

[208] 参考外务省网页 http：//www. mota. go. jp/motaj/area/eu/bdrt. html。

[209] 中尾舜一，《Priority Japan campaign（日本优先活动）》，《通产月刊》，第24卷10号，1991年，第14—16页。

（2）日本与欧盟部长级会议（2000 年 1 月召开第 9 届会议）；

（3）日本与欧盟高级别会议（1999 年 4 月召开第 38 届会议）；

（4）日本与欧盟规制缓和高级别会议（2000 年 3 月召开）。

2. 欧洲委员会从 1997 年起实施"通往日本Ⅱ"项目，为期 4 年，涵盖 10 个领域。日本通过日本贸易振兴会对该项目提供协助。

3. 围绕产业政策和合作，召开政府间协商会议。从 1993 年起，欧洲委员会和日本通产省共举行了 6 次日欧产业政策及产业合作对话。同时，1987 年为了促进日欧产业合作，成立日欧产业协力中心，提供信息以及培训服务。

4. 为了日欧产业界更好地交换意见，改革日本与欧盟产业界人士圆桌会议。1999年成立日本与欧盟商业圆桌会议。同年 10 月召开第一次圆桌会议。

2000 年 7 月 17 日—18 日，在东京召开 20 世纪最后一次日本与欧盟商业圆桌会议。日本通产大臣平沼赳夫发表讲话，高度评价了日欧关系，他表示：日欧经济关系经历了很多时期，比如 80 年代个别产品贸易摩擦时期，90 年代通过扩大贸易和投资实现"协调"时期，现在步入"全球合作"时期，在 21 世纪双方将继续合作促进世界经济发展。[210]

2000 年 1 月，日本外相河野洋平在法国国际关系研究所发表演讲，题为"谋求千年伙伴关系——日欧合作新纪元"，倡议把从 2001 年开始的 10 年时间作为"日欧合作十年"，此举得到欧盟方面的高度赞赏。2001 年在布鲁塞尔举行的日本与欧盟定期首脑协商会议上决定 2001 年 12 月正式采纳"构建共同的未来——日本与欧盟合作行动计划"。[211]

该计划目录后有这样一段描述[212]："我们日本和欧盟双方共同决定实施'日欧合作十年'行动。我们有信心构建共同的未来。为此，我们双方必须高度重视开展合作的具体措施，赋予日欧关系新的推动力。我们双方充分认识到为世界和平、安全、繁荣做出贡献的责任，而且为了今后日本和欧盟能在更广泛的领域开展合作，决定在今天采纳该计划。"

重点目标 1：促进和平与安全

---

[210]　平沼赳夫，《关于日本经济振兴的措施》，《通产月刊》，第 33 卷 9 号，2000 年，第 29 页。

[211]　同前，岩城，第 19—20 页。

[212]　http：//www.mofa.go.jp/mofaj/area/eu/kodo_k.html.

（1）联合国改革

（2）军备管理、裁军、核不扩散问题

（3）人权、民主主义、稳定问题

（4）预防争端、构建和平环境

（5）特殊地区形势

重点目标2：为了人民大众增强全球一体化动力，加强经贸关系

（1）促进双向贸易、投资伙伴关系

（2）加强信息通信技术合作

（3）加强多边经贸合作

（4）加强国际货币、金融体系建设

（5）开发、战胜贫困

重点目标3：世界级问题以及社会课题面临的挑战

（1）老龄化社会和雇佣问题

（2）男女共同参与

（3）教育

（4）环境

（5）新问题

（6）科学技术

（7）能源与交通

（8）恐怖主义、国际犯罪、药物交易、司法合作

重点目标4：促进人才和文化交流

（1）世界性学术问题

（2）为了开始社会生活的年轻人

（3）加强公民社会合作、促进地区间交流

第 2 章　扩大进口和市场开放

第 1 节　扩大进口政策

1. 扩大进口政策的实施

（1）进口促进政策

所谓进口促进政策大体可以分为两类：扩大进口政策，即以看得见的方式增加进口为出发点，整顿市场环境、促进产品进口、实现平等竞争，或是帮助其他国家出口；市场开放政策，即放宽进口限制、降低关税、完善标准及认证制度、撤销外国产品在向日本市场出口时遇到的制度性障碍。[①] 本节重点介绍扩大进口政策，第 2 节重点介绍市场开放政策。

战后，日本长时间受贸易逆差困扰；加入发达国家俱乐部——OECD 后第二年，即 1965 年，就实现了战后首次贸易顺差。从 20 世纪 60 年代末开始，日本贸易收支基本保持顺差。在此过程中，最早是纤维行业，紧接着钢铁制造业、彩色电视机等行业相继与美国发生贸易摩擦。20 世纪 70 年代前半期，第一次石油危机爆发，尽管日元逐渐升值，但是贸易摩擦问题仍然愈演愈烈，在钢铁、造船、汽车、轴承制造业等众多领域与欧洲也发生了严重的贸易摩擦。

1971 年，日本政府宣布对发展中国家实施普惠关税制（Generalized System of Preferences），同时把进口促进政策作为综合对外经济政策予以实施，日美贸易摩擦激化的征兆初现端倪。该政策在 1974—1976 年第一次石油危机时被暂时中止，但不久之后一直延续到经济高速增长时期，日本通商产业省集中力量抑制出口振兴。此外，直到 21

---

① 船矢祐二，《扩大进口政策的实施》，《通产省公报》，1985 年 10 月 23 日，第 17 页。

世纪初日本都在全力推动落实进口促进政策，这在世界范围内都是史无前例的。[2] 从通产省主编的《通商白皮书》（分论）1977 年以后的版本中可以了解到，日本政府出口振兴的态度在第一次石油危机前后发生剧变，以前出口政策使用的字眼是"确立并维持出口秩序"，之后被"推动有序出口"取代。

（2）扩大进口政策登场（20 世纪 80 年代前后）

随着日元迅速升值，日本经常收支顺差规模逐渐扩大。1977 年后半期，福田赳夫内阁试图通过加强原材料储备、扩大剩余进口限制产品进口限额等措施减少贸易顺差。第二年政府实施紧急进口措施，并且要求企业采取出口自愿限制措施。此外，还把内需主导作为基本国策来实现扩大进口。[3] 在一系列措施的影响下，加上第二次石油危机导致原油价格高涨，日本经常收支出现逆差，日元汇率开始下降。第二年，即 1979 年 8 月，贸易会议综合部门会议（会长田口连三）向日本政府建言献策，其中关于扩大进口的重要性的内容如下：

时至今日，为了保证食品以及资源的稳定供应，进口受到重视，如何扩大产品进口已经成为我们政府面临的主要课题。随着产品贸易的扩大，国际经济社会互相依存的关系逐渐深化，这有利于对抗贸易保护主义，我们期待着发展中国家能够增加本国工业开发产品的销量。日本也不能忽视物价政策和消费者权益意识提高带来的影响。政府有必要采取措施积极增加进口，比如通过派遣代表团促进人才交流、召开博览会宣传外国产品、全力协助其他国家向日本出口产品。

1980 年 9 月，政府基本采纳了该会议提出的政策建议。[4] 实际上，为了促进产品进口，该贸易会议已经于 1979 年 7 月成立了产品进口对策会议。[5]

1981 年 7 月，通产大臣也号召促进产品进口[6]，并且为了让经济阁僚会议更好地处

② 贸易局进口科，《关于日本的进口及进口政策》，《通产月刊》，第 31 卷 10 号，1998 年，第 26 页。

③ 通商产业省、通商产业政策史编纂委员会编，《通商产业政策史 第 12 卷 第 IV 期 多元化时代（1）》，通商产业调查会出版，1993 年，第 163—195 页。

④ 1979—1980 年的相关论述请参考：《扩大产品进口的提案——54 年度贸易会议综合会议意见》，《通产省公报》，1979 年 9 月 3 日，第 1—3 页以及《扩大产品进口与设备出口——55 年度贸易会议综合会议意见》，《通产省公报》，1980 年 9 月 24 日，第 1—4 页。引用部分为前者，请参考第 3 页。

⑤ 《关于产品进口对策会议的动向》，《通产省公报》，1980 年 9 月 24 日，第 4 页。

⑥ 《关于扩大产品进口》，《通产省公报》，1981 年 7 月 17 日，第 8 页。

理与"当前的经济管理"有关的问题，于 10 月 2 日成立了进口促进对策委员会。该委员会隶属通产省，由贸易局长担任委员长，主要任务是制定并落实与促进工业产品、重要资源、农产品等产品进口有关的政策。⑦ 同年 12 月 16 日，经济对策阁僚会议决定从 1982 年 1 月 25 日开始提供外汇贷款以实施紧急进口。此外，日本进出口银行决定从 1983 年 3 月开始提供最高 5 亿美元的贷款，用于进口那些能够切实缓解贸易摩擦问题的重要产品，贷款期为半年或者 5 年以内。⑧

（3）扩大进口政策形成体系（1982—1984 年）

以上介绍的是 20 世纪 70 年代末开始几年内，日本政府为扩大进口做出的努力。1982 年秋天，日本政府将其整合为政策体系。同年 10 月 7 日，贸易会议（会长：日本首相铃木善幸）时隔 11 年再次举行，其综合会议提交了题为《关于促进产品进口》的报告，报告指出日本的进口数量确实在增加，但是仍然存在很多饱受国家诟病、影响进口的制度性问题。该报告还提到了解决方案，具体如下。

1. 制度改革

（1）关税减让与撤销

（2）放宽进口限制

（3）改善进口检查手续

2. 在国内采取积极措施扩大进口

（1）通过贸易会议产品进口对策会议以及公平交易委员会，改革流通机构、改善商业惯例

（2）增加进口香烟零售店

（3）灵活使用紧急外汇贷款制度

3. 在国外采取积极措施扩大出口

（1）在日本贸易振兴会、日本贸易会等支持下，针对 730 名公司员工，实施商业顾问制度

（2）向海外派出进口促进代表团

（3）接收国外派来的出口促进代表团

---

⑦ 《成立进口促进对策委员会》，《通产省公报》，1981 年 10 月 16 日，第 7 页。

⑧ 《关于对紧急进口提供外汇贷款》，《通产省公报》，1982 年 1 月 29 日，第 10 页。

（4）日本贸易振兴会和产品进口促进协会提供进口产品常设展台

（5）日本贸易振兴会和产品进口促进协会举行对日出口促进研讨会。[9]

其中到 2（2）之前的措施属于下节要介绍的市场开放政策，2（3）以下的措施属于扩大进口政策。该报告首次把具体的、综合的进口促进措施形成体系，之后日本政府在制定政策时对此进行了继承和发展。

1983 年 6 月，贸易会议召开。根据形势变化，该会议也做了相应调整，把出口和进口列为同等重要的课题。产品进口对策会议作为该会议的下设会议发表了报告，题为《关于日本流通机构和商业惯例等企业行为的分析与建议》。[10] 会议结束前，日本首相中曾根康弘做出指示，要求所有政府部门都要采取措施以扩大进口。[11] 10 月 21 日，经济对策部长会议决定了综合经济对策的支柱，主要包括如下六点：（1）通过扩大内需促进经济发展；（2）市场开放；（3）促进进口；（4）促进资本流入；（5）促进日元国际化以及完善金融及资本市场环境；（6）促进国际交流。其中（2）和（4）与进口和资本流入有关，具体内容如下。

1. 市场开放

（1）关税减让

（2）放宽进口限制

（3）切实实施标准、认证制度

（4）加强市场开放问题投诉处理推进总部［请参考下节 2（5）的职能］

2. 促进进口

（1）利用日本进出口银行贷款促进进口

（2）更好地利用日元短期进口贷款

（3）加强日本贸易振兴会的进口促进职能

（4）通过政府采购促进产品进口

（5）改革进口产品流通机构

---

[9]　《关于促进产品进口（贸易会议资料）》，《通产省公报》，1982 年 10 月 12 日，第 4—6 页。

[10]　通商产业省编，《通商白皮书》（分论），昭和 59 年版，第 705 页。

[11]　日本贸易振兴会 40 年历史编纂委员机构编，《JETRO：40 年的进程》，2000 年，第 268 页。

（6）其他

① 开展"促进产品进口月"活动

② 召开日本贸易会进口促进恳谈会

③ 灵活使用产业进口促进协会

④ 奖励采取促进进口措施的进口企业

⑤ 改善进口香烟的流通环节

3. 促进资本流入

（1）在美国市场发行政府担保外债

（2）完善与外币公债相关的法律制度

这些措施中，2 中的（4）、（5）以及（6）⑤条与 1 都属于市场开放政策，本章下节会详细介绍。同一年前贸易会议综合会议公布的措施相比，这份综合经济政策在扩大进口和资本流入方面的内容更加明确[12]，而且很多措施迅速得到落实，比如 11 月就落实了 2（6）①中提到的"促进产品进口月"活动：在该月举行各种展销会和促销活动，向国外派出代表团[13]，号召更多国民购买进口产品。之后该活动形成惯例，基本在每年 10 月或 11 月实施，1985 年改名为"扩大进口月"[14]，该活动一直持续到 20 世纪末。从表 1.2.1 可以了解到 1991 年各地区在扩大进口月中举办的活动。

表 1.2.1　扩大进口月期间进口产品展销会的情况（1991 年）

名称	召开地	时间
进口产品展销会 in 室兰	北海道 室兰市	9 月 21 日—22 日
U. S. A. 科罗拉多展	山形县 山形市	10 月 9 日—15 日
进口产品扩大月活动	宫城县 仙台市	10 月 11 日—16 日
新加坡产品展销会	同上　同上	10 月 25 日—30 日
新潟进口产品展销会	新潟县	10 月
91 足利进口产品展销会	栃木县 足利市	10 月下旬—11 月下旬
高崎进口产品展销会	群马县 高崎市	10 月 5 日—6 日

---

[12]《通过扩大内需提振经济——制定经济对策阁僚会议综合经济对策》，《通产省公报》，1983 年 10 月 27 日，第 1—6 页。

[13]《关于举办产品进口促进月》，《通产省公报》，1983 年 10 月 27 日，第 7 页。

[14] 同前，船矢，第 19 页。

（续表）

名称	召开地	时间
新进口产品展会	东京都 池袋	10 月 1 日—3 日
展销会	同上 同上	10 月 1 日—3 日
软件系统 U. S. A.	同上 同上	10 月 2 日—4 日
新进口产品东京 91	东部都 新宿	10 月 4 日—14 日
长野县产业贸易展	长野县 上田市	10 月 18 日—20 日
各务原进口产品展会	岐阜县 各务原市	10 月 10 日—13 日
美浓庙会及进口产品展销会	同上 羽岛市	10 月 18 日—20 日
星之故乡 秋季庙会	同上 藤桥村	10 月 13 日
91 尾西庙会	爱知县 尾西市	10 月 26 日—27 日
春日井进口产品展销会 91	同上 春日井市	10 月 19 日—20 日
NAGOYA（进口产品）新商务展会	同上 名古屋市	10 月 18 日—27 日
进口产品展 名古屋 91	同上 同上	10 月 22 日—27 日
鲭江进口产品展	福井县 鲭江市	10 月 4 日—6 日
进口展品展销会 91	大阪府 池田市	10 月 26 日—27 日
第 21 届神户进口产品展销会	兵库县 神户市	10 月 17 日—20 日
FUKUYAMA 进口产品展会	广岛县 德山市	10 月 1 日—31 日
中国丹东市展销会	德岛县 德岛市	10 月 1 日—11 日
欧美进口产品展示会	佐贺县 佐贺市	10 月 21 日
91 那霸庙会 那霸商工展会	冲绳县 那霸市	10 月 9 日—11 日

资料来源：《通产月刊》，第 24 卷 10 号，1991 年，第 24 页。

与此同时，决定从 1983 年开始，针对有效促进产品进口、为日本贸易做出突出贡献的贸易人员（每年 5 位：其中外国人 3 位，日本人 2 位），由日本首相予以表彰，由通商产业大臣对做出同样贡献的国内外企业（每年 15 家左右）予以表彰。该活动被制度化，之后每年都举行。[15]

---

[15] 《贸易促进贡献人员表彰仪式》，《通产月刊》，第 16 卷 5 号，1983 年，第 107 页。《关于实施平成 3 年实施贸易表彰》，《通产省公报》，1991 年 10 月 17 日，第 8—9 页。《关于平成 4 年贸易表彰及贸易贡献企业表彰》，《通产省公报》，1992 年 10 月 14 日，第 6 页。《关于平成 5 年贸易贡献企业表彰》，《通产省公报》，1993 年 10 月 14 日，第 5 页。《通商白皮书》（分论）各年版。

1983 年 11 月，开始陆续实施 2（2）、（3）中提到的政策。⑯ 当月 11 日，美国总统里根访问日本，日本首相中曾根康弘借机继续呼吁日本国民扩大产品进口。⑰

1984 年 4 月 27 日，为了以内需为中心促进经济发展、维持并加强自由贸易体系、构建和谐的对外经济关系，并且为世界经济充满活力做出贡献，日本政府召开经济对策阁僚会议，提出了以下对外经济政策：

1. 市场开放以及促进进口

（1）关税减让

（2）放宽进口限制

（3）香烟进口自由化以及改善流通环节

（4）完善标准及认证制度

（5）促进产品进口

2. 在尖端技术领域开放市场

（1）通信卫星等

（2）电信等

（3）软件保护

3. 金融、资本市场自由化以及促进日元国际化

4. 促进投资交流

（1）完善信息提供机制

（2）完善投诉处理机制

（3）支持投资促进代表团

（4）改善对日直接投资手续

5. 能源

6. 外国律师在国内开展活动

其中，1（5）条属于扩大进口政策，其具体内容包括：①实施特定外国产品进口促进计划（Specific Products Trade Expansion Program，之后会在日本贸易振兴会的活动

---

⑯ 持永哲志，《开展进口促进对策》，《通产省公报》，1983 年 12 月 16 日，第 19 页。

⑰ 同上，持永，第 18 页。

相关章节详细论述）；②协助举办外国产品展销会，主要是指 4 月 23 日至 5 月 6 日举办的"德国博览会 1984"，此外还包括 10 月 26—30 日举办的"法国物产旅游展"、1985年 3 月举办的"美国制造博览会"、介绍荷兰信息的"名古屋世界进口商品博览会1985"（名古屋进口博览会）以及其他地方团体主办的活动。⑱

（4）20 世纪 80 年代后半期的各项改革

随着贸易摩擦激化，很多贸易问题在 1985 年相继发生，比如 9 月《广场协议》签署后日元迅速升值，这已经多次提到，相信读者已经耳熟能详了。在此之前还发生了一件非常重要的事情：4 月 9 日，日本经济对策阁僚会议公布"改善市场准入行动计划纲要"；7 月在执政党——自由民主党的对外经济对策推进总部会议上，该纲要获得通过，下一节对此会有详细介绍。公布当天，首相中曾根召开对外经济政策记者招待会对该政策做出说明，希望日本国民"每人都能购买 100 美元的外国产品"。⑲ 之前，政府的贸易会议每年召开一次，为了审议包括上述行动计划在内的重要议题，1985 年 4月和 6 月召开了两次会议。⑳

该行动计划实施后，从 1985 年开始，每年通产大臣都要求日本主要企业扩大进口规模。以 1993 年 5 月为例，通产省和各地通商局召集日本 341 家主要企业参加要求扩大进口会议，要求各个企业扩大进口以缓解贸易摩擦问题㉑，通产省负责其中 177 家，各地通商局负责剩下的 164 家。1985 年 4 月 12 日，为了扩大进口，通产省再次提出五项对策㉒，并相继实施，分别是：①动员国民；②要求产业界积极增加进口；③召开或者协助召开进口展销会；④完善"外国产品进口促进计划"；⑤扩大进口产品信贷规模。其中，①就是前文提过的首相发言，②前文已经论述过，④涉及日本贸易振兴会的活动，以后的章节会详细论述；⑤涉及相关金融制度改革，以后的章节会详细论述。现在重点对③展开论述㉓，其具体内容如下：

---

⑱ 《与市场开放及促进进口相关的 6 类 15 种产品》，《通产省公报》，1984 年 5 月 9 日，第 1—8 页。《通商白皮书》（分论），昭和 60 年版，第 723—724 页。

⑲ 《通商产业大臣关于扩大进口请求的发言》，《通产省公报》，1985 年 4 月 24 日，第 2 页。村冈茂生，《贸易纪念日寄语——为什么现在要进口产品》，《通产月刊》，第 18 卷 6 号，1985 年，第 28 页。

⑳ 《通商白皮书》（分论），昭和 61 年版，第 715 页。

㉑ 《通商产业大臣针对扩大进口请求的发言》，《通产省公报》，1985 年 4 月 22 日，第 1—3 页。同前，脚注①，船矢，第 18 页。《关于召开请求扩大进口会议》，《通产省公报》，1993 年 5 月 27 日，第 7—9 页。

㉒ 同前，村冈，第 29 页。

㉓ 同前，船矢，第 18 页。

- 在全国范围内举行进口产品集市。在 10—11 月"扩大进口月"期间，全国共举行 1 000 多场进口产品集市。其中包括日本贸易振兴会主办的大型集市（8 月在东京池袋阳光城举行的"东京进口集市"、10 月在横滨、11 月在北九州）；在商店街举办进口商品展销会（10 月在东京涩谷、原宿、自由之丘等地举办）。

- 举行大型进口商品博览会。3 月在名古屋举办"美国制造博览会"；1986 年 3 月举办"欧洲制造博览会"。

- 针对外国产品举行商务洽谈会。5 月接待了韩国考察团，并在全国主要城市举行商务洽谈会；10 月墨西哥代表来访，举办商务洽谈会和投资研讨会。11 月是中国、12 月是法国。1986 年，上述活动继续实施。

1985 年 4 月 13—30 日，通产省开展了进口促进活动，把"进口让世界各国共同携手"作为口号。此外，把"进口产品促进月"改为"扩大进口月"，原来每年为期 1 个月左右，现在调整为每年为期 2 个月左右（10 月、11 月），并实施了上述在全国范围内举行进口产品集市的措施。通产省还利用媒体开展宣传活动，此外还实施了很多其他活动，比如召集社会各界 100 位知名人士组成"扩大进口百人声援团"来实施扩大进口活动；日本贸易振兴会举办墨西哥展、"职业女性欧美商品展"及其他地方性商品展会；产品进口促进协会大力支持各类展会。为了响应 1986 年税收制度改革，通产省要求实施产品进口促进准备金制度（为了在进口产品时更好地支付费用或赔偿损失，进口企业要根据产品进口总额的一定比例准备储备金）。[24]

1985 年行动计划正式实施，5 月 4 日—5 日东京首脑峰会召开，9 月受《广场协议》影响，日元快速升值。在此背景下，1986 年 4 月《前川报告》应运而生，其重点介绍了扩大内需的重要性。通产省根据当年的形势决定采取如下措施[25]：

（1）在电视、电影剧院、报纸杂志刊登广告，利用各种媒体进行宣传。

（2）配合"维纳斯诞生"，在中央部委（包括地方厅局）、地方社会团体、工商商会、百货商场、超市、集市、银行、宾馆、电影院、高尔夫球场、保龄球场张

㉔　同前，船矢，第 19 页。

㉕　通商政策局，《最近国际经济局势》，《通产省公报》，1986 年 6 月 28 日，第 29—30 页（"资料 2 扩大进口政策"）。

贴近 4 万张海报。

（3）在东京、大阪地区的国有铁路和私有铁路等 25 条路线刊登印有总理照片和标语的广告。

（4）在中央部委（包括地方厅局）、东京都内主要百货商场和超市内悬挂 110 条印有"进口让世界各国共同携手"的巨幅标语。

（5）开展各种活动。

①"扩大进口活动"（4 月 27 日—28 日）。该街头活动在银座索尼广场举办，主要针对逛街的路人。

②"世界进口集市 1986"（4 月 29 日—5 月 6 日）。该大型进口产品集市在池袋阳光城举行，由日本贸易振兴会、产品进口促进会和日本贸易会、产经生活新闻共同主办。

③"世界进口博览会 in 清水 1986"（4 月 29 日—5 月 5 日）：由日本贸易振兴会、静冈县、清水市、清水工商商会、静冈广播共同主办。

④在百货商场和超市举办活动，主要以出席东京首脑峰会的国家生产的产品为对象。

以上活动覆盖了日本近 20 300 个地点。[26]

1987 年 5 月 29 日，日本政府决定实施"紧急经济对策"：为了通过政府采购的方式进口外国产品，重新制定总额近 10 亿美元的补充预算。政府采购的主要产品为政府专用机、超级计算机、医疗、研究用机器设备、直升机、检查用机器设备以及外国图书等。[27]

同年 11 月 11 日，通产省发表了题为《扩大进口之地方篇》的报告。报告指出各地企业按照各地所属通商局的要求扩大了进口规模，进口额比上一年增加 36.4%，这远远高于全部 302 家企业的 25.9% 的增长率。也就是说地方促进产品进口的行动更为有效。[28] 各地进口扩大的情况请参考表 1.2.2。接下来，1987 年 11 月 26 日，通产省又提出"进口产品渗透促进方案"，其中就包括委托产品进口促进协会举行"消费者及从

---

[26] 高桥浩昭，《进口产品的扩大》，《通产省公报》，1987 年 10 月 16 日，第 8 页。

[27] 同前，高桥，第 8—9 页。

[28] 《逐渐渗透且扩大的动向——地方进口扩大》，《通产省公报》，1987 年 11 月 16 日，第 1—2 页。

业者进口产品研讨会"。经过 20 多次讨论，1988 年 5 月，会议报告发布。该研讨会的初衷是研究如何消除日本消费者对进口产品以及外国企业进入日本市场时的抵抗心理。会议根据消费者、进口机构、流通及零售机构、检查及研究机关，按照衣服及纺织品、耐用消费品、日用品、加工食品四个领域进行分组，研究国内外产品在价格、尺寸、成分标示、使用方法、安全须知等方面存在的区别以及售后服务的现状及问题，了解消费者的意识及需求。产品进口促进协会、日本贸易振兴会、消费者及企事业团体、地方政府也积极宣传会议成果。㉙

表 1.2.2　产品进口动向　　　　　　　　　　　　　　　　　（单位：百万美元）

海关	1985 年度（A）	1986 年度（B）	B/A
函馆	372	433	1.16
东京	17 796	23 012	1.29
横滨	7 433	8 442	1.14
名古屋	3 037	4 004	1.32
大阪	5 263	10 790	2.05
神户	5 603	6 494	1.16
门司	1 082	1 512	1.40
长崎	368	263	0.71
冲绳	54	154	2.85
全国	40 992	55 219	1.35

资料来源：《逐渐渗透且扩大的动向——地方进口扩大》，《通产省公报》，1987 年 11 月 16 日，第 2 页。

1990 年 6 月，《日美结构问题协议最终报告》㉚ 提出。其中"流通"部分"5. 进口促进政策中"要求日本政府在贸易会议（由相关部委组成，由首相担任会长）下设立"进口协商会"（暂称），该会议应该包括外国从业者，并且涵盖日本官方和民间。该会议负责汇总与扩大进口有关的要求和意见，并向贸易会议提交报告。同年 8 月，为了响应该报告，政府举行了第 12 届贸易会议㉛（会长：首相海部俊树），决定成立进口协商会作为其下属机构（专门会议），并由通产省承担秘书处的工作。

之所以成立进口协商会，其目的是听取海外及国内商业领袖对于日本扩大出口和改善市场准入措施的意见及要求，并将其反馈给政府，以便更好地制定政策。具体运作方式是：原则上，每年举行两届，"梳理与扩大进口有关的意见和要求，并向每年召

㉙ 《关于消费者和从业者的进口产品探讨会》，《通产省公报》，1988 年 5 月 26 日，第 2—5 页。

㉚ 关于《日美结构问题协议》请参考：前一章第 1 节。

㉛ 2001 年 1 月，随着中央部委改革，贸易会议被取消（通商产业省编，《通商产业省年报》，平成 12 年度，第 406 页）。

开的贸易会议提交报告"。第一届进口协商会于 1991 年 4 月 8 日举办。当时日本贸易会会长三村庸正担任会长，成员包括：10 位来自欧、美、澳大利亚及亚洲邻国的代表、8 位日本民间代表、10 位相关政府部门代表和 2 名观察员。第一届进口协商会的主要议题包括：加强政府采购外国产品的力度、提高手续透明度、改善与进口有关的规定和制度、完善与扩大进口有关的配套政策、完善与进口有关的基础设施、促进对日投资、流通问题及系列体系问题，都是耳熟能详的议题，没有让人觉得耳目一新。第二届和第三届进口协商会主要讨论了以下问题：完善扩大进口的配套政策、促进对日投资、政府采购、完善进口规则及制度等。1993 年召开第四届进口协商会，反复讨论了一些具体问题，比如对动物用药品、对日直接投资、化妆品等。在化妆品问题上，各方就化妆品小样进口、安全数据确认、防腐剂等问题达成一致，而且同意下调化妆品价格以解决化妆品国内外价格差别问题。

此后，进口协商会每年召开一到两次，1999 年 11 月召开第 11 届协商会。从下面的例子可以了解到，日本政府以该协商会的意见为基础，制定并实施了很多政策。

1992 年 4 月，综合保税区制度开始实施。在政府采购方面，受 GATT 协议管理的机构增加。

同年 7 月颁布与促进进口以及更好地发展对内投资事业相关的临时措施法（1992 年 3 月 31 日，法律第 22 号，简称《促进进口和对日投资法》）（FAZ，向外国企业提供优惠政策）。

1993 年 4 月，补充并完善进口促进税收制度。

同年 10 月，制定了扩大进口基本方针。[32]

针对上述具体问题，包括外国人委员在内的进口协商会都会召开特别会议，不厌其烦地反复讨论其细节。20 世纪 80 年代初期，成立市场开放问题投诉处理推进总部

---

[32] 关于成立进口协商会的具体情况请参考：《通产省公报》，1990 年 8 月 10 日，第 1—2 页。《第一届进口协商会召开》，《通产省公报》，1991 年 4 月 20 日，第 6 页。《第一届进口协商会报告的提出》，《通产省公报》，1991 年 10 月 17 日，第 6—8 页。《第二、三届进口协商会报告》，《通产省公报》，1992 年 10 月 14 日，第 4—5 页。《关于召开第三届进口协商会》，《通产省公报》，1992 年 7 月 29 日，第 6—7 页。《关于召开第六届进口协商会》，《通产省公报》，1994 年 10 月 14 日，第 6 页。《关于召开第十一届进口协商会》，《通产省公报》，1999 年 11 月 18 日，第 13 页。《通商白皮书》（分论），平成 4 年版，第 713 页。

（Office Trade and Investment Ombudsman），专门处理外国人对日本进口制度的投诉问题。通过这种方式，日本政府采纳了很多意见。日本国内也开始对投诉涉及的问题进行探讨。像进口协商会这样允许外国人担任委员并且探讨具体问题的方式，对日本政府来说也是一种创新，甚至可以说外国人都参与了进口促进政策的决策过程。

（5）综合扩大进口政策（1990 年）

1985 年《广场协议》签署后，日元迅速升值，同年日本进口总额达到 402 亿日元，1988 年迅速增长为 913 亿日元，进口比例从 31% 提高至 49%。尽管如此，在泡沫经济末期，也就是 1989 年左右，日本国民人均进口额还不及美国的 1/3、联邦德国的 1/5。[33]另一方面，在美国贸易逆差中约 50% 与日本出口产品有关。[34] 在此背景下，美欧同日本，尤其是美国同日本的贸易摩擦进一步激化（前文已有详细论述），1989 年 7 月 17日，巴黎七国首脑峰会发表经济宣言，宣言称：为了保证世界经济持续发展，贸易收支顺差国家有责任和义务继续扩大进口规模。同年 9 月 1 日，在日美首脑会谈上，美国总统布什表示"美日贸易失衡加剧将导致两国关系紧张"。[35]

日本政府迫于海外舆论压力，于 1990 年 1 月，公布了新的综合扩大进口政策，于 4月 1 日正式实施，为期三年。该政策从根本上完善并强化了原有的扩大进口政策。具体内容如图 1.2.1 所示，主要包括 4 个支柱，分别是：①落实产品进口促进税收制度；②撤销了 1 004 种工业产品的关税；③为了扩大进口大幅增加政策性贷款；（4）开展"1 亿美元民间进口促进活动"（通过日本贸易振兴会，向海外派出短期或长期专家，并在各都道府县成立经济国际中心，通过增加国家预算保证运营）。其中，④涉及的预算规模逐年增加：1989 年为 19 亿日元（初步预算），1990 年为 70 亿日元（如果加上 1989 年的补充预算等于 145 亿日元，即 1 亿美元），1991 年为 72 亿日元，1992 年为 101 亿日元。[36] 1990年 10 月，通产省有关人士称：通产省实施的扩大进口政策涵盖范围更为综合而且更加彻底，无论是从历史层面还是从世界范围内看都是绝无仅有的。[37]

---

[33]　经济企划厅，《进口和物价相关的研究会报告（要点）》，《通产省公报》，1989 年 5 月 17 日，第 9 页。

[34]　铃木浩幸，《综合性扩大进口政策》，《通产省公报》，1989 年 10 月 5 日，第 4 页。该文章发表于 1990 年 1 月，即正式公布政策前三个月，请参考第 6—7 页。此外还包括：田村晓彦，《贸易局施政概要》，《通产省公报》，1989年 10 月 4 日，第 5—6 页。本书中不仅出现了综合性扩大进口政策这个词语，而且也基本正确概括了其内容。

[35]　同上，田村，第 4—5 页。

[36]　《根据通产省及美国商务部合作的扩大贸易共同项目召开第一届定期会议》，《通产省公报》，1990 年 5 月 10 日，第 4 页。樋口正治，《关于综合性扩大进口政策》，《通产省公报》，1990 年 6 月 28 日，第 29—31 页。

[37]　同上，飞田，第 6 页。

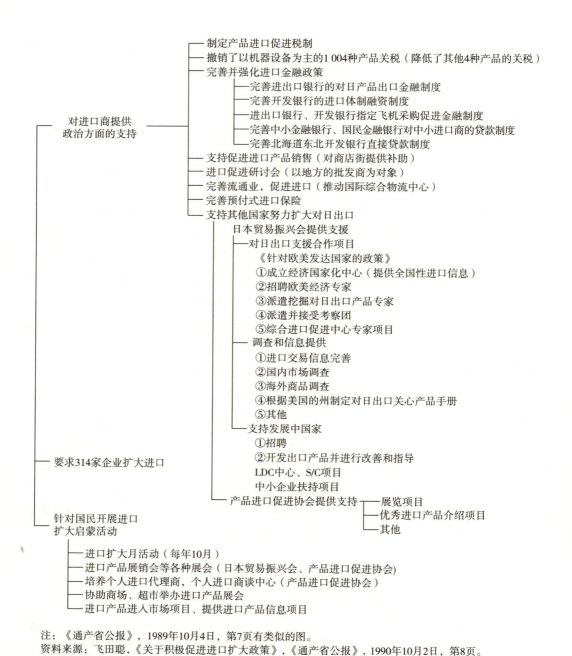

对进口商提供政治方面的支持
—— 制定产品进口促进税制
—— 撤销了以机器设备为主的1 004种产品关税（降低了其他4种产品的关税）
—— 完善并强化进口金融政策
—— 完善进出口银行的对日产品出口金融制度
—— 完善开发银行的进口体制融资制度
—— 进出口银行、开发银行指定飞机采购促进金融制度
—— 完善中小金融银行、国民金融银行对中小进口商的贷款制度
—— 完善北海道东北开发银行直接贷款制度
—— 支持促进进口产品销售（对商店街提供补助）
—— 进口促进研讨会（以地方的批发商为对象）
—— 完善流通业，促进进口（推动国际综合物流中心）
—— 完善预付式进口保险
—— 支持其他国家努力扩大对日出口
日本贸易振兴会提供支援
—— 对日出口支援合作项目
《针对欧美发达国家的政策》
①成立经济国家化中心（提供全国性进口信息）
②招聘欧美经济专家
③派遣挖掘对日出口产品专家
④派遣并接受考察团
⑤综合进口促进中心专家项目
—— 调查和信息提供
①进口交易信息完善
②国内市场调查
③海外商品调查
④根据美国的州制定对日出口关心产品手册
⑤其他
—— 支持发展中国家
①招聘
②开发出口产品并进行改善和指导
LDC中心、S/C项目
中小企业扶持项目
—— 产品进口促进协会提供支持
—— 展览项目
—— 优秀进口产品介绍项目
—— 其他

要求314家企业扩大进口

针对国民开展进口扩大启蒙活动
—— 进口扩大月活动（每年10月）
—— 进口产品展销会等各种展会（日本贸易振兴会、产品进口促进协会)
—— 培养个人进口代理商，个人进口商谈中心（产品进口促进协会）
—— 协助商场、超市举办进口产品展会
—— 进口产品进入市场项目、提供进口产品信息项目

注：《通产省公报》，1989年10月4日，第7页有类似的图。
资料来源：飞田聪，《关于积极促进进口扩大政策》，《通产省公报》，1990年10月2日，第8页。

图 1.2.1　综合性扩大进口政策

在实施综合扩大进口政策的同时，日美贸易促进合作项目（Trade Promotion Cooperation Program）也已开始。1990 年 3 月，美国商务部部长莫斯巴赫尔（Robert Mosbache）与通产大臣武藤嘉文同意于 4 月在日本召开第一届会议，目的是把通产省制定的进口促进政策和美国商务部制定的对日出口促进措施有效结合起来，通过互相交换数据和信息、开展市场调查、举办促销活动、提供咨询服务等方式，进一步促进日美贸易发展。最初该项目的截止时间定于 1997 年，但 1998 年 2 月，双方同意延长至下个年度，并且增加了医疗及福利设备领域。[38]

（6）引入产品进口促进税收制度

如前文所述，综合扩大进口政策第二个支柱中提到的政策先后得到落实。第四个支柱中涉及的日本贸易振兴会的活动，我们将在以后的章节介绍，本节主要介绍剩下两个支柱涉及的内容。首先是第一个支柱。1990 年中期，日本首次正式实施产品进口促进税收制度。1986 年政府开始采取"行动计划"，增加了"设备进口促进税收制度"（在中小企业新技术一体化投资促进税收制度和升级能源基础投资促进税收制度下进口机械设备时，税率降低 20%）[39]，产品进口促进税收制度得到进一步完善，最终发展成为综合性税收制度。现在来回顾一下制定该税收制度的过程。从 20 世纪 80 年代中期开始，通产省内部已经开始讨论进口促进税收制度。民间企业方面要求调整税收制度的呼声也日渐提高，多次向政府提出诉求。1989 年 6 月 28 日，贸易会议上出现了"综合性进口促进税收制度"的苗头。[40] 但是遭到大藏省的强烈反对，实现过程十分坎坷。

通过当时的新闻报道可以了解到通产省当时的态度，还是秉承一直以来的"降低进口产品特有成本"原则。因为"如果进口商想要增加进口，需要比国产产品付出更多成本，比如发掘畅销产品，并且针对日本市场改良其品质；开展促销活动和售后服务，还要考虑库存情况"。所以，"通过削减税收抵消其成本，可以解决'进口产品'

[38] 同前，《根据通产省及美国商务部合作的扩大贸易共同项目召开第一届定期会议》，《通产省公报》，1990 年 5 月 10 日，第 2—4 页。《促进医疗·福利设备领域的进口》，《通产省公报》，1998 年 4 月 13 日，第 4—5 页。贸易局进口科，《推进扩大进口政策》，《通产月刊》，第 23 卷 10 号，1990 年，第 58—59 页。鹭坂正，《综合性扩大进口政策》，《通产省公报》，1991 年 6 月 28 日，第 36—38 页。鹭坂正，《综合性扩大进口政策》，《通产省公报》，1992 年 5 月 26 日，第 28 页。飞田聪，《关于积极促进扩大进口政策》，《通产省公报》，1990 年 10 月 2 日，第 6—9 页。

[39] 同前，脚注 26，高桥，《扩大产品进口》，第 8 页。

[40] 石井晋，《进口促进政策 1975—1995》，《通商产业政策史研究》，1997 年（《通商产业政策史编纂资料集（2）》）。原始资料为：贸易局，《平成元年第 11 次贸易会议记录》（1989/6/28 资料管理中心 C－342）。

面临的不利局面，进口也会变得相对容易"。该税收制度的具体政策为："1989 年以后，如果进口总额高于去年，就降低 CIF 基本税费（含运费、保险费用），①中小企业降低 10%；②商社以外的企业降低 5%；③商社降低 3%。但是减税比例最高不得超过该结算年度内缴纳法人税总额的 20%。新税收制度的适用对象是国际贸易标准分类（Standard International Trade Classification）中从第 5 部分到第 9 部分中关税为零的产品。为了扩大适用产品的数量，通产省把其中不满 5% 的低关税产品的关税降为零"，初步测算"每年减税总额大概 300 亿日元，第一年扩大进口的成果为 30 亿美元，第五年将增长至 200 亿美元"。

对此，大藏省表示强烈反对，理由如下："①如果只有商社和进口代理商能享受税收优惠的话，消费者最终能否受惠于该优惠税收制度还有待商榷。②如果降低进口半制成品和机械设备的关税，有助于提高加工再出口式日本企业的竞争力，所以减税政策有可能到最后反而演变成扩大出口税收政策。③该税收制度一旦开始实施，如果日本贸易收支恶化，恐怕难以马上废除，如果出现日本贸易收支恶化的情况，日本恐将无所适从。"大藏省还陆续提出了其他反对意见，比如"如果是为了扩大进口，不应该调整税收制度，而应该完善低息贷款制度，为中小企业提供更多的进口资金"；而且"今后如果税收减少，可能会归咎于降低税率。另外，日本 60% 的进口都依赖商社等大企业，所以该政策很有可能会遭到民众的批评，认为是故意减免大企业应缴纳的税收"。[41]

但是，《日美结构问题协议最终报告》要求"设立产品进口促进税收制度"。在对外谈判中提到设立该制度，使该制度在事实上成为"国际公约"，所以大藏省的反对态度逐渐软化，讨论并提出了一些替代方案，"同意在进口特定机械设备时返还补贴作为替代降低税收的方法"。经济团体联合会（经团联）在总体上非常支持产品进口促进税收制度，其主要意见如下："该税收制度对日本来说非常积极，有望促进相关产品的进口"；但涉及具体内容，其态度就变得比较谨慎。"对于商社来说，支持该制度的原因有二：一是进口扩大其交易规模也将扩大，二是汽车和电器行业具有很强的国际竞争力，所以并不畏惧和海外进口产品同台竞技。"但与此同时，对纤维、钢铁以及化学行业来说，因为新兴工业经济体的相关产业发展迅速，竞争非常激烈，所以担心"不能

---

[41] 《设立进口促进税收制度进入最后阶段 讨论大藏省备选方案 具体方案还未确定》，《日本经济新闻》，1989 年 12 月 13 日日报，第 5 版。

如愿从美国进口，反而扩大了韩国的产品出口"。[42] 1989 年 12 月 16 日，自由民主党税收制度调查会提出 1990 年度税收制度改革大纲概要，概括了产品进口促进税收制度。首先，制造业可以选择 5% 的税收减免，或是 10% 的补贴返还；要求包括商社在内的批发商和零售商拿出进口增加金额的 20% 作为进口准备金；原来的适用对象是国际贸易分类标准中第 5 部分到第 9 部分中零关税的产品，现在扩大了适用范围，将关税不到3.5% 的产品统一调整为零关税产品；还规定了该税收制度的有效期：从 1990 年开始，为期 3 年。[43] 随着产品进口促进税收制度的内容逐渐明晰，产业界的关注程度反而逐渐下降。原因很简单："该制度的使用标准比想象中严格，实际的利益乏善可陈，而且实际上日本企业想要从海外进口的产品屈指可数。"商社方面也是牢骚满腹：适用的产品种类非常有限，导致该制度难以得到有效利用；其次，要求商社进口金额每年必须增长 10%，被普遍认为"义务大于权利"。[44]

1990 年 4 月，产品进口促进税收制度开始实施。具体实施情况如下。[45] 首先，针对适用该制度的产品，"通商产业省出台了相关规定，明确企业自主进口机械设备类产品、电器产品、化学工业产品等其他产品（含委托进口）属于应该促进进口的产品"。原则上是指国际贸易分类标准中第 5 部分到第 9 部分中的零关税产品（不含食品、矿物燃料、动植物油、特殊商品）。有效期暂定从 1990 年 4 月 1 日到 1993 年 3 月 31 日，为期 3 年。实际上，机械设备类产品、电器产品、化学工业产品中适用该制度的产品数量超过 2 000 种，其金额约占日本总进口额的 1/4。如果是以进口时没有征收关税的品种为适用对象的话，将占日本总进口额的一半。

针对税收制度的内容而言，分为以下两点。一是进口产品国内市场开拓准备金，需要满足两个条件：首先是从事自主进口对象产品（含委托进口）的经销商，其次是今年的进口总额比标准年份进口总额增加 10% 以上。根据税收制度的规定，要拿出产品进口增加金额（与标准年份相比）的 20% 作为准备金。[46] 撤销时，要"从下期开始分 5 年平均撤销"。二是税收减免、补贴返还制度，需要满足两个条件：首先是从事自

---

[42] 以上段落节选自：同上，《日本经济新闻》。

[43] 《进口促进税收制度 附加退税率 10% 确定自民税调税制度的修改纲要》，《日本经济新闻》，1989 年 12 月 17 日日报，第 3 版。

[44] 《产品进口促进税收制度成为摆设 产业界受益小 适用品种有限且受严格限制》，《日本经济新闻》，1990 年 1 月 8 日日报，第 9 版。

[45] 产品进口促进税收制度编辑组，《简单易懂·产品进口促进税收制度 Q&A》，通商产业调查会出版，1990 年。

[46] 同前，脚注 36，樋口，《关于综合性扩大进口政策》，第 30 页。

主进口对象产品（含委托进口）的生产商，其次是今年的进口总额比标准年份进口总额增加 10% 以上。符合要求的企业可以选择税收减免或补贴返还。关于税收减免的规定如下：减免金额为产品进口增加金额（与标准年份相比）的 5%，不超过"当期所得税金额的 10%"，但是"中小企业法人为特例，不得超过所得税金额的 15%"。关于补贴返还的规定如下：以"当年和前两年所有新取得的机械设备"为对象（不限于进口促进对象产品），进口促进对象产品的补贴率为 20%，其他产品为 10%。补贴金额不超过产品进口增加金额（与标准年份相比，对象产品进口增加金额）的 50%。以上两点，基本上就是自民党税收制度调查会提出的概要。

之后，进口协商会要求延长该制度的有效期。1993 年，对该制度做出修改，并且决定将该修正案有效期延长 2 年：将进口增加额由 10% 降低为 2%；并且扩大了适用对象，海外制造企业子公司也可以享受税收减免政策。之所以修改该制度，是因为随着经济形势逐渐恶化，能够满足本制度要求，即实现对象产品每年增长 10% 的公司逐渐减少。而且，美欧等国表示该制度存在漏洞，没有公平对待日本和外国企业，因为日本制造企业的产品多属于税收减免的对象，而外国制造企业的产品多通过商社出口，所以多属于提交准备金的对象。

此外，1995 年 4 月"日元升值紧急经济对策"出台，在此基础上决定修改税收制度，并且将有效期延长 2 年。具体修改如下：首先，增加了适用产品的种类，包括药品（乌拉圭回合谈判上决定立即废除 5 600 种药品的关税）以及汽车零配件（包括汽车空调以及动力转向软管等零配件）。其次，对进口增加金额超过 10% 的企业，提高了税收减免的力度。此外，产品进口增加比例上限由 10%，提高至 30%，准备金比例、税收减免比例，以及补贴返还比例的上限都提高 2 倍。于是，批发商和零售商就要根据对象产品进口增加金额的 40% 为限缴纳准备金，生产商则根据对象产品进口增加额的 10% 为限来减免税收，或者选择以 50% 为限返还机械设备的补贴。但是，1995 年 4 月，日元快速升值，攀升至历史高位，1 美元兑换 79.75 日元，随后汇率市场不再剧烈波动。1996 年以后，上述比例根据具体年份有所变更，比如 1996—1998 年产品进口增加率的上限为 5%，低于以前的比例。

产品进口促进税收制度实施后，取得的具体成果如下[47]：与该税收制度实施前的 1990 年相比，减少税收 870 亿日元。1991 年，减少税收金额为 980 亿日元，达到峰值。

---

[47] 通商产业调查会，《产业税制手册》各年版本。

该制度占减税总额的 7.2%，其效果仅次于"老人小额存款利息免税等""住宅对策征税特例""扣除人寿保险费用""扣除增加试验研究费等的税收"其他税收特别政策。该税收制度在税收特别措施中的作用比较重要。但之后，税收特别措施的作用减弱，整体上税收减少总额逐渐降低。受产品进口促进税收制度影响，减少的税收总额如下：1993 年为 370 亿日元、1995 年 190 亿日元、1996 年 310 亿日元，1996 年仅占税收特别措施整体减税额的 3.6%，与 1991 年相比，减少近半。

通产省对此的内部评价如下[48]："实施该税收制度后，1990 年和 1991 年，使用该制度的对象产品进口总额增加，约占总进口额的 5%，可以说该制度发挥了一定的作用。很多进入日本市场的外国企业充分利用了该制度，扩大了产品进口（1990 年，日本 IBM 公司享受的税收减免总额最多。准备金储备最多的是梅赛德斯奔驰日本公司）。"实际上，税收制度适用对象产品进口总额占总进口额的比例提高，从 1989 年的 20.4% 上升到 1994 年的 26.6%。但是，以日元为基础进行统计的话，总进口额由 1989 年的 30.4 万亿日元减少为 1994 年的 29.0 万亿日元（税收制度对象产品进口金额由 6.2 万亿日元增长至 7.7 万亿日元。在此期间，进口数量的指数提高，所以需要考虑日元升值带来的影响）。因此，虽然以日元为基础进行统计在金额上表现得并不明显，但是产品进口促进税收制度的确在一定程度上发挥了扩大进口的效果。但是，因为受该税收制度影响的减税总额减少，所以并不能明确其与扩大进口之间是否存在因果关系。但是，这并没有妨碍日本通产省对其做出积极评价——"前所未有的税收制度"；日本政府也积极向国际社会宣传：产品进口促进税收制度的实施充分说明日本政府对扩大进口所持的积极态度。

（7）为了扩大进口实施政策性金融制度

如前文（3）中所示：20 世纪 80 年代，为了扩大进口，日本政府逐渐完善政策性金融制度，提供了各种低息贷款，普遍都是各个金融机构当时最为优惠的利率。根据 1983 年 10 月政府提出的综合经济对策，日本进出口银行于第二年 11 月出台"产品进口金融制度"[49]（向日本国内进口商以及国外向日本出口的生产商提供长期低息贷款），请参考表 1.2.3。1985 年 7 月，日本进出口银行还根据"行动计划"实施了更为有效的措施，比如引入外汇贷款、进一步降低利率，这些措施确实取得了非常好的效果，很多企业都得到了实惠。[50]

---

[48] 同前，石井晋（1997）。原资料请参考：贸易局进口科，《进口扩大政策概要》，1995 年 7 月。

[49] 同前，脚注 16，持永，《开展进口促进对策》，第 19 页。渡边直行，《综合经济对策中的进口促进政策》，《通产省公报》，1993 年 6 月 28 日，第 29 页。《通商白皮书》（分论），昭和 59 年版，第 728 页。

[50] 《通商白皮书》（分论），昭和 61 年版，第 719 页。

表1.2.3　主要进口金融制度

名称	相关金融机构	时间	融资比例	融资时间	利率	贷款金额	备注
产品进口金融制度	日本进出口银行（2000年改为国际协力银行）	1983年11月	借款的70%	1年以上5年以下	7.20%~7.55%		中小企业的贷款利率再减少0.25%
		1986年3月		同上	6.05%		
		1987年3月		同上	5.20%	1985年7月—1987年3月为2970亿日元（进口金额为4150亿日元）	基本同上，日元贷款利率变更为5%
		1988年3月		1年以上10年以下	5.00%	1985年7月—1988年3月为3280亿日元（进口金额为4620亿日元）	基本同上，日元贷款利率变更为4.8%
		1990年					融资对象增加，允许海外的外国法人申请贷款
		1992年8月			5.3%~5.1%不等		追加4种特定产品
		1995年2月			4.65%		医药产品，机械设备类产品的利率为4.29%。1992—2000年按照最低于最优惠利率实施

（续表）

制度	年月	条件	利率	期限	备注
完善进口机制融资制度（1993 年改为促进进口融资基础资金制度，2000 年改为日本政策投资银行）	1984 年 4 月	所需资金的 40%，土地的 30%	7.60%		
	1985 年 3 月	同上	7.25%		
	1986 年 4 月	同上	6.05%		1986 年 4 月开始调整为最优惠利率
日本开发银行	1987 年 3 月	同上	5.20%		把加工食品也列为对象产品
	1988 年 4 月	同上	4.80%		把融资租赁设备也列为对象产品
	1988 年 12 月	同上	4.85%	25 年以内	
	1990 年				把中间商以反零售商也列为客户
	1992 年		5.6% ~ 5.1% 不等		允许对进口促进地区完善项目提供贷款
强化进口促进基础贷款制度	1992 年 8 月				追加了保证金
日本开发银行	1993 年				
	1995 年 2 月		4.35%		从 1992 年到 2000 年以低于最优惠利率实施

注：空格为无资料记录。

资料来源：通商产业省编，《通商白皮书》（分论）各年版。日本政策投资银行编，《日本开发银行史》，2002 年，第 669 页。

根据 1983 年提出的综合经济对策，同年 11 月，为了促进日元短期进口贷款的顺利实施，日本银行决定再次实施 "进口结算汇票制度"[51]（日本银行对进口结算中有效时间在 4 个月以内的汇票进行担保，企业可以根据贴现率在商业银行申请 3 个月以内的贷款）。

1984 年 4 月，日本开发银行提出 "完善进口体制融资制度（对进口产品有关的批发商和零售商提供低息贷款，方便其购买和完善检查、加工、收购、销售进口产品所必需的设施。1993 年 9 月，又增加了适用范围，并更名为'进口促进基础强化融资制度'[52]）"[53]，作为紧急经济对策相关措施之一。

此外，1987 年中小企业金融合作社（中小合作社）和国民金融合作社（国民合作社）还提出了 "促进进口产品销售贷款制度"（为了扩大进口产品的销售，向中小规模的批发商和零售商提供必要的低息贷款作为设备资金以及运营资金[54]）。日本进出口银行和日本开发银行还针对进口飞机制定了专门的贷款制度（向日本定期航空运输企业提供贷款，用来购买或者租赁飞机，保证相关企业完善基础）。

综上所述，在各项制度中，外资企业充分利用了 "产品进口金融制度" 和 "促进进口产品销售贷款制度"，尤其是后者。1985 年 7 月，"行动计划" 明确以市场开放为主要目的，其中也包括了进口促进金融制度。[55]

1990 年，对综合性扩大进口政策的已有政策进行了调整。比如①增加了日本进出口银行 "产品进口金融制度" 的适用对象，海外外国企业法人也可以申请；此外还提出了三类业务；[56]②日本开发银行的 "扩大进口相关设备低息融资制度" 以及 "外国企业对日直接投资低息贷款制度"；③中小合作社以及国民合作社对中小进口销售商提供设备贷款和运营资金贷款；④通过向中小企业事业联合体升级提供融资，完善中小流通业进口产品采购基础设施事业（由国际综合流通中心负责）。

---

[51] 同前，持永，第 19 页。小林利典，《进口促进对策的实施》，《通产省公报》，1984 年 12 月 3 日，第 15 页。贸易局进口科，《为了扩大产品进口》，《通产省公报》，1985 年 3 月 19 日，第 8 页。《通商白皮书》（分论），昭和 59 年版，第 719 页。

[52] 日本政策投资银行编，《日本开发银行史》，2002 年，第 669 页。

[53] 《关于进口体制准备资金融资制度》，《通产省公报》，1984 年 5 月 31 日，第 15—16 页。山浦崇，《关于日本的扩大进口政策》，《通产省公报》，1992 年 12 月 14 日，第 20 页。《通商白皮书》（分论），昭和 59 年版，第 719 页。

[54] 《通商白皮书》（分论），平成 7 年版，第 731 页。

[55] 《通商白皮书》（分论），昭和 62 年版，第 739 页。

[56] 《通商白皮书》（分论），平成 2 年版，第 737 页。

1990 年左右，日本泡沫经济破裂，经济情况恶化。为此，日本政府于 1992 年和 1993 年提出综合经济对策。其中就包括进一步加强金融工具，决定到 1993 年底都采用比普通最优惠利率还要低的利率。之后，根据 1994 年 2 月提出的综合经济对策，决定把降低"促进进口产品销售贷款"利率的有效期延长至 1994 年底。

1992 年 3 月，日本进出口银行提出"进口促进信用额度制度"，决定对长期进口对象产品的企业专门制定授信额度，为扩大进口提供必需的长期运转资金。同年 8 月，综合经济对策实施后，决定从 10 月开始增加融资对象企业，原来只是针对进口总额比去年增加 10% 的企业，现在扩展到进口总额有计划增加的企业。而且，还改变了授信额度的计算方式，以前是以 1991 年增加部分为基础计算授信额度，现在改为以汽车及其零配件、半导体、机床、纸及其制品、平板玻璃等 5 类特定重点产品的进口总额为基础进行计算。1992 年 8 月，"产品进口金融制度"中还追加了 4 类特定产品。

1993 年 9 月，日本政府实施紧急经济对策，日本进出口银行和日本开发银行做出相应调整。日本进出口银行调整了"产品进口金融制度"，降低了特定产品贷款利率；此外，还调整了上述"进口促进信用额度制度"，以前是除了汽车等特定重点品种外的其他企业只能以进口增加额为贷款金额，现在调整为所有特定产品（机械设备类产品、医药用品、想要重点扩大进口的产品）都可以以进口总额作为贷款金额。为了促进与住宅相关的产品进口，日本开发银行实施了新的措施，把期房追加为特定产品。此外，日本开发银行还进一步充实"完善进口体制融资制度"，在此基础上提出了"进口促进基础强化融资制度"，提高了外国企业和外资企业的贷款比例，由以前的 40% 提高至 50%。与此同时，还扩大了服务对象，不再局限于进口商，现在有利于扩大进口的设备投资商也可以申请贷款。日本进出口银行和日本开发银行还同意把降低贷款利率的有效期延长至 1994 年底。上述一系列措施于 1993 年 12 月正式实施。[57]

---

[57]　以上金融政策请参考：《关于设立进口促进信用额度制度》，《通产省公报》，1992 年 3 月 25 日，第 5 页；《日本进出口银行对产品进口金融制度做出补充》，《通产省公报》，1992 年 10 月 13 日，第 3—4 页；《关于最近的贸易动向及扩大进口政策》，《通产省公报》，1993 年 10 月 14 日，第 4 页；《关于日本进出口银行对进口产品金融制度的补充》，《通产省公报》，1994 年 1 月 12 日；《关于日本开发银行制定〈进口促进基础强化融资制度〉》，《通产省公报》，1994 年 1 月 12 日；仁坂吉伸，《扩大进口政策的现状与课题》，《通产省公报》，1994 年 6 月 28 日，第 27 页。上述《关于设立进口促进信用额度制度》请参考：1992 年 1 月美国总统布什访问日本时发表日本全球伙伴关系行动计划，其中要求日本在年内实施该项措施。

之后，产品进口促进税收制度以及为扩大进口实施的政策金融制度的有效期一直被延长至20世纪末。[58]

（8）成立进口促进区（FAZ）

《促进进口和对日投资法》为临时性法律法规，于1992年3月公布，7月16日实施，原定1996年5月结束，其根本目的是促进产品进口。为了解决因国内不同交易结算方式以及信用风险和汇率风险造成的困难，提供相应资金确保进口业务顺利开展。具体内容包括：当企业进口机床或是半导体制造设备需要贷款时，由完善产业基础基金提供债务担保。中小企业进口产品，如果适用产品进口促进税收制度的话，可以享受中小企业信用担保特别措施[59]，比如扩大保险金额、降低保险费用。1995年11月，日本政府决定将该法有效期延长10年时间，并且增加了内容。[60]

把进口促进区作为该法实施基础的构想，于1992年2月首次公开。[61]同年8月日本政府又跟进制定了配套的综合经济对策，总额空前，高达10.7万亿日元。[62]7月，根据《促进进口和对日投资法》提出了区域进口促进计划（FAZ计划）。如表1.2.4所示，从1993年3月开始到2000年8月为止，日本共成立23个进口促进区，还规定了进口促进区中的特定集散地。根据区域进口促进计划，日本政府指定了港口、机场及其周边的进口促进区，将进口所需的物流设施，如储存、展示、加工、批发、零售等集中在一起，以便通过促进产品流通扩大进口。日本各都道府县以及其他重点城市的政府部门根据《促进进口和对日投资法》以及当地的特色，制定更加灵活具体的区域进口促进计划。所谓进口促进区的设想得到了通商产业省、运输省、农业省以及自治大臣的一致赞同。根据区域进口促进计划，各地纷纷制定了与进口产品流通有关的目标，以及为了实现该目标将进口相关行业聚集在一起需要实施的完善方案。

---

[58] 《通商白皮书》（分论）各年版本。

[59] 《关于促进进口和对日投资事业顺利进行修订临时措施法实施细则》，《通产省公报》，1995年6月14日，第8页。1995年1月1日，WTO成立。同年6月日本开始实施关税减免政策，撤销了6 000种药品和5种汽车零配件的关税。

[60] 《通商白皮书》（分论），平成8年版，第718页。该法最终于2006年4月26日被废除。

[61] 荒井腾喜，《贸易局新政策概要》，《通产省公报》，1992年2月25日。

[62] 《通商白皮书》（分论），平成5年版，第727页。

表 1.2.4　进口促进区的发展

序号		具体区域	时间
1	大阪府	关西国际机场	1993 年 3 月
2	大阪府	大阪港	1993 年 3 月
3	神户市	神户港	1993 年 3 月
4	爱媛县	松山港	1993 年 3 月
5	北九州市	北九州港	1993 年 3 月
6	长崎县	长崎机场	1993 年 3 月
7	北海道	新千岁机场	1994 年 3 月
8	川崎市	川崎港	1994 年 3 月
9	横滨市	横滨港	1994 年 3 月
10	广岛县	广岛机场	1994 年 3 月
11	山口县	下关港	1994 年 3 月
12	大分县	大分港	1994 年 3 月
13	石川县	小松机场	1994 年 12 月
14	宫城县	塩釜港（仙台港区、仙台机场）	1995 年 3 月
15	京都府	舞鹤港	1995 年 3 月
16	鸟取县　　岛根县	境港	1995 年 3 月
17	高知县	高知港	1995 年 3 月
18	熊本县	熊本港	1995 年 3 月
19	青森县	八户港	1996 年 3 月
20	新潟县	新潟港	1996 年 3 月
21	静冈县	清水港	1996 年 3 月
22	冈山县	冈山机场	1996 年 10 月
23	茨城县	常陆那珂港	2000 年 8 月

资料来源：《关于批准地区进口促进计划》，《通产省公报》，1996 年 4 月 8 日，第 5 页。

《关于批准冈山县地区进口促进计划》，《通产省公报》，1996 年 10 月 14 日，第 14—15 页。

《关于批准茨城县地区进口促进计划》，《通产省公报》，2000 年 9 月 4 日，第 14—15 页。

1995 年，开始根据《促进进口和对日投资法修正案》（1995 年 11 月 1 日，法律 128 号）指定 1 000 公顷以下的区域为特定货物集散地。为了促进进口相关行业在此聚集，还实施了很多优惠政策：比如①特别返还（返还率为机械设备 22%、建筑物 10%）；②免征特别土地所有税；③完善产业基础基金提供债务担保；④破例对中小企业提供信用保险。在 23 个进口促进区中，特定货物聚集地包括神户市、爱媛县以及北九州市；2000 年 8 月，茨城县的常陆那珂市和东海村也被指定为特定聚集区。[63]

为了确保与完善进口促进基础事业相关的第三产业设施得到发展，日本采取了以下三个措施：①完善产业基础基金出资提供债务担保；②通过财政补贴解决不动产取得税及规定资产税征收不一的情况；③根据《活用民间力量促进特定设施整顿相关临时措施法》（1986 年 5 月 30 日，法律第 77 号，《民活法》）实施优惠措施，对建设事业费（不含土地取得费）提供 5% 的补助、对建筑物以及附属设施提供高达 12% 的特别返还、NTT 无息贷款、日本开发银行以及北海道东北开发金融合作社提供利率为 3.4% 的贷款。在进口促进区内从事进口货物流通的企业可以向日本开发银行申请利率为 3.0% 的贷款，或是向中小合作社以及国民合作社申请利率为 3.1% 的超低利率贷款。此外，日本地方政府在指定特定集散地时，对在集散地从事进口货物流通的企业还实施了其他优惠政策：①通过财政补贴解决不动产取得税及规定资产税征收不一的情况；②特别返还（返还率：机械设备类 25%、建筑物 10%）；③免征特别土地所有税；④完善产业基础基金提供债务担保；⑤破例使用《中小企业信用保险法》（1950 年 12 月 14 日，法律第 264 号）。[64]

1992 年《关税法》（1954 年 4 月 2 日，法律第 61 号）修正案（1992 年 3 月 31 日，法律第 17 号）增加了相关内容：引入了综合保税区制度，在与进口相关的设备聚集的各个地区（含进口促进区），简化保税手续；与第三产业有关的基础设施建设完成后，企业可以申请报批综合保税区，海关会根据具体促进进口的程度以及是否符合综合保税区的标准做出判断。1994 年 3 月，大阪海关批准了亚洲太平洋交易中心公司运营的进口促进基础设施为综合保税区；1996 年 1 月，神户海关批准了爱媛 FAZ 公司运营的进口促进基础设施为综合保税区。[65]

1996 年 3 月，为了进一步加强对进口促进区的扶持力度，通产省决定成立"日本贸易振兴会进口促进区支援中心"以及"日本贸易振兴会进口促进区综合支援中心"。前者分别在大阪府、神户市、鸟取县、山口县、爱媛县、北九州市、大分县 7 个地区

---

[63] 《设立进口促进区》，《通产省公报》，1992 年 7 月 16 日，第 1—5 页。《关于批准茨城县地区进口促进计划》，《通产省公报》，2000 年 9 月 4 日，第 14—15 页。贸易局进口科，《今后的贸易振兴政策》，《通产月刊》，第 33 卷 10 号，2000 年，第 19 页。

[64] 《关于批准冈山县地区进口促进计划》，《通产省公报》，1996 年 10 月 14 日，第 15 页。

[65] 《地区进口促进计划的批准》，《通产省公报》，1996 年 4 月 8 日，第 5 页。

成立了进口促进区，灵活使用互联网，提供与促进进口以及对日投资有关的信息；并且对进口促进区内的国内外企业提供咨询服务，提供与贸易、投资有关的建议。后者设立在东京，负责收集各地进口促进区的信息，并及时将综合性信息向外国企业公示。[66]

（9）经济下行时的进口扩大政策

1992 年 8 月、1993 年 4 月、1994 年 2 月[67]，为了解决经济长期萧条的情况，日本政府连续三次制定综合经济对策。1993 年 9 月，制定紧急经济对策，大部分补充预算都用来扩大进口。1993 年 9 月 16 日，紧急经济会议召开，并提出如下措施[68]：

①为了扩大进口，进一步完善政策性金融制度（完善产品进口金融制度；设立进口促进基础强化融资制度）。

②增强日本贸易振兴会的进口促进职能（成立综合进口促进中心；确保进口住宅设有常设展厅；政府相关部门、进口商、国外出口商共同组成协商会）。

③完善并加强市场开放问题投诉处理推进总部（OTO）的投诉处理机制。

1994 年 3 月，在与美国进行日美综合经济协商时，细川护熙内阁表示，为了构建和谐的国际社会，以政策协商为支柱进行对外经济改革，提出了优先处理的三个领域：内需主导型经济、加强市场功能、改善日本市场准入情况，并决定在这三个领域实施自主措施。所以，这一思路也充分体现在为了促进进口提出的“1994 年扩大进口行动计划”中。该计划包括以下三点支柱：①通过税收制度及金融措施奖励进口；②对外国企业及外国政府对日出口提供协助；③完善进口相关的基础设施建设。[69]

如前文所言，1995 年日元迅速升值。在此背景下，4 月 14 日，日本政府决定实施应对日元升值的紧急经济政策，希望通过促进进口缩小经常收支顺差。下面简单予以介绍，可能会与本节内容略有重复。

---

[66] 《关于设置 FAZ 支援中心及 FAZ 支援中心》，《通产省公报》，1996 年 4 月 8 日，第 3—4 页。

[67] 同前，脚注 57，仁坂，《扩大进口政策的现状与课题》，第 26—27 页。

[68] 同前，脚注 57，《关于最近的贸易动向及扩大进口政策》，第 4—5 页。

[69] 同前，仁坂，第 26 页。《通商白皮书》（分论），平成 7 年版，第 730 页。

①进一步完善产品进口促进税收制度。以前，只要是当年的进口额比标准年份增加2%以上，批发、零售商的准备金就可以积累，生产商就能享受税收减免，机械设备业能够享受补贴返还。现在实施了新的进口税收减免措施，通过补贴进一步降低了流通、储存、加工等环节的成本。当进口增加比例超过10%，并且把30%以上设定为上限，准备金积累率、税收减免率最大增加至现在的2倍。

②促进汽车及其零配件的进口。为了方便商业洽谈，设立"进口汽车及零配件常设展厅"（379亿日元）；日本派出维修用零配件采购考察团并举办商业洽谈会；接收外国维修用零配件销售代表团并且举办商业洽谈会（0.9亿日元）。

③积极引入进口住宅。在现有4个常设展厅（札幌、横滨、大阪、福冈）的基础上适当增加常设展厅（100亿日元）；新设立"进口住宅和零配件市场"（94亿日元）；灵活利用样板间提供相应信息（2.2亿日元）；施工人员培训项目（0.9亿日元）；针对消费者开展引入进口住宅促进调查（0.5亿日元）。

④完善政府相关金融机构与进口有关的融资制度。第一，日本开发银行进一步完善"进口促进基础强化融资制度"，向企业提供低息贷款作为设备资金，用来在日本国内建立进口产品仓库以及销售展厅等设施。首先，原来汽车及其零配件企业只能为首次投资申请低息贷款，现在可以为之后的投资申请贷款；其次，放宽对进口产品行业的要求；最后，放宽了从事租赁设施建设进口商的融资限制。第二，日本进出口银行进一步完善"产品进口金融制度"。日本进口商可以向该行申请低息贷款作为运转资金，在海外从事对日出口的外国企业可以跟该行申请低息贷款用来投资海外设备，并且为了促进住宅及汽车零配件的进口，该制度还增加了特定产品的种类。

⑤推动国家石油储备。日本国家石油公司提前将1995年的采购量从200万加仑提高到了2 500万加仑。[70]

1995年9月20日，政府提出"经济对策——为了切实恢复经济"，其中包括很多完善进口促进设施的措施。[71]

---

[70] 《关于修改产品进口促进税制》，《通产省公报》，1993年4月9日，第3—4页。上野裕，《扩大进口政策现状——围绕〈日元升值·紧急经济对策〉的进口促进政策》，《通产省公报》，1995年6月28日，第23—26页。

[71] 《关于平成7年扩大进口月的问题》，《通产省公报》，1995年10月9日，第3页。

2. 进口扩大政策的实际执行部门——日本贸易振兴会与产业进口促进会

从 1970 年左右到 20 世纪末,日本与其他国家的贸易摩擦问题伴随始终。为了解决这个问题,日本政府绞尽脑汁,除了外交谈判的手段之外,还积极推动市场开放政策,以及之前提及的扩大进口政策。这些都是非常特殊的政策。从前文中可以略知一二,日本贸易振兴会和产品进口促进会是这些政策的实际执行部门,参与其中并发挥了很多作用。接下来,我们将详细介绍两个机构在扩大进口事业方面开展的活动。

(1)日本贸易振兴会的活动[72]

1951 年 2 月,在大阪工商协会会长杉道助的提议下,海外市场调查会(Japan Export Trade Research Organization)在大阪成立;1954 年 8 月该机构整合了国际商品展览会和日本贸易斡旋所协商会后正式更名为海外贸易振兴会(Japan External Trade Recovery Organization)。在此基础上,1958 年 7 月,由通商产业省管理的特殊法人——日本贸易振兴会(Japan Export Trade Promotion Agency。1961 年 6 月更名为 Japan External Trade Organization)成立,总部设在东京,在名称上借鉴了 1951 年英国出口振兴会(British Export Trade Research Organization,1952 年解散)。[73]

成立日本贸易振兴会的初衷是为了振兴日本战败后的出口,但是从 20 世纪 70 年代开始,随着贸易摩擦加剧,特别是从 20 世纪 80 年代末到 21 世纪初,日本贸易振兴会竟然开始以促进进口为目的,这让人觉得非常不可思议。日本贸易振兴会不但与欧美先进国家就投资以及技术问题开展交流活动,并且还与发展中国家开展经济合作。下面具体介绍一下日本贸易振兴会实施的进口促进活动,其内容不仅包括扩大进口,还包括市场开放以及放松进口规制等其他业务。

A. 20 世纪 60 年代至 80 年代开展的进口促进活动

1966 年 6 月,日本贸易振兴会成立进口对策室,主要负责进口促进工作。但这一阶段的主要对象是发展中国家,具体措施主要是举办展销会,1968 年开始培训海外相关工作人员。

随着 1970 年贸易摩擦问题凸显,日本贸易振兴会开始在海外实施进口市场调查,

---

[72] 以下内容请参考《JETRO:40 年历程》。

[73] 以上内容请参考:通商产业省·通商产业政策史编纂委员会编,《通商产业政策史第 9 卷 第 Ⅲ 期 高度成长期(2)》,通商产业调查会出版,1989 年,第 126—127 页。

研究特定海外产品对日供应能力等。1972 年将进口对策室升级为进口对策科，开始举办市场开拓研究会。之后，还负责在美国举办对日进口促进研讨会以及发行《出口日本》的刊物。

随着日元逐渐升值，1978 年 4 月，日本贸易振兴会再次把进口对策科升级为进口对策部，开始把欧美发达国家作为对象。此外，根据欧美各国改善对日贸易失衡的要求，1983—1984 年，日本贸易振兴会经历了一系列比较重要的变革。先是 1983 年 10 月，日本政府决定实施"扩大产品进口月"活动（1985 年改为"扩大进口月"）。为了更好地实施该项目，日本贸易振兴会于 11 月调整了进口促进总部：企划部不仅要承担事务局的职能，还要成立特别调查委员会以及三个分别针对机械设备、食品、消费品产品的进口促进顾问委员会。

1984 年，政府宣布实施综合性进口促进事业费用政策，由日本贸易振兴会负责主要工作，具体如下：①在全国 30 个地区成立地区进口促进协议会，作为促进地方进口以及交换意见的主要场所，以日本贸易振兴会贸易信息中心为主，涵盖地方公共团体、地方贸易局、工商协会、主要行业成员；②举办 5 次进口商品展销会，为没有进口经验的地方批发、零售商和大城市的进口商搭建沟通桥梁，扩展地方对外国产品的潜在需求；③在 8 个地方性城市工商协会举办进口产品展销活动，为场所选择、装饰与宣传提供建设；④收集与进口产品相关的信息，在全国 8 个场所举办展会。此外，每年还制作两次进口商品信息杂志，分发给地方相关从业人员。

1984 年，日本贸易振兴会还实施了发展中国家贸易促进合作项目以及海外经济信息提供促进项目，都对扩大进口做出积极贡献。[74]

1984 年，日本贸易振兴会开始实施对日出口促进市场项目，开始向海外派遣进口促进考察团。1984 年 4 月，日本政府决定实施特定外国产品进口促进计划（Specific Products Trade Expansion Program，调查在日本市场扩大相关产品的销售战略并提供协助[75]），并且交由日本贸易振兴会负责。1984 年的对象产品是澳大利亚的葡萄酒和家具，1985 年是加拿大的 DIY（Do It Yourself）产品，1986 年是美国加利福尼亚州生产的户外露营产品以及中国的钢制家具和传统家具，1987 年是西班牙和葡萄牙的葡萄酒以及中国的高级毛绒毯，1988 年是泰国的橡胶手套和葡萄牙的葡萄酒，1989 年是希腊

---

[74] 《地方落实产品进口政策等——第 17 届产品进口对策会议召开》，《通产省公报》，1984 年 3 月 30 日，第 3 页。
[75] 同前，脚注 34，铃木，《综合性扩大进口政策》，第 5 页。

的大理石及其制品。⑦

20 世纪 80 年代前后，为了更好地开放市场，再次调整了日本贸易振兴会的组织结构：

1982 年 2 月，在总部下设市场开放投诉处理委员会。

1983 年，实施顺利进入日本市场促进项目。

1982—1983 年，实施推进市场国际化项目。

1984 年，开展市场国际化特别培训项目（整合了对日出口促进培训项目，并一直持续到 1993 年）。

1985 年，日本政府决定实施"行动计划"，把市场开放作为主要目标，进一步加强了日本贸易振兴会的职能。⑦

20 世纪 80 年代后半期，日本贸易振兴会实施的活动如下：1987—1989 年，完善了进口交易信息体系（Trade Opportunity Service System）；1988—1992 年，提供了美国各州对日出口的情况报告；从 1989—2000 年连续实施对日出口促进培训项目；1989 年美国批评日本市场存在"看不见的贸易障碍"，为了迅速发现具体问题并及时解决，通产省和日本贸易振兴会驻美 7 个办事处都设置了"对日出口热线电话"。⑦

B. 20 世纪 90 年代进口促进活动正式启动

日本贸易振兴会从 20 世纪 80 年代开始落实进口促进活动。1989 年，政府补充预算中有 67 亿日元为进口促进对策预算⑦，所以从 20 世纪 90 年代开始，促进进口成为日本贸易振兴会的主要职责之一。促进进口包括很多方面，接下来我们将按照以下三个方面进行介绍：协助其他国家对日出口；设置进口促进分支机构；提供与进口有关的信息。

①协助其他国家对日出口

ⅰ）综合性扩大进口政策

1990 年，随着综合性进口扩大政策的实施，日本贸易振兴会作为实际执行部门的地位已经开始显现。以前其进口对策部事业促进课的主要职责是针对发达国家的进口

---

⑦　同前，脚注 26，高桥，《进口产品的扩大》，第 8 页。《通商白皮书》（分论），昭和 63 年版，第 749—750 页。《通商白皮书》（分论），平成 2 年版，第 738 页。

⑦　《通商白皮书》（分论），昭和 62 年版，第 739 页。

⑦　同前，铃木，《综合性扩大进口政策》，第 5 页。

⑦　《通商白皮书》（分论），平成 3 年版，第 720 页。

促进活动，之后逐渐把重点调整为发展中国家，为了适应这种变化，还特意调整了部门结构。1990 年 1 月，综合性进口扩大政策出台。与此同时，进口促进事业总部成立，原进口对策部被取消，成立了新部门——以发展中国家为对象的贸易开发部。1989 年补充预算中涉及进口的金额高达 63 亿 2 130 万日元。进口促进事业总部利用其中一部分预算投入到以下项目：接收对日出口促进代表团；开展对日出口促进培训项目；年内派遣采购代表团；向海外派遣专家，发掘有可能对日出口的商品。1990 年 10 月 1 日，进口促进事业总部调整为进口促进部，下设进口促进企划科、进口促进事业科以及进口交易服务科三个部门。

ⅱ）向海外派遣专家并举办展会[80]

1990 年决定向海外派遣长期专家，负责发掘有可能出口日本的产品。项目的具体内容是：公开选拔民间精通国际商务的人才，派遣到欧美等发达国家，为期 2—4 年。他们的主要任务是：发掘有可能出口日本的产品，并向日本进行介绍；为外国企业提供咨询建议，帮助它们更好地对日出口。这些长期专家介绍了很多产品，截至 1994 年 3 月底，已经超过 2 600 种，其中 600 多种签署了出口协议。

与此同时，1990 年还实施了进口商品发掘专家（短期）派遣项目：把了解日本消费者需求的专家派遣到发达国家，为期 2—3 个月，购买有望出口日本的产品样品，在日本各地召开的展销会上展览，并向日本的出口商进行介绍。由这些短期专家发掘和采购的商品样品，通过日本贸易振兴会主办的样品展销会、专门的展会或者新进口产品贸易洽谈会（New Import Showcase）迅速被日本市场熟知。如表 1.2.5 所示，向海外派遣专家项目取得了非常大的成果。

表 1.2.5　日本贸易振兴会向海外派遣专家的实际情况

年度	长期专家海外派遣人数	派遣国家数量	其中派遣去美国的人数	签约项目数量	成交金额	短期专家海外派遣人数
1990	25	11	14	0	0	41
1991	29	12	17	42	19 188	35
1992	31	13	18	229	56 675	34
1993	34	14	20	342	62 619	34

[80]　同前，脚注 57，请参考：仁坂，《扩大进口政策的现状与课题》，第 28 页。

（续表）

年度	长期专家海外派遣人数	派遣国家数量	其中派遣去美国的人数	签约项目数量	成交金额	短期专家海外派遣人数
1994	36	14	21	271	70 777	31
1995	37	14	21	301	100 963	28
1996	38	14	21	260	60 663	21
1997	38	14	21	236	66 783	14
1998	38	14	22	162	234 646	16
总计	306		175	1 843	672 317	254

资料来源：日本贸易振兴会 40 年史编纂委员会，《JETRO：40 年历程》，日本贸易振兴会，2000 年，第 399—401 页。

1990 年，日本贸易振兴会在东京、大阪等主要城市举办不同的展销会。1994 年新型进口产品展销会召开，针对特定领域的产品举办专门的展销会，比如家具及家饰用品。

iii）协助促进外国对日出口[81]

1988 年以后，日本与欧共体之间的贸易摩擦问题激化。为了缓解贸易摩擦，日本贸易振兴会采取积极措施促进英国、法国、挪威、西班牙以及欧洲委员会的对日出口。1993 年，开始实施对日出口促进活动支援项目（1993 年），其内容包括接收市场调查员、举办研讨会、制作宣传册等。1999 年受援对象扩展到 13 个国家 1 个地区。1990 年以后，日本贸易振兴会宣布增加预算，继续实施对日出口促进考察团项目。该制度始于 20 世纪 70 年代。从表 1.2.6 可以了解到，截至 1998 年接收考察团的具体情况。

表 1.2.6　日本进口促进代表团的接收情况

年度	数量	天数	人数
1990	24	116	544
1991	25	165	471
1992	25	101	670

---

[81]　同前，请参考：仁坂，《扩大进口政策的现状与课题》，第 28 页。

（续表）

年度	数量	天数	人数
1993	30	121	600
1994	20	119	243
1995	18	154	252
1996	15	79	431
1997	20	113	275
1998	6	29	65

资料来源：同表 1.2.5，第 405 页。

1990 年，开始实施对日出口促进培训项目（Export to Japan Study Program），日方邀请来自北美、欧洲、大洋洲的民间企业的商界精英、对日出口振兴机构的工作人员以及记者赴日本学习，加深对日本市场的了解，帮助他们更好地理解日本的进口促进政策以及日本贸易振兴会所做的进口促进工作。具体活动包括：研究日本市场实际情况、对市场开展调查、访问企业并举行座谈。此外，日本贸易振兴会还仿照对日出口促进培训项目，以同样的目的邀请东南亚国家以及新兴工业国家和地区的商界精英赴日学习。

②设置进口促进分支机构

ⅰ）商业支援中心（Business Support Center，BSC）[82]

其他国家要求给从事对日出口的外国商人提供销售产品的场所以扩大进口。根据 1992 年 8 月日本政府出台的综合经济对策，日本贸易振兴会于 1993 年 3 月 12 日在赤坂双塔大厦成立了面积为 1 400 平方米的东京商业支援中心。原则上，该中心的职能包括：为外国商人提供两个月免费办公室；提供与日本市场相关的各种信息与经验；由专门的顾问负责解答各种与日本经济相关的问题（1995 年左右 5 名专家）；帮助获得营业执照。截至 1994 年 4 月底，商业支援中心共举行了 24 场会议，其中一半都签署了对日出口协议或者决定对日直接投资。根据 1993 年 9 月的紧急经济对策以及 1994 年 4 月的综合经济对策，日方决定在 1994 年 10 月以前，在大阪、横滨、名古屋、神户成立和

---

[82] 同前，仁坂，《扩大进口政策的现状与课题》，第 27—29 页。《通商白皮书》（分论），平成 5 年版，第 727 页。《通商白皮书》（分论），平成 7 年版，第 732 页。

东京一样的商业支援中心。

ii）区域进口促进中心（Import Square）[83]

1993 年 4 月，日方根据综合经济对策，利用该年度补充预算，在全国区域性中心城市，比如札幌、仙台、名古屋、大阪、高松、广岛、福冈成立区域进口促进中心。地方城市不能和东京相比，对进口产品的了解远远不够。成立促进中心的目的就是让更多人了解进口产品，并且增加中小企业与进口有关的商业机会。最终决定追加横滨和神户两个城市，一共成立了九所促进中心，具有如下三个职能：

第一，样品商店。进口商在试销外国政府、贸易振兴机构主推的产品，或者是地方完全不了解的产品时，可以不用支付公共服务费，利用日本贸易振兴会提供的免费商店展示并销售。

第二，活动场所。日本贸易振兴会可以利用促进中心展示各个专家从海外发掘以及收集的有可能对日本出口的产品；还可以展示对日出口代表团带来的产品；还可以召开个人进口研讨会或进口团体的展会。

第三，信息咨询。信息咨询专职人员常驻在促进中心，可以与该区域的消费者以及经销商讨论与个人进口有关的情况，并且提供国外的产品信息。

根据 1993 年 9 月的紧急经济对策，1994 年在横滨和大阪成立了地区进口促进中心。根据 1994 年 2 月的综合经济政策，1994 年中期在名古屋和神户成立了地区进口促进中心。[84] 1996 年 3 月，通产省决定在全国 7 个地区成立"日本贸易振兴会进口促进区（FAZ）支援中心"，在东京成立"日本贸易振兴会进口促进区（FAZ）综合支援中心"。这些综合性进口促进中心的职能比商业支援中心更加完备。

iii）进口住宅相关问题（译者注：进口住宅是按照欧美住宅形式设计，使用进口建筑材料，在日本国内建造的住宅）[85]

欧美等国的进口住宅单价较高，所以可以对扩大进口产生重大效果。对于消费者来说，进口住宅相关产品的价格比日本产品的价格实惠，而且还能促进家居等多

---

[83]　根据仁坂，《扩大进口政策的现状与课题》，第 29 页，最初是建议在除了大阪和名古屋外的其他 4 个城市成立商业支援中心以及具备地区进口促进中心各项职能的"综合进口促进中心"。该段论述请参考：《关于第 5 次进口协商会的召开》，《通产省公报》，1993 年 9 月 30 日，第 8—9 页。

[84]　《通商白皮书》（分论），平成 7 年版，第 732 页。

[85]　同前，脚注 57，《关于最近的贸易动向及扩大进口政策》，第 4 页。同前，仁坂，《扩大进口政策的现状与课题》，第 31 页。通商产业省编，《通商白皮书》（分论），平成 7 年版，第 732 页；平成 8 年版，第 719 页。

种相关产业的发展。根据 1993 年 9 月的紧急经济对策，为了促进住宅产品的进口，日本贸易振兴会利用该年度补充预算，在横滨、大阪安排了展厅。根据 1994 年 2 月的综合经济对策，同年在札幌和福冈开展了相同业务。根据 1995 年 4 月的日元升值紧急经济对策，1996 年将该业务扩展至仙台、名古屋、神户、广岛。此外，根据日元紧急升值经济对策，日本贸易振兴会还利用 1995 年第一次补充预算，在东京和大阪成立了进口住宅材料中心，以便向日本业界人士介绍国外的住宅材料以及建筑材料。

iv）进口汽车相关问题

从 1960 年开始，日本汽车进口商协会（Japan Automobile Importers Association）每年都会独立举办进口车展。根据 1992 年的补充预算，日本贸易振兴会开始参与举办，并且在进口促进部下设进口车事务局，负责举办进口车展、零配件洽谈会、设计培训等活动。特别值得一提的是：日本贸易振兴会和日本汽车进口商协会合作在东京、大阪、名古屋、札幌、福冈多地举办进口车展。1995 年根据日元升值紧急经济对策提出补充预算，决定在东京、大阪、名古屋设立进口汽车常设展厅[86]，以便进一步促进进口车以及零配件销售。

v）经济国际化中心[87]

经济国际化中心由日本贸易振兴会负责运营，对进口感兴趣的日本国民可以通过该中心了解外国进口商以及进口产品有关的基本信息。该中心的真实目的其实是在正式开展贸易前针对具体问题提供咨询意见。1989 年补充预算中列支了成立该中心的费用，1990 年正式成立。最初的目标是成立 50 所，但截至 1997 年已经在全国各地成立了 52 所。

该中心委托给各地方政府的贸易信息中心负责管理和运营；在没有贸易信息中心的地区委托给当地经济团体代管；日本国库承担场馆租赁费、网络系统维护费，并负责配备一名负责人。由当地政府提供经费负责聘用顾问以及提供与进口有关的信息。经济国际化中心和欧美的日本贸易振兴会事务所（该中心成立时共 35 所）开展了合作。

经济国际化中心主要从民间层面促进进口，具体措施如下：

---

[86] 《通商白皮书》（分论），平成 8 年版，第 720 页。

[87] 同前，脚注 36，樋口，《关于综合性扩大出口政策》，第 30 页。

第一，进口数据库。提供潜在出口商和进口商、进口商品、临时进口商、通信销售代理有关数据以及进口手续数据。

第二，提供个人进口说明书。从海外收集了以衣料为主的 120 种销售说明书，可以向海外企业邮寄广告或是提供市场调查报告。

第三，提供咨询，建议等服务。特别是个人进口相关的咨询很多，最多时能达到七成左右。

第四，召开个人进口研讨会。从 1993 年到 1996 年，在全国召开 364 场，约 2 万人参加。

从 1990 年 10 月开始，经济国际化中心开始提供如下信息。[88]

根据日本消费者的需求制作国外商品说明书、希望向日本出口产品的海外企业名单、希望从国外进口产品的日本企业名单、国内外展销会的信息、欧美主要城市和日本主要消费城市的畅销产品信息、进口产品的售后服务信息、主要产品进口手续、进口成功案例、介绍海外产品的视频影像资料。

经济国际化中心项目实施以后，随着日元升值以及互联网的普及，个人进口逐渐定位为普通消费者。本项目对促进进口发挥了一定的作用，所以在成立 10 年后，日本政府认为该项目已经达到了既定目标，所以于 1999 年底宣布该项目结束，撤销了经济国际化中心。

③提供与进口有关的信息

i）宣传杂志《进口最前线月刊》（1990 年 6 月创刊）。

ii）潜在进口商数据（Potential Importers Database）。根据 1989 年补充预算的安排，决定建立专业且公开的检索系统，将企业信息分门别类进行搜集整理，并提供给日本的出口企业使用。此外，日本贸易振兴会还建立了其他进口贸易支援体系。1984 年，日本贸易振兴会公布了日本的进口企业名录（2000 Importers of Japan），紧接着 1988 年开始建立日本贸易振兴会商业机会服务系统（Trade Opportunity Service System），企业信息不对外公布。

---

[88]　同前，脚注 36，贸易局进口科，《推进扩大进口政策》，第 59 页。

iii）潜在出口商数据（Potential Exporters Database）。和潜在进口商数据一样，1989年开始实施该项目，与潜在进口商数据互相补充。主要是向从事对日出口的外国企业提供其关心的企业信息。

iv）网络展示（Cyber Showcase）。1998年2月，决定实施新的支持项目，通过日本贸易振兴会官方网站等网络渠道介绍外国产品，首个宣传对象是住宅建材产品。[89]

v）进口业务咨询服务。当时中小企业因为缺乏经验错失商机的事情时有发生。为了解决这个问题，1994年决定实施进口业务咨询服务项目。拥有丰富经验知识储备的人可以获得顾问资格认证，截至1998年底，共有341人通过了官方认证。[90]

vi）根据产品种类制作日本市场指导手册

①日本市场调查报告英文版（Japanese Market Report）

为了促进进口，出版发行了很多杂志资料。按内容分，包括1979—1985年的《日本产品进口动向》《战后日本出口政策》《战后日本的产业政策》《战后日本的中小企业政策》；按商品种类分，包括《进入日本市场》（*Access to the Japanese Market*）和《你在日本的市场》（*Your Market in Japan*）。从1997年开始，再次发行《你在日本的市场》更新版。

此外，还向各国驻日使领馆、外国政府相关机构、国内外企业和研究所免费分发了近2万份英文调查报告印刷品，还利用国际展销会或者进口展会向到场参会人员提供。从1999年10月开始，所有的报告都可以通过网站浏览，并且可以以PDF文件的形式下载。

②进口促进事业报告英文月刊（PIER-J）

1990年6月，进口促进事业报告英文月刊创刊，主要介绍日本贸易振兴会实施的进口促进项目以及成果。

vii）保证食品稳定进口项目

为了保证食品稳定进口，从1995年开始，向国外派遣专家，并在海外召开对日出口研讨会。

除了上述措施外，为了促进从发展中国家以及欧美发达国家进口产品，日本贸易振兴会还做了很多事情。比如利用东京、大阪举办的展销会扩大了展示规模；1995年，日本贸易振兴会还开展了新的项目，对日本市场准入情况进行调查：通过

---

[89] 《通商白皮书》（分论），平成11年版，第579页。

[90] 同上，第578页。

实际调查国内外主要产业机构、企业行为、政策规章等，判断日本的规章制度以及商业惯例是否对外国产品进入日本市场构成很大障碍。该调查结果在国内外引起很大反响。为了更好地开展调查，1995 年 4 月日本贸易振兴会在进口促进部下设市场准入调查小组，10 月更名为市场准入调查科，1998 年 7 月再次更名为市场准入科，并延续至今。

综上所述，在日本经济高度增长期，日本贸易振兴会的工作重点是提振出口。但是从 1980 年左右开始，特别是进入 20 世纪 90 年代以后，工作重点调整到促进进口上来，并相应开展了很多活动。通过表 1.2.7 可以按照费用分类明确日本贸易振兴会的预算使用情况。该表中很多项目都与扩大进口有关，主要还是围绕着"促进进口以及推动产业合作"。从表注解 3 可以了解到，1981 年以前，预算非常少；改名后，1982 年开始包括了进口相关预算。以后预算的绝对值以及与国库补助的比例（A/B）逐年增加。从与国库补助的比例看，在 20 世纪 80 年代仅为个位数，1989 年就跳涨至 36%。虽然这个峰值过后有所下降，但是在整个 90 年代基本维持在 10%～20% 的水准。如前所述，如果其他费用中包括了促进进口相关预算的话，很容易了解到，1989 年以后，日本贸易振兴会作为进口促进政策的实际执行部门非常活跃，并发挥了重要作用。

当时，欧美国家与日本之间的贸易摩擦问题非常严重，所以日本贸易振兴会最明显的特征就是为欧美国家向日本出口产品提供了相当多的支持和帮助。20 世纪 90 年代初期，泡沫经济破裂后，日本贸易振兴会的工作重心转为促进进口事业。20 世纪 90 年代后半期，贸易摩擦问题虽然有所沉寂，但并未得到根本性解决，一直持续到 21 世纪初。日本贸易振兴会所需的费用主要依赖政府为了解决经济下行实施的补充预算。日本贸易振兴会在促进进口方面发挥了举足轻重的作用，但是 2002 年 11 月被紧急叫停。第二年，2003 年 10 月日本贸易振兴会更名为日本贸易振兴机构（英文名和简称同以前一样）；同时，在机构命名以及预算中删除了所有与"促进进口"有关的词语[91]，撤销进口促进部，由对日投资部和贸易开发部接管相关人员及工作。[92] 之后，日本贸易振兴机构的主要任务改为提振中小企业出口。[93]

---

[91] 采访了日本贸易振兴会相关人员。

[92] 产品进口促进协会编，《MIPRO 25 年的进程》，2003 年。

[93] 采访了日本贸易振兴会相关人员。

表1.2.7　日本贸易振兴会的预算

（单位：亿日元）

年度	海外经济调查	海外经济信息提供	海外广告展示	国家给予补助的行业（包括修正后的预算）							总计（B）	A/B	总费用
				发展中国家贸易促进合作	进口促进以及产业合作推动（A）	特殊种类贸易振兴项目	海外事务所运营	中小企业国际化对策	亚洲经济研究所研究项目	其他			
1978	7.6	9.3	15.7	2.1	0.6	6.3	38.3	—	—	18.0	98.0	0.6%	157.9
1979	6.5	9.9	16.6	2.5	0.6	5.9	35.4	—	—	18.1	95.5	0.6%	152.9
1980	7.4	10.7	18.0	3.0	0.6	6.4	39.0	—	—	18.5	103.6	0.6%	170.1
1981	6.7	11.6	17.8	3.8	0.7	7.0	45.1	—	—	16.0	108.6	0.6%	191.3
1982	6.5	12.1	8.3	9.5	5.5	8.1	49.8	—	—	15.4	115.2	4.8%	202.6
1983	6.4	12.9	8.9	12.2	6.3	8.3	51.7	—	—	14.8	122.0	5.2%	211.3
1984	4.8	13.6	6.3	16.1	10.7	7.4	51.1	3.9	—	16.2	130.1	8.2%	218.3
1985	2.7	13.5	3.8	20.0	12.7	8.3	51.1	4.7	—	20.2	136.9	9.3%	231.9
1986	1.6	12.2	4.2	24.2	12.9	7.3	47.5	9.4	—	19.4	138.8	9.3%	225.5
1987	1.6	12.6	3.8	26.9	12.9	6.6	43.1	9.6	—	21.3	138.4	9.3%	223.4
1988	1.5	13.1	3.4	27.6	13.1	6.3	41.9	9.1	—	22.4	138.4	9.5%	223.7
1989	1.8	13.8	6.8	29.2	75.5	6.4	43.2	8.8	—	24.5	210.0	36.0%	299.5
1990	1.5	14.8	3.5	31.3	36.4	7.7	53.0	19.1	—	25.9	193.1	18.9%	310.3
1991	1.9	15.5	5.4	34.1	40.7	7.5	52.6	19.7	—	27.7	205.0	19.9%	333.9
1992	2.1	16.3	5.8	36.7	54.0	7.6	55.4	20.6	—	30.0	228.5	23.6%	416.2
1993	2.2	15.7	3.9	38.3	44.6	8.0	56.5	20.6	—	35.2	225.0	19.8%	465.6

（续表）

年份													
1994	2.7	16.3	3.6	40.2	50.2	7.5	52.8	25.6	—	39.8	238.7	21.0%	355.1
1995	2.8	16.1	3.3	43.7	60.7	4.9	53.7	23.9	—	43.0	252.1	24.1%	363.9
1996	3.1	16.1	3.0	49.6	47.0	5.0	60.6	27.6	—	44.7	256.7	18.3%	363.5
1997	3.2	16.0	5.6	51.5	42.0	5.6	67.4	34.5	—	46.2	272.0	15.4%	396.2
1998	3.4	16.6	3.4	49.7	43.8	6.1	77.0	44.1	43.2	89.6	333.7	13.1%	494.1
1999	4.0	16.6	3.3	51.6	38.5	5.6	69.7	32.5	51.5	57.5	331.1	11.6%	495.4
2000	4.4	17.6	9.5	54.4	44.0	5.3	59.7	29.4	48.3	44.6	317.2	13.9%	492.1

注：1. —是指 0。

2. 1981 年以前 "发展中国家等贸易促进合作" 与 "发展中国家贸易促进合作" 的内容基本相同。

3. "进口促进以及产业合作推动" 在 1981 年之前是指 "商讨促进海外活动顺利进行"，1982—1984 年是指 "市场国际化以及产业合作推动"。 "市场国际化" 与 "进口促进" 的内容基本相同。

4. 1984 年以前 "海外事务所运营" 是指 "海外设施运营"。

5. 1985 年 "其他" 包含 2 亿日元的 "进口产品价格稳定特别政策"，1996 年以后的 "其他" 是从总计（B）中扣除了其他费用计算出来的。

6. 1990 年以前 "特殊种类贸易振兴" 是指 "特殊种类贸易振兴以及商讨促进海外活动顺利进行"。

7. 1998 年 7 月日本贸易振兴会整合了亚洲经济研究所。

资料来源：通商产业省编，《通商白皮书》（分论）各年版。

（2）产品进口促进协会（MIPRO）的活动[94]

1976 年 10 月，经团联会长土光敏夫作为团长，率领日本进口促进代表团访问欧洲。在访问过程中遭到欧洲各国的严重指责，这标志着贸易摩擦问题加剧。以此为契机，1978 年 2 月，土光会长等人出资成立了产品进口促进协会。该协会的三大主要职能是展览、提供信息服务、销售产品。之后，产品进口促进协会与通产省展开密切合作，主要职能变为引导日本人购买外国产品。产品进口促进协会和负责帮助外国向日本出口的日本贸易振兴会一样，同样担负促进进口的任务。

成立之初，产品进口促进协会负责的主要内容如下：①最主要的任务是在日本国内举办进口产品展会（包括销售）；②通过广告等方式开展扩大进口促销活动；③继续定期举办论坛、演讲；20 世纪 80 年代以后增加其他内容，比如④进口产品信息中心；⑤个人进口；⑥促进小规模进口。

其中②需要进一步说明。1984 年 10 月，在"产品进口促进月"活动中，产品进口促进协会还在全国的百货商店和超市张贴了引人注目的"YOU NEW！"海报。[95]

就④进口产品信息中心而言，于 1986 年 10 月，在东京池袋阳光城的世界进口市场常设展厅（5 000 平方米）成立了产品进口促进协会个人进口服务台，之后陆续成立了很多类似机构：1990 年 4 月成立了池袋咨询服务台（产品进口促进协会），1995 年 4 月成立产品进口促进协会进口住宅咨询服务台，1999 年 10 月成立产品进口促进协会进口福利用品咨询服务台。

就⑤个人进口而言，从产品进口促进协会于 1986 年成立个人进口服务台开始就参与到个人进口过程中。该服务台的主要业务是展示海外产品的相关商品宣传册，并且销售宣传册中的部分海外产品，提供与个人进口有关的信息及咨询服务。该服务台只有周日休息，周一到周六上午 10 点 30 分开始上班，下午 5 点下班。[96] 此后，产品进口促进协会在全国各地举办个人进口研讨会，广泛普及了与个人进口有关的知识。1985 年 9 月，日本签署《广场协议》后，迅速迎来第一次个人进口高峰；20 世纪 90 年代前半期，随着日元升值，迎来第二次个人进口高峰。所谓个人进口，相当于海淘，通过现有的个人进口代理商，再充分利用传真和信用卡的普及，海外销售公司开始进入日

---

[94] 以下内容来源于《MIPRO 25 年的进程》。

[95] 同前，脚注 51，贸易局进口科，《为了扩大产品进口》。

[96] 《"MIPRO 个人进口咨询服务台"的介绍》，《通产省公报》，1987 年 7 月 10 日，第 31 页。

本市场。尤其是互联网普及后，产品进口促进协会推崇和鼓励的个人进口行业也在日本发展壮大。

普通消费者逐渐开始关心进口产品，在此背景下，也出现了很多变化。一直以来，通产省主要是针对行业内人士开展进口促进政策。1996 年 1 月，通产省开始通过产品进口促进协会鼓励消费者自己购买进口产品。当时越来越多的消费者喜欢购买与别人不同的产品，说明个人进口受到了重视。在此背景下，首先，通产省于同年 3 月 14 日至 28 日委托产品进口促进协会在东京池袋阳光城举办"个人进口、互联网。你也可以！海淘"活动；提供了海淘宣传册（约 1 500 种）以及样品；邀请与海淘有关的 75 家企业与消费者面对面开展推动宣传活动，并且当场接受个人进口的订单。为了向个人买家宣传户外用品，通产省于 3 月中旬的星期六和星期天以及新年假期，在池袋、仙台、大阪、松山、北九州各市举办了"国际户外用品节"。产品进口促进协会的主要任务是：负责展示并销售产品；负责举办讲座，示范产品的使用方法；设置外国产户外用品体验点。以上两个项目属于日本政府于 1995 年通过的第二次补充预算中的一部分。⑰

参加"个人进口与国际化"活动的人数接近 6 万人，产品进口促进协会在此基础上总结了"个人进口案例报告"，其中明确了以下情况：从下单到收货平均需要 13.7 天，最短 5 天，最长 41 天；运费与商品金额占比从 9.9% 到 215.1% 不等；在参加本次活动的 365 个样品中，出现破损等问题的只有 4 个。⑱

最后介绍⑥小规模进口。1999 年成立了产品进口促进协会个人进口服务台，并且举办了相关研讨会。

产品进口促进协会于 2004 年 8 月，正式更名为对日贸易投资交流促进协会（Manufactured Imports & Investment Promotion Organization）。之后，除了负责促进进口外，还承担着促进外国人对日投资的任务。

综上所述，产品进口促进协会的情况跟日本贸易振兴会类似，在 20 世纪 90 年代以前，主要精力是促进进口。

1982 年开始，产品进口促进协会针对"消费者如何看待进口产品"实施了问卷调查，有 66.3% 的人表示"如果品质和价格合适的话，不介意进口产品还是国产产品"，

---

⑰ 《关于通产省面向消费者实施进口促进政策（平成 7 年第二次补充预算）》，《通产省公报》，1996 年 2 月 14 日，第 5—6 页。

⑱ 《〈个人进口典型案例〉报告》，《通产省公报》，1996 年 6 月 24 日，第 4 页。

1886 年这一数据上升为 66.8%，1988 年上升为 74.8%。[99] 政府出台的扩大进口政策以及日本贸易振兴会和产品进口促进协会开展的活动，在当时发挥了多大效果，今后需要继续考证，但是现在能够确认的是在 20 世纪 80 年代末泡沫经济期间，日本人已经能够对国产产品和进口产品一视同仁。

以上就是从 20 世纪 70 年代末以来，在日本与欧美爆发贸易摩擦问题的背景下，日本贸易振兴会和产品进口促进协会作为实际执行部门，积极主动采取措施减少贸易顺差的情况。表 1.2.8 是从 1985 年到 2000 年日本进出口总额和汇率的变化情况。进口总额在约一半以上的年份呈减少趋势，但是在美国强烈谴责和批评日本的 1988—1990 年，吸引国内外广泛关注，在开始汽车及其零配件谈判的 1994—1997 年，还有 2000 年这几个时间段内，出口总额显著增加（参考 B）。另一方面，虽然日元持续升值，但总体上日本的出口还在持续增长。在此背景下，出口增加、进口减少的现象属于 J 曲线效应。在 1986—1987 年，随着《广场协议》的签署，日元快速升值，日本升值速度比去年要快，但是跟 1993 年和 1999 年相比就慢了一些。根据该表中汇率的变化可以了解到：在日元快速升值的过程中，欧美各国不但指责日本采购本国工业产品的比例增加，而且一直向欧美开展"倾盆大雨"式的出口。根据此表还可以了解到 1985 年到 2000 年出口额和进口额分别增长 1.19 倍和 1.29 倍，充分说明日本在促进进口问题上做出的努力。

表 1.2.8　进出口金额以及汇率的变化

年度	出口 （亿日元）	同比增减 A（%）	进口 （亿日元）	同比增减 B（%）	汇率 （日元/美元）	同比增减 C（%）
1985	415 719	n. a.	286 202	n. a.	254	n. a.
1986	345 997	− 16. 8	194 747	− 32. 0	185	37. 3
1987	325 233	− 6. 0	192 915	− 0. 9	151	22. 5
1988	334 258	2. 8	216 113	12. 0	127	18. 9
1989	373 977	11. 9	263 567	22. 0	130	− 2. 3
1990	406 879	8. 8	306 350	16. 2	150	− 13. 3

---

[99]　《扩大进口月为 10 月》，《通产月刊》，第 21 卷 11 号，1988 年，第 70 页。

（续表）

年度	出口 （亿日元）	同比增减 A（%）	进口 （亿日元）	同比增减 B（%）	汇率 （日元/美元）	同比增减 C（%）
1991	414 651	1.9	285 423	− 6.8	135	11.1
1992	420 816	1.5	263 055	− 7.8	130	3.8
1993	391 640	− 6.9	236 823	− 10.0	118	10.2
1994	393 485	0.5	246 166	3.9	107	10.3
1995	402 596	2.3	279 153	13.4	93	15.1
1996	435 659	8.2	344 693	23.5	106	− 12.3
1997	495 190	13.7	372 087	7.9	120	− 11.7
1998	488 665	− 1.3	328 820	− 11.6	130	− 7.7
1999	457 948	− 6.3	317 793	− 3.4	118	10.2
2000	495 257	8.1	369 622	16.3	106	11.3

注：根据表 1 以及表 4（2）制成。n. a. 是指没有数据。

20 世纪 70 年代以后，日本与欧美之间的贸易摩擦问题凸显。通产省为了解决该问题，减少了剩余进口限制产品种类，而且保证各个产品的关税率维持在较低水平。20 世纪 80 年代前半期，又连续三次减少剩下的进口限制产品种类，继续减让关税。但是欧美对日出口未能顺利扩大，所以欧美国家指责日本的流通机构和商业管理等制度性因素妨碍了外国产品进口，要求日本政府做出调整。

至于产品进口多少的问题，要综合相当多人的意见，主要取决于日本国民对产品价格和质量的判断，而且受本国文化以及国民习惯影响。尽管日元升值，日本政府也鼓励进口产品，但是日本人仍然喜欢日本产品，无论是价格还是质量都能在很长时间内得到很高评价。这个事实也无法否认。

当然，这并不能说明日本政府在 20 世纪末做出的努力都付诸东流。首先，日本政府对扩大进口持非常认真积极的态度，所以肯定能够缓和欧美国家对日本的反感情绪；此外，随着扩大进口政策的实施，越来越多的日本消费者开始了解欧美的先进产品；而且原来很昂贵且难以买到的"舶来品"，因为日元升值等原因，日本国内比较富裕的阶层更容易购买到欧美顶级奢侈品。这些奢侈品虽然价格昂贵，但是不能对进口总额产生很大影响。通产省制定的扩大进口政策非常有意义，因为它让很多原本非常昂贵的产品进入了普通百姓家庭。当然，有的进口产品也很廉价，比如从中国进口的产品。日本通过"百元店"的商业模式销售这些廉价产品。这对扩大进口总额也很有帮助。

第2节　市场开放及规制缓和政策[⑩]

1. 贸易摩擦加剧以及缓和进口规制

（1）缓和进口规制问题的背景

20 世纪 70 年代后半期，经常收支失衡和贸易收支失衡的情况大幅加剧，并且持续发酵，逐渐演变成重要的国际问题。此前的贸易摩擦只是由日本的个别出口产品引发。之后，为了解决经常收支失衡问题，出现了新的趋势，调整宏观经济和汇率制度成为经济外交领域的重要课题。日本也反复使用相同的对策：特定产品出口增加→引发贸易摩擦→日本采取进口自愿限制措施。但随着 20 世纪 70 年代后半期"火车头理论"的提出以及 1985 年《广场协议》的签署，说明国际社会也在不断尝试，谋求新的对策，比如国际宏观政策合作、国际收支顺差国减少顺差政策（市场开放、进口促进政策等）。

实际上，关于经常收支失衡问题并没有明确的标准，很难说清楚失衡到什么程度就会遇到麻烦。而且如果贸易顺差能够通过资本出口（比如日本购买美国国债）等方式顺利回流的话，也许可以支持基础货币国家充沛的货币流动性，维持国际货币体系的稳定，并保证世界经济的供需平衡。但与此同时，也有可能存在很大弊端。在结构性经常收支失衡的背景下，如果顺差国不考虑国内实际需求，长期发展各种产业，而逆差国仅仅向国外提供市场，其产业发展可能会停滞。很多人都支持这种观点，认为会导致未来综合国力降低，所以逆差国更加迫切希望解决结构性经常收支失衡问题。

---

⑩　本节主要节选自：石井晋，《进口促进政策 1975—1995》，《通商产业政策史研究》（1997 年《通商产业政策史编纂资料集（2）》中与该主题相关的部分）。相关政策课题的论述，主要是根据《通产省公报》等资料进行润色所得。以下，在引用该论文时，用石井晋（1997）标注。如果有具体出处的话，用"原资料为 ∗∗∗"标注。但是，在撰写本书时因精力有限，没能确认石井晋（1997）资料中没有记录的资料。

　　从这个观点出发，20 世纪 70 年代后半期到 20 世纪 90 年代，欧美各国都在采取积极措施恢复本国产业的竞争力，并且强烈要求日本作为经常收支顺差国家要扩大内需、开放市场。从经济学的角度看，当时货币交换受到严重限制，两国间（比如日美）经常收支问题或是贸易收支失衡问题受到指责。对此，美国方面承认批评日本主要是因为某些特定产品的贸易摩擦问题导致日美感情交恶，而且日本作为世界第二大经济体未能向世界完全开放市场。对此，日本方面表示目前其最优先的目标是稳定地扩大出口。20 世纪 70 年代后半期开始，为了防止欧美国家的贸易保护主义抬头，日本才逐渐采取措施扩大进口、开放市场。20 世纪 80 年代中期，日本政府开始重视扩大内需，主要是为了应对国际社会对日本的批评。这种措施衍生自扩大均衡理论（扩大出口的同时也扩大进口）。扩大内需政策促进了日本泡沫经济的发展，与此同时，也切实缓解了经常收支失衡问题。但是该措施只能治标，不能治本，结构性经常收支失衡问题还在持续。

　　进入 21 世纪以后，中美贸易失衡问题加剧，超过了日美贸易失衡问题。日美经常收支失衡问题发生质的变化，但是并没有完全解决。从这个角度讲，从 20 世纪 70 年代后半期开始，为了促进进口和开放市场，日本采取了一系列措施，比如放松规制、扩大内需等，但并没能解决经常收支失衡问题。换种说法，日本在当时实施这些措施时，其实也没有抱太多期待。本节涉及的市场开放政策以及放松进口产品规制等，虽然是在贸易失衡背景下提出的，但是未必跟解决失衡问题有关，主要目的还是为了更加合理地制定规章制度，并且保证企业间进行贸易。实际上，这些措施与改善经常收支失衡问题并无直接关系，所以在很长时间内，日本的规章、制度等相关的细节问题经常受到国内外的批评和指责。

　　有意思的是，为了缓解来自欧美的压力，日本政府被迫实施市场开放政策。在这一过程中确实发现很多阻碍进口的因素，尤其是，烦琐的进口手续、进口产品检查标准等非常细节的技术性问题都会提高进口成本。但是解决了这些之前未曾被人察觉的问题后，进口仍然没能得到相应扩大，而且国际收支失衡问题也没能解决。以经济团体联合会（经团联）为主的日本产业界，针对国外对日本的指责和批评，尤其是与"系列体系"以及"排他的交易惯例"有关的产业、企业问题进行了强烈反驳。与此同时，也认为政府的相关规章制度影响了进口，敦促日本政府通过放松规制，增加企业的自由度。日本有些产业缺乏竞争力，比如农产品、天然纤维等。相关政府部门内部要求实施保护主义的势力也有抬头的趋势。日本政府抑制了这种趋势，通过海外进口逐渐缩小受保护的领域。来自外国的压力有效提高了日本经济的效率并且促进企业自由化。从这个角度看，关乎世界经济供求平衡的国际收支失衡这一宏观课题转变成了提高日本产业效率和企业效率的微观课题。

（2）贸易摩擦和进口问题

20 世纪 70 年代后半期，随着贸易收支失衡问题日渐严重，1976 年欧洲也加入了批评日本的大军。直接原因是日本向欧共体出口机械设备数量激增。此外，欧洲还批评了日本对船舶、汽车、轴承等特定商品进行"倾盆大雨"式的出口。紧接着，美国也敦促日本改善贸易失衡问题。

在此过程中，值得一提的是：欧洲各国强硬批判了日本"倾盆大雨"式出口的同时，还要求日本方面撤销对欧洲产品设置的非关税壁垒。所谓非关税壁垒，具体是指汽车的车型认证和尾气排放制度，对医药用品和化学品实施的检查。最主要的问题还是对进口工业产品制定的相关的技术性障碍。

在欧洲区域内，贸易关系呈"水平"状，所以产品进出口非常活跃。这与日本截然不同，日本的贸易结构属于"垂直"状加工贸易，这也导致日欧工业产品贸易出现问题。如图 1.2.2 所示，"欧共体或其他 OECD 国家之间，在工业产品领域都保持了比较高的贸易关系。但是日本并非如此，除了部分产品以外，贸易关系都比较特殊。这个区别非常明显"。[101]

当时，正在举行 GATT 东京回合谈判，也充分讨论了与产品进口有关的技术性贸易障碍问题。东京回合谈判上设立了关税分会、非关税措施分会、行业分会、保障措施分会、农业分会、热带产品分会。其中，非关税措施分会又下设五个子分会：数量限制、标准、关税、补贴、反补贴关税、政府采购。其中，"标准"子分会负责讨论进口审查制度、标准认证制度，主要涉及制定和变更产品规格（品质、性能、安全、尺码、包装、标示），检查手续和认证制度是否合规。[102] 所以，欧洲方面认为日本进口制度存在的问题，也是属于当时国际大环境下的环节之一。

根据通商政策局西欧、非洲、中东课的总结，如表 1.2.9 所示，欧洲方面利用各种场合抨击和谴责日本的流通机构、关税、数量限制等具体问题。

---

[101] 通商政策局通商调查科，《图解白皮书》，《通产月刊》，第 10 卷第 4 号，1977 年，第 28—29 页。
[102] 东京回合研究会编，《东京回合的全貌》，日本关税协会，1980 年。

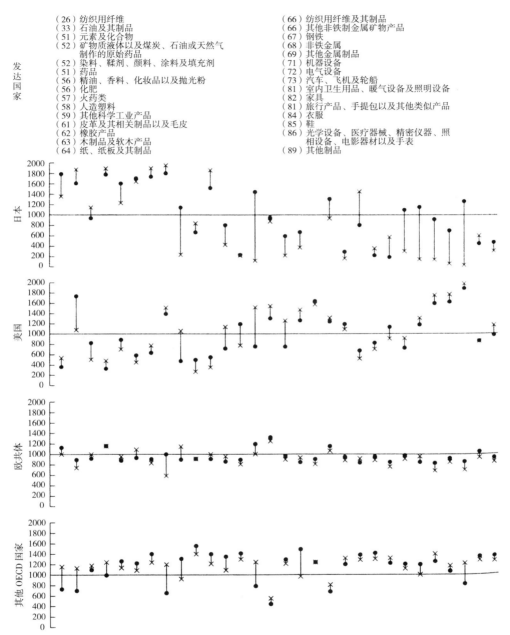

（26）纺织用纤维
（33）石油及其制品
（51）元素及化合物
（52）矿物质液体以及煤炭、石油或天然气制作的原始药品
（52）染料、鞣剂、颜料、涂料及填充剂
（51）药品
（56）精油、香料、化妆品以及抛光粉
（56）化肥
（57）火药类
（58）人造塑料
（59）其他科学工业产品
（61）皮革及其相关制品以及毛皮
（62）橡胶产品
（63）木制品及软木产品
（64）纸、纸板及其制品

（66）纺织用纤维及其制品
（66）其他非铁制金属矿物产品
（67）钢铁
（68）非铁金属
（69）其他金属制品
（71）机器设备
（72）电气设备
（73）汽车、飞机及轮船
（81）室内卫生用品、暖气设备及照明设备
（82）家具
（81）旅行产品、手提包以及其他类似产品
（84）衣服
（85）鞋
（86）光学设备、医疗器械、精密仪器、照相设备、电影器材以及手表
（89）其他制品

图 1.2.2　日本、美国、欧共体、其他 OECD 国家在发达国家工业产品贸易上的水平贸易度系数

注：当该产品的进出口总额相同时，水平贸易度系数越接近 1000，水平贸易的程度越大。出口超过进口的话，水平贸易度系数越接近 0，出口越强。如果进口相对增加的话，系数会接近 2000，说明进口特强。后两种情况都说明水平贸易程度比较低。

资料来源：OECD 统计，来自《通产月刊》，第 10 卷 4 号，1977 年，第 28 页。

表 1.2.9　欧洲国家对日投诉

国家	投诉内容（项目）
1. 与日本经济制度、流通机构有关的投诉	
联邦德国	日本流通机构的问题（综合商社进口卡特尔垄断）
联邦德国	对联邦德国的企业来说，日本经济制度非常特别（存在综合商社、经济氛围不同、日本传统的经济法秩序）
联邦德国	不公平对待外国企业（进出口银行的相关手续等）
法国	法国产品在销售方面存在问题（日本销售法国产品价格过高）
法国经团联	日本人对法国技术、商品的认识不足
联邦德国	外国母公司以及日本子公司之间价格交易修正时，公平交易委员会要介入调查
联邦德国	德国企业为了在日本委托销售申请建立仓库，难以得到通产省的许可
联邦德国	欧共体企业能够在日本港口从事运输行业的政策一直没有明确，包括对外运输时也是一样
联邦德国	日本公共事业相关政策并不明朗，实际上相当于禁止德国企业参与公共事业
英国经团联、联邦德国、丹麦	个别产品的问题：（1）汽车（日本从全世界进口的汽车份额只有2%左右，其理由是：a. 日本产业效率性、b 非关税壁垒——安全标准和尾气标准特别严格）；（2）汽车零配件（日本垂直的产业体制存在问题）；（3）钛；（4）设备产业（综合商社偏向国产产品）；（5）猪肉（调整零关税时间）
2. 与日本关税及关税制度有关的投诉	
法国经团联	新产品进口时过于机械的定义为高关税产品
法国经团联	关税评价措施与《布鲁塞尔协议》不符
法国经团联	某些特殊产品临时提高关税（小麦、矿产品、铜、皮革）
联邦德国	针对关税问题，部分工业产品征收比较高的关税（这一点也在 GATT 体制下进行了讨论），此外还存在其他行政壁垒（a. 行政措施，任意提高课税对象额作为关税附加税；b. 针对附加价值征收关税时，仍然要求提出非常难以取得的特别证明书；c. 难以保证对再进口产品提供关税返还；d. 因征税部门人员问题导致通关手续缓慢）
法国	针对滑雪靴征收关税（除了进口限制外还征收27%的关税）
法国	针对圆珠笔征收高额关税
英国经团联	针对饼干征收高额关税
法国	针对科涅克白兰地征收高额关税和酒水税
英国	针对威士忌征收高额关税和酒水税（与波旁酒相比，苏格兰威士忌比较不利）
3. 与日本数量限制政策有关的投诉	
法国经团联	对进口实施数量限制
法国	针对鞋子、皮革制品继续实施进口配额政策

（续表）

国家	投诉内容（项目）
英国经团联	猪肉（根据猪肉价格稳定制度，关税比例不断变化，无法稳定地向日本出口）
英国经团联、丹麦	针对香烟实施数量限制
丹麦	农产品出口（特别是对午餐肉、罐装火腿等类似产品征收关税，而且日本的进口配额制度对现在的市场以及今后的出口计划造成严重影响）
4. 与日本进口规则、制度有关的投诉	
法国经团联	通产省对进口实施行政干预
法国经团联	通关制度（某些产品通关时要接受很长时间或意料之外的检查）
联邦德国	批准延期支付制度（标准外进口结算）需要花费很长时间
丹麦	奶酪产品（手续及进口条件的变更复杂）
5. 与日本检查制度有关的投诉	
法国、丹麦、联邦德国	汽车及药品（日本政府采取了一些措施试图缓解新产品引入时的困难和迟缓，希望能够尽快落实）
法国	香水以及化妆品（必须长期提供昂贵的分析）
法国	针对肉制品进口制定的卫生规则
丹麦、联邦德国	电子设备（新型机器设备必须要得到批准，这需要花费数月或数年时间，即使有微小的变化也需要重新获得批准）
联邦德国	化学产业（要求重复多种实验，而且无法提供实验审查手续的具体规则）
法国经团联	以消费者保护为由限制进口产品
6. 与日本商标制度有关的投诉	
法国经团联	工业所有权，特别是商标保护不到位
联邦德国	专利及许可等（公平交易委员会规则缺乏明确方针，抗议特别许可制度反应迟滞）
丹麦	近几年，发生了 17 件以上丹麦商标侵权案件
7. 某些特殊领域产品对日进口数量猛增	
英国经团联	钢铁行业（日本六大制造商对欧共体钢铁产品出口保持一定水平，中小制造商对欧共体出口猛增）
英国经团联	球形轴承（要求继续实施自主限制措施）
英国经团联	汽车行业
英国经团联	家电行业
英国经团联	造船业（要求大幅削减设备投资）

（续表）

国家	投诉内容（项目）
法国	在第三国基础设施、设备材料采购时，日本的竞标价格过低
英国经团联	日本的垄断制造商在英国以低于日本国内的价格销售产品
8. 其他	
联邦德国	日本政府没有向外国企业提供充分的日本市场信息，对德国企业来说，日本市场非常不透明（《通商白皮书》也只有一部分内容提供英语翻译）
英国经团联、法国	飞机产业（日本主要从美国购买，希望从英法等国采购高技术产品）

资料来源：石井晋，1997，第85—86页。

（3）日本方面的早期应对

让我们再回到本章的主题——日本进口制度。从 1976 年 11 月中旬开始，欧共体委员会副委员长古内拉克（Finn Olav Gundelach）与日本外务审议官吉野文六举行政府间协商[103]，日方回应了欧共体提出的问题，如采取适当措施增加脱脂奶粉等农产品的进口数量。此外，1976 年 10 月，日本政府还决定使用出口国家对动物实验、医药用品检查数据，省略了二次检查的手续。

在汽车尾气排放规则方面，为了便于欧洲企业对日出口，日本决定把车型认证制度有效期延长 3 年时间，继续允许在当地对进口车辆进行定量检查。1977 年 3 月 7 日到 18 日，通商产业省在日本贸易振兴会和经团联的协助下，向法国派出进口促进考察团，该考察团由普通机械设备、化学品、消费品等 6 组组成。如前文所述，类似派遣考察团、代表团的措施也沿用到其他国家。另一方面，1977 年 2 月，日本与欧共体农业加工品会议在布鲁塞尔召开，欧洲方面要求日本扩大 30 种农产品的进口规模，日本政府未给出回应，所以给这一领域留下了很多隐患。

如上所述，按照欧洲方面的要求，日本针对存在的问题，比如非关税壁垒等进口制度进行了改革；同时也开始实施自愿出口限制政策减少来自外方的指责。但是，对于日本采取的一系列措施，外界普遍评论治标不治本，"只是流于形式，根本没有从长期上解决问题，没有促进市场开放、改革进口政策的动机"[104]。

---

[103] 花村仁八郎，《有关日欧贸易问题的讨论过程及当时的对策》，经济团体联合会《月报》，1977 年 7 月。
[104] 同前，石井晋，1997 年，第 7 页。

1976 年到 1977 年，日本与欧洲的贸易摩擦激化。通产省内普遍认为日本市场在制度方面已经足够开放。这种观点从 20 世纪 70 年代后半期通商政策局和贸易局提交的各种报告中可以略知一二：①日本已经将剩余进口限制品种减少为 27 种，并且根据外国提出的问题采取了很多措施，改善了进口制度；②日本的关税保持在非常低的水平，所以日本市场不再是封闭的。

此时还发生过很多起日本国内规制，比如安全方面的规定等，影响到进口的情况。但是通产省没有从细节上探讨并制定相应措施。尽管剩余进口限制产品数量减少、关税水平较低，但是日本未能顺利地扩大进口，所以外国和日本对日本市场开放性的看法存在不可逾越的鸿沟。之后，外国也改变了策略，不再直接攻击日本的进口规定，转而从很多具体政策上指责日本的"闭关锁国"，比如日本国内规制、企业间关系、交易惯例等。

为了化解欧美各国的"误解"，通产省明确表示日本市场可以更加开放。通产省通商政策局、贸易局在 1978 年的"新政策"中提出"扩大进口的必要性"，特别是"扩大产品进口"，"近年来，由于产品进口额还不及全部进口额的两成，所以日本贸易结构饱受外国政府诟病。长此以往，外国恐将无法理解日本加工贸易立国的立场。所以，从国际合作的角度出发，为了扩大产品进口，我们必须继续努力"。此外，"还需要成立常设展会和卖场"。"目前没有从最不发达国家和欧共体各国扩大进口产品的理由，是因为这些国家并没有做出努力，积极向日本出口产品，所以日本市场并不了解它们的产品，日本消费者也不了解其产品的具体信息。一般来说，扩大出口需要出口国付出努力，但是考虑到目前的国际环境，日本决定要帮助这些国家理清无法扩大进口规模的原因，在帮助它们扩大进口规模的同时，表现出足够的热情。所以要在合适的时候成立各国产品常设展会或者卖场。"

表 1.2.10　日本市场的开放程度

	平均关税	基础税率	实际税率	根据东京回合降低后
		1979 年	1979 年	1987 年
日本	全品种	5.80%	3.70%	3% 左右
	征税品	9.90%	6.90%	5.5% 左右
美国	全品种	6.00%	6.00%	4% 以上

（续表）

平均关税		基础税率	实际税率	根据东京回合降低后
欧共体	征税品	8.20%	8.20%	6%以下
	全品种	6.40%	6.40%	5%以下
	征税品	9.70%	9.70%	7%以下

主要国家剩余进口限制品种（1980年9月底）

	种类	农产品	工业产品
加拿大	5	4	1
荷比卢	5	2	3
丹麦	5	5	0
法国	46	19	27
德国	4	3	1
意大利	8	3	5
爱尔兰	10	7	3
英国	3	1	2
日本	27	22	5
挪威	49	48	1
瑞典	6	5	1
美国	7	1	6

注：根据 GATT 资料制表，平均税率指不包括石油的工业产品。

资料来源：《通产省公报》，1981年12月12日。

如上所述，日本采取了一系列措施促进进口，以避免欧美各国因对日本市场存在"误解"而有可能采取的贸易制裁措施。

（4）积极参与促进进口

之后，随着海外国家经常抱怨日本的进口制度，通产省的态度也逐渐发生变化。为了推动东京回合谈判，日本政府的态度变得更加积极。1978年1月13日，日本对外经济担当国务大臣牛场信彦和美国总统贸易谈判特别代表施特劳斯发表《日美共同声明》，表示："为了维持并加强开放的世界贸易体系，日美双方全力支持多边贸易谈判东京回合尽快达成一致。双方要采取实际行动，协助其他参加国家，减少并撤销与贸易相关的关税及非关税贸易障碍。"在此声明的影响下，同月18日，日本作为发达国家代表，向GATT秘书处提交了有关关税、非关税措施以及农产品的倡议书，并且于3

月 4 日，对 125 种产品的关税实施减让，表明了积极推动自由贸易的态度。

这一点在通商政策局、贸易局于 1979 年提出的新政策当中也有体现。就"扩大产品进口"而言，"为了实现日本经济升级，我们并不排斥和拒绝扩大进口外国产品"，所以日本要"排除影响扩大产品进口的主要障碍"，以此反驳外国的批评。具体来说，所谓"主要障碍"是指各种审查手续、日本产业的封闭性以及系列体制和流通体制落后等问题。通产省内部，单就为了化解外方的"误会"做出不少调整。为了解决经常收支失衡问题，日本需要积极落实促进进口政策，调整国内产业，实现产业升级。这种思路"作为基本方向被固定下来"。采取有效的促进进口政策纠正贸易失衡问题听起来很好，但是实际操作并不容易，通产省掌握的政策工具也极为有限。因此，随着时代的发展，原有贸易规则越来越不合理。为了解决影响扩大进口的"主要障碍"，使进口过程更加顺利，使产业更有效率，必须要对贸易规则进行改革。也就是说，新政策体现了这样一个观点：导致贸易收支失衡的原因并不是日本市场的"封闭"，所以不能把解决问题的方法局限于处理贸易摩擦问题上，更重要的是促进进口实现日本经济升级。

（5）日美贸易促进委员会的活动

1977 年 9 月，日美高级别协商会议召开。美国方面［副国务卿库珀（Richard N. Cooper）、财政部副部长伯格斯坦（C. Fred Bergsten）、商务部副部长韦尔（Frank Weir）］表示为了促进对日出口，提出了很多项目，应该为此成立相应的工作组。日本方面同意美国的建议并表示："从长远来看，为了抑制各国的贸易保护主义抬头，减少发展过程中的摩擦，日本要进一步开放市场，扩大产品进口。同时，也非常有必要消除外国对日本的颇多误解，比如'日本市场过于封闭'。基于以上观点，我们同意美方的建议。"

日美贸易促进委员会（Trade Facilitation Committee）在此背景下应运而生。1978 年 1 月，在日美经济协商会议（牛场与施特劳斯会谈）上，明确了该机构的作用："日美贸易促进委员会的主要目的是解决日美贸易中存在的具体问题，改善日本市场的准入制度。"从此以后，该机构开始针对两国间贸易问题以及促进进口的具体措施等问题展开讨论。[105]

---

[105] 同前，石井晋（1997），第 12—13 页。原资料为《日美贸易促进委员会》。关于日美贸易促进委员会可以参考：《日美贸易促进委员会东京委员会召开》，《通产省公报》，1978 年 11 月 28 日。

为了能够随时监督进展情况，日美贸易促进委员会还成立了上级委员会（SRC），下设东京委员会（TG）和华盛顿支持委员会（WSG）。该机构主要涵盖了以下内容：解决与贸易手续相关的问题、发掘美国有望出口日本的产品、研究日本的流通机构、考虑日本如何支持美国的促进出口政策、日本向美国派出采购考察团、召开美国产品对日出口扩大研讨会、探索两国金融界合作的可能性。

1978 年 9 月，日美贸易促进委员会共受理 15 起美方对日方的投诉，其中 7 个问题得到妥善解决：东京核电公司进口锆合金包壳管问题、薯片海关估价问题、日本电报电话公司对残疾人用紧急信号发射器的规格问题、对润滑油半制成品征收石油税问题、进口锆合金管箱问题、机场照明系统问题、医疗器械试验问题。两个问题通过日方做出回应得到解决（肝炎检查试验药物的进口许可问题、卷烟进口问题）。日方做出回复，但是美方表示不满的有一个问题（修改数据通信用线路价格影响美国产调制解调器出口日本问题）。日方做出回应，但是美方没有评价的有两个问题（限制磷酸肥进口问题、对运动式悬挂滑翔实行进口配额制）。其中还有一个问题还在调查阶段（修改肾透析费用计算方式导致美国产透析器对日出口减少问题）。

如上所述，该机构的运营机制就是美国方面针对个别产品的细节问题提出投诉，日方就此展开调查。对于这些投诉，有些是因为误解，比如美国投诉日本优先使用国产的锆合金包壳管。但是大部分问题还是关系到日本的制度、手续等问题，比如薯片进口关税分类等。此外，日本国内与贸易并不直接相关的规定和制度也制约了进口规模扩大，比如数据通信用线路价格修改的投诉。日本的规定和制度与国外存在很大区别，所以很容易被其他国家误认为非关税壁垒。

进入 20 世纪 80 年代以后，上述三种投诉逐渐增加。1979 年产品进口促进会议召开。会上经过讨论，决定于 1982 年成立市场开放问题投诉处理推进总部。此后开始以该机构为中心处理投诉问题。但是值得一提的是，日美贸易促进委员会是首个正式处理贸易有关投诉的机构。

（6）1977 年修改《进口贸易管理条令》

随着上述举措的实施，进入 20 世纪 70 年代后期，要求简化进口手续的呼声高涨，日本政府开始分阶段解决该问题。第一步就是在 1977—1978 年，修改了《进口管理条令》（1949 年 12 月 29 日，政令第 414 号）的部分内容。

1977 年 6 月 20 日，日本政府公布了"关于简化进口贸易管理"的文件⑩，并且基于该文件修改了相关条令。修改的大致过程如下⑩：随着日本国际环境的变化，以及日本进出口贸易活动多元化发展，简化进口手续变得更加迫切。因此，通商产业省根据《外汇及外贸管理法》，从年初开始梳理基本的解决方案。其实早在 1977 年 3 月中旬，大藏省也建议通产省简化贸易及汇率管理制度。在此基础上，通产省制定了简化手续的具体方案。第一步于 5 月 13 日和大藏省共同对外发表声明，宣布简化非贸易交易规则，并于 8 月 3 日正式公布修改行政条令（8 月 10 日实施）。这次是第二次对进口交易手续和出口交易手续进行简化。

修改案的概要如下：第一，针对必须申请才能进口的产品，如果总价低于 100 万日元，不需要事先申请。第二，针对非外汇进口产品，如果总价在 300 日元以下［除了实行数量限制（Import Quota）的产品以外］，只需得到海关关税局长的确认即可进口。第三，针对委托加工合同相关的进口产品，不再需要双重进口许可，取消委托加工合同产品的进口许可，只需提交无须货款结算的产品进口许可。第四，针对委托销售合同相关的进口产品（除了 4 个月内缴纳货款的情况之外），现在不再需要提供委托销售合同的事前进口许可，只需提供标准外结算的事前进口许可即可。第五，部分中介合同涉及的产品由许可制改为申报制。

1977 年 10 月 1 日，日本政府决定对其做出修改（1977 年 9 月 30 日，政令第 290 号，同年 10 月 1 日开始实施），具体修改如下：

第一，修改《进口贸易管理条令》第 21 条。⑩ 原来签署中介贸易合同需要获得通产大臣的许可，现在改为向外国外汇银行提交申请（但是，货物原产地、航运路线以及目的地在南罗得西亚的除外）。此外，如果支付或是收取的货款低于 100 万日元，也不用向外汇银行提交申请。

根据《进口贸易管理条令》中对中介贸易的规定，1951 年 9 月曾经修改过《进口贸易管理条令》中对中介贸易的规定（1951 年 9 月 21 日，政令第 302 条，同年 9 月 25

⑩　同前，石井晋（1997），第 18 页。原资料为：大臣官房总务科，《进口贸易管理条令》，【1977/9 52 法贸 NO.9】。
⑩　同前，石井晋（1997）。原资料为：通商产业省，《关于简化贸易与汇率管理》，【1977/8/11】。这部分内容也可以参考：《（解析）简化贸易手续——修改进出口贸易管理条令的部分条款》，《通产省公报》，1977 年 10 月 31 日。
⑩　同前，石井晋（1997）。原资料为：大臣官房总务科，《进口贸易管理条令》，【1977/9 52 法贸 No.9】。贸易局进口科，《昭和 52 年 8 月 24 日法制局第一次审查资料·关于简化中介贸易管理》，【1977/8/24】。

日起实施）。针对中介贸易出现的新动向明确了具体的管理办法。"为了在外汇预算制度下，有效利用外汇、防止资本外逃；同时从贸易政策方面进行管理，防止日本出口行业之间互相竞争。"之后，1964 年 4 月 1 日，废除了外汇预算制度。为了防止资本外逃，对以下两点进行了审查。

①原则上规定，以进出口的标准结算方法为根据，支付时间是航运发货后 5 个月以内，收货时间是船运发货后 6 个月以内。但是如果在零配件中介贸易时还伴随着设备出口，那么收货时间可以按照品牌自身的延长支付时间。为了增加出口（改善单向贸易），在初级产品的中介贸易方面要适当放宽上述标准。

②收取和支付之间的差额为正。

针对上述审查项目，对于①来说："现在并没有严格遵守，只要有申请就能获得许可。"另一方面，对于②来说："以前为了有效利用外汇，严格遵守相关规定。但是合同双方如果预计到差额较大时，会采取其他贸易（在伴有设备出口的部分零配件中介贸易中，用设备费用掩盖中介费带来的负值）规避这条规定。当事方可以自由停止。结合日本的外汇管理现状，为了有效利用外汇，有必要执行更加严格的制度。"

综上所述，在以前要求振兴出口、外汇不足的时代背景下制定的法律已经不符合现状，所以要进行修改："根据国际协定，政府有义务和责任限制本国国民的活动。除此之外，向外汇银行提交中介贸易合同申请时，如果发生债权，政府也应该成为当事方。"

第二，根据《进口贸易管理条令》第 14 条第 1 款的规定，该条令附表 1 中的产品都属于进口特例，不需要向外汇银行提交申请就可以进口。现在修改附表 1 第 1 款，将原来总价的限额由 30.8 万日元提高到 100 万日元。[⑩] 1972 年 8 月，修改《进口贸易管理条令》（1972 年 8 月 28 日，政令第 324 号，同年 9 月 1 日实施），"不需要银行的许可（1972 年 12 月以后不用再申请）就可以进口产品"，但是随着"近期国际经济形势的变化，民众要求进一步简化手续，所以决定取消经常贸易中相当于 3 000 美元的产品限制，把特殊进口商品的限额统一从 30.8 万日元提高到 100 万日元也属于措施之一"。以前每年大约有 80 万件商品申请；根据推算，执行该措施后，能够减少 20 万件。之所以把特殊进口商品限额定为 3 000 美元左右，是因为："特殊商品的限额为 30.8 万日元，但是从 1972—1976 年，每件产品的进口额大约增长近 3 倍，所以有必要

[⑩] 同前，石井晋（1997）。原资料为：贸易局进口科，《昭和 52 年 8 月 24 日法制局第一次审查资料·关于提高特殊进口产品的限额》，【1977/8/24】。

在原来的基础上提高 3 倍；根据外汇法规定，低于 3 000 美元的支付没有限制，所以进口也要跟这条规定匹配。"[⑩] 根据这些变化，通产省对《进口贸易管理规定》（1949 年 12 月 29 日，通商产业省令第 77 号）的部分内容也进行了修改（1972 年 8 月 28 日，通商产业省令第 99 号，同年 9 月 1 日起实施）。主要修改内容如下[⑪]：

第一，"提高海关关税局长的权限，将无外汇进口的许可权限由现行的 100 万日元以下提高至 300 万日元以下"。

第二，"原则上，中介贸易合同由原来的审批制改为向承揽外国汇率的银行提交申请的制度，并确定相关手续及文件"。

第三，"明确了当中介贸易合同产生外汇债权时，通商产业大臣延长外汇债权回收时间或者免除债权回收的相关手续及文件"。

根据上述行政条例的修改，1978 年 3 月 1 日，还决定放宽与进口有关的标准结算方法[⑫]，具体如下：

①对后付款的情况而言，原来的标准结算时间是通关后 4 个月以内，现在延长了支付时间，资本货物、耐久消费品、委托销售贸易合同相关的进口货物可以在通关后 1 年以内支付；除此之外，其他货物可以在通关后 6 个月以内进行支付。

②对预付款的情况而言，以前对货物及货物货款都有限制，现在对进口申请前一年以内支付的货物全都使用标准结算方法。

③对于委托销售合同而言，原来通关后 4 个月内支付的不需要审批，但是随着标准结算方法发生变化，改为通关后 1 年内支付的产品不需要审批。

（7）1978 年修改《进口贸易管理条令》

1978 年 10 月 2 日，"为了进一步简化货物进出口相关的管理手续"，日本对《进口贸易管理条令》（1949 年 12 月 1 日，政令第 378 号）的第 1 条、第 2 条、第 4 条以及

---

⑩　同前，石井晋（1997）。原资料为：贸易局进口科，《关于特殊进口产品的限额定为 3 000 美元的根据》，【1977/8】。

⑪　同前，石井晋（1997）。原资料为：贸易局进口科，《关于修改进口贸易管理规则部分条款》，【1977/9/29】。

⑫　《通商产业省年报》，昭和 52 年版，第 48 页。

第 9 条、第 10 条进行了修改，"委托销售合同相关的进出口不需再有通产大臣的审批和许可"，"同时，扩大了再次装船出口相关的产品种类以及范围"。[13]

其中 1978 年 9 月 22 日，修改了《进口贸易管理条令》的部分内容（政令第 331 号，同年 10 月 2 日实施），"以前，如果要进口与委托销售合同涉及的货物时，除了通关后 1 年以内支付货款的情况之外，都要得到通商产业大臣的事前审批。现在撤销该审批制度，同时撤销与委托销售合同有关的出口审批制度"。[14] 修改理由如下。

根据 1962 年 10 月 1 日的《进口贸易管理条令修改案》（政令第 398 号，同日实施），委托销售合同需要进行事前审批。原因如下：第一，随着进口限制越来越少，日本政府担心外国企业凭借强大的资本对日本展开猛烈的出口攻势。第二，当时《进口贸易管理条令》中对委托销售合同的规定存在问题：①不用外汇进口的商品在进入保税仓库前，可以通过外汇贷款（Impact Loan，不限制资金用途的外汇贷款）作为国内商品进行认购；②从一开始就作为普通进口获得外汇贷款；③进口担保金制度存在漏洞。这些都需要进一步明确。

但是，之后，通过委托销售方式进入日本市场的产品并没有对日本国内产业造成不良影响；《外汇与外贸管理法》（1949 年 12 月 1 日，法律第 228 号，《外汇法》）中规定的进口担保金制度于 1972 年在进口条令中被废除。原以为"外国企业会凭借强大的资金向日本大量出口商品影响日本国内产业，但是并没有发生类似问题，所以在政策实际实施过程中，只要企业提出申请，就可以获得批准"，1977 年审批数量为 1 301 件。"政策制定后，情况发生了变化，该政策的必要性逐渐缺失，至今为止不用担心委托销售式进口会影响国内产业。""为了解决日本同美国与欧共体之间的贸易顺差问题，这些国家要求日本扩大产品进口，日本对此该如何应对；多边贸易谈判要求日本简化进口手续"，这两点成为日本面临的更加紧迫的课题。日本通产省认为"必须调整法律条例才能解决目前的问题"，所以从可操作的问题着手开始简化相应手续。"从美国、欧共体进口产品大都属于委托销售型进口，此外，去年多边贸易谈判也提到日本委托销售合同的进口审批制度存在问题，对于进口商来说，废除该制度肯定算是简化了手续。结合对外的考虑，采取该措施更有必要性。"

---

[13] 同前，石井晋（1997）。原资料为：大臣官房总务科，《关于修改〈出口贸易管理条令〉以及〈进口贸易管理条令〉部分内容的行政命令》，【1978/9 53 法贸 4】。

[14] 以下内容同前，石井晋（1997）。贸易局进口科，《关于废除委托销售贸易合同（接受外国委托）中要求在进口货物前提交许可制度》，【1978/9/6】。

因此，日本调整了一直以来坚持的保护主义措施（防止外国企业凭借强大的资本对日兜售商品）。但是还有说法认为，虽说这条规定可以防止海外潜在兜售行为，但是 1978 年，只要审批就能获得许可，说明日本并没有真正实施贸易保护措施。因为该规定基本没有发挥作用，即便修改了该规定，也未必可以取得欧美期待的扩大进口的效果。因此，日本其实更应该宣传日本市场的开放性，来应对海外的指责和批评。

可是，如前文所述，因为在"关于简化贸易、汇率管理"方面受到指责，所以日本没有废除委托加工合同中的相关规定。[115] 1949 年 12 月 1 日开始实施委托加工合同出口审批制度；1950 年 6 月 28 日开始实施委托加工合同进口审批制度。其理由是"委托加工贸易可能会影响日本普通经济和贸易活动的自主性，所以要检查外国提供的原材料和日本的原材料是否存在竞争、委托加工产品和国产品在出口地区是否存在竞争、委托加工金额是否合适"。之后，由于日本人工成本相对提高，也有观点认为"对委托加工出口贸易实施上述检查没有太大意义"。

但在实际操作阶段，发现"无论委托加工出口贸易还是委托加工进口贸易，相关管理制度还是有存在的意义"，这也是没有废除该规则的原因。利用该规则，日本政府对"委托日本炼铜贸易中产生了'硫黄'的处理能力进行了检查；根据《外汇法》的要求，为了正常发展外国贸易以及国民经济，对委托加工贸易实施管理"。此外"委托加工进口贸易比例扩大时，根据《外汇法》的要求，为了保证外国贸易正常发展，对国内所用原材料和委托方所用原材料的竞争关系、国产品和委托加工品的竞争关系以及确保日本加工业者加工费等问题实施管理"。

其他还涉及委托加工合同审批制度。第一，对委托加工出口贸易的影响如下："举例说明，如果废除该审批制度的话，当开展委托加工出口贸易时，受数量限制的皮革产品只能由数量限制框架内的企业才能开展委托加工贸易。"[116] 第二，对委托加工进口贸易的影响如下："纤维品和皮鞋的零配件等产品基本都依赖委托加工进口贸易，对类

---

[115] 同前，石井晋（1997）。原资料为：大臣官房总务科，《关于修改〈出口贸易管理条令〉以及〈进口贸易管理条令〉部分内容的行政命令》，【1978/9 53 法贸 4】。贸易局进口科，《关于不撤销委托加工贸易合同相关规则》，【1978/7/20】。

[116] 同前，石井晋（1997）。原资料为：大臣官房总务科，《关于修改〈出口贸易管理条令〉以及〈进口贸易管理条令〉部分内容的行政命令》，【1978/9 53 法贸 4】。生活产业局通商科，《关于废除委托加工合同许可制度》，【1978/7/7】。

似产品进行检查和管理，对日本国会和国内业界来说是非常有必要的。"[117]

之后，1979 年 12 月，《外汇与外贸管理法部分条款修正案》（1979 年 12 月 18 日，法律第 65 号）公布。该修正案用"原则自由、个别限制"代替了"原则限制、个别自由"。与此同时，也修改了《进口贸易管理条令》；简化了进口手续；作为其中措施之一，原则上也废除了委托加工贸易合同的进口审批制度。[118]

随着委托加工贸易的发展，为了更好地实施市场开放政策，必须解决当时存在的很多问题。在制定与实施促进进口、市场开放政策方面还是会受到直接或者间接的制约。之后会详细进行论述。出于安全等因素的考虑，个别产品仍然受到很多限制和管理，最终对进口产品不利的情况也时有发生。为了解决该问题，日本政府意识到不能仅从促进进口的观点出发考虑问题，还要考虑规定的合理性，政府部门需要商讨出具体的解决方案。

3.2　促进市场开放

（1）东京回合谈判和标准协定

20 世纪 80 年代，以进口制度为主的日本"非关税壁垒"成为外方诟病日本的焦点。1979 年 4 月，日本在 GATT 东京回合谈判上做出实质妥协，制定了减让关税的时间表；而且决定把 GATT 剩余进口限制品种由 1970 年 2 月的 109 种（非自由化产品为 152 种），减少到 1980 年 5 月的 27 种（非自由化产品 78 种），矿工业品中只保留煤炭和皮革相关制品，并争取解决进口手续和国内流通制度上存在的较大问题。

在东京回合谈判中，针对"非关税壁垒"问题，各方达成了"贸易技术壁垒协议"（Agreement on Technical Barriers to Trade）（标准协定）。为了予以应对，日本政府于 1979 年 5 月 22 日，通过了内阁决议，其主要内容如下：

　　①当制定或变更规格、标准时，日本要根据已有情况，尽可能与国际规格、标

---

[117]　根据之前的资料，1977 年委托加工进口贸易数量如下：以鞋类为主的杂货共 96 件（其中韩国 62 件、中国台湾 28 件）、纤维产品共 604 件（其中韩国 529 件、中国台湾 50 件、中国大陆 18 件）。同年委托加工出口贸易数量如下：镜头、古董、皮革制品等杂货共 39 件（其中美国 25 件、澳大利亚 3 件、中国香港 3 件），纤维产品共 8 件（其中美国 3 件、新加坡 3 件、中国香港 2 件）。

[118]　《与外汇及外贸管理法部分条款修正案相关的 7 条行政命令》，《通产省公报》，1980 年 10 月 13 日以及《通商产业省年报》，昭和 55 年版，第 61 页。请参考有关出口管理的第 3 章。

准保持一致。

②当制定或变更规格、标准时，尽量在事前进行公示。

③公示后，尽量给国内外利益相关人员提供提出意见的机会，并就相关意见进行讨论，在必要的时候改善相关手续。

④当外国的检查结果符合日本规格、标准或是有其他充分理由时，日本要尽量简化国内相关的检查手续。[119]

根据该内阁决议，为了更好地推动和落实标准协定，日本贸易振兴会被任命为主要负责机构。[120] 但是，GATT 框架下的标准协定，不仅包括决定国际统一的规格、制定规格事前公示制度、检查制度、国内认证制度等一般标准，还要根据具体的问题制定相应的解决措施。因此，在 20 世纪 80 年代初，围绕着日本进口制度，产业界要求改善具体问题的呼声此起彼伏，政府也承受着巨大压力。

日本国内产业界批评进口制度的案例，具体如下[121]：根据《家庭用品品质表示法》（1962 年 5 月 4 日，法律第 104 号），如果衣服的质量标签上写的是"SILK"就不允许进口，需要替换成用汉字"绢"标注的标签。此外，根据《药事法》（1960 年 8 月 10 日，法律第 145 号）和《食品卫生法》（1947 年 12 月 24 日，法律第 233 号），如果发货单和进口许可证略有不同（比如大小写、有无连字符号）就不允许进口。根据《食品卫生法》的规定，大批量进口洋酒和巧克力需要向日本厚生省大臣提交进口申请。根据《计量法》（1951 年 6 月 7 日，法律第 207 号），进口的罐装产品不能既用"克"（公制），又用"盎司"（英制计量法）标注，要去掉英制计量标注。如果进口的罐装产品上表明制造时间的数字之间间隙太大，也不允许进口。

根据《植物防疫法》（1950 年 5 月 4 日，法律第 151 号）的规定，在进口散装粮食时，即便是同一船舱的粮食，在每次卸货时都要进行植物检疫。因为该规定，引发了很多问题：某批产品在 A 港已经通过植物检疫，但是 B 港不认可检疫结果。此外，

---

[119] 东京回合研究会编，《东京回合的全貌》，日本关税协会，1980 年，第 203 页。

[120] 根据该内阁决议，政府采取了如下措施：在变更规格、标准、认证制度时向 GATT 进行通报，并且在事前公示，提供意见交流的机会；成立相关机构；为了放宽 JIS 标示进口产品，修改工业标准化法案；指定申诉机构以落实相关协议。《改善进口检查手续——进口对策会议中期报告》，《通产省公报》，1981 年 12 月 12 日，第 7 页。

[121] 以下内容请参考：《日本经济新闻》，1982 年 1 月 4 日。

还有一些跟安全相关的规则。比如《药事法》规定医药用品临床试验、动物实验数据不认可国外的检查结果；《高压燃气取缔法》（1951 年 6 月 7 日，法律第 204 号）不认可国外对高压燃气的检查结果；《农业机械化促进法》（1953 年 8 月 27 日，法律第 204 号）也不认可外国对农用拖拉机的车型检查结果。

（2）成立产品进口对策会议及其活动

20 世纪 70 年代末期，贸易摩擦逐渐加剧，通产省想要成立新的审议机构来讨论相关对策，但是这一构想未能实现。1980 年，通商政策局、贸易局的新政策中明确：作为"促进产品进口对策"的措施之一，要成立产品进口对策会议，并将其作为贸易会议下属进口会议的专门机构。

于是，1979 年 7 月，经贸易会议同意后，成立了产品进口对策会议。[22] 该会议主要负责：回顾产品的进口动向；讨论现有的产品进口促进对策；讨论今后应该采取的产品进口对策。为了更好地进行审议，该会议吸纳了进口相关企业和民间贸易团体为主的成员。

1980 年 6 月底，产品进口对策会议共举办了 5 次，对 6 个课题进行了讨论，分别是进口检查问题、进口商品与日本的匹配程度、日本商业惯例、流通问题、国内产业问题以及进口手续问题。在 1980 年 9 月贸易会议综合会议举办之前，进口会议收到并采纳了几个提案，比如"进口检查问题""进口商品与日本市场的匹配度""日本的商业习惯""产品进口和流通""有关改善产品进口手续的提案"。[23]

最终报告以这些提案为基础，具体内容如下[24]：

（1）进口检查问题：为了改善进口检查存在的问题，建议实施以下 7 条措施。

① 政府尽快确定综合性进口检查问题改善制度，成立拥有综合调整职能的委员会。

② 建立与政府进口检查问题有关的信息提供体系。针对所有问题成立窗口部门，灵活使用日本贸易振兴会的信息。

---

[22] 以下内容，同前，石井晋（1997）。资料 2 - 2 - 3 ：进口会议，《最近日本的进口情况【1980/8】资料管理中心 C - 296》，《通商产业省年报》，昭和 54 年，第 51 页。

[23] 《扩大产品进口以及设备出口——昭和 55 年贸易会议综合部门会议意见》，《通产省公报》，1980 年 9 月 24 日。

[24] 《关于改善进口检查制度的相关建议——产品进口对策会议》，《通产省公报》，1980 年 1 月 24 日。1 月 25 日公开全文。

③ 改善与进口检查问题有关的投诉处理体制。检查机关成立投诉处理窗口，明确投诉处理等手续。

④ 在符合国内政策要求的基础上将日本规格、标准国际化。积极参与并实现规格标准与国际统一，量化并明确规格、标准。

⑤ 确立开放的制定规格、标准程序。在制定规格、标准时要事先公示，并允许外国企业提出意见。

⑥ 灵活借鉴外国的检查结果，尽量使日本检查认证手续更为合理。讨论如何在各个法律制度下灵活利用外国的检查结果，为推动该政策落实适当简化所需材料。

⑦ 积极讨论进口检查制度存在的具体问题并做出应对。

（2）进口商品与日本市场的匹配程度

根据日本自然环境、人文等情况判断产品是否符合日本市场。比如"日本夏天高温多雨，所以夏季的服装面料更适合使用吸汗的材质""日本人的体型不同于欧美人，所以有些长筒皮靴并不适合日本市场""日本消费者不太喜欢葡萄酒，所以很少购买"。在众多具体案例的基础上，日本决定重点关注日本与外国的区别，根据六个项目（①气候风土；②日本人体型；③社会环境、风俗习惯；④与消费者保护相关的规章制度；⑤消费者心理以及⑥生活方式的变化）考察对日出口时需要注意的事项。

（3）日本的商业惯例

对于外国企业来说，日本的商业惯例也并非难以克服的问题。从这个角度出发，日本介绍了很多案例，主要是涉及本国商业惯例的特点，通过与欧美商业惯例进行对比，以便让外国企业能够更好地融入日本市场。报告表示：基于"在开始新的贸易谈判时，既要与负责人进行沟通；同时，在适当的时候与高层直接面谈能够产生更好的效果"、"一旦无法按时交货，那今后很难再继续交易"、"要求携带夫人出席工作聚会，这对大部分日本女人来说，被认为是种负担"等具体事例，把需要注意的情况概括为以下五点：①开展商业谈判，②交易条件，③交易继续及扩大，④交往方式，⑤一般性建议。

（4）流通问题

报告中以"产品进口与流通"为题，根据产品进口和流通的现状以及问题，考察了消费品、资本产品和中间产品。

当时各类产品的进口都在逐步增加，通过介绍国内流通和进口流通方面的具体事例，概括出日本流通机构的特点；同时也概括了各种产品在进口时遇到的问题。日本的流通机构虽然因为其复杂性长期受外国诟病，但是也切实能够发挥有效作用；而且在结构方面也不存在主观上差别对待进口产品。此外，还提出了一些实际的解决方法：建议外国企业放弃批评日本的流通机构，把精力用来更好地理解流通机构的特征；日本方面也会适当提供信息。

（5）进口手续问题

报告中以"关于改善产品进口手续的提案"为题，针对改善进口手续问题，提出以下三点建议。

①简化进口手续，缩短通关时间。

● 扩大特殊进口产品限额、简化并优化进口管理制度，比如缩小标准外结算范围；

● 通关时梳理产品种类，探讨通关制度；

● 对日本和其他国家的制度进行比较研究。

②完善与进口手续相关的谈判、咨询体系。设置咨询窗口，妥善回答与进口管理制度及通关制度有关的问题。

③让出口从业者熟悉相关的规章制度。提供相关的英文版规章制度；制作并分发不同商品的进口手续英文指导手册；通过对日出口促进研讨会等贸易机构完善与进口对策有关的活动。

综上所述，从1974年到1980年，产品进口对策会议和调查企划专门委员会针对进口手续提出并讨论了若干问题，并且概括了进口手续，以便更好地向海外介绍日本市场的特点。

之后，1981年8月28日，第6次产品进口对策会议召开。1981年9月22日，贸易会议综合部门会议举行，向日本政府提出"贸易会议综合部门会议意见"。[12] 该意见认为：产品进口可以"给消费者带来更多的实惠"，同时"能够促进产业结构升级"，所以为了"进一步促进体制开放"，并且"更好地响应外国政府的诉求"，日本政府应

---

⑫ 《日本贸易现状以及贸易政策（昭和56年贸易会议综合部门会议意见）》，《通产省公报》，1981年9月28日。同前，石井晋（1997）。原资料为：贸易会议综合部门会议，《昭和56年贸易会议综合部门会议意见》（资料2-2-10），【1981/9/11资料管理中心 C-313】。

该继续努力扩大产品进口，而且呼吁进一步在制度层面进行改革。

根据上述意见，产品进口对策会议的调查企划专门委员会以进口检查手续为重点，展开了深入的讨论，并将意见整理为《产品进口对策会议报告》，于 1982 年 1 月 29 日公布。[126] 报告中，围绕着日本的进口手续，针对"产品进口对策会议中指的"51 个问题以及"外国曾指责过以及各个政府部门掌握的"48 个问题提供了解决方法。如同前一节所述，1982 年 1 月 30 日，经济对策部长会议上确认了其中 67 个问题的解决措施。

从 1981 年 8 月到 1982 年 1 月这段时间，产品进口对策会议还负责处理有关进口手续的投诉。之后，1982 年 5 月 28 日，经济对策部长会议决定由产品进口对策会议负责解决日本的商业惯例以及流通机构的问题。因此，经过产品进口对策会议的讨论形成了以下四份报告。[127]

第一，"关于进口总代理制度"。该报告的主要调查对象是进口总代理制度，因为外国政府和企业认为该制度影响了日本扩大进口。该报告介绍了进口总代理的实际情况、优点及缺点，以及决定加强对进口总代理的规定。此外，还介绍了平行进口被认可的过程。

第二，"进口商品的成功案例"。为了向海外宣传日本市场并非封闭性市场，精选了很多成功进入日本市场的进口商品，并且概括了其成功的因素。

第三，"外国对日本商业惯例、流通问题的指责"。该报告总结了从 1981 年到 1982 年外国对日本的批判情况，大部分指责日本流通机构"缺乏效率""非常落后""过于复杂"，而且更倾向国内产品。

第四，"针对外国对日本流通机构复杂性、分阶段性以及进口产品价格过高问题的指责——做出实际情况说明"。该报告对香水、领带、手提包、洋酒、乘用车、电动剃须刀等 6 个产品的内外价格差做了调查。根据调查结果，香水、领带、手提包存在内外价格差，是基于维持品牌形象的战略考虑。如果考虑到日本国内严格的规章制度，进口乘用车的价格并不是非常贵。洋酒作为进口总代理产品，定价过高是因为考虑了

[126] 《关于对紧急进口实施外汇贷款》，《通产省公报》，1982 年 1 月 29 日。同前，石井晋（1997）。原资料为：进口会议，《最近日本的进口情况》，【1982/8/3 资料管理中心 C - 335】。

[127] 同前，石井晋（1997），第 36—37 页。产品进口对策会议的审议过程请参考：《产品进口对策会议报告》，《通产省公报》，1982 年 2 月 5 日。《举办与商业惯例、流通机构问题有关的产品进口对策会议——听取外国人的意见》，《通产省公报》，1982 年 7 月 20 日。《举办与商业惯例、流通机构问题有关的产品进口对策会议》，《通产省公报》，1982 年 8 月 6 日。

宣传成本。通过该报告，基本上让国民认识到导致内外价格差的主要原因是出口方要求利润最大化的价格策略。

（3）赴欧考察团报告与 1981 年的对外经济对策

1979 年，受第二次石油危机影响，日本的经常收支由顺差转为逆差，国际社会的批判相对减少。但是，第二次石油危机对日本经济的影响非常有限，日本却表现出强劲的恢复力。但其他工业发达国家却受制于失业、通货膨胀、国际收支逆差等所谓的"三难境地"（trilemma）。欧美各国为了继续以出口为主导发展经济维持良好的经济表现，对日本的批评再次升级。

1981 年 10 月，日本赴欧考察团（团长：经团联会长稻山嘉宽）回国后，针对欧洲各国"带有强烈感情的对日批判"，建议"以铃木首相为首的政府首脑必须尽快采取对策"。于是，日本政府决定让经济企划厅长官河本敏夫牵头制定对外经济对策。对此，1981 年 12 月 1 日，经团联在经团联通商对策委员会[23]上提出"关于改善对外经济关系的请愿书"，建议"进一步开放市场"，比如减让关税、放宽数量进口限制、撤销非关税壁垒（改善进口检查、审查手续、重新制定规则），并且实施"切实有效的促进进口措施"，比如利用"外汇贷款、政策性贷款"等方式扩大产品进口、紧急进口。

1981 年 12 月 8 日，经团联在经团联通商对策委员会企划委员会[24]上提出更为具体的意见："关于进出口手续、检查等问题的看法"，并提交给日本政府。"看法"中希望尽快采取措施，从最简单的问题着手，解决国内外指出的与进口检查、审查手续、规则等问题相关的非关税壁垒问题，简化相关流程，避免贸易摩擦，进一步开放市场，促使贸易均衡增长。其具体内容如下：

1. 简化并优化通关手续

统一各个港口的植物检疫机制。统一各个海关对法律制度和行政条例的解释（关税分类、保税、再出口免税）。统一各政府部门驻各港口派出机构（食品卫生监督员事务所、植物检疫所、动物检疫所）的手续。简化现场检查手续（包括减少食品卫生监督员、植物检疫官等人员），简化在海关工作时间外提出申请的手续，简化同一商品反复进口通关手续。明确海关估价制度（以发票为准）。简化保税、再

---

[23] 《经团联事业报告 1981 年版》，第 182—183 页。
[24] 《经团联事业报告 1981 年版》，第 228—230 页。

出口免税手续。简化样品的进口手续。

2. 重新调整进口检查制度

尽快简化日本国内对医药用品、化妆品、医疗设备等产品的再检制度以及获得药监手续（《药事法》）。简化日本国内对进口食品的再检制度。重新明确食品添加剂规定（《食品卫生法》）。简化化学物品进口手续（《化审法》）。简化对进口车的车辆认证制度（车型指定或者提交新型汽车申请）。明确进口汽车的安全标准（《道路运输车辆法》）。重新决定进口汽车零配件的关税分类（保证贸易政策具有兼容性——《关税定率法》）。简化高压燃气存储容器的进口手续（《高压燃气取缔法》）。简化各种电器产品进口手续（《电器产品取缔法》）。简化剧毒物品、农药进口手续，并废除登记制（《剧毒物取缔法》《农业取缔法》）。而且建议"认可外国试验数据、将标准与国际统一、向海外派遣审查官员、委托海外试验机构开展试验"。

3. 重新决定进口配额，并从整体上调整其他进口手续

重新调整煤炭、农畜牧业等数量限制产品和自动许可（Automatic Approval）产品（废除、放宽、改善实施方式、确保实施透明度）、简化进口许可申请手续、避免重复出具与出口有关的各种报告、简化特殊结算制度。

4. 重新调整出口手续和检查手续

根据法律规定，应该基本废除强制检查制度。简化出口许可手续、重新调整出口条令附表、重新调整出口报告、更加灵活地使用《外汇法》（彻底贯彻原则自由）。

1981 年 10 月 12 日，通产省同意成立进口促进对策委员会，[130] 其理由是："通产省致力于在自由贸易原则下促进贸易均衡发展，也一直积极讨论和研究扩大进口的具体方式，比如出台有关扩大产品进口的政策。在收到"目前的经济运营"报告（经济对策阁僚会议，10 月 2 日）后，决定成立"进口促进对策委员会"，负责讨论今后具体的解决方案。"

该委员会成立的目的是为了研究具体的进口促进对策，所以其成员安排也很有讲究。由贸易局长担任委员长、通商政策局副局长担任副委员长；会议成员还包括大臣官房企划室长、通商政策局总务科长、通商企划调查室长、美洲大洋洲科长、西欧非

[130] 《成立进口促进对策委员会》，《通产省公报》，1981 年 10 月 16 日。

洲中东科长、国际经济科长、通商关税科长、贸易局总务科长、进口科长、农水产科长、汇率金融科长、检查设计科长、产业政策局商务服务产业室长、基础产业局通商室长、钢铁业务科长、制铁科长、非铁金属科长、机械信息产业局通商科长、生活产业局通商科长、资源能源厅矿业科长、核能产业科长、石油企划官等。

在会议成立之初，准备讨论的事项包括：①减让关税、放宽进口限制（以外国要求的产品为主，就具体品种进行讨论）；②根据各法律法规，改善检查的标准和手续（主要讨论外国指出的可能会影响进口的国内法律条文）；③为了促进进口采取的其他扶持政策。11月时决定将上述问题的讨论结果反映到"产品进口对策会议中期报告"中。

同年12月4日，"中期报告"公布，涵盖了要求改善进口检查手续等诸多诉求。[131] 该中期报告基于"要求日本扩大进口，尤其是扩大高附加值产品进口"的认识，提出了以下解决方案：①派遣对日出口促进考察团；②举办对日出口产品展销会；③对从业者进行培训。在中期报告中，对政府提出的诉求包括：①减让关税；②放宽进口限制；③改善进口检查手续；④改善其他所有非关税壁垒。

具体分析日本方面应该采取的措施：第一条是减让关税。虽然日本的关税已经非常低，所以降低关税的空间有限。对于第二条来说，"因为明显缺乏国际竞争力等社会经济性因素或者从经济安全保障的角度出发，剩余的27种产品难以实现自由化，如果无视这些事实而取消所有产品的限制，会对日本经济稳定发展造成严重影响"，日本政府的态度比较消极。因此只能把进口检查问题作为具体课题来制定有效的应对措施。1980年报告中针对进口检查提出的问题已经得到解决，之后也没有出现新的问题。所以虽然不算彻底，但还是取得了长足的进步。具体来看，比如在食品方面已经根据《食品卫生法》改善了分析表的问题，在医疗设备方面也同意使用外国数据。对于第四条非关税壁垒而言，报告指出在通关时间、海关估价及分类、政府采购以及流通机构等方面存在问题，希望予以改善。

综上所述，根据经团联提交的意见书以及产品进口对策会议进行讨论，日本政府于1981年12月16日，在政府对策阁僚会议上，制定了"对外经济对策"[132]，其具体措施如下：

---

[131] 《改善进口检查手续——产品进口对策会议中期报告》，《通产省公报》，1981年12月12日。

[132] 《通商产业省年报》，昭和56年版，第68—69页。关于该对策的详细制定过程请参考：横山太藏（贸易局进口科长），《改善进口检查手续》，《通产月刊》，第15卷第1号，1982年。

一、市场开放对策

1. 改善进口检查手续。根据产品进口对策会议的中期报告，于 1982 年 1 月之前制定具体的改善措施。

2. 放宽进口限制。对目前残存的限制适当进行调整。

3. 关税减让。一律在两年内予以下调。降低对威士忌征收的关税。

二、促进进口对策

1. 实施紧急进口外汇贷款。为了减少贸易摩擦，对重要进口产品提供国际利率的外汇贷款。

2. 增加储备。石油、稀有金属、使用 KR 粮食援助预算购买外国产食品。

3. 派遣进口促进考察团、举办产品展销会等。

三、出口对策

避免"倾盆大雨"式出口特殊产品。

四、产业合作对策

采取与欧共体各国交流投资问题、共同研究开发相关技术、在第三国市场开展合作等措施，积极促进产业合作。

五、经济合作对策

实现政府开发援助中期目标。

（4）改善进口检查手续——市场开放"第一阶段"

1982 年 1 月 30 日，日本政府通过经济对策阁僚会议决定了以改善进口检查手续为支柱的市场开放政策。[⑬] 其主要内容包括：第一，从产品进口对策会议上讨论过的 99 个与进口检查手续有关的问题中有针对性地选择 67 个实施改善措施。主要的改善进口检查手续有，改善海关检查体系、认可美国产清酒的级别审查制度、改革竞技团体的体育用品认可制度、允许使用外国产品、允许对医药用品和化妆品使用外国实施的动物试验数据、缩短化妆品的许可手续、在获得进口并销售医药用品、化妆品、医疗设备许可时，不需负责部门之外的人员出具诊断书、不需要再对矿泉水加热杀菌、认可出口商根据食品卫生法提供的分析表、认可出口国家对葡萄酒和香槟添加物分析表、

[⑬] 《改善进口检查手续》，《通产省公报》，1982 年 2 月 5 日。根据 12 月做出的决定，之后把"市场开放"称为"第一阶段"。1982 年 5 月实施的市场开放政策为"第二阶段"。

不需要就同一连续进口产品进行分析、灵活检查罐装产品上印刷的年月日、认可化妆品和喷雾剂喷雾浓度相关的国际标准、认可公制法和英制法等双重标识、促进技术标准与国际标准统一（《电器法》）、将冷冻设备的绝缘和发热标准与国际标准统一、放宽电器产品的安全标准、简化汽车的车型认定审查手续、把汽车的尾气排放试验和安全标准从加盟进口协议的代理拓展到平行进口从业者。[134]

第二，继续对 9 个问题进行讨论，研究改善措施。比如：水果罐头的数量表示方法、针对美国的樱桃和木瓜增派植物防疫官等。

第三，成立市场开放问题投诉处理推进总部，处理各国有关进口检查手续的投诉。由官房副长官担任部长，成员为各相关政府部门的副部长。实际运营时，相关政府部门设置窗口单位处理相关投诉[135]，由经济企划厅调整局负责日常事务性工作。

综上所述，从改善进口手续的措施中能够总结出明显的特点：以前的安全标准很容易成为现在的进口壁垒。这些安全标准，与贸易政策不同，是根据各个领域的需求制定的，并非故意限制外国产品。虽然日本政府实施了很多市场开放政策，但还是保留了很多容易被诟病的规章制度，比如：化妆品的成分有微小调整就要重新申报；不认可外国检查机构的数据，需要再次检查；要提交三本厚如电话号码本的材料才能完成汽车的车型认定等。[136]

（5）市场开放问题投诉处理推进总部成立

为了更好地改善与进口有关的手续，日本政府成立了市场开放问题投诉处理推进总部。2 月 18 日，该总部第一次会议召开，明确了今后的运营方针。[137] 其内容如下：首先当调整规格及标准时，要考虑国内各个法律法规，在估计国内情况的基础上想方设法与国际标准统一。此外，外国强烈要求"认可外国值得信赖的检查结果"，要根据各个法律法规的主旨以及制度的构造积极予以处理。还有，要明确并量化如何具体使用日本的规格和标准，避免其他国家产生误解。努力减少进口所需材料、缩短审查时间。如果对进口检查手续存在争议，可以投诉。日本方面受理投诉后，要在 10 天以内说明处理情况，尽

---

[134] 详细内容请参考：前文中提到的横山，《改善进口检查手续》。

[135] 通产省在部门内成立市场开放对策推进总部（由贸易局长中泽忠义担任部长）。与此同时，决定在贸易局进口科成立市场开放对策室，作为处理投诉的综合窗口机构。

[136] 《朝日新闻》，1982 年 2 月 3 日晚报。"日本对于进口产品非常严格，市场非常封闭。在此背景下，这次的措施也无法扭转给人留下的印象。"

[137] 《成立市场开放问题投诉处理推进总部》，《通产省公报》，1982 年 2 月 24 日。

快通知最终处理结果。如果需要 1 个月以上时间处理，那每个月都要定时通告具体进展。如有必要，也可以在经济对策阁僚会议上发表报告，公开投诉处理的进展情况。

日本的市场开放问题投诉处理体系如图 1.2.3 所示，以市场开放问题投诉处理推进总部为中心。自此，包括日美贸易促进委员会和产品进口对策会议，以及各政府部门设立的窗口单位在内的正式机制形成。[13] 原来处理投诉都是分散的，现在可以集中处理。当遇到投诉时，可以通过该机制调整不合理的制度，如果无法调整需要说明具体原因。此举标志着日本制定的市场开放政策更加具体，取得了长足进步。但需要注意的是，市场开放问题投诉处理推进总部实际的运营方针与 1979 年 5 月的内阁决议存在很大出入，从侧面反映出面临日本国内的巨大压力。

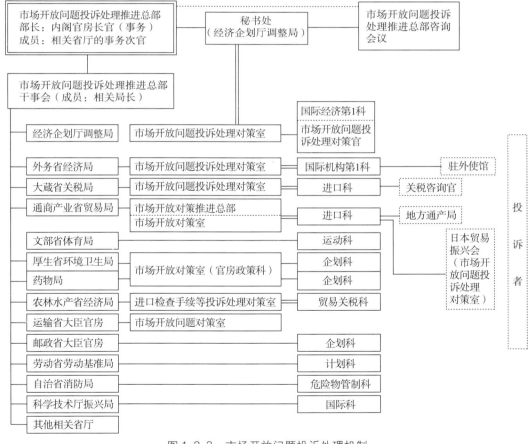

图 1.2.3 市场开放问题投诉处理机制

[13] 《最近 OTO 处理投诉情况——第三次 OTO 季度报告》，《通产省公报》，1983 年 6 月 4 日，第 8 页。

表 1.2.11 是截至 1996 年市场开放问题投诉处理推进总部的运营情况。在 1982 年成立之初以及之后的 1985 年、1987 年日美贸易摩擦激化时，其受理的投诉数量比较多。在投诉来源方面，国内多于国外。由此可以了解到，促进进口不仅是海外需求，更多的是来自国内的需求。从结果看，"实施改善措施"占 33.6%，"化解误会"占 38.5%，认为规则有必要继续存在而"没有做出改善"占 27.9%。通过改善制度和化解误会对促进进口产生了积极影响。而且也正是因为存在"没有做出改善"的问题，正好向投诉者说明该机制的必要性。该机制的存在促使国内外相关人员加深了对日本进口制度的理解。

表 1.2.11 市场开放问题投诉处理推进总部的活动

1. 受理状况

①年度及受理数量		②投诉者类型		④受理机构	
1982 年	88	国内	316	经济企划厅	411
1983 年	50	国外	233	通产省	100
1984 年	25	美国	82	日本贸易振兴会	60
1985 年	68	欧盟	97	外务省	28
1986 年	27	合计	549	其他	10
1987 年	80	③按进口分类		合计	549
1988 年	32	美国	167	⑤管理机构（合计）	
1989 年	20	欧盟	160	厚生省	196
1990 年	50	德国	61	通产省	109
1991 年	26	英国	20	大藏省	94
1992 年	25	其他	89	农林水产省	69
1993 年	18	不限	133	运输省	38
1994 年	17	合计	549	建设省	19
1995 年	17			自治省	16
1996 年	6			其他	62
合计	549			合计	549

（续表）

2. 处理情况			
①截至 1996 年的处理情况		②已经处理完的案件内容	
已处理	538	包括改善措施	181
处理中	10	化解了对事实的误解	207
讨论中	1	产生了促进进口的效果	122
合计	549	按现行状况实施	150

资料来源：市场开放问题投诉处理对策总部秘书处、经济企划厅调整局编，《市场开放问题投诉处理对策总部投诉受理及处理情况》，1997 年。

（6）市场开放对策第二阶段的实施

欧美各国一直密切关注日本市场开放政策的落实情况。1982 年 2 月 23 日，为了缓和日美贸易摩擦，美国总统里根访问日本，向自由民主党国际经济对策特别调查会长江崎真澄表示："日本市场开放不够充分，国际社会对此表示不满，必须采用互相主义政策解决这个问题。"[139] 在此背景下，参议院议员丹福思（John Claggett Danforth）提出的 1982 年相互主义法案获得通过的可能性增加。美国方面"明确提出了目前重点关心的 15 种产品，此外还包括放开银行、保险等服务贸易市场以及改革制度，比如改变日本海关部门的传统习惯等"。[140]

美国贸易保护主义抬头，强烈要求日本开放市场，进一步给日本施加了压力，日本政府被迫制定更为有效的市场开放对策。一方面，经团联展开独立调查，于 1982 年 4 月 27 日在经团联通商对策委员会上向政府提出"关于改善对外经济摩擦的看法"[141]，其要点如下：

本来涉及国际收支问题，不能只关注贸易收支问题，还要关注经常收支或者基本收支问题，并且不能以一个国家的观点看问题。对于外国来说，日本的市场其实并不是完全封闭。但是，目前发生的经济问题最后都与国内政治归结在一起，泛政治化且复杂化。如果放置不管，贸易保护主义可能会形成燎原之势，甚至动摇自由贸易体制以及自由主义经济体制。自由贸易体制是日本的基本国策，与其一味被动应付外国要求，不如以积极态度解决。日本应该意识到要在国际社会扮演新的角色，发挥新的作

---

[139] 《每日新闻》，1982 年 2 月 25 日。

[140] 《每日新闻》，1982 年 3 月 2 日。

[141] 《经团联事业报告 1982 年版》，第 153—156 页。

用，就要通过与其他国家开展合作来维持并加强自由贸易体制，构建稳定的相互依存关系，为世界和平做出贡献。鉴于此，为了改善对外经济贸易摩擦，我们应该实施以下政策。从短期来看，这些改善措施可能会带来痛苦，但是从长远角度看，有利于国民经济发展。落实相关政策，需要政府首脑发挥强有力的领导能力。

表 1.2.12　20 世纪 80 年代前半期市场开放政策概要

	对外经济政策（市场开放第一步 1981 年 12 月 16 日）	市场开放政策（市场开放第二步 1982 年 5 月 28 日）	当前对外经济政策的变化（1983 年 1 月 13 日）
1. 关税降低或废除	●根据东京回合协议，分阶段一律以两年为周期降低关税	●1982 年开始实施左侧政策 ●从 1983 年开始扩大降税政策适用产品数量，增加 17 种农产品和 211 种工业产品	●从 1983 年开始扩大降税政策适用产品数量，增加 58 种农产品、28 种工业产品
2. 缓和出口限制	●重审剩余进口限制产品种类	●增加人参、猪肉加工品、高纯度糖蜜、菠萝罐头的进口配额	●缓和豆类、花生、水果泥、非桔类果汁、番茄汁、番茄酱、酱汁相关产品的进口限制
3. 改善出口检查手续	●决定重新梳理进口检查手续 ●正确使用进口检查手续	●积极利用市场开放问题投诉处理推进总部简化、优化通关手续、进口手续 ●确保规格、标准制定过程透明	●召开市场开放问题投诉处理推进总部顾问会议 ●导入市场开放问题投诉处理推进总部代理申诉制度 ●为了讨论标准和认证制度成立联络调整总部
		<u>设立市场开放问题投诉处理推进总部（1982 年 1 月 30 日）</u> 设立市场开放问题投诉处理推进总部，充实、完善外国投诉处理机制	<u>改善标准、认证制度（1983 年 3 月 26 日）</u> ●确保认证制度内外无差别
4. 进口促进政策	●实施紧急进口外汇贷款制度 ●促进储蓄 ●派遣进口代表团，召开产品展销会	●分阶段放开外国香烟交易（截至 1985 年） ●继续实施紧急进口外汇贷款制度 ●促进阿拉斯加石油的对日出口	●进一步促进外国香烟的流通 ●扩大产品进口
5. 改革流通机构和商业习惯		●决定在产品进口政策会议上展开讨论 ●灵活利用咨询机构针对个别交易制定斡旋机制 ●在进口产品流通方面严格遵守《禁止垄断法》	
6. 其他	●出口政策 ●产业合作政策 ●经济合作政策	●服务贸易自由化 ●先进技术 ●其他	●出口政策 ●产业合作 ●政府相关部门的采购

资料来源：《通产省公报》，1983 年 6 月 28 日，第 37 页。

　　日本产业界受益于自由贸易体制，所以倾向实施市场开放政策。但日本政府内部意见并不统一。有些部门从安全性、国内需求平衡、保护弱小产业等方面出发，对市场开放政策持谨慎态度。所以产业界要求日本政府首脑能够克服阻力推行市场开放政策。所谓"市场开放政策"主要包括进一步促进27种剩余进口限制产品的自由化，相互降低电脑、机床设备关税，单方面降低对香烟、白兰地等"象征性产品"的关税，保证外国香烟在日本国内销售享受与国产香烟同等待遇，彻底简化复杂烦琐的许可批准制度（进出口检查手续），大幅减少对银行、保险、证券、数据通信、运输等领域的行政干预。

　　政府收到经团联的建议后，于1982年5月28日，在经济对策阁僚会议上表示决定实施"市场开放对策"。⑭ 紧接着前文介绍过的五项对外经济对策，市场开放进入第二个阶段。

　　《市场开放对策》（5月28日，经济对策阁僚会议）

　　鉴于国际经济局势，为了维持并加强自由贸易体制，为世界经济发展带来积极贡献，日本在去年（1981年）12月16日的经济对策阁僚会议上，制定了五条对外经济对策。在今年1月30日的经济对策阁僚会议上，决定实施具体措施改善进口手续等问题。为了今后进一步开放市场，我们决定实施以下新措施。

　　1. 改善进口检查手续

　　①改善进口检查手续。针对市场开放问题投诉处理推进总部到目前为止受理的86件投诉，制定具体改善和解决措施。

　　今后，调动外国驻日民间团体的积极性，与其开展合作。

　　特别是尽快解决日美贸易小委员会上提到的野生稻米和金属球棒等重点问题。

　　②通关手续等，引入事后审查机制和综合审查机制，今后将简化并优化医药用品、食品等通关所需手续，以便快速通关；要确保该政策落实。

　　③为了确保规格、标准形成过程透明，允许在标准制定过程中听取多方意见，比如允许外国相关人员参加。

　　2. 关税减让。1982年，根据东京回合谈判，决定在两年内一律降低所有产品的关税。现在决定1983年要撤销或降低关税的产品种类，并制定新的清单。该措

---

⑭　《减让关税等8项措施——经济对策部长会议决定市场开放对策》，《通产省公报》，1982年6月3日。

施正在落实中。

3. 放宽进口限制

改革国内关于剩余进口限制产品的规定，适当增加鲱鱼、猪肉制品、高纯度糖浆以及菠萝罐头等产品的进口数量，调整最小进口配额决定机制。

4. 扩大进口

①进口香烟。分阶段实施，争取在 1985 年之前实现所有香烟零售店都可以销售进口香烟。进口香烟专卖店从 1982 年和 1983 年的 2 万家增加到 7 万家。此外，根据实际情况，增加广告宣传费的自愿限制金额。

以上，在实施过程中遇到的细节问题，通过国内外产业界共同讨论解决。

为了正确分析日本产香烟及市场情况等相关问题，日美两国政府讨论提前于 1982 年成立之前同意的研究小组。

②（1982 年）1 月开始实施紧急进口外汇贷款制度，目前已经开始应用到乘用车领域，今后将努力扩展到其他领域。

③为了增加能源供应渠道，从阿拉斯加进口石油，从美国西部进口煤炭。通过政府双边的密切合作，为企业和相关民间组织提供便利。

5. 改革流通机构、改变商业惯例

①在贸易会议（产品进口对策会议）上让外国业内人士积极发言，根据具体情况具体分析，并提出解决措施。

②与日本贸易振兴会、日本贸易协会等机构开展合作，建立斡旋谈判体系，灵活使用商务顾问解决个别交易问题。

③对于要求改善市场准入条件的产品，灵活利用日美贸易促进委员会展开政府间公开调查，促进国内外民间企业之间进行协商，比如纯碱问题。

④加强监督，严格遵守《禁止垄断法》，避免发生妨碍竞争的行为，促进进口产品的流通。

6. 服务贸易自由化（略）

7. 尖端技术

①对尖端技术和尖端技术产品而言，在贸易方面秉承自由贸易主义，积极推动国际合作与研发，与此同时，原则上同意一视同仁，允许有实力的外资控股的日本企业参加政府扶持项目。

②为了促进日美两国尖端技术产业的发展，扩大相关产品的贸易，成立日美高

科技工作组。

③日美、日欧及多国间在尖端科学技术领域积极开展共同研究，共同开发新技术。

8. 其他

①政府采购。

政府部门采购产品时，要根据政府采购协定的宗旨，适当进行调整。

②粮食援助。

③产业合作。

④进口对策。

⑤经济合作对策（详情略）。

⑥推动对外交流。

为了促进日本与其他国家的互相理解，让其他国家的产品更好地进入日本市场，采取以下措施：通过官方和民间的合作，派遣经济交流考察团，召开对日出口研讨会、投资研讨会，积极开展人员交流活动。

（7）"金属球棒"问题

日本实施开放市场政策进入第二阶段之后，得到欧美国家比较高的评价，经济摩擦问题暂时得到了缓解。但是摩擦的根源性问题依然存在，1982 年 8 月，日美贸易官员协商会议闭幕，美国贸易代表办公室副代表詹姆斯·墨菲（James Murphy）针对日本"市场开放第二阶段"做出如下评价："主要问题没有取得进展。"根据 GATT 框架下的双边协议，美国就金属球棒的检查手续问题向日本提出磋商申请，同时也表示根据 GATT 协议不应该限制皮革产品进口。[143]"金属球棒"问题被逐渐放大，并成为具有代表性的产品。

"金属球棒"问题之所以产生并持续发酵，原因就在于日美两国在商品安全问题上存在根本分歧。[144] 日本方面根据《消费生活用品安全法》（1973 年 6 月 6 日，法律第 31 号）以及其《实施条例》（1974 年 3 月 5 日，政令第 48 号）要求必须检查金属球棒、乘用车、头盔、婴儿床、瓶装碳酸饮料等产品，以确保其安全性。如果金属球棒没有

---

[143] 《日本经济新闻》，1982 年 8 月 7 日。

[144] 以下内容请参考：《每日新闻》，1982 年 8 月 8 日。

被张贴"安全标示"，那就不能在日本国内销售。所谓"安全标示"认定方法，一般是对各制造商的产品进行抽样检查，但是对工厂设备和制造工艺满足一定条件的企业来说，还可以通过"工厂认定"来一次性对"安全标示"进行认定。日本国内80%的制造商都通过了"工厂认定"。但是进口产品很难通过"工厂认定"，所以只能借助抽样检查确保安全。

美国方面批评日本的检查方法过于复杂，提高了进口产品的成本，限制了进口产品的销售，认为日本也应该对美国的工厂实施"工厂认定"。

负责这个问题的通产省官员表示：美国工厂并不适用日本国内法律，所以不受理美国工厂提出的"工厂认定"申请。

美国方面则认为日本政府如此关注普通产品的安全性本身就非常奇怪。而且，在美国基本上都是由企业承担相应责任，如果产品出现问题也是由企业予以赔偿。一般来说，企业为了防范风险会为产品购买保险，保险公司再到企业的工厂进行监控以确保产品安全。"金属球棒"问题不仅涉及贸易摩擦问题，还涉及两国的制度和惯例以及思考方式的不同。原来日本的改善措施都是停留在表面，现在也开始逐渐深入，改革国内制度的趋势越发明显。

最后，1983年1月6日，日本政府根据《消费生活用品安全法》的规定，"某种产品被指定为特殊产品后一段时间内，如果特殊产品出现问题，比如检查不合格比例等，都要重新调整"，宣布"金属球棒"不再受该法制约。"金属球棒"问题总算告一段落。[145]

（8）中曾根内阁制定的市场开放对策

1982年11月10日，美国贸易代表办公室向美国议会提交报告，内容主要涉及日本对美国采取的贸易壁垒以及日本方面制定的应对措施。其中列举了关税、进口配额等相关的进口政策、标准、执照、禁止私人垄断和保证公平交易的法律（法律第54号，《禁止垄断法》）等规章制度，而且还提出了产业政策和企业系列体制上存在的"障碍"，使人感觉日本市场非常封闭。[146] 贸易代表办公室副代表麦克唐纳表示虽然目前日本已经进入市场开放的第二阶段，但是"不幸的是日本方面的应对过于迟缓，而且完全没有找到突破口，对于安全问题完全没有考虑"。

---

[145] 《通商产业省年报》，昭和57年版，第138页。

[146] 《朝日新闻》，1982年11月11日。

　　1982 年 10 月 7 日，日本政府时隔 11 年再次举办贸易会议，明确"官民合作，努力扩大进口"[147]，以免日美贸易摩擦再度激化。1982 年 11 月，中曾根康弘当选日本首相，加大了市场开放力度。经团联一方面根据政府的行动采取对策，另一方面召开经团联通商对策委员会，根据 1981 年秋天实施的会员企业专家问卷调查结果，研究改善进出口手续以及检查制度的具体措施。1982 年 12 月 12 日，经团联向政府提出"改善贸易相关的审批制度及检查制度的建议"。其中，认为可以改善的具体措施如下[148]：

　　①关于进出口申报前的审批许可制及检查制度：撤销出口许可和出口检查；大幅减少需要审批的出口产品数量并且简化相关手续；统一各法律条令规定的进出口手续；改善审批许可申报制度；增加综合申报制度；认可外国检查数据；停止多余检查；简化多余的事务手续。

　　②通关。扩大综合审查制的使用范围；灵活运用保税制度；简化再出口免税及无条件免税手续；在工作时间外也可以提交通关手续；完善事前指导制度；简化并优化进出口申报文件；新设事后付款制度。

　　③进口后的审批许可制度及检查制度。考虑与外国标准统一，重新确定安全规格标准；优化标示方法。

　　④贸易相关的外汇管理制。废除与贸易交易有关的特殊结算规定；撤销双重报告。

　　从经团联提出的建议中不难发现，与以前相比，现在处理对外经济摩擦的方法更倾向于从实际操作层面出发，而且更加深刻地认识到贯彻"交易自由原则"对民企大有裨益。鉴于相关手续和检查过于"复杂、不透明"，以及存在"法律条令的解释和使用比较混乱"等"制度性障碍"，所以主张"积极推动物流迅速发展、撤销多余检查、简化并统一复杂的手续、规范法律条令的使用"，严厉批评了对开放市场持畏首畏尾态度的政府部门。

　　因为遭到国内外一致批评，1983 年 1 月 13 日，在经济对策阁僚会议上，中曾根首

---

[147]　《贸易会议综合部门会议意见——扩大产品进口》，《通产省公报》，1982 年 10 月 12 日。《日本经济新闻》，1982 年 10 月 7 日。

[148]　《经团联事业报告 1982 年版》，第 193—198 页。

相凭借其强大的领导能力，正式批准了五项市场开放对策。[149] 其内容包括：关税减让、放宽进口限制、改善进口检查手续、促进进口。其中最主要的特点是在非关税领域提出了很多措施。

目前的对外经济对策

1. 关税减让

从 1983 年开始撤销或者减让部分产品的关税，比如外国比较关心的品种，香烟、巧克力、饼干，此外再加上 47 种农产品和 28 种工业产品（附表 1 略，作者注）。

根据去年 5 月的市场开放对策，又决定撤销或者减让 215 种产品关税。共计 323 种。

2. 放宽进口限制

放宽豆类产品、花生、水果果酱、非柑橘类果汁、番茄酱、番茄酱原料等产品的进口限制。

3. 改善进口检查手续

①召开市场开放问题投诉处理推进总部咨询会议

为了方便了解市场开放问题投诉处理推进总部的所有业务并为其提供支持，新举办市场开放问题投诉处理推进总部顾问会议（附表 2 略，作者注）。

②加强市场开放问题投诉处理推进总部的职能。为了增强该总部解决问题的能力，其引入新的代理申诉制度。同时，加强其联络协调职能，在各政府部门加强投诉处理机制建设、增加地区联络会议等。此外，还要继续加强与媒体及相关人员的联系。

③改革标准及认证制度

以市场开放为目的，在 3 月底前对标准、认证制度进行彻底讨论。为此，政府要成立由相关部门组成的联络调整总部。

④改善进口检查手续

与进口检查手续相关的问题，参考附表 3（略，作者注）进行调整。

---

[149] 《关于改善进口检查手续等五项措施——紧急对策阁僚会议当场决定对外经济对策》，《通产省公报》，1983 年 1 月 21 日。《日本经济新闻》，1983 年 1 月 13 日。

⑤相关大臣采取适当措施

建立相关大臣与外国驻日使领馆沟通机制，加深相互理解，以便迅速解决问题。

⑥强化行政监察（详细略，作者注）

4. 促进进口

①进一步改善外国香烟的流通问题

（ⅰ）增加进口香烟零售店（详细略，作者注）。

（ⅱ）进口香烟的流通制度（详细略，作者注）。

②扩大产品进口

（ⅰ）针对流通机构以及商业惯例问题，通过贸易会议（产品进口对策会议），听取外国相关人士的发言以及对实际情况的分析，进行进一步改善。

（ⅱ）更合理地利用商业顾问制度，同时，在日本贸易会议下设进口促进恳谈会，协助举办活动，探讨发掘进口商品。

5. 其他

①出口对策（详细略，作者注）

②产业合作（详细略，作者注）

③政府相关机构的采购

政府相关机构要根据政府采购协定的宗旨进行采购，适当可以调整。电话电报公司的采购要执行内外相同的竞标采购方式。今后要采取积极措施促进外国企业参与采购，比如进一步宣传采购手续和与采购相关的信息，并且为希望参与投标的外国企业提供更好的服务。

中曾根首相特意发表了"内阁总理大臣谈话"，将这些对外经济对策综合在一起，表示"坚持自由贸易体制、扩大贸易并且保持均衡，从而为世界经济恢复活力做出贡献"，从大局出发，有必要"大幅降低外国比较关注的产品关税，通过修改法律条令等方式全面梳理标准、认证制度、完善贸易投诉处理机制"。⑲

（9）重新梳理标准及认证制度

根据 1983 年 1 月制定的市场开放对策，为了简化各种标准及认证制度，日本政府

---

⑲　同前，《关于改善进口检查手续等五项措施——紧急对策阁僚会议当场决定对外经济对策》，《通产省公报》，1983 年 1 月 21 日，第 3 页。

争取在 3 月底总结出一揽子修改法案。⑮ 根据经济对策阁僚会议确立的宗旨，为了更好地全面梳理包括修改法条在内的相关制度，"标准及认证制度等问题联络调整总部"应运而生，由内阁官房长官担任部长，由相关政府部门构成。1 月 18 日，通产省成立了"标准及认证制度等改善对策推进总部"，由贸易局长担任部长、贸易局副官房审议官担任副部长、相关各局总务科长担任委员。该部门成立的宗旨就是为了全面梳理"标准及认证制度"，就必要的事项进行联系与协商。⑫

针对政府方面提出的积极对策，经团联也于 1983 年 3 月 22 日通过通商对策委员会向政府提出了"与修改贸易相关法律以及如何更好地使用法律的意见"。⑬ 该意见表示"不能仅仅局限于与进口检查相关的标准及认证制度，还要从更宏观的角度，比如从国民经济的观点看问题。通过转变思想意识，对贸易相关的全部许可、审批、检查制度进行实质性改革。这样不仅能改善贸易摩擦，还应该减轻国民负担、简化行政事务并且充分发挥民间的活力"。经团联指出了 41 条需要修改的法律条令。这些意见和之后"放松规制"论的提出，充分说明日本对日美贸易摩擦问题的态度发生了变化，开始变得积极主动。⑭ 意见书提到的 41 条法令，具体如下：

- 与关税、通关手续有关的《关税法》《关税定率法》《关税暂定措施法》。
- 与汇率管理、进口配额有关的《外汇及外贸管理法》。
- 与出口规定相关的《出口检查法》《出口产品设计法》《进出口交易法》。
- 与进口产品检查、标准、认证制度相关的《电器产品取缔法》、与化学物质审查及制造规则相关的法律、《消费生活用品安全法》、《高压燃气取缔法》、《工业标准化法》、《火药类取缔法》、《家庭用品品质标示法》、《药事法》、《食品卫生法》、《剧毒物品取缔法》、《化肥取缔法》、《狂犬病防治法》、《家畜传染病防治法》、《家畜改良增殖法》、《农药取缔法》、《植物检疫法》、农林物品规格化及与品质标示改正相关的法律、《道路运送车辆法》、《不当赠品和不当标示防止法》、《消

---

⑮ 同前，《关于改善进口检查手续等五项措施——紧急对策阁僚会议当场决定对外经济对策》，《通产省公报》、1983 年 1 月 21 日，第 3 页。

⑫ 通商产业省，《关于成立改善标准与认证制度对策推进总部》，1 月 18 日。同前，《关于改善进口检查手续等五项措施——紧急对策阁僚会议当场决定对外经济对策》，《通产省公报》，1983 年 1 月 21 日，第 7 页。

⑬ 《经团联事业报告 1982 年版》，第 222—245 页。

⑭ 1983 年 9 月 27 日，经团联，《维持并加强自由贸易体制相关意见及建议》，通商对策委员会。《经团联事业报告 1983 年版》，第 180—186 页，不仅要改善国内相关制度，还要积极呼吁外国也坚持自由贸易。

防法》、《酒精专卖法》、《统计报告调整法》、《日本专卖公社法》、《香烟专卖法》、《盐专卖法》、《鸦片法》、《蚕丝价格稳定法》、加工原料牛奶生产者补贴等暂定措施法（大幅削减主食之外的国家贸易品种）、政府部门工作时间以及休假相关的总理令。

● 其他与安全标准相关的法律条令：《航空法》、《船舶法》、《船舶安全法》、《劳动安全卫生法》、《电波法》、《出入境管理法以及难民认定法》、《外国人登录法》、《道路法》、《道路交通法》、《道路运送车辆法》（放宽对载重量及高度的限制）、《盐专卖法》、外国保险业相关法律。

另一方面，政府联络调整总部于 1 月 26 日召开第一次会议，决定了基本的讨论方向，并就此展开讨论。[153] 其主要观点如下：

（1）从法律制度层面保证认证手续对国内外没有差别。

（2）就其他与标准及认证制度有关的问题，按照下列方式讨论。

①保证标准制定过程透明公开。

②争取标准与国际接轨。

③作为认证手续的环节之一，在检查环节争取可以使用外国的检查数据。

④简化其他有关认证手续。

根据上述观点，召开了 9 次联络调整会议，讨论了 31 条法令。在此基础上，1983 年 3 月 26 日，日本政府在经济对策阁僚会议上决定[154]：对《电器产品取缔法》（1961 年 11 月 16 日、法律第 234 号）等 17 部法令进行一揽子修改，适用"内外无差别原则"，允许外国企业直接申请进口品检查；放宽欧美诟病已久的进口汽车检查标准、将检查时间从原来的 7 个月缩短为两个半月；在对进口药品进行检查时，部分可以采纳外国数据。

涉及具体要修改的 17 部法律如下：

---

[153] 原贸易局总务科改善标准与认证制度对策办公室主任佐伯嘉彦，《与标准及认证制度相关的一揽子法案》，《通产月刊》，第 16 卷第 3 号，1983 年。

[154] 《决定对标准及认证制度实施内外无差别对策——改善标准与认证制度》，《通产省公报》，1983 年 4 月 1 日。《日本经济新闻》，1983 年 3 月 26 日。

厚生省：《药事法》《营养改善法》；

农林水产省：《农药取缔法》、《化肥取缔法》、《农业机械化促进法》、农林物品规格化及品质标示改正相关的法律、确保饲料安全和改善品质相关法律、《家畜改良增殖法》；

通商产业省：《消费生活用品安全法》、《高压燃气取缔法》、《电器产品取缔法》、《确保液化气安全以及合理交易相关法》、《计量法》、《燃气事业法》、与化学物质审查及制造规则相关的法律；

运输省：《道路运输车辆法》；

劳动省：《劳动安全卫生法》。[157]

其中除了《家畜改良增殖法》（1950 年 5 月 27 日，法律第 209 号）没有特别需要修改的必要之外，与剩下 16 部法律修正案有关的"修改相关法律条款让外国企业顺利获得款型认证的法律"提案在国会提出，1983 年 5 月 18 日颁布（1983 年 5 月 25 日，法律第 57 号），8 月 1 日起开始实施。[158]

参考图 1.2.4，我们可以了解到一揽子法案的内容。首先，《消费生活用品安全法》等 16 部法律中的认证制度方面"增加了新的规定，允许在国外生产产品的生产商为了取得认证，直接提交申请"；而且"原则上，外国生产商和国内生产商拥有同样的权利和义务"。"但是，因为日本政府对申请者行使的公权力必须要得到外国的承认，所以在条文上尽量避免使用'命令'等行使权力的字眼，而是选择使用'请求'等更为随意的字眼。"

通产省负责的 7 部法律，具体的改善措施如下：

《消费生活用品安全法》、《日本石油液化气业务安全保证和优化法案》（1967 年 12 月 28 日，法律第 149 号，LPG 法）、《燃气事业法》（1954 年 3 月 31 日，法律第 51 号）中规定，家用压力锅等特殊产品、石油液化气灶炉头等第 1 种石油液化气产品、燃气止气阀等燃气用品，如果没有被指定为合格或者没有被款式认证，无法销售。原来登记、款式认证制度不适用外国生产商，现在改为适用。

---

[157] 同前，以及《通商产业省年报》，昭和 57 年版，第 65—68 页。其中需要注意的是，《通商产业省年报》中法律条令的名称是错误的，《通产省公报》中予以修改。

[158] 同前，请参考：《与标准及认证制度相关的一揽子法案》。

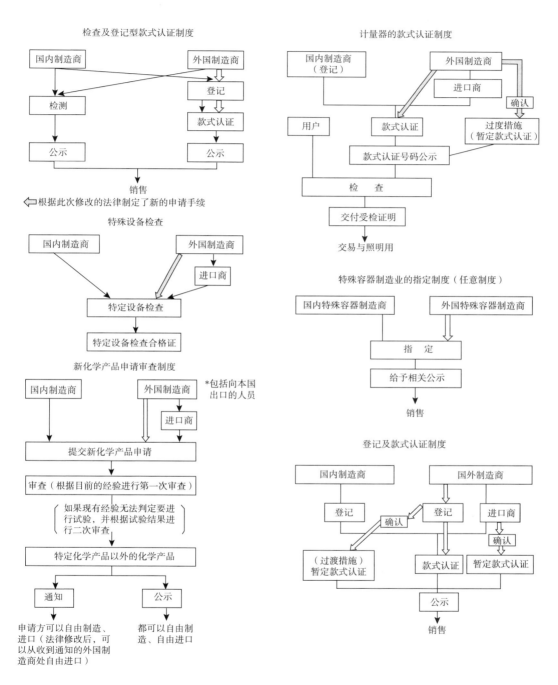

图 1.2.4　款式认证等制度调整要点

资料来源:《通产月刊》,第 16 卷第 3 期,1983 年。

《高压燃气取缔法》中规定，制造或者进口机械设备的部分承压配件时，必须接受特殊设备检查。现在这项特殊检查制度适用外国生产商，而且现在外国生产商可以直接申请，所以免除了特殊设备进口商的相应义务。

化学物质审查及制造等规则相关的法律（1973 年 10 月 16 日，法律第 117 号，《化学物质审查规定法》）原来规定，制造或者进口新的化学物质，需要提交申请，在收到回复后，明确该化学物质并未含多氯联苯（Polychlorinated Biphenyl）等特殊化学物质后才能制造或进口。现在调整为：由外国生产商提交申请，收到通知后进口商无须再次提交申请。

《计量法》新增允许款型认证制度。而且要求工厂在法定计量单位对体积进行标示的销售用玻璃容器上张贴"㊣"字标示，该条款同样适用于外国生产商。

《电器产品取缔法》：想要制造或是进口甲级电器产品必须获得款型认证，该规定同样适用外国生产商。此外，如果其他进口商已经获得款型认证，只要得到通产大臣确认即可认定为该进口商已经获得款型认证。

以上这些措施虽然是日本迫于"欧美强烈要求实施"，但是也体现出通产省的基本立场："日本提倡贸易立国，所以不应该保留歧视对待国内外企业的制度。其他国家经常借日本的认证制度来批评日本制度的保守性、排他性，并且把贸易失衡的主要原因归咎于此。我们要尽可能避免这种情况发生。"与此同时，"这次的修改还算及时"，"通过这次调整，对国内外企业一视同仁，而且日本认证制度的方式和标准也没有发生变化，消费者的安全也没有被损害"。但是"此次修改法律条文的初衷也不是为了大幅促进进口，所以贸易摩擦问题仍然存在"。⑲

在此期间，1983 年 4 月，通产省实施了新的市场开放政策，要求商社、进口商等与贸易有关的企业和团体简化进口手续。⑩ 其具体要求包括：①按照国际标准统一商社与国外贸易伙伴之间使用的进出口文件。②使更多的进口产品适用由业界自行制定的品质认定制度。按照该要求，由经团联和日本贸易会牵头，开始统一文件格式和代码，着手改善相关手续。

以美国为中心的海外国家批评日本的声浪依然高涨。1983 年 10 月 21 日，在经济

---

⑲ 同前，《与标准及认证制度相关的一揽子法案》，第 110 页。

⑩ 改善标准及认证制度对策室，《保证规格、标准公开透明以及改善非政府机关制定标准、实施认证活动》，《通产省公报》，1983 年 4 月 26 日。《日本经济新闻》，1983 年 4 月 14 日。

对策阁僚会议上，决定实施"综合性经济对策"。[161] 第一，市场开放对策。其内容主要包括：①通过关税减让开放市场（从 1984 年开始提前减让矿工业产品关税、提高特惠关税上限）；②放宽进口限制；③采取切实措施改善标准及认证制度；④大力促进市场开放问题投诉处理推进总部发展。第二，促进进口。其内容主要包括：①通过日本进出口银行的贷款促进进口；②顺利实施日元短期进口贷款制度；③加强日本贸易振兴会促进进口的功能；④促进政府采购进口产品，确保内外无差别政策；⑤改善进口产品流通机构。

（10）通过产品进口对策会议讨论流通机构存在的问题

1983 年 6 月，在决定改革标准及认证制度之后，举办了产品进口对策会议。会上提交了报告，报告主要包括以下内容："对驻日及驻在其他国家的外国业界人士开展问卷调查的结果，对日本企业和消费者开展问卷调查的结果，消费品和非消费品在流通机构和价格竞争力方面存在的问题，以及为进入日本市场的进口产品梳理整体环境的结果"；同时，灵活利用日本贸易振兴会的各个驻外机构，"把报告分发给国内外的外国业界人士，方便他们加深对日本流通机构的认识"。[162]

于是从 1983 年开始，流通机构存在的问题成为产品进口对策会议的主要议题。不久之后，在《日美结构问题协议》谈判时，流通机构问题也引起广泛关注。早先，日本政府对流通机构的态度是：日本的流通机构在日本的环境下应运而生，所以具有一定的合理性。日本政府会改善其中不合理的制度。与此同时，国外出口商应该理解日本独特的环境，日本政府也会协助他们加深认识。日本的这种态度很难得到海外反对人士的认同。但是涉及如何解决的问题，批评者也没有明确的答案。在探索的过程中，海外批评者仅仅提出了要求："应该改变日本的商业惯例，与欧美保持一致"，但是始终没有找到实际的解决方案。之后，关于调整大型零售商店零售业务活动的法律（1973 年 10 月 1 日法律第 109 号，《大店法》）和排他的交易惯例成为关注焦点。而且归根结底，当时都没有明确这些问题是否跟开放市场或者扩大进口存在实质性关系。[163]

1983 年 6 月，产品进口对策会议公布报告，题为《关于日本流通机构以及商业惯

[161] 《通商产业省年报》，昭和 58 年版，第 62—63 页。
[162] 《通商产业省年报》，昭和 58 年版，第 60 页。
[163] 《产品进口对策会议报告〈关于日本流通机构以及商业惯例等企业活动相关的分析及建议——为了加深对日本市场的理解并促进更好地进入日本市场〉概要》，《通产省公报》，1983 年 6 月 17 日。贸易局进口科长藤泽修，《关于产品进口对策会议报告》，《通产月刊》，第 16 卷第 5 号，1983 年。

例等企业活动的分析及建议——为了加深对日本市场的理解并促进更好地进入日本市场》。其中总结了以下五个方面的问题：产品进口的现状及特点；对进口产品的认识以及日本市场；日本流通机构以及相关问题；商业惯例等企业活动及相关问题；制定进入市场战略的重要性。此外，在报告的"结尾"部分，还介绍了应该采取的方针政策。

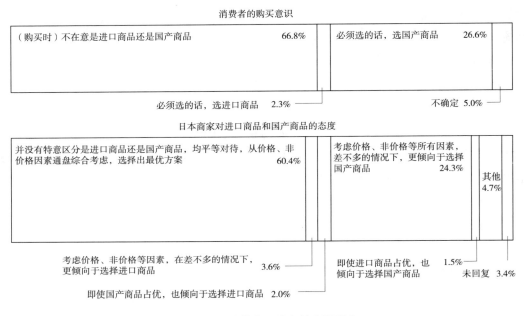

图 1.2.5　消费者及商家的意识调查

资料来源：藤泽修（贸易局进口科科长），《关于商品进口对策会议报告》，《通产月刊》，16 卷 5 号，1983。

报告中针对第二个问题提道："欧美等国家的商业人士认为日本的流通机构过于复杂而且中间环节太多，所以市场准入难度增大、流通成本提高，导致最终的销售价格提高，影响了产品的进口。"同时，日本国内消费者和商业人士区分国产商品和进口商品的意识普遍比较匮乏。通过对比消费品、机械设备、化学品等 40 种产品的国产产品和进口产品，对流通机构进行了详细的调查后，得出了以下结论：①在进口消费品方面，与生产国相比，日本的流通环节略长，但是大多数进口产品的流通渠道少于国产产品，基本上进口消费品比较有利。②对进口机械设备等生产产品、化学产品等中间产品来说，无论是生产国的流通渠道和国产产品的流通渠道都很短，而且流通过程都比较简单。③通过灵活使用进口总代理和成立子公司等方式，很多进口产品都成功进入日本市场。④经销商的品牌系列问题：除了汽车以外，很多经销商还代理了其他品牌的产品，并不妨碍进口产品进入日本市场。

在第三个问题中还概括了日本商业惯例的特点，具体如下：①对品质、规格要求很高；②完工时间要求严格；③重视长期的贸易关系、信赖关系；④重视贸易方面的人际交往；⑤自下而上的决策方式；⑥特殊的交货方式。

在此基础上，该报告指出了"日本应该采取的具体措施"。在流通机构方面：①制定并实施近代化流通政策；②确保市场竞争；③灵活利用连锁超市、百货商店等大型零售店以及自愿连锁的零售店；④提供与进口产品有关的信息；⑤努力发掘可以进口的产品；⑥出口企业要努力进口。在商业惯例等企业活动方面：①不仅要严格要求进口产品的品质、价格，向出口商充分说明产品存在的实际问题并促使其理解；②考虑交货问题；③明确交易条件；④确保充分的交流；⑤公示政策制定原因；⑥打消与退货有关的误解，并且要提供足够信息，"帮助理解日本市场特点"。

该报告还提出"出口方面要做出的努力"：①从长远观点制定市场战略；②选择合适的产品；③加强竞争力（包括价格、品质等非价格因素）；④选择正确的合作伙伴；⑤设定与销售战略相匹配的价格；⑥出口国家开展市场调查，努力开拓日本市场。

在报告的最后部分明确表示不能只通过日本方面就能解决类似问题："解决问题'孤掌难鸣'，只有日本和出口国家的相关人员像齿轮一样紧密合作，才能使外国产品进入日本市场以及在扩大产品进口方面取得实质性成果。"

综上所述，产品进口对策会议的确发挥了很大作用，明确了日本制度和欧美制度的特点以及具体差异。在指出需要改善这些特点和差异的同时，也表示日本的制度符合日本的特有环境，具有合理性；并通过分发小册子等宣传品向外国进行了说明。其实，最主要的问题还是反复提及的问题：经常收支失衡加剧主要由宏观经济政策不同导致。因此，根据产品进口对策会议提出的建议，实施市场开放政策本身跟扩大进口没有直接关系。日本市场并非"封闭的"，其经济具有合理性，但是这种说法没能充分对外宣传与说明。[164] 20 世纪 80 年代中期以后，其他国家开始要求日本实施更加积极的促进进口政策、扩大内需政策甚至提高日元汇率。[165]

---

[164]　同前，石井晋（1997），第 37—38 页。

[165]　经济企划厅于 1984 年 6 月公布《关于流通结构商业惯例的国际比较调查》。具体内容请参考：《关于流通结构商业惯例的国际比较调查》，2 月 15 日；《通产省公报》，1984 年 6 月 29 日。

（11）认可外国的检查数据

日本在进口商品时，不认可外国检查数据，必须要经过日本独立的检查。这遭到很多国家的批评，认为对产品进口造成障碍。这本身不能直接算是不合理的规定，但结合个别案例，经过广泛讨论，还是逐渐放宽了这项规定。

1984 年 2 月，通产省实施了简化标准及认证制度手续的措施[⑯]，开始认可外国的检查数据。这是自上一年 5 月实施"有关标准及认证法律的一揽子修改"后，再次对制度进行调整。日本认可特定的外国检查机构的检查数据，其目的是为了进一步促进市场开放，让外国企业更简单地使用标准及认证制度。其实部分法律已经根据个别具体要求开始认可外国的数据，但是这次调整后，通产省负责的与标准及认证相关的 7 部法律全都认可外国的检查数据。

具体如下：已经实施的有①《高压燃气取缔法》中的容器检查以及特殊设备检查；②《电器产品取缔法》中的款式认证；③《消费生活用品安全法》中的登记以及款式认证；④《化学物质审查规制法》；此外，新增加的有⑤《电器产品取缔法》的登记；⑥《日本石油液化气业务安全保证和优化法案》中的登记以及款式认证；⑦《燃气事业法》中的登记以及款式认证；⑧《计量法》中指定特殊容器制造业。[⑰]

第一，关于工厂登记（《电器取缔法》《LPG 法》《燃气事业法》）以及《计量法》指定特殊容器制造业需要说明的是：①如果外国检查机构向通产大臣提出申请，大臣要根据指导手册决定是否有必要现场调查，如果经过判断认为可行，就可以决定在某领域使用该机构的检查数据（以下简称：特定外国检查机构）。②根据生产商提出的登记要求，特定外国检查机构对该生产商展开调查，决定其制造设备及检查设备是否符合通产大臣制定的标准。③生产商可以把特定外国检查机构出具的检查结果作为登记申请书的附件。大臣会审查其中的检查数据，如果确认无误即可接受。④如果外国生产商提出登记时，大臣已经认可了特定外国检查机构的调查结果，工作人员赴当地考察不需收取费用，可以直接用登记手续费相抵。修改后，的确发生了很大变化，以《电器产品取缔法》的登记为例进行说明：以前设在巴黎郊区的工厂直接申请需要缴纳约 90 万日元（约 4 000 美元）的手续费，位于纽约郊区的工厂直接申请需要缴纳 60 万

---

⑯ 《为了扩大产品进口，简化标准及认证制度（认可外国检查数据）》（2 月 15 日），《通产省公报》，1984 年 2 月 16 日。

⑰ 8 项措施中②和⑤属于《电器产品取缔法》，所以涉及修改的法律条令共 7 部。

日元（约 2 600 美元）的手续费。修改后，如果指定了特定检查机构，在登记申请时把特定检查机构的检查结果作为附件提交的话，只需缴纳 7 100 日元（约 30 美元）。

第二，关于产品的款式认定（《LPG 法》和《燃气事业法》）需要说明的是：①外国检查机构向通产大臣提出申请的话，大臣要指导其与国内指定的检查机构签署协议，根据双方的检查能力互相对数据进行确认和认可。②受指定的国内检查机构在必要时要进行现场考察，签署委托合同，明确外国检查机构以及每种产品接受检查数据的范围以及委托费用等。③登记过的外国生产商向国内指定检查机构申请款式认证试验时可以将②中提到的外国检查机构的检查数据作为附件。

上述措施实施之后，无论是外国生产商提出款式认证试验申请，还是国内指定检查机构对该申请进行审查，其手续都被大幅简化。通过此次修改和调整，通产省表示"期待其他国家政府能够敦促本国生产商更加灵活地利用日本制定的市场开放措施，并进一步鼓励企业对日出口"。[108]

1984 年 4 月 27 日，经济对策阁僚会议总结了"对外难题的对策"，其中提到了 6 项与市场开放和促进进口有关的政策，其中主要支柱就是与标准认证有关的政策。该对策公布当天，通产大臣还发表了题为"关于对外经济政策"的报告[109]，其中提到通产省要①提前实施减让关税政策；②为了促进产品进口，提出了"促进特定外国产品进入日本市场计划"（Specified Products Trade Expansion Program）；③促进对日投资。此外，关于标准认证制度方面制定的政策如下：①为更好地认可外国检查数据制作了指导手册；②明确表示要将电器产品的标准认证制度与国际接轨。日本政府期待以此推动市场开放并促进进口，同时"希望外国充分理解日本做出的最大努力，互相合作维持并加强自由贸易体系，努力保持世界经济的和谐发展"。

这个阶段，日本努力开放市场的举措说明日本通产省以缓和对外贸易摩擦为主，采取了比较积极的姿态，实施了前所未有的改革。从另一个角度也说明，实际上日本希望能够获得欧美各国的理解，不再经常谴责日本。

1984 年 8 月，日本政府根据《消费生活用品安全法》指定美国保险商实验室（Underwriter Laboratories）为特定外国检查机构和特定外国试验机构。这是自实施外国

---

[108]　《为了扩大产品进口，简化标准及认证制度（认可外国检查数据）》（2 月 15 日），《通产省公报》，1984 年 2 月 16 日，第 6 页。

[109]　《有关对外经济对策（备忘录）》，《与市场开放及促进进口相关的 6 类 15 种产品——经济对策阁僚会议、决定对外难题的对策》参考 2，《通产省公报》，1984 年 5 月 9 日。

检查机构制度、认可外国检查数据以来，首个涉及《消费生活用品安全法》的案例。[170] 此外，1985 年 5 月，根据《电器产品取缔法》，美国 EDL 测试实验室（EDL Testing Laboratories Inc）被指定为特定外国检查机构[171]；根据《消费生活用品安全法》，西德莱茵技术检查协会也被指定为特定外国检查机构以及特定外国试验机构。[172]

3. 落实"行动计划"

（1）改善贸易收支失衡行动计划

从 1983 年到 1984 年，美国经济复苏，日美贸易摩擦维持在可控状态。但是日美间贸易收支失衡问题出现恶化的趋势。1984 年 10 月 5 日，美国参众两院就综合贸易法案达成一致，而且有望获得通过。[173] 针对保护主义抬头的动向，日美顾问委员会（新贤人会议）于 9 月提出建议，建议指出日美两国应该共同制定行动计划，其中就包括中长期对外经济政策。

在此背景下，中曾根首相对马上赴美谈判的通产大臣村田敬次郎做出明确指示。[174] 村田大臣于 1984 年 11 月访问美国，探讨其关注的市场开放政策。首相表示，日本的贸易顺差主要来自通产省负责的矿工业产品，因此希望"通产省做好表率，做出一定程度的牺牲，与美国讨论市场开放政策"。紧接着，1984 年 12 月 4 日，中曾根首相在经济对策阁僚会议上表示要积极开放市场，决定成立"对外经济问题部长会议"，倡议由阁僚主导尽快解决该问题，"各大臣勇担重任，不再推诿给行政部门"。[175] 之后，根据日美首脑会谈中达成的"中曾根·里根协议"，从 1985 年初开始，日本政府开始制定新的市场开放政策。[176] 美国方面针对开放市场政策提出要求，主要包括：降低木材制品、铝制品、核桃等 144 种产品的关税，改善通信设备贸易失衡问题，确认采购通信卫星、

---

[170] 通商产业省贸易局、产业政策局，《关于根据〈消费生活用品安全法〉指定美国保险商实验室为特定外国检查机构以及特定外国试验机构的案件》，《通产省公报》，1984 年 8 月 18 日。该案例还可以参考贸易局检查设计秒长野口宣也根据实地考察提出的报告：《改善标准与认证制度的具体方案》，《通产月刊》，1984 年 10 月刊。

[171] 贸易局、资源能源厅公益事业部，《根据〈电器用品取缔法〉指定美国 EDL 测试实验室为特定外国检查机构》，《通产省公报》，1985 年 5 月 8 日。

[172] 贸易局、产业政策局，《根据〈消费生活用品安全法〉指定西德莱茵技术检查协会为特定外国检查机构》，《通产省公报》，1985 年 5 月 20 日。

[173] 《日本经济新闻》，1984 年 10 月 6 日。

[174] 《日本经济新闻》，1984 年 11 月 20 日。

[175] 《日本经济新闻》，1984 年 12 月 4 日。

[176] 《日本经济新闻》，1985 年 1 月 10 日。

继续与电报电话公司商谈新的材料采购协议，放弃成立项目权法案，完善医药用品、医疗设备相关标准及认证制度，扩大购买美国煤炭规模，允许美国护士在日本执业，扩大政府资产采购投标范围，缩短专利审查时间等。

中曾根首相做出指示，要根据与美国达成的四个领域（通信设备、木材、电子产品、医疗设备及医药用品）的高级别磋商，制定具体的市场开放政策。[177] 其中因为降低木材产品关税，导致对国内木材行业实施救济，成为最为引人关注的问题[178]，充分说明市场开放的尖锐刀刃已经伸向日本经济最虚弱的部位。

此外，1985 年 3 月 30 日，对外经济问题顾问委员会提交了"报告"[179]，总结了政府提出的六次市场开放政策，并且反省了按照外国要求采取对策的被动态度，明确要求在与海外开展经济交流时要坚持"能源和粮食以外其他自由"的基本原则。此外，还根据自主性、国际性、实用性、透明性等原则制定了为期 3 年左右的"行动计划"（Action Program）。其具体政策如下：①努力获得发达国家同意，原则上撤销所有工业产品关税；②进一步减少进口限制产品种类；③简化并保证标准认证、进口手续公开透明，与国际标准接轨，减少行政干预；④改善签约手续，增加政府购买外国产品规模；⑤进一步开放金融及资本服务部门。

在此基础上，1985 年 4 月 9 日，政府召开经济对策阁僚会议，决定从 7 月中旬开始实施行动计划，为期 3 年，主要包括减让关税以及改善进口手续等市场开放政策。[180]之后，中曾根首相通过电视直播呼吁国民"每人都要购买 100 美元的外国产品"。美国政府对日本实施市场开放政策表示欢迎。[181] 日本民间企业和消费者却并不买账，美元汇率高，产品价格贵，而且品质没有保证，所以产品进口规模没有大幅增长。[182] 经团联的稻山会长对市场开放政策做出评论，认为该对策未必能够改善严重的贸易失衡问题[183]，"如果仅开放通信设备等四个领域市场的话，能否改善贸易失衡问题还值得商榷。量

[177] 《日本经济新闻》，1985 年 3 月 8 日。

[178] 《日本经济新闻》，1985 年 3 月 9 日。

[179] 《日本经济新闻》，1985 年 3 月 31 日。该报告请参考：《对外经济问题顾问委员会报告》，《通产省公报》，1985 年 4 月 12 日。

[180] 《日本经济新闻》，1985 年 4 月 10 日。

[181] 《日本经济新闻》，1985 年 4 月 10 日晚报。

[182] 《朝日新闻》，1985 年 4 月 10 日。根据该报告，通产省有关人士表示，如果想通过该市场开放政策实现增加进口的效果，至少需要花费 20 亿美元。

[183] 《日本经济新闻》，1985 年 4 月 10 日。

（贸易失衡）与质（为了开放市场而改革制度）两方面都存在问题，需要分开予以讨论"。但是，面临来自国外的空前压力，凭借日本首相强有力的领导力，还是强制实施了市场开放政策，当然此举也遗留了很多国内亟需解决的问题，比如如何处理木板相关企业的强烈抵制。

4月9日的阁僚会议决定，1985年4月22日，通产大臣向60家企业的高管征集关于扩大产品进口的具体政策建议。[184] 紧接着，政府决定实施行动计划，政府执政党对外经济对策推进总部（部长：中曾根首相）于1985年7月30日制定了行动计划纲要[185]，其主要内容由以下六个方面构成：①关税；②进口限制；③标准、认证、进口程序；④政府采购；⑤金融与资本市场；⑥服务、促进进口。其中①和③得到了切实改善。此后制定的进口促进政策大部分都属于与扩大进口直接相关的积极政策。

（2）细化行动计划

1985年提出的行动计划当中，对标准及认证制度的规定如下：①减少适用该制度的产品种类；②由政府认证改为自主认证；③放宽或撤销规格标准等；④认可外国检查数据并且更加积极、灵活地利用外国检查机构；⑤确保程序公开透明；⑥与国际标准接轨；⑦简化并缩短认证手续。对进口程序的规定如下：①缩小手续的适用范围；②简化并缩短进口相关手续。[186]

4月29日，通产省成立行动计划制定委员会，由事务次官担任委员长[187]，成员由通商政策局长以及各分管局长和官员组成。经过讨论，该委员会同意政府于7月上旬公布《行动计划之关税纲要》《行动计划之政府采购纲要》《行动计划之标准及认证、进口程序纲要》。[188]

7月30日，日本政府执政党对外经济对策推进总部正式决定实施《行动计划之改善市场准入大纲》[189]，为期3年。大纲总论中规定了三点基本原则：①以"原则自由、个别限制"为基本观点，减少政府干预，由消费者自行选择并承担相应责任；②日本主张开展新的回合谈判，所以保持与其匹配的积极态度；③为促进发展中国家经济发

---

[184] 《日本经济新闻》，1985年4月23日。

[185] 《日本经济新闻》，1985年7月30日。

[186] 同前，《与市场开放及促进进口相关的6类15种产品——经济对策阁僚会议、决定对外难题的相关对策》。

[187] 《成立行动计划制定委员会》，《通产省公报》，1985年4月24日。

[188] 《决定〈行动计划之关税纲要〉》，《通产省公报》，1985年7月4日。《紧急进口对策纲要（昭和60年7月9日）》，《通产省公报》，1985年7月12日。

[189] 政府执政党对外经济对策推进总部，《行动计划之改善市场准入大纲》，《通产省公报》，1985年8月3日。

展做出贡献。

在各个章节还分别就关税、进口限制、标准认证及进口程序三个方面制定了具体的行动计划。[19] 具体如下：

第一章　关税

日本多次制定对外经济政策，始终坚持实施减让或撤销关税、改善特惠关税制度。现在，为了维持并加强自由贸易体制，尽快开展新的回合谈判，与发展中国家积极合作，促进产品进口，制定了行动计划中与关税有关的内容纲要，并积极予以落实。

I 推动新的回合谈判

1. 矿工业产品

（1）提出工业产品关税谈判目标

为了通过新的回合谈判，增加世界各国关税减让的范围和内容，加强 GATT 机制建设，日本明确把先进国家工业产品零关税作为目标，在新的回合谈判上积极开展关税谈判予以推动。

从这个观点看，需要强力推动低关税产品撤销关税、大幅降低或是撤销其他产品关税。

（2）撤销关税等

①作为实现上述目标的第一步，在新回合谈判开始前，扩大高科技产品贸易，迅速恢复世界经济活力，以撤销附件 1 规定的高科技产品关税为目标，与有关国家开展谈判。此外，对于自动数据处理设备等部分产品及其他相关产品，日本要时刻关注其贸易情况，并且优先予以谈判。

②截至 1987 年 4 月 1 日，日本单方面撤销低关税产品（税率为 2% 以下）的关税。

③根据发展中国家针对关税升级（tariff escalation）提出的要求，日本要积极开展调研，了解实际情况，争取在 1986 年前半年提出改善关税升级的中长期计划。

2. 农水产品

---

[19]　同前，《行动计划之改善市场准入大纲》，第 2—3 页。

在新回合谈判中，根据农业的特殊性，兼顾关税升级问题，推动关税谈判。

II 撤销并减让关税

根据最近的国际经济形势，从 1986 年（部分产品定于 1987 年 4 月 1 日）开始，尽快撤销或是减让 1 800 多种产品（含特惠产品）的关税。

1. 针对附表 2 中的产品，撤销或是减让关税。

2. 针对附表 3 中的其他产品，原则上降低 20% 的关税。如果本措施实施后，进口激增，对国内产业造成严重影响，可以酌情停止降低该产品关税。

III 完善特惠关税制度

1. 矿工业品

（1）自主改善

尽快于 1986 年实施上述第二条 2 中的措施，并且设法降低特定产品的特惠关税。

此外，争取从 1987 年 4 月开始，为了使特惠的好处更加均衡，日本要改革最高出价制度，扩大该制度适用范围，同时倡议其他国家自愿响应日本提出的国际原则，对特惠关税制度做出根本性改革。

（2）倡议国际原则

为了积极帮助发展中国家工业化和出口，与发达国家合作实现国家统一商品分类（产品名称和分类统一机制，Harmonized Commodity Description and Coding System），对特惠关税制度做出根本性改革，提出了以下三条国际原则：①冻结、减少非特惠产品；②原则上免征特惠税；③从发展中国家的角度考虑问题。

2. 农水产品

为了帮助发展中国家扩大出口，在新回合谈判下通过谈判，完善特惠关税制度：如扩大特惠产品种类，降低关税税率。

除了实施上述第二条 2 中的措施外，还要对特惠汇率做出必要调整。

第二章 进口限制

日本对于进口数量限制应对如下：

I 农水产品

针对受进口数量限制的农水产品，通过以下方式利用 GATT 机制与相关国家开展谈判和交涉。根据谈判和交涉结果，结合日本农水产业的实际情况和国际动向采取必要措施改善市场准入情况。

1. 在新的回合谈判下，GATT 农业贸易委员会主要负责：

（1）将农产品贸易进一步纳入 GATT 机制

（2）改善市场准入条件

（3）进一步提高出口竞争力

以此为目标，充分考虑农业的特殊性，对可以影响农产品贸易的措施做出调整，比如包括弃权在内的进口数量限制、进口征税、出口补助等，制定新的规则。在 GATT 机制下积极讨论形成新的规则，并推动落实。

2. 对于已经达成协议的牛肉、柑橘等其他农产品，要认真履行协议。合同规定的时间结束后，再根据约定有序开展谈判，采取妥善应对措施。

II 矿工业品

在 GATT 机制下妥善处理皮革以及皮鞋的进口数量限制问题。

第三章　标准、认证、进口程序

I 基本方针

1. 根据日本法律制度，以及"原则自由、个别限制""个别限制内容要限定在最小范围内""生产者有义务和责任自发进行改善"等原则，梳理已有的标准及认证制度，尽快制定改善日本市场准入条件的措施，如附件 1。

2. 在梳理过程中，通过对比日本标准及认证制度与国外类似的制度，调整日本制度，保证在市场开放程序上不逊于其他制度。

3. 借此机会彻底调查并认真回复其他国家提出的 200 多条要求。

4.1 月的日美首脑会谈取得成果，签署日美四个领域高级别协议。据此，总结与标准及认证制度有关的内容，如附件 1；并将其分发给美国及其他国家。

II 行动计划的主要内容

1. 尽量把政府干预控制在最小范围，最大限度发挥日本市场的自由竞争原则，所以，要减少标准与认证制度的适用产品种类，降低相关标准，尤其是引入并扩充自主认证制度。

2. 当外国产品进入日本市场时，要保证与日本产品一样，享受平等、公平的贸易机会。

外国产品进入日本市场要获得相关许可，需要向日本提交检查数据，为了更好地落实上述政策，同意原封不动地使用外国数据。

3. 为了保证日本市场的公平竞争，确保能够听取外国相关人士的意见，并且保证制定和修改标准过程公开透明。

4. 尽量简化并缩短认证手续，方便外国产品更容易地进入国内市场。

5. 改善物流，简化外国产品进入日本市场的手续。

为了简化并缩短外国产品的进口手续，日本政府采取了很多措施，比如扩大了不需履行出口申请手续的产品范围、增强了海关窗口部门的职权。

III 跟踪机制等

为了确保改善措施切实得到落实，后续跟踪机制也成为非常重要的课题。在附件 2 中概括了今后的方针、机制以及需要考虑的基本项目。

（3）进一步改革标准及认证制度

如上所述，政府以"原则自由、个别限制"为原则，尽量减少政府干预，调整了标准及认证制度，具体如下：①减少适用产品品种；②由政府认证改为自主认证；③减少或是放宽了规格与标准。这些措施在实施过程中始终秉承内外平等的原则。所以，放宽很多限制，对于国内企业来说，也是件理所当然的好事。

如前文所述，"大纲"第 3 章第 1 项"附件 1"中明确了具体措施。我们现在回顾一下主要内容。[191]

①认可外国检查数据以及外国检查机构

日本尽量原封不动地使用外国的检查数据。

②保证公开透明

在制定与修改规格和标准方案或是召开审议会时，要充分听取并反映外国方面的意见。

③与国际标准接轨

当日本标准与国际标准不同时，要参照国际标准修改。当没有国际标准时，要保证日本的标准比外国宽松。

---

[191] 《紧急进口对策纲要》，《通产省公报》，1985 年 7 月 12 日，第 2 页；其他请参考：《行动计划之改善市场准入大纲》。

④简化、缩短认证手续

设定处理时限，尽量进行简化，缩短工作流程。

⑤简化、缩短进口手续

通过扩大不需提交申请手续的产品种类、增加海关窗口的权限等方法简化进口手续，加快其流程。

举例说明：在药品检查试验项目中，除了区分日本与美国的比较临床试验、使用量试验以及吸收排泄试验 3 个项目以外，都可以使用外国的临床试验数据检查药品的有效性和安全性（《药事法》）。

此外，还采取了如下措施：①尽量避免设立新的标准制度，如果实在没有办法也要争取把调整控制在最小范围；②重新讨论根据告示或通知制定的制度，争取予以废除；③彻底落实"原则自由、个别限制"原则，继续努力在不同领域引入自主认证制度，并予以扩充。

此外，对"附件 1"中规定的事项，要设定总结时间，按三个月以内、一年以内、最多三年内，对落实情况进行总结。不仅如此，针对"附件 2"中的跟踪机制还提出了其他改善措施，并明确了实施进度。[112] 具体的改善措施如下：

第一，根据日本国内法律法规梳理标准及认证制度，排查需要调整的规定。截至 1985 年 9 月底，内阁官房在行政监察的协助下逐个排查，政府相关部门提出具体改善措施，获得行动计划执行委员会（下称：执行委员会）通过。

第二，由政府认证改为自主认证。根据国内法律法规，通过一揽子的形式予以解决由没有强制改为自主认证的产品。内阁官房在 9 月底汇总了各个部门的意见，制成报告提交给执行委员会。执行委员会于 10 月底提出了最终解决方案。

第三，围绕制定标准处理时限问题：各政府部门根据其负责的法律法规，在 9 月底确定标准与认证制度中各个手续的标准处理时间，并向执行委员会提交报告。执行委员会在此基础上决定从 11 月 1 日开始实施。

第四，原则上要废除基于告示、通知制定的标准与认证制度：①各政府部门要向内阁官房申报，在 9 月底向执行委员会通报结果。在此基础上，2 个月内必须采取措施；②截至 9 月底，内阁官房在行政监察的协助下，排查了其他没有被各个部门提到

---

[112]　同前，《行动计划之改善市场准入大纲》，第 11 页。

的制度。各部门要在今后 2 个月内废除相关制度。

第五，改革民间团体等非政府机构的标准与认证制度。执行委员会在 9 月底之前制定了指导准则，要求各政府部门根据该准则梳理其管理的机构制定的制度，最晚要在 1986 年采取必要措施。此外，各政府部门还要在 1986 年 3 月底以前，向执行委员会提交报告，汇报实施结果。

根据政府指定的政策方针，通产省采取积极措施，改善标准与认证制度。比如，在 8 月 22 日日美电子工学副部长级会议上，美国方面要求不仅要撤销电脑处理器（Central Processing Unit，简称 CPU）以及电脑相关配件的关税，还要撤销电脑零配件关税。日本政府遵从了美国的要求，撤销了相关产品的关税。[193]

已经按照前文所述的措施认可并接受外国检查数据以及检查机构。1985 年 11 月，美国雷克斯航空公司[194]根据《电器产品取缔法》成为首家被通商产业大臣认可的外国生产商。[195] 第二年 12 月，加拿大创新电器有限公司生产的电热水壶成为首个使用外国试验机构的试验数据通过日本家电款式认证的产品。[196] 这都是"具有划时代意义的案例，标志着在《电器产品取缔法》涉及的手续方面，外国生产商与国内生产商享受了同等待遇"。

1984 年 4 月，贸易局标准情报中心[197]公布了"关于灵活使用外国检查机构出具的检查数据的指导手册"。之后，日本逐渐开始认可外国检查数据。如表 1.2.13 所示，1985 年以《电器产品取缔法》为主，取得了很大进展。1985 年，外国检查数据被认可（利用外国检查机构出具的检查数据进行认证），最早的案例如下：

1986 年 12 月，根据《电器产品取缔法》，通产大臣认可美国达特工业公司（Dart Industries）生产的煎锅获得款式认定。同年 9 月通产大臣首次同意直接使用特定外国试验机构美国保险商实验室的试验数据。这具有划时代的意义，标志着外国产品不需在日本进行试验就能获得款式认证。现在只要附件中含有特定外国检查机构提供的检

⑬ 《撤销电脑相关产品的关税》，《通产省公报》，1985 年 8 月 29 日。

⑭ 贸易局与资源能源厅公益事业部，《美国雷克斯航空公司首次通过认证——首次根据外国检查机构的检查获得通过的电器产品》，《通产省公报》，1985 年 12 月 2 日。

⑮ 有 7 家外国电器制造商向日本政府提交申请，要求直接认证（Direct Access），但是这是美国公司首次获得认证。

⑯ 贸易局与资源能源厅公益事业部，《首次使用外国试验机构的试验数据通过电器产品的款式认证——加拿大创新电器公司的电热水壶》，《通产省公报》，1985 年 12 月 14 日。

⑰ 贸易局标准信息中心，《改善通商产业省有关的标准及认证制度》，《通产省公报》，1986 年 1 月 14 日。

表 1.2.13

1. 接受外国检查数据的改善情况（1985 年）

改善情况		直接申请		外国检查机构的指定	外国检查数据的接受		总计
		登记	形式批准		登记	款式认证	
《电器用品取缔法》	1985 年实际情况 公司数量	8	5		3	1	
	件数	10	6	4	3	1	24
	累计数量 公司数量	11	6		3	1	
	件数	15	14	6	3	1	39
《消费生活用品安全法》	1985 年实际情况 公司数量	1	2		1	1	
	件数	1	2	3	1	1	8
	累计数量 公司数量	2	2		1	1	
	件数	2	2	5	1	1	11
《工业标准化法》（公示认证）	1985 年实际情况 公司数量	5					
	件数	7		2			7
	累计数量 公司数量	27					
	件数	50		2			52
总计	1985 年实际情况 件数	18	8	7	4	2	39
	累计数量 件数	67	16	13	4	2	102

2. 接受外国检查的情况（1985 年）

① 《消费生活用品安全法》

申请者（制造商）	国家	外国检查机构	申请内容	登记日期或款式认证日期
Labo 公司	法国	LNE	制造商登记（车用头盔）	1985 年 7 月 3 日
Labo 公司	法国	LNE	款式认证（车用头盔）	1985 年 7 月 17 日

② 《电气用品取缔法》

申请者（制造商）	国家	外国检查机构	申请内容	登记日期或款式认证日期
美国雷克斯斯航空公司	美国	UL	制造商登记（交流电动机等应用机械类制造业）	1985 年 11 月 25 日
创新电器有限公司	加拿大	CSA	制造商登记（电热器具制造业）	1985 年 11 月 29 日
创新电器有限公司	加拿大	CSA	款式认证（电热水壶）日本指定检查机构和 CSA 签约灵活使用外国检查数据	1985 年 12 月 10 日
Eco Housewear 公司	美国	UL	制造商登记（电热器具制造业）	1985 年 12 月 20 日

资料来源：《通商产业省所管标准・认证制度的改善（昭和 60 年的回顾与昭和 61 年的展望）》，《通产省公报》，1986 年 1 月 14 日。

查数据，通产省工作人员就不用再进行检查，此举大幅降低了进口成本。⑱

此外，1985 年 7 月 30 日，通产省公布行动计划，决定于 1986 年初实施 23 项具体改善措施（其中包括各政府部门通用的 3 项措施）。行动计划制定后，通产省还自觉增加了三条［《燃气事业法》中引入自主认证制度、《矿山安全保障法》（1949 年 5 月 16 日，法律第 70 号）中允许使用外国检查数据检查矿下用品、《火药取缔法》（1950 年 5 月 4 日，法律第 149 号）中放宽对转让火药的限制］。

1985 年 9 月 30 日又提出了一些政策：①提前在《消费生活用品安全法》中引入自主认证制度（1985 年 12 月 13 日国会通过了修改法案，12 月 24 日公布，法律第 102 号）；②提前在《燃气事业法》中引入自主认证制度（同前）；③首先在 3 年内减少 10% 需要标注 JIS 的产品数量，比如 35 毫米胶卷等 50 种产品（1985 年 11 月 22 日官方报告）；④设定并公布标准及认证制度相关业务的标准处理时间（1985 年 9 月 30 日决定，10 月 1 日起实施）；⑤召开审议会制定和修改规则、标准时邀请外国相关人士出席。

在改善标准、认证与进口程序方面，与通产省有关的措施共 23 项。截至 1988 年 3 月底，23 项改善措施的完成情况如下。第一，修改《工业标准化法》《电器产品取缔法》《日本石油液化气业务安全保证和优化法案》《燃气事业法》《高压燃气取缔法》《计量法》《矿山安全保障法》7 部法律，允许外国生产商把外国试验机关的数据作为附件，直接向通产大臣申请认证。第二，把自主认证制度引入《消费生活用品安全法》，原来 8 种产品需要政府认证，现在其中 2 种被改为自主认证。第三，把《电器产品取缔法》中需要政府认证的 425 种（甲级电器产品）中的 144 种改为自主认证（乙级电器产品）。第四，整合并采用国际电器标准会议规格（International Elector technical Commission）作为《电器产品取缔法》的安全标准。⑲

通产省根据行动计划，针对其负责的电器产品，扩大了自主认证范围；其他政府部门负责的事情也按部就班实施。比如允许药品使用外国临床试验数据、允许外国相关人员参加运输技术审议会、部分加工食品原料不需再提交进口申请等。

---

⑱　前文所述 1984 年 2 月根据相关行政命令修正案制定的措施。《首款通过外国试验数据获得款式认证的电器产品》，《通产省公报》，1986 年 1 月 12 日。

⑲　以下内容来源为：《通商产业省年报》，昭和 61 年、昭和 62 年，第 155 页。

（4）20 世纪 90 年代的动向

20 世纪 80 年代后半期，国际宏观经济好转，日本进口扩大的同时，经常收支顺差开始缩小。与此同时，因为日本国内贸易资本价格没有受到日元升值的影响，向下调整不到位，所以日本因为"内外价格差"问题饱受诟病。在此背景下，美国认为日本国内特殊的流通规则、商业惯例、企业间关系、《禁止垄断法》等问题都属"另类"，所以要求日本必须调整结构，《日美结构问题协议》（1989—1990 年）应运而生。

进入 20 世纪 90 年代，日本的经济开始衰退，但经常收支顺差再次扩大。在此背景下，日美经济框架对话开始取代《日美结构问题协议》，1994 年以后继续公布"年度改革预期展望"，这对日本放松规制政策产生了影响。如前文所述，为了减少经常收支顺差，从 20 世纪 80 年代中期开始，日本一直致力于放宽与贸易有关的规制、改善标准与认证制度以及日本市场准入问题。进入 20 世纪 90 年代后，日本把重点转移到进口促进政策方面，鼓励直接扩大进口（请参考图 1.2.1）。日本市场给人留下的封闭印象难以改变，所以日本政府不得不继续实施开放市场政策。但是这与贸易顺差规模以及贸易摩擦的直接关系越来越小。根据国内外的要求，每年都有规律地进行改革。

20 世纪 90 年代以后，针对市场开放问题投诉处理推进总部收集的问题，相关政府部门继续采取解决措施。[20] 1993 年 10 月第 15 次贸易会议（会长：日本首相细川护熙；副会长：通产大臣熊谷弘）制定了扩大进口的基本方针，决定改善"市场准入情况"。

表 1.2.14　与标准、认证、进口程序有关的行动计划实施情况

	1988 年 3 月底		1990 年 3 月
	事项数量	实施数量	实施数量
标准认证领域			
政府介入的减少	33	30	33
适用对象产品的减少	10	9	10
从政府认证向自我认证过渡	15	13	15
削减或缓和规格或标准的项目	5	5	5
其他	3	3	3

---

[20]　《综合经济对策中的进口促进政策》，《通产省公报》，1993 年 6 月 28 日。

（续表）

	1988 年 3 月底		1990 年 3 月
	事项数量	实施数量	实施数量
联络调整总部决定彻底实施标准认证制度等	48	42	47
外国检查数据的认可及积极使用外国检查机构	20	18	20
确保透明性	7	7	7
整合国际标准	11	7	10
简化优化认证手续	10	10	10
进口过程领域			
手续适用范围缩小	3	3	3
手续的简化及优化	7	7	7
合计	91	82	90

资料来源：《通商白皮书》，昭和 63 年版，第 752—753 页，平成 2 年版，第 741 页。

　　具体措施包括：①调查与标准认证等市场准入有关的规章制度，流通系列化等日本特有的限制竞争制度和商业惯例，找出导致内外价格差以及阻碍扩大进口的根源，并予以改进。②在兼顾国内产业的基础上，继续修改与保护国内产业相关的关税及限制进口政策。此外还有③灵活利用进口协商会议，广泛听取包括外国人在内的相关人士的意见和要求。④灵活利用市场开放问题投诉处理推进总部。[201] 但是，需要注意的是：广义上的扩大进口政策主要是指建立并完善进口促进区（Foreign Access Zone）、制定产品进口促进税收制度，产品进口贷款制度，并且扩大政府采购外国产品的规模。

　　之后，1995 年 11 月，贸易会议制定了"改善日本市场准入方针"，其主要支柱包括：①进一步放松相关规制；②改善商业惯例[202]。就放松规制而言，根据民间和国内外的意见和要求，以及 1995 年 3 月 31 日制定的"放松规制推进计划"，要突出和强调政府的作用。其内容主要包括"对竞争激烈的产业，需要从调整供需的角度出发设计市场准入相关的规则，综合考虑其内容及特点，从根本上进行调整，甚至废除相关规制"，对外市场开放政策的特性被大幅弱化。

　　根据其他国家的要求，"改善方针"重新强调并明确了"标准及认证制度以及标示制度"要与"国际接轨"，同时要严格遵守《禁止垄断法》，改变传统的商业惯例，避

---

[201] 《决定扩大进口基本方针——第 15 次贸易会议召开》，《通产省公报》，1993 年 10 月 14 日。
[202] 《决定扩大进口方针——第 8 次贸易会议〈改善日本市场准入方针〉》，《通产省公报》，1995 年 11 月 10 日。

免出现限制竞争的政策。

紧接着，日本政府建议实施新的调查，掌握"日本市场准入相关的实际情况"。根据该建议，由国内外 9 名经验丰富的专家组成了"顾问委员会"，展开了客观且具有国际视野的调查，于 2000 年提交了 9 个领域的调查报告，具体包括：①化妆品；②加工食品以及化学品；③医药产品；④电信设备；⑤建筑材料；⑥福祉；⑦与进口产品流通有关的规定及国内成本；⑧处方药；⑨对内投资。[203] 之所以调查以上领域，有两个原因，"一是外国对市场开放提出的要求，二是是否存在内外价格差"。调查报告具体介绍了日本的规章制度、商业惯例，并且与欧美主要国家进行了具体的对比，指出了改革规章制度的必要性。比如，1998 年，在调查"福祉"领域时就发现并指出了其存在的问题：比如规章制度过于复杂、各地福祉用品不同、选择较少等。在调查"与进口产品流通有关的规定及国内成本"时也指出规章制度存在的问题，比如通关时存在保税地区主义、受时间限制物流无法 24 小时持续运转。

在开发、引进新技术，完善品质管理体制的背景下，日本内阁于 1999 年 4 月通过了《整理并优化与通商产业省有关的标准及认证制度法案》。[204] 其目的是为了切实提高从业人员的安全保障能力，根据实际状况制定相关制度，重新划分官民的职责范围，灵活领用民间的力量，进一步促进规则合理化，保障消费者的安全。具体来说：原来负责政府认证检查和检测的机构为公益法人，现在允许满足一定条件的民间企业，比如保持中立性，担任检查、检测的机构。该法案成立后（1999 年 8 月 6 日，法律第 121 号），《消费生活用品安全法》、《石油液化气业务安全保证和优化法案》、《计量法》、《飞机制造事业法》（1952 年 7 月 16 日，法律第 237 号）、《高压燃气安全保障法》、《火药取缔法》、《确保挥发性油品质相关法案》（1976 年 11 月 25 日，法律第 88 号）、《供热事业法》（1972 年 6 月 22 日，法律第 88 号）、《电器事业法》（1964 年 7 月 11 日，法律第 170 号）、《电器取缔法》也都先后进行了修改。

---

[203] 《〈日本准入实际情况调查〉报告（关于化妆品、加工食品以及化学产品）》，《通产省公报》，1997 年 6 月 20 日。《〈日本准入实际情况调查〉报告（关于医药产品、电信设备）》，《通产省公报》，1998 年 7 月 9 日。《〈日本准入实际情况调查〉报告（关于建筑材料）》，《通产省公报》，1998 年 10 月 15 日。《通关保税地区主义——日本准入实际情况调查报告（关于福祉用品、与进口产品流通有关的各项规章制度以及国内成本）》，《通产省公报》，1999 年 6 月 28 日。《〈日本准入实际情况调查〉报告（关于处方药、对内直接投资）》，《通产省公报》，2000 年 7 月 25 日。

[204] 《民间企业参与检查、检测行业的可能性——整理并优化与通商产业省有关的标准、认证制度法案纲要》，《通产省公报》，1999 年 4 月 26 日。

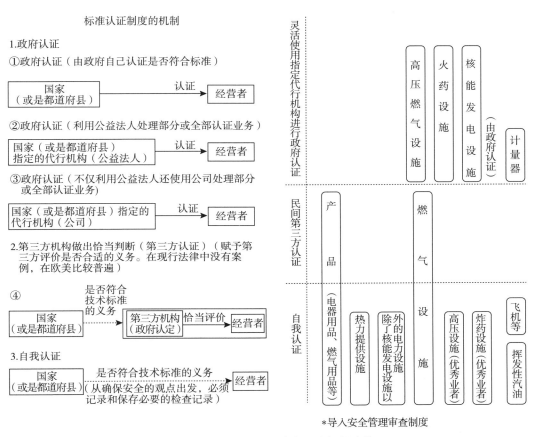

图 1.2.6　标准认证制度有关的规制改革

资料来源：《通产省公报》，1999 年 4 月 26 日，第 2—3 页。

如此一来，根据日本国内的诉求，构建了秉承自主责任原则以及市场体制的自由经济社会体制。与此同时，为了实现开放的国际化经济社会，秉承自始以来的政策目的，维持并提高安全性，比如①正确划分官民职责范围；②积极使用民间力量；③促进民间企业技术升级；④完善环境促进民间企业的国际化活动，日本也采取了很多措施，比如通过自主认证或第三方认证的方式，把政府的直接干预行为控制在最小范围内，深化改革该领域的相关规章制度。

第3章　出口政策

第1节　维持出口秩序政策

1. 出口管理体制的结构及其自由化

（1）出口贸易恢复超出预期

20 世纪 70 年代前半期，日本与其他国家的关系发生重大调整。日元开始升值，国际社会普遍预测会对日本出口造成打击，但实际上，20 世纪 70 年代后半期，日本出口保持了强劲的增长势头。原因之一是海外市场逐渐恢复，原因之二是日本的出口产品具有很强的国际竞争力。根据通商产业省（通产省）问卷调查显示，日本的产品在质量与性能、工期以及销售能力等非价格方面拥有很强的竞争力，有力地推动了出口（请参考表 1.3.1）。另外，具体到 1976 年出口增长的原因，大部分企业认为"以欧美国家为主的世界经济逐渐复苏"是导致日本所有行业出口增长的最主要原因，此外还有其他原因，比如"市场构成优势""非价格竞争力优势""内需不足导致库存压力"。[1] 特别是，出口增长的主要驱动力是家电和电子产品以及汽车行业，这也印证了在综合国际竞争力中，非价格竞争力比价格竞争力更有利于出口增长，所以得出结论：当时日本几乎所有产业，比如精密设备仪器、开弧炉、机床、机械设备、陶瓷产品、非铁制金属制品都保持相同特点。石油危机发生后，价格竞争力有所下降，日本企业集中精力充实非价格竞争力，在品质与性能、工期、销售能力等方面倾注了很多心血。[2]

---

[1] 通商政策局通商调查科，《图解白皮书》，《通产月刊》，第 10 卷第 4 号，1977 年，第 25 页。

[2] 同上，第 28—29 页。

表 1.3.1　出口增加的背景

背景＼行业	企业	电器设备	（重型电器）	（电子产品、家电）	汽车	精密设备	钢铁	（高炉）	（平炉）	普通机械	（机床）	设备	造船	陶瓷	非铁、金属产品	化学	（精细化工）	合成纤维	其他制造品
以欧美为中心的世界经济复苏	2.22 ①	2.20 ①	2.67 ②	1.83 ①	1.30 ①	2.14 ①	1.76 ①	1.50 ①	2.75 ②	2.93 ③	3.33 ④	5.00 ⑤	4.00 ③	3.43 ④	3.00 ②	2.27 ②	1.67 ①	5.00 ⑤	2.20 ③
市场构成有效性	2.64 ②	2.50 ③	4.33 ⑤	2.67 ②	2.90 ③	2.43 ②	3.43 ⑤	3.80 ⑤	3.67 ④	2.24 ①	2.33 ①	2.50 ④	4.00 ③	3.29 ③	3.00 ②	2.00 ①	2.33 ②	4.00 ④	1.50 ①
强大的非价格竞争力（与其他国产产品以及其他日本产品相比）	2.69 ③	2.52 ②	1.67 ①	2.67 ②	2.36 ②	2.63 ③	3.07 ③	3.20 ③	2.75 ②	3.47 ④	2.67 ③	1.75 ①	4.00 ③	2.14 ①	3.00 ②	2.89 ④	3.00 ③	3.00 ③	2.00 ②
内需不足、库存压力	3.28 ④	4.26 ⑤	3.00 ③	4.64 ⑤	3.71 ⑤	4.14 ⑤	2.63 ②	3.20 ③	1.00 ①	2.76 ②	2.33 ①	2.75 ③	1.00 ①	2.50 ②	1.00 ①	2.80 ③	3.50 ④	1.00 ①	4.33 ④
强大的价格竞争力（与外国产品以及其他日本产品相比）	3.30 ⑤	3.00 ④	3.33 ④	3.16 ④	3.33 ④	2.86 ④	3.19 ④	3.00 ②	4.00 ⑤	3.00 ④	4.33 ⑤	2.25 ②	2.00 ②	3.43 ④	5.00 ⑤	4.00 ⑤	4.00 ⑤	2.00 ②	4.33 ④

注：1. 数字是由评价数除以全部种类计算出的。数字越小，程度越强。

2. 圆圈内的数字显示强弱。

3. 其他制造业包括汽车轮胎、拉锁、渔具、打火机、乐器。

资料来源：针对企业提出的调查问卷，《通产月刊》，第 10 卷 4 号，1977 年，第 26 页。

虽然出口增长有效地促进了日本经济复苏，但是人们也逐渐认识到"不能过度依赖出口，应该在扩大内需的基础上实现经济均衡稳定增长"。这种认识也决定了当时日本贸易政策的基本架构，日本政府对出口的基本态度是"实施有序出口，避免引发贸易问题"。[③]

1978 年举行的贸易会议综合会议上对此予以明确。8 月该会议再次举行，并且总结了"综合会议意见"[④]：一方面把"扩大产品进口"作为重要课题，希望政府成立"紧急国际收支对策推进总部"，负责积极推动并落实紧急进口对策；另一方面针对出口，要求间接实施国际收支对策，"从 1978 年 4 月开始监控主要产品的出口情况，并且采取临时特殊措施要求相关行业自愿限制出口数量"。从 20 世纪 80 年代开始到 90 年代，日本对外贸易摩擦问题逐渐严重。在此背景下，"临时特殊措施"常态化，并逐渐演变为出口管理政策的基础。

（2）20 世纪 70 年代后半期的出口管理政策体系

从政策角度分析"出口的基本立场"，无非是指"出口要坚持自由原则，所以要把出口管理限制在最小范围内"，没有必要再次提及。[⑤] 具体来说，当时对于出口管理的规定基本都是点到为止，比如《外汇及外贸管理法》（1948 年 12 月 1 日，法律第228 号，简称《外汇法》）第 48 条规定："通商产业大臣有权批准出口，而且可以在必要时制定相关限制：比如①维持国际收支均衡；②保证对外贸易以及国民经济健康发展。"

根据该规定实施的出口管理措施，可以按照目的进行分类，具体如下：

①维持出口秩序：避免出口激增；避免过度竞争；避免进口国限制出口。

②履行国际义务：保证履行条约、贸易协定、协议等规定的相关义务。

③确保国内需求：限制供应，紧缩产品出口。

④取缔禁止出口品：禁止出口损害公序良俗的产品。

⑤保护贸易惯例：严格遵守国际间达成的商业习惯。

---

③ 野口昌吾（通商政策局通商调查科长），《日本通商政策的基本观点 77 年版通商白皮书纲要及宗旨》，《通产月刊》，第 10 卷第 4 号，1977 年，第 17 页。

④ 《稳定日元汇率为第一要务——昭和 53 年贸易会议综合会议意见》，《通商省公报》，1978 年 8 月 22 日。

⑤ 《新贸易手续讲座 5 出口手续篇》，《通产省公报》，1979 年 4 月 27 日。

根据上述目标，为了更好地管理出口贸易，日本政府制定了很多法律法规。其中直接对出口贸易做出规定的法律包括：①出口管理基本法：《外汇法》；②《关税法》（1954年4月2日，法律第61号），主要涉及海关征收关税，并且检查产品进出口；③《进出口贸易法》（1952年8月5日，法律第229号），主要目的是防止不公平的出口贸易，维持正常的出口贸易秩序；④《出口检查法》（1957年5月2日，法律第97号）；⑤《出口产品设计法》（1959年4月6日，法律第106号）。此外，为了提高卫生条件、维持治安、保护文化财产等，其他法律也对出口贸易做了规定〔如《毒品取缔法》（1953年3月17日，法律第14号）、《大麻取缔法》（1948年7月10日，法律第124号）、《文化财产保护法》（1950年5月30日，法律第214号）〕。

出口商必须严格遵守上述法律规定才能进行出口贸易，主要包括以下三点：①得到通商产业大臣的出口批准；②获得外国外汇指定银行的出口认证；③出口货款回款。如果违反了相关法律法规，日本政府会采取必要管理措施，比如出口事后审查（请参考图1.3.1）。

其中最重要的管理制度就是①中提到的通商产业省大臣的批准。根据该"出口批准制度"，当出口产品遇到以下4种情况时，必须获得通产大臣的出口批准。

1. 从"产品"方面进行管理

出口条令附表1中涉及的产品（205种）。

①国内需求产品（15种，石油类产品作为1种。下同。）

1949年出口条令出台。为了限制出口满足国内需求，规定很多产品在出口时要获得批准。但是，之后国内需求得到改善，日本政府也适当调整了受限产品种类和数量。1978年，政府规定镍、钨矿属于需要审批才能出口的产品，与此同时也根据实际需求情况，取消了其他产品的出口审批制或数量限制政策。

②维持出口秩序产品（18种）

如果日本出口产品过度竞争会导致出口价格不稳定；而且如果急于扩大海外市场，势必会扰乱对方国内市场，还会波及生产流通领域；甚至引发更为严重的事态，比如对方政府限制进口日本商品。为了防患于未然，避免贸易摩擦，维持有序的出口贸易，日本政府认识到需要通过数量限制、价格规定等管理出口，而且如果某产品已经签署国际贸易协定，那就必须根据相关的出口规定管理（如纤维产品、轴承等）。

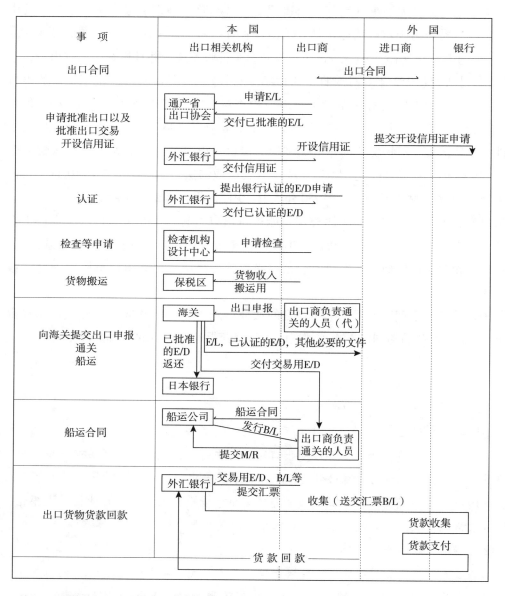

图 1.3.1　出口贸易管理制度结构

注：1.上图简单概括了以信用证开展出口交易手续的情况，但是除了出口条令和进出口交易法，其他法律如有要求，也必须提供相应的许可。
　　2.E/L，出口批准申请书/出口交易批准申请书；E/D，出口申报书；B/L，提货单；M/R，大额收据。
资料来源：《通产省公报》，1979年4月27日。

③战略物资（163 种）

1952 年开始，日本根据巴黎统筹委员会（1949 年成立）协议的宗旨，实施出口管理政策。每隔 2—3 年，根据新技术的发展，调整并修改受限名单（如高精密机床、电子设备等）。

④禁止出口产品、有害公序良俗的产品（7 种）

⑤其他（2 种）

根据联合国的决议，把四轮驱动汽车等产品作为对象。

除了从目的和产品方面进行管理外，还有其他管理方式。比如，第二，向南罗德西亚出口时，要从进口国方面进行管理。第三，从合同方面进行管理。还有，委托加工贸易合同以及委托销售贸易合同项下的产品出口，也必须得到批准。第四，从"结算方式"进行管理。根据大藏大臣和通产大臣协商制定的《有关标准结算方式的行政命令》（1962 年 10 月 31 日），对外贸易相关的结算分为标准结算方式和非标准结算方式。不符合规定的非标准结算方式出口必须获得通产大臣的批准。

对出口国家实施限制，是由当时的国际形势决定的。其典型案例是：1980 年，根据联合国安全保障理事会决议，日本决定对伊朗实施出口审批制度。⑥

（3）1980 年修订《外汇法》和出口管理制度

1980 年 12 月，《外汇法》修订了部分条款（1979 年 12 月 18 日，法律第 65 号），相关行政条令也随之修改，上述出口贸易政策体系发生变化，更加认可自由出口贸易。⑦

具体来说，《外汇及外贸管理法》自 1949 年制定以来就是日本对外贸易的基本法案，发挥了很大作用。但是"制定该法律时，根据日本面临的国内外环境以及国际地位，原则上禁止外汇交易。现在这一点成为导致外国误解和指责的重要原因"。该法除了在 1964 年废除了外汇预算制度（1964 年 3 月 31 日，法律第 33 号）以外，再没有过大幅修改。⑧ 所以把《外汇法》中的禁止原则改为自由原则，实属 30 年以来最大的修改，有利于日本对外宣传自由贸易的基本经济方针。

---

⑥　《对伊朗的经济措施——政府决定实施》，《通产省公报》，1980 年 5 月 26 日。

⑦　《12 月 1 日开始实施 废除出口认证·进口申报等——公布外汇法修改相关政令》，《通产省公报》，1980 年 10 月 13 日。

⑧　维持该制度的基本原因不是出于贸易方面的管理需要，而是出于管理汇率的需要。大藏省坚持区分对待国内外市场，银行之间要维持分业经营，外汇业务只能授权相关银行予以办理。

当时的外国贸易，已经开始按"自由原则"执行。《外汇法》修改后，很多法令也随之做出调整。比如《出口贸易管理条令》（1949 年 12 月 1 日，政令第 378 号）修订案（1980 年 10 月 11 日，政令第 264 号）的变动如下：①废除了出口认证制度（每年认证件数约 195 万件）；②放松结算方法相关规制；③放松委托加工贸易相关规制规定；④废除了货款回款义务。还有，《进口贸易管理条令》（1949 年 12 月 29 日，政令第 414 号）修订案（1980 年 10 月 11 日，政令第 264 号）做出如下改动：①废除进口申报制（每年审批数量约 70 万件）；②废除无外汇进口审批制；③废除事前审批制度；④废除回收与进口有关的外汇债权义务。

《外国汇率管理条令》（1950 年 6 月 27 日，政令第 203 号）也被修改（1980 年 10 月 11 日，政令第 260 号，不再沿用《外国汇率管理条令》的名称，改称《外国汇率条令》）。具体修改内容如下：①在资本交易时，除了预付款外，一般采取事前申报制，特殊情况采取审批制；②除了加工矿产品、再处理燃料废弃物等特例以外，普通的服务交易坚持自由原则；③除了特殊结算方式以外，普通支付以及支付收据坚持自由原则。

此外，对《对内直接投资相关政府条令》（1980 年 10 月 11 日，政令第 261 号）也做了调整，把外国投资者在日本直接投资改为事前申报制，并且修改了条令中其他明显不利于日本经济发展和运营的内容。

通过对上述法律条令的修改，进出口管理相关手续得到改善，比如大幅改善了申请提交手续。主要变动如下：①重新制定委托加工贸易有关的审批申请书；②重新制定了出口报告；③其他。为了简化手续，废除以前的文件要求。[9]

综上所述，特定产品的进出口仍然需要得到批准，这一点没有发生变化。具体到出口贸易管理方面，具体修改如下：逐步落实了"出口管理自由化"，比如，以前通过委托加工贸易合同出口的货物全都需要获得批准，现在原则上委托加工贸易不需要再批准，变得更加自由。此外，对于"支付方式规制"而言，由正面清单（指定不需批准的支付方式，positive list）改为负面清单（指定需要批准的支付方式，negative list）。此外，为了确保切实收回货款、保证出口贸易的合法性、基于缓和外汇管理以及简化出口手续的考虑，废除了相关制度，比如不再要求在船运前必须得到外国外汇授权银行对支付方式的批准。

---

⑨ 请参考《新进出口相关手续——12 月 1 日起实施》，《通产省公报》，1980 年 11 月 14 日，以及《新外汇法相关法律条令特辑》，《通产省公报》，1980 年 12 月 1 日。

此前，日本政府于 1980 年 10 月，根据《濒危野生动植物种国际贸易公约》（Convention on International Trade in Endangered Species of Wild Fauna and Flora，《华盛顿公约》）制定了新的进出口规定。针对①老虎、朱鹮、娃娃鱼等 420 种濒危动植物；②袋鼠、北极熊、火烈鸟等 210 种有可能灭绝的动植物以及与①和②中动植物相关的加工产品进出口必须由通产大臣审批。⑩

（4）20 世纪 80 年代后半期的制度改革以及出口管理

1985 年 1 月，日本政府还修改了《出口贸易管理条令》、《进口贸易管理条令》、《有关非商品贸易的行政条令》（1980 年 11 月 27 日，通商产业省条令第 64 号）的部分条款，变化主要可以概括为两个方面。⑪ 具体来说，第一，"简化了与进出口贸易、非商品贸易有关的手续"：①提高特殊结算方式不需批准的额度上限；②提高不需要提交报告的要求；③提高商品贸易不需批准的标准；④修改了非商品贸易支付报告的格式。第二，"改善了对战略物资以及技术出口的管理"：①调整了需要批准的产品种类以及技术范畴；②扩大了需要批准的地区（甲地区→全部地区）；③针对向巴黎统筹委员会成员出口战略物资，提高不需出口批准的限额。

之后，1987 年 9 月，再次修订《外汇法》（1987 年 9 月 11 日，法律第 89 号），对特定产品实施出口审批制，并且要强化惩罚和制裁力度。⑫

随着对战略物资出口管理的加强，出口审批数量急剧膨胀，每年增至 20 万件。⑬ 因此，1989 年 3 月，通产省决定实施"综合性出口审批制度"。为了采取适当的内部管理措施，针对长期从事进出口的企业不再把签署出口合同作为要件，并且给予最长 2 年时间的许可。综合审批要求不断完善出口管理规定。为了确保得到有效落实，通产省在实施前会进行审查。对象国不仅限于巴黎统筹委员会的成员，还扩展到非共产主义阵营国家。

进入 20 世纪 90 年代以后，日本又陆续做出一些调整。1989 年 3 月，在瑞士布鲁

---

⑩ 《出口珍惜野生动植物改为审批制——修改出口贸易管理条令部分内容》，《通产省公报》，1980 年 11 月 4 日。

⑪ 通商产业省贸易局，《修订出口贸易管理条令、进口贸易管理条令和与非贸易交易等管理有关的行政条令的部分内容（昭和 60 年 1 月 25 日）》，《通产省公报》，1985 年 1 月 25 日。

⑫ 《修订外汇及外贸管理法的部分条款并付诸实施，制定并使用与之相应的出口贸易管理条令》，《通产省公报》，1987 年 11 月 6 日。贸易局出口科安全保障贸易管理室，《关于完善出口管理体制》，《通产省公报》，1988 年 11 月 22 日。对于东芝机械事件，请参考本系列丛书第 7 卷《机械信息产业政策》。本书第一部第 3 章第 2 节会对相关的制度修改做出详细介绍，请参考。

⑬ 《4 月 1 日起实施 给予最长 2 年时间的许可——设立综合出口许可制度》，《通产省公报》，1989 年 3 月 15 日。

塞尔签署了《控制危险废物越境转移及其处置的巴塞尔公约》（Basel Convention on the Control of Transboundary Movements of Hazardous，简称《巴塞尔公约》）。1992 年 12 月 16 日，日本相应出台了《关于特定有害废弃物进出口制度的巴塞尔法》（法律第 108 条，12 月 17 日实施，简称《巴塞尔法》）。该公约生效后，出口公约中涉及特定有害废弃物时必须遵守相关法律规定。[14]

2. 根据《进出口贸易法》制定出口规制[15]

出口规制中重要的支柱之一就是与《进出口贸易法》制定有关的规制。之所以制定《进出口贸易法》，是为了保证对外贸易健康发展，其具体作用是：①防止不公平出口贸易，②维持出口贸易和进口贸易秩序。从出口方面看制定该法的原因是，20 世纪 50 年代前半期，过度竞争导致出口秩序混乱。国外对此意见很大，认为这妨碍了日本出口贸易的发展。

基于上述认识，《进出口贸易法》的首要目标就是防止不公平的出口贸易、遵守国际认可的公平商业惯例。具体来说，规定如下：①禁止出口某些产品，防止损害受相关国家法律保护的所有权和著作权；②禁止出口伪造原产地的产品。此外，《进出口贸易法》还允许成立出口协会，以防止其成员进行不公平的出口贸易。

《进出口贸易法》还有一个目的是"维持出口贸易秩序"，避免过度竞争，建立公平、有序、协调的贸易体制。为此，《进出口贸易法》规定了向特定地区出口特定产品贸易中涉及的价格、数量、品质、设计等，比如：①与出口商签署协议；②出口协会制作成员手册，明确成员需要遵守的事项，提交通产大臣审批。此外，《进出口贸易法》还规定了向特定地区出口特定产品在国内交易时涉及的价格、数量、品质、设计等，比如：③与出口商签署协议；④与出口商、生产商、经销商签署协议；⑤与生产商或经销商签署协议，⑥出口协会制作成员手册，明确成员应该遵守的事项；⑦为了成员的利益，出口协会与生产商或经销商可以签署整体协议，必须要得到通产大臣的批准（但是，与⑤有关的产品必须先得到相关负责部门大臣的允许）。考虑到有些条款可能与《禁止私人垄断和保证公平交易的法律》（1947 年 4 月 14 日，法律第 54 号，《禁止垄断法》）有冲突，所以《进出口贸易法》规定，根据上述协议开展的一致行为

---

[14] 《关于修订出口贸易管理条令的部分条款》，《通产省公报》，1993 年 12 月 1 日。
[15] 《新贸易手续讲座 6 出口手续篇 中 出口贸易的批准》，《通产省公报》，1979 年 5 月 11 日。

作为特例，不适用《禁止垄断法》，而且在协议签署时，要考虑是否有悖于《禁止垄断法》，又要同时满足包括贸易政策立场在内的一定法律要件。

出口商、生产商、经销商开展一致行动仍然难以解决问题时，上述协议也已有所考虑。针对上述①和②涉及的问题：为了维持出口贸易秩序，促进出口健康发展，排除所有障碍，通产大臣在向该对象国出口产品时，会在价格、品质、设计或其他方面设置贸易条件；或是对出口数量实行审批制度（所谓局外规制命令）。

根据制定该法律的主旨，20 世纪 70 年代，受日元升值的影响，日本签署了很多出口协议。通过表 1.3.2 可以了解到，1973 年，日本在所有领域，根据《进出口贸易法》签署了 329 条出口协议，涉及 163 个行业。从协议内容看，直接与数量有关的协议最多，其次是价格协议、种类协议。从产品看，纤维产品和重工业产品（主要是机械设备）比较多。

（1）对外贸易摩擦与《进出口贸易法》

协议签署的数量逐渐趋于稳定，协议总数控制在 100 个左右，相关行业减少至 62 个左右。业界仍然认可通过《进出口贸易法》签署协议维持出口秩序非常有必要。其中值得一提的是，与国内贸易有关的出口协会和出口商协定虽然也被该法认可，但是没有付诸实践。

在制定《进出口贸易法》时，日本主要的出口产品是纤维产品、杂货、小型机械设备等，而且活跃在出口市场的企业规模比较小。所以制定该法的初衷只是为了解决当时的问题。但是，进入 20 世纪 80 年代以后，《进出口贸易法》成为非常有用的政策手段之一，政府凭借该法实施了出口自愿限制措施，并试图解决对外经济贸易摩擦。

比如，1983 年 10 月，通产省⑯决定接受经济对策阁僚会议提出的 6 项综合经济对策，在通产省内部设立出口秩序委员会（Export Monitoring Committee），监控与出口有关的动向；并且根据需要，研究相关政策以确保特定产品有序出口。该委员会由通产省事务次官担任委员长、成员由通商产业审议官、官房长、通商政策局长、贸易局长、基础产业局长、机械信息产业局长、生活产业局长构成。为了更好地开展工作，由贸易局总务科长牵头带领各局的总务科长组成专业委员会。虽然没有找到与当时活动有关的资料，但是可以从该机制了解当时通产省为了维持出口秩序采取的措施。

---

⑯　通商产业省，《关于成立出口秩序委员会》，《通产省公报》，1983 年 10 月 29 日。

表1.3.2 根据《进出口贸易法》签署出口协议的情况

		价格	数量	品种	设计	其他	延计	统计	纤维	重工业	非铁金属	化学	农水产品	杂货
		按协议事项区分							按货物种类区分					
1973年4月1日														
出口贸易	出口协会	21	30	9	9	66	135	83	24	23	1	4	11	20
	出口商	1	22	18	0	41	82	25	24	1	0	0	0	0
	小计	22	52	27	9	107	217	108	48	24	1	4	11	20
国内贸易	出口协会	0	0	0	0	0	0	0	0	0	0	0	0	0
	出口商	0	0	0	0	0	0	0	0	0	0	0	0	0
	生产销售商	31	26	5	0	50	112	55	9	35	0	8	2	1
	小计	31	26	5	0	50	112	55	9	35	0	8	2	1
合计		53	78	32	9	157	329	163	57	59	1	12	13	21
1980年1月1日														
出口贸易	出口协会	7	13	5	7	38	70	39	17	11	1	3	2	5
	出口商	0	6	1	0	11	18	7	6	1	0	0	0	0
	小计	7	19	6	7	49	88	46	23	12	1	3	2	5
国内贸易	生产销售商	3	8	0	1	15	27	15	4	7	1	2	0	1
合计		10	27	6	8	64	115	61	27	9	2	5	2	6
1985年1月1日										机械设备	金属产品	化学	农水产品	杂货
									纤维					
出口贸易	出口协会	8	9	5	7	34	63	36	17	9	1	3	2	4
	出口商	0	6	1	0	10	17	7	6	0	1	0	0	0
	小计	8	15	6	7	44	80	43	23	9	2	3	2	4
国内贸易	生产销售商	0	4	0	0	11	15	15	4	0	3	3	0	1
合计		8	19	6	7	55	95	58	27	9	5	6	2	5

（续表）

		按协议事项区分							按货物种类区分					
		价格	数量	品种	设计	其他	延计	统计	纤维	重工业	非铁金属	化学	农水产品	杂货
1990 年 1 月 1 日														
出口贸易	出口协会	6	13	3	3	19	44	28	13	5	2	3	1	4
	出口商	0	0	0	0	0	0	0	0	0	0	0	0	0
	小计	6	13	3	3	19	44	28	13	5	2	3	1	4
国内贸易	生产销售商	0	6	0	0	8	14	11	3	1	4	3	0	0
合计		6	19	3	3	27	58	39	16	6	6	6	1	4
1995 年 1 月 1 日														
出口贸易	出口协会	0	3	1	2	3	9	7	3	0	0	0	1	3
	出口商	0	0	0	0	0	0	0	0	0	0	0	0	0
	小计	0	3	1	2	3	9	7	3	0	0	0	1	3
国内贸易	生产销售商	0	3	0	0	4	7	4	3	0	0	1	0	0
合计		0	6	1	2	7	16	11	6	0	0	1	1	3

注：1985 年以后，重工业产品是指机械设备，非铁金属等于金属产品。

资料来源：由各年的《通商白皮书》制成。

虽然不是根据直接相关的事情做出判断，但从下面的事例可以略知一二。1983 年 11 月，日本政府召开事务次官会议，决定修改《进出口贸易法实施条例》（1955 年 9 月 12 日，政令第 244 号），并且根据《进出口贸易法》调整了"与通商产业大臣批准出口有关的行政命令"中涉及的产品，决定去掉自行车，把合金工具钢、高速工具钢以及不锈钢作为 3 种特殊钢铁品种。该措施被认为是为了应对美国。美国政府于 1983 年 7 月 20 日决定对出口美国的 3 种特殊钢铁品种实施限制，在通关阶段检查进口规模，为期四年。这种限制方式属于美国单方面的手段，为了防止日本船运货物抵达美国港口后，因为超量的问题导致无法通关，日本政府利用《进出口贸易法》中的出口审批制度，在国内实施了一系列措施，比如确保出口商的出口数量在限制框架内，抑制恶性出口竞争。[17] 此外，还有一些类似的案例，比如机床导致日美贸易问题激化，所以对机床实施了出口自愿限制措施。

（2）修改《进出口贸易法》

如上所述，《进出口贸易法》对维持出口贸易秩序也发挥着重要作用，但是其存在意义不断变化。从放松规制的角度看，废除或是简化该法部分条款的诉求不断增加。进入 20 世纪 90 年代以后，根据该法签署的协议数量迅速减少。1995 年废除了与出口协会的出口贸易相关的一项杂货协议以及与生产商、销售商的出口国内贸易相关的 2 项纤维产品协议后，截至 1996 年 1 月，根据《进出口贸易法》签署的出口协议只剩下 8 项。[18] 如果明确这些出口协议无法解决影响出口贸易秩序或者出口贸易健康发展的问题，通商产业大臣可以对出口进行限制（所谓局外规制命令）。1996 年 1 月 1 日，通产省公布了行政命令：只有三种产品没有得到通商产业大臣的出口批准：①打火机（全部地区·设计）；②陶瓷产品（全部地区·设计）；③珍珠（美国、瑞士、中国香港等 25 个国家和地区·品质）。

1996 年 3 月，关于"修改放松规制推进计划"获得内阁批准，"据此对《进出口贸易法》进行了调整"，不再把"出口商和出口协会结成的出口卡特尔"当作一致行动，并且在 1997 年向国会提出法案，要求废除：①出口相关的国内贸易协议；②进口卡特尔；③进出口协会；④贸易联合等制度。[19] 根据《进出口贸易法》签署的出口协

---

⑰ 《把向美国出口的特殊钢材作为出口审批产品——修改进出口交易法实施细则》，《通产省公报》，1983 年 12 月 6 日。

⑱ 《通商产业省年报》，平成 7 年，第 314 页。

⑲ 《通商产业省年报》，平成 8 年，第 352—353 页。

议，1997 年 1 月只有 4 项，1998 年 1 月只剩 1 项。截至 1998 年 1 月 1 日，只有珍珠（美国、瑞士、中国香港等 25 个国家和地区·品质）这一种产品适用出口许可制度，而且第二年就不再受限。[20] 这样一来，根据《进出口贸易法》，所有产品在出口时都不需得到通商产业大臣的批准。[21]

3. 使用《出口检查法》：检查出口产品

日本政府通过《出口检查法》规定，原则上政府机构或者政府指定的检查机构要检查相关产品的品质、材料及包装情况；还通过行政命令规定了需要检查的产品。如果没有按照要求合格标示则禁止出口。该法 1957 年出台，其目的是为了"维护并提高出口产品的声誉，保证出口贸易健康发展"，它继承和发展了旧《出口产品取缔法》（1948 年 7 月 12 日，法律第 153 号），对振兴出口发挥了重要作用。

但是，随着日本经济发展以及企业生产方式现代化、品质管理体制不断完善，产品质量得到显著提高。此外，为了与发展中国家的出口拉开差距，满足海外国家对安全和卫生的高标准，日本开始生产并出口高级产品。所以减少被检查产品种类、改善检查方法、提高检查标准迫在眉睫。[22]

根据该基本方针，通产省从根本上改变了使用《出口检查法》的方式，实施了很多新的政策。第一，梳理检查产品种类，标准如下：①过去几年内批量不合格率连续保持在 1% 以下的产品；②出口总额较少的产品；③专业用户使用的产品。此外，下列三类产品不属于被梳理对象：①不良率非常高的产品；②与安全、卫生相关的产品以及必须要升级换代的产品；③从行业结构看必须要检查的产品。

第二，针对为了摆脱发展中国家的追赶，迫切需要品质升级的产品，以及在安全、卫生方面要求较高的产品，日本采取了提高检查标准的措施。第三，改进检查方法：①增加调整型抽样法、款式检查法，重新梳理确定无须检查的产品；②结合受检产品规模以及此前的检验结果，采取提前标示合格制度，减轻企业负担；③在掌握企业品质管理状况的前提下改善检查方法；④合理增加其他不适用该政策的产品范围。

经过此番调整后，发生了很大变化。以 1973 年为例，硬质合金刀片等 15 种产品不再作为指定受检产品。此外，当年四次提高检查标准，涵盖了大部分产品。调整后的

---

[20] 《关于修订进出口贸易法实施细则的部分条款》，《通产省公报》，1998 年 12 月 24 日。

[21] 《通商产业省年报》，平成 8 年，第 371 页。

[22] 《通商产业省年报》，昭和 48 年，第 75 页。

指定受检产品种类相当于 1974 年 3 月底 408 种的 15%。

对出口进行检查的机构是政府机关或者根据《出口检查法》的要求指定的检查机构。1973 年，相关政府机构包括 6 家，分别是：通商产业省的工业产品检查所、纤维制成品检查所、农林省的农林规格检查所、厚生省的国立卫生检查所以及运输省的陆运局和海运局。指定检查机构合计 39 家，主要包括：机械金属相关检查机构 7 家、杂货相关检查机构 14 家、纤维相关检查机构 14 家、农水产品相关检查机构 3 家、医疗相关检查机构 1 家。它们根据自己负责的领域对出口进行检查。[23] 为了提高指定检查机构的检查效率，确保指定产品品质、安全、卫生符合要求，政府向指定检查机构提供设备升级补助，用于购买特殊检查设备，增加并完善检查所用设备。出口检查机构在根据《出口检查法》检查相关产品的过程中，逐渐积累了与检查、试验相关的技术能力。与此同时，政府也在积极引导将已有经验用来满足新的检查和试验需求，并且积极摆脱依赖出口检查的体制。为了严格遵守《出口检查法》，该法还规定政府机构的相关人员可以现场检查受检企业、存放产品的仓库甚至指定检查机构。1973 年，现场检查 40 909 起。上述提供设备升级补助、促进检查机构业务多元化、开展现场检查等制度逐渐成为每年实施《出口检查法》中的重要内容。

之后，1979 年，日本政府继续调整"梳理产品种类"标准。"有些配件出口时需要检查，但是分拆后可以规避检查"，类似的配件以及零件今后必须检查。[24] 1981 年，根据临时行政调查会（下文会有详细论述）的答辩，梳理产品种类标准再次调整。"过去多年连续检查合格、品质非常稳定的产品，符合制定法律的初衷，原则上不用再检查。"[25]

1973 年，指定受检产品数量超过 400 件。经过数次调整，到 1980 年数量减半（请参考表 1.3.3）。1982 年 2 月临时行政调查会以及 5 月行政管理厅陆续建议继续缩小出口受检产品三分之一的规模。因此，连续多年检查合格，品质稳定，符合法律初衷的 22 种产品不需再被检查。此外，因为 31 种产品的生产技术升级或发生变化，为了更好地实施检查，日本政府还调整了检查标准。[26]

[23] 《通商产业省年报》，昭和 48 年，第 76 页。

[24] 《通商产业省年报》，昭和 54 年，第 88 页。

[25] 《通商产业省年报》，昭和 56 年，第 110 页。

[26] 《通商产业省年报》，昭和 61 年，第 109 页。

表 1.3.3 与出口检查有关的指定产品

分类	指定产品	检查内容						
	数量	根据检查内容分类				根据检查主体分类		
		质量检查	材料检查	设计制造检查	包装条件检查	第三方检查	并用	自我检查
1973 年								
机械金属制品	196	196		1		195	2	1
杂货产品	82	82				82	0	0
纤维产品	45	45	7		5	40	0	5
农林水产品	37	37				26	0	11
试用药	61	61				61	0	0
医药用品	2	2				1	0	1
总计	423	423	7	1	5	405	2	18
1980 年								
机械金属制品	75	75		1		75	2	0
杂货产品	60	60				60	0	0
纤维产品	41	41	5		5	39	3	2
农林水产品	26	26				18	0	8
医药用品	2	2				1	0	1
总计	204	204	5	1	5	193	5	11
1985 年								
机械金属制品	46	46				46		0
运输产品	4	4		1		2	1	1
杂货产品	34	34				34		0
纤维产品	38	38	6		6	33	3	2
农林水产品	17	17				16		1
医药用品	1	1						1
总计	140	140	6	1	6	131	4	5
1990 年								
机械金属制品	8	8				N. A.	N. A.	N. A.
运输产品	3	3		1		N. A.	N. A.	N. A.
杂货产品	19	19				N. A.	N. A.	N. A.
纤维产品	28	28	5		4	N. A.	N. A.	N. A.
农林水产品	13	13				N. A.	N. A.	N. A.
医药用品	1	1				N. A.	N. A.	N. A.

（续表）

分类	指定产品	检查内容						
	数量	根据检查内容分类				根据检查主体分类		
		质量检查	材料检查	设计制造检查	包装条件检查	第三方检查	并用	自我检查
总计	72	72	5	1	4			
1995 年								
运输产品	3	3	1			N. A.	N. A.	N. A.
杂货产品	6	6				N. A.	N. A.	N. A.
纤维产品	21	21				N. A.	N. A.	N. A.
农林水产品	9	9				N. A.	N. A.	N. A.
总计	39	39	1	0	0			

资料来源：根据各年的《通商白皮书》制成。

之后，梳理指定受检产品的措施继续实施。1985 年指定受检产品数量为 140 种，1990 年为 72 种，1995 年大幅减少，只剩 39 种。在此背景下，1994 年 5 月召开出口检查及设计奖励审议会，会议提出争取在 3 年后废除《出口检查法》。受此影响，在 1996 年 12 月召开的审议会上，提出"应该尽快废除出口检查制度"，1996 年废除法案出台。从此，延续多年并发挥重要作用的出口产品检查制度退出了日本的历史舞台。

4. 落实《出口产品设计法》

（1）防止模仿设计的对策

为了在开展出口贸易时防止剽窃设计，日本政府制定了《出口产品设计法》，并且通过行政命令规定特定产品未经认证机构的批准禁止出口。1973 年，特定产品有 20 种：如相机、电动留声机以及家具等；认证机构包括：日本机械设计中心、日本杂货振兴中心（1978 年后更名为日本生活用品振兴中心）。

根据《进出口贸易法》签署的设计协议规定：针对纤维产品、陶瓷产品、杂货等 8 种产品，民间团体需要自行对设计进行登记认证。[27] 1974 年《通商产业省年报》对此有详细记载，请参考表 1.3.4。

---

[27]《通商产业省年报》，昭和 48 年，第 77 页。

表 1.3.4　根据《进出口贸易法》制定的协议所登记认证的数量

种类	协议的种类	签署协议的机构	根据协议负责登记、认证的机构	1974 年度（4 – 3 月）	
				登记认证	认证数量
纤维	根据出口机构应该遵守的事项制定的规则（《进出口贸易法》第 11 条第 2 款）	棉 = 日本棉布出口协会 绢及丝绸产品 = 日本绢出口协会纤维等二次产品以及合成纤维 = 日本纤维产品出口协会	日本纤维设计中心，但是合成纤维属于日本纤维产品出口协会管理	92 160	62 545
陶瓷、玻璃马赛克瓷砖		日本陶瓷产品出口协会	日本陶瓷类产品设计中心	5 426	54 169

资料来源：《通商产业省年报》，昭和 49 年开始。

虽然原则上受限产品种类不应太多，但是这一年认证审批数量巨大，防止设计被模仿的政策带来了相当大的事务性工作。如表 1.3.5 所示，不同的产品由不同的指定机构认证审批。

从表 1.3.5 还能了解到根据《出口产品设计法》登记的产品数量变化趋势。进入 20 世纪 80 年代以后，登记的机械设备数量呈下降趋势，而杂货则呈上升趋势，比 20 世纪 80 年代前半期多；20 世纪 80 年代后半期，开始梳理相关产品。

部分产品在此过程中被免于认证。比如原来由日本生活用品振兴中心认证的网球拍[28]，根据 1981 年 5 月《出口产品设计法修订条令》（1981 年 5 月 19 日，政令第 174 号），不再作为特定产品，免于认证。当时之所以把它作为需要设计认证的产品，是因为当时生产球拍的大部分是中小企业，对设计和商标的认识比较薄弱，国内企业过度竞争，所以出现了很严重的设计剽窃问题。为了防止这种情况发生，1962 年 3 月根据《出口产品设计法》指定网球拍需要进行设计认证。取消认证的理由如下：随着经济发展，网球拍生产行业逐渐集中并垄断，模仿和剽窃设计的情况减少。根据《出口产品设计法》进行设计登记的产品数量也减少了，而且受发展中国家的竞争影响，出口数量在设计认证时也有所下降。

---

[28]　《去掉网球拍等产品——修订出口产品设计法实施细则的部分条款》，《通产省公报》，1981 年 5 月 29 日。

表 1.3.5 　《出口产品设计法》特定货物的登记认证情况

年份		日本机械设计中心			日本杂货振兴中心（注）	
		有效登记件数	认证件数		有效登记件数	认证件数
1973 年	相机、电动留声机、8mm 摄像机、8mm 放映机、电动曝光表、装饰用电灯套装、录音机 6 种产品	1 126	11 079	钢笔、家具、手提包、金属手表带、磁铁表带、网球球拍、木质宝箱、马克笔、金属家政用品、漆器等 11 种产品	4 684	77 876
1974 年		796	6 945		3 634	43 178
1975 年		681	6 312		3 404	38 491
1976 年		641	7 110		3 462	47 889
1977 年		698	7 674		3 474	49 275
1978 年		731	7 557		3 446	39 366
1979 年		764	7 338		3 713	38 464
1980 年		792	7 512		3 911	60 953
1981 年		769	7 022		3 930	45 720
1982 年		731	5 245	钢笔、家具等 10 种产品	3 343	48 353
1983 年		712	4 986		3 508	51 286
1984 年	相机、电动留声机等 5 种产品	694	4 928		3 756	52 297
1985 年		677	4 912		3 817	49 745
1986 年		704	4 467	钢笔、家具等 9 种产品	3 632	39 843
1987 年		711	4 103		3 071	36 082
1988 年		720	3 438		2 572	33 877
1989 年		738	3 022		2 082	33 413
1990 年		749	2 183		1 766	32 654
1991 年		无			1 440	30 815
1992 年					1 237	29 072
1993 年					1 001	25 669
1994 年					778	23 556
1995 年					692	21 827
1996 年					692	21 827
1997 年					—	408

注：从 1978 年改为日本生活用品振兴中心。

资料来源：《通商产业白皮书》各年版。

在此期间，日本致力于提高产品质量并且扩大出口，但是海外其他国家抄袭日本产品设计和商标的数量在 20 世纪 70 年代后半期急剧增加。1971 年为 129 件，1972 年为 121 件，1973 年为 91 件，1974 年为 128 件，1975 年为 91 件，1976 年为 124 件，1977 年为 157 件，1978 年为 270 件，1979 年为 274 件，1980 年为 314 件。日本决定采取措施，帮助发展中国家振兴和扶持设计行业，于是于 1966 年成立了"海外设计振兴对策会议"。日本认为出口产品必须防止模仿他国设计，但相反成为被模仿的对象，这从某种角度上也说明基本实现了防止模仿设计的政策目的。但是，仍然根据《出口产品设计法》保护设计，直到 20 世纪 90 年代中期放松限制措施才得以实施。1994 年 4 月，进出口贸易审议会举行，建议争取在 3 年后废除该法。以此为契机，普遍认为该法已经实现了既定目标，可以废除。

（2）振兴设计活动

通产省在根据《出口产品设计法》施政的同时，也开始针对更广泛的对象实施振兴政策。

涉及振兴的主要措施包括：1973 年①开展设计年活动；②开展优秀设计产品（G－Mark）评选活动；③举办不同领域的设计会议；④开展日本优秀设计产品开发指导项目；⑤举办日本产品设计振兴会议。㉙

其中，关于①设计年活动，是指"为了向普通国民普及设计相关知识，并且通过普及设计丰富生活，日本决定把昭和 48 年作为设计年"，其主要活动包括：（i）举办优秀设计展；（ii）召开世界工业设计大会；（iii）开展宣传活动。关于②优秀设计产品评选活动，是指通产省负责评选设计优秀、品质优良的产品。为了向大众宣传推广，从 1957 年以后就开始实施该活动，效果也非常好，每年都有非常多的产品参选。以 1973 年为例，申请优秀产品评选的产品多达 2 325 件（302 家公司），从中选出 329 件产品（97 家公司），优秀比例为 14.1%。此外，第③条与地方自治体负责设计的机构有关。为了增加中央和地方的合作并且促进各地设计机构的密切关系，各地通商产业局每年举办不同领域的设计会议。④日本优秀设计商品开发指导项目是指：在地方自治体的协助下，由中央派遣设计师或者百货商场的专家，对陶瓷产品、杂货以及纤维制品的设计进行指导和开发。⑤中提到的日本产业设计振兴会致力于成为日本设计的信息中心，在展示优秀设计作品的同时，收集国内外设计资讯，向设计机构提供信息。

㉙ 《通商产业省年报》，昭和 48 年，第 77 页。

　　通过这些设计振兴活动和举措，在很多领域和地区都唤起了人们对设计的认识，大家开始致力于提高产品设计水平。为了实现这个目标，日本还派出海外考察团赴国外交流。比如，1974 年，任命 8 名中小企业的骨干设计师担任产业设计改善研究员赴欧洲学习；应泰国政府的邀请，海外设计振兴对策会议派出考察团，参观各地家具工厂，并进行设计指导。此外，还在国际合作事业团体的协助下，实施了海外设计师研修项目。[30]

　　1975 年，开始实施地方产业设计开发促进项目，力图振兴地方的设计开发事业。其措施包括：①地方自治体或者产品产地提高设计意识、完善综合设计振兴体制（完善设计开发体制事业）；②以特定产品为对象，对设计进行调查、研发和指导，制造样品，为期 2 年（设计开发实施指导事业）。[31] 1979 年，中小企业振兴事业团体信息调查部要求协助"新产品开发设计信息提供事业"。为了方便全国中小企业开发新产品，日本产业设计振兴会向地方各政府部门中小企业管理指导机构和公立试验研究机构提供必要信息。信息范围涵盖国内外消费生活的趋势等"背景信息"以及介绍新产品的"产品信息"，从 1979 年开始，提供了 1 200 条资讯。[32]

　　从 1980 年开始，日本筹备于 1983 年举办第一届"国际设计节"（主要包括国际设计比赛、国际设计展）。为此成立了国际设计交流协会，并且作为实施机构，由各委员会讨论项目的具体进展。[33] 1982 年，开始征集并确定主题和要求，53 个国家的 1 367 件作品参选。[34] 时隔一年，即 1985 年举办第二届国际设计节，共有 41 个国家的 1 032 件作品参选。[35]

　　1985 年提出"中小企业设计升级政策"这一新政策，调整了以前的业务内容。主要政策包括以下 3 点：①开展地区产业设计升级特定项目；②设计信息提供项目；③中小企业设计国际化振兴项目。

　　通过这些政策的实施，20 世纪 90 年代后，通产省对设计形成了一定的基本认识，比如：设计担负着重要责任和使命，可以帮助人类更加深刻地理解生活和文化，通过"产品"创作出舒适的环境。日本必须要改变战后设计落后的局面，在部分设计领域达

---

[30]　《通商产业省年报》，昭和 49 年，第 70 页。

[31]　《通商产业省年报》，昭和 53 年，第 86 页。

[32]　《通商产业省年报》，昭和 54 年，第 91 页。

[33]　《通商产业省年报》，昭和 56 年，第 113 页。

[34]　《通商产业省年报》，昭和 57 年，第 106 页。

[35]　《通商产业省年报》，昭和 59 年、昭和 60 年，第 151 页。

到世界前列。日本政府对设计的期待日渐高涨："为了不辜负这种期待，我们要采取更加积极且行之有效的措施，进一步促进在各个领域普及设计思维，并且必须通过广泛交流、收集国内外多种多样的设计相关信息。"在这些认识的基础上，推动落实设计振兴政策被认为非常必要。

因此，日本政府决定从 1990 年开始，把每年的 10 月 1 日定为"设计日"，进一步确认了"设计"的重要性，并对各个领域的设计活动提供更为有力的支持。[36] 为了进一步向社会普及设计的重要性，日本还决定：从 1990 年开始，对设计的普及和提高或者是在推动设计国际交流方面做出突出贡献的个人予以表彰（通产大臣表彰）。[37]

之后，1993 年 5 月，出口检查及设计促进审议会中提出"与时俱进的设计政策"，其具体的建议如下：①确立设计人才培养支援机制；②开展中小企业设计振兴活动；③开展地区设计振兴活动；④加强设计领域的国际合作；⑤进一步向社会普及设计。在此基础上，同年 11 月，日本产业设计振兴会议下设"设计人才开发中心"，开始挖掘并培养设计人才；另一方面，积极推动与亚太其他国家开展国际交流与合作。

5. 出口管理和放松规制

（1）建议放松规制

如上所述，20 世纪 70 年代后半期开始逐步放松与出口管理手续相关的规制。进入 20 世纪 90 年代中期后，迄今为止的政策体系发生巨大调整，相关规制必须改革，相关法律法规必须被废除或修改。[38]

首先，1994 年 4 月，进出口贸易审议会决定尽快废除当时为了振兴出口制定的《中小企业出口产品统一商标法》（1970 年 5 月 21 日，法律第 85 号），并决定在 3 年内废除《出口产品设计法》。第二年 5 月，为了提高产品品质，改变贸易收支顺差，日本召开"出口检查及设计促进审议会"，审议了《出口检查法》，认为"应该在 3 年时间内废除该法"。

20 世纪 60 年代中期，根据《出口检查法》，日本政府要对 501 种产品（约占出口总额的 45%）实施检查。截至 1995 年 5 月，检查规模缩小至 50 种产品（纤维 25 种、

---

[36]　关于 20 世纪 90 年代的设计振兴政策构想，请参考：贸易局检查设计行政室，《关于 90 年代的设计政策》，《通产省公报》，1990 年 5 月 7 日。

[37]　《通商产业省年报》，平成 2 年、平成 3 年，第 113 页。

[38]　《关于废除出口检查法相关的审议会答辩》，《通产省公报》，1994 年 5 月 25 日。

杂货 11 种、农水产品 10 种，仅占出口总额的 1.7%）。剩下的产品大多由中小企业生产制造。1993 年秋天，放松规制政策出台，决定再次减少指定受检产品数量，控制在目前的一半左右。为了给中小企业完善产品品质管理体系留下时间，通产省决定于 3 年后开始废除该法。

就《出口产品设计法》而言，高峰时期（1967 年）需要设计认证审批的产品 21 种（机械设备 7 种、杂货 14 种），1994 年只剩下钢笔、家具、漆器等 7 种杂货类产品。此外，与模拟和剽窃设计有关的法律还包括《设计法》（1959 年 4 月 13 日，法律第 125 号）、《商标法》（1959 年 4 月 13 日，法律第 127 号），还有《防止不正当竞争法》（1934 年 3 月 27 日，法律第 14 号），以及追加了一些禁止条款（1993 年 5 月 19 日，法律第 47 号）。而且通产省制定的与设计相关的政策，主要是在国内外普及防止模拟和剽窃设计的对策，不再以出口为重点。所以日本政府认为《出口产品设计法》不再具有存在的必要性。

1970 年，日本制定《中小企业出口产品统一商标法》，目的是为了促进日本中小企业产品出口，当时其产品成本较高，竞争力比较弱，马上就要被发展中国家迎头赶上。所以政府制定该法，希望制定统一的商标，确立品质优良、产品高端的声誉。相关中小企业团体针对特定商品制作统一商标，日本政府给予认证，必须是成员企业才能在出口时张贴该统一商标。涉及产品主要包括以下 4 种：①金属西餐器皿（1972—1982 年获统一商标认证）、②提花织物（西阵织，1974—1993 年获统一商标认证）、③眼镜框（1971—1991 年获统一商标认证）、④眼镜片。其中，金属西餐器皿和提花织物虽然获得了统一商标认证，但是实际上没有出口。眼镜片最终没能获得统一商标认证。所以这 4 种产品中，唯一有出口记录的是眼镜框，1981—1982 年曾对美出口。因此，日本政府认为缺乏具体需求，应该尽快予以撤销。

（2）废除《出口检查法》以及《出口产品设计法》

1995 年 3 月底，通产省宣布了 148 条放宽规制措施，如废除《特定石油制品进口临时措施法》（1985 年 12 月 20 日，法律第 95 号）等[39]，具体请参考图 1.3.2。该"放松规制推进计划"不针对特定领域。通产省明确表示要在 1996 年的通常国会上再次提出废除《出口检查法》以及《出口产品设计法》的法案。为了改革经济结构，积极推动放松规制政策，按照既定方针，通产省终于在 1997 年 4 月废除了《出口检查法》以

---

[39] 《废除特定石油制品出口临时措施法等 148 项缓和政策——通产省采取措施放松规制》，《通产省公报》，1995 年 4 月 11 日。

及《出口产品设计法》。通过"为了改善民间活动相关规则并促进行政工作合理化修改通商产业省有关法律的部分条款的法律"（1997 年 4 月 9 日，法律第 33 号）[40]，废除了很多从战后就开始实施的与出口管理政策有关的法律。[41] 同时，这些法律相关的行政条令也被一并废除。[42] 原来，根据《出口检查法》，下列产品必须进行检查才能出口：5 种杂货产品（眼镜、马赛克、玩具等），4 种纤维制品（提花织物、人造丝等），6 种食品（绿茶、温州蜜柑、罐头食品等），3 种船舶相关产品（船舶、柴油发动机等）；现在无须再进行检查。钢笔、家具、金属表带、渔轮、马克笔、金属制家庭用品、漆器也从《出口产品设计法》受限名单中剔除。

下文会重点介绍《进出口贸易法》的变化。随着《进出口贸易法》涉及范围大幅缩小，出口管理制度开始转型：尤其是在安全保障贸易管理领域，根据冷战后的世界形势下转变为国际性"不扩散性贸易管理"机制，并随之形成新的政策框架。针对大规模杀伤性武器，根据国际制度不断完善日本国内制度，引入相应的出口规制。比如，随着《禁止化学武器公约》（Chemical Weapons Convention，禁止开发、生产、储存以及使用化学武器并废弃化学武器条约）的生效，对出口管理提出了新的要求和规定。与保护濒危野生动植物类似，日本政府必须根据国际性框架公约对出口实施管理。

（3）重新调整《进出口贸易法》

与出口管理有关的另外一部重要法律就是《进出口贸易法》，其也面临着巨大的现实压力。因为日本市场充满竞争，而且向国际开放，所以应该调整《禁止垄断法》的适用除外制度。基于该现实压力，日本政府修订了《进出口贸易法》。[43] 1995 年 3 月 31 日，日本内阁通过了"放松规制推进计划"，决定重新进行讨论，争取到 1998 年底废除个别法案中不适用《禁止垄断法》的卡特尔制度。同年 12 月 14 日，根据"行政改革委员会意见"，"决定重新讨论是否要废除类似制度，并且要在平成 7 年底得出具体结论"。

---

[40] 《为改善民间活动相关规则并理顺行政事务，对通商产业省相关法律的部分条款进行修改的法律》，《通产月刊》，第 30 卷 6 号，1997 年。图 1.3.2 也是借鉴这部分内容。

[41] 贸易局出口科科长桒山信也，《关于出口相关政策的最近动向》，《通产省公报》，1997 年 6 月 27 日。

[42] 贸易局出口科，《关于〈废除出口检查品种条令和出口检查手续费条令的政令〉以及〈废除出口品设计法实施细则的政令〉》，《通产省公报》，1997 年 3 月 31 日。

[43] 请参考《关于重新评估进出口贸易法中不适用禁止垄断法的联合体》，《通产省公报》，1996 年 4 月 8 日以及《关于重新评估进出口贸易法中不适用禁止垄断法的联合企业等问题》，《通产省公报》，1996 年 12 月 17 日。

关于"为了改善民间活动相关规则并促进行政工作合
理化修改通商产业省有关法律的部分条款的法律"

1.法律主旨

| 针对民间活动缓和各项规制 |　| 简化、优化行政事务 |

要对通商产业省相关的法律整体进行调整

促进规制缓和
实现经济结构改革

2.法律内容 —— 修改或废除了16部法律（废除2部、修改14部）

◎ 重新梳理出口手续
　　在提高日本技术水平的基础上
　　·《出口检查法》
　　·《出口产品设计法》⎫ 等2部法律被废除

◎ 优化企业组织变更等相关规则
　　在兼并或转让时，通过完善许可登记制度地位继承相关规定，减轻企业组织变更的相关负担
　　· 完善防止特定工厂公害组织相关法律　（防止公害负责人的登记及地位）
　　· 高压燃气安保法　　　　　　　　　　（第二种制造商的地位）
　　· 确保液化石油气安保及交易正规的法律（石油液化气销售商的地位）
　　· 飞机制造事业法　　　　　　　　　　（批准从业者的地位）
　　· 武器制造法　　　　　　　　　　　　（武器制造商的地位）
　　· 采石法　　　　　　　　　　　　　　（采石业者的地位）
　　· 确保可挥发油品质的法律　　　　　　（挥发性油品销售商的地位）
　　· 电器事业法　　　　　　　　　　　　（商用电器产品设置者的地位）
　　· 电器产品取缔法　　　　　　　　　　（乙种电动产品制造商的地位）
　　· 燃气事业法　　　　　　　　　　　　（第二种燃气用品制造商等的地位）

◎ 重新修改各项规制
　　· 合理使用能源法（节能法）　　　　　（重新梳理能源管理者换届登记义务）
　　· 电器事业法　　　　　　　　　　　　（重新梳理电器业者开展业务履行义务的时间）
　　· 电器事业法　　　　　　　　　　　　（废除通过大臣许可才能任免主任技术人员的规定）
　　· 电器事业法　　　　　　　　　　　　（将任免电器主任技术员的工作委托给民间）
　　· 供热事业法　　　　　　　　　　　　（重新梳理导管使用前的检查）
　　· 电器工程师法　　　　　　　　　　　（废除了开展业务申请）

资料来源：《通产省公报》，1995年4月1日。

图 1.3.2　规制缓和一揽子法律

受此影响，通产省根据 WTO 协定，围绕《进出口贸易法》展开了激烈的讨论，希望建立更加公开、透明的贸易规则。为此，通产大臣在进出口贸易审议会上还质询"《进出口贸易法》与不适用《禁止垄断法》卡特尔制度是否冲突"。1996 年 3 月 22 日，该审议会回应道："《进出口贸易法》要保证普通消费者的合法权益，今后为了更好地利用相关规制，需要开展综合性调查，积极整合国际协定和条约。在 1998 年底，除了出口商签署出口贸易协议以及出口协会成员应该遵守事项等规定以外，其他条款均予以废除。"⑭ 此举充分说明废除《禁止垄断法》适用除外制度的方针已经非常明确。

在此基础上，为了积极促进放松规制，通产省提前大幅修改了《进出口贸易法》，并于 1996 年向通常国会提交了修改法案。具体内容如下⑮：第一，"废除卡特尔制度"。①出口商或者出口协会的应该出口产品的国内贸易卡特尔，其可以直接对国内市场施加影响，但是从 1973 年以后就没有发挥过实际作用，今后也不准备使用，所以予以废除。②虽然生产商或者经销商就应该出口的产品结成国内贸易卡特尔，有利于提高出口商的经济地位，并强化贸易职能，平衡国内生产商与海外采购商的关系，但是本制度没有跟进并做出新的解释，所以予以废除。③进口商或者进口协会组成的进口卡特尔以及国内贸易卡特尔，已经实现制度建立初期的预期（防止出口商过度竞争，节省外汇），再加上 WTO 协定签署，使外国贸易环境发生变化，结合其对国内市场的影响，考虑到今后再签署新的制度非常困难，所以予以废除。④进出口协会或是出口商与进口商成立的进出口调整卡特尔也面临困境，因为企业间调整非常困难，所以实际成立的卡特尔屈指可数。随着自由贸易的发展，在现实中发挥作用的可能性越来越低，所以予以废除。⑤在制度成立时设立了 8 个贸易协会，但是未能发挥实际作用，所以不需要成立新的协会，再加上对国内市场造成了负面影响，所以予以废除。⑥指定机构未能发挥实际作用，今后不准备继续使用，予以废除。

第二，"废除协会制度"。对进出口协会而言，签署进出口调整卡特尔协议非常困难，过去仅实现过一次，而且今后不会出现类似新的需求，所以予以废除。这些条款很多都已经无法发挥作用，无法实现既定目的，而且很多甚至都没能落实，所以通过

---

⑭　同前，《关于重新评估进出口贸易法中不适用禁止垄断法的联合体等》，《通产省公报》，1996 年 4 月 8 日，第 6 页。

⑮　同前，《关于出口相关政策的最近动向》，第 7—8 页。

一致行动予以废除，在本质上没有导致任何变化。

第三，"部分卡特尔制度和协会制度继续使用"。①出口商和出口协会组成的出口卡特尔对国内市场的影响不偏不倚，产生的危害比较小。此外，根据今后的需求，负责落实 WTO 协定的出口卡特尔（比如，为了平衡发展中国家的国际收支或是保护特定产业发展等必要场合）以及对抗非 WTO 成员单方面采购的出口卡特尔继续存续并发挥作用。⑯ ②出口协会和进口协会"作为公共性质比较高的法人，要确保在组织中处于中枢地位，通过调查、处理纠纷和投诉等各项工作，努力完善民间进出口贸易体制，维持外国贸易健康发展"。基于以上判断，该制度得以存续。⑰

1997 年 6 月 20 日，日本政府公布了"整理禁止私人垄断和保证公平交易法中与适用除外制度相关的法律"（法律第 96 号），并在此基础上，进行了修改和调整。与此相关的问题还包括：陶瓷制具出口卡特尔仅用来防止设计被模仿和剽窃，但是发生类似问题的可能性很小，所以 1998 年底废除该卡特尔。1997 年 12 月底，该卡特尔的期限将至，根据上述调整的宗旨，没有延长，直接予以废除。⑱

在此之前，同年 6 月，日本政府还修改了《出口贸易管理条令》的部分内容（1997 年 6 月 27 日，政令第 223 号），表示至今为止，为了维持对美和对欧盟的纤维出口秩序，要求棉织品等 8 种纤维产品遵守出口审批制，但现阶段认为不会出现出口激增的情况，不再把这些产品作为受限对象，出口时不需要通商产业大臣给予批准。⑲

《进出口贸易法》的相关制度还涉及进口方面。1998 年 11 月，进出口贸易审议会特别会议着重讨论了"重新调整国内有关纤维限制措施的规则"。⑳ 与纤维限制措施（Textile Safe Guard）相关的国内规则主要包括：1994 年 12 月进出口贸易审议会提出"纤维制品进口数量剧增时采取紧急限制措施规则"（通商产业省通知）以及"纤维制品进口数量剧增时实施紧急限制措施指导手册"（进口注意事项）。与这些国内规则相

---

⑯ 做出该判断的理由："即便是美国、英国、德国以及法国的《禁止垄断法》，对于出口卡特尔也有一些特殊规定，不全是非法的。"（同前，第 8 页）

⑰ 修改相关的政策条令请参考《关于修订进出口贸易法实施细则部分条款的政令》，《通产省公报》，1997 年 7 月 9 日。

⑱ 《关于修订进出口贸易法实施细则部分条款》，《通产省公报》，1997 年 12 月 19 日。

⑲ 《关于废除纤维相关的 8 种产品的出口批准制度（对出口贸易管理条令的部分条款修改的政令）》，《通商省公报》，1997 年 6 月 27 日。8 种产品是指"棉纺""棉织品""人造和短纤纺""人造织物等""合成纤维织物""毛纺、毛织品""纤维二次制品""特殊纤维二次制品"。

⑳ 《对〈重新评估与纤维紧急进口限制措施相关的国内规则〉征集意见》，《通产省公报》，1998 年 11 月 19 日。

关的还有：WTO 纺织品与服装协定（Agreement on Textile and Clothing）。该协定生效三年后，WTO 成员要求把普通协定与 WTO 纺织品与服装协定中的对象产品统一，即第二阶段。美国曾认为 2 件纤维限制措施案违反了纤维协定，所以提交争端处理专家组要求重新审理。[51] 1998 年 12 月，进出口贸易审议会回应："从基本方向上讲"，WTO 纤维及纤维制品监管机构会对各国实施纤维保护措施进行审查，从现有的规程以及指导手册等基本框架综合判断是比较恰当的，当然，改善纤维保护措施的实施手续也比较恰当。

（4）修改《外汇法》[52]

从 1995 年 11 月开始，外汇汇率问题审议会开始审议修订《外汇法》，于 1997 年 1 月提交最终报告，其中表示："金融、资本交易正在逐渐国际化，因为海外市场比国内市场更为便利，所以现在出现向海外市场转移的倾向。为了将东京打造为继纽约、伦敦之后的国际金融中心，必须采取一系列积极措施，比如废除事前审批和申请制度、按照国际标准完善国内相关制度，以便更好地开展国内外自由贸易。"在此基础上，1996 年 11 月，日本首相桥本龙太郎做出指示，要修改《外汇法》，并把它当作日本版"宇宙大爆炸"（金融体系改革）的先驱。主要修改内容包括：①国内外资本交易自由化；②外国汇率业务自由化、废除外国汇率核准银行制度；③完善事后申报制；④根据国际要求，实施经济制裁；⑤放松与直接投资有关的规制。通过这些调整，以前以"管理为主"的外国汇率制度顺利转型为"自由原则"。

对于修改《外汇法》的评价如下："这次修改《外汇法》的主要目的是从根本上放宽外汇制度，按照一直以来的 WTO 等国际规则，保证外国贸易体系秉承自由原则。从法律层面讲，虽然删除了一些不合适的条款，但并没有发生实质变化。"[53] 真正对汇率贸易产生重大影响的是通产省开始简化出口管理制度。通产省于 1997 年 12 月修改了《出口贸易管理条令》的部分内容[54]，开始实施以下措施：①废除特殊结算方式有关规定；②废除外国汇率核准银行制度；③修改批准条件等。

紧接着，1998 年 4 月 1 日，新《外汇法》（1997 年 5 月 23 日，法律第 59 号，改名

---

[51] 《改善触发纤维紧急进口限制措施手续——在进出口交易审议会上的答辩》，《通产省公报》，1998 年 12 月 28 日。

[52] 贸易局汇率金融科，《关于修改外汇法》，《通产月刊》，第 30 卷 4 号，1997 年。

[53] 通产省贸易局，《关于修改外汇及外贸管理法以及相关的行政条令》，《通产省公报》，1998 年 5 月 14 日。

[54] 《关于修改出口贸易管理条令的部分条款的政令》，《通产省公报》，1997 年 12 月 25 日。

为《外汇及外贸法》）开始实施，同时也简化贸易手续，其具体措施是：[55]

①截至 1998 年 3 月 31 日，废除相关制度，在进出口时不再必须提交"出口报告书""进口报告书"。

②在贸易外交易结算方面（中介贸易货物款项结算等）：截至 1998 年 3 月 31 日，不用再提交"贸易外交易支付报告书"。

③原来进出口货物需要获得批准或许可，没有的话禁止所有结算行为（所谓的预付款）。现在要求截至 1998 年 3 月 31 日，除了受经济制裁的交易外，其他交易都要废除该限制。

根据以上措施，从 4 月 1 日起，向海关提交出口申请，或者从银行领取出口货物款项时不需再提交出口报告书。之前严格遵守"汇率银行主义"，不仅海关要检查货物，外国汇率授权银行也要对货款的支付进行检查，在获得许可前禁止任何结算。现在经过改革，由海关统一负责检查，贸易可以在获得批准前就进行结算。

（5）贸易相关手续信息化

1996 年 12 月，根据"创造和改革经济结构计划"，为了实现经济结构改革，决定把物流作为最重要的领域进行改革，争取在 2001 年之前达到国际一流的服务水平。1997 年 4 月，日本内阁通过决议，同意相关政府部门合作落实"综合物流施政纲要"。

为此，日本政府以 1999 年底为目标，开始根据《外汇及外贸管理法》对进出口许可以及批准手续、主要港口和机场的出入境、检疫等手续进行数据电子化（Electronic Data Interchange）处理。通过现有的通关信息处理系统，实现进出口和口岸各种手续的无纸化办公以及统一化。

为了尽快对进出口手续进行数据电子化处理，通产省从 1998 年 10 月开始制定了预算[56]，用来开发相应的系统。此次开发重点包括以下三点。第一，与《外汇法》有关的全部手续电子化并且重新梳理相关流程。①从申请、审查、许可、批准到通关手续，所有手续全部电子化；②重新梳理申请、审查、许可、批准的程序，使其更加合理、更富效

---

[55] 《关于修改外汇法相关政令并简化贸易手续》，《通产省公报》，1998 年 1 月 6 日。

[56] 《关于贸易相关手续的信息化》，《通产省公报》，1998 年 6 月 26 日。《关于实施外汇法数据电子化》，《通产省公报》，1999 年 6 月 4 日。

率。第二，以构建开放网络为目标，不仅保证申请方和行政机构能够连接公开的网络，而且要在保证申请方和通商产业省通信安全的前提下，最大可能地利用现有的设备，减少申请方的成本。第三，推动业务电子化：①完善审查支持系统，促进许可、批准审查所需的情报数据化，提高审查工作的效率；②开始研究行政内部决策过程电子化。

贸易管理开放网络系统于 2000 年 4 月 3 日正式投入使用。《进出口外汇法》中受限产品（影响国际和平和安全的特定化学物质、《华盛顿公约》中涉及的稀有动物）现在也可以通过网络进行审批。[57] 通产省对于新的系统抱有很高期待，具体如下：

①进出口商现在不需要去通产省现场提交许可、批准申请书或者领取许可、批准证明，可以通过网络方式直接处理。

②可以检查申请书上的各项记录，防止出现一些简单的缺字漏字等小问题。而且，通产省方面也可以与申请方确认，并修改其中的错误。

③利用安全保障贸易信息中心，开发与贸易手续以及提高效率有关的系统和程序，并且和公司内部系统结合，进一步提高商品交易和政府办公的效率。

为了进一步推动贸易金融数据电子化，贸易相关行业（商社、银行、运输、保险）的主要企业，联合电脑公司，实施了贸易数据电子化项目，通产省对该项目提供了资金支持。2001 年 11 月，日本电子贸易服务公司以及 Teddy Advanced Network 开始承接贸易数据电子化工程。

第 2 节 安全保障贸易管理[58]的实施

1. COCOM 型出口管理

（1）根据 COCOM 制定的出口规则

在冷战过程中，西方资本主义阵营和东方社会主义阵营在军事、技术、经济等各

---

[57] 贸易出口科、汇率金融科，《贸易手续电子化措施》，《通产月刊》，2000 年 4 月。

[58] 该段内容请参考：桒山信也，《最近的安全保障出口管理动向与今后课题》，《通产省公报》，1996 年 6 月 28 日，第 21—28 页。桒山信也，《关于出口相关政策的最近动向》，《通产省公报》，1997 年 6 月 27 日，第 8—10 页。通商产业省贸易局出口科以及安全保障贸易管理科，《新时代的安全保障贸易管理》，《通产月刊》，第 29 卷 5 号，1996 年，第 37 页。

种领域展开竞争，资本主义国家在技术和工业生产能力上优于社会主义国家。为了避免向社会主义阵营转移先进技术、提高其军事能力，所以普遍实施了 COCOM 型出口管理，规定禁止出口有利于社会主义阵营的产品。

1949 年巴黎统筹委员会（又称输出管制统筹委员会，Coordinating Committee for Multilateral Strategic Export Controls，简称 COCOM）成立。自由民主主义国家签署了君子协定，制定了 COCOM 禁运清单（以下简称清单），要求客观审查出口产品、出口国家以及技术。截至 20 世纪 80 年代末，共有 17 个国家参加，包括除了冰岛以外的北约成员（North Atlantic Treaty Organization）、日本（1952 年加入）和澳大利亚。此外，还有大约 30 个国家作为"合作国家"，在交货证书（Delivery Verification）和进口证书（Import Certificate）方面提供协助，实行与 COCOM 型出口管理类似的管理规则。基本上所有被称为资本主义的国家都对向共产主义阵营出口实施管理。

巴黎统筹委员会的基本运营情况没有披露，但是各加盟国都严格遵守约定，出台国内法律对出口进行限制。日本根据《外汇法》第 48 条，通过《出口贸易管理条令》（1949 年 12 月 1 日，政令第 378 号）把 COCOM 禁运清单中的产品作为限制出口对象。1989 年有 217 种产品受到限制，包括武器、合金、陶瓷等高级电子元件、电脑设备、机床等。《外汇法》第 25 条对技术出口做了规定，并且通过《外汇管理条令》明确了受限对象，每年更新清单。随着技术的不断进步，有些产品开始民用并且普及后就适当放宽限制，另一方面新技术层出不穷，也要随时更新禁运名单。该清单不仅仅包括禁止出口的产品和技术，同时也包括允许出口的产品和技术。出于非战略原因，可以向共产主义阵营国家出口产品或技术时，要征得所有巴黎统筹委员会成员的"同意"。当然也存在特殊情况[59]，在一定级别以下的产品，可以由本国政府自行判断是否可以出口。向非共产主义阵营国家出口这些受限产品和技术，同样需要政府批准。巴黎统筹委员会成员之间开展进出口业务的制度如下：进口国在进口产品时提交进口证书，进口后再提交交货证书。

按照上述制度，截至 20 世纪 80 年代末，通商产业省每年审批量大致如下：产品的出口许可约 20 万件，其中有 2 000～3 000 件向共产主义阵营出口，技术贸易许可每年

---

[59] 放宽了对中国的限制（河野博文，《巴黎统筹委员会和出口管理》，《通产月刊》，第 22 卷 7 号，1989 年，第 61 页，第 63 页）。

约 7 000～8 000 件，其中有 700～800 件向共产主义阵营出口。此外，每年还要发行 4 000 多件"非受限产品证书"，以证明该产品并非受巴黎统筹委员会限制的产品，以促进产品顺利通关。但实际上，不受 COCOM 清单限制的产品数量远远高于"非受限产品证书"的数量，约 20 倍，8～10 万件左右。[60]

（2）东芝公司向苏联非法出口机械设备东窗事发

执行出口管理的初衷是为了维护国际和平和安全，但是 1987 年东芝机械公司向苏联非法出口机械设备（简称：东芝机械事件）东窗事发，以此为契机，日本大幅加强了安全保障贸易管理制度。该事件的经过如下：1981 年 4 月，东芝机械公司在伊藤忠商社以及和光贸易公司的介绍下，与苏联技术机械设备进口协会签署了出口协议，决定从 1982 年 12 月开始到 1983 年 6 月向苏联出口 4 台大型数控机床。当时，根据《外汇及外贸管理法》（1949 年 12 月 1 日，法律第 228 号），向苏联出口精密机械设备时要提前得到批准，东芝公司伪造了批准。事发后，通产省处罚了东芝机械公司，从 1987 年 5 月 21 日开始，禁止该公司再向共产主义阵营国家出口任何产品和技术[61]，为期一年。

东芝作为世界著名企业，其子公司公然故意违反巴黎统筹委员会的禁令，在海内外引起轩然大波。对此，美国批评并指责日方破坏了安全保障，美国参议院于 1987 年 6 月 30 日制定了综合贸易方案，追加了外国企业制裁条款，禁止进口东芝产品。对此，日本也修改了《外汇及外贸管理法》（1987 年 9 月 11 日，法律第 89 号，同年 11 月 10 日实施），加大了对非法出口行为的惩罚力度，并且实施了很多措施以完善出口管理体制。美国政府高度评价了日本的措施，但是，还是于 9 月 18 日表明反对日本提出的惩罚条款。同年 12 月 22 日，美国通过了 1988 年临时长期预算决议，其中包括禁止美国国防部采购东芝公司的产品，禁止美军销售部门出售东芝的产品。

另一方面，参众两院综合贸易法案审议会于 3 月 31 日决定实施以下制裁措施：①3 年内禁止从东芝机械公司和康斯博格贸易公司进口；②3 年内禁止美国政府从东芝及康斯博格及其子公司和关联公司采购；③今后如果其他外国企业违规，也禁止在

---

⑩　以上关于巴黎统筹委员会的论述均来源于：河野博文，《巴黎统筹委员会和出口管理》，《通产月刊》，第 22 卷 7 号，1989 年，第 60—62 页。

⑪　《关于对东芝机械公司违反外汇法的惩罚》，《通产省公报》，1987 年 5 月 20 日，第 3—4 页。

2～5年内参加美国政府采购和进口。该议案于4月21日获得参议院通过，4月27日获得众议院通过。

1988年8月，新贸易法出台，其中就包括对东芝等外国企业进行制裁的相关条款（把东芝机械公司、康斯博格贸易公司及相关公司作为制裁对象，而且如果今后外国企业违反了巴黎统筹委员会的协议，那美国有权利单方面实施制裁）。[62]

面对美国的制裁，为了防止类似事件再次发生，日本政府强化了对违法行为的控制力；增加法律意识，加强了行政处罚甚至刑事处罚的力度；修改《外汇法》，比如延长公诉时间确保了抵押处罚的有效性。在这一过程中，有人建议要严格遵守巴黎统筹委员会的相关规定进行处理。该法在第48条中增加了"维护世界和平和安全"等文字。本来，在1980年修改《外汇法》时，已经根据巴黎统筹委员会的要求，在第25条"交易服务"项下提到了"维护世界和平和安全"。现在再次着重提及，但出口规则适用范围并没有发生变化，充分说明这是巴黎统筹委员会要求的。1987年5月15日，通产省指示上述3家企业要执行整改措施，并向150多家贸易相关机构发出通知，要求遵守出口相关法律法规。[63] 当月，通产省成立了战略物资出口审议会，把机床等重要战略物资作为重点审查对象。[64] 同年6月30日，日本首相中曾根康弘在内阁会议上对该事件表示非常遗憾，同时，根据首相的指示，通商产业大臣田村于7月2日召集日本机床工业协会、日本机械设备出口协会、日本电子机械工业协会以及日本贸易会的领导开会[65]，7日又召集了与贸易相关的150个团体的代表齐聚通产省，要求严格遵守与出口管理体制相关的法律法规。

（3）防止再次非法出口战略物资的措施

1987年7月，通产省公布了《防止再次非法出口战略物资对策（中期报告）》，具体内容如下[66]：

---

[62] 通商产业省编，《通商白皮书》（分论），昭和63年，平成元年版。关于东芝机械事件，本系列丛书第7卷《机械信息产业政策》中会有详细论述。

[63] 该段内容出自：《通商产业大臣田村 召集150家贸易相关机构》，《通产省公报》，1987年7月10日，第1—4页。1987年9月7日为了严格遵守出口相关法规，召开了相同的会议。请参考：《通商产业大臣田村 要求遵守基本方针》，《通产省公报》，1987年9月10日，第1—4页。

[64] 住田孝之，《关于完善出口管理体制》，《通产省公报》，1988年11月22日，第4页。

[65] 《通商产业大臣田村 要求强化行业检查体制》，《通产省公报》，1987年7月8日，第1—3页。《防止战略物资再次非法出口的对策（中期报告）》，《通产省公报》，1987年7月16日，第11页。

[66] 《防止战略物资再次非法出口的对策（中期报告）》，《通产省公报》，1987年7月16日，第11页。

（1）加强并完善审查机制

①成立战略物资出口审查会，由贸易局审议官担任会长，由审议官取代科长，审查大宗商品出口订单以及向共产主义国家出口机床等战略物资。确立了更加严格的机制，进一步实施严格的审查程序（5月21日）。

②在贸易局出口科安全保障贸易管理室新设战略物资出口审查官一职，增加审查人员数量，由10人扩充到15人（7月10日）。机械信息产业局的审查人员由13人扩充至19人，增长近五成（7月10日）。

③重新彻底审查出口管理体制，增加相关负责官员。

（2）加强并完善检查机制

①为了防止违反法律法规，检查官员可以随时现场调查。尽快制定现场调查指导手册。同时，企业内部也要制定相应的检查制度。

②更加彻底地调查非法出口的行为。为此，成立特别检查小组，由贸易局审议官担任组长。

（3）通产省和大藏省联络会研究加强出口管理对策

负责管理出口的通产省和大藏省，针对政府行政层面在战略物资相关的出口管理方面存在的问题，尽快讨论相关措施，防止再次发生非法出口事件。为了加强两政府部门之间的信息交换，成立了通产省和大藏省联络会（7月10日）。

（4）讨论法律措施

认真探讨并研究修改相关法律法规以及加强现行法律法规。

与此同时，日本政府也在积极完善国内企业的出口管理体制。[67] 1987年7月，通产大臣田村召集约150个出口相关机构代表开会，并且提出了具体要求。在此基础上，通产省于9月7日发布"关于严格遵守出口相关法规"的通知（62贸第3605号），要求各协会领导制定基本方针，使参加企业能够严格遵守出口相关法规，避免发生违反巴黎统筹委员会规定的行为。具体包括9项内容，比如向公司内部普及尊法守法要求；成立出口管理总部；有代表权的公司员工对出口做出判断；完善内部检查的实施体制；

---

[67] 堂之上武夫，《关于完善战略物资相关的出口管理》，《通产省公报》，1989年10月7日，第3页。铃木隆史，《安全保障贸易管理政策现状》，《通产省公报》，1992年6月26日，第29页。同前（脚注59），河野，第61页，截至1989年中期，将战略物资出口管理相关的人员由40人扩充至103人。

增加公司内部培训等。同年 11 月，约 220 家企业制定了公司内部管理规章制度（Compliance Program），截至 1989 年 3 月，企业数量增加到 540 家。[68] 1985 年 9 月以来，为了交流与巴黎统筹委员会相关的信息，通产省、外务省、大藏省、法务省、防卫厅、警察厅派出课长助理级别的官员，每月定时召开一次政府部门联络会。[69] 1987 年 9 月，根据内阁总理大臣的指示，通产省、外务省、大藏省、法务省的大臣以及防卫厅长官、内阁官房长官、国家公安委员长等组成巴黎统筹委员会部长级会议，负责审议战略物资出口等重要问题，由相关政府部门的局长级别干部组成执行委员会。[70]

（4）修改《外汇法》，加强制裁力度

1987 年 9 月 4 日，日本国会决定修改《外汇法》的部分条款[71]（当月 11 日公布，法律第 89 号），以加强制裁力度。受此影响，11 月 10 日开始，《出口贸易管理条令修订案》（1987 年 11 月 5 日，政令第 373 号）、《外国汇率管理条令修订案》（同上）以及新《外汇法》相继实施。旧《外汇法》中规定，违法的话最高要判处 3 年徒刑，禁止出口的行政处罚最多 1 年。现在调整为：如果通过伪造批准申请非法出口的话，严惩不贷；公诉时间延长至 5 年。日本政府希望通过更加严苛的惩罚措施避免非法行为再次发生。修改的主要内容包括：①实施出口特定产品或者技术许可制；②加强对无许可出口以及无许可贸易的行政处罚力度；③加强对无许可出口以及无许可贸易的惩罚力度。[72] 修改后，法律中明文规定了通产大臣和外务大臣要互相交换意见。为了防止篡改合同内容，要求在申请出口许可时提交合同原文，也要明确具体的合同执行时期。如果合同执行期在政府批准之前，要惩罚出口商。为了防止不经批准就擅自出口，要在合同中增加相关规定，没有政府批准，合同无效。[73] 为了加强出口管理体制，1988 年通过预算，决定 1988 年 4 月增加必要的人员审查和检查出口战略物资，具体可参考表 1.3.6。当时比较引人瞩目的是在贸易局出口科下设战略物资出口检查官室。东芝机

---

[68] 同前，河野，第 62 页，《要求遵守与防止扩散型出口管理相应的相关出口法规并且对制定内部规程进行重新评估》，《通产省公报》，1994 年 7 月 4 日，第 12—13 页。

[69] 同前，脚注 64，住田，第 5 页。

[70] 同上，住田，第 4 页。

[71] 请参考：《通商产业大臣田村 要求遵守基本方针》，第 1 页；《加强惩罚措施》，《通产省公报》，1987 年 8 月 5 日，第 1—4 页。

[72] 田势修也，《从违反巴黎统筹委员会规定事件到修改外汇法》，《通产月刊》，第 20 卷 11 号，1987 年，第 46—47 页。同前，住田，第 3—4 页。

[73] 同前，住田，第 4 页。

表 1.3.6 增加战略物资出口相关人员

	1987 年：A	1988 年 4 月	1988 年 7 月 1 日：B	B－A
审查官				
（1）贸易局出口课安全保障贸易管理室	8	36	46	38
（2）机械信息产业局通商室	13	16	16	3
（3）基础产业局通商室	4	4	4	0
（4）通产局、通商事务所	15	15	15	0
小计	40	71	81	41
事后检查官				
贸易局出口科战略物资出口检查官室	0	18	22	22
总计	40	89	103	63

资料来源：《关于战略物资出口管理新体制》，《通产省公报》，1988 年 4 月 14 日，第 10 页。

械事件发生后，20 世纪 80 年代违反巴黎统筹委员会规则被制裁的案例请参考表 1.3.7。

（5）开始实施综合出口许可制度

1989 年 4 月，通产省决定实施综合出口许可制度，主要针对巴黎统筹委员会成员以及其他特定国家。综合出口许可制度改善了一些条款：原来即便是出口商经常性交易（最初为每年 50 次），出口合同每次都需要批准；现在改为 2 年许可有效期制度，其核心是完善企业管理制度。为了保证能够切实实施，通产省必须提前进行实地调查。该制度实施前，根据《外汇法》的要求，每年战略物资出口相关的批准数量约为 20 万；该制度实施后，数量减少了二至三成，大约 100 家企业获得了综合性许可。[74]

第二年，1990 年 3 月，日本政府还制定了特殊综合许可制度。其要点如下：向巴黎统筹委员会成员出口时，无论哪个进口商都可以给予最长 3 年时间的许可；出口商必须严格遵守出口相关的法律法规，执行严格的内部管理是获得出口许可的必要条件；为了获得许可，出口商必须通知进口商，进口商也必须提供相关声明，表示只向被批准国家出口。

---

[74] 同前，河野，第 62—63 页。《4 月 1 日起实施 给予最长 2 年时间的许可——设立综合出口许可制度》，《通产省公报》，1989 年 3 月 15 日，第 1—2 页。《关于综合性出口许可制度》，《通产省公报》，1989 年 3 月 17 日，第 2 部，第 9—35 页。

表1.3.7 安全保障贸易管理相关的问题及行政处罚

企业	处罚时间	处罚内容	出口实施时间	出口对象国	出口产品等
大金工业	从1989年7月1日开始为期6个月	禁止向14个国家出口	1982年8月—1987年5月1日	苏联	哈龙2402（24次，1238吨，7.1亿日元，利用了东京贸易公司和住友商事公司）
极东商会	从1988年11月18日开始为期3个月	禁止对外出口所有产品	1982年9月1日—1986年6月	中国	违规出口岩崎通信设备公司生产的电子内存等138件产品
东芝机械	从1987年5月21日开始为期1年	禁止向包括苏联、东欧等14个国家出口机床设备	1982年12月—1983年6月	苏联	向苏联技术设备组织出口了4台大型NC机床。也有人怀疑在1984年6月底东芝机械就已经与苏联进行与该设备有关的项目合作。利用了伊藤忠商事和和光交易两家商社
日本航空电子工业	从1991年11月1日开始为期1年6个月	禁止对外出口	1984年6—1989年4月	伊朗	①F4惯性导航装置平台用陀螺（25次，总计213个，7.4亿日元，日本国内交易）②F4惯性导航装置平台用加速器（14次，总计117个，1.3亿日元，日本国内交易）③F4稳定天线用陀螺（2次，总计15个，约1000万日元，日本国内交易）④空对空导弹零配件（21次，总计3030个，约7000万日元，没经过通产大臣的批准经由新加坡出口）
东明贸易	从1987年11月17日开始为期1年	禁止对外出口所有产品	1984年7月—1986年1月	中国	公司员工出差时携带出境，包括彩色电视制作所需的信号发生器以及打印自动检查装置电脑零配件、电子秤零配件制造所需的温度补偿试验装置电脑控制系统、电子秤集成电路等
东明商事	从1989年11月9日开始为期1个月	禁止对外出口所有产品	1985年11月—1986年8月	朝鲜	同步表、周波检测器、集成电路（4次，共计950万日元，由公司员工出差携带出境）

（续表）

新生交易	从 1988 年 7 月 1 日开始为期 1 个月 禁止对外出口所有产品	1986 年 7 月— 11 月	中国	违规出口两台数码存储设备
Prometron Techniques	从 1989 年 12 月 6 日开始为期 1 年 禁止向特定国家出口	1987 年 2 月— 9 月	民主德国	铅（总计 10 千克，约 454 万日元，通过空运或职员工出差携带出境），曝光设备（总计 4 亿日元，经由韩国，中国上海出口）
东都产业社	从 1990 年 7 月 27 日开始为期 6 个月 禁止对外出口活塞套件、活塞环套件等产品	1987 年 9 月— 1990 年 3 月	32 个国家	虚构产地，把韩国产发动机活塞零配件改为日本生产，出口海外（257 次，共计 370 万日元）

资料来源： 1. 《关于对大金工业的行政处罚》，《通产省公报》，1989 年 6 月 27 日，第 10 页。
2. 《关于对极东商会的行政处罚》，同上，1988 年 11 月 16 日，第 5 页。
3. 《关于对东芝机械违反外汇法的行政处罚》，同上，1987 年 5 月 20 日，第 3—4 页。
4. 《关于对日本航空电子工业的行政处罚》，同上，1991 年 11 月 1 日，3 日，第 3 页。
5. 《关于对东明贸易违反外汇及外贸管理法的处罚》，同上，1987 年 11 月 17 日，第 5—6 页。
6. 《关于对东明商事实施的行政处罚》，同上，1989 年 11 月 6 日，第 2 页。
7. 《关于对新生贸易的行政处罚》，同上，1988 年 6 月 29 日，第 7 页。
8. 《关于 Prometron Techniques 的非法出口事件》，同上，1989 年 7 月 24 日，第 3 页；《关于对 Prometron Techniques 的行政处罚》，同上，1989 年 7 月 21 日，第 3 页。
9. 《关于对东都产业违反进出口贸易法给予行政处罚》，同上，1989 年 12 月 4 日，第 3 页。

在制定新的特殊制度的同时，综合出口许可制度也做出一些调整：作为许可要件之一的年度出口许可数量由 50 件调整为 25 件；扩大了许可的适用范围。[75] 之后，1994 年 4 月，防止大规模杀伤武器扩散的国际机构成立，其成员纷纷引入普通综合许可制度。

最初，通产省主要依靠人工审查，现在也开始灵活使用电脑，开发出战略物资出口管理信息体系。1989 年，因为美国在该领域经验比较丰富，所以日本派遣 3 名员工赴美学习，为期 3 个月。[76]

1989 年 4 月，战略技术贸易信息中心（Center for Information on Strategic Technology）在东京成立，该中心由日本机械出口协会、日本机床工业协会等 23 个跟 COCOM 渊源较深的机构组成。其目的是为了修改禁运清单；根据产业界人士对出口管理制度的意见进行总结归纳；召开会议讨论与出口战略物资有关的技术问题。该机构每年经费 4 亿日元，人员最后扩充至 20 人左右。通产省对战略技术贸易信息中心表示支持，并寄希望构建与日本经济活动相匹配的高效出口管理制度，对产业界实施恰当的出口管理措施。[77] 日本政府多次召开战略技术贸易信息中心说明会，介绍其职能，比如负责与出口管理有关的咨询事宜、普及出口管理制度。同时，为了完善企业的出口管理体制，构建企业出口管理规章制度，实施"自主判断结果公布及登录制度"，允许产业界自身灵活管理出口。[78]

2. 从 COCOM 型出口管理转为防止扩散型出口管理

（1）重新制定 COCOM 规则

20 世纪 80 年代末，东欧各国发生很大变化，政治民主化和经济自由化快速发展。1989 年 11 月，柏林墙被推翻。在此之前，10 月，巴黎统筹委员会高级别会议还讨论了东欧剧变这一话题：各国普遍认为"东欧剧变不会损害巴黎统筹委员会在安全保障方面的利益，应该继续维持 COCOM 规则的包容性"。1990 年 2 月，执行委员会召开，负责梳理和总结与东欧问题有关的对策，放宽手续方面的规则（把特许认证审查时间由 12 周缩短为 8 周），以三个重要领域（电脑、通信、机床）为重点改善禁运清单。但是具体到每个国家，采取的放松规制措施各不相同。

---

[75] 《关于设立特殊综合许可制度》，《通产省公报》，1990 年 3 月 12 日，第 13—48 页。

[76] 同前，堂之上，第 3—5 页。

[77] 同前，河野，第 64 页。《成立战略技术贸易信息中心》，《通产省公报》，1989 年 4 月 21 日，第 6—7 页。

[78] 《关于建议设立〈自主判断结果公布制度〉》，《通产省公报》，1990 年 9 月 28 日，第 6—7 页。

之后，为了调整各国的利害关系，各国广泛交换了意见。1990 年 5 月，美国提出了放宽 COCOM 规则综合提案，对规则进行了综合性调整，比如把禁运清单产品数量减少 1/3。1990 年 6 月高级别会议召开，并且通过了该综合提案。1992 年 5 月，巴黎统筹委员开始调整[79]，国内出口管理法律条令同意不再限制向匈牙利出口。1990 年 10 月，德国统一，民主德国消失，巴黎统筹委员受限制国家首次减少。[80]

1991 年 12 月，苏联解体。不久后，1992 年 5 月，美国国务卿詹姆斯·贝克（James A. Baker. Ⅲ）倡议巴黎统筹委员会不再与苏联、东欧各国保持敌对关系，并转为构建互助型关系，帮助这些国家管理武器防止向海外流出；把目标转为应对新的来自第三世界国家的威胁。这被称为"贝克提案"，标志着巴黎统筹委员会的管理模式由东西型转为南北型。在此基础上，1992 年 11 月召开了巴黎统筹委员会合作论坛，为巴黎统筹委员会加盟国与受限国家提供了关于出口管理对话的平台。[81] 1993 年 4 月，俄罗斯总统叶利钦（Boris Yeltsin）建议取消巴黎统筹委员会。在此基础上，9 月，巴黎统筹委员会接受了美国政府提出的全面变革方案，经过巴黎统筹委员会 17 个成员国和 6 个协助国的协商讨论，于 1994 年 3 月正式宣告结束，共持续了 45 年时间。[82]

（2）日本"武器出口三原则"

冷战时期以巴黎统筹委员会为中心实施的出口管理，主要目的是确保西方资本主义国家在军事实力、技术能力、经济实力等方面保持优势，禁止出口有利于社会主义国家的产品以及破坏东西方军事平衡的产品。之所以废除这项制度，是因为民族、宗教、地域等问题导致地区争端频发，而且以海湾战争为契机，现在重点转为防止大规模杀伤性武器扩散以及常规武器（除了大规模杀伤性武器之外的武器，具体指军舰、坦克等）转让。现在的出口管理制度存在局限性，只针对部分国家，所以迫切需要转型。防止扩散型出口管理制度应运而生，它不只针对个别受限国家，还会彻底调查问题产品的最终买家以及真实用途。之所以废除巴黎统筹委员会，也是为了实现制定新的出口管理制度。

---

[79] 以上内容来自：鹿岛几三郎，《关于安全保障贸易政策》，《通产省公报》，1990 年 6 月 28 日，第 32—33 页。

[80] 同前，脚注 67，铃木，第 29—30 页。

[81] 细川昌彦，《国际出口规则框架的现状和未来》，《通产月刊》，第 25 卷 9 号，1992 年，第 30—31 页。铃木隆史，《冷战后的安全保障出口管理》，《通产省公报》，1993 年 6 月 28 日，第 33 页。

[82] 大道正夫，《最近的安全保障出口管理动向与今后课题》，《通产省公报》，1995 年 6 月 28 日，第 30 页。《关于修改外贸管理条令及出口贸易管理条令的部分条款》，《通产省公报》，1994 年 6 月 24 日。

日本根据"武器出口三原则"制定了武器出口管理制度，回应国际上对出口大规模杀伤性武器以及常规武器进行管理的要求。所谓"武器出口三原则"，是 1967 年 4 月 21 日，日本首相佐藤荣作在众议院决算委员会上提出的，根据《出口贸易管理条令》对出口武器做了以下考虑。

不向特定国家出售武器，不向联合国禁止的国家出口武器，不向发生国际争端的当事国或者可能要发生国际争端的当事国出售武器。[83]

1976 年 2 月 27 日，三木武夫内阁在众议院预算委员会上提出了"政府统一意见"，对想法进行了总结。

日本作为和平国家对出口"武器"的态度如下，为避免助长国际纠纷，日本政府要始终坚持审慎态度。今后按照如下方针处理，不鼓励出口武器。

①不允许向"武器出口三原则"对象地区出口武器。

②"武器出口三原则"对象以外地区，以日本《宪法》和《外汇法》为原则，谨慎出口武器。

③出口武器制造相关设备的标准等同于武器。[84]

从上面的规定可以了解到，该政策方针不同于巴黎统筹委员会制定的出口管理规则，并没有限定地区，而是对所有区域都禁止出口武器。[85] 根据该方针，所谓的"武器"是指"军队直接用来战斗的产品"，具体产品种类请参考《出口贸易管理条令》附表 1.1。根据《出口贸易管理条令》，通产省需要对出口进行监管并实施审查。[86] 能

---

[83]　森本正崇，《武器出口三原则》，信山社出版，2011 年，第 3 页。该书第 3 章详细介绍了"武器出口三原则"的制定过程。

[84]　森本正崇，《武器出口三原则》，信山社出版，2011 年，第 6 页。

[85]　②中提到的"谨慎"的原文是"原则上是禁止的"。1981 年 2 月 14 日众议院预算委员会上通产大臣田中六助的答辩中予以确认（同上，森本，第 7 页）。之前，1974 年 12 月 19 日众议院预算委员会上，通产省贸易局长岸田文武表示"如同刚才通产大臣的回答，对于出口武器来说，日本坚持的基本原则是出口需要经过批准，但是不会予以批准"（同书，第 241 页）。这是负责《出口贸易管理条令》的通产省的基本政策立场。

[86]　还需要说明的是，战后日本执行出口贸易管理，但是并非完全没有出口过武器。在朝鲜战争爆发后的"特殊"时期，日本曾经提供过弹药并且负责维修武器。这时的武器出口给日本带来了不少的外汇储备，这是世人皆知的事情。截至 1968 年，按照《外汇法》的规定，日本除了向美国出口武器外，至少还向印度尼西亚、泰国、

够转换为武器的通用产品或者有可能用来制造武器的危险品以及专门用来战斗的机械设备，专门用来制造武器的机械设备也适用"武器出口三原则"。但是，为了防止读者误解，要多说一句，前文提到的东芝机械非法出口事件中向苏联出口的机床，其实并不违反"武器出口三原则"。东芝机械事件属于巴黎统筹委员会规则框架下的问题。"武器出口三原则"也很严格，连提供用于国际技术共同开发的样品也算作"武器出口"，自卫队赴海外从事维和行动携带武器也算"武器出口"，必须申请特别许可。从这个角度上讲，"武器出口三原则"的框架留下了调整的伏笔。

到 20 世纪 80 年代为止，围绕"武器出口三原则"又产生了新的问题——日美军事技术合作问题。1983 年 1 月，根据内阁的意见，以此为契机，要求允许"武器出口三原则"存在例外情况。[87] 1996 年日美签署《日美互相提供物品劳务协议》，其基本原则是自卫队和美军之间，无论哪一方要求提供物资或是服务，另一方都要予以提供。同年 4 月 15 日，日本官房长官发表讲话，同意把日本军事技术合作，比如提供武器的零配件或是修理武器作为"武器出口三原则"的特例对待。[88] 日本于 1998 年还加入了《地雷禁止条约》（关于禁止发展、生产、储存和使用化学武器及销毁此种武器的公约），因为排雷的装置也算作武器，所以也需要特别对待。这也通过官房长官谈话的形式予以认可。[89]

综上所述，为了防止大规模杀伤性武器在世界范围内扩散，一直坚持"按照《宪法》和《外汇法》的宗旨，审慎对待武器出口"的原则，解决包括常规武器在内的武器出口问题，并且按照这种方式，积极采取措施防止武器扩散。

（3）新框架下国内外开展合作

在此背景下，为了响应日本的倡议，联合国军控京都会议于 1991 年 5 月 27 日至

菲律宾提供过武器（同前，森本，第 251—254 页）。但是这与"武器出口三原则"中"谨慎对待武器出口"并不矛盾。本文已经明确阐述了政府的态度，特殊时期之后，实质上没有出口武器。1969 年还有人对通产大臣的禁止出口表示不满，要求国家给予赔偿（即所谓的日本工业展览事件），对此，东京地方法院认为通产大臣违法是出于安全保障的原因，并非由于故意或是过失，所以驳回了要求国家赔偿的起诉。政府的态度是：根据国际协议（巴黎统筹委员会规则），实现《外汇法》制定的目标（保证对外贸易和国民经济健康发展），需要对这些规定进行解释。1997 年修改了《外汇法》，使法律符合了"日本期待维持国际和平和安全"原则，消除了以前存在的矛盾（田上博道、森本正崇，《出口管理论》，信山社出版，2008 年，第 67—68 页）。

[87] 同前，森本，请参考第 31 页。此外还可以参考本系列丛书第 7 卷《机械信息产业政策》中武器制造业等相关政策。

[88] 同上，森本，第 49 页。

[89] 同上，森本，第 51 页。这是为了国际"维和行动"自卫队可以携带武器。在此情况下，可以带到海外。在此解释的基础上，条约中规定把扫雷目的地作为重要地区提供援助。

28 日召开，日本首相海部俊树在会前发表了基调演讲，表示各国需要反省于同年 1—3 月爆发的海湾战争，在此基础上提高武器进出口国家的思想意识和认知水平。关于具体的军备管理和裁军政策如下：

①严格遵守相关政策，防止核武器、化学武器、生物武器等大规模杀伤性武器及导弹扩散；②增加常规武器在国际市场转让的透明度。这被称为海部提案，得到了参加国的一致赞同。同年 7 月，在伦敦首脑峰会上，海部提案被采纳为政治宣言中的特别宣言。[90] 1992 年 1 月，日本首脑会谈达成《东京宣言》，附件"行动计划"也进一步继承和发扬了联合国安保理事国峰会中提出的主席声明。[91]

1991 年美国、俄罗斯、中国、英国、法国等主要的武器出口国展开协商，于 10 月达成了"常规武器转让指导手册"。[92] 同年 3 月，日本倡议：①控制军备扩张，防止超过自卫程度；②设立联合国登记制度，记录常规武器国际转让情况，培养国家间的信任关系。在欧共体 12 个成员国的力推下，该方案被联合国大会采纳。[93] 1992 年 11 月，G7 会议决定对伊朗、伊拉克、利比亚、朝鲜实施出口限制措施，作为武器禁运的补充措施，禁止向这些国家出口有可能制造常规武器的物资。[94]

为了保证国际武器出口管理的效果，日本还采取了进一步措施，努力与近年来工业发展迅速的亚洲邻国和地区构建出口管理体制以及合作关系，倡议并推动对这些国家和地区实施出口管理。这被称为"亚洲武器出口管理倡议"。为此，日本特意召开了亚洲出口管理研讨会。第一次会议由通产省和外务省共同主办，于 1993 年 12 月举行，文莱、印度尼西亚、韩国、马来西亚、菲律宾、新加坡、泰国、中国香港参加。第二次于 1995 年 1 月举行，邀请了东盟六国、韩国、中国香港、越南、蒙古以及中国台湾的负责制定出口管理政策的官员参会。这两届会议都得到了美国和澳大利亚的协助，各国之间围绕着武器出口管理的国际趋势广泛交换了意见。此外，为了加强出口管理合作机制，还签署了两国间实务协议。1994 年在事务层面，日本分别与韩国和中国台湾谈判，韩国方面放宽了出口限制。最后，为了推动合作管理出口，日本决定接受海

---

[90]　水野市朗，《构筑新的安全保障并强化贸易管理》，《通产省公报》，1992 年 2 月 25 日，第 20—21 页。其中比较重要的是：苏联总统戈尔巴乔夫参加了伦敦首脑峰会，七国集团变成八国集团。

[91]　同前，脚注 67，铃木，第 30—31 页。东京宣言的正式名称是："有关日美全球伙伴关系的东京宣言。"

[92]　名尾良泰，《安全保障出口管理的现状与课题》，《通产省公报》，1994 年 6 月 28 日，第 33 页。

[93]　同前，脚注 67，铃木，第 33 页。水野，第 21 页。

[94]　同前，名尾，第 33 页。

外研修生并且派遣专家赴蒙古（1992 年 10 月，1995 年 5 月）、越南（1993 年 3 月）、韩国（1994 年 11 月），继续对亚洲等国家和地区采取类似政策。[⑤]

（4）《瓦森纳协定》（对常规武器等出口管理）的签署

20 世纪末，安全保障贸易管理随着形势不断发生变化。在巴黎统筹委员会解散过程中，各国一直在构建管理常规武器以及有关通用产品出口的国际性协议，终于在 1995 年得以实现。当初，对于俄罗斯能否加入该国际性协议，美国和欧洲各国各执己见，谈判难以取得进展。1995 年 9 月，经过谈判，俄罗斯和东欧四国（波兰、匈牙利、捷克、斯洛文尼亚）得以参与其中。同年 12 月，28 个国家在荷兰海牙附近的瓦森纳签署了"关于常规武器和两用物品及技术出口控制的瓦森纳安排"（the Wassenaar Arrangement）。自美国提出的改革巴黎统筹委员会的议案两年多后，谈判终于达成一致。1996 年 4 月，在奥地利维也纳召开第一次全体会议，韩国、罗马尼亚也参加会议，共同讨论《瓦森纳协定》的基本纲领以及早期政策，基本上所有的议程都获得通过。7 月时再次召开大会，保加利亚、乌克兰也加入，通过了剩下的内容，并且采纳了早期政策。各成员决定从 11 月开始按照《瓦森纳协定》实施管理，这标志着《瓦森纳协定》正式启动。《瓦森纳协定》和巴黎统筹委员会协定的比较请参考表 1.3.8。[⑥]

表 1.3.8　《瓦森纳协定》（WA）与巴黎统筹委员会协定（COCOM）

事项	WA	旧 COCOM
出口管理方法	通过详细地交换信息制定协调的规则 由各国自行裁决个别案件是否允许	全会一致通过
受限产品	武器及相关产品的双方	武器及相关产品的双方（实际只有后者）
受限区域	针对整个地区	针对特定国家
参与国	允许新的国家参与（俄罗斯、东欧等国）	只包括西方国家

注：在本协定实施过程中，发达国家达成共识，同意就 4 个国家（伊朗、伊拉克、利比亚、朝鲜）执行严格的出口规则，日本也据此对这几个国家实施了严格的出口管理。

资料来源：菜山信也，《关于出口相关政策的最近动向》，《通产省公报》，1997 年 6 月 27 日，第 9 页。

[⑤] 该段请参考：《有关亚洲国际安全保障出口管理研讨会》，《通产省公报》，1993 年 10 月 22 日，第 3 页以及同前，脚注 82，大道，第 32—33 页。

[⑥] 《同意设立瓦森纳协议》，《通产省公报》，1996 年 8 月 23 日，第 1—5 页。通商产业省安全保障科监制，《出口管理便览》，1996 年，第 1 章。外务省，《日本军控外交》，2002 年，特别是第 5 部第 5 章（http://www.mofa.go.jp/mofaj.gaiko/gun_hakusho/2002/hon5_5.pdf）。

截至 2002 年，包括日本在内，共有 33 个国家加入了《瓦森纳协定》（2012 年增长为 41 个国家），并在维也纳成立了秘书处。每年举行一次全体会议，讨论并决定重要事项，主席由各国轮流担任。《瓦森纳协定》属于君子协定，不具法律约束力。参与国家基本都有制造和销售常规武器和两用产品的能力，并且致力于防止这些武器扩散。巴黎统筹委员会的限制地区是共产主义国家，而《瓦森纳协定》并没有限制特定国家和地区，所有没有参加《瓦森纳协定》的国家都属于受限对象。

《瓦森纳协定》还有另外一个特点是，对部分受限产品的规定非常机械，没法变通，要求加盟国执行严格的出口管理制度。与此同时，对两用产品的规定多少可以变通，条件允许时可以简化批准手续，避免给出口方增加过多的负担。

《瓦森纳协定》的两个作用是：加盟国通过协商确定应该管理的武器和两用产品的种类及性能（具体来说就是根据技术发展制作和修改出口管理对象清单）；通过交流出口武器和两用产品的信息掌握其他国家的武器装备情况，防止该国储备过多常规武器。为了实现这两个目标，加盟国在《瓦森纳协定》的框架下确定管理清单，并且根据该清单实施出口管理和信息沟通。日本根据《外汇法》的规定，把《瓦森纳协定》中制定的受限清单作为出口条令的附表 1 中第 1 项和第 5 项到第 15 项，对这些产品实施出口许可制。

《瓦森纳协定》对很多可用于军事目的的通用产品做了限制，要求对其出口进行管理，执行严格的通报制度（每年通报两次，如果某产品拒绝要求，要在 30—60 日以内通报）：向成员以外国家转移要提交报告。此外，如果因为某些理由拒绝向《瓦森纳协定》非加盟国转移时，也要如实汇报。但是这本身也存在一些问题：武器属于需要通报的对象，大体上相当于联合国武器登记制度中规定的 7 种武器（坦克、装甲车、大口径火炮系统、战斗机、攻击型直升机、军舰、导弹及其发射系统）。通报制度规定还需要提交转让报告，但是拒绝转让时不用提交报告。该协定签署 3 年后，1999 年进行了调整：部分国家同意武器也要提交转让报告，并且继续努力扩大武器转让的透明度。[97]

（5）国际合作防止大规模杀伤性武器扩散

冷战结束前，1977 年印度进行核试验、1980—1988 年两伊战争爆发。在此背景下，各国对运输核武器、生化武器等大规模杀伤性武器的弹道导弹也制定了越发严格的限制，与核武器相关的核供应国集团（Nuclear Suppliers Group）、与生化武器相关的澳大利亚集团（Australia Group），以及与涉及运输相关的导弹及其技术出口规则（Mis-

---

[97] 以上关于《瓦森纳协定》的论述来源：同上，通商产业省安全保障科监制的资料以及外务省的相关资料。

sile Technology Control Regime）相继落实。⑱ 具体的国际框架如表1.3.9所示。

受此影响，日本根据《外汇及外贸管理法》在出口贸易管理条令及外国汇率条令中增加了禁运产品数量，相关产品在出口时必须得到批准。为了防止核武器扩散，日本非常重视对可能用来开发、制造核武器的产品实施出口管理框架，所以倾注了很多心血推动落实核供应国集团的伦敦准则（第二部分），并且从1992年3—4月召开的第二次会议开始主动承担其秘书处的职能（由日本政府驻维也纳国际机构代表处负责）。⑲

海湾战争结束后，国际原子能机构（International Atomic Energy Agency）对伊拉克秘密研制核武器计划进行核查，联合国对其研制化学武器情况进行核查。通过调查了解到，伊拉克进行大规模杀伤性武器研制项目，很有可能是从发达国家以外的国家采购原本用于民用、容易制造的通用产品以及相关技术。

这些产品和技术规格较低，并不属于核供应国集团等国际性框架限制的对象，说明根据当前的清单制定的限制框架并不适用现实情况。以上述两次核查为契机，英美两国和德国等国家，相继引入了新的出口限制政策（补充出口限制政策），希望在上述国际框架下完善禁运清单。除了木材、食品外，基本所有的货物和技术都成为受限对象，所以该制度也被称为"全覆盖规则"（Catch All）。"出口方非常清楚出口产品是用于开发大规模杀伤性武器"，对其出口进行限制的机制被称为"知情规则"。

（6）对出口化学物质进行管理并签署《禁止化学武器条约》

上述措施实施后，通产省鉴于两伊战争中伊朗使用化学武器的教训，为了防止化学武器扩散，经过自己的判断于1984年调整了6种化学物质的出口限制规则，要求出口制作化学武器原料等化学物品时，也要根据《出口贸易管理条令》，需要得到通商产业大臣的批准。对此，澳大利亚集团于第二年1986年7月召开会议签署《禁止化学武器条约》，指定了40种容易生产化学武器原料的化学产品实施出口管理，1988年12月又追加了4种化学产品，呼吁相关企业在出口时加以注意。1989年6月，为了防患于未然，又呼吁相关企业加以注意，防止出口用来制造这些化学原料的技术和设备。就这样，一方面日本在20世纪80年代通过自己的判断，提醒相关企业避免出口化学武器原材料，另一方面，澳大利亚集团成立后，日本迅速加入，希望借助国际框架以及本国的《外汇法》对出口实施管理。

---

⑱ 1992年左右，在日美两国的主导下，开始限制超级计算机的扩散，因为它处理数据速度快，可以用来开发核武器（同前，脚注90，水野，第21页）。

⑲ 《关于制定核能相关产品出口规则，明确秘书处的责任》，《通产省公报》，1992年4月16日，第13页。同前，铃木，1992年，第31—32页。

表1.3.9 各国际组织的概要（1996年6月左右）

名称	核供应国集团（Nuclear Suppliers Group, NSG）		澳大利亚集团（Australia Group, AG）	导弹及其技术控制制度（Missile Technology Control Regime, MTCR）
涉及对象	伦敦准则第一部分：核能相关产品	伦敦准则第二部分：核武器相关产品	生物、化学武器相关产品	导弹相关产品
目的、宗旨	以1974年印度核试验成功为契机成立。具体限制核能原料	以伊拉克核武器开发问题为契机成立，限制出口可有可制造核武器的机器设备	以两伊战争使用化学武器为契机，在澳大利亚的倡议下成立，主要是限制出口化学武器原材料以及机器设备等	成立背景是20世纪80年代导弹开发事业活跃，限制运输大规模杀伤性武器的导弹及其制造设备的出口
成立时间	1977年	1992年	1985年	1987年
参加国家数量	34	34	29	28
受限国家	非核国家	全部区域	全部区域	全部区域
受限产品种类	①核原料（天然铀、贫铀、钍）以及特殊核裂变物质变换物质（钚239，铀233，浓缩铀）②反应堆、氘以及重水，反应堆级石墨等89种产品③再处理厂，同位素分离，浓缩厂，重水制造厂等89种	①产业机械（机床等）②材料（纤维材料、铍等）③铀同位体分离（氟制造用电解槽、激光等）④重水制造厂相关设备（填料、交换反应槽等）⑤内爆系统开发机器（X线发射器、电子武装摄影装置等）⑥爆炸物及相关设备（精密起爆装置、控制器等）⑦核试验装置机器（示波器等）⑧其他（中子发射系统等）总计65种产品	①化学武器原材料54种产品（亚磷酸二甲酯、五氯化磷、氰化钠等）②化学两用品制造设施、设备11种（反应器、储藏器、凝缩器、热交换器等）③生物制剂76种（乙型脑炎病毒、伤寒沙门氏菌、金黄色葡萄球菌肠毒素等）④生物两用设备等7种产品（物理密封装置、密封式发酵槽、连续离心分离机）	①导弹、无人机（类别1）2种（系统/子系统）②导弹、无人机相关设备（类别）2）18种产品（导航系统、推进系统的零配件、结构材料、推进燃料等、试验装置、制造设备）

（续表）

出口管理的基本方针	上述产品向非核国家出口时必须通过双边核能协定对以下条件做出担保 ①禁止用于核爆炸 ②核物质防护装置 ③国际原子能机构全领域保证措施 ④限制再次转让	满足以下条件可以允许出口 ①加入防止核扩散条约（NTP）并自与国际原子能机构签署全领域保障措施协议 ②不用担心最终用途 ③受援国承诺核不扩散 ④再次转让需要提前获得同意	满足以下条件可以允许出口 ①不用担心最终用途 ②再次转让需要提前获得同意	（1）原则上类别 1 是禁止出口的 （2）类别 2 需要满足一定条件才能出口： ①不用担心最终用途 ②再次转让需要提前获得同意

注：日本均在这些机构成立当年即加入。

资料来源：栗山信也，《近期的安全保证出口管理动向今后课题》，《通产省公报》，1996 年 6 月 28 日，第 24 页。

这样，包括之前签署的《防止核武器扩散条约》（Nuclear Non-Proliferation Treaty，1970 年生效，1995 年 5 月决定无限期延长）和《禁止生物武器条约》（Biological Weapons Convention，1975 年生效），国际上形成了尽快全面禁止化学武器的氛围。1992 年 9 月，联合国军控大会上提出《禁止化学武器条约》（Chemical Weapons Convention）议案，1992 年联合国大会上一致通过批准该议案并签署条约。1993 年 1 月在法国巴黎举办了《禁止化学武器条约》签署仪式，包括日本在内，共有 130 个国家参与签署，这标志着在全世界范围内就废除并禁止化学武器达成共识。该条约自 1997 年 4 月 29 日起生效，第二个月有 89 个国家参与并批准。1995 年 3 月 20 日，奥姆真理教在东京发动沙林毒气地铁袭击案。半年后，即 9 月 15 日，日本最终批准了《禁止化学武器条约》。

《禁止化学武器条约》的主要内容是：签约国将禁止使用、生产、购买、储存和转移各类化学物品。同时，该条约还设置了严格的检查制度，允许进行突击检查。《禁止化学武器条约》第 1 条"普通义务"中规定：为了防止化学武器扩散，要求对生产武器的原材料以及相关技术向所有地区出口都进行限制。根据毒性以及工业用途区分了可以用来制作化学武器的原材料（有毒化学物质及其原材料），并且由三个附表共同构成"化学物质相关的附件"，根据不同的有毒物质，签约国和非签约国要实施不同的出口限制措施。为了履行《禁止化学武器条约》，1997 年 3 月 28 日，日本政府修改了《外国贸易管理条令》和《出口贸易管理条令》的部分条款（政令第 94 号），并于第二年 4 月 29 日实施。[100]

表 1.3.10　《禁止化学武器条约》的概要

目标国家	受限种类		
	附表 1（沙林、梭曼、VX 毒气）	附表 2（硫二甘醇等）	附表 3（三乙醇胺）
签约国	以医疗为目的，1 吨以下可以出口，但是要提前向秘书处通报获得批准	由各国决定出口限制	
非签约国（未批准条约的国家）	禁止出口	条约生效 3 年内获得政府的保证书后可以出口，之后禁止出口	获得政府保证书后可以出口，5 年后重新决定

资料来源：菜山信也，《关于出口相关政策的最近动向》，《通产省公报》，1997 年 6 月 27 日，第 10 页。

---

[100] 《关于修改外贸管理条令及出口贸易管理条令部分条款的行政命令》，《通产省公报》，1997 年 3 月 28 日，第 9—10 页。

（7）采纳补充出口限制制度（部分覆盖规则）

如前文所述，20 世纪 80 年代日本针对可能制造化学武器的原材料采取的出口管理措施是呼吁相关企业注意，而不是采用出口批准制。1993 年 3 月产业结构审议会安全保障贸易管理部门会议（1992 年 9 月成立）提出建议，介绍了当时外国采用的全覆盖规则，认为日本作为发达国家的一员，有必要引入这一新制度。但是该建议没有完全实现，1994 年 6 月，通产省发出通知，题为"针对防止扩散出口管理制度，制定或者重新梳理遵守出口相关法规的内部规章制度"（6 贸第 604 号），向各个出口相关机构的领导发出邀请，希望能够制定或重新处理遵守出口相关法律的内部规章制度。[100]

之后，随着《瓦森纳协定》取得进展，通产省开始加速转向防止扩散型出口管理制度，修改《外国汇率管理条令》以及《出口贸易管理条令》及规定，并于 1996 年 1 月 1 日起开始实施。

日本新采纳的规则被称为补充规则，其原因是补充了原来国际框架下禁运清单中没有的 87 种产品，这与欧美采纳的全覆盖规则相对应，也算是听取了 1993 年 3 月产业结构审议会安全保障贸易管理部门会议的建议。

新规则规定了需要申请出口许可的情况，主要取决于①产品和技术的范围、②进口国（是否是受限国家）、③限制条件、④特殊情况。该补充规则最大的特点是把禁运清单之外的产品也作为适用对象，但又没有禁运清单如此严格。第③条就是具体体现。上述 4 要素的具体内容请参考表 1.3.11，其中规定了"货物的范围"，同时进口国家由原来的"特定地区"扩大为"全部地区"，说明了该出口管理制度的彻底性。因为该政策限制了产品种类，所以也被称为"部分覆盖规则"。

采取这种方式的理由之一是因为日本并不符合全覆盖规则的"客观要求"，换句话说是不能确定事前能否"了解"。[102] 同时也说明其主要对象是与大规模杀伤性武器关联性很强的"特定产品"。[103] 原来的禁运清单（《出口贸易管理条令》附表 1）包括 15 项内容，现在又追加了第 16 项内容。其要求有所放宽，比如没有具体指明与大规模杀伤性武器相关的通用产品、生化武器、弹道导弹产品的产品性能和样式。

---

[100]　同前，脚注 74，《4 月 1 日起实施 给予最长 2 年时间的许可——设立综合出口许可制度》，《通产省公报》，1989 年 3 月 15 日，第 2 页。同前，脚注 68，《要求遵守与防止扩散型出口管理相应的出口法规并对内部规程进行重新评估》，《通产省公报》，1994 年 7 月 4 日，第 12—13 页。

[102]　东芝出口管理部编，《全覆盖规则出口管理实务》，日刊工业新闻社出版，2002 年，第 15 页。

[103]　同上，第 6 页。

表1.3.11　日本补充的出口规制概要

内容	概要
产品范围	针对其他国家受限的"所有产品"，日本采用了降低标准的方式制定范围。针对技术而言，日本规定产品的设计、制造以及使用相关的技术受限
目的地	和其他国家一样都是针对"所有区域"，但是在满足一定条件下向发达国家出口时，即便政府没有通知（下栏2），也可以不申请许可，实际上属于没有限制
规制主要内容	只要符合以下两条，就必须申请许可。 （1）客观条件。出口商通过相关文件了解到出口产品需求者用来开发大规模杀伤性武器 （2）通知条件。收到通商产业大臣的通知，担心出口产品会被用来开发大规模杀伤性武器
特例	临时产品不需要许可

注：表1.3.9规定的受限清单中，虽然有些产品是通过行政命令指定的，而且定性的方式与国际保持一致，但是定量能力不能满足国际标准，所以有些产品其实并非受限产品。

资料来源：菜山信也，《关于出口相关政策的最新动向》，《通产省公报》，1997年6月27日，第10页。

现在重新审视的话会发现，第16项中虽然规定了相关产品，但是如果认为这些产品不会被用来开发、制造、使用或是储存大规模杀伤性武器，而且没有收到通产大臣要求申请批准的通知，可以不经批准直接出口。

（8）引入全覆盖规则

综上所述，部分覆盖规则不同于欧美采取的全覆盖规则，日本政府放宽了有关限制措施，属于过渡性制度。而且受限产品大部分属于生产禁运清单中大规模杀伤性武器的低规格产品，因此，禁运清单之外的产品很有可能被用来开发大规模杀伤性武器。在别的国家属于不能出口的产品，有可能在日本被出口，这种指责并非空穴来风。[104] 为了避免成为国际规则框架的漏洞，日本必须同欧美等国接轨，把补充的出口制度改为与欧美相同的全覆盖制度。

于是日本于2002年采纳了全覆盖规则，基本所有的产品都成为出口管理的对象。在该规则下，受限产品不存在任何例外，根据《关税定率法》（1910年4月15日，法律第54号）附表的规定，除了食品和木材之外，基本所有产品都属于出口管理对象。此外还修改了《出口贸易管理条令》附表1的第16项内容。所以，一旦被认为有可能用于生产核武器等大规模杀伤性武器的产品，不管在什么场合下，只要涉及出口，就

---

[104]　同前，田上、森本，《出口管理论》，第71页。

要申请专门的许可。

全覆盖规则实施后，大部分与出口有关的企业生产的产品都成为受限对象，需要按照安全保障贸易管理规则进行管理，企业希望能够明确是否有必要申请出口许可。虽然受限产品范围扩大至几乎全部产品，但是全覆盖规则没有涵盖全部国家，参加了大规模杀伤性武器相关条约以及国际出口管理体制（《瓦森纳协定》），完善出口管理制度的 25 个国家（也被称为白色国家，2002 年为 25 个国家，2012 年为 26 个国家）不属于受限对象。[105]

关于客观条件——"是否知情"一直难以明确，所以将其分为用途（用来做什么）和需求方（正在实施或是已经实施），明确规定在何种客观状况下需要获得何种客观信息。[106]

另一方面，1994 年通产大臣发出通知，表示国际性防止扩散型出口管理体制与安全保障息息相关并且不断发展，与防止扩散性出口管理有关的企业要自觉调整出口管理方式，形成新的机制以适应新的变化。

第 3 节　贸易保险[107]

1. 20 世纪 70 年代促进设备出口和海外投资以及完善国际出口信用制度

贸易保险主要是为了应对企业在对外贸易（比如进出口或者海外投融资）时遇到的意外，大体可以分为两类：①非对方责任、属于不可抗力的非常事态（战争、内战、汇率管制、出口管制、自然因素等导致无法出口、无法回笼资金等情况）；②因对方责任导致的信用危机（采购后不付款）。一般来说，民间保险公司无法处理此类风险，所以并不受理该保险。当出口合同遇到战争、内战、采购后不支付货款等类似问题时，需要支付巨额保险，所以一般的民间保险公司无力承担这种规模的赔付。贸易保险制度因此应运而生。该制度规定由国家负责应对这种风险，进而更加灵活地激发民间金

---

[105] 同前，东芝出口管理部编，第 11 页。截至 2002 年 1 月，25 个国家包括阿根廷、澳大利亚、奥地利、比利时、加拿大、捷克、丹麦、芬兰、法国、德国、希腊、匈牙利、冰岛、意大利、卢森堡、荷兰、新西兰、挪威、波兰、葡萄牙、西班牙、瑞士、英国、美国、日本。韩国随后加入。

[106] 同上，第 15 页。

[107] 本节内容节选自：贸易保险机构编，《贸易保险 50 年历程》，经济产业省贸易经济协力局贸易保险科，2001 年。

融机构的活力，属于通过国际性规则振兴出口的政策手段之一，也是企业在保证国际竞争力上不可或缺的基本制度之一。其他国家都把贸易保险作为国家行为，日本也不例外，由通商产业省统一负责。就保险金额赔付后货款回笼问题而言，主要是通过巴黎俱乐部等机构展开政府间谈判，通常需要花费相当长的时间，所以贸易保险制度的适用对象一般都不属于民间保险公司的承保对象。实施贸易保险制度，以保险金作为原始资本，在相当长时间内保证收支相抵，能够在错综复杂的世界经济中保证稳定安全的对外贸易。与此同时，在此过程中，国家信用和谈判能力也是不可或缺的重要因素。

1950 年，日本贸易保险制度设立，其中只包括一种普通的出口保险[108]，就是 15 家民间财险和意外险公司的再保险制度。20 世纪 50 年代，为了促进日本企业出口，为战后复兴提供生产、投资所需外汇，日本政府进一步完善了贸易保险制度。20 世纪 60 年代，把该制度发展为以普通出口保险为主，包括出口保险[109]、出口票据保险[110]、出口金融保险[111]等 8 种保险在内的综合性保险制度，而且逐渐完善了使用手续。本节主要介绍贸易保险制度从 20 世纪 70 年代到 20 世纪末的发展情况。

1971 年，"尼克松冲击"之后，日本开始实行浮动汇率制，放弃了自 1949 年开始的 1 美元兑换 360 日元的固定汇率制。1971 年 12 月，《史密斯协议》签署后，日元汇率再次锁定为 1 美元兑换 308 日元，但是不久，1973 年 2 月就恢复为浮动汇率制并持续至今。20 世纪整个 70 年代一直到 1978 年，除了从 1973 年 10 月第四次中东战争爆发到第一次石油危机爆发的时间之外，日元始终保持升值势头。为了应对日元升值，日本企业积极在海外进行直接投资。另一方面，20 世纪 70 年代前半期，日本政府实施了出口促进政策，并且大力发展知识密集型产业——设备出口。在此背景下，20 世纪 70 年代，日本政府也根据贸易形式的变化和时代的需求对贸易保险制度做出很多调整，

---

[108] 综合保险和个别保险可以承担所有出口合同中产品船运前的风险。在本书涉及的时间内主要是指综合保险，占九成以上。综合保险的申请人要跟政府再签署一份特别协议，规定在一定时期内签署的出口合同全都自动承保。个别保险申请人则根据出口合同与政府签署保险合同。

[109] 主要是以设备类产品货到付款出口合同、建筑工程等技术提供合同为对象，船运后如果无法收回货款和债权就可以申请理赔。1951 年，在普通出口保险（甲级）的基础上又设立了乙级保险，1953 年更名为出口货款保险。

[110] 出口票据保险于 1953 年设立。外汇银行在买入出口商的押汇之后，如果进口商作为支付方无法支付或者拒绝支付导致到期未能回笼押汇资金，可以使用该保险补偿给银行造成的损失。

[111] 金融机构在提供出口用生产、加工、运输用资金时为了防止无法回笼资金可以申请该保险。1952 年被作为丙级保险设立。

设立了促进海外投资及设备出口的制度。该阶段还有一个重要特点就是进一步规范了国际性出口信贷条件的相关规定。

（1）助力海外投资

A. 海外投资保险制度的制定及完善

随着日本经济迅速发展，日本企业也开始积极进行海外投资。为了解决相应的风险，1970 年日本制定了海外投资本金保险和海外投资利润保险。[112] 在此基础上，经过整合及完善，还制定了与欧美等国大体相同的海外投资保险制度。其主要调整包括：①增加了适用对象，涵盖股份公司和有限合伙公司资本金、经营企业所需长期贷款以及海外直接投资项目；②针对投资本金、利润，增加了因战争、征用、汇款管制等情况导致受损时进行赔付；③以前的赔付条件是被投资公司结算或是该公司出售股权，现在改为只要公司受到损害无法继续经营就可以申请；④废除本金递减方式（不考虑分红，保险额度每年递减本金的 10%）；⑤赔付率由 75% 提高至 90%。

早先，海外投资保险的适用对象是经营者支配公司。为了确保稳定获得矿产资源，1972 年 1 月，日本开设了新的业务类型，允许向非经营者支配企业提供贷款用来收购矿产（提供开发矿产资源所需资金，签署长期进口或开发资源合同），并且允许对该贷款投保；当发生信用风险时可以予以赔付（上限 80%）。

日本对海外项目提供资金，不仅包括对直接投资或是直接贷款实施海外投资保险制度，还包括出借给当地合资公司所需资金，由日本的母公司（投资者）对债务做担保。随着类似的案例逐渐增加，1981 年 5 月，由日本母公司对外国法人长期借款的债务担保也成为海外投资保险制度的适用对象。

如上所述，收购矿产资源贷款属于海外投资保险制度的业务范畴。1974 年，该保险制度仅被用于进口木材及其他农水产品；1981 年随着进口所需资源需要道路等必需的基础设施，该保险制度还扩大了业务范围，开始提供完善基础设施所需资金。1993 年，在此基础上，设立海外项目资金贷款保险。

B. 完善出口保险制度

①海外建筑工程等

与其他国家相比，日本进入海外市场比较晚。为了更好地支持日本走出去，1971

---

[112]　海外投资本金保险制度于 1956 年设立，可以补偿因战争或被征用对投资者造成的损失。第二年 1957 年，海外投资利润保险设立，可以补偿因无法回笼投资本金产生的分红造成的损失。

年 4 月，日本政府开始提供出口贷款保险和海外投资保险等综合性保险，为海外建筑工程提供保险，对施工过程中遇到的种种风险进行赔付。之后，继续完善相关保险制度。

以出口贷款保险为例，以前只能对设备出口中的技术进行投保，无法确保向类似建筑工程这种单独提供技术的合同进行等价赔付，但现在变得可行；如果无法收回建筑工程合同中以当地货币结算的货款，该保险可以给予赔付；合同签署双方在确认对价阶段，原来对甲方不作为债务的"支出费用"不能赔付，现在通过"支出费用特别约定"可以进行赔付。

为了保证技术提供合同的实施，海外投资保险制定"海外投资保险（建筑工程）保险条款"。如果当地政府征用了运输到当地的设备和建筑机械或是因为战争、自然灾害等因素导致无法使用（包括损耗），可以予以赔付。1979 年 9 月，日本政府进一步对制度进行完善：原来对建筑工程投保可以根据"出口贷款保险条款"和"海外投资保险（建筑工程）保险条款"，现在统一为"海外建筑工程保险条款"；建筑行业按照企业类型引入综合保险制度；明确了被保险权益（确认赔付金额、投保金额、设备）。

②对外贷款等

1971 年 9 月，为了应对"尼克松冲击"，日本政府出台了 8 项货币政策，比如推动银行贷款、推动资源预付款金融制度等。在此基础上，10 月日本召开临时国会，决定对《出口保险法》（1950 年 3 月 31 日，法律第 67 号）做出如下调整（1972 年 1 月 20日，法律第 2 号）。

（i）采取措施控制并保障买方信贷及银行贷款的风险

以前，日本对设备出口提供出口信用，并坚持"三位一体原则"，其中包括承认出口；由出口保险负责投保；日本进出口银行提供融资。买方信贷（延期付款）也大体采用相同模式。外国已经非常积极地对买方信贷、银行贷款提供信用担保，并且向借款方明确贷款条件。为此，日本也丰富了本国的出口信用担保方式，借鉴了卖方信贷的规则。如果买方信贷和银行贷款发生风险，致使无法偿还贷款，可以根据出口贷款保险申请赔付（最高赔付比例分别是 90% 和 80%）。

（ii）扩充与交钥匙合同有关的出口贷款保险制度

在设备出口项目中，交钥匙项目逐渐增多（设备完成后再向业主转移所有权）。之前的出口合同都是按照船上交货（Free on Board）明确出口贷款债权，将船运风险转嫁给对方。1972 年 8 月，日本从政策方面出发完善了出口贷款保险：根据出口贷款保险制度，投保利益与出口商品所有权是否转移无关，在装船前或是装船时向对方交付货物就开始生效；因为战争、内乱、革命等导致出口货物或是建筑设备损坏或是出现其他轻微财产损失时，属于合同中的不可抗力，日本企业需要修理或者替换其设备以便完成项目。在这种情况下，日本企业要承担的费用不能向合同另一方提出索赔。根据"交钥匙项目特别约定"，企业支付了额外的保费后就可以申请赔付，这也属于出口保险"财产损失不赔付"的特例。

（2）促进设备出口

20 世纪 70 年代前半期，世界经济风起云涌。为了平稳地扩大出口、促进出口结构升级，日本政府增加对设备出口的预期。另一方面，随着石油价格升高，产油国国力提升，设备投资增加，即所谓的石油美元回流，这也促使采购设备的需求增加。1971年，设备出口总额达到 13 亿美元，首次突破 10 亿美元大关。之后，增长更为迅速，1973 年为 22 亿美元，1976 年为 80 亿美元，1979 年为 129 亿美元。在此背景下，日本政府继续对出口保险制度做出调整。

A. 设立汇率变动保险

1973 年 2 月，日本全面施行浮动汇率制，这也导致设备延期付款、中长期外汇信用担保过程中的汇率风险增大。为了保证设备出口有序平稳，日本政府于 1974 年 5 月设立了汇率变动保险。具体内容如下：①适用对象为信用担保时间超过 2 年的出口合同；②从合同签署当天开始 2 年后，由保险补充因日元升值产生的 3%～20% 的汇率差额；③相反，如果日元贬值 3%～20% 的话要补缴汇率差额。在设计该保险时，考虑到可能会一次性缴纳很多保费，所以规定可以根据出口保险特别会计制度进行临时借款，但是需要在年内返还。这样一来，在实际操作方面，借款的意义被削弱。1982 年以后，该汇率变动保险制度没有任何调整，相当于被废弃（请参考表 1.3.13）。[113]

B. 设立出口担保保险

在出口设备或是开展海外建筑工程时，甲方会要求银行和财产保险公司提供各种担保。为了降低银行的风险，让出口商更容易获得担保，1977 年 4 月，日本政府设立了出口担保保险。根据该保险，银行和财产保险公司发行投标担保、履约担保、退款担保。当甲方提出担保债务履约请求时，银行等机构会根据其支付的保证金予以赔付。

---

[113] 该保险投保数量为零的原因有两方面：一是企业可以在金融市场上通过汇率对冲降低风险；二是汇率市场恢复稳定。

综合保险的赔付金额大约为90%，个别保险为70%。

C. 国际企业联合体投标项目的应对

就国际企业联合体承接的大型工程项目而言，总包商向分包商支付价款的条件虽然有含 if/when 条款的主副支付方式，但因分包商无法直接向业主请求付款，所以分包商回款的风险无法完全回避。因此1981年5月，日本修正了《出口保险法》的部分条款（1981年5月6日，法律35号），规定各国的保险公司要采用联合保险（joint insurance）的方式，并且要根据总包商和分包商在工程项目中承担的比例，以期完全避免价款回收的相关风险。自1980年6月，法国、新加坡、英国、荷兰、奥地利、西班牙、加拿大在比利时签订了联合保险协定之后，这些国家之间也在不断协商具体的联合保险方式。

此外，一个合同中包括设备出口、大型海外建筑项目、海外设备采购等多项内容；既需要提供本国产品又需要提供本国技术的情况逐渐增多。1981年6月，因为技术部分涉及金额过大，所以要求签署技术提供合同，这控制了货物在船运前的风险。这使普通出口保险以及出口贷款保险的赔付率上限额度从90%提高到95%。

（3）调整国际出口信用条件

A. 加入伯尔尼协会

伯尔尼协会（Berne Union），是政府间的出口信用保险机构[114]，其成立目的是完善出口信用保险，并且提供互相交流的平台。[115] 通产省贸易振兴局出口保险科（Export - Import Insurance Division，Ministry of International Trade and Industry）一直负责推动日本加入伯尔尼协会，但由于出口信用条件规定（出口信贷期5年规则）并不合适日本，所以直到1970年5月荷兰的阿姆斯特丹伯尔尼协会大会才得以实现，日本成为21个国家27个机构中的一员。不久，日本就成为伯尔尼协会运营委员会委员；1973年10月，运营委员会在东京召开；1980年5月，伯尔尼协会在东京召开。伯尔尼协会作为国际出口信用保险机构于1974年6月修改了部分规则，成立了海外投资保险委员会，开始向负责出口保险、海外投资保险的国际机构转变。

---

[114] Export Credit Agencies（ECAs）.

[115] 正式名称为：International Union of Credit & Investment Insurers（国际出口信用保险机构）。1934年由英国、法国、意大利、西班牙四国的出口信用机构联合成立，主要是为了交换意见。因在瑞士伯尔尼开会而得名。截至2011年，秘书处设在英国伦敦，法人设在瑞士。请参考 http：//www. nexi. go. jp/insurance/ins_ berun/ins_ berun. html。

B. 展开两国间定期协商

在纷纷加入伯尔尼协会的同时，世界上主要国家负责出口保险的政府部门以及保险机构也在定期召开双边协商。1970 年英国出口信贷担保署（Export Credits Guarantee Department）、1971 年美国进出口银行（Export-Import Bank of the United States）以及海外私人投资公司（Overseas Private Investment Corporation）、1972 年 9 月德国（经济部/ Hermes 信用保险公司）、1973 年 4 月法国对外经济关系司（Direction des Relations Economiques Exterieures）和法国外贸保险公司（Compagnie Française pour l'Aide au Commerce Extérieur）相继投入运营。

C. 国际出口信用条件规则的实施

（i）OECD 出口信用条件规则的动向

虽然伯尔尼协会的 5 年规则等国际出口信用条件规则始终在实施，但是该规则只对加盟机构具有约束力。人们也逐渐认识到：出口保险必须有官方支持，并且要对政府构成约束，才能发挥最大效果。所以各国开始在 OECD 框架下讨论并制定出口信用条件规则。

1969 年 5 月，《OECD 船舶备忘录》签署，政府对船舶出口信用提供支持，最长还款期为 8 年，最低利率 6%。1971 年，召开 OECD 船舶制造工作会议，并出台了船舶出口信用条件相关信息交流制度。1972 年 7 月，OECD 出口信用和信贷担保机构（Group on Export Credits and Credit Guarantees）针对出口信用时间超过 5 年的项目专门制定了"信息交换制度"，通产省贸易振兴局出口保险科成为日本负责信息交流的机构。

就其他领域的情况而言：1974 年，地面卫星通信局制定了行业标准，最长还款期定为 8 年。1975 年 5 月，OECD 出口信用和信贷担保机构制定了当地费用标准（当地费用公共信用不能超过首付款），并且针对核能发电设备及飞机等制定了中止规则。

（ii）加强出口信用条件规则——制定出口信用指导手册

第一次石油危机后，各国争相出口设备，国际竞争愈演愈烈。在此背景下，为了防止出口信用条件失衡，基于世界的共同认识，开始制定国际出口信用条件相关的规则。1974 年 10 月，美国、英国、联邦德国、意大利和日本签署"华盛顿一揽子协议"，决定对合成年利率在 7.5% 以上的贷款提供政府担保。之后，1975 年 12 月，在法国朗布依埃召开第一次发达国家首脑会议，制定了出口信用的相关规则。在此基础上，1976 年 2 月，7 个发达国家就出口信用达成共识，并于同年 7 月实施。1978 年 4 月 1

日，在 OECD 框架下根据该共识制定了《出口信用指导手册》。

该指导手册规定：根据人均国民生产总值（GNP）把国家划分为高等收入国家、中等收入国家和低等收入国家三类。根据不同的国家类型，制定不同的最长还款期以及最低贷款利率（7.25% ~ 8%）。此外还规定了最低首付款（15%），对政府支持地方经费做出限制，不能超过首付款。之后，国际上利率变化很大，各国始终没能找到统一的解决方案。1980 年 7 月，指导手册中的复合利率提高了 0.25 ~ 0.75 个百分点。1981 年 11 月，又提高了 2.25% ~ 2.5%，并且确认日本为低利率国家（9.25%）。

为了在国际框架下更好地处理出口保险事宜，1972 年 11 月，在英国伦敦成立了出口保险事务所。

（4）保险事业开展情况

20 世纪 70 年代，贸易保险的承销金额持续增加，从 1970 年的 3.7 万亿日元增长至 1979 年的 10 万亿日元。以下参考表 1.3.12：相同时间内，保费收入从 67 亿日元增长至 272 亿日元，募集资金从 21 亿日元增长至 59 亿日元。另一方面，支付保费从 1970 年的 55 亿日元增长至 1979 年 277 亿日元，整个 20 世纪 70 年代合计 1 285 亿日元（其中出口票据保险为 221 亿日元）。只有 1966 年因印度尼西亚政变引发巨额赔付导致该年度收支逆差。

20 世纪 70 年代，巴黎俱乐部同意延长土耳其、智利、扎伊尔（现刚果民主共和国）、苏丹的债务，之后，再次延长土耳其、埃及、智利、加纳的债务。

表 1.3.12　贸易保险的收支情况　　　　　　　　　　　　　　　　（单位：亿日元）

年度	保险金额 A	保费收入 B	募集资金	保费支付	收支差额	借入金	B/A
1970	37.080	66.5	21.1	55.4	28.2	—	0.179%
1971	37.447	93.7	29.0	39.7	77.7	—	0.250%
1972	47.626	57.0	16.2	45.8	20.8	—	0.120%
1973	51.767	69.9	19.7	69.9	12.0	—	0.135%
1974	87.189	203.6	22.6	67.1	149.5	—	0.234%
1975	82.306	179.4	22.5	91.8	98.6	—	0.218%
1976	96.277	243.0	20.5	100.2	143.8	—	0.252%
1977	88.082	277.2	34.4	194.4	101.8	—	0.315%
1978	75.400	251.8	47.4	344.2	-63.5	—	0.334%

（续表）

年度	保险金额 A	保费收入 B	募集资金	保费支付	收支差额	借入金	B/A
1979	100 945	272. 2	59. 2	276. 6	31. 6	—	0. 270%
1980	116 343	309. 9	45. 4	220. 8	111. 1	—	0. 266%
1981	134 847	328. 4	54. 5	376. 4	− 18. 7	—	0. 244%
1982	133 467	373. 4	123. 3	627. 1	− 151. 7	—	0. 280%
1983	111 006	340. 5	151. 7	804. 6	− 332. 5	—	0. 307%
1984	103 518	412. 9	255. 8	1 414. 5	− 796. 6	—	0. 399%
1985	104 529	467. 6	388. 8	1 643. 0	− 824. 2	740. 0	0. 447%
1986	73 133	333. 8	535. 9	1 690. 4	− 854. 8	1 641. 0	0. 456%
1987	76 428	303. 9	348. 7	1 095. 1	− 483. 5	2 195. 0	0. 398%
1988	86 474	213. 4	399. 9	1 648. 3	− 1 075. 5	2 848. 0	0. 247%
1989	182 951	342. 4	692. 7	1 426. 6	− 429. 6	2 941. 0	0. 187%
1990	227 619	448. 1	386. 5	1 985. 8	− 1 195. 8	3 698. 0	0. 197%
1991	219 522	356. 8	407. 2	3 419. 3	− 2 708. 2	6 378. 0	0. 163%
1992	218 347	447. 4	1 111. 8	1 481. 9	21. 9	6 886. 0	0. 205%
1993	131 723	462. 3	772. 9	1 280. 0	− 100. 2	6 744. 0	0. 351%
1994	136 860	441. 2	852. 0	805. 6	422. 8	6 224. 0	0. 322%
1995	119 397	435. 0	982. 8	571. 4	789. 1	5 360. 0	0. 364%
1996	133 566	409. 8	1 211. 9	443. 6	100. 5	4 041. 0	0. 307%
1997	145 046	460. 2	1 229. 7	301. 7	1 288. 2	2 518. 0	0. 317%
1998	139 686	454. 0	912. 5	167. 4	1 137. 5	1 278. 0	0. 325%
1999	120 246	332. 0	845. 0	216. 0	961. 0	0. 0	0. 276%
2000	108 116	329. 0	853. 0	324. 0	858. 0	0. 0	0. 304%

注：—表示无数据。

资料来源：贸易保险机构，《贸易保险 50 年历程》，2001 年，第 78—79 页。

在此过程中需要留意的是：债务重组，如延期支付也属于出口保险理赔对象。以前，同意延期后，在原债权到期时，债权被重组，还款时延后属于出口合同变更，所以在原债权到期日没有发生保险事故。后来，印度尼西亚、加纳、埃及都因为大型事故导致保险财政恶化，该措施明显有悖于出口保险设立的初衷，所以，1972 年 11 月决定对智利进行的债务救济，改为按照原还款时间支付保险费用。

2. 20 世纪 80 年代发展中国家的债务危机导致贸易收支恶化

（1）贸易收支恶化

20 世纪 70 年代，日本经济平稳发展，保险金额于 1979 年突破 10 万亿日元，1981 年到达 13.4 万亿日元的峰值，1983 年减少至 11.1 万亿日元，1985 年减少至 7.3 万亿日元，回到 10 年前的水平。参考表 1.3.13 可以了解到每个保险险种的变化。保险金额减少主要是因为普通出口保险、出口货款保险、出口票据保险等大幅减少。虽然普通出口保险的保费收入持平，但保险金额在减少。各个保险的差异也比较大。保险金额骤减的原因很多：不仅包括签署《广场协议》后日元升值导致出口衰退这种短期原因，还包括受第二次石油危机后世界经济衰退、石油需求锐减影响，发展中国家和产油国对设备的需求降低等原因。就设备出口而言，1979 年为 129 亿美元（占出口总额的 12%），1981 年增长至 175 亿美元的峰值，1984 年降至 71 亿美元，1986 年为 75 亿美元（占出口总额的 3.5%），规模几近减半。对此，后文会有详细论述。债务危机显现，国家风险增加，贸易收支恶化导致出口保险针对承保制定了更加严格的规定。

另一方面，随着理赔金额的增加，贸易收支进一步恶化，参考前文提到的表 1.3.12。1982 年年度收支变为逆差，1984 年累计收支变为逆差（534 亿日元），发展中国家无法偿还债务成为保险理赔的主要原因，而且这种情况呈现增长趋势。即便连续两次提高了投保费率，但仍然导致 1991 年之前出现巨额逆差，日本政府对此非常担忧。

20 世纪 70 年后半期，随着发展中国家的经济开发，对资金的需求逐渐提高。与此同时，第一次石油危机后，产油国向非产油的发展中国家提供了更多的石油美元贷款。非产油的发展中国家债务规模急剧膨胀，1970 年为 850 亿美元、1980 年底为 6 320 亿美元、1988 年底为 1.3 万亿美元。1979 年第二次石油危机爆发后，不仅石油价格提高，而且由于世界经济形势衰退导致初级产品的价格下降，严重依赖出口的非产油发展中国家的贸易收支加速恶化。由于这些国家过分追求工业化进程，所以除了财政恶化问题以外，20 世纪 70 年代还出现了很多基础设施方面的问题。进入 20 世纪 80 年代后，这些非产油的发展中国家债务危机凸显，债务延期或债务无法履行的情况相继发生。

表 1.3.13　贸易保险种类统计

（单位：100 万日元）

险种	项目	1970 年	1975 年	1980 年	1985 年	1990 年	1995 年	1999 年
普通出口保险	承保数量	362 565	424 931	443 337	509 065	480 227	402 396	337 440
	承保金额	1 889 399	4 443 299	5 984 954	5 311 254	10 829 328	11 377 226	11 686 719
	保险费用	1 018	3 174	5 305	9 942	11 503	36 083	23 770
	支付保险金	104	1 260	4 052	1 305	10 283	51 566	21 296
	募集资金	0	15	107	2 542	4 722	37 439	40 080
出口货款保险	承保数量	2 949	5 240	11 890	11 295	122 662		
	承保金额	1 381 291	27 330 980	4 473 101	4 401 759	11 465 135		
	保险费用	2 088	4 936	11 921	21 412	26 557		
	支付保险金	2 944	2 414	10 084	153 871	166 309		
	募集资金	1 658	1 872	1 122	29 565	21 846		
中介贸易保险	承保数量					685		
	承保金额					113 403		
	保险费用					995		
	支付保险金					138		
	募集资金					0		
出口票据保险	承保数量	181 713	137 846	145 723	96 311	45 170	18 430	18 589
	承保金额	413 143	758 034	982 777	561 326	197 912	68 335	80 251
	保险费用	3 388	6 499	7 948	8 166	2 353	753	750
	支付保险金	2 374	5 166	6 965	8 869	20 746	183	388
	募集资金	439	356	3 301	6 696	2 846	748	145
汇率变动保险	承保数量		6	1	0	0		
	承保金额		9 011	965	0	0		
	保险费用		144	106	75	30		
	支付保险金		0	560	87	127		
	募集资金		0	13	110	0		

（注：普通出口保险栏右侧标注"贸易一般保险"）

（续表）

		1970 年	1975 年	1980 年	1985 年	1990 年	1995 年	1999 年
出口金融保险	承保数量	388	718	1 167	1 196	0	0	0
	承保金额	2 495	6 938	12 672	16 306	0	0	0
	保险费用	11	22	47	80	12	0	0
	支付保险金	28	12	357	0	0	0	0
	募集资金	15	9	0	0.4	1	1	0
出口保证保险	承保数量			72	44	28	4	8
	承保金额			59 121	21 278	49 688	1 375	9 058
	保险费用			63	87	110	2	9
	支付保险金			0	0	0	0	0
	募集资金			0	0	0	0	0
预付款进口保险	承保数量					48	20	18
	承保金额					1 716	1 233	258
	保险费用					13	8	2
	支付保险金					229	0	0
	募集资金					0	22	0
海外广告保险	承保数量	36	22	0				
	承保金额	126	215	0				
	保险费用	5	9	0				
	支付保险金	36	45	3				
	募集资金	0	0	0				
委托销售出口保险	承保数量	74	12	0				
	承保金额	124	50	0				
	保险费用	2	1	0				
	支付保险金	48	0	0				
	募集资金	0	0	0				

（续表）

		1970 年	1975 年	1980 年	1985 年	1990 年	1995 年	1999 年
海外投资保险	承保数量	108	860	307	165	318	364	147
	承保金额	20 356	252 954	120 709	141 054	104 787	114 114	107 713
	保险费用	51	3 116	5 591	6 994	3 267	3 749	3 942
	支付保险金	0	283	60	148	745	5 429	0
	募集资金	0	0	1	81	0	16	0
海外投资本金保险（海外项目资金贷款保险）	承保数量	24	0	0			59	57
	承保金额	1 071	0	0			377 454	136 244
	保险费用	90	38	12			2 909	4 701
	支付保险金	0	0	0			0	0
	募集资金	0	0	0			0	0
海外投资利益保险	承保数量	1	0	0				
	承保金额	2	0	0				
	保险费用	0	0	0				
	支付保险金	0	0	0				
	募集资金	0	0	0				

注：空白处无该保险制度。

资料来源：贸易保险机构编，《贸易保险 50 年历程》，2001 年，第 82—85 页。

80 年代初，新的债务危机开始波及东欧国家。1981 年对波兰实施债务延期，1982 年对罗马尼亚实施债务延期。1982 年 7 月，墨西哥危机爆发；1983 年以后，开始对中南美洲国家实施债务延期，比如墨西哥、智利、阿根廷、巴西。贸易保险投保国家中债务被延期的国家数量激增，20 世纪 80 年代之前，每年约 1～3 个国家，1983 年开始每年为 9 个国家。整个 80 年代，平均每年对 10 个国家的债务进行重组。包括巴黎俱乐部成员在内，债务被重组的国家数量增加，1985 年为 22 个，1989 年增长为 24 个。

（2）改善政策

A. 夯实财政基础

发展中国家债务危机导致日本贸易收支恶化，日本贸易保险制度也面临着严峻考验。日本为此制定了很多政策，第一步就是要夯实财政基础。作为通商产业大臣的顾问机构，出口保险审议会（会长：东京芝浦电器公司董事长玉置敬三）在 1982 年 11 月针对"关于目前出口保险运营情况"提出意见。[116] 其中建议：1981 年底的紧急准备金 575 亿日元，不到保险承保责任金额的 0.3%，而且还有 40 个国家要提高支付准备金。为了应对国家风险，所以必须要加强运营基础，必须提高保费，而且要灵活运用赔付制度。在此基础上，1983 年 4 月，日本政府提高了保费，平均上调 40% 左右。

1984 年 9 月，日本又提高了出口货款保险的保费，根据不同的国家风险执行不同费率，对于高风险国家，保费要提高 4 倍到 5 倍。在此基础上，1984 年和 1985 年，保费收入增加，但是 1987—1988 年承保金额减少导致保费也减少，但是赔付金额持续增加。贷款收回难度增大，收支继续恶化。[117]。

随着出口保险特别会计收支的持续恶化，资金管理更加困难。为此，1984 年 5 月，日本制定了新的政策，允许对超过还款期限的资金再次融资。1985 年 4 月，大藏省资金使用部开始推出短期贷款，这是出口保险制度创立后首次做出的尝试。1987 年，通过预算，决定时隔 20 年后再次由一般会计向特别会计出资 10 亿日元，将出口保险特别会计资本金总额扩大至 70 亿日元。1987 年 5 月，为了解决发展中国家的债务危机，日本政府还制定了 200 亿美元的资金回流计划。

1988 年，承保金额减少，投保金额减少。但因为发展中国家债务危机频发，要赔

---

[116] 《出口保费提高等——出口保险审议会意见》，《通产省公报》，1982 年 11 月 24 日，第 1—4 页；桐山正敏，《出口保险运营现状及今后课题》，《通产月刊》，第 15 卷 11 号，1983 年，第 106—110 页。

[117] 该段请参考表 1.3.12。

付的金额增加，单一年度收支赤字增加至 1 076 亿日元。1988 年 5 月，停止承保国家和承保受限国家分别增加至 50 个和 40 个。日本出口行业要求政府采取积极的应对措施，具体如下：①促进贸易保险的承保以及放宽承保条件；②改善发展中国家的资金流；为了解决债务危机问题，③在国际框架下解决债务重组等问题；④减免最不发达国家的债务（之后会有详细论述）。当时，1987 年，日本贸易收支顺差创下纪录，高达 13. 2319 万亿日元。

B. 1988 年贸易保险审议会中期报告

在此背景下，1988 年 5 月，贸易保险审议会（会长：日本施伦贝格尔公司董事长两角良彦）公布了"关于资金回流的最佳措施"中期报告。前文中②相关的发展中国家的资金回流问题包括了①③④提到的所有问题。为了进一步增强贸易保险的作用，日本认识到必须夯实财政基础。具体的措施还包括：由一般会计注入资本金，提高保险费用，扩大综合保险的产品种类；并且通过这些方式提高贸易保险的利用率，解决国家债务重组后债权的代位权问题。[118]

根据这些建议，政府采取了以下措施改善贸易收支情况。

①由一般会计注入资本金

1988 年通过补充预算，1989 年通过预算，从一般会计中分别向贸易保险特别会计注入 900 亿日元和 32 亿日元，资金本由 70 亿激增至 1 002 亿日元。

②提高保费

1989 年 4 月 1 日，提高保费，平均增幅近 40%，并采取最低保险费用制度（3 000 日元）。

③扩大综合保险对象

为了扩大综合保险的对象，1989 年，与日本汽车工业协会签署了与汽车有关的综合保险特约书。此外，把家电、商务机追加为日本设备出口协会的特约产品。

④加强债权的回收

1989 年，为了收集债务重组后的基本数据，提高债权管理能力，通产省在贸易保险科下设财务室。[119] 此外，为了提高贷款回收率、简化回收手续，还决定国家对重新安

---

[118]　请参考：《为发展中国家经济发展做出贡献——贸易保险审议会中期报告》，《通产省公报》，1988 年 5 月 20 日，第 1—6 页；小野浩孝，《实现资金回流的最佳组合》，《通产月刊》，第 21 卷 7 号，1988 年，第 36—37 页。

[119]　宫本融 ，《关于灵活使用贸易保险促进民间资本回流》，《通产省公报》，1992 年 12 月 7 日，第 16 页。

排的债权拥有代位权。当年还决定对巴西第二次债务重组征收回收金。

⑤灵活使用保险承保

1988 年 11 月，日本政府制定并实施了弹性保险制度。该制度主要针对发展中国家，其基本方针如下：①维持经常贸易（特别是短期保险承保）；②通过实施重点项目促进经济开发资源的转移；③促进产业结构调整。此外，还重新梳理了停止承保或是承保受限的国家，目标是争取在 5 年内为其中 21 个国家提供保险金额达到 4 万亿日元。⑳ 这些国家普遍具有经济发展潜力，或者是正在按照产业结构调整计划促进经济发展。1989 年 4 月，针对债务重组国家实施了弹性保险制度，再次提供保险，其中也包括目标国家，比如阿根廷、巴西、墨西哥、摩洛哥、菲律宾、波兰、埃及、尼日利亚。1991 年 7 月，日本政府对该计划的落实情况进行评估，总计承保金额达到 1.68 万亿日元（年均 0.68 万亿日元），可以说该制度取得了一定成果。

C. 削减或免除最不发达国家的债务并形成制度

为了减轻发展中国家的债务负担，一直以来，日本采取的措施都是债务重组，比如延期支付等。就贸易保险承兑的商业贷款而言，即便债务重组、延期支付，仍然需要支付保费作为赔款以代替债务国向被保险国家支付现金。换句话说，对债务进行报销支付的贸易保险更有利于债务重组。

1985 年 10 月，美国财务部部长贝克（James A. Baker）在国际货币基金组织（International Monetary Fund，简称 IMF）和世界银行大会上提出⑫：最不发达国家受债务危机影响流动性不足。从长远看，还贷存在难度。仅仅通过延期还贷并不能从根本上解决问题。这种认识逐渐成为国际共识。1988 年 5 月，各国在伦敦首脑峰会上达成一致，削减或免除最不发达国家的债务。同年 10 月，巴黎俱乐部签署了《多伦多协定》，免除了 1/3 的符合规定的到期债务，并对其余债务做了重新安排。具体内容如下：①削减本金（削减 1/3）；②延长还款时间（延长至 25 年）；③减低利率（低于市场的利率水平，并将宽限期定为 14 年）。日本根据《财政法》（1947 年 3 月 31 日，法律第 34 号）采纳了第③条措施。削减债务对贸易保险特别会计收支造成严重影响。但因为该

---

⑳ 21 个国家是指伊朗、伊拉克、叙利亚、土耳其、约旦、巴基斯坦、孟加拉国、菲律宾、埃及、摩洛哥、突尼斯、坦桑尼亚、尼日利亚、波兰、南斯拉夫、阿根廷、委内瑞拉、乌拉圭、智利、巴西、墨西哥。

⑫ 冈本严，《民间资本回流与贸易保险》，《通产省公报》，1993 年 6 月 28 日，第 34 页。

措施符合 OECD 开发援助委员会⑫提出的政府开发援助（ODA）⑬的相关规定，所以日本从 1989 年的预算开始，首次把 17 亿资本金列为政府开发援助预算。之后，根据一般会计的财务情况，对多年的计划进行分配，按照每年的计划予以实施。

D. 掌握国别风险

1986 年 3 月，伊拉克付款拖欠问题越来越明显。当时虽然日本持有近 4 300 亿日元的巨额短期债权和中长期债权，但是没能预测到风险，没能迅速把握相关额度，为了吸取这次的教训，日本政府要求采取适当措施掌握国别风险，了解相关额度，并且能够及时对损失做出统计。第二年 4 月，成立了损失通知联络会议，由通产省贸易保险科长担任会长，各责任部门每周都要提供一次信息，讨论各国的承保方案，并且评审新的重要项目。

1988 年，随着弹性保险制度的实施，为了实现承保金额目标，出口行业的相关人士展开讨论，从政策方面，对中、长期项目相关的承保做出判断。从 1988 年 11 月开始，日本政府决定由通产省贸易局长牵头进行协商，每周审查一次。1989 年 1 月，第一次国别风险委员会召开，扩大了参会成员。该委员会不仅对个别项目承保进行评审，还要根据国家和保险种类决定承保方案。第一次委员会没有对个别项目承保进行评审，只是决定改变对阿尔及利亚、肯尼亚、哥伦比亚、斯里兰卡、阿富汗、洪都拉斯等国的承保方针，停止投保或是提高投保费用。

2000 年时，国别风险委员会逐渐发展壮大，贸易局审议官担任会长，各科长、各室长作为成员。其职能除了决定投保方案外，还可以审查相关国家是否满足投保要求；按照国别评估其风险；并结合具体项目做出评审；决定相关项目是否需要政府担保；决定是否对大型项目提供保险。

E. 简化并灵活使用相关制度

1988 年，贸易保险审议会中期报告中提道：为了促进发展中国家的资金返还，要加强贸易保险制度的功能。下面简单介绍下包括 20 世纪 90 年代初的措施在内都采取了何种措施来简化并灵活使用相关制度。

①简化贸易保险业务手续（1989 年 4 月，简化设备等综合保险申请手续以及技术保险费用的计算方式，当涉及债务重新安排时，出口票据保险赔付后的权利行使情况

---

⑫　Development Assistance Committee（DAC）.

⑬　Official Development Assistance（ODA）.

无须再提交说明报告）。

②灵活使用海外投资保险（1989 年 6 月，灵活处理承保待定国，重新审视投资相关的新规定、保险期满签署新的保险合同后可以继续投保）。

③调整预付进口保险制度（1990 年 4 月，将预付时间上限由 5 年延长至 10 年，把利息也追加为赔付对象）。

④大幅增加出口货款保险的适用对象［1991 年 7 月，普通出口保险不再限制对象。虽然根据政策条令把出口货款保险适用对象定为"设备（含船舶和车辆）及其零配件和附属产品"，但实际上除了禁止出口产品以外都可以使用出口货款保险］。

（3）完善贸易保险制度

A. 提高赔付率作为国别风险对策

1984 年 5 月，日本政府修改了《出口保险法》（1984 年 5 月 18 日，法律第 32 号），提高了出口货款保险和出口票据保险的风险赔付率，分别由 95% 提高至 97.5%、由 80% 提高至 82.5%。如前文所述，国别风险增加导致紧急情况频发，出口方承担的风险显著提高。通过提高赔付比例这种方式，可以降低出口方的风险，促进设备出口。而且通过这次修改还废除了海外广告保险和委托销售出口保险。[124]

B. 从《出口保险法》向《贸易保险法》转型

1987 年 3 月，日本修改了《出口保险法》（1987 年 3 月 30 日，法律第 3 号）并于 10 月正式实施。此次修改主要是根据 1986 年 12 月出口保险审议会提出的"增加出口保险功能，作为贸易收支失衡对策"的建议，其目的是帮助发展中国家解决债务危机，并且促进日本高额贸易顺差回流。为了降低日本企业开展中介贸易在外国销售货物时的风险，日本还设立了"中介贸易保险"；为了扩大进口，还设立了"预付款进口保险"；此外还增加了海外投资保险的功能，允许对有信贷风险（非投资者责任导致投资企业破产）的国家投保；针对多种对外贸易的风险制定了相关的对策。因此为了更加符合贸易保险制度功能多元化，其名称也由《出口保险法》改为《贸易保险法》。

主要修改内容如下：

---

[124] 1952 年海外广告保险制度作为丁级保险设立。所以海外广告保险制度是指：在无法收回资金时，可以通过该保险赔付为了增加出口而投入海外的广告宣传费。1954 年设立委托销售出口保险。根据委托销售出口合同，在货物出口后，如果出口方无法按照预期收回货款和销售费用，可以根据该保险予以补偿。

①设立中介贸易保险

日本企业在开展中介贸易时，有时无法收回在外国销售货物的中介贸易货款。中介贸易保险制度设立后可以弥补日本企业的损失。风险不同，赔付率也不尽相同，针对风险非常高的项目赔付上限定为90%，针对发生信用危险的项目赔付上限定为80%。该措施充分利用了日本企业的国际网络，促进了国际贸易，并且充分考虑了设备等货物采购国际化的趋势。虽然设立中介贸易保险是为了促进设备出口，如前文所述，20世纪70年代设备出口事业非常兴盛，但是进入80年代后开始衰退。

②设立预付款进口保险

20世纪80年代中期，日本政府采取积极措施促进进口。这已经在第2章中有所论述，这也是设立预付款出口保险的背景。如果进口商提前支付货款却无法进口货物，预付款无法收回会对企业造成损失。预付款进口保险就是针对这种风险而设立的。针对风险非常高的项目，将赔付上限定为90%；针对发生信用危险的项目，将赔付上限定为80%。该制度实施后，日本企业可以放心大胆地提前支付部分货款，用来生产、加工及运输产品，非常有利于进口。

③海外投资保险

包括发达国家在内，很多国家都积极开展海外投资。为了弥补非投资者责任导致投资企业破产引发信用风险，日本创立并完善了海外投资保险。但是因为涉及很多现实问题，比如难以判断风险大小、难以决定保险责任归属、难以进行信用风险的承保审查，所以该制度没有付诸实践。

C. 海外保险机构和再保险制度

如后文所述，1988年，多边投资担保机构成立。在此背景下，海外保险机构间可以对保险责任进行再保险。

结合以上调整，1988年3月，日本从制度重建的角度（scrap and build）出发，废除了出口金融保险制度。

D. 其他制度改善措施

20世纪80年代，日本政府还采取了以下改善措施。

①技术提供保险的发展

1981年10月，海外建筑工程保险等技术提供保险开始实施。1985年2月，日本放宽了技术提供保险的承保条件，扩大了仲裁条款适用范围并且简化了保费的征收方法。

②简化保费计算方式

1983 年 12 月，日本简化出口货款保险的保费计算方式。比如，针对多种船运的出口合同，原来是根据每次船运计算和调整保费。现在采用了新的方式，根据货物运到后超过合同金额 50% 的中期船运日（Middle Shipment）计算和调整保费。1985 年 1 月，为了简化普通出口保险设备等综合保险的保费计算方式，日本决定以中期船运日（金额 M/S 方式）为基础进行计算。

③增加出口货款保险适用产品

1984 年 10 月，日本通过修改政策条令，大幅增加了适用出口货款保险的产品种类，涵盖了关税表中近 90% 的产品（与普通出口保险不同，出口货款保险的适用产品是有限制的，为了增加使用产品数量，必须修改相关的政策条令）。

④制定评级标准细则

1985 年 10 月，作为授信管理对策，首次开始制定外国企业评级标准细则，这成为评级标准细则的原型。[125] 针对信用存在问题的 F 级和保险责任较高的 M 级购买方，要设置专门的额度（不超过出口票据保险的信用风险的承保限额），事前还要由出口保险协会[126]确认专门额度的余额。[127]

（4）国际合作的进展

A. 引入市场贷款基准利率

原来的最低利率是各国制定的统一利率。但是 1978 年 OECD 制定出口信用指导手册后，各国的国内利率发生很大变化。有的国家提高了国内利率，有些国家参考指导手册降低了国内利率，这引发了很多新的问题。因此，1980 年，该指导手册提高了各个阶段的利率，1981 年还指定了个别国家为低利率国家。随后，经过多方多次讨论，为了综合反映各国货币的实时市场利率，1987 年 3 月，各方达成一致，决定从 1988 年 7 月开始采用市场贷款基准利率。

---

[125] 关于海外公司的评级以及出口票据保险能够承保的规定如下：A 级（财务健全、信用状况良好，投保不受限制。可以承保，不设限制条件）、M 级（财务良好，但要设置一定的投保限额，承保之前要先确认赔偿额度，最高投保额为 1 千万美元）、F 级（根据财务和信用状况设置一定的保险额度，承保之前要先确认赔偿额度，最高投保额为 10 万美元到 200 万美元）、C 级（出口货物货款无法按时支付，不予承保）、B 级（破产或其他类似情况，不予承保）。

[126] 1965 年为了宣传和普及出口保险协会，成立了出口保险普及协会，1967 年更名为出口保险协会。第二年以后，开始开展海外公司的信用调查、接受海外研究人员等业务。20 世纪 70 年代增加了调查研究的功能，20 世纪 80 年代开始处理回款一元化业务。1987 年更名为贸易保险协会，1989 年 8 月，改组为贸易保险机构，致力于提高贸易保险相关事业的效率，积极把贸易保险部门的其他业务外包。

[127] 由"承认"改为"确认"。

B. 成立多边投资担保机构

1988 年 6 月，多边投资担保机构（Multilateral Investment Guarantee Agency，MIGA）作为世界银行集团的机构之一，在美国华盛顿特区成立。该担保机构负责对成员国的民间投资者遇到的政治风险提供保险。其还有一个目的是拉动海外投资，尤其是增加针对发展中国家的投资。1999 年 4 月，有大约 140 个国家加盟该机构。[128] 日本方面任命通产省长期贸易保险科长作为代理理事，命令通产省贸易保险科对个别项目进行评估，日本国内主要是由这两个部门承担多边投资担保机构不同的职能。

3. 20 世纪 90 年代世界经济全球化和贸易保险制度

（1）应对债务危机的新问题

从 1988 年开始，日本政府赔付的保费金额增加。巴西和尼日利亚等国也出现无法偿还债务的情况。为了改善对外收支状况，巴黎俱乐部对相关债务重新进行了安排，但是仍然要赔付保费。此外，中东地区的伊拉克和伊朗也因无法偿还债务导致日本政府赔付保费。1986 年 3 月，伊拉克延迟的还款金额高达 4 300 亿日元，其他个别项目也因为内容反复变化导致债权变得错综复杂难以确定，所以赔付保费方面也有所延迟。1988 年 10 月，日本和伊拉克之间制定第一次石油计划，伊拉克同意把石油出口日本的部分费用用来偿还日本债务。1989 年 1 月，计划实施，开始以这种方式偿还债务，但是相关的赔付也在同步进行，1989 年赔付 221 亿日元、1990 年赔付 291 亿日元。1989 年 12 月，制定了第二次石油计划，提高了石油还债的比例。从 1990 年 2 月到同年 8 月，还款较为顺利，但是随着伊拉克对科威特采取军事行动，石油计划宣布破产，日本政府面临巨额赔付，1991 年赔付 1 446 亿日元、1992 年赔付 595 亿日元。

接下来谈一下伊朗问题。在伊朗巴列维王朝统治时期，日本和伊朗在班达尔沙普尔（Bandar Shapur）成立了合资公司，名为伊朗·日本石油化学公司（IJPG）。[129] 但是随着伊斯兰革命的爆发，该公司被新政权接管，所以日本政府需要赔付。1980 年，两伊战争开始后，该合资公司遭到伊拉克军队的炮击，生产设备被严重损害，不得不停

---

[128]　《同意通商产业省贸易保险与 MIGA 开展合作》，《通产省公报》，1999 年 4 月 9 日，第 4 页；《通商产业省与 MIGA 就巴西大型海底石油开发项目实施协调保险》，《通产省公报》，2000 年 12 月 28 日，第 38 页。

[129]　Iran Japan Petrochemical Co. 的简称。1973 年日方以三井物产为主与伊朗合资成立伊朗首家综合性化工企业。

止运营。当时，该项目已经根据海外投资保险投保，所以作为海外投资保险事故，要赔付的金额巨大。而且在事故发生时难以通过评估被投资企业的资产来计算保险赔付金额。经过多年的努力，最终于 1991 年决定赔付金额为 777 亿日元。

为了解决伊拉克无法偿还债务以及伊朗的合资公司问题，1991 年日本赔付的保险金额创下纪录，高达 3 419 亿日元。收支逆差高达 2 655 亿日元，都是前所未有的金额。1992 年底，累积逆差也攀升至前所未有的 6 886 亿日元。

如前文所述，1988 年《多伦多条款》出台，决定采取措施减免最不发达国家的债务。因此，巴黎俱乐部同意在既有的债务救济措施下破例削减低中收入国家近 50% 的债务[34]，主要的两个受益国是波兰和埃及。波兰在东欧各国中率先迅速向市场经济转型，1991 年 4 月，巴黎俱乐部同意削减其 50% 的对公债务。埃及在中东海湾危机时作为阿拉伯世界的领导，政治地位非常重要。所以 5 月，巴黎俱乐部也同意削减其 50% 的对公债务。

（2）改善收支

因无法偿还债务，1993 年，日本同意重新安排俄罗斯所欠债务；1994 年同意重新安排阿尔及利亚所欠债务，当然这些无一例外都导致日本政府赔付金额增加。但是从 1992 年开始，巴西、菲律宾等债务重组国家还款步入正轨。请参考表 1.3.12，1992—1993 年日本年度收支基本持平。1994 年年度收支转为顺差。之后保费收入与支出基本持平，资金回笼情况继续保持良好，没再发生大规模保险事故，赔付费用大幅减少。所以也保证了年度收支顺差得以持续。1999 年底，时隔 15 年累计顺差才再次出现。

如前文所述，20 世纪 80 年代末，随着《多伦多条款》的实施，国际社会开始对债务进行减免，对发展中国家制定了新的债务救济措施。受此影响，因为债务被永久性减少或免除，所以对保险财政造成了极大的影响。债务减免措施带有经济合作的性质，其来源主要是一般会计。20 世纪整个 90 年代累计为 1 944 亿日元。1999 年，在科隆首脑峰会上，各国达成新的协议——"重债穷国计划"（Heavily Indebted Poor Countries，HIPC），继续加强债务减免措施。在 2000 年九州·冲绳八国集团峰会上，各国要求减免与所有贸易保险担保债权有关的全部本金，此举需要日本从一般会计转入 324 亿日元作为资本金。

---

[34] 伦敦首脑峰会（1991 年）经济宣言。

（3）20 世纪 90 年代前半期向积极的保险承保政策转变以及如何应对债务减免问题

贸易保险制度导致财政恶化的原因是债务危机，而债务危机主要源于债务繁重的新兴工业国家。1982 年，墨西哥危机爆发也间接说明了这一点。1983 年 3 月，"布雷迪计划"（Brady Plan）出台[131]，旨在削减发展中国家的债务。随着该计划的实施，进入 90 年代以后，相关国家的债务危机逐渐得到解决。尤其是 1991 年 12 月，苏联解体后，社会主义国家纷纷开始向市场经济转型。与此同时，日本也采取了很多措施，加强了贸易保险制度的财政基础，解决了收支逆差问题。为了帮助上述国家恢复经济，日本开始把贸易保险作为政策性工具。在新背景下，日本政府在 20 世纪 90 年代前半期开始实施比较积极的保险承保政策。为了向其他国家政府以及日本的出口商进行宣传，日本首相和内阁明确了各发展中国家的信贷标准（所谓的信贷额度，即该国的贸易保险承保金额），这成为该时期日本政策的重要特征。

如前文所述，1988 年制定了《多伦多条款》等削减债务的措施。1991 年 12 月，新《多伦多条款》把减免比例定为 50%[132]；1994 年，《那不勒斯条款》把减免比例提高至 67%；1996 年 6 月，《里昂条款》把减免比例定为 80%；1999 年 6 月，《科隆条款》把减免比例定为 90% 以上。削减比例逐渐提高。在 1996 年科隆峰会上还制定了"重债穷国计划"，要求减免 100% 的政府开发援助债务，针对非政府开发援助债务原则上减免 90%，参会各国同意根据具体项目实施上述减免措施。[133] 日本原本是使用降低利息的方式处理贸易保险担保债务，但引入"重债穷国计划"后，开始采取减免本金的方式。2000 年开始减免 100% 的本金。该修改（《贸易保险法》附则第 11条）自 1999 年 12 月开始实施。

在此背景下，根据 1991 年 6 月的贸易保险审议会中期报告"新局面下如何通过贸易保险处理债务危机问题"，日本政府做出很多调整。首先，改变了保险税费体系，不再根据国别风险执行不同的地区差额税费，从 1992 年 4 月开始统一提高至 30% 左右，并且从一般会计中出资加强贸易保险特别会计的财政基础。

---

[131] 该计划由美国财政部部长布雷迪提出，该债务救济政策主要涉及民间银行拥有中等收入国家的债权。其中第一号规定就是墨西哥一揽子协议，其概要如下：民间各银行可以从以下选项中任意选择。①交换债权额 65% 的债券额度，削减 35% 的债权本金。②交换利率 6.25% 的债券，降低至 6.25% 以下。③提供相当于拥有债权 25% 的新资金（松田繁，《民间资金回流和贸易保险》，《通产省公报》，1989 年 10 月 6 日，第 10 页）。

[132] 北畑隆生，《贸易保险的现状与课题》，《通产省公报》，1994 年 6 月 28 日，第 43 页。

[133] 加藤文彦，《关于贸易保险的状况和今后的课题》，《通产省公报》，2000 年 6 月 28 日，第 20 页。

（4）支援货币危机下的亚洲国家

1997 年 7 月，泰国爆发货币危机，并迅速波及印度尼西亚和韩国，随之扩大为亚洲货币经济危机。接连发生的危机与以往的债务危机截然不同，被称为 21 世纪的新型经济危机。因为亚洲各国经济发展迅速，资金需求旺盛，所以民间资本持续流入。但是这些国家经济特征也比较明显：经常收支持续保持逆差状态，而且始终保持紧盯美元的汇率制度。出于对经济形势的担忧，大量民间短期资本迅速流出，导致这些国家的货币、金融体系崩溃。资本流出对经济造成了恶劣影响：信贷政策大幅收紧，汇率急转直下导致外汇债务负担增加，企业资产负债表恶化，对银行等金融机构也造成沉重打击。危机发生后，人们不仅开始重视紧急事态下的风险情况，还再次意识到信用风险的重要性。所以日本调整贸易保险制度，对陷入困境的国家实施了一系列支援措施。

①为了维持正常贸易，继续实施短期贸易保险制度

民间保险公司停止对陷入危机的亚洲国家提供保险，或者提高了保险费率。日本政府认识到通常贸易收缩会严重影响各国经济复苏，所以从政策角度出发制定了相关政策。通产省贸易保险科于 1998 年 2 月协调包括 7 国集团在内的 18 个国家的贸易保险机构发表共同声明：表示继续实施短期贸易保险制度，并且在必要时扩大承保规模。在国别风险增大的情况下，通过调查进口商的使用情况来实施短期贸易保险：泰国每月 100 亿日元以上，印度尼西亚每月 80 亿日元以上，马来西亚每月 100 亿日元以上。

②针对民间部门收紧信贷政策采取应对措施

1997 年 10 月，为了解决泰国企业国内流通性不足的问题，根据海外事业资金贷款保险制度，日本设置了信贷额度。不需要政府的支付担保就可以对不足 50% 的信用风险提供担保。1998 年 2 月，对印度尼西亚制定了相同的信贷政策。

③支援政府部门筹措资金

为了从民间筹措资金，完善基础设施建设，夯实亚洲各国经济复苏的基础，日本利用贸易保险制度的信贷政策，通过发行低息债券募集资金。1998 年 12 月，向马来西亚提供 5.6 亿美元；1999 年 4 月，向泰国提供了约 2.4 亿美元。

④再保险框架

日本贸易保险的投保对象仅限于本国国民和本国企业，但是亚洲其他国家的保险机构承保能力又比较有限。为了向一些把生产基地转移到亚洲其他国家的日本企业提供支持，帮助这些企业更好地向第三国出口，日本政府制定了再保险制度。只要这些

企业向当地的保险机构提供了出口合同并且投保的话，就可以通过贸易保险制度对此进行再保险。1999 年 11 月，日本与新加坡贸易保险机构（Export Credit Insurance Cor-poration of Singapore Ltd.）签署了再保险框架协议，到 2000 年底，已经有一家公司获得再保险的非正式承诺。

⑤完善针对日资企业投资的金融制度

1998 年 2 月，为了稳定东南亚经济，日本采取了紧急对策，以便更好地向亚洲其他国家的日资企业提供必要的投资资金，保证企业稳定运营。只要涉及与此相关的投融资，即便不满足海外投资保险承保条件，也可以灵活处理予以投保。

⑥制定银行贷款政策促进短期进口信贷

1999 年 10 月，为了促进亚洲各国贸易金融制度发展，日本决定通过贸易保险对当地银行提供的银行贷款予以承保，提供短期出口信用贷款［信用证（Letter of Credit，L/C）结算资金作为贷款］。

（5）针对无担保函项目的应对措施

对于还款期在 2 年以上的中长期出口合同或者买方信贷而言，因为规模庞大、责任时间长，一般来说在投保时需要政府或者大银行对支付货款提供担保。这就是所谓的担保函（Letter of Guarantee，L/G）。通产省贸易保险科在 1995 年以前始终坚持上述原则，拒绝为没有担保函的出口合同提供保险。

进入 20 世纪 90 年代以后，很多国家开始反思债务危机问题，不再轻易为项目提供担保。与此同时，发展中国家修建公共基础设施时也出现新的趋势，利用民间资金推动 BOT 或者 BOO 项目的不断增加[134]，甚至逐渐超过了政府公共投资。在此背景下，日本决定不再根据政府的担保函，而是根据项目实施主体的信用或是项目自身的收益率等多种担保方式对保险进行评估。以项目资产和合同所述的权利为担保、以项目收益作为还款资金的方式募资就是非常典型的项目融资。

对项目融资投保进行评审时必须要提示相关风险，与之前审查具有政府公信力的担保函项目存在质的区别。为此，日本于 1995 年 7 月成立了通产省长期贸易保险科项目融资室，并增加了贸易保险机构项目事业部的职能，严格了评审机制，对无担保函

---

[134]　BOT 是指 Build-Operate-Transfer（建设－经营－移交），BOO 是指 Build-Own-Operate（建设－拥有－运营）。前者是指民间机构自己筹措资金建设项目，在一定时间内，对项目进行管理和运营。等收回资金后，将设施移交给政府。后者是指民间机构建设、维持、管理并且运营项目，等项目结束后把项目拆除搬走。

项目的风险进行评估。截至 2000 年 12 月，根据项目实施主体的信用，即所谓的企业融资进行承保并获得非正式承诺的有 29 个项目，涉及 15 家企业。有 44 个项目获得项目融资，其中 10 个项目涉及信用风险。获得项目融资的项目合同总额为 245.22 亿美元，承保金额合计 52.71 亿美元。

（6）制度改革

A. 制定短期综合保险制度

一直以来，日本比较主流的综合保险制度都是按照产品分类或是按照出口协会分类，而欧美则是按照企业分类。1991 年 7 月，日本制定了短期综合保险制度，该制度适用对象为付款时间不满 2 年的短期出口合同，并且按照企业进行分类。另外，该保险还有一个特点是非常方便。[133] 投保后根据采购方船运后的信用级别就可以确定赔付额度，并且适用对象涵盖了一般出口货款保险不予承保的 EF 或 EM 级采购方；还采用了结果评级制，通过出险情况决定保费标准。日本的贸易保险制度主要适用于风险非常高的项目，短期综合保险制度则主要适用于以信用风险为主的项目，偶尔会处理一些高风险项目。[134]

B. 制定贸易普通保险制度

1992 年 10 月，日本制定了设立贸易普通保险制度，整合了普通出口保险、出口货款保险、中介贸易保险三种保险，主要针对"非常风险"及"信用风险"项目进行承保，用来解决货物无法船运或是货款无法回收的问题。

C. 梳理各种类型的保险并规范使用方法

1992 年 10 月，随着贸易普通保险制度的引入以及新的贸易信息系统投入使用，日本政府开始规范各种保险的使用方法：①制定贸易普通保险制度，梳理并整合各种类型的保险；②改进提示损失通知及内容变更通知的时限；③设置保险索赔期限，废除一直以来执行的 2 个月的等待期[135]；④简化回收金扣除利息制度；⑤规范保险体系（设备财产综合保险、技术提供综合保险以及短期综合保险的保费，取消了"非常风险"和"信用风险"的区别，根据买方的财务状况对缺少信用风险的合同征收相同税率。

---

[133] 同前，脚注 119，宫本，第 16 页。

[134] 该段请参考：《设立短期综合保险制度》，《通产省公报》，1991 年 6 月 29 日，第 7 页；横田浩，《关于短期综合保险制度》，《通产月刊》，第 24 卷 9 号，1991 年，第 48—49 页；熊野哲也，《贸易保险的现状与作用》，《通产省公报》，1992 年 2 月 25 日，第 19—20 页。

[135] 《贸易保险审议会中期报告（下）》，《通产省公报》，1992 年 12 月 21 日，第 23 页。

通过规范保险体系，根据不同的风险决定不同的保费，根据不同的国别确定不同的赔付率，废除信用风险的国别系数，采用递减保费）。

D. 针对发展中国家改革制度促进民间资金回流

1987 年，威尼斯首脑峰会召开，贸易保险作为能够有效促进资金回流的政策手段，有利于发展中国家的经济发展，备受国际社会期待。[138] 日本作为发达国家一员在 20 世纪 90 年代初期拥有全世界发展中国家 20% 的债权，其中由贸易保险承保的商业债权约占 1/3。[139] 但是，随着发展中国家的国别风险提高、民营经济发展以及日本泡沫经济破裂后资金供给能力的降低，利用民间资本向发展中国家提供中长期投融资的手段愈发困难。[140]

1992 年 12 月，贸易保险审议会提出中期报告《增加发展中国家新的民间资金回流》，建议扩充海外投资保险，促进金融机构和商社自由贷款（untied loan）[141] 的回流；采取新的保险制度，解决外汇贷款、利率变化贷款。[142] 在此基础上，1993 年 5 月，日本政府修改了《贸易保险法》（1993 年 5 月 6 日，法律第 36 号），制定了海外项目资金贷款保险制度，对非经营支配企业提供无条件的海外项目资金，"非常风险"级别的赔付上限为 97.5%，"信用风险"级别的赔付上限为 90%。该保险不同于海外投资保险的贷款，并不是根据发生事故时的资产评估计算保费，而是借鉴了出口贷款合同的方式，对无法偿还的贷款支付保费。此外，还考虑了经常提供外汇贷款或是利息浮动贷款的情况，决定从保险合同签署到出险阶段的汇率和利息变化同样进行赔付。提高了海外投资保险对"非常风险"的赔付上限，由 90% 提高到正常情况下的 95%；如果是有关资金回流的项目则提高至 97.5%。[143]

E. 根据国际形势的变化改革相关制度

最重要的一次调整是：为了符合 OECD 基准保费的要求，日本完善了保费体制。

---

[138]　同前，宫本，第 15 页。

[139]　森山启，《关于贸易保险的最新动向》，《通产省公报》，1990 年 11 月 1 日，第 6 页；同前，脚注 121，冈本，第 36 页。

[140]　《扩大民间资金回流——贸易保险审议会中期报告（上）》，《通产省公报》，1992 年 12 月 17 日，第 1—2 页；冈本严，《民间资本回流与贸易保险》，《通产省公报》，1993 年 6 月 28 日，第 37 页。

[141]　这种贷款以外国法人为对象，不规定贷款用途，不限于购买提供贷款国家的产品，而且在经营方面也不存在支配关系。

[142]　同前，《扩大民间资金回流——贸易保险审议会中期报告（上）》，《通产省公报》，1992 年 12 月 17 日，第 1—6 页以及《贸易保险审议会中期报告（下）》，第 20—24 页对此有详细介绍。

[143]　同前，脚注 132，北畑，第 39 页。

OECD 就制定保费的指导原则达成一致，1999 年 4 月开始，作为 OECD 出口信用指导手册的一部分并付诸实施，付款期在 2 年以上的中长期项目船运后的保费体系与国际接轨。在制度层面上，为了实现国际同等地位，日本还实施了一系列措施，比如废除了各种附加保费，改变了保费计算时间，降低交钥匙项目的附加保费。

F. 完善非正式承诺制度

1999 年 4 月，日本政府完善了非正式承诺制度，明确了非正式承诺的有效时间以及延长和取消等相关手续细节，同时规定非正式承诺书具有法律效力，"如果不符合解决条件，那么签署非正式承诺书意味着对保险内容的认可以及保险合同的签署"。申请贸易普通保险（按照付款时间分为货款结算时间超过 2 年的中长期项目，和未满 2 年但是不符合保险当局制定的承保标准的短期项目）、海外投资保险或是海外项目资金贷款保险必须提前获得通产省贸易投资科的非正式承诺。

G. 改善出口票据保险制度

出口票据保险制度的主要使用者是中小出口商。为了进一步提高其便利程度，日本政府从 1999 年 4 月开始简化并优化相关的制度和手续。具体如下：①修改并调整了保费体系［统一非常税率。以付款交单（Document against Payment，简称 D/P）和承兑交单（Document against Acceptance 简称：D/A）两种方式制定信用保费、废除与信用风险相关的国别系数］；②修改购买标准（限于符合出口票据保险要求的项目以及向银行梳理应该确认的事项）；③根据标准海运天数的实际情况进行修改；④废除经常拖延国家制度（对墨西哥、哥伦比亚等经常拖延票据结算的国家，另行通知出口票据保险等情况）。

H. 针对用于短期进口信用的银行贷款由贸易保险承保

为了促进亚洲国际贸易金融的顺利发展，日本的银行向其他国家银行不满 2 年的信用证（L/C）结算提供贷款时，可以由贸易保险对该贷款进行承保。如此一来，对亚洲各国的银行来说就获得了开设信用证的原始资本，进口商也可以在信贷政策收紧的情况下获得进口贷款，出口商则可以通过获得贷款，增强现金支付能力。在发展中国家信贷收紧的背景下，此举使筹措用来进口的资金变得比较容易。从 1999 年 10 月开始实施，第二年就对韩国和伊朗开展了该项业务。

I. 引入环境指导手册

OECD 对出口信用情况及注意事项展开讨论。1999 年 6 月，在科隆首脑会议上就制定"环境注意事项贸易保险指导手册"达成一致：贸易保险承保时，要坚持的一项基本政策是确定投保对象所处的环境是否适合。从 2000 年 4 月开始，根据环境注意事项的重要性，分为三个级别予以确认。

（7）完善授信管理制度并规范使用方法

20 世纪末，日本政府继续完善买方授信管理制度并规范其使用方法。

①引入 P 级（1989 年 4 月，因公司成立时间较短无法掌握其信用状况的买方标注为"非常风险"级别，在海外企业名单中新设 P 级，执行相关授信管理）。

②修改海外企业名单中买方评级标准［1992 年 10 月，把评级与授信管理和风险管理分开；政府相关买方（G 级）扩大为政府有关机构直接出资超过 50% 的政府相关法人；设立银行评级制度（S Group）；细化评级标准，争取能够反映各个级别的信用状况］。

③引入 PN 级买方（对于不需要买方信用调查报告书、在海外企业名单中登记为 P 级的买方来说，综合保险虽然无法赔付"信用风险"，但是征收"信用风险"相关的保费。1997 年 4 月，针对 P 级企业中有信用调查报告书的企业，不再审查其信用状况。成立不到 1 年的买方定为 PN 级，不用再支付综合保险"信用风险"保费）。

④引入实时监控制度（1998 年 4 月。1997 年亚洲货币危机发生后信用风险增加。为了能够快速、准确地掌握买方的信用状况，引入实时监控制度，随时监控特定国家的买方信用状况。2000 年该制度已经覆盖了 6 个国家的 2 277 家企业）。

⑤对银行进行审查（1999 年 3 月。亚洲货币危机暴露了金融领域的脆弱。鉴于此，日本决定像对普通企业一样审查银行的财务情况并进行评级）。

（8）国际合作

A. 在 OECD 框架下整合出口信贷领域的问题

1978 年 4 月，日本开始对国际出口信用条件制定相关规则；20 世纪 90 年代以后进一步予以完善。为了避免贸易过度竞争，出口信用条件规则的适用对象扩大至民间出口信贷援助项目；其内容还涵盖了从狭义的出口信用条件到保险费用征收标准以及使用公共投资作为出口信用时项目环境需要注意的事项等诸多事项。

【修改出口信用指导手册】

①赫尔辛基一揽子协议 1991 年 12 月签署，1992 年 2 月开始实施，废除了针对高等收入国家、中等收入国家的阶梯汇率，禁止向富裕国家以及商业条件可行的项目提供带有附加条件的贷款。

②席勒一揽子协议 1994 年 8 月签署，同年 10 月开始实施，把国家的三种类型

（高、中、低收入国家）改为两类（高收入国家、低收入国家）；重新梳理对象国家；用市场贷款基准利率（CIRR）取代低等收入国家限制性利率；废除低收入国家的特别提款权（国际货币基金的特别提款权，Special Drawing Rights，简称 SDR）基本费用；根据附带条件贷款的优惠水平（Concessionality Level）改变分化贴现率（Differentiated Discount Rate）的计算方式。

③允许灵活将出口信用指导手册用于项目融资

1998 年 4 月，鉴于项目融资的特殊性，日本决定从当年 8 月开始实施，试用期 3 年，允许一些特殊项目在事先通知的情况下使用 OECD 出口信用指导手册。就最长付款期而言，原则上根据国别分为 5 ~ 10 年，最长可延至 14 年。就宽限期而言，原则上 6 个月，最长 2 年。就还款方式而言，原则上是每半年支付等额本金，现允许通过等额本息等多种方法还款。

B. 与中长期出口信用相关保费有关的指导原则

各国的保费标准千差万别。为了控制由此引发的贸易扭曲效果，世界贸易组织要求贸易保险要确保收支相抵（break – even）的原则。1997 年 6 月，OECD 就保费指导原则（克纳本一揽子协议）达成一致，针对 2 年以上中长期出口信用项目制定了到货后的最低基准保费标准。OECD 确定了统一的保费标准，根据量化指标制定计量经济模型；还在此基础上增加政治等因素，根据国别风险分成 7 个类型，明确了国别风险和付款、还款时间等风险数据。各国保险机构要在此基础上制定赔付标准。此外，还坚持允许性特殊情况（Permitted Exceptions）原则：当排除该国国别风险或是实施限制性措施后，保费可以适当打折。从 1999 年 4 月开始，OECD 出口信用指导手册正式实施，日本也开始采取措施完善相应的保费体系。

C. 使用公共财政支持出口信用并考虑环境因素

1996 年，OECD 开始讨论使用公共财政支持出口信用及其环境问题。1994 年 4 月达成一致，同意就一定规模以上的特定领域项目的出口信贷交换信息。同年 6 月，在科隆首脑峰会上，各方围绕环境因素达成协议，明确了制定常见环境因素指导手册（Common Environmental Guidelines）的重要性。在此基础上，日本于 2000 年 4 月决定在贸易保险承保审查时制作环境因素指导手册，具体措施如下。

【出口信用保险机构（Export Credit Agency）互相合作】

①伯尔尼协会（BU）

日本于 1970 年加入伯尔尼协会，当时只有 29 个国家和机构。截至 2000 年 10 月，加入伯尔尼协会的国家和机构增加至 48 个（39 个国家、1 个国际机构，其中 1 个机构是观察员）。该协会中主要委员会包括短期出口保险委员会（41 个成员）、中长期出口保险委员会（37 个成员）、投资保险委员会（28 个成员）。每年举行两次大会，各国的政府和金融机构之间重点就出口信用条件、对特定国家保险承保的态度以及承保方面的技术性问题交换意见，还就个别项目及买方和银行等信息进行沟通。通产省贸易保险科属于这三个会议的成员，而且还兼任了运营委员会成员。1996 年 10 月，伯尔尼协会大会在东京召开。

②双边贸易保险合作

20 世纪末的项目特点比较明显，大多属于基础设施建设项目，金额巨大，需要由很多国家一起提供设备、筹措资金，贸易保险机构难以单独承担项目风险。所以，日本与美国进出口银行于 1991 年 5 月签署了日美贸易保险合作协议，通过定期协商交换信息。此后，各国贸易保险机构纷纷展开合作，形成了相互合作、相互补充的关系。截至 2000 年，共有 14 个国家和 2 个国际机构达成了合作关系。

③亚洲各国保险机构开展贸易保险合作

首先，1997 年 11 月，新加坡出口信用保险公司（Export Credit Insurance Corporation of Singapore, Ltd .）、马来西亚出口信用保险公司（Malaysian Export Credit Insurance Berhad）、印度尼西亚出口信用保险公司（Asuransi Ekspor Indonesia）与通产省贸易保险科签署了综合性贸易保险合作框架。具体内容包括：①更好地交换信息（国别信息、买方信息）；②针对风险控制交换信息（再保险、协调保险）；③通过研修、派遣专家等方式，合作培养人才、完善相关制度。

其次，APEC 贸易保险机构会议于 1997 年 11 月在加拿大温哥华召开，12 个国家和 15 个机构参加，同意构建贸易保险机构综合性合作关系。

最后，1999 年 1 月，新加坡出口信用保险公司和通产省贸易保险科签署海外投资保险的再保险协议。

【贸易保险研修】

从 1996 年 3 月开始，受贸易保险特别会计委托，日本国际协力事业团体（Japan International Cooperation Agency，现在被称为日本国际协力机构）于 1997 年 10 月制定了特别设立研究机制。为了协助创建和完善发展中国家的贸易保险制度，日本贸易保险机构（Trade insurance Organization，现在被称为独立行政法人日本出口投资保险公司）开始对国外人员开展培训。

【APEC 贸易保险研修项目】

从 1997 年 3 月开始，为了促进 APEC 区域内贸易和投资自由化，日本村山基金出资，开始实施"促进 APEC 区域内贸易与投资发展的贸易投资保险研修项目"（Trade & Investment Liberalization Facilitation-Trade & Investment Insurance Training Program）。1997—1999 年，该项目以区域内贸易、投资保险相关机构的职员为对象，针对贸易保险的各个领域实施了培训项目。日本也通过派遣专家和讲师对类似的培训计划给予大力协助。

【派遣专家协助完善制度】

1998 年 3—5 月以及 2000 年 3 月，日本向印度尼西亚出口信用保险公司派遣专家，指导其完善中长期贸易保险制度以及更好地使用短期贸易保险制度。此外，还实施了东欧人才派遣项目，分别向保加利亚贸易观光部（1998 年 3 月）、波兰出口信用联合股份公司（Export Credit Insurance Corporation Joint Stock Company，1999 年 3 月）、罗马尼亚进出口银行（2000 年 12 月）派遣了专家。

4. 成立独立行政法人日本出口投资保险公司

战后，日本把贸易保险作为贸易方面的一项基本国策，发挥了非常重要的作用。因为民间保险无法承担贸易保险长期且巨额的风险，所以需要国家信用予以支撑，一旦发生赔付，可以通过政府间谈判的方式解决，所以贸易保险事业必须由政府运营。伴随着 20 世纪末国际金融形势的变化，项目融资机制复杂化、多元化，安全问题多样化，新的需求也随之产生。为了提供更有效率、更有质量的服务，日本政府认识到不能再由国家行政机构负责，因为与运营贸易保险事业相关的人事、组织、预算等方面受到各种制约。为了尽量排除这些限制，日本于 2001 年 4 月 1 日成立了独立行政法人日本出口投资保险公司（Nippon Export and Investment Insurance）。

成立了日本出口投资保险公司的同时，日本政府还针对贸易保险相关事业的一系列制度进行了改革。1999 年 4 月，中央政府部门改革推进本部制定了"中央政府部门改革推进相关方针"。在此基础上，同年 12 月《贸易保险法修正案》（1999 年 12 月 22 日，法律第 160、202 号）开始实施。所谓的制度改革主要包括：①废除根据国别风险调整中介贸易保险赔付率的规定；②承担中介贸易货物发货前的风险；③信用事故的债务履行滞纳期由 6 个月缩短为 3 个月；④简化海外事业资金贷款保险对债券承保的手续；⑤制定海外投资保险有关"非常风险"级别的综合规定并扩大承保风险种类；

⑥对经营支配法人提供贷款投保进行合理审查；⑦加强回款制度。这些措施随着日本出口投资保险公司的成立同步实施。⑭

　　但是，与此同时，经济产业省贸易经济协力局贸易保险科的职责是针对贸易保险制度提出今后的计划，作为独立行政法人的主责部门负责处理相关事宜、开展国际判断、重新安排债务等。作为国家的贸易政策手段，贸易保险承担着民间保险无法承受的风险。鉴于其承担风险的特殊性，为了不让其作用发生变化，让贸易保险继续发挥贸易政策的作用，日本政府决定了日本贸易保险承保的保险责任，并由贸易再保险特别会计进行再保险。之前的再保险赔付率原则上为 95%。为了保证再保险制度不增加承保业务的难度，日本还决定通过综合性再保险制度重新对再保险的具体方针做出规定。针对一定金额以下的日本贸易保险承保的合同自动由国家进行再保险。

---

⑭　以上两段内容请参考：同前，脚注 133，加藤文彦，《关于贸易保险的状况和今后的课题》，《通产省公报》，2000 年 6 月 28 日，第 17—18 页。

第二部

多边通商调整和国际合作

第 1 章　乌拉圭回合的缔结以及 WTO 的发展（1982—1994 年）

本章第 1 节以 GATT 时期最后的多边回合谈判——乌拉圭回合谈判为重点，主要介绍了谈判过程、相关争议以及谈判成果。接下来，第 2 节梳理了通产省深度参与乌拉圭回合谈判取得的成果以及过程中的争议，比如降低矿工业产品关税、促进纤维和纤维制品领域的自由化以及落实反倾销、限制措施、反补贴规则等。第 3 节则主要介绍了 GATT 时期与日本有关的争端。第 4 节主要介绍新制定的贸易政策。

第 1 节　乌拉圭回合谈判（综论）

1. 新一轮回合谈判开始

（1）第 8 届 GATT 部长级会议（1982 年）

1947 年 23 个国家共同签署协议，1948 年 1 月关税及贸易总协定（GATT）正式生效，为战后国际贸易发展做出巨大贡献，奠定了以自由和无差别为原则的贸易秩序，并且对多边贸易自由化谈判提供了平台。东京回合谈判从 1973 年召开，到 1979 年才结束，取得了丰硕成果，借助在 GATT 平台就 12 个领域的问题举行了正式商谈并签署了协议或者框架协议（多边贸易谈判，Multilateral Trade Negotiation，简称：MTN 协定[①]），包括降低矿工业产品关税、减少或废除非关税措施、补贴及反补贴关税、反倾销、政

[①]　在东京回合谈判时为协定制定了以下内容：反倾销协定；补贴、反补贴相关协定；技术贸易障碍相关协定；政府采购协议；关税评估协议；关税评估议定书；进口许可手续相关协定；民用飞机协定；国际奶酪产品交易；牛肉交易；规范世界贸易的框架；农业相关的多边框架（顺序或有不同）。

府采购（Agreement on Government Procurement）、关税评估②、技术性贸易壁垒（Agreement on Technical Barriers to Trade）等问题。

另一方面，东京回合谈判结束后，世界经济陷入长期停滞，主导 GATT 体制的美国相对经济地位也有所下降，日本和亚洲新兴国家实力迅速增强，导致全球范围内贸易保护主义开始盛行。在此过程中，还实施了诸如自愿出口限制等 GATT 规则以外的"灰色"措施；争端频繁发生，但是处理比较迟缓。这些问题都导致大家开始怀疑GATT 的有效性，逐渐丧失了对它的信赖。③ 美国产品的国际竞争力普遍比较低下，所以美国国会的政策风向也快速发生调整，开始偏向保护主义以及贸易管理主义。尤其是在里根总统的领导下制定了"重建强大美国"的目标。美国在服务贸易、贸易相关投资、高科技商品贸易方面拥有绝对的竞争力，但是此前，GATT 不涉及这些领域，为了减少其他国家在这些领域存在的壁垒，美国要求在国际范围内对此进行探讨。④

在这种背景下，1982 年 11 月 24 日，第 8 届 GATT 部长级会议时隔九年在日内瓦召开，该会议自 1973 年 9 月东京会议宣布东京回合谈判开始后就没有再召开过。当时整个国际社会都面临来自贸易保护主义的巨大压力，国际贸易被"极端复杂且会导致分裂的问题"笼罩。各国也达成普遍共识，必须在政治层面解决这个问题。所以第 37 届 GATT 大会上才最终做出召开部长级会议的决定。⑤ 该部长会议共有 88 个成员参加，围绕着广泛的国际问题进行了充分讨论。比如①各国部长再次明确要坚持自由贸易体制；②进一步强化和补充 GATT 规则，充分发挥其职能，比如重新审视限制措施（保障措施，简称 SG，又称紧急进口限制措施），使争端解决机制更加快速有效；③在 GATT 框架下讨论服务贸易等新兴领域问题。⑥⑦

---

② 是指决定关税的纳税标准以及纳税价格。WTO 关税评估协定，对此的规定如下："进口商品的交易价格，也就是说货物向进口国出口时，实际支付的价格或者应该支付的价格。"http：//www. mofa. go. jp/mofaj/gaiko/wto/yogo. html（2012 年 3 月 21 日）。

③ 通商产业省，《昭和 58 年通商白皮书》，通商产业调查会出版，1983 年。

④ 《议会对 GATT 部长会议的考虑》，日本贸易振兴会，《通商弘报》，1982 年 6 月 1 日，第 8 页。

⑤ 《展望今秋的 GATT 部长会议》，日本贸易振兴会，《通商弘报》，1982 年 10 月 8 日，第 8 页。

⑥ 通产省，同脚注 3。

⑦ 在会议开始前的基调演讲中，欧共体副委员长菲尔德坎普和法国对外贸易部长乔伯特侧面批评了日本在开放市场方面做出的努力不够，而且"出口战略富有攻击性"。日本外务大臣樱内义雄则侧面批评法国的贸易保护主义。日本和欧洲间的对抗非常激烈。《日本经济新闻》，1982 年 11 月 25 日日报，第 1 版。部长级会议召开期间，11 月 27 日中曾根内阁成立，所以没有派通商产业大臣出席该会议，通商产业省派通商产业审议官小松国男和通商产业省顾问天谷直弘参加会议。

　　世界经济的长期低迷使各国苦不堪言，各国都希望能优先照顾本国利益。在此背景下召开的会议，迟迟难以决定最后宣言采用哪种论调。⑧ 欧共体支持采用新制定的贸易保护主义措施，反对在宣言中加入中止原则（Stand Still）；美国和欧盟在农业补贴问题上意见相左，欧盟和发展中国家在何时使用保障措施问题⑨上难以达成一致；美国与发展中国家则对是否应该在 GATT 框架下讨论发展服务贸易问题存在争议。但是到最后一刻，各国还是明确把维持自由贸易体制作为政治宣言的主要着眼点，就 GATT 今后的发展方向达成一致，提出了"GATT 作业计划"⑩⑪，主要涉及保障措施、农产品贸易、纤维及服装、争端解决机制、非法商品贸易（trade in counterfeit goods）、服务贸易等 17 个领域。

　　（2）从威廉斯堡首脑峰会到波恩峰会

　　威廉斯堡首脑峰会于 1983 年 5 月 28 日召开，持续近 30 天时间，会上就停止保护主义、落实 GATT 作业计划以及"继续在 GATT 框架下协商新的谈判方案"这几个问题达成了一致。⑫ 但是对于开展新一轮回合谈判，各国的态度明显不同。日本自始至终坚持尽快举行新一轮回合谈判，态度非常积极。因为当时日本不仅同美国，和欧洲也是一样，贸易摩擦问题愈演愈烈。欧美等国对日本施加了很大压力，迫使日本政府实施进口限制以及自愿出口限制。日本政府强烈意识到加强 GATT 通过多边场合谈判的重要性。

　　同年 11 月 9 日日美首脑会谈召开，日本首相中曾根康弘向美国总统里根提议由日美主导启动新一轮回合谈判。该提议得到了美国的支持。⑬ 1984 年 5 月 10 日，中曾根首相与欧共体委员长举行会谈。5 月 15 日，日欧部长级会议决定日欧行动起来推动新

---

⑧　《充满争端的 GATT 部长会议》，日本贸易振兴会，《通商弘报》，1982 年 12 月 1 日，第 1 页。

⑨　从东京回合谈判开始，欧共体就一直主张选择性地使用保障措施。但当时国际社会普遍采取的做法是在原本可以采取保障措施时，却根据双边谈判限制数量的灰色措施。所以欧共体要求在满足一定条件下不采用保障措施的无差别原则，仅对从特定国家的进口行为做出限制。对此，发展中国家普遍认为灰色措施合法，坚决不同意欧共体的主张。

⑩　关于工作计划中的 17 个领域，如下所示：关税、数量限制及其他非关税措施、热带作物、特殊的自然资源产品贸易问题、纤维及衣服、农产品贸易、双重价格和原产地规则、国内禁止出口违禁品、保障、东京回合协定类、争端解决机制、非法商品交易、服务贸易、发展中国家相关的 GATT 规则及活动、结构调整和贸易政策、资本财产和出口信用、汇率变动及对贸易的影响。

⑪　*Ministerial Declaration*：*Adopted on 29 November 1982*，L5424.

⑫　《日本经济新闻》，1983 年 5 月 31 日晚报，第 2 版。

⑬　《日本经济新闻》，1983 年 11 月 10 日日报，第 1 版。

一轮回合谈判。5 月 17 日，OECD 部长理事会也认为需要进行"迅速且彻底的准备"，这标志着 OECD 成员支持开展回合谈判。[14] 6 月 9 日，伦敦峰会召开，欧共体成员中法国和意大利作为慎重派，提出了"现阶段尚未可以决定是否要开始新一轮回合谈判"的主张，这导致日美"从 1986 年开始谈判"这一具体主张未能成为宣言。但是各国一致同意"新回合谈判的目的，是希望同其他 GATT 成员协商，尽快决定新一轮回合谈判的时间表"。[15] 以上是发达国家的态度和动作。发展中国家则表示：①新回合谈判优势并未明确；②发达国家通过以前的回合谈判享受到好处，而发展中国家未得到半点实惠；③要求发达国家以身作则，对热带作物等产品实行贸易自由化，并且优先确保发展中国家的利益。[16]

1984 年 9 月 15 日，在巴西里约热内卢举行贸易问题部长级会议，包括发达国家和发展中国家在内的 14 个国家的贸易部长齐聚一堂，就新一轮回合谈判展开讨论。发展中国家的热带作物产品具有很强的竞争力，所以希望实现贸易自由化，但是发达国家对此的态度非常消极；发达国家在服务贸易方面拥有很强的竞争力，但是在讨论自由化时也遭到来自发展中国家的反对。新一轮回合谈判从一开始就非常被动。在会议上，特别是针对债务积累问题，巴西强烈建议"为了解决债务问题，首先必须撤销发达国家的贸易保护主义措施"，菲律宾、韩国等一部分发展中国家则希望尽快展开新一轮回合谈判。最终经过协商，各方达成一致，同意在 11 月举行的 GATT 大会上正式推动 GATT 作业计划。[17]

同年 11 月 26 日，第 40 届 GATT 大会召开，欧共体首次在正式场合建议在明年举办高级别部长级会议来筹备新一轮回合谈判，日美紧随其后。美国贸易代表办公室副代表史密斯也非常强势地表示如果不在 GATT 框架下讨论服务贸易，"美国不排除停止支付 GATT 会费的可能"。[18] 对此巴西驻日内瓦代表大使巴蒂斯塔强硬回应："发展中国家不会屈服于主张服务自由化的美国"[19]，围绕着服务贸易问题，美国同发展中国家的矛盾变得十分尖锐。最后双方都做出了妥协，同意继续就服务贸易问题进行协商。发

---

[14] 《日本经济新闻》，1984 年 5 月 19 日晚报，第 1 版。

[15] 《日本经济新闻》，1984 年 6 月 10 日日报，第 3 版。

[16] 筑紫腾麿，《乌拉圭回合——从 GATT 到 WTO》，日本关税协会出版，1994 年。

[17] 《日本经济新闻》，1984 年 9 月 18 日晚报，第 2 版。

[18] 《日本经济新闻》，1984 年 11 月 27 日晚报，第 2 版。

[19] 《日本经济新闻》，1984 年 11 月 28 日晚报，第 2 版。

展中国家对开始新一轮回合谈判提出条件：要求"发达国家减少保护主义措施"，并且"在推动 GATT 作业计划时要落实发展中国家关系的项目，使其取得实质进展"；同时要在"GATT 框架下就商品贸易进行特殊贸易谈判"。[20] 第二年，即 1985 年 3 月 19 日，欧共体贸易部长理事会在布鲁塞尔召开，由于法国的抵制，各方没能就时间问题达成一致。欧共体通过该理事会正式发表并采纳宣言：表示欧共体已经做好参加新一轮回合谈判的准备，而且新一轮回合谈判应该在布鲁塞尔举行。[21] 接下来，5 月 2 日，波恩首脑峰会召开。第二年春天，法国由于要举行总统选举，所以没有出席。除了法国以外的 6 个国家正式发表声明，表示支持从 1986 年中期开始新一轮回合谈判。[22]

（3）在新一轮回合谈判达成一致之前各国的动向

各国对开展新一轮回合谈判仍然各执己见，意见未能完全统一。波恩首脑峰会的召开解决了这一问题，标志着已经对新一轮回合谈判达成一致，发达国家已经开始为了新一轮回合谈判协调各国的日程。1985 年 7 月 12 日，苏珊·玛丽在四极贸易部长会议表示为了开展新一轮回合谈判，同意于同年 9 月召开高级别部长级筹备会议。[23] 1985 年 7 月 17 日，GATT 理事会闭幕，发达国家在会上提出了协议的主要内容，但是印度和巴西等一部分发展中国家坚持不应该就服务贸易问题进行谈判，对此表示强烈反对。协议以谈判破裂宣告结束。美国认为如果仅仅依靠 GATT 的惯例，采用"意见一致"的方式，无法推动并解决目前的分歧。所以在理事会结束后，美国发表了提案，其主旨是：根据 GATT 第 25 条第 4 款，通过投票决定是否召开 GATT 特别大会筹备新一轮回合谈判。[24] 在投票开始之前，日本以通商产业大臣村田敬次郎为主，对亚洲各国做了大量游说工作；美国和欧共体分别针对中南美洲国家和非洲国家做工作，最终 64 个国家支持了美国的提案，超过半数（45 票），决定 9 月正式召开特别大会。[25]

根据投票结果，GATT 特别大会于同年 9 月 30 日在日内瓦顺利召开。关于服务贸易问题，事实上已经达成一致，同意"作为新一轮合同谈判的对象"；大会还一致通过了题为"从此开始新一轮回合谈判筹备工作"的会议报告。紧接着，10 月召开高级别

---

[20]　通商产业省，《昭和 60 年通商白皮书》，通商产业调查会出版，1985 年。

[21]　《欧共体表示参加新一轮回合谈判》，日本贸易振兴会，《通商弘报》，1985 年 3 月 23 日，第 2—3 页。

[22]　《朝日新闻》，1985 年 5 月 5 日日报，第 1 版；《朝日新闻》，1985 年 5 月 6 日日报，第 4 版。

[23]　《日本经济新闻》，1985 年 7 月 15 日日报，第 7 版。

[24]　《日本经济新闻》，1985 年 7 月 19 日晚报，第 1 版。

[25]　《朝日新闻》，1985 年 8 月 17 日日报，第 9 版；《朝日新闻》，1985 年 8 月 29 日日报，第 9 版；《朝日新闻》，1985 年 9 月 5 日晚报，第 2 版。

部长级会议，讨论新一轮回合谈判的范围以及方法，并在 11 月召开的 GATT 普通大会上汇报了讨论结果。在此基础上，大会正式就今后手续达成一致意见，并决定成立"筹备委员会"。美国总统里根于 9 月 23 日提出新的贸易政策，表示如果无法通过多边协商方式解决问题，将考虑通过双边或者区域贸易协商方式解决问题。[26] 1995 年 4 月，美国同以色列签署了自由贸易协定，并且开始同加拿大协商签署自由贸易协定事宜。[27]

按照特别大会上达成的一致意见，高级别部长级会议于 10 月召开，一致持续到 11 月。会上讨论了谈判范围以及谈判方式。围绕服务贸易等新问题的谈判仍然举步维艰，未能实现既定目标，只能推迟到 GATT 普通大会上再做决定。[28] 1985 年 11 月 25 日，GATT 大会召开，为了开始谈判，发展中国家的态度有所软化，同意成立筹备委员会，在 1986 年中期以前准备好与新一轮回合谈判相关的草案，包括谈判范围和方式。1986 年 9 月，GATT 部长级会议召开，终于就开始新一轮回合谈判达成一致。[29] 发展中国家之所以做出让步，是因为：一是服务贸易并不属于新一轮回合谈判的决定事项，仍然处于继续沟通、交流信息的阶段；二是美国再次强硬表示"如果有一些特定国家继续反对回合谈判的话，那就必须通过双边或者区域性谈判解决问题，而且要少数服从多数"。[30] 之后继续讨论决定部长级会议的举办地问题，有四个备选方案：乌拉圭（埃斯特角城）、比利时（布鲁塞尔）、加拿大（蒙特利尔）、韩国（汉城，今首尔）。当时，日本政府支持在加拿大蒙特利尔举办，但澳大利亚和北欧国家支持在乌拉圭埃斯特角城举办，最后后者获得了支持，最终在发展中国家乌拉圭举办。[31]

从 1986 年 1 月到 7 月，短短 6 个月时间内，新一轮回合筹备委员会召开了 9 次会议，充分讨论了新一轮回合谈判有关的谈判项目、参与国家、谈判方式、范围，以及部长级会议使用的部长宣言方案。但是，欧共体内部无法就农业问题达成一致。发展中国家的强硬派和稳健派以及发达国家之间针对服务贸易问题也存在很大分歧，所以最后未能就宣言方案达成一致，只能推迟到 9 月部长级会议时再尝试解决。具体到农

---

[26] 《日本经济新闻》，1985 年 10 月 3 日晚报，第 2 版；《日本经济新闻》，1985 年 10 月 3 日晚报，第 1 版。

[27] 《日本经济新闻》，1985 年 4 月 29 日日报，第 2 版；《日本经济新闻》，1985 年 9 月 15 日日报，第 5 版。

[28] 《朝日新闻》，1985 年 11 月 15 日日报，第 9 版；《日本经济新闻》，1985 年 11 月 24 日日报，第 2 版。

[29] 《日本经济新闻》，1985 年 11 月 29 日日报，第 1 版。

[30] 《日本经济新闻》，1985 年 11 月 28 日日报，第 1 版；《日本经济新闻》，1985 年 11 月 29 日晚报，第 2 版。

[31] 《日本经济新闻》，1985 年 12 月 27 日日报，第 6 版；《日本经济新闻》，1986 年 3 月 20 日日报，第 3 版；《日本经济新闻》，1986 年 4 月 16 日晚报，第 2 版。

业问题上：欧共体以普通农业政策（Common Agricultural Policy）为基础制定了出口补贴制度，所以不愿意做任何调整；而澳大利亚则认为应该废除出口补贴制度，双方存在矛盾。此外，欧共体和日本之间也存在矛盾，欧共体认为应该采取"利益平衡"（Balance of Benefits）措施㉜抵制日本。所以在部长级会议召开前，遗留了很多难以解决的课题。日本、美国、欧共体和加拿大等国家担心，如果这些问题无法解决，会影响到即将召开的部长级会议，所以特意召开了四极贸易部长会议，希望通过交换意见，在最后达成统一，但是非常遗憾，四极贸易部长会议未能达成共识，GATT 部长级会议如期而至。

2. 新一轮回合谈判开始

（1）埃斯特角城部长宣言

1986 年 9 月 15 日，GATT 部长级会议在乌拉圭的埃斯特角城召开，96 个国家代表齐聚一堂。日本方面派出了由外务大臣仓成正和通产大臣田村元带领的代表团参加会议。在此次会议上，围绕着利益平衡、服务贸易、农业贸易等问题展开谈论，各方矛盾非常尖锐，谈判难以取得进展。根据以往的肯尼迪回合谈判和东京回合谈判的经验来看，谈判开始之前都要准备一份部长宣言草案，但是乌拉圭回合谈判有所不同，印度、巴西等发展中国家的强硬派提出一份草案，发达国家和发展中国家的稳健派也提出了一份草案。所以各方不得不在会议当场对两份草案进行谈判。两份草案之间最大的区别在于：是否应该包括新兴领域（服务贸易、贸易相关的投资措施、知识产权交易问题）。最终，发达国家和发展中国家稳健派的草案占了上风，9 月 20 日，按照这种草案制定的部长宣言被采纳，比原定时间整整晚了一天。

欧共体非常看重利益平衡问题，把它作为解决"日本问题"的重要手段之一，所以在 1985 年春天的理事会上展开讨论，坚持要求把利益平衡作为新一轮回合谈判的议题。从欧共体的角度看，日本在 GATT 框架下获取的利益（贸易顺差以及对欧共体贸易顺差）是不当的，所以要通过落实利益平衡，对从日本进口的产品进行限制。一直到 7 月的筹备委员会，欧共体也不确定其主张能否一定通过。欧共体与日本的全面对抗仍然持续，在会议第一天，欧共体在演讲中再次提到必须注意利益平衡问题。对此

㉜ 利益平衡论是指：在关税谈判时，为了让双方享受同样的权利，不能以相同幅度降低关税，而是日本、亚洲各国等竞争力强的国家关税要大度下降。欧共体认为这种理论非常有必要。

日本反驳道："①GATT 提供了公平的规则，但是贸易结果如何要看各个国家自身的努力程度。如果在 GATT 框架下考虑贸易平衡问题，无异于贸易管制主义。②日本正在通过扩大内需和调整结构来努力减少经常收支顺差。"但是欧共体不为所动，提出修改方案，继续要求把利益平衡相关内容增加到部长宣言中，欧共体与日本的矛盾公开化。但是支持欧共体的国家很少，美国、加拿大、瑞士、新加坡、新西兰等国家都支持日本。农业、服务领域的难题也在逐个解决。欧共体表示，如果宣言中不加入利益平衡相关内容的话，将对所有议题持保留意见。日本通过对其他各国做工作，最终成功挫败了欧共体的计划，没有把利益平衡相关内容写入宣言。[33]

农业问题是美国与欧共体对立的传统领域。从肯尼迪回合和东京回合开始，美国就主张农商品贸易自由化，但是欧共体主张在区域内对农业进行保护，所以始终坚持普通农业政策。所以。在 1947 年的 GATT 协定中并不禁止对包括农产品在内的初级产品提供出口补贴，仅就通过出口补贴扩大世界贸易比重一事加以限制（GATT 第 16 条）。因此，美国建议禁止欧共体通过普通农业政策向成员国提供过多的进口补贴。与此同时，由农产品出口国组成的凯恩斯集团[34]建议对农商品贸易实行完全自由化，但是日本、韩国、北欧和瑞士等农产品进口国，则从粮食安全保证以及保护环境的角度出发，坚持反对贸易完全自由化。

综上所述，各方的矛盾非常尖锐，谈判举步维艰。最初的宣言草案中提到削减或废除出口补贴，减少出口补贴的恶劣影响。但因遭到欧共体的强烈反对，相关措辞有所修改："为了进一步促进农产品自由化，需要加强所有与进口程序和出口竞争有关的措施；并且，要进一步利用 GATT 协议对其进行更加有效的管理。"该措辞涉及所有补贴，不仅没有明确指出是出口补贴，而且没有规定废除造成恶劣影响的补贴的具体时间。[35]

围绕着服务贸易，宣言最终调整为两个部分。第一部分（有关商品贸易的谈判）和第二部分（有关服务贸易的谈判）。前者在 GATT 特别大会上被通过并采纳。后者则

[33]　关于《利益平衡论》，可以参考：角南立（通商政策局国际经济部长），《埃斯特角城会议杂录——BOB 的始末》，《通产月刊》，第 20 卷第 1 号，1987 年，第 21—23 页。
[34]　围绕同农业贸易大国（美国、欧盟、日本）的谈判，为了能够代表各国利益，1986 年在乌拉圭回合谈判中形成了该集团，因在澳大利亚的凯恩斯举行会议得名。澳大利亚作为带头人，把农产品净出口国聚拢在一起，主张迅速且彻底地对农产品贸易实行自由化。http://www.zenchu-ja.or.jp/food/wto/wtokanrenyougo/027.html（2012 年 3 月 21 日）。
[35]　筑紫，同脚注 16，第 20 页。

由出席 GATT 特别大会的各国部长决定。出席 GATT 特别大会的部长全部同意，这是前所未有的。换句话说，只有商品贸易的谈判由 GATT 会议决定。展开新一轮回合谈判以及服务贸易谈判并不是由 GATT 部长会议决定，而是由出席的部长决定。然而，虽然服务贸易列入乌拉圭回合谈判的范围，但还是做出了一些妥协。贸易谈判委员会由两部分组成，一部分是负责商品贸易谈判的团队，一部分是负责服务贸易谈判的团队。

宣言中规定乌拉圭回合的谈判领域涉及 15 种，要求在 4 年内完成谈判。并且决定通过一揽子承诺（Single undertaking）㊱㊲ 的方式解决。15 个领域中的 14 个领域都由负责商品贸易的团队负责，剩下的服务贸易问题，由另外的团队负责。从谈判内容来划分这 15 个领域，可以大致分为以下三类：①关税、非关税措施、热带作物、自然资源、纤维及服装、农业等改善市场准入有关的问题；②GATT 相关条款、保障措施、MTN 各项规定（反倾销等）、补贴及反补贴措施、争端处理等与规则相关的谈判问题；③服务、知识产权与交易相关协定（Agreement on Trade-Related aspects of Intellectual Property Rights）以及与贸易有关的投资措施相关协定（Agreement on Trade-Related Investment Measures）等新的问题。每个领域都包含多种谈判内容，利害关系错综复杂，这几个问题大体特点可以分为：①热带作物、自然资源、纤维、保障措施等发展中国家对发达国家要求较多的领域；②MTN 各项规定和争端处理方面，发展中国家和发达国家之间、发达国家之间矛盾比较尖锐的领域；③新兴领域——发达国家对发展中国家要求较多的领域。

并且，不再增加限制、扭曲（自由）贸易等与 GATT 原则不相符合的措施；对于已经实施的此类措施，决定采取废除或整合的方式，同时成立专门机构予以监督。

埃斯特角城部长宣言发表后，与贸易谈判计划有关的策划工作也有所进展。各国在农业贸易、服务贸易问题上难以达成统一。经过长时间的谈判，才于 1987 年 1 月就如何成立谈判机构（根据交涉项目的团体划分）以及如何安排谈判计划（谈判期限之前的时间表）达成一致（参考图表 2.1.1）。

㊱　一揽子承诺是指谈判中一个领域无法达成一致，那么整体也无法签署的综合谈判方式，与此相反的谈判方式是：签署一个领域落实一个领域的早期收获方式（Early Harvest）。就一揽子承诺方式而言，需要花费较长时间，如果一个领域失败了，其他所有的领域也都没有意义。所以难度很大。各国现在都改为综合的战略谈判方式，同时就强势领域和弱势领域进行谈判，以便在弱势领域得到对手让步。

㊲　The launching, the conduct and the implementation of the outcome of the negotiations shall be treated as parts of a single undertaking.

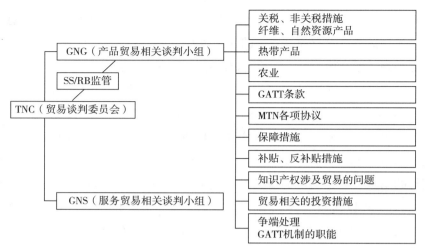

图 2.1.1　新回合谈判的谈判机制

注：SS，Stand Still（不采纳新的与 GATT 不协调的限制、扭曲贸易的措施）。RB，Roll Back（与 GATT 不协调的限制、扭曲贸易的措施全都予以废除）。MTN 各项协议：东京回合谈判达成的协议。

资料来源：GATT；《通商白皮书》，昭和 62 年版。

（2）从蒙特利尔中期审评部长会议到布鲁塞尔部长会议

谈判框架和计划确定后，谈判于 1987 年 2 月正式开始。1988 年底，按照以前的安排中期审评部长会议如期召开。但是中期审评部长会议就如同长跑中的折返点一样，各国都坚持争取本国利益最大化，谈判迟迟难以取得进展。

1988 年 12 月，蒙特利尔部长会议召开，同意减让关税，减让程度与东京回合谈判制定的目标持平（平均为 33%）；此外，还就改善热带产品市场准入条件等 5 项具体措施达成一致；再加上开会之前实际上已经达成一致的 6 个问题。11 项内容决定了在回合谈判后半期的谈判重点。同时，通过会议还了解到参与国家关注问题的多样性以及希望继续谈判的意愿。[38] 就具体问题而言，比如热带作物产品，会议坚持尽快达成一致并且尽快实施的原则，表示要对参与的发展中国家提供奖励补贴，通过这些努力，以发达国家为主的 17 个国家就热带作物产品达成了一揽子协议，同意减让热带作物产品关税、减少相关非关税措施。日本和欧共体于 1989 年 4 月率先开始落实改善方案（Offer[39]），其他国

---

[38]　Theodore H. Cohn. Governing Global Trade：International Institutions in Conflict and Convergence（Simon Fraser University，2002），P170.

[39]　自由化方案。回合谈判中，要求各个国家和地区明确各个领域自由化程度。之后再根据各国的方案进行谈判并修改（提高自由化水平）。回合谈判结束为止，所有加盟国家和地区就此达成一致。

家依次实施。此外，其他达成一致的事项也提前开始落实，比如为了改善争端处理机制，强化 GATT 的功能，制定了贸易政策审评制度。

本次会议上关于农业、纤维、知识产权与交易、保障措施四个方面的谈判始终未能达成一致，所以只能继续审议。最终决定在 1989 年 4 月日内瓦高级别会议上明确相关问题谈判框架以及具体的结束谈判时间：在回合谈判后半程，即在 1990 年 12 月召开布鲁塞尔部长会议时达成最终谈判结果。这四个领域中，最值得一提的是农业问题。虽然各方同意分阶段适当减少农业保护措施，但是美国与欧共体在具体问题上的立场截然相反，难以妥协，其对立一直持续：美国主张废除农业保护措施，欧共体则主张维持现状。

蒙特利尔部长会议上决定提前实施贸易政策审评制度（Trade Policy Review）。根据该制度，日本于 1990 年进行第一次审查。[40] 日本十分支持最惠国待遇（Most Favoured Nation），再加上没有实施过保障措施、反倾销、国际纺织品贸易协定（Multi Fibre Arrangement）等进口限制措施，为了扩大进口，政府做出了很多努力，得到国际社会的高度赞赏。另一方面也存在一些不好的问题，比如过于重视规则，不懂得变通；不通过 GATT 的争端处理机制解决贸易纠纷，而是采取自愿出口限制等灰色措施；农业领域保护主义仍然盛行。

以前，日本多使用双边谈判等灰色措施解决问题，现在通产省内部已经开始放弃，并开始尝试通过规则导向型贸易政策解决问题。[41] 比如，日本开始积极利用 GATT 机制解决问题，1988 年首次就欧共体因日本产零配件征收倾销惩罚关税一事向 GATT 提起诉讼，1990 年胜诉。[42] 此外，发动反倾销国家和被指控反倾销国家之间的矛盾非常激烈。日本认为规则导向型贸易政策可以解决争端，所以坚持明确规则，继续以被指控反倾销的发达国家立场开展更为强硬的谈判，呼吁加强适用反倾销法的国际规定。

1990 年后，主要国家纷纷提出建议，开始根据领域分别进行谈判，谈判逐渐进入正轨，但是农业、服务贸易、知识产权与交易等很多问题还是难以达成一致。埃斯特角城部长宣言中规定的 4 年谈判期限迫在眉睫。

同年 8 月，伊拉克入侵科威特，海湾危机愈加严重。12 月布鲁塞尔部长会议召开，

---

[40] GATT Trade Policy Review–Japan（16 July, 1990），GATT/1486.

[41] 比如，1990 年成立公平贸易推进室，根据首任室长丰田正和的建议，发表《不公平贸易政策报告》（1991 年 6 月）。从第二年开始改为以产业结构审议会报告的形式制作《不公平贸易报告》（通商产业省通商政策局编），其宗旨是根据 GATT 和类似的国际公认规则提出一些措施以及存在的客观问题。

[42] 本案的专家委员会可以参考本章第 3 节 4：欧洲经济共同体、零配件反倾销案以后。

各国承诺对乌拉圭回合谈判做出妥协。但是在部长会议召开之际，美国凯恩斯集团与欧共体在农业问题上的矛盾仍未解决，所以会议最大的焦点自然集中在双方到底能做出多大程度的让步。欧共体以保障措施和纤维贸易等问题作为谈判切入点，表示如果美国凯恩斯集团继续在农业方面坚持不切实际的主张，那贸易回合谈判将无法在整体上达成一致。其他国家对这些问题表示了高度关注。日本派出了外务大臣、通产大臣、农水大臣为首的代表团，但是最终也没能促使农业谈判达成一致。与此同时，农业分科会会长赫尔斯特伦个人提出了跟欧共体、日本、韩国的农业有关的方案，美国对此表示不满，指责欧共体、日本、韩国此举会导致部长会议以失败告终。凯恩斯集团中的阿根廷和巴西两国以农业问题迟迟未取得进展为由，拒绝继续谈判，并趁机退出了会议。此后，为了解决本次谈判，开始了漫长的道路。[43]

（3）从《登凯尔文件》到东京协议

1991 年 1 月，GATT 秘书处总干事登凯尔为了推动解决农业问题、协调主要国家的互相关系，建议把农业问题细化为国内支持、市场准入、出口竞争三个方面，并在此基础上重新开始农业问题谈判，明确至少要就减少限制措施问题达成一致。2 月 26 日，贸易谈判委员会（TNC）召开，并正式宣布农业问题谈判再次展开，但是没有提出签署协议的具体时间表。4 月，贸易谈判委员会进行改革，精简了谈判小组，由原来的 15 个减少为 7 个，以便能够集中进行谈判，这 7 个小组分别负责：①市场准入、②知识产权与交易相关协议、③制度问题、④农业、⑤纤维、⑥规则及与贸易相关的投资措施、⑦服务贸易。各小组主要的谈判内容如下：

①市场准入：减让工业产品、自然资源、热带产品的关税、废除非关税贸易壁垒。

②知识产权与交易相关协议：除了制定与专利权、设计权等传统领域相关的综合性协议外，还要制定与半导体相关的综合性协议以及与商业机密相关的综合性协议。

③制度问题：加强 GATT 的功能，讨论具体措施，比如，加强争端处理机制建设、设立法律问题再审机构、多边贸易机构。[44]

④农业：最大的争论焦点是对非关税贸易壁垒的例外产品是否征收关税。逐渐

---

[43] Cohn, *supra* note38. P172.

[44] 《登凯尔文件》中称其为多边贸易机构（Multilateral Trade Organization，简称 MTO）。1993 年 12 月 15 日在实质上达成一致后，根据美国要求决定更名为世界贸易组织（WTO）。

减低关税、减少生产补贴和出口补贴。

⑤纤维：按照《国际纺织品贸易协定》的规定，废除对从发展中国家进口纺织品的歧视性规则。

⑥规则及与贸易相关的投资措施：修改并完善 GATT 相关条款以及东京回合谈判中签署的各项规定（MFN 协定）、保障措施协定、补贴协议等。此外，还要负责制定贸易投资措施相关规则。

⑦服务贸易：制定服务贸易相关的一般性协定；针对市场开放程度展开初期谈判。

日美欧等七个国家察觉到区域性保护主义蔓延的危机，再次认识到把各成员团结在一起的必要性，所以在 7 月的伦敦首脑峰会上，决定在年内完成谈判，并且争取通过新一轮回合谈判形成区域整合趋势和多边贸易机制。

9 月，四极贸易部长会议在法国昂热召开，再次确认了伦敦首脑峰会上提出的目标，要在“年内完成谈判”，所以把 11 月定为谈判收口期。此外，如果需要做出政治决断的话，11 月中旬还可以召开临时四极贸易部长会议（ON CALL）。此时，针对四极集团国家内部仍然对立的问题，明确了具体的谈判方向，以便能够根据谈判项目寻找解决方案。

美国和欧共体在农业方面不可调和的矛盾是导致布鲁塞尔部长会议失败的主要原因。此时，欧共体已经开始着手实施具体的共同农业政策（CAP）改革，明确将农业问题回合谈判和共同农业政策改革整合到一起处理。随着北美自由贸易协定（North American Free Trade Agreement）的签署、1992 年欧洲市场一体化等地区主义的发展，一直受益于自由贸易体制的日本深感不安，担心乌拉圭回合谈判进展不顺会导致整个国际社会向地区主义转型。在此背景下，日本国内开始逐渐认识到必须就最难以达成一致的农业问题做出让步。

与此同时，GATT 秘书处总干事登凯尔表示要在 11 月之前把布鲁塞尔部长会议上所有需要谈判的问题整理成谈判文件修订版。该文件包括布鲁塞尔部长会议召开阶段仍未能签署谈判文件的农业、与贸易相关的投资措施、反倾销、国际收支政策（Balance Of Payments）等问题，并且尽可能去掉文件中出现的“括号”（表示未同意事项的符号）。⑤ 11 月，登凯尔首次以正式文件的形式提出“工作文件方案”。11 月 29 日登

---

⑤　久乡达也，《乌拉圭回合谈判现状及今后展望》，《通产月刊》，第 24 卷 11 号，1991 年。

凯尔表示"目前很难判断截至 12 月 20 日之前，乌拉圭回合谈判能否取得成功"。非正式贸易谈判委员会在日内瓦召开，集中精力谈判。12 月 11 日，登凯尔在非正式贸易谈判委员会上给各国划定了最终的时间点，要求 12 月 20 日必须提交最终文件。直至 12 月 20 日深夜，各国才就难以达成一致的领域（农业、反倾销）和各种争议制定了裁定方案，乌拉圭回合谈判最终文件（又称：《登凯尔文件》）得以出炉，登凯尔对此表示[46]：

① 20 日中午分发《乌拉圭回合多边贸易谈判成果一揽子最终文件》（MTN、TNC/W/FA），该文件完全涵盖了过去 5 年的谈判成果，也包括了集中谈判以及局长仲裁和调停的结果。该文件指出了具体的回合谈判结果——一揽子协议，而且指出了加强多边规则、在众多领域实现自由化的好处。

② 1 月 13 日再次召开贸易谈判委员会，以结束乌拉圭回合谈判为目标。从现在到 1 月 13 日期间，各国最高级别的政府部门要对一揽子协议整体进行认真讨论。

③ 讨论时需要留意以下重要事项：a. 市场准入（含农业）谈判中优惠幅度问题；b. 农业谈判中与国内支持和出口竞争有关的具体规定；c. 服务贸易谈判初期的承诺。以上问题必须处理。

④ 1 月后，必须按照一揽子协议执行。保留市场准入和服务贸易相关的谈判小组，取消其他谈判小组。

⑤ 一揽子协议，属于必须执行的一个选择。在制定时并没有充分考虑是否完全满足各国要求。各国应该清楚地认识到执行一揽子协议后带来的后果，做出选择后无法退出。就一揽子协议整体进行研究后，希望从多边贸易机制的未来以及给各国带来的机会方面多加考虑。如果各国凭借 5 年前相聚在埃斯特角城时的敏锐洞察力做出判断的话，我相信肯定能够得出积极结论。

1992 年 1 月 13 日，第 21 次贸易谈判委员会召开。7 个谈判小组同意把谈判议题分为以下四个方面继续谈判：①市场准入（减让关税）、②服务贸易、③从法律角度审理最终文件整体性（包括多边贸易机构和统一争端处理机制）、④调整最终文件。对于①市场准入问题来说，美国和欧共体在农业问题上的矛盾仍然存在，所以谈判进展并不算顺利。

---

[46] 《关于乌拉圭回合谈判最终文件》，《通产省公报》，1992 年 1 月 23 日。

在谈判整体停滞阶段，美国和欧共体之间就农业问题（国内扶持、出口补贴）签署了多项个别协议。在此基础上，1992 年 11 月，美国和欧共体终于就农业方面的出口补贴和国内扶持政策等主要问题达成一致（即所谓的《布莱尔宫协定》）。《布莱尔宫协定》签署之后，整体谈判开始加速，各国得以集中精力处理剩下的问题。但是，1993 年克林顿当选美国总统，快速审批程序[47]于 3 月到期，影响谈判没有取得成果。

1993 年 5 月，四极贸易部长会议在伦敦召开，同意在 7 月东京首脑会议召开之前，就市场准入问题达成具体的一揽子协议，事务层面的工作人员积极进行磋商谈判。日本、美国、欧共体、加拿大在 7 月 6 日至 7 日举行的四极贸易部长会议（东京）上就矿工业产品的市场准入问题达成一致（市场准入一揽子协议）[48]，具体内容如下：

- 互相免除八种领域（药品、建筑设备、医疗器械、钢铁、啤酒、家具、农业机械、蒸馏酒）的产品关税。
- 各国协调化学产品的关税上限。
- 争取把高关税率（15% 以上）的产品关税降低一半。
- 争取把剩下的产品关税降低 1/3。

7 月 7 日东京首脑峰会上，七国首脑认可了该一揽子协议，并再次开启了在日内瓦进行多边谈判的大门。

（4）最终协议

7 月东京首脑峰会通过了市场准入一揽子协议，美国国会也同意延长快速通道的时限。在此基础上，谈判在日内瓦重新启动。很多国家当时不能马上加入东京协定。而且在四极（美、加、欧共体、日）之间，一些细节问题也未能达成一致，谈判很难往前推动。欧共体的一部分国家（主要是法国）趁机提出了新的主张，表示《布莱尔宫协定》与欧共体的共同农业政策存在冲突，欧共体和美国之间再次展开谈判。12 月，美国和欧盟决定修改《布莱尔宫协定》的部分条款，最终决定把促进农产品进入欧共体市场写入协定。

---

[47] 所谓快速审批程序是指，美国如果想认可谈判结果或在国内落实谈判成果，需要得到国会的批准。提交国会后 90 天内必须做出判断。国会不能修改该法案，只能批准或否决该法案。

[48] 详细内容请参考本章第 2 节 1。

在就农业问题谈判过程中，围绕其他领域也在讨论最终协议的文本草案。在最后时刻，11 月，美国弱化了登凯尔文件中关于反倾销的论述，提出了新的议案，日本对此表示强烈反对。美国态度非常强硬，表示必须修改反倾销协定才能签署相关协定。直到谈判时间快要结束的最后几周都在反复讨论反倾销问题。结果最后不得不对最终协议文本做出消极调整，这对今后在 WTO 框架下使用反倾销协议带来了巨大影响。

12 月 14 日，秘书处总干事萨瑟兰向各国公布了最终协议文本。各国接受该文本后，分别在国内进行了最终的调整。在 12 月 15 日的贸易谈判委员会上，并没有召开部长会议，而是由秘书处总干事萨瑟兰发表宣言。实际上宣言内容就是最终文件，并且把协议内容作为附件提交。自此，谈判时间长达 7 年始终未能取得成果的乌拉圭回合谈判终于正式宣告结束。

1994 年后，各国都力争在 3 月底完成协议文本的技术性修正，纷纷对减让表做出验证。4 月 12 日至 15 日，部长级会议在摩洛哥马拉喀什召开，标志着乌拉圭回合谈判正式结束。110 个国家和地区代表出席了会议。当时日本国内的政局比较混乱，4 月 8 日，细川护熙首相宣布辞职。外务大臣羽田孜不得不代替出席会议，他在会上表现出非常重视乌拉圭回合的态度："新的世界贸易机构正在形成，我们都被这一使命感召"。[49]

在谈判最后一天，也就是 15 日，各国部长代表签署相关文件，比如谈判达成的各项协定，包括含各国最终减让表在内的 WTO 成立协议、各种部长决定的最终文件以及象征着谈判结束的马拉喀什宣言。从 1986 年 9 月 20 日埃斯特角城宣言公布至今，已经过去了 7 年又 7 个月，终于取得乌拉圭回合谈判的成果。1994 年，各种准备工作有条不紊地在进行。其中特别重要的问题是，如何处理新反倾销协议和在东京回合谈判中通过的旧反倾销协议两者的关系。新反倾销协定明确规定 WTO 成立后要对某些产品展开调查。两个协议之间存在真空期。在日本的强烈建议下，与美国、欧盟谈判后，决定把旧反倾销协议延长一年时间，真空期的问题迎刃而解。在此基础上，1995 年 1 月，WTO 协议开始生效。

3. 谈判结果评价

（1）乌拉圭回合谈判的成果

经过 7 年多艰苦卓绝的谈判签署最终文件，WTO 机制应运而生。各个协议成果将

---

[49] 《日本经济新闻》，1994 年 4 月 15 日日报，第 5 版。

在今后各个章节展开论述，现在从整体上了解一下乌拉圭回合谈判的成果。

之前的回合谈判都是以关税谈判为中心，但乌拉圭回合谈判中开始涉及知识产权以及服务贸易等新领域的规则，谈判范围甚至扩大至 GATT 规则都未曾涉及的纤维和农业领域，这一点具有划时代意义。通过调整各种各样新生的利益冲突，使 100 多个国家达成一致，共同维护和发展多边自由贸易体制，其意义的重要性不言而喻。

乌拉圭回合谈判开始时，正处于 20 世纪 80 年代后半期，随着欧盟成立以及北美自由贸易协定的签署等，区域化趋势在逐渐加强；欧美各国的贸易保护主义，尤其是美国的单边措施也更加频繁。在保护主义、双边主义、地区主义的滚滚洪流中，支持乌拉圭协定等自由贸易理念作为国际贸易的基本原则无疑具有非常重要的历史意义。

WTO 不仅扩大了争端处理的对象范围，还使处理过程更加快捷；此外，还加强了处理争端的功能（自发成立专家组、通过专家组的判断自动采纳否定性共识、成立上诉委员会、明确抵制措施），这些都对美国使用《贸易法》第 301 条款单边行为产生了抑制作用。禁止保障措施等灰色措施也属于非常大的成果。该规则确立后，日本解决贸易摩擦的方式也从双边谈判改为在多边场合按照多边规则尝试解决。日本积极整合贸易政策与 WTO 规则，并且争取在实施过程中更加透明公开。

此外，WTO 在处理国际争端时也发挥着非常重要的作用。在 GATT 框架下解决争端的主要方式是全员达成共识，这属于政治解决的一种手法。对此，WTO 做出改进，成立处理争端专家组和上诉委员会，专家组裁决后要提交上诉委员会审议，之后通过法律解释的形式予以确定。这说明，GATT 过渡到 WTO 标志着争端解决机制开始由政治决定向司法决定转变。[50] 而且由于 WTO 制定的规则都具有可执行性，所以也确保了 WTO 规则的稳定性。

（2）遗留课题

综上所述，乌拉圭回合谈判和 WTO 的成立取得了很大成果。但是与此同时，今后如何深化 WTO 机制的课题未能得到解决，比如，服务贸易规则仅仅是制定了大体的原则框架，没能进一步细化，具体的条款内容还需要谈判予以明确。

此外，在马拉喀什会议举行期间，各国也提出了很多课题。[51] 正如前总干事登凯尔

---

[50]　《世界贸易组织（WTO）成立及今后世界贸易体制的课题》，《通产省公报》，1995 年 1 月 5 日。

[51]　美国副总统戈尔在马拉喀什部长会议上强调应该讨论新的贸易秩序是否要以"劳动标准和环境保护"为两大支柱（《日本经济新闻》，1994 年 4 月 5 日晚报，第 2 版）。

所言："与其说本次部长会议标志着谈判结束，不如说是标志着课题开始"[52]，很多新的问题浮出水面。在马拉喀什公开的纪要中列举了以下 11 个问题：

①贸易与环境；

②贸易与劳动标准；

③贸易与移民；

④贸易与竞争政策；

⑤贸易与投资；

⑥地区主义；

⑦财政金融政策和贸易政策间的关系；

⑧公司法和国际贸易；

⑨对抵消的特惠利益进行补偿的问题；

⑩贸易与开发、政治稳定、摆脱贫穷的关系；

⑪单边或区域外适用的贸易措施。[53]

如此看来，现在面临的问题不仅涉及原来的重点问题——贸易，很多与国内制度有关的问题也被摆到台面上。此外，由于成员数量迅速增加，导致 WTO 成立后多边谈判达成一致的难度增加。

第 2 节　乌拉圭回合谈判中主要的个别协议文件

1. 降低矿工业品关税

前言

在 GATT 框架下，各国开展了多轮回合谈判，主要议题是对工业产品关税进行谈判。在乌拉圭回合谈判中，农产品问题成为最重要的议题。此外，服务贸易和知识产权问题也成为新的焦点。工业产品关税问题的关注度相对下降。关税谈判成果都是以

---

[52]　《日本经济新闻》，1994 年 4 月 16 日日报，第 5 版。
[53]　藤井敏彦，《后乌拉圭回合谈判时代的贸易课题究竟是什么》，《通产省公报》，1995 年 1 月 5 日。

数值计算，很容易得到关注，而且减让关税直接关系到企业的利益，个别行业对此非常关心，所以虽然关税议题所占比重降低，但是其意义仍然重大。以下简要概括乌拉圭回合谈判针对工业产品关税的谈判情况。

（1）GATT 框架下关税谈判情况概要

在 GATT 框架下围绕关税问题进行谈判，其基础原则如下：

第一，按照 GATT 的规定，所有成员适用统一的关税率。换句话说，对某个国家征收的关税不能低于对其他国家征收的关税。对所有成员必须执行相同的关税税率，这也被称为最惠国待遇（MFN）。

第二，GATT 针对各个产品制定不同的优惠关税标准。各加盟国的关税率必须要低于该优惠关税，如果必须提高优惠关税，要根据 GATT 第 28 条，同其他国家进行谈判获得对方同意。各国并不对所有的产品都制定优惠关税，由 GATT 秘书处负责制定需要设定优惠税率的产品名单及其优惠关税标准。

第三，GATT 成员想要增加需要设定优惠税率的产品数量，或是降低优惠关税标准时，必须通过多边谈判解决。这种多边谈判就被称为回合谈判。

乍看上述原则比较简单，只要降低发达国家的关税税率就能有效发挥作用。但一个国家在紧急时期肯定会采取贸易保护措施，制定比较高的关税税率，防止外国产品冲击本国产业。所以，从经济学的角度出发，进口自由化是件好事，但是受政治因素影响，自由化往往难以实现，而且容易得出一些错误的观点，比如政府会强调本国进口自由化并非利好。而且国内的相关产业更希望其他国家实现进口自由化，趁机增加本国的出口。就上述 GATT 谈判原则而言，如果排除故意抵制的情况，其实是非常有效的。换句话说，多国间就自由化问题进行谈判，可以敦促其他国家实现进口自由化，降低本国国内反对进口自由化的压力。此外，在多国间举行谈判，也能给那些我行我素的国家施加巨大的国际压力。

在乌拉圭回合谈判之前，关税谈判已经取得了很多成果，关税税率降低很多。之前的 5 次回合谈判都是各国就个别产品提交需求表[54]，然后各国再进行谈判。使用这种方式的话，各国受到其他国家的压力有可能在国内推动自由化。但在肯尼迪回合谈判时，发现了提交请求表这种方式的漏洞，除了一部分商品以外，其他商品关税都以线

---

[54] 方式是各成员互相提出自由化需求表，在此基础上再制定各国的自由化方案。之后，两国通过谈判对方案做出修改，以便达成一致。

性减税公式削减。在东京回合谈判时，继续使用瑞士公式的方法削减关税。根据固定的公式和现行的税率，可以自动决定减让幅度。采用这种方式减税，对所有的国家来说都是相同的，所以可以在一定程度上减少国内的反对。

经过多次贸易会议谈判，到东京回合谈判召开前，日本已有97%的产品设定了优惠税率。工业产品的平均关税降低至3.6%。其他发达国家的趋势也大致相同。GATT成立初期，工业产品的平均关税为40%，到东京回合贸易谈判时已经降低至4.7%。[55]

另一方面，东京回合谈判之前，减让关税引起了一系列问题。第一，发达国家降低关税趋势明显，但是工业产品的非关税贸易壁垒问题比较突出。第二，回合谈判主要针对工业产品，基本没有涉及农产品自由化问题。第三，工业产品降低税率主要以发达国家为中心实施，发展中国家设置优惠税率的产品数量很少，而且很多产品关税仍然很高，并未就此采取充分措施。

（2）东京四极会议之前

乌拉圭回合谈判开始时，各国针对顺利实现降低关税的方式问题提出了很多意见。美国明确表示反对在肯尼迪回合谈判和东京回合谈判时使用的公式法，要求采用以前回合谈判中的要价单方式。[56] 欧共体建议针对税率较高的产品采用公式法，其他产品采用要价单方式。[57] 日本建议发达国家执行更加彻底的关税减免政策，除了矿产品和林产品之外，废除其他所有工业产品的关税。[58]

1988年12月，在蒙特利尔中期审评部长会议上，各国全体决定继续采用东京回合谈判时使用的关税减让方法，即同意减少贸易加权平均值的33%。但是，谈判[59]一时难以取得进展。这一状态一直持续到1989年底，留给谈判的时间所剩无几，所有成员都非常担心谈判毫无成果。[60] 最终，各国也接受了没有一种关税降低方法可以同时满足所有国家需求的事实。于1990年2月在蒙特利尔表示同意降低33%的关税；各国再结合公式法和要价单方法，制定一种符合本国国情的方式。[61]

㊺ 津久井茂充，《GATT全貌〈评论GATT〉》，日本关税协会出版，1993年。

㊻ Charles A. St. Charles and Robert A. Weaver, "Tariffs." in Terence P. Stewart（ed.）. *The GATT Uruguay Round：A Negotiating History（1986–1992）Volume Ia：Commentary*（Kluwer Law and Taxation Publishers, 1993）, P. 407.

㊼ Ibid., P403.

㊽ Ibid., P405.

㊾ 今后，各国决定采用共同的规则和自由化方式、标准来促进贸易自由化。

㊿ Charles and Weaver, *supra* note 56, P414.

○61 Ibid., P414.

1990 年 3 月，美国提出了约 800 页的建议书。建议书中表示根据互相主义原则要求其他国家同时撤销关税。这种零对零原则（zero for zero）对于某些产品来说是具有风险的。美国互相撤销关税提案中涉及的产品主要包括：钢铁、非铁金属（铝、铜、铅、锌）、林产品、纸制品、药品、建筑设备、家具、玩具。1990 年 10 月，美国把啤酒、蒸馏酒以及一部分电器产品也追加到该名单中。[62]

1990 年 3 月，日本提出建议，撤销约 2 200 种产品的关税。其中有些产品，比如药品、铝制品、纸、建筑机械设备跟美国互相撤销关税提案相同，说明对美国的建议非常重视。此外，还建议互相撤销汽车、相机胶卷、家电制品（domestic electronics）、电器设备的关税。但是日本没有把皮鞋、绢制品和一部分化学产品加入作为减让关税的产品清单中。1991 年 5 月，日本把化肥和橡胶追加为互相撤销关税清单。此外，日本还支持美国继续把纸作为关税减让对象，同时明确表示对林产品执行与美国同样的办法。[63]

欧共体则坚持公式法，而且对于纤维等美国非常敏感的产品，坚决不接受美国减让关税的要求，也不响应美国提出的互相撤销关税提案，与美国保持对立态势。[64]

1990 年 12 月，发达国家同意按照美国的互相关税撤销提案对药品和一部分建筑机械设备的关税进行调整，但是日本和欧共体反对把互相关税撤销清单扩大至其他产品。[65]

如上所述，围绕工业产品的关税谈判问题，各国提出了很多的方案和建议。这些方案甚至影响到美国和欧共体在农业问题上的胶着状态，但始终没有促使在工业产品关税问题谈判上取得突破。[66]

（3）东京四极会议

为了解决工业产品谈判的胶着状态，促进乌拉圭回合谈判取得全体一致，1993 年 7 月四极会议在东京召开。

1992 年 11 月，美国和欧共体为了解决农产品问题签署了《布莱尔宫协定》。1993 年初，美国正值布什政权向克林顿政权的过渡时期，所以影响了谈判进展。接替登凯尔担任 GATT 秘书处总干事的萨瑟兰在 1993 年夏天召开的东京首脑会谈上明确提出要

62　Ibid.，P418.

63　Ibid.，P419.

64　Ibid.，P427.

65　Ibid.，P427.

66　Ibid.，P428 - P429.

求尽快结束乌拉圭回合谈判。[67]

在此背景下，四级国家的贸易部长决定于首脑峰会召开前在东京召开部长级会议，努力打破停滞的局面。6 月 22 日和 23 日在东京四极部长会议上，出席各方未能达成一致。7 月 6 日和 7 日，再次在东京召开四极部长会议，7 月 7 日终于达成了四极国家一揽子协议。

一揽子协议中，最为关键的是工业产品的市场准入问题，特别是针对工业产品执行四类减让税率方式。第一，对药品、建筑机械设备、医疗设备、钢铁、啤酒、家具、农业机械、蒸馏酒实施互相撤销关税措施。第二，统一降低化工产品的税率。第三，对于关税率在 15% 以上的超高税率产品，争取降低最高达 50% 的关税，第四：对于剩下的产品，平均降低 1/3 的关税税率。

之所以四极国家能够签署协议，与日本担任主席国发挥了举足轻重的作用是密不可分的。日本撤销了苏格兰威士忌和玉米蒸馏酒的关税，让其他国家非常震惊，并引起了连锁反应。受此影响，加拿大也同意撤销啤酒和家具的关税，要求加拿大撤销家具关税的欧共体也同意撤销农业机械设备的关税。[68]

两天后，东京首脑会谈召开，正式从政府首脑层面确认了四极协议的有效性。在会上提出宣言，表示各政府首脑同意在日内瓦重新展开多边谈判，并以此为主要方式争取在年末达成让全球所有伙伴国家都满意的协议。

（4）最终协议

东京四极协议签署后，乌拉圭回合谈判的结束终现曙光。但实际上，各国之间仍然存在很大的鸿沟。

四极协议中提出要对 15% 以上的高税率产品减让 50% 的关税，剩下产品减让 1/3 的关税。欧盟主张对所有产品执行上述政策，并以此为目标同相关国家就具体的产品开展双边谈判，这与日本的意见发生冲突。而且，在对待是否要增加互相撤销关税产品种类的问题上，双方也各执己见。

对于林产品、非铁金属和电子产品来说，美国希望其他国家撤销或者是大幅降低这些产品的关税。6 月 18 日，以参议院收入委员会的贸易小委员会委员长马克思·包

[67] John Croome, *Reshaping the World Trading System: A History of the Uruguay Round* (Kluwer Law International, 1990), P303.

[68] Ernest H. Preeg, *Traders in a Brave New World* (The University of Chicago Press, 1995), P161.

卡思为首的 12 位参议院议员向美国贸易代表办公室代表卡特提交了信函，信中要求日本撤销铜、铅等产品的关税。⑥ 马克思·包卡思还希望其他国家能够撤销林产品的关税。⑦ 在国会的施压下，美国政府提高了在非铁金属和林产品市场准入问题上的要求，希望相关国家能够大幅减让关税税率。日本方面则拒绝了减让 1/3 以上的关税，于是日美间的对立变得非常尖锐。⑦

与此同时，美国政府还希望欧共体大幅降低电子产品的关税。对此，欧共体方面表示如果美国能够大幅降低纤维相关的高关税产品的话，欧共体可以相应降低一半电子产品关税。欧共体试图通过把纤维和电子产品捆绑在一起连动的方式牵制美国。⑦ 欧共体对日本的要求是大幅降低皮革和鞋类产品的关税。

日本方面则要求互相撤销电子产品、科学仪器、纸浆的关税。美国要求对所有非铁金属产品统一征收 3% 的税率，并且与加拿大达成一致，双方共同向日本施加巨大压力。欧共体因为国内铝制品行业强烈反对，没有同意美方的统一减让关税要求。

美国快速通道将于 12 月 15 日结束，在此之前，美国与欧共体终于就工业产品的市场准入问题达成一致。协议的主要内容包括：①互相撤销关税，在东京四极协议中追加了减让关税的产品种类，比如纸浆、林产品、玩具。②其他国家同时撤销铜、锡、镍等非铁金属的关税，除了铝制品以外的其他非铁金属关税一律降低为 5% 以下。③撤销一部分化工产品的关税，统一剩下的化工产品关税。

对美国和欧共体达成的这份协议，日方并不买账。日方不同意撤销电子产品和科学设备的关税，只同意减让关税，虽然表示同意降低电子产品的关税，但是排除了大部分家电制品；日本还拒绝撤销林产品和非铁金属的关税。对非铁金属产品来说，日本也不同意统一降至 3%。日本还拒绝撤销一部分化工产品的关税，这种行为遭到其他国家的批评。⑦ 最后没能达到互相撤销关税的预期结果，而且还导致乌拉圭回合谈判关于关税谈判的一揽子协议陷入停滞。

但是，12 月 15 日美国快速通道结束后，迫于国内产业的压力，美国进一步对日本提出要求：互相撤销林产品的关税，撤销溴等化学产品的关税，互相撤销铜制品的关

---

⑥　Inside US Trade，June 25，1993.

⑦　Inside US Trade，July 9，1993.

⑦　Inside US Trade，June 25，1993；Inside US Trade，July 9，1993.

⑦　Inside US Trade，July 9，1993.

⑦　Inside US Trade，December 10，1993.

税，互相撤销白酒的关税，降低皮革产品与鞋类产品的关税等。⑭ 欧共体副委员长布里坦于 1994 年 1 月 12 日给日本外务大臣羽田孜写信，希望日方能够降低滑雪鞋和皮鞋的关税、撤销白酒关税、互相撤销精炼铜制品的关税。⑮

对此，日本于 12 月 15 日决定结束全部谈判，拒绝重新就关税问题谈判，确认了最终的一揽子协议。

（5）乌拉圭回合谈判的成果（工业产品关税）

A. 整体减让程度

就工业产品关税而言，发达国家的工业产品关税平均降低了 38%，与此同时，发展中国家为 20%（从优惠税率起算的下降幅度）。日本关税减让幅度非常大，高达 56%。东京回合谈判以后，日本就开始自发地降低汇率，而且为了满足其他国家的要求，还从实质层面改善了市场准入的现状，降低实时汇率。从结果来看，减让幅度高达 33%，符合了蒙特利尔中期审评部长会议上提出的要求。

就免征关税的产品比例而言，发达国家整体为 44%，欧盟为 38%，美国为 40%，日本则高达 71%，地位非常突出。

B. 按部门行动（互相撤销关税或统一降低关税税率）

东京四极会议同意对药品、建筑设备、医疗器械、钢铁、啤酒、家具、农业设备、蒸馏酒 8 种产品互相撤销关税，最后又在清单中追加了玩具和纸浆。同时，日本要求对电子设备、橡胶、胶卷、科学仪器等产品互相撤销关税，但是未能成功。美国和欧盟则希望对铜和林产品互相撤销关税，最终也未能如愿。

各方同意统一降低化工产品的关税税率。参与国家对同一种产品要征收同样的关税，最高不超过 6.5%。日本要求对非铁金属产品也实施统一关税政策，但是未能如愿。

C. 处理高关税产品

东京四极会议上并没有花费太多精力讨论高关税产品，没能针对所有产品采取必要的关税减让措施。

美国的纤维和服装中有很多产品都征收比较高的关税，对此，欧盟强烈要求减让关税，但美国始终没有执行有诚意的关税减让政策，比如对服饰的关税仅从 19.3% 降

---

⑭ Inside US Trade，January 7，1994.

⑮ Inside US Trade，January 21，1994.

至 17.5%，最终也只降至 9%。[76] 此外还有皮卡车，不但没有降低关税，反而因为 20 世纪 60 年代鸡肉贸易争端[77]导致关税提高至 25%。

虽然欧盟没有所谓的高关税产品，但是对家电产品、半导体等要征收 14% 的关税，而且没有降低其中大多数产品的关税。

D. 发展中国家的情况

在乌拉圭回合谈判之前，大多数发展中国家的产品都没有设置优惠税率，可以自由上调相关产品的关税。乌拉圭回合谈判的成果之一就是提高了发展中国家整体的优惠比例（优惠税率占比），从 21% 提高至 73%，增幅非常明显；此外，还向发展中国家普及了 GATT 的相关规定，并且扩展了 GATT 的适用范围。[78] 但是乌拉圭回合谈判也存在一定缺陷，发展中国家没有采取足够的措施降低关税。比如，发展中国家新设置优惠税率的产品中，降低关税的产品占比 46%（但是仅占进口总额的 32%），没能降低关税的产品占比 24%（占进口额的 26%）。

2. 纤维及服装领域

（1）谈判时日本纤维行业状况

乌拉圭回合谈判从 1986 年一直持续至 1993 年，恰逢日本纤维行业面临巨大转型时期。1988 年纤维工业审议会以及产业结构审议会发表新纤维产业观察：当时日本纤维产业，包括制造业、流通业在内共有 280 万从业人员，市场规模高达 13 万亿日元。[79] 但是，受亚洲其他国家的激烈竞争以及日元迅速升值的影响，纤维产品的出口陷入停滞，而进口猛增。1987 年，日本纤维贸易转为逆差。之后，进出口差额不断扩大，1993 年，进口额达到出口额的一倍；10 年时间，进口渗透率从 1983 年的不足 20% 增长至 50%。[80]

新纤维产业观察还介绍了当时日本纤维产业的市场环境特点，主要包括以下两点：首先，日本市场是世界上最大的市场，日本国民也是世界上最为感性的消费者，所以对于日本的纤维产业来说，想要与亚洲其他国家竞争，必须提高国内市场上的非价格

---

[76]　Jeffrey J. Schott，*The Uruguay Round：An Assessment*（Institute for International Economics，1994），p62.

[77]　该贸易争端是指美国大量生产的廉价鸡肉出口欧洲。

[78]　GATT Secretariat，*The Results of the Uruguay Round of Multilateral Trade Negotiations：Market Access for Goods and Services-Overview of the Results*，1994.

[79]　纤维工业审议会、产业结构审议会合同政策小委员会，《新纤维产业展望——向生活文化提案型产业转型》，《通产省公报》，1988 年 6 月 2 日。

[80]　纤维产业审议会需求贸易会议、通商问题小委员会，《就采取纤维保障措施的建议》，1994 年 5 月 17 日。

竞争力。另一方面，纤维贸易作为 GATT 的特例，欧美等国正在采取进口限制措施，日本纤维产业出口存在限制，难以扩大出口规模，但是日本市场又是唯一的开放市场，而且市场巨大，容易受到进口方面的影响。这种不合理的结构饱受诟病。乌拉圭回合谈判进行阶段，亚洲各国纤维行业在日本市场的竞争非常激烈，甚至左右着日本纤维产业将来的走向。

20 世纪 70 年代以后，得益于进口扩大以及发展中国家的市场开放，日本积累了规模巨大的贸易顺差；与欧美等国不同，截至乌拉圭回合谈判开始前，日本一次也没有实施纤维保障措施。[81] 另一方面，1994 年纤维产业审议会供需贸易部门分会与通商问题小委员会发表了《关于采取纤维保障措施的建议》，其中表示"急剧膨胀的进口增长会严重影响有计划的结构改革、事业转换、产业调整；希望能够采取必要措施控制这些恶劣影响"。[82] 该建议明确释放了政策要发生调整的信号。本节重点介绍国内纤维产业激烈的结构改革，并且概述日本对乌拉圭回合谈判中的纤维谈判的立场以及谈判结果。

（2）关于国际纺织品贸易协定

1974 年以来，纤维领域的国际贸易一直按照纤维领域特有的国际协议国际纺织品贸易协定（MFA）运转。普通产品仅需执行 GATT 的一般性规则，这说明了纤维产品的特殊性，之所以纤维贸易需要有特别的管理框架，是因为纤维行业具有很强的属地性，而且其上下游各个阶段都能创造很多就业，对各国的经济、社会、历史都会产生非常重要的影响。[83]

国际纺织品贸易协定规定，针对棉、毛以及化纤产品（1986 年后追加植物性纤维、绢混纺纤维制品）可以适当放宽 GATT 第 19 条中规定的一般条件实施保障措施。两者的区别具体包括：①GATT 第 19 条中规定不能选择出口对象国，只能实施无差别的保障措施，国际纺织品贸易协定规定在与对象国谈判的前提下可以选择性实施出口限制措施；②就采取措施的必要条件而言，GATT 第 19 条规定要求提供"造成或者有可能造成重大损失"的证据，国际纺织品贸易协定则稍微放宽了规则，只要能证

---

[81] 但是，在 1990 年的 GATT 贸易政策审查中，还是通过进口贸易管理条令对绢以及绢制品制定了数量限制，此外，还对一部分纤维及纤维制品采取了进口限制措施。GATT, *Trade Policy Review*, *Japan*, C/RM/S/8A, 31 July 1990, P35.

[82] 通商问题小委员会，同前，脚注 80。

[83] 请参考：通商产业省生活产业局通商科监修，《WTO 纤维协定及纤维保障措施》，通商产业调查会，1996 年。

明 "扰乱市场" 即可；③GATT 第 19 条规定了代偿义务以及采取对抗措施权，而国际纺织品贸易协定没有规定，发动保障措施国家不需要付出代价就能实施数量限制措施。[84]

（3）乌拉圭回合谈判中关于纤维及纤维制品的相关谈判

A. 乌拉圭回合谈判开始前的情况

国际纺织品贸易协定会影响到纤维及纤维制品的自由贸易，这种认识深入人心，所以 GATT 成员都对国际纺织品贸易协定持否定态度。1982 年 GATT 部长级会议召开，与会各方同意探讨相关措施，促进纤维及纤维制品贸易自由化并且满足 GATT 的要求。[85] 1982 年提出部长宣言，1984 年成立纤维及纤维制品工作会议，探讨纤维及纤维制品贸易自由化，以及在该领域完全适用 GATT 规定的可能性。[86] 在 GATT 框架下还就纤维及纤维制品贸易整合做了大量工作：1986 年，为了筹备新的回合谈判，GATT 一般理事会下设筹备委员会（The Preparatory Committee）对此进行讨论。[87] 在 GATT 框架下讨论纤维及纤维制品贸易问题的氛围日渐高涨。1986 年，GATT 成员在埃斯特角城同意展开乌拉圭回合谈判。就纤维及纤维制品贸易谈判而言，越来越多的国家要求国际纺织品贸易协定适用 GATT 规则。各成员也同意 "根据 GATT 规则及相关规律加强纤维及纤维制品领域的谈判，争取将其纳入 GATT 框架下"。[88] 以下将重点介绍谈判中比较大的争议：GATT 整合方法及时间表，以及在 GATT 整合过程中实施过渡性保障措施。

B. GATT 整合方法及时间表

乌拉圭回合谈判开始时，美国、欧共体、加拿大、澳大利亚、挪威、芬兰都倾向于使用国际纺织品贸易协定规则，所以这些国家对于 GATT 整合国际纺织品贸易协定的态度比较消极，希望能够尽量延缓这一进程。另一方面，为了扩大纤维制品的出口，发展中国家主张尽快整合。1988 年，GATT 成员国部长齐聚蒙特利尔，对乌拉圭回合谈

---

[84]　关于国际纺织品贸易协定请参考以下材料：Lane Steven Hurewitz，"Textiles" in Terence P. Stewart（ed.）. *The GATT Uruguay Round*，*A Negotiating History*（1986 – 1992），*Volume Ia*：*Commentary*（Kluwer Law International，1993），P261 – .

[85]　*Ministerial Declaration*，Adopted on 29 November 1982，GATT Doc. No. L/5424，P2.

[86]　*Working Party on Texitiles and Cloting*，*Progress Report*，GATT Doc. No. L/5709. Octoober 26. 1984，at Annex.

[87]　*Preparatory Committee*，*Record of Discussions of 17 – 20 March*，GATT Doc. No. PREP. COM（86）SR/3，April 11，1986. 但是，一些发达国家反对国际纺织品贸易协定与 GATT 整合，筹备委员会没有就纤维及纤维制品的贸易自由化程序达成一致。

[88]　*Ministerial Declaration on the Uruguay Round*，GATT Doc. No. MIN. DEC 1，September 20，1986，P5.

判进行中期审评。蒙特利尔中期审评时指出目前未在文本上达成一致的领域不多，纤维及纤维制品问题属于其中之一，可见其难度之大。包括纤维及纤维制品在内，各国部长在 4 个领域没能在文本上达成一致。1989 年 4 月决定举行高级别会议，对此进行重点讨论。在该会议上，发达国家和发展中国家克服了重重矛盾，最终达成了以下协议。

"作为 GATT 整合的方法之一，（部长）同意废除基于国际纺织品贸易协定制定的规则。"[89]

拉弗里（M. Raffaelli）表示该文本明确指出了 GATT 整合的规则，包括废除基于国际纺织品贸易协定制定的规则。特别是 1982 年部长宣言公布后，所有成员国都对此表示认可。但是需要注意的是，文本中没有使用 1982 年部长宣言中的"讨论"一词。[90] 也就是说，1989 年会议明确以撤销国际纺织品贸易协定为前提在 GATT 框架下整合纤维及纤维制品贸易规则。接下来，在上述谈判共识的基础上，介绍一下各国对 GATT 整合的态度和立场。

首先是美国。美国在 1989 年 12 月及 1990 年 2 月的提案中建议：在 GATT 整合阶段采用全球配额方式。即过渡期间将国际纺织品贸易协定规则替换成全球配额方式，逐渐扩大配额，GATT 整合完成后再撤销配额。[91] 这种使用全球配额取代国际纺织品贸易协定规则的方式，既符合无差别原则，又符合市场竞争原理，有利于纤维贸易的发展。[92]

美国提出全球配额方案，而欧共体则建议在 GATT 整合阶段使用国际纺织品贸易协定渐进方式。[93] 所谓国际纺织品贸易协定渐进方式就是延续国际纺织品贸易协定制定的规则，在过渡期内逐渐撤销。欧共体建议在逐渐废除国际纺织品贸易协定现行规则的同时，各个成员国在 GATT 框架下即时制作整合产品清单，把这些产品作为 GATT 的适用对象，不再适用体制转型。[94]

乌拉圭回合谈判对采用全球配额方式还是国际纺织品贸易协定渐进方式进行了一番讨论。但是由于前者相当于在发达国家进一步普及了国际纺织品贸易协定规则，而

---

[89] *Mid-Term Meeting*, GATT Doc. No. MTN. TNC/11. April 21, 1989, P5.

[90] Marcelo Raffaelli and Tripti Jenkins. *The Drafting History of the Agreement on Textiles and Clothing*（International Textiles and Clothing Bureau, 1995），P31.

[91] *Communication from the United States*, GATT Doc. No. MTN. GNG. NG4/W/33, December 14, 1989. Communication from the United States, GATT Doc. No. MTN. GNG/NG4/W/37, February 5, 1990, P1 - P2.

[92] 通产省生活产业局，同前，脚注 83，第 181 页。

[93] *Communication from the European Communities*, GATT Doc. No. MTN. GNG/NG4/W/37, May 24, 1988, p3.

[94] *Communication from the European Communities*, GATT Doc. No. MTN. GNG/NG4/W/51, June 12, 1990, P3.

且在国际纺织品贸易协定框架下减少了发展中国家的配额，会损害一部分发展中国家的既得利益，所以没能得到相关国家的支持。⑨⑤

1990 年 6 月，汇总各国的提案后，主席公布了非正式文本草案。之后于同年 12 月在布鲁塞尔召开部长级会议，在主席文本草案的基础上继续协商。1990 年 7 月发表的主席文本草案中建议同时采用国际纺织品贸易协定渐进方式和全球配额方式。⑨⑥ 同年 11 月 2 日在各成员协商一致的基础上，主席文本中明确表示使用国际纺织品贸易协定渐进方式进行整合。⑨⑦

经过协商，11 月 2 日的主席文本规定根据渐进方式制定削减办法，具体是指：采用积分法，把适用纤维协定的所有产品，分成若干阶段并且按照一定比例（x%）进行整合。商品一旦被整合，将不能再使用过渡性保障措施。另一方面，欧盟建议使用自由法进行削减。⑨⑧ 具体是指：在过渡期开始时按照全部国际纺织品贸易协定限制数量的一定比例（x%）分阶段地废除相关制度，即便与产品有关的制度被废除后，仍然可以使用新的过渡性保障措施。无论以上哪一种方式都允许发展中国家再次选择，但是从 GATT 整合要明确相关产品的角度出发肯定会选择前一种方式。⑨⑨ 11 月 19 日，主席文本按照自由化原则，把过渡期分为三个阶段，明确表示相关产品按照一定比例整合进 GATT 框架下。⑩⑩

11 月 19 日主席文本中还就自由化方式的整合率提出了建议。该文本建议的整合机制是：第一阶段为总贸易额的 10%，第二阶段为 15%，第三阶段为 20%。⑩⑩ 1990 年 12 月，因为农业问题谈判陷入僵局，导致布鲁塞尔部长级会议破裂，纤维和纤维制品谈判暂时搁置。1991 年，在秘书处总干事登凯尔的指示下，各国部长又继续开展必要的谈判以便顺利结束回合谈判。1991 年 12 月，登凯尔建议第一阶段到第三阶段的整合率

⑨⑤　Hurewitz，*supra* note 84. P307.

⑨⑥　*Draft Text of a Framework Agreement*，GATT Doc. No. MTN. GNG/NG4/W/56，July 12，1990，P4.

⑨⑦　*Chairman's Text*，GATT Doc. No. MTN. GNG/NG4/W/62，November 2，1990，P3.

⑨⑧　Raffaelli and Jenkins，*supra* note 90，P62.

⑨⑨　通产省生活产业局，如前，脚注 83，第 181 页。

⑩⑩　*Chairman's Text*，GATT Doc. No. MTN. GNG/NG4/W/68，November 19，1990. at 6；Raffaelli and Jenkins，*supra* note 90，P62 -。

⑩⑩　Raffaelli and Jenkins，*supra* note 90，P64. 通产省生活产业局，同前，脚注 83。在 11 月 19 日的主席提案中，针对整合率提出，55% 的产品在过渡期间维持原样，不撤销国际纺织品贸易协定。发展中国家对此表示担心，因为各国可以从不敏感的产品调整，到最后阶段可能发达国家都不会调整那些想要出口的产品（信赖问题：第 182—183 页）。

分别为 12%、17%、18%，再加上提前整合的 4%，共计 51%。该方案最终得到了各国的同意。[102]

C. 过渡性保障措施

根据 WTO 纤维协议，在 GATT 整合的 10 年中，如果纤维贸易进口增加扰乱了国内纤维产业时，可以采取与普通保障措施不同的特殊措施，这被称为过渡性保障措施（Temporary Safe Guards）。如上所述，乌拉圭回合谈判开始时，20 世纪 80 年代后半期，日本纤维制品贸易逆差。到谈判临近结束的 1993 年，进口总额接近出口额的一倍，日本国内当时有很多人强烈建议按照国际纺织品贸易协定或是 WTO 纤维协议启动反制措施，保护本国纤维产业，避免进口过度增加导致贸易失衡。对充满变化的日本纤维产业来说，启动过渡性保障措施的必要条件是最重要的谈判课题之一，是对充满变化的日本纤维产业来说最重要的谈判课题之一。[103] 以下简要介绍过渡性保障措施的谈判历程。

谈判初期，发展中国家以埃斯特角城部长宣言中规定的原地踏步原则（禁止新增非 GATT 整合措施）为根据，认为不应该再认可与 GATT 规则相悖的国际纺织品贸易协定规则，建议现在立刻冻结国际纺织品贸易协定规则并分阶段予以废除。[104] 对此，日本之前没有使用过国际纺织品贸易协定规则，一旦该规则被"冻结"，就失去了利用机会，所以日本表示强烈反对。[105] 美国和欧共体等发达国家，认为国际纺织品贸易协定属于已经存在的协议，与原地踏步原则并不矛盾。[106]

针对发展中国家提出的"冻结"要求，欧共体建议在过渡期可以使用特别的保障措施。[107] 日本也建议在满足客观条件的前提下，在过渡期间使用临时保障措施。[108] 起初，发展中国家强烈反对增加过渡性保障措施的规定，在美国提出全球配额方式整合 GATT

---

[102] Raffaelli and Jenkins，*supra* note 90，P77；通产省生活产业局，同前，脚注 83，第 182 页。

[103] 因为日本从来没有使用过国际纺织品贸易协定相关措施，所以拉弗里对日本保留实施保障措施的权利表示高度关心，并且认为这是"值得记录的事情"。同上，第 63 页。

[104] 1985 年，由发展中国家正式成立了国际纺织品和服装局（ITCB），并以此为中心展开讨论。国际纺织品和服装局冻结国际纺织品贸易协定方案就是由印度尼西亚代表国际纺织品和服装局成员提出的。*Communication from Indonesia*，GATT Doc. No. MTN. GNG/NG4/W/11，April 27，1988，at 2；*Statement Made By the Delegation of Indonesia*，*On Behalf of a Number of Developing Countries*，*Members of the International Textiles and Clothing Bureau at the Meeting of the Negoatiation Group on Textiles and Clothing on 13 June*，*1988*，GATT Doc. No. MTN. GNG/NG4/W/15，June 17，1988，P2.

[105] 通产省生活产业局，同前，脚注 83，第 242 页。

[106] Raffaelli and Jenkins，*supra* note 90，P26.

[107] *Communication from the European Communities*，GATT Doc. No. MTN. GNG/NG4/W/15，June 12，1990；P2.

[108] *Communication from Japan*，GATT Doc. No MTN. GNG/NG4/W/35，1 February，1990，P2.

后，为了反对美国不得不对过渡性保障措施表示认可。发展中国家态度发生变化后，过渡性保障措施逐渐成为主流。⑩

谈判进入最终阶段后，部分发展中国逐渐认识到将来本国采取过渡性保障措施的必要性。1991 年 12 月登凯尔文件对此的记录如下："各成员国在谈判过程中逐渐认识到特别过渡性保障措施制度的必要性"，而且认识到采取过渡性保障措施对所有国家都是公平的。在此基础上，终于达成了一致。⑩

尽管日本是世界纤维进口大国之一，但是国际纺织品贸易协定不适用于日本。所以对日本来说，最重要的谈判议题之一就是过渡性保障措施，不需要考虑是否适用之前国际纺织品贸易协定的问题，对所有的国家都一视同仁，而且最终达成一致的方式对日本来说也最为有利。

（4）之后的过程

1993 年，乌拉圭回合谈判临近结束时，纤维工业审议会和产业结构审议会联合对过渡性保障措施做出解释："进口规模迅速扩大会对有计划地进行结构改革、事业转换、产业调整造成恶劣影响。为了削弱此影响，希望能够采取必要的措施。"⑪ 之后，通商产业省很快制定了实施过渡性保障措施的相关办法，比如《关于制定纤维保障措施相关手续》（1994 年 12 月）、《纤维保障措施的使用方针》（同上）、《纤维制品进口规模增加时紧急措施相关规定》（同上）、《关于在纤维制品进口规模增加时实施紧急措施指导手册》（同上）。从另一个方面看，日本贸易政策标榜自由贸易，一次也没有启动国际纺织品贸易协定，现在也到了不得不调整的阶段，说明进口激增对日本纤维产业造成的影响之深远。

1995 年 3 月，在政府制定纤维保障措施相关国内制度的同时，产业界也心领神会，积极呼吁要求实施纤维保障措施。日本纺织协会要求对从中国、韩国、印度尼西亚进口 40 号手棉纱实施纤维保障措施；日本纺织协会以及日本棉短纤面料工业协会要求对从中国、印度尼西亚进口的纯棉府绸（棉布的一种）发动纤维保障措施。⑫ 通商产业省受理这些要求后，于同年 4 月，分品种展开讨论，调查"进口数量增加的实际情况以

---

⑩　通产省生活产业局，同前，脚注 83，第 243 页。

⑩　*Draft Final Act Embodying the Results of the Uruguay Round of Multilateral Trade Negotiations*，GATT Doc. No. MTN. TNC/W/FA，December 20，1991，at O. 1 to O. 36，Art. 6.

⑪　纤维工业审议会、产业结构审议会，《今后纤维产业及施政方法》，1994 年 7 月。

⑫　《关于请求实施纤维保障措施》，《通产省公报》，1995 年 3 月 6 日。

及对本国产业造成的重大影响"。一开始日本认为"无论对哪一种产品展开调查的话都能找到充足的证据"，于是决定正式开始调查[113]，1995 年 11 月公布调查结果。通商产业省表示："两种被调查产品，最近 3 年因为进口数量激增对本国产业造成了重大影响"，但是"最近，这两种产品的进口势头趋缓，而且呈现下降的趋势"，因此决定不实施纤维保障措施。之后，直到 2004 年末纺织品协定失效，纺织品贸易被整合到 GATT 制度，日本一次也没有实施纤维保障措施。[114] 虽然日本通过乌拉圭回合谈判中的纺织品谈判获得了有利于本国的成果，但直到 GATT 整合的 10 年过渡期结束，日本都没能利用该成果，一次也没有实施纤维保障措施。当然，从另一方面看，产业界虽然提出了要求，但是一直没有满足纺织品协定的启动标准，而且 WTO 下设的纤维及纤维制品监控机构对此进行严格审查，都导致日本一次也没能实施纤维保障措施协定。20世纪 90 年代后半期，乌拉圭回合谈判达成一致后，由于进口数量猛增，日本国内纤维产业空洞化现象加剧，从 1985 年的 66 174 家工厂锐减到 2001 年的一半——31 206 家工厂，同期从业人数也从 114 万减少至 51 万。[115] 有必要从贸易政策的角度重新梳理从乌拉圭回合谈判达成一致到 GATT 整合的 10 年间，贸易政策对日本纤维产业造成的影响。

3. 反倾销（Anti – Dumping，AD）协议

（1）乌拉圭回合谈判前的状况

反倾销被诉国批评反倾销起诉国滥用法律，使法律变相成为一种非关税贸易壁垒的贸易保护手段。特别是进入 20 世纪 70 年代以后，美国成为贸易逆差国家；美国国内贸易保护主义势力抬头，以解决"不公平贸易"为由加强了反倾销措施的使用。与此同时，在世界范围内，征收反倾销税的案例也急剧增加。就日本产品而言，从第二次世界大战结束后到 60 年代末，仅有一次被征收反倾销税的案例，但整个 70 年代的 10 年时间内竟有 74 次征收反倾销税调查，其中被征收反倾销税的案例攀升至 26 次。无论是被调查次数还是被征收反倾销税的次数都占全世界总额的 1/3，甚至可以说，是在有

---

[113]《关于决定开始展开纤维保障措施调查（40 号手棉纱、纯棉府绸）》，《通产省公报》，1995 年 4 月 28 日。

[114] 经济产业省通商政策局编，《2005 年版不公平贸易报告》，经济产业调查会，2005 年，第 230 页，www. meti. go. jp/report/downloadfiles/g. 50418a0_0j. pdf（2012 年 9 月 5 日）。

[115] 辻村和佑、沟下雅子，《日本纤维产业的现状与课题》，庆应义塾大学产业研究院，2004.4，第 3 页，http：//www. sanken. keio. ac. jp/publication/KEO – dp/91/fulltext. pdf（2012 年 7 月 25 日）。

意识地专门针对日本产品。⑯ 在此背景下，在东京回合谈判过程中签署了反倾销协议，该国际规则制定的目的是为了规范各国对反倾销法的使用，虽然 23 个国家和欧共体共同签署了该协议，但是仍然有很多国家没有签署，所以作为国际性规则来说效果差强人意。

20 世纪 80 年代，在世界经济不稳定的背景下，贸易保护主义势力逐渐抬头，各国逐渐倾向于使用反倾销法处理倾销问题。所以美国和欧共体对很多日本产品开展了反倾销调查。特别是欧共体的变化非常明显，在整个 70 年代基本没有对日本产品提起反倾销诉讼和调查，但是进入 80 年以后开始频频对日本产品提起反倾销调查和诉讼。而且在使用反倾销法时，尤其是在认定倾销及损害的方法方面更为严格。这都说明贸易保护主义倾向在逐步加强。而且不考虑最后根据反倾销法制定的措施的具体内容，一旦开始反倾销调查手续本身，就能对出口产生一定的限制效果，所以各国普遍认为，开展反倾销税调查程序本身就属于反倾销法的一种用法，这也成为乌拉圭回合谈判时各国的关心议题之一，要求审慎地进行调查，并对调查实施条件制定严格规定。

整个 20 世纪 80 年代（从 1980 年 7 月到 1991 年 6 月的 11 年间），全世界开始反倾销调查的案件数量为 1 841 件，远远超过 20 世纪 70 年代的数量，其中，对日本产品展开反倾销调查的案件数量为 181 件，位列世界第一。⑰

就当时世界范围内反倾销税的使用情况而言，可以分为起诉国和被诉国两方面。首先，起诉国基本都是发达国家⑱，约有一半的被诉国也是发达国家。换句话说，发达国家之间互相征收反倾销税的情况非常普遍。当然，当时新兴工业国家向发达国家出口产品数量激增。在此背景下，以巴西、韩国、中国台湾等发展中国家和地区为对象展开反倾销调查的数量也迅速增加。其中，日本所处的地位比较特殊，20 世纪 70 年代一直作为被诉国，从来没有主动对其他国家发起过反倾销调查。⑲这一夸张且极端的数字说明日本对当时贸易政策中提到的积极使用出口救济法抱有非常消极的态度。

---

⑯　寺尾健彦，《美国贸易法解析⑤—反倾销法（上）》，《通产月刊》，第 23 卷第 5 号，1990 年，第 68 页。

⑰　1980 年到 1987 年的数据请参考：Draft Factual Compilation of Anti – Dumping Measures Taken by Participants：Note by the Secretariat，GATT Doc. No. MTN. GNG/NG8/W/38（Oct. 20. 1988）as revised and expanded in Corrigendum，GATT Doc. No. MTN. GNG/NG8/W/38/Corr. 1（May 16，1989）and Addendum，GATT Doc. No. MTN. GNG/NG8/W/38/Add. 1（May 16，1989），1988 年到 1991 年的数据请参考：GATT BISD Supps. Nos. 35，36，37and 38。

⑱　美国、欧共体、澳大利亚和加拿大四个国家和地区约占世界整体的 90%。

⑲　雨贝二郎，《特殊关税知识①——世界特殊关税动向》，《通产月刊》，第 17 卷 8 号，1984 年，第 76—79 页。

此外，在乌拉圭回合谈判过程中，美国和欧共体从 1987 年到 1988 年先后制定了防止反倾销迂回的规定。在一定条件下，征收反倾销税的措施也同样适用美国国内、欧共体国内或是第三国生产的产品。比较极端的情况是：理论上认为迂回行为等同于规避法律行为，可以适用反倾销措施。除此之外的大部分情况下，不能允许简单地扩大反倾销措施的适用范围。美国、欧共体制定防止迂回规定的行为引发了其他国家对新贸易保护主义危机的担忧。

在贸易保护主义的影响下，一些国家利用法律发动反倾销措施，这种行为使东京回合反倾销协议的有效性大打折扣。国际社会普遍认为反倾销协议作为国际性规则不够充分。根据反倾销协议第 16 条反倾销委员会成立，致力于审查各国法律条令的制定及实施，并且积极讨论反倾销协议，明确并细化对反倾销协议的相关解释。在讨论过程中，很多国家指出美国、欧共体、加拿大、澳大利亚等主要起诉国在法律使用上存在问题。此外，还制定了成员国指导手册；召开专家会议等特殊机构集中讨论反倾销协议的相关解释以及各国在法律使用上存在的问题。通过付出大量的努力，终于在乌拉圭回合谈判开始前，签署并采纳了五份建议书。在乌拉圭回合谈判开始后，反倾销委员会继续开展活动。包括建议书在内，该委员会取得了很多成果，对反倾销谈判前半程的走向产生了很多间接影响。[20]

（2）反倾销谈判的流程及特点

乌拉圭回合谈判中关于反倾销谈判的不同阶段形成鲜明对比：在回合谈判刚开始时各成员国对谈判的积极性非常低；从中期审评报告公布到最终阶段，各国的态度变得积极起来，而且彼此间的矛盾非常尖锐。反倾销谈判迅速成为影响回合整体谈判成功与否的关键问题。换句话说，反倾销谈判始于一片静寂，但在回合谈判最终阶段却成为最重要的谈判议题。

纵观乌拉圭回合谈判的全过程可以发现，发达国家在使用反倾销法时贸易保护主义倾向越来越明显，但是日本却是发达国家中的一个例外，基本都是被诉国，被实施了反倾销措施。日本一直关注并且坚持加强国际规则，规范各国使用反倾销法的行为。此外，日本对反倾销谈判最终达成一致以及加强国际规则，规范各国反倾销法做出了

---

[20] Terence P. Stewart, Susan G. Markel, and Michael T. Kerwin, "Antidumping" in Terence P. Stewart（ed.）, *The GATT Uruguay Round：A Negotiating History*（*1986 - 1992*）*Volume IIb：Commentary*（Kluwer Law and Taxation Publishers, 1993）, P1509.

不可小觑的贡献。在反倾销谈判过程中，以日美欧加四极会议为主还开展了很多非正式外交谈判，这些没有对谈判成果带来直接影响。而且一直到最后，各个国家针对反倾销法合法性问题的矛盾也没能化解。有的国家要求加强国际规则，规范各国使用法律行为，有的国家要求制定新的国际规则，通过深化调查认定政府当局的裁量并且随机实施反倾销措施。如上所述，各国在很多议题上存在矛盾，而且没能统一彼此的利害关系⑫，所以到谈判后期也迟迟难以取得进展。在此背景下，日本做出了很大贡献，提出了比较实际的修改方案，调整了发动条件及发动程序等个别问题，使谈判得以继续。

在乌拉圭回合谈判初期，反倾销问题并不算主要议题，只不过是多边贸易协定项下的议题之一。当时很多国家认为东京回合谈判中达成的反倾销协议已经对国际规则制定了比较合适的规定，没有必要再进行大规模修改。⑫ 所以在反倾销谈判开始时，最为关注的议题是增加缔约国数量（特别是发展中国家数量），确保反倾销协议与 GATT 体系协调一致、改善和重新审查反倾销协议、确保反倾销协议落实等。

如上所述，根据反倾销协议成立的反倾销委员会负责修改反倾销协议，并且统一对反倾销协议做出解释。在谈判初期，还曾讨论过多边贸易协定谈判小组和反倾销委员会的关系。回合谈判开始后，反倾销委员会继续开展活动，比如把讨论结果反馈给多边贸易协定谈判小组或是确认多边贸易谈判小组的谈判中是否存在不利因素。这种架构一直持续到 1989 年 4 月乌拉圭回合中期审评文件提出。在该审评文件中也没有特别提及反倾销谈判。

但是，从 1989 年夏天开始，各个国家对于反倾销谈判的关注程度迅速升温，几个主要国家相继追加提出新的或是补充性提案。原因是各国对反倾销协议作为国际规则对各国使用反倾销法应该发挥何种作用的问题产生了争执，矛盾激化。换句话说，当时反倾销谈判不得不全盘推倒，重新来过。1990 年 2 月，多边贸易协定谈判小组组长

---

⑫　根据分析，反倾销谈判难以达成一致的根本原因是：各国的利益关系存在矛盾，而且并没有做出实质性让步。而且，各方在谈判涉及的实际范围上一直难以达成共识。Mark Koulen，"The New Anti - Dumping Code through Its Negotiating History" in J. Bourgeois et al.（eds），*The Uruguary Round Results；a European Lawyers' Perspective*（European Interuniversity Press，1995），P151 - P232.

⑫　在埃斯特角城宣言中对此进行了明确：在合适的场合，通过东京回合谈判对协议进行改善，争取扩大规模。Ministerial Declaration of 20 September 1986（Punta Del Este Decaration）；GATT Doc. No. MIN（86）/6（Sept. 20，1986），P7.

凯姆提出题为《关于反倾销行为规则的目的及原则》的报告，概括了谈判框架及争议焦点。[123] 同年 3 月，GATT 副干事长卡莱尔牵头成立了非正式小组，并担任组长，对主要议题进行讨论。前半年的谈判内容主要是明确争议焦点，并且评估各国的方案。[124] 卡莱尔在 1990 年 7 月整理了各国提出的方案，并且将其汇总成"卡莱尔草案"提交各国。因为草案中过多强调了美国和欧共体的主张，所以在加强规则方面存在很大漏洞，以日本为主的国家对此进行了强烈批判。同年 8 月，该草案被修改，变得较为中立，其中仍然包括两种比较明显的矛盾。所以最后该草案也没能发挥作用，没能作为今后谈判的基础。之后，在登凯尔干事长的主导下，多次起草协议草案，但是随着时间流逝未取得任何实质性进展。

各国之间未能互相妥协，彼此的矛盾逐渐尖锐，这种胶着状态一直持续到 1991 年 12 月 20 日，登凯尔干事长提出了最终文件（《登凯尔文件》）。[125] "登凯尔文件"中对反倾销协议草案做出规定，但是并没有概括参与谈判各国间的直接谈判成果，更多的是登凯尔个人对个别矛盾的判断，充满了个人主义色彩。协议草案中严格规定了发动反倾销的条件，并且引入了防止迂回规定，基本涵盖了谈判中主要的议题。对该协议草案，日本和美国等主要国家并不满意。[126] 此外，对于一些重要议题也未能提出能够达成一致的建设性方案。[127]

基本所有参与谈判的国家都对登凯尔反倾销协议的草案内容表示不满，所以"登凯尔文件"也被戏称为"一揽子不满协议"。[128] 该协议草案有可能导致回合谈判此前做出的所有努力化为泡影，除了农业以外。所以各国对于重新开始谈判修改协议草案文本非常谨慎。从 1992 年开始到 1993 年，美国国内认为反倾销协议草案涉及非常重要的政治问题，如果同意修改，会造成严重影响，甚至关乎美国能否接受乌拉圭回合谈判成果。在此背景下，美国在 1993 年 11 月底，即临近 12 月 20 日谈判最终期限的关键之

---

[123] "Objectives and Principles of Rules on Antidumping Practices". 请参考以下材料：Meeting of 31 January – 2 February and 19 – 20 february 1990, GATT Doc. No. MTN/GNG/NG8/15（Mar. 19. 1990），P7。

[124] Stewart. *supra* note 120, P1482 – P1515。

[125] Agreement on Implementation of Article VI of the General Agreement on Tariffs and Trade, at F. 1 – F. 31 within Draft Final Act Embodying the Results of the Uruguay Round of Multilateral TradeNegotiations, GATT Doc. No. MTN. TNC/W/FA, Dec. 20, 1991.

[126] Koulen, *supra* note 121, P187 – P188。

[127] 没有写入方案的内容包括：审查标准的特例、累积损失的评价、展开调查的具体标准、工会的起诉资格等。

[128] 日本强烈认为缺乏恰当的公平。比如：《通产省公报》，1992 年 1 月 23 日，第 10—11 页中就介绍"虽然包括了三种防止迂回的措施，但是很难说规则一定得到了加强"。

际，对协议草案进行了大规模修改。美国的修正案涵盖了很多分歧，比如针对反倾销事实认定及法律解释，引入了特别审查标准；修改了防止迂回规定；修改了日落条款；明确规定如何评估累积损失；调整了市场份额以及倾销程度的微量标准；修改了与结构价格有关的规定。于是，在谈判最后两周，各国围绕美国的提案展开了深入讨论，对协议草案又做出了一些重要调整后，谈判终于达成一致。

（3）围绕主要议题进行讨论以及新反倾销协议的成果

围绕反倾销谈判存在很多的争论焦点，基本涉及反倾销的方方面面，比如如何判断是否存在倾销行为，如何界定实质损失以及开始调查需要满足哪些条件，调查的相关程序以及征收反倾销税期间的手续等。以日本为首，中国香港、新加坡、韩国、北欧等国家和地区希望能够通过反倾销协议进一步加强国际规则，以此应对主要几个发起反倾销的国家在法律使用问题上存在的贸易保护主义趋势。

对此，这些国家也提出新的建议，要求从根本上确定反倾销协议的正当性。[129] 另一方面，美国和欧共体也要求在反倾销协议中增加一些条款，主要涉及防止迂回措施[130]，对累积损失的评估，反复倾销问题及进口倾销问题。此外，加拿大、澳大利亚、新西兰，即所谓的中间国家，也提出重要的修改方案，要求加强国际规则，对倾销认定、条件、程序等做出严格规定，并且要求对迂回倾销行为制定相关应对措施。下面重点介绍争论焦点以及新反倾销协议的成果。

①如何认定倾销的存在

（a）低于成本价销售

美国、欧共体等主要反倾销措施发起国认为出口国家如果以低于成本价销售产品就不是"一般商品交易"，该价格不能被认定为正常价值。

这一点是谈判中最难以达成一致的议题之一，具体到低于成本价销售的时间、数量以及成本回收的合理时间，各方意见存在很大分歧，难以达成一致。调查机构也推测未来的费用会呈递减趋势。

日本认为因为存在远期价格[131]和上升阶段，所以应该充分考虑调整的合理性，建议

---

[129] 包括中国香港、新加坡、北欧各国的早期方案。

[130] 一般来说，符合征收反倾销税的国家和地区，为了规避这种处罚，会在"形式上"保证不符合课税范围，但是在"实质上"从事和以前相同的商业活动。

[131] 就科学技术发展影响显著的高科技产品而言，不用多久其成本就会大幅降低。在此前提下，在开始销售阶段就设定比成本低的价格。这样一来，不仅更容易被市场接受，而且还能快速获得稳定的收益。

把调查期也纳入成本回收的合理时间。对此，美国和欧共体则表示反对，认为是否开展反倾销调查必须根据实际数据决定，不应该取决于未来的预测，至少也应该以被调查期的购买价格、费用等数据决定。

新反倾销协议中，第2.2条第1款及第2.2条第1.1款基本是根据日本的建议新增加的规定。

（b）结构价格的计算

对于结构价格如何计算的问题，美国和日本的观点也不尽相同，美国认为不应该根据利润、销售费用、管理费用等项目的实际数据，而应该通过国内相关法律规定最低比例。[132] 包括日本在内的很多国家则主张根据个别出口商的实际数据计算。在新反倾销协议中，第2.2条第2款"实际情况"就是根据日方的建议而新设立的一项规定。

（c）公平的价格比较方式

在价格比较方式方面也存在争议，有的国家建议扣除间接销售费用的非对称性方法，有的国家建议在价格比较时采用加权平均法。所谓非对称性价格比较法是指公司在销售产品时，会从出口价格中扣除间接销售费用、直接销售费用以及子公司的利润（出口价格比较便宜）；还可以只从出口国家国内销售价格中扣除直接销售费用（国内销售价格比较便宜）。[133] 在日本和韩国的要求下，新反倾销协议第2.4条中明确必须公平地对比出口价格和正常价格。

就是否应该使用加权平均方式的问题而言，美国和欧共体等主要发起国同意采用对国内销售价格（正常价格）加权平均再与出口价格进行比较的方法。对于美国等国人为界定倾销的做法，比如降低加权平均值只选取个别贸易的出口价格进行比较，遭到包括日本在内很多国家的批评，认为其违反了反倾销协议第2.6条"公平比较"条款。美国、欧共体则反驳称此举有利于有针对性地处理倾销事件。最后在新反倾销协议第2.4条第2款中增加了新的规定，原则上要使用相同的测算方式比较价格（个别对个别、加权平均对加权平均）。

②关于实际损失

对于如何认定实际损失的问题，各方存在很多争议，比如是否有必要增加新的考

---

[132] 根据美国1930年《关税法》规定，管理和销售的费用占制造成本的10%，利润为制造成本加上管理和销售费用总和的8%，这都是最低的比例。

[133] 欧共体就日本产磁带征收反倾销关税，1992年，日本向专家组提起诉讼。1995年4月，专家组报告完成，表示欧共体这种非对称性价格比较违反了（东京回合）反倾销协议。

量因素、考量因素的权重是否应该区别对待、政府当局是否有义务评估由倾销出口之外的因素引起的损失，以及如何评估累积损失。其中，增加新的考量因素以及考量因素的权重问题，因为涉及政府调查当局在认定损失时的裁量权问题，所以各国之间的矛盾非常尖锐，从 1990 年夏天开始不再作为谈判议题。对于评估倾销出口以外的因素引起的损失问题，各国展开了讨论，重点围绕调查当局是否应该根据职权评估其他因素引起的损失。在新反倾销协议第 3.5 条中规定，调查当局必须根据掌握的所有证据以及除倾销进口外其他已知的会对国内产业造成损失的原因进行讨论。就评估累积损失问题而言，以前各国一直是按照反倾销法处理。1993 年 11 月底，美国建议应该在反倾销协议中增加补贴与反补贴措施协议（Subsidies and Countervailing Measures）草案以及对累积损失的评估规定。新反倾销协议第 3.3 条借鉴了补贴与反补贴措施协议第 15.3 条的内容。

③反倾销调查的开始要件

按照美国法律的规定，对国内产业申请开展反倾销调查时，只要赞成数高于反对数就可以展开反倾销调查。很多国家对此表示不满，要求"根据国内产业"或是"为了国内产业"开展反倾销调查时制定更为合适的标准，特别是建议引入定量标准。美国主张 25% 以上就可以开展调查，而日本则主张 50% 以上。根据 1993 年 11 月底的美国提案，新反倾销协议第 5.4 条中规定了 25% 以上的量化标准以及工会组织具有提出申请的资格。

④反倾销税的适用期限（日落条款）

对于征收反倾销税期限问题，各国的观点不尽相同。在几个主要发起反倾销措施的国家中，除了美国在征收反倾销税期限上坚持长期化以外，其他国家都要求在一段时间后重新判断。就该问题而言，日本对美国的做法表示不满，欧共体、加拿大等主要发起国也建议引入期限。新反倾销协议规定 5 年后自动失效，每 5 年重新判断。但是根据 1993 年 11 月底美国的提案，又做了一些文字调整，在重新判断是否应该继续征收反倾销税时取决于调查当局的广泛裁量权。

⑤落实防止迂回措施

20 世纪 80 年代主要国家的反倾销法都发生了重要变革，其中之一就是对法律做出修改，针对种种迂回倾销行为制定了应对措施。所谓迂回倾销行为是指，某种产品为了避免被征收反倾销税，把产品的零配件出口到征税国，在当地把零配件组装成完成品并在当地销售的行为（进口国迂回）；或者是在第三国组装好，再通过第三国出口

（第三国迁回）。1987 年，针对在欧共体区域内通过组装或其他方式规避反倾销措施的迁回行为（进口国迁回），欧共体修改了相关理事会规定，拓展了反倾销措施的适用范围。[134] 美国于 1988 年通过立法，针对进口国迁回行为和第三国迁回行为，制定了防止迁回措施。[135]

在反倾销谈判中，是否引入防止迁回措施问题是最为重要的争论焦点之一。在谈判中，美国和欧共体都提出了自己的建议，反映了本国对反倾销协议的修改意见。欧共体仅建议针对进口国迁回行为制定规则[136]，而美国则建议针对进口国迁回以及第三国迁回行为，甚至是对升级产品以及微小的产品变更都要制定相关规则。[137]

在这些提案中，欧共体提案中的防止迁回措施违反了 GATT，所以不再提及。1990 年夏天以后，美国提出的对产品升级和微小产品变更制定规则的建议也没能引起各国的共鸣，所以，从 1990 年开始到 1991 年的谈判就以美国提案为中心展开。各国对新反倾销协议中增加关于防止迁回的相关规定在整体上达成了共识，但是在一些细节上还是存在矛盾，迟迟难以达成一致，比如涉及防止迁回措施的具体适用条件、"迁回"的定义、可以认定为迁回行为的零配件具体比例以及附加价值率等问题。日本始终明确表示不恰当的防止迁回措施会严重影响企业正常的海外投资活动。此外，就对第三国迁回行动展开进口救济问题而言，要对第三国出口的完成品展开新的反倾销调查，如确认存在倾销行为，可以发起反倾销措施，其中重点强调了要对产品展开新的反倾销调查。[138][139]

围绕防止迁回措施问题，各国存在众多分歧，谈判一时难以取得进展。1991 年 10 月，美国提案的提出使谈判更难以达成一致。一直以来，各国只是把出口国向进口国

---

[134] Council Regulation （EEC） No. 1761/87 of 22 June 1987 amending Regulation （EEC） No. 2176/84 of 23 July 1984, 1987 OJ （L167） 9. 日本于 1988 年决定通过 GATT 争端解决机制处理欧共体防止迁回规定。1990 年，专家组裁定欧共体违反 GATT 相关规定。European Economic Community – Regulation on Imports of Parts And Components, Report by the Panel adopted on 16 May 1990, BISD 37S/132.

[135] Tariff Act of 1930, 781 as amended by The Omnibus Trade and Competitiveness Act of 1988, 19 U. S. C 1677j （1990）.

[136] Communication from the European Communities, MTN. GNG/NG8/W/74, 21 March 1990.

[137] Communication from the United States, MTN. GNG/NG8/W/59 （20 Dec. 1989）.

[138] Communication from Japan, GATT Doc. No. MTN. GNG/NG8/W/30 （20 June. 1988）.

[139] 就第三国迁回行为制定规则的谈判而言，欧共体做出了一些实践，利用和第三国迁回类似的原产地规则制定了事实上的管制，这不仅使其他国家开始质疑原产地规则的作用，还导致一些系统性问题。很多国家不认可这种原产地规则。围绕反倾销整个手续，各方开始讨论到底要关注产品的出口国还是原产国。比如，在认定倾销时就需要搞清楚是原产国的制造成本还是出口国的制造成本。

和第三国出口的零部件作为迂回倾销行为的对象，但美国提出新的方案：在一定条件下，出口国以外的国家提供的零配件也作为迂回倾销行动的对象。1991 年 12 月早于登凯尔文件公布的美国提案成为导致谈判难以取得进展的重要因素。

登凯尔文件中提出了很多防止迂回行为的措施。针对第三国迂回，登凯尔文件建议对第三国产品展开新的调查，如果属实才能追溯使用反倾销措施，并没有直接认可美国和欧共体提出的扩大现有反倾销措施的适用范围的建议。此外，也没有认可美国不久前提出的对出口国以外的国家提供的零配件也适用现有反倾销措施的建议。

1993 年 11 月底，美国提出了修改方案，针对第三国迂回行为，仍然决定采用美国、欧共体扩大现有反倾销措施的适用范围的建议，这引起了各国的强烈反对。最后，根据美国的期望，决定从新反倾销协议方案中删除全部与防止迂回有关的规定。相反，在乌拉圭回合谈判达成一致的部长宣言中提及迂回问题，并决定将来成立反倾销委员会，并通过该机构解决迂回问题。

（4）评价反倾销谈判

新反倾销协议由 18 项规定和 2 个附件构成，从本质上说，几乎完全修改了东京回合反倾销协议的 16 项规定。而且不同于旧反倾销协议，新反倾销协议适用于 WTO 协议附表 1A 中所有 WTO 成员。20 世纪 80 年代前半期，主要的发起国为反倾销协议缔约国，当时并没有产生实际问题，但进入 90 年代以后，未签署反倾销协议的国家发起反倾销调查的数量急剧增加。鉴于此，构建一个全部 WTO 成员都认可的国际规则，意义非凡。

与反倾销协议相比，新反倾销协议还有一些特点，比如明确并细化了发起反倾销调查的条件及程序等规定。把加强国际规则与加强争端解决机制统一在一起，强力抑制了各国对反倾销法的肆意使用，在 WTO 争端解决机制下处理的纠纷很多都涉及反倾销领域。[⑩] 虽然对日本来说，新反倾销协议是"一揽子不满协定"，但结合反倾销领域之后的发展状况，强化该领域的国际规则充分实现了当时的既定目标。

4. 保障措施协议

（1）前言

1947 年 GATT 第 19 条规定，某种产品进口增加，对国内生产商造成重大损失，或

---

⑩　川岛富士雄，《WTO 争端解决机制司法化情况——回顾 DSU10 年历程》，《日本国际经济法学会年报》，第 14 号，2005 年。

者有可能造成重大损失时，为了保护国内生产商，GATT 成员拥有临时发起紧急进口限制措施的权利。[141] 反倾销税和反补贴税是针对"不公平"进口采取的措施，而保障措施则是为了保证"公平"进口而采取的措施。也就是说，可以在出口国没有任何过失的情况下实施。[142] 鉴于此，发动保障措施的国家必须是为了防止对国内产业造成"重大损失（或者有可能造成重大损失）"，而且在"必要的时间内"采取"必要程度的措施"；发动时也要与利害相关国家（比如出口国家）协商，在协商无法达成一致的时候，被发动国家有权采取"实质上相同的"对抗措施。[143]

机动灵活的保障措施机制的存在是非常有意义的，如同不可或缺的"安全阀"，可以缓解国内贸易保护主义压力和促进多边贸易自由化。但是，如果轻易就能实施保障措施的话，任意的、不透明的进口限制措施层出不穷会导致过去自由化的努力付诸东流；如果实施条件过于严苛，或是因为担心对抗措施不能灵活实施保障措施发挥作用，恐怕会导致缔约国在将来的谈判中不再积极主动地倡导贸易自由化，可能会助长在 GATT 框架外"使用灰色措施（自愿出口限制等 GATT 框架内缺乏根据的不明确的措施）"解决问题的风气。所以在 GATT 框架下就保障措施的谈判过程中，各国一直不停在"确保其作为安全阀门的灵活性"和"防止滥用"之间摇摆。

（2）乌拉圭回合谈判之前的动向

GATT 第 19 条本身存在很多问题，比如东京回合谈判之前，实施保障措施的条件过于模糊，缺乏保证国内手续的透明及期限的规定，缺少确保能够灵活使用的规定。[144] 在此基础上，东京回合谈判从一开始就表示要按照东京宣言（1973 年 9 月 14 日）讨论"多边保障措施机制的合理性"。[145] 是否应该有选择地使用保障措施是东京回谈判中围绕保障措施谈判最大的争议。日本政府在保障措施谈判过程中表明了本国的立场：首先，指出其重要性，"毫不夸张地讲，该议题属于新一轮国际回合谈判的核心问题"；在此基础上，建议基于"无差别原则"制定新的规则；还要求在新规则制定后，"原则上应

---

[141] GATT 第 19 条第 1 款（a）。

[142] 约斯特·鲍威林，2004 年，《WTO 通商救济手段的比较分析》；荒木一郎、川濑刚志编，《为了构建 WTO 体制下有效的保障措施制度》，东洋经济新报社，2004 年。

[143] GATT 第 19 条第 2 款以及第 3 款。

[144] Terence P. Stewart and Myron A. Brilliant. "Safeguards." in Stewart, Terence P. （ed.） *The GATT Uruguay Round：A Negotiating History* （*1986 – 1992*）*Volume IIb：Commentary* （Kluwer Law and Taxation Publishers, 1993）, P1718.

[145] Ibid., p1743.

该取消 GATT 框架外现有的双边保障措施协定"。[146] 另一方面，欧共体因为经济形势恶化导致区域内部要求限制进口的呼声提高，并且建议为了限制和废除灰色措施，必须将选择性适用原则合法化。很多国家对此表示反对。所以关于该议题的讨论如同两条平行线一直延伸至东京回合谈判闭幕。[147]

东京回合谈判上遇到的挫折以及灰色措施的增加（表 2.1.1）使各个国家认识到了该问题的重要性。1982 年 11 月第 8 届 GATT 部长级会议召开，与会各国就重新制定保障措施综合协议的必要性达成一致。[148] 通商产业省提出了比较积极的意见：表示"与会各国就保障措施达成综合协议非常重要"，日本应该为"强化并重新构建 GATT 规则做出积极贡献"。[149] 部长宣言公布后，从 1983 年开始到 1985 年，还召开了多次非正式协议，讨论了新协议的各项条款，但是对于如何选择性适用保障措施以及是否有必要废除灰色措施问题始终未能达成一致。[150]

1986 年，新的回合筹备委员会成立．分别于同年 1 月 27 日至 28 日以及 4 月 14 日至 16 日，在哥伦比亚和瑞士继续协商[151]，埃斯特角城部长宣言也提出了很多与保障措施有关的意见，最终提出了共同提案："（保障措施协定）应该与一般协定的基本原则保持一致，并且涵盖透明度、（进口限制的手段及产品）范围、客观的实施标准、期限、渐进性以及结构调整、补贴以及对抗措施、通报、协商、多边监督以及纠纷处理等各个要素，明确并加强一般协定的规则，并且应该适用于全部缔约国。"这些内容也体现在部长宣言（同年 9 月 20 日）中。[152]

（3）乌拉圭回合谈判开始时各国的谈判立场

下文将重点介绍乌拉圭回合谈判之初各国对保障措施的观点，特别是重点概述东京回合谈判开始后最大的争议焦点——选择性适用以及灰色措施的处理。

①欧共体

在一开始的提案中，欧共体认为在 GATT 框架外实施灰色措施以及单方面措施，

---

[146]　通商产业省，《昭和 48 年通商白皮书》，通商产业调查会，1973 年。

[147]　Stewart and Brilliant，*supra* note 144，p1748 – 1752.

[148]　同上，第 1753 页，与 20 世纪 80 年代以后，灰色措施使用频率增加，限制措施的使用频率降低（表 2.1.2）。

[149]　通商产业省，《昭和 58 年通商白皮书》，通商产业调查会，1983 年。

[150]　Stewart and Brilliant，*supra* note 144，P1753 – P1756.

[151]　同上，第 1758 页。

[152]　*Draft Miniserial Declaration*，PREP. COM（86）W/47. 外务省经济局国际机构第一课，《WTO 协定解析》，日本国际问题研究所，1996 年。

表2.1.1 签约国之间出口规制协议（Export-Restraint Arrangement）的签署情况

按引入时间		按品种（1990年12月）	
1974年以前	36	食品及其他农产品	59
1975—1979年	39	纤维及衣服	51
1980—1984年	69	钢铁及钢铁制品	39
1985—1989年	105	电子产品	37
1989—1990年	35	汽车及其零配件	23
合计	284	鞋子	21
		机床	15
		其他	39
		合计	284

资料来源：Stewart and Brilliant，*supra* note 144，P1729。

表2.1.2 GATT时期保障措施的实施情况

	1970—1974	1975—1979	1980—1984	1985—1989	1990—1994
美国	3	6	4	0	0
欧盟	1	2	7	7	4
加拿大	6	7	3	1	1
澳大利亚	1	16	4	0	1
其他	1	4	5	6	6
合计	12	35	23	14	12

资料来源：经济产业省通商政策局编，《2011年版不公平贸易报告》，日经印刷，2011年，第305页。

主要是因为GATT第19条随意使用原则，而且认为仅仅禁止灰色措施无法从根本上解决问题。在此基础上，欧共体建议如果特定少数出口国家的进口产品激增对本国产业"造成严重损失"时，应该在短期内对（特定出口国的产品）实施选择性措施。[53]

②美国

美国在东京回合谈判时反对选择性适用保障措施的合法化，但在乌拉圭回合谈判中态度发生变化，开始考虑合法化的可能性。具体来说，为了抑制灰色措施，允许灵活机动地使用保障措施，但是对于选择性适用保障措施方面没有明确表明态度。美国

[53] *Proposal on Safeguards*：*Submission by the European Communities*，MTN. GNG/NG9/W/24/Rev. 1.

保留意见包括三种方案：分别是完全禁止选择性适用方案；在出口国同意的前提下允许选择性适用方案；在出口国同意的前提下允许选择性适用，在期限和趋势以及补贴、对抗措施方面体现最惠国待遇的方案。[154]

　　③日本

　　战后，日本在纤维及服装、钢铁、家电、机床、汽车、半导体等很多领域都采取灰色措施解决贸易摩擦问题。韩国和东南亚等第三国经常批评日本的做法，登凯尔干事长也曾批评日本"经常采取自愿限制措施与 GATT 框架不协调的手段"。[155]

　　在日本最初的提案中完全没有涉及禁止灰色措施等内容。[156] 实际上，日本国内对灰色措施的态度并非完全一致，而是存在两种截然相反的观点。一种观点认为"这属于 GATT 框架内的问题"；另一种观点则认为"灰色措施属于政治现实"。1987 年 11 月，根据通产省相关人士称：目前日本内部对如何解决这个问题完全没有头绪。[157] 在此背景下，1985 年 9 月，美国总统里根准备向"空想自由主义"[158] 这一富有攻击性的新型贸易政策转型，而当时日本正在试图通过"单边措施"[159] 解决，展开自愿出口限制谈判解决摩擦问题。随着自愿出口限制措施的实施，产品价格提高，反而使日本部分出口企业获得了较高的利润。[160] 围绕灰色措施，日本政府的立场逐渐发生了变化。如果在争端处理谈判中能够就禁止单边措施问题达成一致的话，日本同意在保障措施协定中全部废除灰色措施。[161] 日本在最初的提案中没有明确是否支持选择性适用问题。1990 年初，日本政府（外务省）召开记者招待会，明确对合法化[162]表示反对。

⑮④　*Proposal on Safeguards*：*Submission by the United States*，MTN. GNG/NG9/W/23.

⑮⑤　亚洲国家批评日本的理由是：日本实施了自愿出口限制，导致美国也要求亚洲其他国家采取相同的措施。《日本经济新闻》，1987 年 11 月 17 日日报，第 3 版。

⑮⑥　*Proposal on Safeguards*：*Submission of Japan*，MTN. GNG/NG9/W/11.

⑮⑦　《日本经济新闻》，1987 年 11 月 17 日日报，第 3 版。

⑮⑧　畠山襄，《贸易谈判——与国家利益相关的脚本》，日本经济新闻社出版，1996 年。

⑮⑨　1987 年 4 月，美国根据 1974 年《贸易法》第 301 条款以外国产半导体进入日本市场并不顺利为由，对日本生产的电脑、彩电以及电动工具等单方面征收 100% 的关税。此外，美国的参众两院还通过了包括超级 301 条款在内的贸易竞争力法案，该法案针对东芝机械违反出口事件制定了单方面的制裁条款。这些都是当时日本直面的单方面措施。通商产业省，《昭和 63 年通商白皮书》，通商产业调查会，1988 年。

⑯⓪　Stewart and Brilliant，*supra* note 145，P1768，1771。畠山，同前，脚注 158，第 166 页，记载了这两点优势。

⑯①　《每日新闻》，1990 年 10 月 30 日日报，第 9 版。自从在美国当地生产整车后，1987 年开始出口连续 3 年下降，产业界针对撤销灰色措施的态度比较冷淡，具体如下："按理说应该撤销，但实际上撤不撤销都可以。"《日经产业新闻》，1990 年 11 月 30 日，第 11 版。

⑯②　Stewart and Brilliant，*supra* note 144，P1768.

④发展中国家及亚洲太平洋各国和地区

发展中国家和部分亚洲太平洋国家和地区明确表示反对选择性适用问题。如果想通过对抗措施来抑制滥用保障措施行为的话，必须充分发挥政治、经济的杠杆作用。但如果现在就允许选择性适用的话，这些国家和地区非常担心自己会成为政策的受害方。[163] 比如印度就表示"保障措施应该在最惠国待遇基础上实施"[164]，巴西表示"进口救济措施应该在最惠国待遇基础上实施"，[165] 澳大利亚、中国香港、韩国、新西兰建议"不应该区别对待 GATT 第 19 条"。[166] 印度和巴西主张分阶段废除或者禁止灰色措施，太平洋沿岸国家和地区则建议将其整合到 GATT 相关规定中。

（4）谈判过程

1988 年 12 月 5 日，蒙特利尔中期审评部长会议召开，会长非常重视保障措施谈判，提出了三个原则，分别是"措施的期限""措施无差别适用""选择性适用时要禁止采用灰色措施"，但是参与谈判国家之间的矛盾仍然没有消除，直至会议结束还是没能达成一致。[167] 之后，谈判继续。1989 年 4 月，会长被赋予制定新协议草案的权利，并同意最晚于 1989 年 6 月展开谈判。[168] 1989 年 6 月 27 日，各方审评了会长草案，并继续讨论某些特殊情况下选择性适用的可能性，而且提出了"保障措施适用于所有国内产品"的无差别原则方案。就灰色措施问题，会上同意"直接撤销或是整合所有不符合本协议的保障措施"。[169]

在会长提出建议的基础上，1990 年 1 月，欧共体提出了"允许选择性适用的情况"的建议方案。坚持无差别原则的发展中国家仍然强烈反对，所以关于该建议方案的讨论并未持续很长时间就宣告结束。[170] 当然，除了欧共体，美国和加拿大仍然坚持把选择性适用原则的部分内容合法化，在四极贸易会议上孤立了主张无差别原则的日本。[171]

1990 年 12 月 3 日，布鲁塞尔部长级会议召开，这成为保障措施谈判的转机

[163]　同上，第 1762 页。

[164]　*Communication by India*，MTN. GNG/NG9/W/22.

[165]　*Elements for a Comprehensive Understanding of Safeguards*：*Communication from Brazil*，MTN. GNG/NG9/W/3.

[166]　*Elements of an Agreement on Safeguards*：*Communication from Australia*，*Hong Kong*，*Korea*，*New Zealand and Singapore*，MTN. GNG/NG9/W/4.

[167]　*Trade Negotiations Committee Meeting at Ministerial Level*，*Montreal*，*December 1988*，MTN. TNC/7（MIN）.

[168]　Stewart and Brilliant，*supra* note 144，P1782.

[169]　*Safeguards*：*Draft Text by the Chairman*，MTN. GNG/NG9/W/25.

[170]　Stewart and Brilliant，*supra* note 144，1776 - 1787.

[171]　同年 5 月，加利福尼亚州召开四极贸易部长会议。《每日新闻》，1990 年 5 月 5 日日报，第 9 版。

之一。⑫ 12 月 5 日，自谈判开始以来一直主张选择性适用原则部分合法化的欧共体，同意在认可调整新协议中部分国家的数量限制额度（额度调配）为前提的情况下，不再坚持选择性适用原则合法性问题。⑬ 1991 年 6 月，在布鲁塞尔部长级会议上，各国根据讨论结果提出了会长草案。草案中全部删除了"选择性"，还包括一些废除灰色措施的规定，（但没有明确时间期限）。⑭ 此外，作为取消选择性适用原则的补偿，欧共体要求通过标注的形式，在括号中提及额度调配等有关规定。⑮ 日本和发展中国家认为欧共体提出的额度调配"实质上就是选择性适用原则"所以表示反对。尤其是日本，在登凯尔文件公布前不久，1991 年 11 月 6 日，通商产业省审议官畠山襄在总干事登凯尔举行会谈时称，不认可额度调配，直接提出申请。⑯

（5）最终协议内容

1991 年 12 月 20 日，最终协议文本方案（《登凯尔文件》）公布，基本沿袭了同年 6 月公布的会议草案。下面重点介绍几个需要留意的内容：第一，明确了保障措施的无差别适用原则，同时规定在满足条件的情况下允许调整额度。⑰ 日本虽然对此一直持反对态度，但是欧共体在"谈判结束前展开了猛烈的攻势"，"赢得了美国的支持"，使日本到最后孤立无援。⑱ 第二，允许各国分别有一个特例。以此为前提，明确规定协议生效后 4 年内撤销或整合所有的灰色措施。在欧共体的强烈要求下，日欧汽车协定未被列入"4 年内撤销"的范畴，反而延长至 1999 年底。⑲ 就与美国之间的汽车自主限制问题而言，在《登凯尔文件》提出后的第二年，即 1992 年 3 月，为了"防止美国国会内部贸易保护主义高涨，并且为了帮助美国汽车产业重建、缓和与日本的矛盾"，通

---

⑫　经过艰苦卓绝的谈判，会议基本完善了主席文本，只剩一些需要通过政治决断才能解决的问题，比如"是否可以选择性使用""是否撤销以及整合灰色措施""实施时间"。*Draft Final Act Embodying the Results of the Uruguay Round of Multilateral Trade Negotiations：Revision*，MTN. TNC/W/35/Rev. 1.

⑬　Stewart and Brilliant，*supra note 144*，P1789. 欧共体之所以让步，是因为担心长此以往发展中国家也会与欧共体产生矛盾，在农业问题上被孤立。《每日新闻》，1990 年 12 月 7 日日报，第 9 版。

⑭　当时，大家都认为会撤销灰色措施的规定。通产省和相关产业界表示"即使撤销"，也不会导致日本出口激增，所以日本并不支持。《读卖新闻》，1991 年 10 月 27 日日报，第 7 版。

⑮　*Safeguards：Note by the Secretariat*，MTN，GNG/RM/W/3.

⑯　《日本经济新闻》，1991 年 6 月 13 日日报，第 27 版；《朝日新闻》，1991 年 11 月 7 日日报，第 3 版。

⑰　*Draft Final Act Embodying the Results of the Uruguay Round of Multilateral Trade Negotiations*，MTN. TNC/W/FA.

⑱　《日本经济新闻》，1991 年 12 月 17 日日报，第 5 版。

⑲　日本针对美国制定的汽车出口自愿限制并不属于相关范畴。因为当时日本的汽车制造商认为如果当时马上撤销会刺激美国的神经，不如"随着时间推移"渐渐淡化。日本汽车工业协会会长久米丰希望能在 4 年过渡期后退出。《读卖新闻》，1991 年 12 月 22 日日报，第 6 版。

商产业省决定减少当年对美出口自愿限制框架，但是加强了相关规定。[⑱] 之后，1993年12月撤销对美机床自愿出口限制规定；1994年3月撤销对美自愿出口限制规定。[⑱]

第三，作为撤销和整合灰色措施的补偿，规定中增加了要求美国禁止发动对抗性措施的条款。[⑱] 具体来说，随着进口绝对数量的增加，原来与协议保持一致的保障措施在实施3年内，禁止再对出口国采取对抗措施，这是为了防止受对抗措施威胁而无法采取合法对抗措施而制定的。此外，该规定还有些特点，比如各种用语非常精准；明确了实施措施的要件以及采取措施的期限；采用渐进性的原则；明确了与争端处理机制的关系，并且建立了多元的监控体系，确保了通报、协商、监控等手续的透明。埃斯特角城部长宣言中提出的协议方案，满足了各方要求。当时日本通商产业大臣渡部恒三认为，《登凯尔文件》中"关于保障措施谈判中与日本有关的要求还存在不足，今后需要继续努力"，但"无论如何，总算是有了一个了结"。[⑱]

（6）谈判成果及对日本的影响

在乌拉圭回合谈判中，日本通过争端解决问题谈判成功禁止了单边措施；通过保障措施问题谈判成功禁止了灰色措施。"同时"达到这两项成果对日本来说意义重大，促使日本转型为名正言顺的规则导向型贸易国家，并保证了日本在此过程中可以发挥重要作用。此外，还明确了采取保障措施的条件和期限，提高了制度本身的透明度。这些都是深受日本欢迎的。

另一方面，在乌拉圭回合谈判开始前还存在"随意使用具有安全阀功能的保障措施"的问题，在现有WTO保障措施协议下没有得到任何改善。随着争端处理案件的增加，发动该措施的条件变得更加严格。[⑱] 但是，在WTO框架下，很难实施非常恰当的保障措施。为了响应国内产业保护贸易的要求，很容易从政治层面决定就采取措施。与此同时，还要保证像以前一样的贸易自由化程度，这多少有些不切实际，至少对民主国家来说，并非易事。[⑱] 所以，各国需要考虑"实施保障措施的风险"和"保障措

⑱ 《日本经济新闻》，1992年4月8日日报，第1版。

⑱ 《读卖新闻》，1993年12月25日日报，第7版；《每日新闻》，1994年1月1日日报，第9版。

⑱ 外务省，同前，脚注152，第442页。

⑱ 《朝日新闻》，1991年12月25日晚报，第1版。

⑱ 川瀬刚志，《保障措施政治功能及其倒退》，《法学研究第76卷第1号》，庆应义塾大学，2003年，第501—549页。

⑱ 久野新，《保障措施与贸易调整支援政策互补的可能性——从促进结构调整的观点出发》，荒木一郎、川瀬刚志编，《为了构建WTO体制下有效的保障措施制度》，东洋经济新报社，2004年。

施机制安全阀作用失效的长期成本”这两个问题，并且等保障措施协议生效后继续探讨以便明确制度性问题；此外，长期持续对该协议进行微调是非常有用的。

5. 补贴与反补贴措施协议

（1）关税与贸易总协定（GATT）第 6 条和第 16 条

GATT 第 6 条和第 16 条涉及补贴及反补贴措施问题。第 16 条第 1 款规定，缔约国通过补贴的方式直接或间接增加本国产品出口数量或是减少本国进口产品数量时，“必须书面通知其他缔约国”；[184] 此外，还规定了其他义务：比如如果该补贴“严重影响其他缔约国的利益，或是存在可能存在类似风险时，应该与其他相关的缔约国或团体进行讨论并采取措施加以限制”。[185] 第 2 款规定，“如果缔约国对某种产品给予补贴，对其他进口缔约国和出口缔约国造成负面影响”，并且被认定为事实后[188]，其他国家可以采取反补贴措施。第 3 款规定：“尽量避免对初级产品提供出口补贴”。[189] 对初级产品以外的产品提供出口补贴时，如果其价格低于国内市场购买成本，无论是直接还是间接提供补贴，其他缔约国都可以要求停止实施该补贴。[190]

另一方面，GATT 第 6 条还对反倾销和反补贴关税做出规定。该条第 3 款规定了反补贴关税的定义：即“针对直接或者间接给予产品生产制造或者出口提供奖励或者补贴的行为，为了实现反补贴目的所征收的特别关税”。在此基础上，禁止征收“与原产国或是出口国直接或者间接给予产品制造、生产、出口提供奖励和补助的推测金额相同的反补贴关税”。[191] 同时，第 6 款（a）项中规定只有在“受补助影响，本国的国内产业确实会受到实质损害，或者已经对本国的国内产业造成了实质影响”时才能采取反补贴关税措施。[192] 但是 GATT 祖父条款[193]规定，该第 6 款（a）项不适用美国反补贴关税法。1947 年 GATT 签署时，缔约国中提供补贴的情况并不常见，所以 GATT 本身对于补贴的规定也并不严格。

---

[184]　GATT 第 16 条第 1 款。

[185]　同上。

[188]　GATT 第 16 条第 2 款。

[189]　同条第 3 款。

[190]　同款。

[191]　GATT 第 6 条第 3 款。

[192]　同条第 6 款（a）。

[193]　允许成员国拥有本国已有的法律优于 GATT 规则的权利。

（2）补贴协议及其存在的问题

A. 补贴协议概要

从 1947 年 GATT 签署到 1974—1979 年东京回合谈判期间，对本国产品提供补贴的情况迅速增加。[194] 主要原因是贸易保护主义者对各国政府施加了很多压力[195]，尤其是 20 世纪 70 年代，在东京回合谈判期间，受石油危机影响，各国经济发展趋缓，为了扩大国内需求并且促进出口，各国政府积极实施了各种补贴政策。在此背景下，国际社会认识到必须对补贴做出区分，一种是以实现经济、社会政策为目标的正当补贴；另一种是会对世界贸易造成负面影响的补贴。[196] 尤其是，美国担心欧共体和发展中国家提供补贴会对贸易造成恶劣影响，所以在东京回合谈判初期就建议在 GATT 框架下进一步规范和加强对补贴的规定。[197] 对此，以欧共体为首的其他 GATT 缔约国不希望严格的补贴规则束缚其行政手段，反而希望美国能够规范实施反补贴关税措施的相关制度，特别是反对美国继续享有祖父条款的特权，认为美国今后也应该实施"损失测试"。[198]

在东京回合谈判中，补贴协议签署，这是美国和欧共体互相妥协的产物。欧共体要求美国进行"损失测试"，美国则要求针对欧共体的补贴实施反补贴关税措施。补贴协议涉及补贴和反补贴措施以及与其相关的争端解决机制，明确并解释了 GATT 的相关规定。为了能够准确、统一地实施相关规定[199]、规范补贴的使用还制定了两种方法（双轨制）。方法一：提高实施反补贴关税措施的门槛；方法二：规定缔约国必须控制补贴，避免对国际贸易造成恶劣影响。[200] 在方法一的框架下，补贴协议规定：如果补贴后的进口产品损害了国内生产者的利益时，要对该产品征收反补贴关税；同时，采取反补贴关税措施的国家必须对损失进行认定，也规定了认定的详细手续。[201] 在方法二的框架下，

---

[194] Hufbauer, G. C. and Erb. J. S., *Subsidies in International Trade*（Institute for International Economis, 1984），P3.

[195] GATT, *GATT Activities in 1979 and Conclusion of the Tokyo Round Multilateral Trade Negotiations*（1973 – 1979），1980，P21.

[196] GATT, *The Tokyo Round Of Multilateral Trade Negotitations*, *Report by the Director – General of GATT*, 1979，P53.

[197] Rivers and Greenwald, *The Negotiation of a Code on Subsides and Countervailing Measures*：*Bridging Fundamental Policy Differences*, 11 Law & Pol'y Int'l Bus. 1447（1979）.

[198] Hufbauer & Erb, *supra* note 194, P15.

[199] *Agreement on Interpretation and Application of Articles Vi, XVI and XXII of the General Agreement on Tariffs and Trade*（*Subsidies Code*）. 财务综合政策研究所，《东京回合谈判与各协定的签署情况》，《财政金融统计月报》，第341 号，1980 年，available at http：//www. mof. go. jp/pri/publication/zaikin_geppo/hyou/g341/341_c. pdf（2012 年 7 月 25 日）.

[200] J. Jackson, *The World Trading System*：*Law and Policy of International Economic Relations*（MIT Press，1989），P258.

[201] Subsidies Code, *supra* note 199, Article 2.

补贴协议规定不应该禁止所有补贴。在此基础上，提供补贴的国家以及认为该补贴有问题的国家应该互相协商，达成互相满意的解决方案。但是在方法二框架下还存在一些漏洞：没有对缔约国的通报义务、协商义务以及在回复补贴委员会问题义务做出严格规定。[202]

B. 补贴协议的问题

1979 年补贴协议签署并生效，但是矿工业产品及农业领域的补贴问题并没有得到解决。尤其是，20 世纪 80 年代，欧美各国经济衰退，国内纷纷向政府施加压力，要求政府实施补贴政策。欧共体和发展中国家对钢铁和农产品提供了大量补贴。美国则对从欧共体、加拿大，甚至墨西哥等国进口的补贴农产品实施了反补贴关税措施，贸易纠纷层出不穷。在此背景下，美国审计总署于 1983 年发表报告，结果表明在 GATT 框架下补贴协议未能充分发挥作用。[203] 1983 年在 GATT 总干事的要求下，7 位专家提交了报告（Leutwiler 报告），报告的主要内容是 GATT 目前面临的问题；同时，报告指出了补贴存在两面性：一方面享受补贴的企业拥有不公平的优势，另一方面，政府把补贴作为重要的政策手段，希望通过补贴解决国内经济、社会问题。此外，报告还明确了补贴的定义，甚至明确了正确提供补贴的条件。[204]

（3）乌拉圭回合谈判

在补贴协议的界限逐渐明晰的过程中，1986 年乌拉圭回合谈判在埃斯特角城正式拉开帷幕。埃斯特角城部长宣言决定把补贴及反补贴关税作为独立的议题进行讨论，"补贴及反补贴措施有关的谈判主要涉及第 VI 条和第 XVI 条，甚至应该重新制定补贴及反补贴措施相关的多边协定。在此基础上，修改 GATT 中影响国际贸易的补贴以及反补贴关税措施等相关的所有规定"。[205]

C. 各国的立场

在乌拉圭回合谈判中，各个国家的立场如下：美国建议制定更为有力的国际规则，以便对补贴造成真正影响。美国把妨碍贸易的补贴泛滥行为形容为"自取灭亡的恶性循环"，同时表示如果在乌拉圭回合谈判过程中无法明确解决方案，继续处于停滞状态

---

[202]　Ibid. ，Article 7.

[203]　U. S. General Accounting Office，*Benefits of International Agreement on Trade Distorting Subsidies Not Yet Realized*，GAO Doc. No. GAP/NSIAD‐83‐10，August 15，1983.

[204]　Arthur Dunkel，*Trade Policies for a Better Future*，The "*Leutwiler Report*"，*the GATT and the Uruguay Round*（Aspen Pub，1988）.

[205]　*Miniterial Declaration on the Uruguay Round*，GATT Doc. No. MIN. DEC. September 20，1986，P7.

会损害 GATT 的价值。[206] 对此，以欧共体为主的大多数国家更倾向于对实施反补贴关税措施制定更为严格的规定。这些国家认为补贴是一种正当的社会、经济政策，能够在经济过渡期对某些产业和地区构建安全保护网。[207] 大部分发展中国家也认为补贴政策非常有用，能够促进经济发展，所以不希望被特别予以对待。[208] 谈判过程大体分为三个阶段，具体如下：1988 年蒙特利尔中期审评之前为谈判初期。1990 年布鲁塞尔部长会议之前为谈判中期，达成一致之前为谈判末期。[209]

B. 谈判中期（1987—1988 年）

谈判初期，最重要的提案不是由美国和欧共体提出的，而是由瑞士提出。瑞士建议："重新定义已有分类，把补助分为三类，具体为禁止性补贴、反补贴关税措施适用补贴、非反补贴关税措施适用补贴。"最后谈判小组决定把红绿灯模式作为最终方案。[210] 对于这三种分类方法，瑞士仅仅列举了禁止性补贴和反补贴关税措施适用补贴。剩下的既不属于禁止补贴，也不属于反补贴关税措施适用补贴，就算是非反补贴关税措施适用补贴。[211] 美国支持瑞士提案，要求认真讨论。同时，不再要求加强与补贴有关的规则，放弃产品出口时要区分初级产品补贴和非初级产品补贴的诉求，全面禁止影响农产品贸易的国内以及出口补贴，加强了 GATT 争端解决机制，用来解决进口产品补贴问题以及在第三国市场的竞争问题。[212] 对此，欧共体要求规范实施反补贴关税措施的相关规则，即①实施反补贴关税措施要以公共利益为准；②反补贴关税措施的数额要低于补贴金额；③申请反补贴关税措施的人员仅限于对象产品或者同种产品的生产商。[213] 1988 年，经过讨论，在蒙特利尔召开乌拉圭回合谈判全体会议中期审评会议，会议决

---

[206] *Communication from the United States.* GATT Doc. No. MTN. GNG/NG10/W/20. June 15，1988，P2；R. K. Lorentzen，"Antidumping and Countervailing Duty Issues in the Uruguay Round of Multilateral Trade Negotiations," In Wendell L. Willkie （ed.），*The Commerce Department Speaks* 1990：*The Legal Aspects of International Trade* （Practising Law Insititute，1990）.

[207] 同上。

[208] 同上。

[209] 关于谈判期间的分类问题请参考：Patrick J. McDonough. "Subsidies and Countervailing Measures," in Terence P. Stewart （ed.），*The GATT Uruguay Round*，*A Negotitation History* （*1986 – 1992*），Volume Ia：Commentary （Kluwer Law and Taxation Publishers，1993），P845。

[210] *Communication from Switzerland.* GATT Doc. No. MTN. GNC/NG10/W/17. February 1，1988，P3 – P6.

[211] 同上。

[212] *Communication from the United States*，*supra* note 206.

[213] *Communication from the EEC*，GATT Doc，No. MTN/GNG. NG10/W/7，June 11，1987，p3.

定把红绿灯模式作为谈判的基本框架。[214]

C. 谈判中期（1989—1990 年）

谈判中期，各国根据红绿灯模式提出的议案都比较雷同。加拿大主张禁止性补贴应该包括初级产品，而且就反补贴关税措施适用补贴问题而言，应该将其特殊性以及政府出资金额作为实施反补贴关税措施的必要条件。此外，加拿大还建议在测算补贴金额时采用静态补贴方式，从进口产品补贴金额中扣除进口国该产品的生产商获得的补贴（net subsidy 方法）。就非反补贴关税措施适用补贴而言，最主要的建议是不应该涉及过多的补贴对象，而且建议把这种类型的补贴固定下来。[215] 瑞士又根据红绿灯模式提出了新的议案，把禁止性补贴分成两种，一种是特定的出口补贴，另一种是根据量化指标制定的禁止性补贴。就非反补贴关税措施适用补贴而言，瑞士也建议分为特定的国内补贴以及非特定的一般性补贴。就反补贴关税措施适用补贴而言，瑞士维持了之前的方案，建议除了禁止性补贴或者非反补贴措施适用补贴外都适用该制度。[216]

针对该问题，日本方面提出的议案如下：禁止性补贴应该包括列举出的出口补贴以及为国内生产产品提供的补贴或是用于国内生产的补贴。另一方面，日本反对把量化指标作为禁止性补贴的标准。就非反补贴关税措施适用的补贴而言，其范围较广，而且带有明显的政治经济目的。就反补贴关税措施适用的补贴而言，政府应该出资。日本建议采用微量补贴标准，对低于一定比例的补贴不再征收反补贴关税。[217]

麦克唐纳（P. J. McDonough）梳理了红绿灯模式下的各种争论焦点。主要包括①禁止性补贴：到底应该是举例说明还是限定某些产品。②反补贴关税措施适用补贴定义方面，一种观点认为除了禁止性补贴以及非反补贴关税措施适用补贴之外，其他所有的补贴都属于该范畴；另一种观点认为应该通过量化指标做出判断，超过一定数值的补贴就属于该范畴。③非反补贴关税措施适用补贴方面，到底是用微量补贴还是普通

[214] *Montreal Meeting of the Trade Negotiations Committee*，GATT Doc，No. MTN. TNC/7 （MIN），December 9，1988. P18 – P20.

[215] *Communication from Canada*，*Framework for Negotiations*，GATT Doc. No. MTN. GNG/NG10/W/25. June 28. 1989. P2，P6，P8.

[216] *Communication from Switzerland*，*Elements of the Negotiation Framework*，GATT Doc. No. MTN/GNG/NG10/W/26，September 13，1989. P5 – P6，P8，P9 – P10.

[217] *Submission by Japan. Elements of the Framework for Negotiations*，GATT Doc. No. MTN. GNC/NG10/w/27. October 6，1989，P2.

补贴，是限定某种产品还是根据贸易成果测试来决定。⑳ 根据麦克唐纳的总结，我们介绍下美国和欧共体的立场。

首先了解一下美国方面的立场：无论是初级产品还是非初级产品，只要是出口补贴就应该属于禁止性补贴。在此基础上，要禁止为国产商品或是国内生产的商品提供补贴。就反补贴关税措施适用补贴而言，不应该作为向企业转移利益的政府行为，而且要与禁止性补贴和非反补贴关税措施适用补贴区分开。就非反补贴关税措施适用补贴而言，鉴于可以用金钱代替，所以认为很难判定哪种补贴属于非反补贴关税措施适用补贴。⑲

欧共体的立场如下：就禁止性补贴而言，除了特定的初级产品补贴以及列举的补贴以外，其他所有出口补贴都应该属于禁止性补贴。欧共体认为在实施反补贴关税措施时，实施国必须进行损害测试。就反补贴关税措施适用补贴而言，建议只考虑对其他国家贸易造成严重影响的特定场合。就非反补贴关税措施适用补贴而言，应该包括不影响国际贸易，或是虽有影响但是不明显，或是影响无法明确的贸易习惯，不包括公共支出的政府行为，与贸易无关的政府措施以及比较普遍的补贴。⑳

1990 年 5 月，补贴及反补贴关税措施谈判小组组长卡特兰（Michael D. Cartland）首次公布草案（Cartland I）。该草案基本沿袭了红绿灯模式。就禁止性补贴而言，不仅包括之前补贴协议中已经禁止的补贴，还包括为出口和国内生产提供的补贴；就反补贴关税措施适用补贴而言，主要包括损害了 GATT 成员利益或是导致严重损失的补贴；就非反补贴关税措施适用补贴而言，除了正常的补贴外，还包括为了地区开发、开发研究、环境保护和改善就业实施的补贴。㉑ 对于该草案，美国表示强烈反对，认为非反倾销关税适用补贴范围过于宽泛。㉒ 同年 9 月，卡特兰组长又提出了修改草案（Cartland II），但基本上与之前的草案相同，所以美国又提出了新的方案，包括为了弥补损失提供补贴、免除债务、政府提供低息贷款作为采购经费、禁止为特殊生产行为提供

---

⑱ McDonough, *supra* note 209, P860.

⑲ *Submission by the United States*, *Elements of the Framework for Negotiaions*, GATT Doc. No. MTN. GNG/NG10/W/29, November 22, 1989, P2 – P3.

⑳ *Submission by the European Community*, *Elements of the Negotiating Framework*, GATT Doc. No. MTN. GNG/NG10/W/31, November 27, 1989, P2 – P4.

㉑ *Note by Chairman*, *Comprehensive Paper on Subsidies and Countervailing Measures*, May 18, 1990.

㉒ "USTR Assessment of Uruguary Round," *Inside U. S. Trade*. August 17, 1990.

补贴。㉓ 欧共体认为美国方案没有认识到国内补贴有利于落实国内政策，而且相关规定会损害实际贸易，因此提出反对。发展中国家认为对于国内补贴的规定过于严格，所以表示反对。㉔ 之后，卡特兰又相继提出了两版草案，分别是 Cartland III㉕ 和 Cartland IV㉖，但是并没能解决谈判国之间的分歧，所以该问题一直到同年 12 月布鲁塞尔部长级会议召开之前都未能得出结论。

在布鲁塞尔部长级会议上，各国继续就该问题进行讨论，主要涉及以下三个问题：①在发起反补贴关税措施时，是否要确定损害补贴的标准（rebuttable presumption）；②非反补贴关税措施适用补贴的范围；③禁止性补贴的范围。㉗ 讨论未能达成共识。对于第一点，欧共体同意规范反补贴关税实施程序，美国则表示反对。对于第二点和第三点，美国希望补贴规定的适用范围尽可能广，而欧共体表示反对。美国和欧共体之间的矛盾不可调和，所以各成员国在布鲁塞尔部长级会议上未能就此达成一致。㉘

D. 谈判末期

1992 年，布鲁塞尔部长级会议闭幕后，在 GATT 总干事登凯尔的积极推动下，乌拉圭回合谈判得以继续，同年 12 月登凯尔提出了"乌拉圭回合谈判涉及多边贸易的谈判成果最终文件"，也就是《登凯尔文件》。《登凯尔文件》第 1 章节就是"补贴及反补贴协议"。㉙ 其概要如下：

首先是把补贴定义为政府或是公共机构提供的资金。《登凯尔文件》的特点是沿袭了 Cartland IV，在没有区分禁止性补贴及反补贴关税措施适用补贴的情况下对补贴进行了定义。㉚ 此外，认为反补贴关税措施适用补贴具有特殊性。此外，为出口提供的出口性补贴以及为国内产品提供的补贴都属于禁止性补贴，但是没有把国内补贴作为禁止

㉓ *Submission by the United States. Elements of the Negotiating Framework*，GATT Doc. No. MTN. GNG/NG10/W. 39，September 27，1990，P2 – P3.

㉔ *Note by the Secretariat*，*Meeting of Negotiating Group on Subsidies and Countervailing Measures of 27 September 1990*，GATT Doc. No. MTN. GNG/NG10/22. October 10，1990，P2.

㉕ *Draft Text by the Chairman*，GATT Doc. No. MTN. GNG/NG10/W/38/Rev. 3. November 6，1990.

㉖ *Draft Text by the Chairman*，GATT Doc. No. MTN. GNG/NG10/24. November 29，1990.

㉗ "Draft GATT Agreement to Curb Subsidies Goes to High – Level Negotiations,"*Inside U. S. Trade*，November 9. 1990.

㉘ 布鲁塞尔部长会议上导致谈判破裂的重要原因之一是农业问题谈判。"Uruguay Round Seen Including Exemptions to Shield Subsidies from CVDs."*Inside U. S. Trade*，November 9，1990.

㉙ *Draft Final Act Embodying the Results of the Uruguay Round of Multilateral Trade Negotitations. GATT* Doc. No. MTN. TNC/W/FA，December 20，1991，P108.

㉚ Ibid.，article 1. at I. 1 toI. 2.

性补贴，这与美国的意见相悖。㉑ 此外，因为农业协定中已经对农产品出口补贴做出规定，所以不再作为本协议的适用对象。

《登凯尔文件》中认为反补贴关税措施适用补贴会损害其他成员国的利益。只要满足其中任意一点，就该对享受该补贴的产品采取反补贴关税措施㉒：①影响其他成员国的国内产业，②影响其他成员国 GATT 框架下的利益，③对其他成员国利益产生明显影响。尤其是，欧共体等国家要求规范反补贴关税的实施程序，要求明确"明显损失"。《登凯尔文件》中对此规定了两个方法：①制定标准认定明显损失，②对产生明显损失的原因做出界定。㉓

《登凯尔文件》中对非反补贴关税措施适用补贴的规定没有借鉴日本和瑞士主张的排除法，而且明确了具体对象。具体来说分为两类，也就是第 2 条中规定的非特殊补贴，以及特殊补贴中用来研究开发以及为了应对不利的市场环境提供的补贴。㉔

在总干事登凯尔的领导下，谈判逐渐取得进展。但是 1993 年以后，美国政权发生更迭，克林顿取代布什成为美国新任总统，克林顿政权侧重于北美自由贸易协定，所以导致乌拉圭回合谈判停滞。1993 年 11 月，北美自由贸易协定顺利在美国参议两院获得通过后，乌拉圭回合谈判才又提上日程。此时，《登凯尔文件》也做出一些调整，比如：①修改了与特殊性有关的规定，②增加了与发展中国家有关的禁止性补贴特例，③扩大了非反补贴关税措施适用补贴的范围（具体来说，追加了环境保护补贴，扩大了研究开发相关补贴的适用范围）。在此基础上㉕，1993 年 12 月，萨瑟兰接替登凯尔担任 GATT 总干事后，表示乌拉圭回合谈判最终达成一致。

（4）对日本的影响

日本对补贴及反补贴关税问题的态度一直比较暧昧。之前提到的日本方案的基本立场就是严格规范补贴和反补贴措施两方面的规定。但是当时对日本来说，谈判重点是降低矿工业产业的关税谈判和纤维谈判，没有在补贴和反补贴谈判上投入太多精力。受石油危机影响，欧共体、加拿大甚至墨西哥等国的经济衰退，从 20 世纪 70 年代到 80 年代，东京回合谈判和乌拉圭回合谈判期间，这些国家积极把补贴作为政策工具，

㉑ Ibid. , article 3. 1 （a）&（b）.
㉒ Ibid. , article 5 （a）-（c）.
㉓ Ibid. , article 6 （1）.（3）.
㉔ Ibid. , article 8 （2）（a）-（b）.
㉕ 关于《登凯尔文件》的具体修改内容，请参考：McDorough, supra note 209, P228.

主要向钢铁产品和农产品提供补贴。针对从这些国家进口的补贴产品，美国方面则实施了反补贴关税措施。因为日本迅速摆脱了石油危机的负面影响，从经济危机中复苏，所以日本没有提供补贴。因为是以出口为中心促进了经济的好转，而且进口的补贴产品大多为初级产品，所以基本上也没有必要对其他国家实施反补贴关税措施。综上所述，补贴和反补贴谈判在政策方面的重要性比较低。这一倾向从《通商公报》中也略知一二。公报中刊登了很多关于降低矿工业产品关税谈判和纤维谈判的文章，但基本没有提及补贴及反补贴谈判。所以当时日本政府的态度不言而喻。

通过乌拉圭回合谈判，补贴及反补贴关税措施的国际规则被大幅加强。这对日本来说是很大的利好，因为当时日本产业界对补贴的依赖程度较低，而且也很少实施反补贴关税措施。但与此同时，在"失去的 20 年"以及雷曼危机之后，补贴政策在日本产业政策中的位置发生重大变化。自由贸易体制和补贴政策之间的关系对日本的影响增加，对该政策进行梳理一事迫在眉睫。[24]

6. 技术性贸易壁垒协定（TBT 协定[25]）

（1）前言

技术性贸易壁垒协定主要涉及技术标准（日本工业标准，Japanese Industrial Standard，简称 JIS）以及判断是否符合标准的制度（统称为"标准与认证制度"）。

标准与认证制度是为了保护消费者权益、保证安全卫生、促进环境保护、统一工业规格而对商品和服务制定的制度。最开始并没有以限制进口为目的，也不属于针对进口制定的非关税壁垒。但是，只从国内出发制定和使用相关标准和认证制度的话，可能会导致很多外国产品难以满足标准，或是难以适应规则，导致无法顺利进入日本市场。所以，为了既保证标准和认证制度制定的初衷，又避免对贸易产生影响，就必须对标准及认证制度制定国际性规则。在此背景下，国际标准化组织（International Organization for Standardization，简称 ISO）、国际电工委员会（International Electro technical Commission，简称 IEC）等国际标准化机构开始统一标准。在 GATT 框架下，围绕制度制定和使用规则等相关谈判也在开展中；作为多边贸易协定（Multilateral Trade Negotiations，简称 MTN）之一，技术性贸易壁垒协定（GATT Standards Code，以下简称"标

㉔ 川濑刚志，《世界金融危机下的国家援助与 WTO 补贴规则》，RIETI Discussion Paper 11 - J - 065，2011 年。

㉕ Agreement on Technical Barriers to Trade，与技术性贸易壁垒相关的协定。

准协定"）应运而生（1979 年 12 月）。

标准协定统一了国际规格和标准，对检查数据做出认证，明确在制定和修改规格和标准前要执行事前通报制度，并且同意以内外无差别原则使用认证制度。

在签署标准协定时，日本国内的相关制度也日臻完善，比如在制定和修改规格标准时要求提前公示，允许外国从业者提出意见。此外，还修改了《工业标准法》（1949年 6 月 1 日，法律第 185 号），制定了修正案（1980 年 4 月 25 日，法律第 28 号），修改了外国产品张贴日本工业标准标示的要求。

但是，日本与欧美各国间的贸易失衡问题逐渐加剧，彼此的摩擦日渐尖锐。80 年代以后，欧美等国也开始批评日本的标准，认证制度类似非关税贸易壁垒，不利于外国产品进入日本市场。比较典型的案例就是金属制球棒问题。[238] 1982 年 8 月，美国认为日本违反了标准协定中的认证制度适用的内外无差别原则，根据标准协定第 14 条与争端处理有关的条款，要求举行日美双边协议对此展开谈判。经过谈判，日本明确该问题涉及日本整体的认证制度。在此背景下，1983 年 1 月，经济对策部长级会议[239]召开，从市场开放的角度重新对标准与认证制度进行了综合性梳理，并且为此在政府内成立"标准与认证制度联络调整总部"，由内阁官房长官担任部长。为了保证认证程序在法律制度上内外无差别，修改了 17 部法律，确保了规格、标准制定过程的透明度，推动了规格与标准的国际化，并且开始认可外国检查数据，制定了行动计划以简化和优化其他认证手续[240]（同年 3 月）。在此基础上，对 16 部法律（其中 7 部与通产省有关）进行了一揽子修改[241]，贯彻了内外无差别原则，允许外国生产商直接获得产品认证。标准协定制定后，日本的标准与认证制度得到改善，贯彻落实了内外无差别原则。

---

[238] 就金属球棒问题而言，日本政府根据与通产省有关的《消费生活用品安全法》（1973 年 6 月 6 日，第 31 号法律）检查外国制造商，并且不给予其款式认证资格，违反了内外无差别原则，进而违反了 GATT 标准协定。美国认为这是很严重的问题。1980 年美国开始关注金属球棒的对日出口问题，1982 年夏天，日本政府就该问题达成一致（详情请参考第一部第 2 章第 2 节 市场开放及规制缓和政策）。

[239] 1983 年 1 月 13 日召开。

[240] 1983 年 3 月 26 日标准认证制度联络调整总部批准，当天向经济对策关系部长会议通报。

[241] 《为了促进外商更好地获得款式认证修改的一系列相关法律》（1983 年 5 月 18 日成立，同年 5 月 25 日公布，法律第 57 号，同年 8 月 1 日实施），涉及 17 部法律，对以下 16 种法律统一进行了修改。《药事法》、《营养改善法》（厚生省）、《农药取缔法》、《肥料取缔法》、《农业机械化促进法》、《农林物资规格化及品质表示合理化法》、《确保饲料安全和改善品质法》（农林水产省）、《消费生活用品安全法》、《高压燃气取缔法》、《电器用品取缔法》、《确保液化石油天然气安全相关法律》、《计量法》、《燃气事业法》、《化学物质审查及制造等规制法》（通商产业省）、《道路运输车辆法》（运输省）、《劳动安全卫生法》（劳动省）。

（2）谈判过程及争论焦点

标准协定签署后，各国决定在 GATT 下设技术性贸易壁垒委员会，负责继续讨论各国间对该协定的解释及具体落实情况。乌拉圭回合谈判开始后，开始按照明确并强化原来协定中规定的义务路线展开谈判。

技术性贸易壁垒委员会建议梳理需要再次讨论的项目明细，其中要求各国继续改善双边协议中与标准有关的手续透明度，改善地区标准化的透明度，认可生产工序及生产方法相关规格（Processes and Production Methods，简称 PPM）、试验、检查及款式认证，增加非政府机构和地区标准化机构的义务，翻译通报相关文件的 GATT 专用术语等。

日本方面提出了两点意见：①确保认证制度实施过程中的透明度，②确保标准与认证制度草案制定的透明度。在此背景下，在 1983 年的标准与认证行动计划中，确保透明度的措施被提出，并要求缔约国遵守。

实际上，本谈判中涉及的焦点如下：

①非政府组织（包括区域性标准化机构）在制定标准时要遵守的义务

在谈判过程中，美国要求区域性标准化机构在制定和修改标准的过程中保证透明公开，建议欧共体的欧洲标准化委员会（Comité Européen de Normalisation，简称 CEN）和欧洲电工标准化委员会（Comité Européen de Normalisation Electrotechnique）增加义务。对此，欧共体等国家则要求美国安全认证实验室公司（Underwriters Laboratories Inc，简称 UL）[㉒] 等非政府标准化机构在制定和修改规格过程中保证透明公开。日本要求各国主要的标准化机构在制定规格标准时要尽可能保证透明，但最终还是从有利于日本企业出口的角度，选择了支持美国和欧共体的方案。

最后，美国和欧共体之间互相接受了彼此的建议，签署了协定，规范了对非政府标准化机构、区域性标准化机构以及地方政府机构的行为，并且与国际规则接轨，要求对相关规格标准进行通报。

②地方政府的行动

对于加强对地方政府管理的问题，从东京回合谈判一直延续乌拉圭回合谈判，仍未达成一致。无论是中央政府还是地方政府实施强制标准适合性评价手续都会对贸易

㉒　美国安全认证实验室公司是 1894 年在美国伊利诺伊州成立的非营利性机构，负责制定产品的标准，并且据此进行实验，对合格产品张贴 UL 安全标志。UL 标示作为符合安全标准的标志被美国多个州和市所接受。1984 年，日本在与通产省有关的三部法律（《电器产品取缔法》《消费生活用品安全法》《工业标准法》）中将其指定为外国检查机构。

产生相同的影响，另一方面，各国的法律体系都很难直接对地方性制度做出规定。这两方面因素导致讨论迟迟难以达成一致。欧共体建议严格限制地方政府机构，要求缔约国保证与国际规则接轨，并且必须通报相关规格标准（首要义务），北欧等国家对此表示支持。

但是美国、加拿大、澳大利亚等联邦制国家则认为首要义务不符合宪法和政治的要求，对此难以表示认同。各方争论不休，直至1991年12月展开会议，主席通过裁决才最终达成一致。结果就是把遵守国际规则作为原则写入第3条，规定缔约国的地方政府也要遵守相关规定，并将其作为次要义务。首要义务仍然是地方政府要对标准进行通报。

③一致性评估程序

旧协定中未出现一致性评估程序一词。一致性评估是指在认证过程中增加试验手续。这是以日本的提案为基础衍生出的新规定，目的是为了确保程序公开透明，根据评估程序一般的处理时间及要求，向申请者告知预计需要的处理时间。

④生产工序和生产方法（PPM）

生产工序和生产方法一般是指产品生产的工序和生产方法。在东京回合谈判时，欧共体拒绝将其写入旧协定中，所以只能在争端解决的章节中规定："要根据产品特点或生产工序和方法明确必要条件，如果认为规避了协定中规定的义务……可以使用争端解决程序（旧协定14.25）。"在乌拉圭回合谈判阶段，欧共体禁止进口美国生产的含有激素的牛肉[213]，从此，生产工序和生产方法作为生产工程管理方法不仅局限于农产品领域，也被普遍用于工业产品领域。

美国和新西兰等国担心生产工序和生产方法的相关规定会对贸易产生负面影响，所以针对该问题建议采用最为普通的规则。通过与欧共体进行讨论，最终决定不在正文中提及生产工序和生产方法，但在附件1[214]用语中对强制规则做出定义，"对于产品特点或是生产工序、生产方法，必须严格遵守包括行政规定在内的文件"。而且，对所有的标准都制定了类似的规定，以这种形式明确了有关产品的生产工序和生产方法。

---

[213] 欧共体根据欧共体理事会命令（Council Directive 81/602/EEC，Council Directive 88/146/EEC，Council Directive 88/299/EEC）禁止对牛使用六种动物催长素，并且禁止进口使用了任一催长素的牛肉。这实际上就相当于禁止了从美国进口牛肉。美国希望在GATT框架下进行磋商，被欧共体拒绝。最后，WTO成立后，根据SPS协议展开磋商，并且由上诉委员会提出了裁决报告（上诉委员会报告WT/DS26/AB/R，WT/DS48/AB/R，提出日期：1998年1月16日，采纳日：1998年2月13日）。

[214] 标准协定附件1《协定用语及其定义》。

当时，通过对激素牛肉问题的讨论，实施《动植物卫生检疫措施协议》（Sanitary and Phytosanitary Measures，简称 SPS 协议）开始对与产品特点无关的生产工序做出规定。在技术性贸易壁垒协定中，仅对产品特点做出规定。这也导致对某些违反了生产工序和生产方法规定、工厂污染物排出标准超标的产品实施进口管制时，因为与产品特点无关，所以就无法使用技术性贸易壁垒协定。

此外，技术性贸易壁垒委员会还梳理了其他细节问题，希望能够修改协定。最后，通过谈判终于决定修改原来的协定。在技术性贸易壁垒委员会一直讨论的基础上，标准协定在乌拉圭回合谈判时率先达成一致。[245]

（3）谈判成果及对日本的影响

新的技术性贸易壁垒协定进一步明确了非政府机构的义务，与之前的协议相比，取得了长足的进步。特别是，认定美国地方政府制定的强制规格实质上就是市场进入壁垒。在新协议规定下，地方政府需要确保标准制定过程公开透明，加强其首要义务。而且，通过该协定，欧共体的标准化机构在制定 ISO 国际标准的前半期保证了程序公开透明，而且在技术性贸易壁垒协议谈判过程中采纳了日本的很多建议。

标准协定很快达成了一致，并最终以一揽子委托协定的方式，于 1995 年 1 月 1 日随着 WTO 成立同时生效。

该协定中新增加了一些条款，比如规定有责任和义务互相进行认证。日本开始和欧共体讨论并签署互相承认的政府间协定。[246] APEC 也在 1994 年 12 月召开的部长级会议上提出标准及认证框架宣言，设立标准一致化分委会（Sub - Committee on standards and conformance）[247]，推动区域内对标准的互相认可。互相认可标准成为一种国际趋势，如火如荼地开展起来。从 1995 年开始到 1997 年，日本忙于整合日本工业标准，使其与国际标准接轨。1999 年 4 月，根据国际动态，日本充实了本国的认证制度，并且修改了相关法律，制定了《通商产业省标准及认证制度整理及合理化法律》（1999 年 8 月 6 日，法律第 121 号）。

---

[245] 《日本经济新闻》，1990 年 10 月 20 日日报，第 5 版，刊登了《标准认证谈判完成 新回合达成第一个协定》。

[246] 《日欧互相承认协定》于 2001 年 4 月 4 日签署，2002 年 1 月 1 日起生效。

[247] 关于标准及认证框架宣言：是要在 APEC 框架下实现以下目标：（1）寻找区域内部不同的标准及认证制度，并排除这些影响区域内贸易、投资的负面因素；（2）为了进一步发展亚太地区开放的地区主义以及经济的互相依存关系，要促进 APEC 成员的标准与国际标准接轨，具体内容包括：a. 与国际标准接轨；b. 加强地区与国际机构的合作；c. 互相认可；d. 透明度（《日本经济新闻》，1994 年 11 月 12 日，晚报第 2 版）。

技术贸易壁垒委员会一直在讨论"标准"和"国际标准"的定义，新技术贸易壁垒协定生效后仍然没有定论，生效 3 年对落实情况进行回顾时，该话题仍然是讨论议题之一。2000 年在第二次三年回顾时，技术贸易壁垒委员会才就此问题达成一致，主要包括六个原则：透明性、开放性、公平性、一致性、持续性以及兼顾发展中国家的情况。

7. 新的领域

乌拉圭回合谈判时出现了很多新的谈判议题，主要涉及贸易相关投资措施、知识产权、服务贸易等问题，并且围绕这些问题都取得了一定成果。比如与贸易有关的投资措施协议（TRIMS 协议）、服务贸易总协定（GATS[248]）、与贸易有关的知识产权协议（TRIPS 协议），这些协议最终成为 WTO 法律体系的有效组成部分。

下面介绍乌拉圭回合谈判中与贸易相关投资措施及服务贸易有关的谈判过程及成果。[249]

（1）服务贸易

①谈判必要性/乌拉圭回合谈判前的情况

20 世纪 70 年代以前，多边贸易谈判仅涉及商品贸易，服务贸易还未被列为国际贸易谈判的范畴，只被认定为受国内规则管理的对象。[250] 但是，从 70 年代开始到 80 年代，各国对服务贸易制定了很多规则。在此前提下，服务贸易仍然保持了较强的增长势头，引起了国际社会的普遍关注。

从 1973 年到 1979 年，在东京回合谈判中，美国首次主动把服务贸易放到国际谈判桌上。根据 1974 年《贸易法》，美国制定了贸易政策顾问委员会制度（Trade Policy Advisory Committee System），成立了 26 个领域的顾问委员会，其中之一就是服务顾问委员会。[251] 美国政府背后存在多个服务产业势力，它们以金融服务为中心，推动了服务贸易谈判。服务顾问委员会的成员通过游说活动发挥了很强的影响力。也正是因为背后有产业界的驱使，美国才能在服务贸易谈判中一直扮演着主要角色。[252]

---

[248] General Agreement on Trade In Services.

[249] 关于知识产权的问题，请参考《通商产业政策史 11：知识产权政策》。

[250] 唯一的例外是 1959 年 GATT 以秘书处文件的形式刊发了贸易保险相关建议。GATT Secretariat，Freedom of Contract in Transport Insurance，Recommendation，BISD 8S/26，27 May 1959.

[251] Subsection 135（c）（2）of the Trade Act of 1974（Public Law 93–618）.

[252] Rudiger Wolfrum，Peter–Tobias Stoll，and Clements Feinaugle（eds.），*WTO – Trade in Services. Max Planck Commentaries on World Trade Law*（Martinus Nijhoff Publishers，2008），P2.

服务贸易谈判早期，进展比较缓慢。主要是由 GATT 的 18 个主要成员代表组成“18 国协商小组”（the Consultative Group of 18，简称 CG - 18）负责，该小组还负责其他新的议题，所以一直没能提出总结性文件。(253)

20 世纪 80 年代初，一直致力于为商品贸易制定国际规则的 GATT 开始讨论是否应该把服务贸易作为讨论对象的问题。18 国协商小组一直对此进行讨论，并于 1980 年提交了建议书(254)，建议书中表示服务贸易属于“GATT 应该关心的事项（proper concern）”，这成为服务贸易议题纳入 GATT 的直接契机。但其实当时成员国之间对该问题也未能达成一致。

1982 年 11 月，第 38 届 GATT 成员国会议上提出了部长宣言(255)，其中提到应该讨论服务贸易领域的各个具体问题，通过国际机构彼此交换信息，在 1984 年大会上对讨论结果进行回顾和总结。根据该宣言，1983—1984 年，包括日本在内的 13 个国家和地区开始提交国内服务产业报告，即“国别研究”报告。在 GATT/WTO 框架下，处理没有正式开始谈判的议题时往往会采用让加盟国自发提交报告的方式。发展中国家因为反对把服务贸易问题纳入 GATT 框架内，所以没有提交相关报告。

根据国别研究报告，发达国家服务业的增长率高于其他产业，而且国内 50% 以上的就业者从事服务业。同时，也发现一些问题，比如“服务贸易”的定义过于暧昧、服务贸易统计不健全。这些都成为在 GATT 框架下讨论服务贸易时特有的问题。此外，还明确了多种服务贸易壁垒，比如各国在服务贸易领域的规定、市场准入规定、对外国企业的规定以及支付及转账规定等。(256)

国别研究报告提交后，1984 年大会召开，决定应该在 GATT 框架下讨论服务贸易，发展中国家也开始与发达国家交换信息，谈判层次进一步深入。(257)

1985 年 9 月，GATT 特别大会宣布筹备新一轮回合谈判。1986 年 1 月，新回合筹备委员会（Preparatory Committee）成立，是否将服务贸易问题作为新回合谈判的议题之一也成为讨论重点。发达国家认为应该涉及该问题，但是印度和巴西为主的发展中国家则表示反对，认为不应该涉及服务贸易领域。直到 6 月筹备委员会会议结束之际，

---

(253) 同上。

(254) GATT Secretariat, Report of Consultative Group of Eighteen to the Council of Representatives, BISD 28S/71. 23 October 1981, para14.

(255) GATT Ministerial Declaration, BISD 29S/9, 29 November 1982.

(256) 宫家邦彦，《解释 WTO 服务贸易总协定（GATS）》，外务省经济局，1996 年，第 4 页。

(257) Croome, *supra* note 67, P122 - P123.

也未能就是否涉及服务贸易问题得出最终结论。[258] 之后，在埃斯特角城部长级会议召开前的几个月内继续对此进行讨论。1986 年 9 月，四极贸易部长会议在葡萄牙辛特拉召开，美国建议把服务贸易列为谈判对象，此举得到了日本、欧共体、加拿大的支持。在此基础上，最终决定在 GATT 多边贸易谈判时要涉及服务贸易问题。1986 年 9 月，埃斯特角城部长宣言[259]提出，就开始乌拉圭回合谈判达成一致，并且表示除了商品贸易谈判外，还要就服务贸易展开谈判。该宣言第二部分表示，服务贸易谈判的目的是"根据服务贸易的规律和规则建立多边框架"，该框架"可能包含个别具体领域的规则"、并且要保证"透明并且逐渐开放"，以便能够促进服务贸易发展。[260] 同时，该宣言还宣布在负责所有谈判的贸易谈判委员会（TNC）项下成立与商品贸易谈判小组级别相同的"服务贸易谈判小组（GNS）"。早期该小组负责的主要任务包括：服务贸易的定义和统计、服务贸易得以立足的规则、服务贸易框架协议涉及的范围、与其他已有协议之间的关系以及保证透明与逐渐开放的措施与商业习惯。[261]

②谈判过程及争论焦点

服务贸易问题在谈判早期就存在很多分歧，其中主要分歧分为以下四类：（i）服务贸易的范围；（ii）协议内容是否应该包括与 GATT 相同的原则（最惠国待遇、国民待遇）；（iii）服务贸易的定义，以及与现有国际协议之间的关系等制度性问题；（iv）发展中国家如何应对。[262] 随着讨论的逐渐深入，各国立场不断发生变化。我们大体将其分为四个阶段论述："谈判初期""1990 年 7 月文件出台前""1991 年 12 月登凯尔文件出台前""谈判最后阶段"。

谈判初期

部长宣言提出后，1987 年 2 月，乌拉圭回合谈判正式开始。贸易谈判委员会负责整体谈判事项，下设商品贸易谈判小组和服务贸易谈判小组，后者主要负责与服务贸易有关的正式谈判。

[258] Wolfrum et al. （eds），*supra* note 252，P3.

[259] Statement by the Chairman and Adoption of the Ministerial Declaration on the Uruguay Round，MIN. DEC，20 September 1986.

[260] Part II Negotiations on Trade in Servies，Ministerial Declaration on the Uruguay Round，MIN. DEC，20 September 1986.

[261] Annex 4 Group of negotiations on Services：Programme for the Initial Phase of Negotiations Reported by the Chairman，Decisions of 28 January 1987.

[262] Wolfrum et al. （eds），*supra* note 252，P5；宫家，同前，脚注 256，第 5 页。

　　发展中国家在谈判开始前就对服务贸易谈判持反对态度，谈判开始后也不希望将服务贸易纳入 GATT 框架。阿根廷、巴西、印度等主要的发展中国家认为国内服务贸易自由化会影响宏观经济发展以及经济开发政策的自主性和灵活性，所以对谈判比较消极。[263] 1989 年 9 月，参加谈判的国家同意把服务贸易协定与 GATT 区分开。

　　谈判初期，几个主要国家围绕该问题交换了各自不同的意见。欧共体为了保证市场准入有效，希望针对广义上的服务贸易进行谈判，并且根据国内规定成立相关机构实施多种监控，这被称为"通用法"（Universal Approach）。1992 年，欧共体把多边服务谈判作为完善欧洲市场的一种途径。美国在早期希望实现服务贸易整体自由化，但之后也调整了自己的预期，不再涉及海运等几个领域的服务贸易。这种有所选择的方法称为"分部门法"。在海运问题上，美国为了维护本国利益，大肆批评其他国家的商业习惯，日本、欧共体、加拿大等国对此表示强烈反对，彼此的矛盾逐渐激化。

　　日本则把重点放在运输、旅游和金融等领域，希望实现这些领域的自由化。[264] 但整体而言，日本在乌拉圭回合谈判期间还是倒向了美国，支持了美国的自由化方案。除了追求商业利益的理由之外，还有一个原因是当时日本对美贸易顺差，美国批评日本市场过于封闭。出于这两方面的考虑，日本做出了上述选择。[265]

　　总体上，发展中国家支持通用法，希望谈判能够涉及服务贸易整体。拉丁美洲、加勒比各国则支持分部门法。发展中国家仍然坚持协定中应该包括促进出口和保护弱小产业等条款。

　　对于服务贸易原则问题，美国一开始认为应该规定一些综合性原则，比如无差别原则、最惠国待遇原则、国民待遇原则、市场准入原则等。但是到了 1988 年 12 月，其态度发生变化，仅提出了国民待遇原则、无差别原则、透明原则。对此，发展中国家认为此举是放弃对限制性商业习惯以及对内投资的管理，所以表示了强烈反对，不同意给予一般性国民待遇。欧共体对发展中国家的观点表示支持。[266]

1990 年 7 月文件出台前

　　接下来主要介绍 1988 年 12 月"中期审评"[267] 之前服务贸易领域谈判的进展情况，

---

[263]　Wolfrum et al,（eds），supra note 252，P5.

[264]　同上，第 7 页。

[265]　同上。

[266]　同上。

[267]　在乌拉圭回合谈判开始阶段就预估将为期 4 年。

重点是谈判手续问题。1988 年 11 月，成员国就报告内容达成一致。报告中罗列了协定的基本特点，这些内容也充分反映到中期审评报告中，但是基本被忽视，因为各国普遍认为谈判初期不会达成任何具体成果。

1989 年开始讨论个别服务贸易问题，还是由各国提出方案。涉及具体问题，谈判终于取得一定进展。这一时期主要争论的焦点之一是，协定是否应该适用于所有的服务贸易领域；是应该明确例外领域的"负面清单"（Negative List）还是明确适用领域的"正面清单"（Positive List）。美国建议采取原则自由化的负面清单法，欧共体表示赞成，但是基本上所有的发展中国家都担心自由化问题，支持正面清单法。加拿大、新西兰、北欧各国表示理解并支持发展中国家的立场，与"美欧等其他国家"之间的矛盾持续。[268]

1990 年 7 月，服务贸易谈判小组组长提出"多边服务贸易框架草案"（Draft Multilateral Framework For Trade in Services）。该草案又被称为"7 月文件"，由 35 条规定和 1 份"初期自由化规定"附件构成，涵盖了之前讨论过的所有内容，如定义、适用对象、最惠国待遇、发展中国家等问题。这份 7 月文件是 GATS 的原始方案。该文件表示"今后必须根据部门制定附件"。该文件公布后，分部门工作会议开始着手解决各个领域存在的矛盾。比如，该文件没有要求必须保护文化财产自由化。在此基础上，加拿大和欧共体把"文化财产"也作为例外，印度和埃及要求把视听领域作为例外，美国对此表示反对。此外，在电信、金融、运输等领域也存在不同的矛盾。[269]

1991 年 12 月《登凯尔文件》出台前

1990 年 11 月，针对最惠国待遇问题，各国的矛盾激化，谈判迟迟难以达成一致。美国方面反对在全部领域自动适用最惠国待遇，认为相对开放的服务市场对本国不利。但是其他国家严厉批评了美国的态度，认为此举全面否定了谈判。最后，在 1990 年 12 月召开的布鲁塞尔部长级会议上，美国同意全部领域都适用最惠国待遇。[270]

就最惠国待遇问题而言，比如特例领域、国际收支服务贸易统计（BOP）等问题都未得到彻底解决。服务贸易谈判小组在布鲁塞尔部长级会议上提出了服务协定文件草案。但是，在布鲁塞尔部长级会议上，欧共体的农业问题导致美国和欧共体之间的谈判彻底破裂，使乌拉圭回合谈判整体搁浅。[271]

---

[268] Wolfrum et al. (eds), *supra* note 252, P8.

[269] 同上，第 9 页。

[270] 同上，第 10—11 页。

[271] 同上，第 12—13 页。

　　1991 年 3 月，乌拉圭回合谈判再次启动。同年 4 月，服务贸易谈判再次展开，主要涉及协定正文、各国市场自由化规定的初期承诺（initial commitment）以及按领域制定的附件。同年 6 月，初期承诺谈判就指导手册达成一致，向各国提出了不同的要求（以他国承诺一定的自由化为条件，实现本国自由化），促进各国的工作。此外，这半年还集中讨论了最惠国待遇问题。最后，基本所有的国家都同意最惠国待遇适用服务贸易的全部领域；已有措施如果与该条相悖，要在一定时间内进行修改，以便确保符合最惠国待遇的要求。

　　之后，各国开始陆续制定最惠国待遇的特例领域，并提出初期承诺。1991 年 11 月，GATT 总干事登凯尔表示，要找出亟待解决的问题，促进谈判取得进展，但是在一些领域仍然存在问题，比如欧共体的广播、通信领域的比例制度、发展中国家保留在海运领域的保护措施等。

　　总干事登凯尔于 1991 年 12 月，提出了最终文件（即所谓的《登凯尔文件》[272]），通过文件的形式概括了"乌拉圭多边贸易领域的所有谈判成果"。其中，服务贸易协定由 34 条规定和 5 个附件（都包括免除最惠国待遇、劳动力转移、金融服务、电信及航空运输）组成，但是不包括各国的承诺书。[273] 文本中建议成立服务贸易理事会作为负责机构，但是没有提到要为服务贸易成立专门的秘书处以及安排总干事，而且与 GATT 的关系也有待梳理。[274] 此外，允许有特别领域可以不遵守最惠国待遇，这符合了美国的要求。就特定承诺条款而言，包括服务的各个领域和细分领域、市场准入、国民待遇及追加的要求，明确规定在适当的时候予以实施，并且规定随着乌拉圭回合谈判的进展，各国提出的承诺应该逐渐扩大。

谈判最终阶段（1992 年 1 月—1993 年 12 月）

　　1992 年 1 月，贸易谈判委员会（TNC）召开，虽然谈判势头高涨，但是服务贸易谈判在 1992 年到 1993 年前半年陷入停滞。美国和欧共体之间围绕服务贸易领域以及其他领域的矛盾激化，谈判陷入胶着。美国要求不包括海运服务不适用最惠国待遇原则，欧共体表示无法接受。欧共体要求维持农业补贴，美国对此无法接受。此外，发展中国家也提出质疑，表示在金融服务自由化、特殊领域不享受最惠国待遇以及初期承诺

---

[272]　Draft Final Act Embodying the Result of the Uruguay Round of Multilateral Trade Negotiations（Dunkel Draft）.

[273]　Wolfrum et al.（eds.），*supra* note 252. P11.

[274]　宫家，同前，脚注 256，第 13 页。

方面存在困难。[25]

之后，1993 年中期，在东京召开了首脑会议。为了解决承诺方法和最惠国待遇特例问题，同意引入跨部门承诺法和分部门承诺法。

1993 年 9 月，协定里剩余问题中最重要的是各国的征税权是否应该作为协定涉及的对象。普通特例条款规定"为了直接确保税收公平以及有效征税"，所以要制定不会对该条造成影响的规定，或是用脚注的形式予以明确。但是美国在本国承诺表中对该问题有所保留，各国也争相效仿。[26]

1993 年 11 月，贸易谈判委员会梳理了日本等国的谈判进展。欧共体、拉美国家、埃及、澳大利亚、韩国、印度、巴基斯坦等国明确表示反对美国方案，拒绝金融服务领域适用最惠国待遇。

1993 年 12 月，贸易谈判委员会采纳了乌拉圭回合多边贸易谈判最终文件（Final Act of the Uruguay Round Multilateral Trade Negotiations）。乌拉圭回合谈判历经 7 年半时间终于在实质上达成一致，承诺表问题延续至 1994 年 4 月的马拉喀什部长级会议才得以解决。同时，就服务贸易自由化谈判而言，金融、基础电信以及海运 3 个方面没能达成一致。乌拉圭回合结束后，相关谈判继续进行。

③谈判成果

服务贸易总协定作为 WTO 协议的附件，为服务贸易制定了框架性规则，这就是乌拉圭回合谈判的成果。106 个国家参与谈判，97 个国家提出了承诺书，制定了 350 项不适用最惠国待遇的清单，这些都成为协定中不可或缺的一部分。但是，各国提出的承诺表基本沿袭了国内的规定，没有做出特别大的调整和变化。谈判也没能大幅改善服务市场的准入情况。谈判达成的最重要成果是：各国保证现有国内规则符合国际规定，并确保在此过程中保证公开透明，同时通过法律明确不会违反承诺。协定正文没有列明谈判中的所有分歧，但是和 GATT 框架下的商品贸易谈判一样，为今后继续开展服务贸易自由化谈判、重新制定服务贸易规则奠定坚实的基础，具有非常重要的意义。[27] 乌拉圭回合结束后，扩大市场准入、修改国内规则的需求迫在眉睫，各国继续就基础电信领域和金融服务领域进行谈判。

---

[25] Wolfrum et al. （eds），*supra* note 252，P13.

[26] Wolfrum et al. （eds），*supra* note 252，P14.

[27] John H. Jackson. *The World Trading System：Law and Policy of International Economic Relations* （MIT Press，1997），P306 – P307.

通过乌拉圭回合谈判，日本得以在技术层面上修改了国内法律，改善了服务贸易市场准入情况。[26]

（2）与贸易有关的投资措施

①谈判必要性/乌拉圭回合谈判以前的情况

1945 年，哈瓦那宪章提出，对投资做出限制，并且规定了"受限的商业习惯"[27]，但是哈瓦那宪章未能顺利生效。GATT 生效之初，关于投资的讨论也在 GATT 框架外[28]进行。第二次世界大战结束 10 多年后，欧洲经济开始复兴，欧洲、美国及部分发展中国家的投资活动开始增加，1959 年 GATT 成员国提出了题为"开展国际投资促进经济发展"的协议文本，指明了海外投资的作用，并且建议各方努力扩大海外投资。但是非常遗憾的是，在肯尼迪回合和东京回合时，投资问题都没能成为谈判议题之一，GATT 的经济分析报告中也只是在与贸易有关的篇章提到投资而已。[21]

20 世纪 70 年代后半期，GATT 成立了结构调整和贸易政策工作会议，"18 国协商小组"也成为常设机构，贸易与开发委员会下设"欠发达国家委员会"，展开与结构调整和贸易政策相关的讨论，之后开始讨论投资和贸易投资等问题。18 国协商小组于 1981 年首次提到与贸易有关的投资措施[22]，并且决定开始讨论投资效果和激励机制等具体问题。[23]

20 世纪 80 年代，国际投资迅速增加。被投资国为了保护本国的产业和经济，对投资企业规定了一些限制性条件，使双方摩擦增加。[24] 投资企业所属国家要求被投资国必须规范与国际投资有关的政府行为。[25] 比如，美国贸易代表办公室（USTR）认为被投

㉖　日本政府，《服务贸易评价》，1999 年 4 月 26 日，WTO 文件编号：S/C/W/105。

㉗　"Restrictive Business Practice"，Article 44（3），Havana Charter.

㉘　比如欧洲经济共同体（EEC）。

㉑　William A. Fennell and Joseph W. Tyler，"Trade‑Related Investment Measures，" in Terence P. Stewart（ed.）*The GATT Uruguay Round‑A Negotiating History*（1986‑1992）. *Volume IIb*：*Commentary*（Kluwer Law and Jaxation Publishers，1993）. P2060‑2061.

㉒　GATT，*Past Discussion in GATT on Trade‑Related Investment Measures*，GATT Doc. No. MTN. GNG/NG12/W/3（May 1987）.

㉓　*Report of the Consultative Group of Eighteen*，GATT Doc. No. L/5210，reprinted in GATT，BISD 28th sup. At 75‑76（1982）.

㉔　外务省经济局国际机构第一科编，《WTO 协定解析》，日本国际问题研究所，1996 年，第 252 页。

㉕　同上。

资国政府应该撤销自由贸易壁垒，并以此为课题，对"与贸易有关的投资措施"做出定义[286]；同时开始调整机制，开始在 GATT 下讨论贸易相关投资措施。

GATT 时期，围绕投资问题发生了很多争端。1984 年出现"外国投资审查法事件"，加拿大外国投资审查法规定进入该国的外国企业要满足本地要求，并且要优先采购加拿大产品。美国表示这些规定都违反了 GATT 第 3 条（国民待遇）以及第 11 条（废除数量限制），提出了申诉，GATT 专家组受理后，认定加拿大的措施确实违反了国民待遇的相关规定。[287]

与投资相关的类似争端还有很多，基本都涉及国民待遇规定和废除数量限制规定。在乌拉圭回合谈判期间，与贸易相关的投资措施并未纳入 GATT 框架，是否将其作为对象制定相关规则也成为争论焦点。

北美自由贸易协定等自由贸易协议和双边投资协议对投资问题整体制定了一些综合性规定。[288] 乌拉圭回合谈判中主要局限于过去引发摩擦的几个贸易政策问题。

②谈判过程及争论焦点

1986 年 9 月埃斯特角城部长宣言公布。与贸易有关的投资措施协议（Agreement on Trade – Related Investment Measures，简称：TRIMs[289]）成为谈判议题之一，"先要论证 GATT 中关于投资措施相关条款是否会对贸易产生影响或者是否会导致贸易扭曲效果，然后通过谈判决定必要的条款，避免对贸易产生恶劣影响"[290]，谈判由此开始。部长宣言中涉及的具体条款不多，所以可以做出多种解释。发展中国家并不希望就投资有关的措施问题进行谈判，发达国家本身也没有推进该谈判的预期，这些因素都导致谈判陷入困境。[291]

主要的争议包括：（i）应该采取何种措施（是仅限于违反 GATT 的措施，还是允许提出出口要求等 GATT 框架外的措施）；（ii）一律禁止违反 GATT 措施还是允许存在例外情况；（iii）是否应该对限制性商业习惯制定规则（Restrictive Business Practices，

---

[286] Fennell and Tyler, *supra* note 281, P2062.

[287] Fennell and Tyler, *supra* note 281, P2064；Croome, *supra* note 67. P140；小室程夫，《新版国际经济法》，东信堂，2007 年，第 205 页。

[288] Jackson, *supra* note 277, P316 – P317.

[289] TRIMs 的简称，之后作为协定明证，但是在谈判阶段始终作为措施本身的简称。

[290] "Trade – related investment measures"，"D. Subjects for Negotiation"，Ministerial Declaration on the Uruguay Round，MIN，DEC，20 September 1986.

[291] Croome, *supra* note 67. P138.

简称：RBP）；（iv）过渡期大概时间、如何决定过渡期内的公平条款；（v）是否应该涉及投资后的措施；（vi）是否应该禁止通过奖励引导投资行为。[22] 针对这些问题，日本也提出了本国的目标：（i）协议涉及的投资措施尽量限制在一定范围内；（ii）与贸易有关的投资措施协议（TRIMs）采用"一律禁止"违反 GATT 原则，不再个案分析；（iii）尽可能缩短"过渡期"，在该期间内废除已被禁止的措施。[23]

随着谈判的进展，争议也不断发生变化。我们可以把乌拉圭回合谈判分成三个阶段论述。这三个阶段分别是谈判初期（1986—1988 年）、蒙特利尔中期审评后，布鲁塞尔部长级会议召开前（1989—1990 年）、布鲁塞尔部长级会议召开到登凯尔文件出台（1991 年）。为了使与贸易有关的投资措施协议的谈判取得实质进展，在商品贸易相关谈判小组（GNG）下设"与贸易有关的投资措施相关谈判小组"（Negotiation Group on Trade-Related Investment Measures），并由此负责谈判。

谈判初期（1986—1988 年）

首先，就最大的争议"应该采取的措施"而言，从谈判伊始，投资国和被投资国就存在比较大的矛盾，投资国为了尽可能保证投资行为的自由，要求禁止限制性投资措施。而被投资国则认为需要优先保护本国产业，在此基础上制定促进投资的措施。以美国为主的部分发达国家认为政府应该采取更多的激励投资政策以及外国直接投资政策，其他发达国家建议仅限于与贸易有关的措施。大部分发展中国家对此表示反对，其中部分发展中国家还回避了实质性协议。[24]

谈判伊始，以美国、日本、欧共体、北欧各国提交的文件为基础，开始讨论影响贸易的投资措施以及 GATT 的相关条款。被投资国要求在采购原材料时必须符合"本地化要求"，而且要求符合"出口要求"，生产出的产品要保证一定比例用于出口。这些措施对贸易产生了不好的影响，所以各国普遍同意对这些措施展开讨论。但是，就除此之外的措施而言，各国的意见也难以达成一致。美国提出了 13 条措施，日本态度跟美国接近，欧共体和北欧各国则建议主要针对本地化要求和出口要求这两个问题进行集中讨论。[25]

在此基础上，GATT 条款和贸易有关措施的关系已经明确。如上所述，加拿大外国

---

[22]　外务省国际机构第一课，同前，脚注 284，第 254—255 页。

[23]　同上，第 253 页。

[24]　Croome，*supra* note 67，P139.

[25]　同上。

投资审查法事件已经做出裁决：加拿大的本地化要求违反了国民待遇原则（GATT 第 3 条）和废除数量限制原则（GATT 第 11 条）。但是也有观点认为发展中国家不应该适用同样的规则。还有一种意见认为：如果越来越多的成员国提出本地化要求，那 GATT 相关条款的有效性也会逐渐减弱。发展中国家认为没有必要采用 GATT 之外的措施，除了澳大利亚以外的发达国家则认为 GATT 的现行规定并不充分，需要制定新的规则，并且认为各方应该为此展开谈判。

进入 1988 年后，蒙特利尔中期审评临近，各国仍然坚持本国方案，没能谈拢。与贸易有关的投资措施谈判小组梳理了今后谈判的四个要素，并作为提案提交给参与商品贸易相关谈判小组中的部长级官员。这 4 个要素分别是：①包含在 GATT 条款中的特别规定或者可能会对贸易产生恶劣影响的特别规定；②按照工作小组的要求，不包含在 GATT 条款中的相同的特别规定；③对开发问题的担忧以及④通过制定新规则等措施阻止妨碍贸易的行为。[296]

蒙特利尔中期审评后、布鲁塞尔部长级会议前（1989—1990 年）

1988 年 12 月，贸易谈判委员会蒙特利尔中期审评会议召开，与贸易有关的投资措施相关谈判小组对外公布，在上述方案的基础上又增加了一项内容："⑤包括实施方法在内的其他事项"，并将其作为今后谈判的主要内容。同时，为了促进谈判取得进展，又要求各国尽快提交相关文件。[297] 蒙特利尔中期审评后，1989 年，包括日本在内的 5 个国家提出新的方案，重新定义了相关措施与 GATT 的关系。实际上，日本的立场跟美国趋同，列举出 7 种贸易扭曲措施，表示这些如果无法与 GATT 整合的话，应该予以禁止。印度只提出了 4 种可能会产生贸易扭曲效果的措施，认为必须予以禁止，并且强调考虑发展中国家要求的重要性。[298]

以美国和日本为首的发达国家要求对与贸易有关的投资措施制定比较严格的规则，而发展中国家则更重视是否限制了对本国投资的权利，双方的立场难以调和。欧洲各国本身就在执行本地化要求措施，所以其立场偏向发展中国家。1989 年 11 月，欧共体和北欧国家纷纷提出自己的方案。1990 年 1 月，在与贸易有关的投资措施谈判的已有基础上总结并提出了协议的文本草案。

---

[296] 同上，第 142 页。

[297] Terence P. Stewart（ed.），*The GATT Uruguay Round：A Negotiating History（1986 – 1992）. Volume III：Documents*（Kluwer Law and Taxation Publishers，1993），P46.

[298] Croome，*supra* note 67，P257.

该草案禁止了导致贸易扭曲效果的措施。同时，建议应该灵活使用不被禁止的措施，保证无差别原则以及不会妨碍贸易，给予发展中国家更多时间引入新的规则。[29] 发达国家对于这份美国方案持支持态度，因为它规定了严格的制度，并且符合目前的谈判进展。但是发展中国家则认为该方案没有关注本国开发和产业政策等问题，所以表示反对。阿根廷、巴西、埃及、印度等发展中国家提出新的方案，表示最为关注与贸易有关的投资措施协议中与开发有关问题，而且拒绝增加与其相关的规定。发达国家与发展中国家的矛盾进一步激化。

1990 年 12 月，布鲁塞尔部长级会议召开，乌拉圭回合谈判也逐渐进入尾声。商品贸易谈判小组表示要在 1990 年 7 月前制定出最终的一揽子协议框架，与贸易有关的投资措施谈判小组迫于压力，也不得不开始寻找妥协方案。因为巴西和印度等国拒绝了唯一的谈判提案——美国方案，所以 1990 年 5 月，与贸易有关的投资措施谈判小组组长提出了新的非公开方案。巴西、印度并不同意根据该方案展开谈判，美国也坚持以本国提出的方案为基础展开谈判，各国的立场如同平行线完全没有交集。7 月，与贸易有关的投资措施谈判小组向商品贸易谈判小组提交了三份方案，分别是主席方案、发展中国家方案和美国方案。之后，开始就部长宣言的文本展开讨论。在该过程中，针对"（ii）一律禁止违反 GATT 的措施，还是个案讨论"，"（iii）是否应该针对限制性商业习惯制定规则"这些问题的矛盾逐渐明确。对于前者来说，包括巴西、印度在内，对南非和澳大利亚不建议一律禁止相关措施，要求个案讨论（case-by-case）。对于后者来说，作为被投资国的发展中国家仍然坚持"与贸易有关的投资措施是为了制衡投资企业的限制性商业习惯制定的，所以如果对与贸易有关的投资措施制定规则的话，也要对限制性商业习惯制定规则"。结果，直到布鲁塞尔部长级会议宣言提出时，各方都未能达成一致，只能以问题形式整理了一页材料[30]，把主要意见分为 7 个部分。

从布鲁塞尔部长级会议召开到《登凯尔文件》出台（1991 年）

1990 年 12 月，布鲁塞尔部长级会议提出部长宣言，其中没有提到与贸易有关的投资措施相关内容，所以很多国家担心在乌拉圭回合谈判结束时仍然无法就该问题取得任何成果。很多发达国家部长之间也在研究最基础的要求。随着回合谈判整体上逐渐取得成果，有观点推断主要的发展中国家不会再如此强烈地反对与贸易有关

---

[29]　Fennel and Tyler, *supra* note 281, P2107 – P2109.

[30]　Stewart（ed.）, *supra* note 297, P302.

的投资措施。[301] 但是，因为农业领域的问题，回合谈判整体陷入停滞，导致布鲁塞尔部长级会议也未能达成一致。

布鲁塞尔部长级会议结束后，绿室会议（Green Room）[302] 于 1991 年 2 月召开，这使回合谈判再次回到正轨，各方同意集中力量解决技术性问题。与贸易有关的投资措施协议中涉及的技术问题是指"（ii）一律禁止违反 GATT 的措施还是个案讨论"，此外，还讨论了是否要实施"贸易效应试验"（trade effect test）验证相关措施是否会对贸易产生扭曲效果。发展中国家支持实施这种试验以及个案讨论，要求明确 GATT 争端处理机制。但是，由于东京回合谈判成果之一 ——补贴协议的定义比较暧昧，导致争端处理机制也没有取得任何进展，所以发达国家吸取了经验教训，不支持对个案进行贸易效应试验，而是要求明确禁止措施、严格限制本地化要求等明确违反 GATT 的行为。

与贸易有关的投资措施谈判因为技术层面问题的分歧陷入胶着局面。1991 年中期，乌拉圭回合谈判整体取得突破。在 6 月召开的贸易谈判委员会上，总干事登凯尔询问各国能否在 1991 年底完成回合谈判，相关的谈判小组要集中精力争取实现谈判突破。在 7 月的贸易谈判委员会上，与贸易有关的投资措施并未包含在谈判文本中，但是各国已经达成普遍共识，认识到最终应该通过政治方法决断解决悬而未决的问题，才能保证回合谈判最终获得成功。1991 年后半期，所有领域的谈判继续进行。12 月 20 日，贸易谈判委员会要求各谈判小组提交文件，文件包括谈判的成果及谈判小组组长的调停及介入情况，该文件被整理为《登凯尔文件》。[303] 当时，文件中没有提及矿工业产品、农业产品市场准入有关的关税表以及服务贸易承诺书，各国把这份最终文件草案带回国内以便进行深入研究。[304]

在此基础上，1991 年下半年，回合谈判整体上取得了很大进展，贸易规则谈判小组把与贸易有关的投资措施、反倾销问题都列为各国立场悬殊问题。贸易规则谈判小组组长表示，将以与贸易有关的投资措施问题为中心，向各国施压，解决技术层面存在的矛盾，弥合各国之间的分歧，以便尽快达成一致。[305] 当时，各国内部投资的情况已

---

[301] Croome，*supra* note 67，P284.

[302] 绿室会议是非正式的少数国家会议，其目的是推动各国达成一致，针对某一议题把与其相关的 20～40 个国家聚集在一起互相交换意见。在此会议上达成的协议会向全体成员公示，获得其他国家的理解。但是很多国家仍然认为这种方式缺乏透明度。其名称源于总干事办公室墙壁的颜色。

[303] Draft Final Act Embodying the Results of the Uruay Round of Multilateral Trade Negotiations.

[304] Croome，*supra* note 67，P291 - P294.

[305] 同上，第 308 页。

经与乌拉圭回合谈判开始时的情况截然不同。当初美国舆论支持对外投资，现在反而对日本的对美投资带有很强的警惕性。此外，很多发展中国家的态度也发生了变化，不再担心内部投资流入，开始转为积极吸引外资。在此背景下，谈判国家之间最大的矛盾迎刃而解，与贸易有关的投资措施协议谈判也露出成功的曙光。⑥ 但是，虽然外部环境发生了上述变化，但是 1991 年中期以后，围绕着与贸易有关的投资措施协议的条款，谈判国家仍然没能达成一致，1991 年 12 月最终文件（即登凯尔文件）中涉及与贸易有关的投资措施的部分，并不是通过各方谈判达成的，而是根据去年部长级会议上回答问题的观点为基础，由规则制定小组组长制定的。⑦ 之后经过调整，1993 年 12 月，与贸易有关的投资措施协议才和 WTO 成立协议其他附属协议一起，达成实质妥协。⑧ 围绕与贸易有关的投资措施协议从谈判开始阶段到最终文件提交阶段，其主要观点如下：

首先就最大的争议"（i）应该采取的措施"而言，如上所述，投资国和被投资国之间的意见相左，虽然最后互相做出了部分妥协，但也仅是同意缩小涉及范围，没有涉及超出 GATT 框架外的措施，仅仅禁止了违反 GATT 的投资措施。⑨

其次是（ii）一律禁止违反 GATT 的措施，还是允许存在个别例外的问题。投资国方面希望能够彻底禁止，但是被投资国则认为应该个案分析，双方立场对立，最后明确规定彻底禁止。⑩ 在谈判中曾经讨论过的"贸易效应试验"最终没有被提及。⑪

第三是（iii）是否应该对限制性商业习惯（Restrictive Business Practices，简称 RBP）制定规则问题。被投资国认为"与贸易有关的投资措施是为了制衡投资企业的限制性商业习惯制定的措施，所以如果对投资措施制定规则的话，也应该对限制性商业习惯制定规则"。投资国则认为谈判不应该涉及限制性商业习惯问题。结果最后也没有制定与限制性商业习惯有关的规则。⑫

就（iv）废除与贸易有关的投资措施的过渡期问题而言，被投资国希望延长废除时间，投资国希望短时间废除，双方意见对立。最后，投资国做出妥协，同意发展中国家要求的长时间过渡期。此外，根据美国的建议，还制定了与公平有关的条款，规

---

⑥　同上，第 308—309 页。

⑦　同上，第 309 页。

⑧　外务省国际机构第一科编，同前，脚注 284，第 252—253 页。

⑨　同上，第 252 页。

⑩　同上，第 254 页。

⑪　Fennell and Tyler, *supra* note 281，P2129.

⑫　同上，第 2129 页。

定不能损害在协议生效之前就已投资的企业利益。

就（v）是否应该涉及投资后的措施问题而言，虽然没有制定明确的规定，但是参加谈判的国家都默认投资后与贸易有关的投资措施理所当然属于协议的范围。[513]

就（vi）是否应该通过奖励引导投资行为问题而言，对于这种非强制措施，因为违反了GATT相关规定，所以明确予以禁止。

③谈判成果

最终采纳的协议明确规定与贸易有关的投资措施协议不能违反GATT第3条和第11条。这样一来，与贸易有关的投资措施协议的法律地位得到了明确，而且限制了导致贸易扭曲的投资措施。此外，附件中的示例表还具体规定了禁止的措施，并且明确禁止通过优惠措施实现同样的效果。希望通过这些做法解决GATT条款解释上出现的模糊不清的问题，并且防止滥用与贸易有关的投资措施协议于未然。

就废除已有的与贸易有关的投资措施的过渡时间问题而言，发达国家希望在协议生效后2年内废除，发展中国家为5年，落后国家为7年。很多发展中国家开始实施与贸易有关的投资措施，但与此同时也很担心难以废除已有的措施。

该协议制定的规则只适用GATT框架内的投资措施，所以虽然有些措施会导致贸易扭曲效果，但是只要与GATT框架不相关，比如出口要求等，就不适用该协议。[514]

现在让我们回顾一下谈判初始阶段的情况。埃斯特角城部长宣言中要求"通过GATT条款检验投资措施是否会影响贸易或是产生贸易扭曲效果""在必要时，对相关条款进行谈判，避免对贸易产生恶劣影响"。对于前者来说，大部分参与谈判的国家都规定了产生贸易扭曲效果的具体措施，并与GATT相关条款进行过比对。对于后者来说，为了避免对贸易产生恶劣影响，确实要在必要场合对某些条款进行讨论。从这个基础上看，谈判基本是按照要求展开。其中，在禁止特定措施、制定新的贸易与投资协议以及发展中国家的考虑等问题上，各国立场迥异，谈判迟迟难以达成一致也充分说明了这一问题。

最终的文件是由总干事登凯尔提出的折中方案。就该文本而言，既满足了埃斯特角城部长宣言提出的两个要求，又综合了各国的意见，为将来继续开展谈判提供了可能性，因此，该文件得到了很高评价。[515] 但是，就协议内容而言，本地化要求违反了

---

[513] 外务省国际机构第一科编，同前，脚注284，第255页。

[514] 同上，第253页。

[515] Fennell and Tyler, *supra* note 281. P2130.

GATT 第 3 条和第 11 条，所以需要在法律方面增加措施。此外，也有意见批评该协议中相关规定比较极端，比如禁止给予优惠措施、禁止针对具体产品制定出口要求；还存在其他问题，比如是否应该在协议中补充有关投资政策和竞争条款的规定等。[316]

与贸易有关的投资措施协议没有涉及整个投资问题，而是只针对其中一部分制定了规则。之后经过数轮尝试，OECD 开始就多边投资协议进行谈判（1995 年开始谈判，1998 年谈判中止），WTO 也成立了"贸易与投资工作会议"（1996 年成立，原准备在多哈回合上制定规则，后放弃），面对困境希望制定出多边综合性投资规则。

第 3 节　与日本有关的 GATT 争端

1. 序言

截至 20 世纪 70 年代，日本贸易政策从来没有涉及 GATT 争端解决机制。在 80 年代以前，能够明确得到实质解决的争端为数不多，只有根据 GATT 第 22 条协议解决的 1 件诉讼案件和 4 件被诉案件。其中 3 件被诉案件由专家组裁决，而且其中 2 件还是两国达成了一致，仅由专家组记录而已。所以实际上通过裁决解决的争端只有 1 件。[317]

80 年代后，情况发生变化。政治学家巴卡宁（Saadia M. Pekkanen）提出了"攻击性法律主义"（aggressive legalism）的专业术语来形容日本贸易政策的法律化（legalization），特别是利用法律手段解决 GATT 和 WTO 争端，维护国家利益的过程。巴卡宁认为特别是 WTO 争端解决机制的司法化为日本贸易战略法律化带来了转机。另一方面，还需要注意的是攻击性法律主义的定义。

如果主要贸易对象的行为、要求或是商业习惯不合理或是对经济不利，可以使用法律规则进行磋商、裁决或是采取行政、争端解决机制。[318]

此外，还要注意原来的一些术语：比如其他国家的保护主义措施被定义为攻击性

---

[316]　Croome, *supra* note 67, P309.

[317]　可参考以下资料：经济产业省通商政策局编，《2011 年版 不公平贸易报告》，日经印刷，2011 年，第 450 – 451 页。WTO（ed.）, *Guide to GATT Law and Practice: Analytical Index*, Undated 6ᵗʰ ed.（WTO. 1995）, vol. II, P623 – 628；P771 – P787.

[318]　Saadia M. Pekkanen, *Japan's Aggressive Legalism: Law and Foreign Trade Politics beyond the WTO*（Stanford University Press, 2008）, P5.

的"剑"，各国的对抗性措施被定义为"盾"。所以，不仅是起诉案件，被投案件也可以通过"有意识的战略"（a conscious strategy）解决，即拒绝他国提出的修改本国规则的要求，积极利用法律手段予以应对。[319]

根据这些定义，如果只就 WTO 成立后的案件做重点分析的话，可能并不充分。所以本节中既包括早期起诉国根据法律制定的 GATT 争端解决机制框架协议，还包括专家组等组织机构。在此背景下，荒木建议应该在历史长河中为日本攻击性法律主义进行定位：开始是完全依靠专家组，将其作为最终裁决。但是欧洲经济共同体反零配件倾销事件[320]发生后，日本开始转为攻击性法律主义。[321] 但是，如果根据巴卡宁的定义，并结合本节的说明，不难发现其实 GATT 框架下攻击性法律主义很早就已经开始萌芽，而且与起诉国还是被诉国的身份并无太大关系。

当时的 GATT（现在 WTO 协定的一部分，为了予以区分，正式称为"1947 年 GATT"）对争端解决机制的规定如下：GATT 第 22 条规定了一般性条款，第 23 条第 1 款规定可以使用两种协议作为专家组成立的依据。两者之间就是否成立专家组存在根本性区别。后者还有一点不同，当认为本国在 GATT 框架下利益受损时，必须提出书面申请。两者在法律上完全独立，第 23 条是移交专家组的必要条件，虽然第 22 条不是必要条件，但是后者无法取代前者。反而在实际使用中，第 22 条可以取代第 23 条。[322]

从这个角度看，第 23 条的象征意义更大。该条款以准司法解决为前提，无论是哪一种方式，通过政治手段解决也好，成立专家组通过制度方式解决也好，都表明法律主义在贸易外交领域的作用在逐渐增强。实际上，成立专家组，并最终根据其裁决解决争端，更印证了通过法律手段解决争端的趋势逐渐增强。

---

[319] Saadia M. Pekkanen，"*Aggressive Legalism*：*The Rules of the WTO and Japan's Emerging Trade Strategy*，" *World Economy*，Vol. 24. No. 5（2001），P713.

[320] 确切来说，日本首次作为申诉国的案件是 1977 年美国与日本家电关税清算停止案件（真力时事件）。GATT 认为美国应该调整国境税措施抵消对日本造成的影响，美国关税法院按照国内程序提出上诉，由包括美国在内的工作组审理。工作组基本完全接受了日本的观点，所以美国关税专利控诉法院、联邦最高法院驳回了上诉。United States/Zenith Case：Ruling by the United States Supreme Court，L/4693（July 28，1978）：Report of the Working Party，United States/Zenith Case，L/4508（June 6，1977），虽然从形式上看，日本作为申诉国获得成功，但是这由包括美国在内的很多相关国家共同努力修正美国下级法院的审判并获得成功实属特例，其成功多半与日本本身的贸易战略无关。Robert E. Hudec，*Enforcing International Trade Law*：*The Evolution of the Modern GATT Legal System*（Butterworth，1993），P256.

[321] Ichiro Araki，"The Evolution of Japan's Aggressive Legalism，" *World Economy*，Vol. 29. No. 6（2006）. pp. 783，796－97.

[322] 请参考：岩泽雄司，《WTO 争端处理》，三省堂，1995 年，第 36—40 页。

接下来，根据该制度框架，介绍一下从 20 世纪 80 年代到 90 年代前半期 GATT 框架下日本参与解决争端的具体情况。

2. 卡车拖头案——"普瓦捷之争"——法律主义萌芽

当时，美国调整了卡车拖头（不含装卸平台的卡车）的关税类型，日本根据 GATT 第 22 条，并且首次根据 GATT 第 23 条要求与美国开展双边磋商，这标志着日本贸易政策开始向法律主义转型。1979 年 10 月，美国官方宣布不再把卡车拖头作为整车，并且将关税金额从 4% 提高至 25%。日本汽车行业对此提出强烈反对。第二年 2 月，日本汽车工业协会向美国财政部提出反对意见，要求出席 10 月美国国际贸易委员会（International Trade Commission，简称 ITC）举行的听证会，重新讨论分类问题。同时，在政治层面，通商产业大臣田中六助也向美国驻日大使曼斯菲尔德提出严正交涉。[323] 但是，最终，美国财政部于 5 月 23 日宣布将于 90 天后调整关税类型，于 8 月 21 日开始正式实施。[324]

日本迅速展开应对。8 月 22 日设备信息产业局次长栗原昭平举行记者招待会，明确表示将通过 GATT 解决该问题[325]，9 月 5 日决定通过 GATT 第 22 条解决。[326] 1981 年 7 月，正式开始根据第 22 条着手解决该问题。在此过程中，美国曾做出妥协，表示可以把关税从 25% 降至 6.8%，但日本坚持要求恢复到此前的标准。因此，同年底，日本通告美国要根据 GATT 第 23 条第 1 款以成立专家组为前提进行磋商。[327] 1982 年 4 月决定开始正式磋商。7 月和 11 月分别举行了谈判，但均未能达成一致。[328] 1983 年 7 月，GATT 理事会要求成立专家组，但实际上专家组未能成立。[329]

---

[323] 《日本经济新闻》，1980 年 7 月 27 日日报，第 3 版；《日本经济新闻》，1980 年 7 月 30 日日报，第 4 版。

[324] Imported Lightweight Cab Chassis：Change of Practice Regarding Tariff Classification，*Federal Register*，Vol. 45，No. 102（May 23. 1980），P35057. 分类变更之前的情况和背景请参考：《提高小型拖车关税问题（美国）》，日本贸易振兴会，《通商弘报》，1980 年 5 月 31 日，第 1 页。

[325] 《日本经济新闻》，1980 年 8 月 22 日日报，第 3 版。

[326] United States – Tariff Measures on Light Truck Cab Chassis：Japan—Request for Consultations under Article XXII：1，L/5019（Sept. 5. 1980）．

[327] 《日本经济新闻》，1981 年 12 月 11 日日报，第 4 版；《日本经济新闻》，1981 年 11 月 18 日日报，第 3 版。

[328] 根据第 23 条提出磋商请求以及实施磋商的情况无法从 GATT 公文中明确，但是可以从以下材料中明确：经济产业省通商政策局，同前，脚注 317，第 450 页。

[329] 《日本经济新闻》，1983 年 6 月 14 日日报，第 1 版；根据新闻报道，1983 年 7 月 GATT 理事会的会议记录没有提及该问题。Council. Minutes of Meeting on 12 July 1983. C/M/169（Aug. 10. 1983）；Council. Minutes of Meeting on 12 July 1983. C/M/170（Aug. 10. 1983）. 此外，经济产业省表示没有就本案要求成立专家组。该内容可以参考：经济产业省通商政策局，同前，脚注 317，第 450 页。

本卷第一部第 1 章第 2 节"与欧洲经济共同体的双边关系"中曾提到的"普瓦捷之争"，日本当时也曾援引 GATT 第 23 条予以应对。[330] 1982 年 10 月，法国政府官方宣布磁带录像机只能在法国西部内陆城市普瓦捷（Poitiers）通关。这就意味着原来可以通过海运或空运到勒阿弗尔港或戴高乐港的产品必须全都再通过陆地运输到普瓦捷通关。[331] 这样一来，交通费增加，成本随之增加 10%。而且从 11 月开始，每台机器都要拆解检查，通关效率大大降低，每周只能通关 2 000 台，所以等待通关的产品多达 11 万台。[332]

通过沟通，问题未能解决。同年 11 月，通商大臣安倍晋太郎表示要根据 GATT 第 23 条进行谈判[333]，12 月 21 日向 GATT 秘书处通报了该要求。日本认为法国的举措违反了 GATT 第 8 条第 1 款（C）以及第 11 条第 1 款，通关手续过于复杂，范围过大，而且指出该措施本质上属于数量限制手段，阻碍了产品的进口。[334]

结果最后未能正式通过 GATT 第 23 条解决该问题。[335] 1983 年 2 月，通产大臣山中贞则与欧共体委员会副委员长达维南·菲尔德坎普举行会谈，通过政治方式解决了该问题：最终决定日本从 1983 年开始在三年时间内对欧洲经济共同体成员国实施自愿出口限制措施，法国同意于 1983 年针对包括半制成品在内的 455 万台产品解除上述措施。[336]

在执行过程中也遇到了一些波折。第二年 3 月，欧洲经济共同体驻日委员会代表部大使布林克霍斯特就该月废除通关限制问题通告日本通商产业审议官小松国男，表示法国政府认为山中与达维南·菲尔德坎普会谈的讨论并不充分，所以不能轻易采取措施，欧共体委员会和法国政府之间对此也存在争执。[337] 结果，直到 4 月 28 日才废除了通关限制，法国规定到年底为止每月通关数量限定 5 万台；再根据自愿出口限制措

---

[330] 关于本案的概要和背景请参考：横堀宪一，《普瓦捷的教训——法国经济观察报告（1）》，《通产省公报》，1984 年 2 月 20 日，第 12 页。Brian Hindley，"EC Imports of VCRs from Japan：A Costly Precedent," *Journal of World Trade Law*，Vol. 20，No. 2（1986），P168.

[331] European Economic Communities – Import Restrictive Measures on Video Tape Recorders：Recourse to Article XXIII：1 by Japan，L/5427（Dec. 21. 1982）.

[332] 《日本经济新闻》，1982 年 11 月 10 日晚报，第 2 版；《日本经济新闻》，1982 年 10 月 31 日日报，第 18 版。

[333] 《日本经济新闻》，1982 年 11 月 16 日晚报，第 1 版。

[334] L/5427，*supra* note 331. para. 4.

[335] 经济产业省通商政策局，同前，脚注 317，第 450 页，其中有"未磋商"的论述。

[336] 《日本经济新闻》，1983 年 2 月 13 日日报，第 1 版。

[337] 《日本经济新闻》，1983 年 3 月 19 日日报，第 3 版；《日本经济新闻》，1983 年 4 月 2 日晚报，第 2 版；《日济产业新闻》，1983 年 4 月 6 日日报，第 9 版。

施，实际上规定了各个公司每月的出口数量。而且由于不信任日本的自愿出口限制措施，还要求在出口前必须获得法国政府的行政许可。⑱

此外，1981 年 2 月，奥地利在法国之前就引入了对磁带录像机的进口限制措施。该月末，日本要求根据 GATT 第 22 条展开磋商。根据磋商请求书，日本认为不应该通过 GATT 第 19 条（保障措施）中的规定使进口限制措施合法化。⑲ 1981 年 3 月和 11 月举行了两次磋商，但未能取得任何成果，日本于第二年 2 月决定要根据 GATT 第 23 条展开磋商。⑩ 但是，最后未能进入磋商阶段。该措施直到 1985 年 3 月底才结束，实施时间由之前预计的 3 年延长到 4 年⑪，奥地利于当年年底才通报所有成员废除这项措施。⑫

与此同时，日本被多次起诉。其中首次被起诉是软式棒球用金属球棒案，涉及东京回合谈判中的机制问题。1980 年 5 月，美国照会日本，要求日本软式棒球联盟不能推荐认证正式比赛中使用的进口球棒。美国认为变更金属球棒安全认证手续不利于美国产品进口，属于贸易壁垒措施。⑬ 1982 年 3 月，日美贸易小委员会正式成立，其实从去年筹备阶段就一直在讨论该问题。同年 5 月，日本经济对策阁僚会议制定了市场开放政策，其中提到了很多应对措施。⑭ 美国认为要求对进口产品张贴 "S 标志" 以及不对工厂进行认证的做法违反了东京回合技术性贸易壁垒协议第 7.2 条，于是根据第 14.1 条提出磋商。8 月 6 日磋商在东京举行。紧接着，9 月根据第 14.2 条对日本提出书面申诉，根据第 4.4 条移交专家组予以裁决。⑮

⑱　《继续对日本进口的 VTR 执行严格监控》，日本贸易振兴会，《通商弘报》，1983 年 5 月 2 日，第 3 页；《采取措施解除 VTR 通关限制》，日本贸易振兴会，《通商弘报》，1983 年 4 月 18 日，第 2—3 页；《日本经济新闻》，1983 年 4 月 29 日日报，第 1 版。

⑲　*Austria – Restrictions on Imports of Video Tape Recorders*：Japan – Request for Consultation under Article XXII：1，L/5119（Mar. 5. 1981）.

⑩　Japan – Request for Consultation under Article XXII：1，*Austria – Restrictions on imports of Video Tape Recorders*：L/5119/ADD，1（Apr. 23. 1981）.《日本经济新闻》，1982 年 2 月 12 日日报，第 5 版。

⑪　《扩大日本出口 VTR 框架（奥地利）》，日本贸易振兴会，《通商弘报》，1984 年 2 月 16 日第 3 页；《日本经济新闻》，1984 年 2 月 15 日晚报，第 2 版。

⑫　Communication from Austria，*Austria – Imports of Video Tape recorders from Japan*：L/5985（Apr. 21. 1986）.

⑬　请参考：Fred J. Coccodrilli，"Notes，Dispute Settlement Pursuant to the Agreement on technical Barriers to Trade：The United States – Japan Metal Bat Dispute，" *Fordham International Law Journal*，Vol. 7. No. 1（1984），pp148 – 155.

⑭　《日本经济新闻》，1982 年 5 月 28 日日报，第 4 版；《日本经济新闻》，1982 年 3 月 6 日日报，第 3 版；《日本经济新闻》，1981 年 11 月 4 日晚报，第 3 版。

⑮　*Request for Initiation of Dispute Settlement*：Procedures under Article 14. 4 of the Agreement，TBT/Sepc/7（Sept. 20. 1982）.《日经产业新闻》，1982 年 8 月 9 日，第 10 版。

双边磋商于 9 月底展开，但是未能达成一致，美国表示必须成立专家组进行裁决。[346] 紧接着，日本在 12 月的谈判中提出了妥协方案，允许对工厂进行认证。但是美国又提出了新的要求，认为日本要求进口商品一次性获得"S 标志"和"SG 标志"违反国民待遇原则。[347]

最后，日本在 1982 年底针对工厂认证和派遣官员赴当地考察问题再次提出了妥协方案，与美国达成实质一致；又修改政令，把金属球棒从《消费生活用品安全法》特定产品列表中移除。[348] 在此基础上，美国向 TBT 委员会汇报美日两国已经解决了问题，并撤回了该案件。[349]

此外，1979 年深秋，加拿大针对限制皮革产品进口问题对日本提起申诉，要求进行磋商；美国对日本针对香烟等采取的措施提出申诉，成立专家组后，两国达成一致。所以，这两个专家组并没有进入实质审理阶段，只公布了很短的报告书，记载了谈判事实。[350] 1980 年 4 月，印度也针对日本皮革产品数量限制措施要求磋商。该案没有正式记录。根据 1966 年的成员决定，基于发展中国家的特别程序，在总干事的斡旋下，同年 7 月该问题得到解决。[351]

如上所述，这段时期，世界经济衰退，保护主义趋势加强，日美和日欧贸易摩擦升级，所以整体而言，在 GATT 框架下需要解决的争端案件数量大幅增加，当事国也更加多元。[352] 当时，GATT 秘书处针对争端激增的情况，曾非正式地要求各国严肃对待诉讼问题。[353] 在此背景下，无论是质量还是数量，日本的参与程度都有所提高。从这个角度上讲，主要的 GATT 成员都希望通过司法或是准司法方式解决所有的贸易争端。毫无疑问，日本也紧跟该浪潮，开始强化法律主义。

---

[346] 《日本经济新闻》，1982 年 10 月 4 日日报，第 1 版。

[347] 《日经产业新闻》，1982 年 12 月 10 日，第 1 版。

[348] 修改消费生活用品安全法施行条令以及消费生活用品安全法相关手续费条令部分内容，1983 年 1 月 6 日，政令第 2 号；《日本经济新闻》，1982 年 12 月 28 日日报，第 5 版；《日本经济新闻》，1982 年 12 月 21 日日报，第 5 版。

[349] Request for Inititation of Dispute Settlemet：Procedures under Article 14. 4 of the Agreement，TBT/Spec/8（Mar. 24, 1983）.

[350] Panel Report, *Japanese Restraints on Imports of Manufactured Tobacco from the United States*，L/5140（May 15, 1981）；Panel Report, *Japanese Restraints on Imports of Manufactured Tobacco from the United States*，L/5140（Oct. 20. 1980）.

[351] Hudec，*supra* note 320. P. 485.

[352] 1980 年到 1982 年争端增加的情况请参考 Hudec，*supra* note 320，P139。

[353] 《日本经济新闻》，1982 年 11 月 4 日日报，第 2 版；《日经产业新闻》，1982 年 8 月 23 日，第 1 版。

3. 皮革制品进口限制案：向第三国出口半导体监控事件——作为"盾"的法律主义？

20 世纪 80 年代初期，日本转变思路，开始积极利用争端解决机制。与此同时，与欧美等国的经济摩擦（尤其是美国 1974 年《贸易法》第 301 条款这一不公平贸易对策的出台）也不断激化。1983 年以后的一段时间内，日本成为 GATT 争端的主要被诉国。虽然之前有一些被诉的经历，但是直到这一时期，才首次作为被诉国家接受专家组的实质性审理。[354] 这段时期日本被诉案件大多是农林水产品及税收制度相关问题，比如 12 种农产品进口限制案、松柏类木材关税分类案、酒税案都收到了专家组报告，并且采纳了其中的裁决。本卷主要介绍贸易产业政策史，所以不会具体论述这些案件及以下涉及的案件。从 1983 年到 1988 年，要求磋商的案件中实际上有 5 件做出了实质裁决，收到了专家组报告，其中加拿大提出的松柏类木材关税分税案具有标志性意义——日本作为被诉国首次胜诉。[355] 虽然并非日本主动，但对日本来说，作为被诉国短时间内积累大量经验，受益颇丰，至少学习了如何从司法角度展开双边磋商。[356] 同时，也培养了日本的意识，不能仅作为被控方，还要利用规则主动出击。[357] 特别是胜诉的经验也使日本政府认识到通过贸易战略手段解决 GATT 争端的确行之有效。[358] 下面，将依次介绍各个产业的相关案件。

最初的案件涉及磁带录像机，日本对欧洲提出申诉反而引起"反作用"。1982 年 2 月，针对日本市场的封闭性，欧共体委员会表示将实施对日行动计划，其中就包括根据 GATT 第 23 条展开磋商。[359] 当时，意大利、法国自行决定继续对日本实施进口限制措施，两国担心会遭到"反申诉"，所以对欧共体委员会的做法表示反对。欧共体外交

---

[354] 首次作为被诉国接受专家组裁决的是 1962 年乌拉圭根据 GATT 第 23 条针对 15 个发达国家的进口限制提起申诉。但是，这属于 GATT 第 23 条第 1 款（b）的无违反的无效与侵害案件，不存在协议是否统一的问题。而且，并未认定日本的措施导致无效或侵害。根据乌拉圭的申请，还促使各国注意到某些措施对贸易产生负面影响，并推动了磋商谈判的展开。Panel Report. *Uruguayan Recourse to Article XXIII*. p44 – P46，L/1923（Nov. 15. 1962）.

[355] Panel Report. *Canada/Japan-Tariff on Imports of Spruce*，*Pine*，*Fir*（SPF）*Dimension Lumber*，L/6470（Apr. 26. 1989）.

[356] Araki，*supra* note 321，P797.

[357] 岩泽，同前，脚注 322，第 191 页。

[358] Pekkanen，*supra* note 319，P710.

[359] 《日本经济新闻》，1982 年 2 月 13 日晚报，第 1 版。

部长理事会于第二个月正式决定交由 GATT 处理该问题。[360]

之后，欧洲经济共同体根据 GATT 第 23 条第 2 款提出了委托书，欧洲经济共同体并不认为日本的特殊措施违反了相关协议。事实上，从 20 世纪 60 年代开始，欧洲对日贸易逆差迅速增加。在此背景下，尽管日本多次正式减少和废除贸易壁垒（关税、数量限制），但是封闭的市场仍然损害了欧洲的共同经济利益（即所谓不违反规则的伤害），并且影响了 GATT 目标的实现（GATT 第 23 条第 1 款 b 和 c）。欧洲经济共同体列举了日本很多领域存在的隐形（invisible）贸易壁垒，比如复杂的产品认证和通关手续、制造、金融、流通等环节的"系列体系"问题，明确表示复杂性和"系列体系"问题属于变相的不违反规则的损害，影响实现 GATT 的目的。[361]

1982 年 5 月，第一次磋商举行，日本认为根据 GATT 第 23 条的规定讨论双边贸易失衡或是企业系列化等社会经济问题并不合适，导致磋商谈判破裂。[362] 同年 7 月，第二次磋商仍然未能取得成果，欧共体委员会决定根据第 23 条第 2 款提请成立专家组，并交由专家组审理，日本对此表示反对，所以只能继续进行磋商。[363] 10 月、11 月又相继举行两次磋商，仍然未能达成任何一致。[364] 最后，12 月，欧共体外交部长理事会决定根据第 23 条第 2 款成立并移交专家组处理。[365]

移交委托被拖延至 1983 年 4 月才正式实施。在部长层面，通产大臣山中于 4 月 12 日举行记者招待会谴责了欧洲经济共同体的行为。如前所述，山中与达维南·菲尔德坎普会谈后，同意为本案提供半年的宽限期。日本认为欧洲经济共同体的委托违反了诚实信用原则，所以提交了抗议书。[366] 在事务层面，通商产业审议官小松向欧洲委员会驻日大使布林克霍斯特提出强烈抗议。[367] 此外，加上部分成员国对委托事项并不关心，

---

[360] 《欧共体外相理事会，同意根据 GATT 第 23 条就对日问题提起诉讼》，日本贸易振兴会，《通商弘报》，1982 年 3 月 24 日第 2 页。

[361] Communication from the European Communities, Japan-Nullification or Impairment of the Benefits Accruing to the EEC under the General Agreement and Impediment to the Attainment of GATT Objectives：L/5479（Apr. 8. 1983）；《日本经济新闻》，1982 年 4 月 19 日晚报，第 2 版。

[362] 《日本经济新闻》，1982 年 5 月 20 日晚报，第 1 版。

[363] 《日本经济新闻》，1982 年 7 月 16 日日报，第 3 版。

[364] 《日本经济新闻》，1982 年 10 月 29 日日报，第 3 版；《日本经济新闻》，1982 年 10 月 13 日晚报，第 2 版。

[365] 《日本经济新闻》，1982 年 12 月 14 日晚报，第 1 版。

[366] 欧洲经济共同体的委托文件请参考：脚注 361；《日本经济新闻》，1983 年 4 月 15 日晚报，第 1 版；《日本经济新闻》，1983 年 4 月 12 日晚报，第 1 版。

[367] 《日本经济新闻》，1983 年 4 月 14 日日报，第 3 版。

欧洲经济共同体无法顺利成立工作小组，所以在当月理事会主席宣布延期。[368] 之后本案在事实上处于冻结状态。[369]

最终，该案未通过法律判决即宣告结束。开始于 1983 年的皮革产品进口限制案，包括农林水产案件在内，是专家组首次对日本做出实质裁决。早在 20 世纪 70 年代末，美国、加拿大就相继针对相关措施提出申诉并进行讨论，现在再次展开讨论，并且通过双边磋商的方式解决。但是，1979 年专家组规定日美双边协议于 1982 年 3 月底失效，美国认为改善效果欠佳，所以于 1983 年 1 月再次要求磋商。[370] 次月，根据 GATT 第 23 条第 2 款，把该问题委托给成员国集团，在 4 月召开的理事会上同意成立专家组。[371]

1984 年 3 月，专家组报告完成，从中可以非常直观地了解到美国的主张：日本已经加入国际货币基金组织 8 国集团，没有理由继续实施数量限制，而且相关措施也违反了 GATT 第 11 条规定。另一方面，专家组认为日本没有援引特殊的例外条款（比如 GATT 第 20 条），而是尝试通过阐述社会政策的必要性来解决数量限制问题。专家组对日本的情况表示理解，但表示必须根据 GATT 的规定处理相关问题，不能考虑其他理由，所以驳回了日本的抗议。[372] 最后，专家组向理事会提交报告，建议应该考虑日本面临的社会经济困难，并在此基础上讨论该阶段的解决方法。对此，日本没有提出异议。同年 5 月，理事会同意采纳该报告。在会上，日本表示取消对蓝湿皮（经过化学处理的鞣皮半成品）的限制措施，实际上实现了该商品的贸易自由化。[373]

第二年春天，即 1985 年 3 月，美国根据 GATT 第 23 条第 1 款要求日本取消对皮鞋的进口限制措施。[374] 7 月根据美国的要求成立了专家组。美国认为，1984 年专家组裁定皮鞋数量限制违反规定与该问题属于同一体系，所以应该继续沿用该专家组的结论。[375]

---

[368] Council, Minutes of Meeting on 20 April 1983. C/M/167. P9 – P10，（May 6，1983）；《日本经济新闻》，1983 年 4 月 24 日日报，第 5 版。

[369] 邬达克表示在之后的日美结构协议中也讨论了欧洲经济共同体认为有问题的措施，将通过别的方式予以解决。Hudec，*supra note* 320，P512。

[370] United States Request for Article XXIII：1 Consultations，*Japanese Measures on Import of Leather*. L/5440（Jan. 5. 1983）.

[371] C/M/167. *supra note* 368. P. 16；*Japanese Measures on Imports of Leather*，Recourse to Article XXIII：2 by the United States. L/5462（Feb. 25. 1983）.

[372] Panel Report，*Japanese Measures on Imports of Leather*，paras. 20 – 25，43 – 46，L/5623（Mar. 2. 1984）.

[373] Council，Minutes of Meeting on 15/16 May 1984，C/M/178，P2 – P6（June 13，1984）.

[374] Council，Minutes of Meeting on 12 March 1985，C/M/186，P23（Apr. 19，1985）.

[375] Council，Minutes of Meeting on 17 – 19 July 1985，C/M/191，P37 – P39（Sept 11，1985）；Japan – Quantitative Restrictions on Imports of Leather Footwear：Recourse to Article XXIII：2 by the United States，L/5826（July 5. 1985）.

另一方面，为了落实 1984 年专家组报告，日本在 7 月的理事会上同意成立鞋类专家组，并且改变政策，不再对蓝湿皮采取数量限制关税措施，转而对其他皮革产品实施数量限制关税措施。[376]

美国对此并不满意。里根总统在 9 月 7 日的演讲中表示，要在 12 月 1 日前加速谈判进展。如果无法达到令人满意的结果，会根据 1974 年《贸易法》第 301 条的相关规定对日本实施制裁。[377] 之后，日本向 GATT 通报从 1986 年开始对皮鞋和其他皮革制品实施关税分摊制；第二个月制定了相关的措施概要；在 11 月的理事会上，根据 GATT 第 28 条，提出对关税再次进行磋商。[378] 在此基础上，11 月 22 日在华盛顿举行磋商。通商产业审议官若杉和夫与美国贸易代表办公室代表尤特同意在原来的基础上延长 10 天，但是没能就关税分摊的二次税率以及补偿方式达成一致。12 月 3 日，谈判正式破裂。[379]

美国方面没有立即采取制裁措施，而是决定继续磋商，并将其延至"圣诞节之前"。从第二周开始，在日内瓦召开会议，根据 GATT 第 28 条开始调整二次税率，撤销和修改优惠幅度。[380] 另一方面，美国在 12 月 16 日高度评价日本在 11 月理事会上做出的取消鞋类产品数量限制措施的行为，并且表示暂停专家组对鞋类产品的审理过程。[381]

12 月 20 日，日本驻美大使松永信雄、通产省通商政策局长黑田真通和美国贸易代表办公室代表尤特在华盛顿举行会议，日本同意降低 149 种产品的关税作为对美国的补偿，美国也退一步，改为对日本的部分皮革制品采取制裁措施，双方达成一致。[382] 第二年 4 月 1 日，根据该协议，日本开始撤销对皮鞋等皮革制品的数量限制措施，并将该情况通报给 GATT。[383]

此外，日美经济摩擦还涉及其他事件，比如向第三国出口半导体监控事件。其大

[376] C/M/191, *supra* note 375, P36.

[377] United States International Trade, Sept. 7, 1985, *Public Papers* 1985, P1047；《日本经济新闻》，1985 年 9 月 8 日晚报，第 1 版。

[378] 《朝日新闻》，1985 年 10 月 21 日日报，第 1 版。

[379] 《朝日新闻》，1985 年 12 月 7 日日报，第 1 版；《朝日新闻》，1985 年 12 月 5 日日报，第 1 版。

[380] 《朝日新闻》，1985 年 12 月 7 日日报，第 1 版；《日本经济新闻》，1985 年 12 月 5 日日报，第 5 版。

[381] Communication from the United States, *Japan – Quantitative Restrictions on Imports of Leather Footwear*, L/5826/Add. 1 (Dec. 16, 1985).

[382] 《日本经济新闻》，1985 年 12 月 21 日晚报，第 1 版。

[383] Communication from Japan, Elimination of Quantitative Restrictions on Leather and Leather Footwear：L/5978 (Apr. 11, 1986)；《关于修改部分关税定率法以及关税暂定措施法内容的法律》（1986 年 3 月 31 日，法律第 15 号）；关税比例公布第 3 号·61 通第 677 号、第 4 号·61 通第 677 号、第 5 号·61 通第 677 号、第 6 号·61 通第 677 号（《通产省公报》，1986 年 4 月 1 日）。

概经过如下：1985 年美国半导体产业协会根据 1974 年《贸易法》第 301 条发起调查申请，要求与日本就半导体协议举行谈判。德克勒克委员向通产大臣渡边美智提交了信函，欧洲经济共同体于 1986 年前半年就开始讨论是否符合在 GATT 框架下解决争端。[884] 日美两国于 7 月底达成实质一致，9 月 2 日双方签字确认[885]，欧洲经济共同体马上提交声明，对此表示谴责。[886]

欧共体委员会于 10 月上旬正式决定将该案移交 GATT 处理，10 月 17 日，根据 GATT 第 22 条要求与日美两国展开磋商。[887] 之后 11 月，两国开展磋商，欧洲经济共同体表示根据最惠国待遇原则，欧洲经济共同体也应该享受"废除半导体协议并且规范市场准入"，但未能达成一致。[888] 结果，1987 年 2 月，欧洲经济共同体要求成立专家组，4 月理事会上受理了该要求。[889]

专家组第一次会议于 1987 年 9 月 16 日和 17 日召开，第二次会议于 11 月 5 日和 6 日召开。[890] 1988 年 3 月向各当事国提交了专家组报告，5 月理事会上采纳了该报告。对于本案件，专家组的主要争议在于：行政指导不具有法律强制力，在此前提下监控向第三方国家出口半导体的最低价格，是否违反了 GATT 第 11 条中禁止对数量进行限制的规定。专家组表示对于 GATT 第 11 条，不应该单从形式上解读，而应该从更广义的范围理解，着重于是否真正对进出口造成影响。在此基础上，专家组首先调研了日美半导体协议对日本半导体行业的重要性以及政府对个别企业出口价格的掌握情况，确定日本针对非强制性遵守相关制度制定了充分的激励措施。虽然不具有强制力，但是通过收集需求及制造成本、出口价格等相关信息，政府也参与其中。据此认定日本采取的措施，符合 GATT 第 11 条第 1 款的规定，不属于对数量进行限制。[891]

---

[884]　《朝日新闻》，1986 年 7 月 15 日日报，第 1 版；《日本经济新闻》，1986 年 4 月 5 日晚报，第 1 版。

[885]　协议正文及相关文件请参考："Japan-United States：Agreement on Semi – conductor Trade"，*International Legal Materials*，Vol. 25，No. 6（1986），P1408.

[886]　《日本经济新闻》，1986 年 8 月 2 日日报，第 7 版。

[887]　《日本经济新闻》，1986 年 10 月 9 日晚报，第 1 版。Bilateral Agreement between the United States and Japan Regarding Trade in Semi – Conductor：Recourse by the EEC to Article XXII：1：Communications from the EEC，L/6057（Oct. 17. 1986）.

[888]　James W. Prendergast，"Notes，The European Economic Community's Challenge to the U. S. – Japan Semiconductor Arrangement，" *Law & Policy in International Business*，Vol. 19. No. 3（1987），P589 – P590.

[889]　Council，Minutes of Meeting on 15 April 1987，C/M/208. P12 – P15（May 11. 1987）；Japan – Trade in Semi – Conductor：Recourse to Article XXIII：2 by the European Economic Community，L/6129（Feb. 20. 1987）.

[890]　《朝日新闻》，1987 年 11 月 7 日日报，第 1 版；《日本经济新闻》，1987 年 9 月 17 日日报，第 3 版。

[891]　Panel Report，*Japan – Trade in Semi – Conductors*，paras. 102 – 117，L/6309（Mar. 24. 1988）.

3月上旬，专家组向通产省内部通告了结果。之后不久，借在联邦德国举行 GATT 贸易部长会议之机，通商政策局长村冈茂生第一时间与美国贸易代表办公室副代表史密斯进行了沟通，开始就停止向第三国出口半导体实施监控展开磋商。[392] 4月，四极贸易部长会议在温哥华举行，通产大臣田村元向美国贸易代表办公室代表尤特表示应该撤销与政府有关的监控。[393] 在事务层面上，通产省于4月中旬分别派出机械信息产业局次长冈松壮三郎、通商政策局国际经济部长坂本吉弘，与美国、欧洲经济共同体开展谈判，讨论废除监控事宜，但是未能达成一致。[394]

5月理事会采纳的报告中明确记载了各国的不同观点。欧洲经济共同体单纯要求撤销监控。对此，日本认为专家组为解决该问题制定的一系列措施总体上能够发挥限制性作用，比如说要求政府限制不能低于最低价格出口；同时也存在不足，比如没有提及个别违反协议的措施，比如预测供需等。[395] 因此，日本要求欧共体撤销半导体监控。另一方面，美国认为日本的个别措施违反了专家组的裁决，所以要求今后根据半导体协议继续采取反倾销措施。[396] 当事国各抒己见，寸步不让，谈判举步维艰。

在1989年3月的理事会上，日本提交报告，表示采取两项措施：决定把出口价格事前报告改为事后报告，并决定让通产省每年举行两次独立预测，取代官民共同委员会每年举行4次的需求预测；此外，日本再次表示出口许可与出口价格报告义务之间不存在关联性。欧洲经济共同体对该变化整体持支持态度，但是在细节问题上持保留意见，直到6月召开的理事会上才对上述措施表示满意，至此本案的解决才初现曙光。[397]

与此同时，这个时期日本唯一的申诉案件也跟日美半导体协议有关——日本对美国为了确保该协议履行实施的措施表示不满。[398] 签署协议后不久，美国就对该协议能否

---

[392] 《日本经济新闻》，1988 年 3 月 17 日日报，第 1 版。

[393] 《日本经济新闻》，1988 年 4 月 17 日日报，第 1 版。

[394] 《日本经济新闻》，1988 年 4 月 13 日晚报，第 1 版；《日本经济新闻》，1988 年 4 月 5 日日报，第 3 版。

[395] Council, Minutes of Meeting on 4 May 1988, C/M/220. P21 - P25（June 8, 1988）.

[396] 《日本经济新闻》，1988 年 5 月 7 日，日报第 5 版；《朝日新闻》，1988 年 5 月 1 日日报，第 1 版。

[397] Council, Minutes of Meeting on 21 - 22 June 1989, C/M/234. P81（July 31, 1989）；Council, Minutes of Meeting on 6 March 1989, C/M/234. P11 - P12（Apr 5, 1989）.

[398] 关于日美就实施半导体协议的谈判情况，具体请参考：Glenn·S·Fukushima（渡边敏译），《日美经济摩擦的政治学》，（朝日新闻社，1992 年）第 227—240 页；Dorinda G. Dallmeyer, "The United States - Japan Semiconductor Accord of 1986：The Shortcomings of High - Tech Protectionism," *Maryland Journal of International Law & Trade*, Vol. 13. No. 2（1989）. P201 - 5.

实施表示担忧。1987 年 1 月下旬，在美国国会的压力下，美国贸易代表办公室副代表史密斯和商务部副部长斯玛特访问日本，分别从事务层面以及副部长层面与我方官员举行会谈。美国贸易特别代表办公室有关人士称：随着谈判的逐步深入，涉及了众多议题，包括废除半导体协议、签署协议过程到根据依然有效的 1974 年《贸易法》第 301 条（1985 年 7 月开始）实施报复手段等方方面面。[399] 对此，通产省一方面要求提高协议的有效性，另一方面努力争取能够继续实施减产，彻底防止向第三国倾销，鼓励用户使用外国产半导体等措施。通产大臣田村向财政部部长贝克和美国贸易代表办公室代表尤特提交信函，对此做了说明。[400]

尽管日本做出了种种努力，但是 3 月下旬美国参众两院还是通过决议，认为日本没有履行半导体协议，决定对日本实施制裁；紧接着在经济部长会议（EPC）上，要求美国总统向日本宣布实施制裁。[401] 在此背景下，美国总统里根于 3 月 27 日发表声明，宣布对日制裁。[402] 日本马上申请与美国展开紧急谈判磋商，4 月 9 日和 10 日两天，通产审议官黑田和美国贸易代表办公室副代表史密斯在华盛顿举行会谈，但是双方意见相悖，未能达成一致。[403] 最后美国总统决定根据 301 条款对日本实施制裁，把电脑、彩色电视机、电动工具关税提高至 100%，并于 4 月 17 日正式公布。[404]

3 月美国总统声明公布后，通产省随即委托 GATT 对该报复措施进行调查[405]，并且于 4 月 21 日，认为该措施违反了 GATT 第 1 条和第 2 条，要求根据第 23 条进行磋商。[406]

---

[399] 《日本经济新闻》，1987 年 1 月 18 日日报，第 3 版。

[400] 《日本经济新闻》，1987 年 3 月 24 日晚报，第 3 版；《日本经济新闻》，1987 年 3 月 18 日日报，第 5 版；《日本经济新闻》，1987 年 2 月 13 日日报，第 5 版。

[401] S. Res. 164. 100th Cong.（1987）（enacted）；H. Res. 127. 100th Cong.（1987）（enacted）；《日本经济新闻》，1987 年 3 月 27 日晚报，第 1 版；《日本经济新闻》，1987 年 3 月 26 日晚报，第 1 版；《日本经济新闻》，1987 年 3 月 20 日晚报，第 1 版。

[402] Japanese Semiconductor Trade：Statement by the President on Unfair Trade Practices. Mar. 27. 1987；*Weekly Compilation of President Documents.* Vol. 23. No. 13（Apr. 6. 1987）P317；《日本经济新闻》，1987 年 3 月 28 日晚报，第 1 版；《朝日新闻》，1987 年 3 月 28 日晚报，第 1 版。

[403] 《朝日新闻》，1987 年 4 月 12 日日报，第 9 版；《日本经济新闻》，1987 年 4 月 11 日晚报，第 1 版。

[404] Memorandum of April 17，1987 on Determination under Section 301 of the Trade Act of 1974，*Federal Register.* Vol52. No. 77（Apr. 22. 1987）. P13419；《日本经济新闻》，1987 年 4 月 18 日晚报，第 1 版。

[405] 《日本经济新闻》，1987 年 3 月 28 日日报，第 1 版。

[406] Council. Minutes of Meeting on 7 October 1987，C/M/213. P24（Oct. 26. 1987）；United States – Unilateral Measures on Imports of Certain Japanese Products：Request by Japan for Article XXIII：1 Consultations，L/6159（Apr. 21. 1987）.

第一次磋商于 8 月 4 日举行，并未奏效。[407] 其中部分制裁措施（1.35 亿美元）因第三国倾销情况而有所改善，于 1987 年 6 月和 11 月分两次废除。[408] 但另外一部分，与改善日本市场准入、方便美国半导体进入日本市场相关的措施（1.65 美元）仍然继续实施。11 月 4 日，通产大臣田村希望成立专家组讨论废除第二部分制裁措施问题，11 月理事会上也提到了该问题。[409] 但是专家组未能成立，剩下的制裁措施直至 1991 年 8 月新半导体协议签署后才废除，持续时间长达 4 年。[410]

最后阶段，欧洲经济共同体针对日本本铜市场提出申诉，还罕见地成立了政府专家会议（ADR），由总干事出面斡旋。1981 年双方开始举行非正式磋商[411]，1982 年 1 月欧洲经济共同体根据 GATT 第 22 条协议正式提出磋商请求。[412]

如上所述，之前属于申诉，之后进入实质程序。欧洲经济共同体认为日本通过关税和非正式的进口限制等措施使精炼铜产品的国内价格维持在较高的水平。另一方面，因为日本对精铜矿不征关税，所以国内精铜行业的支付价格高于国际价格。这种双轨制确保日本企业在与他国企业竞争中具有优势，有利于采购精铜矿，而且导致国际铜市场上出现铜供应不足的情况。[413]

两年后，1984 年 3 月，欧洲经济共同体根据 GATT 第 22 条第 2 款要求委托给工作组处理。[414] 经过两年时间，在理事会上进行多边讨论，理事会主席还举行了非正式的谈判，

[407] 《日本经济新闻》，1987 年 3 月 28 日日报，第 1 版。

[408] Suspension of Some Sanctions：Japan Semiconductor Case，*Federal Register*，Vol. 52. No. 216 （Nov. 9. 1987）P43146.

[409] 《日本经济新闻》，1987 年 11 月 5 日晚报，第 3 版。Council，Minutes of Meeting on10 - 11 November 1987. C/M/215. P39 - 40（Apr. 20. 1988）.

[410] Action with Regard to Duties Increased in the Japan Semiconductor Case，Federal Register，Vol. 56. No. 110 （June 7. 1991）. P26455.

[411] 关于事情经过可以参考以下简单概括：Request by the EEC for the Establishment of a Working Party under Article XXII：2，Japan - Measures affecting the World Market for Copper Ores and Concentrates L/5992 （May 12. 1986）。

[412] Request by the European Communities for Consultations under Article XXII：1. *Japan - Distortions in the World Market for Copper Ores and Concentrates*：L/5286 （Jan. 29. 1982）.

[413] 一系列文件比较详细地介绍了欧洲经济共同体的意见，请参考：Council，Minutes of Meeting on 22 May 1986，C/M/198. p4 - p5 （June 12. 1986）。

[414] Supplementary Technical Information Presented by the European Economic Community，*Japan - Measures Affecting the World Market for Copper Ores and Concentrates*：L/5654 （May 14. 1984）；Request by eh European Economic Community for the Establishment of a Working Party under Article XXII：2，*Japan - Measures Affecting the World Market for Copper Ores and Concentrates*：L/5627 （May. 2. 1984）。

1986 年 5 月，再次要求成立工作组。⑮ 欧洲经济共同体表示之前的谈判未能奏效，所以强烈要求成立工作组。日本对此表示反对。经过非正式的谈判，在 7 月的理事会上，日本做出妥协，政府专家工作会议（group of government expert）⑯ 成立。这不同于普通的工作组，并不是专门针对日本，而是采用论坛形式，针对国际铜市场存在的普通问题展开谈判。⑰

专家会议不仅包括日、欧洲经济共同体等当事国，其他利害相关国家也参与其中。1986 年 10 月开始召开了 4 次会议。第二年 5 月，专家会议提交了报告，没有就欧洲经济共同体的提议达成一致，仅同意在乌拉圭回合下就铜产品贸易自由化进行谈判，防止各种贸易壁垒和结构调整扭曲国际铜市场。⑱ 但是，日欧双方不同意采纳该报告，同年 12 月在成员国会议上根据 1979 年争端解决 8 项原则要求总干事进行斡旋。⑲ 原副局长帕特森接任代理总干事一职后，致力于整合日本的关税问题，他认为日本税率较高，建议在乌拉圭回合上对该问题进行讨论。⑳ 两国对此做出评价，表明可以通过磋商解决争端，所以本案宣告结束。㉑

本案不同于普通的争端，日本并没有违反规定，也没有违反 GATT 第 23 条第 1 款。请求磋商的理由都与上述原因无关，而是因为日本关税体系以及贸易习惯对经济造成了实质性影响。最终通过非法律途径解决非法行为，属于效果比较突出的新案例。

4. 欧洲经济共同体·零配件反倾销案以后——对日反倾销案件和向"攻击性法律主义"转型

在前一阶段的争端解决过程中，日本一直属于被诉国的身份。从这一时期开始，日本开始以申诉国的身份积极解决争端。如之前介绍，欧洲零配件反倾销案正是转型的标志性事件。

---

⑮　L/5992，*supra* note 411.

⑯　Council，Minutes of Meeting on 15 July 1986. C/M/201. p6（Aug. 4. 1986）；C/M/198. *supra* note 413，P4 – P8.

⑰　岩泽，同前，脚注 322，第 42 页。

⑱　关于工作组的构成以及日程安排请参考以下报告：Measures Affecting the World Market for Copper Ores and Concentrates：Report of the Group of Government Experts. L/6167（May 1，1987）。

⑲　Contracting Parties，Forty – Third Session，Summary Record of the Fourth Meeting on 2 December 1987，SR. 43/4（Jan. 12. 1988）。

⑳　*Japan Measures Affecting the World Market for Copper Ores and Concentrates*：Note Director – General. L/6456（Jan. 31. 1989）。

㉑　Council. Minutes of Meeting on 21 February 1989. C/M/229. P5 – P6（Mar. 20. 1989）。

欧洲经济共同体制定了新的反迂回倾销规则，来解决通过零配件进口规避反倾销税的做法。所谓的迂回方式是指零配件产品以拆解的方式进口，在区域内部组装完成后销售。新规则出台后，对类似零配件进口后也要征税。[422] 1987 年 6 月，欧共体理事会在该规定实施后召开会议，通产大臣田村和通商产业事务次官福川伸次明确质疑该规则与 GATT 相悖，表示会向 GATT 提出申诉。[423] 另一方面，7 月后，欧洲经济共同体也根据新规进行了调查，于第二年 3 月决定对电动打字机、电子秤的零配件征收关税。[424] 当时的 GATT 反倾销措施委员会（ADP）针对此问题，还召开特别会议进行讨论。7 月底，日本希望根据 GATT 第 23 条和东京回合反倾销协议第 15 条第 2 款提请磋商。[425] 9 月 16 日，通产省通商关税科长上野裕和欧洲经济共同体反倾销课长诺依曼等人在布鲁塞尔举行磋商，但是未能达成一致。[426] 10 月 6 日日本要求成立专家组，当月理事会表示同意。[427] 1989 年 7 月和 9 月两次召开专家组会议。

一年半后，1990 年 3 月，专家组报告提交给当事国，基本认可了日本的建议。也就是说，欧洲经济共同体对零配件征税属于国内税，不能根据进口的时间和地点征收，只对进口零配件征税违反 GATT 第 3 条第 2 款第 1 项。此外，为了提高当地采购率，可以有条件地免除零配件关税。此举虽然能够促进优先采购欧洲产品，但是违反了 GATT 第 3 条第 4 款。[428] 欧洲经济共同体则表示这些措施符合欧洲的规定，在反倾销方面发挥着非常重要的作用，而且也符合 GATT 第 20 条（d）款。对此，专家组表示欧洲经济共同体的反倾销规则不能征收反倾销税，驳回了欧洲经济共同体的抗议。[429] 另一方面，日本认

[422] Council Regulation 1761/87. 1987 O. J（L167）9（EEC）. 当时反倾销税规则的基本原则是理事会规则 2176/84 号，之后又把 2423/88 号的第 13 条第 10 款作为防止迂回规则使用。

[423] 《日本经济新闻》，1987 年 6 月 23 日晚报，第 3 版；《日本经济新闻》，1987 年 6 月 23 日日报，第 1 版。

[424] Council Regulation 1021/88，1988 O. J. （L 101）1（EEC）；Council Regulation 1022/88，1988O. J（L101）4（EEC）.

[425] Consultations under Article XXIII：1 of the General Agreement and Article 15；2 of the Anti – Dumping Code：Request by Japan. L/6381（Aug. 8. 1988）；ADP Committee. Minutes of the Special Meeting on 6 May 1988，ADP/M/21（May 27，1988）.

[426] 《日本经济新闻》，1988 年 9 月 17 日晚报，第 1 版。

[427] Council，Minutes of Meeting on 19 – 20 October 1988，C/M/226. P14 – P19（Nov. 2. 1988）；Communication from Japan，European Economic Community – Regulation on Imports of Parts and Components：Recourse to Article XXIII：2 by Japan，L/6410（Oct. 7，1988）.

[428] Panel Report，*European Economic Community – Regulation on Imports of Parts and Components*，paras5. 4 – 5. 9，5. 19 – 5. 21，L/6657（Mar. 22. 1990）.

[429] Ibid. ，paras 5. 12 – 5. 18；5. 24.

为欧洲经济共同体的措施违反了理事会规则 1761/87 号（law as such），但因该规则不具有强制力，所以无法要求欧共体委员会取消违反了协议的措施。日本的意见也被驳回。[130]

虽说日本胜诉，但是在执行过程中也遇到了很多困难。因为该案涉及反迂回倾销等核心问题，而且与乌拉圭回合中欧洲经济共同体的反倾销谈判立场息息相关[131]，所以1990 年 5 月理事会上，欧洲经济共同体不仅没有采纳专家组报告，还对此进行了批评，明确表示拒绝按照专家组的建议（通过谈判决定迂回规则的适用性）实施情况，并且提出要根据反倾销谈判的结果修改相关规则。[132] 最后，欧洲经济共同体停止迂回规则的适用，但是没有对规则和防止迂回规定做任何修改。[133]

日本第 2 件专家组申诉案件也是欧洲经济共同体的反倾销案。1991 年 5 月，欧共体理事会决定对磁带征收反倾销税。[134] 日本委托反倾销措施委员会处理该案。日本担心迫在眉睫的临时征收关税会影响东京回合反倾销协议达成一致[135]，决定征税后，从 1991年 7 月开始，根据该协议第 15 条第 2 款举行了 4 次磋商。[136] 磋商未能达成一致，1992年 6 月反倾销措施委员会根据东京回合反倾销协定第 15 条第 3 款提出调停，同年 7 月举行会议，也未能奏效。[137] 日本于 1992 年 10 月决定成立专家组，并且得到反倾销措施委员会的同意。[138]

与以往其他案件不同的是，本案中在 GATT 框架下举行的双边非正式谈判基本没有相关报道。这段时期，通产省已经明确开始调整方向，从重视双边关系及采取灰色措施的贸易管理转为重视多边框架的规则导向型，所以对于委托 GATT 处理一事，通产省

---

[130]　Ibid. , paras 5. 25 – 5. 26.

[131]　该点请参考：岩泽，同前，脚注 322，第 192—193 页。Terence P. Stewart, Susan G. Markel and Michael T. Kerwin. "Antidumping. " in Tetence P. Stewart （ed.）, *The GATT Uruguay Round : A Negotiating History （1986 – 1992） Volume II : Commentary* （Kluwer Law and Tacation Publishers, 1993）, P1616 – P1625.

[132]　Council. Minutes of Meeting on 16 May 1990. C/M/241. P19 – P27 （June 8, 1990）.

[133]　小室程夫，《主要国家的防止迂回措施与 GATT》，《国际经济法学会年报》，第 1 期，1992 年，第 80—81 页。

[134]　Council Regulation 1251/91. 1991 O. J. （L 119） 35 （EEC）.

[135]　ADP Committee. Minutes of Meeting on 29 October 1990. ADP/M/31. paras109 – 111 （Jan. 17. 1991）.

[136]　Request by Japan for the Establishment of a Panel under Article 15 : 5 of the Agreement, *EEC – Imposition of Anti – Dumping Duties on Imports of Audio Cassettes from Japan* : ADP/85, P2 （Oct. 13. 1992）.

[137]　ADP Committee. Minutes of Meeting on 9 July 1992. ADP/M38, paras. 8 – 35 （Oct. 19. 1992）; Anti – Dumping Proceeding in the European Community on Audio Tapes and Cassettes Originating in Japan : Request for Conciliation under Article 15 : 3 of the Agreement. ADP/79 （June 4. 1992）.

[138]　ADP Committee, Minutes of Meeting on 26 – 27 and 30 October 1992. ADP/M39, Paras. 108 – 146 （Jan. 22. 1993）; ADP/85, *supra* note 436.

内也没有慎重论的说法。⑬ 巧合的是 1992 年首次公布了不公平贸易报告，也明确说明这一时期日本的贸易外交政策开始转变为规则导向型，所以日本也开始指责磁带反倾销税案不符合欧洲经济共同体的反倾销的相关规定。⑭

最后，WTO 成立后，1995 年 4 月底，专家组报告才提交给当事国，其中提到了很多分歧，包括反倾销的计算以及损失。专家组驳回了日本在零位调整（zeroing）⑪、构成价格、损失认定等方面的建议和请求，在价格比较时也考虑到间接销售经费和利润处理的非对称性，判断欧洲经济共同体（1993 年 11 月《马斯特里赫特条约》生效后成为欧共体）的相关规定以及本案并不符合东京回合反倾销协议第 2.6 条的规定。⑫

本案的判决属于 WTO 协议生效后的判决，专家组报告必须要在 1996 年底的过渡期内采纳。直到 1996 年 12 月反倾销措施委员会召开。虽然这是最后的机会，欧共体一直一如既往地拒绝采纳该报告。但作为最后的机会，会上宣布将按照专家组的判断修改相关规则，反倾销税的问题得以解决。对此，日本则认为修改规则不够充分。⑬

在这一时期，日本还根据反倾销协议第 15 条第 2 款发起了两次磋商。一是韩国聚醛树脂反倾销案。就此案而言，因为一直以来都是美国对韩国提起申诉，而且专家组也做出了判断，从这个角度讲，日本没有发挥主导作用。日韩磋商分别于 1991 年 10 月 2 日和 1992 年 5 月举行。1992 年 2 月美韩专家组成立，日本作为第三国加入该小组，该委员会在实质上推动了问题的解决。⑭

另外一件是 1992 年针对欧洲经济共同体提起的申诉——已付反倾销税课征规则。根据当时欧洲经济共同体的有关规定，在返还反倾销税过程中计算出口构成价格时，进口产品为反倾销税征收对象时要扣除出口商的成本。通过这种方法，出口商的倾销幅度被提高一倍。⑮

⑬ 《日本经济新闻》，1992 年 11 月 9 日日报，第 5 版；《日本经济新闻》，1992 年 11 月 6 日日报，第 5 版。

⑭ 通商产业省通商政策局编，《不公平贸易报告 1992 年版——GATT 与主要国家的贸易政策》，日本贸易振兴会，1992 年，第 107—109 页；《日本经济新闻》，1992 年 6 月 8 日晚报，第 1 版。

⑪ 经济产业省通商政策局，同前，脚注 317，第 112—113 页。所谓归零是指"某种产品的样品或者出口交易时的出口价格高于国内价格，在计算加权平均值时要将差归零，人为调高倾销幅度"。

⑫ Panel Report，EC-Anti-Dumping Duties on Audio Tapes in Cassettes Originating In Japan，ADP/136（Apr. 28. 1995，unadopted）.

⑬ ADP Committee，Minutes of Meeting on 28 - 29 April 1997. G/ADP/M/10（Sept. 24. 1997）；ADP Committee. Minutes of Meeting on18 December1996，ADP/M/54（Apr. 8. 1997）.

⑭ ADP Committee，Minutes of Meeting on 17 February 1992. ADP/M/36. para. 6（July 22. 1992）；ADP Committee. Minutes of Meeting on 4 October 1991，ADP/M/34. Paras7. 11（Feb. 7. 1992）.

⑮ 所谓 the duty as a cost issue，概要请参考：Edwin Vermulst，The WTO Anti - dumping Agreement：A Commentary（Oxford Univ. Press，2005），P176 - 178。

对于该规则，日系企业通过别的途径向欧洲法院提起诉讼，认为该规则无效，违反了东京回合反倾销协议。1992 年 3 月，欧洲法院驳回了该起诉[146]，第二个月，日本根据反倾销协议第 15.2 条要求与欧洲经济共同体进行磋商。[147] 欧洲经济共同体于同年 10 月和第二年 4 月举行了两次磋商[148]，但是并没有取得任何成果。最后双方做出妥协，决定在乌拉圭回合反倾销谈判时将该条写入现行反倾销协议的第 9.3.3 条。[149]

4. 总结

如上所述，从 20 世纪 80 年代开始，跨度长达十年，涵盖了方方面面的内容，主要是介绍日本作为申诉国积极参与解决 GATT 争端的情况：利用 GATT 第 22 条、第 23 条展开磋商，以及首次要求成立专家组，就欧共体零配件反倾销案进行判决。另外，从"盾"的方面看，这一时期，日本经常被申诉，各国纷纷开始使用法律手段维护本国利益。但是向法律主义转型早在 20 世纪 80 年代到 90 年代初就已初现端倪，并非随着 WTO 成立一蹴而就。

如罗伯特·邬达克（Robert E. Hudec）在 1993 年的著作中论述，日本作为申诉国并不一定能够获得实际好处。比如法国视频录像机通关限制案、美国半导体制裁案，日本作为申诉国，积极利用第 23 条进行磋商和成立专家组，但是事实上还是日本被迫做出了妥协，采取了出口自愿限制，或是遭受了 4 年以上的制裁后同意签署新的协议。而且欧洲经济共同体零配件反倾销案中虽然做出了法律裁决，但是欧洲经济共同体明确表示拒绝履行，也为 GATT 争端解决历史上留下了"污点"。[150] 还有，本书出版后发生的欧洲经济共同体磁带反倾销案也是一样：专家组驳回了日本的大部分建议和请求，直到 WTO 成立，报告书也未被采纳，只能以"过期"宣告结束。作为被诉国时，基本都是以日本败诉收场，所以这不能说明是否有利于日本的国家利益。

但是，邬达克高度赞扬了日本对形势的准确判断。[151] 日本作为申诉国在 WTO 成立过程中及时调整政策，从原来的尽量回避诉讼，到现在积极采取法律手段解决争端，

---

[146]　Case C - 188/88，NMB v. Comm'n，1992 E. C. R. I - 1689.

[147]　Request for Consultations under Article 15：2 of the Anti - Dumping Code：Communication From Japan，ADP/78（Apr. 21. 1992）.

[148]　经济产业省通商政策局，同前，脚注 317，第 450 页。

[149]　Marc Koulen，"The New Anti - Dumping Code through Its Negotiating History" in Jacque H. J. Bourgeois et. al.（eds）. *The Uruguay Round Results*：*A European Lawyer's Perspective*（European Inter university Press. 1995），P219 - P220.

[150]　Hudec. *supra* note 320，P256，P258.

[151]　同上，第 257 页。

即现行的争端解决机制（Dispute Settlement Understanding，简称 DSU）。作为被诉国，虽然不属于本节讨论的范围，但是之前的章节也有论述，松柏类木材关税分类案中合理地借助了 GATT 争端解决机制。这些经验使日本进一步确信法律主义已经到来。

艾米·斯里特（Amy E. Searight）曾撰文指出：从 20 世纪 80 年代到 90 年代，日本向"积极的（assertive）"贸易战略转型就标志着贸易政策法律主义的萌芽。[52] 斯里特列出以下 3 点理由，这与本章节中的论述，特别是日本作为申诉国积极依托 GATT 解决争端的做法不谋而合。

第一个理由是：日本贸易逐渐自由化，具备了积极解决争端的外部环境。正如荒木所言，日本有很多政策与 GATT 不符，如果对他国提出申诉，反而有可能引发对日本不利的风险。[53] 所以，通过 GATT 争端的解决，贸易逐渐自由化，虽然对农产品和皮革制品等最难自由化的产品仍然继续采取数量限制措施，但是也在一定程度上促进了自由化的发展。

第二个理由是美国态度的变化。斯里特表示美国的贸易政策向单边主义转移，特别是 80 年代日美经济摩擦激化期间，美国态度强硬，要求日本尽快实现自由化。日本原来都是通过双边谈判，现在开始阶段性让步。美国的做法使日美关系变得更加紧张，美国需要新的战略。与半导体相关的两件案也与此有关。针对美国强硬的单边主义，日本认识到 GATT 争端解决机制可以作为抵抗美国要求的手段。

最后一个理由正如巴卡宁和其他学者所言，就是 WTO 体制的法律化。斯里特的论述主要着眼于 WTO 成立后，但是在本章节涉及的时期内能够发现争端解决机制司法化的趋势，所以 WTO 成立后也是同样的趋势。首先。根据一直以来的惯例，1979 年争端解决机制相关谅解落实到纸面上。之后 1982 年 11 月部长级会议召开，1988 年新的谅解达成，对争端解决机制进行了修改和加强。[54] 此外，从 1986 年开始，乌拉圭回合起草了现行的争端解决谅解机制，日本也发挥了非常积极的作用。[55] 从 1980 年开始，争端增加，GATT 成员国整体倾向于使用法律解决问题，特别是 20 世纪 80 年代中期以后，日本作为贸易大国，被申诉的机会理所当然地增加了。

当然，法律主义的程度仍然比较有限。饭田表示，WTO 成立后，日本的政策因为

---

[52] Amy E. Searight，"International Organizations，" in Steven K. Vogel（ed.）. *U. S - Japan Relations in a Changing World*（Brookings Institution Press，2002），P174—179.

[53] Araki，*supra* note 321，P796—797.

[54] 该流程请参考：岩泽，同前，脚注 322，第 19—20 页。

[55] Araki，*supra* note 321，P798.

承诺了自由贸易，所以未发生根本性转变；只不过是为了适应国际大环境的变化做了战术（tactical）调整（或是权宜之计）。饭田对此解释道：日本在乌拉圭回合初期对争端解决机制法制化持消极态度，美国不履行也说明申诉的成果比较有限，政府支持 WTO 法律化的行为不够完善。⑯ WTO 成立后尚且如此，如上文所述把 GATT 末期形容为攻击性法律主义的话略有夸张。巴卡宁表示，如本章开头部分所言，攻击性法律主义作为"意识性战略"；用主义（ism）来表现，说明"攻击性"是指法律主义"已成系统并且可以酌情使用"（the systematic and observable use）。通过观察上述案件，特别是日本作为被申诉国的案件，不难发现美国并不是为了维护国家利益才积极地采用 GATT 手续作为"盾牌"，而是迫于欧美强烈的市场开放压力以及国内不允许让步的压力才采用 GATT 争端解决机制的，这样说的话更符合现实。

但是，其实并不仅仅局限于这种程度。乌拉圭回合开始后，日美、日欧摩擦激化，GATT 手续本身逐渐司法化、法制化，国际经济关系和环境也在不断调整。在此背景下，特别是日本作为申诉国的案件，在"战术上"向法律主义迈出了一步。这种说法既符合了斯里特、饭田的评价，与本章节中提到的各个案件也能保持一致。

第 4 节　乌拉圭回合谈判期新贸易政策的萌芽

如本章第 1 节介绍，乌拉圭回合开始于 1986 年，结束于 1993 年底。其间，国内贸易决策过程左右着当时的日本贸易政策，备受瞩目。本节围绕新贸易政策的萌芽，分为以下三个方面重点介绍。

1. 成立公平贸易推进室并刊登"不公平贸易报告书"：规则导向型标准的采用

乌拉圭回合谈判时期，通商产业省内由国际经济部负责贸易政策，下设国际经济科⑯、通商关税科⑯以及临时多边贸易谈判对策室（简称"GATT 室"）。⑯ 1990 年，在该部新设公平贸易推进室，由通商关税科长丰田正和兼任室长。成立该部门的初衷主

---

⑯　Keisuke Iid, *Legalization and Japan：The Politics of Dispute Settlement*（Cameron May，2006），ch. 2.
⑯　主要负责："1. 部门事务综合调整；2. 与通商贸易有关的多边协议或决定（不包括其他部门负责的领域）"：《1981 年版通产手册》，商工会馆，1980 年 11 月 6 日。
⑯　主要负责："1. 通商贸易政策有关的关税问题和通产省内部所负责的其他与关税有关的事务性问题"：同上。
⑯　没有关于负责内容的记录：同上。

要是为了对抗美国，美国每年都会公布《年度外国贸易壁垒报告》（National Trade Estimates on Foreign Trade Barriers）。为了防止美国肆意使用标准，日本决定根据 GATT 等国际性规则，总结国外影响贸易的措施和商业习惯，也形成报告，并且刊登公布；与公平贸易中心合作，成立"不公平贸易政策制度调查委员会"，由东京大学教授松下满雄担任会长。1991 年 6 月，该委员会完成了针对美国、欧洲和加拿大的三份报告（日英版本同时发行）。松下会长在本报告书前言部分表示[460]：

> 迄今为止，在很多报告中都提到了"不公平"的判断标准（作者注：美国 NTE[461]），但是这些标准并不够明确。有些是以 GATT 等国际性规则作为标准，有些是根据本国的政策和制度作为标准，只要其他国家的政策和制度不同，就属于"不公平"。本报告最基本的讨论标准是 GATT、巴黎条约等国际协议以及国际管理法等广义上的国际规则，在此基础上讨论各国的政策和制度。

以此成果作为基础，在产业结构审议会乌拉会回合会议（现通商政策会议）下，新设了不公平贸易政策与措施调查小委员会，由东京大学教授松下满雄担任委员长，把对象扩大至 10 个国家和地区。1992 年 6 月，该委员会正式公布《不公平贸易报告》（日英同步发行）。[462] 之后，本报告成为年度报告。

1992 年版"前言"以及第一部第 1 章"所谓'不公平贸易'"中明确了本报告的主要目的。

第一个主要目的是：为混乱的"不公平贸易"概念画上休止符，通过 GATT 或是类似国际规则以及国际社会达成的规则明确基本的认定标准。[463]

一般来说目前"不公平贸易"的标准大致可分为两类：第一种是以国际社会达成的规则为前提制定的标准，第二种是以贸易结果作为标准。前者被称为规则导向型标准，后者被称为结果导向型标准。

规则导向型标准：第一，现行 GATT 规则以及相关协议。第二，乌拉圭回合中

---

[460] 公平贸易中心编，《不公平贸易政策报告》，1991 年，第 1 页。
[461] National Trade Estimate Report on Foreign Trade Barriers，《年度外国贸易障碍报告》。
[462] 通商产业省通商政策局编，《1992 年版不公平贸易报告》，日本贸易振兴会，1992 年。
[463] 同上。

确定的规则。第三，GATT 以外的其他国家法律。第四，国际法的基本原则。

结果导向型标准：根据不明确的国际规则，对某些国家的贸易造成不利影响的政策和措施属于"不公平"或是"不合理"。

本报告只提到以"规则导向型"的四种规则作为标准。[464]

批评"结果导向型标准"的态度非常明显，指的就是当时的美国，特别是美国根据《贸易法》第 301 条的贸易谈判态度以及采用的判断标准。本报告的提出具有很强的象征意义，明确标志着拒绝使用美国判断不公平贸易政策的"结果导向型标准"，首次旗帜鲜明地表态日本要采用"规则导向型标准"。欧美媒体对该报告也做了报道，普遍认为日本的贸易政策有可能发生变化。该报告刊登后，1992 年 8 月还公布了"1993 年通商产业政策重点"，其中明确提出把规则导向型贸易政策作为通商产业省的整体政策。[465]

2. 与国内产业密切配合决定贸易政策

乌拉圭回合谈判开始前，1984 年，日本贸易会贸易研究所（后转移到国际贸易投资研究所旗下）成立，同时成立了公平贸易中心，由铃木敏夫担任首任所长。该中心成立早期的主要目标是研究贸易救济措施法制。但是从 20 世纪 70 年代末开始到 80 年代初，欧美等国对日本实施反倾销措施激增。该中心的主要任务转为收集反倾销措施等与贸易有关的信息，并且提供一些可以共享的、有效的解决方案。该中心主要由钢铁、电气设备、轴承等主要出口企业为核心，因为这些产业经常被其他国家申诉。该中心的成立在很大程度上反映了通商产业省内部当时的政策走向。

该中心早期开展的活动。当时，欧共体、澳大利亚、美国、加拿大等国经常对日本产品采取反倾销措施，在此背景下，该中心按照国别组织了反倾销法研究委员会（主要成员是当事出口企业的法务负责人，通商关税课的官员每次也参会）。1986—1987 年，公布了一系列报告。[466]紧接着在 1988 年，钢铁金属行业、电器设备行业、纤

---

[464] 同上，第 4 页。

[465] 通商产业省，《平成 5 年贸易产业政策重点》，1992 年 8 月，第 27 页（明确了作为"2. 为构建国际制度做出积极贡献"的支柱之一，"（1）根据国际规则明确国际经济秩序，深化国际经济互相依存关系，构建乌拉圭回合、OECD 等新的国际经济秩序，日本要发挥积极贡献"）。

[466] 公正贸易中心编，《欧共体反倾销法及应用——案例介绍及问题》（1986 年）；《澳大利亚反倾销规则及应用——以日本产品为例的相关研究及应对》（1986 年）；《美国反倾销法——案例分析及应用问题和对策》（1987 年）；《加拿大反倾销法——解释、案例、问题（上）（下）》（1987 年）。

维等企业的法务负责人组成了反倾销法制问题研究委员会（东京大学教授松下满雄担任会长，通商关税课课长担任观察员[467]），当时主要是负责讨论乌拉圭回合谈判议题之一——反倾销协议修改方案，第二年作为会议成果，提交了报告。[468]

如果认真研究该中心的具体活动，可以发现它们与通商政策局国际经济部通商关税课之间保持着密切的合作关系，实际上，该中心为政府负责谈判官员和国内出口企业提供了一个平台，双方可以围绕反倾销问题共享信息并且交换意见。[469]事实上，乌拉圭回合中反倾销协议修改谈判中日本提出了很多意见（比如，正常价格和出口价格的对称性、构成价格、倾销和损失的因果关系、日落复审原则），这些也都是该中心讨论的成果。[470]

3. 与学界的合作机制："专家组研究会"成立

1991年，通商产业省委托公平贸易中心进行"经济机构比较调查研究（贸易争端相关法规调查研究——GATT争端处理案例研究）"，还组织了研究会，专门负责研究从1948年GATT成立以来提出的专家组报告。[471]该研究会由东京大学教授松下满雄担任会长，小遵商科大学助理教授担任主要负责人，此外还有7名委员。第一年研究了31份专家组报告，第二年研究了18份专家组报告。该研究会第一份报告"前言"部分有这样一段话：

> 自1948年GATT成立以来，根据第23条提起磋商的案件有139件，包括补贴
> 等协议多达170件案件都是委托GATT争端处理机制处理的。与日本直接相关的有
> 20多件。随着经济全球化的发展，今后类似的案件会越来越多。以前日本在争端处
> 理中经常作为被诉方，从去年的欧共体零配件反倾销争端胜诉开始，日本也调整了

---

[467] 时任通商关税科科长鹭坂正（截至1988年5月底）以及上野裕（1988年6月开始）作为观察员出席会议。

[468] 公平贸易中心编，《GATT反倾销协议修改提案》，1989年。

[469] 现在，为了信息共享和交换意见，解决多哈回合规则谈判，成立了"反倾销协议修改问题研究会"。请参考："反倾销协议修改问题研究会"调查研究报告（公平贸易中心，1999年）。

[470] 同前，请对比脚注468和本章第2节3（3）日本的提案。

[471] 该研究会曾因委托方和名称变更导致暂时休会，但是直到2012年为止仍然存在，更名为"WTO专家与上诉委员会报告相关调查研究"委员会。其成果请参考：经济产业省，《WTO专家与上诉委员会报告相关调查研究报告》主页（http://www.meti.go.jp/policy/trade_policy/wto/ds/panel/panelreport.html，2012年7月25日）。在此基础上，松下满雄等人还编纂了《GATT/WTO案例》（有斐阁，2000年）以及《WTO案例》（有斐阁，2009年）。

方式，今后会积极利用相关规则处理争端。

正是预测到今后会经常参与到争端处理机制中，日本需要采取适当的攻守措施，所以需要做好基础工作，成体系地分析之前发生的争端处理案例。[172]

如上所述，日本在欧共体零配件反倾销案中胜诉后，通商产业省决定无论日本是申诉国还是被申诉国，今后都要灵活利用 GATT 争端处理机制。成立该研究会，正是为此做准备[173]；也可以说是为了规则导向型贸易政策的实施夯实基础[174]，此举得到了学界的广泛支持。

以上就是这一时期日本政府方面出现的三个重要变化：调整政策、与国内产业密切合作和与学界合作。通过三方面的努力，为日本积极参加 WTO 谈判和灵活利用 WTO 争端解决机制提供了制度性保障，这将在第 2 章第 1 节和第 2 节中详细介绍。[175]

---

[172]　公平贸易中心编，《关于 GATT 的争端解决调查报告》，1992 年。

[173]　在该领域政府和学界加强合作机制的动向之一就是 1991 年 11 月成立日本国际经济法学会。该学会设立书（同年 3 月 28 日）中表示："和欧美各国相比，日本在这方面的研究已经落后，为了改变这种局面，成立国际经济法学会，非常需要政府、企业、律师事务所以及其他机构精诚合作，致力于国际经济法相关的实践和研究。"《日本国际经济法学会年报》第 1 号（1992 年），请参考第 168—169 页。

[174]　担任该研究会会长及负责人的松下教授和清水教授，担任了 WTO 争端解决机制——上诉委员会初任委员（1995—2000 年），而且多次担任专家组成员。他们在 WTO 争端解决机制方面，为提高了日本的存在感做出了重要贡献。

[175]　第 2 章中提道：WTO 成立后，日本积极利用争端解决机制。巴卡宁教授把这种现象称为"攻击性法律主义（Aggressive Legalism）"，但是初次出现这种趋势是 1992 年，当时每年都公布《不公平贸易报告》。Pekkanen，*supra* note 319，P711. Pekkanen，*supra* note 318，P10，请参考本章第 3 节。其研究没有涉及促进与国内产业的密切合作以及与学界合作的制度性基础问题。

第 2 章　WTO 体制的成立以及日本的贸易战略
（1995—2001 年）

第 1 节　WTO 体制的发展及挫折

1. 新加坡部长级会议和《新加坡宣言》

1995 年 1 月，世界贸易组织 WTO 成立，1996 年 12 月在新加坡召开第一次部长级会议。WTO 以及主要国家的动向大体可以分为三个方面论述：①WTO 成立后的动向；②针对新加坡部长级会议召开的动向；③信息技术产品协议出台。

（1）WTO 成立后的动向

WTO 在 1995 年发布了年度报告，其中列举了五项主要任务，分别是：①促进乌拉圭回合谈判成果落实；②为多边贸易谈判提供平台；③管理争端解决机制；④管理贸易政策讨论机制；⑤调整国际货币基金组织和世界银行等全球经济决策机构。[①] 接下来，将从落实乌拉圭回合谈判成果以及管理争端解决机制两方面，介绍从 WTO 成立到新加坡部长级会议召开这一时期内 WTO 开展的行动。

A. 落实乌拉圭回合成果

WTO 成立后最大的课题之一就是如何敦促成员国落实乌拉圭回合的谈判成果。就此可以把 WTO 的行动分为三个方面：成员国遵守通报义务、落实具体约定（修改国内法、降低关税）以及落实包括后续谈判成果在内的 WTO 协定规定的各项义务。[②]

---

① *Overview of developments in International Trade and the Trading System*，*WTO NEWS*：1995 Press Release，WT/TPR/OV/1. December 1995.

② 同上。

首先介绍成员国要遵守的通报义务。乌拉圭回合谈判负责人非常清楚即便成员国签署了高级别协议，但是如果无法保障落实情况的话，没有什么意义。为了确保已经签署的事项得到履行，必须引入相关制度能够实时监督以确保其公开透明。其主要方法是各国自行通报，WTO 成立专门的审查机构。WTO 成立后立即成立了工作会议，负责处理通报等相关问题，整理各个协议中规定的通报义务，并且讨论相关的通报手续。③ 该会议成立后，为了减轻成员国在通报方面的负担，该工作会议也做了很多工作：①梳理附件 1A 中各个协议相互重复的通报义务；②简化通报相关数据、规范格式；③更改通告时间（统一通告时间）；④协助发展中国家完成通报手续。

接下来介绍具体的落实问题。根据 1995 年年度报告，必须在完善制度建设的同时就通报制度达成一致。最后，基本上所有的领域都满足了这一要求。最后是落实 WTO 协定规定的义务问题：根据 WTO 秘书处的统计，在 WTO 协定中，与乌拉圭回合谈判实施有关的需要再谈判的规定有 74 项。1995 年需要采取具体措施的有 34 项。④ 下一节着重介绍服务贸易的谈判情况。

B. 服务贸易谈判的后续情况

乌拉圭回合谈判为今后很多问题制定了时间表。一般来说，WTO 成立后就要马上就这些问题进行谈判，被称为"既定议程"。⑤ 这里主要介绍既定议程中与服务贸易有关的新一轮谈判，主要包括金融服务、基础电信服务、自由职业服务等三个方面。⑥

首先介绍金融服务领域的谈判情况。在乌拉圭回合谈判时，美国对日本和发展中国家的自由化承诺表示不满，要求最后阶段实现综合性最惠国待遇（MFN）的登记免除义务，这招致其他国家的强烈反对。所以，最后采纳了部长决定以及与金融服务有关的 2 号附件，并且决定回合谈判后继续进行谈判直至 1995 年 6 月底。新一轮谈判时，服务贸易理事会下设金融服务贸易委员会，重点研究是否撤回美国提议的综合性最惠国待遇登记免除条款。但是，美国对于部分发展中国家的自由化承诺并不满意，要求

---

③　同脚注 1。

④　同上。

⑤　根据乌拉圭回合协议，决定从 2000 年就开始谈判的议题。主要是指农业领域和服务贸易领域，相继出台了农业协议 20 条、服务贸易协议 19 条。也被称为"已经达成一致的议题"。

⑥　外务省经济局服务贸易室，《WTO 服务贸易一般协议——最新动向与各国承诺（1998 年版）》，日本国际问题研究所，1998 年。

在全部金融领域执行广义的最惠国待遇登记免除义务，这导致谈判陷入停滞。[7]

之后，1997 年 4 月，在金融服务贸易委员会的努力下，谈判再次启动。[8] 但是随着东南亚货币危机爆发，各国经济状况恶化，以东盟（Association of South - East Asian Nations，简称：ASEAN）等国为主的发展中国家无法提出并履行承诺，导致谈判再次陷入胶着。发达国家不得不向主要的发展中国家派出政府高官，期待以此推动事态发展。通过各方面的积极努力[9]，同年 11 月，32 个国家提出承诺[10]；最终，包括亚洲和拉美国家在内的 70 个国家提出了承诺。发展中国家的承诺主要包括缓和外资限制、撤销最惠国待遇登记免除、承诺大幅改善。在此基础上，1997 年 12 月，美国决定不对外国服务提供商实施差别对待，也就是基于最惠国待遇做出了调整。[11] 同年 12 月，与金融服务有关的协议签署。[12] 在该谈判成果的基础上，日本也追加了承诺，提出把日美保险协议以及金融服务协议成果列入本国承诺书中。[13]

之后介绍基础电信服务。与金融服务一样，都没能在乌拉圭回合谈判期间谈拢。所以 1993 年 12 月，根据马拉喀什部长宣言的要求，成立了基础电信服务谈判会议（Negotiation Group on Basic Telecommunications，简称：NGBT），谈判一直持续到 1996 年 4 月底。但是直到谈判后期，美国对各国提出的自由化承诺的程度都不满意，决定把谈判延长至 1997 年 2 月底。[14] 基础电信服务谈判的重点是：①确定临界点（Critical Mass）[15]；②放宽外资出资比例的相关规定；③国际通信服务领域上国际单纯转售自由化；④为规则制作"参考文件"。下面着重就前两者进行说明。

---

[7] Committee on Trade in Financial Services, *Report of the Meeting Held on 29 June 1995*, Note by the Secretariat Revision. S/FIN/M/5/Rev. 1, 21 July 1995.

[8] Committee on Trade in Financial Services, *Report of the Meeting Held on 10 April 1997*, Note by the Secretariat. S/FIN/M/13. 29 April 1997.

[9] 外务省，同前，脚注 6，第 9 页。

[10] Committee on Trade in Financial Services, *Report of the Meeting Held on 12 and 14 November 1997*, Note by the Secretariat. S/FIN/M/18, 21 November 1997.

[11] Committee on Trade in Financial Services, *Communication from the United States of America – Revised Conditional Offer on Financial Services Revision*, S/FIN/W/12/Add. 5/Rev. 2. 12 December 1997.

[12] Committee on Trade in Financial Services. Report of the Meeting Held on 12 December 1997. Note by the Secretariat. S/FIN/M/20. 19 December 1997.

[13] Committee on Trade in Financial Services, *Communication from Japan – Revised Offer on Financial Services Revision*. S/FIN/W/12 Add. 3/Rev. 1. 12 December 1997.

[14] Negotiations Group on Basic Telecommunications, *Report on the Meeting of 30 April 1996*, S/NGBT/17. 8 May 1996.

[15] 针对某一产品，参与国家占世界贸易总量一定比例时（比如，80%、90% 等大多数），撤销和调整该产品的关税。

首先，确定临界点。美国和欧盟等国建议为了实现互相妥协，要有足够的国家提出具有实质意义的自由化承诺。一开始谈判时间定在 1996 年 4 月底，有 49 个国家提出了自由化承诺。深受日本重视的印度尼西亚和马来西亚没有参加谈判。[16] 之后，美国、欧盟和日本积极推动亚洲各国参与到谈判中，临近 1997 年谈判末期，有 70 个国家提出了自由化承诺书。[17]

其次，放宽外资出资比例的相关规定。讨论范围涉及市场准入以及外国资本对国内电信商的投资额及投资比例等。但是，日本坚持对 NTT 和 KDD 实施外资限制[18]，美国也保留了相关规定，规定外资向无线局直接投资最高比例为 20%。[19] 其实，几个主要国家都保留了对外资的限制，所以谈判陷入困境。最后各国虽然做出妥协，但是大都保留了对外资的限制。

最后要介绍的是自然人流动谈判。在乌拉圭回合谈判过程中，讨论过会计、律师、建筑设计师等自由职业者的自由流动问题。但是，就自由职业服务的资格、执照等问题而言，只讨论了向外国律师提供服务，其他问题没有过多考虑。因此，谈判最终阶段美国收到了美欧等国会计服务相关人员的请求，提出了"自由职业服务相关决定"，同意在回合谈判结束后，继续就自由职业的资格、执照等措施进行谈判。1995 年 7 月，根据上述决定成立了"自由职业服务相关工作会议"。

"自由职业服务相关工作会议"根据服务贸易总协定（GATS）第 6 条第 4 款对自由服务的资格制定了相关规则：以会计服务为主，①根据国内客观且透明的规则标准，制定多边规则，取消多余的贸易限制；②与国际机构合作使用国际标准；③讨论并制定资格认证使用的指导手册。最后，1997 年向总理事会提交了"会计服务部门互相承认协议及指导手册"[20]；1998 年提交了"会计服务部门国内规则"。[21] 前者提出鼓励两国之间互相承认会计服务协议，并形成了一份没有约束力的指导手册；后者希望去掉服

---

[16] NGBT, *supra* note 14.

[17] Group on Basic Telecommunications, *Report on the Meeting of 15 February* 1997，S/GBT/M/9，10 March 1997.

[18] Group on Basic Telecommunications, *Communication from Japan – Draft Schedule of Specific Commitments on Basic Tele-communications – Revision.* S/GBT/W/1/Add. 29/Rev. 1. 14 February 1997.

[19] Group on Basic Telecommunications, *Communication from the United States – Conditional Offer – Revison.* S/GBT/W/1/Add. 2/Rev. 1. 12 February 1997.

[20] Council for Trade in Services, *Guideline for Mutual Recognition Agreements or Arrangements in the Accountancy Sector*，S/L/38，28 May 1997.

[21] Council for Trade in Services, *Discipline on Domestic Regulation in the Accountancy Sector*，S/L/64. 17 December 1998.

务贸易总协定第 6 条国内规则中 4 项涉及"服务贸易非必要性障碍"的规定，所以再次就会计服务展开了具体的讨论。[22]

C. 争端解决机制的应用情况

乌拉圭回合谈判中最大的成果就是达成了"关于争端解决规则与程序的谅解"（Dispute Settlement Understanding，简称 DSU）。在此前的 GATT 时代，需要得到全体成员国的承认，以共识方式采纳专家组报告。现在成为否定式共识方式，即只要不是全体成员国反对就能采纳专家组报告。该方式不仅适用于采纳专家组报告方面，还适用于成立专家委员会（第 61 条），采纳上诉机构报告（第 17.14 条），根据争端解决机构（Dispute Settlement Body，简称 DSB）的建议实施监督（第 21.6 条）、报复许可（第 22.6 条）等方面，这样一来，争端解决机构基本可以自行运转。另外，WTO 的争端解决机构对原审查阶段（磋商、专家组、上诉机构、审查实施阶段、报复阶段等）制定了严格规定，要求公开透明，并且禁止单方面实施报复；与 GATT 时代相比，WTO 时代的争端解决功能被大幅强化。WTO 在 1995 年年度报告中总结了 WTO 主要的五个功能之一就包括管理强化后的争端管理机制。

WTO 成立后，以争端解决机构为中心的争端解决机制等相关制度切实得到完善。1995 年 4 月，以采纳"争端解决机构会议的手续规则"[23] 为契机，开始讨论并且接受了"关于争端解决规则与程序的谅解的行动规范"[24]，并且迅速制定了指令清单（indicative list）。[25] 特别值得一提的是：1995 年 2 月，争端解决机构开始讨论上诉机构的选择问题。同年 11 月，首次选出了 7 名委员，分别是 J·巴克斯（美国）、C·毕比（新西兰）、C·艾拉曼（德国）、S·艾鲁那噶（埃及）、J·拉卡茹特（乌拉圭）、松下满雄（日本）。

争端解决的功能强化后，各成员国也频繁使用，1995 年就有 21 件申诉案件，其中 9 件成立了专家组。1996 年以后，申诉案件数量高达 60 件，成立专家组的件数也增加

[22] Working Party on Professional Services, *Report to the Council for Trade in Services on the Development of Disciplines on Domestic Regulation in the Accountancy Sector.* S/WPPS/4, 10 December 1998；木村福成，《服务自由化和国际政策性规定——会计服务》；岩田一政编，《世界贸易规则制定者——日本贸易政策和 WTO》，日本经济新闻，2002 年。

[23] Rules of Procedure for the Meetings of Dispute Settlement Body, WT/DSB/M/1. 4. 1995.

[24] Rules of Conduct for the Understanding on the Rules and Procedures Governing the Settlement of Disputes, WT/DS/RC/1. 1995.

[25] Dispute Settlement Body. Annual Report (1995), WT/DSB/3. 2 February 1996.

至 18 件。[26] 1996 年 1 月，第一份专家组报告向各成员国分发。当年 5 月，争端解决机构首次采纳了上诉机构报告。[27]

（2）新加坡部长级会议前的动向

A. 日本及其他国家的立场

马拉喀什协定推动 WTO 成立，其中第 4 条对部长级会议做出如下规定：

"部长级会议由所有成员国的代表组成，应至少每两年召开一次会议。部长级会议应履行世贸组织的职能，并为此采取必要的行动。如成员国提出请求，部长级会议有权依照本协定和其他相关多边贸易协定中关于决策的具体要求，决定所有多边贸易协定项下事项。"

1996 年 12 月，按照马拉喀什协定的规定，WTO 第一次部长级会议在新加坡举行，部长级会议可以决定"所有多边贸易协定项下事项"。该会议从 1996 年初开始，各国在会议上的争执变得更加激烈。

在第一次部长级会议上，日本期待实现四项议题：①梳理乌拉圭回合谈判成果的落实情况（筛选出不理想的领域）；②进一步实现自由化［签署信息技术协议（Information Technology Agreement，简称 ITA）、增加政府采购规则、继续就服务贸易进行谈判、既定议程等］；③明确新议题的方向（开始讨论环境、投资、竞争等问题）；④讨论中国、中国台湾、俄罗斯等国家和地区加入 WTO 的问题。[28] 各国的立场并不相同，所以新加坡部长级会议上围绕②和③展开激烈讨论。对于②来说，如前一章所述，服务贸易谈判继续进行，之后的章节会详细论述信息技术协议（ITA）问题。本章主要是围绕③来介绍日本和其他各国的立场。

1995 年 WTO 成立后，发达国家希望 WTO 能够覆盖更多的领域，但是发展中国家则持相反意见，双方存在较大争议。发达国家希望 WTO 能够进一步规范投资、竞争、劳动标准以及环境问题。其中，环境问题属于乌拉圭回合谈判的既定议程，已经决定于 1996 年部长级会议上提出会议报告。[29] 所以主要讨论的是剩下三个问题。首先是投

---

[26]　Dispute Settlement Body. Annual Report，WT/DSB/8. 28 October 1996.

[27]　Appellate Body Report，*United States – Standards for Reformulated and Conventional Gasoline*，WT/DS2/AB/R. 1996.

[28]　经团联通商对策委员会，《部长级会议上有关 WTO 最近的动向恳谈会》，1996 年 1 月，http：//www，keidanren. or. jp/japanese/journal/CLIP/clip0028/cli018. html，2012 年 7 月 25 日。

[29]　1994 Marrakesh Ministerial Decision on Trade and Environment，available at http：//www. wto. org/english/doc_e/legal_e/ 56 – dtenv_e. htm （as of July 25，2012）．

资：日本、欧盟、加拿大认为 WTO 应该涉及该问题，但美国对此的态度比较消极。其次是竞争：以欧盟为主的国家认为 WTO 应该涉及该问题，加拿大对此表示支持，但是美国和对待投资问题一样持消极态度。最后是劳动标准：美国认为这属于 WTO 管理的范围，欧盟表示支持，但是日本和加拿大对此表示反对。另一方面，发展中国家认为新加坡部长级会议只是为了讨论乌拉圭回合成果的落实情况，所以反对讨论 WTO 管理投资、竞争、劳动标准等问题。[30]

B. 事前国际会议的情况

如上所述，各国的观点错综复杂，为了在 12 月新加坡部长级会议上进一步达成共识，各国通过召开多种形式的国际会议展开了深层次讨论。比如 1996 年 4 月的神户四极贸易部长会议，5 月的联合国贸易和发展会议（United Nations Conference on Trade and Development，UNCTAD），经济合作与发展组织（OECD）部长理事会，7 月的里昂首脑峰会，10 月的印度新问题、贸易、环境相关问题发展中国家会议都围绕新的课题展开了讨论，其大概情况如下：

首先是神户四极贸易部长会议。就投资问题而言，为了对抗美国的反对，主席声明中表示除了应该在新加坡部长级会议上成立工作会议外，还应该成立非正式工作会议。就竞争和劳动标准问题而言，四极国家之间的立场各不相同，所以同意在新加坡部长级会议上继续讨论。[31]

此外，5 月召开了联合国贸易和发展会议第 9 次大会。发展中国家认为政治宣言中应该明确在农产品、纤维等有利于发展中国家的领域上自由化谈判的必要性，发达国家则认为 WTO 不应该涉及这些内容，双方意见相左。对于如何处理新的课题（新加坡宣言），还是以发达国家的观点为基础，做出一些平衡，但也都是比较普通的观点。[32]

月底，在巴黎召开了 OECD 部长理事会，探讨新加坡部长级会议的讨论内容。就投资问题而言，各方达成共识，同意在 WTO 框架下展开谈判。就劳动标准而言，支持 OECD 报告的结论，并讨论今后的进一步措施，与更多的非成员国谈判。就竞争问题而言，重点讨论了贸易和竞争政策的互相影响问题，并将成果体现在公报中。[33]

---

[30] *Concluding Statement of Chairman at the Preparatory Meeting for the Singapore Ministerial Conference*，New Delhi. September 1996.

[31] 28th Quadrilateral Trade Ministers Meeting Kobe *Chairperson's Summary*，Japan – April 19 – 21，1996.

[32] UNCTAD，*Midrand Declaration*，1996.

[33] OECD，Meeting of the Council at Ministerial Level Paris，*Communiqué*，21 – 22 May 1996.

在讨论的基础上，新加坡文件提交给各个发达国家的首脑，并在7月里昂首脑峰会上进行讨论。就投资问题而言：和OECD部长理事会时的观点一样，各方达成共识，在WTO框架下进行讨论和谈判。就劳动标准问题而言，未就WTO新加坡部长级会议的讨论内容达成一致，主席声明中表示"需要明确并解决贸易与国际公认的核心劳动标准的关系"。㉞里昂首脑峰会没有讨论竞争问题，但是在9月的西雅图四极贸易部长会议上，就WTO的工作任务达成一致，但是，美国和欧盟认为只应该讨论竞争政策问题，而日本和加拿大则认为应该讨论更广泛的内容，比如滥用反倾销措施等贸易救济措施导致竞争扭曲问题，双方意见无法达成一致。㉟

9月，反对扩大WTO的发展中国家决定在印度召开会议，着重讨论WTO新加坡部长级会议形成的新文件以及贸易和环境问题的处理方法。该会议由印度主办，孟加拉国、古巴、毛里求斯、埃及、马来西亚、津巴布韦、坦桑尼亚、印度尼西亚、泰国、加纳、肯尼亚、巴西、委内瑞拉13个国家参与。综上所述，发展中国家在会上提出反对扩大WTO；而投资和竞争政策问题应该交由贸易和发展会议讨论；劳动标准问题应该交由国际劳工组织（International Labour Organization，简称ILO）讨论。㊱

C. 部长宣言概要

1996年12月9日到13日，WTO第一次部长级会议在新加坡举行，127个WTO成员方的部长出席。日本派出外务大臣池田行彦出席。㊲会议期间，各国部长公开发表讲话。与此同时，部长层面也在积极调整《新加坡宣言》。13日，新加坡宣言公布。该宣言确认了落实乌拉圭回合谈判成果的重要性，而且同意在WTO下就投资和竞争等新的课题进行探讨。㊳

首先就投资问题而言，日本和加拿大建议WTO开始讨论。14个国家提出共同方案，并且开始领导其他国家进行讨论。印度和马来西亚等发展中国家表示强烈反对，日本、加拿大、欧盟等通过大量的说服工作促使发展中国家开始妥协，同意成立工作

㉞ *Lyon Summit Chairman's Statement*：*Toward Greater Security and Stability in a more cooperative world*，1996 Economic Summit. Lyon，France – Group of Seven G – 7.

㉟ 29th Quadrilateral Trade Ministers Meeting Seattle. Chairperson's Summary Washington – September 27 – 28. 1996.

㊱ 同前（脚注30），*Concluding Statement of Chairman at the Preparatory Meeting for the Singapore Ministerial Conference*。

㊲ 通商产业大臣佐藤信二因为要参加国会的活动所以无法出席，由通商产业审议官细川恒代为出席。

㊳ *Singapore Ministerial Declaration*，WT/MIN（96）/DEC，18 December 1996.

会议，开始具体讨论贸易和投资等问题。[39]

其次是竞争问题。日本、新西兰、韩国等国建议从贸易和竞争两方面进行讨论，但是美国和欧盟则认为应该只限于讨论竞争政策。此外，印度等发展中国家反对 WTO 讨论该问题。各方的意见难以达成一致。对此，日本主办了与竞争有关的事务级会议。在日本的说服下，很多国家都转变了态度，同意讨论反倾销等贸易救济措施，并且同意在部长宣言中明确成立工作会议，解决竞争和贸易两方面的问题。[40]

最后，美国强烈建议 WTO 讨论劳动标准问题，但是日本、加拿大以及发展中国家对此表示强烈反对，所以最终 WTO 没有对此进行讨论，明确不能采用保护主义手段，各方同意在部长宣言中就遵守劳动标准规定做出承诺。新加坡部长级会议召开后，如日本所愿，开始投资和竞争问题；对劳动标准问题，日本则持消极态度，WTO 也明确不会展开相关谈判。如此看来，日本无疑取得了巨大的成果。

（3）签署信息技术协议

签署发表了"关于信息技术产品贸易的部长宣言（Information Technology Agreement，简称：ITA）"，也是新加坡部长级会议最大的成果之一。乌拉圭回合时，日美希望能够互相撤销包括 IT（信息技术）领域在内的电子产品的关税，但是欧盟表示反对，所以未能签署。乌拉圭回合结束后，为了响应贸易自由化的倡议，各方继续针对信息技术协议展开谈判。欧盟对 IT 产品始终维持较高的关税，比如部分半导体关税为 14%。但是乌拉圭回合谈判结束后几个月之内，情况发生了一些变化。

第一，产业界呼吁撤销 IT 商品关税。1995 年 1 月，美国、欧洲以及日本相关行业团体，针对全球信息产业（Global Information Infrastructure）提出建议，要求撤销电脑等硬件产品、半导体、半导体制造设备、软件产品、通信设备的关税。美国的 IT 行业强烈要求撤销 IT 产品的关税，给美国政府施加了很大压力。

第二，1995 年 1 月 1 日，奥地利、芬兰、瑞典加入欧盟。瑞典和芬兰的半导体等 IT 商品关税低于欧盟，所以加入欧盟后，也要征收比较高的关税。这导致瑞典爱立信公司和芬兰诺基亚公司等 IT 企业采购零配件的成本提高。这三个国家加入欧盟后，包括日本在内的 WTO 成员方和欧盟之间开始就 GATT 第 24 条第 6 款展开磋商，探讨成立关税同盟。经过谈判，半导体关税有所下降（比如，部分半导体关税从 14% 调整为

---

[39]　Ibid. para. 20.

[40]　Ibid.

7%）。当然这些措施并不充分，在欧盟区域内，呼吁降低 IT 领域产品关税的呼声高涨。可以说，瑞典和芬兰加入欧盟成为 IT 商品开展新的关税谈判的导火索。⑪

综上所述，在产业界的呼吁下，美国和欧盟等国家内部倡议撤销 IT 商品关税的呼声高涨，成为推动信息技术协议签署的直接契机。

A. 西雅图四极贸易部长会议（1996 年 9 月）之前

1996 年 4 月神户四极贸易部长会议召开前（神户四极是指日、美、欧、加拿大）首次提及信息技术协议。神户四极贸易部长会议开始前，1996 年 4 月 17 日，包括加拿大在内的四极 IT 行业团体共同要求 2000 年 1 月之前互相撤销 IT 产品关税。1996 年 12 月在 WTO 新加坡部长级会议之前四极国家对此表示同意，并且要求更多的国家参与到信息技术协议的谈判中。

在乌拉圭回合谈判前，日本已经基本撤销包括 IT 商品在内的电子产品关税。如果信息技术协议仅仅限于 IT 行业这一个领域的话，日本无须实施更多措施。美国征收关税的 IT 商品也不多。另一方面，欧盟征收关税的 IT 产品比较多，所以如果只限于 IT 行业互相撤销关税的话，相较于日美，欧盟的损失较大。当时日美半导体协议以及半导体行业倡议都只有日美两国参与，欧盟及欧洲的行业机构都没有参加。日美对此表示不满，希望欧洲加入日美就半导体形成的框架协议中。

在此背景下，在神户四极贸易部长会议上，欧盟方面要求包括信息技术协议在内，还要降低其他产品关税，在 IT 领域采取互相承认或者知识产权等非关税措施，要求加入日美半导体协议。日美和欧盟的矛盾导致神户会议没有取得任何进展，主席声明中也简单说明"为了响应信息技术产业的贸易自由化倡议，我们四极国家在尊重彼此利益的基础上，强烈建议就信息技术协议进行谈判，并为此努力"。⑫ 之后，同年 5 月，OECD 部长理事会表示"关注现阶段与信息技术协议有关的工作，尽可能促进贸易进一步自由化"。⑬ 6 月，首脑峰会经济宣言表示：各国首脑要"强烈支持签署符合共同利益的信息技术协议"。⑭ 各国政府对于信息技术协议的承诺都非常高，但是谈判的具

---

⑪　Iana Dreyer and Brian Hindley，*Trade in Information Technology Goods*：*Adapting the ITA to 21st Century Technology Change. ECIPE Working Paper*，No. 6/2008. Available at http：//www. ecipe/org/publications/ecipe – working – papers/trade – in – information – technology – goods – adapting – the – itata – to – 21st – century – technological – change/ PDF（as of July 25. 2012）.

⑫　28th Quadrilateral Trade Ministers Meeting，*Chairperson's Summary*，*supra* note 31.

⑬　OECD，*supra* note 33.

⑭　*Lyon Summit Chairman's Statement*，*supra* note 34.

体进展取决于《日美半导体协议》问题能够得到解决。

《日美半导体协议》于 1991 年 8 月生效，1996 年 7 月失效。欧盟和欧洲半导体行业要求参与到日美间新的半导体框架协议谈判中。对此，日本认为《日美半导体协议》有可能失效。美国则认为日美两国已经基本撤销了半导体关税，但是欧盟还没有撤销半导体关税，所以拒绝欧盟和欧洲相关行业参与到日美半导体框架协议中。欧盟对此表示不满，所以拒绝参加信息技术协议谈判。

1996 年 8 月，《日美半导体协议》重新开始，废除了旧协议中的部分贸易管理条款，比如规定外国半导体份额为 20%。同时，负责协议谈判的人士也逐渐变得以产业界人士为主，民间色彩更加强烈。通过重新梳理《日美半导体协议》，日美两国决定在民间层面召开新的世界半导体大会。

欧盟要求欧洲的半导体行业也要参加会议。日美两国的相关行业则表示，参加世界半导体会议的行业，其所在国家要撤销所有半导体关税，或是承诺尽快撤销所有半导体关税。[45] 欧盟表示要继续征收半导体关税，所以欧洲的相关行业未能参加世界半导体会议。如上所述，因为欧盟没能参与日美半导体框架协议谈判，所以以此为理由拒绝就信息技术协议进行交涉，谈判陷入胶着。

1996 年 9 月，西雅图四极贸易部长会议尝试打破这种胶着局面，日美欧终于达成一致。日美两国政府和产业界进行协商，决定不早于 1997 年 3 月举行第一届世界半导体会。1996 年 12 月 WTO 新加坡部长级会议表示如果各方就信息技术协议达成一致，欧洲在 3 月之前承诺能够撤销半导体关税，欧洲相关行业可以参加第一届世界半导体大会。在此基础上，WTO 部长级会议上正式就信息技术协议展开谈判。

B. 谈判达成一致前

虽然西雅图四极贸易部长会议解决了信息技术协议谈判中存在的最大分歧，但还是遗留了很多问题。具体来说，包括以下 4 点争议：首先是如何增加参加信息技术协议的国家数量，其次是如何处理 IT 领域的非关税壁垒，还有如何确定信息技术协议的对象产品，最后是如何降低 IT 领域以外的产品关税。

就如何增加参加国的问题而言：欧盟要求尽量避免自由人，而且特别重要的是亚洲国家要积极参与，所以如何灵活借助亚太经合组织（Asia-Pacific Economic Cooperation，简称 APEC）以及通过产业界层面推动亚洲各国参与成为焦点。就产业界发挥推

---

⑤　通商产业省通商政策局编，《1997 年版不公平贸易报告》，通商产业调查会，1997 年，第 377—389 页。

动作用而言，各国都寄希望于日本企业，因为当时日本企业已经进入东盟市场。但是与日本政府期待相反，日本的IT行业对于签署信息技术协议并不积极，所以未能发挥很好的作用。与此同时，日美政府充分利用了APEC，积极借助该平台发表意见。东盟各国和韩国对以四极为中心讨论信息技术协议感到不满，非常希望能够参与其中，并为此做了非常认真的准备。

接下来介绍IT领域的非关税壁垒问题。欧盟要求信息技术协议中要以信息通信领域的政府采购为主。对此，日本和发展中国家表示反对，要求信息技术协议范围仅限定在撤销关税上。对于信息技术协议的对象产品，最初日本希望包括家电产品，但是欧盟表示强烈反对，所以日本未能如愿。如上所述，日本在乌拉圭回合结束前已经基本撤销了IT领域的关税，只剩通信电线等4个品种。当时，因为没有撤销其原材料——铜锭的关税，所以业界人士反对撤销通信电线的关税。就信息技术协议中与IT领域无关的商品而言，欧盟需要做出的调整最多，需要大规模撤销关税，所以欧盟内部认为需要在其他领域予以平衡，包括日本在内的其他国家都对此保持警惕。

C. 信息技术协议的最终签署

带着这些争议，1996年12月，WTO新加坡部长级会议开始就信息技术协议进行谈判。最后，12月13日，29个国家和地区共同发表了"关于信息技术产品贸易的部长宣言"，大致认可了信息技术协议。在该阶段，共有29个国家和地区参与了信息技术协议。对象包括半导体、电脑、电脑硬件产品、电信设备、半导体制作设备等200多种商品，并且按照关税进行了分类。当所有参加国的信息技术产品贸易额超过世界信息技术产品总贸易额的90%时，协议正式生效；而且同意分阶段实现。原则上，1997年7月开始分4个阶段逐步降低关税，截至2000年1月，最终撤销关税。[46]

信息技术协议附表A和B中规定了对象产品。附表A是根据关税分类号码（HS[47]）制作的HS清单，附表B是产品清单，这也是为了防止国家之间的HS号码不同导致混乱。附表A分为两类，一类是计算机（HS 8470）、电脑（HS 8471）、有线电话相关设备（HS 8517）、存储介质（HS 8523）、软件（HS 8524）、电阻（HS 8533）、

---

[46] *Ministerial Declaration on Trade in Information Technology Products*，WT/MIN（96）/16，Singapore，13 December 1996. Annec2（a）(i)．

[47] Harmonized Commodity Description and Coding System（协调商品名称与编码制度），为了在世界范围统一国际贸易商品名称及分类制定的号码。

印刷电路（HS 8534）、半导体设备（HS 8541）、集成电路（HS8542）等。[48] 第二类是半导体制造设备、检查设备以及零配件。[49] 附表 B 中有电脑相关产品、平板显示器、网络设备、数据存储介质（CD/DVD）等。[50]

日本一开始反对撤销通信电线的关税，但是当了解最后的撤销关税目标后，同意把通信电线作为对象产品。一方面，在非关税壁垒方面，采取非关税壁垒等措施会损害撤销关税带来的好处，所以部长宣言中明确遇到这种情况可以根据 GATT 第 23 条采用争端解决机制处理。部长宣言中还非常细致地考虑了其他国家的要求，但主要是参考了日美的建议。[51] 欧盟建议不属于非关税措施的具体内容一律废除，即所谓在了解具体措施的前提下进行限制。这种建议理所当然没能得到同意，日本追加的撤销关税也没有实施。可以说基本打消了欧盟在非关税壁垒的意见，谈判也算取得了重大进展。

之后，第二年 3 月之前又举行了技术层面的谈判。3 月 26 日回顾会议举行，马来西亚、印度决定参加，信息技术协议也正式生效。4 月，第一届世界半导体大会召开，日本、美国、欧洲、韩国的相关行业出席会议。

D. 对信息技术协议的评价

信息技术协议具有以下特征。第一是谈判速度非常快。1996 年 9 月，西雅图四极贸易会议同意欧盟参与日美半导体框架协议。10 月，在日内瓦正式开始就信息技术协议展开谈判。11 月，APEC 国家开始参与谈判。12 月，新加坡部长级会议召开前，四极国家之间还未就对象种类和非关税措施如何处理等问题完全达成一致。信息技术协议的签署具有划时代的意义，全世界九成以上的信息通信产品从此开始执行零关税政策。实际上谈判还不到三个月时间，各方就达成了一致。乌拉圭回合谈判耗时 7 年，到多哈发展议程（多哈回合谈判）时已经过去了 10 多年，但是仍然没有完全达成一致。如此进行比较的话，信息技术协议谈判速度让人诧异。之所以能在如此短的时间内达成一致，是因为四极国家的产业界给予了强有力的支持，通过四极贸易部长会议等高级别会议做出了政治承诺；此外，还通过新加坡部长级会议明确了谈判时间。当然，产业支持、政治承诺、规定谈判时间并非国家谈判达成一致的必要条件，比如多

---

[48]　Ministerial Declaration, *supra* note 46. Attachment A. Section 1.

[49]　Ibid. , Attachment A. Section 2.

[50]　Ibid. , Attachment B.

[51]　Ibid. , Annex para. 6.

哈发展议程（DDA）谈判屡次失败就充分说明这个问题。为了今后能够迅速推动贸易谈判，今后有必要认真分析信息技术协议谈判过程，总结其经验和教训。

信息技术协议的第二个特征是：不像之前关税谈判一样具有重商主义色彩。各国对关税谈判的普遍认识是：本国进口自由化是坏事，出口自由化是好事，所以要求本国进口自由化时，往往都会采取平衡措施，要求出口自由化。比如，乌拉圭回合谈判时，欧共体就因为美国不降低纤维产品的关税，而拒绝降低电子产品的关税。这就是典型的重商主义。这并不符合进口自由化是好事的标准经济学原理，却深深根植于各国谈判官员的意识中。

但是，在信息技术协议谈判过程中，正是因为任何国家普遍都不情愿轻易在 IT 领域撤销关税，所以导致最终能够排除重商主义意识。以日本为例，除了 4 种产品外，其他关税全都降低了。这可以对多哈回合谈判及今后的贸易谈判带来一些启示。

多哈回合谈判之所以难以达成一致的原因之一：与之前的回合谈判相比，发达国家的关税水平已经相当低，但是发展中国家的关税水平依然维持在较高水平。所以，站在发展中国家的角度看，很难摆脱重商主义意识（难以实现发展中国家与发达国家互相匹配的自由化）。如果信息技术协议中进口自由化是好事的意识能够进一步渗透，包括多哈回合谈判在内的贸易谈判有可能会取得突破。如上所述，真的有必要对信息技术协议的谈判过程进行深入分析。

信息技术协议的第三个特点是：日本 IT 产业会因信息技术谈判受益，但是其主观意愿并不强烈。这一点让人感到非常意外，日本的 IT 产业没有对通商产业省施加任何压力。为了签署信息技术协议，通商产业省反而要求 IT 产业给予支持。在此背景下，日本 IT 产业勉为其难地给予支持，通商产业省（主要是通商政策局）还经常遭遇挫折。类似的情况还有，日本和墨西哥签署《自由贸易协议》（Free Trade Agreement，简称 FTA）时，日本的出口产业也是如此。[52] 通常来说，日本进口产业会采取措施极力避免本国自由化，而出口产业则采取积极措施要求对象国自由化。导致出口产业和进口产业不协调的原因，应该从国际政治经济学的观点进行挖掘，而且要进一步分析信息技术协议的谈判过程，希望能够探索出好的解决方案。

---

[52]　荻田龙史，《"超大国"美国和"姗姗来迟"日本的 FTA 战略》；渡边利夫编，《东亚市场整合之路——FTA 的课题与挑战》，劲草书房，2004 年；关泽洋一，《日本 FTA 政策——政治过程分析》，东京大学社会科学研究所，2008 年，第 2 章。

2. 西雅图部长级会议召开前

新加坡部长级会议结束后，1997 年亚洲货币危机爆发，经济衰退波及世界范围。如上所述，在 WTO 框架下，基础电信服务谈判和金融服务谈判以及信息技术协议谈判获得成功。从 1997 年开始，WTO 开始向最不发达国家（Least-Developed Countries，简称 LDC）投入更多精力。WTO 和国际贸易中心（International Trade Center，简称 ITC）等 5 家国际机构共同努力为最不发达国家构建综合性框架，提供贸易有关的技术支持。

下文主要介绍从凡尔赛四极部长级会议开始，包括 GATT 和 WTO 体制成立 50 周年在日内瓦召开第二次部长级会议，直到西雅图部长级会议谈判破裂为止的大概情况。

（1）西雅图部长级会议前的过程（1998—1999 年）

①凡尔赛四极部长级会议

农业协议和服务贸易总协定是乌拉圭回合谈判过程中的主要争议。会议规定协议生效 5 年后，即 2000 年起要对这两个领域进行回顾（即所谓的"既定议程"）。凡尔赛四极部长会议召开前，1997 年左右，欧盟和澳大利亚建议谈判不能仅限于两个领域，应该在更多领域内制定规则以实现自由化，各国应该在这个认识的基础上开始谈判。WTO 成员方之间针对这一建议展开了讨论。

日本政府认为随着企业经营全球化的发展、经济信息化的深入，除了关税、服务等 WTO 协定已经规定的领域外，还应该涉及投资、竞争等新的领域，通过进一步完善国内外环境来促进自由化。[53] 日本产业界也希望在 WTO 框架下就投资和竞争政策等议题开展综合性谈判。[54]

1998 年 4 月 29 日和 30 日，凡尔赛四极部长级会议召开，日本、美国、欧盟和加拿大同意在 2000 年初尽快开始下次谈判。第二个月，WTO 部长级会议决定从 1999 年开始执行"更加自由化的范围和方法"：决定针对农业和服务领域展开谈判以及新加坡宣言中规定的事项（即所谓的新加坡文件），还有矿工产品的市场准入等成员国关心的事项。[55]

②WTO 第二次部长级会议

---

[53] 请参考 1999 年 1 月通商产业省资料，http：//www. jpo. go. jp/shiryou/toushin/shingikai/wto. htm（2012 年 7 月 25 日）。

[54] 经济团体联合会，《希望进一步强化 WTO－根据国际规则进一步推进多边贸易体制》，1998 年 3 月 17 日，http：//www. keidanren. or. jp/japanese/policy/pol166. html（2012 年 7 月 25 日）。

[55] 四极贸易部长会议主席声明（凡尔赛，4 月 29 日和 30 日，1998 年）。

1998 年 5 月，第二次部长级会议召开，准备从 2000 年开始进行下次谈判，所以各国决定在 1999 年部长级会议上对其议题进行讨论。1998 年 9 月开始定期举行 WTO 总理事会"特别会议"（Special Session），制定 WTO 的工作计划建议书。[56] 建议书涵盖内容很多，主要包括：WTO 协定在落实中存在的一些问题、既定议程、新加坡文件以及最不发达国家高级别会议（1997 年 10 月）的跟进情况。部长级会议未能就下次回合谈判内容达成一致，但是讨论了很多领域的问题。这个阶段努力明确了议程的优先顺序，避免今后回合谈判时造成混乱。[57]

部长级会议取得一定成果，比如继续不对电子商务贸易征收关税。[58] 同时，在WTO 协定的落实阶段，发展中国家针对存在的难题，即所谓的"落实问题"[59] 流于形式，WTO 框架下决策不够透明。[60] 反对贸易自由化的团体还到日内瓦的街道上公开抗议，这也在无形中给西雅图部长级会议留下了隐患。

③日内瓦部长级会议后的准备工作

日内瓦宣言公布后，西雅图部长级会议召开总理事会特别会议，开始着手新一轮回合谈判的筹备工作。日内瓦部长级会议结束后不久，各国提出了很多建议书。从 1998 年 8 月到 1999 年 8 月，发展中国家在具体落实方面遇到问题，比如无法在签署 WTO 协定时落实规定的义务，或是他国落实义务与小国无关。西雅图部长级会议召开前，即 1999 年 9 月，原本计划在部长级会议上提出的 WTO 计划方案未能完成。[61] 其间，瑞士洛桑 WTO 非正式部长级会议、APEC 和欧亚联盟（Asia-Europe Meeting，简称 ASEM）等首脑级会议相继召开，政治层面做出很多努力，但是从事务层面以及大使级别始终无法就部长宣言的文本达成一致。

（2）西雅图部长级会议概要及评价

①西雅图部长级会议的召开

西雅图部长级会议作为 WTO 第三次部长级会议，于 1991 年 11 月 30 日在美国西雅图召开，12 月 3 日结束。美国贸易代表办公室代表查琳·巴尔舍夫斯基担任会长。该

56　Ministerial Declaration，adopted on 20 May 1998（WT/WIN（98）/DEC/1），Para. 9.

57　Peter Gallagher，*The First Ten Years of the WTO：1995 – 2005*（Cambridge University Press，2005），P53.

58　Declaration on Global Electronic Commerce，adopted on 20 May 1998（WT/MIN（98）/DEC/2）.

59　比如，印度代表在部长级会议上提出，WTO 协定规定的有些义务不利于发展中国家，没有对发展中国家采取"特殊或有区别的待遇"。（WT/MIN（98）/WS/M/1）

60　不仅要根据 WTO 内部进行决策，还要根据 WTO 外部的信息、NGO 对争端处理提出的文件等。

61　Gallagher，*supra* note 57，PP66 – 67.

部长级会议最大的目标是争取在 2000 年展开新的回合谈判，并且就谈判范围和谈判方式达成一致。在会议过程中，在 135 个成员国中占据四分之三席位的发展中国家的不满情绪日渐高涨，认为以 WTO 为中心的多边贸易体制没有照顾到发展中国家的利益。一部分被称为"市民社会"（civil society）的非政府组织（Non-Governmental Organization，简称 NGO）带有全球化问题意识，在西雅图举行了大规模抗议活动，反对在 WTO 框架下讨论劳动标准和环境问题。对 WTO 来说，这些都属于不确定因素。

部长级会议除了部长发表演讲的"大会"以外，同时还举行总结部长宣言的会议。后者直接关乎新的贸易谈判，关系到各国的利益关系，所以被称为"主战场"。[62] 除了所有成员国共同参加的全体大会之外，还下设 4 个分科会，主要涉及"农业""市场准入""新领域""落实及规则"以及与 WTO 机制相关的问题。部长宣言在准备阶段存在很多矛盾，其中最难以达成一致的问题由少数几个国家通过非正式会议，即"绿屋会议"[63] 集中讨论。

②日本提案的概要

日本在筹备西雅图部长级会议时表示"为了使谈判获得成功，在谈判前必须综合考虑各方的想法。除了农业、服务贸易等既定议题外，必须增加矿工业产品关税、投资、反倾销等议题"。日本的立场与欧盟接近，美国则认为谈判应该限定产品的范围。部分发展中国家则反对就既定议题以外的内容进行谈判。

此时，日本提出除了上述"通过综合谈判达成比较均衡的结果"之外，还可以通过一揽子方法，在 3 年时间内达成一致。[64] 具体到个别领域来说，日本的建议如下：除了农业[65]、服务贸易[66]等既定议题之外，矿工业产品的自由化谈判要根据一定的计算公式进行削减[67]；重新梳理与贸易有关的知识产权协定（Agreement on Trade-Related Aspects of Intellectual Property Rights，简称 TRIPS），加强对知识产权的保护[68]；重新梳理

[62] 通产省通商政策局国际经济科，《WTO 西雅图部长级会议的成果概要（特辑 WTO 新回合面临的课题）》，《通产月刊》，33 卷 2 号，2000 年，第 14—16 页。

[63] 该会议仅限 20 多个 WTO 成员方参与。很多非洲和拉丁美洲成员国不能参与，所以非常不满。因为日内瓦 WTO 总部总干事召集各国召开会议时，会议室的房间颜色是绿色，所以被称为"绿屋会议"。

[64] General Council – Preparations for the1999 Ministerial Conference – Organization and Management of the Work Programme – Communication from Japan，August 4（WT/GC/W/291）.

[65] WT/GC/W/220.

[66] WT/GC/W/252.

[67] WT/GC/W/243.

[68] WT/GC/W/242.

反倾销协议，明确相关规则。[69] 新加坡宣言中提到应该就投资相关的决策规则展开谈判[70]；从多边决策中选出一种讨论竞争法和政策问题[71]；也有国家建议采取措施使贸易更加便利。[72] 此外，与贸易有关的技术性贸易壁垒（TBT）[73]、电子商务[74]、地区贸易协定[75]、林业和渔业[76]、转基因生物（Genetically Modified Organism，简称 GMO）[77] 等领域也相继提出建议方案。

③西雅图部长级会议的破裂

西雅图部长级会议未能就部长宣言达成一致，而且也没有开始新一轮回合谈判；也没有决定下次部长级会议的召开时间和参与国家。巴尔舍夫斯基主席在会议闭幕当天（11 月 3 日）表示 WTO 面临的问题复杂多样而且很多都是新出现的，所以为了尽可能总结更多成员国意见，必须确保透明度；同时需要一定的时间互相了解寻找最有建设性的解决方案。部长们同意冻结部长级会议的工作，总干事要求改善流程、兼顾效率和透明，并且表示农业和服务领域谈判要遵守既定时间从 2000 年开始。[78]

各国在个别问题上存在分歧难以统一，比如谈判框架问题。日本和欧盟在部长级会议上支持"综合谈判"。美国则认为农业和服务属于已经达成一致的议题，此外，美国非常重视劳动方面的问题。印度等部分发展中国家反对展开新的回合谈判，因此综合性谈判没能达成一致。

虽然已经决定从 2000 年开始就农业问题进行谈判，但是各国的态度并不统一。美国和以农业为主的凯恩斯主义国家希望在下次谈判时废除出口补贴，但欧盟继续对很多产品提供出口补贴，双方的矛盾还在持续。就国内支持问题而言，美国和凯恩斯主义国家要求去掉直接与生产调整有关的制度（所谓的蓝色政策），但是欧盟则希望能够

---

[69]　WT／GC／W／240.

[70]　WT／GC／W／239.

[71]　WT／GC／W／308.

[72]　WT／GC／W／257.

[73]　WT／GC／W／241.

[74]　WT／GC／W／253.

[75]　WT／GC／W／214.

[76]　WT／GC／W／221.

[77]　WT／GC／W／365.

[78]　Remarks of Ambassador Charlene Barshefsky, Closing Plenary of WTO Third Ministerial Conference. December 3, 1999. WTO 'WTO Briefing Note：3 December – The final day and what happens next', available at http：// www. wto. org／english. thewto_e／minist_e／min99_e／english／about_e／resum03_e. htm（as of July 25. 2012）.

继续，彼此之间的矛盾仍然存在。但是，从 1997 年中期起，各国开始就农业领域进行分析并互相交换信息，从 2000 年开始便有条不紊地着手谈判筹备工作，可以说农业问题不是导致西雅图部长级会议失败的主要原因。[79]

就劳动问题而言，美国认为应该在 WTO 框架内成立一个专门平台讨论禁止使用童工等核心的劳动标准问题，对此，发展中国家强烈反对。该问题本来就是发展中国家强烈反对的问题，欧盟提议由 WTO 和 ILO 共同管理，为贸易问题和劳动问题提供交流平台。西雅图部长级会议中期采纳了欧盟的建议，要求各国给予理解。但是以印度和中国香港为中心的发展中国家和地区并没有采取实际行动。[80] 在此过程中，需要注意的是美国。美国国内舆论要求在处理劳动问题时保持强硬。克林顿总统在 12 月 2 日会议上涉及劳动标准和贸易制裁的发言被广泛报道，不出意外地遭到发展中国家的强烈反对。

日本建议防止反倾销措施滥用，以发展中国家为主的国家对此表示支持，美国则表示强烈反对。关于反倾销措施的案件增多，争端处理案件也随之增加。因为直接关系产业界的经济利益，所以包括日本在内的政府、产业界和学者[81]都认为需要重新梳理反倾销规则。美国钢铁行业经常采取反倾销措施，所以也给美国政府施加了很大压力。美国借口本国贸易法不属于保护主义，以及征收反倾销税的产品进口规模较小，对该问题表示反对。日本表示相关产品受到实质影响导致进口减少，很多 WTO 成员方也要求重新制定反倾销规则。争端处理案件增多也说明了重新制定规则的必要性。但是，美国并没有因此做出妥协。

就投资问题而言，按照 1996 年"新加坡宣言"，成立了贸易与投资相关工作会议，欧盟和日本在其中发挥了积极的领导作用。欧盟、日本、韩国、瑞士以及匈牙利提出与投资有关的提案。这份提案与 OECD 未通过的多边投资协议（Multilateral A-

---

[79] Stefan Tangermann，"Agriculture：New wine in new bottles?" in Klaus Gunter Deutsch and Bernhard Speyer（eds.），*The World Trade Organization Millennium Round：Free Trade in the Twenty-first Century*（Routedge，2001），pp. 200 – 201.

[80] Philip von Schoppenthau，"Trade and Labour Standards：Harnessing Glibalization?" in Klaus Gunter Deutsch and Bernhard Speyer（eds.），The World Trade Organization Millennium Round：Free Trade in the Twenty-first Century（Routedge，2001），pp. 225 – 226.

[81] Patrick A. Messerlin，"Anti – dumping and trade remedies：A necessary reform，" in Klaus Gunter Deutsch and Bernhard Speyer（eds.），*The World Trade Organization Millennium Round：Freer Trade in the Tewnty First Century*（Routledge，2001），P148 – P149.

greement on Investment，简称 MAI）存在区别——不包含争端处理问题。但是，以印度和马来西亚为首的大部分发展中国家仍然对此表示反对。美国产业界要求实现较高程度的自由化并制定更为严格的规则，但是 WTO 框架下的投资规则并不符合美国的要求，所以美国对此态度比较谨慎。因为各方立场没有发生本质变化，所以让步空间较小。

作为乌拉圭回合谈判成果之一，发展中国家认为 WTO 协定的"落实问题"是应该优先解决的问题，但是受时间限制，讨论不够深入。最终未能就部长宣言达成一致。发展中国家关心的事项，比如延长与贸易有关的知识产权协定、与贸易有关的投资措施协定（Agreement on Trade-Related Investment Measures，简称 TPIMs）过渡期等问题，也未能达成一致。

围绕竞争政策、电子商务、生物技术等其他议题，各方的立场仍然不同。而且上次部长级会议同意免征电子商务关税，但这次也未能延长免征时间。

④背景及评价

很多学者和相关人士都分析过新一轮回合没能开展的主要原因。综合分析，其主要原因大体可分为两类：一是包括筹备过程和透明度在内的"决策结构问题"；二是主要发达国家之间和发达国家和发展中国家之间没有达成妥协，在"个别问题上仍然存在矛盾"。

对于前者来说，因为筹备工作迟缓、各国对谈判立场各执己见，很多观点还在调整过程中就不得不提交部长级层面谈判等客观原因，虽然发展中国家占 WTO 成员方的 3/4，但在谈判及决策时仍然难以满足效率性及透明性这两个要求。

所谓筹备工作迟缓是指：在部长级会议召开前，各国在日内瓦开展事务层面工作，几个主要国家的意见并不一致，讨论始终处于胶着状态。GATT/WTO 除了要处理发达国家与发展中国家的矛盾，还要解决美国、欧洲和日本等主要发达国家之间的矛盾；而且这些矛盾都不具备妥协的基础。很多学者指出最大的原因就是部长级会议前准备不足导致个别实质矛盾未能解决。[82]

就 WTO 决策问题而言，发展中国家希望进一步提高其存在感，认为对"落实问题"的讨论不够充分，未能找到解决方案。很多无法参加"绿屋会议"的发展中国家反对由发达国家和新兴工业国家主导的"绿屋会议"决定谈判流程的决策方法，所以

---

[82]　Jeffery J. Schott（ed.），*The WTO After Seattle*（Institute for International Economics，2000），P5 – P6.

表示拒绝接受部长宣言。WTO 框架下如何确保决策过程公开透明成为重大课题。

非政府组织和劳工组织组织了一系列大规模的反自由、反全球化浪潮、重视劳动和环境问题的抗议活动，也对部长级会议造成了间接影响。非政府组织和劳工组织虽然没有直接参与部长级会议，但是抗议活动造成的冲击不可忽视。

还有一种观点认为：美国作为主席国，缺乏必要的领导力。美国经济比较坚挺，但是对于开展新一轮回合谈判的态度比较冷淡[83]；而且顾忌国内舆论，在内容方面拘泥于政治性提案（如劳动问题），在会议运营管理方面没有付出足够的努力。西雅图会议召开期间，市内混乱不堪，代表团赶赴谈判场所也遇到麻烦。此外，谈判时间过短，不够充分。

针对个别观点存在矛盾的问题可以参考上文中的③部分。围绕个别观点，各国存在不同的具体矛盾，既有发达国家与发展中国家之间那种简单的矛盾，也有美国、欧洲以及日本等这些在 WTO 框架下发挥重要作用的主要发达国家之间毫无让步和妥协的矛盾，这些都导致迟迟难以决策。

⑤西雅图部长级会议的遗留问题

如上所述，西雅图部长级会议遗留了很多问题，涉及方方面面。为了坚持世界贸易体制，开展新一轮回合谈判，必须尽快启动被"冻结"程序。WTO 总干事开始着手带领成员国讨论如何在保证 WTO 决策过程效率的同时提高透明度。农业、服务贸易领域的谈判属于既定议程，按照约定应该从 2000 年开始，但是具体细节还未明确，之后要深入讨论。

在乌拉圭回合谈判过程中，1988 年蒙特利尔中期审评部长级会议算是完全失败的会议。但是，西雅图部长级会议给 WTO 国际机构造成的影响更加深远。有学者认为随着世界经济的发展，WTO 应该不断调整其组织机构和相关规定，否则"如果主要贸易国家脱离 WTO 机制，通过其他国际机构或区域性机构、采取双边措施或单边措施处理问题的话，WTO 将面临解体"。[84] 因此，重新制定决策机制非常重要，有意见认为应该舍弃通过全体成员国的共识进行决策的方法。[85] 但直到回合谈判后期才正式探讨该

---

[83] Klaus Gunter Deutsch and Bernhard Speyer（eds.），*The World Trade Organization Millennium Round：Freer Trade in the Twenty First Century*（Routledge，2001），P6.

[84] John H. Jackson，"The Perils of Globalization and the World Trading System"，*24 Fordham International Law Journal* （2000），P371.

[85] 同上。

问题。

3. 多哈部长级会议受阻及新一轮回合开始

下文主要介绍 1999 年 12 月西雅图部长级会议后 2 年左右的情况，2001 年 11 月多哈部长级会议上就新一轮回合谈判达成一致，具体请看（1）（2）。（3）主要论述新一轮回合谈判下"多哈发展议程"的进展和挫折。

（1）多哈部长级会议前

① 2000 年的工作

西雅图部长级会议没能就开展新一轮回合达成一致，但是"既定议程"未受影响，还是从 2000 年开始谈判：服务贸易开始于 2000 年 2 月，农业问题开始于 3 月。此外，不同于自由化谈判的争端处理作为 WTO 的职能也得到切实进展。还有，WTO 加盟谈判也取得进步，2000 年有 5 个国家加入。但就新回合整体而言，前途仍然叵测。也就是说，部分发展中国家难以履行在乌拉圭回合时制定的 WTO 协定中规定的义务，为了避免增加义务，所以自然反对新一轮回合谈判。此外，发达国家的情况也比较复杂，日本和欧盟希望能够展开新一轮回合谈判，继续就广泛议题进行讨论；而美国则侧重于已经开始谈判的农业和服务贸易问题，而且在修改反倾销规定问题上与欧日立场不同。

在 WTO 框架之外，开展新一轮回合谈判的呼声高涨，而且采取了很多实际行动。比如，2000 年 7 月的冲绳 G8 首脑峰会发表声明，宣布 2000 年内展开新的回合谈判。此外，10 月在首尔召开亚欧会议（ASEM）第三次首脑会议，11 月在泰国清迈召开东盟和日中韩三国经济部长会议，在文莱召开 APEC 首脑和部长级会议，在这些会上都提出要推动新的回合谈判。但是，马来西亚、印度、巴基斯坦、埃及等发展中国家建议放宽之前 WTO 协定中规定的义务，否则反对开展新的回合谈判。这些发展中国家的建议加大了 WTO 协定既定义务的实施难度，而且也没能解决早在西雅图部长级会议前就存在的"落实问题"。对此，发达国家也只能陆续采取正式和非正式的谈判，通过"能力建设"（Capacity Building）⑧⑥措施增强发展中国家履行 WTO 规定的能力。

---

⑧⑥　发展中国家的能力建设。发展中国家在实施 WTO 协定时，面临很多困难，比如国内法制不健全、缺乏专家等。所以，为了让发展中国家在享受到多边贸易体制实惠的同时参与到 WTO 谈判中，必须强化落实协定的行政体制（培养行政人员、完善行政机构）等能力建设。日本在 2001—2004 年通过 JICA（国际协力机构）实施了大型项目"APEC 地区 WTO 能力建设合作项目"，开展了很多支持活动。与此同时，还总结了与 WTO 相关的开发援助经验。国际协力机构·UFJ 综合研究所，《为了实施 WTO 协定进行能力建设的委员会报告》，2002 年 10 月。

② 2001 年首脑及部长级层面促进取得进展

进入 2001 年以后，相关国家继续努力致力推动新一轮回合谈判展开。5 月 OECD 部长理事会、6 月巴黎四极贸易部长会议、上海 APEC 贸易部长会议、7 月热那亚首脑峰会、10 月 APEC 部长会议以及首脑会议都强调要在 2001 年 11 月 WTO 第四次部长级会议（卡塔尔·多哈）上落实新一轮回合谈判。

时隔 2 年，日美欧加各国部长再次通过巴黎四极贸易部长会议齐聚一堂。这些国家间次官级、部长级合作变得更加紧密。[87]

夏天结束后，在 WTO 总干事穆尔的倡议下，包括四极在内的各个地区代表国家召开了非正式部长级会议，就主要议题进行讨论。8 月 31 日、9 月 1 日在墨西哥城，17 个国家和地区以及 WTO 秘书处举行会议，在部长层面达成了要努力实现新一轮回合谈判的共识。10 月 14 日、15 日在新加坡，21 个国家和地区以及 WTO 秘书处举行会议，讨论了"投资规则决策"、"现有 WTO 规则（含反倾销协议）"、"环境"、"农业"以及"落实问题"。"小型部长会议"的讨论，为 11 月多哈部长级会议上实现新一轮回合谈判奠定了坚实的基础。

③ 在日内瓦的情况

WTO 相关的实际业务主要在日内瓦进行。2001 年 2 月，第 4 次 WTO 部长级会议决定在卡塔尔举办，并且要求总理事会主席在总干事的协助下负责部长级会议的筹备工作。总理事会主席夏秉纯（中国香港代表）以总理事会这种非正式会议的形式征集了谈判议题。这种方法既保证了过程透明，避免发生西雅图部长级会议上饱受成员国诟病的情况，而且又不失灵活和效率。[88]

2001 年 7 月，总理事会主席和穆尔总干事针对谈判现状发表了报告。总干事称这份报告为"现状评估"（Reality Check），之后在日内瓦举行会议（现状评估会），由总理事会主席介绍了实现新回合的谈判现状，了解了各国在主要议题上存在的矛盾，并明确采取进一步措施解决"落实问题"。[89]

9 月该会议在日内瓦再次召开。经过集中讨论，9 月 26 日总理事会主席和总干事

㊆ 丰田正和，《多哈的成功 vs. 西雅图的失败》，IIST WORLD FORUM. No. 0011［0047］，2001 年 12 月 17 日。

㊇ WTO "The preparatory process for the Fourth WTO Ministerial Conference-Background Paper"（http：//www. wto. org/ english/thewto_e/minist_e/min01_e/min01_backgroundpaper_e. htm），（as of July 25，2012）。

㊈ WTO "Doha Press Pack-Background. The Doha 'ministerial'：Culmination of a two-year process"，P4. http：// www. wto. org/English/thewto_e/minist_e/minist_e/min01_e/brief_e/doha_presspack_e. pdf（as of July 25，2012）。

发表了部长宣言方案以及"落实问题"决议案。第一次部长宣言方案中既包括有望达成一致的领域，也包括需要进一步讨论的领域以及要委托给部长判断的领域。[90] 从2001年6月开始，部分国家已经就"落实问题"决议案进行讨论，并且取得了一些成果。[91] 会议虽然考虑了决策透明问题，同时也证明少数国家集中讨论的做法是WTO运营中不可或缺的一种方式。

2001年10月，总理事会非正式会议继续举行，继续围绕"落实问题"和部长宣言方案进行讨论。如上所述，10月13日、14日两天，在新加坡召开非正式部长级会议。在多哈会议临近之际，各国部长继续就"贸易和投资""反倾销"等主要议题进行讨论，以便能够更好地决定部长宣言方案。

2001年10月底，部长宣言修改方案、与贸易有关的知识产权协定和与大众卫生有关的宣言方案陆续发表。这些文件都是经过事务层面讨论，在部长会议上正式提出的。

（2）多哈部长级会议的概要与评价

① 多哈部长级会议的形式

从11月9日开始到14日，在卡塔尔首都多哈举行了第四次WTO部长级会议。当时距离美国同时发生多起恐怖袭击仅过了两个月时间，而且是在伊斯兰势力范围内举行，但仍然有140多个国家和地区代表参加，会上采纳了部长宣言，决定开始新的回合谈判。

多哈部长级会议的决策过程和西雅图部长级会议相同，按照议题把谈判代表团分成了六组（农业、"落实问题"、贸易与环境、WTO规则、"新加坡文件"以及与贸易有关的知识产权），而且特意避免与大会发生冲突，方便代表人数较少的国家也能参与。一方面，各议题都成立"主席之友"，允许少数人参加而且不设限制，努力解决彼此的矛盾，把谈判情况反馈给大会。虽然已经在运营方法上有所注意，但是为了达成一致还是付出很多努力。在最后环节，成员国代表11月12日和13日彻夜未眠[92]，14日才达成一致。

② 部长宣言的内容

部长级会议最重要的成果就是部长宣言（2001年11月14日采纳）[93]，由52条组成，涉及众多内容，而且就开展新一轮回合谈判达成了一致。内容大致为：①改善市场

---

⑨⓪　Peter Gallagher, *The First Ten Years of the WTO*: *1995－2005*（Cambridge University Press，2005），P95.

⑨①　同上，第91页。

⑨②　同上，第97页。

⑨③　Ministerial declaration adopted on 14 November 2001（WT/MIN（01）/DEC/1，20 November 2001）.

准入（农业、服务、矿工业产品关税谈判）；②改善现有的 WTO 规则（加强反倾销规定）；③21 世纪新课题的应对（决定投资与竞争规则、贸易与环境、电子商务）。宣言规定要用 4 年时间，截至 2005 年 1 月 1 日通过"一揽子"的方式完成这些内容丰富的议题。

同时，部长级会议上还采纳了与贸易有关的知识产权协议和大众卫生相关部长宣言[94]，以及与"落实问题"相关的决定。[95] 此外，还同意中国和台湾地区加入 WTO。

新一轮回合谈判中最核心的议题[96]如下：

市场准入

市场准入问题既包括从 2000 年开始谈判的农业及服务等"既定议程"，也包括新提及的非农产品市场准入（Non-Agricultural Market Access，简称 NAMA）。[97]

就农业问题而言，再次明确农业改革为长期目标。同时，针对引发纠纷的出口补贴问题，在没有预设谈判结果的情况下展开了综合性谈判，在实质上改善市场准入情况，分阶段撤销所有形式的出口补贴，减少造成贸易扭曲的国内补贴。此外，对发展中国家提供"特别且不同的待遇"（Special and Differential Treatment，简称 S&D[98]），明确会考虑发展中国家除了贸易以外的关心事项，这也成为谈判中不可或缺的一部分。直到 2003 年 3 月 31 日，谈判形式才确定下来，决定在第五次部长级会议召开前提出综合性建议，农业谈判作为新回合谈判整体的一部分，随着谈判整体结束而宣告结束。[99]

对于服务贸易来说，其目的是为了促进经济发展。服务贸易谈判至今已经耗费了两年时间，其中最重要的是 2001 年 3 月 28 日再次明确了谈判指导手册。此外，服务贸易和农业一样，也是谈判整体的一部分。成员国要在 2002 年 6 月 30 日提出第一次要求，2003 年 3 月 31 日前提出第一次建议。[100]

就非农产品市场准入而言，要充分考虑发展中国家和最不发达国家的经济利益，

---

[94] Declaration on the TRIPS agreement and public health adopted on 14 November 2001（WT/MIN（01）/DEC/2，20 November 2001）.

[95] Implementation-related issues and concerns-Decision of 14 November 2001（WT/MIN（01）/17，20 November 2001）.

[96] 不仅包括以下提及的议题。

[97] 撤销和削减除农产品之外所有产品（矿工业产品和林水商品）关税和非关税壁垒的谈判。

[98] WTO 协定规定，对发展中国家和最不发达国家要采取"特殊"的以及"与发达国家不同"的措施。具体来说，各个协定中要规定减免义务，向发展中国家提供技术支持。发展中国家认为这些规定应该必须执行，并且可以修改协定并做出新的解释。

[99] Ministerial declatation adopted on 14 November2001，para13.

[100] Ibid.，para. 15.

通过限定范围的形式，废除矿工业产品的高峰关税（tariff peak）[101]、高关税、关税升级[102]（tariff escalation）以及其他非关税。各个国家同意就此进行谈判。[103]

WTO 规则

就 WTO 规则而言：各方同意谈判，目的是改善及明确"1994 年 GATT 第六条与落实相关的协议"（反倾销协议）以及"补贴及反补贴相关协议"，同时还提到渔业补贴问题。

其中，加强反倾销规则值得一提。根据当时的协议，发起措施的裁量权在使用时留有余地，造成了世界范围内滥用反倾销措施成为趋势。滥用反倾销措施很有可能会阻碍自由贸易，所以包括日本在内的很多国家要求加强规则，新一轮回合谈判中也要涉及该问题。但是美国受制于国内钢铁产业，把采取反倾销措施作为重要政治手段，所以强烈反对加强相关规则。在部长级会议上，日本、韩国和智利为中心，积极推动谈判，与美国的消极态度形成对比，南非的欧文主席负责调整规则方面的问题，通过当事国反复讨论，结合美国立场进行了调整，部长宣言明确了谈判落实情况，最终也获得了美国的认可。[104]

"新加坡文件"

1996 年第一次部长级会议在新加坡召开，会议的焦点之一就是为很多问题制定新的规则。最后，在第五次部长级会议后，各方才着手就"贸易与投资""贸易与竞争""贸易顺利""政府采购的透明性"的谈判做准备工作。

其中，就"投资"问题而言，和新加坡文件涉及的其他内容一样，在部长级会议前期一直在讨论制定新的规则。在制定投资规则时准备把国民待遇原则作为国际规则，但是遭到马来西亚等国家[105]的反对，因为这些国家当时执行的是国内产业优惠政策。如果国民待遇成为义务的话，有可能需要废除国内现有的优惠政策。所以，发达国家一方面为了达成制定投资规则的目标，在会场上结合发展中国家的现状，提出了更加灵活的方案，另一方面在会场之外召开研讨会，努力促进发展中国家理解。比如，日本调整了对投资规则的要求，结合发展中国家的担忧提出了方案。欧盟在谈判过程中认识到必须让全体成员国都参与其中。但是在最后阶段，欧盟也同意各国自由选择的方

---

[101]　总体关税水平较低的情况下少数产品维持的高关税。
[102]　加工程度越高，税率随之增加的倾斜关税制度。
[103]　Ibid. , para. 16.
[104]　Ibid. , para. 28.
[105]　马来西亚的"土著政策"是比较有代表性的国内优惠政策之一。

式（opt-out approach），此举得到了发展中国家的理解。即便如此，部分发展中国家还是表示反对，所以只能在部长级会议上进行讨论。日本、欧盟、韩国、瑞士属于推进派，印度、东盟、非洲各国属于反对派，双方希望继续讨论，大会不得不延长一天，而且也逐渐进入收官阶段。但是印度首席代表明确表示反对，导致谈判无法达成一致。最终在 WTO 总干事穆尔以及主办国家卡塔尔卡迈勒主席的斡旋下，终于就部长宣言达成一致：决定在第五次部长级会议开始谈判，并且制定以直接投资为中心的投资规则。上述各方为了在第五次部长级会议就内容明确达成共识，现在就着手筹备工作。具体来说，争议焦点集中在范围、定义、透明度、无差别、承诺方式等方面。整体而言，兼顾了发展中国家和最不发达国家的担忧，并且对既定议程也做出了比较合适的安排。[106]

就贸易与竞争政策而言，和投资问题一样，第五次部长级会议后就开始制定相关的竞争政策，为了在第五次部长级会议上各方就内容达成明确共识，现在就着手筹备工作。工作的重点具体包括：公开透明以及无差别，国际性核心卡特尔[107]相关条款，各种合作方式、发展中国家逐渐加强竞争。此外也兼顾了发展中国家的利益，明确了投资方面能力建设等问题。[108]

就政府采购的透明度而言，各国同意在第五次部长级会议之后，以会议达成的共识为基础，就多边协议、缩短商品通关时间以及履行贸易相关手续促进贸易发展等问题展开谈判。[109]

贸易与环境

乌拉圭回合谈判时已经在贸易与环境问题取得一定成果。根据 1994 年部长宣言成立了贸易与环境委员会，继续就相关问题进行讨论，但是没有涉及制定新规则的问题。随着环境意识的逐渐增强，以及口蹄疫和疯牛病的肆虐，提倡"市民社会"的非政府组织，特别是欧洲的非政府组织非常重视贸易和环境问题，要求在 WTO 框架下讨论该问题的呼声日渐高涨。在此背景下，欧盟强烈建议在新一轮回合谈判时涉及贸易和环境问题，但是，以发展中国家为主的成员国担心在环境保护的名义下采取过度保护主义措施，所以反对在 WTO 框架下谈判。日本对谈判也持谨慎态度，但是鉴于环境保护

---

[106]　Ministerial declaration adopted on 14 November 2001，para20 – 22.

[107]　价格卡特尔、数量限制卡特尔，一旦被发现肯定属于违法的卡特尔。

[108]　同上，第23—25 页。

[109]　同上，第26—27 页。

的重要性，日本也做出妥协，表示与环境有关的规则尽量不要影响贸易，日本希望在避免"伪装保护主义"的前提下，可以对环境制定相关规则，并在此过程中作为调解人（honest broker）发挥"不偏不倚"的作用。

欧盟等国家明确表示可以就相关协议进行谈判，但是美国和发展中国家对此表示反对。矛盾未能解决，所以谈判一直持续到多哈部长级会议的最终阶段。

最后，与 WTO 协定有关的多边环境协定（Multilateral Environmental Agreements，简称 MEA）缔约国以贸易限制措施和促进自由贸易为原则进行谈判，同意削减或者撤销与环境有关的产品和服务的关税及非关税壁垒。此外，还决定在第五次部长级会议结束后，贸易与环境委员会还可以继续进行讨论，比如环境措施对市场准入的影响；削减或撤销贸易限制措施以减少对贸易、环境及开发的影响；与贸易有关的知识产权协议相关条款。[110] 日本认为为了促进新一轮回合谈判实施，必须得到成员国的广泛关注，所以对欧盟的意见表示支持。

落实问题

就落实问题而言，在部长级会议的筹备阶段，发展中国家按照本国的情况提出了很多符合自身利益的方案，提交给总理事会主席，但是在实际过程中，很多方案并没有采纳发展中国家的意见，所以讨论一直持续到部长级会议。发展中国家提出了方案，包括放宽义务等 101 条内容。其中"关于落实的决定"[111] 被采纳，解决了部分问题。但是剩下的 59 条中有 34 条要由相关工作会议讨论，其他项目交由 WTO 相关机构继续讨论。

知识产权保护（医药产品准入等）

在多哈部长级会议上，除了采纳了新一轮回合谈判有关的部长宣言外，还采纳了与贸易有关的知识产权协定以及与大众健康有关的部长宣言。[112] 发展中国家担心知识产权制度会影响治疗人类免疫缺陷病毒/后天免疫缺陷综合征（HIV/AIDS）[113] 等传染病的药品准入问题。考虑到这种担忧，该政治性宣言对与贸易有关的知识产权协议进行了灵活的解释，以便各国能够更好地落实。该宣言还明确规定，在发生 HIV/AIDS 等危害公共卫生的情况或是"国家紧急事态"时，可以采取强制方法，不必与专利所有人进行事前谈判。

---

[110]　Ministerial declaration adopted on 14 November 2001，P31，P32.

[111]　Implementation-related issues and concerns-Decision of 14 November 2001（WT/MIN（01）/17，20 November 2001）.

[112]　Declaration on the TRIPS agreement and public health adopted on 14 November 2001（WT/MIN（01）/DEC/2，20 November 2001）.

[113]　Human Immunodeficiency Virus/Acquired Immunodeficiency Syndrome.

从以前开始，保护知识产权问题，尤其是药品准入就属于非常重要的课题。在医疗领域，开发新药品必须提供激励措施，为了对抗艾滋病等传染性疾病，非洲和亚洲等发展中国家做出了巨大的牺牲，希望能够以较低的价格、更为方便的手段获得治疗药物。很多发展中国家不具备开发新药的技术能力，所以必须进口药品。为了保护公共健康，不得不放宽对知识产权的保护。另一方面，在满足一定条件下，可以实施"强制实施权制度"，强制把产品列为不受保护对象。开发药品的发达国家希望通过与贸易有关的知识产权协定保护其知识产权，要求进一步规范和明确协议的灵活性。双方的立场相悖，谈判一直僵持到多哈部长级会议阶段。最后发达国家考虑了发展中国家的利益，做出妥协。除了决定采取上述强制实施权以外，还将最不发达国家使用药品专利的时间延长至 2016 年 1 月。

④多哈部长级会议的成功原因

多哈部长级会议能够实现新一轮回合谈判的原因非常复杂。

就政治方面而言，各国不希望再次重演西雅图部长级会议的失败结果。2001 年 9 月美国发生多起恐怖事件后，很多国家逐渐开始形成共识，认同促进世界经济向前发展符合世界的共同利益，同时进一步认识到世界贸易稳定的重要性。[114]

各国在筹备部长级会议时，吸取了西雅图部长级会议的经验和教训。农业和服务已经开始谈判，明确要在部长级会议举行期间讨论新一轮回合谈判中没有解决的问题。总理事会主席夏秉纯提出的部长宣言草案（夏秉纯文件）非常简单，只是明确表明需要从政治层面解决未定事宜。[115]

在部长级会议期间举行的会议兼顾了效率性和透明度。也有观点认为：主席、秘书处、成员国积累的丰富经验发挥了重要作用。[116]

如上所述，通过举办非正式的部长级会议，各方坦率地交换了意见，培养了信赖关系。部长级会议的成功与主要国家高度认可协议内容、积极参与新的谈判密不可分。除了美国、欧盟、日本等发达国家之外，印度等主要发展中国家[117]也对部长级会议的成果做出了积极评价。反对全球化的非政府组织给西雅图部长级会议造成了恶劣影响，

---

[114] Gallagher, *supra* note 57，P97.

[115] 同上；经济产业省通商政策局，《2002 年版不公平贸易报告》，经济产业调查会，2002 年，第 480 页。

[116] Gallagher, *supra* note 57，p98.

[117] 比如，印度的有识之士认为在一些问题上达成一致符合印度的利益，比如落实问题的决定、与贸易有关的知识产权协议在公共健康问题上的特例、加强反倾销规则等。Sanjoy Bagchi "What Happened at Doha?"，*Economic and Political Weekly*，Vol. 36，No. 52. Dec. 29，2001.

所以也借鉴了相关经验，在部长级会议召开前和举办过程中，积极向非政府组织提供信息。通过各种努力，多哈部长级会议能够推动新一轮回合谈判成为理所当然的事情。

（3）"多哈发展议程"的开始

多哈部长级会议上同意举行新一轮回合谈判，并且把发展中国家的发展问题作为重要课题，因此多哈回合谈判也被称为"多哈发展议程"（Doha Development Agenda，简称 DDA）。谈判开始前先明确了不利于发展的因素。通过谈判，各方明确了应该减少贫穷并且促进经济发展；而且在谈判前达成了共识：WTO 协定的"落实问题"、与贸易有关的知识产权协议对知识产权的保护、发达国家对农产品征收的高关税以及提供的出口补贴会影响经济发展。[118]

多哈发展议程是 WTO 成立后第一次综合性谈判。在此之前，包括 WTO 成立基础的乌拉圭回合谈判在内，在 GATT 时期共召开了 9 次回合谈判。多哈发展议程的议题包括一直以来都属于回合谈判的问题，如农业、非农产品、反倾销等；也根据新的需求增加了议题，如投资、环境、发展中国家等。

2002 年 1 月 28 日，第一次贸易谈判委员会（TNC）[119] 召开。之后，各谈判小组及工作会议也相继展开了谈判，但是很多谈判小组[120]从一开始就陷入僵局，没能涉及具体内容。比如，非农业产品市场准入谈判小组对关税减让时间无法达成一致，美国、欧洲、加拿大、日本等发达国家和部分发展中国家建议在 2003 年 3 月底或 4 月底，印度、肯尼亚等国则建议在 2003 年 7 月中旬，甚至连谈判小组的会议日程都无法达成一致。通过在 WTO 框架外的大量工作，7 月相关国家开会，终于做出妥协："为了能在 5 月底之前达成一致，所以必须在 3 月底之前完成框架。"其间，为了推动新一轮回合谈判，促进成员国之间的了解、提高各国的积极性，各国同意在 2003 年 9 月第五次部长级会议召开前还举行三次非正式部长级会议，敦促各国达成共识。

2002 年 9 月，WTO 总干事穆尔卸任，泰国副总统兼商务部长素帕猜作为首位发展中国家领导接任总干事一职。9 月，各国在各领域的提案明显增加，农业、非农产品、

---

[118] Bernard Hoekman，"Developing Countries and the WTO Doha Round：Market Access，Rules and Differential Treatment，" in Basudeb Guha-Khasnobis（ed.），The WTO，Developing Countries and the Doha Development Agenda（Palgrave，2004）.

[119] 所谓 TNC，是由 WTO 全体成员组成，在每次回合谈判开始前成立，主要任务是提到决策透明并确认推动进展。

[120] 贸易谈判委员会下设很多谈判小组，比如农业委员会特别会议、非农产品市场准入谈判小组、服务理事会特别会议、规则谈判小组以及贸易与开发特别会议等。

市场准入等方面的谈判正式开始。

另一方面，"落实问题"以及与贸易有关的知识产权协议和公共健康等发展中国家迫切需要解决的问题被称为谈判的重要议题。11 月在悉尼举办 WTO 主要国家非正式部长级会议（又被称为小型部长会议）把与贸易有关的知识产权协议和公共健康作为主要议题进行了集中讨论。2002 年 12 月底协议框架出炉，各国都做出一定妥协，针对很多问题达成一致，但在疾病范围问题上始终存在矛盾。直到最后一刻，美国仍然建议通过文本明确疾病范围。这导致 2002 年也未能达成一致，只能继续进行讨论。

2003 年 2 月，第二次小型部长会议在东京召开，讨论把农业问题谈判期限定在 3 月底，非农产业问题谈判期限定在 5 月底，但未能达成一致。之后，6 月在埃及沙姆沙伊赫，7 月在加拿大蒙特利尔再次召开小型部长会议。坎昆部长级会议于 8 月召开，欧盟和美国之间就农业问题达成一致，对此表示反对的发展中国家组成了 G20。8 月 24 日总理事会主席卡斯蒂略提出了坎昆部长级会议第二稿部长宣言，在日内瓦经过讨论后，剩下的问题交由出席坎昆会议的部长进行讨论。

（4）坎昆部长级会议及之后的进展

2003 年 9 月 10 日到 14 日，WTO 第 5 次部长级会议在墨西哥坎昆举行。作为新一轮回合谈判的中期审评会议，出席的部长对农业、非农产品、市场准入、"新加坡文件"（促进贸易发展、政府采购透明度、投资及竞争）、发展中国家等主要问题的进展情况进行回顾，并且决定了今后的谈判基础，加速了谈判进程，各方都期待在 2005 年 1 月完成谈判。但是，很多领域都存在无法解决的矛盾，所以谈判最终以破裂宣告结束，闭幕之前公布了主席声明，要求在 2003 年 12 月 15 日之前通过高级事务委员会讨论今后的进展。

坎昆部长级会议破裂后，各方同意回归多哈回合谈判。同年 10 月，APEC 部长会议和非正式首脑会议召开，同意在坎昆部长宣言草案的基础上展开讨论。在日内瓦，很多原定在部长级会议后举行的谈判会议都被延期。以总理事会主席卡斯蒂略为首的官员决定以农业、非农产品市场准入、"新加坡文件"以及棉花等四个问题为主展开非正式讨论。坎昆部长级会议发表主席声明后，12 月 15 日总理事会没有采纳相关文本，卡斯蒂略主席汇报了当前进展，各国同意在 2004 年早期再针对不同领域的问题召开会议进行谈判。

2004 年初期，美国贸易办公室代表佐利克和欧盟委员会委员拉米向各国贸易部长提交了信函，希望各方继续努力，重回多哈发展议程的轨道。同年 2 月总理事会选出总理事会主席以及各谈判小组主席，并且再次按照农业、非农产品市场准入、规则（反倾销）、服务贸易等相继召开会议。

2004 年 7 月 31 日，部分部长参加了 WTO 总理事会，就同意多哈发展议程的谈判框架，并就农业、非农产品市场准入问题的谈判框架达成一致（以后，2004 年 7 月的协议被称为"框架协议"），并且决定就促进贸易发展展开谈判。同时，也明确了新加坡文件、发展、服务贸易、规则等问题的谈判方向，为今后的回合谈判奠定了重要基础。这缓和了坎昆部长级会议以来混乱的局面。各国同意 2005 年 12 月在中国香港举行第六次 WTO 部长级会议。多哈部长级会议规定多哈发展议程的期限是 2004 年底，现在开始继续谈判。

7 月总理事会召开，2004 年底到 2005 年初，各谈判会议相继召开，并且在技术层面取得进展。2005 年 1 月，WTO 非正式部长级会议在瑞士召开，26 个国家和地区的部长出席，2006 年中期谈判宣告结束，各方达成共识，在暑假前就非农产品市场准入、农业、服务贸易、开发、制定包括促进贸易发展在内的规则五个方面奠定基础。之后，通过 2 月的高级事务层面会议和贸易谈判委员会等通知了全体成员。3 月在肯尼亚蒙巴萨召开了 WTO 小型部长级会议，并且取得了进一步进展。

2005 年 5 月到 7 月间，OECD 部长理事会、WTO 非正式部长级会议、APEC 贸易部长会议、中国大连非正式部长级会议相继召开，主要国家的部长齐聚一堂，为了获得进展进行了多次谈判。但是 WTO 成员对农业、非农产品市场准入等主要问题的立场并未改变，7 月底总理事会向全体成员提交了各个领域的进展报告，表示未能实现既定目标，呼吁各国在 12 月召开的香港部长级会议上达成共识。

9 月素帕猜接替拉米，担任 WTO 总干事。之后，谈判再次正式展开。10 月初，美国在苏黎世主办了非正式部长级会议，焦点之一就是农业问题。美国提出了国内支持的方案，欧盟和其他农业国集团也提出了相应方案，各方无法统一导致农业谈判陷入胶着局面。少数国家的谈判富有成效。11 月初，美国、欧盟、印度和巴西，作为与 WTO 谈判有关的主要国家，组成 G4 集团。印度主办的少数国家部长级会议在伦敦召开，日本首次参会。会上集中讨论了农业、非农产品市场准入、服务贸易等主要问题，希望从跨领域的角度测试达成一致的程度（所谓野心的程度）。作为主要少数国家的一员，日本以此为契机深入参与到谈判中。11 月后半期，日本和澳大利亚加入 G4，形成 G6 召开少数国家部长会议。之前，作为 WTO 四极的美国、欧盟、日本、加拿大成为调整的核心。这也标志着日本重拾在 WTO 谈判中的地位。

一方面，从 10 月后半期到 11 月后半期，各个领域纷纷举行了谈判会议，具体论述了香港部长宣言草案以及谈判进展报告。各谈判主席向总干事拉米提交了谈判进展报告作为部长宣言草案的素材。11 月 26 日，总干事拉米整合了各谈判主席的报告，提出了香港部长宣言草案。之后，各国主要围绕农业、非农产品市场准入及发展问题调整文本。经过一段时间的研究后，12 月 2 日该草案获得总理事会认可，并正式提交香港部长级会议。

（5）香港部长级会议及之后的动向

2005 年 12 月 13 日，第六次部长级会议在中国香港举行。18 日闭幕，采纳了部长宣言。此次谈判为多哈发展议程的成功奠定了基础，特别是发达国家提出了支持发展中国家发展方案（即所谓的发展一揽子协议），推动谈判取得进展。日本根据一村一品运动的经验提出了"发展倡议"，帮助发展中国家提高出口能力。此举得到发展中国家的高度评价。

具体的谈判领域包括：①同意降低非农产品关税的公式；②服务贸易方面谈判的具体方案，包括按部门采取多国谈判方式；③在规则制定方面，明确谈判范围和目的，④在发展方面，原则上对欠发达国家的产品不予征税。

香港部长宣言规定 2006 年 4 月底针对非农产品市场准入和农业问题得出结论，7 月底要提出优惠方案。但是香港部长级会议召开后，部长级会议和高级别讨论一直在继续。主要国家在农业市场准入、扶持国内农业（农业补贴）、非农产品市场准入这三个问题上态度各不相同，谈判陷入胶着，最后未能达成预期目标。6 月底，非正式部长级会议在日内瓦召开，开始以 G6 为中心展开讨论，各国的立场未能靠拢，最终还是未能达成一致。

7 月后，为了打破僵局，总干事拉米开始访问主要国家，与首脑级别的官员接触并做工作，各方决定于 7 月 23 日再次举行 G6 部长级会议，集中就问题进行讨论。在会上讨论了 14 个小时，但是各国的分歧仍然存在。拉米认为通过谈判难以取得进展，所以于 24 日在非正式贸易谈判委员会上宣布中止回合谈判，并表示难以在年内达成一致。各国都对总干事的发言表示理解。

（6）多哈发展议程举步维艰反映出 WTO 的问题

如上所述，1999 年 12 月，第三次 WTO 部长级会议在西雅图召开，没能实现新一轮回合谈判。之后，2001 年 11 月，第四次部长级会议在多哈召开，提出了多哈发展议程，好不容易才决定展开 WTO 首次综合性谈判。2003 年 9 月第五次部长级会议在坎昆召开，暴露出谈判进程迟缓的问题，不得不延长原定谈判期限——2005 年 1 月。2004 年 8 月，WTO 总理事会大幅减少了谈判议题；紧接着，2006 年 12 月，第六次部长级会议在中国香港召开，虽然在兼顾发展中国家利益的前提下提出了比较全面的宣言，但是不得不面对再次延长谈判期限的局面。

谈判举步维艰，原总干事萨瑟兰担任主席的顾问委员会公布题为"WTO 的未来：应对新千年的体制性挑战"的报告。[121] 报告中指出地区性协议的增加和针对发展中国家制定的特殊待遇（S&D）正逐渐蚕食无差别原则。报告还对共识决策方式提出了质疑，希望能够进一步提高决策透明度，并且加强机构职能。但遗憾的是，虽然这份报告梳理了多哈发展议程中遭遇挫折的原因，但是由于难以直接实施相关对策导致谈判继续停滞。

自从顾问委员会报告发表后，越来越多的学者[122]也开始认识到多哈发展议程中存在的问题，大体可分为以下三类：谈判国家缺乏动力、个别问题存在矛盾、决策困难。具体来说，就第一点而言，参与谈判的发达国家正在以关税为中心进行自由化改革；剩下的问题因为关系国内相关规定，所以需要采取政治层面的应对，相对非常困难。但是，包括新领域在内实现自由化的问题，各国不再依靠 WTO，而是通过双边或者区域性协议来解决，各国越来越难享受到 WTO 谈判的实惠。对于发展中国家而言，通过增加新的规则或者加强相关规则来"落实"谈判成果的进展也不顺利。而且，发展中国家之间的立场也不尽相同。就第二点个别问题的矛盾而言，在农业、服务贸易等既定议题上，各国的立场仍然未能达成一致。围绕新问题的谈判更加困难。就第三点决策而言，随着成员的增加，利害关系更加多元化，通过共识的方式进行决策变得愈发困难。同时，很多发展中国家对于通过一揽子承诺方式要求所有国家承担所有的义务的做法也持谨慎态度，迟迟难以做出决策。

综上所述，在多哈发展议程前半期就暴露出很多比较突出的问题，甚至在谈判 10 年后仍然没能解决。以 WTO 为中心的世界贸易体制不知道今后应该何去何从。

---

[121]　WTO, *The Future of the WTO*: *Addressing Institutional Challenges in the Millennium*（WTO, 2004）: Report by the Consultative Board to the Director-General Supachai Pantichpakdi. by Peter Sutherland as chairman, Jaddish Bhagwati, Kwesi Botchwey, Niall FitzGerald, Koichi Hamada, John H. Jackson, Celso Lafer, and Thierry de Montbial.

[122]　Harald Hohmann（ed.）, *Agreeing and Implementing the Doha Round of the WTO*（Cambridge, 2008）. Hohmann 强调减少贫困、能力建设、特别且不同的待遇等开发问题大大改变的 WTO。木村福成，《多哈发展议程与 WTO 机制的危机》。马田启一、浦田秀次郎、木村福成编纂，《日本新贸易政策——WTO 与 FTA 的应对》，文真堂，2005 年。木村表示 WTO 的理念与谈判负责人想法的背离是导致谈判难以取得进展的重要原因。

4. 中国加入 WTO 的谈判历程

中国从 1986 年 7 月开始申请加入关税与贸易总协定（GATT）。经过 15 年的努力，终于在 2001 年 12 月 11 日正式成为 WTO 成员。下文将简单介绍中国加入 WTO 的历程、与包括日本在内主要国家进行双边谈判的情况以及中国加入 WTO 的主要条件。

（1）谈判历程

提到中国加入 WTO，最早是 1986 年 7 月，当时中国向 GATT 正式提出申请，要求"恢复（resumption）缔约国的地位"[123]（1995 年 12 月以后，随着 GATT 失效，中国也调整为根据 WTO 成立协议第 12 条申请加入）。经过 15 年的努力，中国加入 WTO 终于在 2001 年 11 月卡塔尔多哈第四次部长级会议上获得通过。[124] 之后，中国签署了加盟承诺。同年 12 月 11 日，中国正式成为 WTO 的一员。

就加入 GATT 和 WTO 谈判而言，始终坚持两种谈判并行[125]。第一种谈判方式是 GATT 和 WTO 都成立了工作组（Working Party），申请国和已经加入的国家之间举行多边谈判。申请国在会上提交本国经济和贸易制度相关说明材料（备忘录），其他成员就贸易制度和措施是否符合 GATT 和 WTO 规则提出问题，申请国进行答辩，申请国在加入时需要通过加盟议定书或者工作组报告明确加盟条件。

第二种谈判方式是申请国和个别成员举行双边谈判。希望参与谈判的成员针对申请国就申请国的关税减让等市场准入规定（WTO 成立后包括服务贸易领域的规定在内）提出要求。通过这种形式最终形成关税减让表（WTO 成立后，还包括服务贸易分类表）。

中国和日本、美国、欧共体（现在是欧盟）等分别举行了双边谈判，并且成立了工作组举行多边谈判，两种方式并行。首先，中国与日本、美国、欧洲各国在内的 37 个国家和地区举行了双边谈判，74 个国家和地区参与了工作组。谈判整体可以分为四个阶段。第一个阶段是 1986 年提出申请到 1989 年。第二个阶段是从谈判再次恢复的 1992 年到 1994 年底，中国无法以原缔约国身份加入 WTO。第三个阶段是从 1995 年到 1999 年，向

---

[123] "中华民国"是 GATT 最初 23 个成员国之一。但是，1949 年 10 月，中华人民共和国成立后，1950 年 5 月，"中华民国"退出了 GATT。

[124] Accession of the People's Republic of China, Decision of 10 November 2001, WT/L/432.

[125] 关于中国加入 WTO 的谈判历程，请参考：中国加入 WTO 日本谈判小组，《中国加入 WTO 谈判历程及加盟文件解读》，苍苍社，2002 年，第 17—26 页。也可以参考：Technical Note on the Accession Process, Note by the Secretariat, WT/ACC/10/Rev. 4, 11 January 2010 and Peter John Williams, *A Handbook on Accession to the WTO* (Cambridge University Press, 2008).

WTO 提交新的加盟申请到签署美中综合协议。最后一个阶段是 2000—2001 年，双边谈判的结果汇总到多边加盟议定书以及工作组报告，并最终批准中国加入 WTO。

①第一阶段（1986—1989 年）

1986 年 7 月，中国申请加入 GATT。第二年 2 月，中方提出了贸易制度备忘录。在此基础上，GATT 在 3 月成立了工作组，谈判工作顺利展开。[126] 当时，为了对抗苏联，美国调整了国际外交政策，把中国确定为战略合作伙伴，希望尽快把中国拉拢到西方阵营。[127] 1989 年春天事实认证阶段结束，美中双边谈判进展也非常顺利，开始着手就加盟议定书的条件展开谈判。[128] 谈判整体进展非常顺利，甚至有观点认为中国在 1989 年底就能顺利加入 GATT。[129] 但是 1989 年后，西方国家开始对中国实施经济制裁，原定 7 月召开的工作组会议也被迫延迟，谈判陷入长期停滞状态。[130]

2 第二阶段（1990—1994 年）

1989 年一直到 1992 年 2 月，工作组都没有举行实质性会议。[131] 但是，1992 年 2 月，工作组第 10 次会议结束。1993 年 3 月，美中两国举行实质性谈判，谈判再次回到正轨。1993 年 12 月，乌拉圭回合最终协议签署后，1994 年欧共体等国家认为随着 WTO 的发展，中国应该以原缔约国身份加入 GATT。[132] 谈判迅速展开，争议也逐渐具体化。特别是 6 月完成了非正式签署文件（Non-Paper）（1994 年 6 月 2 日 "Non-paper"），列举了达成一致和未达成一致的观点，但是对申请国也提出了很多要求。中国方面表示 "超出了现成员和发展中国家应承担的义务"，所以拒绝

[126]　GATT Activities in 1987（1988），P108.

[127]　Penelope Hartland-Thunberg. CHINA，HONG KONG，TAIWAN and THE WORLD TRADING SYSTEM（1990）. P81；Yongzheng Yang. "China's WTO Accession ：The Economics and Politics，" *Journal of World Trade.* Vol. 34 No. 4（2000）P89.

[128]　GATT Activities in 1989（1990）. P130；GATT Focus NO. 62. June 1986. P1；Hartland-Thunberg. supra note 127，P81.

[129]　Yang Guohua and Cheng Jin，"The Process of China's Accession to the WTO，" *Journal of International Economic Law*，Vol. 4. No2（2001）. P312.

[130]　Sylvia A. Rhodes and John H. Jackson，"United Stated Law and China's WTO Accession Process，" *Journal of International Economic Law.* Vol. 12. No. 3（1999）. P500. Yang and Cheng，*supra* note 129. p. 313. 日本谈判小组、同前（脚注 125）。

[131]　Yang and Cheng，*supra* note 129. p. 313.

[132]　"European Union Calls for China to be Admitted to GATT This Year." *Inside U. S Trade*，February 25，1994；"U. S. to Press China on Foreign Trade Law in GATT Entry Talks，" *Inside U. S Trade.* June 3. 1994（欧共体以 5 月提出的议定书方案为基础与中国谈判，希望中国作为 WTO 原缔约国于 1995 年 1 月加入）。对于这种加盟方式，请参考成立 WTO 的马拉喀什协议第 11 条以及《世界贸易协定成立协议加入等有关决定》。

接受。[133] 中国和成员之间的众多分歧没有得到解决，1995 年 WTO 成立。中国丧失了作为原缔约国身份加入 WTO 的机会，这也导致中国丧失了很多谈判动力。[134]

③第三阶段（1995—1999 年）

1995 年 7 月，中国再次申请加入 WTO。[135] 工作组成立，谈判随即开始。从 1996 年开始到 1997 年，中国迅速撤销进口限制措施并且降低关税，工作组也多次举行会议，开展落实工作。日本为了提高中国加入 WTO 的谈判效率，率先于 1997 年 9 月就产品的市场准入问题与中国展开谈判；于 1999 年 7 月就剩余的服务贸易问题展开谈判。日中两国很快就谈判达成一致。另外，美中双边谈判成为中国能否加入 WTO 的决定性因素，其进展如下：1999 年 4 月，朱镕基总理访美，但未能签署协议。1999 年 5 月，中国驻南斯拉夫大使馆被炸，导致美中谈判暂时中断。1999 年 11 月，美中两国在北京再次举行谈判并签署协议。欧共体于 2000 年 5 月与中国达成一致。2001 年 9 月，中国与墨西哥也结束双边谈判。至此为止，所有的双边谈判都已结束。

④第四阶段（2000—2001 年）

2000 年以后，开始把双边谈判的成果汇总到加盟议定书以及工作小组报告中。[136] 2001 年 9 月 17 日，中国加入 WTO 工作组第 18 次会议召开，工作报告采纳了最终议定书。[137] 同年 11 月 10 日，在卡塔尔多哈召开 WTO 第四次部长级会议，全会一致同意中国加入 WTO。11 月 11 日，中国向 WTO 秘书处提交了加盟议定书同意文件。30 天后，12 月 11 日，中国正式加入 WTO。

（2）主要的双边谈判

①日中谈判

日本从很早开始就支持中国尽快加入 GATT 和 WTO。[138] 在实际工作层面，日本也一

---

[133] "China Rejects Chairman's Non-Paper as Basis for Entering Gatt. " *Inside U. S. Trade*，July 29. 1994.

[134] "Draft WTO China Protocol Shows Major Gaps, Little Progress. " *Inside U. S. Trade*，Dec. 23. 1994.

[135] Communication from China，WT/ACC/CHN1. 7 December，1995.

[136] 本段中关于多边谈判的论述请参考：日本谈判小组，同前，脚注 125，第 64—73 页。

[137] WTO NEWS：2001 Press Release press/243，17 September 2001.

[138] 经济产业大臣平沼赳夫谈话，《中国加入 WTO》，（2001 年 7 月 4 日），《经济产业公报》，平成 13 年 7 月 10 日第 7 页 "1. 从 6 月 28 日到 7 月 4 日在日内瓦举行加盟工作会议，中国加入 WTO 取得重大进展，对此日本表示欢迎。日本一如既往地支持中国尽快加入 WTO。11 月的多哈部长级会议召开，为了支持中国加入，要解决剩余问题。" 平沼大臣谈话，《关于中国加入 WTO》（2001 年 11 月 10 日）："经济产业省网站""会见·讲话""之前的大臣谈话·声明"。http：//www. meti. go. jp/speeches/data_ed/e01110aj. html（2012 年 7 月 25 日）。"日本一如既往地支持中国尽快加入 WTO，在今天的部长级会议上同意中国加入 WTO，我们对此表示欢迎。"

如既往地尽可能向中国提供帮助。当谈判陷入停滞时，日本也采取积极措施，努力推动双边谈判工作，为其他国家树立了榜样。[139] 在此背景下，日中经济发展更为紧密（比如，根据 1996 年的贸易统计，中国在日本贸易对象中排名第三位）[140]，日本认为中国作为重要的贸易对象国，加入 WTO 后能够进一步促进和完善 WTO 的自由贸易机制，还可以"明确法律对日中贸易关系的支配作用"，意义非常重大。[141] 但是与此同时还有一种观点认为：中国作为贸易自由化存在缺陷，"中国能够根据日中贸易协议享受最惠国待遇原则，但是中国方面保留了很多贸易限制政策和措施"[142]，这对于日本来说非常不公平，所以必须在中国加入 GATT 和 WTO 这一过程中予以纠正，这也成为日本当时的燃眉之急。[143]

　　从 1997 年 8 月和 9 月，日中两国密集举行双边谈判（8 月 27—29 日在东京、9 月 2—3 日在北京）。9 月 4 日，日本首相桥本龙太郎访华，双方政府就商品市场准入，如关税、进口限制措施、标准认证等问题达成实质一致。[144] 1999 年 7 月，日本首相小渊惠三访华时又针对流通、金融、电信、建设等服务贸易问题展开密集谈判，日本认为中

---

[139]　日本谈判小组，同前（脚注 125），第 45 页。

[140]　"日本和中国……之间的经济关系非常紧密，无论是贸易还是投资方面，对于日本经济来说，中国都是非常重要的存在。因此，中国加入 WTO 的意义重大，日本很早就开始支持中国尽快加入 WTO（根据 1996 年的贸易统计，中国是日本第三大贸易对象国及地区）。"通商产业省通商政策局编，《1997 年版不公平贸易报告》，通商产业调查会，1997 年，第 347 页。中国加入 GATT 和 WTO "对日本来说意义重大，因为中国在地理位置和经济方面与日本都比较接近"。通商产业省通商政策局编，《1995 年不公平贸易报告》，（通商产业调查会出版部，1995 年），第 53 页。此外，参与谈判的官员表示："与战前相比，现在日本与中国的贸易关系比重增加，不管日中贸易如何扩大，多边贸易框架都是必需的。"日本谈判小组，同前，脚注 125，第 45 页。

[141]　经济产业大臣平沼谈话（2001 年 7 月 4 日），同前，脚注 138，"2. 中国加入 WTO 后，可以进一步加强 WTO 的自由贸易体制，这也是日本期盼已久的事。而且可以通过明确法律对日中贸易关系的支配地位，这对于日中两国来说都大有裨益。"平沼大臣谈话《关于中国加入 WTO》（2001 年 9 月 17 日），"经济产业省网站""会见・讲话""之前的大臣谈判・声明"，http：//www. meti. go. jp/speeches/data_ed/e010917aj. html（2012 年 7 月 25 日）。"2. 贸易总额位居世界第 9 位的中国加入 WTO 后，可以促进 WTO 的自由贸易体制，具有重要意义。而且，可以通过共同的国际规则明确日中贸易关系。对日中两国意义重大。"平沼大臣谈话（2001 年 11 月 10 日），同前，脚注 138。"2. 中国加入 WTO 后，WTO 将成为更加普及的机构，可以大大加强多边自由贸易机制，具有很大意义，也有助于深化与日本的经济关系。"《关于中国加入 WTO 谈判的通商产业大臣谈话》，（1997 年 9 月 4 日），《通产省公报》，平成 9 年 9 月 10 日，第 4 页。

[142]　通商产业省通商政策局编，《1994 年不公平贸易报告》，通商产业调查会，1994 年，第 47 页。

[143]　日本谈判小组，同前，脚注 125，第 245 页。"根据该协议（作者注：日中贸易协议），中国与 GATT 和 WTO 加盟国享受同样的待遇，中国加入 GATT 和 WTO 后不需要再追加其他待遇。"明确了中国加入 WTO 谈判问题上的政治态度。

[144]　《日本代表团团长及中国代表团团长就中国加入 WTO 相关日中双边协议的共同声明（暂译）》，（1997 年 9 月 4 日），《通产省公报》，平成 9 年 9 月 10 日，第 5 页。

国的折中方案满足了其商业利益，所以双方达成实质一致，将其双边谈判成果公开发表。这是中国首次与主要发达国家签署双边协议，大大促进了中国与其他国家的谈判进程。[145]

②美中谈判

1999 年 11 月，美中谈判在北京举行，以美国贸易代表办公室代表巴尔舍夫斯基和美国经济委员会主席斯珀林为首的美国代表团与以外经贸部部长石广生、副部长龙永图为首的中国代表团进行了集中讨论并达成一致。其间，朱镕基总理也出席谈判会议，传达了中国政府期望双方能够达成一致的强烈愿望。[146]

除了关税、改善服务贸易（金融、电信、流通、音乐视频）等市场准入情况之外，谈判内容还涉及中国进口时采取的过渡性保障措施（加入 WTO 后延续 12 年时间）、反倾销措施（加入 WTO 后 15 年内针对对中国非市场经济体制继续实施过渡性措施）、纤维（2005 年底废除中国对美出口比例框架，按照 WTO 纺织品与服装协议进行调整，2008 年前采取纤维特别保障措施）。美中双方就以上问题达成一致。

此外，中国最大的担忧是：美国国会是否批准给予中国永久性正常贸易地位（最惠国待遇），美国援引 WTO 协定第 13 条，回避了该问题，宣布该问题不与中国加入WTO 挂钩。[147]

③中欧谈判

2000 年 3 月，美中签署双边协议后，欧洲委员拉米访华，与外经贸部部长石广生举行部长级磋商，并与朱镕基总理举行会谈，围绕金融自由化和电信自由化等问题，双方各执己见，未能达成一致。但是 2 个月后，即 5 月，拉米再次访华，举行部长级协商，双方达成一致，决定提前在金融、电信等服务贸易领域放松规制，并且约定减让关税。[148]

（3）中国加入 WTO 的承诺[149]

综上所述，申请国在加入 WTO 时需要完成加盟议定书和工作组报告等文件，中国

[145] 通商产业省通商政策局编，《2000 年版不公平贸易报告》，通商产业调查会，2000 年，第 410 页。此外，签署协议时小渊惠三首相在记者招待会上的发言请参考：日本谈判小组，同前，脚注 125，第 48 页。

[146] 通商产业省通商政策局，同前，脚注 145，第 411 页；日本谈判小组，同前，脚注 125，第 54—55 页。

[147] 对华永久性正常贸易关系地位议案（最惠国待遇），请参考：经济产业省通商政策局编，《2002 年版不公平贸易报告》，经济产业调查会，2002 年，第 127—130 页以及日本谈判小组，同前，脚注 125，第 57—60 页。

[148] 通商产业省通商政策局编，《2001 年版不公平贸易报告》，通商产业调查会，2001 年，第 391 页；日本谈判小组，同前，脚注 125，第 62—64 页。

[149] 对中国加入 WTO 的承诺的解读请参考：日本谈判小组，同前，脚注 125，第 83—230 页。

也不例外。⑭ 加盟议定书中把关税减让表和服务贸易具体承诺减让表等作为附件。加盟议定书（工作组报告中第 342 段列举了中国的承诺）属于 WTO 成立协定中不可分割的一部分。因此，加盟议定书和工作组报告中规定中方应该履行 WTO 协定等法定义务，可以通过争端解决机制处理违反规定的行为。

为了加入 WTO，中国提出了很多承诺。首先，就市场准入问题而言，中方承诺把全部产品的平均关税由 1998 年的 17.5% 降低至 2010 年的 9.8%（矿工业产品由 16.6% 降低至 8.9%，农产品由 22.7% 降低至 15.0%）。其次就服务贸易问题而言，同意分阶段削减和废除在流通、金融、电信、建设等 100 多个服务贸易部门的外资限制。此外，还承诺统一贸易制度、确保贸易制度透明、确立司法审查制度、在 3 年内实现贸易权自由化、原则上在 2005 年之前废除进口配额制度、加入后立即废除贸易相关的投资措施（如本地品牌要求、出口要求以及技术转移要求等）。

另一方面，加盟议定书和工作组报告中也记录了 WTO 成员对中国实施的过渡期措施，比如过渡期保障措施（加入 WTO 后 12 年内对进口中国产品激增采取保障措施）、纤维特别保障措施（截至 2008 年对中国出口纤维、纤维制品实施特别保障措施）以及反倾销措施相关特例（在加入 WTO 后 15 年内可以通过价格比较予以特别对待）。日本国内法令的实施情况可以参考第 3 章第 2 节。

此外，还特别制定了过渡期审查机制（加入 WTO 的 8 年内，每年都由总理事会、各种理事会以及委员会等，对中国提供的相关政策和措施进行分析，审查中国的履约情况，加入 WTO 后 10 年内完成最终审查）。

第 2 节　日本利用 WTO 争端解决机制概况

1. 概况

WTO 本身有两大支柱职能：一类是"实施并且运用已有协议"，另一类是提供新的"谈判场所"。⑮ 本章第 1 节已经具体论述了后者：提供新的"谈判场所"，如日

---

⑭　Protocol on the Accession of the People's Republic of China. WT/L/432 and Report of the Working Party on the Accession of China. WT/MIN（01）/3.

⑮　具体请参考：《建立世界贸易组织的马拉喀什协议》第 3 条第 1 款以及第 2 款。

本参与多哈回合谈判。本节主要介绍日本如何利用前者"实施并且运用已有协议"，具体来说，就是介绍日本利用争端解决机制的情况，并从中总结日本当时的贸易政策。

WTO继承了GATT时代通过专家组解决争端的机制，并且在此基础上进行了完善，使争端解决机制进一步法律化。[152] 该机制与一般国际法相比，带有更强的WTO特征[153]，而且如上所述，是支撑WTO现行各项协议实施及运用必不可少的因素。WTO成立16年间共受理430件申诉[154]，其中有126件提交专家组、上诉机构审议并提交报告（截至2012年3月6日），该机制不仅充分被利用，而且履约率整体超过80%[155]，发挥了很好的实际效果。

WTO体制成立后，日本利用WTO争端解决机制进行了申诉，同时也被其他国家申诉。具体的案件请参考表2.2.1（1）以及表2.2.1（2）。[156][157]

如表2.2.1（1）所示，2012年3月6日，日本共有14件WTO申诉案件。如果把印度尼西亚国民汽车计划案的两次申诉视为一次的话，申诉数量为13件。其中11件成立了专家组，9件采纳了专家组报告，其中8件胜诉，判定他国违反规定（每件都不含履行确认手续[158]）。

另一方面，如表2.2.1（2）所示，日本作为被诉国的案件有15件。如果把多个国家对同一措施提起申诉作为一件的话，共有12件。其中5件成立了专家组或采纳了报告，其中被认为是日本违反规则（败诉）的共4件（每一件都不含履行确认手续）。

---

[152] 关于对WTO争端解决机制司法化问题的评价，请参考：川岛富士雄，《WTO争端解决机制的司法化状况——回顾DSU的10年》，《日本国际经济法学会年报》，第14号，2005年，第92—117页。

[153] 岩沢熊司，《WTO争端处理国际法意义及特质》；国际法学会编，《日本与国际法100年 第9卷 争端解决》，三省堂，2001年，第215页。

[154] 《建立世界贸易组织的马拉喀什协议》，附件2，争端解决相关的规则及手续等谅解书（简称：DSU）第4条第2款"磋商要求"。

[155] 关于履行WTO争端解决机制结果的综合性研究，请参考：川濑刚志、荒木一郎编，《WTO争端解决和履行制度》，三省堂，2005年。关于履行率的统计请参考：第428页；川岛富士雄、饭田敬辅、内记香子，《WTO争端解决建议履行情况一览》。

[156] 申诉案件很容易直接反映出一个国家的对外贸易政策。以此为前提，通过分析日本的WTO申诉案件，可以了解日本在WTO争端解决机制上的利益问题以及国内政治的现状，具体请参考：Saadia M. Pekkanen，"The Politics of Japan's WTO Strategies"，Orbis Vol. 48，NO1（2004）. p138 – 146。当然，根据被申诉案件的性质和特征及对策也可以了解政策的走向。

[157] 表2.2.1（1）和表2.2.2（2）请参考WTO官方网站 http：//www. eto. org/english/tratop_e/dispu_e/dispu_status_e. htm（July 25. 2012）。此外，还参考了经济产业省通商政策局编，《2011年不公平贸易报告》，日经印刷，2011年，第442—444页。

[158] 请参考DSU第21.5条。

表 2.2.1　日本作为当事国的 WTO 争端解决案件一览（截至 2012 年 3 月 6 日）

（1）申诉案件

DS 编号	申诉国	被诉国	措施	申诉时间	专家组	上诉委员会	协定	裁决时间	备注
WT/DS6	日本	美国	根据《贸易法》第 301 条征收汽车关税	1995 年 5 月 17 日			GATT, DSU		1995 年 7 月 19 日通报双边协议
WT/DS51	日本	巴西	汽车政策	1996 年 7 月 30 日			TRIMs, GATT, SCM		协议中断，巴西在实际上撤销了相关措施。DS65、DS81
WT/DS52	美国	巴西	汽车政策	1996 年 8 月 8 日			TRIMs, GATT, SCM		
WT/DS54	欧共体	印度尼西亚	国民汽车计划	1996 年 10 月 3 日					
WT/DS55, 64	日本	印度尼西亚	国民汽车计划	1996 年 10 月 4 日	Y	—	GATT, SCM, TRIMs	1998 年 7 月 23 日	RPT 仲裁（12 个月），已实施
WT/DS59	美国			1996 年 10 月 8 日					
WT/DS88	欧共体	美国	马萨诸塞州政府的采购手续	1997 年 6 月 20 日	设立		GPA	2000 年 2 月 11 日专家组解散，美国国内判断认为违反宪法后予以撤销	
WT/DS95	日本		汽车协议	1997 年 7 月 17 日			GPA		
WT/DS139	日本	加拿大	汽车协议	1998 年 7 月 3 日	Y	Y	GATS, GATT, SCM	2000 年 6 月 19 日	SCM4.7（90 天），RPT 仲裁（8 个月），已实施
WT/DS142	欧共体			1998 年 8 月 17 日					

（续表）

DS 编号	申诉国	被诉国	措施	申诉时间	专家组	上诉委员会	协定	裁决时间	备注
WT/DS136	欧共体	美国	1916 年《反倾销法》	1998 年 6 月 4 日	Y	Y	AD, GATT, WTO	2000 年 9 月 26 日	RPT 仲裁（10 个月），2002 年 1 月 7 日日本承认对抗措施，废除法律予以实施
WT/DS162	日本	美国		1999 年 2 月 10 日					
WT/DS184	日本	美国	日本产热轧钢板反倾销	1999 年 11 月 18 日	Y	Y	AD, WTO	2001 年 8 月 23 日	RPT 仲裁（15 个月），2005 年 7 月 31 日第三次延长，由于法令修改导致部分内容未实施
WT/DS217	澳大利亚、巴西、智利、欧共体、印度、印度尼西亚、日本、韩国、泰国（DS234加拿大、墨西哥）	美国	伯德修正条款	2000 年 12 月 21 日	Y	Y	AD, GATT, SCM, WTO	2003 年 1 月 27 日	RPT 仲裁（11 个月），2004 年 11 月 26 日日本承认对抗措施，2006 年废除措施但是保留了过渡措施
WT/DS244	日本	美国	日本产钢反倾销日落复审	2002 年 1 月 30 日	N	N	AD, GATT, WTO	2004 年 1 月 9 日	
WT/DS248	欧共体	美国	钢铁保障措施	2002 年 3 月 7 日	Y	Y	GATT, SG	2003 年 12 月 10 日	在报告采纳前撤回
WT/DS249	日本	美国		2002 年 3 月 20 日					

（续表）

WT/DS251	韩国	美国	钢铁保障措施	2002 年 3 月 20 日	Y	Y	GATT，SG	2003 年 12 月 10 日	在报告采纳前撤回
WT/DS252	中国			2002 年 3 月 26 日					
WT/DS253	瑞士			2002 年 4 月 3 日					
WT/DS254	挪威			2002 年 4 月 4 日					
WT/DS258	新西兰			2002 年 5 月 14 日					
WT/DS259	巴西			2002 年 5 月 21 日					
WT/DS322	日本	美国	反倾销归零、日落复审	2004 年 11 月 24 日	Y	Y	AD，GATT，WTO	2007 年 1 月 23 日	2005 年 2 月 28 日设立专家组
WT/DS322RW	日本	美国	同上、明确实施	2008 年 4 月 7 日	Y	Y	AD，GATT	2009 年 8 月 31 日	2012 年 2 月 6 日通报双边协议
WT/DS375	美国	欧共体	IT 产品关税	2008 年 5 月 28 日	Y	—	GATT	2010 年 8 月 16 日	欧盟，2011 年 6 月 24 日纠正并公开
WT/DS376	日本	欧共体	IT 产品关税	2008 年 5 月 28 日	Y	—	GATT	2010 年 8 月 16 日	欧盟，2011 年 6 月 24 日纠正并公开
WT/DS377	中国台湾	欧共体	IT 产品关税	2008 年 6 月 12 日	Y	—	GATT	2010 年 8 月 16 日	欧盟，2011 年 6 月 24 日纠正并公开
WT/DS412	日本	加拿大	可再生资源相关措施	2010 年 9 月 13 日	设立		SCM，TRIMs		2011 年 7 月 20 日设立专家组
WT/DS426	欧盟	加拿大	可再生资源相关措施	2011 年 8 月 11 日	设立		SCM，TRIMs		同上

（2）被申诉案件

DS编号	申诉国	被诉国	措施	申诉时间	专家组	上诉委员会	协定	裁决时间	备注
WT/DS8	欧共体			1995年6月21日					1998年1月14日通报补偿协议
WT/DS10	加拿大	日本	区别征收酒税	1995年7月7日	Y	Y	GATT	1996年11月1日	1998年1月9日通报补偿协议
WT/DS11	美国	日本		1995年7月7日					RPT仲裁（15个月），1998年1月9日通报补偿协议
WT/DS15	欧共体	日本	电器通信设备采购相关措施	1995年8月18日			GATT		谈判，1995年9月两国达成一致，未披露
WT/DS28	美国	日本	著作邻接权	1996年2月19日			TRIPS		1997年1月24日通报双边协议
WT/DS42	欧共体	日本	著作邻接权	1996年5月24日			TRIPS		1997年11月7日通报双边协议
WT/DS44	美国	日本	胶卷自由化对策	1996年6月13日	N	—	GATT, NV	1998年4月22日	
WT/DS45	美国	日本	流通服务措施（《大店法》等）	1996年6月13日			GATS		仅谈判
WT/DS66	欧共体	日本	猪肉进口相关措施	1997年1月15日			GATT		仅谈判
WT/DS73	欧共体	日本	卫星采购	1997年3月26日			GPA		1997年7月31日、1998年2月19日通报双边协议
WT/DS76	美国	日本	农产品检疫	1997年4月7日	Y	Y	SPS	1993年3月19日	同意在RPT（9个月12天）内调整，日美谈判，2001年8月23日通报双边协议

（续表）

案件编号	原告	被告	措施	日期	专家组	上诉委员会	协定	日期	仅谈判
WT/DS147	欧共体	日本	皮革产品关税折扣制度与补助	1998 年 10 月 8 日			LIC, SCM		同意在 RPT（6 个月 202 天）内调整
WT/DS245	美国	日本	苹果检疫	2002 年 3 月 1 日	Y	Y	SPS	2003 年 12 月 10 日	
WT/DS245/RW	美国	日本	同上，明确实施	2004 年 7 月 19 日	Y	—	SPS	2005 年 7 月 20 日	2005 年 8 月 30 日通报双边协议
WT/DS323	韩国	日本	海苔进口配额制度	2004 年 12 月 1 日	设立		GATT, AG, LIC		2005 年 3 月 21 日设置专家组，2006 年 1 月 23 日通报双边协议
WT/DS336	韩国	日本	DRAM 反补贴关税	2006 年 3 月 14 日	Y	Y	SCM, GATT	2007 年 12 月 17 日	再次调查，2009 年 9 月 1 日降低反补贴关税
WT/DS336/RW	韩国	日本	同上，明确实施	2008 年 9 月 9 日	设立		SCM, GATT		2009 年 4 月 23 日废除反补贴关税

注：1. 专家组、上诉委员会一栏的 Y/N 是指违反或不违反。
2. 协定一栏是指当时申诉时依据的协定或是报告中认定的相关协定。
3. 相同措施的案件合并处理。

除了作为申诉国和被申诉国以外，日本还经常作为第三国参与其他国家的争端解决案件中[159]，参与数量位居第一（117 件），超过了欧共体（现欧盟）的 113 件、美国的 93 件以及中国的 88 件。

2. 具体介绍

下面将按照申诉的时间顺序，介绍与经济产业省（原通商产业省）负责的产业有关的案件。其中被诉案件是（2）与胶卷相关的措施案，还有一件被申案是 DRAM 关税补贴案，本节未做介绍，具体情况请参考第 3 章第 3 节 2（4）。

（1）美国·汽车关税案（DS[160]6）

（2）日本·胶卷相关措施案（DS44。也包括 DS45）

（3）美国·1916 年反倾销法案（DS162）

（4）美国·日本产热轧钢板反倾销案（DS184）

（5）美国·伯德修正案（DS217）

（6）美国·钢铁保障措施案（DS254）

（7）ECIT 产品课税案（DS376）

（1）美国·汽车关税课税案件（DS6）（所谓的"日美汽车争端案件"）[161]

对日本来说，WTO 成立后利用争端解决机制提起的第一个申诉就是美国的汽车关税案。在第 1 部第 2 章第 1 节 7（3）已经介绍了日美两国围绕汽车及其零配件的长期争执。[162] 虽然部分内容略有重复，但是本文侧重介绍 1993 年 7 月日美综合经济协议后的过程，这是引发该案的直接原因。（关于谈判过程时间表请参考第 1 部第 2 章第 1 节表 2.1.5）

---

[159] 请参考 DSU 第 4 条第 11 款以及第 10 条，从第三国参加案件也有可能判断出日本的对外贸易政策。下文会具体论述。

[160] DS 号码是要求磋商时给案件编号，从 1995 年 WTO 争端处理机制开始执行至今。

[161] 本项论述主要参考：中户祐夫，《日美贸易摩擦的政治经济学》，Minerva 书房出版，2003 年，第 125—178 页；通商产业省通商政策局美洲科编，《日美汽车谈判轨迹——构建新型日美关系》，通商产业调查会，1997 年；畠山襄，《贸易谈判——与国家利益相关的脚本》，日本经济新闻社出版，1996 年，第 52—121 页；日本经济新闻社编，《记录 日美汽车协议——"没有胜利的战役"实况》，日本经济新闻社出版，1995 年。此外还参考了：谷口丰，《WTO 争端解决机制及单方措施——案例研究》，《日本国际经济法学会年报》第 5 号，1996 年，第 126 页。

[162] Request for Consultations by Japan, *United States – Imposition of Import Duties on Automobiles from Japan under Sections 301 and 304 of the Trade Act of 1974*，WT/DS6/1，22 May 1995.

1993 年 7 月 10 日，日本首相宫泽喜一和美国总统克林顿根据《关于日美新经济伙伴关系框架的共同声明》开始讨论综合经济协议，把汽车和零配件也列为优先谈判课题，与政府采购（电信、医疗设备）以及放松规制（保险等）同样重要。美国认为：日本汽车流通市场（供应链）对外国汽车来说是封闭的；日本的汽车制造商和日本汽车零配件制造商关系过于紧密，导致外国汽车制造商难以进入日本市场；运输省对零配件维修市场制定的规则（必须去运输省指定的维修厂维修或更换重要零配件），阻碍了外国零配件进入日本市场。所以美国相应地提出了三个要求：增加外国汽车采购数量；日本汽车制造商自愿增加采购外国零配件的数量[163]；放宽对维修零配件的限制。对此，日本方面的态度也很强硬：拒绝美国提出的采购数量；以政府权限和管理贸易为由，拒绝政府介入民间贸易；部分放松规制，但是以降低安全系数为由，拒绝把维修和车检规定分开。

同年 9 月 21 日以及 10 月 20 日和 21 日，在夏威夷和东京，分别举行了汽车及其零配件第一次和第二次副部长级会议。在第二次会议上，美国要求日本政府对企业做出行政干预，要求日本企业制定 1995 年后新的汽车零配件自愿采购计划（Voluntary Plan）。对于美国提出的所谓"客观标准"（增加零配件采购等），日本方面表示所谓"增加采购"的客观标准属于量化指标，日本方面无法接受，拒绝制定采购计划。日美两国的认识存在分歧，同年 11 月 8—12 日在华盛顿召开第三次副部长级会议，但是完全没有涉及汽车及其零配件问题。

如上所述，在谈判过程中，日本方面表示为了促进产业合作制定了多方协作方案（corporation approach），但是美国坚持要求日本制定量化指标[164]。同年 12 月 3 日，通产省官员强烈批判了美国要求日本汽车制造商制定 1995 年以后的自愿采购计划的政府行政干预方式[165]，"政府无法介入民间商业行为，所以无法制定量化指标"。日美两国的态度如同两条平行线，毫无交点，在同年 12 月 20—23 日举行的非正式会议（东京）上

---

[163] 以 1992 年 1 月美国总统布什访日时提出的日本汽车制造商采购美国产零配件计划（1994 年度 190 亿美元）为前提，请参考第 1 部第 2 章第 1 节 7（3）。

[164] 美国之所以固执地想引入量化指标，是因为美国贸易政策和谈判顾问委员会（Advisory Committee for Trade Policy and Negotiation）提出了《日美贸易相关主要事实和政策提案》（1993 年 2 月 12 日），其中提出了"日本特殊论"，认为为了解决日本市场准入问题，必须设置量化目标。1992 年第四季度外国产半导体在日本市场的份额超过 20%，美国方面认为这是因为《日美半导体协议》中规定了超过 20% 的量化指标，所以在这种"错觉"下，美方固执地要求引入量化指标。畠山，同前，脚注 161，第 61—71 页。

[165] 《日本经济新闻》，1993 年 12 月 4 日日报，第 5 版。

也没有取得重大进展。此外，1994 年 2 月 11 日举行了日美首脑会谈（细川·克林顿会谈），各方期待能够通过会议化解矛盾。但是日本首相细川护熙以管理贸易为由明确拒绝了美方提出的量化指标要求，美国总统克林顿则表示"与其达成没有内容的协议还不如不签署协议"，日美双方仍旧各执己见，最终谈判以破裂告终。在此过程中，通产省也发挥了重要作用，向首相和谈判团队提供了强有力的支持[166]，日本汽车工业协会（Japan Automobile Manufactures Association，简称 JAMA）会长久米丰在 2 月 12 日也发表评论，赞成"日本政府拒绝按照美国要求制定量化指标"的做法。[167]

但与此同时，1994 年 2 月 24 日，日本汽车工业协会、日本汽车制造商积极在美国当地投资建厂，并发表了行动计划，要加强同外国汽车及零配件制造商的合作。[168] 紧接着，3 月底，日本五大汽车制造商把 1995—1997 年作为最终年度，相继公布了自愿采购美国零配件的计划。但是因为没有达到美国方面的预期，所以美国政府对日本政府缺乏保证以及参与程度不够等问题表示了不满。

之后，同年 5 月 19—24 日日美举行副部长级非正式会议，同意再次就日美综合经济协议展开谈判。[169] 同年 6 月 2 日，工作会议在华盛顿召开，进一步确认要再次展开谈判，美方要求制定"客观标准并且能够涉及未来"，而日本仍然明确拒绝指定量化指标，双方的立场仍然如同两条平行线。此外，美国还要求日本放宽标准及认证制度并废除车检制度；但日本把该制度存续作为谈判的前提，谈判最终破裂。1994 年 10 月 1 日，美国贸易代表办公室代表坎特根据美国《贸易法》第 301 条，对日本展开调查，并且认定日本零配件维修市场准入不合理而且存在歧视条款（12 个月后即第二年 9 月做出决定）。[170] 对此，同年 10 月 2 日，日本官房长官五十岚广三表示"对美国的行为非常遗憾，这并不符合日美两国政府共同追求的维持并加强多边贸易体制的目标"。[171] 此外，通产省汽车课长林洋和立即表示不响应美国重新谈判的要求："目前不考虑重新就日美经济协议进行谈判。美国《贸易法》第 301 条对日美两国关系造成了很大障碍。"[172]

---

[166] 畠山，同前，脚注 161，第 87 页。

[167] 日本汽车工业协会，《关于日美综合经济协议》，《自动车工业》，第 28 卷 3 月刊（1994），第 33 页。

[168] 日本汽车工业协会，《汽车工业协会国际协调行动计划》，1994。

[169] 通商产业省通商政策局美洲科，同前，脚注 161，第 70 页。

[170] 《日本经济新闻》，1994 年 10 月 3 日日报，第一版。Initiation of Section 302 Investigation and Request for Public Comment：Barriers to Access to the Auto Parts Replacement Market in Japan 59 Fed. Reg. 52034. October 13. 1994.

[171] 《日本经济新闻》，1994 年 10 月 3 日，第 1 版。

[172] 《日本经济新闻》，1994 年 10 月 13 日晚报，第 1 版。

之后，同年 11—12 月，日美两国又举行了部长级会议和副部长级会议，日本方面均认为零配件采购计划属于企业自主行为，不在政府职责范围内，所以明确其不属于日美综合经济协议的内容，而且也决不在《贸易法》第 301 条下讨论放宽零配件维修市场的规定问题。以此为条件，双方同意 1995 年 1 月底再次进行谈判。⑬

　　日美综合经济协议中关于汽车和零配件的谈判从 1994 年 10 月中断，1995 年 1 月 25 日日美双方在华盛顿再次展开。但是在 26—17 日举行的副部长级会议上，日本方面提出了具体提案，放松相关规制并减少了重要安全保障零配件的产品种类。但是美国仍然坚持日本要修改和提高零配件自愿采购计划，谈判再次搁浅。⑭

　　之后，该谈判完全没有进展，美国国会参众两院 95 名议员组成了超党派议员代表，于 3 月 2 日根据美国《贸易法》第 301 条建议把调查决定期限由 9 月底延长至次年 3 月底，并要求美国政府对日采取强硬态度促使日本做出让步。⑮ 3 月 27 - 28 日，日美举行副部长级磋商；4 月 12—14 日召开专家会议；同月 17 - 18 日举行副部长级会议，但是对于修改和提高零配件自愿采购计划，双方仍然未能达成共识。⑯ 4 月 12 日，美国召开国家经济会议（Nation Economic Council，简称 NEC）。美国总统发言人麦卡利于 13 日发表讲话：因汽车及零配件谈判未取得进展，"美国政府公布了高达数十亿美元、包括惩罚性关税在内的对日制裁清单"。⑰ 在此背景下，4 月 18 日，副部长级会议破裂后，通商产业审议官坂本吉弘表示如果美国实施对日制裁，"日本肯定会向 WTO 提起申诉，而且肯定会以胜诉告终"。⑱ 此外，通商产业大臣桥本龙太郎于 4 月 25 日对访日的 WTO 总干事鲁杰罗表示了同样的诉求。⑲ 之后，以加拿大四极贸易部长会议为契机，同年 5 月 1—5 日，通商产业大臣桥本和美国贸易代表办公室代表坎特举行了部长级会议，但是最终还是没能解决修改零配件自愿采购计划的问题。⑳

　　日美谈判破裂后，美国贸易代表办公室代表坎特于 1995 年 5 月 10 日就日本汽车及零配件市场的零配件维修规则限制了外国产品进入日本市场的问题要求日本在 WTO 框

---

⑬　通商产业省通商政策局美洲科，同前，脚注 161，第 72—73 页。

⑭　《日本经济新闻》，1995 年 1 月 28 日晚报，第 2 版。

⑮　《日本经济新闻》，1995 年 3 月 3 日晚报，第 2 版。

⑯　《日本经济新闻》，1995 年 4 月 19 日晚报，第 2 版。

⑰　《日本经济新闻》，1995 年 4 月 14 日日报，第 1 版。

⑱　《日本经济新闻》，1995 年 4 月 19 日晚报，第 2 版。

⑲　《日本经济新闻》，1995 年 4 月 26 日日报，第 5 版。

⑳　通商产业省通商政策局美洲科，同前，脚注 161，第 111 页。

架下于 45 天以内与美国进行磋商。⑱ 而且 1994 年 10 月，美国贸易代表办公室开始根据《贸易法》第 301 条，对日本零配件维修市场展开调查，调研日本采取限制美国零配件进入日本市场的不合理的歧视性措施。在此基础上，美国将在几天内公布制裁清单。⑱ 5 月 16 日，坎特根据美国《贸易法》第 301 条公布对日制裁清单方案。⑱ 制裁对象为丰田雷克萨斯、日产英菲尼迪等 13 种日本豪华车（1994 年进口总额约为 59 亿美元）。制裁措施是提高进口关税，由现行的 2.5% 提高至 100%。制裁最终生效时间是 1995 年 6 月 28 日，该惩罚性关税可以上溯到 5 月 20 日征收。5 月 20 日以后暂定受制裁车辆的关税清算手续。

上述制裁方案公布后，日本方面于 5 月 16 日要求 WTO 进行磋商。⑱ 日本的主要观点包括：①美国单方面提高关税违反了 GATT 第 1 条最惠国待遇原则以及第 2 条关税减让；②根据美国《贸易法》第 301 条做出裁决，并且单方面公布制裁清单违反了 WTO 的争端解决备忘第 23 条；③"有罪"认证以及单方面公布制裁清单直接影响了日本企业利益，进而损害了日本的国家利益。⑱ 5 月 17 日，日本正式对美国提请磋商（根据 WTO 争端解决备忘第 4 条以及 GATT 第 22 条要求磋商）。⑱

1995 年 6 月 12 日，根据 WTO 争端解决机制，日美两国在 WTO 总部日内瓦举行双边磋商。美国方面表示"美国完全遵守了 WTO 规定的义务"，日本方面则表示"公布对日制裁方案违反 WTO 规定"，双方的立场仍然如同两条平行线。⑱ 1995 年 6 月 22—25 日，日美两国在日内瓦日本代表处召开副部长级磋商，紧接着，26 日，桥本和坎特举行了部长级会议。最后的部长级会议定在 6 月 28 日，桥本向坎特提出了解决方案，其中包括日本五家汽车制造商的自愿采购计划，最终，日美汽车及零配件谈判达成一致。美国在数小时后就撤销了对日制裁方案，日本政府也撤销了 WTO 磋商要求。

---

⑱ 但最终没有提出磋商要求。

⑱ The Office of the USTR. Press Release. May 10. 1995.

⑱ The Office of the USTR. Press Release. May 16. 1995. 此外还参考了：Notice of Determination and Request for Public Comment Concerning Proposed Determination of Action Pursuant to Section 301：Barriers to Access to the Auto Parts Replacement Market in Japan. 60 Fed. Reg. 26. 745. May 18. 1995。

⑱ 通商产业省，《根据 GATT 第 22 条第 1 款要求磋商的方针》，1995 年 5 月 16 日。

⑱ 正式提出磋商的原因是公布制裁清单、停止关税清算手续，对日本企业造成了直接影响，损害了日本的国家利益。

⑱ United States-Imposition of Import Duties on Automobiles from Japan under Sections 301 and 304 of the Trade Act of 1974，Request for Consultations by Japan. WT/DS6/1. 22 May 1995.

⑱ 《日本经济新闻》，1995 年 6 月 12 日晚报，第 2 版。

日美政府达成一致后，日本汽车制造商相继发表"全球计划"，主要是增加北美地区汽车产量；每个公司都提出了自愿采购计划，虽然没有明确指出采购美国零配件的数量，但是明确要在北美地区扩大生产规模，并且努力达成《北美自由贸易协定》规定的免除关税标准。桥本和坎特于 1995 年 6 月 28 日公布"日本汽车制造商计划共同声明"[188]，通过测算，美国政府得出结论，认为截至 1998 年，生产汽车数量为 265 万辆，日本汽车制造商增加采购 67.5 亿美元的美国零配件。但是对于美国政府的测算数值，日本政府明确表示这不属于政府职责范围。[189]

如上所述，在此次争端中日本一贯坚持拒绝对量化指标做出承诺。《日美半导体协议》就曾接受了量化指标，这对通产省也造成了很大影响，通产省也达成共识，今后绝不能把量化指标作为惯例。

从某种意义上讲，通产省这种"从一而终的合作机制"为桥本的谈判提供了有效支持。[190] 围绕该争端，如同不公平贸易报告中所言，日本方面一直坚持拒绝"结果导向型标准"，选择追求"规则导向型标准"（具体请参考第 2 部第 1 章第 4 节）。涉及争端的具体内容，日本对内对外都明确表示要坚持一贯的态度，这对于日本的贸易政策来说意义重大。而且，如果参考日本方面包括大臣在内的高官讲话以及美国提出对日制裁方案后日本第一时间发表的政策方针，都能说明日本方面从 1995 年 1 月 1 日 WTO 成立后早已有预案：如果美国对日发起制裁，日本肯定要提请 WTO 磋商。此外，也说明当时日本在法律方面准备也非常充分。最后谈判成果对日本有利也说明 WTO 成立后争端解决机制的功能被强化（日本通过乌拉圭回合谈判在争端解决备忘第 23 条中增加了"禁止单方面措施"等规定，请参考第 2 部第 1 章第 2 节），能够有效对抗美国根据《贸易法》第 301 条制定的贸易制裁措施。这不仅对日本国内造成影响[191]，也给与美国有利益关系的国家也留下了深刻印象。从这个角度上讲：该争端还影响到之后发生的争端，如胶

---

[188] 以下为共同声明全文："1. 根据个别企业的计划，坎特代表对于北美市场的评估如下。（1）采购北美产零配件，截至 1998 年增加 67.5 亿美元。（2）截至 1998 年，这些企业在北美生产整车数量由 210 万辆提高到 265 万辆。坎特代表预计这些日本企业采购外国产零配件用于国内市场，预计截至 1998 年将增加 60 亿美元。2. 桥本表示日本政府与美方的预计没有任何关系。因为这些预计超过了政府的责任范围。桥本表示这次的评估是美国贸易代表办公室单方面制定的。"

[189] 日美汽车及零配件谈判负责人——通商产业审议官形容该协议属于"未能达成一致的一致"，因为日美两国政府没有就量化指标问题达成一致，但是最后签署了协议。日本经济新闻社编，同前（脚注 161）第 75 页。

[190] 畠山，同前，脚注 161，第 116 页。

[191] 同上，第 122—123 页。

卷相关措施案，对日本之后的谈判姿态起到了决定性作用。

（2）日本·胶卷相关措施案（DS44，含DS45）[192]

1995年5月18日，美国柯达公司（简称：美国柯达）公开指责日本富士胶片公司（简称：日本富士）在日本政府的支持下，控制了日本胶卷和相纸的流通渠道，使外国产品难以进入日本市场，要求美国贸易代表办公室根据美国《贸易法》第301条对此展开调查。这是引发日本胶卷相关措施案的直接原因。[193]之后，美国柯达公布了长达300页的报告[194]，题为"保护措施民营化"。其要点如下：①美国柯达在美国和欧洲的市场占有率都远远超过日本富士，但是唯独在日本市场连9%的市场份额都无法保证；②日本在1971年之前通过高额关税和进口许可制度控制了胶卷、相纸市场准入。废除后又在该市场制造了反竞争结构，实施"自由化对抗措施"（liberalization countermeasures），其目的就是为了阻止美国柯达提高销量；③在"自由化对抗措施"下，日本富士及其相关流通渠道控制了市场，日本政府也提供了帮助。这种结构存续至今，而且今后也会限制美国柯达的产品进入日本市场；④特别是，日本富士和日本家用胶卷流通渠道中最重要的总代理之间保持着排他性关系，相当于支配了整个流通体系；⑤此外，日本富士和其他经销商联合维持了比较稳定的高价；而且存在很多不透明且歧视性的反竞争商业习惯，限制其他竞争者，比如维持二次销售价格、根据销量给予回扣。⑥日本公平贸易委员会对于违反禁止垄断法的反竞争商业习惯持默许态度[195]；⑦而且公平贸易委员会根据《赠品表示法》行使职权，与赠品相关的规则妨碍进口产品扩大销量；⑧日

[192] 主要内容请参考：铃木将文，《日美胶卷争端》，《通产月刊》，第31卷5号，1998年5月，第68—73页；小林秀明，《WTO与日美胶卷争端》，书的风景社，2002年。其他请参考：沱川敏明，《政府与企业准入限制与WTO——日美相机胶卷案》，《贸易与关税》，第45卷10号，1997年，第38—56页；片桐一幸，《WTO胶卷问题磋商》，《贸易与关税》，第45卷10号，1997年；小室程夫，《日美胶卷案的专家报告和非违反之诉》，《日本国际经济法学会年报》，第8号，1999年，第39页；间宫勇，《国民待遇与限制性商业习惯——以日美胶卷案为素材》，第61页；田村次郎，《WTO下〈贸易与竞争〉何去何从——日美胶卷案遗留课题》，第79页。还可以参考：James P. Durling, *Anatomy of A Trade Dispute：A Documentary History of the Kodak-Fuji Film Dispute*（Cameron May，2000）。

[193] 《日本经济新闻》，1995年5月20日日报，第11版。

[194] Dewey Ballantine for Eastman Kodak Company, *Privatizing Protecion：Japanese Market Barriers in Consumer Photographic Film and Consumer Photographic Paper*，May 18，1995.

[195] 1988年美国《综合贸易和竞争力法》规定"不合理的商业习惯"适用《贸易法》第301条，比如外国政府对限制美国出口的反竞争行为采取默认态度。1994年《乌拉圭回合协议法》（Uruguay Round Agreement Act，简称URAA）中规定，不仅适用于服务贸易，而且在外国贸易壁垒年度报告（National Trade Estimate）独立的章节规定美国贸易代表办公室可以管理反竞争的商业习惯及默认行为。请参考：Durling, *supra note 192*，P56 – P60。

本政府的相关措施违反了《日美友好通商航海条约》以及 OECD《资本流动自由化法案》。"不恰当的商业习惯"侵害了美国国际贸易的合法权益，应该受到美国《贸易法》第 301 条的惩罚。

　　同年 7 月 3 日，美国贸易代表办公室受理了该公司的起诉，决定根据《贸易法》第 301 条展开调查。[196] 日本政府很快予以反馈，通商产业事务次官堤富男立即在 3 日召开记者发布会，表示"正常情况不应该在 301 条款框架下进行磋商"，拒绝了美国提出的根据《贸易法》第 301 条进行双边磋商的方案。公平贸易委员会反驳道："美国柯达认为公平贸易委员会对违法行为采取默许态度的这种说法简直不可理喻"。[197] 美国贸易代表办公室表示：作为调查的环节之一，需要与日本政府进行磋商。同年 10 月，通产省领导阐明了日方的立场："美国柯达应该向日本公平贸易委员会提出申诉"，虽然美国方面表示了直接磋商的意图，但是日本方面还是不同意"根据美国《贸易法》第 301 条进行磋商"，谈判陷入崩溃。[198] 在此过程中，日本富士于 1995 年 7 月 31 日公布了长达 585 页的日语和英语报告，反驳了美国柯达：详细说明了饱受美国柯达诟病的回扣制度，并且表示流通体系并不封闭，美国柯达提出的观点属于"篡改历史"；日本富士还将此报告提交给美国贸易代表办公室。[199] 日本富士和美国柯达之间对该问题的讨论长达一年。

　　1996 年后，日本方面的态度也没有发生变化。2 月 24 日，日本首相桥本龙太郎和美国总统克林顿举行首脑会谈。桥本首相表示日本政府不会介入胶卷问题，而美国方面则坚持要求通过政府间协商处理该问题。[200] 首脑会谈召开前，2 月 21 日，公平贸易委员会发表声明，表示从 4 月开始对胶卷市场现状展开调查。[201] 3 月 15 日，通商产业审议

---

⑲⑥　《日本经济新闻》，1995 年 7 月 4 日日报，第 1 版。

⑲⑦　《日本经济新闻》，1995 年 7 月 4 日日报，第 3 版。

⑲⑧　请参考：《日本经济新闻》，1995 年 10 月 12 日日报，第 5 版；小林，同前，脚注 192，第 46 页、第 48 页。实际上，美国柯达最终在 1996 年 8 月才向日本的公平贸易委员会提交了相关信息，以上请参考：小林，同上，第 50 页。

⑲⑨　请参考：日本富士，《篡改历史》，1995 年 7 月；Willkie Farr & Gallagher for Fuji Photo Film Company, Limited, *Rewriting History*: *Kodak's Revisionist Account of the Japanese Consumer Photographic Market*（Yuji Photo Film U. S. A. Inc. 1995）。

⑳⓪　《日本经济新闻》，1996 年 2 月 25 日日报，第 3 版。

⑳①　《日本经济新闻》，1996 年 2 月 21 日日报，第 1 版。现状调查从 1996 年 4 月开始，调查结果认为不存在违反反垄断法的行为，1997 年 7 月 23 日公布。请参考：公平贸易委员会，《普通彩色照片胶卷以及彩色照片相纸贸易现状调查》，1997 年 7 月 23；山田昭典，《关于普通彩色照片胶卷以及彩色照片相纸企业间交易实况》，《公平贸易》第 563 号，1997，第 28—34 页。在该时间点选择公布公平交易委员会对现状调查的实施方案，是为了向国际社会宣传公平交易委员会正在严格监督日本胶卷市场，希望胶卷问题由日美两国磋商发展为多边磋商。请参考：《日本经济新闻》，1996 年 2 月 24 日日报，第 5 版。

官在外国记者协会上发表演讲，态度十分强硬，再次强调"不采取政府间谈判的方式，日方拒绝与美国贸易代表办公室进行谈判"，"美方使用美国《贸易法》是对日本政府的威胁"，抨击了美国柯达和美国贸易代表办公室的措施，再次表示"应该根据反垄断协议处理，美国柯达应该向日本公平贸易委员会提出申诉"。[202]

同汽车及其零配件争端一样，日本还是坚持了自己的原则：如果涉及《贸易法》第 301 条，日方一律不接受磋商[203]，所以美国方面剩下的政策工具也非常有限。1996 年 6 月 13 日，美国贸易代表办公室公布了根据《贸易法》第 301 条进行调查的结果，判定日本政府行为不合理，进而对日本提出了三项 WTO 磋商要求：①根据 WTO 争端解决备忘第 4 条以及 GATT 第 23 条第 1 款提请磋商[204]；②根据 WTO 争端解决备忘第 4 条及服务贸易总协定（GATS）第 23 条第 1 款提请磋商[205]；③根据 1960 年 GATT 关于反竞争商业习惯的决定[206]提请协商。[207]

具体来看，①日本相关法律对胶卷流通造成了影响（比如上述反自由化措施、《大店法》、《赠品表示法》等），而且区别对待进口和国产的胶卷、相纸，违反了 GATT 第 3 条（国民待遇原则）；另一方面，②中不局限于胶卷问题，与流通方面的服务有关的《大店法》等违反了服务贸易总协定第 3 条（透明性）以及第 16 条（市场准入）。③是因为日本胶卷及相纸市场存在反市场竞争的商业习惯，美国认为这对贸易造成了负面影响。③是根据 1960 年 GATT 决定，也是唯一在 WTO 争端解决机制外提请的磋商。当时，美国的做法是根据《贸易法》第 301 条，"在实际上搁置对日制裁"，通过向 WTO 申诉来"赢得时间"。[208] 另外，日方认为美方提出的问题属于反垄断法范畴的问

---

[202] 《日本经济新闻》，1996 年 2 月 25 日日报，第 3 版。

[203] 1996 年 3 月 15 日，通商产业审议官坂本发表演讲，表示"双边主义时代即将结束"。美国方面批评日本这种断然拒绝双边谈判的态度。并且认为这属于闭门羹式贸易政策（Monzenbarai Trade Policy）。《日本经济新闻》，1996 年 3 月 30 日日报，第 5 版。

[204] Request for Consultations by the United States, *Japan – Measures Affecting Consumer Photographic Film and Paper*, WT/DS44/1, 21 June 1996.

[205] Request for Consultations by the United States, *Japan – Measures Affecting Distribution Services*, WT/DS45/1, 21 June 1996.

[206] Decision on Restrictive Business Practices：Arrangements for Consultations, adopted on 18 November 1960, BISD9S/28.

[207] Request for Consultations by the United States pursuant to the Decision on "Restrictive Business Practices：Arrangements for Consultations", *Japan – Business Practices Affecting Consumer Photographic Film and Paper*, WT/L/154, 26 June 1996.

[208] 《日本经济新闻》，1996 年 6 月 14 日日报，第 5 版。

题，美国方面只是尝试通过新设不久的 WTO 及其规则来解决问题。[209]

就②而言，与 GATS 有关的双边磋商于 1996 年 7 月 10 日以及 11 月 7—8 日在 WTO 总部举行。之后，没有成立专家组就宣告结束。[210] 就③而言，同年 10 月 3 日，日本方面要求以美国胶卷市场为对象进行磋商[211]，之后没有取得较大进展即宣告结束。另一方面，就①而言，同年 7 月 11 日，在 WTO 总部举行双边磋商，两国各自阐述了本国的立场，没有取得任何进展即宣告结束。[212] 同年 9 月 20 日，美国要求成立专家组。[213] 10 月 16 日争端解决机构（Dispute Settlement Body，简称 DSB）会议同意就本议题成立专家组（欧共体及墨西哥保留作为第三国参加的权利）。

在专家组审理环节，美国没有触及美国柯达最为关注的"日本政府默许反竞争的商业习惯"问题，而是把重点放在了"反自由化措施"上。美国认为日本通产省在 20 世纪 60 年代末采取三种措施导致日本胶卷以及相纸的流通渠道未向进口产品开放。措施一是"流通对抗措施"：60 年代末到 70 年代，通产省通过行政指导［1970 年"照片胶卷交易合理化指针"、1975 年"分部门流通体系手册（相机及胶卷）"］，采取回扣以及合同标准化等措施，促进了国内制造商和经销商形成系列体系，导致流通渠道对进口胶卷和相纸封闭。措施二是：1973 年《大店法》以及相关的采购规定对大型零售商店开店做出限制，降低了进口胶卷及相纸通过大型零售店销售的可能性。措施三是"促销对抗措施"。《赠品表示法》等相关规定限制了进口胶卷及相纸的销售。美国认为上述三点构成了日本的"反自由化措施"，无论是整体措施还是个别措施都使美国利益受损（非违反之诉，non-violation complaint）；而且美方还提出流通对抗措施违反了 GATT 第 3 条（国民待遇原则）、《大店法》及相关采购以及《赠品表示法》等相关规定违反了 GATT 第 10 条（透明性）。

其中，美国最重视的是非违反之诉。作为先例，申诉国负有举证的义务，必须满

---

[209] 《通商产业大臣塚原关于日本相机胶卷及相纸市场问题的谈话》，《通产省公报》，1996 年 6 月 19 日，第 5 页。

[210] 1996 年 9 月 20 日，为了扩大范围，美国增加了磋商请求。Request for Further Consultation by the United States, *Japan-Measures Affecting Distribution Services*, WT/DS45/1/Add. 1. 26 September 1996.

[211] Request for Consultations by Japan Pursuant to the Decision on "Restrictive Business Practices：Arrangements for Consultations", *United States-Business Practices Affecting Consumer Photographic Film and Paper*, WT/L/180, 10 October 1996.

[212] 小林，同前，脚注 192，第 58 页。

[213] Request for the Establishment of a Panel by the Unites States, *Japan-Measures Affecting Consumer Photographic Film and Paper*, WT/DS44/2, 23 September 1996.

足以下三个必要条件。[214] 第一，同意就某种产品进行关税减让。第二，无论政府的减让关税措施是否违反了GATT，重点在于是否对直接竞争关系的产品造成贸易扭曲效果。第三，因关税减让受益的国家在关税谈判时未能合理地做出预见。美国方面表示：第一，日本在肯尼迪回合、东京回合以及乌拉圭回合都对胶卷和相机的关税做了减让。第二，日本政府通过采取流通对抗措施、《大店法》规定以及促销对抗措施，影响了市场准入，扭曲了进口商品和国产商品的竞争关系。第三，美国政府没有想到日本在采取关税减让时还会实施自由化对抗措施，破坏了关税减让的效果。通过举证，美国提出了日本符合非违反之诉的三个必要条件。

对此，日方的态度是：第一，所谓"流通对抗措施"，是为了促进流通业的近代化和效率制定的。日本的目的是正当的，并非为了封锁市场。而且进口胶卷和国产胶卷的流通渠道相同，所以不认同美国对日本市场封闭的指责。第二，《大店法》与产品的种类没有关系，不会对进口产品的竞争造成影响。相反在1979年和1997年日本还分阶段放松规制，改变了对进口产品不利的规定。与关税减让时相比，现在的制度更有利于进口产品。第三，《赠品表示法》主要是为了保护消费者，避免过多的赠品影响消费者的判断，并没有限制产品竞争，企业还可以通过价格和广告宣传参与竞争。而且该法对于国产产品和进口产品没有差别。近几年也大幅放宽了相关规定。即便该法的效果如美国所言，也是1962年以后最有利于进口产品的规定。

1983年3月31日，专家组向成员分发了报告。[215] 报告基本采纳了日本的观点，认为美国针对违反申诉和非违反之诉提出的举证不够充分，没有采纳美国的观点。最终该案以日本全面胜诉宣告结束。[216] 1998年4月22日，争端解决机构通过了该报告。

日本付出了很多努力和时间，终于赢得全面胜诉。而且面对美国《贸易法》第301条制裁的威胁，日本贯彻了本国的立场，坚持拒绝与美国进行磋商，迫使美国不得不根据相对薄弱的法律提起申诉。而且日本通过法律手段明确拒绝了美国不合理的要求，

---

[214] 关于非违反之诉，请参考：岩泽雄司，《GATT争端处理》，三省堂，1995年，第80—90页。

[215] Report of the Panel，*Japan-Measures Affecting Consumer Photographic Film and Paper*，WT/DS44/R. adopted 22 April 1998.

[216] 关于该专家委员会报告的介绍请参考：田村次郎，《日本普通照片胶卷及相纸有关措施 专家组报告》，《GATT·WTO争端处理相关调查 调查报告 IX》，公平贸易中心，1999年，第1—17页。

并且获得成功［所谓灵活发挥了法律作为"盾"的作用］^{㉑⑦}，具有重大意义。从 1997 年后半期开始，美国方面很少再单方面提出市场开放要求。1995 年汽车谈判前，日美经济摩擦非常严重，甚至被称为日美经济战争。此次专家组报告宣布日本胜诉之后，日美经济摩擦也明显沉寂下来。^{㉑⑧}

（3）美国・1916 年反倾销法事件（DS162）

1916 年《收入法》第 3 部（以下简称为"1916 年法"）^{㉑⑨}针对反倾销问题制定了系统的规则，对倾销出口和销售行为追究刑事责任并按照损失金额的三倍征收罚金。从法律的名称就可以了解到这属于 20 世纪初期的传统法律，制定后基本没有使用过。^{㉒⓪} 1998 年 10 月，美国惠灵匹兹堡钢铁公司提起申诉，认为新日铁公司、三井物产、丸红、伊藤忠等 15 家日本公司倾销热轧钢板。^{㉒①} 从此，日本的贸易政策受到世界瞩目。

根据该法律规定，实行陪审制。这无疑对当地企业比较有利。而且与普通的反倾销调查申请不同，该法规定只需要一家企业单独提起申诉就可以执行调查，所以该法非常容易被滥用。此外，与反倾销调查一样，其抑制进口的效果也差强人意。^{㉒②} 早在次年 1 月 22 日，惠灵匹兹堡钢铁公司诉讼案就被美国联邦地区法院判决原告败诉；2000 年 7 月 15 日，该公司提出禁止进口相关产品的要求在控诉审判中被驳回，案件宣告结束。^{㉒③} 但是，为了防止类似保护主义措施滥用，日本以该案为契机，钢铁出口协会等 4 个团体于 1998 年底提出请愿书；1999 年 1 月中旬，通产省明确关于 1916 反倾销法要提请与美国展开 WTO 磋商的方针，2 月 10 日正式提出要求^{㉒④}，3 月 17 日磋商开始，但

㉑⑦　请参考第二部第 1 章第 3 节。

㉑⑧　小林，同前，脚注 192，第 156—157 页。

㉑⑨　15 U. S. C. 97（repealed）。

㉒⓪　惠灵匹兹堡钢铁公司案的情况请参考以下资料：Phillips B. Keller，"Zenith Radio Corp. V. Matsushita Electrical Industrial Industrial Co，；Interpreting the Antidumping Act of 1916，"*Hasting International & Comparative Law Review*，Vol. 6（1982）. P133 - P159；"Note，Rethinking the 1916 Antidumping Act，"Harvard Law Review，Vol. 110（1997），P1555 - P1572。

㉒①　本案一开始是惠灵匹兹堡钢铁公司以倾销为由根据普通法要求赔偿损失，向俄亥俄州贝尔蒙特法院提出诉讼。《日本经济新闻》，1998 年 10 月 28 日晚报，第 3 版。之后，根据被告方的申诉移交联邦法院审理，根据联邦法院艾奥瓦州的判断，原告修改了诉讼请求后根据 1916 年法反倾销法再次起诉。Wheeling-Pittsburgh Steel Corp. v. Mitsui & Co，. 26 F. Supp，2d 1022（S. D. Ohio 1998）.《日本经济新闻》，1998 年 11 月 21 日晚报，第 2 版。

㉒②　《东京读卖新闻》，1999 年 1 月 24 日日报，第 9 版。

㉒③　Wheeling-Pittsburgh Steel Corp. v. Mitsui & Co，. 221 F. 3d 924（6th Cir. 200）. Wheeling-Pittsburgh Steel Corp. v. Mitsui & Co，. 35 F. Supp，2d 597（S. D. Ohio 1999）.

㉒④　通产大臣与谢野会议后记者见面概要（通商产业省，1999 年 2 月 12 日），http：//www. meti. go. jp/speeches/data_ed/ed90212j. html（2012 年 7 月 25 日点击）。

以失败告终。6 月 3 日，日本要求成立专家组，7 月 26 日同意成立专家组。[225]

就本案而言，在日本之前，欧洲已经使用了 WTO 争端解决机制（DS136），1999 年 2 月就成立了专家组。第二年 3 月 31 日分发了专家组报告。大约 2 个月后，日本的专家组报告于 5 月 29 日分发。本案的争论焦点在于是否符合 GATT 第 6 条。1916 年《反倾销法》明确规定了国际价格差别的必要条件，并且其附加条件带有掠夺意味，从本质上看属于限制倾销出口措施，不符合 GATT 第 6 条。而且，GATT 第 6 条规定对反倾销协议允许的倾销出口可以采取确定征税、临时征税、价格约束等惩罚方法，但是刑事责任和损失赔偿等不符合协议规定。[226] 美国对该判决表示不服，立即上诉。因为诉求基本相同，所以通过一个会议审理了对日、欧双方的申诉。8 月 28 日，上诉机构报告公布，维持了专家组的判决。[227]

2000 年 9 月，专家组报告通过后，根据争端解决机制第 21 条第 3 款对履行时间进行仲裁，要求在 2001 年 7 月 26 日前履行相关义务。[228] 之后，根据美国的申请，争端解决机构于 7 月 24 日决定将履行时间延长至联邦议会即将结束的 2001 年 12 月，但是美国并没有遵守时间。所以，日本采取对抗措施，向争端解决机构申请停止相关义务，不再明示数额。[229] 对此，美国根据争端解决机制第 22 条第 6 款的规定，申请对减让数额进行仲裁。[230] 年底，美国政府向美国国会提交了废除方案，继续履行的可能性增加，所以当事国三方达成一致，相关手续于 2002 年 2 月 27 日中断。[231]

最后，日本没有再次启动仲裁手续；欧共体再次启动了仲裁手续，欧共体要求美国制定同样的法律（镜像法），根据争端解决机制的要求做出与损害停止减让相同的等价担保。但是仲裁庭并没有按照欧共体的要求处理，只是要求美国根据 1916 年《反倾销法》的具体使用情况制定每年可变的减让停止额。[232] 就该判决而

---

[225] Request for the Panel Establishment, *US-1916 Act*（*Japan*），WT/DS162/3（June. 4. 1999）.

[226] Panel Report, *US-1916 Atc*（*Japan*），WT/DS162/R（May 29. 2000）.

[227] Appellate Body Report, *US-1916 Act*，WT/DS136/AB/R，WT/DS162/AB/R（Aug. 28. 2000）.

[228] Decision by the Arbitrators, *US-1916 Act*（Article 21. 3（c）），WT/DS136/11，WT/DS162/14（Feb. 28. 2001）.

[229] Recourse by Japan to Article 22. 2 of the DSU, *US-1916 Act*（*Japan*）（*Article 22. 6-US*），WT/DS162/18（Jan. 10. 2002）.

[230] Request by the United States for Arbitration, *US-1916 Act*（*Japan*）（*Article 22. 6-US*），WT/DS162/19（Jan. 18. 2002）.

[231] Communication from the Arbitrator, *US－1916 Act*（*Japan*）（*Article 22. 6-US*），WT/DS162/21（Mar. 4. 2002）；"EU, Japan to Give U. S. More Time to Comply on AD Act。Copyright."Inside U. S. Trade, Jan. 25. 2002.

[232] Decision by the Arbitrators, *US-1916 Act*（*EC*）（*Article 22. 6-US*），WT/DS136/ARB（Feb. 24. 2004）.

言，虽然日本并非当事国，但是日本也充分认识到难以把贸易额定量义务作为对抗措施。

另一方面，因为迟迟没有履行，所以在此期间又有美国公司根据 1916 年《反倾销法》提起诉讼——2003 年 12 月高斯国际公司·东京机械制造所案㉓联邦艾奥瓦州地方法院判决东京机械研究所赔偿 3 160 万美元。㉔日本于 2004 年 11 月采取对抗性立法，法律规定：美国法院根据 1916 年《反倾销法》判决日本企业做出赔偿，日本法院拒绝在日本国内承认并执行，而且美国执行该判决对日本企业造成的损失，日本有权要求原告及其子公司或者孙公司返还利益或赔偿损失。㉕

经过政府部门的游说，从 2001 年开始每年美国国会都会讨论法案废除问题。2004 年《贸易法》通过，1916 年《反倾销法》被废除。㉖原本废除的法律没有上诉时效，所以不再适用正处在争议中的高斯国际公司·东京机械制作所案。2006 年 6 月 5 日，经过二审，联邦最高法院驳回了东京机械研究所的上诉，宣布高斯公司胜诉㉗，要求东京机械支付三倍赔偿。㉘

一方面，高斯公司考虑到日本会采取对抗性立法，所以在最高法院做出判断后，马上向联邦法院请求下令阻止东京机械制作所根据日本对抗立法提出拒绝赔偿损失的

㉓　关于高斯国际公司起诉东京机械案件判决的详细解读请参考以下内容：松下满雄，《美国诉讼是日本对抗立法（损失恢复法）的背景——根据 1916 年反倾销法提起诉讼并且在日本提及停止诉讼的诉讼》，《日本国际经济法学会年报》，第 16 号，2007 年，第 1—12 页；横堀惠一，《根据美国 1916 年反倾销法日本制定损失恢复法在国际经济法领域的意义》，《帝京法学》，第 27 卷 2 号，2001 年，第 139—171 页。

㉔　Verdict From Goss International Co. V. Tokyo Kikai Seisakusho. Ltd（N. D. Iowa. Dec. 3. 2003），available at http：//www. iand. uscourts. gov/e－web/：juryverd. nsf/aald4lcbea32f3848625688d005b6401/7cbbef21e6173bb786256df20070de18/＄FILE/Goss%20v%20TKS%20verdict. pdf（as of July25，2002）. 第二年 5 月，地方法院驳回了东京机械的上诉，明确了赔偿。Goss International Co. V. Tokyo Kikai Seisakusho. Ltd.，321 F. supp. 2d1039（N. D. Iowa. 2004）.

㉕　《返还根据美国 1916 年反倾销法产生的利益相关特别措施法》，法律第 162 号，2004 年 12 月 8 日。对抗立法的详细情况请参考以下内容：广濑孝，《美国 1914 年反倾销法有关的损失恢复法解读——美国要承担返还根据 1916 年反倾销法获得利益的义务等相关特别措施法（上）（下）》；《国际商业法务》，第 32 卷 12 号，2005 年，第 1593—1599 页/第 33 卷 1 号，2006 年，第 25—35 页，渡边哲也《日本〈对抗立法〉》，《日本国际经济法学年报》，第 16 号，2007 年，第 46—55 页。

㉖　Pub. L. No. 108－429/ 2006. 118stat. 2434. 2597（2004）. 关于废除法律的过程请参考：川濑刚志，《违反〈法律本身〉履行争端解决机构的劝告》；川濑刚志、荒木一郎编，《WTO 争端解决手续的履行制度》，2005 年，第 366—367 页。

㉗　Goss International Co. v. Tokyo Kikai Seisakusho，Ltd.，547 U. S. 1180（2006）. Goss International Co. v. Tokyo Kikai Seisakusho，Ltd.，434 F. 3d 1081（8th Cir. 2006）.

㉘　《美国 1916 年反倾销法诉讼的赔偿支付问题》，东京机械制造所 IR 信息，2006 年 6 月 19 日。

诉讼。联邦艾奥瓦州地方法院通过了临时阻止命令[239]，但是第二年联邦第八巡回法庭撤回该判决[240]，紧接着，2008 年 6 月 23 日，联邦最高法院驳回了高斯公司的上诉申请[241]，不再阻碍东京机械制作所提出拒绝赔偿损失的诉讼。

如上所述，联邦控诉撤下了临时阻止命令后，东京机械制造所于 2007 年 8 月 10 日根据对抗性立法，向东京地方法院提起诉讼拒绝赔偿损失。[242] 最终还未做出判断，双方就于 2009 年 8 月 14 日达成和解。[243] 自此，日本一系列关于该案的履行程序也宣告结束。

（4）美国·日本产热轧钢板反倾销案（DS184）

1998 年 9 月 30 日，美国多家钢铁制造商和钢铁行业协会要求对新日铁、川崎制铁、日本钢管出口的热轧钢板展开反倾销调查。调查开始后，美国商务部于第二年 2 月 17 日初步认定该产品属于倾销，并且根据去年 11 月 21 日由国际贸易委员会制定的关于损害和危机情况的临时决定，采取了具有追溯性的临时关税措施。之后，美国商务部于 5 月 6 日做出最终决定；6 月 23 日，国际贸易委员会也于 6 月 23 日对损害情况做出了最终决定；29 日，官方正式公布了征税政令。[244]

1999 年 6 月初，在热轧钢板最终决定马上公布之前，有 4 种日本产品正在接受美国的反倾销调查，分别是冷轧钢板、厚板、不锈钢薄板和热轧钢板。[245] 20 世纪 90 年代末，亚洲和俄罗斯爆发经济危机，钢材需求下滑，价格骤降，原来向这些地区出口的钢铁全都流向经济形势较好的美国。因此，从 1998 年夏天开始，针对 1998 年 11 月举行的中期选举，美国钢铁产业界和工会组织举行了大大小小很多钢铁产业保护活动。[246]

---

[239] Goss International Co. v. Tokyo Kikai Seisakusho，Ltd.，435 F. Supp. 2d 919（N. D. Iowa，2006）.

[240] Goss International Co. v. Tokyo Kikai Seisakusho，Ltd.，491 F. 3d 355（8th Cir. 2007）.

[241] Goss International Co. v. Tokyo Kikai Seisakusho，Ltd.，554 U. S. 917（2008）.

[242] 《针对美国 1916 年反倾销法诉讼赔偿问题，根据日本〈损失恢复法〉提起诉讼》，东京机械制造所 IR 信息，2007 年 8 月 10 日。

[243] 《日本根据〈损失恢复法〉就诉讼达成和解》，东京机械制造所 IR 信息，2009 年 8 月 17 日。

[244] Antidumping Duty Order：Certain Hot－Rolled Flat－Rolled Carbon－Quality Steel Products From Japan，*Federal Register*，Vol 64. No. 124（June 29. 1999），P34778. 本文没有详细论述调查过程和相关文件，专家组报告记录了概要。Panel Report，*US——Hot－Rolled Steel*，Paras2. 2－2. 9. WT/DS184/R（Feb. 28 2001）.

[245] 截至当时，对不锈钢线材和不锈钢线的调查已经结束，1997 年 7 月开始的两年时间内对 6 种钢铁产品展开了反倾销调查。《朝日新闻》，1996 年 6 月 4 日日报，第 13 版。之后又加入了无缝钢管和无缝形管。《东京读卖新闻》，1999 年 7 月 30 日日报，第 9 版。

[246] 《保护主义抬头，倾销诉讼频发 日美贸易摩擦再燃》，《经济学人》，1998 年 11 月 10 日，第 77—78 页。对钢铁产品展开反倾销调查的案例增多，这也是世界趋势。《东京读卖新闻》，1998 年 12 月 3 日日报，第 8 版。

此外，美国重要的钢铁需求方——通用公司也发生了罢工事件。随着原油价格下降，钢管需求减少，还有小钢厂数量增加使美国国内竞争激化，一系列综合性因素导致钢材价格骤降。美国企业申请反倾销调查的目的之一是希望振兴钢铁行业。[247] 美国政府接受了企业的诉求。1999 年 1 月 19 日，美国总统克林顿发表国情咨文，非常强硬地表示要对日本钢铁出口采取对策。[248] 同时，该月还出台了钢铁行动计划（Steel Action Plan），表示要加强对日本产钢铁产品的出口监控，并且希望通过反倾销税和保障措施抑制日本对美钢铁出口规模。[249] 5 月 3 日，美国方面在日美首脑会谈上对日本对美出口钢铁问题表示了担忧。[250] 虽然此时美国国会还没有通过相关法案，但是已经有很多钢铁保护主义法案出台。[251]

1999 年 8 月，《钢铁行动计划》出台，该计划（Steel Action Program）对整体进行了概括，可以说是集大成者。[252] 计划中提到了如何应对默许海外过剩产能的不公平商业习惯（特别是补贴）以及加强贸易法等内容。按照该计划，美国要与日本定期举行事务层面的双边磋商。日本通商产业审议官荒井寿光向美国提交了回复。[253]

因本案属于反倾销调查案特例，所以日本钢铁行业作为被诉方积极参与其中，直至该案委托 WTO 审议。日本钢铁行业（日本钢铁产业联盟会长千速晃）表示对美出口钢铁规模扩大不是因为倾销，而是因为美国需求提高，但美国国内产能又无法满足造成的。[254] 而且，

[247] 《美国钢铁倾销诉讼的舞台内幕——美国的目标是想提振国内市场》，《经济学人》，1999 年 1 月 9 日，第 77—78 页；《每日新闻》，1999 年 2 月 23 日晚报，第 1 版。

[248] Address before a Joint Session of the Congress on the State of the Union by William J. Clinton, President of the United States（Jan. 19. 1999）. http：//www. presidency. ucsb. edu/ws/index. php？ pid = 57577 # axzzleEKUOuzt（as of July25. 2012）.

[249] 《美国贸易代表 公布 WTO 新一轮回合的纲要——就钢铁问题对日本提出警告》，日本贸易振兴会，《通商弘报》，1999 年 1 月 22 日。"Administration Unveils Steel Plan without Major New Trade Action," Inside U. S. Trade, Jan. 8. 1999.

[250] 《产经新闻》，1999 年 5 月 5 日东京日报，第 8 版；《东京新闻》，1999 年 5 月 5 日日报，第 7 版；《日本经济新闻》，1999 年 5 月 5 日日报，第 3 版。

[251] 《钢铁进口限制法案 废弃》，日本贸易振兴会，《通商弘报》，1999 年 6 月 25 日：《WORLD INFLUENTIAL 纽约 美国议员无责任行动 钢铁贸易争端继续》，《钻石周刊》，1999 年 4 月 3 日，第 24 页；《美国参议院采纳〈钢铁再生法案〉》，日本贸易振兴会，《贸易弘报》，1999 年 3 月 19 日。《钢铁相关贸易法案提出——12 位超党员议员》，日本贸易振兴会，《通商弘报》，1999 年 1 月 27 日。

[252] "Text：Administration Steel Action Program", Inside U. S. Trade, Aug. 6. 1999. 大概内容请参考：《美国政府公布钢铁行动计划》，日本贸易振兴会，《通商弘报》，1999 年 8 月 19 日。

[253] "Japan Responds to U. S. Requets for Steel Talks under Conditions", Inside U. S. Trade, Aug. 20. 1999，"USTR Seeks Steel Talks with Japan in Wake of New Action Plan," Inside U. S. Trade, Aug. 13. 1999.

[254] 《钢铁新闻》，1999 年 4 月 9 日，第 2 版；《日经产业新闻》，1998 年 11 月 25 日，第 28 版。

为了配合早期阶段的调查，国际贸易委员会临时决定从 1999 年 1 月开始暂停对美出口热轧钢板[255]，日本非常担心长此以往会导致设备过剩。[256] 美国方面也采取了一系列措施，比如美国钢铁行业开展了抑制钢铁进口的活动，1999 年 11 月上旬日本钢铁出口协会开始提交抗议书。[257] 12 月，该协会针对国际贸易委员会的短期损失临时决定以及紧急事态认定提交了抗议书。[258] 之前，美国钢铁制造商通过游说使"日本钢铁贸易存在不公平商业习惯"写入美国贸易代表办公室制定的不公平贸易习惯报告中。日本钢铁产业联盟和日本钢铁出口协会提交了抗议书，表示根本不存在申请调查的条件。[259] 日本钢铁产业劳动组合联合会向美国钢铁工人联合会（United Steelworkers of America，简称 USW）提交信函，对扩大反倾销调查表示了担忧。日美双方的工人协会会长于 4 月举行会谈。[260]

调查启动后，作为调查对象的三家公司于 8 月底相继以倾销幅度计算不当为由，向美国国际贸易法庭（U. S. Court of International Trade，简称 CIT）起诉美国商务部。[261] 9 月 20 日，日本钢铁产业联盟会长千速和日本钢铁劳动联合会长获野武士相继要求通产省把该案委托 WTO 审议。[262]

与此同时，1999 年度不公平贸易报告中提到了包括热轧钢板问题等一系列钢铁保护主义盛行的问题，明确说明美国政府还在持续关注该问题。[263] 国际贸易委员会做出最终损失决定后，6 月 11 日通产大臣与谢野馨向美国驻日大使弗利亲手提交了信函，表示了对美国钢铁贸易保护主义加剧的担心。[264] 根据钢铁业界的要求，通产大臣与谢于 9 月下旬召开记者招待会，明确表示正在讨论将此案委托 WTO 审议。[265] 另一方面，针对业界的强烈要求，通商省内也有比较谨慎的观点，比如担心美国在回合谈判中对加强倾销

[255] 《钢铁新闻》，1999 年 3 月 3 日，第 2 版。

[256] 《产经新闻》，1999 年 6 月 1 日东京日报，第 10 版；《日经产业新闻》，1999 年 3 月 10 日，第 14 版。

[257] 《钢铁新闻》，1998 年 11 月 5 日，第 1 版。

[258] 《钢铁新闻》，1998 年 12 月 8 日，第 1 版；《日经产业新闻》，1998 年 12 月 8 日，第 13 版。

[259] 《日经产业新闻》，1998 年 12 月 24 日，第 8 版。

[260] 《钢铁新闻》，1999 年 3 月 3 日，第 1 版；《钢铁新闻》，1999 年 2 月 17 日，第 1 版。

[261] 《钢铁新闻》，1999 年 8 月 31 日，第 1 版。

[262] 《日刊工业新闻》，1999 年 10 月 1 日，第 23 版；《河北新报》，1999 年 9 月 21 日日报，第 9 版；《东京新闻》，1999 年 9 月 21 日日报，第 6 版。

[263] 通商产业省通商政策局编，《1999 年不公平贸易报告》，通商产业调查会，1999 年，第 91—92 页。

[264] 《产经新闻》，1999 年 6 月 12 日东京日报，第 11 版。

[265] 《每日新闻》，1999 年 10 月 3 日日报，第 7 版。

规则的态度变得强硬；或者涉及起诉费用是否要委托 WTO 还需要进一步研究。[266] 联邦储备委员会（Federal Reserve Board of Governors，简称 FRB）等美国政府内部也开始批判钢铁保护主义倾向。10 月 20 日，上任不久的通产大臣深谷隆表示把该案委托 WTO 审理。[267]

日本钢铁产业联盟会长千速晃等钢铁行业人士对此决定表示欢迎，并且承诺会在取证方面尽可能给予配合。就美国方面而言，贸易代表办公室代表巴尔舍夫斯基和商务部副部长亚伦纷纷谴责日本的决定，明确表示要采取对抗措施。[268] 虽然两国在 8 月时同意于 11 月 5 日举行日美钢铁课长级对话初次会议对该案进行探讨，但是对事态发展没有起到任何变化。[269] 最终，11 月 18 日，日本要求磋商。[270] 通产省为此还调整了相关机构，在基础产业局下设 WTO 争端对策办公室，由钢铁科长奥田真弥担任主任。[271]

2000 年 1 月 13 日，双边磋商举行，通产省大臣官房审议官大慈弥隆人和钢铁课长奥田出席会议。[272] 会议仅召开了一次就宣告结束。日本于 2 月 11 日要求成立专家组，3 月 20 日，争端解决机构会议同意成立。[273] 因为钢铁贸易问题的政治意义较大，所以还出现了一些前所未有的状况：7 月中旬，众议院议员格普哈特等 85 位超党派议员要求日本公开专家组的审理，试图通过确保讨论公开透明捍卫美国的反倾销法。[274] 第一次专家组会议于 8 月 22 日和 23 日举行，第二次会议于 9 月 27 日举行，日本建议最终决定要具有政治性和随机性。[275]

2001 年 1 月 22 日中期报告提交，最终报告于 2 月 28 日向加盟国分发。一方面，专家组采纳了日本的部分观点，认为在计算三家公司的倾销幅度时利用"可获得事实"（反倾销协议第 6 条第 8 款），通过"其他"（all other）方式计算可获得事实适用出口商倾销幅度（协议第 9 条第 4 款），在"正常贸易"基础上排除关联方的国内市场销售

[266]　《钢铁新闻》，1999 年 9 月 29 日，第 2 版。《日本经济新闻》，1999 年 9 月 21 日晚报，第 3 版。

[267]　《东京读卖新闻》，1999 年 10 月 21 日日报，第 9 版；《日本经济新闻》，1999 年 10 月 21 日日报，第 1 版。

[268]　《每日新闻》，1999 年 10 月 22 日晚报，第 3 版；《产经新闻》，1999 年 10 月 21 日东京晚报，第 3 版；《东京读卖新闻》，1999 年 10 月 21 日日报，第 9 版。美的相关反应请参考：《就日本热轧钢板反倾销措施向 WTO 申诉的反应》，日本贸易振兴会，《通商弘报》，1999 年 10 月 29 日。

[269]　《朝日新闻》，1999 年 11 月 7 日日报，第 8 版；《四国新闻》，1999 年 11 月 7 日日报，第 5 版。

[270]　Request for Consultations by Japan, *US-Hot-Rolled Steel.* WT/DS184/1. G/L/342，G/ADP/D20/1（Nov. 23. 1999）.

[271]　《钢铁新闻》，2000 年 1 月 7 日，第 1 版。

[272]　《钢铁新闻》，2000 年 1 月 17 日，第 1 版。

[273]　Request for Panel Establishment by Japan, *US-Hot-Rolled Steel.* WT/DS184/2（Feb. 11. 2000）.

[274]　《四国新闻》，2000 年 7 月 23 日日报，第 2 版；《每日新闻》，2000 年 7 月 23 日日报，第 3 版。

[275]　《朝日新闻》，2000 年 9 月 28 日晚报，第 1 版；《钢铁新闻》，2000 年 8 月 25 日，第 1 版。

的正常价值（即 99.5% 测试，协议第 2 条第 1 款）等做法与协议相悖。同时，还反对采用临时措施和因果关系分析法。[276]

美国对此表示不服，并于 4 月 25 日提出上诉，7 月 24 日上诉机构报告完成。上诉机构大体同意专家组的意见；但是撤销了专家组对工程内部消费部分的损害认定处理（协议第 3 条第 1 款、第 3 条第 4 款），并且判断国际贸易委员会的认证违反协议。另一方面，虽然提出并推翻了专家组关于因果关系不归责分析（协议第 3 条第 5 款）的判断措施，但是因为缺乏足够证据导致上诉机构也无法做出判决。此外，上诉机构也推翻了日本被专家组认可的部分请求。[277] 报告最终于 8 月 23 日被采纳。

就履行方面而言[278]，根据争端解决机制第 21 条第 3 款的仲裁，把期限定为 2002 年 11 月 23 日。[279] 在此期间，美国调整了"可获得事实"，使其符合协议规定，并且再次计算倾销幅度，调整了企业间的交易测试。[280] 另外，上诉机构认为证据不够充分无法决定因果关系问题，在不修改美国贸易法[281]的前提下难以执行，所以没有要求再次展开调查。此外，调整"其他"的计算方法同样需要修改美国贸易法[282]，难以被美国国会同意，美国政府部门也无法采取任何措施。[283] 因此，截至 2005 年 7 月底，履行期限被延长了三次。等第三次临近之际，才向美国国会提交法律修正案。日美两国政府在争端解决机构会议上达成一致，同意不再延期，但是日本要保留今后申请对抗措施的权利。[284]

最后，因为要修改相关法律条令才能履行，所以至今还未实施。一方面，2005 年 5 月重新调整日落条款，因为征税导致客户减少并且产生了大量诉讼费用，所以日本相

---

[276] Panel Report，*US-Hot-Rolled Steel*，WT/DS184/R（Feb. 28. 2001）.

[277] Appellate Body Report，*US-Hot-Rolled Steel*，WT/DS184/AB/R（July 24. 2001）.

[278] 关于履行情况，请参考：经济产业省通商政策局，同前，脚注 157，第 116—118 页。

[279] Decision by the Arbitrators，*US-Hot-Rolled Steel*，（Article 21 3（c））. WT/DS184/13（Feb 19. 2001）.

[280] Notice of Determination Under Section 129 of the Uruguay Round Agreements Act：Antidumping Measures on Certain Hot-Rolled Flat-Rolled Carbon-Quality Steel Products from Japan，*Federal Register*，Vol 67. No. 232（Dec. 3. 2002）. P71936. Antidumping Proceedings：Affliated Party Sales in the Ordinary Course of Trade. Federal Register. Vol. 67. No. 221（Nov. 15. 2002）P69186.

[281] 19 U. S. C &1673d（b）（1）.

[282] 19 U. S. C &1673d（c）（5）（A）.

[283] 特别是在 2002 年到 2004 年间，当时的贸易代表针对美国败诉案件对国会做了很多工作。川濑，同前，脚注 236，第 370—371 页。"Zoellick Urges Congress to Act on WTO Rulings, Including Byrd." Inside U. S. Trade. Mar. 12. 2004.

[284] Understanding between Japan and the US，*US——Hot-Rolled Steel*，WT/DS184/19（July 8. 2005）；"Japan. EU Suspenf WTO retaliation against U. S. in Two Cases," *Inside U. S. Trade*，July 15. 2005.

关行业认为从成本和效果的观点出发不再关注美国是否撤销相关措施。[285] 在第一次讨论日落条款时延长了期限；2010 年 4 月开始第二次讨论，决定把撤销时间由 2011 年 6 月 21 日提前至 2010 年 5 月 25 日。[286]

（5）美国·伯德修正案（DS217）

2000 年《持续倾销与补贴抵消法》（Continue Dumping and Subsidy Offset Act of 2000，简称 CDSOA）[287] 规定征收反倾销税和反补贴关税，并且将其赔偿给受倾销和补贴影响造成损失的国内企业以及对调查提供支持和帮助的企业。该法案由罗伯特·卡莱尔·伯德（Robert Carlyle Byrd）提出，所以也被称为"伯德修正案"（Byrd Amendment）。值得一提的是，该议员担任了 57 年半的联邦议会议员，是有史以来任期最长的议员。

该法案和前文提到的两个方案存在很多共同点，比如，其背景都是 20 世纪 90 年代末美国钢铁贸易保护主义盛行。2000 年前半年，美国已经就日本对美钢铁出口展开了多次反倾销调查，但与 1998 年相比减少了一半左右，一定程度上说明钢铁危机已经度过了最困难的阶段。[288] 但是，当年秋天开始，美国经济放缓，汽车制造及建筑业对钢铁的需求下降，钢铁产业遭遇了第二次危机。[289] 而且，当时正值总统选举时期，民主党候选人戈尔必须要争取到钢铁行业工人协会的支持才有望当选，所以美国总统克林顿必须要签署包括伯德修正案在内的农业预算法案。[290]

伯德修正案原本是作为 1999 年持续倾销与补贴抵消法[291]提出的，但是没能通过委员会审议，所以之后又作为农业预算法案的一部分提交审议，并于 2000 年 10 月上旬经过参众两院讨论，写入了最终法案。[292] 之后，18 日该法案在参议院获得通过后由美国总统签署生效。

对此，日本做了很多工作。首先是参议院通过前的 10 月 11 日，日本驻美大使柳井

---

[285]　《钢铁新闻》，2004 年 4 月 19 日，第 1 版。

[286]　Hot – Rolled Flat – Rolled Carbon – Quality Steel Products from Brazil andJapan：Revocatio of the Antidumping Duty Orders onBrazil and Japan and the Countervailing Duty Order on Brazil，*Federal Register*，Vol. 76. No. 119 （June 21. 2011），P36081；Continuation of Antidumping Duty Orders：Certain Hot – Rolled Flat – Rolled Carbon – Quality Steel Products from Brazil and Japan，*Federal Register*，Vol. 70. No. 101 （May 26，2005）．P30413.

[287]　19 USC & 1675c（repealed）．

[288]　《美国钢铁危机已过——钢铁危机的意义》，日本贸易振兴会，《通商弘报》，2000 年 4 月 13 日。

[289]　《美国钢铁产业近况》，日本贸易振兴会，《通商弘报》，2001 年 3 月 15 日。

[290]　《日本经济新闻》，2000 年 11 月 3 日日报，第 8 版。

[291]　S. 61. 195th Cong.（1999）．

[292]　"Byrd Amendment on AD. CVD Duties Prevails in Conference,"*Inside U. S. Trade*，Oct. 6，2000.

俊二向参议院财政委员长罗斯提交了信函，批评了伯德修正案，表示出日本的担忧。此外，参议院通过后不久，通产相平沼赳夫、外相河野洋平分别发表谈话，希望各界能够广泛发声，促使美国总统对该法案行使否决权。[293] 日本还于 25 日联合欧共体、加拿大的驻美大使联名签署反对书并提交给美国总统。[294] 日本驻美大使柳井于 23 日举行记者发布会，表示一旦该法案成立后，只要涉及具体案例，就会通过 WTO 争端解决机制处理。通商产业事务次官广濑胜贞于 26 日更加具体地指出，美国总统签署后，要考虑伯德修正案本身或具体条款是否符合相关协议。[295] 日本钢铁产业联盟会长千速也代表日本的钢铁行业强烈谴责伯德修正案，认为该法案的制定"匪夷所思"。[296]

另一方面，美国贸易代表办公室代表巴尔舍夫斯基表示，美国政府部门并不支持伯德修正案，但伯德修正案与农业预算案捆绑在一起，美国总统克林顿不得不签署并执行与农业有关的预算，所以美国总统也是不得已而为之。[297] 美国总统克林顿于 30 日签署该法案，伯德修正案正式生效。日本时间 30 日，通商产业事务次官广濑迅速召开记者发布会，表示将和欧洲合作把该案委托 WTO 处理。[298]

就具体行动而言，在事务层面，10 月 30 日和 31 日外务省在东京召开日美放松规制磋商课长级会议，向美国方面表达了日方的担忧。[299] 此外，11 月 15 日，美国贸易代表助理里扎、美国助理国务卿库里布访日，通产省基础产业局长冈本严、钢铁课长奥田趁机表示可能会将该案委托 WTO 处理，希望促使美方提出伯德修正案撤销法案。[300] 12 月 8 日，日美放松规制磋商课长级会议举行，这是克林顿执政时期最后一次会议。外务审议官野上义二要求美国贸易代表办公室副代表费舍尔撤销该法案。[301] 在部长层面，11

[293] 《（通商产业大臣讲话）关于美国反倾销相关法案》，《通产省公报》，2000 年 10 月 25 日，第 4 页。《（外务大臣河野讲话）关于美国参议院会议通过反倾销与反补贴关税相关法案》，外务省，2000 年 10 月 19 日，ht-tp：//www. mofa. go. jp/mofaj/press. danwa/12/dkn_1019. html（2012 年 7 月 25 日点击）。《日本经济新闻》，2000 年 10 月 20 日晚报，第 3 版。

[294] 《每日新闻》，2000 年 10 月 26 日晚报，第 4 版。原文请参考："Text：Ambassadors Letter on Byrd Amendment" *Inside U. S. Trade*, Oct. 27. 2000。

[295] 《日本经济新闻》，2000 年 10 月 27 日日报，第 5 版；《日本经济新闻》，2000 年 10 月 24 日晚报，第 2 版。

[296] 《日本经济新闻》，2000 年 10 月 20 日，第 12 版。

[297] 《朝日新闻》，2000 年 10 月 31 日日报，第 11 版；《日本经济新闻》，2000 年 10 月 24 日晚报，第 2 版，《朝日新闻》，2000 年 10 月 21 日日报，第 12 版。

[298] 《东京读卖新闻》，2000 年 10 月 31 日日报，第 9 版。《日本经济新闻》，2000 年 10 月 31 日日报，第 5 版。

[299] 《日本经济新闻》，2000 年 11 月 1 日日报，第 5 版。

[300] 《化学工业日报》，2000 年 11 月 16 日，第 11 版。

[301] 《东京新闻》，2000 年 12 月 8 日晚报，第 8 版。

月 11 日，河野和巴尔舍夫斯基在布鲁塞尔举行会谈，首次就该问题交换了意见。[302] 11 月 2 日，在日内瓦举行 WTO 反倾销委员会，包括日本在内的 10 个国家和地区对该方案表示谴责。[303]

经过上述努力，临近年底之际，12 月 21 日，欧共体、澳大利亚、韩国等 9 个国家共同向美国提请磋商，该事件演变为 WTO 有史以来最大的争端（WTO 争端案件编号 DS217）。[304] 在日本提请磋商请求 5 个月后，第二年 5 月 21 日，加拿大、墨西哥等提请通过别的渠道进行磋商（DS234）[305]，最终提请磋商的国家增至 11 个。前 9 个国家在 2 月 6 日根据争端解决机制第 4 条开始磋商，要求美国就伯德修正案具体适用问题做出说明，但是没有得到令人满意的回复。[306] 就是否成立专家组而言，日本认为应该根据伯德修正案实施细则以及政治层面的谈判结果谨慎做出判断；而欧共体则积极要求交由专家组处理，日欧双方的立场没能统一。[307] 其间，美国表示根据伯德修正案，2002 年预算中有 2 亿美元可供分配。[308]

结果，7 月 12 日，加拿大和墨西哥也履行相关手续要求成立专家组，8 月 23 日同意成立专家组。[309] 9 月 10 日，WTO 决定将加拿大和墨西哥的专家组同之前日本等国的专家组整合，成为一个由 11 个国家共同申请的专家组。第一次专家组会议于 2002 年 2 月 5 日举行，各方根据日本和智利共同提出的意见书进行了讨论，认为分配反倾销、反补贴关税的收入措施与反倾销协议以及补贴和反补贴措施协议（SCM）规定的救济手段不符。这种分配方式会导致申请调查被滥用。一些国家还担心这种分配会影响美国企业的竞争力。对此，美国表示如何利用税收属于本国内政，而且与 WTO 协定并不相悖。[310] 3 月 12 日，第二次会议召开，双方的矛盾仍然没有发生变化。[311]

---

[302]　《日本经济新闻》，2000 年 11 月 12 日日报，第 3 版。

[303]　Committee on Anti‑Dumping Practices，Minutes of the Regular Meeting Held on 2&3 November 2000。G/ADP/M/17（Apr. 9，2001）。

[304]　Request for Consultations by Australia etc.，*US—Offset Act*（*Byrd Amendment*），G/ADP/D31/1. G/L/430，G/SCM/D39/1. WT/DS217/1（Jan. 9，2001）。

[305]　Request for Consultations by Canada and Mexico，*US—Offset Act*（*Byrd Amendment*），G/ADP/D36/1，G/L/452，G/SCM/D43/1. WT/DS217/1（June 1，2001）。

[306]　《日本经济新闻》，2001 年 2 月 9 日日报，第 9 版；《朝日新闻》，2000 年 2 月 8 日日报，第 10 版。

[307]　《神户新闻》，2000 年 2 月 7 日晚报，第 2 版。

[308]　《产经新闻》，2000 年 4 月 12 日东京日报，第 7 版。

[309]　Request for Panel Establisnment，*US—Offset Act*（*Byrd Amendment*），WT/DS217/5（July 13，2001）。

[310]　《朝日新闻》，2002 年 2 月 8 日日报，第 10 版；《日本经济新闻》，2002 年 2 月 7 日日报，第 5 版。

[311]　《朝日新闻》，2002 年 3 月 13 日晚报，第 2 版；《日本经济新闻》，2002 年 3 月 13 日晚报，第 2 版。

7 月 17 日，中期报告完成并向当事国配发，报告采纳了申诉国的观点。[312] 9 月 16 日，最终报告向 WTO 所有成员配发。就本案而言，最大的争议就是伯德修正案是否属于反倾销协议第 18 条第 1 款以及补贴和反补贴措施协议第 32 条第 1 款中与倾销或补贴"有关的措施"（specific action against）。专家组认为伯德修正案是在明确存在倾销、补贴的前提下向相关企业分配税收，这属于对倾销及反补贴采取的措施。之前美国已经在 1916 年法案件中明确表示，GATT 第 6 条以及反倾销协议允许的救济手段仅包括确定措施、临时措施和价格约定，不允许分配收税。补贴与反补贴措施协议也是一样，在上述三个要素外还增加了根据第 4 条和第 7 条制定的对抗措施，但是分配税收同样不符合要求。[313]

美国对此判决表示不服，于 10 月 18 日提出上诉，上诉机构受理后，于 2003 年 1 月 16 日完成报告并向 WTO 成员配发。上诉机构支持专家组意见，驳回了美国的上诉。[314] 当月 27 日，争端解决机构通过了该报告。

在履行方面，根据争端解决机制第 21 条第 2 款的仲裁，要求在 11 月内，即当年 12 月 27 日前完成相关工作[315]，但是开局不利。美国谴责该决定并不是现有协议中的补贴规定，而且伯德议员等很多参议院议员希望通过游说美国总统要求其反对履行。特别是在早期阶段，美国国会内部很少有人决定遵守该要求。因此，尽管美国政府做了很多工作，而且从 2003 年 6 月开始多次在国会上提出废弃方案，但仍然迟迟难以在履行方面取得进展。[316]

如果长此以往恐将无法按期完成，所以，在 11 个国家中，包括日本在内的 8 个国家于 2004 年 1 月 15 日向争端解决机构申请采取对抗措施。[317] 对此，根据争端解决机制第 22 条第 6 款，美国申请仲裁。8 月 31 日，仲裁人提出了新的方案，通过经济模型计算出了税收分配（补贴）对美国市场准入贸易的影响，参考美国 1916 年反倾销法事件，要求申请国向争端解决机构通报根据税收分配现状制定的每年停止减让额度，并控制在比较合适的 72% 左右。11 月下旬，争端解决机构同意日本等国家采取对抗措施。[318]

[312] 《临时报告发表，认为伯德修正案违反 WTO 协定》，日本贸易振兴会，《通商弘报》，2002 年 7 月 29 日。
[313] Panel Report，US—Offset Act（Byrd Amendment），WT/DS217/R. WT/DS234/R（Sept. 16，2002）.
[314] Appellate Body Report，US—Offset Act（Byrd Amendment），WT/DS217/AB/R. WT/DS234/AB/R（Jan. 16，2003）.
[315] Decision by the Arbitrators，US—Offset Act（Byrd Amendment），（Article 21.3（c）），WT/DS217/14. WT/DS234/22（June 13. 2003）.
[316] 关于其过程请参考：川濑，同前，脚注 236，第 381—383 页。
[317] Recourse by Japan to Article 22.2 of the DSU，US—Offset Act（Byrd Amendment），WT/DS217/24（Jan. 16. 2004）.
[318] Decision by the Arbitrators，US—Offset Act（Byrd Amendment），WT/DS217/ARB/JPN（Aug. 31. 2004）.

　　实际上，出于对日美关系的考虑，日本政府内部一直希望能够采取谨慎措施[319]，所以没有实施直接的对抗措施。2005 年 5 月 1 日，加拿大、欧共体等国率先采取行动[320]，和剩下的 6 个国家中的 2 个国家共同于 6 月 3 日向美国贸易代表办公室表示：如果同年 7 月中旬还未废除伯德修正案的话就会采取对抗措施。[321] 结果，美国仍然我行我素，没有按期履行。日本政府分析认为美国废除该法案的可能性不大，而且通过判断认为如果能够谨慎地选择产品种类的话，不会影响到日本相关产业以及日美关系，所以日本下定决心要对美国采取对抗措施[322]。8 月 18 日日本向争端解决机构通报，第一年度不再减让美国关税，规模约 5 200 万美元[323]；9 月 1 日根据《关税定率法》第 6 条，采取对抗措施，把包括不锈钢等钢铁产品在内的 15 种产品关税提高至 15%。[324]

　　由于申请国陆续采取对抗措施，从 2005 年秋天开始，美国的立场也开始松动，关于废除该法的呼声渐高。美国总审计署（General Accounting Office，简称 GAO）于 9 月发表报告，批评了伯德修正案，认为税收分配不公平。[325] 负责管理该法的参议院财政委员长格拉斯利议员也开始批评该法案。收到相关报告后，他也表示该法案难以为继。[326] 10 月下旬，众议院把伯德修正案废除条款写入削减逆差法案，11 月 18 日以少数优势获得通过。但是参议院审理法案时，删除了伯德修正案废除条款。美国参众两院在该问题上也未能达成一致，但是参议院面临了很大的压力。12 月 19 日，参众两院协议会报告中还是保留了伯德修正案废除条款。[327]

　　之后，该法案又经过参众两院反复协调后才得以通过。2006 年 2 月 8 日，美国总

---

[319]　《东京新闻》，2004 年 9 月 8 日日报，第 13 版。

[320]　关于加拿大、欧共体采取的对抗措施请参考：《对从美国进口的部分产品征税——作为伯德修正案的报复性措施——（多伦多发）》，日本贸易振兴会，《通商弘报》，2005 年 4 月 7 日；《欧洲委员会提议提高美国进口产品关税——作为伯德修正案的对抗措施》，日本贸易振兴会，《通商弘报》，2005 年 4 月 4 日。

[321]　《朝日新闻》，2005 年 6 月 10 日日报，第 12 版；《产经新闻》，2005 年 6 月 10 日东京日报，第 8 版。《东京读卖新闻》，2005 年 6 月 9 日晚报，第 2 版。

[322]　《废除伯德修正案的压力》，《通商弘报》，2005 年 8 月 8 日；《每日新闻》，2005 年 8 月 2 日日报第 9 版；《东京新闻》，2005 年 8 月 1 日晚报；第 1 版；《日本经济新闻》，2005 年 7 月 28 日晚报，第 3 版。

[323]　Communication from Japan, *US—Offset Act（Byrd Amendment）*, WT/DS217/48（Aug. 18. 2005）.

[324]　政令第 289 号（2005 年 8 月 17 日），告示第 315 号（2005 年 8 月 17 日）。

[325]　GAO. International Trade：Issues and Effects of Implementing the Continued Dumping and Subsidy Offset Act（Sept. 2005）.

[326]　《大阪读卖新闻》，2005 年 9 月 27 日晚报，第 12 版。"GAO Criticizes Byrd Law Implementation. Grassley Says Repeal Difficult", *Inside U. S. Trade*, Sept. 30. 2005.

[327]　关于其过程请参考：《明年通过撤销伯德修正案法——2007 年 10 月 1 日废除?》，日本贸易振兴会，《通商弘报》，2005 年 12 月 26 日；《两院协议会如何处理伯德修正案——强烈要求撤销，反对参议院议员》，日本贸易振兴会，《通商弘报》，2005 年 11 月 28 日。

统签署《2005 年削减逆差法案》，废除了伯德修正案。[328] 但是该法被定为过渡措施，之后每年都继续分配，直至 2007 年 10 月 1 日之前通关的产品，继续征收反倾销税。日本每年都要延长对抗措施。鉴于 2008 年以后美国分配额逐渐减少，日本也适时调整了对抗措施，精简了产品种类，降低了税率，但是每年都要延期，直至 2011 年 9 月。[329]

（6）美国钢铁保障措施案（DS254）

如上所述，2000 年秋天伯德修正案的通过标志着钢铁危机再次爆发。惠灵匹兹堡钢铁公司和 LTV 钢铁公司（林—特姆科—沃特公司）申请重组，标志着大型钢铁制造商经济效益显著恶化。从 1998 年开始从日本进口钢铁的规模持续扩大，但从 2000 年秋天开始规模缩小，从其他国家进口钢铁规模开始扩大。美国钢铁行业希望通过综合性措施抑制从其他国家进口钢铁，而不是仅仅依靠征收反倾销税。根据 1974 年《贸易法》第 201 条（免责条款，Escape Close），即 GATT 第 19 条的规定，美国开始讨论实施贸易保障措施。[330]

其实早在 1998 年危机爆发后，美国就已经开始讨论实施保障措施，比如 1999 年 1 月的行动计划，就是美国政府利用职权开始强化第 201 条调查。[331] 日本通产大臣与谢野馨和美国贸易代表巴尔舍夫斯基、美国商务部长戴利于 12 日在华盛顿举行会谈，美方直接向日本表示，如果不能马上大幅减少向美国出口钢铁，美国将会立即采取保障措施。[332]

美国国会也非常关注相关保障措施。1999 年 1 月 27 日，参议院议员洛克菲勒表示，根据国会决议有可能展开第 201 条调查。[333] 而且，此时也有议员向国会提交法案，要求放宽根据第 201 条展开调查的必要条件。特别为了限制钢铁进口，3 月中旬，众议

---

[328] Pub. L. No. 109 – 171. 7601（a）. 120 Stat. 4，154（2006）.《废除伯德修正案，两票之差通过》，日本贸易振兴会，《通商弘报》，2005 年 11 月 28 日；《日本经济新闻》，2006 年 2 月 9 日晚报，第 3 版。

[329] 关于延长期限问题，请参考网站："针对美国伯德修正案实施报复性关税措施"，http：//www. customs. go. jp/tokusyu/kazeikamotsu_houhuku. htm（2012 年 7 月 25 日点击）。

[330] 关于该背景请参考：日本贸易振兴会，同前，脚注 289。

[331] 《佐贺新闻》，1999 年 1 月 9 日，第 3 版；《东京读卖新闻》，1999 年 1 月 8 日晚报，第 2 版；《产经新闻》，1999 年 1 月 8 日东京晚报，第 3 版。

[332] 《对日本出口钢铁表示强烈担心——美国贸易部长与通商大臣与谢野馨举行会谈》，日本贸易振兴会，《通商弘报》，1999 年 1 月 18 日；《钢铁新闻》，1999 年 1 月 14 日，第 2 版；《东京新闻》，1999 年 1 月 14 日日报，第 10 版。

[333] 《日本经济新闻》，1999 年 1 月 28 日晚报，第 3 版。在法律层面，必须要有参议院财政委员会或者众议院财政收入委员会的决议，国际贸易委员会才能开始保障措施调查。19 U. S. C. 2252（b）（1）（a）.

院通过了明显违反 WTO 协定的钢铁再生法案。㉞ 美国政府部门对此表示了担忧，但是迫于钢铁工人协会的压力，不得不支持莱文法案㉟，同意放宽根据第 201 条展开调查的必要条件。㊱ 钢铁再生法案未通过参议院审议。之后又向参议院提交了钢铁贸易正常化法案（罗斯法案）㊲，该法与钢铁再生法案略有区别，主要是放宽保障措施的相关标准。这引起国际社会的广泛关注。㊳

就具体的调查案件而言，根据钢铁行业的申请，1991 年 1 月针对钢铁线材，7 月针对焊接钢管相继展开第 201 条调查。2000 年 2 月，根据调查结果，美国总统决定对两种产品同时实施关税配额制。㊴ 当时，钢铁危机已经度过了最严重的时期，而且马上面临总统选举。所以有观点认为做出这种决定是为了拉拢钢铁工人协会的选票，以便让戈尔副总统当选。㊵ 之后不久，通产省向美国派出钢铁科官员，根据美方政策确认并且调整产品种类。㊶ 3 月 16 日和 17 日，日美课长级钢铁会议举行，日本对美国的措施表示担忧㊷，日本钢铁行业也表示非常不满。但是与此同时，特别是线材等产品，大多不属于日本出口的产品㊸，所以日本政府也没有采取更多的措施。㊹

2000 年秋天，美国国会通过了伯德修正案，对钢铁产品实施保障措施的氛围再次高涨。这时，钢铁议员联盟（Steel Caucus）也开始积极采取行动。9 月钢铁行业举行

㉞　H. R. 975. 106th Cong.（1999）．

㉟　H. R. 1120. 106th Cong.（1999）．

㊱　《对钢铁进口限制方案批评增加》，日本贸易振兴会，《通商弘报》，1999 年 3 月 31 日；《美国众议院通过钢铁再生法案》，日本贸易振兴会，《通商弘报》，1999 年 3 月 19 日。

㊲　S. 1254. 106th Cong（1999）．

㊳　《钢铁进口限制法案废案的反响》，日本贸易振兴会，《通商弘报》，1999 年 6 月 28 日；《每日新闻》，1999 年 6 月 17 日晚报，第 5 版。

㊴　Proclamation 7274 of February 18. 2000 to Facilitate Positive Adjustment to Competition from Imports of Certain Circular Welded Carbon Quality Line Pipe by the President of the United States of America，*Federal Register*，Vol. 65. No. 36（Feb. 23. 2000）P9193 – 9196；Proclamation 7273 of February 16，2000 to facilitate Positive Adjustment to Competition from Imports of Certain Steel Wire Rod by the President of the United States of America，*Federal Register*，Vol. 65，No. 34（Feb. 18. 2000）．P8621 – P8627；《产经新闻》，2000 年 2 月 12 日大阪晚报，第 1 版。

㊵　《钢铁新闻》，2000 年 2 月 15 日，第 2 版；《熊本日日新闻》，2000 年 2 月 13 日，第 7 版。

㊶　《钢铁新闻》，2000 年 2 月 16 日，第 1 版。

㊷　《东京读卖新闻》，2000 年 3 月 18 日日报，第 9 版。

㊸　《钢铁新闻》，2000 年 2 月 23 日，第 3 版；《钢铁新闻》，2000 年 2 月 22 日，第 2 版；《钢铁新闻》，2000 年 2 月 21 日，第 3 版。

㊹　之后韩国认为美国违反保障措施协定委托 WTO 处理时，日本作为争端第三国参加，基本上支持韩国的观点。

听证会。在此基础上，10 月，以钢铁议员联盟为主的 230 名众议院议员提出共同决议案[345]，要求调查保障措施的效果，并且向克林顿总统提交了请求函。10 月 16 日钢铁制造商以及美国钢铁工人联合会于 10 月 16 日，宾夕法尼亚州、印第安纳州等 10 个钢铁产业重镇的州长于 10 月 20 日相继向克林顿总统提交了信函，要求保护美国钢铁产业，调研保障措施的效果。美国总统助理波德斯塔于 26 日回复，表示为了保护美国钢铁产业，同意开展双边磋商，但是没有明确要实施保障措施。直到 27 日，美国总统助理斯普林才正式表示正在讨论实施保障措施的问题。[346]

2000 年 11 月美国总统选举，场面非常混乱，发生了佛罗里达州重新计票事件。民主党失去了执政地位。2001 年 1 月，共和党布什总统上任。新任贸易代表佐利克明确表示从当年春天开始在国会上重新讨论启动保障措施的可行性。[347] 当时，美国钢铁协会（American Icon and Steel Institute，简称 AISI）和他们都要求针对钢铁行业实施包括保障措施在内的保护措施。[348]

在此背景下，美国总统布什于 6 月 5 日要求开展国际谈判，减少过剩生产设备；减少导致贸易扭曲的商业习惯；并且还要求国际贸易协会根据美国贸易代表办公室的职责展开第 201 条调查。[349] 其实，在布什执政早期，其对使用保障措施持消极态度，但随着参议院中很多共和党议员倒戈民主党，而且钢铁保护主义派民主党鲍克斯担任参议院财政委员会委员长，美国国会对保障措施持积极态度，希望国会无论是否通过第 201 条调查，都要提前展开调查。当时政府的目标非常明确，就是希望通过妥协获取国会赋予的"快速通道"权力。[350]

针对该决定的出台，日本经产大臣平沼发表讲话，直接批评了美国的做法，只限制进口、不调整经济结构无法彻底解决美国钢铁产业的根本问题。[351] 7 日在上海召开

---

[345] H. R. Res. 635，106th Cong.（2000）。

[346] 该过程请参考：《钢铁行业为中心要求进口限制的动作频繁》，日本贸易振兴会，《通商弘报》，2000 年 10 月 27 日；《产经新闻》，2000 年 10 月 28 日大阪晚报，第 2 版；《东京新闻》，2000 年 10 月 27 日晚报，第 3 版，"White House Weights Action as Calls Mount for Steel Import Curbs," *Inside U. S. Trade*, Oct. 27. 2000。

[347] 《东京读卖新闻》，2001 年 3 月 9 日，第 9 版；《产经新闻》，2001 年 1 月 31 日东京晚报，第 3 版。

[348] 日本贸易振兴会，同前，脚注 289；《钢铁新闻》，2001 年 3 月 19 日，第 1 版。

[349] Statement on a Multilateral Initiative on Steel. June 5，2001，*Weekly Compilation of Presidential Documents 37*，No. 23（2001）；《产经新闻》，2001 年 6 月 6 日，东京晚报，第 1、2 版。

[350] 《总统要求展开第 201 条调查——公布钢铁产业保护政策》，日本贸易振兴会，《通商弘报》，2001 年 6 月 7 日；《每日新闻》，2001 年 6 月 7 日日报，第 10 版；《日刊工业新闻》，2001 年 6 月 7 日，第 36 页；《东京读卖新闻》，2001 年 6 月 7 日日报，第 8 版。"Bush Cabinet Casts Doubt on Steel 201. Aid for Legacy Costs," *Inside U. S. Trade*, June 1. 2001.

[351] 《经济产业大臣平沼——关于美国总统布什公布对钢铁产品进口实施保障措施调查》，《经济产业公报》，2001 年 6 月 12 日，第 2—3 页。

APEC 部长会议，平沼趁机要求贸易代表佐利克采取更加审慎的措施。[52] 另外，钢铁联盟以及相关制造商也很排斥该决定，担心贸易保护主义蔓延会进而影响美国企业的利益。日本钢铁产业联盟会长千速发表讲话，为美国政府屈服于保护主义势力感到遗憾。[53]

尽管日本和其他国家对此提出抗议，但是美国贸易代表办公室还是根据总统命令于同月 22 日要求国际贸易委员会展开调查。根据贸易代表佐利克的书面要求，调查对象覆盖了很多钢铁产品，比如钢板、不锈钢、条钢等。[54] 参议院财政委员会向国际贸易委员会表达了国会对该问题的强烈关切，贸易代表佐利克要求国际贸易委员会调查的产品相同，所以 7 月 26 日通过了对国际贸易委员会调查的相同产品展开独立调查的决议。[55]

对此，日本政府尝试很多解决办法。首先，巩固 6 月 30 日召开的日美首脑会谈的成果，签署了新的经济协议，在"成长型日美经济伙伴关系"框架下举行贸易论坛，讨论钢铁问题。[56] 其次，7 月上旬，经产省钢铁课长半田力相继访问中国台湾、欧共体和 OECD 国家，商讨应对策略。[57] 8 月，半田课长就该问题同美方交涉，并交换了意见。[58] 另一方面，在美国明确把钢板、条钢等 33 种产品作为调查对象后，日本钢铁行业迅速明确了应对策略：以日本出口产品未损害美国国内产业为由，要求美国停止调查日本产品。[59]

[52] 《东京读卖新闻》，2001 年 6 月 8 日日报，第 9 版。

[53] 《日经产业新闻》，2001 年 6 月 8 日，第 18 版；《钢铁新闻》，2001 年 6 月 7 日，第 1 版；《日刊工业新闻》，2001 年 6 月 7 日，第 13 版；《日本经济新闻》，2001 年 6 月 7 日日报，第 9 版；《朝日新闻》，2001 年 6 月 6 日晚报，第 1 版。

[54] 《USTR 代表佐利克，针对钢铁产品进口要求 ITC 展开 201 条调查》，日本贸易振兴会，《通商弘报》，2001 年 6 月 27 日。"USTR 201 Request Includes Semi – Finished Steel, Leaves Out Iron Ore", *Inside U. S. Trade*, June 29, 2001.

[55] Resolution Directing the International Trade Commission to Make an Investigation into Certain Steel Imports under Section 201 of the Trade Act of 1974（July 26，2011），http：//finance. senate. gov/legislation/download/? id＝23cd0dc9 – 0d8e – 4586 – b686 – 3411fc5f 91c8（as of July 25，2012）.《产经新闻》，2001 年 7 月 27 日东京晚报，第 2 版；《日本经济新闻》，2001 年 7 月 27 日晚报，第 2 版；"Finance to Mark up Steel Resolution Identical to Bush Request", *Inside U. S. Trade*，July 20，2001.

[56] 《成长型日美经济伙伴关系（暂定）》（首相官邸，2001 年 6 月 30 日），http：//www. kantei. go. jp/jp/koizumispeech/2001/0630keizai. html（2012 年 7 月 25 日点击）.《产经新闻》，2001 年 7 月 3 日东京日报，第 8 版；《朝日新闻》，2001 年 7 月 2 日日报，第 8 版。

[57] 《钢铁新闻》，2001 年 7 月 13 日，第 1 版；《钢铁新闻》，2001 年 7 月 9 日，第 1 版；《钢铁新闻》，2001 年 7 月 3 日，第 1 版。

[58] 《钢铁新闻》，2001 年 8 月 13 日，第 1 版。

[59] 《钢铁新闻》，2001 年 8 月 13 日，第 1 版；《日本经济新闻》，2001 年 8 月 9 日晚报，第 2 版。

　　仅在 9 月和 10 月，美国国际贸易委员会就召开了 8 次听证会。[360] 10 月 22 日，国际贸易委员会举行投票，12 种产品被认定为倾销；4 种产品赞成和反对票数相同。[361] 12 月 7 日，各委员会公布了咨询报告。12 月 19 日正式建议总统采取保障措施。美国政府把半数委员——三名委员的意见作为多数意见采纳，剩下三名委员的意见作为个别的咨询报告。[362] 对此，在国际贸易委员会投票后，千速会长立即发表评论表示非常遗憾；国际贸易委员会报告提出后，千速会长谴责美国发动保障措施不当，希望布什总统能够不对该判断表示支持。[363] 11 月 21 日，经产省钢铁课长半田也同欧共体相关人员举行会谈，开始探索美国实施保障措施后日欧合作的新模式。[364]

　　虽然国际贸易委员会做了很多努力，但是否采取保障措施还是需要由美国总统做出政治决断。第二年 1 月，日本钢铁产业联盟会向负责协助总统的贸易政策工作委员会（Trade Policy Staff Committee，简称 TPSC）提交信函，表示美国钢铁行业面临困境的主要原因是国内竞争以及高成本机制，实施保障措施无法解决美国的问题。[365] 在事务层面上，1 月 23 日，日美举行高级别磋商，经济产业审议官今野秀洋和美国贸易代表办公室副代表亨斯曼进行讨论。2 月 27 日和 28 日，钢铁课长半田和美洲课长西山英彦访问美国，与美国贸易代表办公室代表助理里扎举行会谈。当时日本已经明确美国肯定会采取保障措施，所以把谈判重点放在了降低损失问题上（damage control），比如减少产品种类以及扩大数量配额框架。[366] 另一方面，在政治层面上，2 月 17 日和 18 日，日美首脑会谈上不再讨论保障措施是否实施，各方都接受了既定现实，开始根据规则从实务层面尝试解决。[367] 3 月后，经济产业事务次官广濑在会谈中指出应该把该问题委托 WTO 处理，日本经产省、外务省开始着手应对。[368]

---

[360] 《日本经济新闻》，2001 年 8 月 9 日晚报，第 2 版。

[361] 投票的情况请参考：Steel. USITC Pub. 3479. Inv. No. TA－201－73（Dec. 2001）. P17－P18；解释请参考《ITC，根据钢铁产品第 201 条调查对损害进行认证》，日本贸易振兴会，《通商弘报》，2001 年 10 月 29 日。

[362] Steel：Import Investigation, *Federal Register*, Vol. 66. No. 249（Dec. 28. 2001）. P67304－P67311；USITC Pub. 3479, *supra* note 361. P19－P20.

[363] 《日刊工业新闻》，2001 年 11 月 22 日，第 2 版；《钢铁新闻》，2001 年 12 月 11 日，第 1 版；《朝日新闻》，2001 年 10 月 24 日日报，第 10 版；《日刊工业新闻》，2001 年 10 月 24 日，第 16 版。

[364] 《钢铁新闻》，2001 年 11 月 22 日，第 2 版。制造产业局长冈本严与欧洲委员会贸易局长原定当天举行的会谈取消。

[365] 《钢铁新闻》，2002 年 1 月 18 日，第 2 版。

[366] 《钢铁新闻》，2002 年 2 月 22 日，第 1 版；《钢铁新闻》，2002 年 2 月 18 日，第 1 版；《钢铁新闻》，2002 年 1 月 18 日，第 2 版。

[367] 《朝日新闻》，2002 年 3 月 3 日日报，第 3 版。

[368] 《钢铁新闻》，2002 年 3 月 5 日，第 1 版；《日本经济新闻》，2002 年 3 月 5 日日报，第 7 版。

　　3 月 6 日，美国总统布什表示对 14 种产品实施保障措施，从当月 20 日开始生效，为期 3 年。保障措施以 8% ～30% 的高关税为主，特别是针对 5 种钢板产品、2 种条钢产品征收最高达 30% 的关税，但是该措施不包括北美自由贸易协定中规定的产品。^⑲ 促使保障措施最终落地的直接原因是当时审议中的贸易促进权（Trade Promotion Authority，简称 TPA）。如果不给予政府贸易促进权的话，美国通过贸易谈判达成的协议可能很难被国会批准，所以美国的贸易相关机构针对贸易问题的议价能力较低。为了实施保障措施，必须让国会通过贸易促进权法案。此外，还有选举政策方面的考虑，美国很多钢铁重镇，比如宾夕法尼亚州、俄亥俄州、西弗吉尼亚州都属于摇摆州，支持民主党、共和党的选民数量不相伯仲，这也成为 2002 年秋中期选举，甚至可以决定 2004 年总统选举的关键城市^⑳，需要制定保障措施拉拢这些地方的选票。此外，美国政权内部自由贸易派非常担心被选举的势力压制。^㉑

　　另一方面，美国国内企业向美国贸易代表办公室提交申请，要求总统于 5 号公布结果后 120 天之内（截至 7 月 3 日）有权不对部分产品实施保障措施。自此之后，日本的谈判战略重点发生变化：不仅局限于要求撤回保障措施，还要争取增加例外产品，尽可能减少对日本钢铁产业造成的损失。

　　美国提出实施保障措施后的第二天，日本经产大臣平沼发表了大臣讲话，对美国的行为表示非常遗憾。^㉒ 官房长官福田康复明确表示将联合欧共体和韩国等利益受损国家向 WTO 提起申诉，千速会长也表示美国做出了错误的决定，并敦促政府间举行磋商，并要求向 WTO 提起申诉。^㉓ 正如千速会长所言，美国钢铁产业的遗留成本（退休

⑲　Proclamation 7529 of March 5. 2002 to Facilitate Positive Adjustment to Competition from Imports of Certain Steel Products, *Federal Register*. Vol. 67, No. 45（May. 7. 2002）P10553 – P10592；Memotandum of March 5, 2002：Action Under Section 203 of the Trade Act of 1974 Concerning Certain Steel Products, *Federal Register*, Vol. 67, No. 45（May. 7. 2002）. P10593 – P10597. 其概要请参考：《日本经济新闻》，2002 年 3 月 6 日晚报，第 1 版。

⑳　关于实施政治背景的分析请参考：境克彦，《“政治”战胜“政策”美国钢铁保障措施》，《世界周报》，2002 年 5 月 7 日，第 52—53 页；《政治性保障措施实施》，《Jiji Top Confidential》，2002 年 4 月 2 日，第 2—3 页；吉崎达彦，《美国钢铁保障措施背后还隐藏着日本的年金问题》，《Sapio》，第 14 卷 11 号（2002 年），第 88 页；《美国政府实施钢铁保障措施——贸易政策向内部转型、贸易摩擦扩大》，《金融财政》，2002 年 3 月 28 日，第 8—12 页。

㉑　《日本经济新闻》，2001 年 6 月 7 日日报，第 9 版；《东京读卖新闻》，2002 年 3 月 7 日日报，第 11 版；《朝日新闻》，2002 年 3 月 3 日日报，第 3 版。

㉒　《经济产业大臣平沼谈话——根据与钢铁进口有关的美国贸易法第 201 条措施（保障措施）美国总统决定救济措施》，《经济产业公报》，2002 年 3 月 11 日，第 3—4 页。

㉓　《产经新闻》，2002 年 3 月 6 日大阪晚报，第 2 版；《中日新闻》，2002 年 3 月 6 日晚报，第 2 版。

人员养老金、医疗保险）对美国产业造成了很多困扰。在无视该问题的前提下，只对限制进口限制的行为非常不合理。[574] 欧共体也一直积极与日本探索合作模式，尽管美国保障措施还未生效，但是已经于 7 日根据争端解决机制第 4 条提请磋商。

措施生效前，当地时间 3 月 14 日，根据保障措施协议第 12 条第 3 款规定，日美课长级双边磋商在美国华盛顿特区举行，日本经产省派出美洲课长西山、通商机构部参事官铃木英夫参加。日本时间当天召开记者招待会，经济产业事务次官广濑表示要根据保障措施协议第 8 条采取包括向 WTO 申诉等一系列报复措施。[575] 日美两国没能就是否符合实施保障措施的必要条件以及赔偿问题达成一致。[576] 3 月 13 日，OECD 高级别钢铁会议召开，为期三天。日本和欧共体在会上都批评了美国。[577]

但美国丝毫不为所动，3 月 20 日保障措施如期生效。钢铁产业联盟会已经提请磋商，当天日本和韩国共同根据争端解决机制第 4 条提请与美国磋商。[578] 日本经产大臣平沼也以非常强硬的态度向美国表示日本肯定要采取对抗性措施。[579] 另一方面，美国原计划于 3 月 20 日启动保障措施，但是考虑到磋商时间不足会引起国家的批评，所以发出通告表示推迟 15 天征收关税。[580] 美国贸易代表佐利克也向日本表示会讨论制定赔偿清单，放松日本数码相机等产品的进口规制。[581]

3 月 26 日，平沼与拉米举行电话会谈，明确了日本和欧共体会在该问题上保持合作。[582] 4 月上旬，经济产业省向欧共体派遣贸易政策局长佐野忠克和钢铁课长半田，与贸易局长卡尔达成合作意向。经济产业审议官今野、钢铁课长半田举行电话会议，要求美国贸易代表办公室进一步扩大不适用该保障措施的产品种类。[583] 截至征税时，日本

---

[574] 《钢铁新闻》，2002 年 3 月 7 日，第 1 版；吉崎，同前，脚注 370，第 89—90 页。根据测算，总成本约 100 亿美元。《日刊工业新闻》，2002 年 3 月 8 日，第 18 版。

[575] 《产经新闻》，2002 年 3 月 15 日东京日报，第 9 版。《日刊工业新闻》，2002 年 3 月 15 日，第 2 版。

[576] 《钢铁新闻》，2002 年 3 月 18 日，第 1 版；《中日新闻》，2002 年 3 月 18 日日报，第 3 版；《日本经济新闻》，2002 年 3 月 17 日日报，第 3 版；《产经新闻》，2002 年 3 月 15 日东京晚报，第 2 版；《中日新闻》，2002 年 3 月 15 日晚报，第 2 版。

[577] 《中国新闻》，2002 年 3 月 17 日日报，第 5 版。

[578] Request for Consultations by Japan, *US - Steel Safeguards*, G/L/529. G/SG/D21/1, WT/DS249/1（May. 26. 2002），《日本经济新闻》，2001 年 6 月 7 日日报，第 9 版。

[579] 《东京新闻》，2002 年 3 月 21 日日报，第 9 版。

[580] 《中国新闻》，2002 年 3 月 16 日日报，第 9 版。

[581] 《北海道新闻》，2002 年 3 月 22 日日报，第 1 版。

[582] 《东京新闻》，2002 年 3 月 26 日日报，第 9 版；《每日新闻》，2002 年 3 月 26 日日报，第 9 版。

[583] 《钢铁新闻》，2002 年 4 月 4 日，第 1 版。

要求 49 种产品不能适用该保障措施，美国同意了其中 24 种。[84] 11 日，平沼、佐利克在东京举行会谈，不仅没能就撤销保障措施达成一致，连赔偿问题都没能谈拢，双方约定下周举行电话会议继续谈判。[85]

另一方面，欧洲以美国保障措施导致贸易扭曲为由，从 3 月 29 日开始对钢铁产品实施临时保障措施。[86] 此前，欧共体与日本紧密合作共同应对美国。所以对于欧洲的这种做法，日本经产相平沼与欧洲委员拉米举行电话会议，表达了日方的担忧。钢铁产业联盟会长千速也表示非常遗憾。[87] 日本根据保障措施协议第 12 条第 4 款，提请与欧洲进行磋商，4 月 10 日，会议在日内瓦举行。[88]

就美国的保障措施而言，4 月 11 日，根据争端解决机制第 4 条举行了双边协商。欧共体和韩国已经提出申请，中国、瑞士、挪威也参与其中。[89] 但是没能取得非常明显的进展，各方均未做出任何让步。[90] 磋商结束后，六个国家发表共同声明，要求美国尽快废除该措施。[91]

就磋商无法解决的问题而言，只能借助专家组或是采取对抗性措施予以应对，当事国密集召开高级别谈判。首先，4 月 16 日，美国商务部副部长与日本经济产业审议官今野举行会谈，就该问题交换了意见。在记者会见时，该副部长表示美国没有提供补偿的义务。[92] 平沼与拉米的电话会议于 17 日召开，平沼大臣向拉米委员表示：在 11 日的会议上日本已经告知贸易代表佐利克准备采取对抗性措施。欧洲和日本继续保持紧密合作制衡美国。[93] 经产相平沼和商务部长埃文斯于 19 日举行会谈。埃文斯表示有

---

[84] 《产经新闻》，2002 年 4 月 9 日东京日报，第 8 版。日本例外产品约占当初对象产品的 12%。《每日新闻》，2002 年 4 月 11 日日报，第 9 版。

[85] 《日刊工业新闻》，2002 年 4 月 12 日，第 19 版；《朝日新闻》，2002 年 4 月 11 日晚报，第 2 版；《日本经济新闻》，2002 年 4 月 11 日晚报，第 2 版；《每日新闻》，2002 年 4 月 11 日晚报，第 1 版。

[86] Commission Regulation 560/2002. 2002 O. J.（L85）1（EC），概要请参考：牧原秀树，《欧洲委员会对美国钢铁保障措施的应对及评价》，《贸易与关税》，第 50 卷第 8 号，2002 年，第 40—47 页。《对 15 种钢铁产品实施临时保障措施》，日本贸易振兴会，《通商弘报》，2002 年 4 月 2 日；《日本经济新闻》，2002 年 3 月 28 日日报，第 8、9 版。

[87] 《产经新闻》，2002 年 3 月 28 日东京日报，第 9 版；《每日新闻》，2002 年 3 月 26 日晚报，第 5 版。

[88] 《日本经济新闻》，2002 年 4 月 11 日日报，第 7 版；《产经新闻》，2002 年 3 月 28 日东京日报，第 8 版。

[89] Acceptance by the United States of the Requests to Join Consultations, *US-Steel Safeguard*, WT/DS249/5（Apr. 11. 2002）.

[90] 《朝日新闻》，2002 年 4 月 13 日日报，第 13 版；《日本经济新闻》，2002 年 4 月 12 日晚报，第 2 版。

[91] 声明是欧共体官方公布的。Press Release. EC. Joint Press Statement by the EC, Japan, Korea, China, Switzerland and Norway, IP/02/559（Apr. 12. 2002）.

[92] 《朝日新闻》，2002 年 4 月 16 日日报，第 11 版；《钢铁新闻》，2002 年 4 月 16 日，第 2 版。

[93] 《每日新闻》，2002 年 4 月 17 日日报，第 2 版。

可能增加不适用该保障措施的产品种类，美国的措施属于协议整合的问题，应该通过WTO争端解决机制处理，美国没有提供赔偿的义务，而日本采取对抗措施也违反了协议。另一方面，贸易代表佐利克于当天与日本外相川口顺子就赔偿问题举行电话会议。[394] 佐利克与经产大臣平沼于23日举行电话会议，表示提供赔偿存在难度以及日本采取对抗措施违反协议。[395] 平沼于30日在华盛顿特区再次与埃文斯商务部长举行会谈，5月1日，与佐利克举行会谈，但是情况没有发生根本性改变。[396]

至今为止，日美两国的争论基本都是围绕保障措施协议第8条进行的。该协议第1条表示保障措施实施后30天内要就赔偿达成一致。第2条表示如果不能就赔偿达成一致的话，允许出口国家在保障措施实施90天内采取对抗措施，比如停止与该措施价值相同的关税减让等。但是第3条规定，如果以协议整合或是进口绝对值增加为由实施保障措施的话，对抗措施延期3年偿付。日美两国相关部长和高级官员对第3条理解不同导致意见对立。美国方面认为要由WTO专家组和上诉机构判断保障措施协议整合程度以及进口的绝对值是否增加，而且根据第2条与时间相关的规定，不允许立即实施对抗性措施；日本则认为应该由当事国家自行判断。[397] 特别是23日电话会议结束后，平沼在记者招待会上表示日本认为要根据相关协议由出口国自己判断进口的绝对值是否增加。但是，日本厚钢板的进口规模缩小，仍然被列为保障措施适用对象，所以对这种情况必须实施对抗性措施。[398]

日本政府内部也存在比较谨慎的看法，认为这会影响日美关系或是波及农产品等其他领域。钢铁行业人士，比如川崎制铁会长江本宽治就表示经产省的干预过多，而且采取的措施"效果不佳"，虽然短时间内可能改善市场，[399] 但是情况还是不可避免地

---

[394] 《朝日新闻》，2002年4月20日日报，第10版；《产经新闻》，2002年4月20日东京日报，第9版；《中日新闻》，2002年4月20日日报，第8版；《每日新闻》，2002年4月20日日报，第11版。

[395] 《产经新闻》，2002年4月23日大阪日报，第13版；《日本经济新闻》，2002年4月23日晚报，第2版。

[396] 《日本经济新闻》，2002年5月2日晚报，第2版；《每日经济》，2002年5月2日日报，第9版。《东京新闻》，2002年5月1日晚报，第2版；《日本经济新闻》，2002年5月1日日报，第2版。

[397] 《钢铁第201条措施，钢铁出口国要求就赔偿措施进行磋商，以牵制美国单方面的报复措施》，日本贸易振兴会，《通商弘报》，2002年3月18日；《佐贺新闻》，2002年5月16日，第2版；《每日新闻》，2002年5月3日日报，第9版。

[398] 关于平沼谈话和法理解释请参考：川濑刚志，《停止实质上的等价减让——保障措施协议第8条的悖论》；荒木一郎、川濑刚志编，《在WTO体制下的保障措施构建有效制度》，东洋经济新报社，2004年，第162—179页。

[399] 《日本经济新闻》，2002年5月27日日报，第7版；《日本经济新闻》，2002年5月16日日报，第5版；《日本经济新闻》，2002年5月9日日报，第5版；《朝日新闻》，2002年5月4日日报，第7版。

朝着实施对抗措施的方向发展。5月8日，日本首相小泉纯一郎向WTO提出实施对抗措施要求。13日，相关的部长会议表示同意。[400] 在申请期的最后时刻，平沼于日本时间16日凌晨访问巴黎，并在此和佐利克举行电话会议，双方未能达成妥协。[401] 日本时间17日，日本向WTO通报要采取对抗性措施。[402]

如上所述，日本采取的对抗性措施反映出日美两国对保障措施协议第8条的解释存在分歧。首先，厚板产品的绝对性进口没有增加，但是美国仍然对其采取保障措施，所以日本决定对美国钢铁产品征收100%的关税，征收额约为488万美元（6.3亿日元），从保障措施实施90天后，即6月18日正式生效（这被称为短期清单，short list）。另一方面，专家组和上诉机构判决其他部分措施违反协议后或是3年后延期偿付，没有规定产品种类，只是制定了总额超过1.1343亿美元（164亿日元）的对抗措施（相应被称为长期清单，long list）。[403] 不仅日本一个国家制定了对抗措施，欧共体、中国、瑞士和挪威等五个国家都提出了申请。欧共体和日本一样，按照厚板产品和其他产品，分为两个阶段执行。其他三个国家则申请保留3年后实施对抗性措施的权利。[404] 此外，欧共体还特别规定了长期清单中的产品种类，而且没有像日本一样把范围局限于钢铁产品，还拓展到纤维制品、柑橘类以及其他可以对布什政权的政治基础造成影响的产品。[405]

本来在最后一次电话会议中，佐利克表示今后会继续谈判。为了响应该呼吁，平沼表示会想办法避免在6月18日公布短期清单，今后要围绕例外产品和实施对抗措施等问题继续谈判。[406] 但很快，6月4日，新闻报纸等媒体就援引政府人员

---

[400] 《日本经济新闻》，2002年5月14日日报，第5版；《产经新闻》，2002年5月9日东京日报，第10版。

[401] 《东京读卖新闻》，2002年5月16日日报，第9版；《每日新闻》，2002年5月16日大阪日报，第3版。佐利克取消了外事访问，所以原定在巴黎召开的会议被取消。

[402] 保障措施协议第8条第2款规定对抗措施的话，要在保障措施实施90天内提出申请。另一方面，不能在WTO理事会通报后30天内实施。如果要满足这两个条件，6月18日就是提出申请的时间。

[403] Immediate Notification under Article 12.5 of the Agreement on Safeguards to the Council for Trade in Goods of Propsed Suspension of Concessions and Other Obligations Referred to in Paragraph 2 of Article 8 of the Agreement on Safeguards – Japan. G/C/15. G/SG/44（May 21. 2002）. 日本通报的详细情况请参考：川濑，同前，脚注398，第158—161页；《东京读卖新闻》，2002年5月17日日报，第9版。

[404] 《日本经济新闻》，2002年5月23日晚报，第2版。

[405] Immediate Notification under Article 12.5 of the Agreement on Safeguards to the Council for Trade in Goods of Proposed Suspension of Concessions and Other Obligation Referred to in Paragraph 2 of Article 8 of the Agreement on Safeguards – European Communities. G/C/10. G/SG/43（May 15. 2002）. 《产经新闻》，2002年5月9日东京日报，第10版。

[406] 《东京新闻》，2002年5月18日日报，第3版；《日刊工业新闻》，2002年5月17日，第1版；《产经新闻》，2002年5月17日日报，第9版。

的讲话，表示日本和欧共体正在讨论延期实施短期清单措施，原因包括对例外产品种类扩大、美国政府机构改变国会的态度以及月末要召开的首脑峰会抱有期待。[407] 6 月 7 日，美国公布追加了 61 种产品不适用保障措施，但其中并不包括日本产品。[408] 之后 6 月 10 日，欧共体在外长理事会上表示暂定 8 月 1 日，最晚于 10 月 12 日实施对抗措施，在延期偿付之前实施短期清单措施。[409] 另一方面，13 日早上，平沼和佐利克举行电话会议，平沼表示提高相关产品关税等实质措施将于 6 月 18 日实施。佐利克表示有可能扩大不适用保障措施的产品种类。[410] 果不其然，在对抗措施即将生效之际，美国又追加发表了包括 9 种日本产品在内的 47 种不适用保障措施的产品。[411] 日本钢铁行业表示美方诚意不够[412]，但是平沼和日本政府决定延期实施短期清单措施。[413] 6 月 18 日日本公布对抗措施实施政令，要求停止关税减让；与此同时，又规定实际关税维持现行减让税率。这样一来，日本既在保障措施实施后 90 日行使了采取对抗措施的权利，但又避免了对贸易造成的实质影响。[414]

日本对此结果并不满意，之后 6 月 20 日和 21 日经济产业审议官今野和美国贸易代表部副代表彼得·艾格尔举行会谈，表示可以逐步增加不适用保障措施的产品种类。[415] 在当天的会见中，日本钢铁产业联盟会长千速提出进一步扩大产品种类的要求。[416] 美国政府于 24 日再次提出 116 种不适用保障措施的产品，其中包括 68 种日本产品，平沼对此表示欢迎并且高度评价。[417] 之后，美国表示在 7 月 3 日之前继续增加不适用保障措施

---

[407] 《每日新闻》，2002 年 6 月 5 日日报，第 9 版；《钢铁新闻》，2002 年 6 月 4 日，第 1 版；《东京读卖新闻》，2002 年 6 月 4 日日报，第 9 版；《日刊工业新闻》，2002 年 6 月 4 日，第 2 版；《日本经济新闻》，2002 年 6 月 4 日日报，第 9 版；《每日新闻》，2002 年 6 月 4 日日报，第 9 版。

[408] 《东京读卖新闻》，2002 年 6 月 8 日晚报，第 2 版；《日本经济新闻》，2002 年 6 月 8 日晚报，第 2 版。

[409] Council Regulation 1031/2002. art. 3. 2002 O. J.（L 157）8, 9（EC）；《钢铁新闻》，2002 年 6 月 12 日，第 1 版。

[410] 《日本经济新闻》，2002 年 6 月 13 日晚报，第 2 版；《每日新闻》，2002 年 6 月 13 日晚报，第 2 版。

[411] 《东京读卖新闻》，2002 年 6 月 18 日晚报，第 1 版；《日本经济新闻》，2002 年 6 月 18 日晚报，第 1 版。

[412] 《产经新闻》，2002 年 6 月 19 日东京日报，第 9 版。

[413] 《产经新闻》，2002 年 6 月 19 日东京日报，第 1 版；《东京新闻》，2002 年 6 月 19 日日报，第 9 版；《北海道新闻》，2002 年 6 月 19 日日报，第 11 版。

[414] 政令第 121 号，2002 年 6 月 17 日。

[415] 《日本经济新闻》，2002 年 6 月 22 日晚报，第 2 版；《东京读卖新闻》，2002 年 6 月 21 日晚报，第 2 版；《日本经济新闻》，2002 年 6 月 21 日晚报，第 3 版。

[416] 《日本经济新闻》，2002 年 6 月 21 日日报，第 13 版。

[417] 《日本经济新闻》，2002 年 6 月 26 日日报，第 5 版，《日本经济新闻》，2002 年 6 月 25 日晚报，第 1 版。

的产品种类[418]，日本应该于7月3日正式开始提高短期清单上产品的关税，后把时间延长至8月31日。[419]7月9日，平沼和欧洲委员拉米举行会谈，双方明确通过合作反复延期实施短期清单措施和谈判的方法迫使美国做出让步。[420]11日，美国又追加了23种产品，主要是欧洲产品，不含日本产品。所以欧共体于22日决定把对抗措施的实施时间延长至9月底。[421]

与此同时，连锁反应开始扩散到欧共体外部。匈牙利（当时未加入欧共体）也开始实施保障措施，加拿大、马来西亚、泰国等也已经开始讨论实施保障措施的具体细节[422]，有观点认为亚洲贸易将发生重大改变。[423]中国以预防为由于5月24日表示要就实施保障问题展开调查。[424]

对此，日本于6月11日派出钢铁课长半田以及与钢铁有关的重要议员出席在北京举行的日中官民钢铁对话。日本希望中国先暂时观望，但是未能奏效。[425]24日根据保障措施协议第12条第6款在北京进行磋商，通商机构部参事官铃木要求中方尽快撤回相关措施，但是没有任何进展。[426]7月31日，在官民对话上就不适用保障措施的产品进

---

[418] Proclamation 7576 of July 3. 2002 to Provide for the Efficient and Fair Administration of Safeguard Measures on Imports of Certain Steel Products, *Federal Register*, Vol. 67. No. 130 （2002）, P45285 – P45286.

[419] 《日本经济新闻》，2002年7月6日晚报，第1版；《东京新闻》，2002年7月5日日报，第9版；《日本经济新闻》，2002年7月4日晚报，第2版；《每日新闻》，2002年7月9日日报，第9版。

[420] 《钢铁新闻》，2002年7月9日，第1版；《每日新闻》，2002年7月9日日报，第9版。

[421] Council of the European Union, 2447th Council Session, *General Affairs*, 10945/02. PXVIII （July 22, 2002）. 《日本经济新闻》，2002年7月21日日报，第5版；《每日新闻》，2002年7月20日日报，第9版；《四国新闻》，2002年7月13日，第10版；《日本经济新闻》，2002年7月12日日报，第9版。

[422] 《东京读卖新闻》，2002年5月25日日报，第10版；《朝日新闻》，2002年5月24日日报，第10版；《日本经济新闻》，2002年5月16日日报，第5版。

[423] 《钢铁世界贸易战争展开——美国保障措施影响波及亚洲》，《政经往来》，第56卷第5号，2002年，第28—30页。《美国继续对欧盟实施——钢铁保障措施连锁反应［Diamond Report］》，《钻石周刊》，2002年4月20日，第14—16页。

[424] Notification under Article 12. 1 （a） of the Agreement on Safeguards on Initiation of an Invesigation and the Reasons for It/Notification under Article 12. 4 of the Agreement on Safefuards before Talking a Provisonal Safeguard Measure Referred to in Article 6 and Notification Pursuant to Article 9. Footnote2 of the Agreement on Safeguards – The People's Republic of China. G/SG/N/6/CHN/1. G/SG/N/7/CHN/1. G/SG/N/11/CHN/1 （May 23. 2002）. 《东京读卖新闻》，2002年5月25日日报，第10版；《朝日新闻》，2002年5月24日日报，第10版；《日本经济新闻》，2002年5月23日日报，第10版。其概要请参考：《中国保障措施实施会如何变化——亚洲钢材供需图》，《Asia Market Review》，第14卷11号，2002年，第6—7页。

[425] 《钢铁新闻》，2002年6月14日，第2版；《朝日新闻》，2002年6月12日日报，第12版；《每日新闻》，2002年6月12日日报，第9版。

[426] 《钢铁新闻》，2002年6月25日，第1版；《东京新闻》，2002年6月24日晚报，第2版。

行了沟通。[427] 9 月 16 日，再次根据保障措施协议第 12 条第 3 款展开磋商，虽然中方表示将积极讨论不适用保障措施的产品种类，但是会议并没有深入。[428] 另一方面，对于欧共体的保障措施，日方认为这不符合保障措施协议，根据争端解决机制第 4 条规定，邀请美国在 5 月底进行磋商。9 月 16 日，日本作为第三国参与由美国要求成立的专家组讨论。

8 月后，不适用保障措施的产品种类继续增加。8 月 12 日，美国公布了包括 25 万吨日本产品在内的 37 种不适用保障措施的产品。[429] 至此为止，累积的不适用产品已经占了当初产品名单的 1/3 以上，接近申请数量的 70%。但是，实际上，美国已经通过反倾销税抑制了主要产品的对美出口规模，而且钢铁行业内部也对背后的保护主义势力抬头提出质疑，再加上政治决策比较困难，所以日本政府和经产省也在积极调整政策方向，开始有意识避免实施直接的对抗性措施。[430]

经济产业审议官佐业于 20 日访问美国，与贸易副代表艾格尔举行会谈，要求在月底，即原定期限之前进一步增加不适用限制措施的产品种类。22 日，美国又追加了 178 种产品，其中包括 23 种日本产品，这样一来，不适用限制措施的日本产品就占四成左右。[431] 在 27 日的新闻发布会上，经济产业事务次官村田成二高度赞扬了美国的举动，并表示不再实施对抗措施。[432] 30 日，美国正式提交了最终版不适用保障措施产品清单，经产相平沼随即发表声明，表示等 WTO 争端解决机构得出结论后再考虑针对厚板部分实施对抗措施。[433] 一个月后，欧共体于 9 月 30 日在外长理事会上做出了与日本相同的决定。[434]

就在针对实施对抗措施等进行一系列政治谈判的同时，各国也在尝试以 WTO 的司法和行政程序为中心慎重地考虑如何处理保障措施的问题。首先，4 月 29 日和 30 日举

[427] 《日刊工业新闻》，2002 年 7 月 26 日，第 2 版；《朝日新闻》，2002 年 7 月 26 日日报，第 10 版。

[428] 《朝日新闻》，2002 年 9 月 17 日日报，第 11 版；《神户新闻》，2002 年 9 月 17 日日报，第 9 版。

[429] 《东京读卖新闻》，2002 年 8 月 13 日晚报，第 2 版；《日本经济新闻》，2002 年 8 月 13 日晚报，第 1、2 版。

[430] 《东京新闻》，2002 年 8 月 14 日日报，第 8 版；《日经产业新闻》，2002 年 8 月 14 日，第 8 版；《日本经济新闻》，2002 年 8 月 14 日日报，第 1 版。

[431] 《产经新闻》，2002 年 8 月 23 日东京日报，第 9 版；《日本经济新闻》，2002 年 8 月 23 日日报，第 11 版；《日本经济新闻》，2002 年 8 月 23 日晚报，第 3 版；《产经新闻》，2002 年 8 月 22 日东京日报，第 8 版。

[432] 《东京新闻》，2002 年 8 月 27 日日报，第 9 版；《日本经济新闻》，2002 年 8 月 27 日日报，第 7 版。

[433] 《经济产业大臣平沼谈话——关于美国钢铁保障措施》，《经济产业公报》，2002 年 9 月 5 日，第 9 页。

[434] Council of the European Union, 2449th Council Session, *General Affairs*, 12067/02. P. II（Sept. 30, 2002）.《正式对 7 种钢铁产品实施保障措施——将要实施对美报复措施》，日本贸易振兴会，《通商弘报》，2002 年 10 月 1 日；《日本经济新闻》，2002 年 5 月 1 日晚报，第 2 版。

行定期的 WTO 保障措施委员会，日本没有提出特别的观点，主要内容是以欧共体为主的出口国批判美国的保护主义。[435] 在 5 月 15 日和 16 日召开的 OECD 部长理事会上，主要国家都批评美国的应对，并发表了共同声明。虽然在共同声明中没有具体指明美国，但是明显传达出参加国家对钢铁贸易摩擦的担忧。[436]

在司法层面上，4 月的磋商结束后，首先于 5 月 21 日要求成立专家组[437]，6 月 3 日，获得争端解决机构的通过。最后，包括日本、欧共体、韩国在内的 8 个国家共同提出了成立专家组的申请，8 月同意成立专门的专家组统一处理这些申请。[438] 第一次专家组会议于 10 月 29—31 日召开，当事国坚持了各自的立场。[439] 第二次专家组会议于 12 月 10—12 日召开，但未能取得任何进展。[440]

此时，除了欧共体和中国等国家，加拿大、波兰、捷克等 9 个国家也开始就保障措施的连锁反应展开调查。[441] 9 月底，欧共体决定实施为期三个月的临时保障措施，并逐渐过渡为正式措施。该措施主要针对热轧、冷轧钢板、热卷板等产品。[442] 虽然对日本的影响比较轻微，但是日本担心此举会导致其他国家也跟着制定保障措施。[443] 所以日本马上根据保障措施协议第 12 条第 3 款要求磋商，磋商于 23 日举行，但是没有取得进展。[444] 10 月 3 日，官民钢铁对话在巴黎举行，进一步就该问题进行讨论。[445]

11 月 1 日，中国决定从 11 月 20 日起把 5 月实施的临时政策改为正式政策，并且

---

[435] Committee on Safeguards – Minutes of the Regular Meeting Held on 29 – 30. April 2002，paras86 – 105. G/SG/M/19（Oct. 16. 2002），《日本经济新闻》，2002 年 5 月 1 日晚报，第 2 页。

[436] OECD Council Meetings at Ministerial Level：Final Communique，May 16，2002. http：//www. g7. utoronto. ca/oecd/oecd2002. htm（as of July 25，2012）；《朝日新闻》，2002 年 5 月 17 日日报，第 11 版；《产经新闻》，2002 年 5 月 17 日东京日报，第 9 版。

[437] Request for the Panel Establishment by Japan，*US – Steel Safeguards*，WT/DS249/5（Ape. 11，2002）.

[438] Constitution of the Panel Established at the Request of the European Communities，Japan，Korea. China，Switzerland，Norway，New Zealand and Brazil，*US – Steel Safeguards*，WT/DS248/15，WT/DS249/9，WT/DS251/10，WT/DS252/8，WT/DS253/8. WT/DS254/8，WT/DS258. 12，WT/DS259/11（Aug. 12. 2002）.

[439] 《日本经济新闻》，2002 年 11 月 1 日晚报，第 2 版。

[440] 《钢铁新闻》，2002 年 12 月 13 日，第 2 版。

[441] 《钢铁新闻》，2002 年 10 月 7 日，第 3 版。

[442] Commission Regulation 1694/2002，2002 O. J（L 261）1（EC），大概情况请参考：龟冈悦子，《欧盟关于钢铁产品制定的保障措施》，《贸易与关税》，第 50 卷 12 号，2002 年，第 34—39 页，日本贸易振兴会，同前，脚注 434。

[443] 《每日新闻》，2002 年 9 月 25 日日报，第 9 版。

[444] 《钢铁新闻》，2002 年 9 月 20 日，第 3 版；《钢铁新闻》，2002 年 9 月 17 日，第 1 版。

[445] 《钢铁新闻》，2002 年 10 月 2 日，第 1 版；《钢铁新闻》，2002 年 9 月 13 日，第 1 版。

如期实施。[446] 对此，日本经产大臣发表讲话表示遗憾，并通过多种途径向中国传话，希望中国能够做出"正确的应对"。[447]

日本直接根据保障措施第12条第3款提请磋商，在保障措施实施前的15日双方进行了磋商，没有取得较大进展。[448] 只是把品种限定为5种，而且向中国表达了对实施关税配额制度的担忧。日本一方面试图通过尊重中国的双边磋商方式解决，另一方面也对委托WTO处理持比较谨慎的态度。[449] 当月28日，日本在日中官民钢铁对话上表示如果中国无法撤回，可以扩大不适用保障措施的产品种类。中国表示会尽量努力。[450] 12月中旬，中国要求日本制造商提交希望不适用保障措施的产品名单。[451] 通过艰苦的努力，日本把大部分出口产品都排除在外，所以最后决定不对中国实施对抗措施。[452]

我们再来回顾下美国的情况。2003年3月21日，在措施实施1年后，美国政府重新对措施进行了梳理，公开表示追加295种产品，其中包括59种日本产品，并且降低税率。[453] 26日，非正式的专家组中期报告配发，其主旨涵盖了包括日本在内的共同申诉国的意见。[454] 5月2日，最终报告通过非正式途径向当事国配发，说明申诉国获得阶段性胜利。[455] 4月29日，日经济产业审议官和美商务部副部长举行会谈，讨论如何解决钢铁问题。[456] 6月，钢铁课长半田访问欧洲，就钢铁保障措施问题与OECD高级官员和欧洲钢铁联盟的领导举行了会谈。[457]

---

[446] Notification under Article 12. 1（b）of the Agreement on Safeguards on Finding a Serious Injury or Threat Thereof Caused by Increased Imports/Notification Pursuant to Article 12. 1（c）of the Agreement on Safeguards – People's Republic of China. G/SG/N/8/CHN/1，G/SG/N/10/CHN/1（Nov. 5. 2002）；《实施钢铁保障措施》，日本贸易振兴会，《通商弘报》，2002年11月27日。

[447] 《经济产业大臣平沼谈话——关于中国对外贸易经济合作部对中国对钢铁进口产品实施保障措施的公告和实施情况》，《经济产业公报》，2002年11月26日，第3页。

[448] 《每日新闻》，2002年11月21日日报，第9版。《中国新闻》，2003年11月13日日报，第6版。

[449] 《每日新闻》，2002年11月21日日报，第9版。《日刊产业新闻》，2002年11月18日晚报，第2版。

[450] 《朝日新闻》，2002年11月29日日报，第12版。《产经新闻》，2002年11月29日东京日报，第11版。

[451] 《钢铁新闻》，2002年12月19日，第1版。

[452] 《产经新闻》，2003年1月22日东京日报，第11版。《日刊工业新闻》，2003年1月22日，第15版。《产经新闻》，2003年1月21日东京日报，第8版。《东京读卖新闻》，2003年1月21日晚报，第2版。

[453] 《钢铁新闻》，2003年3月28日，第2版。《每日新闻》，2003年3月23日日报，第8版。《日本经济新闻》，2003年3月22日日报，第3版。

[454] 《钢铁新闻》，2003年3月28日，第2版。《东京新闻》，2003年3月27日日报，第3版。

[455] 《日本经济新闻》，2003年5月3日日报，第5版。

[456] 《日刊产业新闻》，2003年5月1日，第1版。

[457] 《日刊产业新闻》，2003年6月2日，第1版。

最终专家组报告于 7 月 11 日正式向全体成员配发。[158] 该报告由 8 个国家共同申请，得到了专家组的认真审理。该报告涉及很多产品，内容非常复杂，超过 1 000 页，成为当时 WTO 争端解决机制有史以来上最长的报告。但是相较于本案的重大政治意义，该报告中法律判断并不能让人耳目一新，只能说是较为恰当。就日本的要求而言，报告中采纳了日本对钢板类产品、白铁皮、热间锻造钢棒等 10 种产品的意见。这些产品违反了关于进口增加、因果关系以及是否符合北美自由贸易协定例外产品的相关规定（保障措施协议第 2 条第 1 款、第 3 条第 1 款、第 4 条第 2 款）。但是，报告没有完全采纳日本的建议，比如日本对厚板、热轧钢板等同类型钢板提出的产品要求。美国对该报告表示不满，8 月 11 日上诉。上诉机构于 9 月 29 日和 30 日做了口头审理，并决定最晚于 11 月 10 日完成并配发报告。[159]

9 月后，根据专家组的判断以及上诉机构的审理，各方明确美国的措施违反相关协议。其他国家开始陆续准备实施既定的对抗措施，比如短期清单和延期实施的长期清单。日本提出的长期清单没有限定产品种类，具体执行时需要再次通知。在决定产品种类过程出现问题。[160] 另一方面，原定当月对计划 3 年内实施的措施进行中期复审，美国国内特别是钢铁产业以及钢铁用户（电器设备、汽车制造业等）就是否继续实施措施产生分歧。[161] 19 日，国际贸易委员会报告完成，其中没有对措施做出客观且有用的描述。[162] 因此，新闻发言人麦克莱伦在 22 日的会见中表示，布什总统现在也无法决定撤销措施的具体日程。[163] 10 月后，经产大臣中川昭一于 17 日和贸易代表佐利克举行会谈，要求撤销该措施。[164] 紧接着 30 日在东京经产省内与商务部长埃文斯举行会谈，要求美国遵守上诉机构的判决。[165]

---

[158]　Panel Report，*US – Steel Safeguards*，WT/DS248/R，WT/DS249/R，WT/DS251/R，WT/DS252/R，WT/DS253/R．WT/DS254/R，WT/DS258/R，WT/DS259/R（Aug. 12. 2003）．

[159]　《日刊产业新闻》，2003 年 9 月 2 日，第 1 版。

[160]　《日刊产业新闻》，2003 年 9 月 9 日，第 2 版。

[161]　《日本经济新闻》，2002 年 11 月 11 日日报，第 9 版；《产经新闻》，2003 年 9 月 25 日东京日报，第 9 版。《日刊产业新闻》，2003 年 9 月 17 日，第 1 版。

[162]　Steel：Monitoring Developments in the Domestic Industry/Steel – Consuming Industries：Competitive Conditions with Respect to Steel Safeguard Measures. USITC Pub. 3632. Inv. Nos. TA – 204 and 332 – 452（Sept. 2003）．《钢铁新闻》，2003 年 9 月 24 日第 2 版。关于报告的概要请参考：《钢铁 safeguard 对经济的影响轻微》，日本贸易振兴会，《通商弘报》，2003 年 9 月 25 日。

[163]　《产经新闻》，2003 年 9 月 24 日东京日报，第 8 版。

[164]　《日本经济新闻》，2003 年 10 月 18 日日报，第 4 版。

[165]　《日刊产业新闻》，2003 年 11 月 4 日，第 1 版。

上诉机构按照原定计划于 11 月 10 日公布判决，基本上维持了专家组和日本方面的判断，认为美国违反了相关协议。[466] 就是否应该针对白铁皮和不锈钢丝采取措施而言，国际贸易委员会的 6 个委员也存在争议，专家组表示矛盾的判断说明通过保障措施协议无法进行充分且合理说明。对此，上诉机构表示只要合理说明其中一个措施就可以。结果，就上述两个产品而言，以违反保障措施协议第 2 条第 1 款、第 3 条第 1 款、第 4 条第 2 款为由，拒绝采纳日本的意见，取消了进口增加要件和因果关系要件。但是同时上诉机构表示能从其他理由判断美国的措施违反协议，所以最终结论没有发生变化。

在此基础上，日本和欧共体开始准备在争端解决机构通过该报告 5 天后实施对抗措施。欧共体在上一年 5 月的通报中已经规定了对抗措施涉及的对象产品：摩托车（威斯康星州）、橙子（佛罗里达州）。该措施政治意义浓重，目标直指几个钢铁重镇，希望对布什政权造成巨大影响。[467] 而且，本来实施保障措施对生产者和消费者（电器设备、汽车等）而言，就是一场不可避免的攻防战，势必会对选票产生影响。[468] 以美国钢铁公司为首的企业正在通过重组、合并来缓和美国钢铁行业对撤销保障措施的抵触情绪。[469] 为此，布什政权内部也出现反对意见，贸易代表佐利克表示实施保障措施将如愿增强美国钢铁产业的竞争力；总统高级顾问罗夫则倾向于撤销保障措施，理由是钢铁消费行业的反对也会对选举造成影响。[470]

另一方面，经产大臣中川明确表示要通报长期清单涉及的产品种类。经济产业事务次官村田野表示要实施对抗措施，"采取必要的措施"。[471] 但是在实际选择长期清单中的产品种类时遇到很多困难：如果选择农产品，担心美国在新一轮回合谈判时态度变得强硬；如果选择酒类产品，会直接影响到日本的消费者；如果像欧共体一样选择政

[466] Appellate Body Reports, *US – Steel Safeguards*, WT/DS248/AB/R. WT/DS249/AB/R/WT/DS251/AB/R. WT/DS253/AB/R. WT/DS254/AB/R. WT/DS258/AB/R. WT/DS259/AB/R（Nov. 10. 2003）. 判断的概要请参考：《WTO 认为美国 safeguard 措施违反协议》，日本贸易振兴会，《通商弘报》，2003 年 11 月 20 日。

[467] 《每日新闻》，2002 年 11 月 9 日日报，第 7 版。

[468] 《产经新闻》，2002 年 11 月 21 日东京日报，第 1 版。《产经新闻》，2002 年 11 月 13 日东京日报，第 11 版。《朝日新闻》，2002 年 11 月 12 日日报，第 12 版。《东京读卖新闻》，2002 年 11 月 12 日日报，第 11 版。《日本经济新闻》，2002 年 11 月 12 日日报，第 8 版。《日本经济新闻》，2002 年 11 月 11 日日报，第 9 版。消费者和钢铁产业的反应请参考：《撤销钢铁保障措施的绝好机会》，日本贸易振兴会，《通商弘报》，2003 年 11 月 19 日。

[469] 《日经产业新闻》，2002 年 11 月 12 日，第 3 版。

[470] 《每日新闻》，2002 年 11 月 13 日晚报，第 4 版。

[471] 《经济产业大臣中川谈话——关于美国钢铁保障措施·上诉机构报告（最终决定）》，《经济产业公报》，2003 年 11 月 18 日，第 4 页。

治意义明显的产品，可能会损害日美关系以及在美国当地投资设厂的日本企业利益，所以只能回避上述产品，选择容易取代美国从其他国家进口的产品。[172] 11 月 27 日，日本在上一年 5 月 WTO 通报文件中做了补充，追加了产品清单：把钢铁制品、矿物燃料（煤炭和可挥发油）、塑料类产品征收的关税提高至 30%；把衣服及纤维制品、皮革制品、电视机、塑料制玩具等征收的关税提高 5%，共涉及 305 种产品，征收关税总额超过 8 500 万美元，进口总额涉及 4.59 亿美元。[173]

结果 11 月 28 日，美国要求当事国延期 10 天举行争端解决机构会议。该会议原定 12 月 1 日举行，主要负责讨论是否通过专家组报告及上诉机构报告。[174] 12 月 1 日，美国主要媒体纷纷报道将在一周内撤销保障措施。[175] 果然，12 月 4 日美国总统布什发表声明表示撤销该措施。但还要继续监控钢铁进口情况，本案暂时告一段落。[176] 有观点指出：美国总统之所以撤销该措施，是因为已经借此实现了恢复美国钢铁产业竞争力的目标[177]；而宾夕法尼亚州和俄亥俄州的钢铁产业已经决定在 2004 年大选中支持民主党，如果再让别的国家对纤维和橙子实施对抗措施，会损害南方的支持基础；密歇根州的汽车产业以及得州等中西部地区都属于布什总统的支持基础，当地的中小企业也陷入钢铁进口价格增加的困境。[178] 而从消费者的角度而言，当时很少有人担心美元贬值和钢

---

[172] 《东京读卖新闻》，2002 年 11 月 27 日日报，第 9 版。《产经新闻》，2002 年 11 月 19 日大阪日报，第 9 版。《日本经济新闻》，2002 年 12 月 5 日日报，第 3 版。《日本经济新闻》，2002 年 11 月 14 日日报，第 5 版。

[173] Notification supplémentaire de la suspension de concessions et d'autres obligations visee au paragraphe 2 de l'artcle 8 de l'accord sur les sauvegardes – Japon，G/C/15/Suppl. 2. G/SG/44/Suppl. 2（27 November 2003）。《针对美国钢铁保障措施日本采取制衡措施的相关补充通报》，《经济产业公报》，2003 年 12 月 4 日，第 3—4 页。《日本经济新闻》，2002 年 11 月 27 日日报，第 5 版。《产经新闻》，2002 年 11 月 26 日东京日报，第 2 版。

[174] 《日刊产业新闻》，2003 年 12 月 2 日，第 1 版。

[175] 《东京读卖新闻》，2002 年 12 月 2 日日报，第 1 版：《日本经济新闻》，2002 年 12 月 2 日日报，第 9 版。

[176] Proclamation 7741 of December 4，2003 to Provide for the Termination of Action Taken with Regard to Imports of Certain Steel Products，*Fedral Register.* Vol. 68. No. 235（Dec. 8. 2003）。P68483 – P68485.

[177] President's Statement on Steel，Dec. 4. 2003，http：//georgewbush – whitehouse. ar – chivres. gov/news. releases/2003/12/20031204 – 5. html（as of July 25，2012）。关于撤销保障措施的过程请参考：川濑刚志《美国钢铁保障措施争端遗留课题——再平衡的成功与保障措施协议的界限（上）》，RITEI 专栏（经济产业研究院，2001 年），http：//www. ritei. go. jp/jp/columns/a01_0110. html（2012 年 7 月 25 日点击）。

[178] 境克彦，《对钢铁倾销调查乱象的担忧——为美国撤销钢铁保障措施埋下火种》，《世界周报》，2003 年 12 月 30 日，第 18—21 页。《美国——对撤销钢铁保障措施的思考》，《经济界》，2004 年 2 月 10 日，第 66—67 页。《日本经济新闻》，2002 年 12 月 6 日日报，第 7 版。《日本经济新闻》，2002 年 12 月 5 日晚报，第 3 版。《每日新闻》，2002 年 12 月 5 日晚报，第 3 版。《日本经济新闻》，2002 年 12 月 2 日晚报，第 2 版。关于钢铁制造州和钢铁消费州在大选中的制衡请参考：《美国钢铁保障措施开始转换》，日本贸易振兴会，《通商弘报》，2003 年 10 月 14 日。

铁需求增加会导致钢材价格下滑。⑰ 这些理由都促使美国政府撤销了该措施。

除了经产大臣中川，首相小泉、官房长官福田及相关部长和钢铁产业联盟会长三村明夫都对此表示欢迎。⑱ 12 月 10 日，争端解决机构通过了专家组报告和上诉机构报告。日本也决定废除之前提出的实施对抗措施政令。⑲

美国撤销保障措施，使欧共体等国家丧失了实体经济方面的根据，无法再以贸易转换为由实施反制措施。日本对于欧共体的措施一直非常关注，欧共体于 12 月 7 日宣布撤销对抗措施；中国于 12 月 26 日宣布撤销对抗措施。⑳

（7）欧共体·强征 IT 产品关税案（DS376）

如上所述，《关于信息技术产品贸易的部长级会议宣言》签署，即信息技术产品协议（Information Technology Agreement，简称 ITA）。㉓ 本案就与该协议有关。日本、美国、中国台湾根据关于争端解决规则与程序的谅解起诉欧共体强征 IT 产品关税。㉔ 本案的背景如下：信息技术产品协议签署后，随着 IT 领域的技术进步，很多问题逐渐暴露，比如信息技术产品协议中达成一致的关税分类与现实中的产品分类难以协调。比如，就本案焦点之一的平板显示器（FPD）而言，在签署信息技术产品协议时，平板显示器产品基本只作为接收电脑信号的设备。但是到 2006 年，大部分的平板显示设备不仅可以接收电脑信号㉕，甚至有的还增加了数字视频信号接收功能。此时问题也逐渐凸显，现在这种技术升级后的平板显示设备是否仍然按照协议签署时执行零关税呢？㉖ 换句话说，技术进步导致 IT 产品多功能化，是否适用信息技术产品协议成为争论焦点。

---

⑰ 《日本经济新闻》，2002 年 12 月 6 日日报，第 7 版。《日本经济新闻》，2002 年 12 月 3 日晚报，第 2 版。

⑱ 《日本经济新闻》，2002 年 12 月 5 日晚报，第 2 版。《经济产业大臣中川谈话 – 关于撤销美国钢铁保障措施》（经济产业省，2003 年 12 月 5 日），http：//www. meti. go. jp/speeches/data_ed/e031205aj. html（2012 年 7 月 25 日点击）。

⑲ 政令第 525 号（2003 年 12 月 17 日）。

⑳ Notification Pursuant to Article 12. 1（c）of the Agreement on Safeguards – People's Republic of China：supplement. G/SG/N/10/CHN/1/Supp1. 1（Feb. 4. 2004）；Commission Regulation No 2142/2003. 2003 O. J. （L 321）11（EC）.

㉓ Ministerial Declaration on Trade in Information Technology Products. WT/DS375/1，WT/DS376/1，2 June 2008.

㉔ European Communities and its Member States – Tariff Treatment of Certain Information Technology Products，Request for Consultation. WT/DS375/1. WT/DS376/1，2 June 2008.

㉕ "Flat Panel displays（including，LCD，Electro Luminescence，Plasma and other technologies）for products falling within this agreement，and parts thereof. "

㉖ Panel Report，*European Communities and its Member States – Tariff Treatment ofcertain Information Technology Products*，*Reports of the panel*，WT/DS375/R. WT/DS376/R，WT/DS377/R，16，August 2010（EC – ITA 产品征税案专家报告），P7. 298。

　　该问题最早由主导信息技术产品协议谈判的美国引发。2006 年 7 月，美国向 WTO 的信息技术产品协议委员会提交建议书，表示随着技术进步，IT 产品逐渐多功能化，所以建议 "WTO 成员应该进一步明确本国或本地区制定的关税表是否继续对信息技术产品协议涉及的信息技术产品，包括技术升级的产品有效"。[487] 同年 10 月，美国提出进一步要求："（如果产品功能升级不再适用信息技术产品协议的话：作者注），现在市场销售的大部分产品将不能执行零关税政策"，并列举了很多具体产品，"机顶盒、平板电脑显示器、数码相机、电脑多功能一体机"。[488] 虽然美国提案中没有挑明，但是很明显把欧共体对这些产品征税视为重要问题。

　　中国台湾、新加坡、马来西亚、韩国、中国香港、加拿大等很多成员在信息技术产品协议委员会上都对美国提案表示支持。信息技术产品协议委员会主席也明确需要继续讨论该问题。[489] 日本不仅全面支持美国的提案[490]，还在此基础上要求及时更新信息技术产品协议清单。[491] 2006 年 12 月，时任经济产业大臣甘利明向欧洲贸易委员曼德尔森提交信函，要求合理解决该问题。[492] 日本从一开始就与美国保持步调一致，与欧共体的矛盾逐渐尖锐。

　　以日美为首的信息技术产品协议缔约方向欧共体施加了更多压力。2007 年 1 月，以日美产业界为主，在日内瓦 WTO 秘书处组建工作组[493]，同年 3 月在信息技术产品协议成立 10 周年之际举行纪念论坛[494]，日美两国与欧共体各执一词，争论不休。但始终

[487] Communication from the United States, *Committee of Participants on the Expansion of Trade in Information Technology Products*, *Coveage for Information Technology Products under the Information Technology Agreement（ITA）*, G/IT/W/21, 24 July 2006.

[488] Communication from the United States, *Committee of Participants on the Expansion of Trade in Information Technology Products*, *Coverage for Information Technology Products under the Information Technology Agreement（ITA）*, G/IT/W/23, 23 October, 2006.

[489] Minutes of the Meeting of 31 October 2006, *Committee of Participants on the Expansion of Trade in Information Technology Products*, G/IT/M/47, 27 March 2007.

[490] 同上。

[491] Communication from Japan, *Committee of Participants on the Expansion of Trade in Information Technology Products*, *Coverage for Information Technology Products under the Information Technology Agreement（ITA）*, G/IT/W/25, 24 November 2006.

[492] 经济产业省通商政策局编，《2007 年版不公平贸易报告》，经济产业调查会，2007 年，第 150 页。

[493] "Workshop for the ITA Committee Participants to Meet the Representatives from Global ICT Industy Associations", WTO Press Release, 18 January 2007, WTO, Geneva.

[494] Information Technology Symposium. 28 - 29 March 2007, Geneva. 相关信息请参考 WTO 秘书处官网：http://www.wto.org/english/tratop_e/inftec_e/symp_march07_e/symp_march07_e.htm（as of July 25. 2012）。

没能达成一致。于是 2008 年 5 月，日本和美国要求欧共体举行双边磋商。[495] 日美两国政府表示"根据信息技术产品协议，不应该征收这些产品的关税，欧共体以技术进步使功能提高或增加为由"，对多功能数据处理器、电脑用液晶屏幕、机顶盒分别征收 6%、14% 和 13.9% 的关税，此举违反了 GATT 第 2 条。[496] 日本政府要求在 WTO 框架下进行磋商。[497] 电子信息技术产业协会、商用设备、信息系统产业协会、信息通信网络产业协会对此表示欢迎并全力配合。[498] 同年 6 月 12 日，中国台湾也要求与欧共体进行双边协商。[499]

之后，欧共体分别与日本、美国、中国台湾展开磋商[500]，但始终未能达成一致。同年 8 月，日本、美国和中国台湾要求成立个别附带连带责任（jointly and severally）的专家组[501]，9 月 WTO 争端解决机构认可成立该专家组。[502] 第一次会议于 2009 年 5 月 12 日、13 日、14 日举行，第二次会议于同年 7 月 9 日举行。[503] 日本、美国和中国台湾表示，根据信息技术产品协议，多功能数据处理器、电脑用液晶屏幕、机顶盒都属于免税产品，强制征税违反了 GATT 第 2 条第 1 款（a）和（b）的相关规定。欧共体对此表示反对，认为这三种产品不属于免税范围。[504] 专家组在 WTO 秘书处内讨论的全程也通过电视实况直播。[505]

2010 年 6 月 11 日，中期报告发表后，专家组于当年 7 月 23 日向当事方配发了最

---

[495] 同前，脚注 484。

[496] 《就欧盟的 IA 关税分类问题向 WTO 提出申诉》，经济产业省，平成 20 年 5 月 28 日。http：//www. meti. go. jp/press/20080529001/20080529001 – 1. pdf（2012 年 7 月 25 日）。

[497] 同上。

[498] 《根据 WTO 争端解决机制就欧盟对 IT 产品征税提请磋商》，电子信息技术产业协会、商用设备、信息系统产业协会、信息通信网络产业协会，平成 20 年 5 月 29 日，http：//www. jbmia. or. jp/new/WTO _ Nego _ Final. pdf（2012 年 7 月 25 日）。

[499] Request for Consultation, *European Communities and its Member States – Tariff Treatment of Certain Information Technology Products*, WT/DS377/1, 16 June, 2008.

[500] 美国和欧盟于 6 月 25 日和 26 日举行第一次磋商，7 月 14 日和 15 日举行第二次磋商。与日本于 6 月 26 日举行第一次磋商，7 月 16 日和 17 日举行第二次磋商，与中国台湾于 6 月 26 日举行第一次磋商，于 7 月 16 日、17 日举行第二次磋商。请参考：《欧共体 – ITA 产品征税问题专家委员会报告》，para. 1. 3。

[501] Request for the Establishment of a Panel by the United States, Japan and the Separate Customs Territory of Taiwan, Penghu, Kinmen and Matsu, *European Communities and its Menber States-Tariff Treatment of Certain Information Technology Products*, *Request for Consultation*, WT/DS375/8. WT/DS376/8, WT/DS377/6, 19 August 2008.

[502] Minutes of Meeting, *WTO Dispute Settlement Body*. WT/DSB/M/256. 14. November 2008.

[503] 《欧共体 – ITA 产品征税问题专家委员会报告》，同前，脚注 486，para. 1. 11。

[504] 同上 paras. 7. 118、7. 764、7. 1136。

[505] 同上 para. 1. 11。

终报告，8 月 16 日，向所有成员配发了最终报告。专家组完全采纳了日本、美国和中国台湾的意见，裁定欧盟（2009 年 12 月 1 日以后，在 WTO 的名称全部变为欧盟）征收这三种产品关税的行为违反了 GATT 第 2 条。[506] 在此背景下，时任日本经济产业大臣的直嶋正行发表讲话："（认可了日本意见的专家报告：作者注）这是政府和产业界长年密切配合的重大成果，日本对该判决表示欢迎。同时应该灵活有效运用 WTO 争端解决机制，保护了日本的正常出口，从这个角度上讲，意义深远。"[507] 欧盟没有上诉。2010 年 9 月 21 日，争端解决机构通过了该专家组报告。[508]

就履行方面而言，欧盟于 2011 年 6 月 24 日同意修改了欧盟现行关税表等，不再对电脑用液晶屏幕和机顶盒征收关税。[509] 但是，仍然对部分多功能数据处理器征收关税。[510] 而且就电脑用液晶屏幕而言，欧盟表示已经撤销了相关措施，没有实施其他额外措施。[511] 争端解决机制规定了缔约方的权利和义务。从 2011 年 11 月到现在（2012 年 7 月：译者注），日本和欧盟还互相保留着行使与本案有关的争端解决机制第 21 条和第 22 条的相关权利。[512]

3. 分析

（1）横向发展趋势

①解决方法从双边外交谈判向多边法律机制转变

1995 年 WTO 正式成立后，以下两个问题逐渐凸显：首先是日美汽车及零配件争端案，美国根据《贸易法》第 301 条款提出了对日制裁清单，日本表示这违反了 GATT，

---

[506] 同上 para. 8. 15。

[507] 《欧盟对信息技术协议对象产品征收关税有关的 WTO 争端处理小委员会报告》，经济产业大臣直嶋谈话与声明。平成 22 年 8 月 16 日。Available at http：//www. meti. go. jp/speeches/data_ed/ed100816aaaj. html（2015 年 7 月 25 日）。

[508] Minutes of Meeting，*WTO Dispute Settlement Body*，WT/DSB/M/287. 5 November 2010.

[509] Status Report by the European Union，*European Communities and its Member States – Tariff Treatment of Certain Information tion Technology Products*，WT/DS375/18. WT. DS376/18. WT/DS377/16. 8 July 2001（《欧盟现状报告》）。

[510] Commission Implementing Regulation（EU）No. 620/2011，amending Annex I to Council Regulation（EEC）on 2658/78 on the tariff nomenclature and the Common Customs Tariff，published on the Official Journal of the European Union，L 166/16 of 25. 01. 2011.

[511] 《欧盟现状报告》，同前，脚注 509。

[512] Understanding Between the European Union and Japan Regarding Procedures under Article 21 and 22 of the DSU，*European Communities and its Member States – Tariff Treatment of Certain Information Technology Products*，WT/DS376/17，11 July 2011.

并首次向 WTO 申诉。双边谈判最终虽然达成了部分一致，但是如第一部所述，双边谈判存在很多缺陷，比如外交处理缺乏透明度，所以日本对贸易政策做出很大调整，开始灵活运用多边法律机制，通过申诉解决与美国的贸易摩擦。[513] 1996 年日本相机胶卷案就是通过 WTO 解决的争端，也确认了日本的变化。美国根据《贸易法》第 301 条对日本展开调查但没有取得任何成果，美国方面向 WTO 申诉，专家组报告（1998 年通过）没有采纳美国的意见（GATT 违反申诉以及非违反之诉）。这两件事都说明日本在 WTO 成立后也在逐渐转变政策[514]，在初期取得了一定成果。

②处理 GATT 时代双边主义的遗留问题

前文没有介绍日本电信设备采购案（DS15）以及日本卫星采购案（DS73）。这两件都是由欧共体提起诉讼的，原因都是日本企业或是政府在采购这两类产品时优先考虑美国产品。[515] 前者是因为 1989 年日美间签署了《移动通信设备协议》，后者是因为日美间于 1990 年就卫星采购达成一致。[516] 这两起案件也存在相似之处，都说明在日美贸易摩擦尖锐的 GATT 时代通过双边主义解决问题的方法与现在的多国无差别原则发生冲突。这两起案件都发生在 WTO 成立后，之后也没有再看到同类事件，所以被称为 GATT 时代贸易政策的"遗留问题"。

（2）申诉案件的特点

①反倾销与产业政策、钢铁与汽车、申诉对象以美国为主

前文表 2.2.1（1）中列举了日本申诉的案件，其特点如下：第一，就协议而言，主要是反倾销措施案。比如 1916 年反倾销法事件、日本热轧钢板反倾销案、伯德修正案、日本产钢板反倾销日落复审案（DS244）、反倾销归零和日落复审案（DS322），涉

---

[513]　日本的这种立场被称为"攻击性法律主义"，请参考：Saadia M. Pekkanen，"Aggressive Legalism：The Rules of The WTO and Japan's Emerging Trade Strategy"，*World Economy*，Vol. 24. No. 5（2001），P707 – 737。

[514]　但是需要注意的是，著作邻接权案。（日美达成一致，不一定是因为政策发生转变，外交方面发挥了很大作用。请参考以下内容：Stephen Obenski，"Retroactive Protection and Shame Diplomacy in the US – Japan Sound Recordings Dispute. Or. How Japan Got Berne – d"，*Minnesota Intellectual Properties Review* Vol. 4（2002）P183 – 208，P183。本节没有介绍出现这种变化的原因。概括来讲，原因之一是主管政府部门对攻击性法律主义的采用程度和接收程度不同。）

[515]　请参考：*Japan – Measures Affecting the Purchase of Telecommunications Equipment*，Request for Consultations by the European Communities，WT/DS15/1. G/L/23. 24 August 1995，and *Japan-Procurement of a Navigation Satellite*. Request for Consultations by the European Communities. WT/DS73/1. GPA/D1/1，1 April 1997。

[516]　关于日美卫星采购协议的概括请参考：Jean Heilman Grier，"U. S – Japan Government Procurement Agreements，"*Wisconsin International Law Journal*，Vol. 14（1995），P45 – 49。

及 13 件案件，约占涉及金额的 38%。此外，主要是与产业政策有关的案件，比如与贸易有关的投资措施协议（TRIMs）和补贴与反补贴措施协议（Agreement on Subsidies and Countervailing Measure，简称 SCM），如巴西汽车协议案（DS51）、印度尼西亚国民汽车计划案（DS55 和 DS64）、加拿大汽车协议案（DS139）、加拿大再生资源相关措施案（DS412）。第二，就产品而言，主要涉及制造业，特别是钢铁行业（5 件）[517] 以及汽车产业（4 件）。第三，就对象国而言，主要是美国。在全部 13 件案件中有 8 件针对美国。剩下 5 件中有 4 件涉及产业政策，针对的是巴西、印度尼西亚和加拿大。总之，日本利用 WTO 争端解决机制的首要目标是牵制美国以反倾销措施为主的贸易保护主义，其次是灵活监控各国汽车产业政策。

②共同申诉

如表 2.2.1（1）所示，共同申诉的案件较多，特征也较为明显。成立专家组的 11 件案件中，单独申诉的只有 2 件，其他 9 件都是多个国家共同申诉。最典型的是美国伯德修正案（11 个当事方）、美国钢铁保障措施案（7 个当事方共同起诉）。其中欧共体（现欧盟）除了在强制征收 IT 产品关税案中作为被诉国，参与了其他 8 件共同申诉，其中一半案件的申诉对象是美国。可以说，日本在日、美、欧三极中倾向于和欧共体建立共同战线以便对抗美国。另一方面，日本单独申诉并成立专家组的案件都涉及反倾销问题，说明日本非常重视反倾销问题。[518]

（3）申诉案件的特征

①GATT 时期的"遗留"问题

在日本作为被诉方的案件中，酒类不同关税征收案和皮革案早在 GATT 时期就已出现[519]，属于 GATT 时期遗留案件。日本必须要付出相当大的政治成本才能解决这两个案件，需要调整国内税收制度并且修改相关的社会政策制度。即便在 GATT 时期日本就被

---

[517]　最早起诉的对象是钢铁产品，日本政府收到日本钢铁出口协会等 4 个团体的请愿书，决定向 WTO 申请协商。美国 1916 年法案可以归为钢铁产业。请参考本节 2（3）。此外，美国伯德修正案中要求制定该规定的还是美国国内的钢铁产业，采取的措施大多也与钢铁相关产品有关。日本钢铁联盟会长批评该条款，说明也可以划分到钢铁产业。请参考本节 2（5）。

[518]　但是，美国反倾销归零与日落复审案（DS244）一开始是欧共体起诉美国反倾销归零（DS294），后来很多国家对美国反倾销归零原则也提出起诉，所以很多国家联合起诉，在事实上可以算为共同起诉。为了参与合作，日本以第三国身份参加了所有起诉美国归零商业习惯违反反倾销协议的案件。

[519]　Panel on Japanese measures on imports of leather, *Japan – Customs duties, taxes and labeling practices on imported wines and alcoholic beverages*, BISD 34S/83, adopted on November 1987, BISD 31S/116, adopted on 4 May 1988.

判决败诉，但是仍然没能从根本上解决，所以 WTO 成立后再次被申诉。但是 2003 年以后，GATT 时期遗留案件和 GATT 时期双边主义遗留问题逐渐沉寂。

②新领域、农产业以及欧美为主要被诉国家

著作邻接权案、流通服务措施（大店法）案、农产品及苹果双检疫案都是 WTO 成立后与新协议有关的案件，比如与贸易有关的知识产权协定和实施卫生与植物卫生措施协定（Agreement on the application of Sanitary and Phytosanitary measures，简称 SPS）。之前日本作为被诉国时，从来没有涉及如此多的对象。如上所述，专家组就酒类和农业等两个领域提交了报告，裁定日本违反相关规则。这也说明日本被诉案多集中在制造业。就起诉日本的国家而言，除了加拿大起诉日本对酒征收不同关税外，基本都是美国和欧共体其中之一或是共同起诉。

亚洲国家（韩国）第一次起诉日本是紫菜进口配额案，日本与韩国通过双边协议予以解决。而且日本与韩国之间还发生了 DRAM 反补贴关税案，这是外国首次就日本的贸易救济措施提起申诉，请参考第 3 章第 3 节 2（4），最后专家组和上诉机构报告均裁定日本败诉。DRAM 反补贴关税案说明日本贸易政策方向的调整（由贸易救济措施的被害国转变为利用国），同时也说明被起诉案件的性质发生变化（从欧美向亚洲转移）。

（4）背景原因

如上所述，日本起诉的案件多涉及反倾销措施、制造业以及美国。首先，日本很早就被欧美等国作为反倾销措施的目标，如第 2 部第 1 章第 1 节所述，在乌拉圭回合谈判阶段，日本积极要求规范反倾销协议的相关规则；如第 2 部第 1 章第 2 节所述，早在 GATT 时期，日本就通过与反倾销措施有关的专家组获得 2 次胜诉的经验。[520] 从这个意义上讲，WTO 成立后，诉讼趋势带有延续性，沿袭了 GATT 时期的特点。如本章第 1 节所述，在多哈回合谈判上，日本作为反倾销集团的领头羊，在该领域积累了丰富的专业知识，并且投入相当多的资源解决争端，所以能够取得这样的成果并不意外。

此外，在制造业中，特别是与钢铁行业、汽车行业有关的案件非常多。部分学者认为[521]这是因为这两个产业具有"很强的政治意义，而且与经济产业省保持了长时间的

---

[520] 请参考以下内容：EEC – Regulation on imports of parts and components，BISD 37S/132. adopted on 16 May 1990；EC – Antidumping Duties on Audio Tapes in Cassettes Originating in Japan，GATT Doc. ADP/136. 28 April 1995（unadopted）。其中，关于前者的胜诉使日本决定灵活使用 WTO 争端解决机制，具体请参考：第 1 章第 4 节。

[521] Pekkanen，supra note 156，P146. 请参考以下内容：Saadia M. Pekkanen，*Japan's Aggressive Legalism：Law and Foreign Trade Politics beyond the WTO*（Stanford University Press. 2008），P31。

友好关系"，或者说这两个产业属于"对贸易起决定性作用的产业（trade-dominant In-dustries）"。[52] 当然，这么简单地分割处理是否合适还需要进一步谨慎分析。这两个产业一直以来都是各国贸易保护主义措施和贸易摩擦的重点目标，特别是钢铁产业。日本在乌拉圭回合中就反倾销协议进行谈判时就已明确了自身定位，并发挥了重要作用。[53] 从这个意义上讲，起诉日本的案件集中在钢铁产业和反倾销方面，不仅是由"政治意义强且保持了长期友好关系"导致，更重要的是在规则形成过程中（乌拉圭回合），相关产业既参与了决策过程，又对政府提出要求，希望通过具体事例来判断最后制定出的规则（WTO 反倾销协议和争端解决机制）是否有效。

最后，一直以来，美国都是日本的第一出口对象国，以钢铁业为主，美国对日本产品实施了反倾销措施等贸易保护措施。而且各个国家都非常重视汽车产业，在贸易政策和产业政策上做出很多努力，所以与美国相关的钢铁和汽车产业的申诉案件非常多，日本认为这属于非常正常的防卫反应，并对此表示了理解。[54]

但是，现在谁也无法断言一直以来的趋势能否继续延续。比如，在欧共体强制征收 IT 产品关税案［前文 2（7）］中受益的是办公自动化机器设备行业和家电行业[55]；通过 WTO 申诉并胜诉有利于 WTO 争端解决机制扩大适用范围。近年来，日本的贸易结构发生重大变化，中国成为日本最大的贸易伙伴，有必要进一步关注类似的变化将如何影响今后的贸易政策和争端解决机制。

㉒ 围绕印度尼西亚国民汽车计划案和加拿大汽车协议案等问题，特别是日本汽车产业的内部意见并不是一致的。

㉓ 乌拉圭回合谈判时期，负责反倾销谈判的通商产业省通商政策局通商关税科作为观察员参加了公平贸易中心"反倾销法制问题研究会"，很多与钢铁金属产业有关的委员也参与其中。请参考第 1 章第 4 节。

㉔ 其中很重要的原因是：与起诉方相关产业的政治影响力相比，被诉方相关产业的政治影响力更强。

㉕ 更具体的内容请参考前文 2（7）。日本在要求 WTO 磋商时，电子信息技术产业协会、商用机器设备与信息系统产业协会、信息通信网络产业协会对此表示了欢迎。

第3章　日本开始使用进口救济措施
——从被诉到起诉

第1节　20世纪八九十年代日本作为被救济国

1. 日本作为被救济国的情况

在 GATT 框架下，以关税减让为主的贸易自由化发展迅速，发达国家内部保护主义势力要求通过贸易壁垒等方式取代关税来应对国际竞争。在此背景下，各国频繁使用以反倾销措施为主的进口救济措施和自愿出口限制措施。

在进口救济措施中，之所以反倾销措施被经常使用是因为：首先，至少在20世纪80年代后半期，以美国为首的国家经常批评倾销性出口属于"不公平的"贸易习惯，这种说法在国际上具有一定的说服力。进口国习惯在国际社会上谴责反倾销措施的正当性。此外，从技术层面讲，通过反倾销法计算倾销幅度的方式比通过反补贴关税（Countervailing Duty，简称 CVD）法计算高于补贴金额的税率更加简单，也更容易使用保护主义法律。当然，和保障措施相比，这种措施并不能无差别适用所有成员，仅可以针对某个国家的进口产品实施，而且不容易被国际社会谴责。

如果从法律角度分析的话，日本产品都是被反倾销法起诉的对象，并没有被其他国家以反补贴关税法起诉过。

保障措施是为了防止进口增长超过预期而制定的紧急措施，所以与反倾销和反补贴关税相比，实施的条件更加严格，必须承受必要的成本：比如与损失有关的必要条件增多，而且在实施时必须坚持无差别原则；此外实施保障措施时还要提供补偿，比如减让其他产品关税；或是对象国可能会实施对抗措施。因此，就数量而言，与反倾销措施案件相比，保障措施案件为数不多。[①] 但是，保障措施可以对 WTO 成员无差别实施，并非只对日本产品实施。

GATT 时期，有时必须实施保障措施，但大部分情况是出口国家通过出口限制或出口监控等进行自愿限制。此外，一些国家在反倾销调查开始后就实施自愿出口限制措施，所以经常发生申诉撤回、调查中止的情况。自愿出口限制措施是基于出口国和进口国的政府间协议制定的。换句话说，进口国根据实际情况，要求出口国政府或产业自愿对出口产品进行限制。[②] 20 世纪 80 年代，日本在美国和欧共体的要求下实施了自愿出口限制。与此同时，日本要求亚洲等国对纤维产品等实施出口限制。[③] 自愿出口限制严重损害了 GATT 框架下的贸易自由化规则，而且，因为没有国家在 GATT 框架下就利益无效或受损提起申诉，所以也很少出现正式裁定违反 GATT 的情况[④]，所以这也被称为"灰色措施"。这无疑对 20 世纪七八十年代的 GATT 自由贸易体制发展造成了严重的后果。[⑤]

综上所述，日本作为进口救济法的被实施国，如果排除取代保障措施的自愿出口限制的话，基本全是反倾销措施的被实施国。下文将简要论述 20 世纪 80 年代以及 90 年代日本作为反倾销措施被实施国的情况。

进入 20 世纪 80 年代以来，世界经济发展趋缓，保护主义势力抬头对贸易自由化造成很大压力。就世界范围看，反倾销调查案件的数量以及实施反倾销措施的次数逐渐增加。就反倾销措施而言，从开始反倾销调查到最终实施的过程中，可以通过价格约定撤回起诉，或者在反倾销调查时停止出口。实际上也出现过很多类似的情况。因此，观察实施调查的案件数量变化非常重要，可以了解到是否对贸易产生了恶劣影响。[⑥]

从 1980 年开始到 1999 年，这 20 年时间中，对比世界范围内开始反倾销调查的数

---

① 经济产业省通商政策局编，《2011 年不公平贸易报告》，日经印刷，2011 年，第 305 页。
② 根据具体的内容，有时也会把自愿出口限制措施称为市场秩序维持协议（Orderly Marketing Agreement，简称：OMA）、自愿出口限制（Voluntary Export Restraints，简称 VER）等。
③ 小室程夫，《新版国际经济法》，东信堂，2007 年，第 400—401 页。
④ GATT 时期，还曾就与自愿出口限制相关的出口国、进口国协议中是否应该涉及向第三国出口产生争议。欧共体起诉《日美半导体协议》就是例证。
⑤ 小原喜雄，《自愿出口限制与 GATT 第 19 条》，《贸易与关税》，第 37 卷第 2 号（1989 年），第 32—43 页。
⑥ 雨贝二郎，《概述反倾销制度——倾销问题普通化》，通商产业调查会，1985 年，第 7—8 页。根据 1979—1982 年的统计，有把握实施最终措施的案件 740 件，最终能够征收反倾销税的约三成左右，通过价格调整等约定解决的不到两成，取消起诉终结调查的约两成，最终不征收反倾销税的占 30%。

量以及其中以日本产品为对象的案件数量变化的话，可以明显发现日本作为反倾销措施被实施国的地位发生了变化。1980 年到 1989 年这 10 年间，全世界反倾销调查的案件数量总计为 1 648 件，超过反倾销调查案件数量激增的 70 年代。其中，以日本为调查对象的案件为 161 件，位居世界第一。[⑦] 70 年代，以日本产品为对象展开的反倾销调查数量约占整体的 1/3[⑧]，现在以中国台湾、韩国、巴西等发展中国家和地区生产的产品为对象开始调查的案件数量增加，也从侧面说明日本产品出口竞争力相对降低。[⑨] 但是，这并不能说明日本企业的国际竞争力降低。

对日本产品开展反倾销调查的数量呈下降趋势，这充分说明，20 世纪 80 年代以后，日本企业开始在欧共体直接投资或是在当地生产、销售。此外，还通过对发展中国家直接投资，升级出口产品，明确新的国际分工体系。

进入 20 世纪 90 年代后，这种趋势更加明显。90 年代前半期（1990—1993 年），在全世界 683 件反倾销调查案件中，以日本产品为对象的案件仅有 38 件。原来与日本有关案件非常多，成为各国反倾销措施的实施对象，现在这种观点已经落伍了。[⑩] WTO 成立后的 90 年代后半期（从 1995 年开始到 1999 年 5 年时间），在全世界 1 253 件反倾销调查案件中，以日本产品为对象的仅有 61 件。[⑪] 整个 90 年代，以日本产品为调查对象的案件占比约 5%。

综上所述，从世界范围看，1990 年前后，日本的地位发生了翻天覆地的变化。

2. 作为实施国家时态度消极

本节重点介绍截至 90 年代末期，日本作为进口救济措施的实施国时态度非常消极。其实早在 1906 年和 1920 年，日本制定《关税定率法》时就已经明确了反补贴关税制度和反倾销关税制度。通过东京回合，成功签署反补贴协定（补贴及反补贴相关

---

⑦ 关于 1987 年数据请参考：Draft Factual Compilation of Anti – Dumping Measures Taken by Participants：Note by the Secretariat. GATT Doc. No. MTN. GNG/NG8/W/38（OCT. 20，1988）as revised and expanded in Corrigendum. GATT Doc. No. MTH. GHG/NG8/W/38/Corr. 1（May 16. 1989）and Addendum. GATT Doc. No. MTH. GNG/NG8/W/38/Add. 1（May 16. 1989）。1988—1989 年数据请参考 GATT BISD Supps. Nos. 35 and 36。

⑧ 寺尾健彦，《关于反倾销法（上）》，《通产月刊》，第 23 卷 5 号（1990 年），第 68—69 页。

⑨ 通过以下统计数字可以很清楚地了解到 20 世纪 80 年代后半期的趋势。1986—1988 年世界范围内有 241 件开始调查。其中以日本产品为对象的有 42 件，涉及韩国产品的 18 件，涉及中国台湾产品的 11 件。1988—1989 年世界范围内 113 件开始调查。涉及日本产品的 12 件，韩国产品的 12 件，中国台湾产品的 9 件。

⑩ GATT BISD Supps. No. 37. 38. 39，and 40.

⑪ http：//www. wto. org/english/tratop_e/adp_e/ad_init_exp_country_e. pdf（as of July 25，2012）.

协定）和反倾销协定。[12] 在此基础上，1980 年，日本修改《关税定率法》及相关政令，决定从整体上调整实施的必要条件以及调查手续等相关法律。另一方面，日本保障措施制度由紧急关税措施以及作为紧急措施实施的进口数量限制措施两部分构成。就紧急关税措施而言，日本加入 GATT 后，于 1961 年引入该措施。此外，作为紧急措施实施的进口数量限制措施的法律依据是《外汇及外贸管理法》以及《进口贸易管理条令》。

　　日本实施进口救济措施时具有以下特点：虽然制定了相关制度措施，但在 1993 年对铁锰硅征收反倾销关税之前，日本从未实施过进口救济政策。之后，日本的态度也非常谨慎。20 世纪 70 年代开始，发达国家积极实施进口救济措施，1990 年开始，发展中国家实施进口救济措施的案例也在不断增加，所以日本这种情况非常罕见。之所以日本在该问题上如此低调，大概原因如下：首先，日本贸易政策始终坚持以出口国为基本立场。20 世纪 70 年代以后，日本作为进口救济措施的对象国家，因其他国家实施保护主义措施致使日本遭受很大损失。日本经常在国际社会上以受害者自居，并向国际社会诉苦，以出口国的立场难以实施进口救济措施，而且日本的态度也非常犹豫。此外，作为进口国，日本认为农产品和纤维产品属于必须保护的国内产业，在 GATT 期间制定贸易自由化规则时，故意没有把这两个产业列入框架之内。所以现在也很难对这两个产业实施进口救济措施。换句话说，实际上农产品并不属于贸易自由化对象，所以可以通过高关税和进口数量限制等措施予以保护。就纤维制品而言，已经通过《多种纤维协定》（Multi Fibre Arrangement，简称 MFA）实施了包括自愿出口限制在内的贸易管理措施。而且还有一个原因是，在征税申请时，上游企业和下游企业的利益难以保持一致。如果这些原因都无法充分说明日本实施进口救济措施的数量在世界范围内非常少的话，只能归结为日本的法律条文。当外国进口产品激增导致国内产业受损时，日本不太希望通过实施进口救济措施等法律途径解决，更倾向于让对方实施自愿出口限制措施解决问题。虽然日本尝试积极实施进口救济措施，但是国内法律制度长期被搁置，没能及时修改和更新。所以必须从这个角度充分理解日本贸易政策的内外部特点。

　　首先，就 80 年代日本根据进口救济措施申请征税的案件而言，这些案件均没有发展到最后实施阶段。就反倾销关税而言，日本先后于 1982 年 12 月、1984 年 3 月、

---

[12]　Agreement on Subsidies and Countervailing Measures. 有时也被称为 "SCM 协议"。

1988 年 10 月对韩国产棉纱、挪威及法国产硅铁、韩国产针织衫提出征税申请。但是因为对方实施了自愿出口限制措施或是市场情况恢复等原因，日本取消了征税申请，所以很多案件甚至没有发展到调查阶段。[13] 就反补贴关税而言，1982 年 12 月，日本开始申请对巴基斯坦产棉纱征收反补贴关税并展开调查，之后调查的依据反补贴制度被废除，申请自动取消。[14] 1984 年 3 月，日本对巴西产硅铁申请征税，巴西实施了自愿限制措施，日本又相应撤回了申请。[15]

如上所述，在遇到可以通过进口救济措施解决的问题时，日本并没有尝试通过法律程序采取救济措施，而是倾向于对象国采取自愿出口限制措施解决问题。这如实反映出日本作为进口国和出口国在解决贸易争端问题上的态度以及法条化。日本不仅盲从法律条令，而且，为了能够灵活使用进口救济法，必须要确保有匹配的人才和专业知识，而日本缺乏相关人才。日本在贸易政策上的态度说明其垂直管理的行政机制没能及时对组织结构和运用规则做出调整，导致难以实施出口救济措施，这明显落后于其他国家。

其间，1986 年 6 月，为了保证征收反补贴关税和反倾销关税时的透明度，日本按照其他国家和国内的要求，通产省和大藏省共同成立了特殊关税负责小组。同年 12 月 24 日，大藏省、厚生省、农林水产省和运输省共同制定了《反补贴关税及反倾销关税征收指导手册》。[16] 这是日本为了调整法律体制迈出的重要一步，本身很有意义，但是并没有对日本实施进口救济措施的消极态度造成重大影响。

20 世纪 90 年代以后，日本终于首次实施了进口救济措施。这是两件反倾销关税案件，整个 90 年代，日本只有这两件实施进口救济措施的实例。

日本首次实施关于反倾销关税调查并采取措施的是 1993 年对中国、挪威以及南非产铁锰硅展开反倾销关税调查。铁锰硅是一种合金，主要是在炼钢过程中作为脱氧剂使用。1991 年 10 月，日本铁合金协会提出征税申请。在受调查的企业中，4 家中国企业提出了价格约定书。在此基础上，日中开始讨论，接受了其中 2 家企业的约定书。

---

[13] 《反倾销关税的征收情况》，请参考税务机构官网：http：//www. customs. go. jp/tokusyu/kazeikamotsu_hutou. htm（2012 年 7 月 25 日点击）。

[14] 藤田利彦，《关于日本特殊关税制度（上）》，《贸易与关税》，第 31 卷第 7 号，1983 年，第 34—39 页。

[15] 《反倾销关税的征收情况》，请参考税务机构官网：http：//www. customs. go. jp/tokusyu/kazeikamotsu_sousai. htm（2012 年 7 月 25 日点击）。

[16] 《关于反补贴关税及反倾销关税征收指导手册》，《通产省公报》，1986 年 12 月 26 日，第 16—21 页。

在调查过程中，挪威产品在日本的市场份额进一步减少，所占比重很小。南非的产品倾销幅度不大，而且在日本的份额也呈下降趋势。所以日本最后决定把这两个国家的产品排除在外，仅对中国产品征收 4.5% ~27.1% 的反倾销关税。[17]

另外的一个案例是 1995 年对巴基斯坦产棉纱征收反倾销关税。[18] 该棉纱是用来制造毛巾和床单的原料。1993 年 12 月，日本纺织协会提出了征税申请，日本开始展开反倾销关税调查。在调查中，17 家巴基斯坦棉纱供应商中有 4 家回答了调查问卷，其出口规模不到巴基斯塔向日本出口总量的 5%。而且，没有提出向第三国出口价格的相关证据，只能把正常价格作为公允价格。剩下的 13 家供应商中，有 9 家表示在巴基斯塔国内销售价格低于成本，属于公允价格。

最后，因为倾销幅度不大，所以日本决定不对 8 家企业征收反倾销关税，仅对 9 家未能提供证据的企业征收 2.1% ~9.9% 的反倾销关税。

3. 乌拉圭回合协议及日本完善进口救济法制

各方在乌拉圭回合谈判时做出妥协，日本也开始着手处理 WTO 协定的批准手续。1994 年，第 131 次临时国会通过了关于修改《关税定率法》部分内容的法律，这成为日本的进口救济法。[19] 与此同时，日本还全面修改了与反倾销关税、反补贴关税和紧急关税有关的政令[20]，并且彻底修改了指导手册，为实施手续制定了详细说明。[21]

如上所述，日本的保障措施制度由两部分组成，一部分是根据《关税定率法》制定的紧急关税措施，另一部分是根据《外汇与外贸管理法》制定的进口数量限制措施。就进口数量限制措施而言，日本制定了《产品进口增加时实施紧急措施规则》[22]，而且还编制了《产品进口增加时紧急措施实施指导手册》。[23] 该指导手册"确保根据规则实施的措施和紧急关税等措施统一协调，并且保障该制度能够顺利运行"。

⑰　关于对铁锰硅征收反倾销关税的政令（政令 1993 年第 15 号），1993 年 2 月 3 日官报第 1087 号。

⑱　关于对二十支卡棉纱征收反倾销关税的政令（政令 1995 年第 308 号），1995 年 8 月 4 日官报第 1702 号。

⑲　1994 年法律第 118 号（1994 年 12 月 28 日）。

⑳　与反补贴关税有关的政令（1994 年第 415 号，1994 年 12 月 28 日）、与反倾销关税有关的政令（1994 年第 416 号，1994 年 12 月 28 日），以及与紧急关税有关的政令（1994 年第 417 号，1994 年 12 月 28 日）。之后，1996 年修改与反倾销关税有关的政令，新供应商出口货物需要提供担保［1996 年政令第 110 号，官报第 1884 号第 3 页（1996 年 5 月 2 日）］。

㉑　与反倾销关税、反补贴关税等手续有关的指导手册，与紧急关税等手续有关的指导手册。

㉒　通商产业省告示第 715 号（1994 年 12 月 28 日）。

㉓　1995 年 8 月 4 日进口注意事项 7 第 54 号。

就纤维制品而言，20 世纪 70 年代以后，多边纤维贸易长年都处于 GATT 框架之外。根据 WTO 纤维协议的规定，要在 10 年的过渡期内分阶段整合 GATT。从 1995 年到 2004 年底，对 GATT 未整合产品继续实施过渡性保障措施。为了在 10 年内根据纤维协议制定特别保障措施，日本修改了指导手册、国内法令及使用规则。[24] 之后，1998 年配合减少了纤维保障措施对象产品种类（第二次整合），还修改了纤维保障措施规则。[25] 第二年，即 1999 年，再次修改了纤维保障措施规则和指导手册[26]，主要包括快速调查、相关产业共同申请制度化、调整调查的负担、向消费者团体提供信息等内容。[27]

通过完善国内法令和使用细则，确保日本符合 WTO 协定，而且这些工作对在 WTO 协定允许范围内实施进口救济法来说也是必需的。上述法令条文大多照搬自 WTO 协定，虽然一方面可以认为日本非常遵守国际条约，但是从法律使用的角度看，在实践过程中存在很多问题，日本需要制定更加合理的使用细则。从这个角度上讲，为了正确使用进口救济法并且保证发挥有效作用，必须要下一番功夫。

第 2 节　21 世纪拉开序幕与进口救济法
——转折点：对 3 种中国农产品实施保障措施

如上所述，2000 年以前，日本基本都是其他国家实施进口救济法的对象国，呈一边倒的趋势。作为世界第二大经济体却基本没有使用过进口救济法，日本非常缺乏存在感。其原因如下：第一是日本企业压倒性的竞争力；第二是日本政府不偏不倚的特点（比如对其他国家保护特定企业带有抵触情绪，通过国际诉讼方式合法实施等）；第三是相关法令结构过于复杂，无法作为制度使用。[28]

但是进入 21 世纪后，情况发生了变化。下一节会论述 2009 年日本大规模修改进口救济法等相关制度，日本财务省官员从防止滥用与加强相关规则的必要性方面做出解

---

[24] 纤维制品进口数量增加是采取紧急措施的规则（通商产业省公示第 667 号），纤维制品进口数量增加时实施紧急措施的指导手册。请参考本书第 2 部第 1 章第 2 节 2（1）。

[25] 通产省告示第 726 号，官报第 2291 号第 5 页（1997 年 12 月 26 日）。

[26] 通产省告示第 30 号，官报第 2546 号第 3 页（1999 年 1 月 18 日）。

[27] 日本贸易振兴会，《通商弘报》，1999 年 1 月 18 日。

[28] 《（座谈会）特殊关税制度改革及其意义——围绕特殊关税制度有关的工作组报告》，《国际商业法务》，第 37 卷第 2 号，2009 年，第 138—139 页（新日铁·佐久间总一郎发言）。

释，希望该制度能够预见要发生的问题，并且能够平衡整体经济；而且要在保证调查手续透明的前提下提高调查工作效率。[29] 这种方针的转变不仅仅体现在制度上。与此同时，经产省官员也强调现在不同以往，不像以前调查和实施时那么低调，"不再把进口救济制度作为政治问题，国内相关行业也有权根据制度使用进口救济制度"。[30] 态度的转变，释放出"日本政府当局决定不再消极对待"的信号。[31]

这种说法并不局限于 2009 年的修改，也为进入 21 世纪以来如何调整进口救济法制度指明了方向。如本节和下节所述，拥有 100 多年历史的特殊关税制度[32]在这 10 年为进口救济法做出的调整远远超过了其他 90 年。这种说法看似夸张，但其实并不为过。

造成日本态度发生转变的标志性事件就是 2001 年日本对 3 种农产品（大葱、香菇、蔺草席）实施保障措施调查及临时措施，这也是日本第一次因保障措施展开调查的案件，其背景如下。

首先，从宏观上分析日中贸易关系。当时，日中贸易结构发生重大变化。20 世纪 80 年代，日中贸易年增长率为 6.8%，90 年代迅猛增长为 16.8%。中国于 2001 年成为日本第二大贸易对象国。1988 年以后，日本对华贸易始终保持逆差。商品构成也从垂直领域向水平领域转变，蔬菜等农产品和包括毛巾在内的纤维制品（后文会提到）成为中国的主要出口产品，加之对日直接投资导致逆进口。中国产品质量提高，进一步激化了日中两国的贸易摩擦。[33]

通过该案件可以直观了解日中贸易结构。相关农产品进口规模扩大是因为日本方面要求开发进口。这些产品虽然很早就在中国种植，但并不是中国的国内需求。为了使农作物不受天气影响，控制成本，保证农产品稳定供应，90 年代以后，日本食品公司向中国农户提供种子并委托种植，日本方面还会提供技术指导。这些产品出口基本上只针对日本市场。早先中国产蔬菜无论是味道还是外形都比较差，后来品质不断提高，已经接近日本国产蔬菜的水平。另一方面，日本方面虽然很早就意识到提高了开

---

[29] 同上，第 138 页（财务省村松武人发言）。

[30] 同上，第 144 页（经产省藤井敏彦发言）。

[31] 同上，第 148 页（律师川合弘造发言）。

[32] 关于日本特殊关税制度，如反补贴关税制度制定于 1906 年，反倾销关税制度制定于 1920 年，只有保障措施（紧急关税）比较落后，于 1961 年制定。武次周一，《有关日本特殊关税》，《贸易实务文摘》第 50 卷第 7 号（2011 年），第 3—7 页。

[33] 今井理之，《变化的日中贸易》，《季刊国际贸易与投资》，第 49 号，2002 年，第 37—54 页。

发型进口产品的品质，但是没能采取完善的对策。[34] 也有观点认为：在中国政府主导下，蔬菜产量增加导致供过于求，所以不得不扩大了对日出口规模也是原因之一。[35]

还有一个比较特殊的因素就是政治因素。2000 年秋天，日本全国农业协同组合连合会通过了实施保障措施的决议。在此背景下，实施保障措施的氛围日渐高涨。在这段时期内，与农产品联系比较紧密的地方议会也相继通过类似决议。2001 年 7 月，参议院选举，自民党的农林水产组议员为了确保农业地区的选票对相关政府部门展开了游说工作。[36] 但因为当时缺乏实施的必要条件，所以农林水产省对调查持消极态度。[37]

接下来具体介绍该案，包括一些很小的细节。提到就本案进行调查的契机可以追溯到 2000 年夏天。由于进口蔬菜数量增加，而且价格创下历史新低，日本国内生产者要求实施相应的保障措施。[38] 10 月后，地方议会也相继通过实施保障措施决议。[39] 所以，11 月 16 日，全国经济农业协同组合连合会和全国农业协同组合连合会共同在福岛要求农水省对大葱和土豆等农产品实施保障措施。[40] 11 月 24 日，农水大臣谷洋一要求大藏大臣和通产大臣就 6 种蔬菜展开保障措施调查。[41] 12 月 22 日，日本政府决定对大葱、香菇和蔺草席等 3 种农产品展开保障措施调查，并将结果公布于众，这是日本首次展开相关调查。[42] 在此基础上，从 2001 开年，政府就开始向生产者配发调查问卷。[43]

---

[34] 对于开发型进口造成保障措施问题，日本有很多评论文章。请参考以下内容：加藤晓子，《对日出口大葱无处可去在北京积压》，《经济学人》，2001 年 6 月 12 日，第 82—83 页。平田纪之，《"中国蔬菜" 激增，这只是刚刚开始》，《经济学人》，2001 年 6 月 12 日，第 80—81 页。山田荣一，《熊本八代 "保障措施" 的真相》，《经济学人》，2001 年 6 月 19 日，第 54—55 页。《大葱的深渊，农民如此之好》，《经济学人》，2001 年 5 月 29 日，第 69—76 页。《每日新闻》，2001 年 5 月 1 日晚报第 2 版。

[35] 焦从勉，《日中贸易谈判的政治经济学》，京都大学学术出版社，2009 年，第 22—23 页。

[36] 北山敏哉，《保障措施的政治经济学》，《法与政治》，关系学院大学，第 52 卷 4 号，2001 年，第 972—973 页。《参议院的疑惑，保障措施是 "农业票保障" 吗？》，《经济学人》，2001 年 6 月 19 日号，第 88 页。《日本经济新闻》，2001 年 4 月 19 日日报，第 9 版。

[37] 藤原贞雄，《日本临时保障措施实施的历程及教训——2000 年 11 月 24 日至 2001 年 12 月 21 日》，《东亚经济研究》，山口大学，第 61 卷第 2 号，2002 年，第 10 页。

[38] 《日本经济新闻》，2000 年 9 月 29 日日报，第 29 版。

[39] 地方议会纷纷通过实施决议可以参考以下内容：《日本农业新闻》，2001 年 1 月 23 日，第 38 页、第 51 页、第 53 页。《日本农业新闻》，2000 年 10 月 14 日，第 1 版。

[40] 《日本农业新闻》，2000 年 11 月 16 日，第 1 版。

[41] 《朝日新闻》，2000 年 11 月 25 日日报，第 13 版。《日本农业新闻》，11 月 25 日日报，第 1 版。

[42] 大藏省告示第 443 号（2000 年 12 月 22 日），大藏省告示第 434 号（2000 年 12 月 22 日），大藏省告示第 435 号（2000 年 12 月 22 日）。通产省告示第 824 号（2000 年 12 月 22 日），通产省告示第 825 号（2000 年 12 月 22 日），通产省告示第 826 号（2000 年 12 月 22 日）。

[43] 调查开始前的过程请参考：藤原，同前（脚注 31），第 8—13 页。

另一方面，从 2 月到 3 月，日本与中国集中举行了多次磋商。中国是本案中最大的也是唯一的利害相关国。先是农水副大臣松冈胜农、外经贸部副部长龙永图就蔬菜贸易成立日中对话平台达成一致。⑭ 之后日中事务层面（农水省参事官横山光弘和对外贸易经济合作部贸易管理司长郭莉）于 20 日在北京进行协商。日本方面要求中国实施出口限制，中国方面要求日本不要采取保障措施，双方意见难以达成一致。⑮ 第二个月 15 日，农水副大臣松冈和对外贸易经济合作部部长助理高虎城在东京举行会谈，基本还是沿袭了第二届日中农林水产品信息交流会上达成的成果。⑯ 19 日，松冈和龙永图以及农业部副部长刘成果举行会谈，表示有可能会采取临时措施，但之后并没有发生变化。⑰

日本国内开始加速促进落实临时措施。2 月日中磋商后，松冈在记者发布会上首次明确农水大臣谷津义男在 23 日众议院预算委员会上表示正在考虑实施临时措施。⑱ 3 月 14 日，自民党农业基本政策小委员会邀请生产者和进口商举行听证会，生产者向议员诉苦，表示当地经济陷入崩溃。⑲ 23 日，2000 年底进口数量及国内产业状况相关指标公布。⑳ 通过指标了解到进口持续增加以及生产者经济状况恶化，但生产方面并没有显著恶化。㉑

根据该结果，农水大臣谷津、副大臣松冈相继表示现在必须迅速决定是否实施临时措施。经产大臣平沼起夫表示只要满足条件就应该实施，这不会对日中关系造成影响。㉒ 28 日，农水大臣谷津要求财务大臣、经产大臣共同讨论临时措施，财务大臣宫泽喜一比较谨慎，但也同意实施。㉓ 这样一来，实施临时措施可能性进一步增加。此外，综合农业政策调查会长堀之内久男和自民党农水组议员向政府提交了申请，28 日

---

⑭ 《日本农业新闻》，2001 年 2 月 24 日，第 2 版，《东京读卖新闻》，2001 年 2 月 23 日日报，第 9 版。

⑮ 《产经新闻》，2001 年 2 月 21 日大阪日报，第 11 版。《西日本新闻》，2001 年 2 月 21 日日报，第 3 版。

⑯ 《日本粮食新闻》，2001 年 3 月 19 日，第 1 版，《朝日新闻》，2001 年 3 月 16 日日报，第 12 版，《北海道新闻》，2001 年 3 月 16 日日报，第 4 版。

⑰ 《产经新闻》，2001 年 3 月 21 日大阪日报，第 9 版。《每日新闻》，2001 年 3 月 20 日日报，第 3 版。

⑱ 《日本农业新闻》，2001 年 2 月 24 日，第 2 版，《东京读卖新闻》，2001 年 2 月 23 日日报，第 9 版。

⑲ 《日本农业新闻》，2001 年 3 月 15 日，第 3 版。

⑳ 《关于保障措施的政府调查状况》，2001 年 3 月 23 日，http：//www. maff. go. jp/j/kokusai/boueki/sg_kanren/index. html（2012 年 7 月 25 日点击）。

㉑ 《产经新闻》，2001 年 3 月 24 日大阪日报，第 11 版。

㉒ 《朝日新闻》，2001 年 3 月 27 日晚报，第 2 版。《神户新闻》，2001 年 3 月 27 日，第 9 版。《日本经济新闻》，2001 年 3 月 27 日日报，第 5 版。《产经新闻》，2001 年 3 月 24 日大阪日报，第 11 版。

㉓ 《产经新闻》，2001 年 3 月 29 日东京日报，第 7 版。《北海道新闻》，2001 年 3 月 28 日，第 3 版。

和 29 日，农水委员会在众议院和参议院相继要求实施临时措施决议[54]，给政府施加了很大压力。3 月 30 日，3 位大臣举行协商。4 月 6 日，外交大臣和国土交通大臣也参与进来，组成 8 个部门恳谈会。会上同意实施临时措施。10 日，内阁会议决定了大体框架，包括为期 200 天的关税配额以及一次税率。[55] 17 日，内阁正式决定并公布实施政令，决定于 23 日实施临时措施。[56] 大体内容如下：

1. 关税配额

对以下关税配额内的产品维持现行关税。根据过去 3 年实际进口通关情况决定配额。

（1）大葱：5 383 吨（年换算 9 823 吨）

（2）香菇：8 003 吨（年换算 29 684 吨）

（3）蔺草席：7 949 吨（年换算 18 440 吨）

2. 关税

超出上述额度后，根据品种相应提高现行税率，征收关税如下：

（1）大葱：225 日元/千克（相当于 256%）（现行关税率 3%）

（2）香菇：635 日元/千克（相当于 266%）（现行关税率 4.3%）

（3）蔺草席：306 日元/千克（相当于 106%）（现行关税率 6%）[57]

在此过程中，根据中国的反应以及 3 月 23 日公布的数据，日本财务省和经产省也有很多人对此持谨慎态度。[58] 4 月，关税外汇审议会上就实施问题进行审议，最终未能达成一致，最后把双方意见都写入报告。在产业机构审议会特殊关税小委员会上，由于没有指出此举侵害了消费者权益，也没能提出机构改革方案，所以遭到广泛批评。[59]

---

[54] 《日本农业新闻》，2001 年 3 月 20 日，第 2 版。《日本农业新闻》，2001 年 3 月 29 日，第 1 版。《日本农业新闻》，2001 年 3 月 27 日，第 2 版。

[55] 《每日新闻》，2001 年 4 月 10 日晚报，第 1 版。《产经新闻》，2001 年 4 月 7 日东京日报，第 9 版。《产经新闻》，2001 年 3 月 30 日东京晚报，第 1 版。

[56] 《每日新闻》，2001 年 4 月 20 日晚报，第 1 版。政令第 167 号（2001 年 4 月 20 日），财务省告示第 121 号、第 122 号以及第 123 号（2001 年 4 月 20 日）。

[57] 措施相关情况选自：《关于对大葱等 3 种产品实施临时保障措施》，《经济产业公报》，2001 年 4 月 16 日，第 4—5 页。

[58] 《朝日新闻》，2001 年 4 月 4 日日报，第 1 版。

[59] 《日本经济新闻》，2001 年 4 月 12 日日报，第 5 版。《产经新闻》，2001 年 4 月 7 日东京日报，第 9 版。关税与外汇等问题审议会答辩报告（2001 年 4 月 7 日），http：//www.mof.go.jp/about_mof/councils/customs_foreign_exchange/sub - of_cus - toms/report/kana130406.htm（2012 年 7 月 25 日点击）。

但是，由于参议院选举在即，地方也给农林水产行业相关的议员施加了很大压力，临时措施实施迫在眉睫。[60]

另一方面，当时日本非常担心中国会实施报复性措施。特别是上一年韩国对中国的萝卜实施保障措施，中国相应地宣布禁止从韩国进口手机和聚乙烯，规模超过 50 倍。[61] 从 2 月开始，中国方面认为出口数量没有增加所以不准备采取自愿限制。从 3 月底开始，日本国内要求实施临时措施的呼声高涨，时任中国外交部副部长王毅等官员强调通过对话解决。[62] 对外贸易经济合作部机关报《国际商报》在 3 月 31 日刊登报道表示：如果实施临时保障措施，中国会采取报复措施。4 月 13 日，农水副大臣访华，就临时措施进行说明。中国对外贸易经济合作部官员明确表示中方会采取报复措施。[63] 23 日，临时保障措施实施后，新华社刊登了对外贸易经济合作部新闻发言人高燕的讲话，强烈谴责了日本的行为，并且表示将采取报复措施。[64] 5 月 4 日，在东盟经济部长会议上，对外贸易经济合作部部长石广生向经济产业审议官今野秀洋表示中国将采取对抗措施，这是中方首次由部长级官员提出。[65]

4 月 18 日，中国以日本产木箱包装内有害虫，需要加强检疫为由，停止从日本进口部分产品。[66] 此举被怀疑是中国针对临时措施实施的对抗措施，但中方向日方表示这纯粹是出于检疫理由，与日本的临时措施无关。[67]

之后，经产省根据企业调查问卷发现中方措施的影响非常有限，所以判断此举应

[60] 《东京读卖新闻》，2001 年 4 月 11 日日报，第 9 版。《东京新闻》，2001 年 4 月 10 日晚报，第 2 版。《朝日新闻》，2001 年 4 月 7 日日报，第 1 版。

[61] 《蔬菜保障措施 自作自受的自民党》，《日经 business》，2001 年 4 月 9 日，第 10 页。《面临夏天参议院选举，对中国实施紧急进口限制迫在眉睫》，《日经 business》，2001 年 1 月 29 日，第 4 页。《朝日新闻》，2001 年 4 月 18 日日报，第 9 版。《产经新闻》，2001 年 4 月 7 日东京日报，第 9 版。决定实施临时保障措施时，相关部长召开恳谈会，国土交通大臣和厚生劳动大臣也参加，考虑中方会采取的报复措施。《产经新闻》，2001 年 4 月 7 日东京日报，第 9 版。

[62] 《西日本新闻》，2001 年 4 月 11 日日报，第 4 版。《日本经济新闻》，2001 年 3 月 31 日日报，第 5 版。《东京新闻》，2001 年 3 月 31 日日报，第 9 版。《东京新闻》，2001 年 3 月 29 日日报，第 1 版。《东京新闻》，2001 年 3 月 28 日日报，第 3 版。

[63] 《日本经济新闻》，2001 年 4 月 14 日日报，第 4 版。

[64] 《中国外经贸部 就日本实施保障措施发表讲话》，《新华社新闻》，2001 年 4 月 25 日。《外经贸部对日本实施农产品保障措施发表讲话》，《人民网》，2001 年 4 月 24 日。《日中新闻》，4 月 24 日日报，第 8 版。

[65] 《每日新闻》，2001 年 5 月 5 日日报，第 9 版。《日本经济新闻》，2001 年 5 月 5 日日报，第 3 版。

[66] 《日经产业新闻》，2001 年 5 月 10 日，第 1 版。

[67] 《朝日新闻》，2001 年 5 月 2 日日报，第 12 版。《东京读卖新闻》，2001 年 5 月 2 日日报，第 9 版。

该不是对日本保障措施的报复行为。[68] 之后一段时间，日中两国间也没有任何进展。6 月以后，中国表示要减少日本汽车的进口数量。[69] 6 月 5 日日中举行局长级事务会议，就该问题进行了讨论。中国之前提出通过民间层面进行协调，日本不同意这种方案，中方也表示实施对抗措施是中国的权利，不会在这个场合讨论削减汽车进口数量的问题，只是提前通知日本而已。[70] 7 日在 APEC 举行平沼与石广生的会谈，同意合理解决该问题。[71]

但是，6 月 18 日对外贸易经济合作部通过新华社公布了对抗措施。外交部新闻司副司长章月于 19 日召开记者见面会，表示因为日本实施了错误的决定在先，中国不得不采取对抗措施。[72] 从 22 日开始，对日本汽车、手机、空调三种产品加征 100% 的特别关税。[73] 对此，日本驻华大使阿南惟茂向对外贸易经济合作部副部长龙永图表示抗议，经产大臣平沼也发表讲话，抗议中国的行为不符合 WTO 协定和日中贸易协议。[74] 对此，中方在 27 日的《国际商报》上发表了对外贸易经济合作部有关领导的讲话，指责日本的临时保障措施违反 WTO 保障措施协议。[75] 之后，7 月 4 日和 5 日，日中局长级协商在北京举行，经产省通商政策局长佐野忠克和对外贸易经济合作部对外贸易管理司司长郭莉参加会议，双方各执己见，协商未能取得任何进展。[76]

另一方面，之后，经产大臣平沼表示“中国也很重视中日关系”，中国实施对抗措施，选择的都是从日本进口规模较小，而且已经在中国国内生产的产品，跟之前对韩

---

[68] 《中国对进口木材检疫管理制度相关调查问卷结果》，经济产业省，2001 年 5 月 28 日，http：//warp. da. ndl. gp. jp/info：ndljp/pid/243519/www. meti. go. jp/kohosus/press/0001585/0/010528mokuzai. pdf（2012 年 7 月 25 日点击）。《日刊工业新闻》，2001 年 5 月 29 日，第 2 版。

[69] 《日本经济新闻》，2001 年 6 月 3 日日报，第 1 版。

[70] 《日本经济新闻》，2001 年 6 月 5 日日报，第 5 版。《每日新闻》，2001 年 6 月 5 日日报，第 5 版。《西日本新闻》，2001 年 6 月 5 日日报，第 2 版。

[71] 《产经新闻》，2001 年 6 月 14 日东京日报，第 10 版。当初报道了 5 日举行会谈时避免谈及该问题的实情。《日本经济新闻》，2001 年 6 月 6 日日报，第 3 版。《每日新闻》，2001 年 6 月 6 日日报，第 9 版。

[72] 《东京新闻》，2001 年 6 月 20 日日报，第 8 版。《日本经济新闻》，2001 年 6 月 19 日日报，第 3 版。

[73] 关于措施的具体内容请参考《关于中国对日本保障措施实施对抗措施》，《JMC Journal》，2001 年 7・8 号，第 50—53 页。

[74] 《平沼经济产业大臣大话——关于中国政府对 3 种日本产品征收特别关税的通告》，（2001 年 6 月 21 日）http：//www. meti. go. jp/speeches/data_ed/e010621aj. html（2012 年 7 月 25 日点击）。《每日新闻》，2001 年 6 月 22 日日报，第 1 版。《日中贸易协定》第 1 条（1974 年 6 月 22 日生效）。http：//www. meti. go. jp/policy/trade_policy/asia/china/html/trade_treaty. html。《东京新闻》，2001 年 6 月 21 日日报，第 3 版。《中日新闻》，2001 年 6 月 21 日日报，第 8 版。

[75] 《产经新闻》，2001 年 6 月 28 日东京日报，第 9 版。详细提案请参考《日中贸易负责人对农产品贸易争端的谈话》，《新华社新闻》，2001 年 6 月 28 日。

[76] 《产经新闻》，2001 年 7 月 5 日东京日报，第 9 版。《日本农业新闻》，2001 年 7 月 4 日，第 1 版。

国采取的对抗措施类似，规模都比较小。而且并不是日本实施临时保障措施后马上实施，而是在 2 个月后才实施，说明中国对此进行了深层次考虑。[77] 从政治层面上讲，日本首相小泉纯一郎、中国对外贸易经济合作部副部长龙永图都表示希望控制事态，防止升级。[78] 日本国内也有分析认为中国之所以采取该措施，是出于政治考虑，担心加入 WTO 后，其本国农业会受影响；同时也是为了牵制日本实施正式保障措施和正在对毛巾展开的调查（后文会详细论述）。[79]

但是，中国的措施对相关产业造成的影响很大。比如，原来日本向中国出口汽车增长迅速，现在停滞；在手机市场方面，各国担心会限制新机型进入中国市场，所以各公司都担心其他国家的制造商会控制中国市场主导权。[80] 虽然这几个产品的绝对金额在日中贸易中所占比例较小，但是到 12 月下旬撤销对抗措施为止，日本估计汽车方面损失 500 亿日元，手机电话方面损失 100 亿日元，日本采取临时保障措施限制对日出口金额为 60 亿。两者差距超过 10 倍。[81]

就其间实施的调查手续而言，5 月底，根据紧急关税政令第 6 条第 1 款，收集、整理并公布了生产者和消费者的相关意见。其中主要是生产者的意见。就消费者方面而言，部分消费者团体表示赞成，没有提出任何反对意见。[82] 就临时措施而言，实施 1 个月后，蔺草席首次超过配额开始加征关税。[83] 因产品价格提高，日本产品价格恢复，所以农水省事务次官熊泽英昭表示该临时措施取得成效。[84] 到 7 月底临时保障措施实施

[77] 《日本经济新闻》，2001 年 6 月 22 日晚报，第 3 版。《朝日新闻》，2001 年 6 月 22 日晚报，第 1 版。《每日新闻》，2001 年 6 月 20 日日报，第 3 版。

[78] 《日本经济新闻》，2001 年 6 月 22 日日报，第 1 版。《日本经济新闻》，2001 年 6 月 19 日晚报，第 2 版。

[79] 相马胜，《围绕保障措施的经济争端以及中国加入 WTO 后的日中关系》，《问题研究》，第 31 卷，第 3 号，2001 年，第 16—17 页。朱建荣，《中国终于加入 WTO——朱镕基对改革核心的考虑》，《钻石周刊》，2001 年 7 月 21 日，第 94—96 页。《日本经济新闻》，2001 年 7 月 10 日日报，第 5 版。《日本经济新闻》，2001 年 6 月 23 日日报，第 5 版。《日本农业新闻》，2001 年 6 月 20 日，第 3 版。《东京读卖新闻》，2001 年 6 月 20 日日报，第 9 版。《东京读卖新闻》，2001 年 6 月 19 日日报，第 9 版。早在 19 日，经济同友会干事小林阳太郎就表示有可能撤销保障措施。《中日新闻》，2001 年 6 月 20 日日报，第 8 版。

[80] 加纳修，《临时保障措施的危害巨大——日本汽车制造商难以利用加入 WTO 的优势》，《经济学人》，2001 年 11 月 20 日，第 44—45 页。《产经新闻》，2001 年 12 月 18 日，东京日报，第 6 版。《日本经济新闻》，2001 年 6 月 22 日日报，第 3 版。《每日新闻》，2001 年 6 月 20 日日报，第 3 版。

[81] 《东京读卖新闻》，2001 年 12 月 28 日日报，第 9 版。

[82] 《关于对大葱、香菇以及蔺草席展开保障措施调查的意见》，财务省、经济产业省、农林水产省，2001 年 5 月 31 日。《冲绳时报》，2001 年 6 月 1 日日报，第 8 版。《日刊工业新闻》，2001 年 6 月 1 日，第 2 版。

[83] 《宫崎日日新闻》，2001 年 5 月 23 日，第 3 版。

[84] 《日刊工业新闻》，2001 年 5 月 25 日，第 2 版。《东京读卖新闻》，2001 年 5 月 24 日日报，第 9 版、第 34 版。

100 天，国产商品价格切实得到提高，熊泽次官再次强调临时措施取得成效。[85]

但是 9 月开始，9 月 4 日，对 5 月底公布的意见再次提出意见。大葱、香菇没有明显的变化，蔺草席的进口商和经销商提出了很多反对意见。[86] 而且，随着进口增加，国产品价格下降，很多人认为临时保障措施效果有限。[87] 进入 10 月，因为临近 11 月 9 日临时保障措施结束，日本各地方农业团体和地方议会相继通过实施正式保障措施的决议并且展开大规模请愿活动，10 月 4 日全国农业协同组合中央会向自民党政府提出实施申请。[88] 接受该申请后，自民党农林水产商品贸易调查会开始审议临时保障措施结束后是否立即实施正式保障措施。[89]

另一方面，撇开日本国内民众是否赞成实施这次的保障措施不谈，日本国内很多人认识到影响其农业发展的主要原因是生产者结构问题，比如农民高龄化、农村人口流失、生产效率低下，所以应该积极调整结构，提高竞争力（不仅包括价格还要包含品质）。[90] 产业机构审议特殊贸易措施小委员会也根据保障措施协议前文中规定的主旨，明确"在实施保障措施期间必须恢复日本产业竞争力或是根据具体情况调整国内产业"，在此基础上实施正式措施。[91] 与此同时，6 月农水省发表了调查对象产品生产产业结构改革基本方针。8 月底基本敲定细节后[92]，9 月 17 日，该委员会提出了 3 种产品的结构改革对策。[93]

---

[85] 《朝日新闻》，2001 年 8 月 1 日日报，第 9 版。《东京读卖新闻》，2001 年 8 月 1 日日报，第 9 版。《日本农业新闻》，2001 年 7 月 31 日，第 2 版。

[86] 《关于对大葱、香菇以及蔺草席展开保障措施调查的意见以及第二次意见》，《经济产业公报》，2001 年 10 月 2 日，第 12—17 页。《日本经济新闻》，2001 年 9 月 5 日日报，第 7 版。

[87] 《神户新闻》，2001 年 9 月 9 日日报，第 3 版。

[88] 《日本产业新闻》，2001 年 10 月 5 日，第 2 版。《日本经济新闻》，2001 年 10 月 3 日地方经济版面（中国 A），第 11 版。《熊本日日新闻》，2001 年 10 月 2 日日报，第 2 版。《日本产业新闻》，2001 年 10 月 2 日，第 37 版。

[89] 《日本农业新闻》，2001 年 10 月 20 日，第 1 版。

[90] 高濑保，《保障措施的作用和世界形势的变化》，《贸易与关税》，第 50 卷第 2 号（2002 年），第 15—16 页。小川武广，《保障措施是绝对必需的，中国正在扩大内需》，《日经 Business》，2001 年 6 月 18 日，第 139 页。铃木玲子，《尽快撤销临时措施——保障措施只会增加消费者负担》，《东洋经济》，2001 年 6 月 16 日，第 130—132 页。山田、同前脚注 34，第 55 页。《日本经济新闻》，2001 年 3 月 30 日日报，第 5 版（东京大学小寺彰教授评论）。

[91] 《有关保障措施的考虑》，产业机构审议会贸易经济合作分科会特殊贸易措施小委员会，2001 年 5 月 9 日，ht-tp：//www. meti. go. jp/committee/summary/0002465/index03. html（2012 年 7 月 25 日点击）。

[92] 《每日新闻》，2001 年 6 月 27 日日报，第 9 版。《东京读卖新闻》，2001 年 6 月 27 日日报，第 2 版。其中概要请参考《保障措施应对三个领域的结构改革对策及所需预算》，《农林周刊》，2001 年 9 月 24 日，第 4—11 页。

[93] 《产业机构审议会贸易紧急合作分科会特殊贸易措施小委员会（第 4 次）讨论要旨》，（2001 年 9 月 17 日），http：//www. meti. go. jp/committee/summary/0002465/index04. html（2012 年 7 月 25 日点击）。

7 月初，日中举行局长级会议，之后陷入胶着。9 月 24 日和 25 日，日中官民共同协商在北京举行，日本方面提出设立进出口数量框架，中国方面则要求日本撤销临时措施，双方拒绝就数量进行讨论，一直坚持入口论。㊹

之后，通过高级别政治协商，该问题迅速取得进展。先是 10 月 8 日，日本首相小泉和中国总理朱镕基举行首脑会谈，同意通过协商解决该问题。㊺ 17 日在上海 APEC 部长会议上，日中两国经贸部长举行会谈，得出相同的结论。㊻ 21 日在上海 APEC 会议召开之际，日本首相小泉与中国国家主席江泽民举行日中两国首脑会谈，确认了该解决方针。这在事实上说明，日本政府已经把避免实施正式措施作为既定方针。㊼ 在此基础上，25 日举行相关部长会议，会上明确决定 11 月 8 日结束临时保障措施后，不直接实施正式措施；到 12 月 21 日调查结束为止，继续与中国进行协商。㊽

10 月 31 日，时隔 7 个月，日本政府再次公布进口数量和与国内产业损失有关的指标，追加了当年第一季度的指标。2001 年以后，3 种产品的进口产品占有率均有扩大，在临时保障措施实施前，相对进口数量还在持续增加。㊾ 继 7 月之后，11 月 1 日再次举行日中局长级会议，同意第二周举行官民协商。⑩ 7 日官民协商在东京举行，一直持续到 8 日临时措施结束。和之前一样，没有就数量管理进行讨论就宣告结束。这样临时保障措施失效，进入"空白期"，之后日本政府一边对进口情况实施监控，一边试图再次与中国进行协商。⑩ 另一方面，中方在 1 日举行局长级协商时表示只要调查还在继续就不会撤销对抗措施。⑩

㊹ 《日本农业新闻》，2001 年 9 月 29 日，第 3 版。《日本农业新闻》，2001 年 9 月 26 日，第 1 版。《神户新闻》，2001 年 9 月 25 日日报，第 9 版。谈判主体主要是民间机构，比如日本的全国农业协同组合中央会，官方机构作为观察员参加（日方是财务、外务、经产、农水各省，中方是对外经济贸易合作部）。

㊺ 《东京读卖新闻》，2001 年 10 月 10 日日报，第 13 版。《朝日新闻》，2001 年 10 月 8 日日报，第 4 版。

㊻ 《朝日新闻》，2001 年 10 月 18 日日报，第 11 版。《产经新闻》，2001 年 10 月 18 日东京日报，第 9 版。

㊼ 《每日新闻》，2001 年 10 月 23 日日报，第 9 版。《日本经济新闻》，2001 年 10 月 22 日日报，第 2 版。《每日新闻》，2001 年 10 月 22 日日报，第 1 版。

㊽ 《朝日新闻》，2001 年 10 月 25 日晚报，第 1 版。《产经新闻》，2001 年 10 月 25 日东京晚报，第 2 版。

㊾ 《〈保障措施政府调查主要指标概要〉的重点》，《经济产业公报》，2001 年 11 月 16 日。

⑩ 《产经新闻》，2001 年 11 月 2 日的东京日报，第 9 版。《日本经济新闻》，2001 年 11 月 2 日日报，第 5 版。

⑩ 《日本粮食新闻》，2001 年 11 月 12 日，第 2 版。《日本农业新闻》，2001 年 11 月 10 日，第 3 版。《日本经济新闻》，2001 年 11 月 9 日日报，第 5 版。《日本农业新闻》，2001 年 11 月 9 日，第 1 版。《每日新闻》，2001 年 11 月 9 日日报，第 9 版。《宫崎日日新闻》，2001 年 11 月 9 日日报，第 1 版。

⑩ 《产经新闻》，2001 年 11 月 8 日大阪晚报，第 2 版。《熊本日日新闻》，2001 年 11 月 8 日日报，第 6 版。《东京新闻》，2001 年 11 月 8 日日报，第 3 版。

11 月 12 日，WTO 多哈部长级会议召开之际，日中相关部长（石广生、平沼、武郎）举行会谈。双方的立场不同，谈判难以取得成果。日本方面要求中国撤回对抗措施，并且防止空白期对日出口激增；中国方面则批评日本继续调查。[103] 日中双方同意于 22 日举行局长级协商，但是协商也未能取得成果。[104] 11 月 10 日，承认中国加入 WTO 之后，由于双方协商难以取得进展，所以日中两国开始讨论将该问题提交 WTO 解决。[105] 但是在 20 日议会上，小泉首相做出指示要求继续由相关大臣协商解决。[106] 30 日在北京举行课长级协商，双方确认增加谈判频率，以便尽快达成一致。[107] 从 10 月底开始，日本国内决定暂缓实施正式保障措施，但是生产者和农水组议员的活动日渐频繁。10 月底，众参两院的农水委员会相继通过实施正式措施的决议。31 日，自民党农产品贸易调查会在压力下也同意实施。[108] 进入 11 月之后，该调查会继续就正式措施展开正式讨论。[109] 各地的生产者都同意实施。11 月 6 日，全国农业协同组合中央会会长原田睦民请求农水大臣、官房长官同意实施。[110] 16 日，全国农业协同组合中央会和全国农业者政治运动协商会（简称：全国农政协）在东京都内举行了 3 000 人规模的正式实施全国誓师大会。[111] 30 日，前农水副大臣松冈向小泉首相提交了由自民党"保护日本农业特别行动议员联盟"制定的实施正式措施决议。[112] 另一方面，朱镕基总理对"未来政治研究会"访华团的成员传达了中方严厉的态度，中方表示在一系列的保障措施争端问题上"不能做出让步"。[113]

12 月 8 日和 9 日，局长级协商在北京举行，虽是没能取得实质性进展，但是双方同

[103] 《产经新闻》，2001 年 11 月 13 日东京晚报，第 2 版。《日本农业新闻》，2001 年 11 月 13 日，第 1 版。《北海道新闻》，2001 年 11 月 13 日日报，第 8 版。

[104] 《日本农业新闻》，2001 年 11 月 24 日，第 2 版。《东京新闻》，2001 年 11 月 23 日日报，第 3 版。《日本农业新闻》，2001 年 11 月 23 日，第 1 版。

[105] 《产经新闻》，2001 年 11 月 14 日东京晚报，第 2 版。《日本经济新闻》，2001 年 11 月 14 日日报，第 5 版。《日本经济新闻》，2001 年 11 月 11 日日报，第 3 版。

[106] 《日本经济新闻》，2001 年 11 月 20 日晚报，第 2 版。

[107] 《朝日新闻》，2001 年 12 月 1 日日报，第 12 版。《每日新闻》，2001 年 12 月 1 日日报，第 11 版。

[108] 《日本粮食新闻》，2001 年 11 月 2 日，第 2 版。《日本农业新闻》，2001 年 11 月 1 日，第 1 版。《日本农业新闻》，2001 年 10 月 26 日，第 1 版。

[109] 《日本农业新闻》，2001 年 11 月 14 日，第 3 版。

[110] 《日本粮食新闻》，2001 年 11 月 7 日，第 1 版。

[111] 《产经新闻》，2001 年 11 月 17 日，第 1、2、5、41 版。

[112] 《日本农业新闻》，2001 年 12 月 1 日，第 2 版。

[113] 《西日本新闻》，2001 年 12 月 15 日日报，第 5 版。《每日新闻》，2001 年 12 月 15 日日报，第 11 版。

意在 11 日举行部长级协商。⑭ 部长级协商仍然由平沼、武部和石广生出席，日本方面提出设立合理贸易水准民间协商框架以及政府监督机制；中国方面未能就政府参与问题达成一致，谈判最终以破裂告终。⑮ 第二天，自民党农林水产商品贸易调查会要求政府通过 WTO 争端解决机制解决正式保障措施问题及中国的对抗措施问题，平沼、武部也在首相官邸向小泉首相建议准备实施正式保障措施，但是小泉首相仍然指示要求协商解决。⑯

另一方面，对中国生产者来说，他们非常重视开放型进口，把它视为振兴农村的重要政策。如果日本实施正式保障措施停止进口的话，会对他们造成重大损失。所以中国民间为了避免正式保障措施实施，自愿实施了贸易控制政策。这种趋势逐渐明显。就蔺草席而言，11 月下旬临时保障措施结束后，日中蔺草席友好协会决定采取措施短期内抑制蔺草席进出口。同时，就大葱和香菇而言，中国食品牲畜进出口商会明确要求会员企业在 12 月 21 日调查期限结束前对出口进行管控。⑰ 在此背景下，考虑到政府层面遇到中方的强烈抵抗，农水大臣武部勤在 14 日议会结束后举行记者会见，明确表示不拘泥于政府层面，今后也会采取与民间组织有关的方针政策。⑱

19 日，离调查期结束还有 3 天时间，日中副部长级会议在东京举行，日本方面委派农水审议官竹中美晴、经产省通商政治局长佐野出席；中国方面委派对外贸易经济合作部副部长孙振宇参加，双方决定在截止日当天在北京举行部长级会议。⑲ 在会谈过程中，中国方面没有要求停止调查，而是提出了更加灵活的妥协方案，比如制定贸易抑制框架，同时中国可以撤回对抗措施。农水大臣武部高度评价了中方的做法："中国打出了一记好球。"⑳ 20 日，相关部长会议召开，按照 11 日日中首脑会谈达成的协议再次确认了协商解决的方针，经产大臣平沼在记者会见时表示有可能延长调查时间。㉑

---

⑭ 《佐贺新闻》，2001 年 12 月 9 日，第 4 版；《日本经济新闻》，2001 年 12 月 9 日日报，第 3 版。

⑮ 《朝日新闻》，2001 年 12 月 14 日日报，第 10 版；《东京新闻》，2001 年 12 月 12 日日报，第 7 版；《日本经济新闻》，2001 年 12 月 12 日日报，第 5 版；《每日新闻》，2001 年 12 月 12 日日报，第 2 版和第 11 版。

⑯ 《东京读卖新闻》，2001 年 12 月 13 日日报，第 9 版；《日本农业新闻》，2001 年 12 月 12 日，第 1 版。《每日新闻》，2001 年 12 月 12 日日报，第 9 版。

⑰ 《朝日新闻》，2001 年 12 月 19 日日报，第 11 版；《日中新闻》，2001 年 12 月 14 日，第 3 版；《日本农业新闻》，2001 年 11 月 29 日，第 1 版。

⑱ 《日本农业新闻》，2001 年 12 月 15 日第 1 版。

⑲ 《朝日新闻》，2001 年 12 月 19 日晚报，第 2 版；《东京读卖新闻》，2001 年 12 月 19 日晚报，第 2 版。

⑳ 《朝日新闻》，2001 年 12 月 20 日晚报，第 1 版；《产经新闻》，2001 年 12 月 20 日东京日报，第 9 版；《东京新闻》，2001 年 12 月 20 日日报，第 9 版；《日本经济新闻》，2001 年 12 月 20 日日报，第 5 版。

㉑ 《日本经济新闻》，2001 年 12 月 20 日晚报，第 4 版。《每日新闻》，2001 年 12 月 20 日晚报，第 4 版。

第二天，平沼、武部、石广生在北京举行会谈，并达成一致，签署并交换了谅解备忘录，具体内容如下。[122]

在此基础上，12 月向关税与外汇审议会提交报告之后，日本决定不实施正式保障措施。[123]

1. 日本决定不对大葱、香菇以及蔺草席 3 种产品实施正式保障措施。

2. 中国决定撤销对原产于日本的汽车、手机和车载电话、空调 3 种产品加收 100% 特别关税的措施。

3. 双方决定通过政府和民间渠道，在现有基础上，进一步加强两国农产品贸易的合作。

针对 3 种农产品，日中两国尽快构建贸易机制，促进贸易有序进行。两国政府加强合作，积极交换信息，加强对相关产业的指导，维持正常的贸易秩序，取缔非法贸易，在必要时协商解决。

与此同时，成立农产品贸易协商会，让双方民间组织、生产者等广泛人员参与其中，积极交流市场需求、产品品质、生产规模、价格等信息，及时掌握生产、需求及贸易状况，共同提高产品品质，引导两国农产品种植、生产、贸易健全发展。

在成立农产品贸易协商会之前，双方尽可能维持 3 种农产品的正常贸易秩序。

之后，两国民间团体在 1 月成立日中农产品贸易协议会[124]，以后再有类似的问题就交由协议会通过进口救济制度以外的渠道解决。[125]

就本案的结果而言，可以从政治、经济、法律等方面解读。从日本进口救济法制的观点看，本案的经验并不适用其他情况。至今为止，本案从开始到解决都充满了政治性，本来应该由不偏不倚的政府当局通过技术性专业判断做出结论，结果最后成为两国首脑自上而下颁布指令。[126] 可能是因为当时的日中关系已经因为靖国神社和历史问

[122] 谅解备忘录全文：《关于日中对大葱等三种产品实施保障措施案达成一致（报告）》，关税与外汇审议会关税分科会特别关税会议，2000 年 12 月 25 日，第 4 页。http：//warp. ndl. go. jp/info：noljp/pid/1022127/www. mof. go. jp/singikai/kanzegaita/siryou/kanb131225b. pdf（2012 年 7 月 25 日点击）再次录入。关于协议的主要报道请参考：《每日新闻》，2001 年 12 月 21 日晚报，第 1 版。

[123] 财务省告示第 431 号、第 432 号以及第 433 号（2001 年 12 月 25 日）。

[124] 《关于成立与大葱等三种产品有关的进口商团体》，《经济产业公报》，2002 年 1 月 29 日，第 5 页。

[125] 之后关于日中农产品贸易协议会的相关内容请参考：焦，同前，脚注 35，第 34—40 页。提到解决方法是否妥当，有观点对保障措施协议第 11 条禁止自愿出口限制表示不满。新堀聪，《对中保障措施问题的决定与 WTO 协议》，《国际金融》，第 1083 号，2002 年，第 4—9 页。

[126] 《日中新闻》，2001 年 12 月 21 日晚报，第 2 版。

题转冷，为了避免进一步恶化，在特殊时期做出的特定判断。其过程不具有普遍性。10 月，江泽民主席在日中首脑会议上就曾表示"在这种场合我一般只能说原则问题"，但这次涉及协商解决事务层面的课题⑫，也很好地说明本案的特殊性。此外，最终调查结果是明确指出中国的确存在问题。但是最后以中方自愿限制为由表示没有继续调查的必要性，也充分说明了本案的特殊性。

但是，除了特殊性之外，本案在日本进口救济制度百年史上也是值得纪念的事情，因为这是日本首次开展保障措施调查。虽然是临时措施，但也是日本首次实施保障措施。不可否认临时保障措施存在利益引诱的一面，但仅实施保障措施本身就不应被忽略，而且其还具有转折点这一重要的历史意义。除了本案以外，美国钢铁保障措施案也非常政治化，日本在该案中是保障措施的实施对象。这两件事对日本保障措施的使用产生了深远影响。直到今天（2012 年 7 月：译者注），日本再也没使用过保障措施。

第 3 节 2001 年以后向实施国转变

1. 制度的发展与完善

以对 3 种农产品展开保障措施调查并实施临时措施为转折，21 世纪日本对待进口救济制度的态度悄然发生变化，开始积极利用救济制度维护本国利益。但是当时的日本法律制度并不完善，无法为正式实施救济制度提供相应保障。日本也没有一味遵守 WTO 协定项下与进口救济制度相关的协议，调整其国内制度。借鉴其他国家的经验，WTO 只是提供了一定的规范框架。就国内制度而言，为了更加合理地利用进口救济制度，日本秉承的基本理念是根据 WTO 从协议的制约来构建本国制度。⑫ 在此背景下，日本认为上诉机构对 WTO 相关协议的解释应该作为进口救济法制度的最低标准；与此同时，WTO 在制度设计方面赋予其成员很多裁量权，希望在此基础上制定出与国际标准相符的国内制度。⑫

---

⑫　《日本经济新闻》，2001 年 11 月 1 日日报，第 3 版。

⑫　小寺彰，《国际条约在国际贸易领域的地位——国内反倾销法与 WTO 协议》，《Jurist》，1387 号，2009 年，第 87—94 页。其中也讨论了反倾销协议的问题，此外还讨论了补贴及反补贴措施协议和保障措施协议并得出结论。

⑫　川濑刚志，《日本贸易救济法的现状及课题——发展与完善与 WTO 协议协调的国际性制度》，《法律时报》，第 77 卷 6 号，2005 年，第 54—59 页。

毫不夸张地说，日本从 2001 年对 3 种农产品实施临时保障措施后的 10 年时间里，没有向国际标准制度迈进一步。下文会介绍很多种类的救济措施。就这种趋势而言，日本经产省当局的做法肯定不属于保护主义，而是"非常谨慎地向国际性中间线靠拢"，属于"向中心靠拢的过程"。[130]

（1）反补贴关税以及反倾销关税

两者在制度上存在很多共通之处。就形式而言，到 2009 年修改前，都是根据同一份指导手册，该指导手册概括了反补贴关税以及反倾销关税。

2001 年以后，开始实质性修改反倾销关税的相关制度。2002 年 3 月，首次做出调整。[131] 就背景而言，2001 年 12 月，中国加入 WTO，其加盟议定书中规定了特殊的加盟条件。就协议本身而言，对中国和其他成员都规定了相应的权利和义务。其中第 15 条[132]规定计算特别反倾销税时的价格比较要件必须通过国内立法予以明确。

日本先是制定了新的政令，该政令（反倾销政令第 2 条第 3 款及第 10 条第 2 款）[133] 规定如果无法证明受调查产品是否符合中国市场经济，可以借助第三国国内销价或是第三国构成价格（反倾销关税相关的政令第 2 条第 1 款 4 号）。[134] 与此同时，还通过指导手册明确通过市场决定生产价格和成本投入费用，并且列举了符合市场经济的具体事例（反补贴关税及反倾销税指导手册，AD·CVD Guide-line）。[135] 2007 年 4 月，随着越南加入 WTO，对非市场经济国家的规定也相应扩大了适用范围。[136]

第二次修改是 2004 年 4 月，这次修改不仅针对反倾销关税，还包括反补贴关税。首先，就制度使用频率而言，在政令方面放宽了对"本国产业"（反倾销协议第 4 条以及补贴及反补贴措施协议第 16 条"国内产业"）的定义。根据外汇审议会的报告，以

---

[130] 《座谈会》，同前，脚注 28，第 144 页（经产省藤井敏彦讲话）。

[131] 2001 年曾修改过政令和指导手册，但只是政府机构调整，变更了负责政府部门的名称。

[132] Accession of the People's Republic of China：Decision of 10 November 2001. WT/L/432（Nov. 23，2001）. 本文翻译摘自经济产业省监制，荒木一郎、西忠雄共译《全译文 中国 WTO 加盟书》，苍苍社，2003 年。

[133] 政令第 113 号（2002 年 3 月 31 日）。

[134] 条款编号参考了修改后的条文，所以与现行规定的条款编号不同。

[135] 《关于修改反补贴关税以及反倾销关税指导手册部分内容》，财务省、厚生劳动省、农林水产省、经济产业省、国土交通省，2002 年 4 月，http：//www. customs. go. jp/kaisei/sonota/adgl. pdf（2012 年 7 月 25 日）。

[136] 政令第 120 条（2007 年 3 月 31 日）。《关于修改反补贴关税以及反倾销关税指导手册部分内容》，财务省、厚生劳动省、农林水产省、经济产业省、国土交通省，2007 年 4 月，http：//www. customs. go. jp/kaisei/sonota/H19_adgl. pdf（2012 年 7 月 25 日）。

WTO 协定为基础调整了当时的现行法律对全球供应链分工和补充问题的相关规定，比如当时针对半年内进口过受调查产品的生产者，自动从该范围内排除，并且没有申请展开调查的资格。[135] 修改后增加了一些条件：如果产品等主要业务在国内的话，即便是国内生产者有过进口经历，也可以算为"本国生产者"［反倾销政令第 4 条、反补贴关税相关政令（反补贴政令）第 2 条］。[138]

日本还通过指导手册明确了其他手续及事项。[139] 就上文提到的"本国的产业"的定义而言，明确排除被出口商、海外生产者实际支配的国内制造商［反倾销反补贴指导手册 5（3）以及 7］。比如，A 公司取得 B 公司超过 50% 的股份，或是虽然不够 50% 股份，但是 A 公司现任或前任董事在 B 公司的董事会所占席位过半，均被认为有支配关系。此时，"本国生产者"不包括被出口商、海外生产者实际控制的国内制造商。

此外，还明确了与"可获得事实"（Facts Available，简称 FA，即反倾销协议第 6.8 条和附件 2 以及补贴与反补贴措施协议第 12.7 条"可获得事实"）相关的手续。因为使用一次可获得事实会计算出比较高的倾销幅度，不利于出口商和海外制造商，所以还要通过反倾销协议以及专家组和上诉委机构做出多次判断，并制定严格制度，防止其被滥用。[140] 2004 年，对可以使用可获得事实的情况做了具体规定，比如可以不提交质询书，回答也可以仅限于部分内容。而且明确对经常被调查企业的个别情况不加斟酌、机械使用可获得事实的行为违反协议。此次修改还规定要认真对待可获得事实的决策过程，比如延长期限、督促并追加问题等（反倾销反补贴指导手册 11）。

指导手册还明确了相关问题的细则，比如当地调查手续（反倾销反补贴指导手册 10）、随机调查（反倾销反补贴指导手册 12）、对临时决定的应对（反倾销反补贴指导手册 14）、约定（反倾销反补贴指导手册）。

另一方面，就反补贴关税而言，规定了补贴金额的计算方法。日本在国内立法时，原封不动地借鉴了补贴与反补贴措施协议第 1 条和第 14 条，明确规定补贴的类型以及领取补贴时间（比如反倾销反补贴指导手册 13（1）①）。此外，与协议相比，日本国

---

⑬　关税与外审议会答辩报告（2003 年 12 月 18 日）附件 6。

⑬　政令第 107 号（2004 年 3 月 31 日）。

⑬　《关于日本修改反倾销关税制度及反补贴关税制度》，《经济产业公报》，2004 年 4 月 20 日，第 5—6 页。《关于修改反补贴关税以及反倾销关税指导手册部分内容》，财务省、厚生劳动省、农林水产省、经济产业省、国土交通省，2004 年 4 月，http：//www. customs. go. jp/kaisei/sonota/H16_adgl. pdf（2012 年 7 月 25 日）。

⑭　一系列判断请参考：Edwin Vermulst. The WTO Anti-dumping Agreement：A Commentary（Oxford Univ. Press. 2005），P146 – 158。

内的规则更加细化，比如协议没有明确规定根据补贴类型免除的债务，而日本规定了债务的计算方法（同 13（1）二）；明确了补贴与反补贴措施协议第 1.1 条（a）（1）（ii）规定的租税减免的计算方法（同 13（1）①）；出资方面也提到了补充标准（同 13 条（1）三①B）。

提到 2009 年的修改，2008 年底"特别关税制度工作组"提交报告，回答了外汇等问题[141]，并据此进行了大规模修改，涉及很多问题。[142] 此次修改并非仅仅为了"加强规则"或是站在"实施对象"的角度，而是为了"迅速展开调查，确保手续恰当"。换句话说，虽然这次修改日本从"实施者"的角度出发，但目的是为了通过制度确保国民经济和谐[143]，说明日本在进口救济法的制度设计上向用户指向型迈出了坚实一步。

政令方面的修改如下[144]：首先是扩大了反倾销关税、反补贴关税调查手续的利害相关方（调查过程中提出证据或是表达意见的人）的范围。财政大臣表示应该包括意见相同的人（CVD 政令第 5 条第 1 款，反倾销政令第 8 条第 1 款）。此外，就反倾销关税调查过程而言，协议中规定消费者团体和产业用户有权提供信息，政令中明确给予其发表意见的机会（反倾销政令第 12 条第 2 款）。根据特殊关税工作组的意见，协议上明文规定，但是日本法令从未涉及的条款（比如反倾销协议第 6.11 条、第 6.12 条，SCM 协议第 12.9 条、第 12.10 条）以及消费者团体和产业用户提出的关于反倾销政令和反补贴政令中不合适的规则，都要进行修改。[145]

其次是临时决定问题。日本通过政令予以明确（反倾销政令第 13 条第 2 款，CVD 政令第 10 条第 2 款）要推算倾销、补贴以及实质损失。协议中规定临时措施以及价格约定的前提之一是临时决定（反倾销协议第 7.1 条、第 8.2 条，补贴与反补贴措施协

---

[141] 关税与外汇审议会答辩报告（2008 年 12 月 12 日）附件 5 页。http：//www. mof. go. jp/about_mof/councils/customs_foreign_exchange/sub－of_customs/report/kana201212/02. pdf（2012 年 7 月 25 日）。《关于特别关税制度的工作组报告——整理修改内容》，关税与外汇审议会关税分科会，2008 年 12 月 2 日。http：//www. mof. go. jp/about_mof/councils/customs_foreign_exchange/sub－of_customs/proceedings_customs/material/kana201212/kana201202g. pdf（2012 年 7 月 25 日）。《关于特别关税制度的工作组报告——有关特别关税制度、手续面临的问题》，2008 年 12 月 2 日。http：//www. mof. go. jp/about_mof/councils/customs_foreign_exchange/sub－of_customs/proceedings_customs/material/kana201212/kana201202g. pdf（2012 年 7 月 25 日）。

[142] 2009 年修改的详细内容请参考：《座谈会》，同前，脚注 28。铃木崇文，《关于修改特别关税制度和手续》，《贸易与关税》第 57 卷 6 号（2009 年），第 4—13 页。藤冈达也，《关于修改特别关税制度和手续》，《贸易实务文摘》，第 48 卷 8 号（2009 年），第 2—19 页。

[143] 藤冈，同前，脚注 142，第 2 页。

[144] 政令第 110 号（2009 年）3 月 31 日。

[145] 工作组报告，同前，脚注 14，第 10—11 页。

议第 17.1 条、第 18.2 条）。特别关税工作组表示，为了确保个别调查案在该问题上与协议保持一致，必须完善相关规定。⑭ 就指导手册而言，日本明确了临时决定的通知以及意见听取等细节（反倾销指导手册第 12 条）和（补贴关税手续指导手册第 10 条）。

最后是可获得事实问题，日本通过政令公布了可获得事实的实施根据（反倾销政令第 10 条第 4 款，反补贴政令第 7 条第 4 款）。政令规定"在相当长的时间内"提交证据和政策，指导手册中则明确规定原则上只能对期限内无法提出证据的部分适用可获得事实［反倾销指导手册 10(2)二、反补贴指导手册 9(2)二］。在 2004 年修改时，进一步延长了时间，并且删除了"现场调查证据不充分不需要再追加说明"等部分内容；规定了现场调查的细则：当天如果无法提出证据的话视为未提出证据，不允许以后补充提交，此时适用可获得事实［反倾销指导手册 9(2)，反补贴指导手册 8(2)］。根据特别关税工作组的建议⑭，日本政府通过政令等方式规范了与可获得事实有关的手续，并且兼顾了利益相关方的权利。修改后，日本开始积极使用对出口商和外国制造商不利的可获得事实规则。

此外，日本还修改了指导手册。⑭ 原来反倾销关税和反补贴关税共用一本指导手册，为了更有针对性，现在各有一本指导手册。其中相同的修改包括：首先规定了申请的必要条件，把"能够合理获取的情报"［反倾销指导手册 5(2)，反补贴指导手册 4(2)］作为"充足的证据"（关税定率法第 7 条第 5 款、第 8 条第 4 款）。对此，特别关税工作组指出，与协议（反倾销协议第 5.2 条，补贴与反补贴措施协议第 11.2 条）相比，关税定率法对调查证据的要求过于严格。⑭ 就其他调查而言，详细论述了开始时应该讨论的事项［反倾销指导手册 6(2)，反补贴指导手册 5(2)］。

提到其他手续，日本政府还规定从提交申请到调查开始时间为 2 个月［反倾销指导手册 6(1)，反补贴指导手册 5(1)；要根据各调查阶段对 1 年的调查期制定详细的时间表，比如提出证据期限、现场调查的时间等［反倾销指导手册 6(5)，反补贴指导手册 5(5)］；还统一了申请调查及提交证据的文件模板（作为两份指导手册的附件）。就反倾销关税问题而言，统一了调查询征函的标准模板，并作为反倾销指导手册的附

⑭　同上，第 21—22 页。

⑭　同上，第 19 页。

⑭　《为了提高特别关税调查手续的透明度，更顺利地开展调查，修改相关政令和指导手册》，财务省、经济产业省，2009 年 4 月 1 日。

⑭　工作组报告，同前，脚注 141，第 4—5 页。

件；就现场调查问题而言，就要求证据时如何应对做了具体的规定［反倾销指导手册9(2)，反补贴指导手册8(2)］；还规定了调查结束后如何处理等细节［反倾销指导手册6(7)，反补贴指导手册5(7) 二］。

就实质性条款而言，规定了反倾销关税中计算倾销幅度的细则，定义了正常价格、出口价格，并且明确规定使用加权平均法比较价格［反倾销指导手册7(1)—(5)］；还规定了反补贴关税中补贴类型及一般的计算方法，并且根据2004年韩国产DRAM反补贴关税调查案，对债务的出资转换、延长偿还期限以及补贴类型、计算方法做了特别规定［反补贴指导手册6(1)，(2) 七和八］。

离现在最近的一次修改是在2011年[⑩]（本书编写时间为2012年：译者注）。原来，日本对支持要件的规定比反倾销协议第5.4条以及补贴与反补贴措施协议第11.4条还要严格，通过这次修改，有所放宽，更符合这些协议的要求，申请调查也更加简单。之前，在调查开始时，国内产业的支持要件是支持者的产量要大于反对者和中立者的产量。修改后，把中立者排除在外［反倾销指导手册5(3)，反补贴指导手册4(3)］。

（2）一般保障措施

在2001年日本对3种农产品展开保障措施调查前后，日本开始修改紧急关税等保障措施（一般保障措施）。原来的保障措施协议对程序问题的规定较少，只有短短三条，不同于反补贴协议和补贴与反补贴措施协议，难以直接依据该协议处理问题。换个角度，这也说明在程序方面赋予各成员更多裁量权，所以使用频率比较少。与反倾销关税和反补贴关税一样，相关制度并不完善。

首次修改是在2001年4月对3种农产品开展调查的过程中展开的，要求在调查开始时，财政大臣和经产大臣以及负责管理调查对象的政府部门官员必须进行协商［紧急关税等相关政令（保障措施政令）第9条、当商品进口增加时实施紧急措施的规则（保障措施规则）第9条］。[⑪]

第二次修改是在2002年3月，日本大规模修改并调整了相关手续。[⑫] 经过修改，明确了利益相关方、用户及消费者团体提出查看证据、意见、信息的手续，并且针对提出

---

⑩ 《修改反倾销关税制度以及反补贴关税制度的指导手册》，《经济产业公报》，2011年4月8日，第7—8页。

⑪ 政令第70号（2001年3月28日）。

⑫ 政令第114号（2002年3月31日），经济产业省告示第158号（2002年3月29日）。

意见、提供情报等手续（保障措施政令第 7 条、第 8 条，保障措施规则第 15 条、第 16 条）制定了新的规则。此外，协议规定必须成立听证会，以便提供证据、听取意见。日本也通过政令的方式予以明确（保障措施政令第 9 条、保障措施规则第 17 条）。

如上所述 2009 年曾大规模修改了反倾销关税和反补贴关税相关制度，当时也涉及一般保障措施问题。[153] 在政令方面，针对保障措施引入临时决定（保障措施政令第 9 条 2）。此外，2002 年还修改了政令中关于"听证会"的部分内容，细化了相关规定（保障措施指导手册 8，商品进口增加时保障措施指导手册 7）。

（3）纤维保障措施

如第二部第 1 章第 2 节 2 中所述，通过乌拉圭回合谈判的努力，各方终于在 WTO 框架下签署纤维协议。根据多种纤维协定实施自愿出口限制措施，长年对纤维贸易进行数量管理的时代终于结束。另一方面，前文也曾提到，在分阶段削减数量限制的过程中，还提出以纤维特别保障措施作为妥协方案（纤维协议第 6 条）。

2001 年 1 月，根据上一年底进出口交易审议会的报告，日本开始着手减轻调查申请的负担。根据本国产业的调查申请成立相关产业合作机制，明确遵守纤维协议中已经得到国际公认的解释。[154] 就第 1 条而言，WTO 纤维及纤维制品监督机构（Textile Monitoring Body，简称 TMB）负责事后审查。日本申请今后进行结构改革，而且取消审查［纤维制品进口数量增加时实施紧急措施指导手册（纤维保障措施指导手册）3（1）］。就第 2 条而言，不需要像第 1 条一样必须进行结构改革，日本废除了国内纤维产业以及正在进行结构改革的相关产业的申请制度，并且规定在调查过程中协助收集资料［同 7 节（2）］。最后，就第 3 条而言，明确将其作为制度实施的基本方针（同 1 节 ②）。

2002 年 6 月，对《纤维制品进口数量增加时紧急措施相关规则》（纤维保障措施规则）进行修改。在调查尤其是促进程序合理及透明等章节追加了规定。首先，新设了查阅利益相关方提供证据、意见、信息的手续以及听证会制度（纤维保障措施规则第 13 条、第 14 条）。此外，还规定在调查的基础上，无论是否实施进口配额都要公示对象产品及调查结果（纤维保障措施规则第 15 条）。[155]

---

[153]　财务省、经产省报道，同前，脚注 148。

[154]　《关于进出口交易审议会关于纤维保障措施国内规则的答辩报告》，通商产业省贸易局，2000 年 12 月。http：//www. meti. go. jp/report/data/g01226aj. html（2012 年 7 月 25 日）。

[155]　经产省告示第 236 号（2002 年 5 月 31 日）。

之后，2004 年底，纤维保障措施规则及指导手册随着 WTO 纤维协议失效而被废除。而且因为纤维制品不属于保障措施规则适用对象，所以还删除了保障措施规则第 3 条。[154]

（4）对华过渡性保障措施

如上所述，在中国加入 WTO 议定书第 16 节中规定了对华过渡性保障措施。这项特别保障措施不同于根据 GATT 制定的普通措施，只针对中国一个国家。因为中国当时属于非市场经济国家，此举是为了防止中国凭借强大的出口能力和价格优势扰乱市场。[157] 而正常的保障措施（保障措施协议第 2.2 条）必须适用所有 WTO 成员，所以两者存在本质区别。

2002 年 4 月，日本根据对中国实施的过渡性保障措施制定了国内法律。和普通保障措施一样，都涵盖了提高关税等救济措施以及数量限制措施，实施法令也分为单独的两个部分。就关税而言，首先是关税临时措施法第 7 条 7[158] 规定：如果从中国进口的产品规模显著扩大，搅乱了日本国内市场，在国民经济面临紧急状况时，要提高关税。此外，为了在第三国实施对华保障措施或是第三国实施自愿出口限制措施影响到日本贸易时也能有所应对，日本在该关税临时措施法项下还制定了《中华人民共和国特殊商品紧急关税政令》（中国保障措施关税政令）。[159] 该政令规定了调查手续的一系列细则，比如国内产业的定义、调查告示、利益相关方的定义、提交证据及表明意见、征收告示等。

另一方面，就数量限制而言，制定了进口原产于中华人民共和国的商品增加时实施紧急措施的相关规定，基本上是根据关税临时措施法第 7 条 7 以及中国保障措施关税政令实施必要条件以及调查手续进行了统一和细化。[160]

在两部法律体系项下，还制定了《关于对中国实施过渡性保障措施的指导手册》。[161] 其中明确规定了扰乱市场或国民经济出现紧急情况等判断标准、贸易转换的判断标准

---

[154] 经济产业省告示第 46 号及第 47 号（2004 年 12 月 24 日），进口注意事项 16 第 25 号（2004 年）。

[157] 对华特别保障措施的概要以及与普通保障措施的比较请参考：川岛富士雄，《对华过渡性保障措施规定——与普通保障措施的比较》。荒木一郎、川濑刚志编，《WTO 体制下的保障制度——构建具有实效的机制》，东洋经济新报社，2004 年第 9 章。关于世界范围内的实施情况，请参考：鹤田仁，《特殊关税详解 9：特殊关税制度的特例和各国的使用情况》，《贸易与关税》，第 57 卷第 12 号，2009 年，第 16—18 页。

[158] 对关税定率法及关税临时措施法的部分内容修改的法律（法律第 16 号，2002 年 3 月 31 日）。

[159] 政令第 115 号，2002 年 3 月 31 日。

[160] 经济产业省告示第 159 号，2002 年 3 月 29 日。

[161] 《关于使用对华过渡性保障措施指导手册》，《经济产业公报》，2002 年 4 月 24 日，第 5 页。

以及调查手续的细则。

WTO 把制定了纤维过渡性保障措施作为中国加入 WTO 的条件（加盟工作会议报告[162]第 241—242 节）。因为是只针对中国制定的特殊政策，所以其实施要件不同于 WTO 纤维协议第 6 条。2002 年 6 月，日本完善了国内立法，分别制定了《针对进口原产于中华人民共和国的纤维制品实施紧急措施的相关规定》[163] 以及《中国纤维特别措施指导手册》。[164] 当中国纤维制品进口增加（绝对或相对）扰乱市场或者有可能扰乱市场，危及国民经济时要实施这些措施。但是，救济措施最长为期 1 年，而且只能实施数量限制。从这个角度讲，关税法律体系的相关法令并不完善。

随着中国加盟议定书的签署，对华过渡性纤维保障措施于 2008 年底失效；2009 年 3 月，日本国内相关的法令也全被废弃。[165]

（5）经济合作协议中的双边保障措施

如上所述，2001 年，日本和新加坡签署经济合作协议（Economic Partnership Agreement，简称 EPA），这是日本贸易政策史上第一个自由贸易协议，标志着区域经济整合的时代已经来临。就商品贸易而言，根据 GATT 第 24 条第 8 款 b，经济合作协议实际上已经彻底取消了关税和其他限制性贸易规则，这也引发了日本国内对经济合作协议签署方进口激增的担忧。在编写本书时（2012 年 7 月：译者注），日本已经签署了 13 个经济合作协议，其中也包括一些双边保障措施。[166]

日新经济合作协议第 18 条对保障措施做出规定，基本停止了分阶段减让关税，或是以现行最惠国税率或经济合作协议生效前一天实行的最惠国税率的低值作为减让关税上限。为了更好地在国内落实，2002 年 4 月，将其写入《关税临时措施法》第 7 条第 8 款。[167] 同时，还针对调查手续制定了《新加坡特定商品相关关税紧急措施的政令》（日新保障措施协议）。[168] 针对类似经济合作协议中个别保障措施的立法还包括：与"日本与墨西哥经济合作协议第 6 章实施"有关的《关税

---

[162]　Report of the Working Party on the Accession of China，WT/ACC/CHN/49（Oct. 1. 2001）.

[163]　经济产业省告示第 235 号，2002 年 5 月 31 日。

[164]　《关于对华纤维特别措施的告示及指导手册》，《经济产业公报》，2002 年 6 月 27 日，第 15—19 页。

[165]　经济产业省告示第 56 号，2009 年 3 月 31 日。

[166]　以日马经济合作协议为例解释日本在经济合作协议中加入保障措施条款请参考：渡边赖纯（监修），外务省经济局 EPA 谈判组（编著），《解说 FTA·EPA 谈判》，日本经济评论社，2007 年，第 159—164 页。

[167]　法律第 16 号，2002 年 3 月 31 日。

[168]　法律第 116 号，2002 年 3 月 31 日。

临时措施法》第 7 条 9[169] 以及《墨西哥特定商品相关关税紧急措施的政令》[170]（2005 年 4 月），以及与"日本与马来西亚经济合作协议第 23 条实施"有关的《关税临时措施法》第 7 条 10[171] 以及《马来西亚特定商品相关关税紧急措施的政令》（2006 年 4 月）。[172]

从上述日本国内的法令不难发现，各个经济合作协议中关于保障措施的规定大体相同。所以最后日本决定制定一部统一的实施法令。2007 年 4 月，日本废除了《关税临时措施法》中关于日墨、日马保障措施条款，修改了日新相关实施条款。该法成为经济合作协议内双边保障措施适用的一般性规则。[173] 此外，就调查手续的政令而言，日本还修改了日新保障措施政令，统一为《根据经济合作协议关税紧急措施政令》[174]，保障今后在经济合作协议框架下实施双边保障措施有法可依。此外，原来根据不同的协议，进口增加要件、实施期限长短、对抗措施都略有不同。[175] 所以新整合的《经济合作协议双边保障措施实施法》规定在必要时可以参考协议内容。

一系列经济合作协议保障措施法令都根据各个协议制定了包括紧急关税在内的救济措施，但是在国内实施法令中没有规定在正常保障措施和对华过渡性保障措施实施时的数量限制。

2. 实施调查案件

（1）对中国和越南毛巾实施纤维保障措施

第 2 节曾提到日本对中国 3 种农产品展开保障措施调查。对中国和越南产毛巾实施纤维保障措施一案基本也是在同一时期开始调查。截至 2000 年，在过去 10 年时间内，从越南、中国等国家向日本出口的毛巾数量增长近 3 倍，日本国产毛巾数量减半。[176] 所以，从

---

[169] 法律第 142 号，2004 年 11 月 25 日。

[170] 政令第 34 号，2005 年 2 月 25 日。

[171] 法律第 17 号，2006 年 3 月 31 日。

[172] 政令第 194 号，2006 年 5 月 8 日。

[173] 法律第 20 号，2007 年 3 月 31 日。

[174] 政令第 120 号，2007 年 3 月 31 日。

[175] 包括日本在内区域经济协定的保障措施条框的对比请参考：鹤田仁，《特殊关税详解 10 · 根据经济合作协议制定关税紧急措施》，《贸易与关税》，第 58 卷第 1 号，2010 年，第 13 页。Akira Kotera &Tomofumi Kitamura, "On the Comparison of Safeguard Mechanisms of Free Trade Agreements," RIETI Discussion Paper Series 07 – E – 017 (2007) http://www.rieti.go.jp/jp/publications/dp/07e017.pdf（as of July 25. 2012）.

[176] 《每日新闻》，2000 年 8 月 8 日大阪日报，第 8 版。

夏天开始，在大阪南部和爱媛附近比较大的毛巾生产地要求政府实施进口限制措施的呼声逐渐高涨。自民党作为执政党，民主党作为在野党都成立了相应的应对小组，向通产省施加压力，希望其讨论放宽2001年纤维保障措施规则以及纤维保障措施指导手册中申请调查的必要条件。⑰ 2000年12月初，日本纤维产业联盟表示准备申请对包括毛巾在内的11种纤维制品实施保障措施。⑱ 进入2001年后，2月16日，日本毛巾工业组合联合会通过决议，正式申请对毛巾制品实施纤维保障措施调查，26日提出了正式申请。⑲

　　但是，日本行业内部也有反对意见，因为很多企业已经以中国为中心进行投资和生产。⑱ 进入中国毛巾企业联络协议会提出调查申请后，就连毛巾的主要产地今治也明确表示了反对。⑱ 此外，也有很多批评意见认为，保障措施的效果无法预计，但是明显会对通过在海外生产确保能够低价供应的制造商造成不利影响（即所谓的"特殊对待"）；对消费者而言，毛巾价格也有可能上涨⑱，所以以日本连锁店协会为首的流通行业明确对此表示反对。⑱

　　以消费者利益为中心的反对派、谨慎派以及制造商和政界也施加了很大压力，使经产省难以判断是否应该开始调查。⑱ 2001年3月，中国对外贸易经济合作部部长助理高虎城访问日本，明确向经济产业副大臣中山成彬表示反对⑱，担心像3种农产品调查一样成为影响中日关系的政治性问题。经产大臣平沼支持开展调查⑱，但是当时小泉内阁要求谨慎处理。⑱ 此外，行业内部认为保障措施只是临时性救济措施，所以包括在野

⑰ 《日本经济新闻》，2000年12月3日日报，第3版；《朝日新闻》，2000年12月2日日报，第12版；《爱媛新闻》，2000年11月23日，第3版。

⑱ 《日本经济新闻》，2000年12月3日日报，第3版。《朝日新闻》，2000年12月2日日报，第12版。

⑲ 《日本毛巾工业组合联合国申请实施纤维保障措施》，《经济产业公报》，2001年3月2日，第3—4页。

⑱ 《日经流通新闻》，2001年5月3日，第6版；《神户新闻》，2001年3月8日日报，第8版；《朝日新闻》，2001年2月25日日报，第2版；《东京读卖新闻》，2001年2月17日日报，第2版；《西日本新闻》，2001年2月1日日报，第6版。

⑱ 《日本经济新闻》，2001年4月20日日报，第5版；《日本经济新闻》，2001年3月10日日报，第5版；《朝日新闻》，2001年2月27日日报，第35版。

⑱ 太田保马，《"特殊对待的阴谋"是真的吗？》，《经济学人》，2001年2月27日，第52页；《产经新闻》，2001年2月15日大阪日报，第10版；《日本工业新闻》，2001年2月19日，第15版；《中日新闻》，2001年1月30日日报，第1版。

⑱ 《朝日新闻》，2001年3月6日日报，第13版；《日本经济新闻》，2001年2月14日日报，第5版。

⑱ 《朝日新闻》，2001年4月7日日报，第1版；《朝日新闻》，2001年2月14日日报，第5版。

⑱ 《日本经济新闻》，2001年3月14日日报，第5版。

⑱ 《爱媛新闻》，2001年2月21日日报，第14版；《日本工业新闻》，2001年2月19日，第15版。

⑱ 比如经济财政大臣麻生太郎、财务大臣宫泽；《熊本日日新闻》，2001年4月17日晚报，第1版；《日刊工业新闻》，2001年2月28日日报，第2版。

党在内，行业内部和经产省内部很早就要求行业自我努力，积极调整结构。[188] 2001 年 4 月 16 日，经产省对外公布决定展开调查。[189]

此后，经产省分发了调查问卷，并在 7 月 16 日公布了统计结果。[190] 统计结果显示，从 1999 年开始到 2000 年，基本所有的经济状态指标都在恶化。7 月 18 日，以非书面形式发表意见。9 月 4 日，公布了利益相关方的意见。[191] 利益相关方主要包括国内制造商、中国制造商、进口商、零售商、消费者。值得注意的是：本来通过保障措施受益的本国制造商中有 6% 投了反对票，相反在价格方面、商品选择方面不利的消费者则有 1/3 投了赞成，1/3 投了反对，1/3 投了其他。如上所述，制造商之所以反对是因为有些企业已经在中国当地投资和生产或是认为行业自身需要努力。消费者之所以赞成则是从产品的安全性以及保护国内产业和中小企业出发，倒更像国内制造商的立场。这个反差非常有趣。

此外，产业机构审议特殊贸易措施小委员会也明确表示，实施保障措施要调整机构。在此基础上，参考之前对 3 种农产品调查的案例，行业内先总结了一份结构改革计划，具体包括开拓中高级毛巾及新型毛巾产品的国内外市场、开发差异化产品，削减成本、构建多品种、小批量、短周期的回款机制。[192] 2001 年 9 月，特殊贸易措施小委员会受理了该计划。[193]

2001 年 10 月上旬，经济产业省决定延长半年至 2002 年 4 月底再做出决定。11 日做出正式决定并公布。[194] 从 1999 年到 2000 年，国内产业的经济指标基本都在恶化，而且，最近一年进口增幅与上一年相比大幅降低；从月份来看，从调查开始后的 2001 年 6 月就开始出现下降趋势。

政府部门得出结论认为"必须根据最近的进口动向继续讨论"。之所以延长期限包

---

[188] 《日经流通新闻》，2001 年 5 月 5 日，第 3 版；《爱媛新闻》，2001 年 2 月 28 日日报，第 2 版；《每日新闻》，2001 年 2 月 28 日日报，第 5 版；《东京新闻》，2001 年 2 月 22 日日报，第 4 版；《朝日新闻》，2001 年 2 月 17 日日报，第 11 版。

[189] 经济产业省告示第 305 号，2001 年 4 月 16 日。

[190] 《有关毛巾等纤维保障措施调查的证据统计结果》，《经济产业公报》，2001 年 7 月 19 日，第 8 页。《毛巾保障措施相关政府调查的统计结果》，《经济产业公报》，2001 年 7 月 26 日，第 7—15 页。

[191] 《有关毛巾纤维保障措施调查的意见》，《经济产业公报》，2001 年 9 月 7 日，第 16—17 页。《毛巾纤维保障措施意见概要》，《经济产业公报》，2001 年 9 月 13 日，第 4—7 页。

[192] 《毛巾行业结构改革计划——站在消费者观点上重振毛巾产业》，日本毛巾工业组合联合会，2001 年 8 月。

[193] 《产业机构审议会贸易经济合作分科会特殊贸易措施小委员会（第 4 回）议事要旨》，经济产业省，2001 年 9 月 17 日。http：//www.meti.go.jp/commottee/summary/0002465.index04.html（2012 年 7 月 25 日）。

[194] 经济产业省告示第 632 号，2001 年 10 月 15 日。

括很多理由，主要是出于对中国和行业的考虑，比如进口增幅降低、对因参拜靖国神社导致日中关系恶化、担心中国针对 3 种农产品实施对抗性措施、中国很快加入 WTO 后会按照相关协议做出调整。[195]

结果，此后毛巾的进口数量戏剧性增加，一直到最近三年（本书编写时间为 2012 年；译者注），始终保持微小降幅或比较稳定的增长趋势。从月份上看，还在短期内出现过实质性增长趋势，所以日本政府在对毛巾进口动向实施监控的同时，在半年时间 5 次延长了调查时间。在此期间实施的继续调查措施在一定程度上抑制了进口增加的情况。[196] 另一方面，经产省在 2003 年 4 月召开首次日中副部长级协商上开始讨论毛巾问题。[197] 2002 年公布了制造基础白皮书（被称为"生产白皮书"），建议日本纤维行业进行产品升级，提高附加值，与中国等竞争国家共存，继续促进提高行业竞争力[198]，探索保障措施以外的解决方法。

纤维协议是纤维保障措施实施的根据。随着协议的失效，调查只持续了半年左右。2004 年 4 月 15 日，调查正式结束。[199]

（2）对韩国和中国台湾产涤纶短纤维征收反倾销税

从 2000 年底到 2001 年初，化学纤维产品进口比例很高，日本化学纤维协会对此非常苦恼，积极向当时的执政党自民党沟通，要求政界和行业修改反倾销关税的相关制度，并决定在现行反倾销协议框架下首次申请反倾销关税调查。[200] 2001 年 2 月底，帝人、东丽、可乐丽、日本东洋纺织以及尤尼吉可（UNITIKA）5 家大公司正式申请对韩国、中国台湾产的涤纶短纤维展开反倾销调查。化学纤维协会表示从韩国和中国台湾的进口数量激增。截至 1999 年，2 年时间内扩大了 2 倍，达到 11 000 吨，约占国内产量的一成。而且对日出口价格低于在国内的销售价格。[201] 所以在大约 2 个月后，即 2001

---

[195]　《进口毛巾调查、延长半年——经济产业省"苦恼的选择"》，《经济学人》，2001 年 10 月 30 日，第 11 页；《朝日新闻》，2001 年 10 月 12 日日报，第 12 版；《日本经济新闻》，2001 年 10 月 6 日日报，第 5 版；《宫崎日日新闻》，2001 年 10 月 4 日日报，第 3 版。

[196]　《大阪读卖新闻》，2003 年 4 月 5 日日报，第 27 版。

[197]　《日本工业新闻》，2003 年 4 月 24 日，第 22 版。

[198]　经济产业省、厚生劳动省、文部科学省，《平成 13 年度制造基础技术振兴基本法第 8 条年度报告》，2002 年，第 22—23 页。

[199]　经济产业省告示第 146 号，2004 年 4 月 15 日。

[200]　《神户新闻》，2000 年 12 月 8 日日报，第 10 版；《日经产业新闻》，2001 年 12 月 28 日，第 10 版。

[201]　《朝日新闻》，2001 年 3 月 1 日日报，第 11 版；《日本经济新闻》，2001 年 3 月 1 日日报，第 13 版；《日经产业新闻》，2001 年 3 月 1 日，第 16 版；申请书的概要参考：《关于调查韩国及中国台湾产涤纶短纤维反倾销情况》，《经济产业公报》，2001 年 5 月 7 日，第 7—8 页。

年 4 月 23 日，日本决定展开调查。[202]

调查延长了 3 个月时间，共持续了 15 个月。[203] 最终于 7 月 19 日公布了调查报告，同意征收反倾销关税。根据调查报告，除了韩国 4 家企业以外，韩国、中国台湾受调查的企业倾销幅度为 6% ~ 13.5%，而且认为倾销进口已经对日本造成了实质损害，比如本国产业利润降低、贸易出现逆差、国产商品比例降低、雇佣和租金相应减少。26 日，正式表示截至 2007 年 6 月底对出口征收 6% ~ 13.5% 的反倾销关税。[204]

就制度而言，反倾销关税 5 年时间就撤销了，但是根据日落重审原则，决定延长 5 年时间（关税定率法第 8 条第 1 款、第 25 条、第 30 条，反倾销税协议第 11.3 条）。当初申请调查的企业中，帝人纤维（从帝人集团中拆分出涤纶短纤维业务成立新的公司）、东丽以及尤尼吉可三家公司在征收结束前一年，即 2006 年 6 月提出延长征税期限的申请。申请原因是担心韩国继续以低于制造成本价格出口，韩国、中国台湾相关产业制造能力过剩，所以日本企业担心撤销反倾销税后，倾销情况会再次发生。另一方面，对本国企业来说，还没有享受到征收的实际效果，相关的指标还未好转，整体环境仍然不利，如果早早就结束的话容易对这些企业造成严重影响。[205] 在此基础上，8 月底，政府决定开始调查。[206] 2007 年 6 月 19 日公布调查结果，同意从 7 月 1 日开始延长 5 年征税期限。[207]

（3）对澳大利亚和中国等电解二氧化锰征收反倾销关税

2007 年 1 月底，东曹公司以及东曹日向公司向财务大臣提出申请，要求对澳大利亚、中国、西班牙及南非出口日本的干电池和火柴的原材料电解二氧化锰实施反倾销关税调查。财务省、经产省于 4 月 27 日展开调查。[208]

---

[202] 财务省告示第 125 号，（2001 年 4 月 23 日）。

[203] 详细的调查过程请参考：《关于对部分韩国及中国台湾产涤纶短纤维展开反倾销调查的最终决定》，《经济产业公报》，2002 年 7 月 26 日，第 2 页。

[204] 政令第 262 号，2002 年 7 月 26 日。财务省告示第 295 号，2002 年 7 月 26 日。

[205] 申请概要请参考"新闻报告"，财务省、经济产业省，2006 年 8 月 31 日，http：//warp. da. ndl. go. jp/info：ndljp/pid/243519/www. meti. go. jp/press/20060831001/press_release. pdf（2012 年月 25 日）。

[206] 财务省告示第 334 号，2006 年 8 月 31 日。

[207] 政令第 197 号，2007 年 7 月 1 日。财务省告示第 229 号，2007 年 7 月 1 日。调查报告详细版请参考：《根据韩国及中国台湾产涤纶短纤维相关关税定率法（1910 年法律第 54 号）第 8 条第 27 项规定展开调查（2006 年 8 月 31 日财务省告示第 334 号）相关报告》，http：//www. meti. go. jp/press/20070619005/4_pdf（2012 年 7 月 25 日）。

[208] 财务省告示第 165 号（2007 年 4 月 27 日）。

2008 年 4 月，决定把调查时间延长半年，达到协议和日本法令规定的 18 个月的上限。2009 年，还没有修改反倾销关税制度和反补贴关税制度，临时决定也没有制度化。这是日本在反倾销关税有史以来首次实施临时措施，根据被调查的产品种类向出口商征收 14%～46.5% 的关税。[209] 此外，本案也是中国加入 WTO 之后首次作为被调查对象，如本节 1(1) 所言，根据中国加盟议定书第 15 节，需要使用特殊规则计算倾销幅度。

8 月 22 日，调查的延长期限还没到，日本政府就公布了最终决定。调查报告认为被调查产品的倾销幅度为 17%～74%，倾销性进口增加四成以上，国产商品的销量和份额降低，雇用和利润也大幅下降，确实对本国产业造成了实质影响。最后，根据修改临时措施政令，决定对被调查产品征收反倾销关税，税率暂定与临时措施中税率相同。[210]

（4）对韩国产动态随机存取存储器征收反补贴关税

韩国政府以及受其委托的金融机构通过债转股和融资服务对韩国大型半导体企业海力士公司提供了间接的经济补贴。本案就是针对该公司向日本出口的动态随机存取存储器（Dynamic Random Access Memory，简称 DRAM）征收反补贴关税。

2003 年 8 月，日本方面提出了申请。尔必达（ELPIDA）公司社长坂本幸雄公开表示准备申请反补贴关税调查，私下已经同调查当局展开沟通。当时美国和欧共体担心海力士公司的产品会导致出口转移，所以相继决定对海力士公司展开反倾销调查。特别是在日本市场上，相关产品主要都是以价格为竞争手段，产品的附加值较低。日本尔必达公司的产品份额超过 30%，处于优势地位，所以要防止韩国产品采取低价策略。[211] 尔必达公司和美国微软日本分公司于 2004 年 6 月 16 日正式向财务大臣提交了调查申请。[212]

通过讨论，财务省和经产省决定于 7 月 27 日与韩国政府就补贴与反补贴措施协议

---

[209] 政令第 196 号（2008 年 6 月 13 日）。财务省告示第 199 号（2008 年 6 月 13 日）。根据法律可以直接使用反倾销协定第 7.1 条（ii），选自经产省特殊关税调查室调查。

[210] 政令第 267 号（2008 年 8 月 29 日）。财务省告示第 255 号（2008 年 8 月 29 日）。调查报告书详细版请参考"调查结果报告"，http://www.customs.go.jp/kaise/sonota/H20chousa_emd.pdf（2012 年 7 月 25 日）。

[211] 《日经产业新闻》，2004 年 6 月 17 日，第 3 版；《日本经济新闻》，2004 年 6 月 16 日晚报，第 1 版；《日经产业新闻》，2003 年 8 月 28 日，第 7 版。

[212] 《关于征收海力士公司产半导体 DRAM 反补贴关税开始调查事项》，《经济产业公报》，2004 年 8 月 26 日，第 3—4 页。《日本经济新闻》，2004 年 6 月 18 日晚报，第 3 版。《东京读卖新闻》，2004 年 6 月 17 日日报，第 11 版。

第 13.1 条进行磋商，同年 8 月 4 日决定展开调查。[213] 调查时间初步定为 1 年，2005 年 7 月 26 日又延长了半年，同年 10 月 21 日公布了一些重要事项，表示可能会征收 27.2% 的反补贴关税。在延长期限即将截止之际，2006 年 1 月 27 日公布了最终决定。[214] 根据调查报告，韩国产业银行等政府机构以及受韩国政府委托的友利银行、朝兴银行等民间金融机构在 2001 年 10 月以及 2002 年 12 月通过提供新的贷款、免除债务、债转股等一系列债务重组计划间接向海力士公司提供了补贴。2003 年，补贴率为 28.6%，所以要征收 27.2% 的反补贴关税。此外，日本政府认为随着被调查产品销售和生产的扩大，进口产品的份额大幅增加，日本国内相关产业财务状况恶化，受到了实质损害。最后，和公布重要事项时提到的反补贴关税一样，日本政府决定向韩国海力士公司产动态随机存取存储器征收 27.2% 的反补贴关税。

对此，韩国政府表示韩国金融机构采取的一系列措施是在韩国货币危机之后，调整企业和金融结构的过程中债权人自发的债务重组行为，不属于补贴与反补贴措施协议中的补贴。[215] 因此，韩国政府反对日本的决定。3 月 14 日，要求根据 WTO 争端解决机制提请磋商。[216] 双边磋商并不顺利。5 月 18 日，韩国要求成立专家组。[217] 6 月 19 日，WTO 争端解决机构召开会议决定成立专家组。

2007 年 7 月 13 日专家组向各成员配发了报告。专家组认可了韩国的部分请求，认为政府委托或指示 4 家民间机构参与海力士致债务重组方案的认定方式违反补贴与反补贴措施协议第 1.1 条（a）（1）（iv），债转股以及民间金融机构对支持债务重组的利益

---

[213] 财务省告示第 35 号（2004 年 8 月 4 日）。

[214] 政令第 13 号（2006 年 1 月 27 日）。财务省告示第 35 号（2006 年 1 月 27 日）。调查报告详细版请参考：《韩国产 DRAM 相关关税定率法（1910 年法律第 54 号）第 7 条第 6 款规定调查（2004 年 8 月 4 日财务省告示第 352 号）相关的最终决定》，http：//www. meti. go. jp/policy/external_economy/trade_control/boekikanri/download/trade - remedy/dram_main. pdf（2012 年 7 月 25 日）。本案调查历程及报告概要请参考：阿倍克则，《对韩国半导体征收反补贴关税》，《Jurist》，1321 号（2006 年），第 84—94 页。松冈裕之，《对韩国海力士公司产 DRAM 征收反补贴关税》，《Finance》，第 42 卷 1 号（2006 年），第 2—10 页。

[215] 《东京读卖新闻》，2006 年 3 月 15 日日报，第 9 版；《日本对海力士征收 27% 的反补贴关税 韩国政府向 WTO 起诉》，《中央日报》（日本版网站 Joins. com），2006 年 1 月 20 日。就日韩两国态度的比较请参考《反补贴关税违反协议，邀请日本召开双边磋商——海力士产 DRAM 问题（首尔发·国际经济研究科）》，日本贸易振兴会，《通商弘报》，2006 年 3 月 17 日。

[216] Request for Consultations. Japan-Countervailing Duties on Dynamic Random Access Memories from Korea. G/L/765，G/SCM/D65/1，WT/DS336/1（Mar. 20. 2006）.

[217] Request for the Panel Establishment，Japan-Countervailing Duties on Dynamic Random Access Memories from Korea. WT/DS336/5（May 19. 2006）.

计算方法违反补贴与反补贴措施协议第 1.1 条（b）和第 14 条，法令上明示免除债务等计算利益额存在不足，以及补贴分配、偿还后征收反补贴关税违反第 19.4 条。[218] 日本不服该判决，并提出上诉，上诉机构在委托及指示的认定以及通过法令明示计算方法问题上推翻了专家组的判断，采纳了日本的建议，但其他观点都维持了专家组的意见。[219] 同年 12 月 17 日，争端解决机构通过并采纳了该报告。

在此背景下，日本一边向争端解决机构通报会遵守 WTO 的劝告和裁决。与此同时，根据《关税定率法》第 7 条第 17 款和第 19 款，通过 WTO 的裁决对补贴变更提供了充分证据。2007 年 1 月 30 日，为了实施争端解决机构劝告展开调查。[220] 另一方面，日韩两国在履行期间未能达成一致，但双方同意根据争端解决机制第 21 条第 3 款(c)提请仲裁。仲裁法院基本沿袭了韩国的主张，并且同意按照日本的要求在专家组、上诉机构报告采纳后再延长 8 个月零 2 周，把 2008 年 9 月 1 日作为履行期限。[221] 调查严格按照期限实施，特别是明确了 2001 年 10 月之前的补贴不能作为征税对象，根据该措施，取消了韩国 18.1% 的关税。从 9 月 1 日开始，根据 2002 年 12 月的措施，修改了税率，继续坚持 9.1% 的单一税率。[222]

但是海力士社长对这一结果并不满意，要求撤销关税并给予赔偿。[223] 在此背景下，韩国政府很快于 9 月 9 日根据争端解决机制第 21 条第 5 款要求成立履行确认专家组。[224] 同年 23 日争端解决机构同意成立。海力士公司表示 2002 年 12 月补贴带来的利益已经消失，应该撤销反补贴关税。9 月 29 日，海力士公司希望重新审理该案。财务省、经产省两个部门在 10 月 15 日决定根据《关税定率法》再次展开调查。[225]

之后，2009 年 3 月 5 日，按照韩国的要求，以双边合作磋商还在进行为由，根据

---

[218]　Panel Report，Japan—DRAMs（Korea），WT/DS336/R（July 13. 2007）.

[219]　Appellate Body Report. Japan – DRAMs（Korea）. WT/DS336/AB/R（Nov. 28. 2007）. 关于本案中的专家委员会、上诉委员会的报告请参考以下内容：川岛富士雄，《日本对韩国产 DRAM 征收反补贴关税》《WTO 专家委员会·上诉委员会报告相关的调查研究报告（XVIII）》，公平贸易中心，2008 年，第 93—128 页。In Yeung J. Cho，"Japan's First CVDs Determination：With Particular Emphasis on the Issue of Direction and Entrustment."Journal of World Trade. Vol. 43. Issue 2（2009），P417 – P437.

[220]　财务省告示第 26 号（2008 年 1 月 30 日）。

[221]　Decision by the Arbitrators. Japan – DRAMs（Korea）（Article 21.3（C））. WT/DS336/16（May 5. 2008）.

[222]　政令第 266 号（2008 年 8 月 29 日）。财政省告示第 254 号（2008 年 8 月 29 日）。调查报告详细版请参考：http://www. customs. go. jp/kaisei/sonota/H20chousa_dram. pdf（2012 年 7 月 25 日）.

[223]　《海力士，强烈反对日本维持反补贴关税的决定》，《联合早报》，2008 年 8 月 31 日。

[224]　Request for the Panel Establishment，Japan DRAMs（Korea）（Article21.5 Korea），WT/DS336/19（Sept. 10. 2008）.

[225]　财务省告示第 308 号（2008 年 10 月 15 日）。

第 12 条第 12 款的规定，专家组的相关工作被暂停。㉖ 不久之后，4 月 23 日，日本撤销了反补贴关税。㉗ 调查报告中称：海力士公司表示在 2007 年调查展开时，2002 年 12 月提供的补贴早已用光，而且也没有提供新的补贴。

㉖ *Communication from the chairman of the Panel*，*Japan – DRAMs*（*Korea*）（*Article 21. 5 Korea*），WT/DS336/22（Mar. 5. 2009）. 之后没有再次召开专家委员会，根据该规定于 2010 年 3 月 5 日结束。Note by Secretariat，*Japan – DRAMs*（*Korea*）（*Article21. 5 Korea*），WT/DS336/23（Mar. 5. 2010）.

㉗ 政令第 122 号（2009 年 4 月 22 日）。财务省告示第 140 号（2009 年 4 月 22 日）。调查报告详细版请参考：http: ∥www. customs. go. jp/kaisei/sonota/H21chousa_dram. pdf（2012 年 7 月 25 日）。

第4章　地区主义与日本

前　言

本章主要介绍20世纪80年代后半期到2000年，地区主义在世界范围内的发展趋势以及与日本（特别是通产省）的关系。[①]

所谓地区主义，目前没有明确定义。比如，下文提到亚太经济合作组织（Asia-Pacific Economic Cooperation，简称APEC）不具有法律强制力，属于"开放性地区主义"。除了这种用法外，也经常在学术研究方面用来形容区域贸易协定。[②]

为了理解区域贸易协定，首先要理解关税与贸易总协定中最重要的原则——最惠国待遇。根据GATT第1条的规定，GATT成员要给予其他成员相同的待遇，比如，全部成员享受同样的关税。之所以制定这项规定是吸取了第二次世界大战以前经济集团化的教训，这也得到国际社会的广泛理解。具体来说，1929年经济危机爆发，经济陷入衰退，主要国家包括殖民地在内逐渐形成集团经济，设置了很高的贸易壁垒，这也被认为是导致第二次世界大战爆发的原因之一。二战结束后，为了防止再次出现集团经济，各国共同构建了GATT并实行最惠国待遇原则，禁止对每个国家实施不同的关税。换句话说，之所以成立GATT是为了让每个国家都能享受低关税政策。但是，最惠国待遇还是存在例外，其中之一就是区域贸易协定。

区域贸易协定包括自由贸易协定（FTA）和关税同盟（CU）两种类型，GATT第24条中有详细规定。根据规定，自由贸易协定是指：两个以上的国家签署协议，同意从"所有实质性贸易（substantially all the trade）"中排除关税和其他限制性贸易规则。

[①] 关于本章的内容，除了各个脚注中标明的文献外，主要参考：关泽洋一，《日本FTA政策——政治过程分析》，东京大学社会科学研究所，2008年。

[②] Edward D. Mansfield and Helen V. Milner, "The New Wave of Regionalism", *International Organization*, Vol53, No2 (1999)，P589-P627.

在从所有实质性贸易中排除关税和其他限制性贸易规则这点上，关税同盟与自由贸易协定相同，但两者之间最大的区别就是关税同盟制定了共同的对外关税。

早在 GATT 成立之际，各国就认识到就 GATT 最惠国待遇原则而言，区域贸易协定属于比较小的例外。当时，比利时、荷兰、卢森堡三国成立的关税同盟可能就是规模最大的了，但是数量少，规模也比较小。③ 但是，区域贸易协定的发展超过各国的预期，其影响力迅速提高，甚至威胁到 GATT 以及之后的世界贸易组织（WTO）的存续。

曼斯菲尔德和米尔纳根据 GATT、WTO 下区域贸易协定的数量，指出第二次世界大战以后第二次地区主义兴起。④ 第一次地区主义是指 20 世纪 50 年代后半期到 70 年代，关税同盟代表是欧洲经济共同体（EEC），自由贸易协定代表是欧洲自由贸易联盟（European Free Trade Association，简称 EFTA）。第二次地区主义兴起于 1990 年。

本章主要介绍第二次地区主义以及与日本的关系。具体来说，第 1 节主要介绍美国推动自由贸易协定以及欧洲市场一体化促使第二次地区主义发展。第 2 节主要介绍受欧美影响由日本主导成立 APEC 的情况。第 3 节主要介绍日本对自由贸易协定态度的变化。

第 1 节　欧美地区主义

1. 美国转变方针与日美自由贸易构想

从第二次世界大战结束后到 20 世纪 80 年代，美国的基本贸易政策是构建无差别的多边贸易体系，其支柱包括：根据无差别原则（最惠国待遇和国民待遇）制定贸易规则、通过多边谈判利用最惠国待遇实现自由化。⑤ 1941 年 8 月，大西洋宪章提倡世界各国在贸易和原料方面享受平等的待遇。在美国的主导下，1947 年，GATT 成立，无差别的多边贸易原则制度化。

20 世纪 50 年代，欧洲国家成立欧洲经济共同体和欧洲自由贸易联盟。为了在冷战时期促进西方国家的经济发展，美国默许了这种行为，但是美国本身并没有加入地区

---

③ John Croome, *Reshaping the World Trading System：A History of the Uruguay Round*, Kluwer Law International, 1999, P82.

④ Mansfield and Milner, *supra* note 2.

⑤ 佐佐木隆雄，《美国贸易政策》，岩波书店，1997 年。

主义。签署区域贸易协定，影响到区域外国家向缔约国出口产品。但是在各国政府的鼓励下，区域贸易协定如多米诺骨牌被推到一样发展迅速。⑥ 但是美国坚持无差别的多边贸易体制，所以此时美国没有签署任何区域贸易协定，而且通过在 GATT 框架下，召开肯尼迪回合谈判，达成最惠国待遇，实现贸易自由化，成功抵消了欧洲签署区域贸易协定带来的不利因素。⑦

　　进入 20 世纪 80 年代以来，美国秉承无差别多边贸易体制，否定地区主义的态度开始动摇。美国也开始签署自由贸易协定。一种说法认为，美国之所以开始签署自由贸易协定是因为在 1982 年 GATT 部长级会议上，欧洲共同体没有和美国共同努力促进新的回合谈判，所以为了推动贸易自由化，美国只能尝试为数不多的手段，开始走上自由贸易协定道路。⑧

　　根据 1984 年《综合贸易法》，美国和他国签署自由贸易协定可以使用快速通道（Fast Track），所以对于美国总统来说，签署自由贸易协定非常容易。⑨ 在该法的基础上，美国于 1985 年与以色列签署了首个自由贸易协定。紧接着又与加拿大签署了自由贸易协定（1989 年 1 月生效）。就这样，美国的态度逐渐转变，不只局限于构建多边贸易体制，而是三种措施多管齐下：灵活使用 GATT 逐渐实现多边自由化、灵活使用自由贸易协定实现区域自由化、通过单边主义解决特定国家特定领域的市场准入问题。⑩

　　就这三种措施的自由贸易协定而言，美国政府提出一种设想，希望以美国为核心与他国共同构建自由贸易协定中心辐射状包围网。这种构想促使美国在美洲大陆构建自由贸易协定包围网，并且积极在亚洲各国签署自由贸易协定。⑪ 比如，以泰国为例，

⑥　Richard E Baldwin，"The Cause of Regionalism"，*The World Economy*，Vol 20. No. 7（1997），P865 – P888.

⑦　Theodore H Cohn，*Governing Global Trade*：*International Institutions in Conflict and Convergence*（Ashgate Publishing Company，2002）.

⑧　Arving Panagariya."The Regionalism Debate：An Overview,"*The World Economy*，Vol. 22，No. 4（1999），P455 – P476.

⑨　所谓快速通道是美国行政机构为了更好地跟外国谈判采取的立法措施，美国国会从关税率设定开始就对贸易有决定权。具体来说，使用快速通道的话，国会不能修改总统和对方国家签署的贸易协定方案，只能允许或是拒绝；国会必须在一定时间内审议，对国会有所限制。关于快速通道，请参考泷井光夫，《总统贸易谈判权限和联邦议会》，《季刊 国际贸易与投资 No. 69》（2007 年）（http：//www. iti. or. jp/kikan69/69takii. pdf，2011 年 2 月 11 日点击）.

⑩　Ernest H. Preeg，*Traders in a Brave New World*（The University of Chicago Press，1995），P81.

⑪　本段参考 2012 年 4 月 9 日经济产业研究所对原通商产业审议官的采访。

美国希望与其签署自由贸易协定，借此解决知识产权问题。美国对很多亚洲国家，比如印度尼西亚和韩国都施加了很大压力，要求与美国签署自由贸易协定。

美国政府内部忌惮于日本强大的产业竞争力，所以并不支持与日本签署自由贸易协定。[12] 但是，美国驻日大使曼斯菲尔德（Michael Joseph Mansfield）倡议日美有必要签署自由贸易协定。而且，1988 年 1 月，民主党参议院领袖伯德（Robert Byrd）向日本首相竹下登提议讨论日美自由贸易构想。竹下首相非常重视该意见，要求通产省对此进行讨论。[13] 在此基础上，通产省于同年 2 月成立了由国际经济部长负责的省内学习会以及亚洲太平洋贸易开发研究会，开始着手讨论亚洲太平洋合作以及日美自由贸易构想。[14] 1988 年 6 月，研究会提交了中期报告（坂本报告），其中指出"日美自由贸易构想和亚洲自由贸易构想都是未来的重要课题，如何正式实现合作框架，需要切实进行多方研究"[15]，通产省在 1988 年秋天成立了由其直管的国际经济交流财团"日美自由贸易构想研究会"，继续就该问题进行讨论。[16]

日美之间签署自由贸易协定的事情迟迟没有下文。就日本方面而言，外务省担心在乌拉圭回合谈判过程中两国签署协定是否互相矛盾，通产省则认为日美签署自由贸易协定会使韩国、中国台湾以及新兴工业经济区（NIEs）感到不安、提高戒备，所以拒绝日美两国单独行动。外务省和经产省都把日美自由贸易协定作为今后的课题。[17]

就美国方面而言，美国贸易代表办公室代表尤特（Clayton Keith Yeutter）在记者招待会上表示，因为乌拉圭回合顺利结束需要花费很多时间和精力，所以预计在 1990 年该回合结束前，美国不会与主要国家展开自由贸易协定谈判。[18] 紧接着，美国国际贸易委员会根据参议院财政委员会的指示，提交了日美自由贸易协定报告，其中既有赞成

---

[12] 原通商产业审议官村冈茂生采访（2012 年 4 月 9 日）。

[13] 同上。

[14] 丰田正和，《亚洲太平洋合作的定位》，《通产月刊》，第 22 卷 1 号，1989 年。但是通产省事务层面官员表示签署日美自由贸易协定并不现实。亚洲太平洋贸易开发研究会上决定，把 APEC 诞生与亚洲太平洋合作构想挂钩才是重点。原通商产业审议官村冈茂生采访（2012 年 4 月 9 日）。

[15] 亚洲太平洋贸易开发研究会中期总结报告，《谋求新型亚洲太平洋合作——以共识推动多层次渐进式合作》，1988 年。

[16] 《朝日新闻》，1988 年 8 月 3 日。"日美自由贸易构想研究会"和"亚洲太平洋合作推进恳谈会"同日成立，报告也同日提出。时任通商政策局长回想到如果只关注亚洲太平洋地区的话可能会有问题。采访记录，《原通商产业审议官村冈茂生》（采访时间：平成 18 年 1 月 26 日），《通商产业政策史编纂资料集（2）》。

[17] 《中日新闻》，1988 年 8 月 24 日。

[18] 《朝日新闻》，1988 年 8 月 13 日。

意见，也有反对意见，但是反对派占多数，这也说明美国政府内部对该问题的态度同样非常谨慎。[19]

在日美双方对日美自由贸易协定均持谨慎态度的背景下，"日美自由贸易构想研究会"于 1989 年 6 月 17 日发表了报告，报告认为日本不应该与美国签署自由贸易协定。其原因主要是：日美两国经济规模巨大，如果签署传统的自由贸易协定，会获得跨国境的排他性利益，会对第三国造成严重影响；同时也非常不利于现在的 GATT 体制。[20]

其他亚洲国家也与日本一样，没有和美国签署自由贸易协定。亚洲各国都对美国单边主义带有很强的戒心，担心美国通过双边协议把本国意见强加给自己，所以普遍对与美国签署自由贸易协定抱怀疑态度。而且随着 APEC 作为整个亚洲太平洋地区多边合作框架的成立，美国国内也开始反对自由贸易协定。20 世纪 90 年代，美国没能与亚洲国家签署自由贸易协定。[21]

2. 北美自由贸易协定

从 20 世纪 80 年代开始到 90 年代，美国虽然没有与亚洲国家签署自由贸易协定，但在 90 年代前半期与墨西哥、加拿大签署了北美自由贸易协定。[22]

当时，墨西哥总统卡洛斯·萨利纳斯（Carlos Salinas de Gortari）正在推动国内经济改革。根据其倡议，建议 1990 年 2 月与美国签署自由贸易协定。美国总统乔治·布什（George Bush）支持墨西哥的提案，之后加拿大也参与其中，1991 年 6 月相关国家开始就北美自由贸易协定展开谈判。

签署北美自由贸易协定比想象要难。美国国内以环境非政府组织和劳工组织为主反对北美自由贸易协定谈判中出现的新问题。受此影响，很多美国人也开始反对北美自由贸易协定。环境非政府组织表示：与美国相比，墨西哥的环境标准比较低，如果为了利用宽松的环境规则，把美国企业的生产基地转移到墨西哥的话，美国的环境标准将失去作用。劳工组织认为墨西哥的低工资及低劳动标准会挤占美国劳动者的工作机会。

---

[19]　《朝日新闻》，1988 年 9 月 22 日。

[20]　《日本经济新闻》，1988 年 9 月 22 日。

[21]　船桥洋一，《亚洲太平洋剧变——APEC 与日本》，中央公论社，1995 年，第 159—160 页。

[22]　关于本章中北美自由贸易协定的论述请参考：Frederic W. Mayer，*Interpreting NAFTA*（Columbia University Press，1998），以及 I. M. Destler，*American Trade Politics：Fourth Edition*（International Economics，2005）。

1992 年 8 月，各方才就北美自由贸易协定的文本达成一致。但是必须要等到 11 月美国总统选举完成后才能批准。总统候选人民主党议员比尔·克林顿（Bill Clinton）支持北美自由贸易协定，并且为了争取环境非政府组织和劳工组织的支持，他表示可以把环境问题和劳动问题作为附件一起签署。

克林顿当选美国总统后践行了自己的承诺。各方开始就环境和劳动问题进行谈判，1993 年 8 月，三国达成一致。最后，主要的环境组织也开始支持北美自由贸易协定，但劳工组织仍然反对。劳工组织是民主党的有力支持机构，所以包括众议院领袖理查德·格普哈特（Richard A. Gephardt）在内，很多民主党议员（特别是众议院议员）都反对北美自由贸易协定。而且，1992 年在总统选举中出名的得克萨斯州的大富豪佩罗特（Ross Perot）也加入了反对北美自由贸易协定阵营。所以整个议会对是否批准北美自由贸易协定的意见难以统一。为了获得通过，克林顿总统争取赞成北美自由贸易协定的共和党议员和产业界的支持。最终，众议院 234 票对 200 票（赞成票中共和党占 132，民主党占 102），参议院 61 票对 38 票，成功批准了北美自由贸易协定。

北美自由贸易协定签署后，美国还试图实现包括美国在内的范围更广的自由贸易协定构想——美洲自由贸易区（Free Trade Area of the Americas，简称 FTAA）。[23] 1994 年 12 月，除了古巴以外的 34 个美洲国家出席了在美国迈阿密举行的第一届美洲首脑会谈，会上同意在 2005 年 1 月前结束谈判，签署美洲自由贸易区，排除美洲大陆上限制贸易和投资的障碍。之后，又经过多年协商和准备，1998 年 4 月，圣迭戈首脑会议展开，开始进行谈判（trade talks）。[24]

但是，克林顿执政期间没能进一步推动自由贸易协定谈判。为了尽快签署自由贸易协定，克林顿政权分别于 1994 年和 1997 年要求议会给予快速通道权，但均以失败告终，所以没能产生杠杆作用，没能大力促进自由贸易协定的发展。在克林顿执政后期，2000 年 10 月，没能通过快速通道权与约旦签署自由贸易协定；同时，开始与新加坡和智利展开自由贸易协定谈判，但直到乔治·布什上台，获得总统贸易促进授权（Trade Promotion Authority，即以前的"快速通道"）后，这些谈判才取得成果。[25]

---

[23] Jeffrey Schott, "Does the FTAA Have a Future?", November 2005. Available at http: //www. iie. com/publications/papers/schott1105. pdf.

[24] 之后，美洲自由贸易区谈判之后遇到挫折，撰写本章时（2011 年 1 月）该谈判还未有进展。

[25] Richard E. Feinberg, "The Political Economy of United States's Free Trade Arrangements", *The World Economy*, Vol26. No. 7（2003），P1019－P1040.

3. 欧洲市场一体化趋势

欧洲地区在很早之前就在内部开始了区域合作。1957 年，签署《罗马条约》（欧洲经济共同体成立条约，Treaty Establishing the European Economic Community）；第二年即 1958 年，法国、德国、意大利、比荷卢经济联盟（比利时、荷兰、卢森堡）6 个国家成立欧洲经济共同体（EEC）。欧洲经济共同体希望构建一个"共同市场"（Common Market），使人员、商品、资金、服务 4 个领域可以在欧洲区域内实现自由流通。[26] 作为"共同市场"的环节之一，原定在 12 年过渡期之后于 1969 年 12 月实现关税同盟。但实际上，1968 年 7 月就撤销了区域内关税，制定了共同的对外关税，提前实现了关税同盟。

欧洲一体化一般包括"扩大"和"深化"两个方面。"扩大"是指参加欧洲一体化的国家增加。欧洲经济共同体最初的加盟国有 6 个。1973 年，英国、冰岛、丹麦加入[27]；1981 年，希腊加入；1986 年，西班牙和葡萄牙加入，欧共体有了 12 名成员国。

"深化"是指：1978 年构建欧洲货币体系（European Monetary System，简称 EMS），但是 20 世纪 80 年代以后，欧洲经济整体陷入低迷。1985 年，就任欧洲委员会委员长的雅克·德洛尔（Jacques Delors）开始整合欧共体区域内市场。欧共体理事会把 1992 年 12 月 31 日定为统一区域市场的截止日期。为了实现这一目标还制定了"区域市场白皮书"。白皮书中规定了目标，比如成立单一市场，排除非关税壁垒，使人员、商品、资金、服务在欧洲区域内自由流动。而且为了实现该目标，要解决以下问题：国境限制和税关等物理性壁垒；安全限制、公司法、政府采购等技术性壁垒；税收制度上的壁垒等问题。此外还提出具体的解决方法。为了推动市场一体化，在制定《罗马条约》的会议上，统一了全体成员国对壁垒的认识，对条约内容做出了修改，制定了《单一欧洲议定书》（Single European Act）。"区域市场白皮书"中规定了 300 多项立法计划，其中大部分在 1992 年底完成，切实推动了欧洲区域内市场一体化。

---

[26]　本章关于欧洲关系的论述主要参考：儿玉昌己，《欧盟・欧盟一体化的政治史——成功与苦恼》，NHK 出版，2011 年；原辉史、工藤章编，《现代欧洲经济史》，有斐阁，1996 年；小宫隆太郎、米村纪幸编，《欧洲一体化与改革》，东洋经济新报社，1993 年；井上淳，《区域内市场一体化领域方面 EU 加盟国关系分析：理论与实证》，《一桥法学》，9 卷 2 号（2010 年）。

[27]　本章关于欧洲共同体的称谓说明如下：1967 年以前包括欧洲经济共同体在内三个共同体机构联合条约生效前称为"欧洲经济共同体"，1967 年到 1993 年《马斯特里赫特条约》生效前称为欧洲共同体，1993 年《马斯特里赫特条约》生效后称为欧盟。

1993 年 11 月，签署《马斯特里赫特条约》［Maastricht Treaty，正式名称为《欧洲联盟条约》（Treaty on European Union）］，欧盟正式成立。

1992 年，《马斯特里赫特条约》生效后，欧盟继续扩大。1995 年 1 月，瑞典、奥地利、芬兰加入欧盟。

第 2 节　日本实现 APEC 构想

如上所述，20 世纪 80 年代后半期，美国不再坚持 GATT 推动无差别多边贸易体制，而是把重点转移到自由贸易协定方面。欧洲方面则通过"深化"和"扩大"使欧洲内部形成巨大市场。欧洲市场一体化被其他国家揶揄为"欧洲堡垒"（Fortress Europe）；美国推动自由贸易协定，这些趋势都导致东亚地区带有很强的警戒心理，非常担心受到孤立。

但是，从 90 年代末开始，东亚地区不再积极追随欧洲签署区域贸易协定[28]，反而开始根据 GATT 构建无差别多边贸易体制。在此背景下，APEC 成为最好的平台。APEC 是在日本和澳大利亚的倡议下成立的，与日美贸易摩擦、乌拉圭回合谈判并称为 20 世纪 80 年代后半期到 20 世纪 90 年代日本贸易政策三大重大课题。

1. APEC 成立前

日本早在 20 世纪 50 年代到 60 年代就萌生过在亚洲太平洋地区构建地区主义的构想。日本曾提出一些地区主义构想，但均未能实现。[29] 其中大多涉及开发援助和贸易结算等框架性问题，在时任一桥大学教授小岛清提倡的自由贸易协定构想之前，基本没有与区域贸易协定类似的构想。[30] 受欧洲地区成立欧洲经济共同体后经济逐渐实现一体化的启发，小岛教授认为欧洲经济共同体和欧洲自由贸易联盟有可能合并，"在世界范围内经济一体化的趋势正逐渐加强"，建议美国、加拿大、日本、澳大利亚、新西兰成立"太平洋自由贸易地区"（Pacific Free Trade Area），这被称为 PAFTA 构想。[31]

---

[28]　例外是东盟各国之间形成了东盟自由贸易区（ASEAN Free Trade Area，AFTA）。

[29]　保城广至，《亚洲地区主义外交的轨迹：1952—1966》，木铎社，2008 年。

[30]　同上。

[31]　小岛清、栗本弘，《太平洋共同市场与东南亚》；大来佐武郎编，《不发达国家的贸易和开发》，日本经济新闻社，1966 年。

　　但是包括日本提出的构想在内，所有的自由贸易协定构想均未能落地，倡导构建 PAFTA 的小岛教授也放弃了研究 PAFTA 构想需要解决的问题。日本开始以太平洋贸易开发机构（Organization for Pacific Trade and Development，简称 OPTAD）为轴心，把促进亚洲太平洋地区和拉丁美洲地区的功能整合作为最优先课题。[32]

　　PAFTA 构想受挫后，区域贸易协定等制度性合作构想在亚洲太平洋地区偃旗息鼓，但是"亚洲太平洋合作"的趋势在不断加强。1967 年，作为产业行业的亚洲太平洋地区的国际组织，太平洋经济委员会成立。1978 年，日本首相大平正芳个人成立了"环太平洋联合研究小组"。根据该研究小组出具的报告，大平首相向澳大利亚总统弗雷阐述了太平洋地区合作的意义。以此为契机，1980 年 9 月，在堪培拉召开"太平洋共同研究会"，太平洋经济合作会议（Pacific Economic Cooperation Conference，简称 PECC）应运而生，为官产学交换意见提供了平台。[33]

2. APEC 成立

　　如上所述，政府、产业、学术各界围绕亚洲太平洋合作展开热烈讨论，这为 APEC 成立奠定了良好的基础。促使 APEC 正式成立的原因是 20 世纪 80 年代后半期日本与澳大利亚政府内部开始就此事进行讨论。就日本政府内部而言，先是在 1988 年，通产省通商政策局举行研究会（亚洲太平洋贸易开发研究会）；1988 年 1 月，日本首相竹下登访问美国，与民主党领袖参议院议员伯德举行了会谈，向其提出了日美自由构想的讨论意见；当月，美加自由贸易协定（USA-Canada Free Trade Agreement）签署。在此背景下，研究会召开并开始讨论包括日美自由贸易构想在内的新型亚洲太平洋合作方式。[34]

　　当时该研究会由通商政策企划室企划官负责，他本人更倾向于亚洲太平洋地区合作，而不是日美自由贸易构想。根据该企划官的回忆，当时主要存在三个问题[35]：第一是日美摩擦的应对。通产省内部认为最大的课题是如何应对美国方面强硬的要求。第二是虽然美国是世界经济增长的引擎，但是不能只依赖美国，如何才能把亚洲太平洋

---

[32]　菊池努，《APEC——探索亚洲太平洋新秩序》，日本国际问题研究所，1995 年，第 82—83 页。

[33]　同上。亚洲太平洋合作推进恳谈会，《亚洲太平洋合作推进恳谈会报告——"合作推动发展的时代"已经展开》，1989 年。

[34]　通商政策局通商政策企划室，《区域合作——推动亚洲太平洋合作》，《通产月刊》，第 21 卷 12 号（1988 年）；采访记录：《经济产业审议官丰田正和》，采访时间：平成 20 年 1 月 10 日，《通商产业政策史编纂资料集（2）》。

[35]　本段落选自采访记录：《经济产业审议官丰田正和》。

整体作为增长引擎，从亚洲各国获得支持并加强与亚洲各国的关系也是很大的难题。第三是美国和加拿大签署自由贸易协定，欧洲市场逐步一体化，1986 年开始的乌拉圭回合谈判难以取得进展，世界经济集团化或保护主义盛行，如何才能牵制欧美。

亚洲太平洋贸易开发研究会于 1988 年 6 月提交了题为"谋求新型亚洲太平洋合作——以共识推动多层次渐进式合作"的中期报告（因为当时研究会的会长是国际经济部长坂本吉弘，所以该报告也被称为"坂本报告"），其主要内容包括：①从"美国依存型发展"转为"根据经济情况承担相应责任型发展"，换句话说，为了解决美国贸易逆差、日本贸易顺差等世界经济结构性问题，促使世界经济稳定发展，不能只依靠美国，包括日本在内的亚洲各国都应该根据自身的经济实力承担相应的责任和义务。②"以共识推动多层次渐进式合作"，换句话说，亚洲太平洋地区国家具有多样性，在开展合作时，要尊重各方意见，形成普遍共识，从可能性大的领域入手通过多种手段逐渐积累成果。③保证开放性。亚洲太平洋合作不同于封闭的集团化，对区域外也持开放态度。④通过共识的形式签署自由贸易协定和实现太平洋版 OECD 等合作框架的话需要花费大量时间，所以应该积极推动，先从容易合作的领域入手。[36]

对于坂本报告提出的问题，澳大利亚政府也有同样的认识。1985 年左右，美国与澳大利亚讨论自由贸易协定问题。澳大利亚政府委托莫纳什大学的理查德·斯内普（Richard Snape）对此进行研究，斯内普表示不应该签署自由贸易协定，也不应该在亚洲地区搞集团经济，应该推进多边贸易自由化经济体系。[37] 与此同时，1988 年左右，美国积极推动与东盟成员和日本签署自由贸易协定。欧美的地区主义趋势使澳大利亚总统霍克（Robert James Lee Hawke）感受到危机，担心今后澳大利亚会被孤立。[38]

日本把坂本报告翻译成英文，提交给澳大利亚，澳大利亚外交贸易部和日本通产省开始就双方关心的话题举行研讨会。[39] 同年 12 月，在 GATT 蒙特利尔部长级会议召开之际，通商产业审议官村冈茂生与澳大利亚贸易部长迈克尔·达菲（Michael Duffy）举行会谈，提出了亚洲太平洋合作构想。澳大利亚方面表示赞成。村冈审议官还向达

㊱ 亚洲太平洋贸易开发研究会中期报告，《谋求新型亚洲太平洋合作》；丰田正和，《亚洲太平洋合作的定位》，《通产月刊》，第 22 卷 1 号，1989 年，第 25 页。

㊲ 大庭三枝，《亚洲太平洋地区形成之路——日本和澳大利亚的身份定位与地区主义》，Minerva 书房，2004 年，第 335 页。

㊳ 同上。

㊴ 本段落选自采访记录：《经济产业审议官丰田正和》。

菲部长表示为了避免被其他国家误认为是大东亚共荣圈的重现，所以建议由澳大利亚在前面推动，日本在背后提供必要支持。⑩ 于是，1989 年 1 月 30 日，澳大利亚总统霍克向韩国企业家发表演讲，表示要为亚洲太平洋区域合作提供平台。从此，讨论正式开始。

在 APEC 成立之际面临很多问题，主要包括：是否应该允许美国加入 APEC，东盟如何加入 APEC，中国、中国香港和中国台湾以何种方式加入。而且，就是否应该推动 APEC 问题而言，日本外务省和通产省的观点对立，甚至被称为"两个日本"，如何化解两个部门的矛盾也是很重要的问题。

就美国问题而言，日本一开始希望美国加入 APEC，主要是考虑到参议院议员伯德曾向日本提出美日自由贸易构想；以及如果没有美国加入的话，该机构的经济价值将显著下降，所以通产省内大多数人都支持美国加入 APEC。⑪ 与此同时，澳大利亚总统霍克则反对美国加入 APEC。澳洲方面表示，美国方面是否可以加入要由 10 个成员通过协商决定。⑫ 但是，1989 年 3 月，澳大利亚外交大臣埃文斯（Gareth Evans）与美国国务卿贝克（James Addison Baker）举行会谈。贝克强烈要求美国加入亚洲太平洋合作构想，并迫使埃文斯接受。最后，澳大利亚也不再公开反对美国加入 APEC。

就东盟和韩国问题而言，日本贸易振兴会悉尼事务所产业调查员奥村裕一在坂本报告的指导下做了大量准备工作。接着，1989 年 3 月，通商产业审议官村冈茂生访问了这些国家，获得了这些国家对亚洲太平洋合作构想的支持。⑬ 为了打消东盟的担心，村冈表示：亚洲太平洋合作构想的理念并不是为了效仿欧共体或美加自由贸易协定构建集团经济，而是要把关税减让等自由化成果分享给各个成员，最终普惠世界；APEC 也并非制度化产物。日本通过解释获得了东盟国家的广泛支持。当时很多国家都迫于美国的压力在同美国讨论签署自由贸易协定问题。这些国家普遍对美国的单边主义表

---

⑩　本段落选自采访记录：《经济产业审议官村冈茂生》。

⑪　本段和下段选自采访记录：《经济产业审议官村冈茂生》和《原产业调查员奥村裕一》（采访时间：平成 21 年 1 月 9 日），《通商产业政策史编纂资料集（2）》。

⑫　这 10 个国家是指日本、澳大利亚、新西兰、韩国、泰国、新加坡、印度尼西亚、马来西亚、菲律宾、文莱。

⑬　产业调查员奥村对东盟各国做了很多前期工作。东盟等国都认为亚洲太平洋合作构想是个长期的课题，但是，被称为"欧洲堡垒"的欧洲市场一体化导致欧洲市场准入变得困难，美国强迫其他国家签署自由贸易协定，都让这些国家感到危机。再加上，东盟各国作为发展中国家希望和日本等发达国家开展经济合作，所以对亚洲太平洋合作构想持积极态度。但是东盟各国中也有观点认为该构想实现后会弱化东盟，如何解决这一担忧成为日本和澳大利亚需要解决的问题。以上内容选自作者对奥村裕一的采访（2012 年 5 月 25 日）。

示担心，希望能够联合起来共同予以应对，所以这些国家接受了村冈的建议。比如印度尼西亚副总统拉迪乌斯一开始反对美国加入 APEC，但是听了村冈"放虎归山"的言论后，开始同意美国加入 APEC，希望各国联合牵制美国，合力把美国这头猛虎关在栅栏里。

就中国、中国香港、中国台湾以何种方式加入的问题，当时中国大陆积极加入亚洲太平洋合作构想，而 1989 年后，在 11 月召开第一次 APEC 部长会议，中国大陆也缺席了会议。[44]

除了这些国际性问题之外，围绕 APEC 成立问题，日本国内也出现了"两个日本"的问题——这就是通产省和外务省对亚洲太平洋合作构想存在矛盾。外务省不支持通产省推动落实该构想，并且发生了很多在通产省看来是找麻烦的事情。[45]

后来，通过下面两件事解决了"两个日本"的问题。第一件事是人事调整。亚洲太平洋合作构想原来由通产大臣三塚博领导通产省官员推动。1989 年 6 月，宇野宗佑内阁成立后，三塚被任命为外交大臣。因为三塚大臣是亚洲太平洋合作构想的推进派，所以人事调整后，外务省内反对亚洲太平洋合作构想的声音逐渐沉寂。[46] 第二件事是美国积极参与亚洲太平洋合作构想。特别是国务卿贝克表示出积极态度之后，日本外务省无法再拒绝该构想。[47] 通过这一系列事件，日本国内的意见逐渐统一。

3. APEC 初期（1989—1992 年）

（1）过程

第一届 APEC 部长级会议于 1989 年 11 月在澳大利亚堪培拉举行，明确把"开放的

---

[44] 采访记录：《原通商产业审议官村冈茂生》，以及作者对奥村裕一的采访（2012 年 5 月 25 日）。1989 年 11 月第一届 APEC 部长级会议的主席声明对中国三个经济体加入 APEC 持积极态度。

[45] 船桥，同前，脚注 21，第 91—92 页。菊池努解释说："对外务省来说，亚洲太平洋合作领域的基础非常脆弱，认为直接在部长级会议上讨论，无法充分暴露相关国家的担忧，通产省的行为非常危险，而且通产省想要利用多边协议增加向亚洲各国的投资，当地培养出口企业解决贸易失衡问题，外务省认为这不过是经济优先外交战略，还担心亚洲各国都会聚焦日本，会对日本带有戒备心。"菊池，同前，脚注 32，第 196 页。但是，作者对奥村裕一采访（2012 年 5 月 25 日）时，他表示外务省亚洲局对亚洲太平洋合作构想持积极态度。

[46] 船桥，同前，脚注 21，第 93 页，但是把三塚从通产大臣调整为外交大臣，并不是为了推动亚洲太平洋合作构想而特意做出的人事调整，而是偶然情况。

[47] 原通商产业审议官村冈茂生采访，2012 年 4 月 9 日。贝克于 1989 年 6 月 29 日在纽约发表讲话，表示与澳大利亚总统霍克和日本通产省提出的亚洲太平洋合作构想产生共鸣，认为非常有必要在太平洋地区构建新的多边合作机制。http：//ioc. u－tokyo. ac. jp/－worldjpn/documents/texts/JPUS/19890626. S2E. html（2012 年 5 月 25 日）。

区域合作（开放的地区主义）"作为理念，表示要牵制世界经济集团化。通产省总结了第一届 APEC 部长级会议的成果，"会议强调了'开放的地区合作'是亚洲太平洋经济合作的原则"，"最近，随着美加自由贸易协定签署以及欧洲一体化，地区合作的趋势在逐渐加强。虽然地区合作有助于发展世界经济，但是也会导致地区经济集团化。亚洲太平洋经济合作向世界提供了'开放型区域合作的范例'。从这个意义上讲，这次会议实现的合作形式具有深远意义"。⑱

美国和东盟大部分国家参加了这次会议，中国仍然没有参加。⑲ 日本派出了外务大臣中山太郎和通产大臣松永光出席会议。当然，这时很多东盟国家仍然抱有很强的戒备心，澳大利亚和日本则希望把定期召开部长级会议制度化，东盟国家则担心 APEC 制度化后会影响东盟的发展。为了说服东盟国家，围绕东盟重视的投资、技术转移、人才培养等问题，进行了重点讨论，并达成一致。⑳

1991 年第三届 APEC 部长级会议在韩国汉城（今首尔）举行，中国、中国香港、中国台湾三个经济体同时参加会议。㉑ 该会议提出了"APEC 汉城宣言"，确立了宗旨和目标："为本区域人民的普遍福祉，持续推动区域成长与发展，为世界经济发展做出贡献"，"促进经济互补性，鼓励货物、服务、资本、技术的流动"，"为了亚洲太平洋以及其他所有国家的经济，加快发展开放及多边的贸易体系"，"根据 GATT 的各项原则，不损害其他国家经济，减少资金和服务在贸易与投资上的壁垒"。㉒

1992 年在曼谷举行部长级会议，决定成立秘书处和顾问会议，APEC 的机制不断得到完善。

（2）评价

APEC 成立初期，美国还试图与亚洲各个国家签署双边协议。亚洲成员则希望通过合作保护本国利益。与此同时，欧美地区主义趋势加强，在贸易保护主义盛行的背景

---

⑱　通商政策局亚洲太平洋国际区域合作推进室，《亚洲太平洋合作时代的大幕揭开——APEC 部长级会议报告》，《通产月刊》，第 23 卷 2 号，1990 年。

⑲　参加部长级会议的国家有澳大利亚、菲律宾、加拿大、印度尼西亚、日本、韩国、马来西亚、新西兰、文莱、新加坡、泰国、美国。

⑳　菊池，同前，脚注 32，第 204—205 页。

㉑　中国作为 People's Republic of China，中国香港作为 Hong Kong（1997 年 7 月 1 日后为 Hong Kong, China），中国台湾作为 Chinese Taipei 加入 APEC。在谅解备忘录中同意 Chinese Taipei 的"外交部长"和"外交部副部长"不能出席 APEC 会议。船桥，同前，脚注 21，第 109—111 页。

㉒　山泽逸平、铃木敏郎、安延申编著，《APEC 入门——以开放的地区合作为目标》，东洋经济新报社，1995 年，第 161 页。

下，亚洲国家认识到必须通过合作才能防止世界市场缩小。从支持 GATT 乌拉圭回合等多边谈判，反对传统的地区主义等行为可以明确亚洲成员方在 APEC 初期的大概态度。

对前者来说，在 GATT 框架下推动多边贸易机制，对抗欧美地区主义。所以在 APEC 初期，每年 APEC 宣言中都会涉及乌拉圭回合谈判，还召开了推动乌拉圭回合谈判的特别部长级会议，说明 APEC 成员方大都支持乌拉圭回合。[53]

对后者来说，APEC 中的亚洲成员方都反对传统的地区主义，通过部长宣言重申 APEC 的理念是"开放的地区主义"以及 APEC 不会形成贸易集团。[54]所谓"开放的地区主义"是指 APEC 框架下的自由化，最惠国待遇适用于 APEC 成员及其他国家和地区。[55]贸易集团是指当时亚洲国家和澳大利亚非常担心的欧洲一体化和美加自由贸易协定等区域贸易协定（自由贸易协定和关税同盟）。在此基础上，在贸易方面，APEC 追求通过在 GATT 框架下开展回合谈判实现多边且无差别的自由化；通过最惠国待遇实现自主的自由化。构建与自由贸易协定和关税同盟不同的自由化是 APEC 的奋斗目标。[56]

日本和澳大利亚正是因为对欧美推动区域贸易协定的路线表示担忧，所以才选择倡导并落实 APEC。在此背景下，东盟各国也因为反对自由贸易协定具有约束性的制度性自由化自愿选择成为 APEC 的成员，构建与自由贸易协定和关税同盟不同的制度。所以在部长宣言中自然也会出现"不以贸易集团为发展目标"以及"开放的地区主义"等字眼。

但是，"不以贸易集团为发展目标"以及"开放的地区主义"的理念也约束了 APEC 个别成员的想法和行动。

第一，这种想法与当时美国的想法格格不入。如果彻底贯彻"开放的地区主义"，APEC 以外的国家可以和 APEC 成员一样，享受自由化的好处。美国对尊重互相主义自

---

[53] 菊池，同前，脚注 32，第 214—223 页；船桥，同前，脚注 21，第 116—117 页。

[54] 比如，1989 年第一届 APEC 部长级会议联合声明：在堪培拉的每个经济体都希望构建强大且开放的多边贸易体系，没人愿意 APEC 发展为贸易集团（"Every economy represented in Canberra relies heavily on a strong and open multilateral trading system，and none believes that Asia Pacific Economic Cooperation should be directed to the formation of a trading bloc"）。1990 年 APEC 部长宣言、1994 年首脑宣言、1994 年首脑宣言、1995 年首脑宣言中都有关于不成为贸易集团的论述。

[55] 比如：星野三喜夫，《"开放的地区主义"和亚洲太平洋的区域合作和一体化——关于 APEC 适应性和宽容度的实证研究》，parade，2011 年，第三章。

[56] 自由贸易协定和关税同盟的自由化可能会导致贸易转换损害第三国的利益。

由化持怀疑态度，所以实际上也很难接受这种做法。而且，其他国家或多或少也有这种考虑，怀疑 APEC 成员是否真能做到"开放的地区主义"。

第二，APEC 成员之间签署自由贸易协定。从 20 世纪 90 年代初开始，美国、加拿大、墨西哥三国签署了北美自由贸易协定。受其启发，东盟国家签署了东盟自由贸易协定。[57] 换句话说，APEC 完全无法组织个别成员签署自由贸易协定。

最后，在 APEC 成立初期，日本、韩国、澳大利亚、新西兰本以为可以抑制自由贸易协定的签署[58]，也可以抑制东盟各国单独与其他国家签署自由贸易协定。[59] 但是最后发现根本无法阻止东盟自由贸易协定的签署，更无法阻止 APEC 的美洲大陆成员国签署自由贸易协定。

4. APEC 转型为自由化论坛

（1）西雅图首脑会谈与茂物宣言

1993 年到 1994 年，APEC 发生了很大转变。首先是 1993 年，美国作为 APEC 主席国对该机构做出大规模调整。美国把亚洲作为出口市场，所以非常关注亚洲市场，希望通过 APEC 实现贸易自由化。而且，美国认为实现自由化的方式不一定局限于 GATT 框架下最惠国待遇式自由化，也可以考虑实现太平洋地区自由贸易协定型自由化。对于美国的这种举动，东盟各国表示强烈反对，担心自由化速度过快。而且，包括日本在内，很多国家对自由贸易协定自由化都持否定态度，不接受这种方式。此外，还成立了常设的贸易投资委员会（CTI）。就这样，按照美国的设计，APEC 的职能被强化，逐渐演变为推动自由化的论坛。[60]

此外，1993 年 1 月，比尔·克林顿就任美国总统。在其倡议下，1993 年 11 月，APEC 举行非正式首脑会议。就在美国众议院对北美自由贸易协定做出决议后不久，该首脑会谈在西雅图举行。因为欧盟的反对导致乌拉圭回合难以谈拢，所以美国想向欧

---

[57] 武藤聪博，《AFTA 的意义——从亚洲太平洋地区合作看东盟众生相》，《国际政治》，第 116 号，1997 年。

[58] 澳大利亚和新西兰于 1965 年签署新澳自由贸易协定（New Zealand Australia Free Trade Agreement，简称 NZAFTA），1983 年签署了澳大利亚、新西兰紧密经贸关系贸易协定（Closer Economic Relations Trade Agreement，CER）。20 世纪 90 年代前半期只签署了这一个自由贸易协定。日本作为未签署自由贸易协定的国家，双方的立场相近。20 世纪中国没有签署自由贸易协定，但是事实是在加入 WTO 之前，与 APEC 虽然关系不大，但是很难签署自由贸易协定。

[59] 武藤，同前，脚注 57。

[60] 菊池，同前，脚注 32，第 223—237 页。

洲释放信息[61]：美国正在跟其他太平洋沿岸国家开展联合行动。这种说法的真伪有待确认，但是在第二个月，即 1993 年 12 月，乌拉圭回合达成一致。从这个角度看，欧盟方面也担心 APEC 首脑会谈举行后，如果欧洲不采取措施的话美国会在亚洲太平洋这一成长性市场上拥有优势，所以欧洲也希望尽快就乌拉圭回合谈判达成一致。

此后，APEC 首脑会议每年举行，该组织的地位得到显著提高。而且在 APEC 首脑会议上，美国建议举行 APEC 财政部长会议，日本建议举行 APEC 中小企业部长会议。各方提出了很多倡议，APEC 开始逐步扩大。

1994 年，印度尼西亚为 APEC 的东道主。11 月，在雅加达郊外的茂物举行非正式首脑会议，并提出茂物宣言（Bogor Declaration，APEC 经济领导人共同决心宣言）。该宣言由印度尼西亚总统苏西洛（Suharto）倡议，提出了比较大胆的目标：发达国家要在 2010 年，发展中国家要在 2020 年实现贸易和投资自由化。茂物宣言的提出标志着 APEC 作为自由化论坛的定位进一步加强。

但是，茂物宣言也存在缺陷，它没能明确自由化的具体目标。有观点认为：在 APEC 茂物首脑会谈后不久，即 1994 年 12 月，美国总统克林顿就参加了美洲大陆首脑出席的第一届美洲首脑会议（在美国迈阿密举行），同意为了实现美洲自由贸易区扫除贸易和投资方面的障碍进行讨论。此外，茂物宣言意味着只有 APEC 成员方可以享受最惠国待遇带来的自由化，此举有可能会导致欧盟加入 APEC，这是美国不愿看到的，美国还是坚持以本国为中心构建中心辐射型自由贸易协定。[62]

与美国立场相反的是马来西亚。马来西亚总统马哈蒂尔（Mahathir bin Mohamad）缺席了 1993 年的西雅图首脑会议。在 1994 年茂物首脑会议上，他也对茂物宣言持保留意见。主要是指：为了实现茂物宣言提出的目标，不能使亚洲太平洋地区变成封闭的自由贸易区；自由化过程还要符合 GATT/WTO 的原则；而且，应该无条件的坚持最惠国待遇原则。[63]

当时，包括日本在内的亚洲成员的态度与马来西亚趋同。在茂物宣言中也提到了之前 APEC 部长宣言中的观点，比如反对形成内部的贸易集团。这说明，在 APEC 成立

---

[61] Ernest H. Preeg, *Traders in a Brave World：The Uruguay Round and the Future of the International Trading System*（The University of Chicago Press. 1995），P165. 德斯特勒认为美国做出这些措施后，欧盟方面明确承诺要结束乌拉圭回合谈判。Destler，supra note 22. P208.

[62] 菊池，同前，脚注 32，第 226 页。

[63] 同上，第 317 页。

初期，该组织成员仍然非常反对地区主义。[64]

（2）大阪会议

1995 年日本为 APEC 东道主。为了更方便地理解当时日本对 APEC 采取的具体措施，此处直接援引外务省负责人的说明。

①二战结束至今，日本之所以能够实现经济繁荣，毫不夸张地说是得益于世界范围内的市场经济，以及在 GATT 框架下构建多边自由贸易体制。APEC 补充并强化了 WTO 框架下的多边自由贸易体制，为亚洲太平洋地区以及世界经济发展做出贡献。APEC 应该坚持"开放的区域合作"，避免陷入排他的地区主义。而且，与区域外成员分享区域内自由化的成果，享受最惠国待遇也非常重要。

②APEC 反映了亚洲太平洋地区内部成员的多样性（除了国家外，也有地区参与其中）。但是不同于欧盟和北美自由贸易协定，APEC 并不具有法律依据。所以，该组织的活动不具法律约束力，属于自发的或是由同侪压力推动。合作应该积极推进，但与此同时也应该尊重 APEC 各个成员的多样性、考虑每个经济体发展层次的区别。

③APEC 应该作为高度透明的合作平台，确保非成员和国际机构也能够互相交换意见。[65]

1995 年 11 月，APEC 部长级会议及首脑会议相继在大阪举行。为了落实茂物目标，大阪会议提出了大阪行动议程。在第二年的马尼拉会议上向各国提出了行动计划（表 2.4.1）。行动计划规定要定期对进展进行回顾，通过协商逐步改善。在此背景下，自由化正式展开。[66]

因为考虑到 APEC 并不是谈判的平台，所以其采取的自由化措施都被定位为协调性单边行动（Concerted Unilateral Action，简称 CUA）。APEC 框架下的自由化，虽然需要成员方之间协商，但是都属于自发实施。借鉴相关部门的解释，"以前推动自由化主要是以谈判为主，势必会增加各方的紧张情绪。特别是像 APEC 一样，在聚集了很多成员的场合，根据谈判推动自由化未必能够取得最好的成果。但是，从另一个角度讲其也具有深远意义，美国等发达国家以前总是比较重视双边谈判，现在却发现以自主自愿作为自由化的基础非常重要"。[67]

---

[64]　但是，如前文所述，东盟于 1992 年同意签署东盟自由贸易协定。前提条件是东盟各国也认为东盟自由贸易协定属于例外。

[65]　道上尚史，《日本外交与 APEC》；山泽逸平、铃木敏郎、安延申编著，《APEC 入门——目标是开放的地区合作》。

[66]　通商政策局亚洲太平洋地区合作推进室，《关于 APEC 大阪会议》，《通产月刊》，第 29 卷 2 号，1996 年。

[67]　同上。

表2.4.1　大阪行动议程概要

行动议程以贸易和投资自由化、贸易和投资便利化、经济与技术合作为三个支柱，明确指出了各个领域的中长期行动方向。议程方案由部长级会议提出，由首脑会谈通过并采纳。

（1）贸易投资自由化、便利化

以亚洲太平洋地区自主的自由化、规制缓和措施为基础，各成员采取自主行动和共同行动相结合的方法。

一般原则：综合性、同等性、无差别、灵活性等9个原则。

工作框架：1996年马尼拉部长级会议上提出行动计划，1997年1月开始实施行动计划。根据行动计划的实施情况，提出意见并改善自主行动计划。

相关领域：关税、非关税措施、服务贸易、标准及适应性、关税手续、知识产权、竞争策略等15个领域。

（2）经济、技术合作

缩小区域内差距，以消除经济发展的瓶颈为目标。在各个合作领域，制定共同的政策理念，并在此基础上开展共同行动和政策对话达成一致。

合作领域：人才培养、产业技术、中小企业、基础设施、能源、运输、通信信息等13个领域。

资料来源：《关于APEC大阪会议》，《通产月刊》，第29卷第2号，1996年，第17页。

导致这种变化的背景是：美国、加拿大、澳大利亚、新西兰希望通过谈判达成具有约束力的自由化。但亚洲方面则担心协议具有约束力，主张各国通过自主方式。双方意见难以统一。所以最后把协调（concerted）和自主（unilateral）结合在一起，最终，美国也不得不接受协调性单边行动方式。[68]

协调性单边行动的说法非常暧昧。正如协调性单边行动所言，作为事实上的倡议国，日本并没有明确真正的自由化目标。特别是农业方面，农林水产省坚持不考虑今后WTO谈判，农业自由化不应该超过乌拉圭回合谈判协议规定的程度。[69] 本来，根据茂物宣言，为了长期实现自由开放的贸易和投资，应该扫清一切障碍。大阪行动议程的一般原则也明确规定了"综合性"（comprehensiveness），所以日本农林水产省非常担心APEC框架下的自由化会超过WTO框架下规定的自由化，要求在一般原则中兼具"灵活性"（flexibility），以统筹考虑成员发展层次的不同。[70]

通产省内部对于APEC框架下的自由化也持不同意见。通商政策局对不根据GATT

[68]　细川恒，《大竞争时代的贸易战略》，NHK出版，1999年，第149—153页。

[69]　比如Tatsushi Ogita. "The APEC Policy – Making Process in Japan," IDE – APEC Study Center. Working Paper Series 95/96 – No. 7. March 1996. Available at http：//www. ide. go. jp/English/Publish/Download/Apec/pdf/1995_06. pdf.

[70]　Tatsushi Ogita and Daisuke Takoh, "The Making of Osaka Action Agenda and Japan's Individual Action Plan：The APEC Policy Making Process in Japan Revisited," IDE APEC Study Center. Working Paper Series96/97 – No. 7. March 1996. Available at http：//www. ide. go. jp/English/Publish/Download/Apec/pdf/1996_14. pdf.

谈判等互相主义的自发性自由化持怀疑态度。该局认为乌拉圭回合谈判只能实施减让关税⑦，所以对回合谈判比较懈怠，对新的自由化也持消极态度。

大阪会议上提出了大阪行动议程，同时向各国公布了 APEC 自由化的第一步——初步计划（开始措施），其中包括：日本将提前实施在上一年乌拉圭回合谈判中达成一致的 697 种产品减让关税方案（原则上在 5 年内实施）。但是日本国内对此非常反对。需要注意的是，提前实施关税减让的产品涉及部分工业产品，但是完全不涉及农产品。

5. 部门自愿提前自由化的失败和 APEC 的放缓

（1）信息技术协议谈判的成功和 APEC 的贡献

1996 年菲律宾担任 APEC 东道主，在"从憧憬到行动"口号的倡议下，根据上一年首脑会议宣言的要求，所有的 APEC 成员均提出了特别行动计划，与共同行动计划共同作为马尼拉行动计划被部长级会议采纳。但是，为了尊重各国的自主性，马尼拉行动计划并不包含高级别的内容。⑫

在菲律宾 APEC 会议上，最大的焦点是信息技术协议谈判（Information Technology Agreement，简称 ITA，即废除信息技术产品关税的谈判）。信息技术协议谈判以美国、日本、欧盟和加拿大四极为轴，在 WTO 总部日内瓦为中心举行。这四极国家认识到需要更多的国家加入进来，特别是作为 IT 产品主要出口市场的亚洲国家。APEC 成员中也包括亚洲主要的 IT 生产国和地区，所以四极国家非常期待参加 APEC 会议，希望借机争取亚洲国家加入信息技术协议。日美开展合作，通过召开 APEC 会议等措施，争取更多国家加入信息技术协议。

日美两国采取的措施纷纷奏效。11 月，APEC 部长级会议以及非正式首脑会议对信息技术协议释放了积极的信号，个别 APEC 成员对信息技术协议也持支持态度。12 月，新加坡、印度尼西亚、韩国加入，信息技术协议谈判达成一致。

（2）部门自愿提前自由化

信息技术协议成立后，APEC 认为应该以此为脚本，推动其他领域和部门实现自由化，这也被称为部门自愿提前自由化（Early Voluntary Sectorial Liberalization，简称

---

⑦　乌拉圭回合谈判要求从 1995 年开始分 5 年时间降低关税，纤维产品为 10 年，皮革产品为 8 年。

⑫　山泽逸平评论该行动计划"属于自发的，内容方面比较片面"；山泽逸平，《APEC 为谁而设》，《时代脉动》，1997 年 1 月，第 45 页。

EVSL）。

美国产业界相关人士回忆到信息技术协议谈判是乌拉圭回合谈判后第一个多边关税自由化谈判，APEC 在其中发挥了一定作用，算是成功的经验。所以，美国等国家希望复制这种成功经验，在特定的领域和部门实现自由化。美国在乌拉圭回合谈判时采取了互相撤销关税的方法，信息技术协议其实也是这种方法的延伸。

对美国来说，减让关税的权限本来属于国会。克林顿总统执政时期没能获得快速通道的法律特权，所以很难进行综合性关税谈判，在乌拉圭回合谈判过程中有几个领域没能按照美国的要求撤销关税。对这些领域，美国总统还有乌拉圭回合谈判时剩余的权限，美国国会赋予总统根据互相主义互相撤销关税的权限。对 20 世纪 90 年代后半期的美国来说，没有比沿用剩余权限、仿照信息技术协议按领域和部门实现自由化更好的选择了。

部门自愿提前自由化可以追溯到 1995 年大阪会议时提出的首脑宣言。在首脑宣言中提到，"APEC 区域内各个经济体逐渐降低关税可以促进亚洲太平洋地区的贸易和经济增长，而且早期自由化应该限定在能够支撑地区产业的领域"。1996 年，首脑峰会上提到"我们，尤其是部长们，应该选择能够促进 APEC 成员以及区域贸易、投资和经济成长的领域，并尽快自发实现自由化"。[73]

1997 年，加拿大为 APEC 的东道主。根据上一年的首脑宣言，事务层面已经开始着手"部门自愿提前自由化"。部门自愿提前自由化开始仅限于关税和非关税措施的自由化，但根据东盟和中国的要求，在 1997 年 5 月蒙特利尔贸易部长会议上做了调整：不仅涉及自由化，还涵盖了包括经济技术合作在内的"APEC 活动的各个领域"。[74]

1997 年 11 月，温哥华部长级会议召开，通过了《部门自愿提前自由化》，专门规定了涉及的领域，包括 9 个优先领域：玩具、水产品及加工品、环境相关产品及服务、化学产品、林产品、宝石及贵金属、能源相关设备及服务、医疗设备及用品、通信设备互相承认协议（Mutual Recognition Agreement，简称为 MRA），之后又追加了 6 个领域：食品、油料种子及产品、化肥、汽车、天然及合成橡胶、民用飞机。对日本来说，实现水产品和林产品自由化非常困难。部长宣言表示，"在早期自由化进程中，各个成员可以自由决定要参加的领域，并且按照 APEC 的自主原则实施"。在这种"自愿"的

---

[73] 《特辑 APEC 菲律宾会议成果》，《时代脉动》，1997 年 1 月，第 47 页。
[74] 冈本次郎编，《APEC 早期自由化协议的政治过程——不能共享的共识》。

前提下，温哥华部长级会议上签署了协议，日本也表示同意。⑦

　　但是对"自愿"的理解，日本和美国之间存在分歧。日本认为在 9 个优先领域中自由选择，而且还可以自主决定对该领域实施自由化、协调化还是经济合作（自助形式）。而美国则认为只能选择是否参加，一旦参加，这 9 个领域要一揽子实施自由化、协调化和经济合作（一揽子形式）。⑦ 这样的分歧导致日美在乌拉圭回合谈判时对林产品争论不休。从日本方面看，林产品自由化困难，而且目前没有必要实现自由化。但美国对林产品拥有乌拉圭回合谈判的剩余权限，认为其他主要国家要与美国撤销某领域关税的行为保持一致，如果日本不对林产品实施自由化的话，美国也无法对林产品实施自由化。这也适用于其他领域。因此，就各国选择自由化领域的自助方式而言，美国认为不一揽子解决的话存在很大风险。根据乌拉圭回合谈判的剩余权限，美国选择实施自由化的领域，对美国是有利的，但是不一定使其他国家满意。

　　1998 年，马来西亚为 APEC 的东道主。日本的"自助方式"和美国的"一揽子方式"爆发了激烈的冲突。1998 年 6 月，古晋贸易部长会议召开，日本方面拒绝对林产品和水产品实施自由化。但是亚洲各国都倾向于美国的自由化方式，日本被孤立。⑦ 古晋贸易部长会议提出了声明："各成员就具体领域的针对性提出了担忧"，同时就"产品范围、最终关税目标以及最终期限达成一致"。日本方面认为，"没有充分反映日本的意见"，所以对声明持保留意见。通产大臣堀内光雄没有与其他国家代表一起出席新闻发布会，并且提前回国。⑦

　　11 月在吉隆坡部长级会议上，日本做了大量工作并奏效。在联合声明中再次确认了自主性原则："部门自愿提前自由化应该根据 APEC 的自主性原则实施，属于包括经济、技术合作措施在内的自由化统合过程之一。"此外，还决定在 WTO 框架下讨论部门自愿提前自由化的关税问题。在西雅图 WTO 部长级会议上没能预判 APEC 成员就议程和情态的立场。⑦ 之所以交由 WTO 处理，不是说 APEC 不再处理自由化问题，而是说 APEC 上解决不了的问题，之后可以委托 WTO 解决。⑧

---

⑦　古川浩司，《日本关于 APEC 的决策分析——以 EVSL 举措为素材》。

⑦　作者采访了当时负责部门自愿提前自由化的通产省官员（2011 年 8 月 29 日）。

⑦　《朝日新闻》，1998 年 6 月 26 日。

⑦　《日本经济新闻》，1998 年 6 月 24 日；《朝日新闻》，1998 年 6 月 24 日。

⑦　详细内容请参考：冈本编，同前，脚注 74。

⑧　作者采访了当时负责部门自愿提前自由化的通产省官员（2011 年 8 月 29 日）。1999 年 APEC 东道主新西兰把部门自愿提前自由化方案提交 WTO。APEC 也继续讨论部门自愿提前自由化，1999 年 APEC 部长级会议在奥兰多举行，并发表联合声明，同意"1999 年进一步采取一系列举措"，但是之后没有行动，结果不了了之。

日本方面，特别是农林水产相关人士对 APEC 吉隆坡部长级会议的决定赞赏有加。[81] 但是，从古晋会议到吉隆坡会议这段时间内，由日本主导成立的 APEC 机制却被日本自己削弱，这的确非常讽刺。虽然乌拉圭回合对自由化达成一致，但是在工业产品和农产品做出一些让步。这样说明乌拉圭回合上没有达成一致的议题不可能在几年就达成一致。从这个角度讲，APEC 早就意识到在涉及具体的自由化时会遇到瓶颈。但是，有可能是因为日本背弃了最初的设想，而其他国家则一直坚持自发实现自由化，所以显得其他国家在部门自愿提前自由化问题上非常积极，而唯独日本在该问题上裹足不前。[82][83]

6. 之后的 APEC

部门自愿提前自由化失败后，APEC 还继续召开首脑峰会等会议。1999 年，新西兰作为 APEC 东道主，首脑峰会于 9 月在奥克兰举行。这次峰会恰逢东帝汶全民公投引发骚乱，所以 APEC 关注重点从一直以来的经济转为地区性问题。新西兰 APEC 虽然也就自由化进行了讨论，但是没有针对上一年才提出的 APEC 自由化举措。新西兰 APEC 成为年底举行的 WTO 西雅图部长级会议的前哨战。日本主张这次部长级会议上提出的问题和下次回合谈判的反倾销问题一并解决。美国对此表示反对，双方未能达成一致。[84]

WTO 西雅图部长级会议重点讨论开展新一轮回合谈判的问题。2000 年，文莱担任 APEC 东道主，APEC 成员想要推动新一轮回合谈判，做出很多努力。其中之一就是发展中国家应该在新一轮回合谈判中加强能力建设。[85] 在日本通产省的主导下，APEC 成立了 WTO 能力建设工作组，由日本和加拿大各派一人共同担任会长，日本方面由通产省通商关税课长负责。11 月首脑峰会提出 2001 年展开 WTO 新一轮回合谈判、2010 年以前实现全区域都能上网的目标。[86]

---

[81] 冈本编，同前，脚注 74，第 147 页。

[82] 除了日本以外，其他亚洲国家对部门自愿提前自由化持积极态度的理由请参考：古川浩司，美国表示发展中国家可以适用"灵活性"原则。货币危机后美国通过国际货币基金组织扩大了对亚洲国家的影响力。日本经济发展放缓导致亚洲国家向日本的出口减少，导致亚洲国家对日本普遍不满。古川，同前，脚注 75。

[83] 冈本编，同前，脚注 74，第 4 页。

[84] 《朝日新闻》，1999 年 9 月 14 日。

[85] 采访记录：《经济产业审议官丰田正和》。

[86] 《朝日新闻》，2010 年 11 月 17 日。

文莱首脑峰会提出了首脑宣言，宣言中基本去掉了 APEC 早期的论调，比如认为区域贸易协定应该为 WTO 多边自由化奠定基础；区域贸易协议应该与 WTO 的规则保持一致；对贸易集团持否定态度等。如后文所述，此时，包括日本在内的亚洲各国对自由贸易协定的态度发生了剧烈变化。

作为推动自由化的论坛，APEC 的作用在 1998 年之后显著降低，但其规模和涉及领域在持续扩大。1998 年，秘鲁、俄罗斯、越南加入 APEC，成员达到 21 个。此外，还增加了会议类型。以 2000 年为例，除了首脑峰会和部长级会议之外，还有教育部长会议、能源部长会议、电信及信息产业部长会议、贸易部长会议、中小企业部长会议、旅游部长会议、财务部长会议。

进入 21 世纪后，APEC 的主题更加宽泛，涉及反恐、地球变暖以及能源等多个问题。[87] 而且，贸易自由化也出现新的趋势。2006 年，APEC 首脑峰会召开时，美国建议就亚洲太平洋自由贸易区（Free Trade Area of the Asia-Pacific，简称 FTAAP）进行讨论，这也成为 APEC 之后的重要课题。

2010 年，日本作为东道主举办 APEC 首脑峰会，提出首脑宣言"横滨愿景"，希望以"紧密共同体""强大共同体""安全共同体"为支柱打造 APEC 共同体构想；同时对实现茂物目标和构建亚洲太平洋自由贸易区做出说明；而且还提出了"APEC 首脑成长战略"，明确了均衡型发展、普遍广泛型发展、持续可能型发展、革新型发展、安全型发展等 5 个发展模式；并明确在 2015 年之前向成员首脑汇报相关进展。

就亚洲太平洋自由贸易区而言，"横滨愿景"中也提到把东盟 + 3、东盟 + 6 以及泛太平洋战略经济伙伴关系协定（TPP）等框架作为基础加以运用，此外，还提出签署综合性自由贸易协定的愿景。会上还同意把"走向亚洲太平洋自由贸易区之路"作为附件。根据该附件，亚洲太平洋自由贸易区的目标不仅是实现狭义上（比如跨国界）的自由化，而且追求更综合的、质量更高的自由化；同时应该采取措施解决"新世纪"的贸易和投资问题。在此基础上，2011 年 APEC 首脑会议上就改革政策相关的区域共通原则达成一致，并将其视为与新世纪贸易、投资有关的具体措施之一。此外，还同意在 2015 年之前把与环境有关的产品关税降低至 5% 以下，撤销本地采购要求等非关税壁垒，促进了贸易投资自由化。

按照规定，发达国家要在 2010 年实现茂物目标，所以对 13 个国家和地区是否实现

---

[87]　星野，同前，脚注 55。

目标进行了评估。虽然还存在一些亟待解决的问题，但是毋庸置疑的是，已经向着目标实现迈出了坚实一步。[88]

第3节　日本走向自由贸易协定的道路

1998 年部门自愿提前自由化的失败导致 APEC 自由化进程遭遇挫折。而且随着亚洲货币危机爆发，改革随之而来，东亚等国纷纷开始考虑新的措施，自由贸易协定在其中发挥了主要作用。

本节将重点介绍 20 世纪 90 年代日本开始实施自由贸易协定前的状况，同时也会介绍变化的具体过程。

1. 1998 年以前日本对自由贸易协定的态度

（1）自由贸易协定禁忌

20 世纪 90 年代，从全世界范围看，基本所有的国家都加入一个或多个区域贸易协定，除了日本、中国和韩国，这三个国家没有签署任何区域贸易协定。对日本来说，这并非偶然。90 年代，与其说日本对自由贸易协定的态度是不关心，不如说是反对。从当时的只言片语中可以发现，自由贸易协定对日本来说是种禁忌。比如当时在通产省负责贸易谈判的官员表示："只有日本一个国家批评自由贸易协定属于地区主义，违反了多边原则"[89]，"日本严格遵守 GATT 第 24 条，反对各种形式的地区主义。欧洲经济共同体、欧共体、欧盟、日本加拿大汽车协议、北美自由贸易协定都不对。日本一直认为外国的行为非常不正常，并且非常严厉地提出批评"[90]，"当时，日本坚持 GATT 框架，在日内瓦根据 GATT 第 24 条对欧盟和北美自由贸易协定进行审查时，日本代表说'不允许这种集团主义'，这是日本当时的国策"[91]。

日本政府官方解释可以参考 1999 年版《通商白皮书》（总论）。"一直以来，日本

---

[88]　佐佐山拓也，《APEC 的意义和目标——横滨 APEC 闭幕》，《联合国期刊》，2011 年（春），第 5—11 页。

[89]　采访记录，《原通商产业审议官中川胜弘》（采访时间：平成 18 年 12 月 25 日），《通商产业政策史编纂资料集（2）》。

[90]　采访记录，《原通商产业审议官荒井寿光》（采访时间：平成 19 年 1 月 25 日），《通商产业政策史编纂资料集（2）》。

[91]　采访记录，《原通商政策局长今野秀洋》（采访时间：平成 19 年 1 月 26 日），《通商产业政策史编纂资料集（2）》。

始终认为区域一体化会对区域内外经济造成负面影响，所以更为重视 GATT 的整体性。但与日本明显不同的是，大多数国家则是选择多边贸易秩序和区域一体化（自由贸易区或关税同盟）双管齐下。"[92] 经团联也发表过类似言论：1998 年 3 月，经团联表示"WTO 秉承无差别原则，而区域贸易协定则允许有例外，不应该出现太多区域贸易协定。但是进入 90 年代以后，区域贸易协定发展迅速，特别是欧美之间仿佛还展开了竞争，争相扩大差别性特惠地区。如果纵容这些行为过度发展，有可能会导致多边贸易体制崩溃和倒退。所以日本期待 WTO 能够发挥防洪堤坝的作用"。[93]

（2）自由贸易协定禁忌的背景

日本之所以对自由贸易协定持否定态度，其根本原因是对 GATT/WTO 机制抱有过高期待。其背景请参考以下历史事实。

第二次世界大战之前，日本向国外出口商品经常受到差别对待。对此，日本非常苦恼。[94] 比如，美国于 1930 年制定了《霍利－斯穆特法》（Smoot-Hawley Act），提高了进口关税，践行了贸易保护主义。之后，又于 1934 年制定了《互惠贸易法》（Reciprocal Trade Agreements Act of 1934）。根据该法规定，对与美国开展互相减让关税谈判并签署双边协议的国家给予无条件最惠国待遇、使用低关税。日美之间没能签署双边协议，所以继续对日本征收高关税。20 世纪 20 年代，加拿大与日本保持了良好的贸易关系。但是 30 年代以后，英属联邦国家内部加强了特惠关税力度，制定了比较低的关税，所以日本的出口就又受到差别对待。中国经常抵制日本产品，所以日本向中国出口也非常苦恼。如上所述，日本的出口经常被其他国家差别性对待，这也成为导致日本经济陷入困境的原因之一；同时，也有观点认为这是导致日本发动战争的原因之一。

以国务卿科德尔·赫尔（Cordell Hull）为首的美国国内人士认识到贸易差别是影响和平的重要原因，这种认识推动了 GATT 成立，因为 GATT 以无差别待遇为基本原则。[95] 日本不希望像战前一样继续受到差别对待，所以强烈要求加入 GATT，美国对此表示支持，但是欧洲国家担心日本强大的出口竞争力，所以反对日本加入 GATT。所以

---

[92]　请参考以下网站，http：//www. meti. go. jp/hakusho. tsusyo/soron/H11/04－00－00. html（2007 年 11 月 19 日）。

[93]　请参考经团联的网站，http：//www. keidanren. or. jp/japanese/policy/poll66. html（2007 年 11 月 11 日）。

[94]　该段请参考：池田美智子，《对日经济封锁——穷追猛打日本 12 年》，日本经济新闻社，1992 年；池田美智子，《从 GATT 到 WTO——贸易摩擦现代史》，筑摩书房，1996 年。

[95]　池田，同前，脚注 94。赤根谷达雄，《日本加入 GATT 问题——从分析〈制度理论〉的视角研究案例》，东兴大学出版会，1992 年。

日本直到 1955 年才得以加入。但是日本加入 GATT 后，根据 GATT 第 35 条，日本不能与 14 个国家适用 GATT 无差别原则，所以日本在出口方面仍然受到很多国家的差别对待。当时日本把撤销 GATT 第 35 条对日差别作为最重要的外交课题，付出了很多努力。

正是由于日本出口在战前和战后都受到区别对待，所以日本对无差别机制——GATT 抱有很大的期待。而且，日本经济高度增长是在 GATT 机制下实现的；结合日本的发展经验，日本对 GATT 下无差别的贸易机制评价很高，而且非常信任。实际上，进入 80 年代后，美国作为原来无差别原则最大的推动国却开始签署自由贸易协定。前文也已经介绍了 APEC 的一些应对。日本却再次承诺包括澳大利亚的东亚各国根据 GATT 构建无差别的多边贸易体制，反对自由贸易协定和关税同盟。

但是，这些历史事实只是起因，并不是日本否定自由贸易协定的原因，还有其他更实际的原因。最重要的是以下三点：日美摩擦、农业问题、对美国的担忧。下文将按顺序逐一进行介绍。

①日美贸易摩擦和规则导向型贸易政策出台

从 20 世纪 80 年代后半期到 90 年代前半期，日本贸易政策上最大的课题就是如何处理日美间的贸易摩擦。

80 年代后半期，美国的贸易政策发生重大调整——开始签署自由贸易协定，与此同时也在探索公平贸易路线（fair trade）。

《广场协议》签署后第二天，即 1985 年 9 月 23 日，美国总统罗纳德·里根（Ronald Reagan）发表讲话，表示美国将改变贸易政策。美国向日本、欧共体、韩国、巴西施加压力，明确要求这些国家改善不公平的贸易习惯，维护美国制造商在外国市场的权利。[96]

为此，美国采取的主要政策手段是 1974 年《贸易法》的第 301 条。根据该法条，当不合理的贸易壁垒导致美国产品销量降低时，美国可以对该国实施报复措施。该条款制定后，10 多年都没有使用过。1985 年 9 月，根据美国总统的命令，美国贸易代表办公室开始积极利用该法条实施措施。该法条并没有选择特定的国家作为目标，但是在实施过程中主要针对东亚各国，特别是日本。

日美曾经希望通过签署日美自由贸易协定解决日美之间存在的贸易难题，但是如前文所述，效果并不理想。日本认为应该把结构问题作为解决重点，大体来说分为两

---

[96]　Destler, *supra* note 22.

种：一种是指调整结构本身，另外一种与其修改结构，不如通过一定的量化指标对结果做出担保，以解决问题。前者主要是指布什执政时期试图通过《日美结构问题协议》解决问题。后者则是指克林顿执政时期签署的《美日汽车协议》等。

两者也存在共同之处：美国认为日本的贸易壁垒不同于关税和数量限制等比较明显的壁垒，不能通过 GATT 框架下解决比如 "系列" 等商业习惯和《大店法》⑨ 等国内规则。因此，美国国内逐渐形成一种共识：如果想要跟日本对峙，不能借助 GATT 框架，只能通过双边措施。⑱

相反，日本则主张在 GATT 框架下解决问题。以世界标准来看，日本在 GATT 框架内属于优等生，恪守 GATT 各项规定，所以认为美国对日本的批评非常不合理。20 世纪 80 年代末以来，日本始终秉承这种想法。⑲ 原来，日本在解决日美之间多种贸易摩擦等问题时，多采用自愿限制等双边主义措施。但是 1987 年第三国半导体出口监管案成为转折点。日本根据 1986 年日美半导体协议的规定监管向美国以外的第三国出口的半导体价格，欧共体表示该监管违反了 GATT 第 11 条，在 GATT 框架下成立了专家组。专家组做出判断，认为日本的措施的确违反了该规定。在此背景下，日本通产省决定不再使用自愿限制等双边主义措施，转为积极利用 GATT 规则。比如，在 1988 年零配件反倾销税案中，日本首次向 GATT 提起申诉（被诉对象是欧共体）；第二年 1990 年，宣布日本胜诉。通产省提出了新的口号："根据规则办事，制定规则驱动的贸易政策"。涉及 "规则导向型贸易政策"，不得不提的具体案例是：1992 年 7 月，产业结构审议会作为通产大臣的顾问机构首次发布《不公平贸易报告》。其中提到 "重视GATT 等多边规则，以此为基础，冷静、客观地处理争端，并且要把这种理念广泛传达给其他国家"。⑩

通产省开始启用在 OECD 等多边机构工作过的、经验丰富的官员，希望他们能够

---

⑰　《大店法》全称是《关于调整大型零售商店零售业务活动的法律》（1973 年 10 月 1 日，法律第 109 号）。

⑱　关于该问题的研究请参考：Stephen D. Krasner, *Asymmetries in Japanese-American Trade*：*The Case for Specific Reciprocity*（University of California at Berkeley，1987）。高中公男译，《日美经济摩擦的政治经济学》，时潮社，1995年。Laura D'Andrea Tyson，*Who's Bashing Whom? Trade Conflict in High-technology Industries*（Institute for International Economics，1992）。

⑲　以下段落请参考 2003 年 8 月荒木一郎在经济产业研究所的报告，http：//www. rieti. go. jp/jp/events/bbl/03073001. html（2011 年 9 月 19 日点击）以及本书第二部第 1 章第 3 节。

⑩　通商产业省通商政策局编，《不公平贸易报告（1992 年版）GATT 主要成员的贸易政策 产业结构审议会报告》，日本贸易振兴会，1992 年，由时任通商政策局长冈松状三郎作序。

借助比多边主义更为均衡的方式对抗美国的压力。[101] 在这些倡导多边主义官员的努力下，日本与美国的关系由双边主义过渡为双边主义＋区域多边主义。[102]

就日美谈判而言，在布什执政期间，美国主要关心日本扩大共同投资和撤销结构性壁垒两方面问题。对此，日本国内比较有权势的政治家和新闻媒体拥护和支持美国，所以双方认为有望通过互相理解解决问题。[103] 但是当克林顿执政后，美国开始积极使用超级 301 条款[104]，时不时威胁日本，要求制定量化指标。针对这种趋势，日本国内认为这属于管理贸易，危害自由贸易，所以无法像布什执政一样维持比较良好的关系，日美关系也变得非常紧张。

在与美国进行贸易谈判时，日本的立场还是坚持 GATT。1995 年，新机构 WTO 成立。对日本来说，WTO 属于比较强硬的机制。WTO 禁止美国使用《贸易法》第 301 条采取单方面对抗措施，要求美国遵守 WTO 各项规定，合理利用 WTO 争端处理机制解决争端。此前，日本之前一直苦恼日美贸易摩擦，现在认为 WTO 对日本非常有利。

日本方面把 WTO 作为新的武器，以更加强硬的态度与美国展开谈判。在日美汽车协议谈判几乎破裂时，日本政府决定对美国提出的量化指标一概不予理会。第二年，日美半导体协议谈判重新开始。之前已经就外国产半导体份额为 20％ 达成一致，现在如何处理的问题成为最大的争论焦点。日本方面成功挫败了美国的要求，不再针对半导体制定量化指标。

在日美谈判的大背景下，通产省内部也悄然发生变化，"由双边向多边"的理念逐渐成为主流。借内山融的话说："贸易政策的基本态势发生变化，由原来的结果导向及双边主义向市场导向及多边主义转型。"[105]

当然，这种以 GATT/WTO 为中心、尊重多边规则的姿态并不是从理论上否定自由贸易协定。但是，自由贸易协定并不符合 GATT 基本原则——最惠国待遇，对以 GATT 为基础的多边贸易体制构成了威胁。对日本来说，必须以身作则才能表现出恪守

---

[101] Ellis Krauss, "The US. Japan, and Trade Liberalization: from Bilateralism to Regional Multilateralism to Regionalism +", *The Pacific Review*, Vol. 16. No. 3 (2003), P307 - P329 at P315.

[102] 同上，第 313 页。

[103] Leonard J. Schoppa, "Two-Level Games and Bargaining Outcomes: Why Gaiatsu Succeeds in Japan in Some Cases but Not Others", *International Organization*, Vol. 47. No. 3 (1993). P353 - P386.

[104] 所谓超级 301 条款是指美国加强了《贸易法》第 301 条，于 1989 年实施的立法，曾失效，但克林顿执政时期通过行政命令将其于 1994 年恢复。

[105] 内山融，《WTO 和日本贸易政策转变——以日美汽车协议为例》，《贸易与关税》，第 47 卷 1 号，1999 年。

GATT 的样子。所以对于通产省负责人来说，因为一直高举 GATT 规则的大旗与美国进行谈判，所以很难迅速转变为推崇自由贸易协定。在 APEC 和 WTO 框架下，可以把通产省的基本立场概括为：因为与 GATT 的基本原则相悖，所以对自由贸易协定持否定态度。

②日本的农业问题

日本贸易相关人士之所以对走向自由贸易协定之路如此犹豫踟蹰还有一个原因，就是农业问题。

农产品自由化在政治方面非常困难，这早在乌拉圭回合谈判时期就已经有所体现。乌拉圭回合之后，比如为了召开 1995 年 APEC 大阪会议，日本根据乌拉圭回合的协议承诺提前降低 697 种产品的关税，此举遭到农林水产省的强烈反对。所以这批产品中完全不包括农产品，全都是工业产品。

日本国内有人反对自由贸易协定就是因为农产品自由化问题，这也是 GATT 第 24 条解释造成的重大影响。该条文表示，为了成立自由贸易协定，必须"在实质上实现全部贸易"的自由化。进入 21 世纪后，该观点有所调整，认为实现 90% 的贸易自由化就符合条件（后述）。但是 20 世纪 90 年代时，这种观点还未明确。也就是说，"全部贸易"体现出自由化的程度之高，而且大家都认为农产品自由化不可或缺。[106] 如上所述，为了给其他国家留下日本非常重视 GATT 整体性的印象，日本必须严格遵守 GATT 的相关规定。所以日本也很难违反 GATT/WTO 的要求以及日本做出的承诺，不能签署自由贸易协定在农业领域留下很多特例。

③对美国的考虑

第三点是同美国以外的国家签署自由贸易协定，特别是与亚洲国家签署自由贸易协定。日本认为此举会招致美国的强烈反对。20 世纪 90 年代初期，东亚经济共同体（East Asian Economic Group，简称 EAEG）就曾遭遇"滑铁卢"。马来西亚总统马哈蒂尔提出的构想，就因为不包括美国，所以遭到美国的强烈反对，美国也要求日本提出反对，最后该构想以失败收场。[107] 日本政府内部对此印象非常深刻，所以担心排除美国

---

[106] 比如，1990 年发表的论文中，对 GATT 的整体性进行了比较严格的解释。关于欧洲经济共同体、欧洲自由贸易联盟等区域贸易协定，论文指出"不适用全部或者部分农产品或水产品这一点不满足 GATT 第 24 条第 8 款规定的条件"。具体请参考：后藤文广、入江一友、曾山明彦，《区域经济一体化现状及展望——亚洲太平洋自由贸易区构想与日本的选择》，通商产业研究所，1990 年。

[107] 船桥，同前，脚注 21。

与其他国家签署自由贸易协定，会像该构想一样惹怒美国。[108]

（3）日本对 GATT/WTO 的立场

在 GATT 乌拉圭回合谈判时，就能发现日本对自由贸易协定持否定态度。在该回合谈判中同意把 GATT 第 24 条作为区域贸易协定的根据，这是由日本和印度主导的。日本和印度当时没有签署区域贸易协定，而且今后也不准备签署。为了防止其他国家签署区域贸易协定，损害本国利益，所以日本和印度明确希望加强区域贸易协定相关的规则。[109]

比如，1989 年 12 月 22 日，日本向 GATT 谈判代表团提交报告，其中严厉批评了区域贸易协定。[110] 首先，在介绍中表示关税同盟和自由贸易协定违反了 GATT 的基本原则之一——最惠国待遇，而且现在签署了很多协定，远远超出了 GATT 相关协议起草时的预期，世界大部分贸易现在都无法按照最惠国待遇原则予以实施。此外，就是否应该重审 GATT 第 24 条而言，日本提出了以下三点意见：①应该把区域贸易协定的签署和扩大对该协定签署方以外的国家产生的负面影响[111]控制在最小范围；②区域贸易协定的形成和执行过程中要增加 GATT 的干预；③必须明确 GATT 与区域贸易协定有关条款的解释。在此基础上，日本还针对 GATT 第 24 条提出了具体的改善方法并将其确定为原则：第一，应该最大程度避免对区域贸易协定的非缔约国产生负面影响。第二，区域贸易协定应该促进世界贸易自由化扩大并且创造新的贸易。此外，还应该在 GATT 第 24 条项下对防止对非缔约国的国内产业造成严重损失的机制做出规定，而且讨论损害赔偿问题。

2. 开始讨论自由贸易协定

（1）通产省态度发生变化

一直到 20 世纪 90 年代后半期，日本国内都把自由贸易协定视为禁忌。1996 年，日美半导体协议结束后，日美间的贸易摩擦逐渐减少。之后主张规则导向型贸易政策

---

[108] 金前间，《关于日本 FTA 政策的国内政治过程——对 JSEPA 谈判过程的分析》，《一桥法学》，第 7 卷 3 号，2008 年。

[109] Croome, *supra* note 3.

[110] GATT Doc. No. MTN. GNG/NG7/W/66（22 December 1989）.

[111] 负面影响的例子包括：（a）没有加入区域贸易协定的国家本国产业受到严重影响。（b）GATT 框架下会直接或间接造成没有加入区域贸易协定的国家的利益无效或受损。（c）严重影响没有加入区域贸易协定的国家的利益。

的必要性逐渐缺失，通产省内部也逐渐形成了讨论自由贸易协定的氛围。

具体来说，从 1998 年开始，以通商政策局长为首，最初是从日韩自由贸易协定开始进行讨论，但是最先叩开日本大门的是墨西哥，最先实现的是日本与新加坡签署的自由贸易协定。[112]

就日本与墨西哥的进展而言：1998 年 6 月，墨西哥经济部长埃米尼奥·布兰科（Herminio Blanco）访问日本，与原通商产业审议官畠山襄（时任日本贸易振兴会理事长）就签署自由贸易协定问题展开非正式讨论，并向通商政策局长今野秀洋传达了墨方的意见。[113] 此外，7 月初，墨西哥驻日本大使乌里韦与今野本人举行会谈，直接讨论"日墨自由贸易协定"问题。

另一方面，金大中（Kim Tae-jung）当选韩国总统后，今野认为如果能够签署日韩自由贸易协定的话，能够进一步促进日韩关系改善，所以今野在 7 月上旬命令通商政策企划室把自由贸易协定作为日韩间最优先的课题进行研究。

当时，今野考虑了很多问题，比如期待日韩签署自由贸易协定能够改善日韩关系以及如何处理墨西哥提出的建议。此外，当时，北美自由贸易协定已经签署，欧盟也已经进入货币一体化阶段，世界其他国家在自由贸易协定方面都已经走在前列，如果日本维持现状不知今后何去何从？还有，今野还认为日本最为重视 GATT，但是在 GATT 框架下最为活跃的美国和欧盟也在积极推动自由贸易协定和关税同盟，日本已经处在非常被动的地位。如果要在日内瓦开展积极活动的话必须要有伙伴，不能仅仅依靠多边主义，很多问题必须通过双边主义措施才能解决。

需要注意的是，今野本人并不是想把日本从多边主义（以 WTO 为中心的多边贸易机制）转型为双边主义（自由贸易协定等双边主义）。正确的说法应该是以多边主义为主，通过多边主义寻求更多伙伴，兼顾双边主义和多边主义。对此，今野有一个非常形象的比喻："欧美现在如同使用七种武器的弁庆（武藏坊弁庆，平安时代末期的僧兵，他的经历经常被当作日本神话、传奇、小说等的素材，为武士道精神的传统代表人物之一：译者注），日本仅靠 GATT 一杆枪的话，完全不是对手。"

但是，通产省内部存在反对意见，以负责 WTO 的国际经济部为首的部门强烈反对

---

[112]　采访记录：《原通商政策局长今野秀洋》。本章引用的今野局长的言论都是出自该采访记录。

[113]　畠山襄，《"日墨自由贸易谈判决裂说明没有经济战略"如果政治不变革日本将没落》，《中央公论》，2003 年 12 月。

自由贸易协定。对此，今野于 9 月 4 日举行通商政策局和贸易局联络会议，一整天都在讨论派驻纽约、布鲁塞尔和新加坡的产业调查员（从通产省派到日本贸易振兴会的官员）提交的报告。报告主要涉及亚洲地区、欧盟和北美自由贸易协定的新动向。从此开始，通产省内部讨论正式展开。通过讨论，支持推动自由贸易协定的派系经常用以下说辞说服反对派："GNP 排名前 30 位的国家中，只有中国、韩国、日本没有签署区域协定"，因为这种说法让人觉得日本落后于其他发达国家。[⑭]

事务层面对自由贸易协定的讨论情况汇报给了通产大臣与谢野馨后，与谢野也开始与事务层面进行讨论。10 月 5 日，通产省表示先与韩国展开自由贸易协定谈判，与谢野表示同意。[⑮] 11 月 11 日，与谢野发表演讲，表示他个人认为日本应该开始考虑自由贸易协定问题了，而且必须寻找一个国家进行合作，对日本来说，讨论自由贸易协定的时代已经到来。

（2）早期针对韩国和墨西哥采取的措施

如上所述，通产省内部逐渐达成了推动自由贸易协定的共识，但是并没有通过正式的文件，以不可撤回的形式予以明确。就连具体与哪个国家签署自由贸易协定这种方向性的问题也没有明确。当前日本面临的课题是必须决定与墨西哥和韩国的关系。

这时，外务省、财务省、农林水产省等主要政府部门并没有决定推动自由贸易协定，所以政府整体上没有就自由贸易协定做出任何承诺。在此背景下，韩国外交通商部通商谈判总部部长韩真洙（Han Duck – soo）与日本通商政策局长今野举行非正式会谈，韩国方面表示可以先从投资协议开始，就自由贸易协定问题展开共同研究，日本方面对此表示赞成。

如上所述，墨西哥方面希望同日本签署自由贸易协定，希望塞迪略总统（Ernesto Zedillo Ponce de León ）11 月访问日本时双方能够发表开始自由贸易协定谈判宣言。日本贸易振兴会的畠山理事长从中斡旋，游说了日本通产省。因为货币危机，所以需要更加重视亚洲；而且农产品自由化无法得到民间舆论的支持，通产省方面认为应该把墨西哥作为第二选择，日本和墨西哥都不熟悉自由贸易协定，实施难度较大。包括通产大臣与谢野馨在内，也不赞同把墨西哥作为最初的自由贸易协定谈判对象。[⑯]

⑭　采访记录：《原通商政策局长今野秀洋》。大矢根聪，《东亚 FTA：日本政策转变与区域构想——由"从众"到"复杂的学习"》，《国际问题》，第 528 号，2004 年，第 52—66 页。

⑮　本段摘自采访记录：《原通商政策局长今野秀洋》。

⑯　采访记录：《原通商政策局长今野秀洋》。

在此基础上，日本贸易振兴会和墨西哥经济部开始就自由贸易协定展开共同研究。日本贸易振兴会经济研究所和韩国对外经济政策研究院（Korea Institute for International Economic Policy，简称 KIEP）也开始就自由贸易协定展开共同研究。

1995 年 5 月，《平成 11 年版（1999 年）通商白皮书》公布，首次通过正式文件表明通产省对自由贸易协定的态度发生变化。白皮书中关于包括自由贸易协定在内的区域一体化的评价非常正确，认为"非常有必要积极从侧面观察区域一体化，为加强多边贸易机制做出贡献，采取更加灵活且建设性的对策"。⑪⑦

3. 日新自由贸易协定

（1）过程

如前文所述，通产省对自由贸易协定态度开始发生变化，并且开始与墨西哥和韩国展开谈判。但是最后，发展最为迅速的却是与新加坡进行的谈判。这是因为新加坡方面很快察觉到日本对自由贸易协定态度的转变，并且提出的建议得到了日本的赞同。

新加坡致力于推动自由贸易，在 WTO、东盟、APEC 等多个框架下推动自由化。但是当时在 WTO 框架下，多边自由化推进迟缓，该国的影响力非常低；受 1997 年货币危机影响，东盟等区域的自由化受到严重影响；APEC 无法达成自由化效果。所以新加坡开始寻找其他替代手段，比如自由贸易协定。新加坡最先和新西兰签署了自由贸易协定。⑪⑧

新加坡根据日本通产省对自由贸易协定态度的变化采取了很多措施。1999 年 3 月 3 日，东盟各国驻东京大使与通商产业审议官荒井寿光举行午餐会，新加坡驻日大使周泰苏（Chew Tai Soo）向荒井提到自由贸易协定问题。⑪⑨ 之后，新加坡的官员与原通商产业审议官畠山襄和通商政策局长今野就自由贸易协定问题展开会谈。8 月 30 日，大阪商工会会长田代和访问新加坡，得到新加坡总理吴作栋（Goh Chok Tong）会见，他非正式向首相提出与日本签署自由贸易协定的建议。1999 年 10 月，杨荣文部长（George YEO）向日本驻新加坡大使桥本宏正式提出自由贸易协定谈判。新加坡方面与

---

⑪⑦　请参考以下网址：http：//www. meti. go. jp/hakusho/tsusyo/soron/H11/04 - 00 - 00. html（2007 年 11 月 19 日点击）。

⑪⑧　Ramkishen S. Rajan，Rahul Sen and Reza Siregar，"Singapore and the New Regionalism：Bilateral Trade Linkages with Japan and the US"，*The World Economy*，Vol. 26. No. 9（2003）. P1325 - 1356. 新加坡和新西兰的自由贸易协定谈判开始于 1999 年 9 月，生效于 2001 年 1 月。

⑪⑨　本段摘自采访记录《原通商政策局长今野秀洋》。

日本农林水产省达成共识，表示日新自由贸易协定不涉及农产品自由化问题。

对于新加坡提出的自由贸易协定提案，通产省内部强烈表示反对。[⑳] 反对原因主要有以下三点：第一，原则论，多边主义是日本的国策，签署自由贸易协定违反该原则；第二，1999 年 12 月，WTO 西雅图部长级会议举行，在会议举行之前对自由贸易协定持积极态度的话对日本不利；第三，新加坡已经属于自由贸易国家，大部分产品已经免征关税。与新加坡签署自由贸易协定的话，日本从中获利较少，而新加坡却能得到很多实惠。[㉑]

通商产业审议官荒井是最先认可新加坡提案的官员。他认为在企业选择国家的时代，为了让日本成为有魅力的国家，需要有起爆剂，而自由贸易协定就是起爆剂。通产省内以该审议官为代表的自由贸易协定支持派开始对反对派展开说服工作。[㉒] 主要理由有以下三点。第一，就多边主义而言，为了体现多边主义，WTO 不断增加成员，但是也越来越像护卫舰队一样，各国必须与速度最慢的国家保持一致。依赖多边主义的日本无法成为领跑。第二，就 WTO 西雅图部长级会议的关系而言，WTO 中很多成员已经签署了自由贸易协定，所以即便日本签署也不会对日本造成太多负面影响。第三，就与新加坡签署自由贸易协定日本获利较少的问题而言，新加坡在港湾、机场、金融方面拥有比日本更加先进的经验，可以为日本机构改革和规则改革提供很多参考。

当时，"通产省一半的官员"反对自由贸易协定。此外，外务省和农林水产省也反对与新加坡签署自由贸易协定，外务省甚至表示不会与新加坡开始政府间谈判。因此，以通商产业审议官荒井为代表的通产省自由贸易协定支持派明确了对策方针：决定先成立包括学者在内的官民研究会，在日本政府内部达成共识后再开展两国政府间谈判。此外，因为新加坡征收的关税很少，所以为了丰富自由贸易协定的内容，还决定在关税以外增加其他综合性内容。以通商产业审议官荒井为代表的通产省事务级官员利用出差新加坡的机会与新加坡展开了广泛交流并且积极进行调整。

1999 年 12 月，新加坡总理吴作栋访问日本。11 月左右，通产省官员向首相小渊惠三介绍了与新加坡之间就自由贸易协定展开的有价值的共同研究。之后，小渊首相

[⑳] 通商政策局长今野对自由贸易协定本身持积极态度，但是一开始对与"裸之国"新加坡签署自由贸易协定并不买账。

[㉑] 采访记录《原通商产业审议官荒井寿光》。产业界并没有就日本与新加坡签署自由贸易协定提出具体的要求。作者于 2007 年 6 月 9 日采访了经产省官员。

[㉒] 本段和下一段摘自采访记录《原通商产业审议官荒井寿光》。

与外务省相关人士举行了会谈，希望外务省转变立场。⑫ 通产省官员还向其他政府首脑和自民党干部介绍了与新加坡签署自由贸易协定的构想。比如事务次官广濑胜贞和通商政策局长今野向大藏大臣宫泽喜一进行了说明。宫泽对此持赞成态度，他表示推动自由贸易协定是件好事，不妨一试。吴作栋总理访日前夕，日本外务省内部仍然存在反对与其签署自由贸易协定的意见。外务省主要担心这会影响日本与美国的关系以及WTO 和自由贸易协定的关系。但是，就日美国关系而言，外务省就日本能否与亚洲国家签署自由贸易协定的问题咨询了当时对美国政府有较大影响力的美国经济学家。该经济学家回复说，美国政府内部对此并不反对。这成为外务省支持与新加坡签署自由贸易协定的原因之一。⑫

　　就与 WTO 的关系以及更加深刻的问题而言，本来应该通过 WTO 西雅图部长级会议明确开始新一轮回合谈判，最后却以失败告终。可以说 WTO 陷入危机。在此背景下，如果连日本都开始推动违反 WTO 无差别原则的自由贸易协定，可能会对 WTO 造成严重破坏。⑫

　　不仅外务省高级别事务层面官员，就连外务大臣河野洋平也对此持怀疑态度。⑫ 因此，日本方面就自由贸易协定展开共同研究，准备在 WTO 受挫程序重启后实施。但是吴总理访日并与大藏大臣宫泽喜一举行会谈，吴总理说服了宫泽大臣，宫泽大臣明确表示不管新一轮回合谈判是否重启，都要先展开共同研究。于是，外务大臣河野也被说服，外务省最终同意展开共同研究。日本政府内部不同意见终于得到统一，与新加坡签署自由贸易协定变得不再遥不可及。12 月 8 日，小渊首相和吴总理同意成立共同研究会。

　　但是，同意成立共同研究会并不是促成日本和新加坡签署自由贸易协定的决定性因素。⑫ 2000 年 3 月到 9 月，日本和新加坡举办了官产学共同研讨会。此时，外务省内很多人仍然属于重视 WTO 的多边派，反对自由贸易协定的势头还是非常高涨。⑫ 如果要落实自由贸易协定，必须得到外务省的支持，否则难以签署。有的外务省官员从原

⑫　本段摘自采访记录《原通商政策局长今野秀洋》。
⑫　金，同前，脚注 108。
⑫　金，同前，脚注 108 以及作者对经产省官员的采访（2007 年 6 月 9 日）。
⑫　该段落请参考：金，同前，脚注 108 以及 S Jayakumar. Diplomacy：A Singapore Experience，Strait Times Press，2011。
⑫　摘自作者对经产省官员的采访（2011 年 10 月 12 日）。
⑫　采访记录《原通商政策局长今野秀洋》。

则论出发反对自由贸易协定，认为其部分条款背离了 WTO 的无差别原则。此外，还有很多其他方面的担忧，比如 GATT 第 24 条解释问题：根据 GATT 第 24 条的规定，区域贸易协定（自由贸易协定和关税同盟）必须取消全部贸易（substantially all the trade）有关的关税和其他限制性贸易规则。现在的日本没有签署区域贸易协定，就是因为目前的自由化水平不能满足自由贸易协定和关税同盟的高要求。如果签署自由贸易协定的话，日本将彻底改变贯彻至今的方针，特别是日本农产品难以自由化，所以日本本身就难以实现高水准的自由化。如果"实质意义上的所有贸易"这种解释不发生根本性转变的话肯定不行。这些都成为包括条约局在内外务省内部亟须解决的问题。[129]

如前文所述，参与共同研究的同时，外务省和通产省的课长级别也举办学习会，学习包括 GATT 解释论在内的知识。通过学习，日本官员逐渐达成共识，自由贸易协定作为禁忌只是日本"作茧自缚"，实际上自由贸易协定并不是绝对不行的事情。[130] 特别是针对 GATT 第 24 条中关于"实质意义上的全部行业"自由化定义问题，欧盟秘书处的解释也带来了转机。欧盟秘书处的文件[131]表示，只要满足以下两点就满足了"实质意义上的全部行业"所规定的条件，一是区域内贸易总量大概 90% 以上实现了免税，二是主要领域作为整体不存在例外。受此影响，日本官员内部认为只要满足 90% 的贸易量就符合条件，所以外务省和通产省内部逐渐形成了支持和推动自由贸易协定的氛围。

通过通产省和外务省的学习，2000 年 6 月，通商政策局向通产省内部提交了题为《关于区域经济一体化的考虑（以日本新加坡自由贸易协定构想为例）》的报告。该报告指出区域经济一体化具有以下功能：①区域经济一体化对 WTO 来说是个补充，可以促进世界贸易和投资自由化；②区域经济一体化与多边谈判不同，能够迅速取得成果；③区域经济一体化可以避开其他国家市场的不利竞争条件；④通过区域经济一体化能够提高区域内企业的规模效益和抗压能力，增强区域内企业的竞争力；⑤区域经济一体化还能促进国内制度改革。而且主要国家和地区都已经参加了区域经济一体化进程，只有日本、韩国、中国和中国台湾等少数几个国家和地区没有参加，如果再不参加的话会影响本国经济。如果日本继续对区域经济一体化持消极态度，随着亚洲各国、美国和欧盟的经济一体化进程加快，日本在亚洲市场上的地位将每况愈下，甚至逐渐被

---

[129] 摘自作者对经产省官员的采访（2011 年 10 月 12 日）。

[130] 金，同前，脚注 108。

[131] 欧盟秘书处的文件解释请参考：上野麻子，《区域贸易协定下关税自由化的真相与 GATT 第 24 条明确规则的启发》，RIETI Discussion Paper Series 07 – J – 039，2007 年。

世界孤立。在此基础上，该报告还提出：新加坡在区域经济一体化上富有经验，而且以农业为主的敏感领域贸易比较少，所以非常适合作为日本签署自由贸易协定的突破口。在该报告的基础上，从通商政策局到通产省官员和原局都开始积极与新加坡签署自由贸易协定。

2000 年 10 月，新加坡总理吴作栋再次访问日本，与日本首相森喜朗达成一致，正式开始自由贸易协定谈判。日本与新加坡自由贸易协定谈判始于 2001 年 1 月，排除了农产品等日本国内问题，谈判进展非常顺利，2002 年 1 月，两国首脑签字确认。

（2）日新自由贸易协定的意义

与新加坡签署自由贸易协定具有以下意义。第一，以通产省和外务省为主的政府部门逐渐接受了自由贸易协定，这具有深远的意义。就这点而言，时任通商政策局长的今野表示："针对自由贸易协定，存在两股比较大的反抗势力。一是原理主义者，他们认为日本是多边主义，所以反对地区主义，这主要集中在外务省，当然通产省内部也存在。二是农产品相关人士。如果同时与两股势力为敌的话非常麻烦。但新加坡的出现逐个击败了这两股势力。原理主义者被争取后，关于工产品的讨论就变得比较容易。"从今野的评论中可以得知，如果日本开始就跟一个非常希望在农产品领域实现自由化的国家开展自由贸易协定谈判的话，外务省和通产省负责自由贸易协定的官员将不得不同时面对来自省内和省外的抵抗。所以一开始跟新加坡这样的非农业国家签署自由贸易协定，在一定程度上缓解了前者的矛盾。这样一来，在推进自由贸易协定方面国内只需要解决与农业相关的问题即可。问题被大大简化。

第二，新加坡与日本签署自由贸易协定可能会导致东亚地区争相签署自由贸易协定。[⑫] 首先，受日新自由贸易协定的刺激，有可能会促进中国与东盟国家签署自由贸易协定。比如，新加坡总理吴作栋表示中国看到日新自由贸易协定的对话后曾提出与东盟国家签署自由贸易协定。[⑬] 其次，新加坡与日本签署自由贸易协定后，其他东盟国家也会采取措施积极与日本签署自由贸易协定。2001 年 11 月，泰国提议与日本签署自由贸易协定。之后，菲律宾、马来西亚等东盟国家相继向日本提议签署自由贸易协定，

---

⑫　寺田贵，《东南亚区域内外竞争型地区主义——新加坡与东盟的作用》。米雷娅·索利斯、芭芭拉·斯托林斯、片田纱织编，《亚洲太平洋的 FTA 竞争》，劲草书房，2010 年。

⑬　摘自 2003 年 3 月 28 日日本首相在经济产业研究所研讨会上的讲话。http：//www. rieti. go. jp/events/03032801/qa. html（2011 年 11 月 9 日点击）。

此外还出现日本与东盟整体签署自由贸易协定的构想，都是受日新自由贸易协定的影响。[134]

第三，日新自由贸易协定被命名为"日本新加坡经济伙伴关系协议（Japan – Singapore Economic Partnership Agreement，简称 JESPA）"，也是日本首次把自由贸易协定称为经济伙伴协议（Economic Partnership Agreement，简称 EPA）。

另一方面，通过与新加坡就自由贸易协定进行谈判也再次明确了农业是自由贸易协定最大的障碍。[135] 在谈判最紧要的关头，新加坡方面提出要求：希望把日本关税减免为零的农产品和现行关税为零的农产品，以及正常特惠关税为零的农产品也作为自由贸易协定的对象。这遭到自民党农林水产商品贸易调查会的强烈反对。[136] 通过一番争论，最后决定不把正常特惠关税为零的产品作为自由贸易协定的对象，只把关税减免为零的农产品和现行关税为零的农产品中没有问题的产品作为自由贸易协定的对象。在此过程中再次明确除了 WTO 以外的场合都不提及农产品的自由化问题。2001 年 9 月 3 日，自民党农林水产商品贸易调查会决定："特别需要说明的是农林水产品的关税问题，只能在 WTO 框架下进行讨论，不能在双边谈判时削减或撤销，这是基本方针。与此同时，对今后类似的双边协议也以同样方针对待。"[137] 就现实情况而言，像新加坡一样不涉及农林水产品关税问题就签署自由贸易协定的案例非常罕见。如果贯彻新的决定，那日本基本上不可能再签署新的自由贸易协定。

4. 日墨自由贸易协定

（1）过程

日本与墨西哥签署自由贸易协定加速了日本推动自由贸易协定的进程。墨西哥于 1993 年与美国和加拿大签署北美自由贸易协定，于 2001 年与欧盟签署了自由贸易协

---

⑬ 关于泰国请参考：Razeen Sally："Thai Trade Policy：From Non – discriminatory Liberalisation to FTAs"，*The World Economy*，Vol. 30. No. 10（2007），P1594 – 1620；Fumio Nagai，"Thailand's Trade Policy ：WTO Plus FTA?"，Working Paper Series 01/02 No. 6 APEC Study Center，Institute of Developing Economies. March 2002.

⑬ 详细内容请参考：金，同前，脚注108。

⑬ 对优惠关税为零的产品，WTO 规定免税。但对现行关税为零的产品，WTO 没有规定免税。但是日本根据国内法律作为免税产品。对正常特惠关税为零的产品，只有从发展中国家进口才能算作免税的产品。新加坡原来属于日本正常特惠关税适用国，但 2000 年 4 月 1 日，日本宣布新加坡不再适用正常特惠关税。

⑬ 《日墨为加强经贸关系共同研究报告》，第 17 页。http：//www. meti. go. jp/policy/trade_policy/l_america/mexico/j_mexico/data/jmjsgreport – j. pdf（2011 年 11 月 10 日点击）。

定，所以与欧美企业相比，日本企业在与墨西哥进行交易时处于非常不利的位置。这种不利不仅包括出口企业直面的关税问题，还涉及政府采购等问题。墨西哥没有签署 WTO 政府采购协议，所以与墨西哥签署自由贸易协定的国家即便在投标时价格高出 10% 左右，仍然优先考虑这些国家的企业。对于结成联盟通过墨西哥政府竞标中获利的日本商社来说，这种差别对待非常不公平。欧盟与墨西哥签署自由贸易协定后，日本企业的竞争环境可能进一步恶化。因此，在很多场合，日本商社都在积极寻求解决方案。一方面，墨西哥不同于新加坡，其农产品曾经出口过日本，但不属于农产品出口大国。因此，与墨西哥签署自由贸易协定的话，首先可以解决日本企业面临的歧视问题，而且墨西哥在农产品领域的门槛并不高，落实起来可能会容易一些。

此外，墨西哥在追求出口利益和贸易平衡的同时，也希望在贸易方面摆脱对美国的依赖，所以从 20 世纪 90 年代开始希望与更多的国家签署自由贸易协定[138]，其中就包括日本。

如上所述，就日本和墨西哥的自由贸易协定而言，1998 年，墨西哥方面对日本通产省做了很多工作。当时日本通产省虽然在讨论自由贸易协定政策，但是对象是韩国，墨西哥被认为是最不可能签署自由贸易协定的国家。日本贸易振兴会理事长畠山曾跟墨西哥经济部长布兰科表示过日本与墨西哥签署自由贸易协定非常困难。在此背景下，墨西哥方面改变了策略，开始与日本讨论双边投资协定（Bilateral Investment Treaty，简称 BIT）代替自由贸易协定。1993 年，墨西哥经济部副部长德拉卡列（De la Calle）正式向通商产业审议官荒井提出展开双边投资协定的建议，之后日墨两国展开谈判。[139]

当时，几乎整个通产省都不看好与墨西哥签署自由贸易协定，但是日本产业界和通产省负责中南美的相关部门则非常热心和积极。[140] 主要是因为墨西哥的边境加工出口制度（Maquiladora de Exportación）。

所谓边境加工出口制度可以减免用于组装的零配件和原材料的进口关税。这对进入墨西哥的企业来说非常重要。大部分进入墨西哥的日本企业都是把墨西哥作为跳板，向美国出口商品。制造商巧妙地利用了边境加工出口制度，降低了成本。但是，北美自由贸易协定第 303 条规定从 2001 年以后废除出口美国产品的零配件减免制度。这个问题几乎

[138]　拉尔夫・埃斯帕，《超越 NAFTA 的自由贸易——墨西哥双边贸易主义经济以及制度的正确性》。阿加沃尔、浦田秀次郎编著，《FTA 政治经济分析——亚洲太平洋地区的双边贸易主义》，文真堂，2010 年。

[139]　采访记录《原通商政策局长今野秀洋》。

[140]　同上。

涉及所有进入墨西哥的制造商，特别是电机行业。为了解决这个问题，日本电机行业认为虽然日本和墨西哥签署自由贸易协定并非必须，但是自由贸易协定的确是一种解决方案。所以，经团联成立了日墨自由贸易协定研究机构，由松下电器的顾问担任会长。经团联于1999年4月发表了"日墨自由贸易协定对日本产业界的影响报告"。2000年4月经团联和墨西哥产业界共同发表"关于建议尽快开展日墨自由贸易协定谈判的联合声明"。

但是，日本产业界的行动并没有马上改变通产省的想法。1999年7月，墨西哥经济部长布兰科再次从政府层面向日本提出自由贸易协定谈判申请，通产大臣与谢野馨表示"必须进行讨论"，婉拒了墨方的要求。[141] 2000年4月，墨西哥经济部长布兰科与通商政策局长今野举行会谈，表示墨西哥方面在与欧盟签署自由贸易协定时，就针对农产品自由化设定了过渡时间，并且规定某些农产品不需要自由化，所以日本方面无须担心农产品问题。今野局长再次拒绝了墨方，表示日墨之间当前应该竭尽全力处理双边投资协定问题，而且目前日本正在与新加坡开展自由贸易协定谈判，等取得成果后才考虑与其他国家签署自由贸易协定问题。

如上所述，就日墨自由贸易协定而言，开始产业界非常积极，但是通产省非常消极。但是2001年以后，这种情况发生了变化。行业振兴计划（Programas de Promoción Sectorial）取代了边境加工出口制度，于2001年1月1日生效，在一定程度上打消了电机行业的顾虑，所以日本产业界对日墨自由贸易协定的积极性降低。另一方面，随着2001年日本政府机构调整，经济产业省通商政策局应运而生。在与新加坡就自由贸易协定开展谈判的过程中，新的官员开始着手探索下一个自由贸易协定。而且随着2001年6月双边投资协定谈判破裂，日墨自由贸易协定又提上了日程。

就日墨自由贸易协定而言，日本迈出的第一步是通过官产学研究会进行讨论。当然，这不能算日本同意就自由贸易协定展开谈判的承诺，只能简单定位为提供了一个学习的场所。在与新加坡开展自由贸易协定谈判前也曾成立类似的研究会，但是两个研究会并不相同，农林水产省一开始就作为日墨自由贸易协定研究会的联合会长之一。[142] 在研究会的同时，经团联还举行了有关日本与墨西哥自由贸易协定的学习会，并将学习成果向研究会汇报。[143] 其中比较重要的是，学习会对不与墨西哥签署自由贸易协

---

[141] 采访记录《原通商政策局长今野秀洋》。

[142] 坂井真树，《日本关于FTA的动向与课题》，《连接都市与农村》，2003年9月。

[143] 作者采访了经产省官员（2007年6月25日）。

定造成的损失进行了估算，损失预计为 3 951 亿日元。[144] 此外，在研究会上，墨西哥方面表示"双边协定最终的一篮子中必须包括农产品"，但是"可以根据日本的敏感程度采取灵活的措施"。[145]

此外，2001 年 1 月，中国和东盟达成协议，要在 10 年内成立"中国东盟自由贸易区"，日本非常担心中国会切断它的后路。

在此背景下，农业相关行业和人士不再反对与墨西哥就自由贸易协定展开谈判。2002 年 11 月，墨西哥与日本的自由贸易协定谈判正式开始，农林水产省也参与其中。

与新加坡的情况不同，墨西哥要求日本的农林水产品实现一定程度的自由化。对此，农林水产省向墨西哥提交了多次方案。最初的方案仿照了与新加坡谈判的情况，只把已经免税的产品作为自由贸易协定的适用对象，墨西哥表示反对。2003 年 7 月，墨西哥表示会撤销全部产品的关税，要求日本在 10 年内撤销所有农林水产品的关税。[146] 农林水产省与执政党和各个团体协商后，于 2003 年 8 月表示不再坚持日本新加坡自由贸易协定的标准，提出了"撤销关税方案"，表示"除了猪肉外，对从墨西哥进口的九成以上农产品实施免税"。[147]

之后，双方开始在事务层面进行谈判。2003 年 10 月，墨西哥总统福克斯（Vicente Fox Quesada）访问日本前后，双方开始进行部长级沟通。日本方面希望通过部长级谈判大致明确两国谈判的主要内容，这主要取决于墨西哥方面对猪肉关税的决定。因此，日本方面还针对猪肉问题准备了备用的妥协方案。[148] 但实际上，墨西哥方面态度强硬，不仅对猪肉、橙汁，甚至对墨西哥未曾出口过的鸡肉、牛肉、橘子都要求纳入免税框架。双方各执己见，未能达成一致。日本的媒体也因谈判破裂纷纷指责日本首相小泉纯一郎缺乏领导力，同时强调农业相关人士的态度强硬是导致破裂的原因之一。[149] 小泉首相在与墨西哥自由贸易协定谈判破裂后，于 2003 年 10 月发表评论，表示"不能农业锁国。必须增强农业的竞争力"。[150]

之后，在首相官邸的领导下，两国间的谈判得以继续。2004 年 3 月，两国在主要

---

[144]　《日墨为加强经贸关系共同研究报告》，2002 年 7 月，第 11 页。

[145]　同上，第 17 页。

[146]　坂井，同前，脚注 142，第 23 页。

[147]　农林水产大臣龟井善之记者招待会（2003 年 9 月 22 日）。

[148]　《朝日新闻》，2003 年 10 月 17 日。

[149]　比如，《朝日新闻》，2003 年 10 月 17 日。

[150]　《朝日新闻》，2003 年 11 月 13 日。

内容上达成一致，同年 9 月签署，第二年 4 月开始生效。

（2）对日墨自由贸易协定谈判的评价

对日墨自由贸易协定谈判的评价，大体可以概括为以下三个方面。

第一，满足了日本的出口利益。与新加坡签署自由贸易协定时，新加坡方面只把 4 种产品作为新增的撤销关税产品，对日本方面的出口利益来说影响有限。但在日墨自由贸易协定中，钢铁、汽车都被纳入免税框架，日本充满期待，希望自由化能够促进日本的出口。此外，在政府采购问题上，通过签署自由贸易协定，也使日本的重工业制造商和商社等不再受到歧视对待。综上所述，从出口方面看，日墨自由贸易协定意义重大。

第二，实现了部分农产品的市场开放。之前，日本认为包括农产品市场开放的自由贸易协定根本不可能实现，而且视为一种禁忌。但是日墨自由贸易协定打破了这种禁忌。[150] 虽然实现了部分农产品的市场开放，但是墨西哥自由化率超过 99%，而日本只有 90% 左右，没能实现自由化的领域还很多。这也为今后与其他国家开展自由贸易协定谈判带来一丝悬念。

第三，日本从该自由贸易协定谈判中获益良多。以矿工业产业市场准入领域为例，墨西哥不同于新加坡，对很多产品仍在征税。日本方面也有很多未免税的产品，所以为了满足双方对市场开放的要求，谈判过程非常激烈。日本在矿工业领域的谈判中积累了大量的经验，甚至形成了固定的谈判方式，为今后自由贸易协定谈判奠定了坚实的基础。在投资和服务贸易领域，墨西哥已经与很多国家签署了自由贸易协定，在北美自由贸易协定框架下还对服务贸易和投资制定了负面清单，措施和手段都非常先进。通过与墨西哥进行谈判，日本学到了很多宝贵经验。

5. 日本推动自由贸易协定政策

以与新加坡和墨西哥签署自由贸易协定为契机，日本开始执行推动自由贸易协定政策。经产省提出把"攻击型自由贸易协定"和"防守型自由贸易协定"相结合的战

---

[150] 根据当时经济产业审议官和通商政策局长的会议，在开始自由贸易协定谈判时，与农业相关的国会议员批评道"自由贸易协定，绝对不行"，"你们这么一点点地做，非常不像话"。在自由贸易协定成为潮流后，该议员则表示"大家总说农业相关的人员影响了自由贸易协定，但我们并没有影响"。采访记录：《原经济产业审议官今野秀洋》，平成 19 年 1 月 30 日，《通商产业政策史编纂资料集（2）》以及采访记录：《原通商政策局长今野秀洋》。

略。所谓"攻击型自由贸易协定"是指促进日本企业在主要活动地区的经济协调发展，主要针对东亚等国家，比如韩国、东盟等。所谓"防守型自由贸易协定"是指在解决因未签署自由贸易协定对日本企业造成的不利影响。比如类似与墨西哥签署的自由贸易协定。

在与墨西哥就自由贸易协定进行谈判时，日本也已经选好了下一个目标，开始采取措施推动与东盟国家签署自由贸易协定。

（1）东盟国家

日本与东盟国家签署自由贸易协定的构想大体可分为两种方式。一是：日本与东盟整体签署自由贸易协定。这是受中国希望与东盟整体签署自由贸易协定的启发。[132] 2001 年 10 月中国和东盟同意今后签署自由贸易协定后，日本首相小泉纯一郎于 2002 年 1 月提出了"日本东盟一揽子经济合作构想"。虽然这种构想本身不是指自由贸易协定，但是在后来的发展过程中，逐渐涵盖了自由贸易协定。

一方面，在日本与新加坡就自由贸易协定进行谈判的过程中，其他东盟国家对于与日本签署双边自由贸易协定也非常感兴趣，特别是泰国。泰国总理他信（Thaksin Shinawatra）对与日本签署自由贸易协定表示出强烈意愿。2001 年 11 月，他信总理与首相小泉纯一郎举行会谈，希望两国签署自由贸易协定。

在日本国内，经济产业省重视经济方面的利益，把与东盟整体签署自由贸易协定作为重点。外务省重视双边外交，把与各个国家签署自由贸易协定作为重点。双方存在矛盾。最后，双方达成一致，决定最初先签署双边自由贸易协定，之后再考虑与东盟整体签署自由贸易协定。

就泰国提出的签署自由贸易协定方案而言，因为泰国的农业竞争力很强，所以日本国内对此出现分歧。相关工作组进行讨论后，又成立了特别工作组继续讨论。2003 年 12 月，两国政府首脑会议展开谈判。继泰国之后，菲律宾和马来西亚也表示希望与日本签署自由贸易协定的意愿。2003 年 12 月，日本决定与泰国、菲律宾、马来西亚三国就自由贸易协定展开谈判，并几乎同步展开。就日本与其他东盟国家的关系而言，之后日本开始与印度尼西亚、文莱、越南展开自由贸易协定谈判。这样一来，日本对东盟国家实施的双边自由贸易协定谈判全都开始实施。

---

[132] 中国最先与东盟签署自由贸易协定，之后分别与巴基斯坦、智利、新西兰、新加坡、秘鲁、中国香港、中国澳门、哥斯达黎加签署自由贸易协定（截至 2011 年 8 月 22 日）。

就日本与东盟整体签署自由贸易协定而言。2005 年 4 月谈判开始，2008 年 12 月日本与东盟经济合作伙伴协议（Agreement on Comprehensive Economic Partnership among Japan and Member States of the Association of South East Asian Nations，简称为 AJCEP）正式生效。[53]

（2）韩国的举动

1998 年日本通产省开始讨论自由贸易协定时，最初的对象是韩国。日韩于 1998 年 12 月同意开展自由贸易协定谈判。日本贸易振兴会亚洲经济研究所和韩国对外经济政策研究院（Korea Institute for International Economic Policy，简称 KIEP）开始就自由贸易协定展开共同研究，并于 2000 年 5 月公布了研究报告。2000 年 9 月，日韩首脑会谈时同意成立日韩自由贸易协定商业论坛。之后，2002 年 3 月，首脑会谈举行，同意成立官产学共同研究会。2003 年 10 月，该研究会提交报告，小泉首相和卢武铉（Roh Moo-hyun）总统同意在 2003 年年内展开谈判，并在 2005 年内完成实质性谈判。

日韩自由贸易协定谈判从 2003 年 2 月开始，并在第六次谈判（2004 年 11 月举行）后中断。就这样，日韩自由贸易协定进程反而落后于日新、日墨自由贸易协定进程。

韩国对与日本签署自由贸易协定持消极态度，但是对自由贸易协定本身抱有非常积极的态度。1998 年 11 月 5 日，韩国政府决定推动自由贸易协定，并把智利选为最初的谈判对象。受韩国农产品问题的影响，韩国与智利的谈判持续了很长时间，甚至到了批准阶段，韩国国内还未能达成一致。最终于 2004 年 4 月才获得韩国国内的批准，正式生效。之后，韩国不顾国内对农产品自由化的反对，继续积极推动自由贸易协定，与新加坡、欧洲自由贸易联盟、东盟、印度、欧盟、秘鲁、美国相继签署了自由贸易协定。

（3）进一步推动自由贸易协定

随着日本不再完全遵守 WTO 规定的无差别原则（多边主义）以及允许农业方面实现一定程度的自由化，日本对自由贸易协定的态度发生了很大变化，从最初的反对到开始大力推动。就自由贸易协定与 WTO 的关系而言，日本一开始把自由贸易协定作为 WTO 的补充，主要还是以 WTO 为中心。后来，由于多哈回合谈判受挫，日本开始把主要精力放到自由贸易协定上。

但是，与此同时，当日本与东盟各国开始签署自由贸易协定时，也开始意识到至

---

[53] 印度尼西亚还未批准（截至 2011 年 11 月 9 日）。

今为止的举措存在局限性。

2011 年 12 月，日本与墨西哥、东盟各国、瑞士、智利、秘鲁、印度的自由贸易协定谈判结束；另外，与韩国、海湾各国、澳大利亚的自由贸易协定谈判迟迟未取得进展；与中国、美国和欧盟等大国还没有展开谈判。

对于日本进一步推动自由贸易协定来说，存在一些具体障碍。比较严重的障碍包括以下两点，第一是日本国内仍然强烈反对农业自由化。农业产业对自由贸易协定的基本态度是"应该保护的要保护，应该妥协的才妥协"。农业竞争力强大的澳大利亚和新西兰等国希望与日本签署自由贸易协定，但是日本国内担心这会严重影响本国农业，所以直到撰写本章时（2011 年 12 月 16 日），日本与澳大利亚的自由贸易协定谈判进展都不顺利，甚至没有与新西兰展开自由贸易协定谈判。

第二是日本工业产品关税自由化取得显著进展。早在乌拉圭回合谈判之前，日本工业产品关税自由化就已开始，特别是机械设备相关领域，除了小部分商品以外几乎全都撤销了关税。所以，对于韩国和欧盟等工业产品竞争力较强的国家来说，对与日本签署自由贸易协定没有兴趣；或是担心单方自由化，所以日本与韩国的自由贸易协定谈判停滞，与欧盟也没能进入谈判环节。

如上所述，日本推动自由贸易协定的政策存在局限性。为了实现突破，日本采取了一系列措施，其中最引人关注的就是跨太平洋伙伴关系协定（Trans – Pacific Partnership，简称 TPP）。2010 年 10 月，以日本首相菅直人的施政方针演讲为契机，日本国内开始讨论是否应该加入美国、澳大利亚、新西兰、智利、秘鲁、新加坡、马来西亚、越南、文莱之间的 TPP 协议谈判。2011 年 11 月 11 日，日本首相野田佳彦在记者发布会上表示"将与相关国家协商加入 TPP 谈判"，正式开始与 TPP 参加国展开谈判。

此外，日本、中国、韩国于 2010 年 5 月合作举行"日中韩自由贸易协定官产学共同研究"，2011 年 12 月 16 日，共同研究结束并发表联合声明。接着，2012 年 5 月 13 日，日中韩首脑会谈举行，三国领导人一致同意在年内开始就日中韩自由贸易协定展开谈判。此外，日本与欧盟之间也围绕自由贸易协定展开范围界定工作。日本在推动自由贸易协定方面做出了新的举措。

总　结

第二次世界大战后，以 GATT 为代表的无差别多边贸易体制处于世界贸易制度中心。美国作为该体制的守护者，反而从 20 世纪 80 年代开始推动有差别且带有双边主义性质的自由贸易协定。在欧洲，欧洲经济共同体（欧共体）范围逐渐扩大。同时随着关税同盟的形成及扩大，相关制度不断调整，区域内的人员、商品、服务、资金逐渐实现自由化。

亚洲地区除了东盟各国实现东盟自由贸易区之外，签署区域贸易协定的趋势并不明显。针对这种地区主义扩大的趋势，以日本和澳大利亚为首的东亚国家非常担心被孤立。

根据日本和澳大利亚的倡议，标榜"开放的地区主义"的 APEC 应运而生，明确 APEC 不会形成内向型贸易集团。1997 年货币危机爆发前，东亚各国基本还在维持 GATT/WTO 等协调性多边贸易体制。另一方面，以 1993 年西雅图首脑峰会为契机，APEC 在美国主导下逐渐演化为促进自由化的论坛。

20 世纪 90 年代，APEC 作为促进自由化的论坛做出了一定贡献，比如乌拉圭回合谈判最终的成果以及自由贸易协定。就乌拉圭回合而言，美国毫不犹豫与 APEC 各国加强了联系，而且美国快速通道手续面临马上过期的问题，这都给欧盟施加了很大压力。实际上乌拉圭回合基本符合美国的方案。此外，就信息技术协议而言，各方认识到应该让更多的国家参与进来，所以在日美的共同努力下，灵活使用了 APEC 的程序等策略，促使信息技术协议获得成功。

但是，90 年代 APEC 在正式成为促进自由化论坛时遇到了困难。对于通过谈判实现自由化还是自发自由化的问题，各成员之间的矛盾逐渐激化，而且有的成员从内心就反对超出乌拉圭回合谈判的自由化。1997 年到 1998 年部门自愿提前自由化的谈判过程就暴露了 APEC 作为自由化论坛的缺陷。通过 APEC 实现自由化道路遭遇挫折。

随着通过 APEC 实现自由化进程的放缓以及日美贸易摩擦的逐渐平息，以及 1997 年货币危机爆发，日本开始讨论自由贸易协定。而且，以新加坡建议为契机，日本下定决心与新加坡签署自由贸易协定。

进入 21 世纪后，日本完全不再反对自由贸易协定，开始同墨西哥以及东盟各国签署自由贸易协定，顺利走上了推动自由贸易协定的道路。此外，2006 年，美国倡议成立亚太自由贸易区，2010 年提出了"横滨愿景"，以此为契机，APEC 自由化趋势再度活跃。

第 5 章　经济合作政策

第 1 节　亚洲工业化政策的实施

1. 政府开发援助贷款政策

（1）分析

A. 国家经济利益

本节主要是整理并分析从 1985 年到 2000 年（以下简称：这段时期）通商产业省制定的经济合作政策。

在整理和分析这段时期通商产业省的经济合作政策时，必须从经济合作政策特有的角度出发。换句话说，通商产业省之所以制定和实施经济合作政策，其主要目的是为了让日本企业从中获得经济效益（以下称为：国家经济利益）。通商产业省的这种理念不仅局限于这段时期。实际上通过资料不难发现从 20 世纪 50 年代中期实施经济合作政策开始到 2011 年的今天，通商产业省一直贯彻了这种理念。

当然，与一般的经济合作（开发援助）政策相比，这种经济合作政策的目的非常不同。通过分析，不难发现，开发经济学等普通的经济合作政策的目的是从最基本的人道主义出发、大多涉及发展中国家的经济发展，比如减少贫困等。也就是说，经济合作政策重视受援国的利益。而通商产业省的理念则是重视援助国的利益，特别是经济利益。

近年，金融地缘政治学①也从正面承认了援助国存在通过开发援助增加国家利益的

---

① 以政府开发援助为核心的开发型贷款是发达国家为了扩大国家利益实施的手段，一般都是通过国际关系论对此进行分析。2009 年美国约翰霍普金斯大学高级国际问题研究院（School of Advanced International Studies，SAIS）开始对此展开研究，2009 年 4 月成立 Reischauer Center for East Asian Studies，重点研究 "Post-ODA Developmental Finance Schemes：A New Type of Public Private Partnership"。

动机。本节也尝试对此进行解读，但是目前为止这种说法是否已经普及还难下定论。

因此，本节是否有说服力，取决于通商产业省是否真的把国家经济利益作为施政理念。因此，在整理和分析经济合作政策之前，先要明确国家经济利益的概念。

通过以下三份材料，应该能够明确这段时期通商产业省在制定和实施经济合作政策时重视国家经济利益。

第一是日本政府开始实施经济合作政策的历程。

20 世纪 50 年代中期，日本处于战后复兴阶段，通商产业省认为日本不应该仅仅局限于承担《旧金山和平条约》（对日和约，Treaty of Peace with Japan，1952 年条约第 5 号）规定的赔偿义务。所以通商产业省强烈建议实施经济合作政策，倡议以日元贷款制度为支柱的日本政策经济合作政策。通过资料可以确认此时的通商产业省非常重视国家经济利益，并将其视为经济合作政策的目的。

从经济合作政策实施阶段开始，通商产业省就一直坚持国家经济利益。之后，虽然通商产业省的政策发生重大调整，但是也没有证据表明通商产业省放弃了这种理念。可以说在这段时期内通商产业省始终贯彻了这种理念。

第二是经济合作与发展组织（OECD）提供的附带条件贷款[2]作为开发援助资金（以下简称：有条件的政府开发援助贷款，Official Development Assistance）。

该制度说明援助国家在提供开发援助时也重视本国的经济利益。换句话说，该制度证明基本所有的援助国都重视国家经济利益，只不过在程度上略有不同，日本也不例外。该制度的存在说明这段时期，甚至到 2011 年，包括日本在内的主要援助国在制定和实施经济合作政策时都非常重视国家经济利益。

第三是 21 世纪日本政府公布的文件。

进入 21 世纪以后，日本政府利用多个机会公开表示日本政府在制定经济合作政策时重视国家经济利益。通过对这些文件的解读可以发现非常奇怪的情况：包括通商产业省在内的日本政府在 20 世纪中叶完全不考虑本国经济利益，但是进入 21 世纪后，其政策发生重大调整，首次开始考虑国家经济利益。在连接 21 世纪的这段时期，重视国家经济利益的理念发挥了重要影响力。这在今后的文章中会有所涉及。

---

② 提供开发援助资金的项目在竞标时对参加国的国籍制定若干规定，比如，日本附带条件仅限日本企业参加、两国间附带条件仅限提供开发援助资金的国家和受援国企业参加、发展中国家无条件仅限提供开发援助资金国家与发展中国家的企业参加。

下面将按照顺序确认这些文件材料。

B. 经济合作政策开始的历程

根据国际协力银行（2003）[3] 的数据对 50 年代日本提出经济合作政策、成立日元贷款制度的过程进行了梳理。

1951 年签署《旧金山和平条约》，第 14 条规定"日本应赔偿联盟国战中产生的一切损害与痛苦"。根据该规定，为了实施赔偿，日本建立了日元贷款制度。虽然赔偿行为属于践行《旧金山和平条约》规定的责任和义务，但是当时的日本百废待兴，需要资金支援国内建设，所以无法从普通预算中筹措赔偿资金。为了解决这个问题，日本政府灵活借鉴财政投融资方式，成立了日元贷款制度。因为使用财政投融资方式，所以不能提供无偿的资金援助，因此决定采取以日元结算的贷款形式。

日本政府分别于 1954 年、1956 年、1958 年、1959 年与缅甸、菲律宾、印度尼西亚、越南南方共和国签署了赔偿协议，共计 10.12 亿美元。

问题随之而来，日本已经通过赔偿协议履行了义务，是否还应该基于日本政府自身的判断提供额外的日元贷款呢？换句话说，各方对是否应该实施经济合作政策存在疑问？

国际协力银行（2003）详细介绍了过程。

1957 年 5 月，日本首相岸信介遍访东南亚各国，提出了"东南亚开发基金"构想，希望把美国的资本、日本的技术、东南亚的资源结合起来促进东南亚的发展，但是这种构想没有得到美国的同意。1958 年，日本通过立法《强化经济基础资金以及特别法人基金法》（1958 年 7 月 11 日，法律第 169 号），决定在日本进出口银行下设东南亚开发合作基金。1959 年，自由民主党成立对外经济合作特别委员会，提出了"对外经济特别基金构想"；外务省也公布了本部门的经济合作基金构想；通商产业省提出成立海外经济合作公司的方案。通过汇总和调整，1960 年 1 月 14 日，日本内阁决定成立海外经济协力基金（Overseas Economic Cooperation Fund，简称 OECF），1960 年底，制定了《海外经济协力基金法》（1960 年 12 月 27 日，法律第 173 号），海外经济协力基金于 1961 年 3 月 15 日正式成立。日本还在 1950 年制定了《日本出口银行法》（1950 年 12 月 15 日，法律第 268 号），并据此成立了日本出口银行。[4] 日本政府把海外经济协力中

---

[3]　国际协力银行，《日本进出口银行史》，2003 年。
[4]　日本出口银行于 1952 年根据法律修订案（1952 年 4 月 1 日，法律第 66 号）更名为日本进出口银行。

心和日本出口银行作为两大执行机构⑤，于 1958 年在赔偿协议框架外开始实施独立的经济合作政策——提供日元贷款。60 年代以来，贷款规模持续扩大。以上就是日本政府经济合作政策开始的大概历程。

从这个过程可以发现，通商产业省的倡议和日本政府实施经济合作政策的步调基本保持一致。1975 年 6 月 20 日，相关政府部门通过备忘录的形式统一了日元贷款制度，决定由海外经济协力中心统一负责实施（排除了日本进出口银行）。之后，又针对个别日元贷款制定了相关的政策，也交由海外经济协力中心负责，但必须提前获得外务省、大藏省以及通商产业省的同意，并且由经济企划厅许可。这就是所谓的"日元贷款四部门机制"。换句话说，无论是经济合作政策制定还是执行，通商产业省都作为利益相关方，在日本政府内部扮演着主要角色。

纵观当时世界上主要的援助国，经济合作政策的主要利益相关方很少由负责贸易和产业振兴的行政机构负责。大多数援助国都是由外交部或是财政部负责。

问题是通商产业省倡议日本政府实施经济合作政策时的政治目的。

从 1958 年到 90 年代中期每年出版的《经济协力现状及问题》是了解通商产业省官员对经济合作政策的态度的绝佳资料。虽然这被称为"经济合作白皮书"，但并不是正式向内阁提交的白皮书，而是通商产业省用来表达本部门观点的出版物。通商产业省（1959）第 2 号表示日本政府现在必须实施经济合作政策，并且提出了理由。

第一，当然，振兴出口非常重要，具体如下：

> 随着自由化的发展，从先进国家进口工业产品的预期增加，这对处于发展中的国内产业会造成重大影响。为了促进日本经济发展，必须振兴机械设备产业（如后文所述）。但是现在除了部分船舶和轻型设备以外，其他产品都缺乏国际竞争力。以西欧为例，为了满足大量需求，必须通过分工调整和技术改革提高竞争力。机械设备产业的国内市场还比较小，必须按计划扩大出口。但是日本机械设备产品的出口市场，除了船舶和轻型机械设备以外，基本都是发展中国家（第 10 页）。

出口的发展是促进日本经济发展的关键。为了增加出口，必须根据世界进口需求的变化，促进机械设备类产品的出口。但是日本的设备出口一直处于增长乏力的状态。为

---

⑤　在海外经济协力中心成立前，只有日本进出口银行一家。

了增加设备出口，必须在国内采取相关对策，同时还需要采取出口市场对策（第 17 页）。

第二，在此基础上，"为了振兴日本企业的出口，必须实施经济合作政策"的理念逐渐成为共识。具体如下：

> 从侧面来说，主要国家的经济合作政策应该把援助国的国家利益作为重要目的。美国和苏联把冷战作为国家利益，民主德国把资本输出作为国家利益，英国把加强英镑区国家合作作为国家利益，中国把扩大亚洲地区的影响力作为国家利益（注 7）。

通过对比，日本把振兴日本企业出口作为最重要的国家利益。所以灵活适当实施经济合作政策的理论逐渐成为共识，具体如下：

> 在这些主要国家中，欧美等发达国家在历史上曾经培养过设备市场。一般来说，设备的规模较大、价格较高，所以需求方比较强势而且决策非常谨慎。欠发达国家技术水平较低，通过一己之力无法确定产品品质和性能，一直盲目信赖和倾向以某些发达国家公司或品牌以及优秀的技术水平作为判断标准。为了与发达国家传统的竞争力对抗，日本认识到必须让这些国家加深对日本技术水平的认识。与此同时，为了提高对日本产品的信任，必须在某种程度上不计盈亏。这也是必须实施商品展览会等间接贸易振兴对策和经济合作的原因之一（第 17—18 页）。

C. OECD 对附带条件的政府开发援助贷款制定规则

第二个证据就是 OECD 对附带条件的政府开发援助贷款制定了规则。该规则直接说明虽然存在程度上的不同，但是不仅日本，所有 OECD 成员都希望通过贷款式开发援助增加本国的经济利益。正因为如此，OECD 特意规定了国际规则。

出口本国产品以及协助本国企业参与海外设备投标这些振兴出口的方式，对 OECD 成员，乃至所有国家来说，都是非常重要的政策课题。为了振兴出口，基本上所有的国家都成立了进出口银行（Export-Import Bank），并提供各种出口信贷。如前文所述，日本于 1950 年制定了《日本出口银行法》，1951 年，日本出口银行正式开展业务（1952 年更名为日本进出口银行）。

各国进出口银行提供出口信贷的目的自然是为了实现上述振兴出口的效果。这一时期，没有对各国进出口银行提供的出口信贷制定任何规定，各国政府都是通过"母鸡游戏"进行纳什均衡（Nash equilibrium）。换句话说，进出口银行提供的出口信贷越优惠，越能提高本国企业竞争力，获得出口机会。一方面，为了实现出口信贷的低利率，必须要投入政府资金，这属于官方支持（officially supported）。也就是说，为了通过出口信贷促进本国企业的出口，本国政府必须比其他国家承担更多的财务负担。这种竞争跟军备竞赛一样，没有规定规则并且存在卡特尔，导致各国不得不一边承担财政负担，一边拼命参与竞争。

雷（Ray，1995）介绍了主要发达国家为出口信贷制定国际规则的过程。20 世纪 50 年代，欧洲主要国家都加入了欧洲经济合作组织（Organization for European Economic Cooperation）。1961 年后该组织发展迅速，吸引了很多欧洲区域以外的成员，并改组为 OECD。以 OECD 为主要舞台开始对出口信贷制定规则。

以上都是讨论出口信贷问题，属于为了振兴出口实施的特别金融政策，并非经济合作政策。在开发援助方面，附带条件的政府开发援助贷款和出口信贷的确能够振兴本国企业的出口，所以都得到官方支持。他们的区别在于：在诸如利率等普通金融条件上，开发援助资金的优势更大；而且在实施开发援助时，虽然局限于本国企业，但并没有指定某特定企业，更为公平。[6]

附带条件的政府开发援助贷款作为开发援助资金一开始没有国际性规则，所以开发援助资金"也"会用于本国企业振兴出口，援助国之间也会通过"母鸡游戏"进行纳什均衡。也就是说，为了让本国企业得到更多的出口机会，政府必须提供尽可能多的附带条件的政府开发援助贷款。所以各国不得不一边承担财政负担，一边拼命参与竞争。

如上所述，OECD 认为：附带条件的政府开发援助贷款作为开发援助资金，可以发挥振兴出口的作用，所以必须与专门用来振兴出口的金融制度——出口信贷制定相同的规则。在此基础上，OECD 为出口信贷和能够振兴出口的开发援助资金——附带条件的政府开发援助贷款制定了统一的框架规则。1978 年，《OECD 官方支持出口信贷安排》（Arrangement on Officially Supported Export Credits）签署，后几经修正，沿用至今，该安排在实际执行中具有强制力。[7]

---

[6] 当然，出口信贷有时也会针对个别企业。

[7] 君子协定（a Gentleman's Agreement among Paricipants；OECD 官方支持出口信贷安排第 2 条）。根据青木昌彦（2001），就 OECD 官方支持出口信贷安排拥有强制力的问题，日本政府代表于 2003 年 7 月在 OECD 出口信贷大会上从比较制度分析的角度进行了说明。

其中，第 1 章第 1 条 "目的" 的规定如下：

OECD 官方支持出口信贷安排针对 "官方支持"，为振兴出口的贷款制度制定了规则，可以防止恶性竞争。

　　该安排旨在为第 5a 条定义的官方支持定义一个杠杆竞争环境，以鼓励出口商之间的竞争，这些竞争基于所出口商品和服务的质量和价格，而不是官方支持的最优惠的财务条款和条件。

作为 "官方支持" 的贷款制度，在第 2 章（Chapter II：Financial Terms and Conditions for Export Credits）对出口信贷做了规定；在第 3 章中（Chapter III：Provisions for Tied Aid）对作为开发援助资金的附带条件的政府开发援助贷款制定了规定。

第 3 章第 30 条 a 明确规定开发援助资金——附带条件的政府开发援助贷款作为振兴出口的手段：

　　捆绑援助政策应确保最物有所值，最大限度地减少贸易扭曲，有助于在发展上有效地利用这些资源。

D. 21 世纪日本政府文件

1992 年，日本政府通过内阁决议，制定了政府开发援助大纲，其中规定了政府开发援助的基本理念以及重要事项，可谓集大成者。该大纲作为施政方针，为今后日本政府制定和实施政府开发援助政策发挥了重要作用。2003 年 8 月，该大纲被修改，并通过内阁决议。

修改后的政府开发援助大纲直接明确了国家经济利益，具体如下：

在 ［I. 理念－目的、方针、重点 1. 目的］ 章节中指出："为了深化相互依存关系，享受国际贸易的好处，对资源、能源、粮食严重依赖国外的日本来说，必须通过政府开发援助为发展中国家的稳定和发展做出积极贡献，这关乎能否保证日本的安全和繁荣，以及能否提高国民利益等问题。特别是，针对与日本关系非常密切的亚洲国家，更是必须通过经济合作促进彼此的交流。"

此外，在 ［I. 理念－目的、方针、重点 2 基本方针（4）灵活借鉴日本经验和知识］章节中指出："根据发展中国家政策和援助需求，日本将提供经济社会发展以及经济合作经验促进发展中国家的经济开发，灵活使用日本具有优势的技术、知识、人才以及制度。"

另一方面，仅有这些内容很难论证本节的分析对象，即 1985 年到 2000 年，日本政府，至少是通商产业省在制定和实施经济合作政策时非常重视国家经济利益。如前文所述，很可能是从 2003 年后才首次开始重视国家经济利益。

在这段时间内，通商产业省"也"很重视国家经济利益。这可以从经济产业大臣顾问机构——产业结构审议会贸易经济协力分科会经济协力小委员会于 2005 年 6 月发表的《针对战略性利用日本经济协力中期报告》中略知一二。其中提到了通商产业省（经济产业省）的观点：日本经济合作政策应该与日本产业界有机结合，在实施时要考虑国家经济利益，以亚洲为中心，发挥了更好的经济社会开发作用。

第 1 章〔VI 概括 – 日本·政府开发援助模式〕中指出："目前为止，日本实施的经济合作措施，都是以对受援国适当管理为前提，通过日元贷款和技术合作等主要手段，实施经济合作措施，完善经济发展基础，比如硬件基础设施和软件基础设施以及产业人才培养。通过刺激民间企业的生产、贸易、投资活动获得经济成长的动力。该机制的动力就是政府开发援助，所以被称为'日本·政府开发援助模式'。该模式在亚洲地区保持相对良好的管控，而且在半个世纪中发挥了很大的作用"。也就是说，经济合作政策与日本民间企业形成良好的合作关系，促使日本企业在亚洲获得巨大成功。日本民间企业当然以追求利益为己任。通过提供经济合作政策，日本民企在生产、贸易、投资活动方面的利润增加，贡献了很多经济利益，同时也为发展中国家的经济社会发展做出了巨大贡献。

（2）概要

根据上述内容，可以得出以下结论：通商产业省在制定和实施经济合作政策时充分认识到与国家经济利益相匹配的重要性。

对于通商产业省的经济合作政策而言，1985 年到 2000 年，是非常重要的一个时期。通商产业省对经济合作政策框架做出很大调整，并且逐一实施。经济合作政策领域相继出现新的内容。

根据经济合作政策的具体措施，可以大体分为前期和后期两个阶段。前期是 1985 年到 1991 年，后期是 1991 年到 2000 年。本节主要涉及前期的措施。

无论是前期还是后期，日元贷款制度都是通商产业省的经济合作政策中新的政策支柱之一。

日元贷款（以日元为基础的两国间有偿资金合作）制度由日本政府四个部门：经济企划厅、外务省、大藏省、通商产业省负责，这也被称为四省厅体制。其中，通商产业省坚持实现国家经济利益，致力于通过日元贷款促进发展中国家的经济发展并让日本企业从中获益。日本企业从中获益的方式大体可分为两类：一是通过日元贷款帮助日本企业中标，振兴日本企业向发展中国家的出口；二是通过提供日元贷款完善日本企业所需的以基础设施为主的投资环境。

通过调整日元贷款的附带条件（捆绑政策），大大改变了日本企业的获益方式。为了振兴出口，日本企业必须参加日元贷款项目的投标。如果提供无条件的日元贷款，没有对企业所属国籍做出任何限制的话，只有日本企业在国际项目上中标才提供日元贷款。但是提供附带条件的日元贷款后，只能由日本企业参与竞标，到最后肯定是某一家日本企业中标，所以能够切实促进日本企业的出口。

此外，还有一些比较中性的条件。比如，两国间附带条件，也就是说参加投标的只能是日本企业以及接受日元贷款国家的企业；发展中国家无附带条件是指参与投标的只能是日本企业以及发展中国家的企业。在两国间附带条件下，日本企业只要击败接受日元贷款国家的企业就可以给予日元贷款。在发展中国家无附带条件时，日本企业只要击败发展中国家就可以给予日元贷款。从 1985 年到 2000 年，在设备出口方面，日本企业面临来自其他发达国家企业的强劲挑战。通过附带条件，可以使其他发达国家的企业无法参与投标，虽然不能 100% 确保日本企业中标，但是大幅提高了中标率。

如本节所述，从 1970 年开始，OECD 制定了多种规定，防止提供附带条件的政府开发援助贷款造成贸易扭曲。日本方面表示向发展中国家提供无条件贷款，给发展中国家的企业增加了中标的机会，促进了发展中国家的经济发展，所以拒绝接受这些规定。OECD 贸易委员会内部成立了出口信贷会议讨论附带条件的政府开发援助贷款。日本一直由通商产业省（即现在经济产业省）的负责人担任本会议的日本政府代表。

另一方面，1985 年，《OECD 官方支持出口信贷安排》修改了附带条件的定义，包括发展中国家无条件贷款在内，对所有参与投标的企业国别增加了一些限制性规定，这也被视为政府开发援助贷款的附带条件。

从捆绑政策的观点观察通过日元贷款振兴出口的方法，大体可分为两种，一种是增加附带条件日元贷款规模，确保振兴出口；另外一种是通过提供无条件的日元贷款，提高日本企业的中标率。

从 1985 年到 2000 年，日本政府两次对日元贷款的捆绑政策做出重大调整。第一次是 1988 年，从尽可能维持附带条件改为无条件。第二次是 1997 年，把提供无条件贷款政策改为尽可能扩大附带条件贷款规模。

1958 年以后，日本开始提供日元贷款，把其视为赔偿之外的经济合作政策。在通商产业省的坚持下，提供附加条件尽可能多的日元贷款成为日本的基本方针。1988 年提出要将其改为普通无条件贷款。1988 年，在第四次政府开发援助中期目标中明确之后会推动日元贷款无条件化。这导致包括日元贷款制度在内的无条件政府开发援助比例逐年增加，1996 年，无条件政府开发援助比率达到 100%。

第二次政策调整是在 1997 年。1997 年 7 月，随着泰铢采取浮动汇率制，亚洲货币危机爆发，日本在经济对策阁僚会议上决定再次尽可能地增加附带条件日元贷款，成立了新的附带条件的日元贷款制度。这次政策转变也是由于采纳了通商产业省的提议。具体的过程，之后会有论述。

也就是说，就利用日元贷款制度振兴日本企业的政策而言，在 1988 年之前，主要通过确保附带条件的日元贷款规模来实现；1988 年到 1997 年则是通过无条件的日元贷款确保日本企业中标。1997 年以后，两种方式并用。

接下来是完善投资环境政策。

从 20 世纪 50 年代起，日本的日元贷款政策就以基础设施建设为中心，大力完善投资环境。这对促进日本企业投资产生了重要影响。产业结构审议会经济协力小委员会中间报告"第 1 章日本经济合作 50 年的成果 III. 经济合作的内容 2. 与其他援助国相比，日本经济合作的特点"中表示："就形式而言，其他主要援助国大多以无偿的资金合作为中心，但是日本则把有偿资金合作（日元借款）和技术合作结合起来推动经济发展。特别是，日本提供的政府开发援助在有偿资金中的比例远远高于其他援助国。通过大规模的资本合作，以经济发展基础为中心，集中力量完善硬件基础设施，并配合技术合作帮助该国构建制度、培养人才等，这就是日本经济合作的特点。"如前文所言，通过日元贷款改善硬件设施，再利用技术合作，刺激日本民间企业的贸易和投资，进一步促进发展中国家的经济发展。这种方法在中期报告中被称为"日本・政府开发援助模式"。

就以基础设施建设为中心完善投资环境政策而言，没有明确规定使用日元贷款的基础设施建设项目只能由日本企业中标。这是因为日本认识到如果发展中国家能够有效地逐步完善投资环境，日本企业的投资也会更加顺利。这为国际招标也带来了比较好的影响，而且通过控制了基础设施建设的成本，还可以把有限的开发援助资金建设更多的基础设施。

如下节所述，从 1988 年到 1996 年，日本正推行日元贷款无条件政策。1985 年，《广场协议》签署后，日元快速升值，日本企业对亚洲为主的发展中国家的投资规模迅速扩大，无条件贷款虽然对振兴出口的效果有限，但是有利于完善当地的投资环境。

在经济合作领域，通商产业省新政策的第二个支柱是亚洲工业化政策。即直接支援亚洲各国，特别是东盟各国的工业化。

所谓"直接"是指日本向发展中国家传授过去日本国内实施的开发主义型产业政策经验。换句话说，并不是直接支持发展中国家的经济发展，比如个别的基础设施建设、技术转移以及在个别领域的决策过程，而是向发展中国家政府传授中长期发展战略如何制定等问题，并且让亚洲各国政府可以根据该发展战略实施合适的产业政策。当时的通商产业省引导亚洲国家，尤其是东盟各国选择和日本相同的发展模式，以此推动亚洲国家更好地实现工业化。

就亚洲工业化政策的方法而言，大体可以划分为两个时期。

第一个时期是，通过原来政府开发援助政策的部分内容——技术合作，传授制定发展战略的方法。也就是说，利用被视为政府开发援助的技术合作法，把个别发展中国家的双边经济合作政策作为支柱。

通商产业省把这种亚洲工业化政策称为"New AID Plan"（译者注：新援助计划），从 1987 年到 1990 年初实施。

第二个时期是：通商产业省制定出新的经济合作方法，称为政策合作（policy cooperation），并以此推进亚洲工业化。也就是说，没有利用政府开发援助的方式，不仅与发展中国家签署两国间经济合作框架，还与发展中国家方面的区域组织（特别是东盟）共同扩大了经济合作政策的范围。

20 世纪 90 年代初期，通商产业省与东盟等国举行政策对话并做出说明。对话的主要内容是把原来的日元贷款政策、技术合作政策这些经济合作政策方法称为政府开发援助政策。与此相对的政策合作是指以制定发展中国家的发展战略、以提高产业政策实施能力为核心。从本质上来说，政府开发援助资金的流动已经失去了必要性。

换句话说，政府开发援助的金额接近零，所以无法就经济合作政策做出妥善评价。此时的通商产业省，不再把政府开发援助作为评价指标，而是根据独立的判断开始推行亚洲工业化政策。这是 1992 年以后的事情。

对亚洲工业化政策造成巨大转折的是 1997 年亚洲货币危机爆发。亚洲货币危机结束后，对于东盟各国而言，最关心的经济政策不是中长期发展战略，而是如何确保短期流动性，平息对经济造成的混乱。对于在东盟各国投资的日本来说，最重要的课题同样是确保短期的流动性。所以，1997 年以后，无论是日本还是东盟对政策合作的重视程度都大幅降低。时至今日（2011 年）也是如此。

在推动亚洲工业化政策时，通商产业省沿用了 20 世纪 80 年代后半期传统的方法：技术合作政策。1992 年以后又提出了新的方法：政策合作。其背景是，20 世纪 80 年代，通商产业省意识到自 1949 年成立以来，以日本国内为对象实施的发展战略模式并不完善，在向东盟为主的亚洲国家传播时遇到了很大困难。进入 90 年代，所谓的开发主义模式不断完善，而且世界银行也公布了题为《东亚奇迹》的报告，分析了该模式的意义。通商产业省也为此付出大量努力。

（3）日元贷款制度等振兴出口政策

A. 无条件贷款的国际规则

从 20 世纪 50 年代开始，通商产业省倡议制定以日元贷款制度为核心的经济合作政策，而且始终坚持通过提供日元贷款促进发展中国家的经济发展，并让日本企业从中获益，即非常重视本节反复提到的国家经济利益。使日本企业获益的两种比较有代表性的方法是振兴日本企业的出口以及改善日本企业的投资环境，前文对此已有论述。

就振兴出口的效果而言，如前文所述，在制定日元贷款制度过程中就发挥了比较强的作用，之后也一直强调振兴出口。

从 50 年代开始，日本政府开始实施日元贷款制度，其中附带条件的贷款占相当大的比重，超过半数。从下文所述的过程中可以了解到从 1974 年开始向发展中国家提供的无条件贷款规模也逐渐增加。1974 年以后，日本政府调整了贷款制度，把日元贷款制度的捆绑政策调整为发展中国家无条件政策，其原因是：20 世纪 70 年代开始到 80 年代，发展中国家企业在设备出口领域还无法与日本企业展开强有力的竞争，所以向发展中国家提供无条件贷款，也不会影响日本企业的出口。但是，向发展中国家提供无条件贷款，在 1985 年以后也被 OECD 视为附带条件贷款。

根据 1988 年第四次政府开发援助中期目标，日本了调整政策，开始推行无条件的日元贷款制度。该政策调整主要是为了应对 OECD 制定的规则框架。

就附带条件的政府开发援助贷款规则而言，从 20 世纪 60 年代开始，OECD 反复多次制定规章制度。之所以反复多次实施是因为讨论了政府开发援助的贷款方式以及贷款条件，以及如何保证政府开发援助即能促进受援国的经济发展，又能振兴援助国企业的出口。

贷款不同于赠予，金额较大，多用于道路、港口、电厂等商业项目，不适用于学校、医院等社会项目。对于这些商业项目，很多发达国家企业都非常重视，竞争激烈。发达国家政府通过提供附带条件的政府开发援助贷款，排除其他发达国家的企业，确保本国企业中标。因此，附带条件的政府开发援助贷款被认为会破坏公平竞争（level playing field），这也被称为附带条件的政府开发援助贷款导致的贸易扭曲效果。

前田充浩（2007，第 28—33 页）针对贸易扭曲效果的起因概括如下：

第一个问题是，在发达国家中，有些国家把附带条件的政府开发援助贷款作为经济合作政策，有些国家却没有，两者之间容易发生矛盾。假如实施附带条件的政府开发援助贷款制度的 A 国企业和未实施该制度的 B 国企业，在参与某发展中国家某一项目竞标时，A 国企业能够提供附带条件的政府开发援助贷款，但是 B 国不能提供同样的金融工具与之抗衡。通过这种方法，A 国就排挤掉了 B 国的企业，自然振兴了本国企业的出口。这样的情况是 B 国政府和企业无法容忍的。

第二个问题是，在同样实施附带条件的政府开发援助贷款制度的国家之间，为了贴补利率，要投入财政资金。如前文所述，为了与其他国家竞争，盲目扩大附带条件的政府开发援助贷款规模，如同"军备竞赛"一般，会导致各国的财政负担增加，而且陷入"母鸡游戏"般的纳什均衡无法自拔。

为了避免这种情况，国际社会达成普遍共识，认为必须要为附带条件的政府开发援助贷款制定国际性规则。所以从 1970 年开始，OECD 旗下的开发援助委员会（Development Assistance Committee）的统计工作会议迅速开展工作，明确了政府开发援助的定义。之后，主要借助 OECD 的平台，经过反复讨论，针对附带条件的政府开发援助贷款制定了国际性规则。本节主要介绍 1985 年以前的动向。根据前田充浩（2007），概况如下：

第一个国际规则是，OECD 和开发援助委员会通过了"普通无条件原则"，主要国家通过了《发展中国家无条件临时备忘录》。

1970 年，OECD 和开发援助委员会东京大会召开，通过了包括贷款在内的政府开发援助"普通无条件原则"。在此基础上，对外经济协力审议会作为日本首相顾问机构就撤销附带条件贷款做出回应。1972 年，日本内阁通过了《对外经济关系调整特别措施法》（1972 年 11 月 15 日，法律第 125 号，也被称为《对调整对外经济关系租税特别措施法的部分内容修改案》）。无条件贷款制度正式实施，日本也首次开始提供无条件的日元贷款。

另一方面，当时包括日本在内，几乎所有国家都在提供带有本国附带条件的政府开发援助贷款。所以，随着贷款附带条件的取消，包括日本企业在内，主要国家的产业界都表示强烈反对。1974 年，包括日本在内的 10 个主要国家通过了《发展中国家无条件临时备忘录》，但是没有明确政府开发援助贷款无附件条件的时间，而是将其作为今后的课题，与此同时也在积极采取措施予以落实。

在此背景下，日本先是缩小无条件的日元贷款规模，相反，却扩大了发展中国家无条件贷款的规模。这是因为当时发展中国家企业难以对抗日本企业，涉及发展中国家无条件贷款的项目基本都是日本企业中标，所以，扩大发展中国家无条件的贷款规模，既符合了国际社会对贷款不附带条件的要求，同时还能振兴日本企业的出口。

前田充浩（2007，第 106 页）根据《外国经济协力基金史》（国际协力银行，2003）的数据编制了一张表，可以了解当时日本政府开发援助的捆绑政策，从中不难看出当时政策的混乱。

表 2.5.1　普通无条件原则的变化

	捆绑条件	发展中国家无条件	无捆绑条件
1970 年	100.0%	0.0%	0.0%
1971 年	94.7%	0.0%	5.3%
1972 年	100.0%	0.0%	0.0%
1973 年	50.3%	15.6%	34.1%
1974 年	49.5%	15.2%	35.4%
1975 年	42.8%	48.3%	8.8%

资料来源：前田充浩，2007 年。

换句话说，因为 1970 年通过了"普通无条件原则"，所以到 1973 年 1/3 的贷款实现无条件化。另一方面，1974 年未针对发展中国家的无条件贷款制定要求，所以 1975 年无条件贷款骤减，同时发展中国家无条件贷款项目迅速增加，占比迅速超过一半。

第二个国际规则是《OECD 官方支持出口信贷安排》。

第二次世界大战之后，为了振兴本国经济，向发展中国家扩大出口，欧洲主要国家采取了各种手段，比如通过政府支持扩大出口信贷。随着各国政府财政支出逐步扩大，成立类似"军控"的卡特尔进行规范的必要性逐渐凸显。最后，原本被用来实施

"马歇尔计划"而成立的欧洲经济合作组织，现在被用来构建这种卡特尔。

对当时欧洲的主要国家来说，最大的问题是如何限制最强的出口竞争对手——美国，针对其出口信贷，制定有利于欧洲主要国家的规则。但是，制定该规则非常困难。雷（Ray，1995）详细论述了欧洲主要国家在欧洲经济合作组织制定规则以及制定包括美国的规则的过程。

根据该资料显示，美国通过进出口银行发行债务在市场上筹措资金用于出口信贷，所以并不属于官方支持，不同于主要欧洲国家的出口信贷制度，所以美国反对欧洲制定的规则。第一次石油危机后，美国国内利率提高，这成为标志性事件。市场化运作的美国出口信贷与政府支持的主要欧洲国家的出口信贷相比，条件差了很多（利率较高）。美国充分认识到必须得到政府支持才能与欧洲国家竞争。在美国财政部的倡议下，为了创造公平竞争的环境，1978 年各方就《OECD 官方支持出口信贷安排》达成一致，成为国际性规则。

根据雷（Ray，1995）的记载可以发现，OECD 官方支持出口信贷原来以出口信贷为对象。但是在最后执行过程中不仅包括出口信贷，还涵盖了附带条件的政府开发援助贷款。这是美国的建议，因为美国国内没有对附带条件的政府开发援助贷款制定相关规则。欧洲国家中有些国家对附带条件的政府开发援助贷款制定了相关规则[8]，从灵活运用政府开发援助贷款振兴出口的角度出发，这些国家应该反对将其作为对象。但是，之所以不反对是因为：第一，对美国的出口信贷制定规则是欧洲主要国家数十年来的心愿，所以为了让美国接受，欧洲国家可以在政府开发援助贷款方面做出妥协；第二，当时只能分享与附带条件的政府开发援助贷款规定相关的信息，所以更容易被各方接受。

在制定规则的最初阶段就决定各国要共享信息，理由是，很多发达国家希望了解其他国家附带条件的政府开发援助贷款的具体情况，以便本国也能提供相同的政府开发援助贷款，确保本国企业能够在发展中国家的投标项目中获得优势。因此，1934 年伯尔尼协会（The Berne Union，全称国际信用和投资保险人协会，The International Union of Credit and Investment Insures）成立，信息共享是其主要职能。

与欧洲主要国家相比，日本提供了很多附带条件的政府开发援助贷款。如果针对附带条件的政府开发援助制定规则，受影响最大的当然是日本。所以，如果日本反对

---

[8]　德国、法国、西班牙、意大利等。

的话一点也不奇怪，但是日本没有反对，欧洲数十年的希望得以实现。日本认为信息共享不会对其造成实际损害，并据此做出了同意的判断。

第三个国际规则是：1982年修改了《OECD官方支持出口信贷安排》。之前，针对附带条件的政府开发援助贷款，各国唯一的义务就是信息共享。安排修改后，禁止提供赠予度⑨在20%以下的附带条件的政府开发援助贷款。因为日本附带条件的日元贷款赠予度全都超过25%，所有没有对日本造成实质影响。

以上就是1985年以前的动向。概括来说，1985年以前，虽然多次针对附带条件的政府开发援助贷款制定国际规则，但是没有对日本提供附带条件日元贷款的经济合作政策造成实质影响。

从第四个国际规则开始都是1985年以后的问题。

第四个国际规则是1985年第三次修改了《OECD官方支持出口信贷安排》。其具体修改如下：调整了附带条件的定义。原来只针对援助国附带条件（对日本来说就是日本的附带条件）制定了规则。修改后，对参与竞标企业的国别进行限制等条件也被作为附带条件，日本提供的两国间附带条件贷款以及发展中国家附带条件贷款都成了适用对象。

如上所述，1975年以后，日本提供的日元贷款有很大一部分属于两国间附带条件贷款，在1985年之前并不适用《OECD官方支持出口信贷安排》。该安排被修改后，才开始能够管理该贷款。同时，当时禁止提供赠予度低于25%的贷款，但因为日本的日元贷款赠予度都超过了25%，所以日本未受到实际影响。

第五个国际规则出台，促使日本的日元贷款制度发生重大政策调整。新的规则从1985年开始讨论，最终于1987年达成一致，这就是《OECD官方支持出口信贷安排》"沃伦一揽子协议"。⑩

根据前田充浩（2007，第218—223页）的记载，在1985年西方国家针对政府开发援助的两大矛盾激化。

第一个矛盾是，美国认为法国的混合贷款存在问题。

混合贷款是指在出口信贷中增加了政府开发援助等赠予成分。出口信贷部分受《OECD官方支持出口信贷安排》管理，赠予部分混杂其中降低了利率，所以这种金融

---

⑨ Grant Element。在政府开发援助贷款中，赠予金额占总金额的比重，也被称为赠予率。因为政府开发援助贷款的利息普遍低于市场利率。市场利率与该政府开发援助贷款利率之差就被视为赠予部分。

⑩ 沃伦取自当时OECD出口信用会议主席Axel Wallen。

工具明显优于其他竞争对手。

借助这种贷款方式，法国多次在中南美地区击败了美国企业。所以，里根政权还特意采取了对抗措施，成立了被称为"战争资金"（War Chest）的特别基金，以便筹措配合出口信贷使用的赠予资金。

OECD 多次讨论混合贷款的规则。1985 年修改了《OECD 官方支持出口信贷安排》，把包括出口信贷和赠予在内的混合贷款按附带条件的政府开发援助贷款管理。如果把赠予和出口信贷独立来看，两者都不属于政府开发援助贷款，但把两者混合起来就要满足赠予率不低于 25% 的规定。当然，出口信贷部分可以按照《OECD 官方支持出口信贷安排》管理。

第二个矛盾是，美国、英国认为日本附带条件的日元贷款存在问题。

土耳其伊斯坦布尔海峡第二大桥项目导致附带条件的日元贷款制度成为首脑级政治问题，日本企业和英国企业参与竞标。第一大桥项目是英国企业中标，所以撒切尔政权派出部长密切关注投标进程。1985 年，日本提出为该项目提供两国间附带条件的日元贷款，使日本企业和土耳其企业中标，英国企业投标失败。

于是，1985 年开始，OECD 着手讨论加强附带条件的政府开发援助贷款的规定。在开始阶段，重点是讨论提高赠予率来限制贷款，由 25% 提高至 30% 或是 35%。对日本来说，其提供的附带条件的日元贷款赠予率已经达到相当高的标准，即便提高至 30% 或是 35%，都不会对日本造成太大的实际损失。

1986 年春天开始，欧洲国家要求修改附带条件的政府开发援助贷款赠予率的计算方法。这个要求对于高利率国家来说不算追加的规则，但对于低利率国家来说，非常不利，相当于大部分现有的附带条件的政府开发援助贷款都被禁止。因为当时的低利率国家基本只有日本，所以这条也被认为是专门针对日本制定的。

为了更好地理解这个说法，我们必须要了解赠予率的计算方法。

按照《OECD 官方支持出口信贷安排》的规定，禁止提供赠予率在一定水平（当时是 25% 以下）的附带条件的政府开发援助贷款。欧洲国家提出修改赠予率计算方法的方案。政府开发援助贷款的利率可以执行优惠利率，也就是说比市场要低的利率。赠予率计算方法调整为：以市场利率筹措与政府开发援助贷款等额的资金计算出还本付息的总金额，减去政府开发援助贷款还本付息的总金额，然后再除以政府开发援助贷款还本付息总金额就是赠予率。

其中最难的问题在于搞清楚市场利率究竟是多少。

按照 1969 年对政府开发援助的定义，市场利率一律定为 10%。该定义一直沿用至今，其实当时发达国家的市场利率远远低于 10%。之所以采用该利率标准是因为当市场利率较高时，各国提供的政府开发援助规模也会随之扩大。[11] 比如在市场利率为 10% 的情况下，日元贷款利率是 6%，那 4% 的部分就视为赠予。所谓赠予率不到 25% 的附带条件的政府开发援助贷款，是指包括赠予部分合计不到政府开发援助贷款还本付息总额 25% 以上的贷款。所以，就政府开发援助贷款的利率而言，本国利率越低于 10% 的市场利率，赠予率就越高。

1986 年，欧洲表示，不区分高利率国家还是低利率国家，一律把市场利率定为 10% 非常不公平，应该根据各国的市场利率区别处理。最终各方就区别贴现率法（Differentiated Discount Rate）达成一致。所谓区别贴现率法是指把各国国债收益率[12]作为商业参考利率（Commercial Interest Reference Rate），再加上手续费（一般是 1%）作为该国的市场利率。

利率由固定的 10% 调整为商业参考利率，对于国债收益率为 9% 的国家来说，没有差别。欧洲各国的国债收益率接近 9%，所以受该政策变化的影响较小。但对当时市场利率比较低的日本来说，影响非常大。为了符合新规，满足赠予率的要求，日本的市场利率必须接近零才行。恰好这段时期，大藏省根据财政投融资资金使用规则，正在为日元贷款的利率不到 1% 的问题表示为难。

换句话说，"沃伦一揽子协议"签署后，日本必须投入巨大的成本，才能提供附带条件的政府开发援助贷款。

当然，日本政府一开始就对该建议表示强烈反对，还试图拉拢美国一起反对欧洲。但是未能如愿，其他国家都表示赞成，日本被孤立。1987 年，日本政府被迫接受该建议，同意把计算方法变更为商业参考利率的区别贴现率法，同时提高了赠予率，1987 年 7 月以后提高至 30%，1988 年 7 月以后提高至 35%。

《OECD 官方支持出口信贷安排》中虽然改变了赠予率的计算方式，但直到 2011 年中期还没有调整政府开发援助的定义。换句话说，根据 OECD 发展援助委员会的统计指南，政府开发援助必须满足三个条件，第一是政府贷款，第二是以开发为目的[13]，

---

[11] 优惠度比较低的贷款也被认为是政府开发援助。

[12] 对国债市场不发达的国家可以使用其他指标。日本暂时使用长期基本利率。

[13] 军事目的除外。

第三是以 10% 的利率计算的话，赠予率要高于 25%。

　　为了避免赠予率等词语发生混淆，把区别贴现率方式计算的赠予率称为优惠度（Concessionality Level）。

　　时至今日，2011 年，OECD 内部还在沿用政府开发援助的定义，把利率定为 10%。这与《OECD 官方支持出口信贷安排》中使用优惠度的说法并不一致。其理由如下：如果改变了政府开发援助定义中的利率，那与之相关的统计就无法保证与历史数据一致，这是实际操作层面的原因。此外援助国和受援国的立场不同。也就是说，如上所述，《OECD 官方支持出口信贷安排》考虑到加重援助国的财政负担的问题，使用援助国市场利率之差来定义优惠度的方法，具有一定合理性。另一方面，为了保证在受援国产生影响，不考虑援助国的区别，在政府开发援助的定义中使用同一利率也是恰当的。

　　第六个国际规则是 1991 年签署《OECD 官方支持出口信贷安排》"赫尔辛基一揽子协议"。[14] 根据该协议，对于商业（commercially viable）项目，不再考虑利率多少的问题，不再采取例外措施，一律禁止所有附带条件的政府开发援助贷款。商业项目是指普通的经济领域的项目、各国企业开展出口竞争的项目。

　　所谓例外措施是指，原来也禁止向商业项目提供政府开发援助贷款，但是援助国的部长向 OECD 秘书长写信强烈要求提供的话，存在允许提供的可能。根据规定这封信要向全世界公开，OECD 希望通过援助国顾忌本国的国际名誉（reputation）发挥一定的抑制作用。如下章所示，从 20 世纪 90 年代末开始，这种方法对日本来说成为实施经济合作政策的重要工具。

　　该规则的问题在于如何判断该项目属于商业项目。制定本规则后，具体使用情况如下：《OECD 官方支持出口信贷安排》的所有缔约国在提供附带条件的政府开发援助贷款时，要提前把内容通报其他缔约国，共享信息。如果其他国家怀疑该项目带有商业性质（一般来说，本国企业也参与了投标，但是会因其他国家提供附带条件的政府开发援助贷款导致本国企业失去出口机会），可以要求提供贷款的国家提交证明本项目无商业性的可行性研究报告。提供贷款的国家要在可行性研究报告中指明项目收入低于建设和运营成本，不具有商业性。如果提出要求的国家认可了可行性研究报告，那该案就告一段落。要求提供贷款的国家才能继续提供附带条件的政府开发援助贷款。

---

[14]　因为最初关于修改的讨论在赫尔辛基举行，所以被称为"赫尔辛基一揽子协议"。

另一方面，如果提出贷款要求的国家不认可分析结果，就要在巴黎举行会议，对该项目是否具有商业性进行裁决。在会议上，如果参加国实质性支持（substantial support）该项目不具有商业性，就可以提供贷款；如果没有得到实质性支持，那就不能通过部长信函等例外措施提供贷款。此处所谓的实质性支持，不是全会达成一致或是少数服从多数，而是交给会议主席裁决。2006 年，担任英国皇家国际事务研究所（Royal Institute of International Affairs）客座研究员的作者从 OECD 出口信用部总监处（Janet West）了解到被称为 de facto 的潜规则：如果超过两个国家认为该项目具有商业性就不同意提供贷款。

1995 年提出了"事前指导"（Ex-ante Guidance），该资料总结了 1991 年以来的会议讨论结果。凭借该资料，可以提前判断项目是否具有商业性，能否获得实质性支持。但是因为"事前指导"总结的是以前的经验，所以很难判断以前被认定为商业领域的项目今后能否获得贷款。但是可以肯定的是，通过这份指导能够大致判断出项目是否具有商业性。这对提供附带条件的政府开发援助贷款的国家来说，发挥了较大的抑制作用。

以上就是与附带条件的政府开发援助贷款有关的国际规则的变化过程。

B. 政策调整

1987 年《OECD 官方支持出口信贷安排》"沃伦一揽子协议"签署后，日本政府内部多次对日元贷款制度的未来进行了讨论。原来日元贷款四部门机制（经济企划厅、外务省、大藏省以及通商产业省）中只有通商产业省继续坚持附带条件的贷款制度。1988 年，在制定第四次政府开发援助中期目标的过程中，通商产业省也调整了政策，由原来的坚持附带条件到允许无条件化，无条件贷款逐渐成为政府的方针。

通商产业省之所以调整政策，其原因大致可以通过如下事实进行推测。

第一，1985 年《广场协议》签署后，日元升值，日本企业向包括发展中国家在内的国外进行直接投资的规模迅速扩大。如前文所述，根据产业结构审议会经济协力小委员会中间报告中的"日本政府开发援助模式"，通商产业省明确了经济合作政策的重要目的是改善日本企业的投资环境。当然，通过经济合作政策改善日本企业的投资环境，促进日本企业的投资，通过日本企业的活动还能促进发展中国家的经济和社会发展。

所以，如果把改善投资环境作为经济合作政策的主要目的，理论上最大的问题就是通过日元贷款改善发展中国家的基础设施。日本企业能够承揽这些基础设施项目

（振兴出口效果）成了次要问题。

第二，20 世纪 80 年代后半期，日本政府的日元贷款规模迅速扩大。从理论上讲，贷款逐渐去除了附带条件，通过日元贷款能够确保获得相应的振兴出口效果。也就是说，使用无条件的日元贷款参与国际投标的话，日本企业也有可能中标；即便提供无条件日元贷款导致日本企业中标率降低，也可以通过增加贷款规模来对冲。所以日本企业的出口不受影响，基本能够维持在相同的水平。

1988 年以后，日本政府和以前一样，进一步扩大政府开发援助的规模。整个 90 年代的十年间，在世界范围内，日本都位列援助国之首。

以下总结了日本政府开发援助的历次中期目标。

日本政府首次对外公布扩大政府开发援助规模是在 1977 年国际经济合作会议（Conference on International Economic Cooperation）上。日本表示要在 5 年内把政府开发援助的规模翻番。在此基础上，第二年，即 1978 年，日本制定了第一次政府开发援助中期目标，并在波恩首脑峰会上公布，其主要内容是在 1978 年到 1980 年 3 年时间内实现政府开发援助规模翻倍，由现在的 14 亿美元提高至 28 亿美元。最后结果远远超出预期，1980 年政府开发援助规模达到 33 亿 400 万美元。

1981 年，日本政府提出了第二次政府开发援助中期目标。其主要内容是：从 1981 年到 1985 年，5 年时间内实现政府开发援助实施总额比 1976 年到 1980 年实施总额（106.8 亿美元）增长一倍。最后未能实现，完成率为 84.7%。

1985 年，日本政府提出了第三次政府开发援助中期目标。其主要内容是：使 1986 年到 1992 年这 7 年间的援助实施总额超过 400 亿美元，以及 1992 年的援助实施总额比 1985 年的实施总额（37.97 亿美元）增长一倍。随着 1985 年《广场协议》签署后日元迅速升值，上述目标变得很容易实现。所以，1987 年 5 月，日本把目标期限缩短为 2 年。1987 年实施总额为 74 亿 5400 万美元，超出 1985 年一倍，基本实现了既定目标。

尽管还处在第三次政府开发援助中期目标的实施阶段，但是日本政府还是在 1988 年提出了第四次政府开发援助中期目标。其主要内容是：在 1988 年到 1992 年这 5 年间内，政府开发援助实施总额要比 1983 年到 1987 年的实施总额（250 亿美元）增长一倍。最终虽然未能实现，但是完成率高达 99.4%。如前文所述，在这一阶段，日本调整了原有的捆绑政策，大力推动无条件贷款的发展。

经过一番努力，从 20 世纪 80 年代后半期开始，日本的政府开发援助规模迅速扩大，相继超过了英国、民主德国和法国；1991 年超越美国，90 年代一直占据世界头号援助国的宝座。

在此过程中也存在很多问题。比如通过扩大贷款规模能否弥补不附带条件导致中标率降低造成的损失，能否和以前一样促进日本企业的进口？

本节主要介绍1985—1991年的问题，所以基本没有涉及日本企业中标率降低的问题。因为当时日本经济形势较好，在中曾根康弘的领导下，国际协调路线政策也在逐步落实。当时提出"世界中的日本"的口号，所以在日本出资的情况下，其他国家的企业也有可能中标，日本企业的中标率其实有所下降，具体情况将在下节中重点介绍。

（4）通过日元贷款制完善投资环境政策（"日本政府开发援助模式"）

A. 背景

如上所述，《OECD官方支持出口信贷安排》"沃伦一揽子"协议签署后，提供附带条件的日元贷款需要花费很大成本，所以提供贷款对日本来说变得非常困难。但实际上如果只涉及成本一个问题的话，还是能够解决的，可以做工作说服财政部门继续提供贷款。

另外，通过提供日元贷款促进发展中国家的经济和社会发展并使日本企业从中获益有两个方法：振兴出口和完善投资环境。"沃伦一揽子"协议签署后受到决定性影响的是其中的振兴出口。现在无法依靠附带条件的日元贷款，所以必须尽快制定新的金融工具，以便继续振兴出口。但当时的通商产业省并没有这么做。

与此形成对比的是，此时，为了促进日本企业向发展中国家投资，呼吁完善投资环境的请求增多。1985年，《广场协议》签署后日元快速升值，日本很多制造业开始大规模进行海外投资，东盟国家作为被投资地区受到广泛关注。

80年代，随着"亚洲四小龙"（韩国、中国台湾、中国香港、新加坡）的成功，东盟方面受到启发，开始重视外资主导型发展战略。马来西亚获得巨大成功后，泰国、印度尼西亚紧跟其后。

也就是说，完善投资环境作为经济合作政策正在逐步落实。以制造业为主的日本企业为了应对日元升值增加了对亚洲国家的投资，与亚洲国家重视并推动外资主导型发展战略不谋而合。

这些都说明这一时期的通商产业省非常重视完善投资环境，并将其作为经济合作政策的目标。

为了实现完善投资环境的目标，日元贷款无条件化变得更加合理。日元贷款的成本降低，不需要为了满足附带条件的贷款的国际规则大幅降低利息，而且，不仅日本企业，全世界的企业都可以参与国际竞标，大幅降低了项目的总费用。

B. "日本政府开发援助模式"

以完善投资环境为重点，日本制定了以下两种日元贷款制度。

第一，针对至今为止投资环境还未完善的发展中国家提供新的日元贷款，帮助其完善投资环境，这被称为开发新的受援国。

80 年代后半期，新开发的受援国包括（顺序是根据日元贷款协议签署时间）：1986 年的多哥、博茨瓦纳；1987 年的叙利亚、布隆迪；1988 年的毛里求斯、尼日尔；1990 年的危地马拉。

第二，针对已经接受日元贷款，正在以基础设施建设为中心完善投资环境的国家，进一步提供日元贷款，促进基础设施建设升级，这被称为升级投资环境。

通过日元贷款升级投资环境并结合日本企业进一步扩大投资规模，可以大幅促进发展中国家的经济发展。如前文所述，这种经济合作政策被 2005 年产业机构审议会经济协力小委员会中期报告归纳为"日本政府开发援助模式"，其大体内容如下：

通过向商业项目和基础设施项目提供日元贷款，完善发展中国家的投资环境。随着投资环境的逐步完善，日本企业继续向该国投资。随着投资的增加，问题会逐步暴露：比如道路、港口等交通基础设施混乱、电力不足、工业供水不足等。而且投资的制造业企业会在当地进行比较高级的生产，所以对电力和其他基础设施的要求进一步提高。这样一来，现有的基础设施就无法满足需求，在当地的日本企业也会要求规模更大、质量更高的基础设施。针对被投资的发展中国家，日本企业提出了更高的基础设施要求，但不是向该发展中国家政府提出要求，而是向日本政府提出了要求。

根据这种需求，日本政府提供日元贷款，升级基础设施。这样一来，又有更多的日本企业会投资该发展中国家。接着再次暴露出问题……大概的机制就是如此。

该机制也被称为"通过经济合作政策促进投资环境完善与投资扩大的循环周期"或是"超级循环"（Hyper cycle）。[15] 在日元贷款完善投资环境的机制的良好运作下，发展中国家的经济得到显著增长，也就是"日本政府开发援助模式"的功劳。

眼下，发展中国家首脑会利用各种机会要求发达国家增加投资。比如，2008 年 5 月举行东京非洲发展国际会议（Tokyo International Conference on African Development

---

[15] 前田充浩（2010），第 19 页。

IV），很多非洲国家首脑要求日本在当地扩大投资。[16] 另一方面，通过"日本政府开发援助模式"，通商产业省很早就认识到把政府开发援助贷款和促进日本企业投资结合起来的重要性，可以说是非常有先见之明。

C. 案例研究

2005 年，产业机构审议会经济协力小委员会为了总结"日本政府开发援助模式"举办了案例学习会，会上学习了该模式非常典型的成功案例——80 年代后半期开始向泰国提供日元贷款。

泰国秉承开发主义，即在中央政府的有力领导下促进社会和经济发展。20 世纪 60 年代初，泰国政府就开始制定国家开发计划。第一个国家开发计划是 1961 年到 1966 年；在第二个国家开发计划时期（1967 年到 1971 年）调整为进口替代战略。1972 年制定了《投资奖励法》（Investment Promotion Act）后，开始实施外资主导发展战略。

泰国政府顺利完成以纤维产业为主的轻工业化。80 年代开始借助外资主导发展战略培养并扶持重化工领域和设备工业领域发展。第五个国家开发计划是 1982 年到 1986 年，把确立准工业国基础、促进重化学工业化作为主要方针；1983 年，追加了《投资鼓励法》中的投资鼓励行业种类（发动机、汽车零配件、电子产品）。

本节重点研究 1985 年。对泰国来说这是正式引入外资促进工业化的时期。随着《广场协议》签署，日元迅速升值，日本方面也处于日本企业大力向海外直接投资的时期。在亚洲，泰国为了争取日本制造业企业的投资展开了激烈的竞争。马来西亚从 80 年代前半期就已经成功获得了很多日本企业的投资。1978 年，中国实施对外开放政策以后，日本企业的投资范围逐渐扩大。1986 年，越南制定了复兴政策；1987 年制定了《外国投资法》（the Law on Foreign Investment in Vietnam），也开始实施外资主导的发展战略。

当时的泰国为了吸引日本企业投资，积极加入东盟区域市场一体化的网络，这种趋势也非常重要。下节会重点介绍这段时间内东盟区域市场一体化的动向。

"日本政府开发援助模式"这种超级循环的概念正好适用于 80 年代后半期向泰国

---

[16] 日本首相福田康夫在第 4 届东京非洲发展国际会议共同记者招待会（2008 年 5 月 30 日）发表讲话，题为《与非洲首脑的对话表明了非洲开发、促进贸易投资的重要性以及在该领域对日本的支持充满期待》（http://www.kantei.go.jp/jp/hukudaspeech/2008/30kaiken.html）。

提供日元贷款，具体情况如下：

1969 年，泰国与日本签署贷款协议，开始接受日元贷款。之后，日本向泰国很多项目提供了日元贷款，其中大部分是基础设施建设项目，日元贷款发挥了完善投资环境的作用。1980 年，泰国政府提出了外资优惠政策，所以日本制造业企业开始进驻曼谷周边。通过日元贷款为完善曼谷周边的投资环境做出了巨大贡献，主要是整顿交通网、改善电力供应。

泰国在 80 年代以后实施了重要的产业政策，将开发侧重转移到东部沿海地区：在曼谷湾东侧附近，为重化学工业以及设备工业建设基础设施完善的高质量工业园区。林查班工业园区和玛达浦工业园区建成后，入驻了很多企业，成为泰国的主要工业生产基地。

1980 年泰国政府成立了"东部沿海地区工业化委员会"（The Committee to Develop Basic Industries on the EasternSeaboard），1981 年改组为东部沿海开发委员会（Eastern Seaboard Development Committee）。1982 年泰国完成东部沿海地区开发总体规划。

该总体规划原计划由世界银行和英国政府提供主要资金来源。但是之后，泰国的对外债务恶化。1985 年，政府重新调整了对外贷款计划，冻结了东部沿海地区开发计划。

随着对外债务情况的改善，林查班工业园区和玛达浦工业园区相继于 1986 年和 1987 年重新启动。在第六个国家经济开发计划（1987 年到 1991 年）中，明确把东部沿海工业地区的基础产业确立为主要支柱。

东部沿海地区开发计划虽然重新启动，但是因为 1985 年对外贷款计划的重新调整，中断了世界银行和英国政府的资金计划，它们不愿意给再次启动的项目提供资金，所以泰国政府只能寻找新的资金来源。

当时日本作为最大的资金提供国，已经蜚声海外。日本向包括本项目在内的很多项目都提供了日元贷款。就该项目整体而言，有 62.1% 属于日本提供的日元贷款。

随着东部沿海地区开发计划所需资金的扩大，从 80 年代后半期开始日本向泰国提供的日元贷款规模显著扩大。

日本企业也加大了向泰国的投资。1994 年，加盟曼谷日本人工会的企业数量已经多达 1 000 家。而且，泰国主要的工业产品都由日本企业负责生产。根据三菱综合研究所（2007）的数据表示：1998 年，日本企业在泰国汽车市场中占比为 98.5%；1998 年，日本企业在泰国家电市场中占比如下：彩色电视机，56.3%；录像机，92.2%；彩色显示器，100%；空调，100%；洗衣机：100%；冰箱：86.1%，微波炉：83.6%。

表2.5.2 东部沿海开发项目资金来源中日元借款比例 （单位:%）

玛达浦工业园建设项目	48.0
林查班工业园建设项目	60.7
林查班商业港口建设项目	68.8
玛达浦工业港口建设项目	67.5
Nong Pla Lai 大坝建设项目	34.9
玛达浦萨塔希普送水管建设项目	72.6
Nong Pla Lai Nonko 送水管建设项目	53.8
春武里芭堤雅道路建设项目	77.6
梭桃邑玛达浦铁路建设项目	40.6
孔堤19－康赫铁路建设项目	49.1
项目整体	62.1

资料来源：三菱综合研究所，2007年，经济产业省委托项目。

表2.5.3 日本对泰国提供的日元贷款金额（净值） （单位:%）

1986 年	34 501	1996 年	118 381
1987 年	42 098	1997 年	105 947
1988 年	85 789	1998 年	117 562
1989 年	16 459	1999 年	181 790
1990 年	93 671	2000 年	95 671
1991 年	84 687	2001 年	4 079
1992 年	34 375	2002 年	47 496
1993 年	197 462	2003 年	0
1994 年	82 334	2004 年	44 852
1995 年	61 653	2005 年	35 453

资料来源：三菱综合研究所，2007年，经济产业省委托项目。

2. 亚洲工业化政策

（1）经过

从20世纪80年代开始，特别是到1997年亚洲货币危机爆发时，日本通商产业省实施了全新的经济合作政策。根据通商产业省（1986）以及通商产业省（1993）等资料，通商产业省在这一时期为了支持发展中国家，特别是以东盟为主的亚洲国家工业化，积极向外传授产业政策甚至国家发展战略。之所以传授政策的制定方法，是为了传播产业政策、发展战略以及政策制定方式等"智慧"层面的内容。通商产业省为了实现这一明确目标实施了一系列政策，这被称为"工业化政策"。

从政策手段看，亚洲工业化政策最大的特点就是没有局限在政府开发援助框架之内。

所谓政府开发援助，基本还是跟资金流动有关。换句话说，政府开发援助大体包括四种资金类型，分别是：两国间有偿资金合作（日本提供日元贷款）、两国间无偿资金合作（赠予）、两国间技术合作⑰、多国间资金合作（国际机构出资）。所以，基于政府开发援助框架的经济合作政策，其内容无非也是涉及日元贷款、赠予、技术合作或是多国间资金合作如何处理等几个问题。

如前文所述，日元贷款由四个部门负责，即四部门机制；赠予由外务省负责，技术合作由很多政府部门负责，多国间资金合作由大藏省负责。所以如果让通商产业省考虑政府开发援助政策的话，主要包括两部分内容，其一是四个政府部门应该采取何种日元贷款制度；其二是通商产业省应该承担哪些技术合作政策。通商产业省针对日元贷款提出的倡议就是振兴出口和以完善投资环境为核心内容的"日本政府开发援助模式"。

这些手段，在经济合作政策中被称为政府开发援助政策。

另一方面，所谓的亚洲工业化政策是指为了援助亚洲国家，特别是东盟工业化，以传授产业政策、发展战略以及政策制定方法为目的。该手法的特点是既没有排除上述 4 种政府开发援助资金，但也不局限于此。

可以把 1985 年到 2000 年的亚洲工业化政策大体划分为三个阶段。

第一阶段是 1985 年到 1991 年，即本节涉及的时期。通商产业省开始实施"New AID Plan"，并将其作为亚洲工业化政策。其主要特点是以通商产业省负责的技术合作为主。

第二阶段是 1992 年到 1996 年。通商产业省开始实施东盟产业升级政策。其特点是以和东盟各国政府对话为核心，基本不涉及政府开发援助框架。当时通商产业省为了区分政府开发援助政策，把该政策称为政策合作。

第三阶段是 1997 年到 2000 年。1997 年亚洲货币危机爆发，结合日本国内的经济情况，通商产业省开始再次重视与日元贷款有关的政府开发援助政策，并根据情况积极调整相关制度。

---

⑰　在计算资金流动时把赠予也包括在内。

第二阶段和第三阶段将在下一节重点介绍，现在先介绍下第一阶段。

通商产业省从 80 年代前半期就开始讨论亚洲工业化政策。从 1958 年到 90 年代中期，通商产业省每年通过通商产业调查会出版发行《经济合作的现状与问题》，统称为《经济合作白皮书》。该白皮书分为总论和分论。每年总论部分都会分析不同的题目。该题目能够反映当时通商产业省官员比较重视的问题。据当时负责的官员讲，在撰写总论时要反复召开研究会进行讨论。实际上这也是为经济合作新政策的出台提供了一次头脑风暴的机会。

20 世纪 80 年代前半期，通商产业省每年的题目都跟东盟工业化有关。马来西亚、泰国、印度尼西亚、菲律宾 4 国从 70 年开始相继实施工业化，进入 80 年代后，工业化获得成功。

80 年代前半期，通商产业省每年都会对东盟工业化机制进行分析。根据这些分析，能够发现通商产业省对东盟工业化做出了积极贡献以及强烈的信念，1985 年白皮书还提出了支援东盟工业化实施经济合作政策的必要性。

（2）亚洲工业化政策的开始与"New AID Plan"

根据 80 年代前半期的分析，通商产业省（1985）对政策判断做了总结，具体如下：

第一，对于正在实施中的东盟工业化，日本政府应该积极参与。这对东盟和日本来说都会带来很大好处。换句话说，如果日本政府不参与的话，东盟难以高效实施工业化；日本企业也从日本政府参与东盟工业化的过程中获益。

第二，日本政府的这种参与也被称为开发主义，其基础是日本政府积极对外宣传二战后日本国内发展经济的方法。其中就包括"舍弃原来的政府开发援助政策框架，实施新的经济合作政策"。

二战后，日本政府实施了开发主义发展战略，并且大获成功，之后开始向东盟传授这套理念。日本以东盟各国为对象实施的开发主义也被称为全球开发主义。开发主义发展战略需要中央政府发挥强有力的领导，通过实施多种形态的产业政策促进经济和社会高效发展，这种理念逐渐深入人心。80 年代前半期，查尔姆斯·约翰逊（Chalmers Ashby Johnson，1982）把日本称为发展导向型国家，日本开始尝试把其特殊的与西方国家性质不同的发展战略形成一种新的模式。但是，村上泰亮（1992）称1992 年的时候，日本才把开发主义形成了一种发展模式，1993 年，世界银行提出"东亚奇迹"，以审议会为中心开始讨论该模式的意义，才最终达成共识。所以日本于 1985

年向东盟传授的发展战略还不能算是非常成熟的模式。

根据通商产业省（1985）的记载，在这种情况下，通商产业省尝试通过自己的方法向东盟国家传授模式化的发展战略。

通商产业省（1985）把这种概念称为"工业化模式"。

所谓"工业化模式"是指"向适当的产业社会体系（①产业基础设施、完善流通体系等产业社会机构适合产业活动。②人们要拥有运营产业社会所必须的企业家精神和劳动伦理等工业精神）提供必要的技术（并非某一种技术，而是与近代化、工业化相关的技术体系以及知识体系）和资金，这样才有可能实现工业化"。而且所谓工业化政策，是指"适合各种产业活动的五种要素：技术、资金、产业和社会结构、理念、政策"。

也就是说，工业化的概念属于社会的特定状态。而且所谓对社会进行工业化，可以通过政策方面或是人为地向社会中植入一个工业化（社会）体系。工业化"政策"，不仅包括技术、资金，还应该关注产业及社会机构和理念等问题。受此影响，80 年代前半期，日本国内某种社会体系理论（把社会状态作为某种体系，通过工学进行控制）逐渐形成。[18]

像这样通过政府人为措施实现社会体系的工业化，与普通的经济发展理论相比，无疑是非常特殊的。

当时比较典型的经济发展理论包括被罗斯托（1961）视为先驱的哈罗德－多马模型和索罗模型为基础的新古典经济增长模式以及罗默的内生经济增长模式。本文未介绍新古典经济增长模式学说的形成，其基本内容是：促进发展中国家经济发展的重要原因包括劳动力投入、资本投入和包括全要素生产力在内的技术进步。

所以，对亚洲工业化政策来说，政府实施产业政策或是引导该产业制定发展战略最为重要。如果尝试用今天的观点来看与新古典经济增长模式的相同之处的话，应该是政府实施产业政策，能够对劳动力投入、资本投入、技术进步产生重要影响，因此发展中国家如果要实现经济增长，最重要的是采取合适的发展战略，而且要看发展中国家在适当的战略基础上有能力实施合适的产业政策。一旦具有了这种能力，发达国家、国际机构就不用再担心发展中国家，该国肯定会投入适当的劳动力、集中适当的资本、适当地推进技术进步，并最终顺利实现经济增长。

---

[18]　比如，公文俊平（1981）。

把政府的产业政策对国家经济增长的重要性提到如此高度，真的很难说是正常的。[19] 而且，从上述层面定义政府的能力，好像也超过了现在普通的政府管理范畴。但如此强调政府的作用正是开发主义的要义。

不管如何，在上述考虑的基础上，1985 年以后，通商产业省开始制定亚洲工业化政策的方案。第一个方案就是"New AID Plan"，于 80 年代开始实施。

根据通商产业省（1988），"New AID Plan"的内容具体如下：

基本框架为：援助、直接投资、进口三位一体的综合性经济合作一揽子计划。也就是说，"以对象国自身努力完善投资环境为前提，日本民间企业直接投资，民间层面合作生产并向日本出口产品。为了完善基础，政府提供软件、硬件、资金等多种援助，有计划地合作并予以实施"。1987 年 1 月，原通商产业大臣田村访问曼谷时做了上述表述。

截至 1989 年底，日本针对泰国、马来西亚、印度尼西亚以及菲律宾相继开始实施。

具体来说，实施分为三个阶段。阶段一是提出合作请求和调查产业基础。阶段二是调查工业领域振兴开发计划、工业规格检查开发计划、工业园区等开发计划。阶段三是派遣 JETRO·JOIN 项目（译者注：海外交通与都市开发事业支援机构）以及投资部门的长期专家并且进行 AOTS（译者注：海外技术人员研修协会）研修。

还有看似矛盾的地方，比如虽然表示该计划框架是"援助、直接投资、进口三位一体的综合性经济合作"，具体实施内容局限于此非常奇怪。因为为了扩大直接投资，必须完善投资环境，能够从中发挥最大效果的就是日元贷款，但是没有在计划框架中提及。

就其理由而言，据当时负责人表示，如之前多次提到日元贷款的管理方式是四部门机制。虽然当时使用日元贷款促进日本企业投资已经作为日本政府的公开政策，但是外务省强烈反对。这样一来，在四部门机制下非常难以协调。所以决定回避日元贷款，尝试使用通商产业省一个部门负责的经济合作方式。

除了日元贷款，当时由通商产业省负责的经济合作手段是通过其管理的团体提供技术合作。通产省负责的团体包括：日本国际协力机构（Japan International Cooperation Agency）事业部（含调查）的矿工业部门、日本贸易振兴会、日本海外技术人员研修

---

[19] 也有观点与此相反，认为产业政策的效果极为有限。比如，大来洋一（2010）。

协会（The Association for Overseas Technical Scholarship）、日本海外贸易开发协会（Japan Overseas Development Corporation）等所谓"New AID Plan"就是为了最大程度上利用这些技术合作措施。

第 2 节　东盟网络化与日元贷款制度的探索

1. 亚洲工业化政策

（1）经过

纵观 1992 年到 2000 年通商产业省的经济合作政策，把 1997 年亚洲货币危机作为分水岭，划分为前一阶段和后一阶段比较合适。

前一阶段（1992 年到 1996 年），如第 2 章所言，主要是以东盟国家为对象，通商产业省从 1985 年开始大规模推动亚洲工业化政策。在第 2 章涉及的时间内，通商产业省使用政府开发援助手段（特别是技术合作）实施"New AID Plan"作为亚洲工业化政策。另一方面，在这段时期内除了政府开发援助这种政策方法外，还制定了政策合作的方法，日本与对象国政府之间举行经常性对话传授发展战略。在这种方法的指导下，开始实施东盟产业升级政策。具体是指：1992 年举行东盟经济部长与通商产业大臣间定期会议（ASEAN Economic Ministers – MITI）；1993 年公布《东盟产业升级愿景》；1994 年成立柬埔寨、老挝和缅甸产业合作工作组（Economic Cooperation in Cambodia, Laos and Myanmar）；1997 年改组该工作组，成立了日本东盟经济产业合作委员会（AEM – MITI Economic and Industrial Cooperation Committee）。

后一阶段是亚洲货币危机结束后，日本再次把政府开发援助政策，特别是日元贷款政策作为重要课题。如何确保东盟国家的流动性成为重要问题。在经历 1997 年危机后，日本国内如何应对也成为摆在台面上的重要课题。

如第 2 章所述，通商产业省改变了政策。1988 年，日本政府改变了以往的政策，开始推行无条件的日元贷款，并且在 1996 年彻底实现无条件。另一方面，1997 年，通商产业省又再次调整了日元贷款的捆绑政策，再次开始实施附带条件的日元贷款。

其背景是，1997 年 7 月，泰国改为浮动汇率制。以此为契机，为了应对亚洲货币危机后的各种问题，日本决定"再次"实施附带条件的贷款政策。换句话说，货币危机后，亚洲很多国家都面临短期流动性缺乏的问题。很多日本企业中标的项目或是准备投标的项目都因此被中止或延迟，导致日本企业在亚洲各国的事业举步维艰。为了解决这些问题，日本产业界请求日本政府提供附带条件的日元贷款，帮助亚洲国家解决短期流动性问题，促进项目如期进行。

具体过程如下：亚洲货币危机后不久，9 月，日本首相桥本龙太郎在北京表示，日本将向全球环境项目（植被、节能、新能源等）、公共危害项目（大气污染、水源污染、废弃物）提供无息贷款［同国际开发协会（International Development Association）提供的无利息贷款一样，只收取 0.75% 的手续费］。0.75% 的贷款利率是再次实施附带条件的重要条件。换句话说，如前文所述，根据 1987 年《OECD 官方支持出口信贷安排》"沃伦一揽子协议"，在提供附带条件的政府开发援助贷款时，优惠度必须达到 35%，如果要满足这个标准，利率必须要低。当时日本国内利率虽然比其他国家还低，但还是无法满足优惠度超过 35% 的要求，只能把利率调降至 0.75% 才能满足。

如上所述，日本根据 OECD 的规则，降低利率，构建了新的日元贷款制度。从 1998 年开始，如本节最后部分所述，日本制定了很多附带条件的日元贷款方式，在 2002 年统一为《经济伙伴关系特殊条款》（Special Terms for Economic Partnership）。

如第 2 章所述，随着 1987 年"沃伦一揽子协议"和 1991 年"赫尔辛基一揽子协议"的出台，《OECD 官方支持出口信贷安排》对附带条件的日元贷款的规定越来越严格。即便日本政府不断调整政策，也很难迅速扩大附带条件的日元贷款规模。这种状况一直持续至今（2011 年）。

（2）东盟产业升级政策的背景

A. 概要

这段时期，特别是在 1997 年亚洲货币危机发生前，通商产业省付出了比实施"New AID Plan"更多的努力推动亚洲工业化政策。这段时期的亚洲工业化政策被称为东盟产业升级政策。

与 20 世纪 80 年代后半期的亚洲工业化政策"New AID Plan"相比，东盟产业升级政策的特点如下：

第一，如上所述，东盟产业升级政策属于政策性手段。为了区分政府开发援助政策，通商产业省提出了政策合作的概念，这成为东盟产业升级政策的核心。

所谓政策合作是指日本政府与发展中国家政府展开经常性对话，向其传授以开发主义为核心的发展战略。根据当时的负责人御厨贵（2003）表示，通商产业省的官员把这种传授称为"教育"。

负责制定政策的官员之间举行经常性对话并不少见。各国经常会通过这种方式，调整个别政策，或就个别情况进行谈判。但是这段时期与东盟各国政府人士的对话被称为政策合作，是一种新的经济合作政策的方法。通过对话，不仅是解决个别的政策问题，而是传授整体的发展战略。

日本传授的发展战略，其基本理念是二战后日本在国内实施的产业政策。当时，通商产业省坚信该发展战略使日本获得重大成功，所以希望东盟国家尽可能原封不动地采纳和接受。

这种发展战略被称为开发主义。1989 年之后，以世界银行为主的国际机构、国际会议上针对发展中国家的经济增长提出了"华盛顿共识"（Washington Consensus）。这两个理念相比，有几个重要的区别需要注意。

第二，"New AID Plan"是为了帮助东盟国家实现工业化，以双边援助为主制定的政策，而东盟产业升级政策则是以多边政策为中心，日本与东盟方面的多边机构，特别是与东盟经济部长会议展开合作，以东盟整个区域为对象。通过与东盟经济部长会议进行调整，在明确通商产业省针对东盟整体区域实施经济合作政策的基础上，继续推动与各国以及双边的经济合作政策。

第三，政策目的。"New AID Plan"重点着眼于支持东盟四国（泰国、马来西亚、印度尼西亚、菲律宾）的工业化，完善其投资环境，加强与日本企业的经济联系。而东盟产业升级政策则明确表示把促进东盟市场一体化作为目标。

从完善日本企业投资环境的角度看，虽然东盟四个国家各自完善投资环境，但是并没有促进日本企业更顺利地对外投资，反而是东盟市场一体化发挥了重要作用，所以日本国内也逐渐形成共识，把东盟整体作为日本企业的投资地之一进行完善。

之所以在这一时期实施这样的政策，最重要的原因是：当时东盟正在推动区域市场一体化。以此为前提，日本政府认为不仅要完善东盟每个国家的投资环境，还必须实施能够覆盖整个东盟区域的政策。

第二个原因是，已经向东盟国家投资的日本企业强烈要求通商产业省完善（广义上的）投资环境。为了更好地满足这种需求，通商产业省认识到如果仅仅依靠之前的政府开发援助政策远远不够，必须直接进行政策合作。

第三个原因是，通商产业省官员做出的政治决断。换句话说，如第 2 章所述，这一时期日元贷款正在去条件化，导致通商产业省难以实现其重要的政治目的——通过日元贷款振兴出口。通商产业省官员认识到必须制定新的更有力的经济合作政策，比如政策合作，才有可能完善投资环境。

下文将按顺序进行介绍。

B. 东盟区域市场一体化

东盟区域市场一体化最初的措施是：包含 1976 年东盟协调一致宣言（Declaration of ASEAN Concord, A Common Bond Existing Among the Member States of the Association of Southeast Asian Nations）在内的东盟产业互补计划（ASEAN Industrial Complementation）。东盟经济部长会议规定，根据产业互补一揽子计划中认可的产品清单进口相关零配件时，只能按照该国关税的一半征收。适用该措施的案例是：1982 年菲律宾向泰国出口汽车变速器。但是非常可惜，该措施只执行了 1 年时间就被叫停。

1983 年 11 月 7 日，东盟外长会议（ASEAN Ministerial Meeting）签署了东盟工业合资企业基本协议（ASEAN Industrial Joint Venture）。该协议规定，由东盟两个以上的国家出资、东盟国家占比超过 51%，并且在东盟区域内成立的工厂生产的产品向其他东盟国家出口时，经 AEM 许可，可以免除 90% 的关税。

1988 年 10 月 18 日，在印度尼西亚缺席的情况下，AEM 签署了品牌互补计划（Brand to Brand Complementation）谅解备忘录。其主要内容是：经过许可，向其他东盟国家出口产品零配件时，将其视为国产零配件，最少减免 50% 的关税。

1992 年 1 月，在第四次东盟首脑会谈（新加坡）上，同意在 15 年时间内（从 1993 年到 2008 年）实现东盟自由贸易区（ASEAN Free Trade Area）。1993 年 1 月开始，为了实现东盟自由贸易，开始着手落实共同有效优惠关税协议（Common Effective Preferential Tariff）。

在该协议完全落实之前，为了促进东盟区域内部分工，1996 年东盟工业合作计划（ASEAN Industrial Cooperation Scheme）出台，该计划规定针对东盟区域内东盟国家占比 30% 以上的企业的特定产品征收 0%～5% 的特惠关税。

之后，东盟区域市场一体化进展顺利。

1998 年 10 月，东盟经济部长会议签署了东盟投资地区框架协议，引入了东盟投资区（ASEAN Investment Area）的概念。协议规定，在 2010 年之前投资东盟的企业和个人可以享受国民待遇；在 2020 年之前，东盟国家以外的所有投资都可以享受国民待遇。

C. 日本企业的要求

20 世纪 90 年代初期，已有很多日本企业开始向东盟国家投资。这些日本企业通过经济团体联合会等机构向日本政府提出要求，希望进一步完善东盟国家的投资环境。通商产业省也非常重视企业的诉求，认为有必要采取措施予以应对。

通商产业省根据讨论东盟产业升级政策时的内部资料，对已经在东盟投资的日本企业提出了如下要求：

- 国产率、当地采购率规定。必须保证高国产率或高当地采购率，这是造成当地日系企业生产成本上升的主要原因。
- 出口义务、国内销售规定。按照该规定的话，无法充分利用国内市场。
- 撤退规定。这是导致投资犹豫不决的主要原因。
- 外资优惠政策减少或撤销：很多日本企业是冲着优惠政策才在当地投资建厂，现在在经营方面遇到问题。
- 进出口规定、关税规定。按照规定的话会增加企业的成本。而且通关手续复杂，再出口返税手续漫长。
- 知识产权、技术转移。当地对知识产权保护不够充分，导致当地日系企业在生产过程中积累的宝贵知识产权和技术流失。
- 汇率管理。对汇款的规定、换汇和外汇持有方面都存在限制，导致企业出现经营问题。
- 金融规定。关于资本募集和资金筹措的规定导致经营战略无法实现，影响资金运作。
- 税制。当地日系企业原以为会享受免税特别措施，但是因解释问题导致无法享受。即便能够享受免税措施，也会遇到手续繁杂和退税迟缓等问题。
- 价格规定。新产品上市或涨价必须向当局提交价格申请表，无法充分应对成本变化。
- 雇佣规定。国民待遇、解雇规定等各种规定增加了企业的用人成本。
- 工业规格和标准：必须按照当地特殊的工业规格和标准，不仅大幅加重了成本负担，而且还有可能导致无法向日本及其他国家出口。
- 土地所有权规定。有时无法顺利租赁土地，增加了企业成本。
- 环境规定。借环境之名，征收各种各样的税收，不仅不合理还增加了成本。

基本上，这些问题都是由该国政策造成的。为了改善这些问题，必须与对方政府谈判并提出要求。对方政府根据要求调整个别政策内容，这被称为贸易政策。

与此同时，通商产业省在 90 年代初期也在尝试通过经济合作政策等政策合作方式予以应对。换句话说，针对上述多个问题，日本要求逐一解决和改善。本来东盟各国政府以日本企业投资为契机，充分理解了所谓的外资主导型发展战略。为了能够进一步促进日本企业投资，会主动调整和改善相关政策，采取措施提高本国魅力，防止本国投资环境恶化。因此，发展中国家倾向于使用这种发展战略。

D. 通商产业省作为经济合作政策管理部门具有独立性

当时，通商产业省无法自主决定与政府开发援助政策有关的内容，所以自然就想寻找更加自由的政策手段。

在改组为经济产业省之前，通商产业省会要求各课每年制定新的政策方案，这被称为"新政策"。所以如上所述，可以想象对当时通商产业省负责经济合作政策的部门来说制定与政府开发援助有关的新政策有多困难。但是又必须硬着头皮制定"新政策"，所以在制定新的经济合作政策时，只能不拘泥于政府开发援助领域。

如第 2 章所述，根据《OECD 官方支持出口信贷安排》"沃伦一揽子协议"（1987年）规定，从 20 世纪 80 年代末到 90 年代初，日本无法再通过提供附带条件的日元贷款促进日本企业的出口，从 50 年代开始实施至今的政策被束之高阁。

日本贷款不仅可以促进出口，而且向基础设施项目提供日元贷款还能发挥完善投资环境的作用。但是，日元贷款受四部门机制所困，通商产业省无法单独决定是否向基础设施项目提供日元贷款。换句话说，就是否向基础设施项目提供日元贷款问题而言，虽然通商产业省也参与其中，但是只是日本政府内部负责经济合作政策的部门之一。毫无夸张地说，其存在意义过于局限。

如第 2 章所述，当时正在推动"New AID Plan"，随着多次政府开发援助中期计划的提出，政府开发援助规模大幅扩大，日本成为世界最大的援助国。在此过程中，通商产业省只是实施了"New AID Plan"，虽然该计划以其管理的技术合作为基础，但是在本质上也没能取代其他部门。通商产业省还是没能在日本政府的经济合作政策负责部门中夺得领导地位。

另一方面，如上所述，东盟区域市场一体化正在进行，而且已经在当地投资的日系企业也提出了诉求。如何妥善解决这些诉求，正是通商产业省的职能。如果能够成功地以经济合作政策予以应对，通商产业省就能确保其在日本政府经济合作政策中处于领导地位。

（3）东盟产业升级政策的基本内容

90 年代初期，通商产业省内部多次讨论后，于 1992 年开始实施东盟产业升级政策，其基本内容如下所示：

第一，其目的是为了升级东盟各国的产业结构。此处的东盟国家，具体是指泰国、马来西亚、印度尼西亚和菲律宾四个国家。当时，东盟加盟国中包括亚洲新兴工业经济区之一、经济发展水平较高的新加坡和产油国文莱。但这两个国家不属于日本产业升级政策的对象。90 年代初期，上述四个国家工业化发展顺利，成功走上了社会经济开发的道路。该政策的目的是保证这几个国家工业化"升级"。

第二，其基本政策手段以政策合作为支柱。

第三，就政策落实方法而言，与东盟四个国家分别进行双边谈判相比，日本更重视把东盟整个区域组织作为统一的对象实施多边谈判。东盟经济部长会议（简称：AEM）成立后，成为政策落实的平台，之后又构建了新的平台——AEM – MITI（东盟经济部长和通商产业大臣定期会议），作为运营的基本机构。1996 年，AEM – MITI 又成立了柬埔寨、老挝、缅甸产业合作工作组（简称：CLM – WG），1997 年，将其改组为日本与东盟经济产业协力委员会（简称：AMEICC），该机构发挥了核心作用。90 年代后半期又增加了新的平台——ASEAN +3（日本、中国、韩国）。

为了推动各国具体政策合作取得进展，在这些平台下展开了很多政策对话。

后文会逐个介绍。

（4）所谓东盟产业升级的理念

东盟产业升级政策的核心理念是切实升级东盟四国的产业结构。

所谓"升级"，不仅包括经济合作政策，还包括很多通商产业政策，所以难以被定义。如果只是局限于"东盟产业升级政策"中的用法，请参考如下分析。

某企业想领先其他企业引进高级技术的话，必须进行投资，购买技术、设备并且进行培训，需要承担沉重的负担，而且能否获得高级技术也不确定，存在很大风险；即使获得了高级技术，但是到产生效果也需要时间。在此期间可能会被竞争对手打败，面临破产。如果国家的大部分企业都担心风险而不积极引进高级技术，整个国家都会陷入低技术、低附加值的纳什均衡状态。通过政策介入，政府可以降低因引进高级技术导致破产的风险，从而引导大多数企业积极引进高级技术，使整个国家处于高技术、高附加值的纳什均衡状态。

换句话说，当时，东盟四国工业化进展顺利，但是如果维持现有产业政策，会与劳动密集型产业发达的中国、越南等国成为竞争对手，会处于非常不利的状态，难以扶持高级技术部门发展到更高级阶段。为了克服这一屏障，日本必须提供政策性支持。

1993 年夏天，通商产业省公布了《ASEAN 产业升级愿景——产业政策建议》（简称：通商产业省（1993）），对该理念进行了总结。通商产业省就此向 ASEAN 进行说明，当年的 AEM－MITI 也决定尊重该理念。之后，日本开始与各国讨论扶持配套产业等政策。

文件的主要内容可以简单概括如下：

中国和越南等发展中国家坚持以振兴外资主导型装配制造业为核心的发展战略，其经济迅速发展，会与东盟产生激烈的竞争。所以东盟四国必须尽快升级技术以及资本密集型产业，即产业"升级"。

所谓产业"升级"是指：①增加出口导向型产业产品的附加值、提高研发能力；②提高进口替代型产业的国际竞争力；③提高当地中间产品、生产物资的生产力；④提高产业结构整体附加值。

当前，随着东盟四国外资主导型工业化的实施出现了新的瓶颈（基础设施、人才、零配件供应等配套产业），产业"升级"受阻。

对日本构建国际协调型产业结构来说，日本必须提供资金和技术帮助东盟四国解决这些瓶颈。所以日本与东盟四国开展了以政策对话为主的平等伙伴合作，以帮助这些国家实现突破。

以上就是东盟产业升级的概念。如果用一句话概括就是：使东盟四国的制造业，特别是装配制造业相关的投资环境的水平超过中国、越南等新兴工业化国家，避免与其竞争。

从东盟产业升级这个概念中还可以总结出几个政策问题。第一，东盟四国的经济部门认真对待；第二，通商产业省就具体措施提供了全面支持，这两点成为这一时期亚洲工业化政策中东盟产业升级政策的支柱。

就支持方法而言，通商产业省比较重视与对方政府对话，传授发展战略的政策合作方法。通商产业省（1993）的副标题"产业政策建议"就是这个意思。当然，这也是借鉴了福泽谕吉的《学问的建议》，表示日本向缺乏开发主义型产业政策实施经验的东盟四国传授经验。

东盟四国的投资环境如何才能与中国和越南形成区别？都面临哪些政策课题呢？

当时，针对日本企业，特别是装配制造业，东盟四国与中国、越南之间曾展开激烈竞争。装配制造多属于劳动密集型产业。20 世纪 90 年代初期，东盟四国的劳动报酬提高很快。如果只从劳动成本的角度考虑，东盟四国的投资魅力比不上中国和越南。

AEM – MITI 介绍了通商产业省（2003），并且同意之后实施具体措施。1993 年 AEM – MITI 结束后，通商产业省着重强调了以下课题。第一，扶持配套产业，所谓配套产业在本文的意思是装配制造业中的零配件产业；第二，实施开发型产业政策；第三，完善知识产权制度。

下面按照顺序进行介绍。

A. 扶持配套产业

周边相应技术的配套产业是否完善是决定装配业投资地区的关键性因素。所以，扶持配套产业成为很重要的政策课题。1993 年，通商产业省最先开始着手处理的就是这个问题。

为了实现投资环境存在差异化，最初实施的政策不是完善基础设施，而是选择了扶持配套产业。这个问题也很值得玩味。

比较消极的原因是，参考 "New AID Plan" 的开始过程，1985 年以后，通商产业省开始实施亚洲工业化政策，通商产业省的官员非常重视本部门的自主性，希望找到一种不受其他政府部门干扰的政策手段。完善基础设施建设要靠日元贷款，而日元贷款由日本四个政府部门共同负责，而且还要与发展中国家谈判、调整并签署日元贷款年度协议，所以如果亚洲工业化政策中涉及日元贷款，就不算是 "通商产业省" 的新政策了。

比较积极的理由是，90 年代初期，通商产业省通过整理和总结，把日本国内中小企业政策发展为扶持配套产业政策，并大力推广。现在也开始向东盟地区推广这套政策。

20 世纪 90 年代初，通商产业省对国内中小企业制定的政策出现转机。特别是 1991 年底，日本鲜有人认识到泡沫经济即将破裂，日本国民普遍比较乐观。1985 年，《广场协议》签署后，日元迅速升值，中小企业出现经营问题。为了解决这些问题，80 年代后半期制定了很多紧急立法，时限基本都是五年，所以 90 年代初这些法律陆续到期。

在此背景下，通商产业省开始实施 "有前瞻性的" "积极的" 中小企业政策，其中重要的支柱就是加强聚集功能。也就是说，装配企业很容易把产品生产外包，所以在某个特殊地区需要有配套产业。双方配合才能使该地区的生产力保持在比较高的水平，包括双方在内的企业群就被称为 "集群"。

在日本国内，存在很多类似的高生产力的"集群"，一方面提高了日本制造业的生产力。同时，根据 1992 年制定的《激发特定中小企业聚集活力相关临时措施法》（1992 年 5 月 6 日，法律第 44 号，废弃 1997 年 3 月 31 日，法律第 28 号）：通商产业省认为如果没有政策支持的话，类似的集群功能会恶化。也就是说，随着停业、破产、迁址，可能会导致配套产业集群消亡。为了维持并加强集群功能，必须提供政治支持。不是对弱势的中小企业提供再分配的、福利型支持，而是从加强日本制造业生产力的产业政策出发，提供支持以加强集群功能。比较典型的政策是：《激发特定中小企业聚集活力相关临时措施法》第 1 条（目的）中提出："该法的目的是通过激发特殊中小企业集群活力，夯实地区中小企业发展的基础，实现国民经济均衡发展。"

为了制定该临时措施法，1991 年，中小企业厅多次召开审议会、研究会，就集群的意义进行讨论，积累了很多材料。中小企业厅在通商产业省内部广泛分享了这些材料。大家普遍认识到集群的效果并不只局限于日本。只要涉及装配制造业振兴就不能忽视这一重要内容。所以 1993 年以后，通商产业省开始实施亚洲工业化政策，并且强调扶持配套产业的重要性。

B. 实施开发主义型产业政策

前文曾经提到，通商产业省（1993）总结了东盟产业升级政策的基本观点，其副标题是《产业政策建议》。

1993 年，通商产业省尝试直接以"产业政策建议"为题制定开发主义型产业政策，以政策合作方式向外推广。其背景是当时国际社会开始讨论发展中国家的发展战略趋势，而且都在讨论是否应该由政府实施产业政策作为其发展战略。

以世界银行为中心的开发金融机构根据 1989 年公布的"华盛顿共识"展开讨论。"华盛顿共识"并不同意政府放弃宏观金融政策，转而直接以制造业企业为对象实施产业政策。

与此同时，开发主义型产业政策模式逐渐成形，该模式认为必须实施产业政策，而且产业政策的地位最为重要，村上泰亮（1992）就总结了这一模式。

就通商产业省实施的开发主义型产业政策而言，日本和追随其后的亚洲 NIEs（韩国、中国台湾、中国香港、新加坡）都借助该产业政策在经济上取得显著增长。20 世纪 80 年代以后吸引了世界学者的关注。查尔姆斯·约翰逊于 1982 年提出了规则导向型国家和开发导向型国家两种不同的国家概念。日本和亚洲 NIEs 国家属于开发导向型国家，其最大的特征就是政府强有力地实施（开发主义型）产业政策。

就开发主义型产业政策的内容而言，1992 年村上泰亮在村上泰亮（1992）中做了如下描述。

制造业是带动 20 世纪后半期经济增长的主导产业。因为企业普遍面临平均费用递减的局面，如果只依赖市场机制，每个企业都希望扩大规模，那肯定会引发过度竞争，导致很多企业破产，最终形成垄断。因此，从长远的观点看，政府实施产业政策、规定企业数量并促进合理竞争能够实现经济顺利增长。

此时，政府要对各个企业进行行政干预和指导，让企业放弃过度的设备投资，以免供给大幅超过将来的增长需求；并且对新进入该行业的企业进行引导和调整。在行政指导的基础上使业界形成共识，最好的方式就是召开审议会。1993 年世界银行（1993）也认可了这种方式的意义。

C. 知识产权

毫无疑问，当地知识产权制度是否完备是吸引包括日本企业在内的发达国家企业决定投资的重要原因。作为东盟四国的竞争对手，中国和越南在这一时期的知识产权制度并不完善。当然，东盟四国也不够完善。1993 年夏天，美国就以知识产权制度不够完善为由，警告泰国将实施超级 301 条款对其制裁。

所以，日本认为以日本的制度为基础，在日本的帮助下能够完善东盟四国的知识产权制度，打造与中国、越南不同的投资环境，同时还能促进日本企业扩大投资。

1993 年，泰国政府决定在政府内部成立新的专门负责知识产权的部门。经过讨论，泰国商务部新成立了知识产权局。通商产业省于 1994 年向泰国派遣了专利厅官员，其主要任务是制定泰国商务部知识产权局的组织机构以及基本政策。

（5）AEM - MITI

如上所述，东盟产业升级政策最大的一个特点是：不以某一个发展中国家为对象，而是以东盟区域整体为对象。为了保证该政策顺利实施，通商产业省需要与东盟的一些机构合作，共同构建讨论政策的平台。东盟经济部长会议负责与通商产业省讨论东盟产业升级政策。为了进一步推动政策，在东盟经济部长会议的配合下，又成立了 AEM - MITI。

在东盟内部，东盟经济部长会议是和东盟外长会议同时成立的部长定期会议。从 80 年代开始，东盟各国的经济发展顺利，所以凸显了东盟经济部长会议的重要性。之后，东盟经济部长会议与通商产业大臣每年举行一次的磋商形成机制，就是 AEM - MI-TI。利用该平台就东盟产业升级政策的政策合作展开了广泛讨论。

AEM－MITI 始于 1991 年 11 月，第三次 APEC 部长级会议（汉城，今首尔）东盟经济部长邀请日本通商产业大臣渡部恒三参加恳谈会。之后，该恳谈会就被确立为 AEM－MITI。

做出该决定后，第一次 AEM－MITI 于 1992 年 10 月在马尼拉举行。主要议题包括东盟自由贸易区、APEC、日本支援东盟、绿色援助计划（Green Aid Plan）等。

第二次会议于 1993 年 10 月在新加坡举行，讨论了共同有效优惠关税问题（Common Effective Preferential Tariff）、APEC、日本东盟合作支援东南亚国家以及东盟产业升级政策。为了推动东盟产业升级政策，各国决定构建政策对话的平台，商讨扶持配套产业等问题。

第三次会议于 1994 年 9 月在清迈举行，决定成立柬埔寨、老挝、缅甸产业合作工作组（CLM－WG）作为讨论东盟产业升级政策的主要平台。该建议由日本代表通商产业大臣桥本龙太郎提出。

第四次会议于 1995 年 9 月在斯里巴加湾市举行，讨论了 CLM－WG、日本东盟经济关系、亚欧会议等。如后文所述，会议决定于 1996 年举行第一次亚欧会议首脑会谈，并以此为契机，召开亚欧会议亚洲方面经济部长会议，这就是 ASEAN＋3 的基础。

第五次会议于 1996 年 9 月在雅加达举行，讨论了 CLM－WG、配套产业支持合作、东盟自由贸易区、亚欧会议等问题。

东盟产业升级政策在该时期也取得重大成果。东盟经济部长会议非常配合通商产业省的各种方案。AEM－MITI 作为平台，无论形式上还是实际上都有效促进了双方的信赖关系。

不针对个别的发展中国家政府，而是与东盟这一发展中国家形成的区域组织实现合作，对通商产业省的经济合作政策来说，也算是个变革。这就引发了两个问题，第一，这一时期的通商产业省是怎么想到与区域组织合作这种方法呢？第二，为什么这种方法能够发挥很大作用呢？

就第一个问题而言，请参考当时通商产业省负责制定政策的御厨贵（2003）的研究，具体如下：无论是采用与区域组织合作的方法，还是采用与经济组织合作的方法实现政策构想，都是通商产业省借鉴了 80 年代中期的对欧洲共同体的政策经验。当时，通商产业省通过加强与欧共体内部经济部门的关系，制定出一套促进对欧共体关系的政策。欧共体内部负责外交的是另外的部门。之前，涉及经济问题，欧共体负责经济的部门无法直接与外国政府谈判。通商产业省想办法与该部门直接谈判，调整相关措施。当时的欧共体与日本之间存在很多经济问题，所以由经济部门直接负责谈判也提高了该部门在欧共体秘书处的地位。

这种方法同样适用对东盟开展工作。

就第二个问题而言，请参考以下内容：

在东盟内部，最高的决策机构是首脑会议，其下设两个平台机构：东盟外长会议和东盟经济部长会议。成立东盟的最初目的是解决安全保障问题（解决马来西亚和印度尼西亚针对新加坡独立的矛盾），之后随着东西冷战持续，安全保障问题仍然非常重要。在此历史背景下，因为东盟外长会议主要涉及安全保障等政治问题，所以在东盟的地位非常高。与此相比，东盟经济部长会议成立时间较短，而且截至 80 年代末，区域内要由谈判解决的重大经济问题并不多，所以与东盟外长会议相比，其重要性还未显现。

进入 90 年代以后，情况发生了变化。90 年代初期，当时东盟区域内最重要的安全保障问题——东南亚和平问题得到解决。而且随着东盟各国工业化顺利获得成功，经济问题的重要性相对提高。

在此背景下，90 年代以后，东盟内部发生了东盟外长会议和东盟经济部长会议权力之争。也就是说，当时经济方面的重要问题频繁发生，东盟外长会议虽然也会处理经济问题，但只涉及外交（通商）问题，建议由外务省负责谈判和调整。而东盟经济部长会议则只涉及经济问题，建议由各国经济部门负责谈判和调整。1994 年，东盟经济部长会议向东盟外长会议提交信函，要求东盟外长会议不再讨论经济问题。

这种情况下，东盟经济部长会议的地位获得提高。而且实际上，东盟经济部长会议也已经开始着手解决与区域外主要国家间的重要经济问题。毫无疑问，对当时的东盟来说，日本是最重要的区域外国家之一。

东盟经济部长会议方面的困惑，与通商产业省的困惑相同：20 世纪 80 年代中期，通商产业省借助对欧共体政策的经验，想跟欧共体负责经济的部门，而不是外交的部门，构建解决问题的平台。1991 年，东盟经济部长会议邀请通商产业大臣渡部恒三参加会议，并且决定把 AEM – MITI 作为机制固定下来。

之后，日本与东盟间的重要经济问题就基本都交由该平台谈判，相关的机构逐渐完善。可以说，东盟经济部长会议在东盟的重要性不断提高，多少也跟通商产业省实施东盟产业升级政策有关。

就通商产业省实施东盟产业升级政策具体措施而言，在 AEM – MITI 的安排和授权下，发挥了以下两种重要作用。

第一，各国成立了很多与日本（通商产业省）进行双边政策对话的框架。一般都是副部长级。

第二，1994 年，AEM – MITI 同意成立 CLM – WG。

下面依次进行介绍。

（6）双边副部长级政策对话

发展中国家与日本通商产业省之间成立双边定期政策对话平台，这种手法并不新鲜。早在 20 世纪 90 年代初，通商产业省就已经与主要的东盟国家建立了很多定期政策对话框架，主要涉及贸易问题以及被称为"GAP"的环境技术问题。

需要留意的是，后者不是日本政府就环境问题整体进行磋商的政策对话，只涉及使用通商产业省负责的技术合作在环境方面开展合作的问题。

这两种政策对话并不针对东盟产业升级政策。另一方面，这一时机增加了其他政策对话，这些才是为东盟产业升级政策设立的。

1993 年，经 AEM – MITI 授权，东盟四国很快设立了关于扶持配套产业的政策对话框架。重视配套产业的原因和过程可以参考前文。

此外，还非常重视产业技术问题。

以泰国为例，90 年代中期实施了以下定期的政策对话。

第一，贸易政策对话：日本通商产业省经济协力部长与泰国商务部外国贸易局长牵头，每年举行一次。

第二，1993 年 12 月设立的配套产业政策对话：日本通商产业省经济协力部长和泰国工业部副部长牵头，每年举行一次。

第三，环境政策对话（Green Aid Plan）：日本通商产业省经济协力部长与泰国环境部局长牵头，每年举行一次。

第四，1994 年 3 月设立的产业技术政策对话，日本工业技术院技术审议官与泰国商务部局长牵头，不定期举行。

（7）柬埔寨、老挝、缅甸产业合作工作组（CLM – WG）以及日本与东盟经济产业合作会议（AMEICC）

1994 年 AEM – MITI 召开，会上决定成立 CLM – WG 并作为常设机构。AEM – MITI 作为部长级会议，之前没有常设的秘书处。下面要介绍的内容可以说是通商产业省实施亚洲工业化政策的精华之一。

首先来看设立该机构的经过。

1993 年，AEM – MITI 决定推动东盟产业升级政策。如上所述，通商产业省与各国积极对话推动政策，其面临的课题就是在 AEM – MITI 下设常设机构。这样一来，AEM – MITI 就不仅是定期谈判的平台，还变成了拥有事务能力可以推动政策的行为主体。

从 1993 年底开始，通商产业省的官员就与各国的经济官员展开多次正式和非正式的讨论，整理并总结了所有的常设机构设想。

如前文所述，当时，通商产业省最关心的问题是如何响应日本企业的要求——在东盟四国以汽车、家电等装配制造业构建区域性生产网络。我们再回顾一下，通过改善东盟四国的投资环境，日本装配制造企业可以把 ASAEN 四国整体作为统一的生产基地，合理安排生产，通过紧密的网络把这些地区的生产结合在一起，即把东盟四国整体打造为高质量的生产基地。日本装配制造企业完善了区域内生产网络，当时该地主要的装配制造业，如汽车、家电等，大部分都是日本企业，为东盟四国的经济发展做出了很大贡献。

据当时负责人[20]表示：与此同时，通商产业省也在积极与各国经济部门沟通。为了发挥新的常设机构的作用，东盟方面决定对今后准备加入 ASEAN 的经济体，尤其是柬埔寨、老挝以及缅甸提供帮助，以便它们能够更好地完善市场经济体制。

1994 年，越南在东盟外长会议上表示准备于明年加入东盟，柬埔寨、老挝以及缅甸也会在不久的将来加入东盟。1995 年 7 月 28 日，越南正式加入；1997 年 7 月 23 日，缅甸和老挝正式加入；1999 年 4 月 30 日，柬埔寨正式加入。就扩大东盟过程而言，东盟各国的经济部门绞尽脑汁吸引新加入的国家，并帮助它们完善市场经济体制，加强与东盟现有国家的经济合作。如果东盟不能对完善市场经济体制提供有效支持，这些国家的经济制度改革可能会遭遇失败，与顺利完成工业化、实现经济发展的东盟现有国家间的差距会进一步扩大。东盟可能会分裂为富裕国家和贫穷国家两个集团。

1994 年，在东南亚，乃至世界范围内，很多国家都面临向市场经济转型的问题。东盟研究了欧洲和中亚国家的经验，深刻了解到该问题非常困难。一些欧洲和中亚国家实施了"休克疗法"，迅速转变为市场经济，但是效果并不好。正在向市场经济转型的国家针对市场经济化、发展战略等开展了大量战略性比较讨论。

这些国家对日本的模式也抱有期待，日本有条件把自身的发展模式传授给这些国

---

[20]　御厨贵（2003）。

家。实际上，政策研究大学院大学和世界货币基金组织合作，邀请经济转型国家的财政部和央行官员赴日学习硕士课程。有一部分官员为了寻找适合本国的市场经济化战略模式、学习了日本、亚洲四小龙以及近年东盟国家主动实施的（他们认为）开发主义型产业政策，并学习了与开发主义有关的课程（International Trade Policy）。

1994 年，东盟国家与通商产业省进行沟通，希望日本，特别是通商产业省根据东南亚的实际发展情况提出适合经济转型国家的市场经济化战略。

针对东盟国家提出的要求，日本政府决定要认真对待。与此同时，日本企业也向通商产业省提出要求，希望在东盟四国为日本装配制造企业打造高质量的生产网络。所以通商产业省也表示此事不能马虎。

CLM－WG 就是在此背景下应运而生的常设机构。其名称"柬埔寨、老挝、缅甸产业合作工作组"也说明了其大概的工作内容。之所以是"柬埔寨、老挝、缅甸"，是因为东盟经济部长会议希望与日本合作帮助这些国家完善市场经济制度。"产业合作"的意思就是构建区域性生产网络。

最终，CLM－WG 由以下七个专家会议组成，第一个和第二个专家会议是为了协助完善市场经济体制，主要负责解决经济转型国家的顾虑。第五个专家会议是为了构建各个产业的生产网络。

［专家会议］（括号内为主席国）

Ⅰ推动市场经济

- 完善法律制度专家会议（泰国）

- 会计制度专家会议（新加坡）

- 国营企业民营化、现代化专家会议（印度尼西亚）

Ⅱ市场经济推动城市构想

市场经济推动城市构想

Ⅲ完善基础设施

完善基础设施专家会议（日本）

Ⅳ贸易及投资政策回顾

贸易及投资政策回顾专家会议（老挝）

Ⅴ加强分部门市场联合

- 汽车专家会议（泰国、马来西亚）

- 家电专家会议

- 旅游专家会议（新加坡、泰国）
- 金融专家会议（老挝）
- 运输专家会议（新加坡）
- 通信专家会议（新加坡）
- 纤维及衣服专家会议（泰国）

Ⅵ矿产资源合作

矿产资源探查专家合作

Ⅶ人才培养

人才培养专家会议

1994 年 9 月，AEM – MITI 会议在清迈召开，通商产业大臣桥本龙太郎提出了 CLM – WG 设立方案。

根据之前的音频资料，会议上就 CLM – WG 达成一致的过程并不顺利，主要是对以下两点难以达成共识。

第一点是秘书处。根据通商产业省的方案，日本和泰国成立共同秘书处，办公地点定在曼谷。通商产业省提出该方案的原因是：通商产业省产业调查员（海外贸易开发协会曼谷事务所长）的事务所就设在曼谷。如果将该事务所作为 CLM – WG 的秘书处的话，不需要花费额外的费用，比较划算，所以在制定 CLM – WG 过程中，特意与泰国政府首脑进行了比较深层次的探讨。原泰国副总理阿努担任会长（日本贸易振兴会副理事长畠山襄担任副会长）。

针对通商产业省的方案，马来西亚提出异议，认为秘书处不应该设在曼谷，应该设在吉隆坡或是东盟秘书处所在地——雅加达。

马来西亚之所以反对，其背景如下：

东盟各国非常清楚成立 CLM – WG 的主要目的，协助经济转型国家完善市场经济制度以及在东盟四国构建装配制造业生产网络体系。所以涉及 CLM – WG 运营问题，各国都希望借助该机构制定出对本国有利的政策。

构建区域市场一体化生产网络的主要目的是逐渐降低装配制造业的费用。也就是说，为了让汽车、家电产品等实现规模经济，与其在其中一个国家完成全部生产和装配，不如降低区域内进出口的关税，由每个国家生产专门的零配件，再提供给东盟四国。后者可以提高生产规模，大幅降低成本。

当然，这样一来会出现另外的问题，比如，如何生产分工，也就是由哪个国家负责哪种零配件的问题。每个国家都希望负责生产附加值高的、技术影响大的，能够切实提高该国产业技术水平的零配件。

当时，马来西亚和泰国在振兴装配制造业问题上处于竞争关系。换句话说，随着区域内逐渐形成分工，马来西亚和泰国都希望能够负责生产高附加值产品。所以，马来西亚反对日本和泰国合作，并且把 CLM－WG 秘书处设在曼谷。

马来西亚国际贸易部长拉菲达（Seri Rafidah Aziz）在 AEM－MITI 上提出了这一问题。经过日本通商产业大臣桥本龙太郎再次解释，各国最终同意按照通商产业省的方案执行。

第二，个别专家会议的主席国，特别是泰国和马来西亚对企业专家会议的主席国一职展开激烈竞争，没有办法，经过协商，最后决定两国共同担任主席国。

当时泰国和马来西亚在汽车产业问题上也存在激烈竞争。泰国和马来西亚认为汽车产业对本国工业化至关重要，所以非常重视汽车产业的发展。80 年代，马来西亚开始生产国产汽车普腾赛佳（Saga），走上本国汽车产业化道路。与此同时，80 年代末开始，日本和印度的汽车制造商在泰国增加了投资并扩大了生产规模。1994 年，泰国汽车年产量 50 万台，马来西亚 20 万台。

因此，在振兴汽车产业方面，两国的竞争非常激烈。1995 年日本汽车工业协会在吉隆坡成立了东盟事务所。得知此事的泰国工业部副部长传唤日本大使馆的官员，对此事提出抗议。

通过协调上述矛盾，1994 年 9 月，AEM－MITI 成立了 CLM－WG，希望协助 CLM 国家顺利实现市场经济，促进经济发展，与东盟现有的成员国加强经济合作，维持并提高东盟整体的经济发展。各个专家会议均由东盟国家（10 个成员国）和日本选派，包括 1 名行政官员和 1～2 名民间代表。

第一次全体会议于 1995 年 3 月在曼谷举行。第二次会议于 1995 年 5 月在清莱举行。第三次会议于 1995 年 8 月在东京举行，并提交了中期报告。第四次会议于 1996 年 3 月在曼谷举行，提出了政策建议。第五次会议于 1996 年 8 月在金边举行。第六次会议于 1997 年 5 月在万象举行。

1997 年，日本东盟首脑会议在吉隆坡举行。根据会上达成的协议，1998 年成立日本东盟经济产业协力委员会，撤销了 CLM－WG。

日本东盟经济产业协力委员会的目的是加强东盟的竞争力，促进产业合作以及支持新加入东盟的国家。

第一次全体会议于 1998 年 11 月在曼谷举行。第二次会议于 1999 年 10 月在新加坡举行。第三次会议于 2000 年 10 月在清迈举行。第四次会议于 2001 年 9 月在河内举行。第五次会议于 2002 年 9 月在斯里巴加湾举行。第六次会议于 2003 年 9 月在金边举行。

该工作组的主要组织结构如下：

- 人才培养工作组［HRD，Human Resource Development（－WG）］
- 中小企业、配套产业、地方产业工作组［SME/SI/RI，Small & Medium Enterprises/Supporting Industries/Rural Industries（－WG）］
- 东西回廊开发工作组［WEC，West－East Corridor Development（－WG）］
- 统计工作组（WGS，Statistics）
- 汽车工作组（WG－AI，Automobile Industry）
- 化学工作组（WGCI，Chemical Industry）
- 家电工作组（WG－CEI，Consumer Electronic Industry）
- 纤维·服装工作组（WGTGI，Textile & Garment Industry）

(8) ASEM 亚洲经济部长会议

如上所述，日本企业在东盟装配制造业中占压倒性份额，以其为核心的区域分工以及构建区域生产网络框架也算合理。但是，东盟国家并不满足只与日本合作构建区域生产网络。东盟国家还有更宏大的目标：除了日本之外还想与中国和韩国一起共同实现经济合作关系。

1990 年，马来西亚总统马哈蒂尔（Mahathir bin Mohammad）提出成立东亚经济决策会议（East Asia Economic Caucus）[21]，包括东盟与日本、中国、韩国。美国强烈反对这种方案。但是，实际上，现在很多平台都是以 ASEAN＋3 为基础。从经济、特别是生产制造网络来看，以 ASEAN＋3 这种结构加强关系也较为合理。

当时在经济和安全保障方面，东盟和美国的关系非常深厚。1994 年，东盟国家特别是其经济部门，为了防止损害与美国的关系，没有推动美国强烈反对的 EAEC。但是，对振兴东盟制造业来说，加强 ASEAN＋3 经济合作非常重要，但也因为与美国的

---

[21] 1990 年初被称为 EAEG（东亚经济集团），因为美国强烈反对，所以把集团改为会议（Caucus）。

要求相悖，所以面临进退维谷的局面。

通商产业省的官员与东盟经济部门举行定期对话时，表示非常理解东盟的处境。与此同时，通商产业省表示必须进一步扩大对东盟国家的影响，把 ASEAN + 3 框架按照有利于日本的方向引导。如下所示，通商产业省在 1995 年到 1996 年，在构建 ASEAN + 3 经济框架问题上发挥了主导性作用。

东盟国家和通商产业省在亚欧会议上提出了基本的框架。

1994 年 10 月，新加坡总理吴作栋向当时欧盟轮值主席国法国首相巴拉迪尔表示希望召开亚欧峰会。欧洲方面由欧盟成员国与欧洲委员会出席，亚洲方面由东盟（当时有 7 个成员国）以及日本、中国、韩国出席，即 10 + 3 模式。

之后，欧洲与亚洲方面讨论了吴总理提出的方案。认为欧洲委员会和各国的外交部可以参加该框架，经济部门不需要参与，所以会议上只能讨论非常有限的经济问题。实际上，1995 年 2 月，高级别会议在马德里召开，基本都是涉及外交议题，经济部门的官员没有参与会议。其理由是欧洲方面，即欧盟规定：禁止经济部门不通过外交部门直接与欧盟区域外国家进行谈判。

另一方面，亚洲方面出席的是 ASEAN + 3。亚欧会议亚洲国家齐聚一堂讨论经济问题，虽然名称不同，但是实际上发挥了和东亚经济集团相同的功能。在此基础上，亚欧会议"亚洲"经济部长会议演变为新的平台。所谓亚欧会议的"亚洲"就是指 ASEAN + 3，就是东亚经济集团。该平台的成立其实就是标志着东亚经济集团经济部长会议的成立。

但是也存在两个问题。第一，欧洲方面表示反对。欧盟表示其经济部门无法在会议上直接论述其观点，对欧洲来说，非常不公平。第二，亚洲方面，日本外务省表示反对。包括日本在内，亚洲很多国家都发生过究竟由外交部门还是经济部门负责国际经济问题的争议。比如 1994 年，东盟经济部长会议向东盟外长会议提交文件，要求尽量不要涉及经济问题。

1995 年 9 月，SOM 在普吉岛召开，会议没有允许包括通商产业省以及东盟国家经济部门参加实质讨论。日本和欧盟国家经济部门对此表示反对，并开始着手筹备亚欧会议亚洲经济部长会议。

亚欧会议亚洲经济部长会议筹备会议于 1995 年 11 月大阪举行。借在日本参加 APEC 首脑会谈的机会，亚欧会议亚洲国家经济部长举行了非正式的早餐会。会上决定成立亚欧会议亚洲经济部长会议以及亚欧会议亚洲各国经济部长参加 1996 年 3 月在曼谷举行的亚欧会议首脑峰会。

1996 年 2 月，作为亚欧会议首脑峰会的筹备会议，亚欧会议亚洲经济部长会议在清莱举行。1996 年 3 月在亚欧会议首脑峰会上，决定同期举行外长会议和经济部长会议。1997 年 9 月，亚欧会议经济部长会议在幕张举行。

2. 亚洲货币危机及再次实施振兴出口政策

（1）概要

如上所述，1987 年 3 月，"沃伦一揽子协议"签署，1991 年 12 月，"赫尔辛基一揽子协议"签署，两者再次对附带条件的政府开发援助贷款强化了规则，日本难以继续提供附带条件的日元贷款。1988 年，日本政府提出第四次政府开发援助中期目标，表示要实施无条件日元贷款。在就"赫尔辛基一揽子"协议谈判时，日本和美国合作对抗欧洲。日本政府无条件日元贷款占比逐渐增加，1996 年，日本政府开发援助无条件率达到 100%。当时，日本已经成为世界头号援助国，即世界上无条件提供政府开发援助最多的国家。

作为日本政府中负责经济合作政策的部门，通商产业省发挥了重要作用，通过经济合作促进发展中国家经济增长，并使日本企业从中获益。通商产业省作为管理日元贷款的四个部门之一，没有对当时日本政府的日元贷款政策提出反对意见，甚至可以说主导了该政策的落实。具体如下：

第一，就振兴日本企业出口而言，当时日本企业竞争力较高，通过无条件贷款参与国际投标时也有可能中标。所以不受限制的无条件日元贷款规模迅速扩大，日本企业的实际中标数量并没有降低。

第二，1985 年，《广场协议》签署后日元升值，1995 年日元开始迅速升值，日本企业对亚洲发展中国家投资规模随之扩大。越来越多的日本企业呼吁日本政府通过经济合作政策完善发展中国家的投资环境。从完善投资环境的观点看，最根本的问题不是由日本企业还是由外国企业实施的问题，而是尽快尽可能广泛地实施。

第三，当时通商产业省正在推动亚洲工业化政策，以便为日本装配制造业在东盟区域内构建生产网络。

与此同时，1997 年 7 月，泰国实施浮动汇率制，泰铢暴跌，亚洲货币危机爆发，通商产业省改变了经济合作政策，不再以上述内容为支柱。如前文所述，日本产业界强烈要求恢复并扩充附带条件的日元贷款制度。经济合作政策的重要目的再次成为振兴日本企业出口。对通商产业省经济合作政策来说，这一时期（1997 年到 2000 年）最重要的就是使用日元贷款制度振兴日本企业出口。

其支柱包括以下两个方面：一个方面是，在国际竞标时使用无条件日元贷款振兴日本企业的出口。

如前节所述，《OECD 官方支持出口信贷安排》"沃伦一揽子协议""赫尔辛基一揽子协议"出台后，使日本在 90 年代中期以后很难继续提供附带条件的政府开发援助贷款。从 1988 年到 1990 年中期，日本政府开始推行无条件日元贷款。1996 年无条件贷款率达到 100%。而且整个 90 年代，日本在政府开发援助提供总额上都处于世界首位。大规模无条件日元贷款制度切实振兴了日本企业的出口。

日本企业在国际社会上的竞争力非常强，在参与国际投标时，中标概率很大。日本政府认为只要扩大日元贷款的规模就能实现振兴日本企业出口的目的。但是 90 年代中期，日本企业参与国际投标中标率大幅降低，所以日本企业希望日本政府能够采取更多措施予以支持。

为了响应企业的要求，通商产业省实施的第一个措施是：把接受日元贷款的基础设施建设项目分成两部分，其中一部分涉及与设计有关的咨询服务，对这部分提供附带条件的日元贷款。咨询服务部分金额较小，其余部分金额较大，通商产业省实施的措施都是精心设计好的，不会引发国际谴责。之后相关措施又得到进一步丰富和发展，更有利于日本企业参与国际投标，也更有利于振兴日本企业出口。当然，过于明显有利于日本企业的措施会引发其他问题，所以需要借鉴通商产业省的聪明才智和丰富经验，才能设计出能够规避世界贸易组织、《OECD 官方支持出口信贷安排》的相关规定，而且不会影响与需要咨询服务的发展中国家的关系。

第二个措施是，提供无条件贷款的同时，日本还采取很多外交手段帮助日本企业中标。根据《OECD 官方支持出口信贷安排》，项目招标条件中关于政府开发援助贷款形式可以分为无条件或附带条件，接受政府开发援助贷款的国家在实施国际招标时使用无条件贷款。换句话说，从《OECD 官方支持出口信贷安排》字面上理解，没有禁止多种多样的外交手段。

另一方面是设立新的附带条件的日元贷款制度，并扩大其规模。

如下所示，四部门采纳通商产业省的倡议，从 1997 年开始，创立了新的附带条件的日元贷款制度。

针对这两个方面，具体介绍如下：

（2）通过无条件日元贷款制度振兴出口

A. 统一附带条件

为了在使用无条件日元贷款的条件下振兴日本企业，最先实施的措施是从项目中拆分咨询服务。

1997 年 OECD 针对附带条件的日元贷款制度制定了两项规定。

第一，根据 1987 年《OECD 官方支持出口信贷安排》"沃伦一揽子" 协议的规定，在提供附带条件的日元贷款时，利率必须非常低。

第二，根据 1991 年《OECD 官方支持出口信贷安排》"赫尔辛基一揽子" 协议的规定，禁止向商业项目提供附带条件的政府开发援助贷款。

为了规避这些规定、促进日本企业出口，通商产业省实施了相应措施，把咨询服务从项目中拆分出来。因为咨询服务本身不像高速公路过路费和电厂电费一样属于等价报酬，不具有商业性。所以可以通过针对咨询服务提供附带条件的日元贷款来降低利率。这种方法非常有利于日本企业参与国际投标，能够促进日本企业出口。

如果非常明显地制定有利于日本企业的内容，会导致与采购咨询服务的发展中国家的关系出现问题，就咨询服务结果问题也会对其他国家的关系造成问题。

经过再三考虑，日本决定鼓励日本企业最擅长的方法。这时，与振兴日本企业出口的目的关系不大，必须要选择在技术和成本方面能够证明是最合理的政策。

与此同时，90 年代后半期，OECD 对此也采取了限制措施。但是当时，并不是针对日本一个国家。

90 年代后半期，这种方法被概括为项目相关技术援助（Project Related Technical Assistance），以 OECD 为主的机构开始为其制定规则。美国在 OECD 出口信贷会议上多次提出具体的限制措施，日本则表示反对，接受日本附带条件的日元贷款并选择由日本咨询服务企业制作报告是基于中立、合理的判断。虽然从结果上看是鼓励了日本企业最擅长的方法，但是从技术和成本分析都最为合理。

结果，在本章涉及时间之外，2002 年 9 月，日本政府在 OECD 出口信贷部咨询会议上决定统一附带条件。日本政府也放弃使用这种方法振兴日本企业出口。

也就是说，之后的日本在提供日元贷款时，即便把咨询服务和项目分拆，也要保证两者的附带条件保持统一，要么都附带条件，要么都不附带条件。如上所述，因为禁止向商业项目提供附带条件的日元贷款（除了提交 "大臣信函" 的例外），所以也不能向咨询服务提供附带条件的日元贷款。

B. 外交影响力

第二个政策是在参与国际投标时提供无条件日元贷款的同时，发挥外交影响力使日本企业更容易中标。美国财政部于 2004 年向美国议会提交报告"美国财政部（2004）"，报告中称，1991 年日本企业和美国企业共同竞标阿塞拜疆谢韦尔纳亚火电站项目，阿塞拜疆政府认为美国企业在技术上不符合要求，日本企业成功中标，就是因为日本政府发挥了外交影响力。

从 1999 年到 2000 年，美国在 OECD 出口信贷会议上对日本的做法提出批评。日本政府则反驳道：《OECD 官方支持出口信贷安排》只是规定了参与国际投标要提供无条件政府开发援助贷款，日本并没有违反该规定。在国际投标过程中，提供政府开发援助的国家，即实施国际招标的国家做出的判断并不受政府开发援助提供国控制（本项目中美国企业因技术原因出局），日本并没有干涉该国内政。

最后得出结论，从《OECD 官方支持出口信贷安排》字面上看，行使外交影响力并不违反该规定。美国没有理由谴责日本。为此，2000 年，美国向 OECD 提交了新的方案，根据附带条件的政府开发援助贷款对无条件的政府开发援助贷款也进行限制。原来《OECD 官方支持出口信贷安排》中，无条件政府开发援助贷款和附带条件的政府开发援助贷款的规则不同，不能有效地防止贸易扭曲。就无条件贷款而言，美国认为如果行使外交影响力，在实质上与附带条件贷款一样，会造成贸易扭曲，因此应该对无条件政府开发援助贷款做出限制。

经过 OECD 出口信贷会议反复讨论，2003 年美国改变了策略，不再建议对无条件政府开发援助贷款做出限制，而是要求提高透明度，进一步披露信息。这被称为"无条件贷款透明性"方案。经过讨论，2004 年，各方达成一致，决定从 2005 年开始实施新的信息共享制度。

（3）日元贷款再次条件化

从 1997 年开始，为了通过日元贷款促进日本企业出口，通商产业省实施的另外一个方法就是创立了新的附带条件的日元贷款制度。

1997 年，桥本首相在北京提出从 1997 年到 2001 年实施环境特别利率制度。这种制度是指，对涉及植物、节能、新能源等地球环境项目以及大气和水污染、废弃物排放等公共危害项目提供实际上无息的日元贷款。所谓实际上无息的日元贷款，是指利率为 0.75%，与国际开发协会（IDA）无息贷款的手续费相同。

该制度是 80 年代末开始使用日元贷款解决世界环境问题的措施之一。

1989 年，在巴黎八国首脑峰会上，日本政府表示从 1989 年开始，在 3 年时间内提供 3 000 亿日元环境政府开发援助。结果，最后提供了 4 075 亿日元。1992 年，日本在联合国环境与发展会议（United Nations Conference on Environment and Development）上，表示将在 1992 年到 1996 年提供 1 万亿日元的环境政府开发援助。最后提前一年完成。1995 年，日本规定了日元贷款环境特别利率，针对非发达国家的环境项目提供超低利率，比普通贷款利率低 0.2%。1996 年提交了行政监察报告，表示要放宽对公害应对项目以及自然环境保护项目的借款条件。

1997 年，设立特别环境利率制度，这也属于通过日元贷款制度解决世界环境问题的措施之一。

一方面，设立该制度可以通过日元贷款振兴出口。把利息定为 0.75%，满足了《OECD 官方支持出口信贷安排》"沃伦一揽子协议"的规定，优惠度超过了 35%，可以提供附带条件的政府开发援助贷款。换句话说，该政策将两者有机结合在一起。对发展中国家来说，环境问题非常重要，向发展中国家提供低利率的政府开发援助贷款可以减轻它们的负担，促进环境问题的解决。而且还在没有违反 OECD 规定的情况下提供低利率政府开发援助贷款。

其背景是，帮助发展中国家解决环境问题的项目大多不属于商业项目，不受"赫尔辛基一揽子协议"规定影响，可以提供附带条件的政府开发援助贷款。也就是说，《OECD 官方支持出口信贷安排》并没有进行限制，而且日本企业也很擅长，所以对促进日本企业出口来说意义重大。

设立该制度时还在采用拆分处理的方式：对项目本体提供发展中国家无条件贷款，对项目涉及的咨询服务提供双边附带条件贷款。1999 年 9 月，制度改革后，可以向项目主体提供双边附带条件贷款，大幅提高了日本企业的中标率。

如上所述，特别环境利率制度实施后，从 80 年代末开始，为发展中国家解决环境问题提供支持，意义深远。但是，从振兴日本企业出口的角度出发，因为项目只能涉及环境问题，所以效果有限。因此，日本于 2002 年统一了日本活用技术援助制度，紧接着设立了附带条件的低利率日元贷款制度。

1997 年 12 月，亚洲货币危机爆发后，日本首相桥本在日本东盟首脑峰会上表示，设立人才培养、中小企业扶持特别利率制度。这其实就是利率 0.75% 的发展中国家无条件贷款。

1998 年 9 月，通商产业省对亚洲当地企业的贷款情况展开了大规模调查，得出结论："因亚洲货币危机导致日本商社和制造商推迟或终止的项目涉及资金达数万亿日元"。10 月 23 日，工商会议提出了"紧急经济对策"建议，表示必须"制定贷款政策以及核心人才政策，支持亚洲的日本企业和亚洲经济重建。通过对日本企业提供附带条件贷款促进亚洲公共事业的发展"。

11 月 2 日，日本通商产业大臣与谢野馨与日本贸易会举行恳谈会，公司方面要求扩大附带条件的日元贷款规模。同时，日本设备出口协会提出了"设备出口贸易相关决议"，同样要求扩大附带条件的贷款规模。11 月 6 日，日本设备协会会长也提出了"关于重建亚洲和日本经济的要求"。

11 月 12 日，日本自由民主党临时经济对策协议会正副会长会议召开。11 月 15 日，经济对策阁僚会议上制定了紧急经济对策，表示要"尽快讨论设立特别日元贷款制度，通过日元贷款推动亚洲各国的经济结构改革"。

在此基础上，12 月 16 日，在 ASEAN + 3（日本、中国、韩国）首脑峰会上，日本首相小渊惠三表示"制定特别贷款框架，在 3 年内（1999—2001 年）提供总额 6 000 亿日元的利率优惠的日元贷款"。

1999 年 11 月，经济对策阁僚会议决定了经济重生对策，表示"为了继续积极为亚洲经济做出贡献，支援亚洲国家经济结构改革，正在积极讨论扩大日元特别贷款制度的适用国家及适用对象"。如上所述，把人才培养、中小企业扶持援助特别利率制度调整为双边附带条件制度。

2000 年 1 月，修改了日元特别贷款制度，扩大了适用范围，把"受经济危机影响的亚洲国家"改为"直接或间接受经济危机影响的以亚洲国家为主的发展中国家"；进一步扩大了涉及范围，新增信息通信、运输基地、工业园区、废弃物处理、下水道、送配电、管道铺设等。

2001 年 12 月，进一步完善日元贷款制度，整理了贷款类型，把优惠利率制度和附带条件的日元贷款分为优先条件（无条件贷款）、一般条件（无条件贷款）以及使用本国技术条件（日本附带条件贷款），并将使用本国技术条件确定为固定措施。

2002 年 7 月 1 日，把实施至今的附带条件的日元贷款制度与活用本国技术条件统一起来。

后　记

　　因作者拙笨，本书编纂工作历时六年，在经济产业研究所（RIETI）政策史编纂组以及很多作者的大力帮助下才得以完成。因致谢人数较多，不能一一提及还请见谅。向对工作分工体制做出重大指导的前理事长及川耕造，认真传授基础知识的原通商产业政策史编纂副主编相乐希美，不仅认真阅读草稿，还亲自加入撰写团队的原通商产业政策史编纂主编西垣淳子以及仔细调查并提出建议的横山繁氏等人表示衷心感谢。此外，成蹊大学经济学部的松本贵典教授在本项目初期提供了莫大帮助；同志社大学大学院商业研究科的村山裕三教授以及一桥大学大学院商学研究科的米山高生教授精读了安全保障贸易管理、贸易保险等相关章节并做出评论，对此表示衷心的感谢。最后，主编尾高煌之助、副主编武田晴人通读文章并提出很多宝贵意见，在此一并向两位先生致以崇高的谢意。当然，本书中出现的错误和纰漏责任在我。

2012 年 11 月

第 2 卷作者负责人　阿部武司

参考文献

【序章】

（1）通商产业省（经济产业省）相关的出版物

〈年鉴类〉

通商产业省编，《通商白皮书》各年版。

通商产业省编，《通商产业省年报》各年版。

通商产业省通商政策局编，《不公平贸易报告》。

〈通商产业政策史〉

通商产业政策史编纂委员会编，武田晴人著，《通商产业政策史5 布局·环境·治安政策（1980—2000）》，经济产业调查会出版，2011 年。

〈原通商产业审议官的著作〉

畠山襄，《通商谈判——与国家利益相关的脚本》，日本经济新闻社出版，1996 年。

〈原通商产业审议官的采访记录〉

《原通商产业审议官增田实》（以下原通商产业审议官的采访记录均收录在《通商产业政策史编纂资料集》）。

《原通商产业审议官小松国男》。

《原通商产业审议官村冈茂生》。

《原通商产业审议官丰田正和》。

《原通商产业审议官荒井寿光》。

《原通商产业审议官畠山襄》。

〈通产省公报〉

《昭和60 年通商政策的重点“构建技术开发基础”等七条支柱》，《通产省公报》，1984 年 8 月 29 日。

《昭和61 年通商政策的重点“以新世纪的国际化为目标”等六条支柱》，《通产省公报》，1985 年 8 月 31 日。

《昭和62 年通商政策的重点“立足国际视野推进产业结构政策”等六条支柱》，《通产省公报》，1986 年 9 月 1 日。

《为了"克服全球难题"和"构建创造性宽松社会"——平成 5 年通商产业政策的重点》,《通产省公报》,1992 年 9 月 2 日。

《强力推进经济结构改革——平成 10 年通商产业政策的重点》,《通产省公报》,1997 年 8 月 29 日。

《通过增强产业活力实现经济重建——平成 11 年通商产业政策的重点》,《通产省公报》,1998 年 9 月 4 日。

《重振 21 世纪经济发展的基础——平成 12 年通商产业政策的重点》,《通产省公报》,1999 年 9 月 7 日。

〈其他出版物〉

经济产业省贸易振兴科国际企业组,《日本的促进对日投资政策》,2001 年。

〈日本贸易振兴会（JETRO)〉

JETRO（日本贸易振兴会）相关资料。

（2）其他政府部门的出版物

财务省（原大藏省）编,《财政统计金融月报》。

日本关税协会,《外国贸易概况》。

（3）其他（书籍、论文等）

石井一生,《日本贸易 55 年》,日本贸易振兴会出版,2000 年。

室山义正,《美国再生——论其品牌战略》,有斐阁出版,2002 年。

三和良一,《概述日本经济史·近现代（第 3 版）》,东京大学出版社出版,2012 年。

山口英果,《关于特许权等使用费用收支盈余》,《日本银行排行榜系列》04 – S – 5,2004 年。

藤木刚康,《美国的贸易政策和中国加入 WTO——对华政策何去何从》,《历史与经济》,第 210 期,2011 年。

【第一部第 1 章】

（1）通商产业省（经济产业省）相关的出版物

〈年鉴类〉

通商产业省编,《通商白皮书》各年版。

通商产业省编,《通商产业省年报》各年版。

〈通商产业政策史〉

通商产业省·通商产业政策史编纂委员会编,《通商产业政策史 第 9 卷 第Ⅲ期 高度成长期（2）》,通商产业调查会出版,1989 年。

通商产业省·通商产业政策史编纂委员会编,《通商产业政策史 第 12 卷 第Ⅳ期 多元化时代（1）》,通商产业调查会出版,1994 年。

通商产业省·通商产业政策史编纂委员会编,《通商产业政策史 第 14 卷 多元化时代（3）》,通商产业调查会出版，1993 年。

通商产业政策史编纂委员会编·山崎志郎编，《通商产业政策史 6 基础产业政策（1980—2000）》，经济产业调查会出版，2011 年。

通商产业政策史编纂委员会编·长谷川信编，《通商产业政策史 7 机械设备信息产业政策（1980—2000）》，经济产业调查会出版，近期出版。

通商产业政策史编纂委员会编·松岛茂编，《通商产业政策史 8 生活产业政策（1980—2000）》，经济产业调查会出版，2012 年。

〈原通商产业审议官的著作〉

细川恒，《大竞争时代的通商战略》，日本广播出版协会出版，1999 年。

黑田真，《对美摩擦与市场开放》，世界和平研究所编，《中曾根内阁史——理念与政策》，丸之内出版，1995 年。

畠山襄，《通商谈判——与国家利益相关的脚本》，日本经济新闻社出版，1996 年。

〈原通商产业审议官的采访记录〉

《原通商产业审议官铃木直道》（以下原通商产业审议官的采访记录均收录在《通商产业政策史编纂资料集（2）》）。

《原通商产业审议官增田实》。

〈《通商产业政策史编纂资料集（2）》〉

通商产业省通商政策局美洲科，《日美框架相关资料集》，1994 年 3 月。

石井晋，《进口促进政策 1975—1995》，《通商产业政策史研究》，1997 年。

日高千景、金容度，《与机床相关的日美贸易摩擦》，平成 16 年经济产业政策研究报告书，经济产业省"委托方：三菱综合研究所"，2005 年。

肥塚雅博，《巴塞尔和日欧贸易关系》，1991 年 6 月 9 日。

〈日美结构问题协议资料〉

日本结构问题研究会编，《日美结构问题协议最终报告》，财经详报社出版，1990 年。

通商产业调查会编，《日美新时代的剧本（日英双语）日美结构问题协议最终报告》，通商产业调查会，1990 年。

《日美结构问题协议跟踪第 2 次年度报告》，1992 年。

〈通产省公报〉

《派遣访美汽车零配件考察团》，《通产省公报》，1980 年 9 月 5 日。

通商产业省通商政策局通商企划调查室，《图解我国市场开放性》，《通产省公报》，1982 年 6 月 28 日。

《第 3 回日英产业合作定期协商会议概要》，《通产省公报》，1982 年 11 月 27 日。

《关于欧共体对日提出的新名单》，《通产省公报》，1982 年 12 月 3 日。

《关于对欧共体出口特殊品种的相关应对》，《通产省公报》，1983 年 2 月 18 日。

《关于通产省和欧共体委员会产业合作定期协议》，《通产省公报》，1983 年 2 月 19 日。

《日美尖端技术工作组会议提案（暂译）》，《通产省公报》，1983 年 2 月 22 日。

《关于日美高科技工作组第 4 次半导体小组委员会会议》，《通产省公报》，1983 年 10 月 22 日。

《关于日美特殊钢铁贸易相关的文件交换》，《通产省公报》，1983 年 10 月 26 日。

《关于延长日美政府采购问题（日本电报电话公司采购问题）的措施》，《通产省公报》，1983 年 12 月 28 日。

横堀宪一，《普瓦捷的教训——法国经济观察报告（1）》，《通产省公报》，1984 年 2 月 20 日。

横堀宪一，《法国对日出口为何不火——法国经济观察报告（2）》，《通产省公报》1984 年 3 月 15 日。

《美国总统关于进口钢铁的决定——美国的进口钢铁对策概要》，《通产省公报》，1984 年 9 月 22 日。

《意大利·缓和对日差别进口限制》，《通产省公报》，1984 年 10 月 26 日。

《关于若杉通商审议官访问欧洲》，《通产省公报》，1984 年 12 月 25 日。

《半导体谈判·结果——日美协议的概要》，《通产省公报》，1986 年 8 月 7 日。

《日美铝协议的结果》，《通产省公报》，1986 年 11 月 7 日。

《第四次运输设备 MOSS 协议》，《通产省公报》，1987 年 3 月 7 日。

《日·欧共体产业协力中心设立》，《通产省公报》，1987 年 6 月 6 日。

《关于日美两国运输设备 MOSS 协议最终报告》，《通产省公报》，1987 年 8 月 21 日。

《关于日美特殊钢铁贸易相关的文件交换》，《通产省公报》，1987 年 10 月 28 日。

《英国贸易与工业部长扬勋爵和通商产业大臣田村的会谈纪要》，《通产省公报》，1988 年 3 月 18 日。

《关于采纳半导体相关的 GATT 专家组报告》，《通产省公报》，1988 年 5 月 12 日。

《要求与欧共体开始执行两国间协议 政府对于零配件倾销问题的应对方针》，《通产省公报》，1988 年 8 月 5 日。

《美国综合贸易法案概要》，《通产省公报》，1988 年 8 月 27 日。

《关于针对半导体 GATT 专家组报告日本的整合措施》，《通产省公报》，1989 年 3 月 10 日。

《关于欧共体零配件倾销规则的 GATT 专家委员会》，《通产省公报》，1989 年 5 月 19 日。

《关于美国总统布什对钢铁贸易做出的决策》，《通产省公报》，1989 年 7 月 29 日。

《日美钢铁协议概要》，《通产省公报》，1989 年 10 月 25 日。

江崎祯英，《通商政策局的政策概要》，《通产省公报》，1989 年 12 月 8 日。

《5 月优化大店法措施——日美结构协议中期报告》，《通产省公报》，1990 年 4 月 11 日。

《关于针对欧共体的零配件反倾销规则在 GATT 申诉并胜诉》，《通产省公报》，1990 年 4 月 11 日。

《关于 GATT 理事会采取欧共体专家委员会关于防止零配件倾销规则的报告》，1990 年 5 月 25 日。

《关于日·欧共体汽车问题》，《通产省公报》，1991 年 8 月 13 日。

《关于日本出口美国机床发行相关证书》，《通产省公报》，1992 年 1 月 8 日。

《关于机床自主出口限制》，《通产省公报》，1992 年 5 月 13 日。

《日美半导体协定下外国半导体市场准入扩大问题》，《通产省公报》，1992 年 8 月 19 日。

《通产省公报》，1993 年 2 月 2 日、7 月 1 日、8 月 16 日。

《强烈担心对自由贸易体制造成恶劣影响——对设定数值目标型贸易政策的观点》，《通产省公报》，1994 年 1 月 25 日。

《关于日美共同完成汽车现状调查的最终报告》，《通产省公报》，1994 年 2 月 23 日。

《日·欧共体贸易促进项目》，《通产省公报》，1994 年 6 月 15 日。

《关于〈日·欧盟之间贸易促进措施〉相关问题的共同报告（概要）》，《通产省公报》，1994 年 11 月 30 日。

《关于〈日·欧盟产业合作促进措施〉相关问题的共同报告（概要）》，《通产省公报》，1994 年 12 月 6 日。

《日美汽车零配件协议的结果概要》，《通产省公报》，1995 年 8 月 30 日。

《通商产业省对公布外国品牌半导体市场份额的观点》，《通产省公报》，1996 年 4 月 3 日。

《第 4 次日本·欧盟产业政策·产业合作对话》，《通产省公报》，1996 年 6 月 13 日。

《通商产业大臣塚原关于日本相机胶卷及相纸市场问题的讲话》，《通产省公报》，1996 年 6 月 19 日。

《关于第三届日本欧盟产业界人士圆桌会议》，《通产省公报》，1996 年 10 月 30 日。

《关于日美玻璃特设检查会议》，《通产省公报》，1997 年 10 月 31 日。

《关于美国的钢铁反倾销措施（热轧钢板）日本向 WTO 提出磋商请求》，《通产省公报》，1999 年 11 月 26 日。

〈《通产月刊》〉

内山俊树，《时流 国际关系 直面日美经济关系——琼斯报告》，《通产月刊》，1979 年 4 月。

安乐隆二，《今后的日美贸易关系及日本市场》，《通产月刊》，1979 年 7 月。

《解析 ITC 及其调查》，《通产月刊》，1980 年 9 月。

横山太藏，《对美出口汽车的一系列问题》，《通产月刊》，1980 年 9 月。

生驹和夫，《漫长艰险的道路——日美纤维谈判》，《通产月刊》，1981 年 5 月。

田中达雄，《法律保障体系的背景——针对对美、对欧出口彩色电视机的分析》，《通产月刊》，1981 年 5 月。

佐野忠克，《从对立开始协调的历史——日美钢铁问题》，《通产月刊》，1981 年 5 月。

中村俊夫，《从大型车到小型车的趋势中观察日美汽车贸易问题》，《通产月刊》，1981 年 5 月。

关收，《访欧经济团体随行记》，《通产月刊》，1982 年 1 月。

《谋求日·欧共体之间更好的协调》，《通产月刊》，1982 年 1 月。

栗原昭平，《日·欧共体论坛杂感》，《通产月刊》，1982 年 1 月。

今井康夫，《钢铁业的国际动向》，《通产月刊》，1982 年 6 月。

若曽根和之，《日美高科技工作组的意义和评价》，《通产月刊》，1983 年 1 月。

藤泽修，《金属球棒问题》，《通产月刊》，1983 年 3 月。

黑田真，《改善日美关系的新提案》，《通产月刊》，1988 年 3 月。

金子实，《日欧关系迎来新局面——第 6 届日欧论坛闭幕》，《通产月刊》，1988 年 3 月。

吹訳正宪，《从摩擦到合作——日美半导体新协定》，《通产月刊》，1991 年 8 月。

《日欧关系迎来新局面》，《通产月刊》，1991 年 10 月。

中尾舜一，《Priority Japan campaign（日本优先活动）》，《通产月刊》，1991 年 10 月。

松下满雄，《美国贸易法和法律保护主义》，《通产月刊》，1992 年 9 月。

大贺典雄，《纪念日美半导体协定的结束》，《通产月刊》，1996 年 11 月。

《日美半导体会议概要》，《通产月刊》，1996 年 11 月。

《特辑 展望半导体时代》（座谈会），《通产月刊》，1996 年 11 月。

铃木将文，《日美胶卷争端》，《通产月刊》，1998 年 5 月。

坂本吉弘，《纪念 GATT 50 周年 谋求以规则为导向的贸易政策 2》，《通产月刊》，1998 年 7 月。

坂本吉弘，《纪念 GATT 50 周年 谋求以规则为导向的贸易政策 3》，《通产月刊》，1998 年 8 月。

坂本吉弘，《纪念 GATT 50 周年 谋求以规则为导向的贸易政策 5》，《通产月刊》，1998 年 10 月。

岛田丰彦，《从日欧产业协力中心的活动看日本与欧盟的关系》，《通产月刊》，2000 年 9 月。

平沼赳夫，《关于日本经济振兴的措施》，《通产月刊》，2000 年 9 月。

〈其他刊物〉

通商产业调查会·通商产业政治史研究所编，《通商产业政策史年表 1980—1996》，通商产业调查会·通商产业政治史研究所出版，1997 年。

通商产业省通商产业局美洲科编，《日美汽车谈判轨迹——构建新型日美关系》，通商产业调查会出版，1997 年。

〈JETRO（日本贸易振兴会）〉

日本贸易振兴会 40 年历史编纂委员会编，《JETRO：40 年的进程/JETRO40 年历史编纂委员会编》，2000 年。

日本贸易振兴会，《海外市场白皮书 世界贸易现状》。

日本贸易振兴会，《海外市场白皮书 贸易篇》。

日本贸易振兴会，《JETRO 白皮书 贸易篇》。

〈网页〉

经济产业省网页 http：//www. meti. go. jp/data/ecyot02j. html。

（2）其他政府部门相关

〈出版物〉

外务省信息文化局，《外务省发表集》，1980 年。

外务省，《外交蓝皮书》第 30 期（1986 年）以及第 36 期（1992 年版）。

经济构造调整研究会，《前川报告》，1986 年。

日本关税协会，《外国贸易概况》。

薮中三十二，《对美贸易谈判——摩擦的真相》，Saimaru 出版会出版，1991 年。

栗原毅，《关于克林顿总统签发行政命令恢复超级 301 条款的问题》，《贸易与关税》，第 42 卷 5 期，1994 年 5 月。

〈网页〉

外务省官方网站 http：//www. mofa. go. jp/mofaj/area/eu/index_c. html。

外务大臣河野洋平演讲《谋求千年伙伴关系——日欧合作 10 年》。

http：//www. mofa. go. jp/mofaj/area/eu/kodo_k. html。

（3）其他

〈书籍〉

濑见洋，《日美半导体战争》，日刊工业新闻社出版，1979 年。

鹿岛和平研究所编，《日本外交主要文书·年表（3）1971—1980》，原书房出版，1985 年。

Daniel Okimoto、菅野卓雄、F. B. Weinstein 编，土屋政治雄译，《日美半导体争端》，中央公论社出版，1985 年。

稻山嘉宽，《昭和钢铁史的秘密》，东洋经济新报社，1986 年。

安保哲夫编，《日本企业在美国当地生产》，东洋经济新报社出版，1988 年。

Glen·S·Fukushima 著，渡边敏译，《日本经济摩擦的政治学》，朝日新闻社出版，1992 年。

池田美智子，《对日经济封锁》，日本经济新闻社出版，1992 年。

赤根谷达雄，《日本加入 GATT 问题——从"Regime 理论"分析实例研究》，东京大学出版社出版，1992 年。

津久井茂充，《GATT 全貌〈评论 GATT〉》，日本关税协会出版，1993 年。

平本厚，《日本电视制造业——竞争优势的形成》，Minerva 书房出版，1994 年。

日本经济新闻社编，《记录 日美汽车协议——"没有胜利的战役"实况》，日本经济新闻社出版，1995 年。

石井修，《世界恐慌与日本的"经济外交"（1930—1936）》，劲草书房出版，1995 年。

真渊腾，《为什么大藏省被逼到绝路——政府官僚关系的变革》，中公新书出版，1997 年。

谷口征纪，《日本的对美贸易谈判》，东京大学出版社出版，1997 年。

日本贸易会 50 年历史编纂委员会编,《日本贸易会 50 年史》,日本贸易会出版,1998 年。

石井一生,《日本贸易 55 年》,日本贸易振兴会,2000 年。

御厨贵、渡边昭夫,《来自首相官邸的决断——内阁官房副长官石原信雄的 2600 天》,中公文库出版,2002 年。

大矢根聪,《日美韩半导体摩擦——贸易谈判的政治经济学》,有信堂高文社出版,2002 年。

中户祐夫,《日美贸易摩擦的政治经济学》,Minerva 书房出版,2003 年。

金容度,《日本 IC 产业发展史——共同开发的 dynamism（力度）》,东京大学出版社出版,2006 年。

〈论文〉

小岛彻,《欧共体对日不满一触即发——汽车进口剧增触动神经》,《经济学人》,1980 年 11 月 4 号刊。

日美经济学家 40 人,山田久翻译与解析,《提交细川首相与克林顿总统的公开信——日美应努力避免管理贸易,而是通过 GATT 设计国际规则》,《经济学人》,1993 年 11 月 2 日。

大平和之,《日本与欧盟贸易·经济关系》;植田隆子编,《21 世纪的欧洲和亚洲》,劲草书房出版,2002 年。

岩城成幸,《日本与欧盟关系的进展与课题——以经济和贸易领域为中心》,《Reference》,（国立国会图书馆）第 682 期,2007 年 11 月。

奈仓文二,《钢铁巨头间竞争与变化》;下谷政弘、铃木恒夫编,《讲座·日本经济史 5 迈向"经济大国"的轨迹 1955—1985》,Minerva 书房出版,2010 年。

〈新闻报道〉

《通过制定产业政策,以日美定期协议,半导体等议题,化解双方误会促进经济充满活力》,《日本经济新闻》,1983 年 2 月 22 日日报,第 3 版。

《提高日本产 CD 关税 通产大臣面对欧共体的会谈提案》,《朝日新闻》,1983 年 3 月 11 日日报,第 9 版。

《VTR 面向欧共体的出口卡特尔今天开始》,《日本经济新闻》,1983 年 3 月 18 日日报,第 10 版。

《产业政策 通产大臣驳斥美欧 始终遵守国际规则》,《读卖新闻》,1983 年 4 月 19 日日报,第 1 版。

《反对设置量化目标 经团联提出意见书》,《日本经济新闻》,1994 年 1 月 11 日日报,第 5 版。

《反对为扩大进口设置量化目标 学者联盟提出意见书》,《日经产业新闻》,1994 年 1 月 28 日,第 2 版。

《反对设置量化指标 对欧盟、日美提意见书》,《朝日新闻》,1994 年 1 月 13 日日报,第 11 版。

《美国政府正式恢复超级 301 条款》,《朝日新闻》,1999 年 4 月 2 日晚报新闻。

1994 年 1 月 30 日《华盛顿邮报》社论,同年 2 月 3 日《纽约时报》社论。《金融时报》1994 年 1 月 14 日社论,《加拿大环球邮报》同年 2 月 1 日社论。

戈登商务部长在哥伦比亚商学院的演讲 "U. S – Japan Relations：Accomplishments. Next Steps. Future Considerations"（1994 年 12 月 2 日）。

〈网页〉

东京大学东洋文化研究所田中明彦研究室编，Data base，《世界与日本》（http：//www. ioc. u - tokyo. ac. jp/ - worldjpn/front. shtml）中的《日美关系资料库1945—1997》以及《日本政治·国际关系数据库》。

富士胶片公司，"向美国贸易代表办公室提交对富士胶卷'约定价格'的反对信"（1996年3月29日。http：//www. fujiflim. co. jp/news_r/nrj074. html）。

富士胶片公司，"对公平交易委员会报告的意见"（1997年7月23日。http：//www. fujifilm. co. jp/news_r/nrj234. html）。

行动计划实施委员会"关于修改超级计算机的引进手续问题"，1990年4月19日，《政府采购，日本采取的政策及成果——政府采购向世界开放》2001年版本，http：//www. kantei. go. jp/jp/kanbou/13tyoutatu/index. html。

日美卫星采购网站网页 http：//stage. tksc. jaxa. jp/spacelaw/kokusai_utyu/kokusai_index. htm。

〈其他〉

日本出口机械组合数据

【第一部第2章第1节】

（1）通商产业省（经济产业省）相关的出版物

〈年鉴类〉

通商产业省编，《通商白皮书（分题讨论)》各年版。

〈通商产业政策史〉

通商产业省·通商产业政策史编纂委员会编，《通商产业政策史第9卷 第Ⅲ期 高度增长期（2)》，通商产业调查会出版，1989年。

通商产业省·通商产业政策史编纂委员会编，《通商产业政策史第12卷 第Ⅳ期 多元化时代（2)》，通商产业调查会出版，1993年。

〈《通产省公报》〉

《扩大产品进口的提案——54年度贸易会议综合会议意见》，《通产省公报》，1979年9月3日。

《扩大产品进口与设备出口——55年度贸易会议综合会议意见》，《通产省公报》，1979年9月3日。

《关于产品进口对策会议的动向》，《通产省公报》，1980年9月24日

《关于扩大产品进口》，《通产省公报》，1981年7月17日。

《成立进口促进对策委员会》，《通产省公报》，1981年10月16日。

《关于对紧急进口实施外汇贷款》，《通产省公报》，1982年1月29日，第859页。

《关于促进产品进口（贸易会议资料)》，《通产省公报》，1982年10月12日。

《通过扩大内需提振经济——制定经济对策阁僚会议综合经济对策》，《通产省公报》，1983年10月

27 日。

《关于举办产品进口促进月》，《通产省公报》，1983 年 10 月 27 日。

持永哲志，《开展进口促进对策》，《通产省公报》，1983 年 12 月 16 日。

《地方落实产品进口政策等——第 17 届产品进口对策会议召开》，《通产省公报》，1984 年 3 月 30 日。

《与市场开放及促进进口相关的 6 类 15 种产品》，《通产省公报》，1984 年 5 月 9 日。

《关于进口体制准备资金融资制度》，《通产省公报》，1984 年 5 月 31 日。

小林利典，《进口促进对策的实施》，《通产省公报》，1984 年 12 月 3 日。

贸易局进口科，《为了扩大产品进口》，《通产省公报》，1985 年 3 月 19 日。

《通商产业大臣针对扩大进口请求的发言》，《通产省公报》，1985 年 4 月 22 日。

《通商产业大臣关于扩大进口请求的发言》，《通产省公报》，1985 年 4 月 24 日。

船矢祐二，《扩大进口政策的实施》，《通产省公报》，1985 年 10 月 23 日。

通商政策局，《最近国际经济局势》，《通产省公报》，1986 年 6 月 28 日。

《"MIPRO 个人进口咨询服务台"的介绍》，《通产省公报》，1987 年 7 月 10 日。

高桥浩昭，《进口产品的扩大》，《通产省公报》，1985 年 4 月 22 日。

《逐渐渗透且扩大的动向——地方进口扩大》，《通产省公报》，1987 年 11 月 16 日。

《关于消费者和从业者的进口产品探讨会》，《通产省公报》，1988 年 5 月 26 日。

经济企划厅，《进口和物价相关的研究会报告（要点）》，《通产省公报》，1989 年 5 月 17 日。

田村晓彦，《贸易局施政概要》，《通产省公报》，1989 年 10 月 4 日。

铃木浩幸，《综合性扩大进口政策》，《通产省公报》，1989 年 10 月 5 日。

《根据通产省及美国商务部合作的扩大贸易共同项目召开第一届定期会议》，《通产省公报》，1990 年 5 月 10 日。

樋口正治，《关于综合性扩大进口政策》，《通产省公报》，1990 年 6 月 28 日。

《设置〈进口协商会〉》，《通产省公报》，1990 年 8 月 10 日。

飞田聪，《关于积极促进扩大进口政策》，《通产省公报》，1990 年 10 月 2 日。

《第一届进口协商会的召开》，《通产省公报》，1991 年 4 月 20 日。

鹭坂正，《综合性扩大进口政策》，《通产省公报》，1991 年 6 月 28 日。

《关于平成 3 年实施贸易表彰》，《通产省公报》，1991 年 10 月 17 日。

《第一届进口协商会报告的提出》，《通产省公报》，1991 年 10 月 17 日。

荒井腾喜，《贸易局新政策概要》，《通产省公报》，1992 年 2 月 25 日。

《关于设立进口促进信用额度制度》，《通产省公报》，1992 年 3 月 25 日。

鹭坂正，《综合性扩大进口政策》，《通产省公报》，1992 年 5 月 26 日。

《设立进口促进区》，《通产省公报》，1992 年 7 月 16 日。

《关于召开第三届进口协商会》，《通产省公报》，1992 年 7 月 29 日。

《日本进出口银行对产品进口金融制度做出补充》，《通产省公报》，1992 年 10 月 13 日。

《关于平成 4 年贸易表彰及贸易贡献企业表彰》，《通产省公报》，1992 年 10 月 14 日。

《第二、三届进口协商会报告》，《通产省公报》，1992 年 10 月 14 日。

山浦崇，《关于日本的扩大进口政策》，《通产省公报》，1992 年 12 月 14 日。

《关于修改产品进口促进税制》，《通产省公报》，1993 年 4 月 9 日。

《关于召开请求扩大进口会议》，《通产省公报》，1993 年 5 月 27 日。

渡边直行，《综合经济对策中的进口促进政策》，《通产省公报》，1993 年 6 月 28 日。

《关于第 5 次进口协商会的召开》，《通产省公报》，1993 年 9 月 30 日。

《关于最近的贸易动向以及扩大进口政策》，《通产省公报》，1993 年 10 月 14 日。

《关于平成 5 年贸易贡献企业表彰》，《通产省公报》，1993 年 10 月 14 日。

《关于最近的贸易动向及扩大进口政策》，《通产省公报》，1993 年 10 月 14 日。

《关于日本进出口银行对进口产品金融制度的补充》，《通产省公报》，1994 年 1 月 12 日。

《关于日本开发银行制定〈进口促进基础强化融资制度〉》，《通产省公报》，1994 年 1 月 12 日。

仁坂吉伸，《扩大进口政策的现状与课题》，《通产省公报》，1994 年 6 月 28 日。

《关于召开第六届进口协商会》，《通产省公报》，1994 年 10 月 14 日。

《关于促进进口和对日投资事业顺利进行修订临时措施法实施细则》，《通产省公报》，1995 年 6 月 14 日。

上野裕，《扩大进口政策现状——围绕〈日元升值·紧急经济对策〉的进口促进政策》，《通产省公报》，1995 年 6 月 28 日。

《关于平成 7 年扩大进口月的问题》，《通产省公报》，1995 年 10 月 9 日。

《关于通产省面向消费者实施进口促进政策》，《通产省公报》，1996 年 2 月 14 日。

《地区进口促进计划的批准》，《通产省公报》，1996 年 4 月 8 日。

《关于设置 FAZ 支援中心及 FAZ 支援中心》，《通产省公报》，1996 年 4 月 8 日。

《〈个人进口典型案例〉报告》，《通产省公报》，1996 年 6 月 24 日。

《关于批准冈山县地区进口促进计划》，《通产省公报》，1996 年 10 月 14 日。

《促进医疗·福利设备领域的进口》，《通产省公报》，1998 年 4 月 13 日。

《关于召开第十一届进口协商会》，《通产省公报》，1998 年 11 月 18 日。

《关于批准茨城县地区进口促进计划计划》，《通产省公报》，2000 年 9 月 4 日。

〈《通产月刊》〉

《贸易促进贡献人员表彰仪式》，《通产月刊》，1983 年 8 月。

村冈茂生，《贸易纪念日寄语——为什么现在要进口产品》，《通产月刊》，1985 年 6 月。

《扩大进口月为 10 月》，《通产月刊》，1988 年 11 月。

贸易局进口科，《推进扩大进口政策》，《通产月刊》，1990 年 10 月。

《通产月刊》报道，1991 年 10 月。

贸易局进口科，《关于日本的进口及进口政策》，《通产月刊》，1998 年 10 月。

贸易局进口科，《今后的贸易振兴政策》，《通产月刊》，2000 年 10 月。

〈其他出版物〉

石井晋，《进口促进政策 1975—1995》，《通商产业政策史研究》（1997 年《通商产业政策史编纂资料集（2）》）。

通商产业调查会，《产业税制指南》各年度版。

产品进口促进税收制度编辑组，《简单易懂·产品进口促进税收制度 Q&A》，通商产业调查会出版，1990 年。

贸易局进口科，《扩大出口政策概要》，1995 年 7 月。

〈日本贸易振兴会（JETRO）和产品进口促进协会（MIPRO）〉

日本贸易振兴会 40 年历史编纂委员会编，《JETRO：40 年的进程/JETRO 40 年历史编纂委员会编》，2000 年。

产品进口促进协会编，《MIPRO 25 年的进程》，2003 年。

（2）其他

〈出版物〉

日本政策投资银行编，《日本开发银行史》，2002 年。

〈新闻报道〉

《设立进口促进税收制度进入最后阶段 讨论大藏省备选方案 具体方案还未确定》，《日本经济新闻》，1989 年 12 月 13 日日报，第 5 版。

《进口促进税收制度 附加退税率 10% 确定自民税调税制度的修改纲要》，《日本经济新闻》，1989 年 12 月 17 日日报，第 3 版。

《产品进口促进税收制度成为摆设 产业界受益小 适用品种有限且受严格限制》，《日本经济新闻》，1990 年 1 月 8 日日报，第 9 版。

【第一部第 2 章第 2 节】

《通产省公报》

《通产月刊》

《通商产业省年报》

《朝日新闻》

《日本经济新闻》

《每日新闻》

《经团联事业报告》

石井晋，《进口促进政策 1975—95》，《通商产业政策史研究》（1997 年《通商产业政策史编纂资料集（2）》）。

东京回合研究会编，《东京回合的全貌》，1980 日本关税协会。

花村仁八郎，《有关日欧贸易问题的讨论过程及当时的对策》，经济团体联合会《月报》，1977 年 7 月。

【第一部第 3 章第 1 节】

《通商产业省年报》各年版。

《通产省公报》。

《稳定日元汇率为第一要务——昭和 53 年贸易会议综合会议意见》，《通产省公报》，1978 年 8 月 22 日。

《新贸易手续讲座 5 出口手续篇》，《通产省公报》，1979 年 4 月 27 日。

《对伊朗的经济措施——政府决定实施》，《通产省公报》，1980 年 5 月 26 日。

《12 月 1 日开始实施 废除出口认证·进口申报等——公布外汇法修改相关政令》，《通产省公报》，1980 年 10 月 13 日。

《新进出口相关手续——12 月 1 日起实施》，《通产省公报》，1980 年 11 月 14 日。

《新外汇法相关法律条令特辑》，《通产省公报》，1980 年 12 月 1 日。

《出口珍惜野生动植物转为审批制——修改出口贸易管理条令部分内容》，《通产省公报》，1980 年 11 月 4 日。

通商产业省贸易局，《修改出口贸易管理条令、进口贸易管理条令和与非贸易交易等管理有关的行政条令的部分内容（昭和 60 年 1 月 25 日）》，《通产省公报》，1985 年 1 月 25 日。

《修订外汇及外贸管理法的部分条款并付诸实施，制定并使用与之相应的出口贸易管理条令》，《通产省公报》，1987 年 11 月 6 日。

贸易局出口科安全保障贸易管理室，《关于完善出口管理体制》，《通产省公报》，1988 年 11 月 22 日。

《4 月 1 日起实施 给予最长 2 年时间的许可——设立综合出口许可制度》，《通产省公报》，1989 年 3 月 15 日。

《关于修订出口贸易管理条令的部分条款》，《通产省公报》，1993 年 12 月 1 日。

《新贸易手续讲座 6 出口手续篇 中 出口贸易的批准》，《通产省公报》，1979 年 5 月 11 日。

通商产业省《关于成立出口秩序委员会》，《通产省公报》，1983 年 10 月 29 日。

《把向美国出口的特殊钢材作为出口审批产品——修改进出口交易法实施细则》，《通产省公报》，1983 年 12 月 6 日。

《关于修订进出口贸易法实施细则的部分条款》，《通产省公报》，1998 年 12 月 24 日。

《去掉网球拍等产品——修订出口产品设计法实施细则的部分条款》，《通产省公报》，1981 年 5 月 29 日。

贸易局检查设计行政室，《关于 90 年代的设计政策》，《通产省公报》，1990 年 5 月 7 日。

《关于废除出口检查法相关的审议会答辩》，《通产省公报》，1994 年 5 月 25 日。

《废除特定石油制品出口临时措施法等 148 项缓和政策——通产省采取措施放松规制》，《通产省公报》，1995 年 4 月 11 日。

贸易局出口科科长桒山信也，《关于出口相关政策的最近动向》，《通产省公报》，1997 年 6 月 27 日。

贸易局出口科，《关于〈废除出口检查品种条令和出口检查手续费条令的政令〉以及〈废除出口品设计法实施细则的政令〉》，《通产省公报》，1997 年 3 月 31 日。

《关于重新评估进出口贸易法中不适用禁止垄断法的联合体等》，《通产省公报》，1996 年 4 月 8 日。

《关于重新评估进出口贸易法中不适用禁止垄断法的联合企业等问题》，《通产省公报》，1996 年 12 月 17 日。

《关于修订进出口贸易法实施细则部分条款的政令》，《通产省公报》，1997 年 7 月 9 日。

《关于修订进出口贸易法实施细则部分条款》，《通产省公报》，1997 年 12 月 19 日。

《关于废除纤维相关的 8 种产品的出口批准制度（对出口贸易管理条令的部分条款修改的政令）》，《通产省公报》，1997 年 6 月 27 日。

《对〈重新评估与纤维紧急进口限制措施相关的国内规则〉征集意见》，《通产省公报》，1998 年 11 月 19 日。

《改善触发纤维紧急进口限制措施手续——在进出口交易审议会上的答辩》，《通产省公报》，1998 年 12 月 28 日。

通产省贸易局，《关于修改外汇及外贸管理法以及相关的行政条令》，《通产省公报》，1998 年 5 月 14 日。

《关于修改出口贸易管理条令的部分条款的政令》，《通产省公报》，1997 年 12 月 25 日。

《关于修改外汇法相关政令并简化贸易手续》，《通产省公报》，1998 年 1 月 6 日。

《关于贸易相关手续的信息化》，《通产省公报》，1998 年 6 月 26 日。

《关于实施外汇法数据电子化》，《通产省公报》，1999 年 6 月 4 日。

〈通产月刊〉

通商政策局通商调查科，《图解白皮书》，《通产月刊》，1977 年 7 月。

野口昌吾（通商政策局通商调查科长），《日本通商政策的基本观点 77 年版通商白皮书纲要及宗旨》，《通产月刊》，1977 年 7 月。

《为改善民间活动相关规则并理顺行政事务，对通商产业省相关法律的部分条款进行修改的法律》，《通产月刊》，1997 年 6 月。

贸易局外汇金融科，《有关修改外汇法》，《通产月刊》，1997 年 4 月。

贸易出口科、汇率金融科，《贸易手续电子化措施》，《通产月刊》，2000 年 4 月。

【第一部第 3 章第 2 节】

〈通商产业政策史〉

通商产业政策史编纂委员会编，长谷川信编著，《通商产业政策史 7 设备信息产业政策 1980—2000》，经济产业调查会出版，近期出版。

〈《通产省公报》〉

《关于对东芝机械违反外汇法的处罚》，《通产省公报》，1987 年 5 月 20 日。

《通商产业大臣田村要求强化行业检查体制》，《通产省公报》，1987 年 7 月 8 日。

《通商产业大臣田村召集 150 家贸易相关机构》，《通产省公报》，1987 年 7 月 10 日。

《防止战略物资再次非法出口的对策（中期报告）》，《通产省公报》，1987 年 7 月 16 日。

《加强制裁措施等》，《通产省公报》，1987 年 8 月 5 日。

《通商产业大臣田村要求遵守基本方针》，《通产省公报》，1987 年 9 月 10 日。

《关于对东明贸易违反外汇及外贸管理法的处罚》，《通产省公报》，1987 年 11 月 17 日。

《关于出口战略物资管理的新体制》，《通产省公报》，1988 年 4 月 14 日。

《关于对新生贸易的行政处罚》，《通产省公报》，1988 年 6 月 29 日。

《关于对极东商会的行政处罚》，《通产省公报》，1988 年 11 月 16 日。

住田孝之，《关于完善出口管理体制》，《通产省公报》，1988 年 11 月 22 日。

《4 月 1 日起实施 给予最长 2 年时间的许可——设立综合出口许可制度》，《通产省公报》，1989 年 3 月 15 日。

《关于综合出口许可制度》，《通产省公报》，1989 年 3 月 17 日，第 2 部。

《成立战略技术贸易信息中心》，《通产省公报》，1989 年 4 月 21 日。

《关于对大金工业的行政处罚》，《通产省公报》1989 年 6 月 27 日。

《关于 Prometron Techniques 的非法出口事件》，《通产省公报》，1989 年 7 月 24 日，第 865 页。

《关于对 Prometron Techniques 的行政处罚》，《通产省公报》，1989 年 12 月 4 日。

堂之上武夫，《关于完善战略物资相关的出口管理》，《通产省公报》，1989 年 10 月 7 日。

《关于对东明商事公司的行政处罚》，《通产省公报》，1989 年 11 月 6 日。

《关于设立特殊综合许可制度》，《通产省公报》，1990 年 3 月 12 日。

鹿岛几三郎，《关于安全保障贸易政策》，《通产省公报》，1990 年 6 月 28 日。

《关于对东都产业公司违反进出口贸易法给予行政处罚》，《通产省公报》，1990 年 7 月 21 日。

《关于建议设立〈自主判断结果公布制度〉》，《通产省公报》，1990 年 9 月 28 日。

《关于对日本航空电子工业公司的行政处罚》，《通产省公报》，1991 年 11 月 1 日。

水野市朗，《构筑新的安全保障并强化贸易管理》，《通产省公报》，1992 年 2 月 25 日。

《关于制定核能相关产品出口规则，明确秘书处的责任》，《通产省公报》，1992 年 4 月 16 日。

铃木隆史，《安全保障贸易管理政策现状》，《通产省公报》，1992 年 2 月 26 日。

铃木隆史，《冷战后的安全保障出口管理》，《通产省公报》，1993 年 6 月 28 日。

《有关亚洲国际安全保障出口管理研讨会》，《通产省公报》，1993 年 10 月 22 日。

《关于修改外贸管理条令及出口贸易管理条令的部分条款》，《通产省公报》，1994 年 6 月 24 日。

名尾良泰，《安全保障出口管理的现状与课题》，《通产省公报》，1994 年 6 月 28 日。

《要求遵守与防止扩散型出口管理相应的相关出口法规并且对制定内部规程进行重新评估》，《通产省公报》，1994 年 7 月 4 日。

大道正夫，《最近的安全保障出口管理动向与今后课题》，《通产省公报》，1995 年 6 月 28 日。

枭山信也，《最近的安全保障出口管理动向与今后课题》，《通产省公报》，1996 年 6 月 28 日。

《同意设立瓦森纳协议》，《通产省公报》，1996 年 8 月 23 日。

《关于修改外贸管理条令及出口贸易管理条令部分条款的行政命令》，《通产省公报》，1997 年 3 月 28 日。

枭山信也，《关于出口相关政策的最近动向》，《通产省公报》，1997 年 6 月 27 日。

〈《通产月刊》〉

田势修也，《从违反巴黎统筹委员会规定事件到修改外汇法》，《通产月刊》，1987 年 11 月。

河野博文，《巴黎统筹委员会和出口管理》，《通产月刊》，1989 年 7 月。

细川昌彦，《国际出口规则框架的现状和未来》，《通产月刊》，1992 年 9 月。

通商产业省贸易局出口科以及安全保障贸易管理课，《新时代的安全保障贸易管理》，《通产月刊》，1996 年 5 月刊。

〈其他出版物〉

通产省安全保障科监制，《出口管理便览》，1996 年。

（2）其他政府部门相关

〈网页〉

外务省，《日本军控外交》，2002 年，http：//www. mofa. go. jp/mofaj. gaiko/gun_hakusho/2002/hon5_5. pdf。

（3）

〈书籍等〉

东芝出口管理部编，《全覆盖规则出口管理实务》，日刊工业新闻社出版，2002 年。

田上博道、森本正崇，《出口管理论》，信山社出版，2008 年。

森本正崇，《武器出口三原则》，信山社出版，2011 年。